Spätmittelalter am Oberrhein

Maler und Werkstätten

1450–1525

Große Landesausstellung Baden-Württemberg

Spätmittelalter am Oberrhein

Maler und Werkstätten 1450–1525

Jan Thorbecke Verlag
Stuttgart

Staatliche Kunsthalle Karlsruhe
29. September 2001–3. Februar 2002

Spätmittelalter am Oberrhein

Große Landesausstellung Baden-Württemberg
29. September 2001–3. Februar 2002

Teil 1
Maler und Werkstätten 1450–1525
Staatliche Kunsthalle Karlsruhe

Teil 2
Alltag, Handwerk und Handel 1350–1525
Badisches Landesmuseum Karlsruhe
Band 1: Katalogband
Band 2: Aufsatzband

Jan Thorbecke Verlag
Stuttgart

Inhalt

Die Große Landesausstellung des Jahres 2001
»Spätmittelalter am Oberrhein«
steht unter der

Schirmherrschaft

von

Erwin Teufel MdL

Ministerpräsident des Landes Baden-Württemberg

Ehrenkomitee

Dr. Klaus Aurisch, Generalkonsul a. D., Strasbourg
Dr. Rolf Böhme, Oberbürgermeister der Stadt Freiburg
Jean-Luc Bredel, Directeur, Direction Régionale des Affaires Culturelles d'Alsace, Strasbourg
Generalkonsul Pius Bucher, Schweizerisches Generalkonsulat Stuttgart
Son Excellence Joseph Doré, Archevêque de Strasbourg
Francis Etienne, Consul général, Consulat général de France, Stuttgart
Heinz Fenrich, Oberbürgermeister der Stadt Karlsruhe
Dr. Ulrich Fischer, Landesbischof der Evangelischen Landeskirche in Baden
Horst Frank, Oberbürgermeister der Stadt Konstanz
Prof. Dr. Peter Frankenberg, Minister für Wissenschaft, Forschung und Kunst des Landes Baden-Württemberg
Gerlinde Hämmerle, Regierungspräsidentin, Regierungspräsidium Karlsruhe
Fabienne Keller, Maire, Ville de Strasbourg
Seine Exzellenz Dr. Kurt Koch, Bischof von Basel
Regierungspräsident Andreas Koellreuter, Präsident des Regierungsrates des Kantons Basel-Landschaft
Jean Lorentz, Président de la Société Schongauer, Musée d'Unterlinden Colmar
Gilbert Meyer, Député-Maire, Ville de Colmar
Klaus-Dieter Rohlfs, Vorsitzender des Vereins »Oberrheinischer Museums-Pass«
Seine Exzellenz Dr. Oskar Saier, Erzbischof von Freiburg
Seine Exzellenz Dr. Anton Schlembach, Bischof von Speyer
Klaus von Trotha, Minister a.D.
Regierungsrat Dr. jur. Hans Martin Tschudi, Regierungsrat des Kantons Basel-Stadt
und Präsident der Deutsch-Französisch-Schweizerischen Oberrheinkonferenz
Adrien Zeller, Président du Conseil Régional, Région Alsace

Leihgeber

Folgenden Leihgebern und denen, die nicht genannt werden möchten, sei für die großzügige Unterstützung der Ausstellung herzlich gedankt.

Amsterdam

Rijksmuseum Amsterdam
Prof. Ronald de Leeuw, Generaldirektor
Dr. Peter Schatborn, Direktor
Drs. Ger Luijten

Baden-Baden

Cistercienserinnen-Abtei Lichtenthal
Äbtissin M. Bernadette Hein
Äbtissin M. Adelgundis Selle
Schwester Hildegard Bung

Basel

Historisches Museum Basel
Dr. Burkard von Roda, Direktor
Dr. Marie-Claire Berkemeier-Favre

Öffentliche Kunstsammlung Basel
Dr. Katharina Schmidt, Direktorin
Prof. Dr. Bernd W. Lindemann
Dr. Christian Müller

Öffentliche Bibliothek Universität Basel
Hannes Hug, Direktor
Prof. Dr. Martin Steinmann

Berlin

Staatliche Museen zu Berlin – Preußischer Kulturbesitz, Gemäldegalerie
Prof. Dr. Jan Kelch, Direktor
Dr. Rainald Grosshans

Staatliche Museen zu Berlin – Preußischer Kulturbesitz, Kupferstichkabinett
Prof. Dr. Alexander Dückers, Direktor
Dr. Holm Bevers

Staatsbibliothek zu Berlin – Preußischer Kulturbesitz
Dr. Antonius Jammers, Generaldirektor
Dr. Eef Overgaauw

Bern

Burgerbibliothek Bern
J. Harald Wäber, lic. phil., Direktor
Dr. Martin Germann

Bologna

Pinacoteca Nazionale
Prof.ssa Anna Colombi Ferretti, Direktorin
Dott.ssa Jadranka Bentini, Sopraintendente

Boston

Museum of Fine Arts
Malcolm Rogers, Direktor
Ronni Baer

Isabella Stewart Gardner Museum
Alan Chong, Direktor

Braunschweig

Herzog Anton Ulrich-Museum
Dr. Jochen Luckhardt, Direktor
Dr. Thomas Döring

Budapest

Szépművészeti Múzeum
Miklós Mojzer, Generaldirektor

Coburg

Kunstsammlungen der Veste Coburg
Dr. Michael Eissenhauer, Direktor
Dr. Christiane Wiebel

Colmar

Musée d'Unterlinden
Sylvie Lecoq-Ramond, Direktorin

Darmstadt

Hessisches Landesmuseum
Dr. Ina Busch, Direktorin
Dr. Theo Jülich
Adelheid Wiesmann-Emmerling

Hessische Landes- und Hochschulbibliothek
Dr. Hans-Georg Nolte-Fischer, Direktor

Dijon

Musée des Beaux-Arts
Emmanuel Starcky, Direktor
Sophie Jugie

Dresden

Staatliche Kunstsammlungen Dresden, Kupferstichkabinett
Dr. Wolfgang Holler, Direktor
Dr. Claudia Schnitzer

Einsiedeln

Sammlung Stift Einsiedeln, Benediktinerabtei Kloster Einsiedeln
Pater Gabriel Kleeb

Eisenach

Wartburg-Stiftung Eisenach
Günter Schuchardt, Burghauptmann
Jutta Krauß

Erlangen

Universitätsbibliothek Erlangen-Nürnberg, Graphische Sammlung
Dr. Christina Hofmann-Randall

Florenz

Galleria degli Uffizi, Gabinetto Disegni e Stampe
Prof.ssa Dott.ssa Annamaria Petrioli Tofani, Direktorin

Frankfurt a. M.

Städelsches Kunstinstitut und Städtische Galerie
Prof. Dr. Herbert Beck, Direktor
Dr. Jochen Sander
Dr. Bodo Brinkmann
Prof. Dr. Margret Stuffmann

Museum für Angewandte Kunst
Dr. James M. Bradburne, Direktor
Dr. Margrit Bauer

Frauenfeld

Historisches Museum des Kantons Thurgau
Dr. Margrit Früh, Direktorin

Freiburg i. Br.

Augustinermuseum
Dr. Saskia Durian-Ress, Direktorin
Dr. Detlef Zinke
Dr. Sybille Bock

Universitätsbibliothek
Bärbel Schubel, Direktorin
Dr. Angela Karasch
Dr. Winfried Hagenmaier

Erzbischöfliches Ordinariat
Dr. Bernd Mathias Kremer, Oberrechtsdirektor
Dr. Christoph Schmider

Friedrichshafen

Zeppelin Museum Friedrichshafen
Dr. Wolfgang Meighörner, Direktor
Dr. Dirk Blübaum

Haguenau

Médiathèque de la Vieille Ile
Dr. Anne-Marie Bock, Direktorin

Hamburg

Hamburger Kunsthalle
Prof. Dr. Uwe M. Schneede, Direktor
Dr. Andreas Stolzenburg

Hannover

Niedersächsisches Landesmuseum
Dr. Heide Grape-Albers, Direktorin
Dr. Bernd Schälicke

Heidelberg

Universitätsbibliothek, Handschriftenabteilung
Dr. Armin Schlechter

Karlsruhe

Generallandesarchiv Karlsruhe
Dr. Volker Rödel, Direktor

Badische Landesbibliothek
Dr. Peter Michael Ehrle, Direktor
Dr. Ute Obhof

Badisches Landesmuseum
Prof. Dr. Harald Siebenmorgen
Dr. Brigitte Herrbach-Schmidt

Sammlung K. und U. Schulz
Prof. Dr. Ulrich Schulz

Köln

Wallraf-Richartz-Museum
Dr. Rainer Budde, Direktor
Dr. Roland Krischel

Museum für Angewandte Kunst
Dr. Susanne Anna, Direktorin
Dr. Gerhard Dietrich

Konstanz

Rosgartenmuseum
Elisabeth von Gleichenstein, Direktorin

Krakau

Muzeum Narodowe w Krakowie
Zofia Gołubiew, Direktorin

Leipzig

Museum der bildenden Künste
Dr. Hans-Werner Schmidt, Direktor

Lichtenstein

Schloß Lichtenstein
S. D. Herzog Wilhelm Albert von Urach

London

British Museum
Dr. Robert G. W. Anderson, Direktor
Antony Griffiths

The National Gallery
Neil MacGregor, Direktor
David Jaffé

Los Angeles

The J. Paul Getty Museum
John Walsh, Direktor
Scott Schaefer
Thomas Kren

Lyon

Musée des Beaux-Arts
Vincent Pomarède, Direktor

Mainz

Landesmuseum Mainz
Dr. Isabella Fehle, Direktorin

Mulhouse

Musées Municipaux
Benoît Bruant, Direktor

München

Bayerische Staatsgemäldesammlungen, Alte Pinakothek
Prof. Dr. Reinhold Baumstark, Generaldirektor
Dr. Martin Schawe

Staatliche Graphische Sammlung
Dr. Michael Semff, Direktor
Dr. Gisela Scheffler

Bayerische Staatsbibliothek München
Dr. Ulrich Montag, Stv. Direktor
Margot Attenkofer

Nesselried

Kath. Pfarramt Mariä Himmelfahrt
Pfarrer Peter Kruner

Neuwiller-lès-Saverne

Paroisse Catholique de Neuwiller-lès-Saverne
Gérard Ott, Präsident

New York

The Metropolitan Museum of Art
Philippe de Montebello, Direktor
Barbara Drake Boehm
Peter Barnet

The Pierpont Morgan Library
Charles E. Pierce, Jr., Direktor
William M. Voelkle

Nürnberg

Germanisches Nationalmuseum
Dr. G. Ulrich Großmann, Generaldirektor
Dr. Daniel Hess
Dr. Rainer Schoch

Orsingen-Nenzingen

Schloß Langenstein
Axel Graf Douglas

Oxford

Ashmolean Museum of Art and Archaeology
Dr. Christopher Brown, Direktor

Paris

Bibliothèque nationale de France –
Département des Estampes et de la Photographie
Laure Beaumont-Maillet, Direktorin

Musée du Louvre, Département des Arts Graphiques
Françoise Viatte, Direktorin

Musée Marmottan-Monet
Jean-Marie Granier, Direktor
Marianne Delafond

Galerie Pitchal
Virginie Pitchal

Rottweil

Dominikanermuseum Rottweil
Dr. Winfried Hecht, Direktor

Kath. Münsterpfarramt Heilig Kreuz Rottweil
Münsterpfarrer Dr. Martin Schniertshauer

Salem

Schloß Salem
S. K. H. Maximilian Markgraf von Baden
S. K. H. Bernhard Erbprinz von Baden

Sankt Gallen

Stiftsbibliothek St. Gallen
Prof. Dr. Ernst Tremp
Dr. Karl Schmuki

Solothurn

Kunstmuseum
Dr. Christoph Vögele, Direktor

Speyer

Landesarchiv Speyer
Dr. Joachim Kermann

Bischöfliches Ordinariat Speyer
Bistumshaus St. Ludwig
Dieter Rottenwöhrer, Direktor

Strasbourg

Musées de Strasbourg
Fabrice Hergott, Generaldirektor

Musée de l'Œuvre Notre-Dame
Cécile Dupeux, Direktorin

Cabinet des Estampes et des Dessins
Anny-Claire Haus, Direktorin

Stuttgart

Staatsgalerie Stuttgart
Prof. Dr. Christian von Holst, Direktor
Dr. Ulrike Gauss

Württembergisches Landesmuseum
Prof. Dr. Volker Himmelein, Direktor
Dr. Heribert Meurer

Überlingen

Kath. Münsterpfarramt St. Nikolaus
Pfarrer Hansjörg Weber

Ulm

Ulmer Museum
Dr. Brigitte Reinhardt, Direktorin
Dr. Michael Roth

Evang. Münstergemeinde Ulm
Münsterpfarrer Frank Banse
Münsterbaumeisterin Ingrid Rommel

Wien

Graphische Sammlung Albertina
Dr. Klaus Albrecht Schröder, Direktor
Dr. Marie Luise Sternath

Wolfegg

Kunstsammlungen der Fürsten zu Waldburg-Wolfegg
S. D. Johannes Fürst zu Waldburg-Wolfegg
Dr. Bernd Mayer

Worms

Museum Heylshof
Cornelius A. Freiherr von Heyl
Alfred Pointner

Würzburg

Martin von Wagner Museum der Universität Würzburg
Prof. Dr. Stefan Kummer
Dr. Tilman Kossatz

Universitätsbibliothek Würzburg
Dr. Karin Morvay, Direktorin

Zürich

Schweizerisches Landesmuseum
Dr. Andres Furger, Direktor
Regula Zweifel, lic. phil.
Sigrid Pallmert, lic. phil.
Dr. Dione Flühler

Grußwort

Das Spätmittelalter am Oberrhein war eine Blütezeit, in der das Bild großartiger Städte wie Basel, Colmar, Schlettstadt, Freiburg, Staufen oder Straßburg entstanden ist. In diese Zeit fallen die Machtergreifung des Bürgertums und der Zünfte, die Ausbildung moderner Wirtschafts- und Handelsstrukturen, die Vielfalt spätmittelalterlicher Frömmigkeit, die Schriften eines Sebastian Brant oder Erasmus von Rotterdam. Es ist aber auch eine Zeit, die große Not, Kriege, Hunger und soziales Elend gekannt hat.

Der Oberrhein ist eine Kulturlandschaft, die Jahrhunderte lang von großen Gemeinsamkeiten geprägt war. Das sind geschichtliche Verbindungen, die Zugehörigkeit zum Heiligen Römischen Reich Deutscher Nation und darüber hinaus vor allem wirtschaftliche, kulturelle und künstlerische Beziehungen. Künstler wie Martin Schongauer, Niclaus Gerhaert van Leyden, Hans Baldung Grien, Hans Holbein, Matthias Grünewald haben links und rechts entlang des Rheins gearbeitet. Fast gleichzeitig haben andere den Buchdruck verbreitet, die Humanisten in Basel, Freiburg und Straßburg ihr Weltbild entwickelt und miteinander kommuniziert, Händler und Kaufleute ihre Waren ausgetauscht.

Die Staatliche Kunsthalle Karlsruhe und das Badische Landesmuseum Karlsruhe haben diese spannende Epoche für eine »Große Landesausstellung Baden – Württemberg« thematisch aufgearbeitet. Ich begrüße sehr, daß zwei unserer wichtigsten staatlichen Museen, denen die Vermittlung von Kunst und Kultur des Oberrheins eine zentrale Aufgabe ist, sich dieses Projektes angenommen haben und die Ausstellung miteinander veranstalten. Sie sorgen damit für ein hervorragendes Forum, um die gemeinsame Geschichte und Kultur am Oberrhein zu dokumentieren und der Bevölkerung nahe zu bringen.

Erfreulich ist zudem, daß sich mit dem Ausstellungszyklus »Um 1500: Epochenwende am Oberrhein« die Museen in Basel, Freiburg, Staufen, Colmar, Strasbourg, Bruchsal und – mit der Großen Landesausstellung – auch die beiden Karlsruher Museen erstmals zu einem trinationalen Gemeinschaftsprojekt zusammengeschlossen haben. Mit diesem Verbund sowie mit dem »Oberrheinischen Museumspass«, den die Landesregierung von Baden-Württemberg mit erheblichen Mitteln unterstützt, und der geplanten gemeinsamen Bewerbung von Straßburg und Karlsruhe als »Europäische Kulturhauptstadt 2010« werden wichtige Bausteine für die gemeinsame Zukunft gelegt. In einem zusammenwachsenden Europa kann der Oberrhein Beispiel für grenzüberschreitende Freundschaft und Zusammenarbeit sein.

Allen an unserer reichen oberrheinischen Geschichte und Kultur Interessierten empfehle ich den Besuch der Großen Landesausstellung »Spätmittelalter am Oberrhein« in der Staatlichen Kunsthalle und im Badischen Landesmuseum in Karlsruhe. Ich wünsche den Ausstellungen und dem reichhaltigen Begleitprogramm viel Erfolg und eine gute Resonanz.

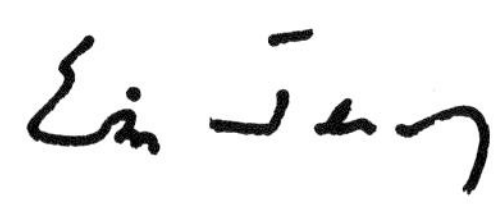

Erwin Teufel
Ministerpräsident des
Landes Baden-Württemberg

Vorwort und Dank

Klaus Schrenk

Bis in unsere Zeit ist es ein faszinierendes Unterfangen geblieben, sich auf den Spuren der Künste des Spätmittelalters zu bewegen, die gerade am Oberrhein zu einer besonderen Blüte reifen konnten. Bedeutende Kirchenbauten, großartige Beispiele der Plastik und bis heute berührende Gemälde künden vom hohen Rang der Künstler jener Epoche, deren Namen sich häufig in der Anonymität verloren haben und deren Werke uns gleichwohl als kostbare Zeugnisse schöpferischer Hinterlassenschaft gelten. Dabei sind besonders am Oberrhein die Verluste aus allen Bereichen spätmittelalterlicher Kunst beklagenswert, denn der Bildersturm, die Auseinandersetzungen während der Reformation, die Bauernaufstände und die in Jahrhunderten stets wiederkehrenden Kriege haben gerade in dieser Region tiefe Spuren der Zerstörung hinterlassen. Umso kostbarer nehmen sich heute in Museen und Privatsammlungen die überkommenen Kunstwerke aus, die gerade auch in der Kunsthalle Karlsruhe eine besondere Heimstatt gefunden haben. Denn seit ihrem Bestehen gilt diese als eine Institution, in der die spätmittelalterliche Kunst des Oberrheins erforscht und gesammelt wird. So hat die Säkularisation zu Beginn des 19. Jahrhunderts und der später durchaus lebhafte Kunsthandel mit Werken dieser Epoche dazu geführt, daß sich in der Kunsthalle ein hervorragender Bestand an spätmittelalterlicher Kunst herausbildete. Darüber hinaus konnten in den vergangenen Jahrzehnten immer wieder Ausstellungen unseres Hauses den Blick der Öffentlichkeit auf diese Zeit richten, wie zuletzt 1996 in der international mit großer Anerkennung aufgenommenen Ausstellung »Die Karlsruher Passion«. In der Nachfolge dieser Präsentation hat sich dann ein besonderer Glücksfall ergeben: Im Spätherbst 1998 tauchte im Pariser Auktionshandel die seit Jahrzehnten verschollene Tafel »Die Geißelung Christi« des Meisters der Karlsruher Passion auf, von der sich bis dahin nur ein Schwarz-Weiß-Foto aus einem Auktionskatalog von 1902 erhalten hatte. In einem spektakulären Bietgefecht wurde die Kunsthalle am 9. Dezember 1998 in Paris von einem Londoner Kunsthändler überboten, und es bedurfte anschließend besonderer Anstrengungen, bis diese einmalige Tafel für die Karlsruher Sammlung gesichert werden konnte. Zu unserer Freude hat das Wallraf-Richartz-Museum Köln seine Bereitschaft erklärt, die »Gefangennahme Christi« für diese Ausstellung erneut als Leihgabe zur Verfügung zu stellen, so daß alle sieben bekannten Tafeln wiedervereint als ein großartiger Höhepunkt den Besuchern zur Ansicht gegenübertreten.

Die Große Landesausstellung »Spätmittelalter am Oberrhein. Maler und Werkstätten 1450 – 1525« führt hochrangige sakrale Werke der bedeutendsten Künstler und Werkstätten jener Zeit in der Kunsthalle zusammen, die in der eigenen Sammlung beispielhaft von der »Karlsruher Passion« und den meisterhaften, großformatigen Tafeln »Die Kreuztragung« und »Die Kreuzigung Christi« von Grünewald repräsentiert werden. Als glücklich hat sich in diesem Zusammenhang der Umstand erwiesen, daß das Badische Landesmuseum mit der Ausstellung »Alltag, Handwerk und Handel 1350–1525« das spätmittelalterliche Leben ebenfalls mit einer weitgespannten Fragestellung zur Anschauung bringt. Die Ausstellungen in beiden Museen bilden so die zwei Seiten einer Medaille und stehen als Große Landesausstellung »Spätmittelalter am Oberrhein« für ein umfassendes und anspruchsvolles Ausstellungsereignis.

Die Vorbereitungen haben in den letzten Jahren zum Vorschein gebracht, daß auch an anderen Orten Ausstellungen zu dieser Thematik vorbereitet wurden. Die zahlreich sich überschneidenden Kontakte unter den Kolleginnen und Kollegen führten zu dem nun gemeinsam veranstalteten internationalen Ausstellungszyklus »Um 1500: Epochenwende am Oberrhein«. So werden zu unterschiedlichen Terminen im Jahre 2001 hochrangige Ausstellungen im Kunstmuseum Basel, dem Historischen Museum Basel, dem Musée d'Unterlinden Colmar, dem Musée de l'Œuvre Notre-Dame Strasbourg und dem Augustinermuseum in Freiburg zu diesem Thema gezeigt. Der Bogen spannt sich von den Basler Orgelflügeln Hans Holbeins d. J. über den Basler Münsterschatz zu Jost Haller und der elsässischen Kunst im 15. Jahrhundert (Colmar), weiter wird der Blick auf den Bildersturm (Straßburg) und auf Hans Baldung Grien (Freiburg) gerichtet. Gemeinsam mit den beiden Ausstellungen im Badischen Landesmuseum und der Staatlichen Kunsthalle Karlsruhe ergibt sich in diesem Jahr daher das einmalige Panorama einer Epoche, die vom Übergang des Spätmittelalters zur Renaissance gekennzeichnet ist.

Eine Ausstellung dieses Ranges bedarf der Unterstützung zahlreicher Persönlichkeiten und des Zuspruchs vieler Kollegen. Dankbar dürfen wir vermerken, daß von 97 Museen und Privatsammlungen aus dem In- und Ausland kostbare Leihgaben nach Karlsruhe kommen. Diese generöse Haltung ermöglicht ein Zusammentreffen von außergewöhnlichen Exponaten, die nicht nur der kunstinteressierten Öffentlichkeit, sondern auch der Wissenschaft neue Einsichten ermöglichen. Für diese besondere Geste des Vertrauens möchten wir daher allen genannten und ungenannten Leihgebern unseren sehr herzlichen Dank aussprechen.

Während der intensiven Vorbereitungszeit haben wir erneut vielfältigen Zuspruch von Persönlichkeiten erhalten, die seit Jahren mit Sympathie unsere Arbeit begleiten. Den in der umfangreichen Liste aufgeführten Leihgebern sind wir ebenso zu größtem Dank verpflichtet wie denen, die es vorziehen, ungenannt zu bleiben. Um den Reichtum der zugesagten Kunstwerke anzudeuten, möchten wir stellvertretend der Äbtissin M. Adelgundis Selle und ihrer jüngst gewählten Nachfolgerin, der Äbtissin M. Bernadette Hein, von der Zisterzienserinnen-Abtei Lichtenthal in Baden-Baden ausdrücklich danken. Eine herausragende Leihgabe verdanken wir Herrn Emmanuel Starcky, Direktor des Musée des Beaux-Arts in Dijon, der sich ebenso vom Konzept der Ausstellung begeistern ließ wie Frau Dr. Margrit Früh, Direktorin des Historischen Museums des Kantons Thurgau, die uns den rechten Flügel des Feldbacher Altars als Leihgabe gewährte. Auch für dieses Projekt durften wir die überaus kollegiale Unterstützung seitens der Badischen Landesbibliothek Karlsruhe in Anspruch nehmen, da uns aus dem großartigen Fundus der Handschriftenabteilung alle erbetenen kostbaren Bücher zur Verfügung gestellt wurden, wofür wir Herrn Direktor Dr. Peter Michael Ehrle sowie der Leiterin der Handschriftenabteilung, Frau Dr. Ute Obhof, herzlich danken. Herr Vincent Pomarède, Direktor des Musée des Beaux-Arts, Lyon, hat sich ebenso wenig unserer gewichtigen Leihanfrage verschlossen wie Herr Dr. Andres Furger, der dem Schweizerischen Landesmuseum in Zürich vorsteht.

In den letzten zwei Jahren haben unter Leitung von Herrn Dr. Dietmar Lüdke die Ausstellung und der Katalog Gestalt angenommen. Seine großartige Kenntnis der spätmittelalterlichen Kunst und sein internationales Renommee haben es möglich gemacht, daß Leihgaben, die bisher ihren Standort nicht verlassen haben, nun ihren Platz in unserer Ausstellung einnehmen dürfen. Erneut hat er mit Hingabe und größtem persönlichen Einsatz eine ausgefeilte Konzeption ins Bild gesetzt, wofür ich ihm meinen tiefempfundenen Dank aussprechen möchte. Bei der Vorbereitung und Durchführung der Ausstellung wurde er von einem Kreis jüngerer Kolleginnen und Kollegen tatkräftig unterstützt. Souverän und verantwortungsvoll leitete Herr Dr. Holger Jacob-Friesen das wissenschaftliche Sekretariat, das in den letzten zwölf Monaten durch das außergewöhnliche Engagement von Herrn Dr. Marcus Dekiert und Frau Dr. Ariane Mensger wirkungsvoll erweitert werden konnte. Für diesen großartigen Einsatz möchte ich mich bei ihnen nachdrücklich bedanken. Frau Dr. Dorit Schäfer, Konservatorin des Kupferstichkabinetts, trug erneut durch zahlreiche Beiträge zum Gelingen des Kataloges bei. Ihr weit gespanntes Fachwissen und ihre stilistische Sicherheit eröffnen auch unserem Kabinett neue Perspektiven. Frau Angela Vollmer M. A. hat als Registrar mit großer Kompetenz und Umsicht zum Gelingen der Ausstellung beigetragen. Die umfangreichen Photoarbeiten lagen in den bewährten Händen von Frau Ellen Frank und Frau Heike Kohler, während wir den unermüdlichen Einsatz von Frau Rosemarie Wolf beim Entstehen der Ausstellung und des Katalogs dankbar zum Ausdruck bringen möchten.
Frühzeitig haben wir im Hinblick auf die Ausstellung die Möglichkeiten genutzt, bedeutende Kunstwerke unserer Sammlung notwendigen restauratorischen Maßnahmen zu unterziehen. Unter Leitung von Herrn Thomas Heidenreich haben in den letzten beiden Jahren Frau Kirsten Hinderer, Herr Jens Baudisch und Herr Herbert Nolden neben den anderen Aufgaben konzentriert daran gearbeitet, eine vorbildliche Präsentation des Hohenlandenberger Altars und anderer Kunstwerke zu ermöglichen. Der Katalog wird über die Ausstellung hinaus die Forschung zur Kunst des Spätmittelalters anregen. Neben den bereits genannten Mitgliedern des Ausstellungsprojekts danke ich Herrn Dr. Michael Roth, Ulm, Frau Dr. Anna Moraht-Fromm, Berlin, und Herrn Dr. Bernd Konrad, Berlin, für ihre instruktiven und erhellenden Beiträge zu unserer Publikation. Dankbar möchten wir an dieser Stelle den finanziellen Beitrag der Stiftung der Landesbank Baden-Württemberg vermerken, der uns ermöglicht hat, diese Veröffentlichung in der vorliegenden Form im Jan Thorbecke-Verlag herauszubringen. Und darüber hinaus haben wir vielfältige Hilfestellung von einigen in der Region ansässigen Unternehmen erfahren, die vor allem unseren Spielraum bei den Werbemaßnahmen erheblich erweitert haben.
Während der Vorbereitungszeit haben wir den Zuspruch hochrangiger Persönlichkeiten der Kirche und des öffentlichen Lebens erfahren. Allen Mitgliedern des Ehrenkomitees danken wir für die noble Hilfestellung, die uns zuteil wurde.
Die Große Landesausstellung »Spätmittelalter am Oberrhein« konnte nur dank einer großzügigen finanziellen Förderung durch die Landesregierung Baden-Württemberg Wirklichkeit werden. Für die stets gezeigte Unterstützung fühlen wir uns Herrn Klaus von Trotha, Minister für Wissenschaft, Forschung und Kunst Baden-Württemberg a. D., sowie seinem Nachfolger, Minister Prof. Dr. Peter Frankenberg, zu besonderem Dank verpflichtet. Staatssekretär Michael Sieber MdL hat in den vergangenen Jahren dem Projekt alle notwendige Hilfestellung gegeben, wofür wir an dieser Stelle sehr herzlich Dank sagen. Zu unserer Freude hat Ministerpräsident Erwin Teufel MdL durch die Übernahme der Schirmherrschaft seine Wertschätzung dieser Ausstellung zum Ausdruck gebracht.

Einführung in die Ausstellung

Dietmar Lüdke

Im Späten Mittelalter erlebten die Künste Architektur, Plastik, Malerei und Kunsthandwerk am Oberrhein und im westlichen Bodenseegebiet eine letzte, ungemein reiche Blüte vor dem Erlöschen während der frühen Jahre der Reformation und der ersten Welle des Bildersturms um 1524/29 – was auch in anderen Kunstlandschaften des Abendlandes zu beobachten ist. Die wichtigsten Orte, an denen diese Entwicklung von den weltlichen und geistlichen Herren und dem erstarkten selbstbewußten Bürgertum trotz Kriegen und Verwüstungen, Epidemien und Glaubenskrisen, herrschender Willkür und existentieller Bedrohungen vorangetrieben wurde, waren die alten Reichs- und Bischofsstädte Straßburg, Basel, Speyer und Konstanz sowie die großen bürgerlichen Gemeinwesen Colmar und Freiburg im Breisgau. Begünstigt durch ihre Lage am Rhein, an dessen Nebenflüssen, am Bodensee und an den großen Handelsstraßen, die in den fruchtbaren ausgedehnten Landstrichen zwischen Schwarzwald und Vogesen von Norden nach Süden und von Westen nach Osten verliefen, waren diese Orte wichtige Umschlagplätze des Handels zu Land und zu Wasser und zugleich geistige und religiöse Zentren, an denen Kirchenkonzile stattfanden (1414–1418 in Konstanz, 1431–1449 in Basel) und Universitäten gegründet wurden (1453 in Freiburg, 1460 in Basel). Eine unermüdliche Bautätigkeit kündete von Reichtum und Frömmigkeit der Städte. Denn neben Toren, Türmen, Mauern und Gräben, neben Kauf- und Rathäusern, neben Speichern, Brücken, Brunnen, Plätzen und Straßen vergrößerten, vollendeten und verschönerten sie ihre Kathedralen, Pfarrkirchen, Klöster, Hospitäler und Kapellen, die sie darüber hinaus noch reich mit Retabeln und Bildern, Glasfenstern, Wandgemälden, kostbarem Mobiliar und Gerät ausstatteten. Das geregelte, arbeitsame Leben innerhalb der Mauern dieser Städte war vom Morgen bis zum Abend mitbestimmt von den kirchlichen Festen, Gedenkfeiern, täglichen Messen, öffentlichen Predigten und privaten Andachten ohne Zahl, die auf das Lob und die Verherrlichung der göttlichen Trinität, Mariens und der Heiligen der Christenheit ausgerichtet waren. Eine tiefe Gläubigkeit und gesteigerte Frömmigkeit prägten das allgemeine Denken und Handeln der Menschen. Sie wurden nicht müde, den barmherzigen Erlöser und Weltenrichter Christus in seiner Passion und Glorie, das Leben der Gottesmutter und Fürbitterin Maria in ihren Freuden und Schmerzen und die Heiligen, ihre Schutzpatrone bei tausendfachen Nöten und Gefahren, in deren vorbildlichem Lebenswandel, wunderwirkendem Handeln, todesverachtendem Bekennermut und praktizierter Nachfolge Christi auf Erden in Bildern zu verewigen. In diesen spiegelten sich zugleich die Heilsgewißheit und Erlösungshoffnung der Stifter und Auftraggeber. – Es zählt zu den Eigentümlichkeiten der abendländisch-spätmittelalterlichen Kunst im Dienste der Religion und Kirche, die Heilstatsachen, Lehren und Verheißungen fortgesetzt in Wort, Text und Bildern zu memorieren, zu vergegenwärtigen und zur Anschauung zu bringen.

Die Ausstellung der Karlsruher Kunsthalle hat sich die Aufgabe gestellt, das Kunstschaffen der letzten 75 Jahre des »Christlichen Mittelalters« in einer Auswahl kostbarer sakraler Werke herausragender Maler und traditionsreicher Werkstätten am Oberrhein zu zeigen. Dies geschieht in dem Wunsch, das Wesen und den Glanz einer der bedeutendsten, weit zurückliegenden, daher gleichermaßen entrückten wie anziehenden Geschichts- und Kunstepochen für vier Monate in den Räumen der Staatlichen Kunsthalle Karlsruhe wieder aufscheinen zu lassen.

Einen Teil der Voraussetzungen dafür bietet die Kunsthalle Karlsruhe selbst, denn seit ihrem Bestehen ist sie ein Ort, an dem die spätmittelalterliche Kunst des südwestdeutschen Raums gesammelt, bewahrt und gepflegt, erforscht und zugänglich gemacht wird, woran beispielsweise wissenschaftliche Kataloge, Abhandlungen, Erwerbungsberichte sowie monographische und thematische Ausstellungen etwa zur Altdeutschen Zeichenkunst (1955), zu Hans Baldung Grien (1959), zum Themenkreis »Christus und Maria« (1992), zur Erwerbung und Restaurierung der »Johannes-Tafeln« von einem Maler aus dem Umkreis des Meisters des Frankfurter Paradiesgärtleins (1994), zur Druckgraphik Martin Schongauers und Albrecht Dürers (1992, 1994) und zum Werk des Meisters der Karlsruher Passion (1996) erinnern mögen. Mit ihrem Beitrag zum internationalen Ausstellungszyklus »Um 1500: Epochenwende am Oberrhein« 2001/2002, an dem sich die kunst- und kulturhistorischen Museen und Institute in Basel, Colmar und Straßburg, Freiburg, Staufen, Bruchsal und Karlsruhe beteiligen, knüpft die Staatliche Kunsthalle zusammen mit dem Badischen Landesmuseum an die vor dreißig Jahren unter der Leitung von Ernst Petrasch veranstaltete Ausstellung »Spätgotik am Oberrhein« an, die nur einem, wenn auch hochbedeutenden Teilbereich der oberrheinischen Kunst des Spätmittelalters gewidmet war. Damals wurden in erster Linie die Werke der Bildschnitzer und Goldschmiede gezeigt; diesmal geht es der Kunsthalle vornehmlich um die Malerei, Zeichnung und Druckgraphik namhafter wie unbekannter Künstler und Handwerker der Zeit um 1450–1525, die bislang noch keine vergleichbare Würdigung durch eine umfassende Ausstellung erfahren haben.

Die in der Kunsthalle gezeigten Werke entstammen einem Landschaftsraum, dessen einzelne Regionen zwar den unterschiedlichen Bistümern Konstanz, Basel, Straßburg und Speyer angehörten und zudem in zahlreiche weltliche Herrschaften zersplittert waren, dessen große und kleine Städte jedoch untereinander in reger Verbindung standen. Sie zogen viele Künstler von nah und fern an und boten ihnen nicht selten zeitlebens oder über viele Jahre Aufträge und Auskommen.

Am Beginn des von der Ausstellung behandelten Zeitraums um 1450 bis 1525 stehen die frühen Regierungsjahre des 1452 als letzter deutscher Kaiser in Rom gekrönten Habsburgers Friedrich III. (1415–1493), der Untergang von Byzanz (1453) und das bedrohliche Vordringen der Türken gegen das Abendland, die Expansionsbestrebungen der Herzöge von Burgund, von denen auch das Elsaß betroffen war, die zunehmenden Fehden zwischen Fürsten und Städten im Innern des Reichs, die siegreichen Kriege der schweizerischen Eidgenossen gegen Österreich (1443/50, 1460), das Ende des Basler Reformkonzils der von Mißständen geschwächten und von der Spaltung bedrohten Kirche (1449), die Ausweitung des humanistischen Gedankenguts, die wegbereitend für die Glaubenserneuerung im frühen 16. Jahrhundert wirkte, die Gründung der Universitäten Freiburg und Basel (1453, 1460), die epochale Erfindung des Buchdrucks mit beweglichen gegossenen Metallettern um 1450

Konrad Witz, *Die Verkündigung an Maria,* Nürnberg, Germanisches Nationalmuseum

durch den Mainzer Patrizier Johannes Gensfleisch zur Laden, genannt Gutenberg, und der frühe Tod des 1434 aus Rottweil am Neckar nach Basel zugewanderten Malers Konrad Witz (um 1410–1445). Das Werk dieses Künstlers markiert in besonderer Weise die Abkehr vom idealisierenden Weichen oder Schönen Stil am Oberrhein und offenbart die frühe, höchst eigenständige und kraftvolle Auseinandersetzung mit der wirklichkeitsgesättigten, die sichtbare Welt spiegelnden »Ars nova« der niederländischen Kunst eines Jan van Eyck (vor 1400–1441) und Robert Campin (1378/79–1444) auf deutschsprachigem Boden (Abb. 1). – An das Ende der für die Ausstellung gewählten Zeitspanne fallen die Entdeckung Amerikas (1492), das sich seitdem durchsetzende, gewandelte Bild von der Neuen Welt und dem Kosmos, ein erschüttertes, gewandeltes Bewußtsein der Menschen, das sich in der damals anbahnenden Loslösung des Individuums aus kirchlichen und sozialen Bindungen ankündigt, die allgemeine Ausrichtung an den wiederentdeckten Künsten und Wissenschaften der klassischen Antike, woraus die Renaissance als neue Kunstrichtung erwächst, die zunehmende, auch den Bildermißbrauch anprangernde Kritik der Humanisten an der kirchlichen Überlieferung, die nicht aufzuhaltende Reformationsbewegung aus dem Geist einer gesteigerten Religiosität, die daraus erfolgende Glaubensspaltung im Abendland und schließlich der 1524/25 am Oberrhein ausbrechende Bildersturm, der in Straßburg, Schlettstadt, Reichenweier, in den Klöstern Weissenburg, Maursmünster, Alspach und Bux, in St. Blasien, Waldkirch, Dogern und Waldshut sowie in Eglisau, Stammheim, Kloster Ittingen und Zürich den ersten großen Aderlaß für die spätmittelalterlichen Bildkünste am Oberrhein, dem westlichen Bodenseegebiet und der Nordschweiz bedeutete.

Zwei Gründe sind für die thematische, wenngleich hier und da durchbrochene Ausrichtung der Ausstellung auf die sakrale spätmittelalterliche Bildkunst bestimmend: Zum einen ist auf die komplementär konzipierte Ausstellung »Alltag, Handwerk und Handel 1350–1525« des Badischen Landesmuseums Karlsruhe zu verweisen, die u. a. zahlreiche Aspekte des spätmittelalterlichen Lebens in den Städten und die Werke der profanen Bildkünste und -themen zur Anschauung bringt; zum anderen fußt die Ausstellung der Staatlichen Kunsthalle auf dem eigenen, geschichtlich gewachsenen Bestand an spätmittelalterlichen Gemälden, Zeichnungen und Drucken der südwestdeutschen Landschaften.

Dies hat zur Folge, daß hauptsächlich drei Themenkreise veranschaulicht werden: Erstens die heilsgeschichtlichen Ereignisse der Menschwerdung, Jugend und Passion Jesu Christi, zweitens das biblische wie legendäre Leben der Jungfrau Maria und drittens die Verherrlichung und das Wirken und die Martyrien der Heiligen. Schriftliche Grundlagen der bildlichen Schilderungen sind die meist sehr kargen Berichte der Bibel, ihre typologischen Auslegungen, die mitteilsamen apokryphen Evangelien, die detaillierten Historienbibeln, die nacherzählenden, reich ausmalenden Passionstraktate, Betrachtungen und Meditationen zum Leben Jesu und Mariae, die kaum überschaubare Zahl handgeschriebener wie gedruckter Erbauungs-, Andachts- und Gebetbücher und nicht zuletzt die ungezählten Heiligenviten, von denen nur drei sehr unterschiedliche Text- und Buchtypen genannt seien: Allen voran die Goldene Legende des Jacobus de Voragine (1263/73), eine im ganzen Abendland verbreitete Legendensammlung, ferner das im Kloster Lichtenthal bei Baden-Baden von der Schreibmeisterin Regula um 1460 kompilierte Buch von den heiligen Mägden und Frauen und schließlich das Klarenbuch aus dem Straßburger St. Klarakloster auf dem Wörd, das um 1490/92 von zwei Nonnen geschaffen wurde, von der Schreiberin Magdalena Steimerin und von Sibilla von Bondorf, der Autorin der anrührenden, volkskunstartig farbigen Illustrationen (Kat. 212).

Neben den Werken der Tafelmalerei zeugt eine große Anzahl von Kupferstichen, Holzschnitten (als Einblattdrucke oder Illustrationen gedruckter Bücher) und Zeichnungen, außerdem wenige erlesene Glasgemälde (Kat. 168–173), drei in enger Beziehung zum Kupferstich stehende, gravierte Arbeiten der Goldschmiedekunst (Kat. 108, 132, 134) und sieben gewirkte Bildteppiche (Kat. 189–195) von der Vielfalt und dem Reichtum des Schaffens der in den sogenannten flächigen Künsten tätigen Maler, Handwerker und Werkstätten. – Keine Berücksichtigung finden in der Ausstellung der Karlsruher Kunsthalle die Skulptur und Bildhauerei, die weltlichen Bildthemen oder gar die Wandmalerei und Architektur der Spätgotik, die in der Spätmittelalter-Schau im benachbarten Badischen Landesmuseum unter besonderen thematischen Aspekten vorgestellt werden.

Wenn es auch zutrifft, daß in manchen Gegenden und Städten am Oberrhein und im westlichen Bodenseegebiet der Verlust an spätmittelalterlicher Bildkunst umfassend bzw. sehr viel höher als in vielen anderen deutschen Kunstlandschaften ist, so haben die Vorarbeiten zu dieser Ausstellung und das Aufspüren des Überkommenen doch viel mehr als ursprünglich vermutet zu Tage gefördert, wovon das aus öffentlichen und privaten Sammlungen Zusammengeführte eindrucksvoll Zeugnis ablegt. Zu nennen sind hier beispielsweise die Tafelfragmente der am Oberrhein viel stärker als anderswo dezimierten Altarretabel, die zu den vornehmsten und umfangreichsten Werken der spätgotischen Malerei und Schnitzkunst zählen (siehe Kap. II.4); weiter die schöne Gruppe der die Funktionen der Wandmalerei mitunter übernehmenden Bildteppiche; und schließlich die kleinformatigen, oft nur in einem Exemplar erhaltenen zarten Kupferstiche und Holzschnitte aus der Frühzeit der druckgraphischen Künste.

Gemeinsam betrachtet, vermitteln sie dem Ausstellungsbesucher eine umfassende Vorstellung von der stilistischen Entwicklung der »malenden und zeichnenden« Kunstgattungen zwischen 1450 und 1525. In den Jahrzehnten des Übergangs von der Spätgotik zur Renaissance, das heißt innerhalb von etwa vier Generationen, vollzog sich in der Kunst die schrittweise Eroberung der Wirklichkeit und der Wechsel von zeichenhaft-idealisierender zu realistisch-illusionistischer Wiedergabe der sichtbaren Welt. Dies äußert sich etwa in der zunehmenden Fähigkeit, die von Licht und Luft umflossene menschliche Figur in ihrer Körperlichkeit, in ihren natürlichen Bewegungen und Handlungen oder in ihren mimisch und gestisch sich äußernden Gemütszuständen wiederzugeben. Dieser Prozeß ist weiterhin zu erkennen an dem Vermögen, die Innenräume, in denen der Mensch lebt, perspektivisch wiederzugeben und alle Dinge des täglichen Lebens wiedererkennbar, in ihrer Stofflichkeit charakterisiert, also nahezu täuschend ähnlich darzustellen. Er offenbart sich in dem großen Bemühen, die ausgedehnten Landschaften mit Bergen, Hügeln, Feldern, Wäldern, Flüssen und Seen, die sie begrünende, blühende und belebende Pflanzen- und Tierwelt und schließlich die verschiedenen Lichtverhältnisse und atmosphärischen Stimmungen des Tages, der Nacht und der Jahreszeiten in ihre Werke einzubeziehen und zu schildern.

Die ausgestellten Exempla der unterschiedlichen Kunstgattungen spiegeln die Quellenlage, die von Hans Rott (1933–1938) und anderen für den Oberrhein erschlossen wurde. Nur wenige Autoren der gezeigten Werke, seien es Maler, Stecher, Reißer oder Wirker, sind mit ihren Namen bekannt und als Persönlichkeiten zu fassen. Zu den wenigen zählen Caspar Isenmann (um 1410–1485/90), Martin Schongauer (um 1450–1491), Hans und Peter Murer (Kat. 27), Michel Haider (Kat. 178, 179, 184) oder Rudolf Stahel (Kat. 180, 181), weiter Albrecht Dürer (Kap. III.1), Hans Baldung Grien (Kap. III.2), Hans Holbein d. J. (Kat. 234, 269, 270), Hans Herbst (Kat. 242), der ältere Springinklee (Kat. 187) und Matthias Grünewald (Kat. 277–279). Von anderen, vornehmlich Kupferstechern oder Holzschnittkünstlern, sind oft nur die Initialen ihrer Namen bekannt, weswegen sie meist in der Kategorie der Monogrammisten geführt werden. Stellvertretend für diese vielen sei der vielleicht wichtigste Anonymus des 15. Jahrhunderts erwähnt, der wohl zwischen 1445–1470 tätige Kupferstecher Meister E. S. (Kap. I.5). Die meisten Zeichner bzw. Reißer für den illustrierten Buchdruck sind nicht bekannt, wohingegen die Namen der leitenden Drucker, der ab 1470 besonders in Straßburg und Basel aber auch in Freiburg, Hagenau und Pforzheim ansässigen Offizinen in der Regel überliefert sind. Anonyme Maler distinkter, eigentümlicher Bilder erhielten zur besseren Unterscheidung für die Forschung meist Notnamen, die auf die wichtigsten Charakteristika der Werke oder deren Standorte verweisen. Dies trifft z. B. auf den vor allen anderen in diesem Katalog zu nennenden, genialen Meister der Karlsruher Passion zu, bei dem es nicht gelingen will, ihn mit letzter Gewißheit mit dem zwischen 1421 und 1462/63 in den Urkunden ungewöhnlich oft und ausführlich genannten Straßburger Maler Hans Hirtz gleichzusetzen. Mit den Notnamen Meister von Rottweil (Kat. 1), des Lösel-Altars (Kat. 2), des Salemer Verena-Altars (Kat. 20), des Feldbacher Altars (Kat. 36), des Lichtenthaler Hochaltars von 1489 (Kat. 143), der Bendaschen Madonna (Kat. 145, 146) oder der Gewandstudien bzw. Coburger Rundblätter (Kap. II.5) werden die Autoren und Werkstätten unterschiedlich großer Werkgruppen hervorragender Tafelgemälde verbunden. Ähnliches gilt für den frühen Kupferstich, dessen wichtigste oberrheinische Repräsentanten notgedrungen als Meister der Spielkarten (Kat. 10–15), der Nürnberger Passion (Kat. 14), von 1446 (Kat. 15), des Bileam (Kat. 16, 17) oder des Johannes Baptista (Kat. 18, 19) bezeichnet werden (siehe Kap. I.2). Die Straßburger Werkstattgemeinschaft von Glasmalern um 1478/81 und die in Freiburg um 1510/30 tätigen Glasmaler werden wiederum namentlich mit den führenden Meistern dieser Werkstätten, Peter Hemmel von Andlau (vor 1441–1501) und Hans Gitschmann von Ropstein (um 1485–1564), verbunden (siehe Kap. II.6). Dagegen sind die Meisternamen der Basler, Straßburger oder Freiburger Bildwirker nicht zu ermitteln. Viele der gezeigten Werke bleiben namenlos und können nur allgemein an den Oberrhein und in das westliche Bodenseegebiet, ins Elsaß oder die Nordschweiz oder an bestimmte Orte wie Basel, Straßburg, Colmar, Haguenau, Freiburg oder Konstanz lokalisiert werden. Manche der anonymen Künstler und Handwerker kamen nur für wenige Jahre aus anderen Kunstzentren und -landschaften an den Oberrhein, so beispielsweise Albrecht Dürer aus Nürnberg, der ältere und der jüngere Hans Holbein aus Augsburg und der durch seine Malerei alle anderen überragende Matthias Grünewald aus kurmainzischem Gebiet. Durch das Schaffen dieser und anderer Maler verflochten sich die künstlerischen Traditionen und Formen anderer Landschaften mit denen des Oberrheins und westlichen Bodenseegebiets.

Die Ausstellung bietet eine Zusammenschau von Werken der verschiedenen »zeichnenden und malenden« Kunstgattungen. Diese Absicht beruht auf der Einsicht, daß die Grenzen zwischen den einzelnen Disziplinen nie unüberschreitbar waren, daß es vielmehr zwischen den unterschiedlichen Künstlern und Handwerkern oft zu einer intensiven Zusammenarbeit kam, etwa bei der arbeitsteiligen Anfertigung der umfangreichen Retabel, die von den verantwortlichen Künstlern auch großes organisatorisches wie unternehmerisches Talent erforderte. Forschungen der letzten Jahrzehnte haben neue Erkenntnisse über den lebendigen, viele Jahre währenden Austausch von Ideen, Bilderfindungen und zeichnerischem Vorlagengut gebracht, der zwischen der Werkstatt des Meisters der Gewandstudien und dem Straßburger Glasmalerkreis um Peter Hemmel von Andlau bestand, worauf Michael Roth in seinem Aufsatz in diesem Katalog besonders eingeht. Es scheint, daß bei dieser, für das Späte Mittelalter typischen, die Gattungsgrenzen überschreitenden Tätigkeit den Malern, welche die für alles Bildschaffen grundlegende Zeichenkunst beherrschten, als Entwerfer und Reißer eine führende Rolle unter den Künstlern und Handwerkern zufiel. Dies kann da als selbstverständlich vorausgesetzt werden, wo es sich um Doppel- und Mehrfachbegabungen handelte. Die beiden in dieser Hinsicht exemplarischen Persönlichkeiten, von denen der ältere für die Spätgotik, der jüngere für die frühe Renaissance steht, sind die gleichermaßen in der Malerei wie Goldschmiedekunst ausgebildeten Martin Schongauer und Albrecht Dürer. Ihre einflußreichen Kupferstich-Œuvres werden heute in kunsthistorischer Hinsicht als mindestens ebenso bedeutend erachtet wie ihre gezeichneten und gemalten Werke. – Von anderen Tafelmalern – etwa Jost Haller in Straßburg und Rudolf Stahel in Konstanz – wissen wir, daß sie sich wie die älteren und namhafteren Künstler Jan van Eyck oder Stephan Lochner auch im Bereich der Buchmalerei hervortaten. Für die Glasmalerei, deren Fenster aufgrund differenzierter, technisch brillanter Bemalung den Vergleich mit den feinsten Tafelgemälden standhalten, waren Tafelmaler zumindest als Entwerfer tätig und wurden vielleicht

Martin Schongauer, *Die Geburt Christi,* Berlin, Gemäldegalerie

auch für die Ausführung mit herangezogen. In den meisten Fällen waren wohl auch Maler die Autoren der sogenannten »Bildner«, also der für die Wirker in gleichem Maßstab wie die auszuführenden Teppiche gezeichneten und kolorierten Kartons. Dies mag auch die Ähnlichkeit zwischen gewirkten und gemalten Kompositionen erklären, die beispielsweise an einem Straßburger Antependium von 1450/60 in Glasgow auffällt, das im Figuren- und Faltenstil oder in der Gesichtsbildung an das Stauffenberg-Triptychon in Colmar (um 1455/60) und an Werke des bis gegen 1447 in Straßburg tätigen Jost Haller erinnert (Abb. 2).

Oft bot dieses Tätigwerden für andere Bildgattungen dem Maler und Zeichner neue, erweiterte Möglichkeiten für künstlerisches Arbeiten. Erinnert sei an den Kupferstich und an den Holzschnitt für gedruckte Bücher, denn beide Gattungen erlaubten mitunter einen freieren Umgang mit älteren Bildtraditionen und erforderten zugleich große Erfindungsgabe im Zusammenhang mit der Illustration literarischer Stoffe, für die es noch keine bindende Ikonographie gab.

Die multiplizierbare, leicht und weit zu vertreibende Druckgraphik des Meisters E. S. und Martin Schongauers wurde zu einem in ganz Europa verfügbaren Motiv- und Formenschatz oberrheinischer Prägung. In der Ausstellung bilden die Kupferstiche der beiden Künstler deswegen auch zwei große Werkgruppen in gesonderten räumlichen Sektionen. Dies gilt auch für die malerischen Arbeiten Martin Schongauers, seiner Werkstatt und seiner Schule, die u. a. mit einer Reihe kleiner Madonnenbilder vorgestellt werden, die in Karlsruhe erstmals zusammengeführt sind (Kat. 75–80). Als kleine Ausstellung innerhalb der großen ist auch die Gruppe gestochener, gezeichneter und gemalter Arbeiten zu begreifen, die mit dem Namen von Schongauers jüngerem Bruder Ludwig verbunden wird (Kat. 137–140) und mit dem sich Anna Moraht-Fromm in ihrem Beitrag zu diesem Katalog befaßt. Eigene Sektionen und größere Werkgruppen bilden besonders die Gemälde des Straßburger Meisters der Gewandstudien (siehe Kap. II.5), die noch nie zuvor in einer derartigen Fülle an einem Ort zusammenkamen, und die repräsentative Auswahl aus den in der Karlsruher Kunsthalle gesammelten Werke Hans Baldung Griens, zu denen Tafelgemälde, Zeichnungen, Holzschnitte und Glasgemälde nach den Entwürfen des Künstlers gehören (Kap. III.2).

Zu wieder anderen Bereichen und Erscheinungen der spätmittelalterlichen Kunst zeigt die Ausstellung eine exemplarische Auswahl von Werken. So sind neben den drei nahezu vollständigen Konstanzer Altaraufsätzen von 1480, um 1500 und 1524 (Kat. 27, 184, 188) und den Flügelfragmenten großer Retabel zahlreiche Andachtsbilder kleinen, mittleren und großen Formats zu sehen, die gleichermaßen für den privaten wie öffentlichen Gebrauch geschaffen wurden (siehe Kap. II.9). Da sie unterschiedlichen Bildtypen, Kunstgattungen, Zeiten und Regionen angehören, sind sie zwar zu kleineren Gruppen zusammengefaßt, doch auf verschiedene Räume innerhalb der Ausstellung verteilt.

Inschriften, Jahreszahlen, Wappen und Darstellungen von Stiftern künden noch heute von den Auftraggebern einzelner Tafeln und komplexer vielteiliger Retabel, die in ihrer Gesamtheit meist nicht mehr überliefert sind. Können diese Angaben mit historischen Persönlichkeiten, Lebensdaten und -umständen wie Familienzugehörigkeit, Wohnsitz, Amt oder Alter des Dargestellten verbunden werden, so sind sie oft die einzigen verläßlichen Hinweise für eine mögliche Lokalisierung, Datierung und Zuschreibung von Bildern, Wirkereien, Büchern, Stichen oder Zeichnungen, die lange schon aus ihren örtlichen und räumlichen Zusammenhängen gerissen, zerteilt und bis auf Reste zerstört sind. Die Ausstellung vereint in zwei kleineren, doch hoch bedeutenden Gruppen sehr unterschiedliche Werke, die sich eindeutig auf zwei prominente Stifter beziehen lassen, deren Biographien wohl bekannt sind. Es handelt sich zum einen um Hugo von Hohenlandenberg (1460–1532), der über 34 Jahre Bischof von Konstanz war, und zum anderen um Markgraf Christoph I. von Baden (1453–1527). Diese beiden mächtigen Persönlichkeiten, die der gleichen Generation angehörten, beide über 70 Jahre alt wurden und an den historischen Veränderungen der Epochenwende um 1500 aktiv beteiligt waren, werden in der Ausstellung als exemplarische spätmittelalterliche Mäzene, öffentliche Auftraggeber und private Stifter des geistlichen wie des weltlichen Standes vorgestellt (Kap. II.7, III.2). Die von ihnen hinterlassenen Kunstwerke, die noch von Gemälden mit Darstellungen anderer Stifter ergänzt werden (23, 27, 29, 72, 143-145, 149, 153, 155–160, 170, 180, 181, 183, 189-191, 103, 195, 213), lassen die Intentionen erkennen, die den Aufträgen für den öffentlich-kirchlichen und privat-religiösen Bereich zugrunde liegen. Vornehmlich künden sie von der frommen Gesinnung der Stifter, die sich unter den Schutz der göttlichen Majestät und der heiligen Patrone stellen, von der Sorge um die Sicherung ihres Seelenheils, von dem Wunsch, mit dem Tod nicht der Vergessenheit und Verlorenheit anheimzufallen, sondern im Gedächtnis der fürbittenden Nachwelt fortzuleben, und letztendlich von der Hoffnung auf Teilhabe an dem barmherzigen Erlösungswerk Jesu

Straßburger Werkstatt, *Die Beweinung Christi*, Bildteppich, Glasgow, Burell Collection

Christi, das beschwörend und rückversichernd immer wieder in Bildern vergegenwärtigt wurde.

Der Begleitband zur Ausstellung ist im umfangreicheren Katalogteil nach stilistischen, historischen und sachlichen Gesichtspunkten in drei größere Kapitel gegliedert, die drei nahezu gleichen, aufeinanderfolgenden Zeitabschnitten zwischen 1450 und 1525 entsprechen, welche nochmals in zwanzig Abschnitte unterteilt sind. Die ersten fünf Unterkapitel strukturieren die etwa 70 Exponate unterschiedlicher Gattungen, von denen die frühesten Werke schon kurz vor 1450 entstanden und Meistern der Konrad Witz-Generation zu verdanken sind, während die spätesten bereits gegen 1470 datiert werden müssen, doch noch der ersten Phase der eigenständigen Aneignung vorbildlicher niederländischer Kunst durch Maler, Zeichner und Stecher angehören, die um 1400/1435 geboren wurden.

Das zweite, in elf Abschnitte gegliederte Kapitel mit etwa 160 Katalogeinträgen, stellt die zweite Hauptphase der Niederländerrezeption am Oberrhein dar, widmet sich aber zugleich der überragenden künstlerischen Stellung, die Martin Schongauer (um 1450–1491) mit seinem gemalten und gestochenen Werk zukommt (Abb. 3). Dieses übte noch nach 1500, als schon Albrecht Dürers Kunst mächtig ausstrahlte, großen Einfluß auf die jüngeren Künstlergenerationen am Oberrhein, im deutschen Sprachgebiet, ja im ganzen Abendland aus.

Das vierfach unterteilte, dritte Kapitel mit 65 Exponaten befaßt sich mit der Zeitspanne um 1500–1525, geht auf die Bedeutung des um 1491/94 am Oberrhein tätigen Albrecht Dürer ein, widmet sich aber vornehmlich dem von Dürer geprägten Hans Baldung Grien (1484/85–1545) sowie dem um 1512/16 für das Antoniterkloster in Isenheim/Elsaß tätigen Matthias Grünewald (um 1475–1528), die mit ihrem Schaffen im zweiten Jahrzehnt des 16. Jahrhunderts den hohen Rang wahren, den das Oberrheingebiet unter den deutschen Kunstlandschaften einnimmt. Erinnert sei nur an Grünewalds »Isenheimer Altar« (Abb. 280/1) und an Baldungs Hochaltarretabel (Abb. 4) sowie Entwürfe für die Glasfenster des unter Kaiser Maximilian I. 1510/13 vollendeten Chors des Freiburger Münsters.

Dieser Gliederung des Katalogs folgt im großen Ganzen auch die Aufstellung der Kunstwerke in den fünfzehn großen und kleinen Sälen der Staatlichen Kunsthalle Karlsruhe. Nach einem ersten Raum, der die frü-

Hans Baldung, gen. Grien, Hochaltar des Freiburger Münsters, 1512–16

hen, in einem Fall schon um 1440 entstandenen Gemälde präsentiert, gelangt der Besucher in den Saal mit den Werken des Meisters der Karlsruher Passion (Kat. 35), des Malers des »Feldbacher-Altars« (Kat. 36), von Caspar Isenmann (Kat. 37) und Martin Schongauer (Kat. 73, 74). Von diesem Saal gehen zwei Raumfolgen aus, deren erste im wesentlichen bedeutende Altarwerke bzw. deren Fragmente zeigt, darunter das für die Ausstellung restaurierte, in kleinen Teilen ergänzte Triptychon, welches Hugo von Hohenlandenberg um 1500 für die Kapelle seiner Konstanzer Bischofspfalz in der Werkstatt des Michel Haider malen ließ (Kat. 184), und, ein Höhepunkt der Ausstellung, die Karlsruher Werke von Grünewald, nämlich die beiden kurz vor dem »Isenheimer Altar« gemalten Grisaillen des Frankfurter »Heller-Altars« (Kat. 278) sowie die Kreuztragung und Kreuzigung des »Tauberbischofheimer Altars« von 1523/24, die letzten erhaltenen Werke des Meisters (Kat. 277), welche an Eindringlichkeit der seelischen und religiösen Aussage alles Vergleichbare der spätmittelalterlichen Malerei übertreffen.

In der zweiten Raumfolge finden sich die gemalten und gestochenen Werke des in Colmar tätigen Martin Schongauer (Kap. II.2) sowie die Gemälde und Stiche aus seiner Nachfolge und Schule (Kap. II.1); weiter die Bilder der Straßburger Maler des späten 15. Jahrhunderts mit den Tafeln des Meisters der Gewandstudien (Kap. II.5) und des Meisters der Dominikus-Legende (Kat. 236); und schließlich der große Komplex an Gemälden, Druckgraphik und Glasfenstern, die Hans Baldung Grien und seinen Zeitgenossen zu verdanken sind (Kap. III.2).

Parallel zur ersten großen Raumfolge zieht sich eine Flucht von Sälen, in denen die lichtempfindlichen Zeichnungen des 15. und frühen 16. Jahrhunderts, Werke der Buchkunst, die zahlreichen Blätter des Meisters E. S. (Kap. I.5) und anderer früher Kupferstecher vom Oberrhein sowie die beeindruckende Gruppe der gewirkten Bildteppiche gezeigt werden (Kap. II.8).

Mögen die in der Karlsruher Kunsthalle vereinten Werke der am Oberrhein und im westlichen Bodenseegebiet um 1450–1525 tätigen Künstler und Kunsthandwerker bei den Besuchern Freude und Interesse erwecken, wissenschaftliche Erkenntnisse über eine große Epoche der spätmittelalterlichen Kunst vermitteln und fördern und den Sinn für die Pflege eines überaus kostbaren und aussagekräftigen Kulturerbes wachhalten und stärken.

Künstler und Werkstatt im spätmittelalterlichen Straßburg

Der Meister der Gewandstudien und die Straßburger Tafel- und Glasmalerei

MICHAEL ROTH

Der Zufall der Überlieferung will es, daß innerhalb der ganz erheblich dezimierten oberrheinischen Malerei des 15. Jahrhunderts ein relativ großer, zusammenhängender Komplex von Arbeiten unterschiedlicher Gattungen erhalten ist. Zu dieser Gruppe gehört eine Reihe von Tafelbildern, darunter kleine Einzeltafeln ebenso wie vielteilige und großformatige Passionszyklen ehemaliger Altarretabel und wenige ortsfeste Wandmalereien. Diesen Malereien auf unterschiedlichen Bildträgern schließt sich zudem noch eine für das 15. Jahrhundert ungewöhnliche Vielzahl von Handzeichnungen an, die unter dem Notnamen »Meister der Gewandstudien« oder »Meister der Coburger Rundblätter« in Kupferstichkabinetten bzw. Graphischen Sammlungen aufbewahrt werden. Sie bilden mit etwa 120 oft beidseitig bezeichneten Blättern das größte Zeichnungsœuvre vor der Künstlergeneration Albrecht Dürers. Vorwiegend von diesen Zeichnungen spannt sich dann schließlich der Bogen hinüber zur Glasmalerei des späten 15. Jahrhunderts. Zwischen all diesen Werken – Zeichnungen, Malereien und Glasgemälden – des Straßburger Künstlerkreises bestehen sehr enge Werkstattbeziehungen, die sich durch die ungewöhnliche Dichte und Fülle des Erhaltenen in exemplarischer Weise aufzeigen lassen.

Das zuerst von Ernst Buchner aufgestellte und in der Folge durch zahlreiche Neufunde vor allem durch Lilli Fischel und andere ergänzte gemalte Œuvre des »Meisters der Gewandstudien« oder, wie Buchner ihn nannte, des »Meisters der Coburger Rundblätter«, konnte bis in jüngste Zeit noch erweitert werden.[1] So umfaßt das gemalte Œuvre heute über 30 Tafelbilder, die zu etwa einem Dutzend Werkkomplexen zusammengefaßt werden können.[2] Mindestens drei teils großformatige Passionsaltäre haben sich, weitgehend vollständig, als Einzeltafeln in der Straßburger Kirche St.-Pierre-le-Vieux und im Mainzer Landesmuseum (Kat. 152) sowie fragmentarisch in zwei Einzeltafeln in der Staatlichen Kunsthalle Karlsruhe (Kat. 153) erhalten. Darüber hinaus umfaßt das Werk eine Reihe von bestimmten Heiligen gewidmete Tafeln und Altäre, etwa das jüngst erworbene kleine Hausaltärchen mit Darstellungen aus der Elisabeth-Legende in der Staatlichen Kunsthalle Karlsruhe (Kat. 156), oder den seit wenigen Jahren wieder zusammengeführten Margarethenaltar in Dijon (Kat. 154).[3]

Das gemalte Œuvre des Meisters der Gewandstudien ist stilistisch relativ geschlossen. Charakteristisch sind seine schlanken und langgliedrigen Personen mit verhältnismäßig kleinen Köpfen, deren Gesichter durch stets lange Nasen und meist pralle, fast gedunsen wirkende Inkarnate charakterisiert werden. Ihre Dimensionierung unterliegt meist einer gewissen Bedeutungsperspektive. So sind die Köpfe Christi in Passionsdarstellungen häufig deutlich größer als die Häupter der Assistenzfiguren.

Die Figuren agieren in steiler Höhenstaffelung auf schmalen Raumbühnen, die als Innenräume von Eingangsbögen überfangen und hinten von Wänden oder sonstigen Architekturen abgeschlossen werden. Einzelne Landschaftselemente, Wiesen, Baumgruppen und Kalksteinfelsen werden meist keilförmig ineinandergeschoben oder so gestaffelt, daß ein hochliegender Horizont Außenraumszenen abschließen kann. Als erzählerische Elemente setzt der Maler gerne grasendes Wild oder Hasenrudel in seine Landschaftsräume und streut Maiglöckchen und krautige Bodendecker versatzstückartig in den Vordergrund der Darstellungen.

Die klare Palette des Meisters wird durch deutlich kontrastierende Farben geprägt. Rot und Grün, Grau, Weiß und Gelb sind die beliebtesten Stoffarben. Komplizierter dekorierte Rüstungen oder Brokatgewänder treten seltener in Erscheinung. Gegliedert werden die Stoffe durch kristalline Draperien, in denen steil aufstrebende Röhrenfalten aus tiefen Stoffschluchten emporwachsen und sich bisweilen bizarr und geradezu metallisch verbeulen. Die vom Stoff bedeckten Körper verschwinden ganz unter diesen Faltenkaskaden. Nur selten drückt sich ein Oberschenkel oder ein Knie merklich unter dem Stoff durch. Lediglich die in eng anliegende Ärmel und Beinlinge gekleideten Passionsschergen lassen erkennen, daß der Meister der Gewandstudien eigentlich ein guter Körperdarsteller ist. Sie zeigen plastische Modellierungen sowie akzentuierte Muskeln und Gelenke. Dagegen sind die Hände stets etwas merkwürdig proportioniert. Gerne etwas übergroß gegeben, entwickeln sie sich von zarten Handwurzelknochen über gewölbte und gestreckte Handrücken hin zu sehr feingliedrigen, extrem langen und manchmal weit auseinanderstehenden Fingern, die dem Schönheitsideal des Malers und seiner Zeit besonders zu entsprechen scheinen.

In seiner feinstricheligen Malweise, die geradezu zum Zeichnen mit dem Pinsel werden kann, ist der Meister der Gewandstudien fest in der Straßburger Malereitradition verwurzelt. Diese Art der Pinselführung geht auf den Meister der Karlsruher Passion (Kat. 35) zurück. Zahlreiche Werke, wie

1 Meister der Gewandstudien, *Kreuzannagelung Christi*, um 1485/90, Straßburg, St.-Pierre-le-Vieux

3 Caspar Isenmann, *Geißelung Christi,* 1465, Colmar, Musée d'Unterlinden

zum Beispiel die Kreuzannagelung Christi (Abb. 1) aus dem Zyklus zu St.-Pierre-le-Vieux, verraten die genaue Kenntnis der Tafeln dieses älteren Straßburger Meisters, ohne daß Motive direkt aus dessen Werk abgeleitet wären. Allerdings läßt das noch deutlich engere Verhältnis einiger Zeichnungen des Meisters der Gewandstudien zu Werken des Meisters der Karlsruher Passion erkennen, daß er die Arbeiten dieses Straßburger Hauptmeisters seiner Vorgängergeneration sehr genau studiert hat und offensichtlich sogar Zugang zu dessen Werkstattvorlagen hatte.[4]

Der Meister der Gewandstudien schöpft also nicht in allen Teilen aus einem eigenen Motivschatz. Wie andere etwa zeitgleich in der Region arbeitende Maler, bedient er sich freimütig fremder Anregungen. Trotzdem wird man wohl nicht unbedingt der Einschätzung Lilli Fischels zustimmen wollen, die in einem wegweisenden Beitrag zum Meister der Gewandstudien feststellte: »... in der Werkstatt dieses Malers wird ein von größeren Meistern vorgeprägter künstlerischer Stil fertig hingeschrieben«.[5] Denn es gelingt dem Meister der Gewandstudien bei seinen Adaptionen in der Regel sehr überzeugend, stilistisch ganz unterschiedliche Einflüsse durch die Anpassung an seinen eigenen Stil zu stimmigen, durchaus eigenen Neukompositionen zu verschmelzen und ihnen einen in sich einheitlichen Gesamtcharakter zu verleihen. Er greift nicht nur auf die ältere Straßburger Tradition zurück, sondern nimmt auch überregionale Anregungen und Versatzstücke auf. Sicherlich kannte er den 1465 datierten Passionsaltar aus der St. Martinskirche in Colmar, ein Werk von Caspar Isenmann, dem führenden Colmarer Maler aus der Generation vor Martin Schongauer. Diese Kenntnis des Colmarer Fronaltars ist am besten in der Vorführungsdarstellung aus den Mainzer Passionflügeln des Meisters der Gewandstudien zu erkennen, denn dort orientiert sich die Anlage der Dreifigurengruppe Hannas' und seiner Begleiter (Abb. 2) eng an der Beobachtergruppe der Colmarer Geißelung Christi (Abb. 3). Der vorn rechts stehende Mann mit Gugel ist sogar mehr oder weniger aus dem älteren Colmarer Bild herauskopiert worden. Die Beziehungen gehen sogar über die reine Motivübernahme hinaus und erstrecken sich auf kompositionelle Aspekte, denn die vielfigurigen Beobachtergruppen der Verspottung und Dornenkrönung im Passionszyklus von St.-Pierre-le-Vieux in Straßburg erfüllen kompositorisch ähnliche Aufgaben wie jene auf den Colmarer Tafeln. Und auch die Komposition der Abendmahlstafel des Straßburger Zyklus lehnt sich an Caspar Isenmanns Lösung desselben Themas an. So zeigen schon diese wenigen Beispiele, daß der Meister der Gewandstudien eine Straßburger Maxime beherzigte, die allerdings erst einige Jahre später in einem Streit um die Straßburger Zunftordnung aktenkundig werden sollte: »dan alle gelerten und alle liebhaber der kunst, geystlich oder weltlich, haben nie veracht oder sich nie geschembt, yr vorältern kunst vor sich zu nemen und daruß zu lernen ...«[6]

Natürlich beobachtete der Meister der Gewandstudien auch das zeitgenössische Kunstschaffen am Oberrhein. Anregungen von den fast gleichzeitig entstandenen Arbeiten Martin Schongauers finden sich in seinen Bildtafeln allerorten. Er schöpfte dabei im wesentlichen aus dem graphischen Werk Martin Schongauers, dessen Kenntnis sich auch in den Zeichnungen des Meisters der Gewandstudien wiederholt niederschlägt (Kat. 161). Nur selten allerdings übernimmt er übergreifende Kompositionszusammenhänge aus der Schongauerschen Passion, wie etwa in der *Ecce-Homo*-Tafel in Mainz (Abb. 4, Kat. 152b), wo er den Bildraum des Kupferstiches (Lehrs 25) fast wörtlich kopiert. Auch die Figur des dem Volk präsentierten Heilands wiederholt Schongauers Lösung. Dafür versetzt der Gewandstudienmeister die Figur des Pilatus weiter nach vorn, zwischen Christus und das johlende Volk. Schongauers Pilatus wird ebenfalls übernommen, aber ikonographisch umgedeutet. Er posiert nun als Spottszepter haltender, vornehmer Beobachter.

In der Regel aber verwendet der Gewandstudienmeister Schongauers Kupferstiche nur in Details, etwa wenn er im Vordergrund der Karlsruher Magdalenenerhebung (Kat. 155) auf die Felsformationen von Schongauers Ölbergkupferstich (Lehrs 19) zurückgreift.

2 Meister der Gewandstudien, *Christus vor Hannas,* letztes Viertel 15. Jh., Mainz, Landesmuseum

4 Meister der Gewandstudien, *Ecce-Homo,* letztes Viertel 15. Jh., Mainz, Landesmuseum

Vereinzelt finden sich auf Tafeln des Meisters der Gewandstudien sogar niederländische Bildmotive aus dem Kreis um Rogier van der Weyden. So versetzt er die spektakuläre Magdalenenfigur aus Rogiers berühmte Tafel der Kreuzabnabhme Christi im Madrider Prado (Abb. 5) in die Beweinung Christi (Abb. 6) in St.-Pierre-le-Vieux. Rogier van der Weydens berühmte Magdalenenfigur war jedoch bereits Jahrzehnte zuvor in Straßburg bekannt, denn schon 1461 findet sich das Motiv, wenn auch in gemilderter Expressivität, im Chorscheitelfenster der ehemaligen Benediktinerabteikirche zu Walburg (Abb. 7). Die spektakuläre Komposition Rogier van der Weydens war demnach bereits zu Beginn der sechziger Jahre in Straßburg bekannt. Es ist also nicht unbedingt erforderlich, wegen dieser Motivaufnahme eine Niederlandereise für den Meister der Gewandstudien anzunehmen.

Ein Blick ins Atelier. Das Verhältnis der Tafelbilder des Meisters der Gewandstudien zu seinen Zeichnungen

Viel stärker als die Parallelen zur Kunst anderer Meister sind allerdings die Brücken zwischen den Handzeichnungen und Tafelbildern, die dem Meister der Gewandstudien selbst zugeschrieben werden. Hier bestehen Verbindungen von einer ganz besonderen Qualität. Zeichnung und Malerei entsprechen sich nicht nur motivisch, sondern auch stilistisch, denn sie stammen aus einem Werkstattkomplex. Im direkten Vergleich läßt sich immer wieder feststellen, daß sich gezeichnete und gemalte Motive gegenseitig bedingen und aufeinander aufbauen. Sie sind zusammengehörige Teile eines Werkprozesses innerhalb eines Atelierverbandes, und als solche für die oberrheinische Kunst des späten 15. Jahrhunderts ganz einzigartig. Es gibt keine andere Werkgruppe, die so tiefe Einblicke in die Arbeitsgewohnheiten von Künstlerateliers in dieser Zeit in vergleichbarer Breite und Tiefe zuläßt.

Wenn wir uns im folgenden bei der Betrachtung von Handzeichnungen des Meisters der Gewandstudien immer wieder auf die Motivbeziehungen zu Arbeiten anderer Gattungen konzentrieren müssen, so soll doch vorab nicht unerwähnt bleiben, daß es sich bei diesen Zeichnungen durchaus um Hauptwerke ihrer Spezies handelt. Die im letzten Drittel des 15. Jahrhunderts entstandenen Blätter des Meisters bieten ein Gegenmodell, eine unbekümmert souveräne künstlerische Antwort auf das wesentlich kontrolliertere und bewußt schönlinige graphische Werk des berühmten und überragenden Colmarer Nachbarn Martin Schongauer. Trotz der genauen Kenntnis vor allem der Kupferstiche Schongauers sind die Zeichnungen des Gewandstudienmeisters denkbar verschieden. Nur wenige Blätter des Straßburgers wollen durch graphisches Kalkül beeindrucken. Und selbst dann, wenn es galt, präsentable Blätter vorzulegen, etwa in den Scheibenrissen zu Kabinettglasmalereien, sucht man das kontrollierte und klare Lineament eines Maler-Stechers vergebens. Gerade weil die Blätter des Meisters der Ge-

5 Rogier van der Weyden, *Kreuzabnahme Christi* Detail, um 1430/35, Madrid, Prado

6 Meister der Gewandstudien, *Kreuzabnahme/ Beweinung Christi,* um 1485/90, Straßburg, St.-Pierre-le-Vieux

7 Walburger Meister von 1461, *Kreuzigung Christi* (Detail), 1461, Walburg, ehemalige Benediktinerabteikirche, Chorscheitelfenster

wandstudien nicht dem landläufigen und entscheidend von der Kunst Martin Schongauers geprägten Schönheitsideal spätgotischer Zeichnungen entsprechen, sind sie so aufschlußreich und faszinierend.

Die Skizzen des Meisters der Gewandstudien sind ganz auf ihren Zweck gerichtet und dienen ihm in höchster Effizienz: Sie waren sowohl Formengedächtnis wie internes Kommunikationsmittel in der Werkstatt. Daher stecken sie voller Bezüge zu anderen Arbeiten. So schlägt bereits das erste dem Meister der Gewandstudien überhaupt zugeschriebene Blatt einen Bogen zu den Tafelbildern. Ein Blatt im Kopenhagener Kupferstichkabinett zeigt eine Reihe von Studien zu Aposteln am Ölberg bzw. zum Christus der Kreuztragung (Abb. 8, 9).[7] Es lohnt sich, die Verknüpfungen von Zeichnungen und Tafelbildern an diesem Werkbeispiel einmal zu verfolgen: Auf dem Kopenhagener Blatt sind fünf, in Figurenmaßstab und Detailausarbeitung unterschiedliche Gewandstudien zu sitzenden bzw. liegenden Figuren zusammengestellt, meist Jünger einer Gethsemanedarstellung. Links stützt ein Jünger den Kopf am angezogenen Knie ab. Auf der rechten Blattseite befindet sich eine große Studie eines am Boden Sitzenden nach schräg rechts, der den Kopf mit der Linken stützt und mit der rechten, auf dem Knie liegenden Hand einen Gegenstand zu halten scheint. Scharf geschnittene Konturen, ein schweres, kantiges Kinn, die eckige Nasenlinie sowie der schmale Mund mit heruntergezogenem Winkel beschreiben das herbe Gesicht. Ein tonsurartig schmaler Lockenkranz grenzt die Stirn gegen das kahle Haupt ab. Der Mantel liegt auf der linken Körperseite wie ein schmaler langer Schal am Boden. Auf der anderen Seite wird er vom Rücken in einer tiefen Saumschüssel unter dem rechten Arm hindurchgeführt und über die Knie geworfen. Eine dünne, geschwungene Linie, die quer über die nebeneinandergestellten Unterschenkel geführt ist, beschreibt den Mantelsaum. Diese Figur entspricht nun dem schlafenden Petrus auf der Karlsruher Ölbergtafel (Kat. 153a) bis in Details der Mantelfältelung hinein. Die weit ausschwingende, offene Saumschleife des Mantels links ist in der Tafel etwas zurückgenommen, da sie andernfalls mit dem Scheibennimbus des liegenden Johannes' kollidieren würde. Diese und weitere geringfügige Abweichungen gegenüber der gemalten Figur schließen aus, daß die gezeichnete Version nach dem Bild entstanden ist, so zum Beispiel die Stofführung des Mantels um die den Kopf stützende Linke herum.

Ganz ähnlich verhält es sich mit der Gewandstudie einer höchst dynamisch weit nach rechts ausschreitenden, gegürteten Figur mit nach hinten ausgestrecktem rechten Arm auf der Rückseite des Kopenhagener Blattes. Das linke, vorgestellte Bein ist stark gebeugt. In heftiger, kleinbrüchiger Knitterung schleift das Gewand über den Boden. Das rechte, nachgeschleppte Knie hat den Boden noch nicht berührt, aber die unter dem Knie gestauchten Gewandfalten unterstützen den Eindruck eines labilen, ja schwindenden Gleichgewichts der Figur. Etwa in Höhe der Kniebeuge gräbt sich ein verzweigtes Rinnengewirr in die Faltenschläuche ein, das während des Zeichnens erweitert wurde. Der mittlere der drei

8 Meister der Gewandstudien, *Fünf Studien zu schlafenden Jüngern einer Ölbergdarstellung,* um 1485/90, Kopenhagen; Statens Museum for Kunst, Kobberstiksamling

9 Meister der Gewandstudien, *Gewandstudie zum Christus der Kreuztragung und Skizze einer lesenden Figur und Gewandstudie,* um 1485/90, Kopenhagen; Statens Museum for Kunst, Kobberstiksamling

hochstehenden Stränge schneidet in bereits angelegte Faltenhügel ein. Diese Gewandfigur kehrt leicht variiert als kreuzschleppender Christus auf der Mainzer Kreuztragung Christi (Abb. 10) wieder. Die Malerei orientiert sich in der Ausführung sehr eng an der einmal gefundenen, in der Zeichnung entwickelten Lösung. Bei der Anpassung des Entwurfs an das schmale Hochformat der Tafel und der Einbindung in einen Handlungskontext gehen jedoch die beeindruckenden dynamischen Werte der Skizze verloren. Die Figur auf der Mainzer Tafel steht fester, ihre Extremitäten bleiben in die Gesamtkontur eingeschrieben. Den Fuß rahmt sogar ein schmaler Stoffschlauch, der auf der Skizze vom Unterschenkel überschnitten wird und damit gerade das Schleppende der Bewegung verdeutlicht.[8] Alle angezeigten Knitterungen werden in der gemalten Ausführung übernommen. So entsteht unterhalb des rechten Knies auf der Tafel ein fast sternförmiges Faltengebirge, das von einer sich tütenförmig verbreiternden Doppelfalte unterfangen wird. Der wuchtige, bildparallel abgestreckte Arm des Entwurfs wird durch einen dünnen, hölzernen, faltendurchklüfteten Hebel ersetzt, der recht unorganisch am Figurenrumpf sitzt.

Das Kopenhagener Blatt steht somit zwischen zwei verschiedenen Passionszyklen des Meisters der Gewandstudien. Für die beiden Bildtafeln, deren ursprünglicher Bestimmungsort unbekannt ist, lassen sich keine festen Entstehungsdaten erschließen. Während Fischel die Mainzer Passionstafeln an das Ende ihrer Chronologie der Tafelbilder stellt,[9] ordnet sie Stange in eine frühere, in den siebziger oder frühen achtziger Jahren des 15. Jahrhunderts entstandene Gruppe ein.[10] Aufgrund der relativen Chronologie der Zeichnungen des Meisters der Gewandstudien dürften die Kopenhagener Skizzen in der zweiten Hälfte der achtziger Jahre des 15. Jahrhunderts entstanden sein.

Ein ganz ähnliches Beziehungspaar von Zeichnung und Tafelbild zeigt, daß nicht nur ganze Gewandfiguren übernommen wurden. Auf einer Zeichnung mit Gewandstudien zu sitzenden Figuren (Abb. 11), offensichtlich Marien einer Beweinung Christi, im Berliner Kupferstichkabinett wird deutlich, daß es bisweilen nur ganz kleine Partien sind, die Eingang in Tafelbilder fanden. Eine kleine Stoffpartie aus einer der Skizzen kehrt nämlich in einem Bild des Meisters der Gewandstudien wieder, in der Beweinung Christi im großformatigen Straßburger Passionszyklus zu St.-Pierre-le-Vieux (Abb. 6).[11] Obwohl das Berliner Blatt mit zwei übereinander skizzierten, weitgehend kompletten Marienbildern durchaus geeignete Vorbilder für die Tafelbildversion geboten hätte, kam es letztlich nicht zur kompletten Ausführung einer der skizzierten Figuren. Aufgegriffen wurde lediglich ein Detail der unteren Skizze, nämlich der links unten in serpentinartiger Windung steil aufstauchende Saum des Marienmantels unterhalb des angedeuteten Leichnams Christi. Die Lösungen in Zeichnung und Tafelbild stimmen hier faltengenau überein. Es ist dabei wiederum eindeutig, daß die Skizze nicht nach der ausgeführten Tafel gezeichnet worden sein kann, sondern als Vorbild diente. Und obwohl alle Studien auf Vorder- und Rückseite des Berliner Blattes offenbar Figuren aus dem Passionszusammenhang zeigen, ist es möglich, daß die Skizzen unabhängig von konkreten Vorbereitungen zu der Bildtafel des Zyklus von St.-Pierre-le-Vieux in Straßburg entstanden sind, dann aber in deren Komposition einflossen.

Ganz ähnlich verhält es sich mit einem weiteren Motivpaar. Die in der Ausstellung zu sehende Stuttgarter Zeichnung mit Gewand- und Ärmelstudien (Kat. 165) auf der Vorder- sowie drei Skizzen zum Auferstandenen Christus auf der Rückseite weist eine weitere, leicht zu übersehende

10 Meister der Gewandstudien, *Kreuztragung Christi,* letztes Viertel 15. Jh., Mainz, Landesmuseum

11 Meister der Gewandstudien, *Gewandstudien zu Marien der Beweinung Christi,* um 1485, Berlin, SMPK, Kupferstichkabinett

und deshalb bislang unentdeckte Parallele zu einer der Tafeln in St.-Pierre-le-Vieux auf. Die Draperie des wohl frei entworfenen oberen Ärmels auf der Zeichnung entspricht der langgestreckten Knitterung des Ärmels Pilati, der in der Straßburger Geißelungstafel unter dem Torbogen steht und eine Beobachtergruppe auf den leidenden Heiland hinweist (Abb. 165 und 165/1). Er hat hier natürlich kein Buch im Arm, wie es die Skizze andeutet, aber trotzdem ist die Beziehung ganz offensichtlich. Der gemalte Faltenwurf der lang herabgleitenden schmalen Faltenschläuche, die sich im unteren Teil in zackige Knitterungen vergabeln, folgt der gezeichneten Vorlage, da die Skizze wesentlich ausführlicher ist und auch Partien zeigt, die in der Tafel vom Eingangsbogen verdeckt werden. Und auch die Beinstellung des eintretenden Pilatus entspricht der Zeichnung, die allerdings mit einem lang herabfallenden und am Boden aufstauchenden Gewand rechnet.

Aufgrund der vielseitigen Verbindungen der Zeichnungen des Meisters der Gewandstudien mit den Bildtafeln, die hier nur an wenigen Beispielen gezeigt werden konnten, wird ganz offensichtlich, daß die Blätter in der Malerwerkstatt greifbar waren und teilweise die Ausführung von Tafeln vorbereiteten. Ihr wechselndes Verhältnis als Entwurfszeichnungen zu den Tafeln und als Kopien bzw. Dokumentationszeichnungen nach den ausgeführten Werken zeigt ferner, daß man es in der Malerwerkstatt für angebracht hielt, einmal gefundene Lösungen zu archivieren, um sie gegebenenfalls wiederverwenden zu können. So erklärt sich vielleicht auch die Ähnlichkeit der Petrusfiguren in der Karlsruher Tafel (Kat. 153a) und einer zweiten Version des Themas in Straßburg (Abb. 12). Einige Draperieelemente der Kopenhagener Zeichnung (Abb. 8), die auf der direkt abhängigen Karlsruher Tafel nicht übernommen werden, erscheinen auf der entsprechenden Tafel zu St.-Pierre-le-Vieux, wie etwa das vorstehende Faltendreieck zwischen den Knien Petri. Man griff auf einmal gefundene Lösungen zurück und variierte sie auch in der Malerei bei Bedarf in ähnlicher Weise wie auf den Zeichnungen einzelne Draperien.

Der Meister der Gewandstudien und die Straßburger Glasmalerei

Neben diesen ganz eindeutigen Stil- und Motivzusammenhängen von Zeichnungen und Tafelbildern schlagen die Handzeichnungen des Meisters der Gewandstudien eine Brücke zu einem weiteren Komplex, nämlich zur Straßburger Glasmalerei aus der zweiten Hälfte des 15. Jahrhunderts und hier vor allem zu den Farbverglasungen aus dem Kreis einer spektakulären Werkstattgemeinschaft um den Straßburger Glasmaler Peter Hemmel von Andlau. Es ist sinnvoll, diese Glasmalergemeinschaft kurz vorzustellen, da die historische Konstruktion dieses Handwerkerkartells exemplarisch verdeutlicht, wie schwer es heute ist, unseren Wunsch nach fester Zuordnung einer Arbeit zu einer spezifischen Person, nach dem Werk eines Künstlers, an dieser Gruppe zufrieden zu stellen.

12 Meister der Gewandstudien, *Gebet am Ölberg,* um 1485/90, Straßburg, St.-Pierre-le-Vieux

13 Meister der Gewandstudien, *Gewandstudien zu knienden Figuren, Lendentuch und Kopfstudie,* um 1480, Coburg, Kunstsammlungen der Veste Coburg

Im Straßburger Stadtarchiv ist ein Dokument erhalten, eine Vertragserneuerung aus dem Jahr 1480, das über eine Glasmalergemeinschaft »gemeinschaft mit glasewerck« in den Jahren zwischen 1477 und 1481 Auskunft gibt. Die fünf Straßburger Glasmaler Peter Hemmel von Andlau, Hans von Maursmünster, Diebolt von Lixheim, Lienhart Spitznagel und Werner Störe schlossen sich für die Dauer von vier Jahren zu einer Werkstattgemeinschaft zusammen, die am St. Martinstag 1481 enden sollte.[12] Ob und in welcher Form die Gemeinschaft nach 1481 weitergeführt wurde, ist nicht belegt. Sicher ist nur, daß die fünf Straßburger Glasmalerateliers mit ihren Mitarbeitern, Gesellen und Lehrlingen, in der knappen Frist von gerade einmal vier Jahren ein bemerkenswert großes Œuvre qualitativ herausragender Farbverglasungen schufen. Sie arbeiteten nicht nur für den Straßburger Markt, sondern exportierten ihre Produkte in weitem Umkreis. Über die Mitglieder der Werkstattgemeinschaft ist einiges bekannt. Allerdings hilft uns dieses Wissen über die historischen Personen bei der Händescheidung der einzelnen Künstlerœuvre innerhalb dieser Gemeinschaft nur begrenzt weiter. Die Forschung bemüht sich seit langem, den einzelnen Meistern Werke zuzuordnen und kommt dabei immer wieder zu unterschiedlichen und bisweilen widersprüchlichen Ergebnissen. Das liegt in der Natur der Sache. Denn ganz offensichtlich haben sich die Meister bemüht, einen mehr oder weniger einheitlichen Werkstattstil zu etablieren, um eine sinnvolle künstlerische wie wirtschaftliche Zusammenarbeit überhaupt erst zu möglichen. Es ist hier nicht der Ort, detailliert über die Werkstattorganisation der Straßburger Glasmalerbetriebe zu berichten, wichtig ist für uns allerdings, die Rolle von Handzeichnungen in solchen Ateliers zu klären. In jedem Fall darf man annehmen, daß Zeichnungen für Glasmaler eine bedeutende Rolle gespielt haben, denn die Planung großer Farbverglasungen verlangte intensive zeichnerische Vorarbeiten. Stärker noch als beim Tafelbild, bei dem zumindest die Malfläche von Anfang an komplett vor Augen steht, setzt sich die Entstehung eines Glasgemäldes aus einer Vielzahl ganz unterschiedlicher Einzelschritte zusammen. Während der Arbeit teilt sich die Gesamtkomposition in ein Mosaik verschiedenfarbiger Glasscherben auf. Der Glasmaler mußte also auf der einen Seite den Gesamtplan im Auge behalten und zum andern die einzelnen Scherben gesondert bearbeiten. Es wird unterschiedlich detaillierte, vorbereitende Zeichnungen für die einzelnen Aufgaben und Arbeitsschritte gegeben haben, bis hin zu einem Karton, der die Gesamtdisposition vorgab. Dokumentationszeichnungen, die eine realisierte Arbeit festhielten, kamen hinzu. So konnte man zu einem späteren Zeitpunkt auf die Bildidee zurückgreifen, wenn die ausgeführten Farbverglasungen oder Einzelscheiben das Atelier bereits verlassen hatten. Es entstand nach und nach ein Werkstattfundus höchst verschiedenartiger Handzeichnungen, Kartons und graphischer Blätter. Bereits vorhandene Musterzeichnungen, Skizzen und Vorlageblätter konnten ganz oder in Teilen in neue Entwürfe eingearbeitet und so immer wieder zur Bewältigung neuer Aufgaben herangezogen werden.

15 Meister der Gewandstudien, *Altarriß mit musizierenden Engeln,* um 1480/90 Wien, Graphische Sammlung Albertina

14 Straßburger Werkstattgemeinschaft, *Barbara Volckamer und ihre Töchter,* um 1481, Nürnberg, St. Lorenz, Volckamerfenster

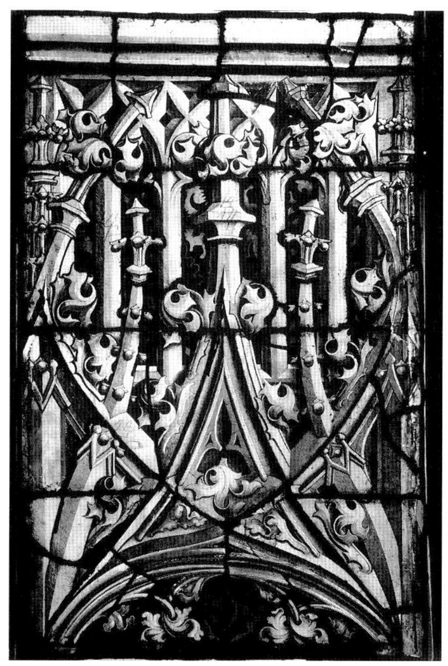

16 Straßburger Werkstattgemeinschaft, *Architekturbekrönung,* 1480/81, Ulmer Münster, Kramerfenster

17 Straßburger Werkstattgemeinschaft, *Architekturbekrönungen der Sebastiansszene,* um 1481, Nürnberg, St. Lorenz, Volckamerfenster

Wie stellt sich die Verbindung zwischen dem Meister der Gewandstudien und den Straßburger Glasmalern nun dar? Hier ist der zweite Notname richtungsweisend, der den Zeichnungen beigegeben wurde: Meister der Coburger Rundblätter. Aus stilkritischen Gründen sind dem Zeichner nämlich bereits früh einige Scheibenrisse, Entwürfe für Kabinettglasmalereien, zugeschrieben worden. Dies geschah jedoch zu einer Zeit, in der man die Beschäftigung der Straßburger Glasmaler um Peter Hemmel mit Kabinettscheiben noch keineswegs annahm. Damit verstellte sich die Forschung den Blick auf die tatsächliche offenbar mit führende Rolle der Straßburger Glasmalerei bei der Entwicklung der Kabinettglasmalerei zum einen und darüber hinaus auf die Erkenntnis der erstaunlich engen Beziehung der Zeichnungen des Gewandstudienmeisters zur Glasmalerei des Kreises um Peter Hemmel von Andlau.

Fedja Anzelewsky erkannte dann, daß eine der Lendentuchstudien auf einem Skizzenblatt des Meisters der Gewandstudien in Straßburg (Kat. 166) mit einem Sebastiansschurz im Farbfenster der Familie Volckamer in der Nürnberger Lorenzkirche übereinstimmt.[13] Für andere Zeichnungen des Gewandstudienmeisters konnten später ebenfalls Verbindungen zu Farbfenstern nachgewiesen werden, darunter weitere zum Nürnberger Volckamerfenster. So zeigt ein Blatt auf der Veste Coburg wiederum typische Gewandstudien und einen schwer lesbaren Schriftzug (Abb. 13).[14] Er hat zu sehr unterschiedlichen Deutungen des Blattes angeregt. Als »pi stich mit all« (beim Stich mit allen) gelesen, wurde es als Vorzeichnung zu einem Kupferstich angesehen,[15] als »xi stöck mit all« (insgesamt 11 Bildstöcke) gedeutet, dachte man an einen Hinweis auf einen elf Figuren umfassenden Skulpturenzyklus, nach welchem die Skizzen angefertigt sein sollten.[16] Bei der Beschriftung handelt es sich tatsächlich um eine Zahlenangabe von Figuren, allerdings weder im Kupferstich, noch in der Skulptur, sondern in der Glasmalerei des Nürnberger Volckamerfensters zu St. Lorenz. Die untere Zeile dieses Fensters umfaßt elf Figuren. Genau diese Zahl vermerkt der Zeichner in der Beschriftung »xi stuck(?) mit all« (insgesamt 11 Stück).

Die beiden Draperieskizzen kniender Figuren unten auf dem Coburger Blatt entsprechen den Kleidern zweier Töchter der Stifterin Barbara Volckamer (Abb. 14). Da die Handzeichnung ohne die vorgegebenen Bildgrenzen eines Scheibenrahmens entstanden ist, konnte der Zeichner die linke Gewandfigur breiter anlegen als in der ausgeführten Scheibe. Dies und weitere kleine, aber bezeichnende Abweichungen sprechen dafür, daß es sich um eine Entwurfsskizze zur Scheibe und nicht um eine Nachzeichnung der Glasmalerei handelt. Das Gewandstudienblatt wird wie das Volckamerfenster in St. Lorenz um 1480/81 angefertigt worden sein.[17]

Belegt schon dieses eine Beispiel die enge Verzahnung der Skizzen des Gewandstudienmeisters mit den Arbeiten der Straßburger Werkstattgemeinschaft, so läßt sich dies mit einem weiteren Blatt vertiefen. Zugleich kann man den Bogen zurückspannen zur Tafelmalerei des Straßburgers und zu einem Bild in der Ausstellung. Die Graphische Sammlung Albertina bewahrt ein ungewöhnliches Blatt des Gewandstudienmeisters auf. Es sieht auf den ersten Blick aus wie ein typischer Altarriß für einen spätmittelalterlichen Schnitzaltar (Abb. 15).[18] Bemerkenswert ist aber, daß die beiden Schreinseiten zwar gleich detailliert durchgezeichnet, aber ungleich gestaltet sind. Häufig verzichten Altarzeichner gerade wegen der sonst üblicherweise geforderten Symmetrie auf die Schilderung beider Schreinseiten. Es kommt hinzu, daß auch das Gesprenge in einen Schreinkasten eingeschrieben ist und daß trotz der genauen Schilderung der Engelsgruppen und sogar der Seitenteile eines Mittelsockels gerade die zentrale Figur in der Schreinmitte fehlt.

Die Hauptakzente des zeichnerischen Interesses liegen auf der hochragenden Zierarchitektur des Schreinauszugs und auf den Bogenstellun-

18 Meister der Gewandstudien, *Altarriß mit musizierenden Engeln,* Rückseite: *Damastmuster*, um 1480/90, Wien, Graphische Sammlung Albertina

gen der Seitenteile. Die Figuren sind eher Staffage oder fehlen ganz. Die Suche nach vergleichbaren Architekturteilen führt wieder in den Kreis der Straßburger Glasmalergemeinschaft um Peter Hemmel, diesmal zum Kramerfenster im Ulmer Münster. Dessen Bekrönungssystem (Abb. 16) zeigt dieselben Maßwerkformen wie der schmalere linke Baldachin der Wiener Zeichnung.

Der Aufbau des weit vorkragenden Hauptbogens über dem leeren Sockel in der Schreinmitte findet sich im Kramerfenster ebenfalls ganz ähnlich im Architekturbaldachin über der Wurzel Jesse. Er stimmt aber noch genauer mit den Baldachinformen eines anderen Fensters der Werkstattgemeinschaft überein, den Bekrönungen der Georgs- und der Sebastiansszene im Volckamerfenster der St. Lorenzkirche in Nürnberg (Abb. 17). Einmal mehr auf das Nürnberger Fenster aufmerksam geworden, findet sich hier auch das hoch aufragende Strebebogensystem des Auszugs. Ganz ähnlich wie das Kopenhagener Blatt zwei nicht zusammengehörige Bildtafeln des Meisters der Gewandstudien miteinander verknüpft, verspannt also die Wiener Zeichnung zwei örtlich weit auseinanderliegende Farbverglasungen der Straßburger Werkstattgemeinschaft miteinander.

Das Wiener Blatt verweist auch auf die Tafelmalerei zurück, denn auf seiner Rückseite befindet sich die Modelzeichnung eines Damastmusters (Abb. 18). Dieses Muster erscheint als Brokatornament der Decke auf dem Krakauer Marientod (Kat. 159) wieder. Der Wiener ›Altarriß‹ ist somit eines der wichtigsten Verbindungsglieder zwischen den Straßburger Glas- und Tafelmalerwerkstätten. Er muß in einem dieser Ateliers entstanden sein, da vergleichbare Architekturbaldachine in der gleichzeitigen oberrheinischen Skulptur nicht vorkommen, in den Arbeiten der Straßburger Werkstattgemeinschaft aber wiederholt umgesetzt worden sind.

Die Verbindung unter den Straßburger Künstlern der Schongauerzeit ist wahrscheinlich noch wesentlich handfester, als dies die skizzierten Stilverbindungen und Motivwanderungen von Werk zu Werk erschließen lassen. Es bestanden sehr enge nachbarschaftliche Verbindungen zwischen Glasmalern der Straßburger Werkstattgemeinschaft, Bildhauern und auch Tafelmalern, zu denen der Meister der Gewandstudien gehört haben muß. Sie wohnten zum Teil Haus an Haus oder vis à vis beim Stockgericht in der Straßburger Oberstraße. So kann es nicht verwundern, daß einer der namentlich bekannten Nachbarn, der Maler Heinrich Lützelmann, in die Diskussion um die Benennung des Gewandstudienmeisters eingeführt worden ist.[19] Über die rein nachbarschaftlichen Verbindungen hinaus gibt es allerdings keinen direkten Hinweis zur Verknüpfung eines Werks mit diesem Malernamen, so daß wir auch weiterhin von einem Anonymus, dem Meister der Gewandstudien, als beziehungsreichstem Straßburger Künstler des Spätmittelalters sprechen müssen.

1 Buchner 1927, S. 284–300.

2 Revisionsbedürftige Werkzusammenstellung bei Stange, KV, Bd. 2, 1970, S. 47–50, Nr. 152–167.

3 Starcky, Emmanuel/Jugie, Sophie: Un retable du XVe siècle recontitué: Deux panneaux du Maître des Ronds de Cobourg acquis par le musée des Beaux-Arts de Dijon, in: La Revue du Louvre et des Musées de France, H. 1. 1996, S. 13–15. Jugie, Sophie: Le retable de sainte Marguerite du Maître des Ronds de Coburg, in: Bulletin des Musées de Dijon, 1997, S. 8–17.

4 Zum Verhältnis des Meisters der Gewandstudien zum Meister der Karlsruher Passion siehe zuletzt Roller 1996, S. 158–161, S. 170, Anm. 44.

5 Fischel 1933/34, S. 28 .

6 Mit diesem Argument verwahrten sich einige Straßburger Werkmeister im Jahr 1516 gegen die Forderung einer Meisterprüfungsordnung für die Straßburger Maler. Die von der Gegenpartei gewünschte, scharfe Ordnung sollte unter anderem frei entworfene Meisterstücke vorsehen: »Item die stuck soll er machen fry gefisiert, on alle kunststück, sunder von eins eygen verstendnis und kynnende ...«, Rott 1936a, S. 221f.

7 Kopenhagen, Statens Museum for Kunst, Kobberstiksamling, Inv. Nr. 6715, hierzu: Mikael Bøgh Rasmussen: German Drawings before 1540. Statens Museum for Kunst, Cobenhagen 2000, S. 29–32, Nr. 5.

8 Vgl. dieses charakteristische Motiv auf der um 1475–1480 sehr wahrscheinlich für den Ratssaal im Ulmer Rathaus angefertigten Straßburger Rundscheibe der Versuchten Steinigung Christi (zuletzt Ausst. Kat. Ulm 1995, S. 106, Nr. 16).

9 Fischel 1933/34, S. 39.

10 Stange, DMG, Bd. 7, 1955, S. 32f.

11 Nicht zuletzt wegen der direkten Verknüpfung der Zeichnung mit dem Bild ist Stanges (KV, Bd. 2, 1970, S. 46 Nr. 142 s. v. Meister des Maikammerer Altars) Abschreibung dieser Tafel aus dem Œuvre des Gewandstudienmeisters nicht sinnvoll.

12 Zum neuesten Stand der Forschung zur Straßburger Werkstattgemeinschaft siehe jetzt zusammenfassend Rüdiger Becksmann im Ausst. Kat. des Badischen Landesmuseum Karlsruhe 2001/02.

13 Anzelewsky 1964, S. 49f.

14 Coburg, Kunstsammlungen der Veste Coburg, Inv. Z 236

15 Naumann 1935, S. 122.

16 Ausst. Kat. Detroit 1983, S. 120. Tatsächlich ist der dritte Buchstabe im zweiten Wort kaum eindeutig zu entziffern. Deshalb ist es schwierig, allein aus der Deutung des Wortes einen Verwendungszweck oder einen Vorbildzyklus für die Skizzen abzuleiten.

17 Zur Datierung des Volckamerfensters sieh Frankl 1962, S. 202–204.

18 Wien, Graphische Sammlung Albertina, Inv. Nr. 24656.

19 Zur Wohnsituation in der Straßburger Oberstraße siehe Scholz, Hartmut: Hans Wild und Hans Kamensetzer – Hypotheken der Ulmer und Straßburger Kunstgeschichte des Spätmittelalters. In: Jahrbuch der Berliner Museen, N. F., Bd. 36, 1994 (S. 93–140), S. 135–137.

Ludwig Schongauer und die anderen ...

Zum Problem des künstlerischen Austausches zwischen der schwäbischen und oberrheinischen Kunstlandschaft

Anna Moraht-Fromm

I.

In der – freilich nicht immer zustimmend – bis heute zitierten »Bibel zur Altdeutschen Kunst« stellt Alfred Stange ohne Umschweife fest, daß in der oberrheinischen Kunstlandschaft keinerlei Zeugnisse Ulmer Malerei nachweisbar seien, weil die Künstler niemals den »Kamm des Schwarzwaldes« überschritten hätten.[1] Warum sollten sie auch? – würde man daraufhin erst einmal fragen. Die eigenen künstlerischen Kräfte am Oberrhein waren so vielfältig und von so besonderer Begabung, daß man eigentlich keine Veranlassung gehabt hätte, auf Künstler aus Ulm – oder dem schwäbischen Raum überhaupt – zurückzugreifen. Julius Baum dagegen konstatiert – und ihm wird man in diesem Punkt eher beipflichten wollen – enge Beziehungen zwischen Ulm und dem Oberrhein.[2] Daß es keine Künstler – bzw. »Formwanderungen«[3], wie Baum es nannte – zwischen den beiden aneinander grenzenden sogenannten Kunstlandschaften »Schwaben« und dem »Oberrhein« gegeben haben soll, ist schlichtweg unvorstellbar und wird sowohl durch die späteren Migrationen zahlreicher Künstler an den Oberrhein – hier brauchen nur Namen wie Hans Holbein (aus Augsburg) oder Daniel Mauch (aus Ulm) genannt zu werden – als auch durch den Kunstexport bereits im frühen 15. Jahrhundert widerlegt. Allein das Medium der Glasmalerei ist noch immer beredtes Beispiel dafür, selbst wenn diese nur in Bruchteilen auf uns gekommen ist. Ulm hat in beachtlichem Ausmaß Glaskunst in die Schweiz, an den Bodensee, in das Elsaß exportiert und umgekehrt, als die wirtschaftliche – und künstlerische – Bedeutung Ulms ihren Zenit zu überschreiten begann, erhält eine der bedeutendsten Straßburger Glasmalereiwerkstätten um Peter Hemmel von Andlau die wichtigsten Aufträge für das Münster in Ulm.[4]

Das Phänomen des künstlerischen Austausches zwischen Oberrhein und Schwaben und den sich daraus natürlicherweise ergebenden stilistischen Abhängigkeiten in aller Vollständigkeit nachzugehen, wäre eine langjährige Forschungsleistung für sich, um die es an dieser Stelle nicht gehen kann.[5] Zu hoffen ist, daß die Karlsruher Ausstellung wieder Bewegung in diesen Fragenkomplex zu bringen vermag. Der interessierte Besucher jedenfalls wird allemal und ausgiebig Gelegenheit erhalten, diesen Abhängigkeiten an besonders markanten Beispielen aus dem Zeitraum zwischen 1450 und dem ersten Viertel des 16. Jahrhunderts nachzuspüren, in einer Phase, in der man die traditionellen Bildmuster des am Oberrhein auffallend lange gepflegten Weichen Stils der Internationalen Gotik mit dem Realismus der Niederlande zu verknüpfen begann – und durch Künstler vom Range eines Martin Schongauer sehr eigenwillig weiterentwickelte.

Einmal mehr wird deutlich werden, wie fließend die Grenzen zwischen diesen beiden Regionen immer gewesen sind, ja wie ratlos uns der nur mit aller Vorsicht anzuwendende Begriff der Kunstlandschaft in manchen Fällen zurückläßt. Etwas Besseres an dessen Stelle treten zu lassen, ist bis heute allerdings niemandem gelungen, und so werden wir uns der Unzulänglichkeit dieses Begriffes einmal mehr bewußt, wenn es gilt, eine Gruppe von sieben relativ großformatigen Bildtafeln stilkritisch zu analysieren (123 x 165 cm), die als Flügelbilder des ehemaligen Hochaltarretabels des Heilig-Kreuz-Münster in Rottweil identifiziert werden konnten (Kat. 1).[6] Mit dem ebenfalls aus Rottweil stammenden Konrad Witz, dem großen Protagonisten dieser Jahrzehnte, der sich als erstes zum stilistischen Vergleich anböte, verbindet die Tafeln nicht eben viel.[7] Ihnen fehlt die Körperhaftigkeit der Figuren im Raum genauso wie die differenzierte Lichtregie, wodurch die Rottweiler Tafeln im Ganzen einer älteren – also vor Witz gelagerten – Stilstufe anzugehören scheinen. Stange lokalisierte die Werkstatt des Meisters aufgrund der Herkunft der Tafeln nach Neckarschwaben,[8] eine Region also, die sich stilistisch stark an Konstanz orientierte, vor allem nachdem sich die Stadt nach dem Konzil (1414–1418) zu einem künstlerischen Knotenpunkt entwickelt hatte. Eine nähere Bestimmung läßt der rudimentäre Bestand der konstanzischen Malerei nicht zu. Aus derjenigen Gruppe eher provinzieller Manier jedenfalls, die Stange um den Rottweiler Meister bildet, ragt dieser qualitativ jedoch um einiges heraus,[9] denn es handelt sich um prächtige, mit gravierten Goldgründen und kostbaren Brokatstoffen ausstaffierte Tafeln, repräsentativ allein schon durch das beachtliche Format. Die Drängung des Personals in ihrer etwas statischen Reihung mit starken Überschneidungen (Abb. 1), die den *horror vacui* gar nicht leugnen können, bestimmen mehr oder minder sämtliche Tafeln. Das alles wird unter Vernachlässigung räumlicher Qualitäten in eine vordere Raumbühne gedrängt. Der Maler präsentiert in den eckigen Faltenwürfen seiner Gewanddraperien, den wie Perücken aufsitzenden Haartrachten und einem stereotypen Augenschnitt einen leicht identifizierbaren Individualstil, der – in seiner lokalen Prägung – die Merkmale des späten Weichen Stils zu überdecken scheint. Die kräftig leuchtende, auf starke rot-grün und rot-blaue Kontraste ausgerichtete Lokalfarbigkeit seiner Palette hilft ihm dabei.

Nicht viel einfacher hat man es bei den um einiges jüngeren, wohl aus Kloster Ottobeuren stammenden Tafeln mit einer *Geburt Mariens* im Württembergischen Landesmuseum in Stuttgart (Kat. 141) und ihrem in der Staatsgalerie Ottobeuren verwahrten Gegenstück mit der *Verkündigung an Maria* (außen) und der *Anbetung der Könige* (innen) (Abb. 2 und 3), welche man nach einer erst jüngst erfolgten dendrochronologischen Untersuchung nun etwas präziser um 1460/65 datieren darf.[10] Es muß sich um einen am Oberrhein geschulten Meister gehandelt haben, der auch mit niederländischer Kunst vertraut gewesen ist. Vermutlich zog er vom Oberrhein aus gen Osten, wo er aus dem Schwäbischen kommend

1 Meister der Rottweiler Flügel, *Die Ausgießung des Heiligen Geistes*, um 1440/50, Stuttgart, Württembergisches Landesmuseum

2 Oberrheinischer Meister, *Die Verkündigung*, um 1460/65, Ottobeuren

schließlich für das südbayerische Benediktinerkloster Ottobeuren tätig werden konnte. Der Figurentypus jedenfalls spricht dafür, daß Schwäbisches nicht spurlos an ihm vorüberging.

Der stark reliefierte, für die oberrheinische Kunst typische Goldgrund aus üppig geschwungenen, vegetabilen Formen, der die beiden Szenen der *Geburt Mariens* und der *Anbetung der Könige* bogenförmig umfängt, läßt darauf schließen, daß es sich bei den Tafeln um die Innenseiten eines ehemaligen Flügelretabels handelt. Sehr wahrscheinlich waren die von der Goldgravur ausgesparten Zwickel am oberen Bildrand zusätzlich mit Schleierwerk verziert. Die *Anbetung der Könige* in Ottobeuren scheint demnach im Verlauf der gravierten Bogenform beschnitten worden zu sein. Ursprünglich wohl von leicht hochoblongem Format, ergäben die Tafeln – ginge man von einem zweireihigen Register aus – ein Retabel von stattlicher Größe. Die kompositorische Ausrichtung der Szenen gibt mehr oder weniger eindeutige Hinweise darauf, welche Funktion die jeweilige Tafel im Gesamtzusammenhang gehabt haben kann: So wird die nach rechts ausgerichtete Geburtsszene ein linker Flügel gewesen sein. Die zentrierte Komposition der *Anbetung der Könige* wird erst durch die Außenseite der *Verkündigung* als ebenfalls linker Flügel nachvollziehbar.

Mit der Geburtsszene wird eine Begebenheit aus dem Marienleben erzählt, von der wir lediglich durch die Apokryphen (Protoevangelium des Jakobus) Kenntnis haben. Die Wahl der Szene, deren Hauptmotiv traditionell – wie auch hier – derjenige Moment ist, in dem Anna, die Mutter Mariens, ihrer Magd das Neugeborene zum Bade überreicht, legt die Vermutung nahe, daß es sich bei dem Altarprogramm um einen Marienzyklus gehandelt hat. Der Betrachter blickt in Aufsicht in einen von einer halbhohen Mauer umfriedeten, gleichwohl imaginären Raum, dessen Charakter völlig unbestimmt bleibt. Nichts deutet darauf hin, daß es sich – wie sonst so oft – um einen sakralen Raum handelt. Dennoch ist seine Ausstattung durch den Baldachin mit einem durch ein Granatapfelmuster kostbar gewirkten Stoff über Annas Bettstatt oder den schweren Vorhang, der von einer herankommenden Magd zurückgeschoben wird und schließlich dem aufwendig gestalteten Fliesenboden durchaus dazu geeignet, die Würde und Heiligkeit der Szene zu verdeutlichen. Unter ihrem Ehrendach sitzt die Heilige Anna in blauem Gewand aufrecht in einem schräg in die Tiefe fluchtenden Bett. Ihr nimbiertes Haupt ist von einer weißen Haube bedeckt, unter der ihr langes braunes Haar über den Rücken herabfällt. Auf dem Arm hält sie die neugeborene, halbnackte Maria, die sie in diesem Moment der hinter der Bettstatt wartenden Hebamme zum ersten Bade reicht, das eine weitere Magd in einem Holzbottich zubereitet hat. Im linken Bildvordergrund sitzt – in Anlehnung an das Josephsmotiv in der Geburt Christi – Joachim, fast unbeteiligt an dem Geschehen, in ein Buch versunken.

Eine klare, kräftige Lokalfarbigkeit mit Schwerpunkt auf Rot-Grün bzw. Rot-Blau-Kombinationen im Wechsel mit immer wiederkehrenden starken Weiß-Akzenten kennzeichnet die Palette des Bildes. Wenn auch die Würdeformel des Goldgrundes in Einheit mit der oktogonalen Umfriedung des imaginären Raumes zunächst im Widerspruch zum bürgerlichen Interieur der Szene zu stehen scheint, bietet doch gerade dieses die fast unendlichen Möglichkeiten, das Geschehen als Genreszene auszuschmücken in einem scheinbar zufälligen Zusammenspiel symbolisch – im Sinne der Heilslehre – aufgeladener Details: So wird der doppelarmige Kerzenhalter neben einer metallenen Kanne auf der hölzernen Truhe zu Füßen des Bettes als Sinnbild Mariens, die einzelne Kerze darin als Christuszeichen zu lesen sein. Die beiden farbenfroh gestalteten Pfauen, die sich beide nach außen gewendet im Hintergrund links und rechts auf der Mauer niedergelassen haben, dürften nach patristischer Auffassung als Zeichen der Auferstehungshoffnung verstanden werden.

Ohne daß der Maler ganz so verschwenderisch mit derlei Detail umgegangen wäre, bietet sich dem Betrachter die *Anbetung der Könige* (Abb. 3) in einer völlig anderen, symmetrisch stabilisierten Komposition dar.[11] Von beiden Seiten schreiten die Könige heran, um ihre Geschenke zu überreichen. Zwar bleiben auch hier die kostbar gewirkten Stoffe und die Kleinodien aus edlen Metallen nicht ohne Wirkung, doch das Zentrum und damit auch die Aufmerksamkeit gehört ganz und gar der Muttergottes in blauem Gewand, welches in üppigen Faltenmassen um sie herum drapiert ist. Maria sitzt in einer durch eine Stallarchitektur zur schmalen Bühne verengten Landschaft leicht nach links gewandt und hält ihr übermütig gestikulierendes Kind auf dem Arm. Ob dem Maler dieser Tafel Rogiers Columba Altar (Alte Pinakothek München) – direkt oder indirekt über graphische Vorlagen – bekannt gewesen ist, können wir nur vermuten. Die dort so raffiniert inszenierte Dynamik der Epiphanias-Szene ist im Ottobeurer Bild zum Stillstand gebracht.

Die Außenseite dieses Flügels – heute nur selten zu sehen – zeigt die *Verkündigung an Maria* in einer kirchenähnlichen Szenerie eines sparsam möblierten Raums mit dreiteiligem Gratgewölbe über geschachtem Boden (Abb. 2). Hier kniet die junge, noch barhäuptige Maria vor ihrem Bet-

3 Oberrheinischer Meister, *Die Anbetung der Heiligen Drei Könige*, 1460/65, Ottobeuren

4 Meister des Rohrdorfer Retabels, *Das Gastmahl des Herodes,* um 1485, Stuttgart, Staatsgalerie

pult. In ihrer frommen Lektüre aufgeschreckt innehaltend, wendet sie sich nach links, von wo der Himmelsbote naht, um seinen Gruß und seine Botschaft zu überbringen, die wir auf dem bewegt gewundenen Schriftband in seiner Linken lesen können.

Während die beiden Szenen der Ottobeurer Tafel schon sehr deutlich an die neuen, niederländischen Bildtypen anknüpfen, stehen diese ganz unvermittelt neben den Ausläufern eines vom Weichen Stil der Internationalen Gotik getragenen Raumempfindens, wie es in der *Mariengeburt* noch immer spürbar ist. Die Mauerumfriedung – stets als Symbol für die Jungfräulichkeit Mariens gelesen – gleicht derjenigen des *beschlossen gart*, einer in der oberrheinischen Kunst der ersten Hälfte des 15. Jahrhunderts vielzitierten Bildfindung einer höfisch bestimmten, hier jedoch in eine von kräftigen, fast lebensnah gezeichneten Akteuren übersetzten Bildsprache.

Der sogenannte Meister des Rohrdorfer Retabels (tätig um 1480/85) dagegen hat nun endgültig auch mit den spätesten Variationen des Internationalen Stils gebrochen und sich ganz und gar den aus den Niederlanden rezipierten Anregungen verschrieben. Sein Lehrer – so wird vermutet – soll der Meister des Ehninger Retabels gewesen sein, ein gelehriger Schüler Dirk Bouts also, eines Niederländers der sogenannten zweiten Generation.[12] Das namengebende Werk, seit 1910 in der Staatsgalerie Stuttgart (Abb. 4 und 5), war die Stiftung des Komturs der Johanniterkommende in Rohrdorf, Jörg von Hohenheim Bombast, möglicherweise der Großvater des berühmten Arztes Theophrastus Bombastus Paracelsus von Hohenheim.[13] Sehr wahrscheinlich betrieb der Meister des Rohrdorfer Retabels, dessen Werk neuerdings von dem des Mainfranken Martin Schwarz aus Rothenburg geschieden wurde,[14] seine Werkstatt im neckarschwäbischen Raum. Stange lokalisiert sie – unter Vorbehalt – nach Rottenburg.[15] Die Graphik eines Meisters E. S. und Martin Schongauers, dessen berühmtes Blatt mit dem *Marientod* (Bartsch 33) auf der gleichnamigen Tafel geschickt variiert wird (Abb. 5), haben seine Bildfindungen ganz entscheidend beeinflußt. Neben einer oberrheinischen Schulung seien auch kölnische Einflüsse spürbar, wie Bushart bemerkt, womit doch nur die feine, außergewöhnlich blaßtonige, pastellige Farbpalette gemeint sein kann. Während die Landschaft im Detail geradezu verschwenderisch beschrieben wird (z. B. Johannes auf Patmos), sitzen die lieblichen Marienfiguren mit ihren idealisierten Puppengesichtern in einer durch zahlreiche Architekturzitate nobilitierten Szenerie. Bar jeder Dramatik präsentiert sich das Gastmahl des Herodes (Abb. 4), in dem der Maler seine ausgeprägte Vorliebe für kostbare, edelsteinbesetzte Bordüren, fein ziselierten Schmuck und durchsichtiges Material ausleben konnte. Wie der Meister des Ehninger Retabels stand vermutlich auch derjenige der Rohrdorfer Tafeln in Beziehung zur kunstsinnigen Pfalzgräfin Mechthild, Mutter des Grafen und späteren Herzogs Eberhard im Barte, die Rottenburg, Hauptstadt der vorderösterreichischen Grafschaft Hohenberg, durch die Berufung so namhafter Künstler wie des Ulmers Hans Schüchlin, des bereits erwähnten Meisters des Ehninger Retabels und vermutlich auch des Meisters von Schloß Lichtenstein zu einem kleinen, aber feinen Künstler-Mekka machte.

Bis vor wenigen Jahren wurde auch eine *Marienkrönung* in Karlsruhe (Kat. 142) als Frühwerk des Meisters des Rohrdorfer Retabels gehandelt.[16] Die Bildtafel, die laut Inventar aus dem Villinger Münster (Schwarzwald) stammen soll, zeigt in einem durch einen prächtig gravierten Goldgrund und geschachten Boden beschriebenen Bühnenraum die Krönung Mariens durch Christus und Gottvater. Begleitet wird der heilige Moment von vier Engeln, die sich mit ihren Instrumenten hinter einer bildparallel stehenden, reich verzierten, steingrauen Thronbank mit aufwendig geschwungener Rückenlehne versammelt haben. Die heute abgetrennte Tafelaußenseite präsentiert die Szene der Begegnung der beiden sich in vertrauter Geste begrüßenden Frauen Maria und Elisabeth, bereichert durch Landschafts- bzw. Architekturmotive im Hintergrund. Beide Kompositionen entsprechen zu dieser Zeit durchaus beliebten Bildtypen, wobei derjenige der *Marienkrönung* – wohl über Vermittlung einer graphischen Vorlage – auf eine Bouts'sche Invention zurückgehen könnte.[17] In denselben Retabelzusammenhang gehörte sehr wahrscheinlich auch eine im Krieg verbrannte Tafel mit der Darstellung des *Marientodes* in Berlin (Abb. 5), wiederum nach dem Stich Schongauers (Bartsch 33).

Aufgrund technologischer Befunde wird die *Marienkrönung* neuerdings als ein frühes Werk des mainfränkischen Malers Martin Schwarz gesehen.[18] Die völlige Übereinstimmung des gravierten Hintergrundmusters der *Marienkrönung* mit demjenigen am Rothenburger Liebfrauenaltar (um 1485) gilt als Indiz dafür, daß beide Werke nur von ein und demselben Meister, nämlich Martin Schwarz, geschaffen worden sein können.[19]

5 Martin Schwarz zugeschrieben, *Marientod,* um 1485, ehemals Berlin

Da sich dieser aber nachweislich zwischen 1485 und 1511 ohne Unterbrechung in Rothenburg o. T. aufhielt, müßte demnach die für Villingen geschaffene *Marienkrönung* früher als bisher angenommen – nämlich um 1475/80 – datiert werden. Martin Schwarz habe – so die Erklärung – zu der Zeit einer in Villingen ansässigen Werkstatt vorgestanden, in der auch der Meister des Rohrdorfer Retabels als Geselle arbeitete.
Die Übereinstimmung gravierter Goldgründe beweist jedoch lediglich einen Werkstattzusammenhang, nicht mehr.[20] Die für die Goldgravur benutzten Modeln wurden weitergereicht oder auch nach der Übernahme einer Werkstatt weiterverwendet. Vorstellbar, ja sogar sehr wahrscheinlich ist also, daß Martin Schwarz und der Meister des Rohrdorfer Retabels zeitweise in einer Werkstatt zusammengearbeitet haben. Unter diesen Umständen läge es natürlich auch nah, daß beide Maler an den Fresken in der Sakristei des ehemaligen Franziskanerklosters in Villingen tätig waren.[21] Daraus kann jedoch nicht geschlossen werden, erstens wer dieser Werkstatt tatsächlich vorstand (vielleicht ein dritter Maler?) und zweitens, daß der Ausführende der Karlsruher *Marienkrönung* tatsächlich Martin Schwarz war. Auf beiden Werken begegnet man den starken Verschattungen der äußeren Oberlider, wenn sich die halb geschlossenen Augen zu schmalen Schlitzen verengen, genauso wie den vergleichsweise großflächigen, sanft gewölbten Wangenpartien insbesondere der Engel. Dieselben edelsteinbesetzten Bordüren schmücken die edlen Gewänder, die Häupter der Engelsfiguren zieren dieselben bemerkenswerten Astwerk-Kronen, auf deren Spitzen kleine Lichter sitzen. Und Motive wie der erfundene Pfosten der Bettstatt Mariens in den beiden Darstellungen gleichen Themas (Abb. 5 und 6) können nicht darüber hinwegtäuschen, daß der Schongauer-Stich auf gleiche Weise variiert wurde, selbst wenn dies durch die Spiegelverkehrung des Rohrdorfer Beispiels nicht gleich ins Auge springt.
Die stilistischen wie motivischen Parallelen zwischen dem Karlsruher Bild (Kat. 142) und den Tafeln des Rohrdorfer Retabels sind so zahlreich und unübersehbar, daß deren Abkoppelung voneinander trotz des eindeutigen technologischen Befundes nicht überzeugen will.

II.

Ein anderes, nicht minder bedeutsames Beispiel künstlerischen Austausches zwischen Schwaben und dem Oberrhein war der Bruder des großen Martin Schongauer. Zweifellos ist Ludwig Schongauer nach wie vor Rätsel und Mysterium in einem,[22] noch immer harrt der urkundlich mehr-

6 Meister des Rohrdorfer Retabels, *Marientod*, um 1485, Stuttgart, Staatsgalerie

7 Ludwig Schongauer (?), *Die Geburt Christi*, 1480/85, Philadelphia, Museum of Art

fach nachweisbare zweite Maler dieser so fruchtbar wirkenden, aus Augsburg stammenden Goldschmiede- und Malerfamilie einer gründlichen Erforschung. Einige der Zuschreibungen an Ludwig muten zunächst recht abenteuerlich an, wenn man bedenkt, wie wenig man in den Händen hält. Die Kritik daran ist mehrfach formuliert worden[23] – und in der Tat wissen wir über Ludwig als Maler nicht viel. Es hat ihn gegeben, daran besteht kein Zweifel. Das beweist der Vermerk im Ulmer Bürgerbuch: »Anno Domini 1479. Uff Conrade eodem anno hat ain ratt Ludwigen Schongawer, maller, das burgerrecht geschenkt«.[24] Aus dieser Schenkung des Bürgerrechts an Ludwig kann wohl auf ein gewisses Ansehen des Malers innerhalb der Stadt geschlossen werden, selbst wenn er nicht – wie Hans Multscher – steuerfrei geblieben ist. Zumindest aber wird dem Rat daran gelegen haben, den Maler in der Stadt zu halten. Dieses Ansehen wird er kaum ›von heut auf morgen‹ erlangt haben, weshalb man von einem mehrjährigen Aufenthalt in Ulm schon *vor* der Bürgerrechtsschenkung 1479 auszugehen hat. Diese Feststellung ist insofern von Bedeutung, als die in der jüngeren Forschung vermutete Mitarbeit Ludwigs am Colmarer Dominikaneraltar, der den Quellenhinweisen zufolge nicht vor 1478 entstanden sein dürfte, um einiges unwahrscheinlicher werden läßt.[25] Ludwig wird sich bereits in der Mitte der siebziger Jahre in Ulm aufgehalten haben. Er verbindet sich mit der dort ansässigen Malersippe Fries-Lindenmaier, indem er die Handwerkerwitwe Anna Stäbler ehelicht,[26] der übliche weil notwendige Weg, um eine Werkstatt übernehmen und unterhalten zu können. Was er in diesen Jahren geschaffen haben kann, bleibt völlig im dunkeln. Das gilt auch für seine Tätigkeit in Augsburg, wohin er nur wenige Jahre später, 1486 »am freytag vor palmarum«, übersiedelt und das Bürgerrecht erwirbt. Bis 1490 führt er ebendort regelmäßig Steuern ab und stellt alle zwei Jahre einen Lehrling vor, was auf eine recht rege Tätigkeit seiner Werkstatt hindeutet.[27] 1491 kehrt er nach Colmar zurück, wohl um dort die nach dem Tode seines Bruders Martin verwaiste Werkstatt mit seinem Bruder Paul, einem

8 Hans Holbein d. Ä., *Die Geburt Christi,* um 1494, Donaueschingen, Fürstenberg-sammlungen

Goldschmied, weiterzuführen. Nachweislich erbt er von Martin das Haus »Zum Schwan«. Schon drei Jahre darauf ist auch Ludwig verstorben, denn eine Vollmacht aus dem Jahre 1494 spricht von »Ludwig Schongawers seligen Erben zue Colmar ...«.[28]

Der Bestand an gemalten Werken, den man mit dem Namen Ludwig Schongauer bislang in Verbindung gebracht hat und über den im folgenden eine Übersicht gegeben werden soll, ist auf den ersten Blick zu heterogen, als daß er sich ohne weiteres mit einer Künstlerpersönlichkeit erklären ließe. Eine gründliche Erforschung des Werkes, die von einer technologischen Untersuchung auszugehen hätte, steht – wie gesagt – noch immer aus. Wenn wir an dieser Stelle trotzdem von einem Œuvre ausgehen, welches unter dem Namen Ludwig Schongauer subsumiert wird, so ist dies – bis auf weiteres – im Sinne eines Vereinbarungsbegriffes zu verstehen.

Bereits Burckhardt und Lehrs schrieben Ludwig ein schmales graphisches Werk von vier Stichen zu, jeweils in Anlehnung an das Monogramm des Bruders Martin versehen mit den Initialen ›L S‹ (der Buchstabe ›S‹ stets seitenverkehrt) (Kat. 137).[29] Angesichts der in diesen Blättern ablesbaren eher schematischen und wenig geübten Handhabung des Grabstichels hält man es bis heute für eher unwahrscheinlich, daß Ludwig neben einer Lehre als Maler tatsächlich auch eine Ausbildung als Goldschmied oder Kupferstecher erhalten haben könnte. Mittlerweile ist das Œuvre Ludwigs – abgesehen von diesen vier Stichen – auf nicht weniger als vierzehn Bildtafeln und mindestens sieben Zeichnungen angewachsen.[30]

Wieder war es Alfred Stange, der Ludwig erstmalig auch als Maler zu skizzieren versuchte und ihm die sehr reizvollen Ulmer Täfelchen mit Szenen aus dem Leben der Jungfrau Maria zuschrieb (Kat. 140).[31] Der nicht nur einmal geäußerte Zweifel daran muß zumindest nachdenklich stimmen.[32] Die Marientafeln im Ulmer Museum, zu denen man stilistisch eine weitere Tafel mit *Christus am Kreuz zwischen Maria und Johannes* gesellen möchte,[33] zeigen in sämtlichen Köpfen und Physiognomien so deutlich das Ulmische der siebziger Jahre des 15. Jahrhunderts, daß man die Stuttgarter Tafel *Zacharias im Tempel* – wenn auch ganz sicher nicht von gleicher Hand – mit ihnen in Verbindung brachte,[34] eines der charakteristischsten Beispiele für die Nachfolge des Sterzinger Meisters mit deutlichen Anleihen bei Hans Schüchlin.[35] Die Ulmer Bezüge verdichten sich endlich durch die Nähe zum sogenannten Boccaccio-Meister. Dabei genügt ein Blick auf dessen Holzschnitt mit der *Beschneidung Christi* aus der *Geistlichen Auslegung*, der 1482 in Ulm bei Johannes Zainer erschienen ist.[36] Von Stange selbst konstatiert, von Bushart bekräftigt, erscheint der Bezug ungleich stimmiger, selbst wenn Stange das eine (Ludwig) nicht vom anderen (Boccaccio-Meister) trennen wollte.[37]

Die Zweifel an der Verbindung der Ulmer Marientäfelchen zu Ludwig Schongauer erhalten neue Nahrung angesichts einer ihm zugeschriebenen zweiten, in den achtziger Jahren entstandenen Gruppe von Bildtafeln ebenfalls kleineren Formats von einem Marienretabel (Kat. 139).[38] Die sämtlich auf Holz aufgezogenen Leinwandbilder zeigen die *Verkündigung an Maria*, heute in Freiburger Privatbesitz,[39] die *Heimsuchung* und *Anbetung der Könige* im Hessischen Landesmuseum in Darmstadt,[40] des weiteren eine *Beschneidung* als Leihgabe des Louvre in Colmar und schließlich eine *Geburt Christi* in Philadelphia (Abb. 7).[41] Daß diese tatsächlich in Augsburg entstanden sein könnten, zeigt deren Einflußnahme auf den älteren Holbein, der sich in seinem Bild mit der *Geburt des Kindes* in den Fürstenberg-Sammlungen in Donaueschingen (um 1494, Abb. 8) an der gleichnamigen Szene des Marienretabels, heute in Philadelphia, orientiert (Abb. 7).[42] Bei Stange findet man diese Tafeln unter dem Rubrum »Werkstatt Ludwig Schongauer«, was bei der allgemeinen Unsicherheit hinsichtlich des malerischen Œuvres nur noch größere Verwirrung stiftet. Bleiben wir bei unserem Vereinbarungsbegriff.

9 Ludwig Schongauer (?), *Christus vor Pilatus,* um 1490, Privatbesitz

Die Karlsruher Ausstellung wird erstmalig die Gelegenheit bieten, die beiden Gruppen nebeneinander zu sehen, so wie es zuvor noch nie der Fall gewesen ist. Doch schon jetzt muß man feststellen: Nur unter der Bedingung, daß man Ludwig Schongauer eine beträchtliche stilistische Entwicklung innerhalb weniger Jahre zugesteht (unmöglich ist das nicht), wären diese beiden Gruppierungen miteinander vereinbar. Hier wie dort werden die bekannten Bibelszenen auf eine sehr anrührende und – intensiviert durch das kleine Format – fast intime Erzählweise interpretiert, in der durchaus Oberrheinisches anklingt. Die Kompositionen der späteren »Augsburger« Gruppe sind weithin vereinfacht und klarer gebaut. Man vergleiche die *Geburt Mariens* in Ulm (Kat. 140c) mit der *Verkündigung* aus Freiburger Privatbesitz (Kat. 139a). Zwar schließen beide Räume mit einer flachen Balkendecke ab. Auch öffnet sich der Hintergrund in hochrechteckigen Fensterausschnitten, die jeweils in einer Art Bogennische sitzen. Doch ist der Raum der *Verkündigung* perspektivisch geklärter, der Faltenwurf beruhigt, die vormals eher bunte Palette auf wenige Farben reduziert. Der Liebreiz der zierlichen Marienfigur, die zarte Neigung ihres Hauptes, die empfindsame Gebärde finden in den Ulmer Tafeln keine Entsprechung. Sind dies Resultate einer künstlerischen Reifung – oder ist es schlicht das Werk von unterschiedlicher Hand?

Im wesentlichen *einer* in der Forschung allgemein akzeptierten Zuschreibung gelang es endlich, Ludwigs Künstlerpersönlichkeit um einiges deutlicher faßbar zu machen, als es je zuvor der Fall gewesen war. Tilman Falk erkannte in dem zweiteiligen Bildentwurf mit der *Vorbereitung zur Kreuzigung Christi* ein Werk Ludwig Schongauers (Kat. 138) und zwar in enger Beziehung zum *Kreuzabnahme*-Stich (Kat. 137) nach einer Jörg Schwaiger zugeschriebenen Zeichnung.[43] Im Werk Ludwigs gelten diese Blätter als die einzigen graphischen Arbeiten religiösen Sujets.

11 Ludwig Schongauer (?), *Die Geißelung Christi,* um 1490, Privatbesitz

Unter Akzeptanz dieser beiden Zuschreibungen sind sie, da mehr oder weniger reich an Figurentypen, am besten dazu geeignet, als Ausgangspunkt zu einer Bewertung auch des malerischen Œuvres herangezogen zu werden.[44]

Neuerliche Irritationen ergeben sich durch die Zuweisung einer dritten – wohl kurz vor 1490 – entstandenen Gruppe von wiederum kleinformatigen Tafeln (ca. 38 x 20 cm), die – nachvollziehbar – in weit engerer Verbindung zu der oben erwähnten Basler *Vorbereitung zur Kreuzigung* gesehen werden kann als es anhand der Ulmer Marientafeln jemals möglich gewesen wäre. Bei dieser dritten Gruppe handelt es sich um die Flügel eines aus Kloster Salem stammenden Passionsretabels. Der rechte mit der Szene *Christus vor Pilatus* (innen) und der *Auferstehung Christi* (außen), heute in der Linsky-Collection in New York (Abb. 9 und 10)[45] gehört ohne Zweifel – nicht zuletzt aufgrund der identischen Maße – zu der erst kürzlich in Baden-Baden versteigerten Tafel mit den Szenen der *Kreuztragung* (innen) und *Geißelung Christi* (außen) (Abb. 11 und 12).[46] In den Physiognomien und Proportionen der Figuren, ihrer Feingliedrigkeit wie ihrer Gebärdensprache, aber auch in landschaftlichen Details wie Sträuchern und Bäumen läßt sich durchaus Verwandtes zur Basler Zeichnung finden. Die Tafeln mögen eine wohl plastische, heute verlorene Kreuzigungsgruppe im Schrein flankiert haben.[47] Damit sind sie in Typus und Funktion durchaus vergleichbar mit dem von Baum beschriebenen kleinen Hausaltärchen aus der Mitte der achtziger Jahre, heute in Basel (Kat. 201)[48] oder aber demjenigen in der Konrad-Sam-Kapelle des Ulmer Münsters (Kat. 199),[49] zwei – zumindest was die Malerei auf den Flügeln betrifft – sehr feine Beispiele für die unendlich vielen Rezeptionen Schongauerscher Graphik. Nicht mehr, aber auch nicht weniger.

Das Ludwig zugewiesene Œuvre gliedert sich unschwer in drei, auch zeitlich klar unterscheidbare Gruppen.[50] Sollte es für das malerische Werk genauso möglich sein, es chronologisch zu fassen, wie Koreny dies für

10 Ludwig Schongauer (?), *Die Auferstehung Christi,* um 1490, Privatbesitz

12 Ludwig Schongauer (?), *Die Kreuztragung,* um 1490, Privatbesitz

das graphische nachvollziehbar gemacht hat?: »Regarding the graphic œuvre of the two Schongauer brothers, we thus encounter the following paradoxical situation: from the famous Martin there survives a relatively large output, especially of engravings, whose chronological order is diffcult to determine; while from the obscure Ludwig there is a very small corpus of works whose chronology and logical stylistic development are comparatively easy to establish.«[51]

III.

Auf ebenso bemerkenswerte wie für die künstlerischen Abhängigkeiten zwischen Schwaben und dem Oberrhein bezeichnende Weise begegnen wir der Komposition der Darmstädter *Heimsuchung* (Kat. 139) an anderer Stelle wieder. Als wäre sie über Umwege in zwei unterschiedliche »Dialekte« (Spielarten) der Oberrheinischen Kunst übersetzt worden, taucht sie ein zweites Mal in Kloster Lichtenthal und ein weiteres Mal in der Wallfahrtskirche Lautenbach auf. Ob und wie dabei eine gemeinsame Vorlage mit im Spiel gewesen sein könnte, kann nur gemutmaßt werden.
Die beiden doppelseitig bemalten Flügel des ehemaligen Hochaltars des Zisterzienserinnenklosters Lichtenthal bei Baden-Baden gehörten zu einem ehemaligen Skulpturenschrein (Kat. 143).[52] Eine Inschrift im Rundfenster der rückwärtigen Wand des Geburtsbildes (c) gibt Hinweise auf die Stifterin Margarethe, Tochter des Markgrafen Karl von Baden, die dem Kloster bis zu ihrem Tod im Jahre 1496 als Äbtissin vorstand, sowie auf das Entstehungsdatum des Aufsatzes: 1489. Sowohl die Klosterkirche als auch ihr Hochaltar sind – wie bei Zisterzienserinnen nicht anders zu erwarten – der Jungfrau Maria geweiht,[53] als Nebenpatrone des Altars sind durch die neuerliche Weihe im Jahre 1332 die Heiligen Drei Könige überliefert.[54] Darauf hatte das Bildprogramm des spätgotischen Altaraufsatzes also Bezug zu nehmen. Die Flügel geben Szenen aus dem Marienleben wieder, während der Schrein eine plastische Epiphanias-Gruppe barg, von der sich die zentrale Figur der Muttergottes noch heute im Kloster befindet.[55] Die Maße der Tafeln lassen auf ein Retabel von beachtlicher Größe schließen, dessen kastenförmiger Schrein mindestens 240 Zentimeter hoch und etwa 300 Zentimeter breit gewesen sein muß, um den fünf nahezu lebensgroßen, fast vollrunden und farbig gefaßten Figuren genügend Raum zu geben.
Über den anonymen Meister der Flügelbilder wissen wir nicht viel. Großen Wert legte er auf die Schaffung und Beschreibung des Räumlichen, in dem die Figuren glaubhaft agieren können, selbst wenn die Zimmerfluchten nicht immer ganz korrekt im Sinne der Perspektive konstruiert sind. Die sich entsprechende Schrägstellung der mächtigen, bildbestimmenden Baldachinbetten der beiden Flügelinnenszenen muß den Blick des Betrachters förmlich in das Zentrum des Retabels, die Schreingruppe also, gesogen haben. Dieses ausgeprägte Interesse an der Schaffung räumlicher Illusion zeigt sich nicht nur in der genrehaften Ausstattung mit häuslichen, liebevoll arrangierten Interieurs marianischer Symbolik, sondern wird durch einen Kunstgriff verstärkt, der viele Jahrzehnte später, in der Kunst des Manierismus, zum Standardrepertoire avancierte: Die Bildebene der Geburtsszene wird durch einen herausragenden Gewandzipfel des knienden Joachim und den zum Bade bereiteten Zuber aufgebrochen und dringt in den realen Raum des Beschauers vor.
Schon früh sind schwäbische Einflüsse in der Malerei des Lichtenthaler Meisters bemerkt worden, weshalb man ihn mit dem Ulmer Maler Hans Schüchlin in Verbindung brachte.[56] Dieser stand in den fraglichen Jahrzehnten einer der bedeutendsten Malerwerkstätten der Reichsstadt vor – zeitweise gemeinsam mit seinem Schwiegersohn Bartholomäus Zeitblom. Zumindest zeitlich kann man Schüchlin als Lehrmeister nicht ganz ausschließen. Doch kann sich der schwäbische Einfluß allenfalls auf eine Schulung in Ulm beziehen, denn schon bald ist der Lichtenthaler Meister mit oberrheinischer, aber auch niederländischer Kunst in Berührung gekommen. Dies vermutlich sogar aus eigener Anschauung, wie die Übernahme einer heute in Antwerpen befindlichen *Verkündigung* (Abb. 143/1)

13 Meister der Lautenbacher Flügel, *Die Heimsuchung,* 1510/15, Lautenbach, Wallfahrtskirche

14 Meister von Messkirch, *Anna Selbdritt mit vier Heiligen*, um 1530, Donaueschingen, Fürstenbergsammlungen

nahelegt. Auch seine raffiniert auf Komplementäreffekte abzielende Palette von Rot auf der linken Flügelseite und Grün auf der rechten Szene, die mit changierenden Tönen kombiniert werden, ließe sich für diese Zeit in Ulm noch nicht verankern. Oberrheinischen Einfluß allenthalben, speziell natürlich denjenigen Schongauerscher Graphik, verraten vor allem die kraftvollen Faltendraperien mit ihren scharfkantigen Brechungen.

Die direkte Übernahme der Komposition der erwähnten Antwerpener Verkündigungsdarstellung veranschaulicht die enge Verbindung zur niederländischen Kunst (Abb. 143/1).[57] Bei dem Vorbild handelt es sich um ein kleines Täfelchen (20 x 12 cm), welches der Lichtenthaler Meister sehr wahrscheinlich mittels eines Rasters mehr als verzehnfachen mußte, um es auf die für die Hochaltarflügel notwendige Größe zu bringen. In der farblichen Interpretation der Szene allerdings wird das Antwerpener Bild mit derjenigen der »Ursprungskomposition« Rogiers auf dem – ebenfalls – linken Flügel des Columba Triptychons kombiniert (1455), so daß man annehmen möchte, daß der Lichtenthaler Meister beide Werke hat sehen können. Die Differenzierung in der Wahl der Vorbilder ist nicht ohne Bedeutung: Die Architektur des Baldachinbettes wird zur Konzentration auf das Schreinzentrum nach links ausgerichtet, wie es das Antwerpener Bild vorgibt. In der Farbgestaltung des Bettes wie seines Baldachins jedoch orientiert sich der Maler an dem Rot des Rogierschen Vorbildes. Es wird vermutet, daß auch auf die Komposition des Marientodes ein heute verschollenes niederländisches Vorbild gewirkt hat, möglicherweise die Komposition eines Dirk Bouts, der Martin Schongauer durch seinen berühmten Stich zu einem Zitatenschatz ungeahnten Ausmaßes verhalf (Bartsch 33, Kat. 105).[58]

Jahre später tauchen eben diese vier Szenen aus dem Marienleben, die den Hochaltar der Zisterzienserinnen in Lichtenthal bekrönten, in neuer »oberrheinischer Übersetzung« auf den Flügelaußenseiten des Hochaltarretabels in der Wallfahrtskirche Mariä Krönung in Lautenbach wieder auf (um 1510/15).[59] Wie bei den Lichtenthaler Flügeln findet sich auch in Lautenbach der Stifterhinweis im Geburtsbild, doch nicht – wie dort – inschriftlich auf einer Scheibe, sondern ganz traditionell durch die maßstäblich verkleinerte Adorantenfigur des Stifters Johannes Magistri von Allerheiligen mit seinem Wappen. Ihm gegenüber auf der Verkündigung kniet ein Mönch.[60]

Drei der vier Szenen übernimmt der Meister von Lautenbach nahezu wortwörtlich (Abb. 13). Der *Marientod* hält sich dagegen noch sehr viel enger an den Schongauer-Stich (Bartsch 33) als die Lichtenthaler Tafel. Zwar ist das Festhalten an den traditionellen Gestaltungsschemata des spätgotischen Retabels um diese Zeit bemerkenswert, genauso wie die Tatsache, daß der Maler völlig ohne Anleihen bei Dürer auskommt. Allerdings steht dem ein völlig anderes Verhältnis von Figur und Raum gegenüber in Einheit mit einer neuen Proportionierung der Akteure. Sie sind deutlich breiter und fülliger geworden und scheinen sich dabei lebhafter zu bewegen, unterstützt durch die Weichheit des Konturs, der es mit der Anatomie nicht so genau nimmt. Alles ist jetzt sparsam ausgestattet, bereinigt und geklärt durch den Zusammenhalt einer tonigen Palette, die die spätgotische Buntheit ablöst.

In der älteren Forschung hat man Hans Baldung Grien als Maler dieser Tafeln in Betracht gezogen, was nicht unwidersprochen blieb.[61] Doch ist es immerhin vorstellbar, daß Baldung sowohl das Lautenbacher als auch das Hochaltarretabel in der Klosterkirche von Lichtenthal aus eigener Anschauung gekannt hat und davon nicht unbeeinflußt blieb.

Wie die Kunst Baldungs, der im Freiburg der beginnenden Neuzeit »zum unbestrittenen Herr[en] und einzigem zeitgemäßen Vorbild« schulbildend wurde, auf die Kunst Oberschwabens Einfluß nahm, dafür ist ganz sicher der Meister von Meßkirch eines der anschaulichsten wie liebenswürdigsten Beispiele.

Schon in seinen Lehrjahren muß der Meßkircher mit oberrheinischer Kunst in Berührung gekommen sein, sehr wahrscheinlich sogar hat er sich eine Zeitlang in Baldungs Freiburger Werkstatt aufgehalten, als dieser mit den Arbeiten für das Hochaltarretabel im dortigen Münster beschäftigt war (1512–1516).

Die schwäbische Herkunft des Meßkirchers, seine oberrheinische, durch Baldung geprägte Schulung in Kombination mit dem Einfluß der Dürerschen Graphik, die an Wirkung diejenige Martin Schongauers noch um ein Vielfaches übertraf, waren Elemente, die beim Meßkircher schon früh zu einem unverkennbar persönlichen stilistischen Charakter mit deutlich manieristischen Tendenzen verschmelzen. Typisch für sein Werk ist die Mitteltafel des sogenannten Falkensteiner Retabels (um 1530) mit der Darstellung einer Anna Selbdritt zwischen vier weiblichen Heiligen (Abb. 14).[62] Auf Grund ihrer durch Graphik vermittelten italienisierenden Komponente darf diese ganz auf Symmetrie angelegte Komposition eines Zwiegesprächs zwischen heiligen Personen eine *Sacra Conversazione* genannt werden. Das venezianisch geprägte, breitformatige Bild zeigt einen besonderen, sich deutlich an Baldung orientierenden Typus der Heiligen Anna Selbdritt, der eine thronende Anna, das Kind auf dem rechten Knie stehend, mit einer ebenfalls stehenden Maria verknüpft. Eben diese vergleichsweise seltene Gruppierung mit der stehenden jungmädchhaften Maria findet sich in Baldungs Washingtoner Bild *Anna Selbdritt und Johannes* wieder.[63] Das auf dem Kissen stehende Kind scheint durch die *Heilige Familie mit Engeln im Gemach* (1513), heute in Innsbruck, inspiriert.[64] Und schließlich sind selbst die weiblichen Heiligenfiguren zu seiten der Heiligen Anna Selbdritt durch graphische Blätter Baldungs angeregt. Die Rezeption des Barbara-Stiches soll an dieser Stelle als Beweis genügen.[65]

Es dürfte nicht schwerfallen, diesen Beispielen künstlerischen Austausches zwischen Schwaben und dem Oberrhein im Laufe von ca. 100 Jahren andere von Bedeutung hinzuzufügen, ist doch die Grenzüberschreitung – auch im ganz wörtlichen Sinne – ein die Kunst konstituierendes Element. Wie eng und vor allem wie kontinuierlich und rege dieser Austausch immer war und blieb, zeigen die hier ausgewählten Stücke allemal.

[1] Stange, KV, Bd. 2, 1970, S. 45.
[2] Baum 1957/58, S. 31.
[3] Baum 1923, S. 1ff.
[4] Hierzu ausführlich Scholz 1994, S. 27ff. und Ausst. Kat. Ulm 1995.
[5] Einen ersten Überblick in diese Richtung versuchte vor bald 35 Jahren Walter Paatz, Verflechtungen in der Kunst der Spätgotik zwischen 1360 und 1530, Heidelberg 1967.
[6] Sämtlich abgebildet in Ausst. Kat. Rottweil 2000, hier auch ein Vorschlag zur Rekonstruktion, ebd. S. 11f.
[7] Dies betont auch Heribert Meurer, ebd., S. 21.
[8] Stange, KV, Bd. 2, 1970, S. 240.
[9] Stange, KV, Bd. 2, 1970, S. 240f., Nr. 1065 (Meister der Rohrdorfer Flügel, Württembergisches Landesmuseum Stuttgart) und 1069–1077 (Meister des Stettener Marienaltares, Fürstlich Hohenzollerisches Museum, Sigmaringen).
[10] Untersuchungsbefund von Herrn Dr. Peter Klein, Ordinariat für Holzbiologie der Universität Hamburg. Der jüngste Jahresring stammt von 1457.
[11] Staatsgalerie Ottobeuren, bearb. von Rüdiger an der Heiden und Gisela Goldberg, München/Zürich 1991 (= Schnell & Steiner Große Kunstführer), S. 41, Kat. Nr. 4 (mit Abbildung). *Anbetung der Heiligen Drei Könige*: linke(?) Flügelinnenseite eines ehemaligen Retabels aus dem Kloster Ottobeuren(?); Außenseite: *Verkündigung an Maria* (c); links und rechts beschnitten, 123 x 117 cm; Bayerische Staatsgemäldesammlungen München (Staatsgalerie Ottobeuren); Inv. Nr. 6242.
[12] Schöne 1938; Slg. Kat. Stuttgart 1993, S. 297–209 mit älterer Literatur.
[13] Stange, KV, Bd. 2, 1970, S. 237; Bushart 1957, S. 2–11; Slg. Kat. Stuttgart 1993, S. 252–257.
[14] Scherer 1992, S. 185ff.
[15] Stange, KV, Bd. 2, 1970, S. 237.
[16] Bushart 1957, S. 9.
[17] Vgl. Dirk Bouts, *Der Heiland krönt die Heilige Jungfrau*, Wien, Akademie der Künste; Hugelshofer 1925/26, S. 218.
[18] Scherer 1992; S. 51ff. Die Innenseite der Tafel weist als Goldgrundornament ein Granatapfelmuster auf, das in identischer Abmessung und Art der Riefelung auf zwei der vier Tafeln des sogenannten Rothenburger Liebfrauenaltars vorkommt (Nürnberg), so daß von demselben Gravier-Model auszugehen ist.
[19] Ebd. S. 53.
[20] Westhoff 1996, S. 35ff.
[21] Scherer 1992, S. 147ff.
[22] Ausst. Kat. Colmar 1991, S. 429.
[23] Zuletzt von Müller 1994, S. 307–314.
[24] Rott 1934, S. 19, Bürgerbuch 1479–99, fol. 31, Conradstag 1479; Ausst. Kat. Colmar 1991, S. 48f.
[25] Ausst. Kat. Colmar 1991, S. 75.
[26] Flechsig 1946, S. 71; Baum 1948, S. 27.
[27] Burckhardt 1888, S. 76 (Augsburger Malerbuch, fol. 72ff.); Ausst. Kat. Colmar 1991, S. 48f.
[28] Burckhardt 1893; S. 163; Flechsig 1946, S. 70–79, hier 72f.
[29] Burckhardt 1888, S. 45f.; Lehrs, Bd. 4, 1927, 4, S. 55–63.
[30] Burckhardt 1888, S. 84; Lehrs, Bd. 4, 1927, S. 55ff. bzw. 61–63; Flechsig 1946, S. 74: Lehrs 1: Die Kreuzabnahme (Wien); Lehrs 2: eine liegende Kuh (Basel); Lehrs 3: zwei Hunde (Dresden) und Lehrs 4: ein Elefant mit seinem Führer (Wien); Ausst. Kat. Berlin 1997, S. 35–39; siehe zuletzt auch Holm Bevers, Eine Kopie nach einer unbekannten Zeichnung Ludwig Schongauers im Berliner Kupferstichkabinett, in: FS für Fedja Anzelewsky, hg. von Bodo Brinkmann, Hartmut Krohm und Michael Roth, Turnhout 2001, S. 129–133.
[31] Stange 1954, S. 83ff.; Slg. Kat. Ulm 1981, S. 103–105, Nr. 65 a und b; *die Verkündigung* auf den Flügelaußenseiten, die sich zuvor in Wiesbadener Privatbesitz befunden hat, gilt heute als verschollen. Sie ist – soweit man das nach dem einzigen noch erhaltenen Photo überhaupt beurteilen kann – ein Werk von anderer Hand.
[32] Bushart 1959, S. 142; Koreny 1996, S. 144.
[33] Österreichischer Privatbesitz; vgl. Archiv Stange im Zentralinstitut für Kunstgeschichte in München, dort unter Jakob Acker, um 1460 datiert.
[34] Stange 1954, S. 88f.; Slg. Kat. Stuttgart 1962, 189.
[35] Daß die Marien-Täfelchen in die Ulmer Stillage eingebettet sind, verdeutlicht zudem die Tatsache, daß die Komposition der *Begegnung unter der Goldenen Pforte* in der Kunst der Reichsstadt weiterwirkte. Im Retabel der Wengenbruderschaft (um 1495) etwa nimmt die gleichnamige Szene – spiegelbildlich – Bezug darauf, ob direkt oder durch die gemeinsame Vorlage, ist in solchen Fällen kaum zu entscheiden. Abbildung in Ausst. Kat. Stuttgart 1993, Abb. 541. Diese Anlehnung reicht jedoch nicht aus, die Herkunft der Marientafeln aus der Ulmer Wengenkirche als gesichert anzunehmen.
[36] Peter Amelung, Der Frühdruck im Deutschen Südwesten, 1473–1500, Bd. 1: Ulm, Stuttgart 1979, S. 120f., Nr. 51; Schramm, Bd. 5, 1923, Abb. 335.
[37] Stange 1954, S. 84f.; Bushart 1959, S. 140.
[38] Stange, KV, Bd. 2, 1970, S. 131f., Nr. 606; Bushart 1959, S. 143.
[39] Winkler 1956, S. 255.
[40] Slg. Kat. Darmstadt 1990, S. 184ff. Die beiden in Darmstadt befindlichen Tafeln sind allseitig beschnitten und messen 42 x 30 cm. Die *Anbetung der Könige* folgt im wesentlichen dem Stich Martin Schongauers (Bartsch 6).
[41] Winkler 1956, S. 256.
[42] Ausst. Katalog Augsburg 1959, S. 126ff., Nr. 117–119; Slg. Kat. Donaueschingen 1990, S. 164ff., Nr. 34.
[43] Slg. Kat. Basel 1979, Nr. 44, Tf. 17; Ausst. Kat. Colmar 1991, S. 434f. und Koreny 1996, S. 143ff.; Ausst. Kat. Berlin 1997, S. 35–39.
[44] Koreny 1996, S. 144. Die schon von K. Bauch und D. Burckhardt formulierte These, Ludwig habe die sehr figurenreiche Basler Zeichnung nach einer verlorengegangenen Serie seines Bruders kopiert, ist so abwegig nicht. Offenbar diente dieser Stich als Vorlage für eine kleine Nebenszene auf der Kreuztragung des Blaubeurer Hochaltars (1493/94).
[45] *Christus vor Pilatus* bzw. *Auferstehung*: 38 x 21 cm; *Geißelung* und *Kreuztragung*: 37,5 x 19,5 cm.
[46] Bushart 1959, S. 140; Abb. 10 und 11; Stange, KV, Bd. 2, 1970, Nr. 603; Koreny 1996, S. 145; Verst. Kat. Sotheby's, Baden-Baden, 05.10. 1995, Nr. 2278; Maße: 37,5 x 19,5 bzw. 38 x 21 cm.
[47] Stange, KV, Bd. 2, Nr. 604. Diesen Hinweis verdanke ich Ludwig Meyer, München.
[48] Stange, KV, Bd. 2, 1970, Nr. 604; Baum 1957/58. Baum schreibt das Basler Altärchen Ludwig Schongauer zu.
[49] Bushart 1959, S. 141.
[50] Das *Bildnis einer jungen Frau* (Fichtenholz; 51,5 x 34 cm, Kreuzlingen, Sammlung Kisters), von dem mindestens zwei Kopien existieren, würde aufgrund seiner Datierung um 1470 zu der Gruppe der Ulmer Marientafeln gehören, mit denen es – wie schon Bushart mit Recht bemerkte – aufgrund seiner sensiblen, klaren Auffassung nur schwer zu vereinbaren wäre. Buchner 1953, Nr. 58: dort schwäbisch; Stange 1954, 90f.; Bushart 1959, S. 143; Ausst. Kat. Nürnberg 1963, Nr. 51: dort Martin Schongauer.
[51] Koreny 1996, S. 144.
[52] Lauts 1966.
[53] Ausst. Kat. Karlsruhe 1995, S. 85.
[54] Ebd. S. 88.
[55] Die übrigen Figuren gingen 1952 nach New York in die Mittelaltersammlung des Metropolitan Museums in den Cloisters. Vgl. Rorimer 1954. Die Figuren sind ganz sicher nicht ulmischen Ursprungs, wie Rorimer annahm. Viel eher ist an einen Bildschnitzer oberrheinischer Herkunft zu denken.
[56] Curjel 1923, S. 186.
[57] Nachfolger Rogier van der Weydens, *Verkündigung*, um 1460, Öl auf Eichenholz, 20 x 12 cm; Koninklijk Museum voor Schone Kunsten, Antwerpen.
[58] Ausst. Kat. Colmar 1991, S. 266.
[59] Heid 1960; Peipers 1993. Auch war der Altar der Muttergottes geweiht, Nebenpatrone sind Johannes der Täufer und Johannes Evangelist, deren vollplastische Figuren im Schrein stehen.
[60] Vermutlich handelt es sich um Heinrich Fehl, erster Kaplan und späterer Propst. Vgl. Heid 1960, S. 35.
[61] Curjel 1923, S. 188.
[62] Slg. Kat. Donaueschingen 1990, Nr. 57; Moraht-Fromm 1997, hier S. 62–70.
[63] Ebd., Abb. S. 66.
[64] Ebd., Abb. S. 67.
[65] Mende 1978, Nr. 13.

Die Malerei in Konstanz und ihre Beziehungen zum Oberrhein

Bernd Konrad

Um die Beziehungen der Malerei einer Region zu derjenigen in benachbarten Kunstlandschaften zu charakterisieren, bedarf es stets einer sehr differenzierten Untersuchung. All zu oft wird stattdessen eine bedeutende Werkgruppe als *pars pro toto* genommen. Meist wird dabei nicht berücksichtigt, daß Maler aus verschiedenen Gegenden und mit den unterschiedlichsten Lernerfahrungen und persönlichen Eigenheiten als Mitarbeiter einer schon lange am Ort bestehenden Werkstatt hinzugekommen sein mögen, die das Erscheinungsbild der Werkstattproduktion mitprägten und somit für den heutigen Forscher verunklären. Die Stilkonstanten, so begrüßenswert sie für die Bestimmung eines Werkstattzusammenhanges auch sind, erfahren dabei graduelle Abweichungen, welche nicht immer befriedigend erklärt werden können. Namentlich in Familienbetrieben und Werkstatt-Kooperativen liegen hier Chancen und Fallstricke für die Forschung. Augenfällig wird dies immer dann, wenn sich z. B. die Malerei auf der Vorder- und Rückseite eines Flügels partout nicht gleichen will. Sich vorstellend, zu welchen Urteilen die Forschung hinsichtlich eines möglichen Zusammenhanges dann kommt, wenn solche Arbeiten getrennt und vielleicht noch räumlich entfernt aufbewahrt werden, erstaunt es nicht, daß selbst in der an sich über mehr als einhundert Jahre gut erforschten oder besser: nie aus dem Blickfeld geratenen Malerei am Oberrhein, in Schwaben und am Bodensee zahlreiche Werke ihre künstlerische Heimat noch nicht wiedergefunden haben. Das heißt, sie sind stilistisch nicht einzuordnende Werke oder kunsthistorische Einzelgänger in Kirchen, Museen oder in anderen Sammlungen.

Um solche Werke und Werkgruppen handelt es sich auch bei den in der Ausstellung vorgestellten Tafel- und Buchmalereien aus Konstanz bzw. vom Bodensee mit seinen Anrainerregionen. Auf ihre spezifischen Eigenarten und Probleme wird daher im betreffenden Katalogabschnitt eingegangen. An dieser Stelle soll den allgemeinen Fragen zur Entwicklungsgeschichte der Malerei am Bodensee und ihrer Beziehung zum Oberrhein, der thematischen Hauptregion dieser Ausstellung, nachgegangen werden. Dabei soll die Tafelmalerei nicht isoliert von den anderen Gattungen betrachtet werden, es werden auch Wand-, Glas- und Buchmalerei zu berücksichtigen sein.

Die tatsächlichen Gegebenheiten der künstlerischen Situation am Bodensee zu Beginn des 15. Jahrhunderts können aufgrund der wenigen erhaltenen Werke aus allen Kunstbereichen nur schwer gedeutet werden. Überliefert sind die Farbverglasungen in der Ravensburger Liebfrauenkirche (1411)[1] und in der Kirche von Saulgau[2], die Teile eines umfangreichen Altars in der Staatsgalerie Stuttgart, welcher wohl nicht mehr als ehemaliger Hochaltar des Ulmer Münsters angesprochen werden kann[3], acht Flügel eines Retabels aus dem Kloster Mehrerau bei Bregenz[4] und je ein Wandmalereizyklus in der Kirche von Kurzdorf bei Frauenfeld[5] und in der Pfarr- und Wallfahrtskirche Unserer Lieben Frau in Eriskirch[6] sowie in Konstanz ein Nikolauszyklus in der Oberen Sakristei des Münsters[7] sowie Einzelfresken in der St. Stephanskirche.[8] Sicher in den Bodenseeraum zu lokalisieren ist weiter die 1411 geschriebene und demzufolge auch um diese Zeit mit sehr qualitätvollen Illustrationen ausgestattete Abschrift der *Weltchronik des Rudolf Ems* für Friedrich VII. von Toggenburg[9], vielleicht auch ein *Schachzabelbuch* in der Russischen Nationalbibliothek in St. Petersburg.[10] Keiner der ausführenden Maler ist näher bekannt, das eine oder andere Werk wird sicher in bzw. von ein und derselben Werkstatt ausgeführt worden sein.

Zwei gesellschaftspolitische Großereignisse können als Katalysatoren für den Aufschwung der Kunstproduktion genannt werden. Es sind die beiden, sich jeweils über mehrere Jahre hinziehenden Kirchenversammlungen, die Konzile in Konstanz (1414–1418) und Basel (1431–1445). Zu den vielen hundert Vertretern des Klerus und des Adels gesellten sich zahlreiche Kunsthandwerker, darunter auch Maler. Entweder kamen sie bereits im Gefolge einer Gesandtschaft mit in die Konzilsstädte oder sie hofften gleichsam als freie Unternehmer auf den einen oder anderen guten Auftrag. Manche blieben im Anschluß daran in einer der bestehenden Werkstätten und ließen sich selbst mit allen Rechten und Pflichten nieder, andere zogen nach Abschluß der Arbeiten weiter.

Wichtige künstlerische Ergebnisse aus der Zeit des Konstanzer Konzils sind die Wandmalereien von 1417 in der damaligen Konstanzer Augustinerkirche (heute Dreifaltigkeitskirche)[11] und die Illustrationen der von Ulrich Richental um 1424 herausgegebenen *Konzilschronik*.[12] Zur Augustinerkirche sind uns die Namen der ausführenden Maler überliefert – sie wurden von Caspar Sunder, Heinrich Grübel und Johan Lederhoser ausgeführt. Als Buchmaler der *Konzilschronik* sind die in der Nachbarschaft von Richental über die Konstanzer Steuerbücher nachweisbaren Peter Krutli, Hans Stürmli und Balthasar Sunder zu vermuten. Hilfreich für die bessere Differenzierung des Gesamtbildes der Malerei in Konstanz vor 1430 sind diese Angaben indes nicht. Die Fresken in der Augustinerkirche zeigen zwar unterschiedliche Stillagen, können aber wegen fehlender Signaturen nicht dezidiert zugewiesen werden. Und die Handschrift ist ohnehin verschollen, die zahlreichen illustrierten Abschriften aus den 1460er Jahren lassen keinen verläßlichen Rückschluß auf das Aussehen des Originals zu. Somit können auch die häufiger auf uns gekommenen Aufträge aus der Zeit um 1430 bis 1445 nicht mit einer bestimmten Persönlichkeit in Verbindung gebracht werden. Lediglich Balthasar Sunder tritt in der zweiten Jahrhunderthälfte als Schwiegervater des älteren Matthäus Gutrecht wenigstens in den Quellen weiterhin in Erscheinung. Mit einer der Werkgruppen aus der früheren Zeit, wie sie nach neueren Forschungen immer deutlicher konstituiert werden können, ließe er sich nur hypothetisch in Verbindung bringen.

Ab 1445 sehen wir dann klarer. Zuerst zu benennen ist ein Maler, dem Tafel- sowie Wandmalereien auf stilkritischem Wege zugeschrieben werden können. Sein in der Kunstgeschichte üblicher Notname »Meister von 1445« zeigt indes, daß auch hier die Identifizierung noch nicht gelungen ist. Seine Behelfsbezeichnung bezieht sich auf das 1445 datierte Wandgemälde für das Grabmal von Bischof Otto III. von Hachberg in der Nebenkapelle St. Margarethen des Konstanzer Münsters.[13] Dieses weit über den Bodensee hinaus berühmte Werk zeigt in stark illusionistischer Manier eine Madonnenerscheinung, begleitet von musizierenden und die Muttergottes krönenden Engeln. Mit dem architektonisch reich ausgestatteten Balkon wird die Vorstellung erweckt, das Gemälde sei ein plastischer Bauteil des Grabmales. Sich darunter krümmende und somit schattenwerfende Wappenschilde des Bistums Konstanz und des Verstorbenen tragen zu dieser Augentäuschung ebenso bei wie das Detail einer an einem Nagel hängenden Brille, ein damals benutzter Zwicker, und auf ebenfalls gemalten Säulen stehende Prophetenfiguren. Die schlecht erhaltenen und in späterer Zeit sogar mit Ölfarbe behandelten Figuren an der Rückwand der Grabmalsnische lassen ihren Figurenstil immerhin noch so weit erkennen, daß andere Malereien der selben Hand oder wenigstens der selben Werkstatt zugewiesen werden können. Dazu zählen auch zwei Täfelchen mit Darstellungen aus dem Leben des Heiligen Antonius (Kat. 24). Ob sie Seitentäfelchen einer giebelförmig abgespitzten Tafel mit der *Wundersamen Speisung der beiden heiligen Eremiten Paulus und Antonius*, heute im Kunstmuseum Basel,[14] sind, muß einstweilen noch offen bleiben. Auffallend sind auf allen Beispielen die mächtigen Volumen der Gewänder, deren Eindruck durch sich beugende Figuren noch verstärkt wird, und eben die an der Wirklichkeit sich orientierende Beobachtung von gegenständlichen und stofflichen Einzelheiten. Der anonyme Maler wird darin oft mit dem gleichzeitig auftretenden Maler Konrad Witz verglichen. Eine illustrierte Handschrift der *Vierundzwanzig Alten von Otto von Passau*,[15] 1435 datiert, könnte durchaus als ein Frühwerk des »Meisters von 1445« angesehen werden, die mit der Jahreszahl 1451 datierte Wandmalerei *Mariä Tempelgang* in der Mauritiusrotunde des Konstanzer Münsters und zwei weitere Täfelchen im Konstanzer Rosgartenmuseum[16] sind vielleicht Folgewerke. Michael Schauder stellte Werke der Buchmalerei als mögliche Vorbilder vor, die über den Sammelplatz Basler Konzil aus dem Westen bzw. aus dem Norden an den Oberrhein gekommen sein könnten: für den »Meister von 1445« ein Breviar des Herzogs von Bedford[17], für Konrad Witz Miniaturen eines anonymen Buchmalers aus Utrecht für Aufträge des Zweder van Culemborg, von denen sich Werke in der Universitätsbibliothek Basel befinden.[18] Für diese ist eine Entstehung in Basel sogar sehr wahrscheinlich.

Nach der Jahrhundertmitte treten zunehmend benennbare Konstanzer Malerwerkstätten ins Licht. Balthasar Sunder, der aus Konstanz stammte, wurde schon genannt. 1446 kommen Peter Murer und sein Sohn Hans über Schaffhausen in die Bischofsstadt, nachdem der Onkel, Paul, aus Ravensburg kommend, hier bereits 1420 Bürger geworden war. Sie werden zu Gründern einer personenstarken Malerwerkstatt, der zwischen 1450 und 1485 wohl aktivsten am Ort. Die verdienstvollen Forschungen von Hans Rott[19] geben allein für diese Malersippe fünf Künstlernamen an und es fällt nicht schwer, sich vorzustellen, wie viele Arbeiten aus allen Bereichen der Gattung Malerei innerhalb von dreißig bis fünfunddreißig Jahren von diesen geschaffen worden sind. Daß dabei der Personalstil des Einzelnen durch die Mitarbeit weiterer Familienmitglieder mitunter nicht mehr klar hervortritt, liegt ebenso auf der Hand wie das verschiedenartige Erscheinungsbild der dennoch mit »Murer« zu benennenden Werke. Ja, oftmals zeigen wenig beachtete oder wieder erst zu einem Zusammenhang zu rekonstruierende Einzeltafeln mit ihren vormals abgetrennten Rückseiten die tatsächliche Verbindung verschiedener Maler. Deutlich wird das am Beispiel der *Marter der Heiligen Ursula* mit dem Ausschnitt einer *Kreuzigung* auf ihrer – nicht abgetrennten – Rückseite (Kat. 30) und auf den Außenansichten der Flügel des *Mässlin-Retabels* (Kat. 27). Bei beiden Werken besitzen die Vorderansichten keine Ähnlichkeit mit ihren Rückseiten und auch zueinander lassen sich wenig Gemeinsamkeiten über den Zeitstil hinaus feststellen. Die Kreuzigung auf der Ursulatafel und die Außenansichten des *Mässlin-Retabels* sind indes von derselben Hand gemalt worden. Daraus ergibt sich hier eine Klammer, die darüber hinaus noch dadurch bestätigt wird, daß die Innenansicht einschließlich der Mitteltafel am *Mässlin-Retabel* von Hans Murer d. Ä. gemalt worden ist und beide Außenansichten den Stil des Peter Murer zeigen. Er ist in stilistischer Hinsicht mit seinem Hauptwerk, dem Flügelaltar für die Adelsfamilie derer von Werdenberg in den Fürstenbergsammlungen Donaueschingen zu charakterisieren. Jede dieser Ansichten für sich genommen würde mit Ausnahme der beiden von Peter Murer gemalten indes nicht einmal die Frage nach einer gemeinsamen Werkstatt aufwerfen. Leichter fällt dies hingegen durch die augenfällige Ähnlichkeit zwischen den Peter Murer-Werken wie auch der Heiligendarstellung mit *Elisabeth und Odilia* im Rosgartenmuseum (Kat. 29) und einer *Schmerzensmann*-Tafel in Karlsruhe (Kat. 28). Ebenso wie das *Mässlin-Retabel* trägt sie das Familienzeichen der Murer, einen dreiblättrigen Lindenbaum mit Wurzel, doch besteht das Problem einer Zuweisung an den um 1469 verstorbenen Peter. Deshalb wurde hier Hans Murer d. J., sein Neffe, in Anspruch genommen. Offen muß die Möglichkeit bleiben, ob dieses Wappen als Firmenzeichen auch auf Arbeiten anderer Mitarbeiter verwendet worden ist und der *Schmerzensmann* somit nicht zwangsläufig mit einem den Namen Murer führenden Maler dieser Großwerkstatt verbunden werden muß. Nicht ganz befriedigend ist indes die Zuweisung der zahlreichen Tafeln eines großen Retabels um die hier ausgestellte Darstellung der *Anbetung der Könige* (Kat. 26) an die Murer-Werkstatt. Sicher sind sie in derselben Zeit entstanden wie beispielsweise der *Werdenberg-Altar*, der um 1465 datiert wird, doch tritt der zweifellos seeschwäbische, vielleicht sogar konstanzische Personalstil lediglich durch die ähnliche Art, wie sich die Schraffuren in der Unterzeichnung ziellos überkreuzen, in Verbindung mit den Murer-Werken.[20] Das gleiche gilt auch für die immer noch solitär betrachtete *Maria auf der Rasenbank* (Kat. 25), die wegen ihrer Herkunft aus einem Bauernhaus bei Engen gerne als eines der wenigen Beispiele von Radolfzeller Malerei angesehen wird. Die ausgesprochen feinlinige Malerei läßt vermuten, daß auch sie in Konstanz oder in Überlingen entstanden ist. Am westlichen Bodensee besaßen nach unserer Kenntnis eben nur diese beiden Städte Malerwerkstätten, die über ein relativ hohes Niveau verfügten.[21]

Hierzu sind auch die drei Werkstätten zu zählen, welche um die Jahrhundertwende in Konstanz die meisten Aufträge an sich zogen: Sie wurden geleitet von Matthäus Gutrecht d. Ä. (mit Bezug auf seinen bekannten Schwiegervater Balthasar Sunder auch »vel Sunder« genannt) und seinem gleichnamigen Sohn (auch als »Debus« oder »Thebus« in den Quellen auftretend); von Michel Haider und von Rudolf Stahel. Die beiden letztgenannten sind in dieser Ausstellung mit mehreren Werken vertreten.

Michel Haider wurde durch seine in den Quellen genannte Zusammenarbeit mit dem Bildhauer Heinrich Iselin als Meister des Karlsruher oder frühen *Hohenlandenberg-Altars* erkannt.[22] Dieses Triptychon war wohl der erste große Auftrag, den der 1496 gewählte Konstanzer Bischof Hugo von Hohenlandenberg in Auftrag gegeben hat (Kat. 184). Die Werkstatt existierte indes schon länger und trägt mit ihrem Stil erheblich zum kunsthistorischen Bild von Konstanzer Malerei der Spätgotik um 1480 bis 1510 bei (Abb. 1 und 2).[3] Ihre in magerer Tempera/Öl-Mischtechnik gefertigten Gemälde weisen im Figurenstil eine eigenständig ausformulierte Verbindung von Ulmer Vorbildern aus der Zeitblom-Werkstatt und Kupferstichvorlagen von Martin Schongauer auf, deren werkstattspezifische Eigenheiten in der Gestaltung von anatomischen Details einen Anhaltspunkt für neue Zuschreibungen bieten.[24] So konnte erst vor wenigen Jahren die *Madonna auf der Rasenbank* in der Pariser Sammlung Marmottan diesem Komplex hinzugefügt werden (Kat. 178).

1 Michel Haider, *Die Heilige Ursula*, Besitzer unbekannt

2 Michel Haider, *Der Heilige Sebastian*, Besitzer unbekannt

In der spätmittelalterlichen Malerei läßt sich häufig ein ausgeprägter Personalstil beobachten, im Unterschied etwa zur Malerei um 1300. Die Künstler des ausgehenden 15. Jahrhunderts bedienen sich unterschiedlicher bildlicher Vorlagen, die ihnen mehr oder weniger zufällig zur Verfügung stehen, und formen sie je nach künstlerischer Fähigkeit um. Bei den Vorbildern greifen sie oftmals nicht das auf, was der Kunsthistoriker aus heutiger Sicht für bedeutsam hält, und rezipieren selten eine ganze Bildkomposition. Häufig interessieren sie sich hingegen für Einzelheiten. Rudolf Stahel ist ein beredtes Beispiel dafür: über nahezu vierzig Jahre lassen sich seine Arbeiten auf den verschiedensten Gebieten der Malerei verfolgen.[25] Dabei bilden sich in der Handwerksroutine verfestigte Eigenheiten ein kontinuierliches Leitbild für die stilkritische Zuschreibung. Durchgehend werden Augenlider bis zu den Schläfenpartien gezogen, eine Manier, die ebensowenig auf frische Beobachtung gründet wie die noch kurioser anmutenden Bärte, welche ausnahmslos hinter den Ohren anstatt an den Schläfenpartien in den Haarschopf übergehen (Kat. 180 und 218). Für die Klärung der tiefenräumlichen Gegebenheiten besteht wenig Interesse. Ein Wissen um fluchtpunktzentrierte Verjüngung bei perspektivisch anzulegenden Darstellungen kehrt sich bei Stahel ins Gegenteil um, mit dem Ergebnis, daß die Augen- und Mundpartien der Dargestellten immer nach hinten auseinanderlaufen wie bei Maria und Gabriel auf der *Verkündigung* in Einsiedeln (Kat. 181). Solche künstlerischen Unzulänglichkeiten schreckten die Auftraggeber indes nicht ab. Stahel war überwiegend und offenbar häufig für das reiche Bürgertum und die Patrizier des Bischofsstadt beschäftigt. An einer zu rigiden Anwendung der Zunftordnung wird es nicht gelegen haben, daß von anderen Konstanzer Malern nur ein Bruchteil an Werken auf uns gekommen ist. Ein Markt war bis zu Beginn der Reformationsbestrebungen und der zunehmenden Bilderfeindlichkeit zu Anfang der 1520er Jahre vorhanden. Die Auftragslage war scheinbar so gut, daß noch um 1485/95 viele Maler aus nah und fern nach Konstanz kamen, so der Nördlinger Friedrich Walther[26] und der Augsburger Peter Igel, dem die Tafeln eines Flügelaltars aus dem Kloster Salem zugeschrieben werden, von denen sich vier in Karlsruhe (Kat. 178) sowie je eine weitere in einer Privatsammlung in Altena im Sauerland und im Rijksmuseum Twenthe in Enschede (Niederlande) befinden. Einige ließen sich endgültig nieder, andere zog es nach Jahren weiter. Doch auch für die relativ kurze Zeit eines einzigen Auftrages kamen z. B. aus Nürnberg Buchmaler an den Bodensee. Zu nennen sind hier Hans Springinklee d. Ä., dem der ältere Teil des vierbändigen Missale für Bischof Hugo von Hohenlandenberg zuzuweisen ist (Kat. 185)[27] und ein Brevier von 1495, ein Auftrag von Abt Stanttenat im Kloster Salem.[28] In Konstanz mangelte es nicht an befähigten einheimischen Künstlern. Sie betätigten sich auf den verschiedensten Gebieten und standen den fremden Buchmalern im Können nicht nach. Auffällig ist jedoch, daß die meisten der sicher in Konstanzer Werkstätten ausgeführten Buchmalereien keine aufwendige Vergoldung besitzen.

Nach der Jahrhundertwende konzentrieren sich die Aufträge in Konstanz auf drei große Werkstätten. Dabei ist die Werkstatt Michel Haiders nicht mehr so stark vertreten wie in den beiden letzten Jahrzehnten des 15. Jahrhunderts. Ab 1505 dominieren die Maler, welche sich den neuen, aus Italien über Druckwerke vermittelten Kunstformen der Renaissance öffneten. Das drückt sich vor allem in der Verwendung von puttenbesetzten Ornamenten oberhalb der Darstellungen aus, wie sie im süddeutschen Raum von Hans Burgkmair in seinen Holzschnitten publiziert wurden und somit auch anderen zugänglich waren. Zu nennen sind hier die Konstanzer Matthäus Gutrecht d. J. und Conrad Apodeker. Matthäus oder Debus Gutrecht übernahm von seinem gleichnamigen Vater nach dessen Tode um 1505 die Werkstatt, genauer gesagt, seine Mutter führte diese in wirtschaftlicher Hinsicht erst einmal bis 1513.[29] Zuvor arbeiteten Vater und Sohn bereits an einigen Aufträgen zusammen, wobei die leicht abweichenden Stileigenarten eine Händescheidung durchaus möglich machen.[30] Der jüngere Gutrecht ist zweifellos einer der entwicklungsfähigsten Maler in Konstanz gewesen. Seine Lernbereitschaft, die ihn von Malern wie Rudolf Stahel oder seinem eigenen Vater abhebt, läßt manches spätere Werk sprunghaft verändert erscheinen, wobei dieser Eindruck auch den Lücken im Œuvre geschuldet sein kann. Sein letztes bekanntes Werk, der spätere oder zweite Flügelaltar für Bischof Hugo von Hohenlandenberg in der Konradikapelle des Konstanzer Münsters, 1524 datiert, weist deutliche Bezüge zur Malerei Hans Baldung Griens in Freiburg im Breisgau auf.[31]

Drei weitere Maler kamen von außerhalb, fanden in den eingesessenen Konstanzer Werkstätten Platz und prägten deren Erscheinungsbild in der Folgezeit erheblich. Christoph Bockstorffer, aus Memmingen stammend, kam 1513 nach einem ungefähr vierjährigen Arbeitsaufenthalt in Luzern an den Bodensee, wo er sich anfangs der Stahel-Werkstatt anschloß. Dorthin zog es auch Andreas Haider aus dem Odenwald. Eine Gemeinschaftsarbeit ist der zu Einzeltafeln gespaltene Flügelaltar für die Konstanzer Patrizier Ulrich Muntprat von Spiegelberg und seine Ehefrau Elisabeth von Seengen, dessen Flügelinnenansichten sich im Historischen Museum des Kantons Thurgau in Frauenfeld, die Außenseiten in den Fürstenbergsammlungen Donaueschingen befinden.[32] An ihnen zeigt sich ebenso wie an einem gleichfalls aus dieser Werkstatt stammenden Retabel in Curaglia,[33] Graubünden, daß verschiedene Personalstile harmonisch miteinander verwoben werden können. Dasselbe gilt auch für den 1521 in Gutrechts Werkstatt eingetretenen Philipp Memberger.[34] Der spätere Gründer einer neuen Malersippe in Konstanz hat, blickt man von seinem gesicherten Werk zurück, sehr wahrscheinlich schon am Flügelaltar von 1524 für Bischof Hugo von Hohenlandenberg mitgearbeitet.

Künstlerische Beziehungen kommen immer zwischen Personen oder durch einen Austausch von Werken zustande. In der Zeit vor der Mitte des 15. Jahrhunderts kann man eindeutig Personalbewegungen feststellen. In der Folgezeit kommt immer stärker ein Wissenstransfer auf, der nicht mehr an die Mobilität Einzelner gebunden ist, diesen aber auch nicht gänzlich ausschließt. Wie eingangs erwähnt, boten Großereignisse wie die Konzile von Konstanz und Basel Künstlern die Möglichkeit, zu wandern und an diesen Orten tätig zu werden. Zog sich dieser Aufenthalt aufgrund günstiger wirtschaftlicher Voraussetzungen über einen größeren Zeitraum hin, so konnte es durchaus zu einem endgültigen Wechsel des Daseinsmittelpunktes kommen. Konrad Witz ist hierfür ein beredtes Beispiel. Unabhängig von der Frage, ob er mit einem gleichnamigen Maler zu identifizieren ist, der um 1418 in Konstanz, also zur Zeit des dort abgehaltenen Konzils, in den Gerichtsakten genannt wird,[35] wissen wir, daß er aus Rottweil stammt und seit den 1430er Jahren, zu Zeiten des Basler Konzils, dort wichtige Aufträge ausgeführt hat. Schließlich ließ er sich dort fest nieder. Seine künstlerischen Fähigkeiten und handwerklichen Kenntnisse kamen also einer neuen Region zugute. Das wird deutlich an einer Reihe von Gemälden, die sicher nicht seiner Hand zugewiesen werden können, aber auch ohne Kenntnis seiner Kunst nicht denkbar wären (Kat. 3 und 4). Solche Beziehungen sind auch für Konstanz zu vermuten, denn durch Quellen ist die Zuwanderung zahlreicher Maler, aber auch Bildschnitzer bezeugt, wobei als Herkunftsgebiet häufig das Allgäu und Oberschwaben genannt werden. Doch läßt die spärliche Überlieferung von Kunstwerken keinen Schluß auf die Gewichtung von Einheimischen und Hinzugekommenen zu, mit anderen Worten: wir wissen nicht, welche Formen von außerhalb neu eingeflossen sind oder in welchem Maße die Malerei in Konstanz eine Entwicklung oder wenigstens Veränderung aus sich selbst heraus vollzogen hat. Solche Fragen ließen sich nur dann beantworten, wenn in den Herkunftsgebieten bereits zuvor diese Ausdrucksformen nachweisbar bestanden hätten. Das ist für die Folgezeit leichter zu beurteilen, insbesondere für die Zeit nach 1500. Der Grund ist in der Verbreitung von Bildideen durch die immer stärker aufkommende Druckgraphik zu suchen. Dennoch gehen wir nicht fehl, wenn wir unter Berücksichtigung aller bekannten Nachrichten und Werkvergleiche vorerst feststellen, daß es vor der Jahrhundertmitte keine nennenswerten künstlerischen Einflüsse der oberrheinischen Kunst auf die Kunst am Bodensee gegeben hat. Um 1460/65 ändert sich dies mit dem Auftreten des hauptsächlich in Straßburg tätigen Bildhauers Nikolaus Gerhaert van Leiden. Zu dessen Hauptwerken zählte der geschnitzte Hochaltar des Konstanzer Münsters, der 1466 vollendet war und im Bildersturm unterging. Auch das prachtvolle Chorgestühl geht – zumindest in seiner Konzeption – auf Nikolaus Gerhaert zurück. In der Folge lassen sich deutliche Veränderungen in der Konstanzer Bildhauerei und Malerei feststellen. Unter dem Einfluß seiner Kunst wird die Bildhauerei eines Simon Haider, Hans Henckel und Heinrich Iselin deutlich oberrheinisch, wobei wir auch hier natürlich nicht wissen, mit welchen eigenen Voraussetzungen sie angetreten sind. Charakteristisch sind eine stark raum-

3 Rudolf Stahel, *Christus vor Pilatus,* Reichenau-Mittelzell, Hochaltar

greifende Figurenauffassung, eine vertiefte Beobachtung und Wiedergabe von anatomischen Details und psychologischen Affekten sowie temperamentvoll agierende Figurengruppen und ihre Einbindung in den Raum durch wirklichkeitsentsprechende Architektur. Es wird kein Zufall sein, daß sich dieser Stil auch in der gleichzeitig auftretenden Druckgraphik wiederfindet, nämlich auf einigen Kupferstichen, die 1466 bzw. 1467 datiert und mit E. oder E. S. bezeichnet sind. Ob die Initialen als Monogramm des Kupferstechers zu deuten sind oder ob sie auf das Schweizer Kloster Einsiedeln verweisen (Kat. 60), ist von der Forschung immer noch nicht entschieden worden.[36] Selbst die Frage nach dem Wirkungsort des Meisters bzw. der Werkstatt, Oberrhein oder Bodensee, ist nicht geklärt. Viele der Kupferstiche zeigen eine große Nähe zu Gerhaert'schen Bildwerken, doch darf nicht vergessen werden, daß an der anfangs genannten Grabmalausmalung für Bischof Otto III. von Hachberg im Konstanzer Münster bereits starke Gemeinsamkeiten zu erkennen sind. Diese ist 1445 datiert und ist somit den Kupferstichen zeitlich deutlich vorangegangen. Ihre Wirkung werden die Kupferstiche dennoch auch in der Konzilsstadt nicht verfehlt haben und es scheint, als habe insbesondere der Maler des *Passionsaltars* (Kat. 26) davon profitiert. Stärker sind jedoch die Beziehungen zueinander bei den Figuren des Walenstädter Hochaltars, dessen Tafeln sich getrennt in Donaueschingen und in Zürich befinden.[37]

Als eher marginal ist eine ikonographische und darüber hinaus persönliche Beziehung zum Oberrhein zu beurteilen, sie betrifft das Aufreten der Heiligen Odilia auf einer Tafel aus der Werkstatt von Peter Murer (Kat. 29). Der dargestellte Stifter, ein Ritter des Deutschen Ordens, muß eine besondere Beziehung zu dieser Hauptheiligen des Elsaß besessen haben und könnte daher Rudolf von Rechberg, Landkomtur der Ballei Elsaß-Burgund auf Altshausen, gewesen sein. Angesichts eines fehlenden Wappens ist dieser Vorschlag allerdings als hypothetisch zu betrachten.[38] Oberrheinische Einflüsse auf die künstlerische Gestaltung der Tafel sind dabei nicht festzustellen. Sie fügt sich bruchlos in das Œuvre des Konstanzer Malers um das *Werdenberg-Retabel* ein.

Ein für die Malerei des Bodensees entscheidender Schritt war indes die Verbreitung von Kupferstichen des in Colmar ansässigen Martin Schongauer. Von seinem eleganten und auf die Bildmotive abgestimmten Figurenbild, von seiner Raumauffassung und von seinen Bilderfindungen überhaupt profitierte jeder aufmerksame Maler im letzten Viertel des 15. Jahrhunderts. Es ist hier nicht der Platz, für jedes Konstanzer Gemälde die mögliche bzw. tatsächlich benutzte Vorlage nachzuweisen, bei Michel Haiders Werken um den frühen *Hohenlandenberg-Altar* ist sie maßgebend für die Entwicklung des ansonsten schwäbisch geprägten Figurenbildes gewesen, doch auch in der Murer-Werkstatt, bei Rudolf Stahel und Matthäus Gutrecht d. Ä. waren einzelne Blätter bekannt. Ihre tatsächliche Verwendung soll an zwei Beispielen gezeigt werden: Bei einem 1498 datierten Flügelaltar, heute als Hochaltar im Reichenauer Münster aufgestellt, hat Rudolf Stahel auf der Flügelaußenansicht für die Darstellung des *Christus vor Pilatus* den gleichnamigen Kupferstich Schongauers (Kat. 107)[39] verwendet (Abb. 3 und 4). Schongauers Bildidee bestand darin, eine Podeststufe einzuführen. Pilatus, der die weltliche Macht verkörpert, sitzt dadurch gegenüber Christus erhöht. Gleichzeitig ist durch diese Maßnahme die Möglichkeit geschaffen, die Figuren in der Tiefe und Höhe des Raums agieren zu lassen. Ein emporspringender Hund verdeutlicht diesen Höhenunterschied ebenso wie eine auf der untersten Bodenebene stehende Rückenfigur. Stahel hat die Figurenanordnung und die Throngestalt nahezu vollständig übernommen, mit dem wichtigen Unterschied, daß sein Podest nur aus einer flachen Platte besteht und somit die Füße sowohl von Pilatus als auch von Christus auf derselben Höhe sind. Auch der bei Schongauer mit einem Fuß vom Podest herabsteigende Zubringer der Wasserkanne ist nun der Möglichkeit beraubt, seinen Körper in einer gewissen Ponderation darzubieten. Der hochspringende Hund und die Rückenfigur wurden gänzlich weggelassen. Stahel erkannte nicht, worauf es Schongauer bei diesem Bild angekommen ist. Auffallend ist auch die beschränkte Erfindungsgabe Stahels: in der Handschrift *Christus und die minnende Seele* (Kat. 218)

4 Martin Schongauer, *Christus vor Pilatus,* Kupferstich

5 Rudolf Stahel,
Die Versuchung des Heiligen Antonius,
Buchmalerei, Karlsruhe, Badische Landesbibliothek (aus Kat. 218)

werden in einem Anhang die *Taufe Christi im Jordan* und die *Versuchung des Heiligen Antonius* dargestellt. Für die *Taufe Christi* lag Stahel der gleichnamige Kupferstich Schongauers vor (Kat. 115), und er übernahm diese Darstellung für seinen Auftrag. Für die *Versuchung des Heiligen Antonius* (Abb. 5) verfügte er nicht über eine gleichartige Vorlage (Kat. 128) und mußte sich seiner Phantasie bedienen. Das Ergebnis ist trotz der farblichen Delikatesse der Dämonen bescheiden – sie agieren zahm wie in einem Puppentheater. Wir wollen uns hier nicht auf Rudolf Stahel fixieren, wenngleich noch weitere Beispiele für den Umgang mit Druckgraphik in seinem Werk genannt werden könnten.[40] Es bleibt festzuhalten, daß das druckgraphische Werk Martin Schongauers der bis zu dieser Zeit bedeutendste Beitrag zur Verbindung Oberrhein-Bodensee war. Schongauers Wirkung hatte bis über die Jahrhundertwende hinaus Bestand, wurde aber zunehmend von den Holzschnitten und Kupferstichen Albrecht Dürers verdrängt. Befragt man nun wieder die Malerpersönlichkeiten des frühen 16. Jahrhunderts, ihre Biographien und Werke nach Beziehungen zum Oberrhein, so fällt das Ergebnis mager aus. Wie schon für die Zeit davor, muß festgestellt werden, daß mit Ausnahme von Nikolaus Gerhaert und möglicherweise seinen Mitabeitern kein Personentransfer aus dem Westen erfolgt ist. Die überaus zahlreichen Zuzügler kommen überwiegend aus dem oberschwäbischen oder Allgäuer Raum nach Konstanz, manche vom östlichen Bodenseeufer, einige wenige aus Franken oder Bayern. Das gilt auch für die Zeit des Einzugs der Frührenaissance mit dem Memminger Maler Christoph Bockstorffer, der zwar zeitweise in Luzern gearbeitet hat, jedoch eher von der augsburgischen Kunst geprägt blieb.[41] Wo der in seiner Malerei so feinsinnige Andreas Haider seine Erfahrungen sammelte, ist ungewiß. 1522 wurde er in die Konstanzer Bürgerschaft aufgenommen und gab bei diesem Anlaß Obern Schüpf am Odenwald als Ort seiner Herkunft an. Es spricht jedoch manches dafür, daß er mit der Familie Michel Haiders verwandt war und Obern Schüpf nur sein zwischenzeitlicher Aufenthaltsort war. Bereits 1516 ist er sicher an der Ausmalung der Oberen Abtsstube im Kloster St.-Georgen in Stein am Rhein beteiligt[42] und hat sehr wahrscheinlich zuvor mit Bockstorffer in Luzern zusammengearbeitet. Auch zeigt sich seine Hand in der um 1510 zu datierenden Weingartener *Welfenchronik*[43], die wiederum noch Anklänge an das Figurenbild der Michel-Haider-Werkstatt aufweist. Weiter müssen ihm auch die Entwürfe zu Glasmalereien in der nun evangelischen Kirche von Rheineck, 1519 datiert, zu großen Teilen zugeschrieben werden. Das bedeutet, daß im ersten Viertel des 16. Jahrhunderts der überwiegende Teil der Aufträge im Bodenseeraum in Konstanzer Werkstätten ausgeführt worden ist. Manche Künstler gingen kurzzeitig fort, in Richtung St. Gallen und Graubünden, wenn die Arbeiten nur vor Ort ausgeführt werden konnten. Christoph Bockstorffer etwa ging 1523 nach St. Gallen, um die Skulpturen eines Altares farbig zu fassen. Die Mitarbeiter der Werkstätten Stahels und Gutrechts kamen nicht vom Oberrhein, sondern aus Bregenz, »Heller« (Schwäbisch Hall?) und Augsburg, der prominente Philipp Memberger schließlich aus Öttingen.[44] Für eine Annahme, die örtliche Nähe könnte von Ausschlag gewesen sein, sprechen diese Beispiel nicht. Einem Künstler vom Oberrhein wäre es nicht schwerer gefallen, nach Konstanz zu kommen als einem aus Schwäbisch Hall oder aus Öttingen, wobei es selten sicher ist, ob mit diesen Herkunftsangaben der Geburtsort oder die Stadt des letzten Aufenthaltes gemeint ist.

Überraschend ist hingegen, daß zahlreiche Maler Konstanz in Richtung Oberrhein verlassen haben. Die Ursachen sind vielfältig, wir erinnern an Konrad Witz' Weggang während des Basler Konzils. Nach 1510 gab es einen anderen Grund: den prosperierenden Buchdruck und Holzschnitt in Basel. Nicht nur die Brüder Ambrosius und Hans Holbein d. J. zog es deswegen dorthin, wenn auch mit einem schöpferischen Aufenthalt in Bodenseenähe (sie waren an der Ausmalung des Kloster St.-Georgen in Stein am Rhein beteiligt).[45] Auch der Konstanzer Maler Conrad Apodeker ließ sich in Basel nieder, wo er sich, in Anspielung an seine neue Tätigkeit in Schnit umbenannte.[46] Christoph Bockstorffer verschlug es 1553 in das Elsaß nach Mülhausen, wo es offenbar noch hinreichend Aufträge gab, an denen es nach der Einführung der Reformation in Konstanz mangelte.

1 Becksmann 1986, S. Lf. und S. 170ff. mit Abbn.
2 Scholz 1991b, S. 9ff. mit Abbn.
3 Itzel 2000, S. 19ff.
4 München, Sammlungen im Klerikalseminar Georgianum, Stange, KV, Bd. 2, 1970, Nr. 182.
5 Konrad in Moser 1997, S. 261.
6 Michler 1992, S. 76f. mit Abb., S. 167ff.
7 Reiners 1955, S. 256ff. mit Farbabb.
8 Unveröffentlicht. — Diesbezügliche Erwähnung in Slg. Kat. Konstanz 1993, S. 31.
9 Konrad in Moser 1997, S. 260f., KO 3 mit Abb.
10 Konrad in Moser 1997, S. 112 (Farbabb.), S. 114 (Farbabb.) und S. 263, KO 6 mit Abb.
11 Michler 1992, S. 86f. mit Abb.
12 Konrad in Moser 1997, S. 116ff.
13 Michler 1992, S. 100f. mit Abb.
14 Stange, KV, Bd. 2, 1970, Nr. 207. Zuletzt dazu Fleischhauer 1988, S. 48ff.
15 Konrad in Moser 1997, S.48, Abb. 14, 15 und S. 267, KO 11 mit Abb.
16 Konrad in Slg. Kat. Konstanz 1993, S. 38f., Nr. 1.04 mit Abb.
17 *Salisbury-Breviar,* Bedford-Meister und Mitarbeiter, Paris, Bibliothèque Nationale, ms. lat. 17294 (brieflich Mitteilung vom 18. 2. 1991 und 21. 3. 1991 an den Autor). Vgl. dazu auch Slg. Kat. Konstanz 1993, S. 37.
18 Schauder 1989, S. 137ff.
19 Rott 1933a, S. 23ff., Rott 1933b, S. 11, S. 13ff.

[20] Konrad in Moser 1997, S. 287 zu KO 39a. – Vielmehr ist Zeichner III der illustrierten *Richental-Chronik*, Abschrift im Konstanzer Rosgartenmuseum, als vergleichbar zu nennen. Siehe dazu Slg. Kat. Konstanz 1993, S. 100 (mit Abb.).

[21] Andernortes tritt das Allgäu mit seiner Ausstrahlung nach Vorarlberg und Graubünden mit größeren Werkstätten auf den Plan. Zu nennen sind hier Hans Huber (siehe Konrad 1999) und Ulrich Mair von Kempten (zuletzt mit Beispielen erwähnt in Schmidt 2001). An die Kern-Œuvres beider Malernamen lassen sich zahlreiche Werke anbinden, die nur in Kenntnis und Nähe dieser Malerei entstanden sein können. Zum Bereich um Hans Huber, sicher aber ins Allgäu, gehört auch die hier gezeigte Tafel mit den *Heiligen Katharina und Wolfgang* (Kat. 31).

[22] Rudolf Ulbrich, Stuttgart, nannte in Kenntnis der Forschungen von Albrecht Miller zur Konstanzer spätgotischen Skulptur als erster den Namen Iselin in diesem Zusammenhang (mündlich zum Autor 1988). Dazu auch Slg. Kat. Donaueschingen 1990, S. 54, Anm. 26ff.

[23] Lüthy 1964, S. 115ff. – Ludwig Meyer, München (brieflich vom 17. Oktober 1994), entdeckte auf Bildmaterial der Fotothek im Zentralinstitut für Kunstgeschichte, München, in der Bildsammlung von Ernst Buchner die abgespaltenen Außenansichten zweier Festtagsseiten im Kollegium Sarnen, Innerschweiz. Sie wurden 1942 in Fotografien von Theodor Fischer, Luzern, an Buchner geschickt und stellen die *Heiligen Ursula* und den *Heiligen Sebastian* dar. Ihr derzeitiger Verbleib ist nicht bekannt (Abb. 1 und 2).

[24] Vgl. Slg. Kat. Donaueschingen 1990, S. 45ff. mit Abbn.

[25] Zusammenstellung des Œuvres in Konrad/Weimar 1997, S. 27f. – Hinzu kommt noch die Ausmalung des *Wappenbuches des Gallus Öhem*, Handschrift 15 der Universitätsbibliothek Freiburg und eine Pax-Tafel im Schweizerischen Landesmuseum Zürich, Inv. Nr. AG 34. Vgl. Slg. Kat. Zürich 1996, S. 38, Nr. 39 mit Abb.

[26] Aus der Zeit seiner Konstanzer Tätigkeit von 1482 bis 1494 ist bisher nichts bekannt oder erkannt worden. Die einzige zuverlässig durch sein Monogramm zuzuweisende Malerei entstand bereits 1467. Die Tafel mit der Darstellung des Heiligen Wendelin befindet sich im Historischen Museum in Bern, Inv. Nr. 1339. Vgl. Stange, KV, Bd. 2, 1970, Nr. 1003 und Ausst. Kat. Zürich 2000, S. 178, Nr. 39 mit Farbabb.

[27] Konrad in Moser 1997, S. 137f., S. 149, Anm. 34, S. 322ff., KO 86 mit Abb. – Merkl 1999, S. 104, S. 358ff., Nr. 50, mit Abbn.

[28] Väth in Moser 1997, S. 364f., VÄ 9, mit Abb. – Väth, ebd., S. 196f., spricht sich für die Nürnberger Herkunft des Buchmalers aus und verweist auf ein Stundenbuch des Nürnberger Patriziers Marx Anspach und seiner Frau Apollonia Volckamer sowie auf die Bemalung des Etuis für eine Goldwaage aus Nürnberger Besitz. Wenngleich der hier erstgenannte Vergleich nur im allgemeinen überzeugen kann, soll die hypothetische Zuweisung Väths ihre Erhärtung durch Hinweis auf die Nähe des Figurenbildes im Brevier zu Tafeln des großen Augustineraltars von 1487 im Germanischen Nationalmuseum, Inv. Gm. 142–150, und ihm stilistisch anhängige Nürnberger Malereien erfahren.

[29] Konrad 1988, S. 54ff. und 1992c, S. 77ff.

[30] Werke des älteren Gutrecht sind im Œuvre des von Ernst Buchner getauften »Meisters der feisten Handrücken« zu sehen. Dazu gehören u.a. eine *Johannes auf Patmos*-Tafel in den Bischöflichen Stiftssammlungen St. Gallen, Stange, KV, Bd. 2, 1970, Nr. 249; zwei beiderseits noch mit Bemalung erhaltene Flügel im Allerheiligenmuseum von Schaffhausen, Inv. 1112/3, vgl. Slg. Kat. Schaffhausen 1989, S.30ff., Nr. 2, und zwei Tafeln in Nürnberg, Germanisches Nationalmuseum, Inv. Gm 517 und 526, vgl. Slg. Kat. Nürnberg 1997, S. 70f. (mit Abb.).

[31] Dazu Konrad 1988, S. 54ff. – Die im Format beschnittenen Standflügel befinden sich in der Staatsgalerie Stuttgart, Inv. Nr. 1701/2, vgl. Slg. Kat. Stuttgart 1992, S. 52f. mit Abb.

[32] Slg. Kat. Donaueschingen 1990, S. 139ff., Nr. 23 mit Abb. und Farbtafel VI sowie Konrad 1994, S. 40ff. mit Farbabb.

[33] Vgl. Beckerath 1998, S. 242, Nr. 46 mit Abb. auf S. 169.

[34] Häufig auch als Menberger in den Urkunden auftretend.

[35] Rott 1933b, S. 4ff. – Die erhaltenen Konstanzer Werke aus der Zeit 1418 bis 1435 zeigen keinen Einfluß, der auf Witz zurückzuführen ist, geschweige denn als eigenhändig zu bezeichnen sind.

[36] Gemeint ist der weiterhin anonym bleibende Meister E. S., vgl. Ausst. Kat. München/Berlin 1986/87. – Dagegen schlägt Appuhn 1988 vor, die Initialen in Beziehung zur Wallfahrt zum Engelsweihfest 1466 und 1467 in Einsiedeln, Kanton Schwyz, zu setzen, wobei verschiedene Auflösungen möglich sind.

[37] Fürstenbergsammlungen, Inv. Nr. 116 – 118, vgl. Slg. Kat. Donaueschingen 1990, S. 106ff.. Nr. 7 mit Abb. sowie Schweizerisches Landesmuseum Zürich, Inv. Nr. AG 12–15 und LM 18001, vgl. Slg. Kat. Zürich 1996, S. 23f., Nr. 9–13 mit Abb.

[38] Slg. Kat. Konstanz 1993, S. 42 zu Nr. 1.06.

[39] Bartsch 14 – Lehrs 24.

[40] Vgl. dazu Slg. Kat. Konstanz 1993, S. 70f., Nr. 1.20 mit Abb.

[41] Vgl. Konrad 1988 und Konrad 1992b.

[42] Konrad 1992a.

[43] Stuttgart, Württembergische Landsbibliothek, Cod. Hist. 584. Vgl. dazu Konrad in Moser 1997, S. 326, KO 326 mit Farbabb. S. 145.

[44] Rott 1933b, S. 26 und 37f.

[45] Konrad 1992a.

[46] Ebd. sowie – ausführlich und mit vielen Abbildungen – Hieronymus 1984, S.XIXff.

Autoren der Katalogbeiträge

Marcus Dekiert	M. D.
Anke Fröhlich	A. F.
Holger Jacob-Friesen	H. J.-F.
Bernd Konrad	B. K.
Dietmar Lüdke	D. L.
Ariane Mensger	A. M.
Anna Moraht-Fromm	A. M.-F.
Erwin Pokorny	E. P.
Michael Roth	M. R.
Jochen Sander	J. S.
Dorit Schäfer	D. S.
Hartmut Scholz	H. S.
Angela Vollmer	A. V.

In den Maßangaben steht Höhe vor Breite. Die Numerierung der Vergleichsabbildungen folgt den Katalognummern. So bezieht sich die Zahl *vor* dem Schrägstrich auf die jeweilige Katalognummer, die Zahl *nach* dem Schrägstrich ist die Ordnungszahl der Vergleichsabbildung (zum Beispiel Abb. 4/2 = Katalognummer 4/ Vergleichsabbildung 2). Bei der Druckgraphik werden keine Inventarnummern angegeben.

Abkürzungen

Ausst. Kat.	Ausstellungskatalog
Bearb.	Bearbeiter
Bez.	Bezeichnung (o. = oben, u. = unten, l. = links, r. = rechts, M. = Mitte)
Diss.	Dissertation
Einf.	Einfassungslinie
Hg.	Herausgeber
Inv. Nr.	Inventarnummer
Kat.	Katalognummer
Slg. Kat.	Sammlungskatalog
Sign.	Signatur
Verst. Kat.	Versteigerungskatalog

4

I.1 Basel und die Wirkung von Konrad Witz

Eine Gruppe ganz unterschiedlicher Werke ist Thema des ersten Kapitels dieses Kataloges. Es umfaßt neben Tafelbildern auch Zeichnungen und ein illustriertes Buch. Die Verbindung der Mehrzahl der Objekte besteht darin, daß sie in die Nordschweiz – insbesondere nach Basel – lokalisiert und gegen die Mitte des 15. Jahrhunderts datiert werden. Eine besondere Gemeinsamkeit der meisten hier versammelten Werke liegt darüber hinaus in der motivischen und stilistischen Nähe zur Kunst des bedeutenden Basler Meisters Konrad Witz.

Basel, seit 1431 Konzilsstadt, hatte sich durch rege Handelsbeziehungen und das Zusammentreffen der internationalen Delegationen des Konzils zu einem der bedeutendsten geistigen und kulturellen Zentren nicht nur am Oberrhein, sondern ganz Europas entwickelt und war daher auch ein äußerst attraktiver Standort für Künstler.

Konrad Witz, der zu den großen Erneuerern in der deutschen Kunst des 15. Jahrhunderts gezählt werden darf, steht in seiner Bedeutung gleichrangig neben Lucas Moser in Tiefenbronn, Hans Multscher in Ulm und Stephan Lochner in Köln. In Rottweil geboren, ist Konrad Witz seit 1434 in Basel nachweisbar, wo er in die Zunft *Zum Himmel* aufgenommen wurde, und im folgenden Jahr das Bürgerrecht erlangte. In der Konzilsstadt war Witz nicht allein als Tafelmaler beschäftigt. Dokumente belegen für 1441 und 1442 seine Mitarbeit bei der Ausmalung des Basler Kornhauses, und auch seine Beteiligung am *Totentanz* im Dominikanerkloster wird diskutiert. Bereits 1446 taucht Konrad Witz in den Quellen als verstorben auf, so daß sich eine etwas über zehnjährige Hauptschaffensperiode ergibt. Von seinem Œuvre haben sich nur etwa zwanzig Werke erhalten, darunter die monumentalen Tafeln des *Heilsspiegelaltars* in Basel, um 1435 entstanden, sowie die Tafeln des *Petrusaltars*, die Witz 1444 in Genf geschaffen hat.

Konrad Witz zeigt sich sehr von der niederländischen Kunst, vor allem durch den Meister von Flémalle und Jan van Eyck, beeinflußt, obwohl ein Aufenthalt in dieser Kunstlandschaft nicht eindeutig nachgewiesen werden kann. Ferner gibt es Verbindungen nach Burgund, nach Savoyen und in die Provence (Röttgen 1987). Wo jedoch der Maler seine Ausbildung genossen hat, ist bis heute nicht geklärt – auch für die Annahme, er habe in den zwanziger Jahren des 15. Jahrhunderts in Konstanz gelebt und gearbeitet (van Miegroet 1986), gibt es keinerlei gesicherte Hinweise.

Zahlreiche Charakteristika der Kunst des Konrad Witz lassen sich auch an den in diesem Kapitel zusammengeführten Bildern – in stilistischen oder motivischen Analogien – nachvollziehen. Manche stehen der Kunst des Basler Meisters so nahe, daß von einer Entstehung im näheren Umkreis – in der Werkstatt oder von einem Nachfolger – ausgegangen wird, wie im Fall der beiden Apostelzeichnungen (Kat. 7) und der Zeichnungen mit Maria im Gemach (Kat. 5, 6). Aus derselben Generation wie Witz stammt der sogenannte »Lösel-Meister« (Kat. 2), der hier die noch eher traditionell ausgerichtete Basler Malerei dieser Zeit repräsentieren soll. Leider läßt sich keines der Werke mit einem überlieferten Namen in Verbindung bringen, so daß durchweg von anonymen Meistern gesprochen werden muß.

Das wichtigste Merkmal der Werke des Konrad Witz wie für alle hier gezeigten Bilder ist die Überwindung des sogenannten *Weichen Stils*, der für die Kunst um 1400 und noch bis in das erste Drittel des 15. Jahrhunderts bestimmend war. Der Schwerpunkt in der künstlerischen Gestaltung liegt nun nicht mehr auf der geschwungenen Linie, sondern auf dem Ausdruck höchster Plastizität, welche die Figuren wuchtig und skulptural erscheinen läßt. Die hohe plastische Wirkung wird vor allem durch kontrastreiche Hell-Dunkel-Modellierungen erreicht und durch einen scharfen Schattenwurf unterstützt. Die Gewänder fallen nicht mehr in fließenden, weichen Schwüngen, sondern brechen sich in schweren und eckigen Falten. Entsprechend ist der Charakter der Werke nicht mehr von eleganter Leichtigkeit bestimmt, sondern – wie an den beiden Apostelzeichnungen besonders gut nachvollziehbar – von wuchtiger Erdenschwere, deren Reiz gerade in einem urtümlichen, vollkommen ungekünstelten Ausdruck liegt.

Dieses plastische Modellieren, das alle Formen kubisch vereinfacht und verdichtet, ist auch für die Malerei des Meisters des Rottweiler Altars bestimmend (Kat. 1). Wie er die Falten seiner Gewänder in starren, eckigen Graten brechen läßt, ist er dem Basler Meister eng verwandt. Auch die geringe Durchbildung der einzelnen Gliedmaßen, die beispielsweise die Hände ganz gelenklos erscheinen läßt, ist für den Rottweiler Meister wie für Konrad Witz gleichermaßen charakteristisch. Der Rottweiler Meister steht für eine lokale Tradition, die dem aus Rottweil stammenden Witz offenbar seine erste Prägung verliehen hat, und repräsentiert damit gleichsam den Ausgangspunkt für dessen künstlerische Entwicklung.

Eine besondere »Spezialität« des Konrad Witz ist die Darstellung von Innenräumen, die er oft als karge Kastenräume in Stein oder als häusliche Interieurs mit Holzbohlendecke und -boden wiedergibt. Die dabei zur Anwendung kommende Perspektive ist jedoch keine konstruierte, sondern eine auf der Seherfahrung fußende, die ohne festgelegten Fluchtpunkt operiert. Das Verhältnis der Figuren zu ihrem Umraum stellt sich dabei als eine künstlerische Aufgabe dar, die noch nicht vollständig gemeistert scheint. Das enge Gehäuse des Innenraumes wird bisweilen von einem Fenster durchbrochen, um die Sicht auf eine Landschafts- oder Stadtansicht freizugeben – eine Bildform, die in der niederländischen Kunst entwickelt wurde und in dieser frühen Zeit am Oberrhein noch ganz ungewöhnlich ist. Häufig wird der Blick in den Innenraum von einem steinernen Rahmen eingefaßt, der als illusionistisch gemaltes architektonisches Element die Grenze zwischen Bild- und Betrachterraum markiert.

Ein Thema, das diese Elemente der Interieurdarstellung auf das schönste miteinander vereint, ist das der Madonna im Gemach, welches in diesem Kapitel außer mit den bereits genannten zwei Zeichnungen auch mit einem kleinen Tafelbild vertreten ist (Kat. 4). Zu der Bildgruppe mit Interieurdarstellungen kann man auch ein kleines Täfelchen zählen, das die Madonna als Tempeljungfrau in einem gotischen Kapellenraum zeigt (Kat. 3). Eine Besonderheit dieses Bildes liegt in der großen Sorgfalt, mit der unterschiedliche Materialien, vor allem Stein und Metall, wiedergegeben werden, die gerade auch für Konrad Witz so bezeichnend ist. Vergleichbar mit dem Basler Meister ist ebenfalls, daß sich der Körper unter dem schweren, in dichten Faltenbahnen fallenden Gewand nicht abzeichnet und die Figur – bei aller Gewandfülle – sich eher in die Fläche als in die Tiefe ausdehnt.

Dem Witz'schen Realismus sind im weitesten Sinne sogar die Illustrationen einer Handschrift mit der Marienlegende verpflichtet (Kat. 9). Fern von jeder verfeinernden Stilisierung erscheinen die Figuren in urtümlicher Einfachheit, wobei ihre Gesichts- und Körperbildung sowie der Habitus mit exotischen Kopfbedeckungen den indirekten Einfluß des berühmten Meisters bezeugen.
So lassen sich die in den folgenden Katalogbeiträgen ausführlich behandelten Werke in die Einflußsphäre des Konrad Witz lokalisieren, ohne daß sie jedoch eine veritable »Schule des Konrad Witz« zu bilden vermögen. Tatsächlich kann man insgesamt nur von einer zeitlich wie räumlich eng begrenzten Wirkung des Meisters sprechen. Zu kurz war seine Schaffenszeit, zu mächtig sollte sich schließlich in der zweiten Jahrhunderthälfte der Einfluß niederländischer Werke auf die oberrheinische Kunst auswirken, die in ihrer bewegten und stilisierten Formensprache einen vollständig anderen Stil verbreiteten.

A. M.

1a

1

Rottweiler Meister

Um 1440

Vier Tafeln des ehemaligen Hochaltars des Heilig-Kreuz-Münsters zu Rottweil

a) ***Die Anbetung der Könige***
Mischtechnik auf Nadelholz; 123,5 x 166,4 cm
Stuttgart, Württembergisches Landesmuseum Stuttgart
Inv. Nr. E 516

b) ***Das Martyrium der Heiligen Ursula***
Mischtechnik auf Nadelholz; 127,5 x 169,7 cm
Stuttgart, Württembergisches Landesmuseum Stuttgart (Leihgabe der Sammlung Schloß Lichtenstein)
Inv. Nr. L 1977–99

c) ***Gnadenstuhl***
Mischtechnik auf Nadelholz; 59 x 43,5 cm (an allen Seiten beschnitten)
Karlsruhe, Staatliche Kunsthalle Karlsruhe
Inv. Nr. 1135

d) ***Die Verehrung der Monstranz durch Engel***
Mischtechnik auf Nadelholz; 122 x 120 cm (8 cm ergänzter Streifen in der Mitte)
Rottweil, Heilig-Kreuz-Münster

Die in der kunsthistorischen Forschung immer wieder geäußerte Vermutung, daß die vier Tafeln ehemals zu demselben Altar gehörten, konnte in jüngster Zeit durch restauratorische Untersuchungen tatsächlich bestätigt werden. Es gilt nun als erwiesen, daß sie vom ehemaligen Hochaltar des Heilig-Kreuz-Münsters zu Rottweil stammen, der 1660 einem barocken Altar weichen mußte. Außer den in dieser Ausstellung präsentierten vier Tafeln haben sich in anderen Sammlungen im süddeutschen Raum noch weitere Teile erhalten, die ebenfalls dem Rottweiler Hochaltar zuzurechnen sind: Im Württembergischen Landesmuseum in Stuttgart befindet sich als Leihgabe aus Schloß Lichtenstein noch eine Darstellung mit der *Herabkunft des Heiligen Geistes*, im Diözesanmuseum in Rottenburg eine *Himmelfahrt Christi* sowie eine *Marter der Zehntausend*. Als ein weiteres bedeutendes Ergebnis der restauratorischen Untersuchungen ergab sich, daß der *Gnadenstuhl* aus Karlruhe ehemals zusammen mit den *Verehrenden Engeln* aus dem Rottweiler Münster eine Komposition bildete (Abb. 1/1). Man hatte die ursprüngliche Tafel nicht nur in drei Teile zersägt, sondern auch die Engel ohne ihre originale Mitte wieder zusammengefügt, wobei ein 8 Zentimeter breiter Mittelstreifen mit der Darstellung der Monstranz ergänzt wurde. Am *Gnadenstuhl* sind

1b

heute noch an den Rändern Gewandteile, Fingerchen und Flügelenden der verehrenden Engel zu erkennen.

Ausgehend von der Größe der erhaltenen Teile kommen Rekonstruktionen des ursprünglichen Altarretabels auf beeindruckende Maße. Der Altarschrein, in den wahrscheinlich eine aus Holz geschnitzte Figurengruppe – vermutlich eine Kreuzigung – eingestellt war, soll eine Breite von 3,60 Meter eingenommen haben. Bei geöffneten Flügeln maß der Altar schließlich stattliche 7,20 Meter. Die Bildfelder auf den beiden Seitenflügeln waren in zwei Registern übereinander angelegt. Das Heilig-Kreuz-Münster in Rottweil erfuhr um 1400 einschneidende bauliche Veränderungen, als der alte romanische Rechteckchor durch einen hochgotischen Chor mit polygonalem Abschluß ersetzt wurde.[1] Es ist sehr wahrscheinlich, daß die Entstehung des Hochaltars in diesem Kontext des Chorneubaus erfolgte.

Der Name des Meisters dieses stattlichen Zeugnisses spätgotischer Altarkunst ist leider nicht überliefert. Sein Stil zeichnet sich durch einfache kubische Formen aus, bei denen größter Wert auf die plastische Wirkung gelegt wurde. Die einzelnen Gliedmaßen erscheinen jedoch nur wenig durchgebildet. Die Falten der Gewänder brechen in eckigen Graten, die bisweilen zackige Linien bilden. Sehr charakteristisch ist die Gestaltung der Augen: Eine schwarze Linie markiert das obere Lid, während eine auffallend große dunkle Iris den Gesichtern einen warmen, sanften Ausdruck verleiht.

Ganz ähnliche Stilmerkmale kennzeichnen auch die Kunst des aus Rottweil stammenden Konrad Witz, der von 1434 bis 1446 in Basel nachweisbar ist. Insgesamt zeigt sich dieser in seinem künstlerischen Schaffen jedoch weitaus innovativer als unser Rottweiler Meister, vor allem was die illusionistische Darstellung von Tiefenräumlichkeit und die Charakterisierung unterschiedlicher Materialien und Stoffe angeht. Womöglich sind die Tafeln des Rottweiler Hochaltars als Zeugnisse einer lokalen Maltradition aufzufassen, durch die auch Konrad Witz seine früheste Prägung erhielt. Ob man in unserem Meister des Rottweiler Hochaltars den Lehrer des berühmten Basler Meisters sehen darf, muß dabei leider offenbleiben.

A. M.

1 Hecht, Winfried: Eine Baumeisterfamilie im Rottweiler Spätmittelalter, in: Rottweiler Heimatblätter, 53, 1992, Nr. 3, S. 4ff.

Lit.: Voegelen 1927 – Rott 1933a, S. 34 (Konrad Emerling) – Mahn 1942, S. 173–177 – Stange, DMG, Bd. 4, 1951, S. 39, Abb. 53 – Baum 1957, S. 30–33 – Stange, DMG, Bd. 8, 1957, S. 153–154 – Slg. Kat. Karlsruhe 1966, S. 258 – Stange, KV, Bd. 2, 1970, Nr. 1066, 1067, 1068 – Ausst. Kat. Karlsruhe 1992b, Nr. 4 – Schlenker 1992/93 – Schlenker 1994 – Ausst. Kat. Karlsruhe 1996, Nr. 21 – Westhoff 1996, 5.18, 7.59 – Lorenzer/Heberle 2000 – Ausst. Kat. Rottweil 2000.

1d

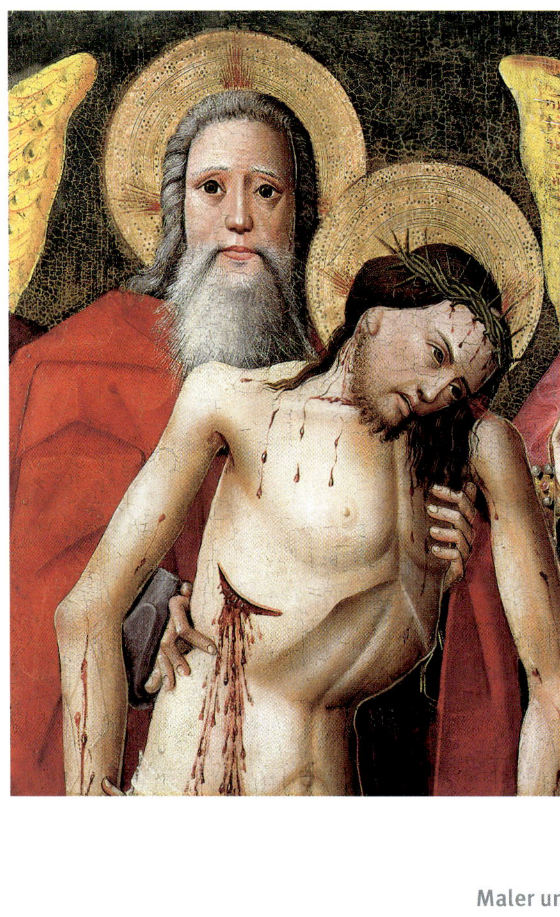

1c

1/1 Rekonstruktion

2

Meister des Lösel-Altars

Stiftertafel mit der Heiligen Barbara

Bez. auf dem Spruchband: O mater dei pro me apud filium tuum
Mischtechnik auf Holz; 55,3 x 62,7 cm
Mülhausen, Musée des Beaux-Arts
Inv. Nr. 153 A (Inv. musée historique)

Die Heilige Barbara, flankiert von ihrem Attribut, dem Turm mit eingestelltem Kelch mit Hostie, und mit dem Palmzweig der Märtyrer in der Hand, empfiehlt der Maria und dem Kind einen Stifter. Dieser wendet sich an die Gottesmutter mit der Bitte um Fürsprache bei ihrem Sohn, die mit den Worten »O mater dei pro me apud flilium tuum« auf einem Spruchband über dem Stifter erscheint. Der vollbärtige Mann trägt einen weiten schwarzen Umhang mit dem weißen Kreuz der Johanniter und einer schwarzen Kappe, um seine betenden Hände ist ein Rosenkranz gelegt. Sein Blick ist auf die Madonna gerichtet, die in Halbfigur mit dem Kind auf dem Arm in einem Strahlenkranz über der Mondsichel erscheint. In der christlichen Deutung steht der abnehmende Mond für den Alten Bund, der durch die Gottesmutter, Sinnbild der neuen Kirche, überwunden wird. Die auf der Mondsichel stehende Madonna im Strahlenkranz ist weiterhin ein Verweis auf das in der Johannesapokalypse beschriebene apokalyptische Weib: »eine Frau, mit der Sonne bekleidet; der Mond war unter ihren Füßen« (Offenbarung 12, 1), das ebenfalls mit der Gottesmutter gleichgesetzt wurde.[1]

Der Stifter kann über sein Wappen als Johann Lösel identifiziert werden, dessen heute zerstörter Grabstein in der Johanniter-Kirche zu Basel in einer Nachzeichnung überliefert ist. Der wahrscheinlich vom Mittelrhein stammende Johann Lösel, Groß-Prior des Johanniter-Ordens in Deutschland, war eine bedeutende Persönlichkeit seiner Zeit. Seine Lebensdaten legen eine Entstehung des Retabels, der vermutlich aus dem bei Basel gelegenen Rheinfelden stammt, zwischen 1445, seiner Wahl zum Komtor des Johanniter-Ordens in Rheinfelden, und seinem Todesdatum 1468 nahe. Womöglich könnte der Neubau des Ordensgebäudes in Rheinfel-

2

den 1455 einen Anlaß zur Altarstiftung gegeben haben. Stilistische Gründe sprechen dafür, die Tafel spätestens in die 50er Jahre zu datieren. Außer der hier gezeigten Tafel befinden sich im Musée des Beaux-Arts in Mülhausen noch eine *Auferstehung Christi* und ein *Marientod*, während das Kunstmuseum Basel eine *Geburt Johannes des Täufers* und das Musée des Beaux-Arts in Dijon eine *Taufe Christi* besitzen, die ebenfalls demselben Altarzusammenhang angehören. Der alle Szenen hinterfangende Goldgrund mit graviertem und tremoliertem Brokatmuster weist darauf hin, daß die fünf erhaltenen Tafeln ursprünglich auf den Innenseiten eines Altarretabels angebracht waren. Bei durchschnittlich einem halben Meter Breite und fast einem Meter Höhe geben die relativ großen Einzeltafeln eine Vorstellung von der einstigen ansehnlichen Größe des Altars.

Der Altar könnte dem Heiligen Johannes – der nicht nur Patron der Johanniter, sondern auch der Namenspatron des Stifters ist – geweiht gewesen sein. Die erhaltenen Tafeln weisen außerdem auf Szenen aus dem Marienleben und der Passion.

Die Heilige Barbara wurde vermutlich in ihrer Eigenschaft als Patronin der Sterbenden in das Programm mitaufgenommen. Sowohl die auf das Sterbesakrament verweisenden Kelch und Hostie als auch die schriftlich fixierte Bitte um Fürbitte bei der Madonna deuten darauf hin, daß der Stifter, Johann Lösel, sein Seelenheil mit besonderer Sorgfalt sichern wollte.

Die künstlerische Sprache des Maler des *Lösel-Altars* mit den blockhaft geschlossenen Formen und verhärteten, sich am Boden stauenden Röhrenfalten zeigt alle Anzeichen der Aufgabe des idealisiert-überfeinerten Modus des *Weichen Stils* des ersten Jahrhundertviertels und läßt das »Bemühen um realistische Vergegenwärtigung« und »diesseitige Materialität«[2] erkennen. Der vermutlich in Basel tätige Maler gehörte derselben Generation wie Konrad Witz an, wobei er sich noch nicht ganz so radikal von den herkömmlichen Gestaltungsweisen abgekehrt hat wie dieser. Die fünf Tafeln des *Lösel-Altars* zeugen davon, daß neben Konrad Witz noch weitere bedeutende Maler ihre Werkstätten in Basel hatten und von der guten Auftragslage in der Stadt und ihrer Umgebung profitierten. Die erhaltenen Fragmente können leider nur noch andeutungsweise eine Vorstellung von der Basler Kunstlandschaft neben Konrad Witz geben und lassen den Verlust großer Teile der Tafelmalerei aus dieser Zeit um so schmerzlicher erscheinen.

A. M.

1 ML, Bd. 3, 1991, S. 74f.
2 Stange, DMG, Bd. 4, 1951, S. 66.

Lit.: Hugelshofer 1925–1927, S. 229–230, Taf. 9 und 10 – Stange, DMG, Bd. 4, 1951, S. 65 – Stange, KV, Bd. 2, 1970, S. 20, Nr. 16 – Slg. Kat. Mülhausen 1988, S. 184, Nr. 843 – Ausst. Kat. Köln 1993, Nr. 7.

3

3/1 Oberrhein (?), *Maria als Tempeljungfrau*, 1470/75, Holzschnitt

3

Nachfolger des Konrad Witz

Maria als Tempeljungfrau

Oberrhein (Basel ?), um 1440/50
Öl auf Holz; 39,6 x 28,4 cm
Straßburg, Musée de l'Œuvre Notre-Dame de Strasbourg
Inv. Nr. MBA 1642

Dieses für die private Andacht geschaffene Tafelbild, das rundum Malkanten aufweist und dessen seltene Darstellung[1] nicht beschnitten ist, vergegenwärtigt die ohne Makel geborene Jungfrau Maria in zartem Mädchenalter und bei ihrem Dienst im Tempel, den sie bis zur Vollendung ihres 12. Lebensjahres, dem Zeitpunkt ihres Verlöbnisses mit Joseph, assistiert von Engeln, ausführte. Durch eine angeschnittene, rahmende Arkade schauen wir in ein kleines Heiligtum mit Kachelboden und Kreuzrippengewölbe. Es soll das Sanktuarium des Jüdischen Tempels in Jerusalem darstellen, gleicht aber eher einer spätgotischen Kapelle, wodurch die lang zurückliegende Begebenheit in die Entstehungszeit des Gemäldes versetzt scheint. In dem Raum steht ein Altar, an dessen Stufe das anmutige Mädchen Maria kniet und betet. Andacht, Beseeltheit und Ehrfurcht drücken sich in ihrer Haltung, Kopfneigung, Mimik und Gestik aus. Ihre Abgeschiedenheit von der Welt wird durch das Velum angedeutet, das den Altar abschirmt. Mit ihm mag auch der Vorhang gemeint sein, den Maria zusammen mit anderen Jungfrauen in den Jahren ihres Tempeldienstes webte, wie es die Apokryphen und Legenden des Mittelalters berichten. Wohl einst in Preßbrokattechnik ausgeführt, heute aber rotbraun retuschiert, bildet das Tuch die dunkle Folie, vor der sich das grün gekleidete, mit einer Perlenschnur im Haar geschmückte und durch einen sorgfältig punzierten Nimbus ausgezeichnete Mädchen mit ihrem schimmernden Inkarnat und ihrer aufwachsenden Gestalt deutlich abhebt. – Gewandfarbe und Perlen mögen den von der Hoffnung auf Unsterblichkeit getragenen Glauben und das Mysterium der jungfräulichen Empfängnis andeuten.[2] In der demütigen Verrichtung des Gottesdienstes ein Vorbild für den andächtigen Betrachter des Bildes, blickt Maria auf das zwischen zwei Leuchtern aufgeschlagene Buch auf dem Altar, den ein hausförmiges, in Gold gefertigtes Retabel ziert. Seine drei Figuren im offenen Schrein, die sich an der Rückwand spiegeln, stellen drei Männer des Alten Bundes dar, von denen David mit der Harfe und Moses mit den Gesetzestafeln zu identifizieren sind. So genau wie jene, sind auch andere Einzelheiten am Altar wiedergegeben, etwa die bunten Fransen der Decke, das Antependium und die Nische mit zwei Kännchen. An die Freuden

und Schmerzen der zukünftigen Gottesmutter gemahnen der weißrote Blütenkranz, der vom Gewölbe hängt, und die am Boden verstreuten Rosen. Engel, die die Gegenwart Gottes anzeigen, sind die einzigen Zeugen der Handlung. Sie erscheinen zu dritt, singend über Maria, und zu viert, in scheuem Abstand und im Schutze des Vorhangs. – Auf einem sehr ähnlichen, vielleicht oberrheinischen Holzschnitt von 1470/75 sind die Diener Mariens auch zu finden (Abb. 3/1).[3]
Stilistische und motivische Merkmale des Bildes lassen vermuten, daß der unbekannte Maler Werke von Konrad Witz aus eigener Anschauung kannte und in Basel um 1440/50 tätig war. Zu beachten sind besonders: die groß in den engen Raum eingefügte Hauptfigur, die Gesichtstypen, die Wiedergabe winklig brechender, am Boden aufstauender Falten, die Lichtbehandlung und -führung oder die stoffliche Charakterisierung schimmernder Perlen und blinkender, schattenwerfender Gegenstände aus unterschiedlichen Metallen. – Die Komposition, wie immer ihre Überlieferung gewesen sein mag, war dem Meister E. S. bekannt, als er 1467 den Kupferstich der *Betenden Maria in ihrem Gemach* schuf (Kat. 58).

D. L.

1 Siehe z. B. eine frühere Buchminiatur des Meisters von Bedford (Sterling, Bd. 1, 1987, Abb. 306 u. l.)
2 Haupt 1941, S. 107ff., bes. 111f.
3 Rathe 1922 – Schiller, Bd. 4, 2, 1980, S. 167 – Ill. Bartsch, Bd. 164 Suppl., 1992, S. 4.

Lit.: Ausst. Kat. Aachen 1958, Nr. 39 – Ausst. Kat. Köln 1963/64, A 64 – Stange, KV, Bd. 2, 1970, Nr. 32 – Ausst. Kat. Köln 1974/Ergebnisse 1977, S. 128f. – Schiller, Bd. 4, 2, 1980, S. 165ff., bes. 167.

4

4
Basler Meister
Maria mit dem Kind im Gemach (Maria unterrichtet den Jesusknaben)

Um 1450
Tempera und Öl auf Holz; 31 x 24 cm
Privatbesitz

Zweierlei zeichnet das kleine Andachtsbild besonders aus: die seltene, genrehafte Schilderung der Muttergottes mit ihrem etwa fünfjährigen Kind beim Studium heiliger Texte, also eines häuslichen Unterrichts, und die eingehende Wiedergabe des kostbar ausgestatteten Wohnraums, in den die intime Szene verlegt ist. Die demütige, da am Boden sitzende Maria, die in mittelalterlichen Erbauungsschriften als liebevolle Erzieherin und sorgfältige Lehrerin des kindlichen Heilands geschildert wird, und das Jesuskind, im blaugrauen Rock eines Schülers bzw. des erwachsenen allwissenden Jesus Christus, haben sich in einigem Abstand voneinander, in der Nähe eines großen Doppelfensters und vor einem großen Kastentisch niedergelassen. Beide halten aufgeschlagene Bücher vor sich, blicken sich aber an und sind in ein Gespräch wohl über das gerade Gelesene vertieft. Die genaue Beobachtungsgabe des Malers ist an der treffenden Charakterisierung der beiden Protagonisten zu erkennen. So erscheint Maria in ruhiger, würdiger Haltung und neigt ihren Kopf mit freundlicher Miene leicht nach vorne und dem Kind zu, als denke sie über eine Frage nach, die ihr das im Schneidersitz kauernde, mit lebhafter Gebärde und Kopfwendung zu ihr aufschauende Knäblein wohl zugerufen hat. Der Betrachter des Bildes wird zum Zeugen eines Diskurses zwischen einer wissenden, bedachten Lehrmeisterin und einem wißbegierigen, angeregten Schüler. Der Ort dieser erlauschten Szene ist zwar nur ausschnitthaft gezeigt, wirkt aber doch weit und luftig. In seine schräg in die Tiefe führende Wand zur Linken sind große verglaste Fenster eingelassen, durch die diffuses Licht in den Raum einfällt und durch die der Blick nach außen dringt, wo Bäume in den blauen Himmel aufragen. Zur noblen Ausstattung des ungewöhnlichen Studios zählen die prächtige Decke aus zwei querlaufenden Holztonnen und die genischte, steingraue Rückwand mit vorgeblendeter Säulenreihe. Letztere wird bis in halber Höhe verdeckt von einem rotgemusterten Behang mit perlen- und steinbesetzter Goldbordüre. Er gehört wie die Säulen und das Holzgewölbe zu den Hoheitsmotiven, die auf die Heiligkeit von Maria und ihrem Sohn deuten, deren Köpfe zudem mit feinen Lichtkreisen bzw. Strahlenbündeln versehen sind. Zur Möblierung des Raumes zählen weiter die mit Kissen belegten Wandbänke, der mehrarmige Messingleuchter und das quer vor den Säulen angebrachte Regal mit Büchern, Spanschachteln und weißer Kanne, die Mariens Schriftgelehrtheit und ihre Eigenschaft als »heiliges Gefäß« und Gottesgebärerin anzeigen.

4/1 Konrad Witz – Nachfolger, *Madonna mit dem Kind im Gemach*, Zeichnung, Berlin, Kupferstichkabinett

4/3 Pariser Buchmaler um 1375/90, *Das Kind Johannes d. Täufer in der Wüste*, Paris, Bibliothèque Nationale

Es wurde von H. Röttgen und U. Feldges-Henning treffend erkannt und ausgeführt, daß der unbekannte Meister des Gemäldes zwar nicht zum direkten Schülerkreis des 1445 in Basel gestorbenen Konrad Witz und nicht in dessen noch bis 1448 bestehender Werkstatt tätig war, daß er aber genaue Kenntnisse der Kunst des großen Meisters besaß. So besteht etwa ein greifbarer Motivzusammenhang zwischen dem Gemälde und der ein verschollenes Werk von Witz kopierenden Berliner Zeichnung der *Madonna mit dem Kind im Gemach* (Abb. 4/1)[1] sowie der Erlanger Zeichnung der *lesenden Maria mit Christuskind* (vor säulengeschmückter Wand; Kat. 5), die wie das Neapler Bild der *Heiligen Familie im Kirchenraum* (Abb. 5/2)[2] auf ein weiteres verlorenes Gemälde von Witz zurückgeht. Zeichnet dessen Werke eine künstlerische Askese aus, die sich in der starken Reduzierung von Details, in kubischen Räumen von kristalliner Klarheit und in kahlen Wandflächen äußert, verfolgt der Meister des Gemäldes eine traditionellere, zugleich weiterführende Richtung, wie auch an anderen Werken der Witz-Nachfolge zu zeigen ist.[3] Vorbilder und Anregungen für die wichtigsten Elemente des Wohnraumes – Holztonnendecke, durchfensterte Seitenwand und von Säulen gegliederte, bildparallele Rückwand – bezog der Meister unseres Bildes aus der franko-flämischen Buchmalerei der Zeit um 1375–1420,[4] was besonders gut an einer Miniatur der Brüder Limburg zu sehen ist, auf der sogar das Regal vor der Blendarkatur der Rückwand einer Studierstube vorkommt (Abb. 4/2).[5] Auch die lebhaft bewegte Figur des am Boden hockenden, inspiriert um- und aufblickenden Jesusknaben wird auf eine Erfindung der Pariser Buchmalerei um 1375/1390 zurückgehen (Abb. 4/3).[6] Eine andere Quelle künstlerischer Anregungen waren für unseren Anonymus Werke des Robert Campin oder Jan van Eyck, die der niederländischen Malerei im Abendland, vornehmlich nördlich der Alpen, eine langanhaltende Führungsrolle verschafften. Auf Gemälden der genannten und anderer Künstler finden

4/2 Brüder Limburg, *Valerius Maximus*, Rom, Biblioteca Vaticana

4/5 Holzschnitt aus dem Gebets- und Andachtsbuch von Lienhard Ysenhut, 1489

4/4 Jan van Eyck, Arnolfini-Porträt (Detail), 1434, London, National Gallery

sich die genauen Parallelen zu so liebevoll geschilderten Realien wie dem Messingleuchter mit Zugmechanismus[7] und zentralem Ziermotiv in der Form eines Löwenkopfes mit Ring (Abb. 4/4)[8] oder den fehlenden kleinen Scheiben in den bleiverglasten Fenstern,[9] durch die sich die Dinge abzeichnen, welche außerhalb des Raumes unter freiem Himmel aufragen.[10] Gemälde wie unser wohl in Basel um 1450 entstandenes »sakrales Genrebild« waren die Grundlage, auf der die nachfolgende Generation oberrheinischer Maler und Kupferstecher aufbauen konnte (vgl. Kat. 41, 59). – Eine annähernd vergleichbare, doch spätere Darstellung aus Jesu Leben in Nazareth zeigt L. Ysenhuts Gebets- und Andachtsbuch von 1489 (Kat. 227, Abb. 4/5).

D. L.

1 Feldges-Henning 1967, S. 37ff., Abb. 3 und dies. 1968, S. 162.
2 Feldges Henning 1967, S. 50ff., Abb. 10 und dies. 1968, S. 163.
3 Triptychon mit Verkündigung, ehem. Slg. Schloß Wildenstein (Verst. Kat. Christie's 1990, Nr. 12)
4 Vgl. Meiss 1974, Abb. 410. – Sterling, Bd. 1, 1987, Abb. 280, 282.
5 Meiss 1974, Abb. 429.
6 Meiss 1967, Abb. 167.
7 Friedländer, Bd. 1, 1967, Taf. 109 (P. Christus) – Davies 1972, Abb. 21 (R. van der Weyden).
8 Friedländer, Bd. 1, 1967, Taf. 20, 21 (J. van Eyck).
9 Belting/Kruse 1994, Abb. 68 (R. Campin).
10 Friedländer, Bd. 2, 1967, Taf. 93 – Pächt 1993, Abb. 38 (R. Campin).

Lit.: Ausst. Kat. Basel 1928, Nr. 40 – Stange, DMG, Bd. 7, 1955, S. 14, Abb. 17 – Winkler 1959, S. 110f., Abb. 51, S. 33, Nr. 63 – Röttgen 1961, S. 85, 87 – Feldges-Henning 1967, S. 66–68 – Stange, KV, Bd. 2, 1970.

5

Werkstatt des Konrad Witz

Lesende Maria mit Kind im Gemach

Basel, um 1445–1448
Feder in Schwarz, gelblichgrau und blaugrau laviert; 18,3 x 11,9 cm
Erlangen, Universitätsbibliothek Erlangen-Nürnberg, Graphische Sammlung
Inv. Nr. I E 2

Sehr groß, in der Mitte der kleinformatigen Komposition, erscheint die am Boden eines nur ausschnitthaft wiedergegebenen Raumes sitzende jungfräuliche Muttergottes. In ein weites faltenreiches Gewand gehüllt, liest sie gemeinsam mit dem Jesuskind in einem Buch, das ihre ganze Aufmerksamkeit beansprucht. Sie hält es mit beiden Händen vor sich und umfaßt dabei mit dem linken Arm das von der Seite an sie geschmiegte nackte Kind, das mit seinen Händchen in die Buchseiten greift und sie wohl voll Eifer zu wenden versucht (vgl. dazu Kat. 39). Während sich der Raum in ihrem Rücken zu einer säulengestützten Loggia hin öffnet, ist die andere, bildparallele Wand von einer vorgeblendeten Säulenreihe gegliedert,[1] die auf einem Gesims aufsteht, das wiederum als Ablage für zwei schattenwerfende Gefäße dient.

5

5/1 Jan van Eyck (zugeschr.), *Ince Hall – Madonna*, Melbourne, National Gallery

Diese vielbeachtete Zeichnung ist das früheste der in dieser Ausstellung gezeigten Werke, die die Madonna und das Jesuskind bei der gemeinsamen Lektüre eines heiligen, wohl die Ankunft des Messias prophezeienden Buches wiedergeben (Kat. 4, 39). Zu diesen am Oberrhein während des 15. Jahrhunderts offensichtlich sehr beliebten Darstellungen zählen auch Kupferstiche des Meisters E. S. (tätig um 1450–1470).[2] Die vielleicht schönste Formulierung dieses Themas blieb in dem kleinen Andachtsbild von Martin Schongauer erhalten (Kat. 74).
Auch die Erlanger Zeichnung wird auf ein verlorenes, für die häusliche Andacht geschaffenes Gemälde zurückgehen, nämlich auf eine Schöpfung des in Basel tätigen Konrad Witz (ca. 1400–1445), der sich seinerseits von einem niederländischen Tafelgemälde wie die Jan van Eyck zugeschriebene *Ince Hall-Madonna* von 1433 hat anregen lassen (Abb. 5/1).[3] Heute gilt die Zeichnung als Werk eines unbekannten Kopisten aus dem Schülerkreis des Konrad Witz, der nach dem Tod des Meisters noch in dessen bis 1448 weitergeführten Werkstatt tätig war.[4] Für diese Annahme spricht, daß die Madonna der Erlanger Zeichnung mit der Maria auf dem in Neapel verwahrten Tafelgemälde der *Heiligen Familie im Kirchenraum* übereinstimmt, das auf dasselbe Urbild wie die Zeichnung zurückgeht und ebenfalls um 1445/48 in der Witz-Werkstatt entstanden sein wird (Abb. 5/2).[5]

D. L.

5/2 Konrad Witz – Nachfolger, *Die Heilige Familie in der Kirche*, Neapel, Museo Nazionale di Capodimonte

1 Wohl ein Hoheitsmotiv. – Vgl. damit die *Madonna in der Apsis* des Robert Campin (Friedländer, Bd. 2, 1967, Abb. 74a, c).
2 Lehrs, Bd. 2, 1910, S. 127f., Nr. 67 und S. 129f., Nr. 69.
3 Friedländer, Bd. 1, 1967, Taf. 19.
4 Aufgrund des Gesichtstypus wurde das Blatt ins frühe 16. Jahrhundert datiert, was jedoch nicht überzeugte (Röttgen 1961, S. 84); es weist in der rechten unteren Ecke ein falsches Holbein-Monogramm auf.
5 Feldges-Henning 1967, S. 50ff., Abb. 10 und dies. 1968, S. 163.

Lit.: Slg. Kat. Erlangen 1929, S. 18f., Nr. 46 – Stange, DMG, Bd. 4, 1951, S. 151 – Röttgen 1961, S. 81ff., Abb. 2 – Feldges-Henning 1967, S. 63ff., Abb. 11 und dies. 1968, S. 163f. – Ausst. Kat. München 1974, Nr. 14, Abb. 22.

6

Oberrheinischer Meister

Maria mit dem Kind im Gemach

Basel (?), um 1455/70
Feder in Braun, laviert; 23,1 x 15,6 cm
Hamburg, Hamburger Kunsthalle
Inv. Nr. 23904

Im traulichen Zusammensein mit dem Jesuskind auf ihrem Schoß, sitzt Maria auf einer Kastenbank. Diese gleicht einem mit Tüchern bedeckten Altartisch und steht quer in der vorderen Zone ihres Wohnraums, der wie ein breiter, sich weit in die Tiefe erstreckender Gang wirkt, was durch die Richtung der Deckenbalken und durchlaufenden Fugen des Kachelbodens noch betont wird. Durch das Fenster in der linken Seitenwand fällt modellierendes Licht auf die in faltenreiche Gewänder gehüllte Maria, deren gewellte Haare sich über Schulter und Rücken breiten. An den Seiten und am oberen Rand wird die Darstellung eingefaßt von den profilierten Laibungen einer aus Pfosten, Konsolen und Sturz bestehenden und mit Wappen geschmückten Türumrandung, die sehr ähnlich auf einem Stich des Meisters E. S. von 1467 vorkommt (Kat. 58). Ihr entspricht in der bildparallelen Rückwand des Raumes eine offenstehende Tür, durch die der Blick in eine weite Landschaft geht. Von dort schwebt ein Engel in den Raum, um Maria eine Krone auf das unbedeckte Haupt zu setzen, wovon die ganz in die Betrachtung ihres Kindes versenkte Mutter kaum Notiz nimmt. Da das Knäblein fast ganz in ein Tuch eingewickelt ist, aus dem nur Kopf, Schultern und rechter Arm herausschauen, und es folglich in seiner Bewegungsfreiheit gehemmt ist, hat es wohl den ihm gereichten Apfel auf den Boden fallen lassen, sich daraufhin auf dem Schoß der Mutter zur Seite geworfen, nach vorne gedreht und das freie Ärmchen verlangend nach der vor Mariens Füßen liegenden Frucht ausgestreckt. Auf diese plötzliche Bewegung reagiert die junge Mutter mit dem Heben ihrer Hände und verleiht ih-

6

rem Erschrecken vor einer drohenden Gefahr und dem Abwenden einer solchen gestischen Ausdruck. Es bewegt sie aber wohl nicht allein die Sorge, das Kind könne von ihrem Schoß fallen, sondern vielmehr der Schmerz um die ihrem noch unwissenden Knaben mit Passion und Kreuzestod auferlegte Erlösung von Erbsünde und ewigem Tod, auf die der Apfel deutet. Die genrehafte Darstellung von Maria und ihrem Kind, die nicht, wie sonst üblich ist (Kat. 40, 80, 83), das Überreichen oder Vorweisen eines Apfels schildert, sondern einen Moment, in dem dieses Spiel eine plötzliche, dramatische Wendung nimmt, ist als besondere Bildfindung des Zeichners zu bewerten. Sie hat in der spätmittelalterlichen Kunst am Oberrhein und darüber hinaus keine Rezeption erfahren. Die Hamburger Zeichnung zeugt somit von der schöpferischen Eigenständigkeit des Unbekannten, die auch bei anderen oberrheinischen Meistern des zweiten Drittels des 15. Jahrhunderts zu beobachten ist (Kat. 4, 35).
Für die Datierung und Lokalisierung der Komposition sprechen: das Bemühen des Zeichners, die göttlichen und heiligen Personen wirklichkeitsnah, das heißt wie Menschen seiner eigenen Zeit zu schildern, die illusionistische, linearperspektivische Wiedergabe eines sich in die Tiefe ausdehnenden Innenraums, der skulpturale Figurenstil und die scharfkantige, spitzwinklige Faltengebung, die für Werke des Konrad Witz sowie der um 1450/70 tätigen oberrheinischen Maler und Stecher, zu denen auch der Meister E. S. zählte, typisch sind (vgl. etwa Kat. 1, 4, 5, 8, 26, 33, 39, 43).

D. L.

Lit.: Stange, DMG, Bd. 4, 1951, S. 151, Abb. 212 – Ausst. Kat. Paris 1988, Nr. 1.

7
Meister aus dem Umkreis oder der Nachfolge des Konrad Witz

a) *Der Apostel Jacobus minor* (?), Rückseite: *Jacobus major*
Feder in Schwarz, grau laviert, auf rot getöntem Papier;
größte Höhe und Breite: 22,8 x 13,3 cm
Erlangen, Universitätsbibliothek Erlangen-Nürnberg, Graphische Sammlung
Inv. Nr. I C 10

b) *Ein Apostel ohne Attribut*, Rückseite: *Johannes der Evangelist*
Feder in Schwarz, grau laviert, auf rot getöntem Papier; 21,0 x 12,5 cm
Erlangen, Universitätsbibliothek Erlangen-Nürnberg, Graphische Sammlung
Inv. Nr. I C 11

Erdenschwer und standhaft sind die Apostel, die ein unbekannter Künstler aus dem Umkreis oder aus der Nachfolge des Konrad Witz gezeichnet hat. Von den sechs, teilweise doppelseitig bezeichneten Blättern in der Erlanger Universitätsbibliothek können hier zwei gezeigt werden. Franz Winzinger, der eine Zuschreibung an Konrad Witz selbst in Erwägung zog, hob die »atemberaubende Wucht« und den »feierlichen Ernst« der Gestalten hervor. In der Tat handelt es sich um mächtige Gewandfiguren von blockhafter Erscheinung. Die nackten Füße sind rechtwinklig zueinander gestellt, gleichmäßig belastet und verschaffen den Figuren auf diese Weise festen Halt. Stilistisch stehen die Apostel der Kupferstichfolge des Meisters von 1446 (Kat. 15) nahe, während die Apostel des Meisters E. S. (Kat. 62) eine andere, viel bewegtere Auffassung zeigen.
Charakteristisch für Werke von Konrad Witz ist unter anderem die »plastische Intensität«[1], die kraftvolle Modellierung der Gewandfalten, während auf eine anatomisch überzeugende Durchbildung des Körpers wenig Wert gelegt wird. Gleiches läßt sich von den Erlanger Zeichnungen sagen: Durch Licht und Schatten sind voluminöse Falten geformt, den darunterliegenden Körper vermag man kaum zu erahnen. Die Gliedmaßen verbinden sich nicht zu einer organischen Einheit.
Wahrscheinlich muß man sich die Apostel paarweise gruppiert vorstellen. Die Gesten signalisieren eine Gesprächssituation: Der Apostel mit der angedeuteten Stange (vielleicht die Keule des Jacobus minor, die Lanze des Thomas oder das Schrägkreuz des Andreas) nimmt eine zuhörende Haltung ein, seine Hand scheint Anteilnahme auszudrücken; der andere hat den Mund zum Sprechen geöffnet, die rechte Hand verleiht seiner Rede Nachdruck. Mit seiner linken, vom Mantel bedeckten Hand sollte er wohl sein Attribut halten – ähnlich wie der Bartholomäus auf dem Basler *Heilsspiegelaltar* von Konrad Witz. Wozu die Zeichnungen einst dienten, läßt sich heute nicht mehr feststellen. Beide sind nicht ganz zu Ende gezeichnet. Möglicherweise waren es Werkstattvorlagen, vergleichbar einer technisch und stilistisch verwandten Studie in

7a

7b

Stuttgart, die den Heiligen Joseph zeigt und als Vorlage für ein heute in Neapel bewahrtes Gemälde diente.[2] Vielleicht handelt es sich aber auch um Kopien nach einem gemalten, nicht mehr erhaltenen Apostelzyklus.

H. J.-F.

1 Schmidt, Georg: Konrad Witz, Königstein im Taunus o. J., S. 6.
2 Vgl. Feldges-Henning 1967, S. 35–37 und dies. 1968, S. 161f.

Lit.: Slg. Kat. Erlangen 1929, S. 29f., Nr. 47 und 48 – Winzinger 1949, S. XIX, Nr. 18 und 19 – Ausst. Kat. München 1974, S. 26f., Nr. 15 und 16.

8

Schweizer Meister (Umkreis oder Nachfolge des Konrad Witz)

Maria mit dem Kind und dem Heiligen Paulus

Feder in Schwarz, grau laviert;
17,8 x 27,2 cm (unten möglicherweise beschnitten)
Budapest, Szépmüvészeti Múzeum (Museum der Bildenden Künste)
Inv. Nr. 15

In dem querformatigen Bildfeld sitzen sich die Madonna mit dem unbekleideten Jesuskind links und der Heilige Paulus rechts gegenüber. Letzterer ist durch seine Attribute, Schwert und Buch, gekennzeichnet. Maria trägt die Himmelskrone, sie hat – dem Schönheitsideal der Zeit entsprechend – eine sehr hohe Stirn, ihre langen Haare sind fein gelockt. Christus greift nach ihrer Perlenkette und scheint sie dem Heiligen Paulus zu zeigen – vielleicht schwingt hier die Assoziation des Rosenkranzes mit. Überraschend ist, daß die Mitte der Komposition nicht durch eine Figur besetzt ist, sondern daß hier der Blick in die Tiefe gezogen wird und auf eine zart, aber souverän skizzierte Landschaft fällt: Sanfte, teilweise von Bäumen bestandene Hügel fassen einen See ein, auf dem ein Schiff fährt. Die Hauptsache sind aber doch die kräftig gezeichneten Figuren, welche die Seiten einnehmen. Der Raum, der zwischen ihnen liegt, scheint ein Abstand der Ehrfurcht zu sein. Doch wird die Distanz durch zweierlei überbrückt: Zum einen berühren sich die weiten Mäntel des Heiligen und der Gottesmutter, ohne sich wirklich zu überschneiden. Zum anderen stellen Blicke und Gebärden eine Verbindung her. Den Gesten Christi und Mariens antwortet diejenige des Paulus. Diese Beziehung wird durch den im Mittelgrund angedeuteten Flechtzaun unterstrichen. In das durch Zaun und Mäntel ausgegrenzte Dreieck hat der Zeichner eine Distel gesetzt, die symbolisch auf die leidvollen Momente der Heilsgeschichte – die Passion Christi, vielleicht auch das Martyrium des Paulus – hindeutet.

8

In vielem erinnert die Zeichnung, die zu den schönsten aus der Zeit um 1450 zählt, an den Stil von Konrad Witz. Hierzu zählen die gedrungenen Gestalten mit ihren voluminösen Gewändern, unter denen sich die Körper kaum abzeichnen. Die recht harten Gewandfalten scheinen sich konzentrisch um die Figur zu legen. Auch das Gewicht der Landschaft und die Gegenüberstellung der Figuren lassen an Gemälde von Witz denken.[1]

Merkwürdig mutet an, daß auf dem Blatt verschiedene Zeichentechniken zur Anwendung kommen: Die Binnenschatten auf Mariens Gewand sind mit kurzen geraden Strichlein wiedergegeben, die parallel nebeneinander gesetzt sind. In dunklen Partien werden sie von anderen Strichlagen gekreuzt. Zarte Punkte im Gesicht und am Hals Mariens suggerieren das Inkarnat. Mantel, Bart und Heiligenschein des Paulus sind hingegen mit halbrunden Häkchen gezeichnet, die in schattigen Zonen eng ineinander greifen. Auch der massive Scheibennimbus des Paulus hebt sich von der Strahlenglorie Mariens ab. Wenn man diese Unterschiede nicht der bloßen Experimentierfreudigkeit des Zeichners zuschreiben möchte, so haben sie wohl mit dessen Wunsch zu tun, die heiligen Personen, die jeweils eine Hälfte des Blattes dominieren, auf verschiedene Weise voneinander zu differenzieren. Der große Reiz des Werkes liegt jedoch im Wechselspiel von ehrfürchtiger Distanz und freundlicher Zuwendung. Dadurch entsteht eine gleichermaßen feierliche wie liebliche Stimmung.

H. J.-F.

1 Hinsichtlich der Landschaft gibt es z. B. Ähnlichkeiten mit dem Genfer *Petrusaltar*, hinsichtlich der Figurenkonstellation mit der Tafel *Esther und Ahasver* vom Basler *Heilsspiegelaltar*.

Lit.: Baer 1906, S. 63–76, besonders S. 63f. und S. 71f. – Fischel 1950, S. 113 – Feldges-Henning 1968, S. 116–120 und S.168f. – Slg. Kat. Budapest 1988, S. 80f., Nr. 33 – Ausst. Kat. Köln 1993, S. 436f., Nr. 94.

9a

9b

9

Basler Meister

Illustrierte Marienlegende

»Es wirt uff gan ein ruot uss dem stamme Jesse ...«

Um 1450–1460
Handschrift mit 25 Federzeichnungen (davon neun ganzseitig) in einem Sammelband (S. 115a–148b), Papier, 25,5 x 18,5 cm
Bern, Burgerbibliothek Bern
Sign. Mss. hist. helv. X 50

Im Text des unbekannten Autors sind auf volkstümliche Weise biblische Nachrichten über das Leben Mariens mit legendären Begebenheiten und typologischen Deutungen vermischt. Außerordentlichen Rang gewinnt die Handschrift durch die 25 Federzeichnungen, die sich innerlich wie äußerlich eng auf Einzelheiten des Textes beziehen. Die Illustrationen zeichnen sich weder durch eine realistische Auffassung noch durch elegante Stilisierung aus, sondern durch urtümliche Kraft, großen Einfallsreichtum und hohen dekorativen Sinn. Sie sind ganz flächig angelegt und füllen das jeweilige Bildfeld dicht aus. Aus dieser Zeit läßt sich ihnen nichts Vergleichbares an die Seite stellen, allenfalls sogenannte Nonnenmalereien (vgl. Kat. 212).

Sehr wahrscheinlich entstand die Handschrift in Basel. Darauf deuten die Wasserzeichen des Papiers und das Basler Wappen in der rechten oberen Ecke des Bileambildes hin (Abb. 9a) . Sollte es sich bei dem Wappen auf demselben Bild unten links um dasjenige des Arnold von Rotberg handeln, wie Benziger vorschlug,[1] so hätte man einen ungefähren Anhaltspunkt für die Datierung: 1451 wurde Arnold Bischof von Basel, 1458 starb er. Die historischen Umstände der Entstehung sind allerdings nicht geklärt.

Anknüpfend an die Gegenüberstellung von Adam und Christus bei Paulus, wurde im Mittelalter auch ein Bezug zwischen Eva und Maria hergestellt. Im Text unserer Marienlegende heißt es: »eva unser erste muotter gebar uns den ewigen tot, aber du blügendes zwyg von dem stamen jesse du hast uns bracht das ewig leben und hast dem schlangen uff sin hopt schudellen tretten, des rat eva gevolgt hett «[2] Die Illustration (Abb. 9b) zeigt links Eva, die einigen Juden (zu erkennen an den Judenhüten) einen Totenschädel reicht, rechts Maria, die die Kommunion an einen Papst und einen Bischof austeilt sowie auf den Kopf der Schlange der Versuchung tritt. Der Baum, durch den Eva und Maria getrennt sind, trägt links Äpfel, rechts Hostien. Oben wächst aus ihm das Kreuz Christi. Gleichzeitig bedeutet er, wie aus dem Text hervorgeht, die blühende Wurzel Jesse.[3]

Die Zeichnung, die durch die Wappen ausgezeichnet ist, zeigt einen bärtigen Propheten mit kunstvoll gewickeltem Turban. Benziger hielt ihn für Moses, tatsächlich ist es aber der Seher Bileam. Auf ihn gehen die Worte »Orietur stella ex Iacob« (4. Mose 24, 17) zurück, die auf der über die Brüstung hängenden Rolle stehen. Die Worte »et virgo peperit salvatorem« sind eine freie Ergänzung. Im Legendentext liest sich die Übersetzung wie folgt: »alls inan och der prophett gewissaget hat pallaon [Balaam = Bileam]: es wirt uffgan ein stern us jacob [gedeutet als Voraussage des Sterns von Bethlehem] und ein magt wirt gebern den behalter der welt.«[4]

Hinter dem Vorhang schaut der zornige Moabiterkönig Balak hervor, der darüber erbost ist, daß Bileam das Volk Israel nicht verflucht, sondern – auf Geheiß Gottes – dreimal segnet.

H. J.-F.

1 Benziger 1913, S. 17.
2 Ebd., S. 25.
3 Vgl. Guldan 1966, S. 140f. Hier auch der Hinweis auf eine schlesische Miniatur von 1420 mit ähnlichem Programm.
4 Benziger 1913, S. 32.

Lit.: Benziger 1913 – VL², Bd. 6, 1987, Spalte 13f. (Hardo Hilg).

14

I.2 Der frühe Kupferstich

Die Wiege des Kupferstichs hat am Oberrhein gestanden, darüber ist sich die Forschung heute allgemein einig. Doch der Vater der neuen Technik läßt sich ebensowenig benennen wie der genaue Geburtsort. Auch das Geburtsdatum kann nur ungefähr erschlossen werden: um 1430–1435 mögen die ersten Kupferstiche entstanden sein. Ob sich der frühe niederländische Kupferstich, der wohl nur kurze Zeit später in Erscheinung trat, von der oberrheinischen Erfindung herleitet oder unabhängig davon entstand, ist ebenfalls ungeklärt. Gesichert hingegen ist, daß die schon in der Antike ausgeübte Kunst der Metallgravierung die technische Grundlage des Kupferstichs bildet. Eine wichtige Voraussetzung für den Erfolg der neuen Technik war die gute Verfügbarkeit von Papier, das im 14. Jahrhundert noch ein teurer Importartikel gewesen war. Im 15. Jahrhundert aber wurden an vielen Orten in Deutschland Papiermühlen errichtet. Am Oberrhein waren Basel und Straßburg Zentren der Papierherstellung, wobei für den kontinuierlichen Aufschwung der ebenfalls noch junge Buchdruck mit beweglichen Lettern eine wichtige Rolle spielte.

Ein Vorläufer des Buchdrucks war der Holzschnitt, wie jener ein Hochdruckverfahren. Der Holzschnitt wurde schon um 1400 erfunden. Das gedruckte Bild ging also dem gedruckten Text voraus, verband sich aber sehr schnell mit ihm – zunächst in Blockbüchern, die seit etwa 1430 hergestellt wurden (vgl. Kapitel II.11). Gegenüber dem Holzschnitt besaß der Kupferstich als Tiefdruckverfahren andere technische Voraussetzungen. Er bot aber auch andere ästhetische Möglichkeiten: Im Metall lassen sich viel feinere Linien ziehen. Durch unterschiedliche Häufung und Überlagerung von Strichen kann eine gute Abstufung von Hell-Dunkel-Werten und damit eine malerische Wirkung hervorgerufen werden, die sich beim Holzschnitt nicht in gleicher Weise erzielen läßt.

Die ersten Kupferstiche sind wohl in Goldschmiedewerkstätten entstanden (vgl. Kat. 17). Vielleicht stand am Anfang die Idee, gravierte Metallplatten und -gegenstände auf Papier abzuklatschen, um dadurch einen Fundus von Werkstattvorlagen zu schaffen. Doch schon bald muß der größte Vorteil dieses Verfahrens erkannt worden sein: die Möglichkeit zur Vervielfältigung. Von einer Kupferplatte lassen sich ohne Qualitätsverlust mindestens fünfzig Abzüge machen. Nimmt man in Kauf, daß der Druck matter wird und feine Details verloren gehen, so sind sogar einige hundert Abzüge möglich. Geschickte Goldschmiede konnten auf diese Weise ihre Bild-Erfindungen gewinnbringend verbreiten.

Goldschmiedevorlagen (Kat. 16 und 63), meist klein im Format, machen allerdings nur einen geringen Teil der überlieferten frühen Kupferstiche aus. Es überwiegen größere bildmäßige Kompositionen (manche haben das Format kleiner Tafelgemälde), die zwar in Metallgravierungen umgesetzt werden konnten (Kat. 54, 108, 132), jedoch künstlerischen Eigenwert besitzen. Die Themen unterscheiden sich dabei nicht wesentlich von denen der gleichzeitigen Malerei. Rund vier Fünftel der Stiche gehören dem sakralen, ein Fünftel dem profanen Bereich an. Nur unter den weltlichen Motiven gibt es solche, die für die Druckgraphik spezifisch sind, so etwa bei den Spielkarten (Kat. 14, Abb. 14/1).

Die Forschung zum frühen Kupferstich, die schon vor rund hundert Jahren – namentlich von Max Lehrs und Max Geisberg – intensiv betrieben wurde, hat bis heute mit zahlreichen methodischen Schwierigkeiten zu kämpfen. Hierzu gehört die Zuweisung von Stichen an bestimmte Stecherpersönlichkeiten. Dem Meister der Spielkarten, der zu den frühesten Kupferstechern überhaupt zählt (Kat. 10–13), wurden von Lehrs und Geisberg rund vierzig sakrale Kupferstiche zugeschrieben. In einer neueren Untersuchung über den Spielkartenmeister gelten nur noch drei davon als Werke seiner Hand. Das Problem ist: Vor Martin Schongauer läßt sich kein einziger Stecher als Persönlichkeit fassen; wir wissen nicht, welche stilistische und qualitative Schwankungsbreite es in den Werkstätten gab. Auch läßt sich aufgrund lückenhafter Überlieferung und fehlender historischer Nachrichten häufig nicht mit Sicherheit sagen, welche Merkmale für einen bestimmten Künstler oder eine Werkstatt tatsächlich typisch, welche hingegen kennzeichnend für einen bestimmten Ort oder eine bestimmte Zeit waren. Der Stilkritik fehlt es mithin an sicheren Kriterien.

Auch die Lokalisierung bereitet Schwierigkeiten. Beim Meister des Bileam (Kat. 16 und 17) etwa ist bis heute nicht klar, ob er ein oberrheinischer oder ein niederländischer Stecher war. Zu selten hat man ein so gutes Indiz wie bei der Passion des Meisters von 1446 (vgl. Kat. 15), die auf Papier mit Basler Wasserzeichen gedruckt ist. Auch die Datierung auf dem zu dieser Folge gehörenden Blatt der *Geißelung* (1446), auf die sich der Notname des Stechers bezieht, ist eine Ausnahme. Gewöhnlicherweise ist man für die Chronologie auf Mutmaßungen angewiesen. Einen Anhaltspunkt bietet neben dem Stil die Sticheltechnik: Auf den Werken der ersten Stechergeneration wurden Schattierungen vor allem durch parallel gesetzte Strichlein erzeugt. Der Meister E. S. scheint der erste gewesen zu sein, der auch Kreuzschraffuren zur Modellierung eingesetzt hat (siehe Kapitel I.5). Doch auch die Analyse der Sticheltechnik hilft nur begrenzt weiter: Die Datierung der Stiche vom Meister des Johannes Baptista zum Beispiel schwankt um rund vierzig Jahre (vgl. Kat. 18 und 19).

Eine wichtige und zugleich schwierig zu beantwortende Frage ist, wie schöpferisch die frühen Kupferstecher waren: Sind ihre Werke künstlerisch originell oder handelt es sich um bloße Kopien nach Gemälden und anderen Vorlagen? – »Frühe Druckgrafik ist Bildreproduktion« (Schmidt 2000b, S. 584), so eine verbreitete Meinung. Allerdings läßt sich für die frühe Zeit nur in einem einzigen Fall nachweisen, daß ein Kupferstich die genaue Kopie eines Vorbildes ist: Ein heute verschollener, jedoch durch Fotos dokumentierter Stich vom Meister der Nürnberger Passion ist die direkte Umsetzung eines Verkündigungsgemäldes vom Meister des Paradiesgärtleins (vgl. Kat. 192). Es scheint Skepsis angebracht, ob sich dieses eine Beispiel verallgemeinern läßt.

Sehr aufschlußreich ist, daß der Verkündigungsstich vom Meister der Nürnberger Passion, der ein Gemälde wiedergibt, vermutlich die Vorlage für einen Bildteppich war (Kat. 192): Das neue Medium des Kupferstichs trug zu einem verstärkten Austausch zwischen den Gattungen bei. Es förderte auch die Verbindung zwischen verschiedenen Kunstlandschaften. Selbst in weit entfernten Regionen wurden oberrheinische Kupferstiche rezipiert. Vor allem die Kupferstiche des Meisters E. S. und Martin Schongauers sollten eine große Verbreitung erlangen. – Die oberrheinische Kunst wurde auf diese Weise zu einem in ganz Europa verfügbaren Motiv- und Formenschatz.

H. J.-F.

10

10

Meister der Spielkarten (?)

Das Martyrium der Heiligen Katharina

Kupferstich; 21,5 x 16,2 cm (Blatt)
München, Staatliche Graphische Sammlung

Der Meister der Spielkarten ist benannt nach seinem Hauptwerk, den etwa siebzig, um 1435–1440 entstandenen Spielkarten, die heute größtenteils in Paris und Dresden bewahrt werden. Durch die stilistische Verwandtschaft verschiedener seiner Stiche mit oberrheinischen Gemälden ist es wahrscheinlich, daß er selbst am Oberrhein tätig war.[1] Neben den Spielkarten schuf er wohl auch Stiche mit sakralen Motiven, jedoch gibt es über deren Zahl sehr unterschiedliche Auffassungen: Von den rund vierzig Stichen, die ihm von Max Lehrs und Max Geisberg zugeschrieben wurden, ließ Martha Wolff nur noch drei als Werke seiner Hand gelten.[2] Zu den von ihr abgeschriebenen Werken zählen unsere Katalognummern 10–13. Da jedoch bislang keine überzeugendere Zuschreibung gefunden werden konnte und die Stiche zumindest in stilistischer Nähe zum Werk des Spielkartenmeisters stehen, soll hier mit Vorbehalt an der eingebürgerten Bezeichnung festgehalten werden.
Das Münchner Katharinen-Blatt – das einzige erhaltene Exemplar – zeigt eine der eindrucksvollsten Kompositionen aus der Frühgeschichte des Kupferstichs. Nicht der Endpunkt des Martyriums – die Enthauptung der Heiligen – ist gezeigt, sondern ein sich davor abspielendes Wunder, von dem in verschiedenen Legenden (vgl. etwa Kat. 230) berichtet wird: Die achtzehnjährige christliche Jungfrau und Königstochter Katharina von Alexandrien, die sich geweigert hatte, Götzen zu verehren, sollte auf Befehl des römischen Kaisers Maxentius gerädert werden. Katharina betete zu Gott, woraufhin ein Engel die Folterräder mit solcher Wucht zerstörte, daß viertausend Heiden dabei den Tod fanden.
Die klare und kraftvolle Bildsprache des Stichs erinnert an die Ästhetik von Holzschnitten. Die Figuren sind groß und flächig ins Bild gesetzt, das Geschehen zeichenhaft verknappt. Drastisch wird gezeigt, wie die Räder zersplittern und die Balken stürzen. In der Körperhaltung und Gestik des Kaisers sowie seines hinter ihm stehenden Begleiters ist sehr deutlich ihr großer Schrecken zum Ausdruck gebracht. Betrachtet man den Stich seitenverkehrt, so erschließt sich die Abfolge der Erzählung besser: Der Blick erfaßt zunächst Katharinas Gebet, wird dann hinauf zu den zerberstenden Rädern, schließlich zu den sterbenden Heiden geführt. Man mag daraus schließen, daß dem Stich ein Vorbild – vielleicht ein Gemälde – zugrunde lag, dessen Komposition im Abdruck seitenverkehrt erscheint.[3] Leider läßt sich ein solches Vorbild nicht benennen, wie überhaupt aufgrund der lückenhaften Überlieferung kaum festzustellen ist, inwieweit die frühe Druckgraphik originell oder eher reproduktiv gewesen ist.

H. J.-F.

1 Fischel 1947, S. 27–32 – Wolff 1983, passim – DoA, Bd. 20, 1996, S. 745f. (Martha Wolff).
2 Wolff 1979, S. 12–33.
3 Fischel 1947, S. 30.

Lit.: Lehrs, Bd. 1, 1908, S. 95f., Nr. 39 – Geisberg 1923, S. 32f. – Geisberg 1939, S. 163f. – Fischel 1947, S. 29f. – Wolff 1979, S. VII (als »anonymous engraver«) und S. 21f. – Anzelewsky 1991, S. 117.

11

Meister der Spielkarten (?)

Christus am Ölberg

Kupferstich; 13,1 x 12,8 cm (Platte)
Karlsruhe, Staatliche Kunsthalle Karlsruhe, Kupferstichkabinett

Der Ölbergstich, von dem jeweils ein Abdruck in Karlsruhe und Wien erhalten ist, gehörte ursprünglich zu einer Passionsfolge, die aber nicht vollständig überliefert ist. Vier weitere, in verschiedenen Kupferstichkabinetten bewahrte Drucke *(Dornenkrönung, Kreuztragung, Grablegung* und *Auferstehung*) lassen sich ihr möglicherweise zuordnen.[1] Alle vier Stiche geben offenbar eine jeweils zum Vorbild genommene Komposition seitenverkehrt wieder. So ist wohl auch die Ölbergszene umgekehrt orientiert zu denken: Die dominante Achse bildet dann – auf der Diagonale von links unten nach rechts oben gelegen – die Beziehung zwischen dem knienden Christus und dem Kelch mit eingestelltem Kreuz, Symbol des kommenden Opfertodes. Von hinten nahen die mittelalterlich gerüsteten und bewaffneten Soldaten, angeführt von Judas, der mit einer Laterne (er hält sie eigentlich in seiner rechten Hand) in den von einem Flechtwerkzaun umgrenzten Garten Gethsemane hineinleuchtet. Christus wendet sich – anders als in den Ölberg-Darstellungen des Meisters E. S., Kat. 54, und Schongauers, Kat. 107 – vom Kelch ab und den Häschern zu. Sein milder Gesichtsausdruck, vor allem aber die demütig vor der Brust gekreuzten Arme zeigen an, daß er seine Angst überwunden hat

11

und willig dem Tod zur Erlösung der Menschheit entgegenblickt. Dargestellt ist der Moment zwischen Gebet und Gefangennahme. Gleich wird Christus zu den Jüngern sagen: »Schlaft ihr immer noch und ruht euch aus? Die Stunde ist gekommen; jetzt wird der Menschensohn den Sündern ausgeliefert. Steht auf, wir wollen gehen! Seht, der Verräter, der mich ausliefert, ist da« (Matthäus 26, 45f.). Noch schlafen Petrus, Jacobus und Johannes, die zu einer Figur verschmolzen scheinen, fest. Sie sind wie eingebettet in den Felsen, aus dem ein Baum mit korallenartigen Ästen herauswächst. Seine Dürre, die zu dem Bäumchen auf dem Rasenstück neben Christus kontrastiert, ist symbolisch zu verstehen.
Die ganze Komposition macht einen sehr geschlossenen Eindruck, bedingt durch das Oval des Zaunes, dem auch der Felsen folgt. Entlang des vorderen Bildrandes fließt der Bach Kidron, der im Evangelium erwähnt wird (Johannes 18, 1). Verglichen mit der Landschaft, in die sie gesetzt sind, wirken die Figuren viel zu groß. Dieses krasse Mißverhältnis ist typisch für die Werke der ersten Stechergeneration. In den Stichen des Meisters E. S. ist es gemildert, wirklich überwunden wird es jedoch erst von Schongauer. Eine ähnliche Entwicklung läßt sich bei der Organisation des Bildraumes beobachten: Wird zunächst noch – wie hier – sehr flächig, bisweilen dekorativ komponiert, so weiten sich die Bilder allmählich. Sie gewinnen spürbar an Tiefe, ohne auf flächenhafte Bezüge zu verzichten.

H. J.-F.

1 Geisberg 1923, S. 44; vgl. Erb 1997, S. 180.

Lit.: Lehrs, Bd. 1, 1908, S. 72, Nr. 1 (Meister der Spielkarten) – Geisberg 1923, S. 44f. (Meister der Weibermacht) – Wolff 1979, S. 25f. (Nähe zum Meister von 1446) – Ill. Bartsch, Bd. 23, 1985, S. 16 (Master of the Power of Women) – Ausst. Kat. Karlsruhe 1992a, S. 8, Nr. 1 (Meister der Weibermacht oder der Spielkarten) – Ausst. Kat. Karlsruhe 1996, S. 243, Nr. 76 (Meister der Spielkarten) – Erb 1997, S. 57f. und S. 179–181, Nr. 38 (Meister der Weibermacht).

12

Meister der Spielkarten (?)

Der Schmerzensmann

Kupferstich; 19,8 x 12,9 cm (Blatt)
London, British Museum

Der Bildtypus des Schmerzensmannes ist eines der wichtigsten Motive spätmittelalterlicher Andachtskunst. Christus wird als tot und lebend zugleich dargestellt. Er zeigt die Wunden der Passion einschließlich der Kreuzigung (im Unterschied zum *Christus in der Rast*, Kat. 138). Der Tod ist bereits überwunden, aber das Leiden scheint fortzuwirken. Mal ist der Ausdruck Christi – wie in diesem Fall – gequält, mal eher melancholisch und in sich gekehrt, nachdenklich, still an das Mitleid der Gläubigen appellierend oder triumphierend (Kat. 28, 34, 111, 235). Die Darstellung des Schmerzensmannes bezieht sich auf keine bestimmte Situation im Leben Jesu, sondern ist ein symbolisches Bild, eine Summe der Passion, die den Betrachter zu religiöser Meditation und moralischer Einkehr auffordert.
Im vorliegenden Kupferstich ist der Schmerzensmann mit den sogenannten *arma Christi* kombiniert, die sich sonst auch mit anderen Bildthemen verbinden (z. B. der *Pietà*, der *Engelspietà*, der *Kreuzigung*, *Christus im Grabe*, dem *Passionswappen* etc.; vgl. Kat. 55, 56, 202). Ohne

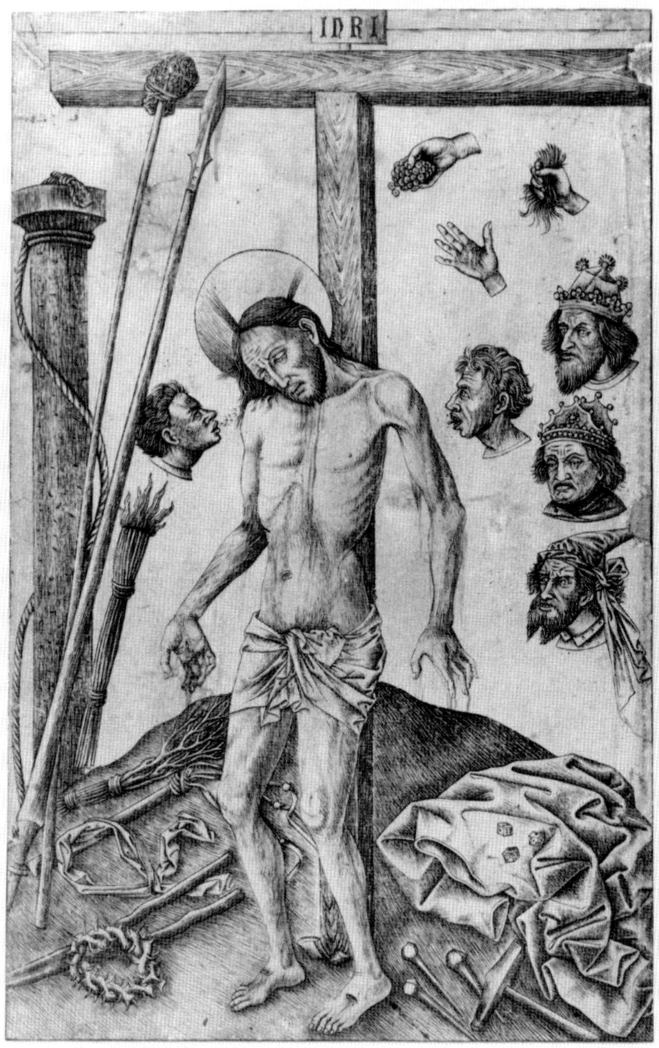

12

selbst eine kohärente Erzählung zu bilden, rufen sie doch einzelne Stationen der als bekannt vorausgesetzten Passionsgeschichte ins Gedächtnis: den Verrat und die Gefangennahme (Hand des Judas mit dreißig Silberlingen, Fackel), Verhöre und Verurteilung (Köpfe von Herodes, Kaiphas und Pilatus), Demütigungen und Peinigungen (Geißel, Geißelsäule mit Strick, Rute, Augenbinde, Dornenkrone, spuckender und zungezeigender Scherge, ohrfeigende und haarziehende Hand), schließlich die Umstände der Hinrichtung (Christi Rock mit Würfeln, das Kreuz mit *titulus*, Hammer und Nägel, Lanze und Stange mit Essigschwamm).
Die Gestalt des stehenden, ans Kreuz gelehnten Schmerzensmannes gehört zu den bemerkenswertesten der frühen Druckgraphik. Mit zarten, parallel geführten Schraffuren ist der nackte und blutige Körper modelliert. Knochen, Muskeln und Sehnen sind auf eine Weise herausgearbeitet, daß man Modellstudien des Künstlers vermuten möchte. Im ausdrucksstarken Gesicht spiegeln sich Schmerz und Trauer, die Knie sind aus Schwäche leicht gebeugt, die Arme scheinen durch die Kreuzigung verrenkt, die Schultern ausgekugelt. Die Hände und Füße mit ihren klaffenden Wunden sind sehr sorgfältig gezeichnet.
»Das Blatt ist ohne Zweifel eine der schönsten, wenn auch herbsten Arbeiten des Meisters«, urteilte Max Lehrs 1908 und meinte damit den Meister der Spielkarten.[1] Martha Wolff hat Zweifel an der Autorschaft des Spielkartenmeisters geäußert.[2] Die Entstehung dieses Kupferstichs am Oberrhein, genauer gesagt im Elsaß, steht jedoch nicht in Frage. Sie wird gestützt durch die Tatsache, daß ein weiterer Abdruck in den hinteren Buchdeckel eines 1478 in Straßburg gedruckten Breviers eingeklebt war, das sich heute in der Bibliothèque Humaniste in Sélestat/Schlettstadt befindet.[3] Wir haben es hier mit dem interessanten und seltenen Fall eines – wohl ursprünglichen – Verwendungszusammenhangs zu tun. Das Londoner Exemplar wurde, vermutlich noch im Mittelalter, von Hand leicht koloriert: Mit roter Farbe ist das aus den Wunden Christi strömende Blut hervorgehoben.

H. J.-F.

1 Lehrs, Bd. 1, 1908, S. 86.
2 Wolff 1979, S. VII (Upper Rhenish engraver), S. 20 (»clearly in the tradition of the Master of the Playing Cards«).
3 Clauss 1909, S. 9f. – Wolff 1979, S. 44 – Der Stich ist zu unbekannter Zeit vom hinteren Buchdeckel gelöst worden, verschiedene Spuren belegen jedoch eindeutig die ursprüngliche Montierung. Die alten Besitzer des Buches lassen sich leider nicht mehr feststellen: freundliche Auskünfte von Herrn Konservator Hubert Meyer, Sélestat.

Lit.: Lehrs, Bd. 1, 1908, S. 85f., Nr. 28 – Clauss 1909, S. 9f. – Geisberg 1923, S. 35 – Swarzenski 1956, S. 83 und 87 – Wolff 1979, S. 19–21 – Sterling 1980, S. 120ff. – Ausst. Kat. Houston 1996, S. 182, Nr. 71.

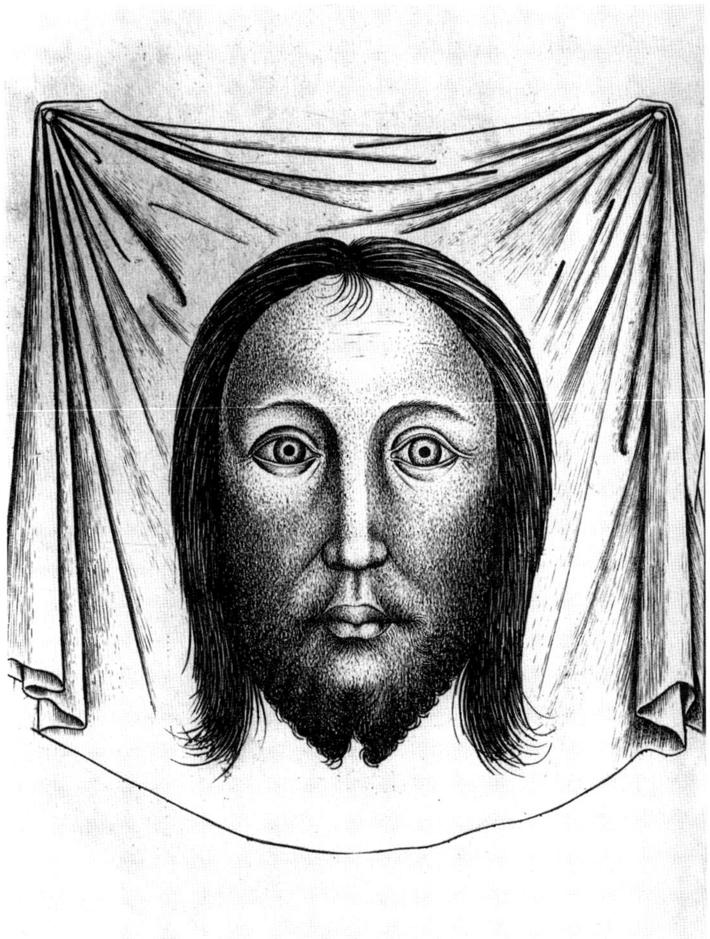

13

13
Meister der Spielkarten (?)
Das Heilige Schweißtuch
Kupferstich; 23,1 x 16,2 cm (Blatt)
Nürnberg, Germanisches Nationalmuseum

Das Schweißtuch Christi mit dem authentischen Abdruck seiner Gesichtszüge wird im Evangelium nicht erwähnt. Mittelalterliche Legenden berichten Unterschiedliches über seine Herkunft. Nach einer Version soll es ein Geschenk Christi an die Heilige Veronika, die ihn darum gebeten hatte, gewesen sein. Der Name Veronikas – auch er taucht in der Bibel an keiner Stelle auf – leitet sich ab von *vera icon*, das heißt: wahres Bild. Eine andere Legende stellt einen Zusammenhang Veronikas und des Schweißtuches mit der Leidensgeschichte Christi her: Veronika soll dem kreuztragenden Christus auf dem Weg nach Golgatha das Tuch zum Abwischen von Schweiß und Blut gereicht haben. Dabei habe sich sein Gesicht auf dem Tuch abgedrückt. Schongauer hat diese Begebenheit in seiner Passionsfolge dargestellt (Kat. 266). Auch der Kupferstich des Meisters B. M., dessen einziges erhaltenes Exemplar in Karlsruhe bewahrt wird (Kat. 136), geht auf diese Legende zurück: Er zeigt Christi Kopf mit der Dornenkrone, weinend vor Schmerz und Trauer.
Demgegenüber bezieht sich der kostbare, ebenfalls als Unikat überlieferte Nürnberger Stich auf die ältere, noch nicht mit der Passion verbundene Variante. Das heilige Antlitz ist ohne Dornenkrone und ohne Leidenszüge gezeigt. Auch physiognomisch vertritt es eine frühere Stufe: Die Kopfform ist einem länglichen Oval angenähert, der Mund sehr klein, die Stirn hoch; der gerade Nasenrücken und die zarten Augenbrauen gehen in elegantem Schwung und strenger Symmetrie ineinander über; der Bart ist sehr fein gekräuselt, während das Haupthaar strähnig herabhängt. Die großen mandelförmigen Augen sind weit geöffnet und scheinen den Betrachter zu fixieren. Es ist ein intensiver, fast stechender Blick. Das ganze Gesicht ist sehr ebenmäßig, auch durch die gleichförmige, Querlagen vermeidende Führung des Stichels. Es wirkt jugendlicher als der männliche Christuskopf des Meisters B. M. Ähnliche Gesichtstypen

begegnen in der oberrheinischen Malerei um 1430, zum Beispiel auf den in Freiburg und Karlsruhe bewahrten Tafeln des Staufener Retabels.[1]
Das durch zwei Nägel befestigte Schweißtuch wirft Falten, die – wie es üblich ist – das Antlitz Christi nicht tangieren. Das Gesicht wirkt wie abgelöst, es schwebt vor seinem materiellen Träger. Das Wundersame des Abdruckvorganges wirkt auf diese Weise nach. Die Betrachtung des »wahren Bildes« Christi, während der man ein besonderes Gebet sprechen konnte (Salve sancta facies/Ave facies praeclara), war eine Begegnung mit dem Heiligen: »Die Schau des Tuchbilds wird zur vorgezogenen Gottesschau, allerdings unter den irdischen Bedingungen des irdischen Blicks auf ein menschliches Antlitz.«[2]
Die Verehrung der Veronika und des Schweißtuches war im späten Mittelalter außerordentlich verbreitet. Das zeigt unter anderem der 1953 in Kloster Wienhausen (Niedersachsen) gemachte Fund, bei dem zahlreiche Veronikabildchen aus dem 14. und 15. Jahrhundert zutage kamen.[3] Sie dienten als Andachtsbilder, Pilgerzeichen oder Amulette. Von diesen volkstümlichen Darstellungen hebt sich der hier gezeigte Kupferstich in Größe und künstlerischer Qualität deutlich ab. Man darf vermuten, daß er Gläubigen aus gehobenem sozialen Milieu zur privaten Andacht diente.

H. J.-F.

1 Fischel 1947, S. 29; Wolff bestätigt zwar die Ähnlichkeiten, bezweifelt jedoch, daß man den Stich auf Grundlage dieser Beobachtung am Oberrhein lokalisieren kann. Der Gesichtstypus sei auch in anderen Gegenden verbreitet gewesen: Wolff 1979, S. 23f.
2 Belting 1990, S. 251.
3 Appuhn/von Heusinger 1965, Kat. Nr. 7, 32–38, 50.

Lit.: Lehrs, Bd. 1, 1908, S. 96f., Nr. 40 – Geisberg 1923, S. 34f. – Fischel 1947, S. 29 – Wolff 1979, S. VII (Anonymous engraver) und S. 22–24.

14

14

Meister der Nürnberger Passion

Der Drachenkampf des Heiligen Georg

Kupferstich; 24,5 x 18,8 cm (Blatt)
Basel, Öffentliche Kunstsammlung Basel, Kupferstichkabinett

Der Meister der Nürnberger Passion war ein vermutlich am Oberrhein tätiger Stecher, dessen Notname sich auf seine heute größtenteils in Nürnberg bewahrte Passionsfolge bezieht. Die Ähnlichkeit einiger Darstellungen aus dieser Folge mit solchen des Meisters E. S. (Kat. 54) warf die unterschiedlich beantwortete Frage auf, wer der Gebende und wer der Nehmende war. Möglicherweise schöpften beide unabhängig voneinander aus denselben Quellen.[1] Chronologisch ordnet man das Werk des Meisters der Nürnberger Passion heute für gewöhnlich zwischen dem des Spielkartenmeisters, dessen Schüler er vielleicht war, und dem des Meisters E. S. ein.
Auf dem Basler Drachenkampf-Stich, der als Unikat überliefert ist, reitet der gerüstete Ritterheilige Georg auf einem Schimmel von links heran und stößt dem Drachen auf der rechten Seite eine Lanze ins Maul. Georg hat gelocktes Haar und einen Schnurrbart; geschmückt ist er durch ein Stirnband mit federbesetzter Agraffe. Oberhalb des Drachens kniet die Prinzessin, die Hände zum Gebet erhoben. Neben ihr das Lamm, das man zusammen mit ihr als Opfer für den Drachen auserkoren hatte. Den Hintergrund nimmt die Stadt Silena im Land »Lybia« ein, von der in der *Legenda aurea* die Rede ist. Aus dem Giebel des Palastgebäudes schauen Königin und König auf das Geschehen. Innerhalb der vorderen Bastion steht ein Wächter mit Stangenbüchse. In Verlängerung von Georgs Bein ist eine Quelle dargestellt, die der Legende zufolge nach seinem Triumph entsprang. Nicht zur Legende gehören die zahlreichen Tiere, die den Vordergrund beleben: Hunde, Bären, ein Löwe, ein Hase

14/1 Meister der Weibermacht, Spielkarte: *Tier-Sieben*, Kupferstich

15b

15a

15e

und ein Widder. Für die beiden Bären und den Löwen läßt sich nachweisen, daß sie der Meister exakt nach einer Spielkarte des sogenannten Weibermachtstechers kopiert hat (Abb. 14/1).[2] Sie erscheinen nun seitenverkehrt. Die Proportionen waren dem Künstler ganz unwichtig – so hat der sich auf dem Boden wälzende Bär etwa die gleiche Größe wie der ihm benachbarte Hase. Auch der Hornbläser und der Mann mit Lanze und Schild im linken Mittelgrund haben ihre Vorlagen auf einer Spielkarte des Weibermachtstechers.[3] Im Gebüsch hinter Georg verbirgt sich noch ein dritter, keulenschwingender Mann.

Großen Wert hat der Meister der Nürnberger Passion in diesem Stich auf die Landschaft gelegt; das dramatische Geschehen ist ganz in sie eingebettet. Georg und die Prinzessin befinden sich auf jeweils eigenen, sokkelartigen Plateaus. Die Einheit der Szenerie wird durch die überall verstreuten Pflanzen – Blumen, Gräser, Sträucher und Bäume – hergestellt, mehr noch aber durch die dichte Schrägschraffur, die den gesamten Boden überzieht. Diese künstlerischen Maßnahmen bewirken, daß das Bild trotz unterschiedlicher Blickpunkte (die Figuren sind von vorn, die Stadt hingegen von oben gezeigt), trotz divergierender Perspektivlinien und trotz willkürlicher Proportionen nicht auseinanderfällt.

H. J.-F.

1 Fischel 1947, S. 23–25 (hier auch zu dem leider verlorenen Verkündigungsstich des Meisters: vgl. Kat. 192) und besonders S. 32f. – Naß 1994, S. 90–92.
2 Geisberg 1918, Tafel 22.
3 Ebd., Tafel 7.

Lit.: Lehrs, Bd. 1, 1908, S. 161f. (unter »Schule des Meisters der Spielkarten«, Nr. 39) – Geisberg 1923, S. 51 – Ausst. Kat. Wien 1974, S. 224f., Nr. 170 – Erb 1997, S. 51–53 und S. 170f.

15

Meister von 1446

Die zwölf Apostel, Kupferstiche:

a) ***Petrus*** (Lehrs 8); 13,2 x 6,0 cm (Platte); Inv. Nr. 413-1
b) ***Paulus*** (Lehrs 9); 13,6 x 6,6 cm (Blatt); Inv. Nr. 410-1
c) ***Andreas*** (Lehrs 10); 13,6 x 8,1 cm (Blatt); Inv. Nr. 412-1
d) ***Jacobus major*** (Lehrs 11); 13,2 x 7,0 cm (Blatt); Inv. Nr. 416-1
e) ***Johannes*** (Lehrs 12); 13,6 x 8,4 cm (Platte); Inv. Nr. 417-1
f) ***Thomas*** (Lehrs 13); 13,3 x 5,8 cm (Blatt); Inv. Nr. 407-1
g) ***Jacobus minor*** (Lehrs 14); 13,5 x 7,1 cm (Blatt); Inv. Nr. 411-1
h) ***Philippus*** (Lehrs 15); 13,7 x 6,2 cm (Blatt); Inv. Nr. 414-1
i) ***Bartholomäus*** (Lehrs 16); 13,6 x 6,3 cm (Blatt); Inv. Nr. 415-1
j) ***Matthäus*** (Lehrs 17); 13,4 x 7,9 cm (Blatt); Inv. Nr. 418-1
k) ***Simon*** (Lehrs 18); 13,5 x 6,0 cm (Blatt); Inv. Nr. 409-1
l) ***Matthias*** (Lehrs 19); 13,3 x 6,1 cm (Blatt); Inv. Nr. 408-1

Ausgestellt: a–d und i–l

Berlin, Kupferstichkabinett – Sammlung der Zeichnungen und Druckgraphik. Staatliche Museen zu Berlin – Preußischer Kulturbesitz.

Der Meister von 1446 ist nach einem Kupferstich benannt, der die *Geißelung Christi* zeigt und oberhalb der Geißelsäule das Datum 1446 trägt. Die Jahreszahl ist die älteste bekannte Datierung eines Kupferstichs. Zwar wurde auch vorgeschlagen, der Meister habe die Passionsfolge, zu der das Geisselungsblatt zählt, nach einem heute verschollenen Gemäldezyklus kopiert und dabei die Datierung von der Vorlage übernommen[1], doch erscheint dies wenig plausibel. Reste von Wasserzeichen beweisen, daß die Passion auf Basler Papier gedruckt wurde. Man kann daher vermuten, wenn auch nicht zwingend schließen, daß der Künstler in Basel ansässig war.

Die Apostelfolge stammt, wie schon Lehrs überzeugend dargelegt hat, von derselben Hand wie die Passion. Stilistisch scheint sich der Künst-

15i

15g

15d

ler am Spielkartenmeister zu orientieren: Die Figuren sind kräftig konturiert, Schattenzonen werden durch parallel geführte Schraffuren erzielt, Querlagen hingegen vermieden. Die Figuren sind gedrungen und erinnern an solche von Konrad Witz (Paulus etwa ist dem Bartholomäus vom Basler *Heilsspiegelaltar* verwandt). Köpfe und Füße sind groß, Haupt- und Barthaar fein stilisiert (z. B. die Spirallocken Petri). Die Mehrzahl der Apostel hält als Attribut das Werkzeug des jeweiligen Martyriums, Matthäus tritt sogar vom Schwert durchbohrt auf. Andere Gegenstände scheinen dem Alltag des späten Mittelalters zu entstammen. Petrus, Paulus und Matthäus haben aufgeschlagene Bücher bei sich, in denen man Teile des Glaubensbekenntnisses entziffern kann (»credo in deum«, »ihesus«, »poncius pilato«); Jacobus major ist mit Hut, Tasche, Stab und Rosenkranz als Pilger ausgerüstet und trägt als einziger Schuhe; Bartholomäus und Thomas haben Beutelbücher, Matthäus und Jacobus minor ihr Schreibzeug (in länglichen Etuis) am Gürtel befestigt.

Die zwölf Apostel sind ein häufiges Thema des frühen Kupferstichs. Vollständige Folgen oberrheinischer Stecher kennen wir außer der hier besprochenen vom Meister des Johannes Baptista, vom Meister E. S. (Kat. 62) und von Martin Schongauer. Die Zusammensetzung variiert dabei jeweils leicht. Eine noch ungelöste Frage ist die Gruppierung der Apostel des Meisters von 1446. Sehr wahrscheinlich muß man sie sich – als Dialogpartner – paarweise einander zugewandt denken, denn sechs sind nach rechts, sechs nach links gerichtet. Möglicherweise waren sie analog zu einer Folge des Meisters E. S. (Kat. 63) geordnet: Andreas/Petrus, Johannes/Jacobus major, Jacobus minor/Philippus, Simon/Bartholomäus, Thomas/Matthias, Paulus (statt Judas)/Matthäus (statt Thaddäus). Überzeugender aber ist es, wenn man sich an Korrespondenzen in der Gestaltung von Böden und Heiligenscheinen orientiert. Dann lassen sich folgende Paare bilden: Paulus/Petrus (die Apostelfürsten), die beiden Jacobus, Johannes/Bartholomäus (hier stimmen nicht nur die Nimben, sondern auch die gefliesten Böden überein), Simon/Matthias, Andreas/Philippus, Thomas/Matthäus. Leider geht auch diese Zuordnung nicht ganz auf, denn im letzten Paar sind ein gefliester und ein mit Rasen bewachsener Boden miteinander kombiniert.

H. J.-F.

1 Fischel 1947, S. 26; ähnlich auch Anzelewsky 1991, S. 114.

Lit.: Lehrs, Bd. 1, 1908, S. 220–225, Nr. 8–19 – Geisberg 1923, S. 57 – Naß 1994, S. 87–90.

16a

16b

16c

16d

16e

16f

16g

16

Meister des Bileam

Sieben Kupferstiche:
a) ***Das Gotteslamm;*** Durchmesser 2,3 cm (Einf.)
b) ***Die Madonna in Halbfigur;*** Durchmesser 2,2 cm (Einf.)
c) ***Die Erhebung der Heiligen Maria Magdalena;*** Durchmesser 2,4 cm (Einf.)
d) ***Die Heilige Margaretha;*** Durchmesser 2,4 cm (Einf.)
e) ***Die Heiligen Petrus und Paulus in Halbfiguren;*** 3,1 x 3,5 cm (Blatt)
f) ***Johannes der Täufer in der Wüste;*** 3,9 x 3,4 cm (Platte)
g) ***Der Narr;*** 3,7 x 2,6 cm (Blatt)
Karlsruhe, Staatliche Kunsthalle Karlsruhe, Kupferstichkabinett

Der Meister des Bileam erhielt seinen Notnamen von Max Lehrs nach einem kleinen Kupferstich in Dresden, der die selten dargestellte Szene zeigt, wie Bileams Eselin angesichts eines Engels zu reden beginnt. Bis heute sind die Herkunft des Bileammeisters und der Umfang seines erhaltenen Œuvres unklar. Mal wird sein Tätigkeitsort am Oberrhein, mal eher in Burgund oder den Niederlanden vermutet.[1] Die sieben Kupferstiche des Karlsruher Kabinetts wurden bereits von Lehrs dem Bileammeister zugeschrieben und machen etwa die Hälfte seines bekannten Werkes aus. Sie sind sämtlich als Unikate überliefert und zählen zu den kleinsten Stichen des 15. Jahrhunderts.

Alle sieben Stiche dürften als Vorlagen für Goldschmiedegravierungen entstanden sein: Das Gotteslamm *(agnus dei)*, Symbol für Christi Opfertod, ist ein häufig wiederkehrendes Motiv auf kleinen kapselartigen Anhängern für geweihte Oblaten.[2] Die Vorderseite dieser in der Regel runden Agnus-Dei-Anhänger ist meist mit einem Glas verschlossen, die Rückseite aus (vergoldetem) Silber oder Kupfer zeigt das Lamm Gottes mit Nimbus und Kreuzesfahne.[3] Aus seiner Brust fließt Blut in einen Kelch, was den eucharistischen Charakter der Darstellung unterstreicht. Auch der vom Bileammeister gestochene Typus der *Muttergottes im Strahlenkranz* läßt sich häufig auf kleinen Reliquienkapseln nachweisen.[4] Es handelt sich um ein im späten Mittelalter ebenso geläufiges Motiv wie die durch Engel in die Lüfte erhobene Heilige Maria Magdalena (vgl. Kat. 155) und die Heilige Margarethe, die in ihrem Kerker einen Drachen durch das Kreuz bannt und diesen danach an ihrem Gürtel führt (vgl. Kat. 154). Die Darstellung von Petrus und Paulus ist Zeugnis für die große Verehrung der Apostelfürsten. Das Motiv des Täufers Johannes in der Wüste bot verschiedenen frühen Kupferstechern eine willkommene Gelegenheit, Natur ins Bild zu setzen (vgl. Kat. 18), so auch dem Meister des Bileam: Der lesende Johannes und das Gotteslamm werden flankiert von zwei Bäumen, die auf entzückende Weise von einem Eichhörnchen (links) und einem Vogel (rechts) belebt sind.

Das einzige profane Sujet des Bileammeisters ist der Narr: Er trägt eine Ohrenkappe, einen Umhang mit Quasten und weite Schnabelschuhe. Am Gürtel sind eine Pelztasche und ein Beil befestigt. Mit zwei kleinen Stöcken schlägt er ein Tamburin, sein Körper ist dabei stark bewegt. Der Narr unterhält offenbar ein Publikum, wird also bei der Ausübung seines Berufes gezeigt.

H. J.-F.

1 DoA, Bd. 20, 1996, S. 620 (Holm Bevers).
2 Vgl. Fritz 1966, S. 362.
3 Ebd. Kat.-Nr. 104, 142, 551, 873.
4 Ebd. Kat.-Nr. 41, 610, 816.

Lit.: Lehrs, Bd. 1, 1908, S. 330f., S. 332–336, Nr. 2–9 – Hollstein, Dutch, Bd. XII, o. J., S. 10–13.

17

17

Meister des Bileam

Der Heilige Eligius in seiner Werkstatt

Kupferstich; 11,5 x 18,5 cm (Blatt)
Amsterdam, Rijksmuseum

Der historische Eligius – um 590 bei Limoges geboren, 660 in Noyon gestorben – erlernte in seiner Jugend das Handwerk des Goldschmieds. Seine große Kunstfertigkeit, von der sich Beispiele erhalten haben, brachte ihm Aufträge des merowingischen Königshofs ein, seit 625 war er königlicher Münzmeister. Nach dem Tod König Dagoberts I. (638) schlug er die geistliche Laufbahn ein und wurde 640 zum Bischof von Noyon gewählt. Als solcher trieb er die Christianisierung in seiner großen Diözese voran. Die Verehrung des Eligius, die zunächst auf das nördliche Frankreich und auf Flandern beschränkt war, breitete sich seit dem 13. Jahrhundert auch in anderen Teilen Europas aus. Vor allem wurde Eligius zum Patron der Gold- und Hufschmiede.

Der Kupferstich des Bileammeisters mit der Darstellung des Heiligen Eligius in seiner Goldschmiedewerkstatt, der nur in dem Amsterdamer Abdruck überliefert ist, gehört zu den schönsten und kulturhistorisch aufschlußreichsten aus der Frühzeit der Gattung. Der enge Zusammenhang von Kupferstich- und Goldschmiedekunst macht ihn zu einem wichtigen Referenzstück für Handbücher zur Geschichte der frühen Druckgraphik.[1]

Die Technik des Kupferstichs leitet sich von der alten Tradition der Metallgravierung ab, viele Kupferstiche dienten wiederum – wie die Beispiele in Kat. 16 und 63 zeigen – als Vorlagen für Goldschmiede. So bleibt der verschiedentlich geäußerte Gedanke reizvoll und überzeugend, der Bileammeister habe in diesem Stich seinen eigenen Schutzheiligen und seine eigene Werkstatt (oder doch Elemente davon) dargestellt.

Innerhalb des sehr breiten Bildfelds fällt sogleich der übergroße Heilige etwas links der Mitte ins Auge. Zu seinen Seiten gehen drei Werkstattgehilfen verschiedenen Tätigkeiten nach. Der Heilige selbst bearbeitet mit einem Hammer – im bischöflichen Ornat und auf einem Bischofsthron sitzend – die Kuppa eines Kelchs. Die wichtigsten Phasen seines Lebens, diejenige als Goldschmied und diejenige als Bischof, sind also zusammengefaßt. Dies unterscheidet den Stich von einem berühmten, 1449 datierten Gemälde des Petrus Christus: Hier wird Eligius durch einen Nimbus zwar als Heiliger, jedoch nicht als Bischof gekennzeichnet, auch ist er beim Verkauf und nicht bei der Herstellung von Goldschmiedeobjekten gezeigt.[2] Der Meister E. S. hat in seinen zwei Eligiusstichen den Heiligen stehend im Bischofsornat und mit Heiligenschein dargestellt, Goldschmiedehammer und Kelch sind ihm lediglich als Attribute beigegeben.[3]

Die detailreiche Schilderung des Werkstattbetriebs, die der Meister des Bileam in seinem Stich gibt, ist für jene Zeit einzigartig zu nennen: Ganz links sieht man einen mit gotischem Maßwerk und Fialen geschmückten

Schmelzofen, daneben einen Korb mit Kohle, eine Feuerzange und einen Blasebalg. Davor ist ein Lehrling mit Drahtziehen beschäftigt. Am langen Tisch auf der rechten Seite arbeitet ein Mann, vielleicht an Teilen des Kelchs, dessen Kuppa von Eligius gehämmert wird und dessen Fuß auf der Richtplatte vor ihm steht. Die langhaarige Person, die mit dem Hammer in der rechten Hand zum Schlag ausholt und offenbar ein Metallteil ausstanzt, ist, wie Geisberg betont hat, ein Geselle (Lehrs dachte an die Frau des Meisters). Am Wandbrett dahinter hängen zahlreiche Zangen, Feilen, Stichel und Hämmer, von denen einige schon auf dem Tisch zur Benutzung bereitliegen. Auf dem Tisch erkennt man auch eine Gürtelschnalle und ein Futteral für Werkzeug; die am Rand befestigten Lederstücke sollen herabfallende Metallspäne auffangen. Unter dem Tisch liegen ein umgekippter Schemel und eine Holzsandale (»Trippe«). Die Fenster im Hintergrund geben den Blick auf eine Stadt frei. In die drei Oberlichter des rechten Fensters sind Wappenscheiben eingesetzt, auf der Fensterbank steht ein breiter Topf mit Pflanzen, am Fensterrahmen hängt eine Handwaage, deren Schüsseln ineinander gelegt sind. Zu erwähnen bleiben noch die Tiere: die Zugvögel am Himmel, der Vogel im Bauer, der Affe, die Maus vorne links, die Katze und die Hunde. Insgesamt zeigt der Eligiusstich des Bileammeisters – hierin dem Gemälde von Petrus Christus vergleichbar – stark genrehafte Züge, ohne tatsächlich ein Genrebild zu sein. Eligius, Handwerker und Gottesmann, steht mit beiden Füßen im Leben und ist deshalb glaubhafter Vermittler zwischen Himmel und Erde. Das Heilige und das Alltägliche sind auf diese Weise unlösbar miteinander verbunden.

H. J.-F.

1 Geisberg 1939, S. 170f. – Landau/Parshall 1994, S. 1f.
2 Friedländer, Bd. 1, 1967, Tafel 75.
3 Lehrs, Bd. 2, 1910, Nr. 141 und 142.

Lit.: Lehrs, Bd. 1, 1908, S. 320f. (unter »Meister der Liebesgärten«, Nr. 16) – Geisberg 1923, S. 60f. – Hollstein, Dutch, Bd. XII, o. J., S. 15 – Fritz 1966, S. 23f. – Welzel 1997, S. 215.

18

Meister des Johannes Baptista

Der Heilige Christophorus

Kupferstich; 19,4 x 13,9 cm (Blatt)
London, British Museum

Altertümliche und fortschrittliche Züge verbinden sich beim Meister des Johannes Baptista auf eine Weise, die eine Datierung seiner Kupferstiche besonders schwierig macht. Als seine Hauptwerke gelten die Stiche *Johannes der Täufer in der Wüste* – von diesem leitet sich der Notname des Meisters ab – und der in London als Unikat bewahrte *Heilige Christophorus*. Beide weisen eine große Verwandtschaft zu Stichen gleichen Themas vom Meister E. S. auf (Abb. 18/1 und Kat. 64), doch ist unklar, wie die Ähnlichkeiten zu erklären sind. Seit langer Zeit ist nämlich umstritten, welcher der beiden Meister der frühere war und ob der Meister E. S. die Stiche des Johannesmeisters rezipierte oder umgekehrt.[1] Möglich ist auch eine wechselseitige Beeinflussung[2] oder die Bezugnahme auf gemeinsame Vorbilder, die unabhängig voneinander erfolgt sein könnte.[3] Die Datierung des Johannes- und des Christophorus-Stiches schwankt daher zwischen 1440 und 1480. Für eine frühe Entstehungszeit spricht die Sticheltechnik, die derjenigen des Spielkartenmeisters näher ist als derjenigen des Meisters E. S.: Die Schraffuren bestehen aus verhältnismäßig kurzen, regelmäßig und parallel geführten Strichen. Der »ausgesprochene Wirklichkeitssinn«[4] des Meisters, der sich vor allem in der detailreich und räumlich überzeugend gestalteten Landschaft zeigt, ist hingegen ein Argument für die Spätdatierung.

Christophorus (zu deutsch: Christusträger) ist mit kurzem Rock und weitem wehendem Mantel dargestellt. Die drückende Last des Christusknaben auf seinen Schultern kommt in der gebeugten Haltung des Riesen zum Ausdruck. Er stützt sich auf einen kahlen Baumstamm und stemmt die rechte Hand in die Hüfte. Seinen Kopf wendet er Christus zu, der ihn zum Dank für seinen Dienst segnet. Die Weltkugel in Christi linker Hand bezieht sich auf die Worte, die er der Legende nach zu Christophorus sprach: »Du hast nicht allein alle Welt auf deinen Schultern getragen, sondern auch den, der die Welt erschaffen hat.«[5] Rechts, auf einem hohen Felsen, sieht man den Einsiedler, der dem Riesen von Christus erzählt und ihn zum Dienst am Fluß (er sieht hier eher wie ein See oder Meer aus) angehalten hatte. Der Eremit leuchtet, weil es Nacht ist, mit einer Laterne; hinter ihm sieht man eine Kapelle. Sehr ähnlich wie im Stich des Meisters E. S. sind der Eisvogel und die Wasserlilien im Vordergrund sowie die Stadt und das Schiff im Hintergrund. Zu den Besonderheiten zählen hingegen die Vögel und die Wolken am Himmel – es scheinen die frühesten Wolken im Medium des Kupferstichs zu sein. Auch die bewegte Wasseroberfläche, das Anbranden der kleinen Wellen am Ufer und die dort angespülten Muscheln und Korallen sind einzigartig zu nennen.

Christophorus zählt zu den populärsten Heiligen des späten Mittelalters und wurde entsprechend oft dargestellt. Die Betrachtung eines Christophorusbildes half nach verbreitetem Glauben gegen den plötzlichen und damit unvorbereiteten Tod. Die lateinische Aufschrift auf einem Holzschnitt, der die Jahreszahl 1423 trägt, lautet in deutscher Übersetzung: »An jedem Tag, an dem du dieses Bild des Christophorus siehst, an diesem Tag wirst du keines schlimmen Todes sterben.«[6]

H. J.-F.

18/1
Meister E. S.,
Der Heilige Christophorus,
Kupferstich

18

1 Einen Überblick über die verschiedenen Forschungsmeinungen gibt Naß 1994, S. 93–96. Zuletzt hielt Erb den Meister E. S. für den älteren der beiden Stecher: Erb 1997, S. 203.
2 So die Auffassung von Naß 1994, S. 96.
3 Fischels Meinung nach bezogen sich der Meister des Johannes Baptista und der Meister E. S. auf ein verlorenes Werk des Basler Meisters von 1445: Fischel 1950, S. 111. Bevers denkt an die Rezeption franko-flämischer Miniaturen und südniederländischer Gemälde: Ausst. Kat. München/Berlin 1986/87, S. 61.
4 Geisberg 1924, S. 69.
5 Legenda aurea, Bd. 1, Spalte 652.
6 Vgl. Ausst. Kat. Nürnberg 2000, S. 344.

Lit.: Lehrs, Bd. 1, 1908, S. 271, Nr. 10 – Stahl 1920, S. 182–184, Nr. 86 – Geisberg 1924, S. 69f. – Geisberg 1939, S. 183 – Fischel 1950, S. 110–112 – Winkler 1959, S. 112–115 – Naß 1994, S. 95f. – Erb 1997, S. 79f. und S. 203f., Nr. 60.

19

Meister des Johannes Baptista

Johannes der Täufer in der Wüste

Kupferstich; 21,8 x 14,9 cm (Platte)
Dresden, Kupferstich-Kabinett, Staatliche Kunstsammlungen Dresden

Das Blatt, das dem Meister seinen Notnamen gab, gilt vor allem wegen seiner detailreichen Landschaftskomposition als eines der schönsten des 15. Jahrhunderts. Johannes der Täufer kniet am Ufer eines Baches, wendet sich mit seinem Oberkörper dem Betrachter zu und weist mit der rechten Hand auf das Lamm Gottes, das von Strahlen und einer runden Wiesenfläche umgeben ist (es erinnert damit an die im Spätmittelalter verbreiteten Agnus-Dei-Anhänger, vgl. Kat. 16a). Johannes ist mit ungeschorenem Bart und einem rauhen Gewand aus Kamelhaaren, über das noch ein langer Mantel gelegt ist, dargestellt. Die umgebende Landschaft ist im mittelalterlichen Verständnis eine Wüste, das heißt: ein Ort fernab der Zivilisation. Diese ist am Horizont in Form einer Stadt – vermutlich ist Jerusalem gemeint – angedeutet. Zwei Felsen verengen das Bildfeld im Mittelgrund und zeigen damit die Grenze zwischen dem Siedlungsgebiet und der wilden Natur an. Ein einzeln stehender Baum zwischen den Felsen wirkt wie eine zusätzliche Grenzmarke. Zahlreiche Vögel beleben die verschiedenen Partien des Blattes: Ein kleiner Schwarm fliegt am Himmel oberhalb der Burg, einige Vögel hocken auf den Ästen des dichten Waldes rechts oder auf Felsen. Hervorzuheben sind das Papageienpaar auf dem Felsen hinter dem Gotteslamm und im Vordergrund die beiden Schwäne sowie der Eisvogel, der sich auf einem Stein im Bach niedergelassen hat. Nach dem Bericht der Bibel lebte Johannes in der Wüste des Jordantales, so daß man den »Bach« als Jordan und damit auch als Hinweis auf die Tauftätigkeit des Heiligen interpretieren darf.
Ebenso bemerkenswert wie die üppige Landschaft scheint die Tatsache, daß Johannes die Worte »Ecce agn(us) dei«, die wie in einer Sprechblase neben seinem Mund stehen, direkt an den Betrachter richtet. Sie sind dem Johannesevangelium entnommen, wo es in deutscher Übersetzung heißt: »Seht, das Lamm Gottes, das die Sünde der Welt hinwegnimmt« (Johannes 1, 29). Der Täufer sinnt nicht melancholisch über den Tod Christi nach oder weist, wie man es sonst häufig sieht, mit stummer Geste auf das Lamm.[1] Vielmehr ist Johannes als Prediger gezeigt, gemäß seiner Selbstaussage: »Ich bin die Stimme, die in der Wüste ruft: Ebnet den Weg für den Herrn!« (Johannes 1, 23).
Sowohl für den Christophorus- wie für den Johannesstich hat man gemalte Vorbilder angenommen, die nicht mehr erhalten sind.[2] Bei diesen Hauptwerken des Johannes-Baptista-Meisters würde es sich somit um Reproduktionsstiche handeln. Beweisbar ist diese These nicht. Gewiß zutreffend ist jedoch die Wertung Friedrich Winklers: »Die beiden Stiche sind mehr als die anderer Graphiker der Zeit bildmäßige Werke, Gemälde in Schwarz-Weiß.«[3]

H. J.-F.

1 Vgl. die Johannesdarstellung beim Meister E. S., Kat. 64, oder das Gemälde von Geertgen tot Sint Jans in Berlin: Krönig 1950, S. 193ff.
2 Lilli Fischel vermutet als Vorlage ein verlorenes Gemälde des Meisters von 1445, dessen Antonius-Paulus-Tafel im Basler Kunstmuseum tatsächlich manche Ähnlichkeit mit dem Stich des Johannes-Baptista-Meisters aufweist: Fischel 1950, S. 111.
3 Winkler 1959, S. 115.

Lit.: Lehrs, Bd. 1, 1908, S. 272, Nr. 11 – Geisberg 1924, S. 69f. – Fischel 1950, S. 110–112 und S. 115f. – Krönig 1950, S. 198f. – Winkler 1959, S. 112–115 – Naß 1994, S. 93–96 – Erb 1997, S. 78f. und S. 204–206, Nr. 61.

19

21a

I.3 Konstanz und das westliche Bodenseegebiet

Um 1440 setzt in der Bodenseemalerei eine genaue Darstellung der gegenständlichen Wirklichkeit ein. So lassen sich beispielsweise erste Versuche einer tiefenräumlichen Darstellung des Bildraumes beobachten (Kat. 21). Durch voluminöse Gewänder, die sich in üppigen Bahnen um die Figuren legen, erhalten auch diese mehr körperliche Präsenz. Dabei ist jedoch zu beobachten, daß die Gewandfalten nicht wirklich um die Körper herumgeführt, sondern in erster Linie seitlich und nach vorne drapiert werden. Die sich stauenden Falten bilden dabei eckig brechende Grate. Die idealisierte Darstellung der Figuren, wie sie zur Zeit des *Weichen Stils* bis in die 1430er Jahre noch üblich war, wird zugunsten einer realistischeren Charakterisierung aufgegeben. Ein prominenter, gleichwohl bis heute anonym gebliebener Meister dieser Zeit ist der Meister von 1445, der nach dem 1445 ausgeführten Wandgemälde in der Margarethenkapelle des Konstanzer Münsters benannt ist. Seine Bilder zeigen in besonderem Maße die neue Eroberung der dinglichen Welt, die sich einerseits in genauen stofflichen Charakterisierungen, andererseits in tiefenräumlichen Darstellungen äußert (Kat. 24).

Insgesamt handelt es sich bei dem Gebiet um Konstanz und den westlichen Bodensee jedoch nicht um eine einheitliche Kunstlandschaft, zu der sich Werke eindeutig zuordnen ließen, wie etwa nach Ulm oder Köln in dieser Zeit. Zu dem heterogen erscheinenden Bild des überlieferten Kunstbestandes haben sicher auch die großen, unter anderem durch die bilderfeindlichen Aktionen während der Reformation verursachten Verluste beigetragen.

Den meisten erhaltenen Werken lassen sich keine der zahlreichen, in den Quellen überlieferten Malernamen zuordnen. Eine glückliche Ausnahme bildet die Malerfamilie Murer, der eine große Bedeutung für die künstlerische Produktion in dieser Zeit zukommt. 1446 war Peter Murer mit seinem Sohn Hans über Schaffhausen in die Bischofsstadt gekommen, wo er 1448 das Bürgerrecht erhielt. Es haben sich drei Werke erhalten, die das Familienzeichen der Murer, einen dreiblättrigen Lindenbaum mit Wurzel, tragen: eine *Abendmahls*-Tafel aus dem Museum des Kantons Thurgau in Frauenfeld, der *Mässlin-Altar* und die Tafel mit dem *Schmerzensmann* aus der Kunsthalle Karlsruhe (Kat. 27 und 28). Eine Zuschreibung an die Murer-Werkstatt erscheint in diesen Fällen daher als gesichert. Ausgehend von diesen Werken konnten über stilistische Vergleiche weitere Tafeln dem Werkkomplex angeschlossen werden (Kat. 26, 29, 30).

In das zweite Drittel des 15. Jahrhunderts fallen zahlreiche Kirchenneubauten, vor allem im Thurgauer Land, einem der wichtigsten Einzugsgebiete Konstanzer Malerei. Hier waren zum Beispiel Wandmalereien auszuführen, so in der Kirche von Tägerwilen, in der St. Jodokkapelle in Überlingen und in der Sylvesterkapelle im Konstanzer Münster (1472). Zu nennen wäre auch St. Peter in Lindau mit seinem Hans Holbein d. Ä. wohl unberechtigterweise zugeschriebenen Zyklus. Daneben waren neu gestiftete Altäre mit Retabeln auszustatten. Aber auch bereits bestehende Bauten wurden neu ausgestattet, wie beispielsweise die Klosterkirche von Salem (Kat. 20, 21) oder die Konstanzer Bischofspfalz ein Jahrzehnt später (Kat. 27).

Aus dem Gesagten läßt sich ableiten, daß zahlreiche Maler in Konstanz und am westlichen Bodensee ihr Auskommen hatten. Wie aus den Steuerbüchern hervorgeht, war ihr Vermögen häufig beträchtlich, wenn auch selten so groß wie dasjenige von Kaufleuten oder Goldschmieden. Auch ihr Ansehen war hoch, mehrere Konstanzer Maler waren Mitglieder des großen Rates. So erstaunt es nicht, daß es einen Zuzug von Malern und Bildhauern aus anderen Gegenden gab. Dies ist ein weiterer Grund dafür, daß das stilistische Erscheinungsbild dieser Kunstlandschaft recht unterschiedliche Facetten aufweist und selbst innerhalb einer Werkstatt divergieren kann. Die Tafelmalereien der Murer-Werkstatt bilden eine charakteristische Gruppe, die Anteile der einzelnen Mitarbeiter sind aber nicht immer konkret zu bestimmen. Manche Werke lassen sich mit Konstanz nur hypothetisch in Verbindung bringen, ohne daß man sie einem bestimmten Meister oder einer Werkstatt zuweisen könnte.

B. K.

20

Meister vom Bodensee

Christus am Kreuz zwischen Maria und Johannes mit den Heiligen Dorothea und Verena

Um 1440
Tannenholz; 119 x 166 cm (Gesamtmaß der in drei Teile zersägten Tafel)
Karlsruhe, Staatliche Kunsthalle Karlsruhe
Inv. Nr. 25 a–c

Auf der großen, querrechteckigen Tafel ist im Zentrum der Gekreuzigte dargestellt, der von Maria und Johannes, sowie den Heiligen Dorothea links und Verena rechts flankiert wird. Ein flaches Rasenstück breitet sich unter den Figuren aus, in das vereinzelte Erdbeerpflanzen eingestreut sind, die als Symbole des Paradieses gelten. Die Szene ist von einem gravierten und tremolierten Goldgrund hinterfangen, der ein reich gestaltetes, sich im Rapport wiederholendes Muster aufweist. Es zeigt neben floralen Motiven mit Knospen und Blättern auch eine liegende Hirschkuh. Ein ähnliches, aber nicht identisches Muster findet sich auf einer Tafel mit dem *Pfingstwunder* aus den Fürstenbergsammlungen Donaueschingen, die in die Jahre 1420–1430 datiert und ebenfalls in den Konstanzer Raum lokalisiert wird.[1] Diese überaus üppige Ornamentik geht vermutlich auf italienische Seidenstoffe aus dem 14. und 15. Jahrhundert zurück, die nördlich der Alpen ein begehrtes Importgut darstellten.[2]
Die Heilige Dorothea ist in Begleitung eines kindlichen Boten dargestellt. Gemäß der Legende brachte dieser bei Dorotheas Hinrichtung dem Gerichtsschreiber Theophilus trotz der Winterzeit Äpfel und Rosen aus dem Garten ihres himmlischen Bräutigams. Die Attribute der Heiligen sind daher Blumenkranz, Blumenzweig und Blumenkörbchen. Die Heilige Verena widmete sich der Armen- und Krankenpflege, weshalb sie mit den Attributen Läusekamm und Wasserkrug dargestellt wird. Sie soll der Legende nach in Solothurn und Zurzach gelebt und gewirkt haben und wird daher vor allem in Süddeutschland und in der Nordschweiz in den Bistümern Basel und Konstanz verehrt. In dieser Region lassen sich auch heute noch besonders viele Verena-Heiligtümer und der Verena geweihte Kirchen finden.
Unsere Tafel soll aus dem Kloster Salem am Bodensee oder aus der Niederlassung des Klosters in Konstanz, dem Salemer Hof, stammen. Ebenfalls aus dem Besitz des Klosters kommen vermutlich die Fragmente eines Heiligenaltars, der in derselben Werkstatt entstanden ist (Kat. 21).
Ob die Tafel ursprünglich mit Flügeln ausgestattet war, ist heute ungewiß. Auffallend ist, daß sich die mehrfach profilierte Rahmenleiste im Goldgrund oben und an den Seiten um das Bild zieht. Womöglich handelt es sich um ein sogenanntes Tafelretabel, das nicht aus mehreren Teilen, sondern aus einer einzigen, breitgelagerten Tafel bestand, wie es beispielsweise auf einer franko-flämischen Miniatur mit der *Messe des Hilarius* dargestellt ist (vgl. Abb. 20/1). Für das 15. Jahrhundert stellt das Tafelretabel eine eher konservative Retabelform dar.[3]
Die Wirkung des Bildes wird bestimmt durch die friesartige, fast hieratische Aufreihung der Figuren, die sich zwar denselben Bildraum teilen, aber dennoch voneinander isoliert erscheinen. Die Gesichter sind einfach, aber fein gezeichnet und strahlen einen feierlichen Ernst aus. An der Behandlung der großzügig drapierten und in eckigen Falten brechenden Gewänder lassen sich bereits Stilmerkmale feststellen, die auf die Überwindung des *Weichen Stils* der Internationalen Gotik hindeuten.

A. M.

20/1 Franko-flämischer Buchmaler, *Messe des Hilarius* (Detail), Miniatur, Turin, Museo Civico

1 Slg. Kat. Donaueschingen 1990, Nr. 2.
2 Vgl. beispielsweise Tietzel 1984, Nr. 99.
3 Braun, Bd. 2, 1924, S. 321f.

Lit.: Rott 1933a, S. 16, Abb. 2 – Reinle 1948, S. 134, Abb. 8 – Stange, DMG, Bd. 4, 1951, S. 36, Abb. 43 – Slg. Kat. Karlsruhe 1966, S. 51 – Stange, KV, Bd. 2, 1970, Nr. 203 – Konrad 1991, S. 22–29 – Ausst. Kat. Karlsruhe 1996, Nr. 15 – Westhoff 1996, S. 53, Nr. 1.9.

21

Meister vom Bodensee

Fragmente eines Heiligenaltares

Um 1440

a) ***Die Heiligen Antonius der Eremit und Sebastian***
Tannenholz; 119 x 71 (Gesamtmaß der in zwei Teile zersägten Tafel)

b) ***Die Heiligen Maria Magdalena und Johannes der Täufer***
(ehem. Rückseite von a)
Tannenholz; 119 x 70,2 cm (Gesamtmaß der in zwei Teile zersägten Tafel)

c) ***Die Heilige Ursula***
Tannenholz; 119 x 36 cm

d) ***Die Heilige Margarethe*** (ehem. Rückseite von c)
Tannenholz; 119 x 36 cm
Karlsruhe, Staatliche Kunsthalle Karlsruhe
Inv. Nr. 26a/b, 27a/b, 28a, 28b

Bei den vier Tafeln handelt es sich um Fragmente eines einzigen, ehemals im Breitformat gelagerten Altarretabels, das zu einem unbekannten Zeitpunkt nicht nur in vertikale Kompartimente, sondern auch in Vorder- und Rückseiten zerteilt worden ist. Ursprünglich waren die Heiligen Antonius

20

der Eremit, Sebastian und Ursula auf der Vorderseite der Tafel vor Goldgrund auf einem Rasenstück stehend abgebildet. Die Rückseite nahm ein Kastenraum ein, in den die Heiligen Maria Magdalena, Johannes der Täufer und Margarethe eingestellt waren.

Ebenfalls zu den in Karlsruhe erhaltenen Fragmenten gehörte eine Tafel aus der Sammlung der Staatlichen Museen zu Berlin mit dem Heiligen Georg, die auf der Rückseite die Heilige Katharina zeigt.[1] Die Zusammengehörigkeit der Teile ergibt sich sowohl aus dem identischen Muster im Goldgrund, als auch aus den erhaltenen Malresten am linken Rand der Tafel mit dem Heiligen Sebastian einerseits und am rechten Rand der Tafel mit der Heiligen Margarethe andererseits, an die sich die Figur des Heiligen Georg nahtlos anschließen läßt.[2]

In seiner ursprünglichen Gestalt präsentierte unser Heiligenaltar auf seiner Vorder- und Rückseite jeweils fünf Heilige, die eine reiche Auswahl an Fürsprechern und Helfern boten, an die der Gläubige sein Gebet richten konnte. Exemplarisch sei hier der Heilige Antonius herausgegriffen, der als Schutzpatron der Kranken vor allem gegen den gefährlichen Mutterkornbrand, das sogenannte »Antoniusfeuer«, angerufen wurde. Die in der Kranken- und Armenpflege tätigen Antoniter zogen in jährlichen Almosensammlungen über das Land, wobei sie sich durch das Läuten einer Glocke ankündigten. Sie genossen das Privileg, ihre Schweine frei herumlaufen und von der Allgemeinheit ernähren zu lassen.[3] Unsere Darstellung des Heiligen Antonius auf dem Heiligenaltar zeigt diesen auf traditionelle Weise mit Glocke und in Begleitung eines kleinen Schweinchens.

Die Darstellung des Kastenraumes mit seinem Steinrahmen und der in perspektivischer Schrägsicht wiedergegebenen Holzbohlendecke stellt eine Besonderheit des Werks dar, welche die Figuren wie in einem Schrein oder auf einer Bühne erscheinen läßt. Vergleichbare Kompositionen finden sich in Kupferstichen des am Oberrhein tätigen Meisters E. S., beispielsweise in den Blättern *Maria als Tempeljungfrau* und *Madonna mit dem badendem Kind* (Kat. 58, 59). Auch im Werk des Basler Meisters Konrad Witz haben sich verwandte Raumkonstruktionen erhalten, etwa in den berühmten Tafeln des *Heilspiegelaltares* oder in einer Zeichnung der *Madonna im Gemach*, die einem Nachfolger zugeschrieben wird (Kat. 6). Eine spätere, räumlich ausgereiftere Version des Kastenraumes stellt schließlich die Außenseite des heute nur noch fragmentarisch erhaltenen Passionsretabels von Caspar Isenmann aus St. Martin in Colmar dar (Kat. 37).[4]

21a

21c

Das Muster des Goldgrundes entspricht dem Muster einer Kreuzigungstafel mit Maria und Johannes und den beiden Heiligen Dorothea und Verena (Kat. 20). Man nimmt an, daß beide Altäre aus derselben Werkstatt stammen. Ihre identischen Maße legen außerdem nahe, daß sie einmal demselben funktionalen Kontext angehörten. Die Bemalung der Rückseite des Heiligenaltars deutet darauf hin, daß die Tafel freistehend aufgestellt war, so daß beide Seiten gesehen werden konnten.

A. M.

1 Slg. Kat. Berlin 1996, Nr. 160 und 161.
2 Konrad 1991.
3 Michelewski 1992.
4 Heck 1979, Fig. 8.

Lit.: Rott 1933a, S. 16, Abb. 3 – Stange, DMG, Bd. 4, 1951, S. 36, Abb. 44, 45 – Slg. Kat. Karlsruhe 1966, S. 51f. – Stange, KV, Bd. 2, 1970, Nr. 204 – Konrad 1991, S. 22–29 – Ausst. Kat. Köln 1993, Nr. 6.

21d

21b

22

Meister aus dem Bodenseeraum

Kreuzaufrichtung und Kreuzigung

Um 1450
Mischtechnik auf Fichtenholz; 102 x 159 cm
Solothurn, Kunstmuseum Solothurn
Inv. Nr. A 126

Zwei Stationen der Passion Christi sind zusammen auf der querrechteckigen Tafel dargestellt: links die Annagelung Christi an das Kreuz sowie rechts die Kreuzigung. Wie in mittelalterlichen Darstellungen sehr verbreitet, spielen sich beide Szenen, die zeitlich eigentlich aufeinander folgen, simultan in einem sich einheitlich erstreckenden Landschaftsraum ab. So kommt es, daß auch Maria, Johannes und die trauernden Frauen zweimal im Bild erscheinen: links der Annagelung beiwohnend und rechts auf beide Seiten des Kreuzes verteilt.

22

Die Tafel gehörte ursprünglich zu einem Altar aus der St. Ursen-Kirche in Solothurn, von dem sich noch eine weitere Tafel mit vier Heiligen im Kunstmuseum Solothurn erhalten hat. Diese bildete ehemals die Rückseite des hier vorgestellten Bildes.[1]

Der Stil des in den Bodenseeraum lokalisierten Meisters trägt eher altertümliche Züge: So sind die Bewegungen der Gestalten wenig raumgreifend und wirken etwas ungelenk. Ihre Gesichtszüge sind formelhaft vereinfacht, die Haare zu regelmäßigen, ornamentalen Locken geordnet. Die einzelnen Figuren wurden zu geschlossenen Gruppen zusammengefaßt. Trotz ihrer üppigen Gewänder mit weichen, sich am Boden stauenden Röhrenfalten weisen sie nur eine geringe Körperlichkeit auf. Eine tiefenräumliche Wirkung wird hauptsächlich durch die Hintereinanderstaffelung der Figuren erreicht, so daß manche teilweise oder fast vollständig verdeckt sind. In der Szene der Kreuzannagelung wird das problematische Verhältnis zwischen flächiger und tiefenräumlicher Darstellung besonders spürbar: Das Kreuz erscheint nicht perspektivisch verkürzt, sondern schräg in die Bildfläche geklappt.

Daneben ist die Darstellung aber auch durch eine detailfreudige Erzählweise gekennzeichnet, die vor allem bei den differenziert wiedergegebenen Rüstungen zum Ausdruck kommt. Das Gesicht in dem mannshohen roten Schild des Soldaten hinter der Annagelung soll vermutlich eine abschreckende und Unheil abwehrende Wirkung haben. Es kennzeichnet seinen Träger als Heiden, der noch einem magischen Wunderglauben anhängt. Gleichzeitig schaffen die stilisierten Gesichtszüge der finster »blickenden« Maske eine bedrohliche und unheimliche Atmosphäre.[2] Ein ähnlicher, jedoch kleinerer Maskenschild taucht auch auf der Entkleidungsszene der *Karlsruher Passion* auf (Kat. 35). Am Kreuzesfuß erinnert der Schädel Adams an die Erbsünde, die durch den Opfertod Christi überwunden wird. Ein besonderes Detail stellt die Kröte dar, die als Zeichen des Teufels und des Lasters nah bei der Kreuzannagelung sitzt.

A. M.

1 Ausst. Kat. Solothurn 1973, Nr. 31.
2 Vgl. Ausst. Kat. Karlsruhe 1996, S. 98f.

Lit.: Ganz 1924, S. 34f., Taf. 8 (Albrecht Mentz) – Rott 1938, S. 196 (Albrecht Mentz) – Stange, Bd. 4, 1951, S. 154 – Stange, KV, Bd. 2, 1970, Nr. 35 (Werkstatt des Jünteler-Epitaphs) – Slg. Kat. Solothurn 1973, Nr. 32 – Ausst. Kat. Solothurn 1981, Nr. 16.

23a

23b

23c

23

Oberrheinischer Meister

Drei Tafeln eines Katharinenzyklus

Um 1440

a) ***Die Heilige Katharina verweigert den Götzendienst***

Mischtechnik auf Nadelholz; 53 x 44 cm

Darmstadt, Hessisches Landesmuseum Darmstadt, Leihgabe aus Privatbesitz

b) ***Die Disputation der Heiligen Katharina mit den fünfzig Weisen***

Mischtechnik auf Nadelholz; 53 x 44 cm

Privatbesitz

c) ***Die Verbrennung der fünfzig Weisen***

Mischtechnik auf Nadelholz; 53,5 x 44 cm

Privatbesitz

Die drei Tafeln zeigen Episoden aus dem Leben der Heiligen Katharina, Tochter des Königs von Zypern, die unter Kaiser Maxentius den Märtyrertod gefunden hatte. Im ersten Bild wird zunächst Katharinas Weigerung, den Götzen zu dienen, und das daraufhin stattfindende Streitgespräch mit Maxentius geschildert. Der Kaiser, beeindruckt von Katharinas Beredsamkeit, ordnet einen Disput zwischen ihr und den fünfzig gelehrtesten Männern des Landes an, der im zweiten Bild gezeigt wird. Nachdem die Heilige durch ihre überzeugende Rede die fünfzig Gelehrten zum Christentum bekehrt hat, befiehlt Kaiser Maxentius den Tod der fünfzig Weisen durch Verbrennen. Ihr Martyrium ist Thema des dritten Bildes, in dem man sieht, wie Handlanger des Kaisers die von Mauern eingeschlossenen Männer mit Fackeln anzünden. Im oberen Bildfeld erscheint Christus, die Seelen der Märtyrer empfangend, die von zwei Engeln in einem Tuch emporgetragen werden.

Alle Tafeln weisen denselben roten Hintergrund mit goldenem Granatapfelmuster auf. Die sich weich um die Körper schmiegenden Gewänder aus dünnen fließenden Stoffen sowie das volle hübsche Gesicht der Katharina zeigen noch deutliche Einflüsse des *Weichen* oder *Internationalen Stils*, der auch am Oberrhein bis in die ersten drei Jahrzehnte des 15. Jahrhunderts vorherrschend war. Die besondere Begabung des ausführenden Meisters der Katharinen-Tafeln ist in der Schilderung der Kommunikation der Figuren untereinander zu sehen, die sich fast ausschließlich über die lebhafte und »sprechende« Gestik der Hände mitteilt.

Insgesamt haben sich sechs Tafeln mit einer oder mehreren Szenen erhalten, die zu demselben Bilderzyklus gehört haben. Dazu zählen ein Bild mit der Geißelung, Einkerkerung und dem Verhör der Heiligen Katharina im Hessischen Landesmuseum in Darmstadt, ein weiteres mit Maxentius und Porphyrius in Privatbesitz sowie eines, welches die Bekehrung und das Martyrium von Porphyrius und Kaiserin Faustina zeigt, das sich ebenfalls in Privatbesitz befindet.[1]

Man vermutet, daß die Fragmente einst zu einem großen, gezimmerten und bemalten Reliquienschrein gehörten, welcher der Heiligen Katharina gewidmet war. Dies wird unter anderem durch den Aufbau der Tafeln nahegelegt, die aus quergelagerten Brettern und nicht – wie bei Altartafeln sonst üblich – aus vertikal zusammengefügten Brettern bestehen. Hinzu kommt, daß sich auf der einzig original erhaltenen Rückseite ein Granatapfelmuster auf rotem Grund erhalten hat, was gegen die Anbringung der Tafel auf einem Retabelflügel oder an der Wand spricht.

Seit dem 13. Jahrhundert zählt die Heilige Katharina zu den beliebtesten weiblichen Heiligen. Neben der Darstellung der verschiedenen Begebenheiten ihrer Legende (Kat. 10, 230), erscheint sie auch häufig zusammen mit anderen Heiligen und weist ihre Attribute Schwert und Rad vor (Kat. 31, 146).

A. M.

1 Im Baltimore Museum of Art sollen sich lt. freundlicher Mitteilung von Dr. Theo Jülich, Darmstadt, noch weitere Tafeln mit Szenen aus der Kindheit der Heiligen Katharina befinden.

Lit.: Stange, KV, Bd. 2, 1970, Nr. 426 (Meister des kleinen Friedberger Altars) – Gmelin 1987 – Slg. Kat. Darmstadt 1990, Nr. 45 – Ausst. Kat. Köln 1993, Nr. 3 – Ausst. Kat. Zürich 1994, Nr. 170.

24a

24b

24

Konstanzer/Basler Meister von 1445, Werkstatt

a) *Der Tod des Heiligen Antonius*

b) *Das Begräbnis des Heiligen Antonius*

Um 1445
Nadelholz, 61,5 x 25,4 cm (a); 59 x 25,4 cm (b)
Konstanz, Rosgartenmuseum
Inv. Nr. 1962/7 und 1962/8

Namengebend für den Meister ist eine 1445 datierte Wandmalerei in der Margarethenkapelle des Konstanzer Münsters, die in illusionistischer Darstellungsweise die Nische und darüberliegende Wandfläche des Grabmals für den Konstanzer Bischof Otto III. von Hachberg ziert.[1] Jedoch konnte der Maler bis heute nicht identifiziert werden, so daß auch die Vermutung laut wurde, es habe hier ein Wandermaler gearbeitet, welcher sich nur kurzfristig in Konstanz aufgehalten und somit keine Spuren in Urkunden und Steuerbüchern hinterlassen hat. Eine Stadtansicht im Hintergrund einer demselben Maler zugeschriebenen Tafel mit der Darstellung des Besuches des Heiligen Paulus beim Einsiedler Antonius und deren wundersame Speisung läßt aufgrund des darauf dargestellten Tores manche Forscher an das Spalentor in Basel denken und damit auch den Sitz der Werkstatt dort vermuten (Abb. 207/1).

Die Kunst des Meisters von 1445 steht neben der des Konrad Witz für die Entdeckung der Wirklichkeit und ihre naturalistische Beschreibung. Ausgangspunkt waren die auf diesem Gebiet bahnbrechenden Malereien um die Niederländer Jan van Eyck und Robert Campin seit den späten 1420er Jahren. Es ist nicht anzunehmen, daß die beiden süddeutschen Maler ihre Erfahrungen direkt in deren Werkstätten gewonnen haben, hier läßt sich mit vergleichbarer Buchmalerei um 1435 bis 1440 ausreichend Anschauungsmaterial nachweisen.[2]

Ist es auf dem namengebenden Wandbild die Darstellung von tatsächlichen Architekturverhältnissen, die für diesen Maler von vorrangigem Interesse sind und unseren Begriff von seiner Kunst prägen, so fällt auf der Tafel mit dem *Tod des Heiligen Antonius* die Fokussierung auf Einzelheiten wie die Gestaltung des Fachwerks auf, während in ihrem Pendant die Einbindung der Personen in einen tiefenräumlichen Bezug das Bestreben ist. Nicht nur, daß ein Baum vor den Leichnam gesetzt wurde, auch der Nimbus des Heiligen sowie die Hand eines begleitenden Helfers verschwinden folgerichtig dahinter. Es ist die Zeit des Verstehens der Wirklichkeit durch zielgerichtetes »Hin-Sehen«, während in der

25

Malerei zuvor die natürliche Erscheinung lediglich als ein verfügbares Element für die Beschreibung einer höheren Realität verwendet worden ist.

B. K.

1 Michler 1992, S. 100f.
2 Schauder 1989, S. 137ff.

Lit.: Stange, DMG, Bd. 4, 1951, S. 40f. – Feldges-Hennig 1968, S. 149ff. – Stange, KV, Bd. 2, 1970, Nr. 208 – Slg. Kat. Konstanz 1993, S. 34–37.

25

Meister vom Bodensee oder vom Oberrhein

Maria mit dem Kind auf der Rasenbank

Um 1460
Tannenholz, 56,5 x 57 cm
Karlsruhe, Staatliche Kunsthalle Karlsruhe
Inv. Nr. 1640

Vor einem gravierten, kupferfarbenen Goldgrund sitzt die gekrönte Muttergottes auf einem Kissen inmitten einer von Pflanzen übersäten Wiese. Ihr Gewand ist weit ausgebreitet, auf den Knien hält sie das unbekleidete Jesuskind. Das Gesicht der Maria, ihre Hände und der Körper des Sohnes weisen schlanke, langgezogene Proportionen auf. Ihr lang am Körper herabfallendes Haar unterstreicht die vornehme Erscheinung, die sich von den etwas derben oder kindlichen Mariendarstellungen in der Konstanzer Malerei um 1460/70 unterscheidet.

Die Herkunft der Tafel aus einem Bauernhaus in Watterdingen bei Engen gab den Anlaß, ihre Entstehung im westlichen Bodenseegebiet zu vermuten. Alfred Stange fügte sie in das Œuvre des Malers der *Nürnberger Vergänglichkeitsallegorie* ein, der allerdings gänzlich unbestimmt ist.[1] Es soll sich um einen niederländisch geprägten Wandermaler handeln, der auch am Bodensee seine Spuren hinterlassen habe. Im Bodenseegebiet steht die Madonnentafel jedoch solitär da, und auch ihr tief gravierter Goldgrund sowie der Preßbrokat ihres Kleides haben keine entsprechenden Vergleichsstücke.

Zuletzt widerlegte Sonja Lucas in ihrer Magisterarbeit 1994 an der Universität Erlangen-Nürnberg die bisher vermutete Herkunft aus einer Bodensee-Werkstatt, beließ aber das von ihr um eine neue Tafel zu Recht erweiterte Œuvre allgemein im südwestdeutschen Raum. Ludwig Meyer, München, und der Verfasser sprechen sich in ihrem Briefwechsel 1993 mit Blick auf die ähnliche Landschaftsgestaltung bei den Evangelistentafeln des Meisters der Breisacher Evanglisten (Kat. 87) gezielter für eine Werkstatt am Oberrhein aus, während Daniela Gräfin von Pfeil den

26a

26b

Verfasser auf vergleichbare Straßburger Wandmalerei verwies (mündlich 16.9.1992).

Solange der Zuweisung an das Œuvre um die *Vergänglichkeitsallegorie* nicht aus guten Gründen widersprochen werden kann, sollte die Madonnentafel dort ihren Platz erhalten und somit als oberrheinische Arbeit angesprochen werden. B. K.

1 Nürnberg, Germanisches Nationalmuseum, Inv. Gm 109 – Stange, KV, Bd. 2, 1970, Nr. 221.

Lit.: Slg. Kat. Karlsruhe 1966, S. 52 – Ausst. Kat. Karlsruhe 1992b, S.60–63, Nr. 9.

26

Maler im Umkreis der Familie Murer (tätig ab 1446)

Vier Tafeln eines Passions- und Marienretabels

Konstanz, um 1465

a) ***Die Beschneidung Christi***
Holz; 110 x 52,2 cm
Lyon, Musée des Beaux-Arts de Lyon
Inv. Nr. H-640

b) ***Die Anbetung der Könige***
Lärchenholz; 113 x 54 cm
Karlsruhe, Staatliche Kunsthalle Karlsruhe
Inv. Nr. 81

c) ***Das Gebet Christi am Ölberg***
Holz; 109,5 x 52,5 cm
Lyon, Musée des Beaux-Arts de Lyon
Inv. Nr. H-641

d) ***Die Kreuztragung Christi***
Holz; 110 x 57 cm
Stuttgart, Staatsgalerie Stuttgart
Inv. Nr. 2418

e) ***Die Entkleidung Christi***
Lärchenholz; 111,5 x 53,5 cm
Karlsruhe, Staatliche Kunsthalle Karlsruhe
Inv. Nr. 81a

Die insgesamt fünfzehn zu diesem Retabel rekonstruierbaren Tafeln, getrennte Vorder- und Rückseiten von Flügeln, befinden sich in vier verschiedenen Museen: Darmstadt, Karlsruhe, Lyon und Stuttgart. Nach Ausweis der erhaltenen Motive fehlt neben der großen Mitteltafel (ver-

26c

26d

26e

mutlich eine *Kreuzigung)*, wohl die Rückseite der *Kreuztragung* mit einem Marienthema, wahrscheinlich der *Darbringung Jesu im Tempel*. Eine genaue Untersuchung des materiellen Befundes und somit der exakten Zusammengehörigkeit der einzelnen Tafeln fand aufgrund ihrer Verstreutheit noch nicht statt. Da alle Tafeln Goldgrund zeigen, wird angenommen, daß es sich um Reste eines zweifach zu wandelnden Triptychons handelt, von denen die Mariendarstellungen die eigentliche Festtagsansicht gebildet haben. Ihr Goldgrund ist mit seinem Rankenblattwerk deutlich komplizierter als der Granatapfelrapport auf den Passionstafeln. Dagegen ist einzuwenden, daß sich nicht eine einzige Tafel der ehemaligen Alltagsansichtsseite erhalten hat, welche dann vermutlich Apostel und Darstellungen anderer Heiliger getragen hätte.

Die Herkunft aus dem Bodenseegebiet wird lediglich durch die spätere Provenienz einiger Tafeln in der Freiburger Sammlung Hirscher wahrscheinlich gemacht, durch die zahlreiche Gemälde vom Bodensee später nach Karlsruhe gekommen sind. Ihre von der Forschung bislang als Arbeit um das *Werdenberg-Retabel* ausgesprochene Entstehung in der Konstanzer Werkstatt der Murer-Familie ist indes aufgrund der unterschiedlichen Stileigenschaften nicht zu bestätigen. Die Figurendarstellungen sind nicht so schematisch vereinfacht wie zum Beispiel auf der wohl in zeitlicher Nähe entstandenen *Elisabeth-Odilientafel* (Kat. 29). Vielmehr ist ihnen ein lyrisches Moment eigen, das sich in der undramatisch-innigen Beziehung der Personen untereinander ausdrückt. So steht das behutsame Berühren und Beschauen zwischen dem Jesuskind und dem Ältesten auf der *Anbetung der Könige* in Karlsruhe ebenso beispielhaft dafür wie die *Gefangennahme Christi* in Lyon, wo selbst der Verräterkuß des Judas nicht ohne menschliche Zuwendung ist.

Zu bedenken ist, daß den von Hans Rott in unmittelbarer Nachbarschaft bzw. persönlicher Beziehung zu den Murer festgestellten Malern Hans Stürmli und Hans Taubach bisher keine Werke zugewiesen worden sind.[1]

B. K.

1 Rott 1933b, S. 16f., S. 26.

Lit.: Stange, DMG, Bd. 7, 1955, S. 45f., Abb. 96 – Slg. Kat. Karlsruhe 1966, S. 53 – Stange, KV, Bd. 2, 1970, S. 64, Nr. 252 – Slg. Kat. Darmstadt 1990, Nr. 46 – Konrad 1990, S. 40f. – Slg. Kat. Lyon 1993, S. 23–28.

27

27

Hans Murer d. Ä. (tätig 1446–1486/87)

»Mässlin-Altar« (Triptychon)

Konstanz, 1480
Bez. auf dem Stein am Kreuzesfuß mit dem Hauszeichen der Familie Murer (dreiblättriger Lindenbaum mit Wurzel) und dem Datum 1480
Tannenholz; 107 x 122,5 cm (Mitteltafel), je 107,5 x 54,5 cm (Flügel)
Karlsruhe, Staatliche Kunsthalle Karlsruhe
Inv. Nr. 31

Mitteltafeln von Retabeln mit Darstellungen in Bildzonen, welche durch eine aufgemalte Rahmenleiste voneinander getrennt sind, finden sich in der Konstanzer Malerei mehrfach. Zu erwähnen sind hier eine Kreuzigungstafel von Peter Murer im Fürstlich Hohenzollernschen Museum in Sigmaringen,[1] das Allerheiligenretabel von Rudolf Stahel im Münster auf der Insel Reichenau[2] oder die heute in drei Teile getrennte Marienkrönungstafel in den Kunstsammlungen des Klosters Einsiedeln (Kat. 180). Hier sind dargestellt *Christus am Kreuz,* seitlich links die *Auferstehung*, darunter *Geburt Jesu*, seitlich rechts die *Ausgießung des Heiligen Geistes* und darunter der *Marientod*. Auch auf den Flügeln wird dieses, gleichwohl dort übliche Prinzip der Bildteilung fortgesetzt. Die linke Festtagsansicht zeigt die *Rheinfahrt der Heiligen Ursula* vor ihrem Martyrium in Köln, darunter die *Heiligen Barbara, Dorothea und Margarethe*, rechts finden sich die *Marter der Zehntausend,* darunter die *Heiligen Onuphrius, Wolfgang und Sebastian*. Im geschlossenen Zustand sieht man die heute freilich stark beschädigten Darstellungen von *Christus am Ölberg*, darunter die *Kreuztragung Christi* (links) und die *Dornenkrönung Christi* mit einer weiteren *Kreuzigung mit Maria und Johannes* (rechts).
Als Auftrag für den Altar der Zehntausend in der Peter und Paul-Kapelle unter der Bischofspfalz des Konstanzer Münsters kann dieses Retabel für Konstanz als gesichert gelten. Die Kollatur besaß die Kaufmannsfamilie Mässlin (Peter Mässlin von Graneck und seine Ehefrau Margarethe Geldrich von Sigmarshofen), deren Wappen wie auch das des 1477/78 verstorbenen Schwagers Hans Bolzhuser, Goldschmied in Konstanz, auf den Flügeln sichtbar sind. Ein weiteres Wappen mit einem Schaller, neben dem Kreuzesfuß auf der Mitteltafel, ist nicht identifiziert. Bei Feststellung seiner gleichzeitigen Entstehung wäre allerdings zu fragen, ob die Rott'sche These von der Hauptauftraggeberschaft Peter Mässlins noch zu halten ist, zumal die Stiftung einer ewigen Messe 1489 durch Johannes Mässlin in derselben Kapelle bis auf den Heiligen Onuphrius andere Heilige als die hier dargestellten nennt.

27 (Detail)

Das nicht sehr große Triptychon besitzt noch heute seinen ursprünglichen, mit reichem Ornament versehenen und vergoldeten Rahmen. Die Außenansichten legen Zeugnis von der Zusammenarbeit mit seinem Bruder Peter, dem Maler des *Werdenberg-Retabels* in den Fürstenbergsammlungen Donaueschingen und der *Elisabeth-Odilien-Tafel* im Rosgartenmuseum Konstanz (Kat. 29) ab. Die Kleinteiligkeit der Darstellungen mit ihren puppenhaften Figuren sollten nicht über das künstlerische Vermögen Hans Murers hinwegtäuschen. Bei genauerer Betrachtung fällt eine bedeutende Meisterschaft im Umgang mit der Farbe und auch in der Gestaltung der Physiognomie auf, wie sie sich auf einem großformatigeren Werk seiner Hand, einer *Marientod*-Tafel in der Friedhofskapelle von Frauenfeld-Oberkirch eindrücklicher präsentiert.[3] Zu erwähnen ist auch die Predella eines Retabels mit der Darstellung des Abendmahls im Historischen Museum des Kantons Thurgau in Frauenfeld, deren Zusammenhang mit Hans Murer von Margrit Früh erkannt wurde.[4]

B. K.

1 Stange, KV, Bd. 2, 1970, Nr. 254.
2 Stange, KV, Bd. 2, 1970, Nr. 264.
3 Stange, KV, Bd. 2, 1970, Nr. 247.
4 Früh 1979, S. 239ff.

Lit.: Rott 1933a, S. 24ff. – Slg. Kat. Karlsruhe 1966, S. 216 – Stange, KV, Bd. 2, 1970, Nr. 246 – Früh 1979, S. 242 – Slg. Kat. Donaueschingen 1990, S. 42.

28

Hans Murer d. J. (?) (tätig 1475–1519)

Christus als Schmerzensmann

Konstanz, um 1480
Bez. M. u. am Postament mit dem Malerwappen der Familie Murer
Mischtechnik auf Tannenholz; 80 x 36 cm
Karlsruhe, Staatliche Kunsthalle Karlsruhe
Inv. Nr. 1398a

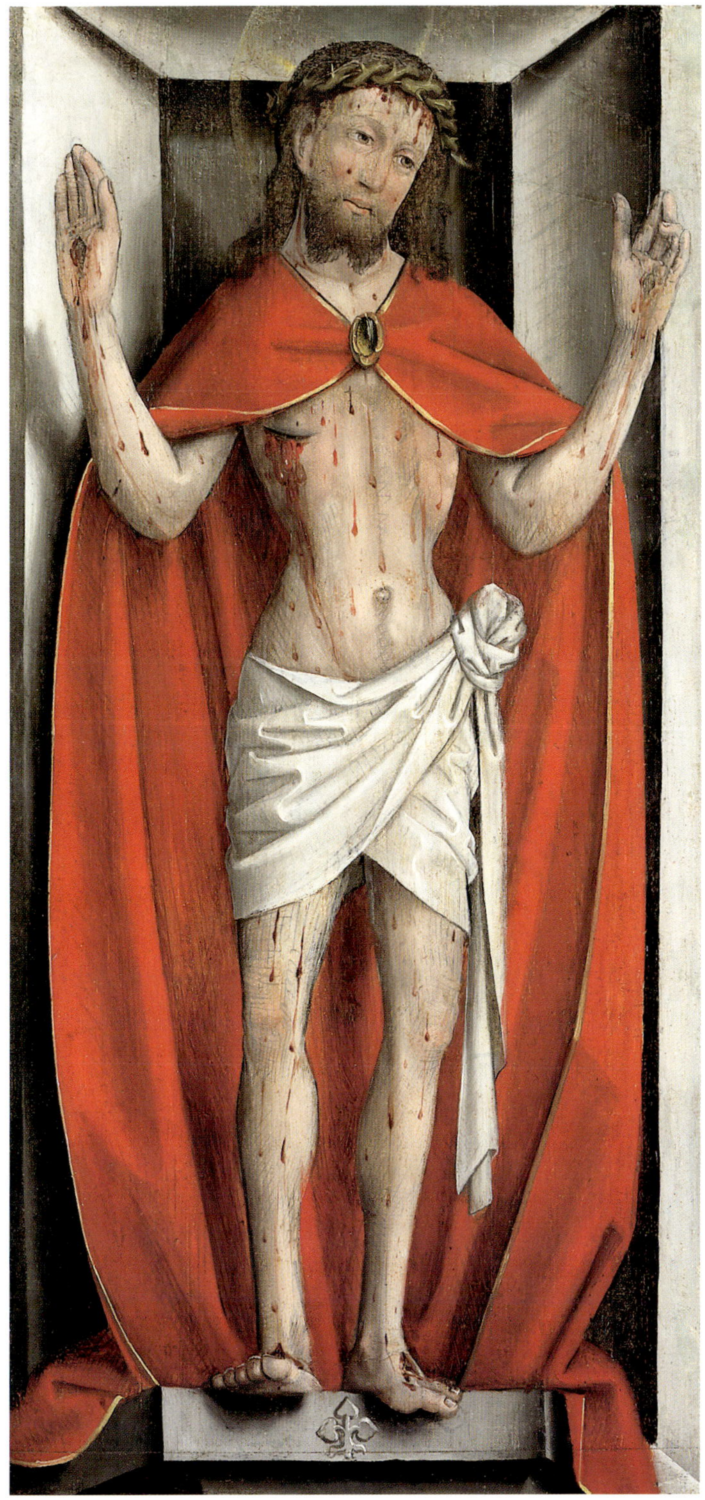

28

In einem engen Kastenschrein stehend präsentiert Christus als Schmerzensmann dem Betrachter seine bei der Dornenkrönung und später bei seiner Kreuzigung erlittenen Wundmale. Mit seinem breiten, im Umriß nur wenig gegliederten Gesicht und den langovalen Augen steht er dem Figurenbild um Peter Murer sehr nahe (vgl. Kat. 29). Die Herkunft der Tafel aus der vielköpfigen Konstanzer Werkstatt der Malerfamilie Murer ist ohnehin durch das am Postament dargestellte Hauszeichen der Murer gesichert. Die gebundene und dichtdeckende Temperamalerei der älteren Tafeln scheint hier einem lockeren Farbauftrag mit stärkeren Ölanteilen gewichen zu sein, welche die Unterzeichnung durchscheinen läßt.[1] Auch die Figurenproportion erscheint, vielleicht unter dem Eindruck von Kupferstichen Martin Schongauers, mehr gelängt als bei den um 1465 eindeutig zu datierenden Gemälden dieser Werkstatt. So mußten bereits aufgrund ähnlicher Beobachtungen zwei Flügel mit der Darstellung der *Virgines capitales* in Donaueschingen aus dem Œuvre des 1469 verstorbenen Peter Murer gestrichen werden, die immerhin noch die streng geometrisch ausgerichteten Faltenwürfe seiner unbezweifelten Tafeln aufweisen.[2] Mit seinem seitlich in großen Kurvenschwüngen herabfallenden Übermantel steht er den Heiligendarstellungen in der Kirche des ehemaligen Klosters Wagenhausen bei Stein am Rhein sehr nahe. Die aufgrund ihrer physiognomischen Gestaltung hier erstmals der Murer-Werkstatt zugeschriebenen Wandmalereien können allerdings keine Hilfe für eine genauere Datierung geben.
Hans Murer, Sohn des gleichnamigen Malers des *Mässlin-Retabels* (Kat. 27), ging um 1490 wohl nach Lindau, wo er als Sachverständiger in einem Rechtstreit auftrat. 1509 zog er nach St. Gallen und verstarb dort 1519.[3]

B. K.

29

1 Vgl. die Unterzeichnung in Infrarotreflektografie in Slg. Kat. Donaueschingen 1990, S. 43, Abb. IV.7.
2 Slg. Kat. Donaueschingen 1990, S. 112f., Nr. 9.
3 Rott 1933b, S. 175, 234.

Lit.: Rott 1933a, S. 26f. – Slg. Kat. Karlsruhe 1966, S. 216f. – Früh 1979, S. 242ff. – Konrad 1990, S. 42f. – Ausst. Kat. Karlsruhe 1992b, S. 26–29, Nr. 3 – Ausst. Kat. Karlsruhe 1996, S. 222, Nr. 23.

29

Peter Murer (tätig 1446–1469)

Die Heiligen Elisabeth von Thüringen und Odilia mit einem Stifter des Deutschen Ordens

(Flügel eines Retabels oder Einzeltafel)
Konstanz, um 1465
Nadelholz, 128 x 82,5 cm
Konstanz, Rosgartenmuseum
Inv. Nr. 1992/22
(Dauerleihgabe der Gesellschaft der Freunde des Rosgartenmuseums)

29/1 Peter Murer, *Heiliger Johannes Evangelista,* Privatbesitz

Vor den Bögen eines einfach gestalteten Doppelportals erscheinen die Heiligen Elisabeth von Thüringen und Odilia von Hohenburg im Elsaß. Zu ihren Füßen kniet ein älterer Stifter im Gewand des Deutschen Ordens, um die Fürsprache der beiden Heiligen betend, wie das Spruchband mit der Aufschrift »Ora pro me« ausweist. Obwohl ein Wappen oder eine andere persönliche Bezeichnung fehlt, besitzt die Identifizierung mit Rudolf von Rechberg eine gewisse Wahrscheinlichkeit. Er war von 1461 bis 1476 Landkomtur des Deutschen Ordens für die Ballei Elsaß-Burgund mit Sitz in Altshausen, nahe dem nördlichen Bodenseeufer bei Hagnau. Seine somit in offizieller Hinsicht bestehende Verbundenheit mit dem Oberrhein wird sich in der Wahl der elsässischen Hauptheiligen Odilia auch für seine persönliche Fürbitte niedergeschlagen haben. Die Malerei hingegen kommt zweifelsfrei aus der Werkstatt von Peter Murer in Konstanz.
Die eindrucksvolle Tafel offenbart bei näherer Analyse einen eigenartigen Werkstattschematismus. Entfernt von jeder Naturbeobachtung, wird an den Gewändern ein Faltenwurf erkennbar, welcher in geometrisch-eckigem Verlauf die Figuren mäanderförmig umschließt. Wenngleich der Eindruck einer voluminösen Körperlichkeit entsteht, gewinnt der Betrachter nicht den Eindruck, daß sich hier Kleiderstoffe tatsächlich formen oder stauchen. Derartige Stilcharakteristika erlauben es der Forschung, ohne große Umstände weitere Werke zu benennen. So konnte diese Tafel sofort nach ihrem Auftauchen in amerikanischem Privatbesitz als Werk Peter Murers erkannt und für das Rosgartenmuseum Konstanz erworben werden. Auch das Fragment eines *Heiligen Johannes Evangelista*, 1996 im Kunsthaus Lempertz Köln aufgerufen, gehört zum Kernbereich dieser Werkstatt (Abb. 29/1).[1]

B. K.

1 Auktion Alte Meister 23. 11. 1996, Nr. 1065 (freundlicher Hinweis von Ludwig Meyer, München, brieflich vom 23. 12. 1996).

Lit.: Slg. Kat. Konstanz 1993, S. 42f., Nr. 1.06

30

Umkreis der Malerfamilie Murer (tätig ab 1446)

Das Martyrium der Heiligen Ursula

Konstanz, um 1460/65
Holz; 113 x 75 cm (beschnitten)
Ulm, Ulmer Museum
Inv. Nr. 1963.8991

Das Thema der Darstellung ist das Martyrium der Heiligen Ursula, die im Spätmittelalter zu den bekanntesten und beliebtesten Heiligen zählte (siehe auch Kat. 134, 228). Der Legende zufolge zog die Tochter des britischen Königs in Begleitung von elftausend Jungfrauen nach Rom, wo sie Papst Cyriacus empfing. Ihre Rückreise führte sie über Köln, das zu dieser Zeit von den Hunnen belagert wurde. Weil sich Katharina weigerte, dem Werben des Hunnenfürsten nachzugeben, ließ er sie und ihre Begleiterinnen von Bogenschützen erschießen.
Das Bild zeigt einen breiten Schiffsrumpf, in dem sich die Heilige und ihr Gefolge befinden. Ursula trägt auf ihrem offenen gelockten Haar eine Strahlenkrone über einer turbanähnlichen Kopfbedeckung. Wie einen Schutzschild ergreift sie ihr faltenreiches Überkleid und preßt es gegen ihren Körper. Wie die angsterfüllte Reaktion der Begleiterin rechts hinter Ursula anzeigt, scheint der Angriff der Hunnen gerade eingesetzt zu haben. Ein Pfeil hat bereits die Brust der Heiligen Ursula durchbohrt. Ihre wie abwesend nach oben gerichteten Augen deuten ihren Märtyrertod an. Dabei erinnert die Demutshaltung mit den vor der Brust gekreuzten Armen und dem abgewendeten Oberkörper an Darstellungen der Jungfrau Maria in Verkündigungsszenen. Die Tafel ist an ihrem rechten Rand stark beschnitten. In ihrem ursprünglichen Zustand zeigte sie wohl das vollständige Boot mit weiteren Begleiterinnen, wie ein grüner Gewandteil heute noch andeutet. Auch Papst Cyriacus zählt zu den Begleitern der Heiligen. Angesichts der Bedrohung hält er seine Hand schützend vor das Gesicht. Er trägt eine rote Kasel aus Brokat und darüber ein blaues Pluviale, dessen gold- und seidenbestickte Borten Heiligenfiguren unter Maßwerk-Baldachinen zeigen.
Bei der Tafel handelt es sich vermutlich um das Fragment eines Retabelflügels. Der die Szene hinterfangende Goldgrund weist darauf hin, daß sie ehemals eine Flügelinnenseite eines Wandelretabels bildete. Auf der Rückseite befindet sich die Darstellung einer Kreuzigung, die aufgrund der Beschneidung der Tafel wie die hier gezeigte Ansicht nur fragmentarisch erhalten ist.
Interessant ist, wie der unbekannte Meister mit der Wiedergabe von Wirklichkeit und Räumlichkeit verfährt. So ist einerseits der Steuermann in einem perspektivisch wiedergegebenen, kanzelartigen Hochstand dargestellt. Auch das Gewand Ursulas, das über die Bordkante fällt, trägt zur räumlichen Wirkung bei. Andererseits erscheinen die Figuren im Vergleich zum Schiffsrumpf viel zu groß. Die Wellen des Rheins sowie die Landschaft im Hintergrund sind schematisch wiedergegeben. Doch hat der Maler beispielsweise die Spiegelungen der am Ufer stehenden Bäumchen berücksichtigt.
Die Tafel wird aufgrund ihres Figurenstils an den Bodensee, in den Umkreis der Malerfamilie Murer lokalisiert. Vor allem die weiß gehöhten, in Zickzack verlaufenden Faltenstege und die kunstvollen Draperien, unterstützen eine solche Zuschreibung.

A. M.

Lit.: Stange, KV, Bd. 2, 1970, Nr. 361 – Slg. Kat. Ulm 1981, S. 72f. – Jungfer 1999.

30

31
Meister vom Bodensee oder aus dem Allgäu
Die Heiligen Katharina und Wolfgang

(Linker Flügel eines Retabels)
1465
Bez. auf dem Rahmen u.: ann. Dom. m°. cccc°. LXV
Tannenholz, 155 x 86 cm
Karlsruhe, Staatliche Kunsthalle Karlsruhe
Inv. Nr. 38

Vor mit Kassettenmuster punziertem Goldgrund und einem mit Granatapfelrapport versehenem Vorhang stehen, an ihren Attributen erkennbar, die Heiligen Katharina und Wolfgang. Der Kirchengründer trägt ein Meßgewand, dessen als aufgestickt gemalte Heiligendarstellungen die herausragende Partie des Gemäldes bilden. Der leicht verputzte Zustand der Malschicht läßt eine rassig ausgeführte Unterzeichnung durchscheinen. Sie findet nichts Vergleichbares bei den bisher untersuchten Bodenseemalereien.

Die aus dem Kloster Salem über die Sammlung Hirscher nach Karlsruhe gekommene, von ihrer Rückseite abgespaltene Tafel war der linke Flügel eines Triptychons und stellt dessen Festtagsansicht dar oder die Ansicht einer zweiten Wandlung, bei welcher auch die Außenseiten mit einem Goldgrund optisch hervorgehoben sein können. Diese besondere Gestaltung des Goldgrundes findet in der Bodenseemalerei keine auch nur annähernde Entsprechung.[1]

Ausgehend von einer seit über 120 Jahren verschollenen, vermeintlichen Pendanttafel galt die Tafel im 19. Jahrhundert noch als Werk Michael Pachers. Daneben wurde ein Gegenvorschlag ins Feld geführt, welcher mehr Wahrscheinlichkeit versprach. Statt der Namenslesung »magistrum

31

Michaelem Pacher de Brunneckem« schlug man Michel Pfender vor, ohne die weiteren Voraussetzungen geprüft zu haben. Somit gilt die Tafel immer noch als vermutliches Werk des in Schaffhausen ansässigen Michel Pfender, einem Schwiegersohn von Peter Murer. Diese Zuschreibung stellt jedoch ein Beispiel dafür dar, daß sich zahlreiche Hypothesen mit der Zeit zu einer Gewißheit erhärtet haben.

Wenn das Retabel wirklich für Kloster Salem in Auftrag gegeben worden ist, liegt zwar Konstanz mit seiner Salemer Niederlassung, dem Salmansweiler Hof, als Entstehungsort nicht fern, doch gilt es zu bedenken, daß das Kloster zu dieser Zeit auch Buchmalerei durch die im Allgäu zu lokalisierende Werkstatt des Hans Huber ausführen ließ.[2] Eben in die Umgebung dieses Malers zielt das Figurenbild mit seinen röhrenartig versteiften Gewändern und spitz unter dem Saum hervorschauenden Schuhen. Zu nennen sind hier Flügel eines Retabels aus der Kirche zu Molpertshaus bei Waldsee, heute in Rottweil, Dominikanermuseum.[3] Schließlich führt auch der bisher nur auf dieser Tafel vorgefundene kassettierte Goldgrund vom Bodensee weg. Die Flügelinnenansichten des 1442 datierten Triptychons in Zell bei Oberstaufen im Allgäu weisen mit ihrem Dreieckrapport im ihm ähnliches Gestaltungsprinzip auf. Dieses Retabel kommt aus der Hans Strigel-Werkstatt Memmingen.[4]

B. K.

1 Westhoff 1996, S. 7, Nr. 2.1.
2 Moser 1997, S. 361ff., VÄ 6, 7 – Konrad 1999, S. 325f.
3 Inv. 81 – Stange, KV, Bd. 2, 1970, Nr. 282.
4 Stange, KV, Bd. 2, 1970, Nr. 845 – 1954/55 wurde der Goldgrund, dabei die alte Form ergänzend, wiederhergestellt.

Lit.: Slg. Kat. Karlsruhe 1966, S. 53 – Stange, KV, Bd. 2, 1970, Nr. 235.

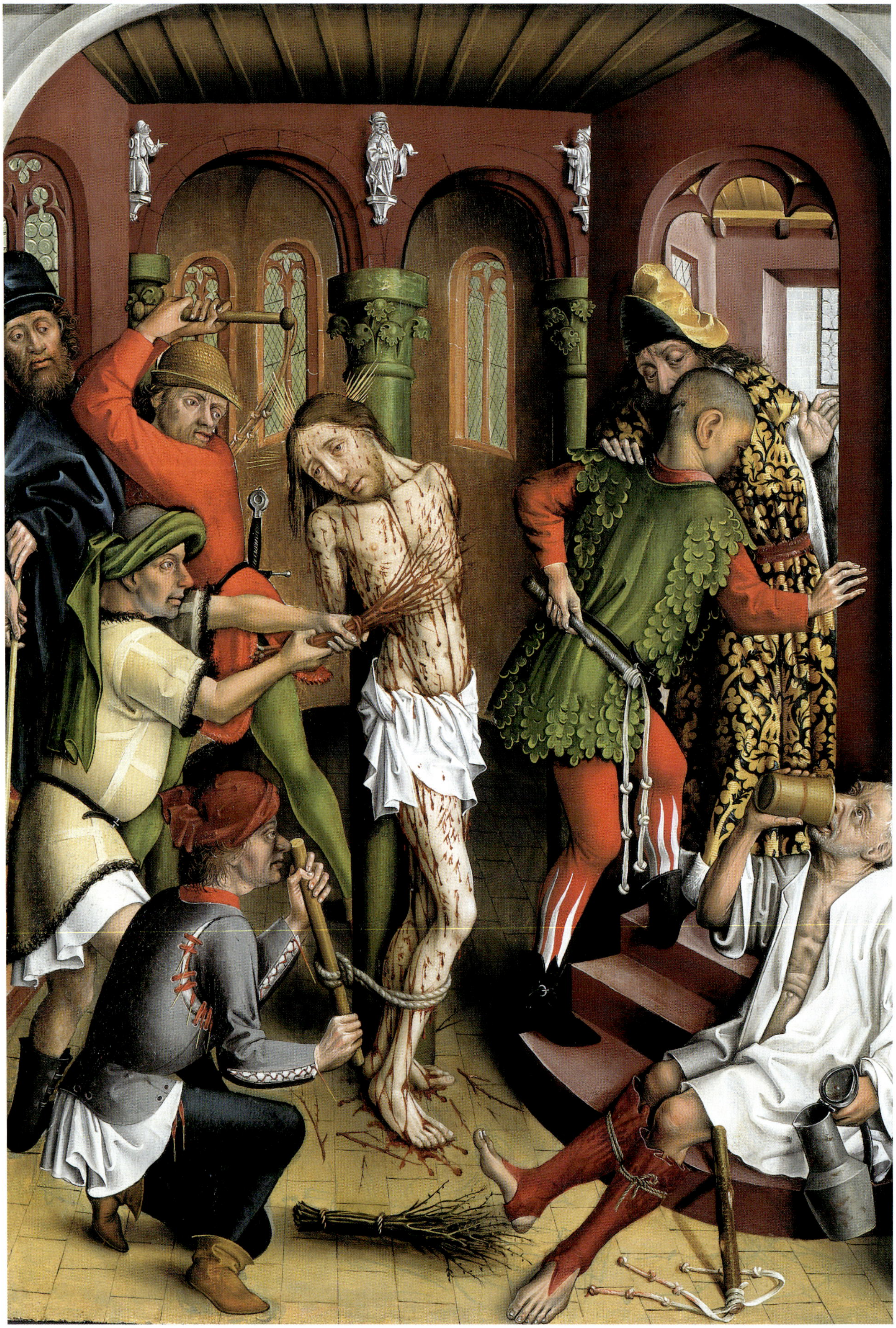

35c

I.4 Straßburg und der Oberrhein

Die Karlsruher Passion ist eine Folge von nicht mehr als sieben einseitig bemalten, durchschnittlich 66,5 x 46,5 cm messenden Tafeln, die den größeren Teil eines auseinandergerissenen, nur fragmentarisch überlieferten Zyklus der Passion Christi darstellen (Kat. 35). Diese erstaunlich gut erhaltenen Bilder sind so einzigartig und überwältigend in ihrer künstlerischen Erscheinung und von so tiefer und anrührender Aussage, daß sie zum Inbegriff der spätgotischen Malerei Straßburgs und des Oberrheins in den Jahrzehnten um 1445–1470 wurden. Der Beginn dieses Zeitraums fällt zusammen mit dem Tod des in Basel tätigen Konrad Witz (um 1410–1445), während an seinem Ende wohl schon die frühesten erhaltenen Werke Martin Schongauers, etwa die Flügel mit der *Verkündigung an Maria* des von Johann de Orliaco für Isenheim gestifteten Retabels, in Colmar entstanden. Die oberrheinische Malerei dieses Vierteljahrhunderts ist einer Generation von Künstlern zu verdanken, die um 1400/1420 geboren wurde und deren Schaffen in dem Spannungsfeld steht, das von den wirkungsmächtigen Bildern des altertümlichen, idealisierenden späten Weichen Stils einerseits und den neuartigen, wirklichkeitsgesättigten burgundisch-niederländischen Werken eines Robert Campin (1378/79–1444), Jan van Eyck (vor 1400–1441) oder Rogier van der Weyden (um 1399–1464) andererseits reicht.

Neben dem Meister der Karlsruher Passion, der sehr wahrscheinlich mit dem zwischen 1422 und 1463 in Straßburg genannten und tätigen Maler Hans Hirtz gleichzusetzen ist, muß hier Jost Haller (um 1410–vor 1485) erwähnt werden. Vom Leben und Werk des u. a. für die Deutschordensritter in Bergheim/Elsaß und Saarbrücken tätigen Malers, der in Straßburg schon zwischen 1438 und 1447 nachgewiesen ist und in den Quellen zusammen mit den Malern Hans Hirtz und Hans Tiefenthal genannt wird, gibt es erst seit den Forschungen von Hanns Klein (1972), Charles Sterling (1980) und Philippe Lorentz (1990, 2000) genauere Vorstellungen. In dieser Ausstellung ist er mit keinem seiner wenigen Gemälde vertreten, da ihm das Unterlindenmuseum in Colmar unter dem Titel »Le peintre des chevaliers« (Der Maler der Ritter) eine Ausstellung widmet, die u. a. als Parallele zur Karlsruher Großen Landesausstellung »Spätmittelalter am Oberrhein« konzipiert wurde.

Von den nur spärlich überlieferten Gemälden meist anonymer Maler anderer oberrheinischer Kunstzentren der Zeit um 1445–1470 können in der Staatlichen Kunsthalle Karlsruhe folgende hochbedeutende Einzelwerke oder gar kleine Bildergruppen erstmals zum vergleichenden Studium für wenige Monate vereinigt werden: Der rechte Flügel des vielleicht in Basel entstandenen und aus Felbach bei Steckborn stammenden *Passionstriptychons* in Frauenfeld/Thurgau (Kat. 36), der in Boston verwahrte *Schmerzensmann* eines elsässischen Meisters um 1450 (Kat. 34) und Caspar Isenmanns *Auferstehung Christi* von dem 1462–1465 geschaffenen Passionsretabel für St. Martin in Colmar (Kat. 36). Weiter werden gezeigt: Drei Tafeln von zwei Heiligenretabeln, die wohl um 1450 für die Dominikanerinnen in Colmar gemalt wurden (Kat. 32, 33), sodann zwei nach Freiburg und Berlin gelangte elsässische Andachtsbilder der halbfigurigen *Madonna mit dem Jesuskind* (Kat. 39, 40), zwei Gemälde mit der *Verkündigung an Maria* aus Kloster Lichtenthal bei Baden-Baden (Kat. 42) und aus Basler Museumsbesitz (Kat. 41) sowie die aus London und Leipzig geliehenen oberrheinischen Tafeln des *Evangelisten Johannes* und der *Heiligen Genoveva* (Kat. 43, 44). Die Malerei aus Basel und der nördlichen Schweiz wird vertreten von den vier Tafeln eines sonst verlorenen Dominikaner-Retabels (Kat. 45) und einem stattlichen Gemälde mit *Anna-Selbdritt-Gruppe* (Kat. 38), alle fünf aus Privatbesitz.

Eindrucksvoll künden diese sehr verschiedenartigen Werke von der höchst individuellen Auseinandersetzung der Maler und Werkstätten am Oberrhein mit der niederländischen Kunst. Mit dieser kamen sie seltener über originale Tafelbilder, gemalte Bücher und Zeichnungen, etwa studiert auf der Wanderschaft in den Niederlanden oder als Auftragswerke von dort exportiert, in Berührung. In der Regel kannten sie niederländisches Bildgut aus zweiter Hand, das heißt in bereits ab- und anverwandelter Form, etwa als Nachzeichnungen oder über die Werke des sehr eigenständigen Konrad Witz und seines Umkreises oder über frühe Kupferstiche, vornehmlich die Arbeiten des Meisters E. S. (siehe Kap. I.5).

D. L.

Jost Haller, Bergheimer Retabel, 1445/50; Colmar, Unterlinden-Museum.

32
Oberrheinischer Meister
Um 1450

Die Enthauptung der Heiligen Margarethe

Mischtechnik auf Holz; 61,5 x 57,5 cm
Nürnberg, Germanisches Nationalmuseum
Inv. Nr. Gm 1158

Weil sich die Christin und Jungfrau Margarethe dem Ehewerben des Stadtpräfekten Olibrius widersetzt hatte und an ihrem christlichen Glauben festhielt, ordnete dieser ihre Marterung und ihren Tod durch Enthaupten an (vgl. auch Kat. 154). Das Bild zeigt die Heilige in demutsvoller Haltung auf einer Wiese mit Erdbeeren und Veilchen knien, ihr Schicksal gottgefällig annehmend. Dicht hinter ihr holt der Henker bereits mit seinem Schwert zum tödlichen Schlag aus. Links sieht man Olibrius, angetan mit reichen Brokatgewändern, einem exotischen Turban und einem goldenen Ring im Ohr, in Begleitung seines Gefolges. Vor Margarethe im Gras liegen ihre Attribute: Drache und Stabkreuz, die auf eine Begebenheit verweisen, die sich vor der Hinrichtung der Heiligen während ihres Aufenthaltes im Kerker zugetragen hat, als sie ein Drache bedrohte, den sie durch das Kreuzeszeichen bezwang.

Das Bild ist von einem Goldhintergrund mit punziertem Rankenmuster hinterfangen. Diese Technik der dicht aneinandergesetzten, eingestanzten Mulden, die das Licht hohlspiegelartig reflektieren, fand seine Anwendung vor allem bei Goldschmiedewerken und war zur Zeit des höfisch geprägten *Internationalen Stils* um 1400 besonders geschätzt.[1]

Die Tafel gehörte zu einem Flügelretabel, das aus dem Dominikanerinnenkloster Unterlinden in Colmar stammen soll und die Martyrien von weiblichen Heiligen zeigte. In Format und Stil sind demselben Zusammenhang eine Tafel mit der *Grabtragung der Heiligen Ursula* aus dem Augustinermuseum in Freiburg[2] sowie zwei weitere Tafeln mit Darstellungen aus dem Ursula- und dem Katharinen-Martyrium aus dem Musée de l'Œuvre Notre-Dame in Straßburg[3] zuzurechnen. Dort hat man außerdem kürzlich zwei Tafeln mit Szenen aus dem Ursula-Martyrium erworben, die ebenfalls demselben Retabelgefüge anzugehören scheinen. Der Verbleib eines von Stange erwähnten *Martyriums der Heiligen Lucia* aus Schloß Grafenegg in Niederösterreich ist leider unbekannt. Vermutlich waren die Szenen auf den Flügeln des Retabels in zwei Registern übereinander angeordnet. Die Tafeln mit den punzierten Goldgründen dürften sich auf den Innenseiten befunden haben.

Wie Kat. 33 wird auch dieses Werk einem Meister zugeschrieben, den man als einen Schüler von Stephan Lochner ansah, da er sich von der Kunst des Kölner Meisters beeinflußt zeigt. Tatsächlich erinnert die Tafel mit dem *Martyrium der Heiligen Margarethe* zumindest in der Anlage der Figuren an das Martyrium Jakobus' des Älteren von Stephan Lochners Apostelflügel im Städel in Frankfurt. In der neueren Forschung wird ein Lehrer-Schüler-Verhältnis zwischen den beiden Malern jedoch eher ausgeschlossen.

Der relativ uneinheitliche Stil der Märtyrerinnen-Tafeln zeichnet sich bei den Frauen durch eine runde Gesichtskontur mit weißen Glanzhöhungen auf den Nasenrücken aus. Die Köpfe der Männer sind stark charakterisiert. Während die hübschen, vollen Gesichter der Frauen und ihre langen, spitz zulaufenden Hände noch an den idealisierenden Stil des Paradiesgärtlein-Meisters erinnern, läßt sich bei den Falten eine »Verfestigung und Verhärtung« (Cohn 1934, S. 33) bemerken, die auf den indirekten Einfluß zeitgenössischer Skulptur vom Oberrhein und niederländischer Tafelmalerei schließen läßt. Der Maler wird in die Nachfolge des sogenannten Meisters des *Staufener Altars* eingeordnet.[4] A. M.

1 Über die Technik der Punktpunzierung siehe Stratford 1995.
2 Slg. Kat. Freiburg 1990, S. 24–26, Inv. Nr. 11410.
3 Slg. Kat. Straßburg 1999, S. 91, Inv. MBA 113 und MBA 114.
4 Vgl. auch Hess 2000, der den *Staufener-Altar* nach Tennenbach lokalisiert.

Lit.: Cohn 1934 (Lochnerschüler in Colmar) – Slg. Kat. Nürnberg 1937, S. 58, Nr. 1158, Abb. 229 (Elsässisch) – Stange, DMG, Bd. 4, 1951, S. 72, Nr. 107 – Stange, KV, Bd. 2, 1970, Nr. 41 (Lochnerschüler am Oberrhein) – Slg. Kat. Freiburg 1990, S. 24–26 (Oberrhein, Colmar?) – Ausst. Kat. Colmar 2000/2001, S. 34f., Nr. 33.

32

33
Oberrheinischer Meister
Um 1450

a) Das Martyrium des Heiligen Johannes

Nußbaumholz (?); 61,2 x 42,4 cm

b) Das Martyrium des Heiligen Matthäus

Nußbaumholz (?); 61,2 x 42,4 cm
Freiburg, Augustinermuseum
Inv. Nr. M 57/7 und M 57/11

Von einem Altar, der auf seinen Flügelinnenseiten die Marter der zwölf Apostel zeigte, stammen diese beiden Tafelbilder mit den Heiligen Johannes und Matthäus. Aus derselben Bildfolge haben sich noch zwei weitere Tafeln in den Vatikanischen Museen in Rom[1] erhalten. Ein fünftes, heute als verschollen geltendes Bild befand sich ehemals im Schlesischen Museum in Breslau. Wie Kat. 32 soll auch dieser Altar aus dem Dominikanerinnenkloster Unterlinden in Colmar stammen.

Der Heilige Johannes erleidet sein Martyrium in einem großen Bottich, der mit siedendem Öl gefüllt wird. Trotz der qualvollen Tortur ist sein Ge-

33a

33b

sicht ruhig und gefaßt, die Hände sind zum Gebet zusammengelegt. Rechts im Bild steht Kaiser Domitian, der Johannes' Tod angeordnet hat. Er trägt einen langen Mantel, bestehend aus Goldbrokat und Hermelin. Angesichts der Unversehrtheit des Heiligen scheint der Kaiser im Kreise seines Gefolges das weitere Vorgehen zu erörtern. Nachdem Johannes das Martyrium ohne Schaden überstanden hatte, wurde er schließlich auf die Insel Patmos verbannt. Der Heilige Matthäus mußte sterben, weil er Iphigenie, Tochter des Königs Egippus, zum Christentum bekehrte, worauf diese den neuen König Hirtakus von Abessinien, Nachfolger ihres Vaters, nicht mehr heiraten wollte. Den im rot-goldenen Bischofsornat bekleideten Heiligen ereilt sein Schicksal vor dem Altar, an dem er gerade Gottesdienst feiert. Bei der knienden weiblichen Figur in graublauem Gewand und weißem Schleier scheint es sich um die bekehrte Königstocher Iphigenie zu handeln.

Die Darstellungen der Martyrien folgen in ihrer genauen Schilderung der Legendensammlung des Jacobus de Voragine, der *Legenda aurea*, die um 1270 entstanden ist und die wichtigste schriftliche Quelle für die Leben der Heiligen im gesamten Spätmittelalter darstellt. Das Besondere an den beiden Bildern ist, daß sie sich nicht darauf beschränken, die Apostel mit ihren auf die Martyrien verweisenden Attributen darzustellen, sondern die Martyrien selbst in erzählerischer Genauigkeit und Drastik schildern. Aus der Zeit um 1450 haben sich nur wenige vergleichbare Altarwerke mit der Darstellung der Apostelmartyrien erhalten. Grundlage für die Bildgestaltung waren mit hoher Wahrscheinlichkeit Holzschnittserien, die zu Beginn des 15. Jahrhunderts weite Verbreitung fanden. Auch in der franko-flämischen Buchmalerei haben sich Darstellungen mit Apostelmartyrien erhalten, die als Vorbilder für die Tafelmalerei gedient haben könnten.[2]

Unser Meister zeigt sich in seinen Kompositionen außerdem von den beiden Altarflügeln mit Apostelmartyrien von Stephan Lochner beeinflußt, die sich heute im Städel in Frankfurt befinden.[3] Es wurde daher angenommen, daß er bei dem berühmten Kölner Meister gelernt haben könnte. Eine direkte Übernahme von Motiven liegt jedoch nicht vor, und auch stilistisch weicht unser Meister mit seinen eckig brechenden Falten von der weichen, schwingenden Gestaltungsweise Lochners ab, der ihm überdies auch in der erzählerischen Kohärenz sowie in der Darstellung des Tiefenraumes überlegen ist. Ein direktes Lehrer-Schüler-Verhältnis scheint daher eher nicht vorzuliegen (vgl. auch Kat. 32).

Nach dem Vorbild von Lochners Altarflügeln mit Apostelmartyrien läßt sich rekonstruieren, daß auch unser Altar auf den Flügelinnenseiten je zwei Martyrien in drei Reihen übereinander vorgewiesen haben könnte. Über die Gestaltung des Mittelteiles lassen sich jedoch nur noch Vermutungen anstellen. Eine Weltgerichtsdarstellung, wie sie auch für Lochner diskutiert wird, erscheint möglich. Daneben ist auch ein Schrein denkbar, in den geschnitzte Figuren von Christus im Kreis der Apostel eingestellt waren.[4]

A. M.

1 Inv. Nr. 40599 und 40593.
2 Zur Ikonographie der Apostelmartyrien siehe Lukatis 1993.
3 Slg. Kat. Frankfurt a. M. 1999, S. 42–43, Taf. 78.
4 Eine solche Rekonstruktion für die Lochner-Flügel bei Gompf 1997.

Lit.: Cohn 1934 (Lochnerschüler in Colmar) – Stange, DMG, Bd. 7, 1955, S. 9 (Werkstatt des am Oberrhein tätigen Lochnerschülers) – Gombert 1958 (Frühwerk des Hausbuchmeisters ?) – Slg. Kat. Freiburg 1965, o. S. (Oberrhein um 1460) – Stange, KV, Bd. 2, 1970, Nr. 40 (Lochnerschüler am Oberrhein) – Höfeler 1987/88 – Slg. Kat. Freiburg 1990, S. 26–29 (Oberrhein, Colmar ?) – Ausst. Kat. Köln 1993, Nr. 61 (Lochnerschüler am Oberrhein) – Ausst. Kat. Colmar 2000/2001, S. 32f., Nr. 32.

34
Elsässischer Meister
Christus als Schmerzensmann

Um 1450/60
Mischtechnik auf Holz; 69,3 x 38,8 cm
Boston, Museum of Fine Arts
Inv. Nr. 56.262

Ermattet und traurig sitzt der nur mit einem Lendentuch bekleidete Christus auf dem Hügel Golgatha. Die Nagelwunden an Händen und Füßen sowie die Seitenwunde zeigen an, daß die Hinrichtung bereits vollzogen ist. Hinter Christus, auf der Mittelachse des Bildes, erhebt sich das Kreuz, an dem verschiedene Leidenswerkzeuge angebracht, aufgehängt oder angelehnt sind: Rute, Geißel, Dornenkrone, Kreuzesnägel, die Stange mit dem Essigschwamm, die Lanze, der INRI-Titulus und die bei der Kreuzabnahme verwendete Leiter. Diese *arma Christi*, die an verschiedene von Christus erduldete Qualen oder Demütigungen erinnern und den Betrachter zu meditativer Versenkung in die Passionsgeschichte auffordern, sind in annähernder Symmetrie angeordnet. Hinzu kommt die Geißelsäule am rechten Rand, welche die im Bild vorherrschende Vertikalität unterstreicht.
Der Hügel ist von Pflanzen bewachsen, die teilweise botanisch bestimmbar sind, darunter Maiglöckchen, Akelei und Wegerich. Ihre minutiöse Wiedergabe zeugt von der Freude des Künstlers am realistischen Detail und ist vielleicht durch niederländische Vorbilder inspiriert. Der Schädel und der Knochen zwischen den Pflanzen sind feste Bestandteile der mittelalterlichen Golgatha-Ikonographie. Sie verweisen auf den hier begrabenen Adam, der – wie die gesamte Menschheit – durch Christi Tod erlöst wird.
Die Lokalisierung und Datierung des Gemäldes stützt sich einerseits auf den Vergleich mit einem motivisch und stilistisch eng verwandten Kupferstich, der dem Meister der Spielkarten zugeschrieben wird und ohne Zweifel elsässischer Herkunft ist (Kat. 12). Ähnlichkeiten bestehen andererseits mit der *Stauffenberg-Pietà* im Musée d'Unterlinden in Colmar, die aus dem Antoniterkloster Isenheim stammt. Sie kann durch die dargestellten und identifizierbaren Stifter recht genau in die Jahre 1455–1460 datiert werden. Die Anordnung der *arma Christi* sowie die glatte, etwas harte Plastizität der Aktfigur sind vergleichbar.
Im Bildtypus des *Schmerzensmannes*, der byzantinischen Ursprungs ist und sich seit dem 13. Jahrhundert in Europa ausbreitete, erscheint Christus als lebend und tot, als Mensch und Gott zugleich. In der Bezeichnung *Imago Pietatis* (Erbärmdebild) wird die mitleidende Beziehung zwischen gläubigem Betrachter und Dargestelltem als wesentlich hervorgehoben. Ein ähnlicher, etwas jüngerer Bildtypus ist der *Christus im Elend* (auch *Christus in der Rast*): Christus ist in einem Moment unmittelbar vor der Kreuzigung dargestellt. Er sitzt, hat den Kopf in die Hand gelegt und sinnt betrübt über das eigene »Elend« – das heißt: seine Verlassenheit – und über die Sündhaftigkeit der Menschen nach. Das Bostoner Gemälde ist das erste bekannte Beispiel für die Verbindung der beiden Bildtypen. Es vertritt gewissermaßen einen neuen Typ, den *Schmerzensmann im Elend*.[1] Für die Gestalt Christi darf man hier wie bei der *Stauffenberg-Pietà* eine Skulptur als Vorbild vermuten.[2]
Der Bostoner Schmerzensmann ist ein Werk von hervorragender malerischer Qualität. Die linke Hand Christi wurde als »eine der sensibelsten Männerhände in der deutschen Malerei des Jahrhunderts« bezeichnet.[3] Durch das untergelegte Lendentuch wird sie besonders hervorgehoben. Man mag sich vorstellen, daß sich Albrecht Dürer, als er während seiner elsässischen Zeit den ergreifenden Karlsruher Schmerzensmann (Kat. 235) malte, an älteren Vorbildern wie dem hier präsentierten gemessen hat. H. J.-F.

1 von Borries 1972, S. 18.
2 Vgl. Sterling 1980, S. 120 – Surmann 1991, S. 44.
3 Sterling 1980, S. 120.

Lit.: Swarzenski 1956, passim – von Borries 1972, S. 18f. – Sterling 1980, S. 119–122 – Surmann 1991, S. 42–44.

35
Meister der Karlsruher Passion (Hans Hirtz ?)
Sieben Tafeln eines Passionszyklus

a) *Das Gebet Christi am Ölberg*
b) *Die Gefangennahme und Fortführung Christi*
c) *Die Geißelung Christi*
d) *Die Dornenkrönung Christi*
e) *Die Kreuztragung Christi*
f) *Die Entkleidung Christi*
g) *Die Kreuzannagelung Christi*

Straßburg, um 1450/55
Mischtechnik auf Nußholz; 66,6 x 46,5 cm (a), 66,2 x 46,2 cm (b), 66,5/6 x 46,4/5 cm (c), 67 x 47 cm (d), 66,5 x 46,4 cm (e), 66 x 47 cm (f), 67 x 47 cm (g)
Karlsruhe, Staatliche Kunsthalle Karlsruhe
Inv. Nr. 2436 (a), 2911 (c), 1136 (d), 2180 (e), 1497 (f), 1375 (g)
Köln, Wallraf-Richartz-Museum
Inv. Nr. WRM 585 (b)

Diese in vieler Hinsicht einzigartige Bildfolge verkörpert wohl den größeren Teil eines ursprünglich zehn- oder zwölfteiligen Passionszyklus, von dem ein Gemälde schon seit 1859 im Kölner Wallraf-Richartz-Museum verwahrt wird, während die anderen sechs Tafeln zwischen 1858 und 1999 ihren Weg in die Karlsruher Kunsthalle fanden, worauf der erstmals 1928 auftauchende Notname für den Meister anspielt. Zu dieser *Karlsruher Passion* gehören die folgenden Leidensstationen: a) Das *Gebet Christi am Ölberg*, bei dem der zu Tode Geängstigte Blut und Wasser schwitzt, sich bei den ersten Strahlen der aufgehenden Sonne aus Liebe zu den Menschen zum freiwilligen Opfertod am Kreuz entschließt und sich ekstatisch dem Trost und Stärke einflößenden Engel entgegenstreckt, welcher ihm Kreuz und Kelch, die Zeichen seiner Passion, vorweist. b) Die außergewöhnliche Schilderung der *Gefangennahme Christi* in hellem Mondenschein, eine tumultige Szene, in der sich drei aufeinanderfol-

34

35a

35b

gende Begebenheiten gleichzeitig ereignen: die Flucht des Judas, nachdem er Christus mit einem Kuß verraten hat, der Schwertstreich des Petrus gegen Malchus, den Knecht des Hohenpriesters, und die Fortführung des gebundenen Christus nach Jerusalem. c) Die *Geißelung Christi*, die einzige Innenraumszene der Passionsfolge mit der einzigartigen Schilderung, wie Pilatus dem kahlköpfigen, negroiden Schergen zuflüstert, die Züchtigung zu beenden, da er den drohenden Tod Christi nicht verschulden will. d) Die *Dornenkrönung Christi* im Hof des römischen Prätoriums, bei der Pilatus wohl im Gespräch mit Nikodemus, dem mutigen Freund und Verteidiger Christi, gezeigt wird, was auf eine apokryphe Quelle zurückgeht. e) Die *Kreuztragung Christi* mit der Begegnung von Christus und Maria auf dem Weg nach Golgatha, vor den Toren Jerusalems, dessen Tempel sich in Gestalt der Straßburger St. Thomas-Kirche gegen den Himmel abzeichnet; es ist dies ein Indiz dafür, daß die Passionsfolge in Straßburg und für das St. Thomas-Stift gemalt wurde. f) Die ausgefallene *Entkleidung Christi*, eine grausame Szene, in der Maria höchst anrührend die Schmach ihres Sohnes lindert, in dem sie die Blöße Christi mit einem Tuch bedeckt. g) Die seltene Darstellung der *Annagelung Christi* mit der Compassio-Gruppe Mariens und ihrer Begleiter, und dem barmherzigen und rohen Schergen, der ein Tuch um Christi Lenden bindet; diese einzigartige, rätselhafte Gestalt, scheint als zentrales Motiv in die Komposition eingefügt, um den Betrachter zu Einkehr und Kontemplation aufzufordern.

Diese sieben Tafeln stellen die einzigen überlieferten Werke eines im zweiten Drittel des 15. Jahrhunderts in Straßburg tätigen Malers dar, der sehr wahrscheinlich mit dem noch im frühen 16. Jahrhundert hoch gepriesenen, zwischen 1421 und 1463 erwähnten Hans Hirtz gleichzusetzen

35e

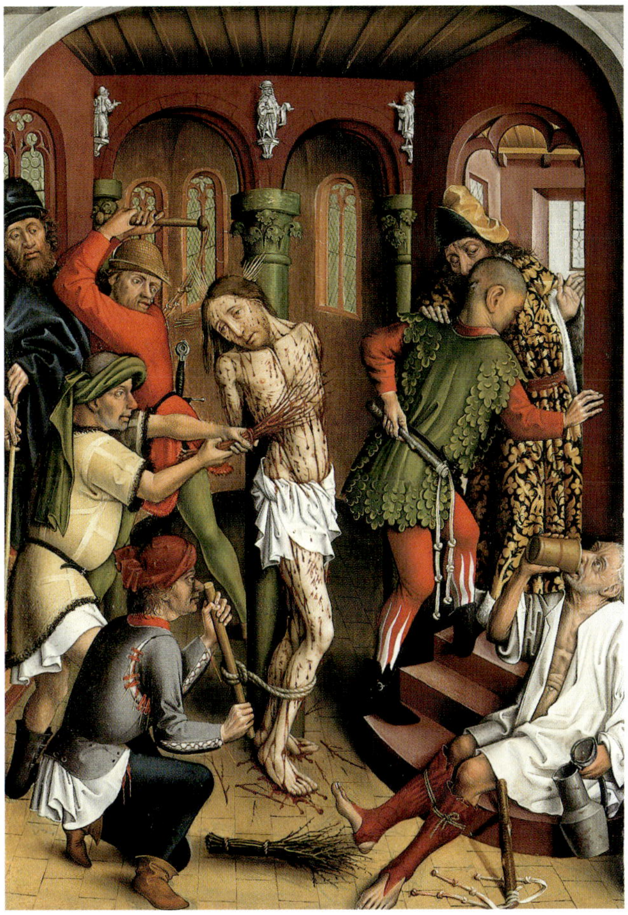

35c

35d

35f

35g

ist, von dem aber kein urkundlich gesichertes oder gar bezeichnetes Werk bekannt ist. Die vorbildliche Wirkung seiner Kunst hat in Straßburg und im Elsaß schon zu seinen Lebzeiten eingesetzt und ist in der Glas- und Tafelmalerei,[1] selbst noch in der Graphik des frühen 16. Jahrhunderts (Kat. 282) nachzuweisen.[2]

Die *Karlsruher Passion* zählt zu den bedeutendsten Werken der Straßburger Malerei um 1450/55 und gehört zu den überragenden der etwa gleichzeitig entstandenen und künstlerisch vergleichbaren Schöpfungen der am Oberrhein und in anderen deutschen Kunstlandschaften tätigen Maler wie Lukas Moser, Hans Multscher, Konrad Witz, Stefan Lochner, Johann Koerbecke oder Gabriel Angler d. Ä. Der Karlsruher Passionsmeister beeindruckt und überrascht durch: die dichten Figurenkompositionen, den unruhig-lärmenden Charakter der Szenen, die fesselnde, intelligente Erzählweise, die gesteigerte Expressivität der Gebärden und Gesten, die verwirrende Vielfalt präzis geschilderter und stofflich charakterisierter Kostüme und datierbarer Waffen, die mit intuitiv gefundenen Mitteln erzeugte Räumlichkeit, die an die frühen Niederländer (Jan van Eyck) gemahnende Schilderung atmosphärischer Naturstimmungen, die reiche Farbigkeit und die nuancierte Wiedergabe von Licht und Schatten.

Einerseits stützte sich der Meister bei den geläufigen biblischen Szenen auf die reiche abendländische Bildtradition, andererseits konnte er sich wohl auf die vielleicht von seinen vermutlichen Auftraggebern, den Stiftsherren von St. Thomas in Straßburg, vermittelten volkssprachlichen Passionstraktate stützen sowie auf Gebets- und Andachtsbücher und auf meditative Schriften, beispielsweise auf den um 1452 am Oberrhein verbreiteten Straßburger Traktat *Do der minnenklich got*. In diesen Passionsbetrachtungen und -texten werden der seine Leiden demütig ertragende Christus und seine Todesangst sowie die gnadenlos an ihm ausgeführten Torturen und seine barbarische Kreuzannagelung zum Erwecken des Mitleidens *(Compassio)* im Leser und als Aufforderung zur Nachfolge *(Imitatio)* Christi bis ins kleinste Detail erschreckend sachlich und zugleich tief anrührend vergegenwärtigt.

Analog zu gleichartigen Passionsfolgen der spätmittelalterlichen Malerei und Druckgraphik bestand die *Karlsruher Passion* vermutlich aus zehn bis zwölf Einzelszenen. Zu ergänzen sind mindestens noch die drei Darstellungen des *Verhörs* bzw. der *Verurteilung Christi durch Pilatus,* der *Kreuzigung* und der *Grablegung*. Angesichts der lückenlosen Reihe der zeitlich dicht aufeinanderfolgenden Leidensstationen von *Kreuztragung, Entkleidung* und *Annagelung* könnte der Zyklus als letzte Szenen auch noch die *Kreuzabnahme* bzw. die *Beweinung* sowie die *Auferstehung Christi* zur Anschauung gebracht haben. Geht man davon aus, daß die überkommenen sieben Tafeln rückseitig nicht bemalt waren, so könnten sie einst, eingefügt in ein gitterartiges Rahmenwerk, zum Mittelteil eines großen, triptychonartigen Passions- oder Leben Jesu-Retabels oder zu einem nicht wandelbaren Passionsschaubild gehört haben. Vielleicht haben wir es aber auch mit dem umfangreichen Rest einer aus einzelnen, für sich gerahmten Bildern oder Bildgruppen bestehenden Passionsfolge zu tun, die den erst gegen Ende des 15. Jahrhunderts üblich werdenden Kreuzwegen (mit teilweise anderer, festgelegter Szenenfolge) ähnelte, doch zeitlich vorausging. D. L.

1 Siehe z. B. die Glasgemälde in Walburg (1461) und St. Wilhelm in Straßburg (um 1465) (Fischel 1952, S. 25ff.) oder die Darmstädter Kreuzannagelung für die Straßburger Dominikanerin Anna Schott (zuletzt: Lorentz 1999).

2 Siehe weiter in: Ausst. Kat. Karlsruhe 1996, S. 149–171 (St. Roller).

Lit.: Stange, DMG, Bd. 4, 1951, S. 77ff., Abb. 116–120 – Fischel 1952, Abb. 1–19 – Slg. Kat. Karlsruhe 1966, S. 188f. – Stange, KV, Bd. 2, 1970, Nr. 46 – Slg. Kat. Karlsruhe 1988, Bd. 1, S. 18f. – Ausst. Kat. Karlsruhe 1992b, S. 158ff., Nr. 25, Taf. 2 – Ausst. Kat. Karlsruhe 1996, S. 9ff., 26, 27–116 (D. Lüdke), 117–148 (St. Roller) – Lüdke 2000a, S. 141–147.

36/1 *Feldbacher Altar*, Gesamtansicht, Innenseite

36

Oberrheinischer Meister

Rechter Seitenflügel des »Feldbacher Altares«

Um 1450/60
133,5 x 52 cm
Frauenfeld, Historisches Museum des Kantons Thurgau
Inv. Nr. T 117

Aus dem ehemaligen Zisterzienserinnenkloster Feldbach bei Steckborn im Thurgau stammt das Passionstriptychon des Frauenfelder Museums, dessen rechter Flügel in der Ausstellung gezeigt werden kann. In geschlossenem Zustand zeigt der Altar auf dem linken Flügel oben die Heiligen Michael und Dionysius, im unteren Register Maria Magdalena sowie die Gottesmutter mit dem Jesusknaben. Der rechte Flügel gibt oben den Erzmärtyrer Stephanus und die Heilige Barbara sowie darunter die heiligen Jungfrauen Dorothea und Agnes. Bei geöffneten Flügeln bietet sich dem Beschauer auf der prächtig-buntfarbigen Festtagsseite eine auf fünf bedeutsame Szenen verkürzte Darstellung der Leidensgeschichte Christi. Die Erzählabfolge nimmt ihren Beginn bei der die *Passio* eröffnenden Ölbergszene oben auf dem linken Innenflügel: Christus kniet oberhalb der schlafenden Jüngerschar unter sternenklarem Nachthimmel betend im Garten Gethsemane, die Qualen der kommenden Passion durchlebend; auf der Felsspitze erscheint der zu seiner Stärkung gesandte Engel, als Vergewisserung, daß Gottvater das von seinem Sohn gebrachte Opfer annimmt. Das zweite Bildfeld des linken Flügels zeigt die Kreuzschleppung Christi, der soeben – begleitet von seiner Mutter und dem Lieblingsjünger Johannes – auf dem Weg zur Richtstätte Golgatha das Jerusalemer Stadttor durchschritten hat; an den Fenstern und Läden der Stadthäuser im Hintergrund erscheinen zahlreiche Schaulustige. Die große Mitteltafel gibt vor einem weiten Landschaftsprospekt, der eine zeitgenössisch-mittelalterliche Stadt an einem schiffbefahrenen See zeigt, die Kreuzigung nicht im Typus der erzählend ausgestalteten biblischen Historie sondern als streng gefügtes Andachtsbild, das fast im Sinne einer *Sacra Conversazione* aufgefaßt erscheint: Zu seiten des Gekreuzigten stehen neben Maria und Johannes außen die Heiligen Johannes der Täufer und Katharina. Während der letzte Prophet Christi auf eine prächtige *Agnus-Dei*-Scheibe mit der Darstellung des das Opfer und die Auferstehung Christi andeutenden Lammes weist, führt die bekrönte und mit den Werkzeugen ihres Martyriums ausgestattete Königstochter einen Trauergestus aus. Der rechte Flügel stellt die beiden Szenen der Grablegung und der Auferstehung Christi im jeweils entsprechend gestalteten Grabbezirk dar: Betten zunächst Nikodemus und Joseph von Arimathäa im Beisein Mariens und Johannes' den Leichnam Christi in einen steinernen, mit Maßwerk verzierten Sarkophag, so zeigt das zweite Bildfeld, wie Christus dem nunmehr verschlossenen und versiegelten Grab im Beisein der soeben erwachenden, gewappneten Grabeswächter entsteigt. Sind in der vom Abendhimmel überfangenen Hintergrundslandschaft der *Grablegung* in der Ferne die Stadt Jerusalem sowie ein Müller mit schwerbepacktem Esel auf dem Weg zu einer Mühle dargestellt, so erkennt man hinter der Umfriedungsmauer der *Auferstehung* am Horizont die Marien auf dem Weg zum Grabe sowie links die Begegnung des Auferstandenen mit Maria Magdalena – das *Noli me tangere*. Das aufziehende Licht der Morgensonne darf sinnbildlich auf den dem Grab entsteigenden, die Erlösung bringenden Heiland bezogen werden.

36a

36b

Ist die dargelegte Ikonographie als gängig und weit verbreitet zu bezeichnen, so liegt das ungewöhnlich-rare Moment des Altarwerks in seiner formalen Gestaltung, deren Einzigartigkeit eine überzeugende Lokalisierung bisher verhinderte. Kennzeichend für den Meister des Feldbacher Altares scheint zum einen die Gestaltung der Figuren mit den übergroßen, eckig bewegten Händen und Füßen sowie den eiförmigen, zuweilen häßlich-derben Gesichtern, zum anderen aber die hoch originelle Gestaltung der detailreichen Hintergrundslandschaften, deren atmosphärisch-stimmungsvolle Tageszeitendarstellung ebenso überraschen wie die die Erdkrümmung scheinbar nachvollziehenden Horizontlinien.

Wurde zunächst – ausgehend von den mächtig-voluminösen Heiligengestalten der Mitteltafel und der wenig beachteten Außenseiten – die Bedeutung der Bildkunst des Konrad Witz und des Meisters von 1445 in den Vordergrund gestellt,[1] konzentrierte sich das Interesse in der Folge zunehmend auf den früh konstatierten, starken niederländischen Einfluß, unter welchem der Meister des Feldbacher Retabels fraglos gestanden haben muß.[2] Es darf hier besonders auf die Werke des Jan van Eyck hingewiesen werden: So findet etwa die unter dem Kreuz stehende Heilige Katharina mit der prächtigen Lilienkrone ihre unmittelbaren Vorbilder in der Muttergottes der *Deesis*-Gruppe des Genter Altars sowie in der Berliner *Madonna in der Kirche* (Abb. 36/2).[3] Auch die transparenten Schleier der beiden Szenen des rechten Innenflügels finden vorbildliche Gestaltung in der zeitgenössischen niederländischen Malerei, etwa beim Meister von Flémalle.[4] Doch muß der Feldbacher Meister auch mit der zeitgenössischen Utrechter Bildkunst, vor allem mit der dort um die Jahrhundertmitte in Blüte stehenden Buchmalerei vertraut gewesen sein. Diese konnte ihm durch nachweislich zur Zeit des ab 1431 in Basel ta-

36/2
Jan van Eyck,
Die Madonna in der Kirche,
Berlin, SMPK, Gemäldegalerie

36/3 Utrechter Meister um 1460, *Kreuzigungstriptychon* (Mitteltafel), Utrecht, Centraal Museum genden Konzils am Oberrhein weilende Utrechter Illuminatoren bekannt geworden sein:[5] Sowohl die farbstark-virtuos ausgeführten Himmel etwa der *Auferstehung* oder der *Grablegung* als auch die einfachen Kastenräume der Heiligendarstellungen der Flügelaußenseiten lassen an Vorbilder der Miniaturmalerei denken. Stellvertretend darf auf die prachtvollste Handschrift Utrechter Abkunft, das wohl um 1440 illuminierte Stundenbuch der Katharina von Kleve verwiesen werden:[6] Hier finden sich zahlreich die gefliesten Kastenräume mit rückwärtig brokatstoffgeschmückten Wänden, aber auch die wunderbaren, Abend- oder Morgenstimmung andeutenden orange-gelben Himmelsgründe.[7] Weiterhin kann auf eine der wenigen erhaltenen Utrechter Tafelmalereien, auf das wohl um 1460 entstandene, vielleicht von einem auch als Buchmaler tätigen Künstler ausgeführte Kreuzigungstriptychon des Utrechter Centraal-Museum verwiesen werden.[8] Nicht nur wird im Vergleich der »niederländische« Charakter der Hintergrundslandschaft mit der Stadt und ihrer Architektur augenfällig, sondern darüber hinaus die Nähe der Auffassungen in der Kreuzigungs-Darstellung deutlich. Es darf sowohl auf das bis an den oberen Bildrand geschobene Kreuz wie auf den Typus des Gekreuzigten selbst verwiesen werden (Abb. 36/3).

War man sich in der Forschung, bei aller Meinungsverschiedenheit über die maßgeblichen Einflußgeber des Feldbacher Retabels, doch einig über die Zuweisung desselben an einen, vielleicht in den Niederlanden geschulten, jedenfalls aber seeschwäbischen Maler, so schlug B. Konrad jüngst die Autorschaft eines im weiteren Kreise des Meisters der Karlsruher Passion tätigen Straßburger Malers vor. Jedoch sind die zunächst vorgebrachten Argumente nicht hinreichend, eine elsässische Abkunft des Altarwerks zwingend anzunehmen. Auch ist nicht auszuschließen, daß der als eigentümlicher Solitär in der oberrheinischen Kunst stehende *Feldbacher Altar* von der Hand eines niederländischen Wanderkünstlers stammt, der vielleicht zur Zeit des Konzils an den Oberrhein kam. Hinsichtlich der zeitlichen Ansetzung differieren die Datierungen je nach postuliertem Einfluß zwischen 1450 und 1470; vielleicht darf aufgrund der skizzierten Vorbilder eher das Jahrzehnt nach der Jahrhundertmitte als Zeitraum der Entstehung vermutet werden.

M. D.

1 Vgl. u. a. Stange, DMG, Bd. 4, 1951, S. 155.
2 Die vorgängige Forschung zusammenfassend Feldges-Henning 1968, S. 146–147.
3 Beide Werke abgebildet bei Dhanens 1980, Klapptafel vor S. 73, S. 317.
4 Vgl. u. a. das Sudarium der Heiligen Veronika des Frankfurter Städel. Siehe Sander 1993, S. 88–128.
5 Vgl. Schauder 1991, S. 137–147.
6 Siehe zuletzt Wüstefeld 1990, Nr. 45–46, S. 152–157.
7 Plummer 1966, u. a. Nr. 104–106, 117, 119, 120, 127, 129 und Nr. 82, 103.
8 Zum Utrechter Retabel und seiner Zuschreibungsproblematik siehe u. a. Winkler 1923, S. 139–142; Hoogewerff 1936, S. 564–571; Slg. Kat. Utrecht 1952, Nr. 285, S. 132–133; Panofsky 1953, Bd. 1, S. 323; Ausst. Kat. Amsterdam 1958, Nr. 7, S. 42–43; Boon 1961, S. 51; Slg. Kat. Amsterdam 1976, S. 686.

Lit.: Baum 1923, S. 29 – Ganz 1924, S. 34, Tafel 7 – Ganz 1950, S. 116 – Stange, DMG, Bd. 4, 1951, S. 155 – Buchner 1953, S. 56 – Feldges-Henning 1968, S. 146–149 – Stange, KV, Bd. 2, 1970, S. 58 – Konrad 1994, S. 18–29 – Naß 1994, S. 50–52.

37

Caspar Isenmann (um 1410–1485/90)

Die Auferstehung Christi (Vorderseite)

Die Heilige Barbara (Rückseite)

Colmar, 1465
Öl auf Weißtannenholz; 110 x 74 cm
Colmar, Musée d'Unterlinden
Inv. Nr. 88.RP.303

Die Tafel mit der goldgrundigen *Auferstehung Christi* ist rechts, unten und oben beschnitten und zeigt auf der Rückseite die Ecke eines Raumes mit der Figur der Heiligen Barbara, die nur bis zur Hüfte zu sehen ist und neben der noch die einen Krummstab haltende Hand eines nicht mehr erhaltenen Geistlichen erscheint. – Dieses Gemälde ist das Fragment des mehr als viermal so großen, doppelseitig bemalten, rechten äußeren Klappflügels des einstigen vierflügeligen Fronaltar-Retabels im hohen Chor des St. Martinsmünsters zu Colmar. Beim teilweisen Einsturz der Kirche 1720 wurde es zertrümmert, wobei mehr als die Hälfte aller gemalten und geschnitzten Teile verlorenging. Außer dem gezeigten Bruchstück haben sich noch vier große Tafeln des Altaraufsatzes fast vollständig im Unterlinden-Museum in Colmar erhalten.[1] Es sind dies der in zwei Teile zersägte, auf der Vorder- und Rückseite bemalte linke äußere Klappflügel und die beiden oberen Hälften des inneren Flügelpaares. Auf ihren goldgrundigen, bemalten Seiten sind je zwei Szenen der Passion Christi dargestellt, während der beidseitig bemalte Flügel auf der Außenseite drei große, stehende Heilige in kastenartigem Gehäuse zeigt.

Das Fronaltar-Retabel aus St. Martin ist das einzige, urkundlich gesicherte Werk des in Colmar seit 1432 tätigen, hoch angesehenen und aus alter, ortsansässiger Familie stammenden Malers Caspar Isenmann. Mit der anspruchsvollen Aufgabe hatten ihn die Pfleger der größten Kirche des Ortes 1462 betraut und zu diesem Anlaß einen detaillierten Vertrag aufgesetzt. Diesem erhaltenen Dokument ist u. a. zu entnehmen, daß das Retabel aus voll- und reliefplastischen sowie gemalten Teilen bestand. Ferner heißt es: »... item so sol (er) die tofel, so die gantz zugetan ist, ußewendig allenthalben untz an die obern gesprenge und gesnytten werck, so dann wie vorstat verguldet wurt, beyde hindenan und vornan aber mit der besten oley varwe und uff das lieplichste beyde mit veldunge und matteryen, wie man die ouch benennen wurt, molen und also alltenhalben ußbereyt werden, inmoßen das meister Caspar sine ere und sant Martins buwe nutz haben möge.«[2]

Vom Mittelteil des zweimal wandelbaren Retabels (Abb. 37/1), vermutlich einem raumhaltigen Kastenschrein, ist nichts überkommen. In seinem Zentrum war wohl eine plastische Kreuzigungsgruppe angebracht, die auch noch bei zugeklapptem innerem Flügelpaar sichtbar war. Auf einer Breite von über acht Metern waren in diesem Zustand rechts und links der Kreuzigung insgesamt sechzehn gemalte Szenen der *Passion* und *Verherrlichung Christi* zu sehen, die jeweils in zwei Paaren übereinander auf den vier Flügelfeldern verteilt waren. Der Zyklus begann auf der linken Seite mit den sechs überlieferten Darstellungen des *Einzugs nach Jerusalem, Abendmahls, Gebets am Ölberg*, der *Gefangennahme, Geißelung* und *Dornenkrönung*, an die die verlorenen Szenen des *Ecce homo* und der *Kreuztragung* anschlossen. Rechts der *Kreuzigung* folgten in der oberen Zone die erhaltenen Darstellungen der *Beweinung* und *Grablegung* sowie die Tafel der (ausgestellten) *Auferste-*

37

hung Christi, auf deren abgesägten rechten Hälfte wohl das *Noli me tangere* wiedergegeben war. Unter diesen vier Szenen mögen die des *Ungläubigen Thomas*, der *Himmelfahrt Christi*, des *Pfingstfestes* und *Jüngsten Gerichts* zu sehen gewesen sein.[3]

Wurde das äußere Flügelpaar zugeklappt, war ein in Scheinmalerei ausgeführter, die Flächen beider Tafeln einnehmender, gewölbter Schreinkasten in Steinfarbe zu sehen, auf dessen Rückwand in großen Ziffern die Jahreszahl 1465, das Vollendungsdatum des Retabels, stand und in den sechs große, farbige Figuren folgender, scheinbar von Leben erfüllter Heiligen eingestellt waren: Die Reihe zeigte auf dem linken (erhaltenen) Flügel *Katharina, Laurentius* und *Martin*, den Münsterpatron, und auf dem rechten Flügel vielleicht *Bischof Erhard* und *Papst Leo IX.* sowie (die zur Hälfte erhaltene) *Barbara*. – Die illusionistische Wirkung dieser Darstellung wird dadurch gesteigert, daß helles modellierendes Licht von links außen auf die Figuren trifft, so daß deren Schlagschatten über den Boden, die Rück- und die linke Seitenwand der fensterlosen Steinnische fallen. Deren rechteckige Öffnung ist von einem gemalten Rahmenwerk umzogen, das aus Diensten, Kehlen und wulstigen Profilstäben besteht und das Gehäuse, in dem sich die Heiligen den Gläubigen zeigen, nach außen abgrenzt. Nur mit ihren Fußspitzen, Ellbogen und Gewandsäumen scheinen die Figuren bis in den Bereich außerhalb des Bildraums vorzustoßen und in greifbare Nähe zu rücken. – Vergleichbare illusionistische Gehäuse und innerbildliche Rahmen finden sich etwa gleichzeitig auf den Stichen des Meisters E. S. (vgl. etwa Kat. 49, 58, 59) oder schon um 1440/50 in der Konstanzer Malerei, beispielsweise auf der Rückseite des Heiligen-Retabels aus Salem (Kat. 21).

Diesem Illusionismus der Retabelaußenseite verwandt ist die Darstellung der weiten, kargen Landschaften unter hohen goldenen Himmeln auf der Passionsseite, in deren bildparallelen, bühnenartigen Vordergründen sechs der neun raumhaltigen Leidensszenen verlegt sind. Zu ihnen zählt auch die ausgestellte Tafel, die den auferstandenen Christus außerhalb des offenen Sarkophags, umgeben von den schlafenden bzw. aufschreckenden Wächtern zeigt. Noch in tänzerischer Schrittstellung auf dem Erdboden stehend (vgl. dazu Kat. 68), erhebt der mit dem roten Mantel des Siegers über den Tod und mit dem Kreuzesstab versehene Christus seine stigmatisierte Rechte und weist zum Himmel, in den er auffahren wird, um seine Herrschaft über Himmel und Erde anzutreten und am Jüngsten Tag die Welt zu richten. Es ist Ostermorgen, an dem von Jerusalem her, auf gewundenem Pfad, die Drei Marien mit Salbgefäßen zum Grab kommen, in dem sie nicht mehr den Leib ihres Herrn finden, sondern nur einen Engel antreffen werden, der schon auf der Grabplatte hockt und mit vermittelnden Gesten in den leeren Sarkophag und auf die Heiligen Frauen weist.

Wenngleich die Tafel mit der *Auferstehung Christi* nur der kleinste der erhaltenen Teile eines der größten und bedeutendsten Retabelwerke der oberrheinischen Malerei zwischen 1460 und 1470 ist, so repräsentiert sie doch aufs Beste die Kunst des reifen Caspar Isenmann, der geschult war an den Werken des bereits 1445 gestorbenen, in Basel ansässigen Konrad Witz aus Rottweil (siehe Kat. 3, 4, 5, 6, 7) und des Straßburger Meisters der Karlsruher Passion (Kat. 35) und der gewiß die Stiche des bis gegen 1466/67 tätigen Meisters E. S. kannte. Zu Recht wurde in der Forschung betont, daß Isenmann für die oberrheinische Malerei auch insofern von entscheidender Bedeutung war, als er die von den Niederländern Rogier van der Weyden und Dirk Bouts geprägte, zierlich-pathetische Figurendarstellung, gemessene Erzählweise und tiefenräumliche Landschaftswiedergabe seinem Stil anverwandelte, wie an der *Auferstehung Christi* exemplarisch zu zeigen ist.

Die Tafelgemälde des einstigen Fronaltar-Retabels von St. Martin in Colmar waren von nachweislicher Wirkung auf den Meister der Gewandstudien (Abb. 37/2),[4] und auch Martin Schongauer war vertraut mit der Kunst Caspar Isenmanns. – Das der Schongauer-Werkstatt zugeschriebene und nach 1475/80 entstandene Passionsretabel der Colmarer Dominikanerkirche,[5] steht hinsichtlich seines Typus, der Größe und Szenenwahl in der Nachfolge Caspar Isenmanns.

D. L.

1 Slg. Kat. Colmar 1990, Nr. 303, Taf. 11–14.
2 Zit. nach: Rott 1936a, S. 344.
3 Zur Rekonstruktion des Programms siehe zuletzt: Heck 1979, S. 152f.
4 Siehe: Roth 1988, Kat. Nr. 126, 147, S. 428.
5 Slg. Kat. Colmar 1990, Nr. 453, Taf. 19–25.

Lit.: Rott 1936a, S. 343–345 – Bergsträsser 1941, S. 11ff., Titelbild Taf. 5 – Stange, DMG, Bd. 7, 1955, S. 12ff., Abb. 13 – Stange, KV, Bd. 3, 1977, Nr. 61(5) – Heck 1979, S. 138, 142–146, 152, Abb. 8, 9 – Slg. Kat. Colmar 1990, Nr. 303, Taf. 62 – DoA, Bd. 16, 1996, S. 71f., m. Abb. (Chr. Heck).

37

37/2 Meister der Gewandstudien, *Studienblatt,* Rotterdam, Museum Boijmans van Beuningen

37/1 Caspar Isenmann, *Fronaltar-Retabel* aus St. Martin in Colmar, Rekonstruktion

38

38

Oberrheinischer oder Nordschweizer Meister

Die Heilige Anna selbdritt (»Der erste Schritt«)

Um 1460/65
Zirbelholz; 41,5 x 76,3 cm
Privatbesitz

Auf einer steinernen Thronbank, deren mit feinem Maßwerk verzierten Wangen die Komposition zu den Seiten abschließen, hat links die durch ihre Krone als Himmelskönigin ausgezeichnete Maria Platz genommen; ihr gegenüber sitzt rechts die Heilige Anna mit prächtigem, agraffengeschmücktem Kopfputz. Während die Mutter Mariens den im Bildzentrum zwischen den beiden heiligen Frauen erste zaghafte Schritte versuchenden Jesusknaben stützt, faßt Maria ihrem Sohn zärtlich ans Kinn und reicht ihm eine Birne. Diese darf als ein dem Apfel sinnentsprechendes, auf den paradiesischen Baum der Erkenntnis weisendes Symbol der von Christus zu erwartenden Erlösungstat verstanden werden.[1] Darüber hinaus hat zuletzt U. Heinrichs-Schreiber darauf aufmerksam gemacht, daß die Birne als eine nicht in der Bibel genannte Frucht gleichsam für die Frucht als solche einstehen konnte, wie sie etwa im dritten Vers des ersten Psalms beschrieben wird. Der dort genannte fruchttragende Baum *(lignum fructifer)* wird in der mittelalterlichen Exegese auf Christus bezogen, seine »zur rechten Zeit« wachsenden Früchte aber werden mit dem von dem Gottessohn in die Welt gebrachten Heil verbunden.[2] Die unbefleckte Reinheit Mariens und wohl auch ihrer Mutter ist zudem durch die große weiße Lilie in der Vase auf der linken Thronwange versinnbildlicht. Oberhalb der drei Hauptpersonen erscheinen hinter der Rücklehne der Thronbank drei musizierende Engel. Da die Tafel oben wie unten erheblich beschnitten ist, sind von den drei himmlischen Musikanten allein die Oberkörper nebst den gespielten Musikinstrumenten erhalten: Einer der Engel bläst eine großmensurierte Blockflöte, ein zweiter schlägt – vielleicht mit einem Plektron, worauf die Haltung der Hand zu deuten scheint – eine fünfchörig bezogene Laute; der dritte Engel scheint mit einem kurzen Bogen eine einfache Fiedel zu streichen.

Die Verehrung der in vielfältigen Anliegen angerufenen Volksheiligen Anna kannte im Mittelalter seit den ersten Reliquientranslationen des 12. Jahrhunderts in der Folge der Kreuzzüge weite Verbreitung und erreichte um 1500 ihren Höhepunkt.[3] Im Zusammenhang mit der heftig diskutierten unbefleckten Empfängnis Mariens, ist auch der seit dem 13. Jahrhundert sich herausbildende Bildtypus der *Heiligen Anna selbdritt* zu sehen, vermochte dieser doch die jungfräuliche Reinheit der beiden heiligen Mütter treffend anzudeuten. Das Schema der auf einer Bank nebeneinander sitzenden und das Jesuskind in die Mitte nehmenden Anna und Maria erfreute sich im ausgehenden Mittelalter nördlich der Alpen großer Beliebtheit, kam diese, die vorgängigen, streng gebauten *Selbdritt*-Schemata lockernde Anordnung des Personals doch dem allgemeinen Trachten der Zeit nach einer realistischeren Bildauffassung näher, zumal wenn diese wie im vorliegenden Falle mit dem genrehaft-anekdotischen Motiv des »Ersten Schrittes« verbunden wurde.[4]

Die Lokalisierung der in der Forschung wenig beachteten Bildtafel gestaltet sich schwierig; mit Recht ist vermutet worden, daß der ausführende Künstler mit der Bildkunst des Konrad Witz vertraut gewesen sein muß: Sowohl die gemessen-ruhige Bewegtheit der Figuren und die Gestaltung der Antlitze als auch die wulstig sich stauchenden Faltenbahnen verraten die Kenntnis der Bildsprache des Konrad Witz und der von ihm unmittelbar abhängigen Maler; eine Datierung um 1460/65 scheint mithin angemessen. A. Stange betonte die Nähe der Annentafel zu dem heute auf die Sammlungen in Donaueschingen und Zürich verteilten Retabel aus Wallenstadt; die dort dargestellten heiligen Jungfrauen tragen ähnliche turbanartige Hauben wie die Heilige Anna.[5]

M. D.

1 Sander 1995, S. 82.
2 Heinrichs-Schreiber 1997–2000, S. 184.
3 Küppers 1974, S. 246 (S. Gohr); LCI, Bd. 5, 1973, Sp. 169–170.
4 Küppers 1974, S. 252 (S. Gohr).
5 Slg. Kat. Donaueschingen 1990, Nr. 7, S. 106–108.

Lit.: Stange, DMG, Bd. 7, 1955, S. 60 – Ausst. Kat. Nürnberg 1963, Nr. 46, S. 10.

39

Oberrheinischer Meister

Maria mit Kind im Fenster

Elsaß (?), um 1460/70
Tempera und Öl auf Nadelholz; 48 x 33,8 cm
Freiburg i. Br., Augustinermuseum
Inv. Nr. M 62/3

39

Sein Bildtypus, seine Größe, solide Ausführung, vielschichtige Aussage und die vermeintlich mit den Händen zu tastende, leibhaftige Gegenwärtigkeit der göttlichen Personen machen dieses Gemälde zu einem exemplarischen Andachtsbild, das wohl für einen bürgerlichen Auftraggeber gefertigt wurde. In halber Figur erscheint Maria in einem Fenster, dessen reich ausgestaltete Laibung sie und das auf der Brüstung sitzende nackte Jesuskind umfängt. Der gebauschte rote Mantel über dem Brokatkleid, das kostbare Diadem auf ihrem von Lichtstrahlen umzogenen Haupt und der in den Goldgrund gravierte und gepunzte Ehrenvorhang in ihrem Rücken kennzeichnen sie als Braut Christi und Himmelskönigin. Ihr ebenmäßiges Gesicht, helles Inkarnat und offenes Haar zeigen ihre Jungfräulichkeit an. Die Kopfneigung und der versonnenschwermütige Gesichtsausdruck deuten auf Mariens schmerzliches Wissen um die zukünftige Passion des noch sehr jungen, menschgewordenen Gottessohns. Dieses erleuchtete, heilige Knäblein, von dessen Kopf Lichtbündel ausgehen, kann bereits auf seinem »Kissenthron« sitzen, wird aber noch von der Mutter behutsam gestützt, damit es mit beiden Händen eine Seite des vor ihm aufklappenden Buchs ergreifen kann. Maria hat es ihm wohl auf sein Verlangen zugeschoben und die Schließe geöffnet, was darauf weist, daß sich Gott den Menschen in Jesus selbst offenbart, wie im Alten Testament verheißen ist. Menschliche wie göttliche Natur von Mutter und Kind sind auf diese Weise zur Anschauung gebracht. Von Bedeutung für die Bildaussage sind weiter: der absichtsvoll auf der Fensterbank plazierte Apfel, das Symbol des Erlösers Jesus Christus und *Zweiten Adam*, und der figürliche Schmuck des gemalten Steinrahmens, mit dem eine Metapher für Maria, das *Fenster zum Himmel* in das Bild übertragen wird (vgl. Kat. 216). In Grisaillemalerei ausgeführt sind: Gottvater, Schöpfer des Himmels und der Erde, ein König und eine

39/1 Rogier van der Weyden, *Maria mit Kind*, San Marino (Calif.), Huntington Art Gallery

39/2
Rogier van der Weyden,
Stehende Maria mit Kind,
Wien, Kunsthistorisches
Museum

Sibylle (?), als Vertreter des Alten Bundes, die die Ankunft des Messias voraussagen, die Verkündigung an Maria, Beginn des neuen Zeitalters *sub gratia* (unter der Gnade), und die Heiligen Jakobus major und Michael, der eine Nachfolger Christi und Märtyrer, der andere Seelenwäger im Jüngsten Gericht, beide möglicherweise Patrone des Auftraggebers des Gemäldes.
Dieser Bild- und Madonnentypus findet sich vorgebildet in der niederländischen Malerei um 1435/60, etwa bei Rogier van der Weyden und seinem Umkreis, wo es zum Beispiel genaue Parallelen zu Körperhaltung und den ungelenk ausgestreckten Ärmchen des nach einem Buch (oder sonstigen Gegenstand) verlangenden Kindes gibt (Abb. 39/1).[1] Auch der in illusionistischer Ton in Ton-Malerei ausgeführte Steinrahmen findet sich ähnlich schon in einem Frühwerk des Rogier van der Weyden vor (Abb. 39/2).[2] Die skulpturale Figuren- und Formensprache, die wulstig-knittrige Faltengebung und die leuchtenden Weiß- und Rottöne der wie ein gefaßtes Bildwerk erscheinenden Halbfigur Mariens[3] kommen gut vergleichbar in oberrheinischen Gemälden der Zeit um 1450/70 vor (Kat. 40), etwa bei den Meistern des Stauffenberger Altars[4] und des Gebweiler Altarflügels[5] sowie bei Jost Haller.[6]

D. L.

1 Friedländer, Bd. 2, 1967, Tafel 62 – Davies 1972, Abb. 93 (R. van der Weyden) – Friedländer Bd. 6, 2, 1971, Abb. 57, 59 (H. Memling).
2 Davies 1972, Abb. 87. – Vgl. in diesem Zusammenhang ein mittel- oder oberrheinisches Gemälde in Colmar (Slg. Kat. Colmar 1990, Nr. 513) und Kupferstiche vom Meister E. S. (Lehrs, Bd. 2, 1910, Nr. 56, 57, 191).
3 Vgl. das gefaßte Bildwerk aus Mutzig, Elsaß, M. 15. Jh. (Ausst. Kat. Karlsruhe 1970, Nr. 1).
4 Stange, DMG, Bd. 7, 1955, Abb. 18, 19.
5 Stange, DMG, Bd. 7, 1955, Abb. 7,8.
6 Sterling 1980, Abb. 106–108.

Lit.: Slg. Kat. Freiburg 1965 (o. S.) – Stange, KV, Bd. 2, 1970, Nr. 150 – Slg. Kat. Freiburg 1990, S. 36f.

40

Oberrheinischer Meister

Madonna mit dem segnenden Christuskind

Elsaß (?), um 1460/70
Tempera und Öl auf Tannenholz; 73 x 60,5 cm
Berlin, Gemäldegalerie
Staatliche Museen zu Berlin – Preußischer Kulturbesitz
Inv. Nr. 1685

Dieses Madonnenbild, dem eine einfache Dreieckskomposition zugrunde liegt, ist von monumentaler Wirkung und skulpturaler Erscheinung; es gleicht einem in die Malerei übertragenen, farbig gefaßten, plastischen Andachtsbild, wie es der Vergleich mit einem um 1450 entstandenen Bildwerk aus Mutzig/Elsaß belegen mag.[1] Das Gemälde gibt Maria in halber Figur, vor gemustertem Goldgrund und hinter einer Steinbrüstung wieder, auf der ihr wohlgenährtes, halbnacktes Kind sitzt, welches sie dem Betrachter zur Verehrung vorzeigt. Dabei blickt sie auf das lebhafte, grüßende[2] Knäblein, neigt ihm das Haupt zu, umfaßt es am Körper mit ihrer Rechten und reicht ihm mit der Linken einen großen Apfel, das Symbol des Sündenfalls und der kommenden Erlösung durch den menschgewordenen Gottessohn. Die scheinbare Gegenwärtigkeit von Mutter und Kind wird hervorgerufen durch die betonte Plastizität der Köpfe, Hände, Glieder und sonstiger Körperteile, durch die gespannte, sich nach vorne wölbende Epidermis, durch die metallisch scharfen, großflächigen Faltenformen, die geschwungenen Säume des das pralle Kind locker umhüllenden Mantels und die zu Kugeln, Buckeln, Röhren

40

40/1 Dirk Bouts (Nachfolge), *Maria mit Kind*, Genf, Privatbesitz

und gewellten Streifen abstrahierten Zehen, Locken, Finger und Haarsträhnen.

Wenngleich das ikonenhaft strenge Gemälde einerseits altertümliche Züge aufweist (Goldgrund, einfache Umrisse, scheibenförmige Nimben, Frontalität der Figuren), hatte sein Meister doch andererseits genaue Kenntnisse von Werken niederländischer Maler der Zeit um 1440/70. Für den Bild- und Gesichtstypus sei zum Beispiel auf ein Gemälde aus dem Dirk Bouts-Umkreis hingewiesen (Abb. 40/1),[3] während Werke der Rogier van der Weyden-Nachfolge und Hans Memlings für allgemeinere Vergleiche zum Typus des wohlgenährten,[4] in einen Mantel gekleideten und von Maria umfaßten Jesus[5] genannt seien. 1937 wies K. Rathe im Hinblick auf das Kind auf mögliche Einflüsse italienischer Gemälde, die aber eine zu späte Datierung des Berliner Bildes zur Folge haben. Eher scheint, daß das Jesuskind auf zeitgenössische, plastische Andachtsbilder des Christuskindes ohne Begleitfigur zurückzuführen ist, von denen sich nur wenige erhalten haben, etwa das um 1500 datierbare schwäbische Bildwerk in Frankfurt.[6] Das Aussehen oberrheinischer sitzender Christkinder überliefern dagegen die schon um 1465/70 nachweisbaren, meist als Neujahrsgrüße gedachten Holzschnitte, von denen manche den kindlichen Heiland mit ausgebreitetem Mantel über halb sichtbarem Körper darstellen (Abb. 40/2).[7] Der individuelle Auftrag für die Berliner Tafel mag den Maler dazu bestimmt haben, in ein Madonnenbild im niederländischen Typus ein Kind einzufügen, das einem in Frauenklöstern besonders beliebten plastischen Andachtsbild entsprach. Unzählige Male wird vor der Madonnentafel der Marienhymnus des *Herimannus contractus* (1013–1054) erklungen sein, dessen lateinische Worte auf dem gestickten Saum von Mariens Mantel stehen.[8]

Das Gemälde entstand etwa zur selben Zeit wie die von A. Stange dem Meister des Gebweiler Altarflügels zugeschriebenen Werke, in einem unbekannten Ort am Oberrhein, vielleicht im Elsaß, noch vor dem Einsetzen der einflußreichen Tätigkeit Martin Schongauers, der sich wohl an Bildern wie der Berliner Tafel schulte.

D. L.

1 Ausst. Kat. Karlsruhe 1970, Nr. 1
2 Die Handgesten sind schwer zu deuten; nur die der Linken gleicht dem Segensgestus, der allerdings mit der rechten Hand ausgeführt wird.
3 Friedländer, Bd. 3, 1968, Abb. 96.
4 Friedländer, Bd. 6.1, 1971, Abb. 49.
5 Friedländer, Bd. 2, 1967, Abb. 119, 120.
6 Slg. Kat. Frankfurt a. M. 1961, Nr. 9.
7 Ill. Bartsch, Bd. 163 Suppl., 1990, S. 48 (Nr. 775a), S. 105–107 (Nr. 827, 828, 828a).
8 SALVE, REGINA MATER MISERICORDIAE, VITA, DULCEDO ET SPES NOSTRA, SALVE! AD TE CLAMAMUS EXULES FILII EVAE ET JESUM, BENEDICTUM FRUCTUM VENTRIS TUI, NOBIS POST HOC EXILIUM OSTENDE

Lit.: Slg. Kat. Berlin 1931, Nr. 1689 – Rathe 1937 – Stange, DMG, Bd. 7, 1955, S. 11, Abb. 11 – Stange, KV, Bd. 2, 1970, Nr. 58 – Slg. Kat. Berlin 1996, S. 192, 176, Abb. 239.

40/2 Oberrhein um 1490, Jesuskind, Holzschnitt

41

Oberrheinischer Meister

Die Verkündigung an Maria

Um 1460
Gefirnißte Tempera auf Tannenholz; 48 x 57 cm
Basel, Öffentliche Kunstsammlung Basel, Kunstmuseum
Inv. Nr. 1336

Schon an den Werken dieser Ausstellung, welche die *Verkündigung an Maria* wiedergeben, kann die erstaunliche Vielfalt an Stilen, Auffassungen und inhaltlicher Gewichtung bei der bildlichen Gestaltung eines der wichtigsten und der am häufigsten dargestellten Ereignisse der neutestamentlichen Heilsgeschichte veranschaulicht werden (vgl. Kat. 42, 49, 93, 99, 100, 101, 139, 143, 145, 184, 188, 191, 192, 196, 201). Unter jenen Werken bezaubert besonders das Gemälde aus Basel wegen seiner diesseitigen, humanen Anmutung. Wohl für die private häusliche Andacht bestimmt (vgl. Kat. 196), findet sich auf ihm das heilige, weit zurückliegende Geschehen versetzt in die wohl geordnete, überschaubare

41

Welt des von maßvollen, christlichen Idealen geleiteten und bescheidenen Wohlstand anstrebenden Bürgertums einer süddeutschen Stadt in der Mitte des 15. Jahrhunderts. Hätte der Engel keine Flügel und trüge er keine geistliche Kleidung, gäbe es für den nur auf den Augenschein bauenden Betrachter keinen Anhalt, in der Szene einen übernatürlichen Vorgang von folgenschwerer, ja weltbewegender Bedeutung zu erkennen. Die scheinbar schlichte, ausgewogene Komposition gibt nur im Ausschnitt einen niedrigen Kastenraum mit dreiteiligem Fenster, Balkendecke, holzverkleideten Wänden und Tonfliesenboden wieder. In ihm vollzieht sich die liebliche Begegnung Mariens mit dem Himmelsboten, nämlich verhalten in Bewegungen und Gesten, versonnen und zart in der Begrüßung, anmutig und behutsam in dem Sich-Nähern. Diesem Wohlklang aus lyrischer Stimmung, holder Erzählweise, schlichtender Formgebung und warmtoniger Farbigkeit entspricht auch die sparsame Raumausstattung aus Butzenverglasung, ungemusterten Vorhängen an Eisenstangen, Wandbank mit Kissen, Stollenschrank mit wenigen Zierraten, Waschgeschirr aus Messingbecken und Handfaß sowie Kastentisch aus hellem gemasertem Holz mit feinen Profilen und kunstvoll geschweiften Wangen. – Auf diesem Möbel liegt ein aufgeschlagenes Buch, von dem Maria beim Erscheinen des Engels aufschaut. Glaubwürdig wird die bürgerliche Bildfiktion durch das Vermeiden von Motiven und Realien des höfisch-patrizischen Milieus und das beiläufige Schildern alles Symbolhaften (Waschgerät, verschlossener Schrank, Ehrentuch, dreiteiliges, teilweise geöffnetes Fenster, aufgeschlagenes Buch). So fehlen etwa: der aufwendige Kamin, das hohe Himmelbett, kostbare Brokatbehänge, erlesene Gegenstände wie Bronzeleuchter oder Fayencevase mit hohem Lilienstengel, dramatisch gebauschte Gewänder, ein Diadem um Mariens Haupt, das goldene Zepter samt auswehendem Schriftband mit lateinischem Gruß in den Händen des Engels, – der im Basler Bild nur einen klein zusammengefalteten Brief abgeben möchte.

Das Gemälde stellt eine stimmige Synthese oberrheinischer Werke des *Weichen Stils* und des Witz-Umkreises sowie der realitätsgesättigten, niederländischen *Ars nova* des zweiten Viertels des 15. Jahrhunderts dar. Künstlerische Paten des unbekannten Meisters waren Werke wie die *Verkündigung* in Winterthur (Abb. 192/1),[1] die *Lesende Madonna mit Jesuskind* aus Privatbesitz (Kat. 4) oder die *Verkündigungen* des Robert Campin in Brüssel und New York (Abb. 41/1).[2] Es scheint kein Zufall, daß auf den drei letztgenannten Tafeln ein kunstvoll gearbeiteter, in betonter

41/1 Robert Campin, *Verkündigung*, New York, Metropolitan Museum of Art, The Cloisters

Aufsicht gezeigter Tisch zwischen Maria und dem Engel bzw. Jesuskind erscheint, der im Falle des Bildes aus dem Witz-Umkreis sogar in Form und Typus mit dem Kastentisch des Basler Bildes übereinstimmt. – Zu dessen zeitstilistischer Einordnung sei zum Schluß auf die um 1460 datierbare, in Karlsruhe verwahrte *Verkündigung* des vornehmlich von Rogier van der Weyden beeinflußten Schwaben Friedrich Herlin hingewiesen.[3]

D. L.

1 Schmidt/Cetto 1940, S. 111, Taf. 1 – Slg. Kat. Winterthur 1975, S. 32f.
2 Davies 1972, Abb. 140, 141.
3 Slg. Kat. Karlsruhe 1966, S. 142ff. (Inv. Nr. 2287).

Lit.: Ganz 1924, S. 74, Taf. 34 – Schmidt/Cetto 1940, S. 17, Abb. 28 – Stange, DMG, Bd. 7, 1955, S. 60, Abb. 129 – Slg. Kat. Basel 1966, S. 21 – Stange, KV, Bd. 2, 1970, Nr. 317 – Lüken 2000, S. 191, Kat. CH 1 (S. 157).

42

Oberrheinischer Meister

Die Verkündigung an Maria

Um 1465/80
Mischtechnik auf Holz; 71 x 50 cm
Baden-Baden, Zisterzienserinnenabtei Lichtenthal

In der hell erleuchteten vorderen Zone des Bildraums, dicht an den Betrachter gerückt, erscheint die fromme Jungfrau Maria. Sie sitzt auf dem Boden ihres Gemaches, läßt von der Lektüre des heiligen Buches ab, das auf ihrem hochgestellten Knie liegt, und lauscht im Zurücklehnen an eine Bank den Worten des Himmelsboten, der aus der Tiefe des dämmrigen Raumes auf sie zueilt. Auf diesen in priesterlicher Albe und Pluviale gekleideten Engel weist Maria mit ihrer Rechten, deren Geste zugleich Gruß und schreckhafte Abwehr ausdrückt. In die Richtung des Herolds gehen auch ihre Blicke, wobei sich das nimbierte Haupt nicht mit umwendet, sondern in frontaler Ausrichtung verharrt. Auf die knisternde Spannung des im Bild festgehaltenen Moments – es ist der im ersten Kapitel des Lukas-Evangeliums beschriebene Beginn der Heilsgeschichte – verweist neben der Körperhaltung Mariens oder der knittrig-nervösen Faltensprache auch das signifikante Motiv der linken Hand der Jungfrau, deren Fingerspitzen das gespannte Buchlesebändchen halten. Es mag andeuten, daß Maria beim Erscheinen des Engels gerade ansetzte, in den messianischen Prophezeiungen des Jesaia zu lesen, wie es die mittelalterlichen Legenden berichten.[1] Maria ist nahezu vollständig eingehüllt in einen stoffreichen Mantel, den sie über einem blauen Kleid trägt. Er zieht sich über Schultern, Arme und Beine, staut sich am Boden, legt sich in Schichten und fächert sich auf zu einem lichten, kreisenden Hof um die Sitzende. Da sein Weiß das göttliche Licht symbolisiert, das Blau des Kleides dagegen die Demut der sich dem Willen Gottes unterordnenden Jungfrau anzeigt, wird durch Art und Anordnung der Gewänder die übernatürliche Empfängnis Mariens, das Wirken des in sie eingehenden Heiligen Geistes sinnfällig gemacht (vgl. Kat. 224). An die unsichtbare Gegenwart der Trinität mögen die drei Fenster des Raumes gemahnen, während die zwischen Engel und Jungfrau erscheinende Vase mit Maiglöckchenstrauß ein in Verkündigungsbildern häufiges Symbol marianischer Keuschheit und Unbeflecktheit ist.

Der unbekannte Maler tat sich zwar schwer in der perspektivischen Darstellung des Fliesenbodens, war aber ein erstaunlich guter Figurenmaler, der eingehende Kenntnisse der altniederländischen Malerei besaß, was schon mit wenigen Hinweisen verdeutlicht werden kann: So übernahm er mit der Wahl des Bildtypus, der Gewanddrapierung, der Verteilung der

42

42/1 Dirk Bouts (Nachfolge), *Verkündigung*, Krakau, National Museum

Figuren und Anordnung der Blumenvase in dem ausschnitthaft gezeigten Raum Formulierungen des Dirk Bouts und seines Umkreises (Abb. 42/1);[2] so lehnte er sich für Maria an Robert Campins exemplarische Darstellungen an, die die demütige, lesende Jungfrau am Boden sitzend, gegen eine in die Tiefe führende Bank gelehnt, dem Engel zugewendet, doch nicht aufblickend zeigt;[3] und so versah er nach dem Vorbild einer ungewöhnlichen Erfindung des jungen Rogier van der Weyden den Himmelsboten zwar mit prächtigem Rauchmantel, doch nicht wie üblich mit Zepter und/oder Schriftband, so daß allein durch die Haltung seiner vorgestreckten Hände seine Worte unterstrichen werden und seine Heroldstätigkeit sichtbaren, gestischen Ausdruck erlangt.[4] Der volle Gesichtstypus Mariens, Einzelmotive der kunstvoll-unruhigen Gewandfalten oder der nach vorn steil abfallende Kachelboden weisen dagegen auf

42/2 Meister der Gewandstudien, *Verkündigung*, Zeichnung; Berlin, SMPK, Kupferstichkabinett

die Kunst des von den frühen Niederländern wiederum inspirierten Meisters E. S., der wohl etwa 20 Jahre älter war als unser Maler (vgl. Kat. 46, 47, 49, 51, 61, 64). Die Lichtenthaler Verkündigung steht wie eine in vieler Hinsicht vergleichbare Zeichnung in Berlin (Abb. 42/2)[5] und wie andere Gemälde dieser Ausstellung für die lang anhaltende Wirkung der ab 1420 erblühenden und außerhalb des Ursprungsgebiets von den folgenden Malergenerationen rezipierten niederländischen Malerei (vgl. etwa Kat. 4, 5, 79, 143). D. L.

1 Schreiner 1994, S. 116f.
2 Friedländer, Bd. 3, 1968, Abb. 79 – Ausst. Kat. Leuven 1998, Nr. 75 (Bildtypus) – Siehe auch Belting/Kruse 1994, S. 208ff., Abb. 142 (Gewanddrapierung).
3 Davies 1972, Abb. 140, 141, 147 (Verkündigungen in Brüssel, New York, Madrid).
4 Davies 1972, Abb. 21 – Pächt 1994, S. 22ff., Abb. 1, Farbtaf. 1 (Verkündigung in Paris).
5 Kupferstichkabinett SMPK, KdZ 17680 (Roth 1988, Nr. 158).

Lit.: KD Baden, Bd. 11, 1942, 471, Abb. 377 – Ausst. Kat. Karlsruhe 1995, Nr. 72.

43
Oberrheinischer Meister (?)

Die Heilige Genoveva

Um 1460/70
Tannenholz, 45 x 36,5 cm
Leipzig, Museum der bildenden Künste
Inv. Nr. 1367

Vor gemustertem Goldgrund, einer mit Blendbogenarkatur geschmückten Mauerumfriedung und einigen Erdhügeln hat sich die Heilige Genoveva auf blumenbewachsenem Wiesengrund niedergelassen. Die Heilige Jungfrau gibt sich durch ihre charakteristischen Attribute zu erkennen: Mit beiden Händen hält die Patronin von Paris die der Legende nach bei einem Meßbesuch von einem Teufel mit einem Blasebalg gelöschte, umgehend jedoch von einem Engel wieder entzündete, geflochtene Kerze, während auf dem über die Schultern hinabfließenden, lockenprächtigen Haar eine nimbenüberfangene Blütenkrone sitzt.[1]
Der Leipziger Tafel zugehörig ist eine maßgleiche Holztafel des Straßburger Musée de l'Œuvre Notre Dame (vgl. 43/1); vor entsprechender Hintergrundsfolie ist hier eine rotgewandete Jungfrau dargestellt, die bis in jüngste Zeit als *Maria im Rosenhag* bezeichnet wurde.[2] Eine dritte Tafel – mit der Darstellung der *Heiligen Dorothea* – eines zu vermutenden, ehemaligen Retabels ist durch eine Zeichnung des 19. Jahrhunderts überliefert.[3] Es scheint sinnvoll, eine vierte Heilige Jungfrau zur Komplettierung des Quartetts zu ergänzen, ohne jedoch die ursprüngliche Anordnung der Tafeln im Altarzusammenhang rekonstruieren zu können. Allgemein wird – einer alten Inschrift auf der Rückseite der Straßburger Tafel folgend – eine Herkunft aus dem Kloster Heggbach bei Biberach (Württemberg) angenommen, doch kann über den ursprünglichen Aufstellungsort des verlorenen Altarwerks keine verbindliche Aussage gemacht werden.
A. Stange gab die lange im Zusammenhang mit dem Werk Matthias Grünewalds diskutierten Tafeln dem Maler des Churer Hochaltars, was 1955 in einer Zuordnung in die von zahlreichen bildkünstlerischen Einflüssen geprägte Kunstlandschaft des Allgäu mündete. Die Bindung an das Œuvre des genannten Meisters wurde von Stange auch 1970 auf-

43

recht erhalten; da dieser nachweislich in Ravensburg tätig war, erfolgt die Zuordnung der Leipziger Tafel sowie der ihr zugehörigen Gemälde nunmehr an den Bodensee. Der vermuteten schwäbischen Abkunft der Werke wurde zuletzt als Alternative eine Entstehung am Oberrhein zur Seite gestellt.[4] Vielleicht können die zart und lyrisch gestimmten Darstellungen der Heiligen Jungfrauen mit ihren reichen, knittrig-hart

43/1
Oberrheinischer Meister, *Maria im Rosenhag* (?), Straßburg, Musée de l'Œuvre Notre-Dame

gebrochenen Gewandfalten in der Tat mit der oberrheinischen Tafelmalerei der Zeit um 1460/70 in Verbindung gebracht werden. Stellvertretend darf auf die Oberweierer *Kreuzigungstafel* im Freiburger Augustinermuseum verwiesen werden, die vergleichbare Härten im Faltenwurf zeigt und mit der Leipziger Genoveva die zurückgenommenstille, anmutige Gestimmtheit teilt.[5] Ähnliche Qualitäten zeichnen auch das Werk des um 1450 tätigen elsässischen Meisters Jost Haller aus.[6] Unter den Exponaten der Ausstellung darf auf die halbfigurige Freiburger *Maria mit Kind* der Zeit um 1460/70 verwiesen werden, deren Abkunft aus dem Oberrheingebiet allgemein anerkannt wird. Die erstarrte Faltenführung scheint durchaus vergleichbar, die skulpturale Härte der Inkarnate unterscheidet diese Tafel jedoch von der Leipziger *Genoveva* (Kat. 39). M. D.

1 LCI, Bd. 6, 1974, Sp. 361–365 (L. Schütz).
2 Slg. Kat. Straßburg 1999, S. 59.
3 Abgebildet bei Haug 1957, S. 20.
4 Slg. Kat. Leipzig 1979, S. 152; Slg. Kat. Leipzig 1995, S. 139; Slg. Kat. Straßburg 1999, S. 59.
5 Slg. Kat. Freiburg 1990, S. 21–23.
6 Sterling 1980, Abb. 106–108.

Lit.: Haug 1957, S. 21 – Stange, DMG, Bd. 8, 1957, S. 123 – Stange, KV, Bd. 2, 1970, 73, Nr. 305 – Slg. Kat. Leipzig 1979, S. 152 – Slg. Kat. Leipzig 1995, S. 139.

44
Oberrheinischer Meister (?)
Johannes auf Patmos

1460/70
Eichenholz; 42,8 x 43,8 cm
London, National Gallery
Inv. Nr. NG 4901

In der kunstlandschaftlichen Zuordnung umstritten, dürfte die Tafel mit dem die himmlischen Visionen auf eine Schriftrolle notierenden Evangelisten Johannes jedenfalls vor 1470 entstanden sein. Von A. Stange als ein »Versprechen an Schongauer« bezeichnet, ordnete er das Tafelgemälde gleichwohl dem weiteren Umkreis des Konrad Witz um die Mitte des 15. Jahrhunderts zu.[1] Jedoch läßt sich die monumentale, fast die gesamte Bildhöhe behauptende, von dem Adler begleitete Evangelistenfigur in ihrer Klarheit und Strenge, die sowohl in den großzügig geführten, wulstigen, zuweilen eckig brechenden Faltenbahnen als auch in den ernst gestimmten Gesichtszügen Ausdruck findet, durchaus auch mit oberrheinischen Bildwerken der Zeit nach 1450 in Verbindung bringen. Unter den Exponaten der Ausstellung sei stellvertretend auf die halbfigurige *Madonna mit Kind* der Berliner Gemäldegalerie (Kat. 40) und die Leipziger *Heilige Genoveva* (Kat. 43) verwiesen, die jeweils in ähnlicher Weise die erwähnten Charakteristika aufweisen. Die angerissene Nähe der Londoner Tafel zu späteren Bildfindungen Schongauers mag primär dem deutlichen niederländischen Einfluß geschuldet sein. Stellt man die Darstellung des Autoren der Apokalypse einer Tafel entsprechenden thematischen Vorwurfs gegenüber, die heute dem Umkreis des Leuvener Malers Dirk Bouts zugeschrieben wird, läßt sich eine Verwandtschaft hinsichtlich des Bildaufbaues wie des kräftigen Rot-Grün-Farbklangs feststellen[2]. Hier wie dort hat sich der jeweils gänzlich in rote Gewänder ge-

44

hüllte Evangelist zur Niederschrift der himmlischen Visionen vor felsiger Landschaft am Gestade eines Fließgewässers auf einem Rasengrund niedergelassen. In beiden Fällen wurde zudem auf die obligate Himmelsvision der apokalyptischen Gottesmutter verzichtet, so daß man in der Benennung des Bildthemas vielleicht eher von der Niederschrift des Evangeliums durch Johannes sprechen sollte. Ist das Rotterdamer Bild auch von feinerer Ausführung, zudem um die reizvolle Anekdote des vom Teufel entwendeten Tintenfasses (Schreibzeugs) erweitert, so scheint doch der Meister der Londoner Tafel Kenntnis von dergleichen Werken gehabt zu haben. M. D.

1 Stange, DMG, Bd. 4, 1951, S. 152.
2 Holz; 70 x 65 cm, Rotterdam, Museum Boijmans van Beuningen – Vgl. zuletzt Slg. Kat. Rotterdam 1994, Nr. 7, S. 56–59.

Lit.: Stange, DMG, Bd. 4, 1951, S. 152–153 – Slg. Kat. London 1959, S. 104–105 – Stange, KV, Bd. 2, 1970, Nr. 31, S. 26 (als »Meister der Sierenzer Tafeln«) – Slg. Kat. London 1995, S. 252.

45
Basler Meister

Vier Tafeln eines Dominikanerretabels

a) ***Das Martyrium des Heiligen Petrus Martyr***
b) ***Das Geburtswunder des Heiligen Petrus Martyr***
c) ***Die Stigmatisation der Heiligen Katharina von Siena***
d) ***Der stehende Petrus Martyr***

Um 1470
Mischtechnik auf Nadelholz; je 55,5 x 41,5 cm
Schloß Lichtenstein, Herzogliche Familie von Urach

Die vier Tafeln sind Zeugnisse der nur sehr spärlich überlieferten Basler Malerei des 15. Jahrhunderts. Sie stehen in stilistischer Nähe zum *Lösel-Altar* (Kat. 2)[1] und stammen vermutlich aus derselben Werkstatt wie eine Darstellung der *Kreuzauffindung durch die Heilige Helena* im Kunstmuseum Basel: Die einfache flächige Komposition, die schlanken Figuren, der etwas manierierte Erzählstil und die Musterung des Goldgrundes sind sehr eng miteinander verwandt. Die Helena-Tafel ist 1479 datiert und zeigt

45a

45b

einen Stifter aus der Basler Familie Stehelin.[2] Darauf stützt sich die Lokalisierung unserer Tafeln nach Basel und ihre Datierung um 1470. Zwei Tafeln haben einen goldenen Grund und gehörten ursprünglich wohl zur Festtagsseite eines wandelbaren Heiligenretabels. Die beiden anderen Tafeln mit rotem Brokatmuster als Hintergrund sind, wie es scheint, die Flügelrückseiten und waren folglich Teil der Alltagsseite.

Das *Martyrium des Heiligen Petrus Martyr* zeigt den Dominikaner kniend. Obwohl bereits ein Messer in seiner Brust steckt und eine tiefe Wunde in seinem Kopf klafft, holt der hinter ihm stehende Mann – ein von Katharern gedungener Mörder – noch einmal zu einem gewaltigen Hieb aus. Die tänzerische Haltung des Mörders erinnert an den Stil des Meisters E. S. Das Arrangement der Figuren und der herbeischwebende Engel scheinen dessen Stich *Das Martyrium der Heiligen Barbara* entlehnt (Abb. 45/1; vgl. auch Kat. 69). Petrus Martyr schreibt noch im Sterben mit blutigem Finger die Worte »credo in deum« auf den Boden – ein Hinweis darauf, daß das Glaubensbekenntnis das Hauptthema seiner berühmten Predigten war.

Eine andere Szene zeigt ein posthumes Wunder des Heiligen, über das in der *Legenda aurea* berichtet wird: Eine Frau in Flandern hatte drei Totgeburten hintereinander und erregte damit den Unmut ihres Mannes. Als sie auch ein viertes Kind tot auf die Welt brachte, rief sie voll Verzweiflung Petrus Martyr an, der daraufhin das Neugeborene zum Leben erweckte. Er ist hier in Halbfigur auf einer Wolke dargestellt; die Frau wird als Wöchnerin im Bett gezeigt, eine Magd nimmt ihr das Kind ab. Die drei Wickelkinder deuten die vorangegangenen Totgeburten an.

45/1 Meister E. S., *Martyrium der Heiligen Barbara,* Kupferstich (Lehrs 162), seitenverkehrt

45c

45d

Die vor einem Altar kniende und die Wundmale Christi empfangende Heilige ist nicht, wie bisher angenommen, die Heilige Birgitta von Schweden, sondern die Heilige Katharina von Siena. Sie trägt die Ordenstracht der Dominikanertertiarinnen, die wegen ihrer langen schwarzen Umhänge auch »mantellate« genannt wurden. Auf der Altarmensa sieht man ein Beutelbuch (das Gebetbuch der Katharina) und zwei Leuchter, dahinter ein Retabel. Auf dessen linkem Flügel sind die Heiligen Katharina von Alexandrien, Barbara und Dorothea zu erkennen. Aus dem Mittelteil löst sich ein Kruzifix, wobei sich die Wundmale auf langen Blutbahnen zu Katharina übertragen. Die Katharinenvita des Raimundus von Capua berichtet genau, wie sich die Stigmatisation in einer Kapelle von Pisa abspielte, und auch, wie sich der Gekreuzigte der Heiligen zuneigte.[3]
Interessanterweise hält Petrus Martyr auf der benachbarten Tafel nicht nur sein eigenes Attribut, das Schwert, sondern auch die Attribute der Katharina von Siena: die Lilie und die drei Kronen, die nach alter Auslegung Jungfräulichkeit, Martyrium und Lehre bedeuten.[4]

Die Darstellungen von Petrus Martyr und Katharina von Siena lassen auf einen dominikanischen Entstehungskontext schließen. Vielleicht stammen die Tafeln aus dem bedeutenden Basler Predigerkloster, wo man der Katharina von Siena 1464 (drei Jahre nach ihrer Heiligsprechung durch Papst Pius II.) einen Altar weihte und wo auch Reliquien des Petrus Martyr verehrt wurden.[5]

H. J.-F.

1 Sehr ähnlich sind sich das *Geburtswunder des Petrus Martyr* und die *Geburt des Johannes* vom *Lösel-Altar* im Kunstmuseum Basel; vgl. Slg. Kat. Basel 1966, S. 20.
2 Cohn 1937, S. 124ff. – Slg. Kat. Basel 1966, S. 20.
3 Kaftal 1949, S. 78–83.
4 Bianchi/Giunta 1988, S. 95–97.
5 KD Basel-Stadt, Bd. 5, 1966, S. 274.

Lit.: Cohn 1937, S. 124–130 – Stange, DMG, Bd. 7, 1955, S. 9 – Stange, KV, Bd. 2, 1970, S. 30, Nr. 51.

46

I.5 Der Meister E. S.

Der Elsässer Humanist Jakob Wimpfeling schrieb 1505 über den niederrheinischen Kupferstecher Israhel van Meckenem (ca. 1440–1503), seine Werke seien bei Malern in ganz Europa begehrt. Ähnliches hätte er auch vom etwa eine Generation älteren Meister E. S. sagen können, dessen Bildfindungen in der zweiten Hälfte des 15. Jahrhunderts eine enorme Wirkung erzielt haben: zuerst im Südwesten des Reiches, dann sehr rasch auch in weit entfernten Regionen. Vor allem in Gegenden mit schwach ausgeprägter lokaler Tradition bediente man sich seiner Stiche, aber auch in den Niederlanden und in Italien läßt sich sein Einfluß nachweisen.
Das erhaltene Œuvre des Meisters E. S. umfaßt knapp 320 Kupferstiche, von denen es 95 nur noch in einem Abdruck, 50 in zwei Exemplaren gibt. Diese Überlieferungslage läßt darauf schließen, daß der Meister E. S. erheblich mehr, insgesamt vielleicht fünfhundert Stiche geschaffen hat. Über ein Viertel seines Werks wäre somit verloren. Der Schwund muß sehr groß gewesen sein, zumal die Auflage teilweise einige hundert betragen haben wird. Ein Indiz für hohe Auflagen sind Abzüge, die von offensichtlich stark abgenutzten Platten gedruckt wurden. Viele späte, zumeist wohl postume Abdrucke entstanden in der Werkstatt des Israhel van Meckenem, der vielleicht seine Lehrzeit beim Meister E. S. verbracht hat und bei dieser Gelegenheit in den Besitz der Platten gelangt sein könnte. Auf ihn geht auch eine Fülle von Kopien nach Werken des Meisters E. S. zurück: 140 nach bekannten Stichen sowie 40, die wahrscheinlich verlorene, das heißt: in keinem Originalabzug überlieferte Werke wiedergeben.
Zu den künstlerischen Gattungen, in denen Kompositionen des Meisters E. S. oder einzelne Motive daraus kopiert bzw. nachgeahmt wurden, zählen neben den graphischen Künsten (Kupferstich, Teigdruck, Holz- und Metallschnitt) vor allem Goldschmiedekunst und Skulptur sowie Tafel-, Buch- und Glasmalerei. Aber auch auf Bildteppichen, geprägten Bucheinbänden, Ofenkacheln und Perlmutterreliefs hat das Werk des Meisters E. S. Spuren hinterlassen.
Über die Person des Meisters E. S. weiß man nichts: Weder kennt man seinen Namen noch seine Lebensumstände oder seinen Tätigkeitsort. Alle bisherigen Identifikationsversuche waren wenig überzeugend. Daß der Meister in Straßburg gearbeitet hat, wie verschiedentlich vermutet wurde, scheint wegen der Verwandtschaft einiger seiner Werke zu Gemälden des Meisters der Karlsruher Passion und Skulpturen des Nicolaus Gerhaert zwar plausibel, bleibt aber unbeweisbar. Am Oberrhein hat er gewiß gelebt – darauf deuten nicht nur die zahlreichen stilistischen Bezüge zur oberrheinischen Kunst, sondern auch einige Inschriften in alemannischer Mundart und verschiedene südwestdeutsche Wappen (darunter mehrfach das badische) auf seinen Stichen hin. Einen historischen Anhaltspunkt, im Grunde den einzig sicheren in seinem Œuvre, geben die drei Stiche zur *Engelweihe von Einsiedeln*: sie sind 1466 datiert und höchstwahrscheinlich im Auftrag des Klosters entstanden (vgl. Kat. 60). Doch daß sie der Stecher vor Ort schuf, kann wiederum nur vermutet werden.
Von den achtzehn mit E. oder E. S. monogrammierten Werken tragen vierzehn die Datierung 1466 oder 1467. Das Monogramm – das früheste in der Geschichte des Kupferstichs – scheint von einem gewissen Selbstbewußtsein des Meisters zu zeugen. Es findet sich ausschließlich auf technisch ausgereiften Werken, die man der Spätzeit zurechnen darf. Vielleicht ist der Meister E. S. im Jahr 1467 oder kurz danach gestorben.
Die Chronologie des Œuvres ist außerordentlich kompliziert und umstritten. Es scheint problematisch, eine kontinuierliche stilistische Entwicklung vorauszusetzen, wie es die ältere Forschung tat. Künstlerisch schwächere Werke müssen nicht unbedingt Anfängerarbeiten des Meisters sein, sondern können von Werkstattgehilfen stammen; Schwankungen im Stil müssen nicht mit der Entwicklung des Künstlers erklärt werden, sondern können auch auf verschiedene Vorlagen zurückgehen. Die variierende Technik der Kupferstiche – mal feine, kurze und parallel geführte Schraffuren, mal kräftige Kreuzlagen mit langgezogenen Linien und starke Kontraste – gibt ebenfalls keine sicheren Kriterien zur Datierung an die Hand. Aufgrund dieser Unsicherheiten werden die ausgewählten Stiche hier, nach dem Vorbild von Max Lehrs, ikonographisch geordnet dargeboten: Am Anfang steht eine Darstellung zum Alten Testament, das vergleichsweise selten Bildthemen geliefert hat. Es folgen Szenen aus dem Marienleben, dem Leben und der Passion Christi, Bildnisse Christi und der Muttergottes, die Evangelisten und Apostel sowie andere Heilige. Ausgeklammert bleiben die im Werk des Meisters E. S. ebenfalls eine bedeutende Rolle spielenden profanen Sujets. Den Stichen vorangestellt sind die beiden einzigen Zeichnungen, die allgemein als eigenhändige Werke des Meisters E. S. angesehen werden und zu den schönsten des 15. Jahrhunderts gehören. Ihr ursprünglicher Zweck ist unklar; um direkte Vorlagen für Kupferstiche handelt es sich anscheinend nicht.
Die Frage nach der Funktion stellt sich auch für die Kupferstiche. Manche von ihnen sind als Vorlagen für Goldschmiede entstanden, andere waren eher für Bildhauer oder Maler gedacht. Viele Stiche sind als selbständige Andachtsbilder anzusehen, vor denen man im privaten Rahmen ein Gebet sprechen konnte. Sie wurden an die Wand geheftet, auf Holztäfelchen aufgezogen, auch in Truhen, Schränke oder Kästchen geklebt. Die kleineren ließen sich als Buchschmuck verwenden. Einige Stiche dienten als Wallfahrtsandenken oder wurden als Neujahrsgruß verschenkt. Zunehmend wurde neben dem religiösen Gehalt der Kunstwert geschätzt. Selbstverständlich konnte ein Werk mehreren solcher Funktionen gerecht werden. Daß religiöse Bilder im Spätmittelalter für breitere Schichten verfügbar wurden, ist wesentlich der Druckgraphik – vor allem Holzschnitt und Kupferstich – zu verdanken. Der Meister E. S. spielte dabei eine herausragende Rolle.
Zu den künstlerischen Qualitäten des Meisters E. S. zählen die Eleganz seiner Figuren, der hohe dekorative Sinn, die Freude an der Darstellung von Gegenständen und Situationen des Alltags sowie an der landschaftlichen Einbettung vieler Szenen. Zahlreiche Pflanzen und Tiere, die teilweise nach der Natur studiert scheinen, jedoch häufig versatzstückartig eingefügt sind, beleben die Werke. Manche Bilder sind ganz flächig konzipiert, andere öffnen sich in weite Ferne, wenngleich die Perspektive noch nicht beherrscht ist. Viele Figuren sind von beeindruckender Plastizität und Lebendigkeit. Bisweilen aber wirken ihre Posen manieriert und überzogen. Ein großer Bilderzähler ist der Meister E. S. nicht gewesen; keiner, der eine dramatische Handlung packend zu schildern weiß. Seine Stärken liegen eher in der Gestaltung stiller und anmutiger Situationen. Vieles hat der Meister E. S. von oberrheinischen sowie von franko-flämischen Werken abgeschaut und verarbeitet. Aber er war dabei doch ein unverwechselbarer Künstler mit erheblichem Einfluß auf seine Zeitgenossen.

H. J.-F.

46

46

Meister E. S. (tätig etwa 1440/50–um 1467)

Die Taufe Christi

Um 1450
Feder in Schwarz; 29,5 x 21,5 cm
Paris, Musée du Louvre, Département des Arts Graphiques
Inv. Nr. 18.838

Seit ihrer Publikation durch Max Lehrs 1890 gilt die im Louvre bewahrte Zeichnung unbestritten als eigenhändiges Werk des Meisters E. S. Außer Frage steht auch ihr besonderer Rang innerhalb der Zeichenkunst des 15. Jahrhunderts. Dazu tragen bei: die Schönheit und Anmut der einzelnen Figuren, die Klarheit und Ausgewogenheit der Komposition, die sehr sorgfältige Durchführung bis ins Detail und die bildmäßige Wirkung, die nicht zuletzt auf dem sehr beträchtlichen Format des Blattes beruht. Ein gewisser Konsens besteht auch darüber, daß die Zeichnung mit ihren außerordentlich feinen Schraffuren eher dem Früh- als dem Spätwerk des Meisters zuzurechnen ist. Die Art, wie die kleinen, zum Teil häkchenförmigen Striche parallel gesetzt und in den dunklen Gewandpartien dicht miteinander verwoben sind, läßt an frühe Kupferstiche denken. Unklar und umstritten ist die mögliche Funktion der Zeichnung. Ein deutlicher Zusammenhang besteht mit zwei Stichen des Meisters E. S., bei denen die Anordnung der Figuren mit derjenigen auf der Zeichnung fast übereinstimmt (Lehrs 28 = Abb. 46/1 und Lehrs 29). Die Abweichungen im Detail sind allerdings so erheblich, daß es schwerfällt, die Zeichnung als direkte Vorlage anzusehen. Bei beiden Stichen hat der Meister E. S. Fluß und Flußufer, wie er es liebte, mit Vögeln und zahlreichen Pflanzen belebt. Die in der Zeichnung so entscheidend mitsprechenden Zwischen- und Leerräume sind geschlossen durch das Aneinanderrücken der Figuren, durch den dichten Strahlenkranz Gottvaters (Lehrs 28) bzw. Bandrolle, Sonne und Mond (Lehrs 29). Die Stiche wirken dekorativ verglichen mit der Zeichnung, gegen deren Verwendung als Vorlage auch ihr Format spricht: Sie ist fast doppelt so groß wie der eine und um die Hälfte größer als der andere Stich. Diese Argumente haben dazu geführt, in der Pariser Zeichnung nicht einen Kupferstichentwurf, sondern die Kopie nach einem verlorenen Gemälde zu sehen. Lilli Fischel meinte, die Zeichnung gebe ein Werk des Meisters von 1445 wieder.[1] Holm Bevers hat die Nähe zu Rogier van der Weydens Berliner Taufdarstellung (Mittelbild des Johannesaltars) aufgezeigt und vermutet franko-flämische Werke dieser Art als Vorbild des Meisters E. S.[2] Die Zeichnung belegt folglich die Aufmerksamkeit des Meisters E. S. für Werke der niederländischen oder niederländisch beeinflußten Kunst. In den Stichen ist sie als Anregung weiterhin spürbar, jedoch dem Stilempfinden des Meisters anverwandelt.

Zuletzt schlug Markus Naß vor, in der Zeichnung ein autonomes Kunstwerk zu sehen, das weder Kopie (im Hinblick auf eine spätere Verwendung) noch direkte Vorstudie sei. Zwar könne man für die Zeit um 1450 noch keine Graphiksammler namhaft machen, aber gegeben habe es sie möglicherweise schon. Die Größe, Virtuosität und Akkuratesse der Zeichnung sprächen dafür, daß sie als Sammlerstück konzipiert sei.[3] Muß diese These auch unbeweisbar bleiben, so hebt Naß doch zu Recht die großen künstlerischen Qualitäten des Blattes hervor. Zu diesen zählt – kaum bemerkt, jedenfalls nicht inhaltlich gedeutet – die betont geome-

46/1 Meister E. S., *Die Taufe Christi* (Lehrs 28), Kupferstich trische Struktur der Komposition: Christus, die über ihm schwebende Taube des Heiligen Geistes und der segnende Gottvater als Halbfigur auf einem Wolkenband nehmen die Mittelachse ein. Die strenge Axialität wird dadurch unterstrichen, daß Vater, Sohn und Heiliger Geist – anders als bei den Stichen – en face gegeben sind, sich also nicht zu den Seiten wenden. Die Dominanz der Mittelachse erweckt den Eindruck, als gehe es dem Künstler hier vornehmlich um die Darstellung der Trinität, während Johannes der Täufer und der Engel, der Christi Gewand hält, im Grunde nur Assistenzfiguren sind. Dieser Eindruck verfestigt sich, bedenkt man die Bedeutung des Dreiecks als Kompositionselement: Gottvater ist in ein Dreieck eingeschrieben, dessen Spitze nach oben zeigt. Ebenso ist die ganze Figurengruppe durch ein Dreieck eingefaßt, wobei die Eckpunkte außerhalb des Bildfeldes liegen. Dieses Dreieck wiederholt sich kleiner im Oberkörper Christi: Die angewinkelten Unterarme bilden die Basis, die Schrägen der Oberarme setzen sich in den langen Haaren Christi fort und treffen sich etwas oberhalb seines Scheitels. Selbst die Hände Christi, die auf ungewöhnliche Weise zum Beten zusammengelegt sind, bilden ein Dreieck – es ist das einzige, dessen Spitze nach unten weist.

Alle vier Evangelien berichten sehr ähnlich über Christi Taufe (Matthäus 3, 13–17; Markus 1, 9–11; Lukas 3, 21f.; Johannes 1, 31f.): Während Johannes die Taufe an Christus vornahm, öffnete sich der Himmel, der Geist schwebte wie eine Taube herab und Gott sprach: »Dies ist mein geliebter Sohn, an dem ich Wohlgefallen gefunden habe«. Der aus diesem Bericht abgeleitete zentrale christliche Gedanke der Dreifaltigkeit ist, wie es scheint, das eigentliche Thema der Zeichnung: Durch Axialität und Frontalität hebt der Meister E. S. Vater, Sohn und Heiligen Geist hervor; die der Komposition zugrundeliegenden Dreiecke verweisen symbolisch auf die Trinität. Das ist der entscheidende Unterschied zu den späteren Stichen des Meisters E. S. wie auch zu dem von diesen ausgehenden Stich Martin Schongauers (Kat. 115). Hier nämlich wird die Taufe erzählt: Christus wendet sich dem Täufer zu. Johannes ist der Bezugspunkt, nicht der Betrachter und nicht Gottvater. Bei Schongauer bleiben Gottvater und der Heilige Geist Randerscheinungen. Gegenüber diesem erzählerischen Ansatz schlägt die Zeichnung einen strengeren, wenn man so will: dogmatischen Ton an. Durch die Zartheit und Eleganz der Darstellung ist er jedoch Teil eines wunderbar harmonischen Akkordes.

H. J.-F.

1 Fischel 1950, S. 108; vgl. auch Kat. 207 mit Abb. 207/1.
2 Ausst. Kat. München/Berlin 1986/87, S. 32.
3 Naß 1994, S. 148.

Lit.: Lehrs 1890, S. 82–84 – Geisberg 1924, S. 9f. – Parker 1928, S. 27 – Fischel 1935a, S. 212–218 – Slg. Kat. Paris 1937, S. 56, Nr. 265 – Winzinger 1949, S. 30f. – Fischel 1950, S. 107f. – Ausst. Kat. Philadelphia 1967, Nr. 83 – Kauffmann 1978, S. 174 – Ausst. Kat. München/Berlin 1986/87, S. 17 und S. 31f. – Naß 1994, S. 147–150.

47

Meister E. S. (tätig etwa 1440/50–um 1467)

Mädchen mit Ring (Die Heilige Katharina ?)

Um 1450/60
Feder und Pinsel in Schwarz, Pinsel in Rot;
26,2/26,7 x 18,8/18,0 cm (Blatt unregelmäßig beschnitten)
Berlin, Kupferstichkabinett – Sammlung der Zeichnungen und Druckgraphik
Staatliche Museen zu Berlin – Preußischer Kulturbesitz
Inv. Nr. KdZ 4308

Die großformatige Zeichnung zeigt eine junge Frau mit langem lockigem Haar in Halbfigur. Ihre linke Hand rafft das Gewand, Daumen und Zeigefinger ihrer rechten halten einen großen Ring. Gesicht und Körper entsprechen, wie Max Lehrs schon 1906 gezeigt hat, ganz dem Ideal des Meisters E. S., so etwa der zur Seite gelegte Kopf, der kleine Mund, die hohe Stirn und die weit auseinanderliegenden Augen, deren untere Lider nach oben gewölbt sind. Auch die schmalen, geziert gehaltenen Hände mit den enorm langen Fingern sind kennzeichnend für den Meister E. S. Holm Bevers hat zu bedenken gegeben, daß ein Werk im E. S.-Stil nicht notwendig vom Meister selbst stammen müsse. Auch ein (Glas-)Maler sei als Autor der Zeichnung denkbar.[1] In diesem Fall läge ein herausragendes Beispiel zeitgenössischer E. S.-Rezeption vor. Ob das Blatt ein Scheibenriß war oder welchem anderen Zweck es möglicherweise diente – das sind Fragen, die hier ebenso schwierig zu beantworten sind wie bei der *Taufe Christi* (Kat. 46).

Zur Faszination des meisterhaft gezeichneten Blattes gehört, daß das Mädchen mit seinem etwas manierierten Charme den überdimensionierten Ring zwar sehr betont vorweist, die Bedeutung dieses Haltens und Zeigens jedoch ein Rätsel ist: Max Lehrs ließ offen, ob es sich bei der Dargestellten um die Heilige Katharina von Alexandria handelt, deren Attribut der Ring ist, oder um ein weltliches Mädchen, das in Beziehung zu einem Liebhaber bzw. Bräutigam zu sehen ist. Fischel und Shestack plädierten für die Benennung als Heilige Katharina; Geisberg, Andersson und Bevers hingegen favorisierten die profane Deutung. Für letztere spricht unter anderem der kleine Blätterkranz, den das Mädchen

47/1 Meister E. S.,
Die Heilige Katharina
(Lehrs 167), Kupferstich

47

auf dem Kopf trägt und den man bei einer Frau im *Großen Liebesgarten* des Meisters E. S. (Lehrs 215) wiederfindet, in seinen sakralen Stichen jedoch nicht nachweisen kann. Katharina trägt als orientalische Königstochter entweder Turban oder Krone. Zur Interpretation der Zeichnung in weltlicher Hinsicht läßt sich auch ein kleiner Kupferstich des Meisters E. S. anführen, auf dem ein Braut- oder Liebespaar zu sehen ist (Lehrs 202): Die Dame reicht dem Herrn einen Ring als Zeichen der Zuneigung oder auch als erotisches Versprechen. Der leicht laszive Blick der auf unserer Zeichnung dargestellten Frau scheint ebenfalls in diese Richtung zu weisen. Freilich könnten die nach oben gerichteten Augen auch Ausdruck himmlischer Verzückung sein, ausgelöst durch die Erinnerung an die mystische Vermählung mit Christus, der ihr den Ring selbst an den Finger gesteckt hat. Der dargestellte Ring wäre somit das Beweisstück der besonderen Beziehung Katharinas zu Christus, ihrem »Gott«, »Geliebten«, »Hirten« und »einzigen Bräutigam«,[2] in der auch eine gewisse Erotik mitschwingt. Die *Legenda aurea* läßt Katharina sagen: »wisse, ich habe mich Christo gegeben zu einer Braut, der ist mein Ruhm und meine Liebe, meine Süßigkeit und mein Ergötzen, von des Liebe mag mich weder Schmeicheln noch Pein scheiden.«[3]

Der Meister E. S. hat Katharina in einem seiner Stiche mit dem Attribut des Ringes dargestellt (Abb. 47/1). Es ist nicht auszuschließen, daß er sie auch hier gemeint hat. Kleidung und Schmuck der Dargestellten sind jedenfalls zweifelhafte Indizien, hat doch schon der Straßburger Münsterprediger Johannes Geiler von Kaysersberg (vgl. Kapitel III.4) beklagt, die Künstler stellten die weiblichen Heiligen viel zu weltlich, zu modisch und verführerisch dar. »Sant Katharin, sant Barbara, saint Agness oder sant Margredt« sähen mitunter aus wie »gemeine dürnen« – »dann zwischen edlen weiber und huren ist kein unterscheid der cleider halb.«[4]

H. J.-F.

1 Bevers 1996, S. 322 – Ausst. Kat. Washington 1999/2000, S. 25.
2 Legenda aurea, Bd. 2, Sp. 447.
3 Ebd., Bd. 2, Sp. 445.
4 Johannes Geiler, Evangelia mit Ausslegung, posthume Ausgabe: Straßburg 1517, fol. 223, hier zit. nach Ausst. Kat. Bern/Straßburg 2000/01, S. 114.

Lit.: Lehrs 1906, passim – Slg. Kat. Berlin 1921, S. 68f., Nr. 4308 – Geisberg 1924, S. 10 – Winzinger 1949, S. 31, Nr. 23 – Fischel 1952, S. 40f. – Ausst. Kat. Philadelphia 1967, Nr. 82 – Ausst. Kat. München/Berlin 1986/87, S. 16f. – Andersson 1987, S. 169f. – Naß 1994, S. 143–147 – Bevers 1996, S. 322 – Ausst. Kat. Washington 1999/2000, S. 25, Nr. 1.

48

Meister E. S. (tätig etwa 1440/50–um 1467)

Das Strafgericht Gottes

Kupferstich; 19,1 x 14,6 cm (Einf.)
Paris, Bibliothèque nationale de France

Früher *Sündenfall* betitelt, zeigt uns der Kupferstich eine Situation nach dem verhängnisvollen Biß in den Apfel, der links unterhalb des Baumes am Boden liegt. Von rechts naht Gottvater mit den jugendlichen Zügen Christi. Links, durch einen Bach vom Herrn getrennt, steht das erste Menschenpaar und schämt sich seiner Nacktheit: Adam bedeckt sich mit einigen Blättern, Eva hält ihre linke Hand vor die Brust, ihre rechte Hand vor das Geschlecht, das jedoch für den Betrachter sichtbar bleibt – offenbar eine erotische Komponente, die den Stich eher mit den profanen *Liebesgärten* des Meisters E. S. als mit den Stichen sakralen Themas verbindet. Die Landschaft ähnelt sehr dem *Großen Liebesgarten mit Schachspielern* (Lehrs 214), während die Haltung Evas fast identisch ist mit derjenigen Maria Magdalenas in einem anderen Stich des Meisters (Kat. 70). Auch bei diesem Stich darf man vermuten, daß eine gewisse sinnliche Wirkung intendiert war.
Die Szene, die wohl von niederländischen Vorbildern beeinflußt ist,[1] wird bestimmt durch die eindrucksvolle Gebärde Gottvaters und das schuldbewußte Zurückweichen Adams und Evas. Die Gebärde des Herrn ist ganz undramatisch, bringt aber die direkte Ansprache, die mit Verurteilung und Strafe einhergeht, klar zum Ausdruck.

48

In der Landschaft sind fünf Tierpaare verteilt. Vertreten sind sowohl Tiere, die auf dem Land leben, als auch solche, die sich vornehmlich im Wasser oder in der Luft aufhalten: Links von Adam sieht man zwei Löwen, ein Weibchen und ein Männchen – sie sehen aus, als seien sie von Spielkarten kopiert worden (vgl. Abb. 14/1). Auf dem Felsen im linken Hintergrund sitzen zwei Falken. Ein Fasanenpaar ist am rechten Bildrand dargestellt. Zwei Sittiche haben sich am Bachufer in der Nähe Gottvaters niedergelassen. Schwer zu erkennen sind die beiden Enten im Bach, von denen die eine den Kopf in das Wasser steckt. Das paarweise Auftreten der Tiere – die »verfluchte« Schlange ist davon ausgenommen – dürfte kein Zufall sein, sondern auf die Sintflut und die Arche Noah vorausweisen. Gottvater gebietet Noah bekanntlich: »Und von allen Tieren, von allem Fleisch, sollst du je ein Paar in die Arche führen, um sie bei dir am Leben zu erhalten; ein Männchen und ein Weibchen sollen es sein. Von jeder Art der Vögel und des Viehs und alles dessen, was auf Erden kriecht, von allem soll je ein Paar zu dir hineingehen, um am Leben zu bleiben« (1. Mose 6, 19f.). Im Stich des Meisters E. S. wird also die Geschichte von Adam und Eva verbunden mit jener anderen, nur drei Kapitel danach erzählten Geschichte, die von menschlicher Sünde und göttlichem Zorn, aber auch von Gottes vorausschauender Gerechtigkeit handelt.

H. J.-F.

1 Vgl. Ausst. Kat. Philadelphia 1967, Nr. 19, Anm. 2 und 3 – Ausst. Kat. München/Berlin 1986/87, S. 23, Anm. 2.

Lit.: Lehrs, Bd. 2, 1910, S. 45f., Nr. 1 – Geisberg 1924, S. 29 – Fischel 1947, S. 34 – Fischel 1952, S. 38f. – Ausst. Kat. Philadelphia 1967, Einleitung und Nr. 19 – Ill. Bartsch, Bd. 8, 1980, S. 9, Nr. 1 – Slg. Kat. Paris 1982/83, Bd. 1, S. 41, Nr. 61 – Ausst. Kat. München/Berlin 1986/87, S. 23, Nr. 1 – Andersson 1987, S. 169 – Erb 1997, S. 69f. und S. 188f., Nr. 44.

49

Meister E. S. (tätig etwa 1440/50–um 1467)

Die Verkündigung an Maria

Kupferstich; 14,8 x 11,0 cm (Einf.)
München, Staatliche Graphische Sammlung

Kniend empfängt Maria die göttliche Botschaft, daß sie zur Mutter des Gottessohnes auserkoren sei. Diese Botschaft wird ihr in Form einer Schriftrolle vom Erzengel Gabriel überbracht, der – halb gehend, halb schwebend – aus dem rechten Hintergrund herbeikommt. Maria läßt das Gebetbuch sinken und hebt ihre linke Hand als Zeichen des Grußes, der Aufmerksamkeit, aber auch der Überraschung. In Vorwegnahme von Gabriels Wort »Der heilige Geist wird über dich kommen« (Lukas 1, 35) schwebt eine nimbierte Taube herab und berührt mit dem Schnabel Mariens Scheitel. Auf der linken Seite fällt der Blick durch ein Fenster auf eine hügelige Landschaft mit Bäumen und einer Burg. Vor dem Fenster steht ein Altar, darauf zwei Leuchter mit langen Kerzen und ein aufgeschlagenes Buch. Das Gefäß mit Lilien vor dem Altar verweist symbolisch auf die Reinheit Mariens.
Es mag merkwürdig anmuten, daß sich Maria vom Altar nach links wen-

49

det statt nach rechts zum Engel Gabriel, den sie auf diese Weise nicht sehen kann. Aus ihrer Haltung ergibt sich hingegen ein deutlicher Bezug zum Betrachter. Dieser wird noch verstärkt durch das Rundbogenportal, das zwar in perspektivischem Widerspruch zum übereck konzipierten Innenraum steht, jedoch die Verbindung zwischen dem Betrachterraum und dem Gemach Mariens herstellt. Nicht die Erzählung – die Begegnung des Engels mit Maria – steht also im Vordergrund, auch nicht das korrekte Erfassen einer räumlichen Situation. Vielmehr wird durch den Rahmen die Würde Mariens als der von Gott Begnadeten *(gratia plena)* unterstrichen. Zugleich scheint sie den Ave-Maria-Gebeten des gläubigen Betrachters zu antworten, indem sie sich ihm zuwendet.
Die Verkündigung zählt zu den wichtigsten Themen spätmittelalterlicher Kunst. Dies belegen allein schon die sechs überlieferten Versionen des Meisters E. S., die von anderen Kupferstechern und Holzschneidern gern kopiert wurden. Die Verwendung solcher Bilder bei der häuslichen Andacht hat offenbar ihren Niederschlag im dargestellten Interieur gefunden, das halb Wohnraum, halb Kapelle ist.
Nicht nur im Bereich der graphischen Künste sind die Stiche des Meisters E. S. oft rezipiert worden, sondern auch in der Malerei. Dies ist jüngst am Beispiel der *Verkündigung* eindrucksvoll untermauert worden:[1] Auf neunzehn erhaltenen Gemälden des späten Mittelalters aus weit auseinanderliegenden Regionen von Ulm bis Lübeck und von Tirol bis Brandenburg ist der Einfluß der Verkündigungsstiche des Meisters E. S. nachzuweisen. Der früheste Beleg ist ein um 1468 entstandenes Tafelbild in Donaueschingen:[2] Der oberrheinische oder seeschwäbische Maler hat den Innenraum nach dem Vorbild des vorliegenden Kupferstichs gestaltet, sich aber in der Anordnung der Figuren und in vielen Details davon gelöst. Das ist durchaus typisch, denn für viele Maler waren die Stiche des Meisters E. S. eher Anregung als bindende Vorlage.

H. J.-F.

1 Lüken 2000, S. 81 und Anhang 1.
2 Slg. Kat. Donaueschingen 1990, S. 102f., Nr. 5 – Lüken 2000, Katalog S. 179f., Nr. BO 1.

Lit.: Lehrs, Bd. 2, 1910, S. 56f., Nr. 11 – Geisberg 1924, S. 40 – Ausst. Kat. München/Berlin 1986/87, S. 25f., Nr. 4.

50

Meister E. S. (tätig etwa 1440/50–um 1467)

Die Heimsuchung

Kupferstich; 15,8 x 12,0 cm (Einf.)
Wien, Graphische Sammlung Albertina

Heimsuchung ist ein altes Wort für Besuch und meint in der christlichen Ikonographie den Besuch Mariens bei Elisabeth wenige Tage nach der Verkündigung der Geburt Jesu. Elisabeth war damals im sechsten Monat schwanger mit Johannes dem Täufer. Der Meister E. S. läßt die beiden Frauen nicht vor oder im Haus des Zacharias aufeinandertreffen, wie es dem Evangelium entspräche (Lukas 1, 40), sondern verlegt die Begegnung ins bergige Vorland einer Stadt. Elisabeth trägt – ähnlich wie die Sibylle von Tibur (Kat. 52) – einen langen Mantel und einen turbanartigen Kopfputz. Sie neigt sich Maria entgegen und ergreift mit beiden Händen ihren linken Arm. Maria erwidert den Blick Elisabeths nicht, sondern senkt still und demütig ihren Kopf. Es ist, als lausche sie dem Frohlocken Johannes des Täufers. Denn dieser hüpfte vor Freude im Mutterleib, als er Mariens Stimme hörte – so berichtet es Lukas.
Der Meister E. S. hat die *Heimsuchung* viermal dargestellt. Die hier gezeigte Fassung ist nicht nur die größte, sondern wohl auch die eindrucksvollste. Die Aufmerksamkeit gilt ganz den beiden Frauen. Nichts lenkt von ihrer stillen Begegnung und zarten Berührung ab. Die Klarheit des Blattes resultiert daraus, daß das Bildfeld nicht so gedrängt und dekorativ gefüllt ist wie bei anderen Stichen des Meisters. Die Landschaft ist karg, selbst auf den sonst charakteristischen breitblättrigen Bodenbewuchs hat E. S. hier verzichtet. Das könnte auch mit der Vorlage zusammenhängen, an die sich der Kupferstecher möglicherweise angelehnt hat.[1]
Vom Straßburger Münsterprediger Johannes Geiler von Kaysersberg stammt eine Anleitung zum richtigen Gebrauch eines *Heimsuchungs*-Bildes: »Kanst weder schreiben noch lesen so nim ein gemalten brieff für dich daran Maria die muotter gots und Elizabeth gemalt ston als sie zesamen kumen seind und Maria Elizabeth gegrüsset hat in Zacharias huss / du kauffest einen umb ein pfening / thuon zuo den ersten eins und sitzt nider und sihe den brieff an und gedenck daran wie sie froelich gewesen seind und guoter ding / und erken dz im glauben *(recognosce per fidem)* dar-

50

nach wan du es erkant hast / so hab ein gefallen daran / lass dir das wol gefallen. Zuo den dritten darnach so erzoeg dich gegen inen in usserlicher eer erbeitung kuss die bild an den brieff kanstu anders nit bass / neig dich vor iren bild oder knüw darfür nider und rüff sie an / oder gib eim armen menschen ein almüsen umb irent willen.«[2] Man darf annehmen, daß Kupferstiche mitunter ähnlich verwendet wurden wie Geiler es hier für ein populäres gemaltes Andachtsbildlein vorschlägt. Der Aufforderung »lass dir das wol gefallen« wird man noch heute gerne nachkommen.

H. J.-F.

1 Vgl. Fischel 1952, S. 37 – Ausst. Kat. Philadelphia 1967, Nr. 42 – Ausst. Kat. München/Berlin 1986/87, S. 27f. Der Kupferstich des Meisters E. S. wurde selbst wiederum rasch zur Vorlage; vgl. die *Heimsuchungs*-Miniatur in einer fränkischen Handschrift von 1471: Slg. Kat. Berlin 1928, S. 101f.

2 Zit. nach Ausst. Kat. Bern/Straßburg 2000/01, S. 114 – vgl. Nicolaisen 2000, S. 84.

Lit.: Lehrs, Bd. 2, 1910, S. 63f., Nr. 17 – Geisberg 1924, S. 28 – Fischel 1947, S. 34 – Fischel 1952, S. 37 – Ausst. Kat. Philadelphia 1967, Nr. 42 – Ill. Bartsch, Bd. 8, 1980, S. 18, Nr. 10 – Ausst. Kat. München/Berlin 1986/87, S. 27f., Nr. 9 – Erb 1997, S. 71–73 und S. 189, Nr. 45.

51

Meister E. S. (tätig etwa 1440/50–um 1467)

Die Geburt Christi

Kupferstich; 14,3 x 11,5 cm (Einf.)
Paris, Bibliothèque nationale de France

Die Darstellung verbindet verschiedene biblische Episoden und Deutungstraditionen zu einem komplexen Ganzen: Im Vordergrund sieht man Maria mit langem offenem Haar, die Arme vor der Brust gekreuzt, in demutsvoller Haltung. Vor ihr auf dem Boden liegt das Jesuskind, umgeben von einem Strahlenkranz. Dieser ikonographische Typus stützt sich nicht so sehr auf das Evangelium als auf eine Vision der Heiligen Birgitta von Schweden, einer Mystikerin des 14. Jahrhunderts: Gemäß Birgitta soll Maria ihr Kind auf wunderbare Weise in einem einzigen Moment geboren haben, während sie, auf dem Boden kniend, zu Gott betete. Von dem Kind sei ein intensives Licht ausgegangen, das den Glanz von Josephs Kerze überstrahlt habe. In allen sechs von ihm gestochenen Versionen der *Geburt Christi* hat sich der Meister E. S. an die Vision Birgittas gehalten. In keiner sieht man das Kind in Windeln gewickelt und in einer Krippe liegend, wie es dem Bericht bei Lukas und dem älteren Darstellungsbrauch entsprochen hätte.

51

Ochs und Esel, die man im Stall rechts von Maria erkennt, gehen auf ein prophetisches Wort des Jesaja zurück und deuten durch ihre Anwesenheit an, daß sich mit der Geburt Christi die auf den Messias bezogenen Weissagungen des Alten Testaments erfüllen (vgl. Kat. 198).

Im Gegensatz zu den beiden Tieren haben die im Hintergrund dargestellten Szenen ihre textliche Grundlage im Neuen Testament, wenn auch nicht im gleichen Evangelium: Die Verkündigung an die Hirten wird bei Lukas (2, 8ff.), der Zug der Heiligen Drei Könige nach Bethlehem bei Matthäus (2, 1ff.) geschildert. Jeder der drei jeweils mit Krone gekennzeichneten Könige kommt hoch zu Pferd und mit ebenfalls berittenem Gefolge aus einem eigenen Tal in der hügeligen Landschaft. Der vorderste von ihnen hat den Stall schon fast erreicht und erblickt die Heilige Familie, wie seine erhobene Hand anzuzeigen scheint. Auf einer Felsnase, die sich gleichsam zwischen die zweite und die dritte Königsgruppe schiebt, sieht man einen Hirten mit fünf Schafen, dem ein gefiederter Engel mit Spruchband die Geburt des Heilands verkündigt. Zur selben Geschichte gehören auch die beiden Männer hinter der gemauerten Stallwand – es sind Hirten, die bereits an ihrem Ziel angekommen sind – und der Engel, der eine Schriftrolle mit den Worten »gloria in exzelsis [deo]« (Ehre sei Gott in den Höhen) hält. Er vertritt die himmlischen Heerscharen, von denen Lukas berichtet, sie hätten Gott auf diese Weise gepriesen, während die Hirten noch auf dem Felde waren.

Der Meister E. S. hat in seinem Kupferstich zeitlich auseinanderliegende Geschehnisse miteinander verwoben und sich dabei auf verschiedene Textquellen gestützt. Er hat darüber hinaus, wie es scheint, mehrere bildliche Vorlagen gehabt, von denen er jeweils Einzelheiten übernahm: Joseph und die beiden Hirten hinter der Stallmauer kommen vielleicht aus anderem Zusammenhang als die Hauptgruppe im Vordergrund, denn sie sind nicht überzeugend auf diese bezogen. Auch die unterschiedliche Gestaltung der beiden Engel, die doch zur selben Geschichte gehören, spricht für diese These. Die Vorbilder wird man, wie Holm Bevers gezeigt hat, im Bereich der franko-flämischen Kunst zu suchen haben.[1] Einige Details darf man allerdings ganz der Phantasie des Meisters E. S. zuschreiben, so zum Beispiel das Häslein im Wald zwischen Vorder- und Mittelgrund.

H. J.-F.

1 Ausst. Kat. München/Berlin 1986/87, S. 28.

Lit.: Lehrs, Bd. 2, 1910, S. 68f., Nr. 21 – Geisberg 1924, S. 25 – Ausst. Kat. Ludwigshafen 1980, S. 9–13, Nr. 2 – Slg. Kat. Paris 1982/83, Bd. 1, S. 41, Nr. 70 – Ill. Bartsch, Bd. 8, 1980, S. 20, Nr. 12 – Ausst. Kat. München/Berlin 1986/87, S. 28, Nr. 10 – Erb 1997, S. 64f. und S. 190, Nr. 46.

52

52

Meister E. S. (tätig etwa 1440/50–um 1467)

Kaiser Augustus und die Sibylle von Tibur

Kupferstich; 26,9 x 19,8/20,4 cm (Blatt)
Karlsruhe, Staatliche Kunsthalle Karlsruhe, Kupferstichkabinett

Der Stich gehört zu den größten und interessantesten des Meisters E. S. Dargestellt ist eine Begebenheit, die, auf verschiedenen apokryphen Quellen beruhend, in der *Legenda aurea* des Jacobus de Voragine erzählt wird: Der römische Senat soll Kaiser Augustus, der sich auf dem Zenit seiner Macht befand, gedrängt haben, sich als Gott verehren zu lassen. Augustus aber zögerte und befragte eine Wahrsagerin, die Sibylle von Tibur (Tibur ist das heutige Tivoli in den Sabiner Bergen). Ihr Orakel fand am Tag der Geburt Christi in den Privaträumen des Kaisers statt. Zur Mittagszeit erschien ihr Maria mit dem Kind, umgeben vom hellen Schein der Sonne. Auch der Kaiser, von der Sibylle darauf hingewiesen, wurde Zeuge der Vision und hörte zusätzlich eine himmlische Stimme. Er »erkannte, daß das Kind größer sei als er (...) und wollte hinfort nicht mehr Gott geheißen werden.«[1] Seine Gemächer ließ er danach zur Marienkirche weihen.

Der Meister E. S. hat die Geschichte zweimal dargestellt: Einmal, der Legende entsprechend, als Innenraumszene (Lehrs 191), das andere Mal, in der hier gezeigten Fassung, vor einer weiten Landschaft. Im Vordergrund stehen die Sibylle und der Kaiser. Die Sibylle trägt einen turbanartigen Kopfputz und ein langes Gewand, das sie mit der rechten Hand rafft. Mit

52/1 Unbekannter Zeichner, *Stehende Frau*, Staatliche Kunsthalle Karlsruhe, Kupferstichkabinett

der linken Hand zeigt sie auf die Himmelserscheinung: Maria und das Jesuskind in einem Strahlenkranz. Die Mondsichel entstammt der Ikonographie des apokalyptischen Weibes (vgl. Kat. 65). Augustus, durch Krone, Zepter und edelsteinbesetztes Gewand als mächtiger Herrscher gekennzeichnet, hat seinen bärtigen Kopf in den Nacken gelegt und blickt zur Madonna. Den rechten Arm hat er erhoben, um seine Augen gegen die gleißenden Sonnenstrahlen abzuschirmen. Außergewöhnlich ist die detailreiche Schilderung der Landschaft, die in drei Zonen hinter der Vordergrundsbühne liegt: der Fluß, über den ein sich gabelnder Steg führt; die Stadt mit ihren Häusern, Toren und Kirchen; schließlich eine sich bis zum Horizont dehnende Wasserfläche, auf der Schiffe zu sehen sind. Zahlreiche Tiere, Pflanzen und kleine Figuren sind über das Bildfeld verstreut: ein Hund vor dem zierlich zur Seite gesetzten rechten Fuß der Sibylle, eine Ente bei der kleinen Felseninsel im Fluß, ein Häslein – kaum sichtbar neben dem linken Felsen am jenseitigen Flußufer, ein Storch auf einem Treppengiebel halbrechts, ein Hirsch auf dem Burghügel. Einige der Pflanzen lassen sich benennen: Schilfrohr, Alpenveilchen und Wegerich – der Meister scheint sie nach der Natur studiert zu haben. Rechts im Bild, vor der Stadt, sieht man einen Pilger seines Wegs ziehen. Besondere Aufmerksamkeit verdient der frontal gesehene Armbrustschütze unter dem Stadttor: er zielt direkt auf den Betrachter. Dieses Motiv, das auf einer Version der Sebastiansmarter wiederkehrt (Lehrs 157), ist keine Erfindung des Meisters E. S. Es findet sich verschiedentlich in Musterbüchern des 15. Jahrhunderts, vermutlich wegen der künstlerischen Herausforderung, die die perspektivische Verkürzung bildete.[2] Doch scheint hier, wie auch im Sebastiansstich, mehr als das Zitat eines artistischen Bravourstücks vorzuliegen: Der Armbrustschütze ist nämlich an sehr bedeutsamer Stelle eingefügt – zwischen der weisenden Hand der Sibylle und dem Kopf des Kaisers, ungefähr auf der Achse, die durch Zepter und Himmelserscheinung führt. Hier wird also das Zentrum der Komposition markiert. Gleichzeitig wird das Geschehen mit Vehemenz in das Auge des Betrachters verlängert: Die Erscheinung, deren Zeuge er ist, betrifft ihn unmittelbar.

Das Thema der Sibylle von Tibur und des Kaisers Augustus war im 15. Jahrhundert verbreitet. Eine bedeutende Darstellung, die dem E. S.-Stich Nr. 191 nahekommt, stammt von Rogier van der Weyden, eine andere von Konrad Witz, dessen Basler Heilsspiegelaltar der Meister E. S. vielleicht gesehen hat. Möglicherweise konnte sich schon Konrad Witz auf ähnliche Vorbilder, nämlich franko-flämische Buchmalereien, stützen wie der Meister E. S. Der vorliegende Stich ist technisch durch sehr feine, zum Teil punktartige Schraffuren gekennzeichnet und wird deshalb meist in die Frühzeit des Meisters datiert. Eine im Besitz des Louvre befindliche Zeichnung, die früher als Vorstudie zum vorliegenden Stich angesehen wurde, gilt heute als freie Variation eines unbekannten Künstlers nach dem Stich.[3] In diesem Sinne wird man auch eine im Kupferstichkabinett der Staatlichen Kunsthalle Karlsruhe bewahrte Zeichnung einschätzen müssen: Sie zeigt die Sibylle seitenverkehrt und mit leichten Änderungen gegenüber derjenigen des Meisters E. S. (Abb. 52/1).[4]

H. J.-F.

1 Legenda aurea, Bd. 1, Spalte 67.
2 Ausst. Kat. Wien 1974, S. 227f. – Ausst. Kat. München 1974, S. 17f.
3 Zu der Zeichnung vgl. zuletzt Naß 1994, S. 150f.
4 Vgl. Ausst. Kat. Karlsruhe 1992a, S. 88, Nr. 97.

Lit.: Lehrs, Bd. 2, 1910, S. 271–274, Nr. 192 – Geisberg 1924, S. 19 – Fischel 1950, S. 108 und S. 150 – Ausst. Kat. Philadelphia 1967, Einleitung und Nr. 2 – Kauffmann 1978, S. 176 – Ausst. Kat. München/Berlin 1986/87, S. 9f. und S. 77–80, Nr. 93 – Anzelewsky 1991, S. 120 – Ausst. Kat. Karlsruhe 1992a, S. 15–17, Nr. 17 – Ausst. Kat. Schwäbisch Hall 1992/93, S. 158–162, Nr. 69 – Naß 1994, S. 47–50 – Erb 1997, S. 67f. und S. 199f., Nr. 57.

53

Meister E. S. (tätig etwa 1440/50–um 1467)

Die Anbetung der Könige

Kupferstich; 14,7 x 10,8 cm (Einf.)
Paris, Bibliothèque nationale de France

Als eine von insgesamt vier erhaltenen Varianten, verrät auch die hier gezeigte *Anbetung der Könige* den unermüdlichen künstlerischen Willen des Meisters E. S. um bessere Lösungen, der sich vor allem in der mittleren Schaffenszeit manifestiert. Die vorliegende Fassung zählt wohl zu den ersten, da sie noch weitgehend der traditionellen Darstellungsweise des Dreikönigsbildes entspricht, die in der nördlichen Kunst wohl gegen Ende des 13. Jahrhunderts entstand und für das gesamte folgende Jahrhundert nahezu verbindlich wurde. Melchior, der älteste der Weisen, kniet ehrerbietig vor Maria mit dem nackten Jesuskind auf dem Schoß, das aus der geöffnet dargebotenen Goldkassette eine Münze entnommen hat und diese seiner Mutter zeigt. Die bekrönte Kappe des kahlköpfigen, greisen Königs liegt Maria zu Füßen. Der zweite Magier, Kaspar, in reifem Mannesalter, mit langem Lockenhaar und Turban mit Krone, steht hinter den beiden und hält in seiner Linken das Weihrauchgefäß, während er mit der Rechten auf den Stern Bethlehems deutet. Hinter ihm, im Profil, blickt Balthasar, der junge bartlose Mohrenfürst, zu dem Stern, in der Hand eine sogenannte »Greifenklaue«, welche die Myrrhe enthält.

53

früheres, da zur Geburt Christi gehörendes Geschehen: Ein Hügel mit Schafen und zwei Hirten, die zum Leitstern emporschauen. In der Ferne, vor einem See, wird die Silhouette einer Burg und einer Stadt sichtbar, mit der wohl Bethlehem gemeint ist.
In Figurentypus, Stil und Komposition dieses Blattes lassen sich Vorbilder aus dem Umkreis Rogier van der Weydens oder der Eyckschen Schule vermuten.[1]

A. V.

1 Vgl. Ausst. Kat. München/Berlin 1986/87, S. 30 und Naumann, Bd. 2, 1856, S. 247.

Lit.: Lehrs, Bd. 2, 1910, S. 75f., Nr. 27 – Geisberg 1924, S. 34, Taf. 25 – Hessig 1935, S. 61 – Huth 1935 – Ausst. Kat. Ludwigshafen 1980, S. 22, Nr. 6 – Slg. Kat. Paris 1982/83, Bd.1, S. 42, Nr. 73 – Ausst. Kat. München/Berlin 1986/87, S. 30, Nr. 13.

Entsprechend dem traditionellen Schema vertreten die Weisen die drei Lebensalter, die dargebotenen Gaben stehen sinnbildlich für die Würden Christi: Gold, das dem König gebührt, Weihrauch zur Ehre Gottes sowie das Arzneimittel Myrrhe als Sinnbild der Auferstehung und Erlösung. Entgegen des sonst üblichen Musters, blickt der zweite Weise nicht zu dem dritten zurück, um diesem den Stern zu zeigen, sondern wendet sich, soeben in einer etwas manieriert wirkenden Drehbewegung begriffen, direkt dem Betrachter zu.
In der linken Bildhälfte, unter dem Dach des Stalles, der sich an die Ruinen einer Mauer mit romanischem Fenster anlehnt, steht in regloser Haltung Joseph. Mit starrem, richtungslosem Blick wie teilnahmslos auf einen Stab gestützt, hält er mit gespreizten Fingern eine Kerze. Die nach der Legende eigentlich der *Geburt Christi* zugehörige Kerze stellt für ein Adorationsbild eine ikonographische Neuheit dar und steht wohl, zusammen mit dem neben Joseph befindlichen Brotkorb, als Hinweis für seine häuslichen Obliegenheiten, die seit etwa 1400 in der deutschen Kunst oftmals auch in der Sorge um Feuer, Suppe oder die Gaben Ausdruck fanden.
Jenseits der Szene, durch eine halbhohe Mauer und die Kante der Ruine gerahmt, erblickt man wie durch ein Fenster ein zeitlich eigentlich viel

54
Meister E. S. (tätig etwa 1440/50–um 1467)
Die Passion Christi
Zwölf Kupferstiche, jeweils 1. Zustand:
a) ***Christus am Ölberg;*** 9,7 x 7,5 cm (Blatt)
b) ***Die Gefangennahme Christi;*** 9,9 x 7,6 cm (Blatt)
c) ***Christus vor Pilatus;*** 9,3 x 7,3 cm (Blatt)
d) ***Die Geißelung Christi;*** 9,8 x 7,5 cm (Blatt)
e) ***Die Dornenkrönung Christi;*** 9,8 x 7,2 cm (Blatt)
f) ***Die Kreuztragung Christi;*** 9,6 x 7,2 cm (Blatt)
g) ***Die Entkleidung Christi;*** 9,8 x 7,2 cm (Blatt)
h) ***Christus am Kreuz;*** 9,9 x 7,4 cm (Blatt)
i) ***Die Kreuzabnahme Christi;*** 9,9 x 7,4 cm (Blatt)
j) ***Die Grablegung Christi;*** 9,8 x 7,3 cm (Blatt)
k) ***Die Auferstehung Christi;*** 10,1 x 7,3 cm (Blatt)
l) ***Christus erscheint Maria Magdalena;*** 9,9 x 7,2 cm (Blatt)
Karlsruhe, Staatliche Kunsthalle Karlsruhe, Kupferstichkabinett

Die Staatliche Kunsthalle Karlsruhe ist im Besitz der einzigen vollständig erhaltenen Passionsfolge des Meisters E. S. Allerdings handelt es sich um etwas matte Abdrucke von den schon abgenutzten Platten, so daß viele Feinheiten verloren sind und nur die Konturen kräftig hervortreten. Das Papier ist niederrheinisch, wie man aus Fragmenten von Wasserzeichen schließen kann.[1] Vielleicht hat Israhel van Meckenem, der in den Besitz der originalen Platten gelangt war, diese Drucke gemacht, bevor er die Platten retuschierte und aufstach.
Lilli Fischel sah die Passionsfolge des Meisters E. S. als freie Variation nach verlorenen Gemälden des Meisters der Karlsruher Passion an. Der Bezug auf den Meister der Karlsruher Passion war für Fischel sogar ein Argument, den Meister E. S. nach Straßburg zu lokalisieren. In der Tat kann man viele verwandte Züge zwischen den Blättern des Meisters E. S. (so etwa der *Kreuztragung* oder der *Entkleidung*) und den noch erhaltenen Tafeln des Passionsmeisters (Kat. 35) feststellen, doch schätzt man die Beziehung der beiden Künstler heute als weniger eng ein. Der Meister E. S. hat wohl aus mehreren Quellen geschöpft – so lassen sich auch manche Inkonsequenzen, vor allem in der Gestaltung des Hintergrundes, erklären.[2] Vergleicht man die Geißelung des Meisters E. S. mit derjenigen

54a

54b

54c

aus der *Karlsruher Passion*, so wird deutlich, wie sehr sich der Stil des Kupferstechers von dem des Malers abhebt: Die Figuren des Meisters E. S. machen durch ihre stark eingezogenen Taillen und die äußerst zarten Körper einen zerbrechlichen Eindruck. Gleichzeitig kennzeichnet sie eine fast tänzerische Attitüde. Manche Posen sind zierlich, andere eher geziert.

Obwohl die Passion des Meisters E. S. – sie wird seinen Frühwerken zugerechnet – nicht zu seinen wichtigsten und eindrucksvollsten Bildschöpfungen zählt, ist sie doch vielfach, in vielen Medien und in zum Teil weit entfernten Regionen kopiert oder nachgeahmt worden: Neben den Kupferstichkopien des Israhel van Meckenem gibt es andere, die dem niederländischen Meister der Bandrollen und dem niederrheinischen Meister des Dutuitschen Ölbergs zugeschrieben werden. Auch Glasgemälde (St. Martin in Metz), Metall- und Holzschnitte sowie Teigdrucke (eine spätmittelalterliche Hochdrucktechnik) sind nach dem Vorbild der E. S.-Passion entstanden. Auf die Rückseite eines Hausaltärchens gravierte der Salzburger Goldschmied Perchtold 1494 Szenen aus der Leidensgeschichte Christi, wobei er sich für zwei Szenen (Dornenkrönung und Auferstehung) auf Stiche des Meisters E. S., für andere auf Stiche des Meisters I A M van Zwolle und Martin Schongauers stützte.[3] Dieses

54d

54e

54f

54g

54h

54i

Verarbeiten unterschiedlicher Vorlagen mit der daraus resultierenden Uneinheitlichkeit in Stil und Erzählung war bereits charakteristisch für das Vorgehen eines seiner Vorbilder, des Meisters E. S.

H. J.-F.

1 Lehrs, Bd. 2, 1910, S. 102.
2 Vgl. Ausst. Kat. München/Berlin 1986/87, S. 9 und S. 37 – Naß 1994, S. 63.
3 Fritz 1966, S. 233f. und S. 535f., Nr. 643.

Lit.: Lehrs 1886 – Lehrs, Bd. 2, 1910, S. 87–103, Nr. 37–48 – Fischel 1935b, S. 52–56 – Fischel 1947, S. 28–33 – Ill. Bartsch, Bd. 8, 1980, S. 23–31, Nr. 15–26 – Ausst. Kat. München/Berlin 1986/87, S. 36–38, Nr. 19–21 – Ausst. Kat. Karlsruhe 1992a, S. 9–13, Nr. 2–13 – Naß 1994, S. 29–33, S. 60–63, S. 77–80 und S. 90–92 – Ausst. Kat. Karlsruhe 1996, S. 238, Nr. 69.

54j

54k

54l

55

Meister E. S. (tätig etwa 1440/50–um 1467)

Das Jesuskind im Herzen

Bez. o. M.: .1.4.6.7. .E.S.
1467
Kupferstich; 16,0 x 11,4 cm (Platte)
Berlin, Kupferstichkabinett – Sammlung der Zeichnungen und Druckgraphik
Staatliche Museen zu Berlin – Preußischer Kulturbesitz

Das monogrammierte und datierte Blatt zeigt eine große Ranke mit fünf Blüten. Vier davon nehmen auf dekorative Weise die Ecken des Bildfeldes ein und tragen Putten mit den Leidenswerkzeugen *(arma)* Christi. Die fünfte Blüte, im Zentrum des Blattes, bildet die Basis für ein Herz, das sich in der Mitte öffnet. In dieser Öffnung erscheint das segnende nackte Jesuskind, nimbiert und von einem Strahlenkranz umgeben. Es wird überhöht von einem Kreuz mit *inri*-Tafel. In seiner linken Hand hält Christus ein langes, sich durch weite Teile des Blattes ziehendes Band mit folgender Inschrift: »wer ihs [Jesus] in sinem herczen tret [trägt] dem ist alle zit die ewig froed beraeit.« Die Aufforderung, Christus im Herzen zu tragen, ist im Bild wörtlich umgesetzt: Das dargestellte Herz ist nämlich sowohl dasjenige Christi wie auch das des jeweiligen gläubigen Betrachters. Beide sind auf mystische Weise miteinander vereint.

Die Herz-Jesu-Verehrung ist eine besondere Form der Christusfrömmigkeit, die im Hochmittelalter entstand und im Spätmittelalter besonders intensiv in Frauenklöstern gepflegt wurde. Davon zeugen Nonnenmalereien, die beispielsweise die *unio mystica* einer (als Nonne personifizierten) Seele mit Christus im Herzen des Gekreuzigten zeigen.[1] Dabei wurde die Seitenwunde, die Christus am Kreuz zugefügt wurde, als Wunde des Herzens aufgefaßt. Nicht zufällig weist daher die Lanze, die der Engel rechts unten hält, auf das Herz.[2] Das sich öffnende Herz ist ein Symbol für das Leiden wie für die Liebe Christi. Beides hängt eng zusammen, da die Passion das Unterpfand der Erlösung ist. So erklärt sich auch die Verbindung von Leidenswerkzeugen und »ewiger Freude«, wie sie in der Inschrift versprochen wird: gemeint ist eine jenseitige Freude – die himmlische Seligkeit.

Neben der Herz-Jesu-Verehrung ist auch die Bezugnahme auf den kindlichen Christus ein typisches Element mystischer Frömmigkeit in Nonnenklöstern. Hiervon geprägt, jedoch im weltlichen Bereich sehr verbreitet, waren Einblattdrucke, die als Neujahrsgruß dienten. Ein mit dem hier gezeigten Blatt verwandter Stich des Meisters E. S. zeigt das Jesuskind auf einer großen Blüte, hinterfangen vom Kreuz und ein Schriftband haltend. Darauf ist zu lesen: »Ein guot selig jor« (Lehrs 50). Solche Drucke schenkte man sich zwischen dem 25. Dezember und dem 6. Januar. Die zeitliche Nähe zu Weihnachten (in den meisten Regionen begann das Jahr am Weihnachtstag) mag der Grund sein, warum Christus auf solchen Blättern fast immer als nacktes Kleinkind auftritt. Obwohl auf dem vorliegenden Stich vom Neuen Jahr nicht die Rede ist und auch kein Glückwunsch, sondern ein Ratschlag formuliert wird, mag er doch als Neujahrsgruß gedient haben.[3] Die Betonung der Passion wäre dafür nicht ungewöhnlich, zumal der Akzent auf der Überwindung des Todes liegt.

Vorsichtig sollte man sein, auch die Ranken und die prächtigen Blüten als Symbole der Auferstehung zu interpretieren. Ganz ähnliche Pflanzen kann man nämlich auf profanen Blättern nachweisen, zum Beispiel in Kombination mit wilden Männern.[4] Für die ästhetische Wirkung des Stiches sind diese ornamenthaften Elemente aber von großer Bedeutung. Sie machen das Blatt zu einem der ansprechendsten Werke des Meisters. H. J.-F.

55

1 Ausst. Kat. Nürnberg 2000, S. 200–203, Nr. 35f.
2 Auf einem – möglicherweise oberrheinischen – Holzschnitt (um 1450/65; vgl. Ausst. Kat. München 1970, Nr. 34 = Schreiber Nr. 799) ist dargestellt, wie die Longinuslanze direkt in das Herz Christi sticht.
3 In einem – vermutlich in Ulm um 1460/75 entstandenen – Holzschnitt ist eine Inschrift, die derjenigen auf dem E. S.-Stich ähnlich ist, kombiniert mit einem Neujahrswunsch: vgl. Ausst. Kat. Bern/Straßburg 2000/01, S. 222, Nr. 75.
4 Vgl. Ausst. Kat. Philadelphia 1967, Nr. 63 (nicht bei Lehrs).

Lit.: Lehrs, Bd. 2, 1910, S. 107f., Nr. 51 – Geisberg 1924, S. 3 und S. 55 – Fischel 1935a, S. 227 – LCI, Bd. 2, 1970, Sp. 251 – Ausst. Kat. München/Berlin 1986/87, S. 73, Nr. 87.

56

Meister E. S. (tätig etwa 1440/50–um 1467)

Der Schmerzensmann zwischen zwei Engeln

Kupferstich; 9,4 x 6,5 cm (Einf.)
Nürnberg, Germanisches Nationalmuseum

Das kleine Bildfeld des Kupferstichs ist dicht angefüllt mit Figuren, Köpfen, Händen und zahlreichen Gegenständen, die auf die Passion Christi verweisen. Christus selbst ist auf einem schräg stehenden Sarkophag sitzend dargestellt. Sein Oberkörper liegt auf der mittleren Bildachse, die

56

eine Verlängerung im Kreuzesstamm findet. Daumen und Zeigefinger seiner linken Hand rahmen die Seitenwunde und heben sie auf eine Weise hervor, daß man sie als Zentrum der Darstellung bezeichnen darf. Die beiden Engel links und rechts stützen den lebendig-toten Schmerzensmann nicht – wie bei einer Engelpietà (vgl. Kat. 202) –, sondern halten ein Bahrtuch.

Zu den altertümlichen Elementen des Kupferstichs zählt, daß die *arma Christi*, die zeichenhaft verschiedene Episoden der Leidensgeschichte Christi vom Gebet am Ölberg bis zur Grablegung evozieren, nicht auf realistische Weise im Bildraum verankert sind (wie man dies etwa für den Bostoner Schmerzensmann, Kat. 34, sagen kann), sondern größtenteils frei darin zu schweben scheinen. Der Grund hierfür liegt vor allem darin, daß sich der Meister E. S. nicht auf die Leidenswerkzeuge im engeren Sinne beschränkt, sondern auch die Köpfe von Petrus, Kaiphas, Pilatus und einem spuckenden Schergen sowie eine zeigende und eine schlagende Hand mit einbezogen hat. Diese »Szenenkürzel«[1] finden sich ähnlich auch auf einem Stich, der dem Meister der Spielkarten zugeschrieben wird (Kat. 12). Merkwürdig mutet der Plattenboden im Vordergrund an: Er suggeriert ein Interieur, das im Hintergrund allerdings nicht weiter charakterisiert wird.

Der Schmerzensmann mit den *arma Christi* zählt zu den wichtigsten Themen spätmittelalterlicher Andachtskunst. Allgemeine Grundzüge der gängigen Komposition, die auch für das Blatt des Meisters E. S. zutreffen, hat Robert Suckale beschrieben: »Die simultane, alles synchron nebeneinanderstellende Auffassung bietet der Betrachtung in ihrem jeweils deutlich hervorgehobenen Mittelpunkt wohl einen Anfang, aber kein Ende, ebenso keine vorgeprägten ›Blickbahnen‹. Dies und die Fülle der arma bewirken einen hohen Grad an Wiederholbarkeit ohne Erschöpfung.«[2] Jedes Detail des Bildes kann dem Gläubigen immer wieder Anlaß geben, sich einfühlend in die Passion zu versenken und ein Gebet zu sprechen.

Obwohl der Stich des Meisters E. S. heute nur noch in zwei Exemplaren bekannt ist, war er ursprünglich gewiß weit verbreitet. Für eine hohe Auflage spricht, daß beide erhaltenen Abzüge von der schon abgenutzten Platte gedruckt wurden.

H. J.-F.

1 Suckale 1977, S. 183.
2 Ebd., S. 192.

Lit.: Lehrs, Bd. 2, 1910, S. 110f., Nr. 54.

57

Meister E. S. (tätig etwa 1440/50–um 1467)

a) ***Der segnende Erlöser in Halbfigur***

Bez. o. M.: .E. 1.4.6.7. S.; unter dem Bogen: .sanctus. .salffidor.
1467
Kupferstich; 14,9 x 12,0 cm (Platte)
Paris, Bibliothèque nationale de France

b) ***Die betende Maria in Halbfigur***

Bez. o. l.: E; o. r.: .1.4.6.7.
1467
Kupferstich; 14,6 x 11,9 cm (Platte)
Karlsruhe, Staatliche Kunsthalle Karlsruhe, Kupferstichkabinett

Die hier gezeigten Kupferstiche des Erlösers und der betenden Maria gelten seit langer Zeit als Pendants. Beide sind 1467 datiert; Christus und Maria neigen sich einander zu; sie sind jeweils als Halbfigur und innerhalb einer architektonischen Rahmung dargestellt. Maria scheint sich mit ihrem Gebet – sie hält die Hände betend zusammen und schaut andächtig in ihr Brevier – für die sündige Menschheit zu verwenden. Christus gibt seinen Segen – ernst, hoheitsvoll und barmherzig zugleich.

Die Bezeichnung »sanctus salffidor« *(sanctus salvator:* heiliger Erlöser) nimmt Bezug auf einen besonderen Typus spätmittelalterlicher Christus-Ikonographie, der in der altniederländischen Malerei entwickelt wurde. Der Akzent liegt hierbei auf der Erlösungstat Christi: Die Welt ist durch den Kreuzestod des Heilands erlöst worden – darauf weist das Attribut der vom Kreuz überhöhten Weltkugel hin. Christi Segen gilt nicht nur der Mutter, sondern auch der durch sie vertretenen Menschheit. Christus ist der Messias, den schon die Propheten des Alten Testaments geweissagt haben. Der Meister E. S. hat zwei von ihnen als Statuetten links und rechts des Gottessohnes dargestellt. Die Schriftbänder sind Symbole ihrer Prophezeiung. Der Nimbus aus Strahlen und Lilienkreuz sowie die kostbare Kleidung Christi (er trägt ein Untergewand mit Granatapfelmuster und einen Mantel, der über der Brust von einer großen Agraffe zusammengehalten wird) unterstreichen zwar die respektheischende göttliche Würde, doch ist die Aussage verbindlicher als in älteren Maie-

57a

57b

stas-Domini-Bildern, die vor allem Verehrung und Gefolgschaft verlangen. Die Konzeption als Halbfigur schafft eine gewisse Nähe zwischen Betrachter und Dargestelltem. Die durch die Brüstung hergestellte Distanz wird durch den überhängenden Gewandteil relativiert.

Beide Blätter zeichnen sich durch eine sehr differenzierte Sticheltechnik aus und dürfen deswegen als Meisterwerke des frühen Kupferstichs bezeichnet werden: Die Konturen sind jeweils tief eingegraben, sie geben den Figuren Halt. Die Binnenschatten sind hingegen durch außerordentlich feine, zum Teil nur punktgroße Striche erzeugt. Besonders zart sind die Hautpartien behandelt. In Mariens Dekolleté zeichnen sich sogar die Schlüsselbeine ab. In den dunklen Zonen überschneiden sich verschiedene Strichlagen. Auf beiden Stichen wurde eine Rundpunze, eigentlich ein Werkzeug der Goldschmiede, verwendet: Die Punzierung sieht man an den Bordüren der Gewänder und bei den Jahreszahlen zur Trennung der einzelnen Ziffern. Ein Stilmerkmal beider Blätter sind auch die überaus schmalen Hände Christi und Mariens mit den sehr stark in die Länge gezogenen Fingern.

Die zum Fürbittediptychon verbundenen Blätter folgen einem Muster, das in der Graphik sehr selten, in der Malerei hingegen – vor allem in der altniederländischen – häufiger ist. Ein Werk des Meisters von Flémalle stellt möglicherweise das Urbild dar.[1] In der Werkstatt von Dirk Bouts wurden solche Diptychen seit etwa 1440 fast serienmäßig gemalt. Albrecht Bouts, zweiter Sohn von Dirk, setzte diese Tradition fort (Abb. 57/1). Trotz der Evidenz solcher Parallelen wirft die Kombination der beiden Blätter Fragen auf: Warum sind sie unterschiedlich groß und warum ist die steingehauene Rahmung so verschieden?[2] Unklar bleibt auch die Bedeutung der leeren Wappenschilde – gehen sie auf ein unbekanntes Vorbild (ein Gemälde oder ein Relief)[3] zurück? Möglich scheint, daß sich beide Darstellungen zwar vom Typus des Fürbittediptychons herleiten,

57/1 Albrecht Bouts, *Fürbittediptychon*, um 1500, Aachen, Suermondt-Ludwig-Museum

jedoch selbständig konzipiert wurden: Sie konnten unabhängig voneinander als Andachtsbilder genutzt werden. Vielleicht waren sie auch als Vorlagen für Maler gedacht: Die unterschiedlichen Rahmen könnte man dann als Angebot an den rezipierenden Künstler werten, sich für den ihm genehmeren zu entscheiden; für die andere Seite ließ er sich dann leicht verdoppeln.

H. J.-F.

1 Abb. in: Ausst. Kat. München/Berlin 1986/87, S. 39.
2 Diese Fragen bleiben auch bestehen, wenn man – wie vorgeschlagen wurde – den Stich Lehrs Nr. 56 durch den sehr ähnlichen Stich Lehrs Nr. 57 ersetzt: Ausst. Kat. München/Berlin 1986/87, S. 38f.
3 Johann Eckart von Borries dachte zunächst an ein Stein-, dann an ein bemaltes Holzrelief als Vorbild des Meisters E. S.: Ausst. Kat. Stuttgart 1984, S. 172 – Slg. Kat. Karlsruhe 1988, Bd. 2, S. 11.

Lit.: Lehrs, Bd. 2, 1910, S. 115f., Nr. 56 (Christus) und S. 119f., Nr. 60 (Maria) – Ausst. Kat. Philadelphia 1967, Nr. 78 (Christus) – Ill. Bartsch, Bd. 8, 1980, S. 82, Nr. 84 (Christus) und S. 112, Nr. 117 (Maria) – Slg. Kat. Paris 1982/83, Bd. 1, S. 46f., Nr. 82 (Christus) – Ausst. Kat. Stuttgart 1984, S. 172, Nr. 153 (Maria) – Ausst. Kat. München/Berlin 1986/87, S. 38f., Nr. 22 und 24 (Christus und Maria) – Slg. Kat. Karlsruhe 1988, Bd. 2, S. 9–11, Nr. 1 (Maria) – Ausst. Kat. Karlsruhe 1992a, S. 19, Nr. 20 (Maria) – Nicolaisen 2000, S. 88 (Christus und Maria).

58

58

Meister E. S. (tätig etwa 1440/50–um 1467)

Die betende Maria in ihrem Gemach

Bez.: .e.1.4.6.7.S.
1467
Kupferstich; 15,2 x 11,2 cm
Wien, Graphische Sammlung Albertina

Für dieses dicht strukturierte, künstlerische und graphische Spät- und Meisterwerk lehnte sich der oberrheinische Stecher an eine ältere, wohl weiter verbreitete Komposition an, die in dem 39,6 x 28,4 cm großen Andachtsbild aus der Nachfolge des Konrad Witz von 1440/50 überliefert ist (Kat. 3). Durch eine mit ungedeuteten Wappen geschmückte Türeinfassung trifft der Blick auf die andächtige, in einem aufgeschlagenen Gebet- und Beutelbuch lesende Jungfrau Maria. Sie steht auf dem Fliesenboden in ihrer gezimmerten Stube mit flacher Balkendecke. Nach links öffnet sich dieser Raum in eine gemauerte Privatkapelle, ein »Chörlein« mit Rippengewölbe und Maßwerkfenster, das ein Altar mit Retabel und Vorhängen ausfüllt. Eindringlich ist die seelische Ergriffenheit Mariens durch ihren kontrapostischen Stand und die schraubende Körperdrehung zum Ausdruck gebracht, und mit großer Präzision und differenzierten Mitteln werden ihr langes, offenes Lockenhaar, das volle jugendliche Antlitz und das weite Kleid mit plastisch modelliertem Faltenwerk wiedergegeben. Die Vertrautheit des Stechers mit Werken des Konrad Witz und seiner Zeit offenbart sich zudem in der genauen Schilderung der zeichenhaft kleinen, doch wirklichkeitsgetreuen Kammer mit ihrer gemaserten Holzverschalung, in den stillebenhaft auf einem Regal gruppierten Büchern, Spanschachteln und Bechern oder im Handtuch und Waschgerät aus Kessel und Becken. Meist von symbolischer Bedeutung, stehen sie für die Reinheit Mariens und für ihr Wissen um das Geheimnis des göttlichen Ratschlusses und um ihren Anteil am göttlichen Heilsplan, der Menschwerdung, Passion und Auferstehung Jesu Christi. Auf Mariens Gelehrtheit und Kenntnis der messianischen Prophezeiungen im Alten Testament und auf ihr frommes Leben, speziell ihren Tempeldienst bis zum 12. Lebensjahr, weisen der mit Büchern, einem Leuchter und Kännchen belegte Altar und das mit drei Nischen und ebenso vielen Figuren gezierte Retabel (vgl. dazu Kat. 3). Der Blütenkranz an einem Haken und die Rosen auf dem Boden symbolisieren die Freuden und Schmerzen der zu-

58/1, aus: Kat. 224

künftigen Gottesmutter. Der illusionistische Türrahmen, der die räumliche Wirkung des Mariengemachs noch steigert, mag daran erinnern, daß die Jungfrau zum Beispiel in der lauretanischen Litanei auch die *Himmelspforte, porta coeli,* genannt wird. Er kommt im Werk des Meisters E. S. häufig und variantenreich vor und geht auf ältere Darstellungen von Innenraumszenen der französischen Buchmalerei[1] oder der oberrheinischen Tafelmalerei und Zeichnung (siehe Kat. 3) zurück. Dagegen liegt die Komposition von 1467 wiederum dem Titelholzschnitt des um 1476/80 gedruckten Defensoriums des Georg von Speyer zugrunde (Kat. 224, Abb. 58/1).

D. L.

1 Siehe z. B. Meiss 1967, Abb. 14, 43, 232, 238 – Meiss 1968, Abb. 23, 62, 123, 124, 179, 246, 337, 386, 425.

Lit.: Lehrs, Bd. 2, 1910, S. 120f., Nr. 61 – Geisberg 1924, S. 57 – Ausst. Kat. München/Berlin 1986/87, S. 40, Nr. 25 – Ausst. Kat. Wien 1995/96, S. 336f. (K. Schreiner) – Ausst. Kat. Bern/Straßburg 2000/01, Nr. 115.

59

59

Meister E. S. (tätig etwa 1440/50–um 1467)

Die Madonna mit dem badenden Kind

Kupferstich; 16,7 x 13,7 cm (Blatt)
Hamburg, Hamburger Kunsthalle, Kupferstichkabinett

Durch einen nur mit Umrißlinien wiedergegebenen steinernen Türrahmen – er ist auf dem guten, jedoch beschnittenen und an einigen Stellen schadhaften Hamburger Abdruck nur teilweise zu sehen – fällt der Blick in einen Innenraum mit Balkendecke und Fliesenboden. Hier halten sich die Gottesmutter, eine Magd und das Christuskind auf. Maria schaut in das Buch, das sie vor sich hält, während die Magd den kleinen Knaben in einem Holzzuber badet. Rechts öffnet sich der Raum durch ein Portal auf eine Loggia. In der Ferne, wie gerahmt von der linken Bogenstellung, sieht man eine Burg. Zur kargen Einrichtung zählen ein Wasserbehälter mit Waschbecken im vorderen Raum und ein eingetopftes Wacholderbäumchen auf der hinteren Brüstung.

Wir sind, wie es scheint, Zeugen einer ganz unspektakulären, wunderbar ruhigen und alltäglichen Situation. Und doch wird das Besondere, das Christus und Maria über das gewöhnliche Leben hinaushebt, sogleich deutlich: Maria ist übergroß dargestellt – stünde sie auf, so würde die Raumhöhe kaum ausreichen. Neben dem Heiligenschein unterstreicht vor allem der Thronsessel mit Baldachin und Vorhängen ihre Hoheit. Außerordentlich ist auch die Beziehung des Knäbleins zu seiner Mutter: Christus, der sich das Bad gern gefallen läßt, richtet seinen Blick auf Maria und hört ihr zu. Diese scheint nämlich vorzulesen und ihren Sohn, obwohl dieser noch ein Kleinkind ist, in die Heiligen Schriften einzuführen. Mittelalterliche Legenden legen Wert auf Mariens hohe Bildung und auf die Tatsache, daß sie diese an ihren Sohn weitergab. Eine Zeichnung und ein Gemälde aus dem Umkreis von Konrad Witz zeigen Mutter und Kind bei gemeinsamer Lektüre (Kat. 4 und 5). Der Meister E. S. scheint sich an solchen Bildern, die den Unterricht im intimen häuslichen Kontext zeigen, orientiert zu haben.

Ungewöhnlich ist das Motiv des badenden Christuskindes. In der frankoflämischen Buchmalerei des frühen 15. Jahrhunderts kommt es gelegentlich vor, doch ist es stets an die Darstellung der Geburt Christi gebunden.[1] Häufiger ist das Thema des Badens im Zusammenhang der Mariengeburt (vgl. Kat. 140 und 143). Es scheint die Erfindung des Meisters E. S. zu sein, das Bademotiv von einem wichtigen Moment der Heilsgeschichte gelöst und mit dem Motiv der religiösen Unterweisung verbunden zu haben. Das Blatt erhält dadurch einen genrehaften Aspekt – Bedeutungsvolles geht zwanglos zusammen mit einer alltäglichen Verrichtung.

Der Einbezug genrehafter Elemente in die sakrale Bildwelt läßt sich auch bei anderen Werken des Meisters E. S. beobachten. So hat das Christuskind auf einem der Stiche ein Windrad als Spielzeug bei sich (Lehrs 69); auf einem anderen spielt es mit einem Hund und reitet auf einem Stecken (Lehrs 83). Der Reiz dieser Blätter liegt darin, daß die menschliche und die göttliche Seite Christi, speziell des Christuskindes, gleichermaßen anschaulich werden. Durch gewisse Motive wird ein Bezug zur Alltagserfahrung der Betrachter und zur zeitgenössischen Wirklichkeit hergestellt, durch andere eine Entrückung ins Überzeitliche bewirkt.

H. J.-F.

1 Auf einer Miniatur des Herrenalber Gebetbuchs sieht man eine Amme, wie sie das Bad für das Christuskind vorbereitet: vgl. Kat. 215 mit Abb. und Anm. 1 (dort Hinweise zu Parallelen in der französischen Buchmalerei).

Lit.: Lehrs, Bd. 2, 1910, S. 140–142, Nr. 77 – Geisberg 1924, S. 19 – Fischel 1952, S. 37f. – Ill. Bartsch, Bd. 8, 1980, S. 83, Nr. 85 – Ausst. Kat. München/Berlin 1986/87, S. 49f., Nr. 38 – Nicolaisen 2000, S. 91.

60

60

Meister E. S. (tätig etwa 1440/50–um 1467)

Die Große Engelweihe von Einsiedeln

Bez. auf dem Rundbogen außen links: .1466.; außen rechts: .E.
1466
Kupferstich; 20,6 x 12,3 cm (Einf.)
Hannover, Niedersächsisches Landesmuseum

Die Schönheit und Komplexität der Darstellung sowie ihr bedeutsamer historischer Kontext haben die *Große Engelweihe von Einsiedeln* zu einem der meistbeachteten Werke des Meisters E. S. gemacht. Es wurde offenbar immer schon besonders geschätzt und sorgsam aufbewahrt, denn dreizehn Exemplare sind davon überliefert – eine ungewöhnlich hohe Zahl, die nur noch von einem anderen Hauptwerk des Meisters, *Johannes der Täufer mit dem Gotteslamm etc.* (Kat. 64), erreicht wird. Viel weniger Abdrücke sind hingegen von den beiden kleineren Stichen erhalten, die ebenfalls zum Einsiedler Engelweihfest 1466 entstanden, jedoch sehr viel einfacher konzipiert sind (Lehrs 68 und 72) – sie waren anscheinend in stärkerem Maße religiöse Gebrauchsware, die sich entsprechend schnell verschliß.

Auf allen drei Stichen ist die Gnadenkapelle des Klosters Einsiedeln (Kanton Schwyz) mit der thronenden Madonna, flankiert vom Heiligen Benedikt und einem (Erz-)Engel, dargestellt. Nur die große Version zeigt Pilger zu Füßen Mariens und, auf einer Empore, die von zahlreichen Engeln umgebene Trinität. Christus, der wie Gottvater einen langen Mantel und eine Bügelkrone trägt, taucht einen Weihwasserwedel in einen Eimer, den ihm ein Engel reicht. Ein anderer Engel hält Sphaira und Szepter. Die übrigen Engel musizieren oder tragen den Baldachin, der die Feierlichkeit des Vorgangs unterstreicht.

Von der Kapellenweihe, zu der sich Christus anschickt, wird in einer Legende aus dem 10. Jahrhundert berichtet: Bischof Konrad von Konstanz kam 948 nach Einsiedeln, um die wiederaufgebaute Zelle des heiligen Eremiten Meinrad, der hier knapp hundert Jahre zuvor ermordet worden war, zu weihen. Als Konrad die Weihe vornehmen wollte, wurde er von Engeln daran gehindert. Sie teilten ihm mit, die Kapelle sei bereits von Christus selbst konsekriert worden.[1] Anders als bei älteren Holzschnittillustrationen zur Meinradsvita (Kat. 232) hat der Meister E. S. den heiligen Bischof Konrad nicht dargestellt, sondern die Weihhandlung durch Christus ins Zentrum gerückt. Die Komposition zeigt eine kunstvolle hierarchische Abstufung: oben der göttliche Bereich der Dreifaltigkeit, in der Mitte Maria als Patronin der Einsiedler Kapelle und Mittlerin zu den Menschen, unten die einfachen Gläubigen, mit denen sich der Betrachter identifizieren konnte. Der Heilige Benedikt hat seinen Platz neben Maria als Begründer des Ordens, zu dem die Mönche in Einsiedeln gehörten und noch gehören.

Die drei Einsiedler Kupferstiche des Meisters E. S. sind aus Anlaß des Engelweihfestes 1466 entstanden, eines der größten Wallfahrtsereignisse des 15. Jahrhunderts. Nach zeitgenössischer, wohl nicht wesentlich übertriebener Schätzung sollen während vierzehn Tagen 130 000 Pilger in Einsiedeln gewesen sein. Die meisten von ihnen werden vor Ort Devotionalien erworben haben, deren Vertrieb ein Monopol des Klosters war. Es ist daher zu vermuten, daß der Meister E. S. die drei Stiche im Auftrag des Klosters schuf und daß die Mönche Inhalt und Form der Darstellung mitbestimmt haben. Beispielsweise werden sie Wert gelegt haben auf die Einbeziehung der päpstlichen Insignien (Tiara und gekreuzte Schlüssel). Diese weisen nämlich hin auf die Anerkennung der wunderbaren Engelweihe durch eine Bulle Leos VIII. von 964 und damit auf die andauernde Legitimation des Wallfahrtsortes durch Rom.

Ziel der Pilger war aber nicht nur die von Christus und den Engeln geweihte Kapelle, sondern auch ein Gnadenbild Mariens, das sich erstmals im 14. Jahrhundert nachweisen läßt und im Laufe des 15. Jahrhunderts durch ein anderes ersetzt wurde. Der Meister E. S. hat mit seiner Mariendarstellung gewiß nicht dieses Gnadenbild kopiert, sondern allenfalls dessen Typus aufgegriffen.[2] Seine Maria zeigt eine große Nähe zu den Skulpturen Nicolaus Gerhaerts und reflektiert damit einen damals noch ganz jungen Stil am Oberrhein.

Zur Funktion des Blattes läßt sich sagen, daß sein Erwerb wahrscheinlich nicht mit einem Sündenablaß verbunden war, wie sich dies für andere graphische Werke nachweisen läßt.[3] Vielmehr diente es wohl als Andenken an die Wallfahrt und als Andachtsbild, vor dem man sein Gebet verrichten konnte. Letzteres suggeriert die Inschrift auf dem Rundbogen, denn sie endet mit der Aufforderung zum *Ave Maria*: »Dis ist die engelwichi zuo unser lieben frouwen zuo den einsidlen ave [Maria] gr[a]cia plenna«.

H. J.-F.

1 Zu Einzelheiten und Varianten der Legende vgl. Schuppisser 1986, S. 141 (mit älterer Lit.) – Zum Motiv der Engel- oder Christusweihe, das ein verbreiteter Legendentopos war, vgl. auch RDK, Bd. 5, 1967, Sp. 675–684.
2 Hierzu ausführlich Schmidt 1994, S. 304–309.
3 Vgl. Welzel 1995, S. 131–133; vgl. auch Kat. 268 unseres Kataloges.

Lit.: Lehrs, Bd. 2, 1910, S. 146–151, Nr. 81 – Geisberg 1924, S. 50f. – Fischel 1950, S. 106f. – Hoffman 1961, passim – Ausst. Kat. Philadelphia 1967, Nr. 67 – Ill. Bartsch, Bd. 8, 1980, S. 40, Nr. 35 – Schuppisser 1986, S. 146–148 – Ausst. Kat. München/Berlin 1986/87, S. 44–46, Nr. 32 – Ausst. Kat. Hamburg 1991, S. 14f., Nr. 2 – van Os 1994, S. 82–86 – Schmidt 1994, passim – Welzel 1995, passim – Ausst. Kat. Bern/Straßburg 2000/01, S. 250, Nr. 101.

61

Meister E. S. (tätig etwa 1440/50–um 1467)

Die vier Evangelisten im Rund

Kupferstiche

a) ***Der Evangelist Johannes,*** 11,8 cm Durchmesser (Einf.)
Wien, Graphische Sammlung Albertina
b) ***Der Evangelist Matthäus,*** 11,5 cm Durchmesser (Einf.)
Wien, Graphische Sammlung Albertina
c) ***Der Evangelist Markus,*** 11,9 cm Durchmesser (Einf.)
München, Staatliche Graphische Sammlung
d) ***Der Evangelist Lukas*** (nicht ausgestellt), 12,1 cm Durchmesser (Einf.)

Stilistische Kriterien legen nahe, daß die *Vier Evangelisten im Rund* wohl der späteren Schaffenszeit des Meisters angehören und die reifere Lösung eines bereits in einer rechteckigen Folge ausgeführten Themas darstellen (Lehrs 88–91).

Die Evangelisten sitzen, gehüllt in lange Gewänder und ausgezeichnet mit Scheibennimben mit einbeschriebenem Strahlenkranz, in einer mit einzelnen Blattpflanzen bewachsenen, felsigen Landschaft. Über ihren Häuptern schwebt ein leeres Spruchband, das einzig bei Matthäus von dem hinter ihm stehenden Engel gehalten wird. In unterschiedlicher Haltung und Beziehung zu den Figuren stehen jeweils die geflügelten und mit einfachen Scheibennimben versehenen Evangelistensymbole: Engel, Löwe, Stier und Adler.

Die Blätter folgen dem Typus der im Mittelalter geläufigen sogenannten »Autorenbilder«, welche die Evangelisten gemeinsam mit ihren Symbolen als Verfasser der Evangelien darstellen. Der Bildaufbau steht dabei in der Tradition des antiken Autoren-, Redner- oder Philosophenbildnisses, von welchem Haltung und Gestik der Figuren übernommen wurden. Eine ikonographisch verbindliche Physiognomie läßt sich nicht festmachen, oftmals wurden jedoch Matthäus und Johannes – als Zeitzeugen Christi – älter gegeben, während die Apostelschüler Markus und Lukas als Vertreter der jüngeren Generation meist jugendlich und bartlos dargestellt wurden. Beim Meister E. S. erscheinen hingegen Markus und Johannes als die Jüngeren.

Durch das Nebeneinander unterschiedlicher Haltungen und Tätigkeiten der einzelnen Evangelisten erreicht der Künstler eine gewisse Abwechslung in der Folge. Markus beispielsweise ist als einziger frontal gesehen, auch der neben ihm ruhende, mit einem fast menschlichen Antlitz gezeichnete Löwe wendet sein Haupt nach vorn. Die rechte Hand hat der Evangelist im Rednergestus erhoben, in der Linken hält er eine Schriftrolle. Ihm zur Seite breiten sich die Falten seines langen Umhangs effektvoll wie ein Muster im Rund der Einfassung aus, während der Löwe auf der

61a

61b

61d

61c

anderen Seite als Gegengewicht dient, so daß eine ausgewogene Komposition entsteht. Fraglos ist das Markusbild mit seinem überaus flächigen Charakter das am meisten stilisierte Blatt der Serie: Neben der nur spärlich angedeuteten Landschaft hat auch das Spruchband, das sich am rechten Ende ornamental in abstrahierte, für eine Schriftrolle sinnwidrige Spitzen aufspaltet, hier eine vorwiegend dekorative Funktion.

Lukas und Johannes sind die Stiche mit dem landschaftlich reichsten Hintergrund. Im Profil gesehen, schreibt Lukas mit gesenktem Blick in das offene, auf seinen Knien liegende Buch, während Johannes mit sinnendem Blick eine göttliche Eingebung zu vernehmen scheint. Der streng in sein aufgeschlagenes Buch blickende Evangelist Matthäus sitzt, im Halbprofil nach links gewendet, auf einem großen, bestickten Kissen.

62a

62b

Maßstäblich wesentlich kleiner steht der Engel ihm zugewandt und hält das flatternde Spruchband in Händen.
Evangelistenblätter wurden häufig als ganzseitige Einzelblätter in Bibelhandschriften auf der Initialseite des Textes eingeklebt oder sie dienten, wie die runde Form im vorliegenden Fall nahelegt, als Vorlageblätter für Goldschmiede, die sie dann für verschiedene liturgische Geräte, etwa Kelche, nutzten.

A. V.

Lit.: Lehrs 1910, Bd. 2, S. 154–157, Nr. 84–87 – Geisberg 1924, S. 49 – Hessig 1935, S. 93 – Berk 1943, S. 42 – Ausst. Kat. Philadelphia 1967, Nr. 44 (Markus) – Ill. Bartsch, Bd. 8, 1980, S. 66f., Nr. 67, 68 – Slg. Kat. Paris 1982/83, Bd. 1, 1982, S. 51, Nr. 104 (Markus) – Naß 1994, S. 193.

62

Meister E. S. (tätig etwa 1440/50–um 1467)

Aus der Folge des Heilands und der zwölf stehenden Apostel

a) ***Der Apostel Jacobus maior;*** 14,8 x 9,3 cm (Einf.)
b) ***Der Apostel Johannes;*** 14,8 x 9,4 cm (Einf.)
c) ***Der Apostel Philippus;*** 14,9 x 9,1 cm (Einf.)

Kupferstiche
London, British Museum

Auf eindrucksvolle Weise hat der Meister E. S. das Thema der stehenden Gewandfigur in der Apostelserie, von der hier drei Beispiele gezeigt werden, gestaltet. Dabei scheint es ihm besonders um die *variatio*, das heißt

62c

um Abwechslung gegangen zu sein: Unter den Aposteln sind Kräftige und Zarte, Alte und Junge, Bärtige und Bartlose; manche sind frontal, andere im Dreiviertelprofil dargestellt; einige scheinen eine Körperdrehung zu vollziehen und unterscheiden sich damit von solchen, die ganz ruhig stehen. Auch in der Gemütslage wird differenziert: Die Bandbreite reicht von tiefem Ernst bis zu stiller Freude und frommer Beseeltheit, wie sie etwa beim lächelnden Philippus zum Ausdruck kommt. Teilweise scheinen die Apostel im Gespräch miteinander, teilweise vertiefen sie sich in ein Buch (wie der bebrillte Philippus), beziehen sich auf ihr Attribut (Johannes mit dem Schlangenkelch) oder wenden sich dem Betrachter zu (Jacobus). Die vielen Variationen innerhalb der Apostelserie heben sie ab von älteren Folgen wie derjenigen des Meisters von 1446 (Kat. 15). Trotz aller Abwechslung fallen gestalterische Grundprinzipien auf, durch die alle dreizehn Blätter miteinander verbunden sind. Dazu zählen die kräftigen Konturen, die vor dem unbestimmt gelassenen Hintergrund besonders deutlich hervortreten. Der Meister E. S. hat sehr auf einen spannungsvollen Umriß der Figuren geachtet. Auch das Wechselspiel zwischen den Mänteln und den dem Körper enger anliegenden Gewändern ist auf allen Blättern zu beobachten: Der Körper ist gleichsam der Kern, um den zwei unterschiedliche Schichten gelegt sind. Sehr sorgfältig hat der Meister E. S. überall die Falten modelliert. Mal wölben sie sich ganz flach und sind mit zarten kurzen Strichlein geformt, mal bilden sie dicke Wulste und tief verschattete Täler, die durch dichte Kreuzlagen wiedergegeben sind. Der ganze Reichtum der Schraffuren, die feine Abstufung von Hell zu Dunkel, läßt sich nur an so vorzüglichen Drucken wie den hier gezeigten des British Museum nachvollziehen.
Die *stehenden Apostel* sind dermaßen plastisch durchgebildet, daß man an Skulpturen als Vorbilder denken könnte. Für die verwandte Folge der *sitzenden Apostel*, die der Meister E. S. wohl ungefähr gleichzeitig oder etwas früher schuf (um 1460; Lehrs 112–123), nahm Lilli Fischel an, sie gehe auf verlorene Bildwerke von Nicolaus Gerhaert zurück.[1] Shestack erklärte die Plastizität der E. S.-Figuren hingegen mit der angenommenen Funktion der Kupferstiche als Vorlagen für Bildhauer.[2] Die beiden Thesen müssen sich nicht ausschließen: Nehmen und Geben sind für den Meister E. S. gleichermaßen charakteristisch.
Die Skulpturhaftigkeit der Apostel könnte aber auf die falsche Fährte führen: auch franko-flämische Miniaturen mit ihren mitunter sehr plastischen Aposteldarstellungen könnten, wie Bevers überzeugend dargelegt hat, als Vorlage gedient haben.[3] Die Nachzeichnungen des Gewandstudienmeisters (Kat. 167) zeigen wiederum, daß die Apostelstiche des Meisters E. S. keinesfalls nur für Bildhauer interessant waren.

H. J.-F.

1 Fischel 1944, S. 30f.
2 Ausst. Kat. Philadelphia 1967, Nr. 22–26.
3 Ausst. Kat. München/Berlin 1986/87, S. 55.

Lit.: Lehrs, Bd. 2, 1910, S. 184–194, Nr. 124–136, hier besonders: Nr. 128 (Jacobus maior), Nr. 129 (Johannes), Nr. 131 (Philippus) – Geisberg 1924, S. 36 – Fischel 1935a, S. 206–208 – Hessig 1935, S. 86f. – Ausst. Kat. Philadelphia 1967, Nr. 29 – Ill. Bartsch, Bd. 8, 1980, S. 49–61, Nr. 50–62 – Ausst. Kat. München/Berlin 1986/87, S. 56f., Nr. 53–60 – Naß 1994, S. 47f.

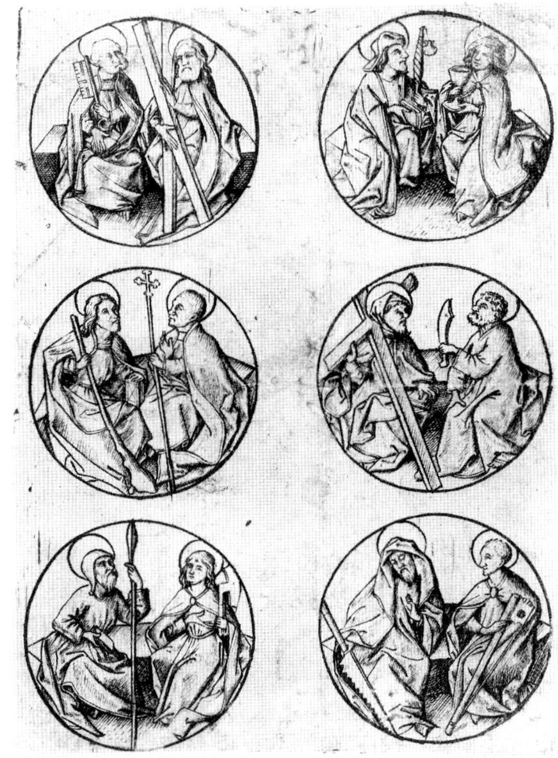

63

63
Meister E. S. (tätig etwa 1440/50–um 1467)
Die zwölf Apostel, sitzend
Kupferstich; Durchmesser der Medaillons: 3,1 cm (Einf.)
Karlsruhe, Staatliche Kunsthalle Karlsruhe, Kupferstichkabinett

Das Blatt mit seinen sechs Medaillons war als Vorlage für Goldschmiede gedacht. Es gehört damit in eine Reihe ähnlicher Werke des Meisters E. S. und anderer früher Kupferstecher (Kat. 16).
Auf einer steinernen Bank sitzend, wenden sich in jedem Kreis jeweils zwei Apostel einander zu. Sie befinden sich im Gespräch, das zeigen die verschiedenen im Redegestus erhobenen Hände. Neben dieser Folge der sitzenden Apostel gibt es vom Meister E. S. auch eine Variante mit stehenden Aposteln (Lehrs 198), wobei die paarweise Gruppierung nahezu identisch ist. Die Apostel lassen sich durch ihre jeweiligen Attribute benennen: Petrus (Schlüssel) und Andreas (Schrägkreuz), Jacobus maior (Pilgerhut, Muschelstab) und Johannes (Kelch), Jacobus minor (Keule) und Philippus (Kreuzstab), Simon (Kreuz) und Bartholomäus (Messer), Thomas (Lanze) und Matthias (Beil), Judas (Säge) und Thaddäus (Walkerstange).[1] Bei Judas und Thaddäus handelt es sich eigentlich um dieselbe Person. In der Folge der stehenden Apostel ist das berücksichtigt: Hier ist Judas Thaddäus mit der Säge dargestellt, ihm ist Matthäus mit der Hellebarde zugeordnet. In beiden Folgen fehlt Paulus.
Interessanterweise läßt sich nachweisen, daß dieser Kupferstich seinen Verwendungszweck als Goldschmiedevorlage erfüllte: Im Essener Mün-

63/1 Fuß einer Monstranz, 1480, Silber vergoldet, Münsterschatz Essen

sterschatz befindet sich eine vergoldete Silbermonstranz von 1480, auf deren Sechspaßfuß die Medaillons graviert sind (vgl. Kat. 63/1).[2] Der Goldschmied hat sich sehr genau an seine Vorlage gehalten, sie jedoch durch Rankenwerk ergänzt, das sich an einem anderen E. S.-Stich orientiert (Kat. 64). Die Größe der Gravierungen entspricht genau dem Stich, so daß man annehmen darf, daß der Kupferstich auf das Metall abgepaust wurde.

Die Beliebtheit solcher Goldschmiedevorlagen erweist sich an den zahlreichen danach gefertigten Kupferstichkopien. Das vorliegende Blatt wurde mindestens zweimal kopiert, einmal wohl von Israhel van Meckenem, dem nachweislich auch als Goldschmied tätigen Kupferstecher in Bocholt am Niederrhein. Drei Medaillons der – seitenverkehrten – Kopie Israhels sind im Germanischen Nationalmuseum in Nürnberg erhalten. Sie sind ausgeschnitten und koloriert – das deutet auf einen weiteren Verwendungszweck solcher Stiche: Sie wurden bisweilen als Schmuck und preiswerter Ersatz für Miniaturen in Bücher eingeklebt.

H. J.-F.

1 Einige Apostelattribute sind – wie schon Lehrs beklagt hat – nicht eindeutig. So sind auch folgende Benennungen möglich: Judas Thaddäus (Keule), Matthias (Kreuz), Matthäus (Beil), Simon (Säge) und Jacobus minor (Walkerstange); vgl. Lehrs 1894, Spalte 237f.; abweichend: Appuhn 1989, S. 354f. Die durch Beischriften gesicherte Zuordnung von Attributen und Namen bei Darstellungen des Meisters von 1446 (Kat. 15) entspricht eher derjenigen von Lehrs als derjenigen von Appuhn.
2 Fritz 1966, S. 109 (Abb.), 110f., 471 (Nr. 189).
3 Lehrs 1894, Spalte 238, Nr. 5b – Lehrs, Bd. 2, 1910, Nr. 197b.

Lit.: Lehrs 1894, Spalte 237f., Nr. 5 – Lehrs, Bd. 2, 1910, S. 281f., Nr. 197 – Ausst. Kat. Karlsruhe 1992a, S. 19f., Nr. 21.

64

Meister E. S. (tätig etwa 1440/50–um 1467)

Johannes der Täufer mit dem Gotteslamm, umgeben von den Evangelistensymbolen und den Kirchenvätern

Bez. auf dem Pult des Hieronymus: .14.6.6.
1466
Kupferstich (1. Zustand); Durchmesser: 18,1 cm (Einf.)
London, British Museum

Das Mittelfeld des Stiches zeigt Johannes den Täufer, der mit dem für ihn charakteristischen Zeigegestus auf das Lamm Gottes weist. Dieses liegt neben ihm auf einem sockelartigen Felsstück. Als Zeichen für Tod und Auferstehung ist dem Lamm das Kreuz mit Siegesfahne beigegeben. Der Stich des Meisters E. S. erinnert an das Blatt, das dem Meister des Johannes Baptista seinen Namen gegeben hat (Kat. 19) und geht möglicherweise darauf zurück:[1] Neben der Art, wie der Täufer und das *agnus dei* einander zugeordnet sind, spricht die landschaftliche Einbettung für eine solche Abhängigkeit. Hier wie dort bilden Felsen im Mittelgrund eine Art natürliches Tor, in dessen Mitte ein einzelner Baum steht. Der Baum markiert die Grenze zwischen Wüste und Zivilisation, die in Form einer weit entfernten Stadt angedeutet ist.

Acht kleinere Medaillons mit den Evangelistensymbolen und den Kirchenvätern sind um das mittlere Rund angeordnet. Rechts oben sieht man Hieronymus, zu erkennen an der Kardinalstracht und dem Attribut des Löwen. Auf seinem Lesepult ist die Datierung des Stiches (1466) angebracht. Es folgen im Uhrzeigersinn: der Markuslöwe, der Heilige Ambrosius, der Engel bzw. Mensch des Matthäus, der Heilige Augustinus, der Lukas-Stier, der Heilige Gregor und der Adler des Johannes. Die Kirchenväter sind jeweils in der Art antiker Autorenporträts dargestellt: sitzend und in die vor ihnen liegenden Bücher vertieft. Ambrosius und Augustinus haben Schreibfedern in der Hand.

Die überlegte Einpassung der Symbole und der Figuren in die Medaillons zeugt vom ausgeprägt dekorativen Sinn des Meisters E. S., mehr noch aber die höchst detailreiche Ranke, die sich mit ihren Blättern, Früchten und Blüten um alle Elemente des Bildes windet und von fünfzehn Vögeln belebt wird. Von dem vorliegenden Kupferstich ist eine enorme Wirkung ausgegangen. Eine große Zahl von Kupferstechern und Buchmalern, Holz- und Metallschneidern, Bildhauern und Goldschmieden verwendete ihn.[2] Bemerkenswert ist, daß dabei anscheinend nie die gesamte Komposition rezipiert wurde, sondern stets Einzelheiten: die Kirchenväter, die Evangelistensymbole, die Ranke (vgl. Kat. 63), die Vögel etc. Man könnte daraus schließen, daß der Meister E. S. von vornherein an ein »compendium of figural and ornamental models« gedacht hat.[3] Durch eine solche Interpretation rückt der Stich in die Nähe eines in Frankfurt bewahrten Blattes, das aus einem Musterbuch stammt und um 1440–1445 vermutlich am Oberrhein entstand (Abb. 64/1).[4] Darauf hat der unbekannte Künstler mit Weiß auf blauschwarz grundiertem Papier unter anderem die vier Evangelistensymbole gemalt: den Markuslöwen ungefähr in der Blattmitte, links daneben den Lukas-Stier, in der rechten unteren Ecke Johannes-Adler und Matthäus-Engel. Des weiteren erkennt man verschiedene Tiere, die zum Teil heraldisch stilisiert sind. Auch ein behaarter wilder Mann ist zu sehen.

64

Der Vergleich macht jedoch deutlich, daß der Stich mehr als eine bloße Motivsammlung ist: er besitzt eine kunstvolle Komposition und ein theologisches Programm. Das Gotteslamm wurde schon in der frühmittelalterlichen Kunst mit den Evangelistensymbolen verbunden und kommt in dieser Verknüpfung häufiger auf Patenen vor, weshalb dieses Werk mit gutem Grund auch als Entwurf für einen solchen Hostienteller angesehen wird. Ebenfalls verbreitet ist die Kombination von Kirchenvätern und Evangelisten. Vor allem in der Buchmalerei werden sie seit karolingischer Zeit in Analogie zueinander gesetzt. Der Grund dafür, daß Johannes der Täufer (im Unterschied zum Stich des Johannes-Baptista-Meisters) hier mit Buch dargestellt ist, könnte folgender sein: Der Täufer wird dadurch den Evangelisten und den *doctores ecclesiae* angeglichen. Er verkündet, daß Christus das von Jesaja prophezeite Opferlamm ist (Jesaja 53, 7/Johannes 1, 29), die Evangelistensymbole stehen für die Offenbarung der ganzen Heilsgeschichte, die Kirchenväter für deren weiterwirkende und andauernde Aktualität.

H. J.-F.

1 Siehe hierzu Kat. 18 und 19 mit Anm. 1–3.
2 Vgl. Lehrs, Bd. 2, 1910, S. 214–217 – Fritz 1966, Nr. 40, 44, 84, 465, 568, 705, 787 – Ausst. Kat. Köln 2001, S. 288 – Budde/Krischel 2001, S. 188f.
3 Alan Shestack in: Ausst. Kat. Philadelphia 1967, Nr. 62.
4 Auf diese Parallele hat Holm Bevers aufmerksam gemacht: Bevers 1996, S. 319f.; vgl. auch Slg. Kat. Frankfurt a. M. 1973, Bd. 1, S. 46, Nr. 193.

Lit.: Lehrs, Bd. 2, 1910, S. 211–217, Nr. 149 – Geisberg 1924, S. 51f. – Fischel 1935a, S. 227 – Fischel 1950, S. 111f. – Ausst. Kat. Philadelphia 1967, Nr. 62 – Ill. Bartsch, Bd. 8, 1980, S. 110, Nr. 115 – Ausst. Kat. München/Berlin 1986/87, S. 60–62, Nr. 65 – Bevers 1996, S. 319f. – Erb 1997, S. 75 und S. 195f., Nr. 52 – Ausst. Kat. Köln 2001, S. 288, Nr. 18.

64/1 Oberrheinischer Meister, Musterblatt mit fünfzehn Zeichnungen, um 1440/45, Frankfurt, Städel, Graphische Sammlung

65

Meister E. S. (tätig etwa 1440/50–um 1467)

Johannes auf Patmos

Kupferstich; 20,8 x 14,1 cm (Einf.)
Wien, Graphische Sammlung Albertina

Um das Jahr 90, in der Zeit der Christenverfolgung unter Kaiser Domitian, wurde der Evangelist Johannes, Leiter der christlichen Gemeinden in Kleinasien, auf die felsige Insel Patmos in der Ägäis verbannt. Dort schrieb er seine Visionen nieder, die als *Apokalypse* oder *Offenbarung des Johannes* bekannt sind. Zu den darin festgehaltenen Erscheinungen zählt die des apokalyptischen Weibes, das in der christlichen Kunst mit Maria identifiziert wurde: »Und ein großes Zeichen erschien am Himmel, ein Weib, angetan mit der Sonne, und der Mond unter ihren Füßen, und auf ihrem Haupt ein Kranz von zwölf Sternen« (Offenbarung 12, 1). Der Meister E. S. hat diese Vision des Johannes zweimal dargestellt. Eine Version trägt das Monogramm und die Datierung 1467 (Lehrs 150), die hier gezeigte entstand wohl einige Jahre früher. Für beide gilt, daß die düstere Erregung, die den Text erfüllt, nicht recht zum Ausdruck kommt. Wir sind Zeugen einer freundlichen Begegnung zwischen Gottesmutter und Evangelist, die zwar übernatürlich, jedoch keineswegs überwältigend ist. Bei Schongauer verliert die Szene den Anschein der Normalität (Kat. 126), doch erst Dürer gelingt es in seiner berühmten Holzschnittfolge von 1498, die gewaltige Dramatik der Apokalypse – und so auch der Vision des Sonnenweibes – zur Anschauung zu bringen.[1]

Der Verbannungsort des Johannes ist beim Meister E. S. eine liebliche, fast paradiesische Landschaft. Sie enthält die für den Stecher typischen Elemente: die spitzen Felsen, den breitblättrigen Bodenbewuchs, die auf drei Arten stilisierten Bäume und die zahlreichen Tiere: neun Vögel und zwei Rehe. Der Hintergrund mit dem von Schiffen befahrenen Meer und der fernen Stadt erinnert an die Darstellung *Johannes der Täufer mit dem Gotteslamm* (Kat. 64). Der hohe Horizont läßt der Himmelserscheinung nur wenig Raum und hat zur Folge, daß Johannes ganz eingefaßt wird von der Landschaft. Diese wirkt, wie Alan Shestack formuliert hat, »like a richly embellished tapestry«.[2]

Die sockelartige Felsstufe, auf der Johannes halb kniet, halb hockt, bildet ein Kreissegment, das an eine andere Darstellung des Johannes denken läßt, nämlich die aus der Folge der *Evangelisten im Rund* (Kat. 61). Der einen Halbkreis beschreibende Umriß des Mantels erinnert ebenfalls an dieses Blatt. Der Adler, Attribut bzw. Symbol des Johannes, ist im vor-

65

liegenden Stich allerdings nicht in den Kreis integriert, sondern hat seine eigene Plinthe bekommen.

H. J.-F.

1 Strauss 1979, S. 153ff., bes. S. 177–179 – Ausst. Kat. Karlsruhe 1994, S. 69ff., bes. S. 74ff.
2 Alan Shestack in: Ausst. Kat. Philadelphia 1967, Einleitung (nicht paginiert).

Lit.: Lehrs, Bd. 2, 1910, S. 219f., Nr. 151 – Geisberg 1924, S. 49 – Ausst. Kat. Philadelphia 1967, Einleitung und Nr. 33 – Erb 1997, S. 73–75 und S. 196f., Nr. 54.

66

Meister E. S. (tätig etwa 1440/50–um 1467)

Der Erzengel Michael

Bez. o. M.: .14.6.7./e
1467
Kupferstich; 17,4 x 13,0 cm (Blatt)
Oxford, Ashmolean Museum

Einen eher versonnenen Eindruck macht der Erzengel Michael, obwohl er sich doch im Kampf mit zwei Teufeln befindet. Seinen Kopf hat er – wie viele Madonnen des Meisters E. S. – zur Seite gelegt, sein Blick ist nach oben gerichtet. Er präsentiert sich dem Betrachter frontal. Seine Füße haben keine Bodenberührung – dennoch schwebt Michael nicht, sondern er scheint in der Luft zu stehen. Ganz zart hält er den Kreuzesstab mit wehender Fahne zwischen den Fingerkuppen. Allein die imponierende Geste, mit der Michael sein Schwert erhebt, zwingt die beiden Ungetüme in die Knie. Es ist die Gewalt seiner Erscheinung, durch die der Engel den Sieg davonträgt. Hierzu gehört auch der sich links mächtig aufbauschende Brokatmantel mit edelsteinbesetztem Saum. Das zottelige Monstrum darunter duckt sich, so als könne der Mantel es gleich erdrücken. In grotesker Haltung wendet es sein häßliches Gesicht mit Hakennase und Eberzahn nach rechts, während sein linkes Bein mit Bocksfuß zur anderen Seite weist. Auch der zweite Teufel mit Widderhörnern und Greifenklauen kann dem Engel nichts anhaben. Er trägt wie sein Kontrahent eine Rüstung; der Harnisch ist von einem Überwurf verdeckt. Während der Überwurf des Engels das Zeichen des Kreuzes aufweist, blickt einem von dem des Dämons eine furchterregende Fratze entgegen, in der die ganze Wut und Zerknirschung des Unterlegenen zum Ausdruck kommt.

Vom Kampf Michaels mit dem Satan und dessen böser Gefolgschaft wird in der Offenbarung des Johannes, kurz nach der Vision des apokalyptischen Weibes, berichtet (Offenbarung 12, 7ff.). Wie bei der Darstellung des *Johannes auf Patmos* (Kat. 65) hat der Meister E. S. auch auf diesem Blatt nicht die Dramatik der Apokalypse bildlich umgesetzt. Die Handlungselemente sind sehr reduziert, die Bewegung ist erstarrt oder ins Zeichenhafte verwandelt.[1] Es geht nicht um die plausible Wiedergabe oder die Inszenierung eines Vorgangs, sondern um die Darstellung des heilsgeschichtlichen Resultats: Das Gute ist dem Bösen überlegen.

H. J.-F.

1 In zwei anderen Versionen des Themas (Lehrs 152 und 153) hat der Meister E. S. Handlung und Räumlichkeit nicht so konsequent ausgeschaltet wie hier. Sie sind narrativer, lebendiger, aber auch weniger grandios.

Lit.: Lehrs, Bd. 2, 1910, S. 223f., Nr. 154 – Geisberg 1924, S. 54f. – Hessig 1935, S. 27–29 und S. 72f. – Ausst. Kat. Philadelphia 1967, Einleitung und Nr. 36 – Kauffmann 1978, S. 170 und S. 175 – Ausst. Kat. München/Berlin 1986/87, S. 63f., Nr. 69 – Anzelewsky 1991, S. 121.

66

67

Meister E. S. (tätig etwa 1440/50–um 1467)

Das Martyrium des Heiligen Sebastian

Kupferstich; 13,2 x 18,9 cm (Einf.)
München, Staatliche Graphische Sammlung

In der *Legenda aurea* liest man vom Leben und Martyrium des Heiligen Sebastian, der gegen Ende des 3. Jahrhunderts als ranghoher Gardeoffizier unter den Kaisern Diokletian und Maximian den Befehl über die erste Kohorte Roms innehatte. Als geheimer Christ jedoch nutzte er seine einflußreiche Stellung, um unbemerkt seine Glaubensbrüder zu schützen und zur Standhaftigkeit in der Verfolgung zu ermahnen. Nachdem Diokletian den Verrat seines Hauptmanns an den heidnischen Göttern entdeckt hatte, verurteilte er ihn zum Tode durch Bogenschützen. Sebastian jedoch überlebte auf wundersame Weise und trat dem Kaiser, gestärkt im Glauben und inständig das Martyrium ersehnend, mit Anschul-

67

digungen entgegen. Hierauf ließ ihn der römische Herrscher mit Keulen erschlagen.

Beliebt in der christlichen Kunst wurde die Darstellung des ersten Martyriums, die den Heiligen meist als jugendlichen, nackten und von Pfeilen durchbohrten Märtyrer zeigt. Die Nacktheit des Jünglings entstand wohl unter dem Einfluß spätmittelalterlicher Schmerzensmann- und Ecce homo-Darstellungen und entwickelte sich dann im Laufe der Jahrhunderte zu einem Kennzeichen des Heiligen; desgleichen der Marterbaum, an den er gefesselt ist, der, im Unterschied zur in Italien geläufigeren Säule, in der deutschen Kunst zugleich den Baum des Lebens symbolisiert.

Von den insgesamt vier erhaltenen Darstellungen Sebastians zeigt der Meister E. S. den Heiligen hier als einen bis auf den schmalen Lendenschurz entblößten Jüngling, an beiden Armgelenken an einen Baum gebunden und von Pfeilen getroffen. Die eigentümliche Schrittstellung, die sich häufig im Werk des Stechers findet, mutet zunächst seltsam an. Als tanze der Heilige unberührt von den Qualen seiner Marter, wendet er sich den Schergen sogar zu, während überdies ein leichtes Lächeln über seine versonnenen Züge gleitet. Die Anwesenheit seiner zahlreichen Peiniger scheint er in seiner Verzückung, die ihren bildhaften Ausdruck eben in dieser seltsamen Tanzpose findet, gar nicht wahrzunehmen.

Die Bogenschützen im Mittelgrund wirken, als seien sie mit unterschiedlichsten Schießübungen beschäftigt. Der exakt in der Bildmitte stehende, aus einem früheren Stich des Meisters (Lehrs 157) übernommene Schütze legt mit erhobener Armbrust auf Sebastian an, hinter ihm spannt eine kahlköpfige, häßliche Gestalt den Bogen, ein weiterer Schütze kniet in der Nähe des Marterbaumes und spannt seine Armbrust mittels einer Winde, während ein vierter, vorn rechts, sein Opfer mit verächtlichem Blick taxiert. Physiognomien und Körper der grobschlächtigen Henkersknechte wirken abstoßend, geradezu häßlich, verglichen mit den rechts im Bild gleich einem Regiment aufgestellten Reitern, die das Geschehen beobachten. Von schlanker, vornehmer Gestalt ist der vorderste, mit langem Gewand und Turban wohl der Kaiser selbst, da er, entgegen den anderen Rittern, weder Helm noch Rüstung trägt. In der Ferne, hinter pilzartigen Bäumen, erstrecken sich sanfte Hügel, man erblickt eine Stadtmauer mit Türmchen sowie die Silhouette einer Burg.

Gerade im Vergleich zu der wohl später entstandenen Darstellung Sebastians (Lehrs 158; siehe Kat. 68) fällt hier der außerordentliche Detailreichtum der Szene auf. In epischer Breite schildert der Künstler das Geschehen in unzähligen Einzelheiten. Allenthalben begegnen verstreute Steinchen auf dem angedeuteten Rasen; Blattpflanzen, Grasbüschel, und der zu Boden geworfene Mantel des Märtyrers bedecken den Grund vollständig, während vorn rechts – wie in einem Anflug ornamentaler Gesinnung – ein kleines Hündchen dekorativ zwischen zwei arabeskenhaften Pflanzen plaziert ist.

A. V.

Lit.: Lehrs, Bd. 2, 1910, S. 224f., Nr. 155 – Geisberg 1924, S. 37 – Ausst. Kat. Philadelphia 1967, Nr. 32 – Ill. Bartsch, Bd. 8, 1980, S. 74, Nr. 76 – Ausst. Kat. München/Berlin 1986/87, S. 64, Nr. 70.

68

Meister E. S. (tätig etwa 1440/50–um 1467)

Das Martyrium des Heiligen Sebastian

Bez. o. l.: 1467 E; o. r.: S

1467

Kupferstich; 15,2 x 10,7 cm (Einf.)

Paris, Bibliothèque nationale de France

68

In dieser Darstellung Sebastians zeigt sich deutlich das Bemühen des Meisters E. S., über eine neue Bildsprache zu einer Variante des gleichen ikonographischen Sujets zu gelangen. Das weitschweifige erzählerische Moment, auf das bei Lehrs 155 (Kat. 67) noch so sehr das Augenmerk gerichtet war, wird hier völlig vernachlässigt. Im Bemühen um innovative Lösungen gelingt es dem Stecher, das Martyrium diesmal weniger erzählerisch, als vielmehr anhand formaler Mittel zu veranschaulichen.

Die todbringenden Schützen sind dem Heiligen hier sehr nahe gekommen. Die gebogene Kontur des von rechts auf den Heiligen anlegenden Schützen wiederholt sich in der Schrittstellung und Haltung des Gefesselten, gerade als krümme sich der Gemarterte verzweifelt, um dem unvermeidlichen Pfeilbeschuß auszuweichen. Der Künstler läßt den Heiligen zwar in derselben Tanzschrittpose wie auf Lehrs 155 am Baum stehen, jedoch wendet er sich diesmal von seinen Peinigern ab. In der Schrittstellung des hinteren Schützen wird wiederum die Haltung des Gemarterten aufgegriffen, der somit, auch formal von seinen Schindern eingekreist, seinem Schicksal nicht entkommen wird. Der Heilige ist gleichsam im Netz der diagonalen Verflechtung des Blattes gefangen: Eine Linie zieht sich dabei über den Pfeil, den der hintere Schütze zwischen den Zähnen hält, entlang des rechten Beines des Heiligen zur Bildecke rechts unten, die andere führt über das gestreckte Bein Sebastians entlang des an die Baumkrone gefesselten Armes in die Bildecke oben. Es gelingt dem Künstler somit überzeugend, den Heiligen ohne Aufwand an erzählerischen Mitteln, eingespannt in die kompositorischen Linien, als Wehrlosen darzustellen.

Auffallend ist die Größe Sebastians, der, einem Riesen gleich, symbolhaft über die Henkersknechte hinauswächst und, fortgeführt in der Baumkrone, seine triumphale Überhöhung erfährt.

In diesem zu den späten Arbeiten zählenden Stich legte der Meister E. S. großen Wert auf die Stofflichkeit der wiedergegebenen Oberflächen. Die zarte Modellierung des mit haarfeinen Strichelchen, mit sogenannter kalter Nadel, geformten Körpers, die sogar die hervortretenden, geschwollenen Adern am Unterarm und an den Waden des Gefesselten durch Aussparung wiedergibt, kontrastiert zu der starken Konturierung des Mantels. Denn die Brokatmusterung des reich gestickten, zu Boden geworfenen Umhangs mit kräftig geführtem Stichel ist kaum realistisch, sondern eher ornamental wiedergegeben, indem selbst die Gewandfalten außer acht gelassen werden. Auch hierin äußert sich die Tendenz, das Dargestellte symbolhaft festzulegen: Die Kostbarkeit des Stoffes wird bildhaft überhöht, denn sie steht nicht für sich selbst, sondern nahezu abstrakt für die wertvolle Schutzfunktion des Mantels. Sebastian wurde zum Pestheiligen, da er die Pfeile – bereits seit heidnischer Zeit Gleichnis einer plötzlich hereinbrechenden Krankheit – überlebte und sein Mantel infolgedessen sinnbildlich die Schrecken der Pestseuche abwehren sollte. Bildliche Darstellungen dieses Nothelfers, sogenannte »Pestblätter«, dienten den Gläubigen während der im Mittelalter Europa heimsuchenden verheerenden Pestseuchen als Votivbilder.

Den zu jenen Zeiten allenthalben entstehenden Schützenbruderschaften wurde der Heilige zum Schutzpatron, so daß es denkbar wäre, daß die verschiedenen Sebastiansblätter des Meisters E. S. von solchen Gesellschaften in Auftrag gegeben wurden.[1] Es ist jedoch fraglich, ob sich die Schützen, deren realistisch dargestellter Umgang mit den präzise wiedergegebenen Waffen eine profunde Kenntnis technischer Details verrät, selbst in derart abstoßender Weise präsentiert hätten. A. V.

1 Vgl. Ausst. Kat. München/Berlin 1986/87, S. 65.

Lit.: Lehrs, Bd. 2, 1910, S. 228f., Nr. 158 – Geisberg 1924, S. 55, Taf. 59 – Hessig 1935, S. 102 – Berk 1943, S. 56f. – Ill. Bartsch, Bd. 8, 1980, S. 114, Nr. 119 – Slg. Kat. Paris 1982, Bd. 1, S. 51, Nr. 114 – Ausst. Kat. München/Berlin 1986/87, Nr. 73.

69

69

Meister E. S. (tätig etwa 1440/50–um 1467)

Das Martyrium der Heiligen Barbara

Kupferstich; 14,7 x 11,3 cm (Einf.)
München, Staatliche Graphische Sammlung

Ein reicher Heide köpft seine sich zum Christentum bekennende Tochter – das ist, in Kurzform, die Geschichte vom Martyrium der Heiligen Barbara, die im dritten Jahrhundert in Nikomedien am Marmarameer gelebt haben soll. Vor ihrer Hinrichtung war Barbara auf Geheiß des Vaters, der damit ihre Jungfräulichkeit schützen wollte, in einem Turm gefangengehalten worden. In diesem Turm, der in der christlichen Kunst zu ihrem festen Attribut wurde, bekehrte sich Barbara der Legende nach zum Christentum.

Der Meister E. S. hat das gewaltsame Geschehen in drei Stichen jeweils auf seinem Höhepunkt dargestellt: Der orientalisch gekleidete Vater packt mit der linken Hand den Kopf seiner knienden und betenden Tochter, mit der rechten hält er ein Schwert bzw. einen Säbel und holt zum tödlichen Schlag aus. Die Brutalität des Mannes, zu der seine feine Kleidung in scheinbarem Gegensatz steht, kommt in der hier gezeigten Version zusätzlich dadurch zum Ausdruck, daß er auf das Kleid Barbaras tritt und gleichsam in ihren Nimbus eingreift. Doch Barbaras Heiligkeit ist unverletzlich: Ein Engel signalisiert Gottes Beistand. Mit dem Tuch, das der Engel hält, wird er den Kopf der Enthaupteten bergen.

Die Bewegung wirkt, wie häufig beim Meister E. S., erstarrt. Die ausgreifenden Gesten – hierzu darf auch die in der Luft flatternde und doch ganz steife Schärpe des Vaters gezählt werden – sind formelhafte Äquivalente für Bewegung und Handlung. Durch einen kleinen felsigen Sockel wird die Gruppe aus Vater und Tochter bedeutungsvoll emporgehoben. Gleichzeitig überlappt Barbaras Kleid mit dem perlenbesetzten Saum die untere Einfassungslinie des Stichs – ein Detail, das die Distanz zum gläubigen Betrachter verringert.

Ein solcher ist der Nürnberger Arzt, Humanist und Geschichtsschreiber Hartmann Schedel (1440–1514) gewesen. Ihm gehörte vermutlich der hier präsentierte Abdruck aus München. Darauf deuten Spuren von Kolorierung, wie sie sich ähnlich auf anderen Blättern seiner Sammlung finden. So auch auf einem weiteren Kupferstich mit dem Martyrium der Heiligen Barbara: Es handelt sich dabei um eine Kopie des Israhel van Meckenem nach einem Stich des Meisters E. S. (Lehrs 162).[1] Hartmann Schedel versah das Blatt mit einem lateinischen Gebet und bezeichnete dieses mit seinem Monogramm. Im Gebet wendet sich Schedel an die

69/1 Oberrheinischer Meister, *Martyrium der Heiligen Barbara*, Perlmutterrelief, Baltimore, Walters Art Gallery

»göttliche Jungfrau« und »ruhmreiche Märtyrerin«: Bei Christus möge sie als Fürbitterin auftreten. Vor allem ruft Schedel die Heilige als Sterbepatronin an, denn nach verbreitetem Glauben vermag sie den Menschen in ihrer letzten Stunde beizustehen und sorgt dafür, daß sie die Sterbesakramente erhalten. Auch auf dem hier gezeigten Stich spielen diese in Form von Kelch und Hostie eine wichtige Rolle. Barbara hat sie fest im Blick und geht deshalb mit christlicher Zuversicht in den Tod.

Ein unbekannter, vermutlich oberrheinischer Meister des 15. Jahrhunderts hat den Kupferstich als Vorlage für ein Perlmutterrelief verwendet (Abb. 69/1).[2] Dieses qualitätvolle Stück, das im 17. Jahrhundert in ein Pacificale eingearbeitet wurde, hat einen Durchmesser von etwa 6 cm und befindet sich heute in der Walters Art Gallery in Baltimore. Die Komposition des Meisters E. S. ist der Rundform geschickt angepaßt, die Gesichter sind sehr fein gestaltet. Sogar die winzige Kreuzigungsgruppe auf der Hostie ist wiedergegeben. H. J.-F.

1 Vgl. Ausst. Kat. München 1990, S. 218f.

2 Siehe hierzu Koch/Sommer 1942, passim.

Lit.: Lehrs, Bd. 2, 1910, S. 233f., Nr. 163 – Geisberg 1924, S. 52 – Koch/Sommer 1942, S. 120ff. – Ill. Bartsch, Bd. 8, 1980, S. 79, Nr. 81 – Ausst. Kat. München/Berlin 1986/87, S. 68, Nr. 77.

70

70

Meister E. S. (tätig etwa 1440/50–um 1467)

Die Heilige Maria Magdalena

Kupferstich; 16,5 x 12,7 cm (Einf.)
Berlin, Kupferstichkabinett – Sammlung der Zeichnungen und Druckgraphik
Staatliche Museen zu Berlin – Preußischer Kulturbesitz

In seiner Darstellung der Heiligen wählte der Meister E. S. aus den zwei Grundtypen der Maria Magdalena – die biblische Begleiterin Christi einerseits, die Büßerin und Eremitin der Legende andererseits – die im Mittelalter wohl geläufigste Szene, die Erhebung der Büßerin durch Engel.[1] Er griff somit zwar auf eine bekannte Bildformulierung zurück, nicht jedoch ohne eigenständige, seiner Neigung entsprechend subtile Andeutungen auf originelle, erst auf einen zweiten Blick ersichtliche Weise einzubringen.

Der sich allmählich zum sinnenfreudigen Akt wandelnde Typus der nackten oder halbnackten Büßerin, der seit Beginn des 16. Jahrhunderts aus der kirchlichen Kunst in den privaten Bereich insbesondere des gehobenen Bürgertums eindringen sollte, deutet sich in diesem wohl um 1450/55 entstandenen Stich bereits an: Maria Magdalena als junge, verführerische Frauengestalt, deren wallendes Haar ihre körperlichen Reize mehr betont als verdeckt, sollte künftig vor allem im Barock zum beliebten Vorwand des sinnlichen Frauenbildes werden.

Noch ist die schöne Gestalt indes eingebettet in den religiösen Kontext, dessen symbolhafte Verschlüsselung dem mittelalterlichen Menschen durchaus vertraut und verständlich war. Gemäß der *Legenda aurea* zog sich Maria Magdalena in eine unwegsame, rauhe Wildnis der Provence zurück, in welcher es weder »Wasserbrunnen, noch Freude an Bäumen und Gras«[2] gab. Hingegen schildert der Meister E. S. in der unteren Bildhälfte eine mit zahlreichen Blattpflanzen, üppigem Gras, Bäumen und selbst einer blühenden Staude links bewachsene, keineswegs trostlose Gegend. Zudem halten sich vorn rechts drei sittichartige Papageienvögel auf, die eher den Eindruck eines paradiesischen Gefildes erwecken. Doch gerade diesem ist die Heilige enthoben: Verklärt und unberührt von der irdischen Pracht der Landschaft, schwebt sie vor einem hellen und leeren Hintergrund. Der reale, irdische Raum verwandelt sich in der oberen Hälfte des Blattes in einen visionären, der die immaterielle Speisung durch göttlichen Lobgesang symbolhaft verdeutlichen soll. Vor diesem raumlosen, gleichsam vergeistigten Grund wirken auch die Engel körperlos ornamental: Symmetrisch angeordnet, stützen sie scheinbar mühelos mit zarten Berührungen den Körper Magdalenas, der schwerelos scheint. Alternierend sind die Engel jeweils gefiedert bzw. gewandet, so daß eine kreuzweise Bewegungsrichtung nach oben entsteht, eingeschrieben in die ebenfalls nach oben strebende, im Scheibennimbus gipfelnde Dreieckskomposition des Blattes.

Nach Lehrs gehört dieses Blatt dem Frühwerk des Meisters an, dafür spricht auch die zart modellierte Frauengestalt, die jener Eva des *Strafgerichts* (Kat. 48) entspricht. Lediglich die Haltung des rechten Armes, der nun ihre Brust verdeckt, wurde verändert. Die büßende Maria Magdalena wird somit in der Wiederholung der Figur der Eva zum Sinnbild der Überwindung fleischlicher Sünde. Darauf verweisen auch die Papageien: Als Symbol paradiesischer Freuden und sündhaften Luxus verbleiben die Vögel, die doch eigentlich den Himmel bevölkern sollten, zurück auf dem Boden irdischen Lasters, während Magdalena vogelgleich emporschwebt. Auf halber Höhe des Blattes, und somit gleichsam auf halbem

Wege zur Erhebung, sitzt auf dem kahlen Baum – Sinnbild der Askese – zur Linken der Heiligen ein Falke. Im Mittelalter als Jagdvogel des aristokratischen Standes traditionelles Symbol adliger, nobler Gesinnung und zugleich, als abgerichteter Raubvogel, Bild der Beherrschung ungezähmter Natur, wird der gebändigte Vogel hier zum Sinnbild der Überwindung innerlicher Triebhaftigkeit und zeigt somit in der Selbstbezwingung den rechten Weg zur Erlangung göttlicher Gnade.
Auf dieser originellen Gratwanderung zwischen einer – nicht zuletzt verkaufsfördernden – Betonung der zarten Sinnlichkeit des nicht wie sonst üblich mit einem Haarkleid bedeckten Frauenleibes und moralisierenden Andeutungen, die dem frommen Andachtsbild gebührten, belegt der Meister E. S. einmal mehr seine immer wieder überraschende, unerschöpfliche Erfindungsgabe. A. V.

1 Zur Legende der Maria Magdalena vgl. die ausführlichen Erläuterungen in Kat. 155 und 183.
2 Legenda aurea, S. 477.

Lit.: Lehrs, Bd. 2, 1910, S. 239ff., Nr. 169 – Geisberg 1924, S. 31 – Hessig 1935, S. 55, 82, 91f. – Ausst. Kat. München/Berlin 1986/87, S. 69, Nr. 80.

71

Meister E. S. (tätig etwa 1440/50–um 1467)

Die Heilige Veronika

Kupferstich; 15,9 x 10,7 cm (Einf.)
Paris, Bibliothèque nationale de France

71

In einem Ablaßgebet des 15. Jahrhunderts, das vor einer Darstellung der Veronika mit dem Schweißtuch zu sprechen war, heißt es: »O du geziertes Angesicht, ich bitte dich, daß du dich nicht von mir kehrest, sondern wollest mich allezeit ansehn als ein milder Vater mit deinen barmherzigen Augen (...).«[1]
Der Meister E. S. hat Christi Antlitz ernst und hoheitsvoll gestaltet. Einen Ausdruck des Leidens, wie man ihn sonst bei Darstellungen dieser Art häufig findet, hat er vermieden. Allenfalls den betrübten Blick der Veronika könnte man als Hinweis auf die Passion verstehen. Im Unterschied zu einem frühen, dem Spielkartenmeister zugeschriebenen Kupferstich (Kat. 13), ist nicht nur das Schweißtuch dargestellt, sondern auch die Heilige, der es der Legende nach gehörte und die es dem Gläubigen zur Verehrung präsentiert. Zwei Engel assistieren ihr dabei. Der Meister E. S. hat es verstanden, die drei das Tuch haltenden Figuren in einer Dreieckskomposition zusammenzufassen, die trotz ihrer geometrischen Klarheit keiner strengen und damit unlebendigen Symmetrie folgt. Hierzu tragen auch der zur Seite geneigte Kopf der Veronika (er kehrt fast identisch bei der Sibylle von Tibur, Lehrs 191, wieder) und ihr S-förmiger Körperschwung bei.
Das Gesicht Christi ist mehr als doppelt so groß wie dasjenige der Heiligen. Es gehört einer anderen, nämlich göttlichen Realität an. Das wird auch daran deutlich, daß es vor dem Tuch zu schweben scheint – ganz unbeeinträchtigt von den Falten, die der Stoff wirft. Die oberen Strahlen des Heiligenscheines reichen über das Tuch hinaus.
Das Schweißtuch der Veronika war eine der kostbarsten Reliquien Roms. Die Päpste beanspruchten für sich, im Besitz des »wahren Antlitzes« Christi zu sein, obwohl auch an anderen Orten Schweißtücher bewahrt und verehrt wurden. In einem 1467 datierten Kupferstich läßt der Meister

71/1 Meister E. S., *Die Heiligen Petrus und Paulus mit dem Vera Icon-Tuch*, Kupferstich

E. S. nicht Veronika, sondern die römischen Apostel Petrus und Paulus das Tuch halten (Abb. 71/1);[2] darüber schweben Tiara und gekreuzte Schlüssel, die das Wappen der Päpste bilden. Die Legitimation ist eine doppelte: Die Apostelfürsten garantieren die Echtheit der Reliquie und diese steigert die päpstliche Autorität. Denn seit dem frühen 13. Jahrhundert waren die mit dem Schweißtuch verbundenen Ablässe ein wichtiges Gnaden- und Machtmittel der Kurie. Hiergegen hat Luther heftig polemisiert: »...gleich wie sie mit der Veroniken auch tun, geben vor, es sei unsers Herrn Angesicht in ein Schweißtüchlein gedruckt, und ist nichts denn ein schwarz Brettlin viereckt, da hänget ein Klaretlin [Stück Stoff] vor (...) und hie ist große Andacht und viel Ablaß bei solchen groben Lügen.«[3]

H. J.-F.

1 Hier zit. nach Ausst. Kat. Karlsruhe 1992b, S. 42.
2 Lehrs, Bd. 2, 1910, S. 267f., Nr. 190 – Ausst. Kat. München/Berlin 1986/87, S. 70f., Nr. 85 – Schmidt 1994, S. 296, Anm. 12.
3 Aus Luthers Schrift »Wider das Papsttum zu Rom, vom Teufel gestiftet«, 1545, hier zit. nach Ausst. Kat. Karlsruhe 1992b, S. 42.

Lit.: Lehrs, Bd. 2, 1910, S. 246f., Nr. 174 – Geisberg 1924, S. 54 – Hessig 1935, S. 31 – Slg. Kat. Paris 1982/83, Bd. 1, S. 53, Nr. 117 – Ausst. Kat. München/Berlin 1986/87, S. 70, Nr. 84 – Belting 1990, S. 478.

72

Wolfgangus Aurifaber

Maria mit Kind und Stifter in einem Innenraum

Bez. o.: ludwicus. abbas. anno. domini. 1477.; u.: wolfgangus. aurifaber.
1477
Umdruck vom Abdruck einer Gravierung; 30,6 x 22,9 cm (Platte)
Karlsruhe, Staatliche Kunsthalle Karlsruhe, Kupferstichkabinett

72

Selten haben mittelalterliche Künstler Werke mit ihrem Namen signiert. In diesem Falle hat sich der Künstler genannt, obwohl die 1477 datierte Komposition nicht seine Erfindung ist, sondern eine Montage aus zwei Werken des Meisters E. S. darstellt: »Wolfgangus Aurifaber« (Goldschmied Wolfgang) hat die Madonna nach dem Stich *Maria mit Kind, dem ein Engel Rosen reicht* (Lehrs 80) kopiert und für den Innenraum den Stich *Vision des Kaisers Augustus und der Sibylle* (Lehrs 191) verwendet. Lediglich der kniende Stifter mit Spruchband entstammt nicht dem Motivschatz des Meisters E. S. Der in der oberen Bezeichnung genannte »ludwicus abbas« (Abt Ludwig) hat vermutlich dem Prämonstratenserkloster in Churwalden bei Chur vorgestanden, wo sich die von Goldschmied Wolfgang gravierte Platte noch im 18. Jahrhundert befand. Sie war dort in der Sakristei angebracht. Erst im 19. Jahrhundert wurden von der vergoldeten Platte, die nie zum Abdruck vorgesehen war, Papierabzüge gemacht.[1] Das Karlsruher Exemplar ist ein Umdruck (»Abklatsch«) eines Abzugs, verhält sich also seitenrichtig zur Platte. Es ist Zeugnis für die Rezeption von E. S.-Motiven in der Goldschmiedekunst. Obwohl die Gravierung von mäßiger Qualität ist, hat der Goldschmied doch recht geschickt verschiedene Vorlagen kompiliert. Das Jesuskind, das die Rose beim Meister E. S. vom Engel als Symbol der Passion empfängt, scheint sie hier dem Abt als Gnadenzeichen zu spenden.

H. J.-F.

1 Die Platte wird heute im Kupferstichkabinett Berlin bewahrt; vgl. die Abb. in: Poeschel, Erwin: Die Kunstdenkmäler des Kantons Graubünden, Bd. 2, Basel 1937, S. 247.

Lit.: Lehrs, Bd. 2, 1910, S. 145f., Nr. 80a – Fritz 1966, S. 54f. und S. 453, Nr. 66 – Ausst. Kat. Karlsruhe 1970, S. 316, Nr. 299.

70

79

II.1 Martin Schongauer und seine Nachfolge – Malerei und Zeichnung

»Was soll ich von Martin Schön aus Colmar sagen, der in dieser Kunst so vortrefflich war, daß die von ihm gemalten Tafeln *(depictae tabulae)* nach Italien, Spanien und England und an andere Orte der Welt gebracht wurden. [...], und Maler strömen selbst von weither herbei [nach Colmar, d. Verf.], um diese abzubilden und zu kopieren, und, welche Fülle an guten Kunstwerken und Gemälden man auch immer zusammentragen wollte, man könnte nichts Gewählteres, nichts Liebenswürdigeres *(nihil elegantius, nihil amabilius)* als diese malen oder wiedergeben.« Mit diesen Worten faßt der Straßburger Humanist und Geschichtsschreiber Jakob Wimpheling in seinen 1505 gedruckten *Epitoma rerum Germanicarum* die zeitgenössische Wertschätzung zusammen, die dem 14 Jahre zuvor verstorbenen Martin Schongauer entgegengebracht wurde. Aus mehreren Gründen ist dieses Dokument von großer Wichtigkeit, wird doch nicht nur die überragende Bedeutung des Colmarer Meisters im europäischen Kontext vor Augen gestellt sowie die Vorbildfunktion seiner Bildkunst betont, sondern gerade seinem malerischen Œuvre lobende Erwähnung getan. Dieses scheint unter seinen Zeitgenossen wesentlich den Ruhm Schongauers begründet zu haben, wohingegen man heute retrospektiv das umfang- wie einflußreiche druckgraphische Werk als eine zum mindesten ebenbürtige Leistung beurteilen muß.* Doch vermögen weitere Zeugnisse die Vorrangstellung der Tafelmalerei zu belegen: Nicht nur wird der Maler bereits in einer 1486 oder 1487 eingerichteten Jahrzeitstiftung als *pictorum gloria* – als der »Ruhm der Maler« – tituliert, sondern noch 1531 von Beatus Rhenanus in seinen *Rerum germanicarum libri tres* als »Apelles von Colmar« angesprochen, »der sich wegen der einzigartigen Anmut seiner Malerei den Beinamen Schön verdiente«. Sowohl Rhenanus als auch Wimpheling nehmen Bezug auf den offensichtlich geläufigen, in Anlehnung an den Familiennamen gewählten Beinamen, der zuweilen auch durch das Synonym »Hübsch« vertreten werden konnte. Auf der Rückseite des hinsichtlich Autorschaft wie Datierung vieldiskutierten und wohl im frühen 16. Jahrhundert entstandenen Bildnisses Martin Schongauers der Münchner Alten Pinakothek findet sich in der Handschrift des Augsburger Malers Thoman Burgkmair die den Beinamen des Porträtierten erläuternde Zeile: *Mayster Martin schongawer maler genent Hipsch martin von wegen seiner kunst.* Auch Albrecht Dürer, der 1492 aufbrach, den verehrten Colmarer Meister zu treffen, ihn jedoch nicht mehr lebend fand, verwendete die ehrbezeugende, den Familiennamen verdrängende Benennung. Die Brüder Martins hatten Albrecht wohl einige frühe Zeichnungen zum Geschenk gemacht, die der Nürnberger später bezeichnete und datierte; so auch die Londoner Federzeichnung mit der Darstellung des *Segnenden Heilands: Das hat hubsch martin gemacht Im 1469 jor* (Kat. 88).

Fraglos würde die zeitgenössische Wertschätzung des Malers Schongauer weniger überraschen, hätte sich von seinem malerischen Œuvre mehr erhalten. Neben den als Frühwerk zu betrachtenden, für die Isenheimer Antoniterpräzeptorei geschaffenen Flügeln des *Orlier-Retabels* (Colmar, Musée d'Unterlinden) und der 1473 datierten, berühmten *Rosenhag-Madonna* (Colmar, Dominikanerkirche) blieben allein fünf kleinformatige Andachtsbilder erhalten: Die *Heiligen Familien* in Wien und München, die Berliner *Geburt Christi* sowie die beiden kostbaren Täfelchen mit der halbfigurigen *Muttergottes im Fenster*, die heute in Los Angeles und Darmstadt bewahrt werden (Kat. 73, 74). Diese beiden Gemälde geben mit ihrer zarten, lyrischen Gestimmtheit, dem tiefen, religiösen Symbolgehalt und der vollendeten feinmalerischen Ausführung einen Eindruck der hohen Malkultur Schongauers und lassen die Lobpreisungen der Zeitgenossen verständlich werden.

Ist vom malerischen Werk Martin Schongauers nur ein Bruchteil auf uns gekommen, so sind auch von seinem Lebenslauf nur wenige Eckdaten überliefert. Bereits das Datum seiner Geburt ist unbekannt, doch legen es verschiedene Umstände nahe, diese um die Mitte des 15. Jahrhunderts anzusetzen. Er dürfte in Colmar das Licht der Welt erblickt haben, wohin sein Vater Caspar, ein Goldschmied, wohl um 1440 aus Augsburg übergesiedelt war. Über Martins Ausbildung in Colmar, sei es zunächst in der Werkstatt des Vaters oder unmittelbar bei einem Tafelmaler der Stadt, ist viel spekuliert worden – abschließende Erkenntnisse wurden jedoch nicht gewonnen. Zum ersten Mal urkundlich greifbar wird Schongauer weit ab der Heimat in Leipzig, wo ihn die Universitätsmatrikel des Jahres 1465 als Studenten ausweisen. Wie lange er studierte, ist unklar, einen Abschluß scheint er nicht erreicht zu haben. Dennoch scheint es hoch bedeutsam und zukunftweisend, daß ein Maler des ausgehenden Mittelalters, das den Bildkünstler wesentlich als zünftischen Handwerker kannte, seine Ausbildung an einer Hochschule zu vervollständigen suchte: Mit einigem Recht könnte man den Colmarer als einen ersten *pictor doctus* nördlich der Alpen bezeichnen. Zwischen die ausgehenden 1460er Jahre und die Vollendung der *Rosenhag-Madonna* im Jahre 1473 werden gemeinhin die »Wanderjahre« Martins angesetzt, auch sie ein Gegenstand heftiger Forschungsdiskussion: Die Niederlande, Köln und Spanien sind die stets wieder genannten Ziele des reisenden Malers. Mittlerweile hat sich jedoch die Überzeugung durchgesetzt, daß ein längerer Aufenthalt in den burgundischen Niederlanden angenommen werden muß, führt man sich den immensen Einfluß der niederländischen Bildkunst auf das Werk Schongauers vor Augen. Es scheint nur schwer vorstellbar, daß er die umfassende Kenntnis altniederländischer Malerei ausschließlich vermittelt, also etwa über Nachzeichnungen, erlangt haben soll. Schon früh wurde die überragende Bedeutung des Brüsseler Stadtmalers Rogier van der Weyden für die künstlerische Formung Martins festgehalten. So schrieb der Lütticher Maler Lambert Lombard dem großen italienischen Kunsthistoriographen Giorgio Vasari im Jahre 1567, Rogier sei der Lehrmeister Schongauers gewesen. Bedenkt man, daß Rogier bereits 1465 starb, ist dies unmöglich, doch darf die Behauptung Lombards im übertragenen Sinne durchaus als zutreffend bezeichnet werden. Stellvertretend kann auf eine heute in Paris bewahrte, ehemals im Besitz Albrecht Dürers befindliche Zeichnung Schongauers verwiesen werden, die den *Weltenrichter* vom berühmten Altar Rogiers in Beaune getreu wiederholt. Doch muß Martin auch weitere Werke des verehrten Niederländers aufgesucht haben, wie etwa den heute in München befindlichen, aber für die St. Kolumbakirche in Köln geschaffenen *Dreikönigsaltar.* Neben Rogier wurden in den letzten Jahren auch der Löwener Meister Dirk Bouts sowie der vormalige Mitarbeiter van der Weydens, Hans Memling, als maßgebliche Einflußgeber für den elsässischen Meister hervorgehoben, gar eine Mitarbeit in deren Ateliers nicht ausgeschlossen. Jedenfalls aber scheint die außerordentliche Vielfalt der altniederländischen Elemente in Schongauers Bildkunst eine Reise nach Brüssel und Brügge zu erfordern. Bis zum Ende der 1480er Jahre scheint Schongauer in Colmar geblieben zu sein, wo er jedoch niemals das Bürgerrecht erwarb. Spätestens 1489 lebte er dann in Breisach, wird er doch in diesem Jahr als *burger zue Brisach* verzeichnet. Das Bürgerrecht scheint die Vorraussetzung für die Übernahme seines letzten malerischen Werkes gewesen zu sein, dessen gewaltiger Umfang noch heute, trotz des fragmentarischen Erhaltungszustandes, zu überwältigen weiß: In dem bis 1485 aufgeführten Westbau des Münsters bedeckte Martin West-, Süd- und Nordwand vom Boden bis zum Gewölbeansatz mit der monumentalen Darstellung des *Jüngsten Gerichtes*. Konzipiert wie ein überdimensionales Triptychon, sitzt Christus auf der mittleren Westwand zu Gericht, wohingegen sich im Süden die Paradiesespforte öffnet und im Norden die Verdammten in die Hölle stürzen. Bis zu seinem zeitigen Tode im Februar 1491 arbeitete Schongauer an den drei jeweils 14 Meter hohen und sieben Meter breiten Wandgemälden.

In seiner eingangs zitierten Lobrede hob Jakob Wimpheling explizit hervor, daß zahlreiche Maler von weit her nach Colmar kamen, um die Werke Schongauers zu kopieren. Dies deutet die enorme Wirkmächtigkeit Schongauerischer Bildfindungen an, die nicht zuletzt über den Kupferstich weite Verbreitung fanden. Hiermit ist im Hinblick auf die Malerei eine zentrale Frage angesprochen: Wie sind die überaus zahlreichen, deutlich von der Bildkunst des Colmarer Meisters abhängigen Kompositionen zu klassifizieren? Neben eigentlichen Kopien – etwa nach druckgraphischen Vorlagen (Kat. 80) – finden sich viele an den Vorbildern orientierte, einmal mehr, einmal weniger Eigenständigkeit behauptende Gemälde, die dem näheren Werkstatt- oder Schulkreis (Kat. 81, 84, 86) respektive dem weiteren Umkreis Martin Schongauers (Kat. 82) zu entstammen scheinen. Daß Schongauer jedenfalls einem rationell organisierten Werkstattbetrieb vorstand, ist zuletzt von Jan Nicolaisen mit guten Gründen wahrscheinlich gemacht worden; so zeichnet die Werkstatt wohl auch für das große, ehemals in der Colmarer Dominikanerkirche aufgestellte Retabel verantwortlich, welches sich heute im Unterlinden-Museum befindet. Die häufig geäußerte Vermutung, mit dem einoder anderen Nachfolgewerk lasse sich eine verlorene Komposition des Meisters erschließen, muß jedoch Spekulation bleiben. M. D.

* Zu einer möglichen, alternativen Deutung des Wimpheling-Zitats siehe die Einleitung von Kapitel II.2.

73

Martin Schongauer (um 1450–1491)

Madonna, von Engeln gekrönt

Um 1473/75
Öl und Tempera auf weichem Laubholz; 17,6 x 11,5 cm
Darmstadt, Dauerleihgabe aus Privatbesitz
im Hessischen Landesmuseum Darmstadt

Von bester Erhaltung, da nahezu unberührt und nur seines originalen Rahmens beraubt, von vollendeter Feinmalerei, differenzierter Farbigkeit, lyrisch-verklärter Gestimmtheit und tiefreligiöser Aussage, bezaubert dieses kleine Andachtsbild ebenso wie Schongauers nahezu gleichgroßes Täfelchen der lesenden Muttergottes in Los Angeles (Kat. 74). Doch wirkt es feierlicher und weihevoller als jenes, da es einen anderen Madonnentypus zeigt, den der *Maria lactans*, der letztlich auf byzantinische Urbilder der das Kind stillenden Muttergottes zurückgeht.[1]

Mit beiden Händen hält die mädchenhaft junge Maria ihren nackten, nur von einer Windel und ihrem Mantel am Rücken gewärmten Säugling zum Stillen dicht an ihren Leib. Während das Kind beim Trinken beide Händchen an die Brust der Mutter legt, neigt diese ihr Haupt dem Knäblein zu, blickt aber sinnend vor sich hin. Es ist, als betrachte sie im Geist den vorgezeichneten Lebensweg ihres göttlichen Kindes, des in seiner Passion den Tod überwindenden Erlösers Jesus Christus. Maria, in halber Figur wiedergegeben und in rote Gewänder gehüllt, steht am kahlen Gewände einer fensterartigen Maueröffnung, an die sie wohl aus einem nächtlichschwarzen Raum ans Licht getreten ist. Es fällt auf sie aus der Richtung des Betrachters oder Andächtigen, dem sich die nach rechts gerichtete Mutter mit ihrem Kind, die wie gegenwärtig und zum Greifen nah geschildert ist, zu zeigen scheint. – Dieser Eindruck gewinnt an Wahrscheinlichkeit, wenn man bedenkt, daß das kleine Täfelchen möglicherweise der linke Flügel eines Diptychons war, auf dessen verlorener rechter Hälfte vielleicht ein nach links gerichteter Stifter in anbetender Haltung dargestellt war.[2]

Über Maria schweben zwei Engel, halten eine perlen- und steinbesetzte Lilienkrone aus Gold über ihr Haupt und kennzeichnen sie als Himmelskönigin, worauf auch die Farbe ihres Mantels und Überkleides deutet. Die schemenhaften Engel, ausgeführt in subtiler, graugrüner Ton in Ton-Malerei, sind geistige Wesen der himmlischen Sphäre und zeigen die göttliche Natur des menschgewordenen Jesus an. In diesem Sinnzusammenhang kann die zeichenhaft abstrahierte Maueröffnung als marianisches Fenstersymbol gedeutet werden; schon Augustinus nennt Maria *fenestra coeli*, das Fenster zum Himmel, »weil Gott durch sie das wahre Licht der Welt (d. h. Christus) gegossen hat«.[3]

Die *Maria lactans* wird in der abendländischen Kunst des Mittelalters immer wieder dargestellt, zunehmend in den Jahrzehnten um 1400, etwa in der franko-flämischen Buchmalerei,[4] und ab 1420/25 in der mit Robert Campin und Jan van Eyck erblühenden altniederländischen Tafelmalerei.[5] Hauptsächlich von dieser wird Schongauer Anregungen für sein kleines Andachtsbild erhalten haben, wie Übereinstimmungen mit Kopftypen,

73/1
Petrus Christus,
Madonna und Kind,
Luxemburg, Musée
National

73

Gesten oder Körperhaltungen und entsprechenden Details auf Gemälden von Rogier van der Weyden,[6] Hans Memling[7] und Petrus Christus (Abb. 73/1)[8] belegen. Den niederländischen Bildtypus der Madonna am Fenster nahm Schongauer bereits in dem frühen Stich der *Papageien-Madonna* in Anlehnung an ein Bild von Dirk Bouts auf (Kat. 216). Darüber hinaus finden sich in seinem eigenen Werk zahlreiche, für die Datierung des *Maria lactans*-Täfelchens wichtige Entsprechungen, zum Beispiel das Motiv der beiden Engel mit der Krone, die sehr ähnlich auf dem frühen Stich der *Maria auf der Mondsichel* (Kat. 97) und der Colmarer *Maria im Rosenhag* von 1473 (Kat. 75) wiederkehren.

D. L.

1 Siehe dazu: Küppers, Bd. 1, 1974, S. 197ff. (F. J. Ronig), S. 215ff. (H. Appuhn) – Schiller, Bd. 4.2, 1980, S. 20, 22, 180, 186, 191ff.

2 Ein exemplarisches Werk ist z. B. Hans Memlings Diptychon des Maarten van Nieuwenhove (Ausst. Kat. Brügge 1994, Nr. 33).

3 Ausst. Kat. Darmstadt 1995, S. 66, Anm. 12, mit weiterer Literatur (M. Woelk).

4 Siehe z. B. Miniatur des Rohan-Meisters (Meiss 1974, Abb. 877, 878).

5 Siehe z. B. Werke von R. Campin (de Vos 1971, Abb. 1, 2), J. van Eyck, Lucca-Madonna (Pächt 1993, Abb. 6) und Rogier van der Weyden (Davies 1972, Abb. 85, 87 – de Vos 1971, Abb. 77).

6 Medici-Madonna (Davies 1972, Abb. 73 – de Vos 1971, Abb. 65).

7 Gemälde in Madrid und Boston (de Vos 1971, Abb. 69, 70).

8 Gemälde in Luxemburg (Friedländer Bd. 1, 1967, Taf. 76 – de Vos 1971, Abb. 78).

Lit.: Buchner 1941, S. 74ff., Abb. 47 – Flechsig 1946, S. 392 – Baum 1948, S. 58, 76, Abb. 180 – Stange, DMG, Bd. 7, 1955, S. 21, Abb. 22 – Stange, KV, Bd. 2, 1970, Nr. 70 – Jülich 1991 – Ebert-Schifferer/Jülich 1993, S. 38–61 – Ausst. Kat. Darmstadt 1995, Nr. 18 (M. Woelk).

74

Martin Schongauer (um 1450–1491)

Lesende Maria mit Kind im Fenster

Um 1485/90
Öl auf Eichenholz; 16,5 x 11 cm
Los Angeles, The J. Paul Getty Museum
Inv. Nr. 97.P.B.23

Dieses Gemälde ist wohl eines der erlesensten kleinen Andachtsbilder Martin Schongauers. Kaum größer als der Kupferstich seiner *Papageien-Madonna* (Kat. 216), kennzeichnen es: der tiefe religiöse Symbolgehalt, die zarte, lyrische Gestimmtheit, feinmalerische Ausführung, klare, kostbar wirkende Farbigkeit, wirklichkeitsnahe Wiedergabe genau beobachteter Details und treffliche Charakterisierung unterschiedlicher Stofflichkeit; zusammen erzeugen sie noch heute einen harmonischen Wohlklang von Empfindungen beim Betrachter.

Von hellem Licht beschienen, erscheint die junge Mutter Maria in halber Figur und Dreiviertelansicht in einer kahlen, wenig ausgeführten Fensteröffnung. Vor ihr sitzt das dem Betrachter zugewandte nackte Jesuskind auf einem grünen Samtkissen, das über die Vorderkante der Fensterbank hinausragt und die illusionistische Verbindung zwischen Bildraum und Außenwelt herstellt. Der Betrachter wird somit einbezogen in die private, nicht zu störende Idylle von Mutter und Kind, die gemeinsam in einem Buch lesen und blättern; dieses hält Maria ihrem lebhaften Knäblein mit beiden Händen hin und legt ihre Arme zugleich schützend um das Kind, das seine strampelnden Beinchen unter dem Buch nach vorne streckt. Vor dem Dunkel des Raumes, aus dem Maria an das Fenster gerückt ist, schwebt ein kaum sichtbarer, wie aus bläulichem Dunst geschaffener Engel, der eine goldene filigrane Lilienkrone über das Haupt der Mutter und ein goldenes Zepter über das Kind hält. Es sind die Herrschaftszeichen ihres Himmelskönigtums, auf die auch das Rot der Mariengewänder sowie das den Herrscherthron andeutende Kissen in der Farbe paradiesischer Hoffnung weisen. Reinheit und Demut Mariens zeigen ihr makelloses Inkarnat, die offenen langen Haare mit der Perlenschnur und der dunkelblaue Ärmel des Unterkleides an. Der kostbar und zurückhaltend eingesetzte helle Blauton des Engels und der textilen Buchhülle symbolisieren den mit Jesu Menschwerdung auf die Erde herabgekommenen Himmel, während das Buch selbst, dem sich Mutter und Kind hingebungsvoll zuwenden, ein Sinnbild des fleischgewordenen Wortes Jesus Christus ist (vgl. Kat. 4, 39).

Schongauer hat immer wieder das liebevolle Zusammensein von Maria und dem Jesuskind in Bildern wiedergegeben, um das Geheimnis der göttlichen Heilsbotschaft zu veranschaulichen, wofür nur an die *Madonna lactans* in Darmstadt, die der Maria aus Los Angeles geschwisterlich verwandt ist (Kat. 73), an den Kupferstich der *Papageien-Muttergottes* (Kat. 216), die Gemälde der *Heiligen Familie* in Wien und München[1] und die große Colmarer *Rosenhag-Madonna* von 1473 erinnert sei (Abb. 76/2, 77/1, 75/1). – Mit der Darstellung der Lehrmeisterin Maria und ihrem Kind bei gemeinsamer Lektüre stellt sich Schongauer in eine bereits lang bestehende Bildtradition, die von den niederländischen Malern schon ab 1430 aufgenommen wurde, was Gemälde von Rogier van der Weyden[2] (Abb. 74/1) und Hans Memling[3] belegen mögen (siehe dazu auch Kat. 4, 39). Die besondere Art, mit der Maria das mit dem Rücken zu ihr sitzende Kind mit beiden Armen von hinten umfängt und ihm zugleich das Buch vorhält, kommt aber am ähnlichsten schon bei der Jan van Eyck zugeschriebenen *Ince-Hall-Madonna* von 1433 vor (Abb. 5/1).[4] Diese Bilderfindung muß Schongauer gekannt haben, wahrscheinlich vermittelt durch ein niederländisches Werk, vielleicht aber auch durch eine oberrheinische Arbeit. So kehrt das beschriebene Motiv vor 1444 bei Konrad Witz und um 1445/48 in seiner Werkstatt wieder, wie es die Erlanger Zeichnung (Kat. 5) und das Neapler Tafelbild der *Heiligen Familie* (Abb. 5/2)[5] zeigen. Darüber hinaus ist es vom Meister E. S. vor 1467 in einem Stich aufgegriffen worden, der Schongauer ebenfalls bekannt gewesen sein könnte (Abb. 74/2).[6] – Zum Fensterbildtypus siehe weiter bei Kat. 73, 216.

D. L.

74/2
Meister E. S.,
Maria mit Kind,
Kupferstich

1 Baum 1948, Abb. 182, 184. – Verwandte Züge auf dem Wiener Bild sind z. B. das trauliche Zusammensein von Mutter und Kind, das gemeinsame Betrachten der Traube in Mariens Händen und der von ihren Armen abgesteckte Bereich, in dem das Kind agiert und geborgen ist.

2 Durån-Madonna, 1435/40, Madrid (Friedländer, Bd. 2, 1967, Taf. 137); hier findet sich z. B. auch das überhöhende Motiv des Engels mit der Krone vorgebildet.

74/1
Rogier von der Weyden,
Durån-Madonna,
Madrid, Prado

74

3 Thronende Muttergottes, um 1465/67 (?), Kansas City (Ausst. Kat. Brügge 1994, Nr. 1).
4 Friedländer, Bd. 1, 1967, Taf. 19.
5 Gantner 1942, Abb. 1.
6 Lehrs, Bd. 2, 1910, Nr. 67 – wie auf dem zitierten Bild von Memling (Anm. 3) sitzt das Kind auf der dem Betrachter zugewandten Seite Mariens, die das Buch nur mit der Linken hält, ihr Kind aber mit der Rechten stützt.

Lit.: Buchner 1941, S. 115ff., 181 (Nr. 10), Abb. 68 – Flechsig 1946, S. 395, Taf. 41 – Baum 1948, S. 58, 76, Abb. 181 – Stange, DMG, Bd. 7, 1955, S. 21, Abb. 28 – Stange, KV, Bd. 2, 1970, Nr. 76 – La Chronique des Arts 1997, S. 43, Abb. 177.

75

Unbekannter Kopist nach Martin Schongauer

Maria im Rosenhag

Mitte (?) 16. Jahrhundert
Öl auf Eichenholz; 44,3 x 30,5 cm
Boston, Isabella Stewart Gardner Museum
Inv. Nr. P 21 W 17

Das Gemälde ist eine Kopie nach der in Colmar verwahrten, 1473 datierten, viel größeren Altartafel der *Madonna im Rosenhag* von Martin Schongauer (Abb. 75/1).[1] Diese war ursprünglich etwa 250 x 160 Zentimeter groß,[2] wurde aber im 18. Jahrhundert an allen Seiten erheblich beschnitten, verlor dabei größere Teile ihrer Darstellung und mißt heute nur noch 200 x 115 Zentimeter. Der dokumentarische Wert des Bostoner Bildes besteht darin, daß es eine gute Vorstellung von der gesamten einstigen Komposition der *Rosenhag-Madonna* vermittelt, wenngleich es im

75

Auch für die anderen Pflanzen, zum Beispiel die weiße Lilie, hat Schongauer nach dem Vorbild Rogier van der Weydens und anderer Niederländer farbige Naturstudien auf Papier gefertigt, um sie später immer wieder als Detailvorlagen für andere Gemälde und Stiche zu verwenden, worin er Albrecht Dürer um mehr als ein Vierteljahrhundert voranging.
Von besonderer Bedeutung an der Päonienstudie ist weiter, daß Dürer sie wohl einmal besaß, seit seiner Wanderschaft an den Oberrhein, an deren Beginn er 1492 die Werkstatt des kurz zuvor verstorbenen Martin Schongauer aufgesucht hatte. Dessen botanische Detailstudien stehen somit am Anfang von Dürers Pflanzen- und Tieraquarellen nach der Natur, deren künstlerische Ahnen letztendlich entsprechende, doch nicht überlieferte Arbeiten Robert Campins und Jan van Eycks waren. Dürer kannte nicht nur die Päonienstudie, sondern auch die *Rosenhag-Madonna*, und beide haben in seinem Werk deutliche Spuren hinterlassen.

D. L.

[1] Buchner 1941, S. 79ff., Abbn. 49, 51, 53–59 – Baum 1948, S. 49ff., Abb. 145, 146, Taf. 1 – Stange, KV, Bd. 2, 1970, Nr. 72.
[2] Buchner 1941, S. 83.
[3] Siehe z. B. Buchner 1941, S. 83, Abb. 50.

Lit.: Slg. Kat. Boston 1931, S. 328 – Buchner 1941, S. 82, Abb. 48 – Flechsig 1946, S. 341ff., Taf. 22 – Baum 1948, S. 50, 75, Abb. 147 – Stange, DMG, Bd. 7, 1955, S. 20 – Martin 1958 – Stange, KV, Bd. 2, 1970, Nr. 73 – Minott 1971, S. 17, 20, Abb. 3 – Koreny 1991 – Ausst. Kat. Colmar 1991, S. 69f. (A. Châtelet) und S. 108–112, Abb. 2, 3 (F. Koreny) – Koreny 1994, S. 82.

einzelnen nicht immer das Vorbild getreu wiedergibt, da der Kopist die Darstellung vereinfachte, veränderte und sogar Details wegließ. So fehlen etwa die Vögel im Geäst der an einem Spalier rankenden Rosen, die eine lichte, schützende Hecke hinter der Rasenbank bilden, auf der Maria mit ihrem Kind sitzt. Zu den Vereinfachungen zählen etwa der fehlende Nimbus Mariens und die seitlichen Stäbe des Rosengitters, der farbige, nicht goldene Himmelsgrund, das blaue Stoffutter des Kleides anstelle des grauen Pelzes oder die geringere Detailliertheit von Marienkrone und Vegetation.
Dennoch ist an der Kopie gut zu ermessen, was alles bei der Verstümmelung des großen Originals verlorenging, nämlich so wichtige Motive wie: im Scheitel der Komposition Gottvater und der Heilige Geist, auf der rechten Seite der halbe Päonienstrauch und die Akelei, zu Füßen Mariens ein Großteil des Rasenteppichs aus Erdbeeren und anderen Pflanzen und auf der rechten Seite die hohe weiße Lilie und die Irisstaude.
Noch jüngst war das Bostoner Gemälde von Bedeutung bei der Bestimmung einer in Aquarell und Deckfarben ausgeführten Naturstudie mit Pfingstrosen von der Hand Martin Schongauers, eine sensationelle Entdeckung Fritz Korenys. Die Studie diente dem Maler als genaue Vorlage für die Blüten der Päonienstaude links im Bild der *Rosenhag-Madonna*.

75/1 Martin Schongauer, *Madonna im Rosenhag*, 1473, Colmar, Dominikaner-Kirche

76

Werkstatt Martin Schongauers (ca. 1450–1491)

Die Muttergottes im Garten

Um 1475/80
Öl auf Lindenholz; 30,2 x 21,9 cm
London, The National Gallery
Inv. Nr. NG 723

76

Dieses Andachtsbild wurde schon früh als eine Arbeit aus Martin Schongauers Werkstatt angesehen, in der sich wesentliche Züge und formale Charakteristika der Kunst des großen Meisters weniger vollendet spiegeln. In der ersten Hälfte des 19. Jahrhunderts noch in Öttingen-Wallersteinschem Besitz, gelangte das Gemälde 1851 an Albert von Sachsen-Coburg-Gotha, der es wohl sehr schätzte und auf dessen Wunsch seine Gemahlin, Königin Viktoria von England, es 1863, kurz nach dem Tod des Prinzen, der Londoner National Gallery schenkte.

Dargestellt ist die in einen zinnoberroten Mantel gehüllte Maria, die ihr nacktes Kind auf dem Schoß hält und auf einer Rasenbank sitzt, inmitten eines paradiesisch grünenden und umzäunten Gartens, des *Hortus conclusus*, Sinnbild ihrer Keuschheit und Reinheit. Über sie wölbt sich ein Kirschenbaum, der für den Baum der Erkenntnis und damit für Paradies und Sündenfall steht und letztlich auf Maria, die neue Eva, und Jesus, den neuen Adam, weist. Den farbigen Eindruck bestimmt der symbolische, auf Christi Geburt, Passion und Erlösung deutende Dreiklang aus leuchtendem Rot, saftigem Grün und den lichten Tönen der Inkarnate, des Himmels und des sandigen Bodenstreifs zu Füßen Mariens. Es ist dies eine Farbigkeit, die Schongauer 1473 in seiner *Rosenhag-Madonna* unvergeßlich erstrahlen ließ (siehe dazu Kat. 75, Abb. 75/1) und die auch für andere Werke des Künstlers (und seiner Nachfolge) typisch ist, beispielsweise für die Münchner *Heilige Familie*.[1] Das Londoner Täfelchen steht in vieler Hinsicht einer der schönsten Kompositionszeichnungen Schongauers nahe, nämlich der Berliner *Maria mit dem Nelkentopf* (Abb. 76/1)[2] und darüber hinaus zwei Werken, die mit der Zeichnung verwandt sind und etwa gleichzeitig, um 1475/80, entstanden: die *Heilige Familie* in Wien (Abb. 76/2)[3] und der Stich mit der *Madonna auf*

76/1
Martin Schongauer,
Maria mit dem Nelkentopf,
Berlin, SMPK,
Kupferstichkabinett

76/2
Martin Schongauer,
Die Heilige Familie,
Wien,
Kunsthistorisches
Museum

der Rasenbank (siehe dazu Kat. 80, Abb. 80/1). Wie in der Berliner Zeichnung mag auch in der *Muttergottes im Garten* ein verlorenes Andachtsbild Schongauers greifbar werden.

Rechts von Maria wurzelt auf der Rasenbank eine Nelkenstaude, von der die Mutter eine Blüte abgepflückt hat und sie dem Kind hinhält. Dieses scheint nur zögerlich auf sie zu blicken und noch nicht danach greifen zu wollen, als wisse es um die Bedeutung der Blume, die nicht nur auf Liebe und Fruchtbarkeit (Geburt Jesu) sondern in erster Linie auf die Passion Christi deutet. Auch die anderen botanisch bestimmbaren Pflanzen des Gartens, wie Erdbeeren, Maiglöckchen, Nelkenwurz oder Schwertlilie sind Christus- und Mariensymbole, die den Sinn des andächtigen Betrachters auf die christliche Heilsbotschaft und Erlösungsgewißheit lenken sollen.

D. L.

1 Baum 1948, Abb. 182.
2 Ausst. Kat. Basel 1997, Nr. 1.1 (H. Bevers).
3 Baum 1948, Abb. 184.

Lit.: Buchner 1941, S. 100f., Abb. 61 – Baum 1948, S. 59f., 77, Abb. 195 – Stange, DMG, Bd. 7, 1955, S. 23 – Slg. Kat. London 1959, S. 101 – Stange, KV, Bd. 2, 1970, Nr. 91 – Slg. Kat. London 1995, S. 623, m. Abb.

77

77

Umkreis Martin Schongauers (ca. 1450–1491)

Muttergottes im Blumenhag

Oberrheinisch (?), um 1475/85
Eichenholz, 40 x 29 cm
Bologna, Pinacoteca Nazionale
Inv. Nr. 201

In der Pinakothek zu Bologna findet sich eine Version der im Werk Martin Schongauers und seiner unmittelbaren Nachfolge so überaus zahlreichen Darstellungen der Maria im Blumenhag (vgl. Kat. 75, 78). Im Typus der demutsvollen *Madonna de humilitate* erscheint die mit einem großen Scheibennimbus ausgezeichnete Gottesmutter auf über und über von zierlichen Blumen und Gräsern bewachsenem Wiesengrund sitzend; neben anderen sind Löwenzahn, Maßliebchen, Akelei, Wegerich, Erdbeeren und Disteln zu bestimmen. Umfangen wird sie von einer Rasenbank, über welcher sich eine dichtbelaubte Rosenhecke erhebt; die Umzäunung deutet den beschlossenen Garten *(Hortus conclusus)* an und gibt auf diese Weise einen sinnbildlichen Bezug zur Jungfräulichkeit Mariens, die auch im frei über die Schultern fallenden, nur von einem schmalen Goldreif gehaltenen Haar zum Ausdruck kommt. Das auffällige, leuchtende Rot der Gewandung Mariens vermag ebenso auf die kommenden Leiden ihres Sohnes zu verweisen, wie die von ihr dem Kinde gewiesene Nelke, nach welcher der Knabe mit ausgestrecktem Ärmchen zu greifen versucht. Tatsächlich hat der Gottessohn seine Bestimmung aber schon auf sich genommen, hält er doch in der zweiten Hand bereits den auf die Erbsünde verweisenden Apfel, der ihn als den »zweiten Adam« ausweist. Heben sich die Blüten und zarten Blätter der Hecke zunächst vor lichthellem Himmelsstreif ab, so geht dieser – vielleicht das sinnfällige Aufgehen der Sonne andeutende – Ton zum oberen Bildrand allmählich in ein kräftiges Blau über.

77/1 Martin Schongauer, *Die Heilige Familie*, München, Alte Pinakothek

Das Bologneser Bild wurde nicht ohne Grund in die unmittelbare – zeitliche wie örtliche – Nähe zu den vergleichbaren Werken Martin Schongauers gerückt. Der Tafelmalerei eignet eine an das meisterliche Vorbild gemahnende feinmalerische Pinselführung, die besonders die reiche Flora mit ihren zahllosen Blättchen, Halmen und zierlichen Blüten trefflich zu charakterisieren weiß (vgl. Abb. 77/1). Auch der ausgewogen gewichtete Bildaufbau knüpft an Kompositionen Schongauers in Malerei und Druckgraphik an (vgl. Abb. 80/1). Dennoch scheint dem Bilde, wie bereits E. Buchner sah, ein Weniges zu den Arbeiten des großen Meisters zu fehlen.[1] Augenfällig mag dies besonders am Motiv des ostentativ vom Jesuskind gehaltenen Apfels exemplifiziert werden, ist dieses doch ausgesprochen statisch und nicht durch die Bildhandlung oder die Interaktion des Personals motiviert. Sicher fehlt dem Bilde auch die zartgliedrig-filigrane Bildung und Bewegtheit der Figuren Schongauerischer Erfindung, was ein Vergleich mit der Münchner *Heiligen Familie* (Abb. 77/1) verdeutlichen kann.[2] Dieses Täfelchen zeigt im Bildvordergrund das dem Bologneser Bilde entsprechende Motiv der dem Kinde von der Mutter überreichten Blume, welches jedoch das Andachtsbild der Alten Pinakothek ungleich sinnfälliger und lebenswahrer umzusetzten weiß. Eine Entstehung des Täfelchens der Pinacoteca Nazionale im weiteren Schulkreise Schongauers, etwa im Jahrzehnt zwischen 1475 und 1485, darf vermutet werden.

M. D.

1 Buchner 1941, S. 165.
2 Gemälde auf Lindenholz, 26 x 17 cm; Inv. Nr. 1132.

Lit.: Buchner 1941, S. 164–166 – Baum 1948, S. 60 – Stange, DMG, Bd. 7, 1955, S. 23 – Slg. Kat. Bologna 1967, Tav. 17 – Stange, KV, Bd. 2, 1970, Nr. 89, S. 39.

78

78

Umkreis Martin Schongauers (ca. 1450–1491)

Madonna vor der Rosenhecke

Oberrheinisch, um 1475–1485
Eichenholz; 22,7 x 15,7 cm
Leipzig, Museum der bildenden Künste
Inv. Nr. 510

Hinterfangen von einem Rosenspalier, hat sich die in ein leuchtendrotes Gewand gekleidete Muttergottes mit ihrem Kind in einem von einer grasbewachsenen Ziegelmauer umfriedeten Gärtchen, dem ihre Jungfräulichkeit andeutenden *Hortus conclusus*, niedergelassen. Während ihr demutsvoll gesenkter Blick bereits die Kenntnis der künftigen Passion ihres Sohnes ahnen läßt, wendet sich dieser segnend einem weiß gewandeten Engel zu, der von links nahend eine Rose zu überreichen trachtet. Zwei oberhalb des Rosengitters schwebende, nur schemenhaft sich vor dem dunklen Fond abzeichnende und in kupferbrauner Ton in Ton-Malerei ausgeführte Engel halten währenddessen eine filigrane Krone über das strahlen- und sternumkränzte Haupt der Himmelskönigin.
Das kleinformatige Andachtsbild darf besonderes Interesse beanspruchen, zeigt es doch neben der Orientierung an Bildwerken Martin Schongauers auch enge Verbindungen zur Bildkunst des wohl einflußreichsten niederländischen Meisters des 15. Jahrhunderts, zu Rogier van der Weyden, der in besonderem Maße auch das Schaffen Martin Schongauers prägte. Der Maler des Leipziger Täfelchens hat sich eine heute in Rotterdam verwahrte und allgemein als eine der wenigen authentischen Zeichnungen Rogiers anerkannte Darstellung der Madonna mit dem Kind zum unmittelbaren Vorbilde erwählt[1] (Abb. 78/1). Die stark beschnittene und damit einem möglichen szenischen Kontext beraubte Silberstiftzeichnung gibt sowohl das Sitzmotiv der Gottesmutter und die Führung der Falten als auch die segnende Wendung des Kindes nach links, die ursprünglich einem knienden Stifter gegolten haben könnte. Der Engel der Leipziger Andachtstafel in weißer Albe und mit kreuzgeschmücktem Diadem gemahnt nachhaltig an den Himmelsboten der Verkündigung.[2] Zwar wurden bei diesem auch Schongauer-Anklänge entdeckt, doch müssen dem ausführenden Maler auch hier Rogiersche Bildfindungen vor Augen gestanden haben.[3] Demgegenüber verdankt sich das charakteristische Motiv der gleichsam nebelhaften Erscheinung der die Gottesmutter bekrönenden Engel unmittelbar Schongauerschen Kompositionen: So zeigt das um 1473/75 entstandene Täfelchen mit der im Fenster erscheinenden *Maria lactans* gleichfalls zwei die Krone haltende Himmelswesen vor dunkler Hintergrundsfolie (Kat. 73).[4]

Die Zuordnung des Leipziger Gemäldes ist in der Forschung umstritten: Während etwa E. Panofsky es für niederländisch und zwar für die früheste Variation der vielleicht in der Rotterdamer Zeichnung fragmentarisch überlieferten Brüsseler *Carmeliter-Madonna* Rogiers hielt, sah E. Buchner den Meister am Oberrhein im weiteren Kreise Schongauers tätig, dessen Colmarer *Madonna* von 1473 das *Rosenhag*-Thema für zahlreiche motivgleiche Variationen vorgegeben hatte.[5] Es ist nicht auszuschließen, daß das Leipziger Andachtsbild eine verlorene Komposition Schongauers überliefert.

M. D.

1 Silberstiftzeichnung, 21,6 x 13,3 cm; Rotterdam, Museum Boymans-van Beuningen, Inv. Nr. N.9. – Vgl. Friedländer 1926/27, S. 29–32 – Ausst. Kat. Brüssel 1979, S. 157f., Nr. 20.

2 Ein gut vergleichbarer Engel findet sich in einem dem A. Bouts attribuierten Tafelbild des Worcester Art Museum; auch hier naht er der Gottesmutter im *Hortus conclusus* und reicht dem Kinde eine Blume (Nelke). Vgl. Friedländer, Bd. 3, 1968, Abb. 64.

3 Siehe bes. die Verkündigungsdarstellung auf dem linken Flügel des *Dreikönigsaltars* (Columba-Altars) in der Alten Pinakothek zu München (Inv. Nr. WAF 1190). Siehe Abb. 93/1.

4 Vgl auch das entsprechende Motiv auf der *Rosenhag-Madonna* (Colmar/Boston; vgl. Kat. 75) von 1473 sowie den Kupferstich mit der *Mondsichel-Madonna* (Kat. 97).

5 Panofsky 1953, Bd. 1, S. 464; Buchner 1941, S. 160.

Lit.: Winkler 1913, S. 76f., 188 – Schneider 1915, S. 42, Anm. 64 – Buchner 1941, S. 158–161, 183 – Baum 1948, S. 60, Anm. 35 – Panofsky 1953, Bd. 1, S. 464 – Stange, DMG, Bd. 7, 1955, S. 23 – Stange, KV, Bd. 2, 1970, S. 39 – Ausst. Kat. Wien 1989/90, S. 507f., Nr. V/2/4 (Susanne Heiland) – Slg. Kat. Leipzig 1995, S. 172.

78/1
Rogier van der Weyden, *Maria mit segnendem Kind*, Silberstiftzeichnung, Rotterdam, Museum Boymans-van Beuningen

79

79

Umkreis Martin Schongauers (ca. 1450–1491)

Maria mit dem Kinde im Gemach

Um 1480/90
Gefirnißte Tempera auf Eichenholz; 27 x 20,5 cm
Basel, Öffentliche Kunstsammlung Basel, Kunstmuseum
Inv. Nr. 2044

Im heimeligen Eck eines ausschnitthaft wiedergegebenen Wohnraums hat sich Maria mit ihrem Kind auf dem Kachelboden niedergelassen, nicht auf der mit Kissen und Tuch belegten Bank vor der mit einem Ehrentuch behängten Wand im Rücken der jungfräulichen Mutter. Auf diese Weise zwar als demütige Madonna gekennzeichnet, erscheint sie doch in den prächtigen Gewändern einer göttlichen Majestät; über einem Unterkleid aus Goldbrokat trägt sie ein pelzgefüttertes Obergewand und einen gleichfarbigen Mantel mit goldbestickten Säumen. Liebevoll blickt sie auf das noch sehr junge, ungelenke Kind[1] auf ihrem Schoß, das sie mit der linken Hand umfaßt. Mit der anderen Hand blättert sie in dem Gebetbuch auf dem Schemel zu ihrer Rechten. Er ist dicht an das eine der beiden Fenster geschoben, die in die Seitenwand des Gemachs eingelassen sind. Während die unverglasten Flächen des hinteren Fensters ganz geöffnet sind und von dort Licht in den Raum einfällt, sind die Holzläden des vorderen geschlossen, so daß das halbnackte Kind vor Zug geschützt ist. Die vor dem Laden an einer Eisenkette hängende Öllampe kannt war, wie es die Verkündigung des Lichtenthaler Hochaltarretabels von 1489 (Kat. 143) oder eine Zeichnung des Straßburger Meisters der Gewandstudien[4] belegen. D. L.

[1] Es führt wohl mit der Rechten einen unbeholfenen Segensgestus aus; vgl. dazu ein Kind der *Humilitas*-Madonna des Robert Campin (Friedländer, Bd. 2, 1967, Taf. 73).

[2] Friedländer, Bd. 6, 1, 1971, Taf. 102, Abb. 57.

[3] Friedländer, Bd. 2, 1967, Taf. 16, Abb. 10. – Vgl. weiter die Darstellungen mit durchfensterten Innenräumen bei R. Campin, Rogier van der Weyden und Umkreis, D. Bouts sowie P. Christus und Umkreis (Friedländer, Bd. 1, 1967, Taf. 109. – Friedländer, Bd. 2, 1967, Abb. 67. – Ausst. Kat. Leuven 1998, Nr. 75 und S. 424, Abb. 2).

[4] Roth 1988, Nr. 123 – Slg. Kat. London 1993, Nr. 7, Taf. 7.

Lit.: Baum 1948, S. 57, Taf. 3, Abb. 179 – Stange, DMG , Bd. 7, 1955, S. 19f., Abb. 23 – Slg. Kat. Basel 1964, S. 16f. – Slg. Kat. Basel 1966, S. 24 – Stange, KV, Bd. 2, 1970, S. 34, Nr. 69.

79/1
Hans Memling, *Madonna mit Kind und Engel im Gemach,* Standort unbekannt

erhellt die Fensternische ein wenig und verweist symbolisch auf Jesus, das Licht der Welt und den himmlischen Bräutigam, auf dessen Ankunft die klugen Jungfrauen in dunkler Nacht warteten (Mt. 25, 1ff.).

Der ausgewogenen Komposition dieses privaten Andachtsbildes liegt ein wohlerdachtes Netz diagonaler, senkrechter und horizontaler Konstruktionslinien zugrunde, die im Bild Lage und Verlauf der Kanten von Mauern und Mobiliar des Interieurs festlegen. Dieses ist vornehmlich in Braun- und Ockertönen gehalten und bildet die atmosphärische Folie, vor der die kirschrote Gewandfigur Mariens erstrahlt. Die Position ihres goldnimbierten Hauptes ist bestimmt durch die Mittelsenkrechte des Bildes, während ihr pyramidaler Umriß einbeschrieben ist in das Dreieck, dessen Basis sich mit der Unterkante des Gemäldes deckt und dessen gleiche Schenkel die Diagonalen bilden, welche von den unteren Ecken der Tafel zur Mitte der oberen Bildkante laufen.

Lange als ein Werk Martin Schongauers betrachtet, sollte die Basler Tafel eher einem unbekannten Zeitgenossen aus dem Umkreis des Colmarer Meisters zugeschrieben werden. Dieser Anonymus muß einerseits die Werke Schongauers gut gekannt haben, wie etwa ein motivischer Vergleich mit dem Stich der Papageien-Madonna (und anderen Marienbildern) zeigt (Kat. 216). Im Maltechnischen und Formalen dem großen Schongauer unterlegen, hatte der einfühlsame Meister ebenfalls genaue Kenntnisse der Werke der etwa um 1450/85 tätigen frühen Niederländer. Von deren Gemälden, die das Thema der in einem Buch blätternden Madonna mit Kind im Gemach behandeln (siehe dazu Kat. 4, 5, 39, 74), sei besonders auf eine Tafel Hans Memlings verwiesen, weil es dem Basler Bild in vieler Hinsicht gleicht (Abb. 79/1).[2] Vorbild für das wirklichkeitsnah wiedergegebene Interieur unserer Tafel, das in dieser Weise für Schongauer untypisch scheint, mögen Gemälde in der Art des auf Rogier van der Weyden zurückgehenden Verkündigungstäfelchens in Antwerpen gewesen sein (Abb. 143/1).[3] Dafür spricht auch, daß diese berühmte Komposition um 1480/90 noch in anderen Werkstätten am Oberrhein be-

80
Nachfolge Martin Schongauers (ca. 1450–1491)

Maria mit dem Kind

Oberrhein (?), um 1490–1500
Holz; 45 x 30,5 cm
Colmar, Musée d'Unterlinden
Inv. Nr. 89.10.1

Wenig Beachtung hat bislang dieses Tafelgemälde gefunden, welches sich seit 1989 im Colmarer Unterlinden-Museum befindet. Vor dunkelgrüner Hintergrundsfolie zeigt es die Gottesmutter mit offenem, perlendiademgeschmücktem Haar, gekleidet in ein blaues, ihre Demut andeutendes Kleid sowie in einen roten, die Passion des auf ihrem Schoße sitzenden Sohnes versinnbildlichenden Mantelumhang. Überfangen von einem goldfarbenen, blumengeschmückten Astwerkbogen sitzt Maria auf einer Steinbank, über welche zunächst ein Brokatteppich und darüber ein Kissen gebreitet sind, dessen Quaste am rechten Bildrand zum Vorschein kommt.

Der Maler des Colmarer Andachtsbildes hielt sich eng an eine druckgraphische Vorlage Martin Schongauers (B. 30; Abb. 80/1). Nachgerade wörtlich, doch im Gegensinn ist die Übernahme der Figurengruppe aus dem Kupferstich mit der Darstellung der Gottesmutter im von einem Weidenzaun umfriedeten Garten vor einer weiten Hügellandschaft; einschließlich der Faltenführung des weiten Mantels Mariens und des gleichermaßen einnehmenden wie bedeutungsträchtigen Motives des dem Kinde überreichten Apfels wurde die Mutter-Kind-Gruppe aus dem Kontext der raumhaltigen *Hortus conclusus*-Darstellung gelöst, um nunmehr – nahezu das Bildformat füllend – als ein würdiger Gegenstand der Kontemplation und der privaten Andacht zu dienen.

Die Bildtafel darf – im Unterschied zu anderen »schongauerischen« Madonnendarstellungen – wohl nicht dem unmittelbaren Schulkreis des Colmarer Meisters zugeordnet werden. Zwar orientiert sich der Meister des Andachtsbildes des Unterlinden-Museums übergenau an einem vorbildgebenden Kupferstich, doch gelingt es ihm nicht, die Qualitäten der Bildkunst Schongauers zu imitieren. Vermag dieser in Sonderheit seinen Tafelgemälden eine zarte lyrische Gestimmtheit zu verleihen, die ihre Entsprechung in der feinmalerischen Ausführung findet, so bleibt das

80

80/1
Martin Schongauer, *Madonna auf der Rasenbank*, Kupferstich (seitenverkehrt)

Werk des in Rede stehenden Nachfolgers trocken und hölzern in der Figurensprache wie im malerischen Duktus. Zuletzt legt auch das stumpfe Kolorit, das der feinen, kostbar anmutenden Farbwahl Schongauers und seiner besten Schüler nicht die Waage zu halten vermag, eine Entstehung in weiterer Entfernung des Meisters nahe. Es scheint denkbar, daß es sich um ein oberrheinisches Werk des ausgehenden 15. Jahrhunderts eines wenig inspirierten, sich eng und ausschließlich an eine Kupferstich-Vorlage haltenden Künstlers handelt. M. D.

Lit.: Auktionskatalog Neumeister (München), Auktion 252, 1989, Nr. 461.

81

Monogrammist BM

Die Geburt Christi

Oberrhein, um 1475/80
Eichenholz; 38,3 x 23,8 cm
Frankfurt, Städelsches Kunstinstitut
Inv. Nr. SG 444

Mit dem Täfelchen der *Christgeburt* wird in Frankfurt ein Gemälde bewahrt, dessen besondere Nähe und Verwandtschaft zu den Werken Martin Schongauers regelmäßig betont wurde. Der von dem Colmarer Meister sowohl in der Tafelmalerei als auch im Kupferstich mehrfach verbildlichten Erzählung weiß der Nachfolger durch die Versetzung in einen winterlich-weihnachtlichen Kontext besonderen Reiz abzugewinnen. Vor schneebedecktem Landschaftsprospekt, der eine kleine Stadt am Ufer eines zugefrorenen Sees erkennen läßt, hat die Gottesmutter den neugeborenen Sohn auf ihren ausgebreiteten roten Mantel in einen steinernen Futtertrog gebettet. Hinter der in Anbetung dargestellten Maria lagern Ochs und Esel, im Vordergrund ist ein Rechen abgelegt, und durch ein Fenster des schadhaften Stalles blickend, wohnen drei Hirten dem Geschehen bei. Der Blick fällt durch den Türrahmen in die verschneite Landschaft, wo Josef zwei Hebammen den Weg zum Stall hinaufführt.[1]
Das Frankfurter Bild mit seinem warmen, den eisig-klaren Hintergrundstönen kontrastierenden Kolorit im Vordergrund verrät deutlich, daß der ausführende Künstler mit den Fassungen Schongauers des nämlichen Themas vertraut gewesen sein muß. Die Figur Mariens zeigt in Gestaltung und Ausdruck besondere Nähe zu den Madonnen der Wiener und Münchner Täfelchen mit den *Heiligen Familien*[2] (Abb. 77/1; 76/2), während die ruinöse Holzarchitektur mit der fransig über die Dachkanten hängenden Strohdeckung nachhaltig an die Berliner *Christgeburt* gemahnt, die zudem die Positionierung der Tiere im Rücken Mariens vorwegnimmt.[3] Die im Vordergrund abgelegte Harke findet ihre Vorbilder in den knorrigen Wanderstäben Josephs, die ihrerseits die Kompositionen in Berlin und Wien zum vorderen Bildrand abschließen. Das Motiv der vor der Brust gekreuzten Arme Mariens sowie das Herannahen des Nährvaters Joseph mit einer Hebamme im Mittelgrund finden vorbildliche Gestaltung in einem Kupferstich Martin Schongauers mit der Darstellung der *Geburt Christi* (Kat. 114). Sowohl das Berliner Tafelbild als auch eine zweite in Kupfer gestochene Version (Kat. 102) zeigen das Motiv der seitlich in den Stall blickenden, anbetenden Dreizahl der Hirten, wobei jeweils einem der Hirten ein Signalhorn beigegeben ist. Der auf dem Frankfurter Bild etwas unglücklich am Bildrand eingerückte Profilkopf findet seine glücklicher motivierte Vorlage in dem stehenden Schäfer der Berliner *Geburts*-Tafel. Mit der ungeschickt an den Bildrand gezwängten

81

Hirtengruppe ist bereits eine der Schwächen des in Rede stehenden Werkes benannt, die es mit Nachdruck von den aufgezählten, eigenhändigen Kompositionen Schongauers absetzt. Zu den Schwächen sind weiterhin die recht kraftlose, flaue malerische Ausführung, das unruhig-kleinteilige Faltengewirr des Mariengewandes[4] und die unbeholfene Anordnung der beiden einander verdeckenden Tiere zu zählen.

Fraglos muß der Schöpfer der einnehmenden Frankfurter *Christgeburt* ein mit dem Werk Martin Schongauers sehr gut vertrauter Künstler gewesen sein, der sich nicht wie viele Zeitgenossen mit reinen Kopien beschied, sondern fußend auf dem Formen- und Motivschatz seines Meisters gutklassige Variationen vorbildgebender Werke zu fertigen wußte. Die Zuschreibung der Tafel an den vielleicht talentiertesten Maler und Kupferstecher im unmittelbaren Schulkreis Schongauers – den Monogrammisten BM – scheint der Charakteristik des Werkes angemessen (vgl. Kat. 86, 136).

M. D.

1 Zu dem apokryphen Texten (Protoevangelium des Jakobus; Pseudo-Matthäus) verdankten Motiv der Zeugenschaft der beiden Hebammen siehe zusammenfassend: LCI, Bd. 2, 1970, Sp. 96–99; Schiller, Bd. 1, 1966, S. 74.

2 Rotbuchenholz; 26 x 17 cm, Wien, Kunsthistorisches Museum (Inv. Nr. 1490).

3 Eichenholz; 37,5 x 28 cm, Berlin, Staatliche Museen, Gemäldegalerie (Kat. Nr. 1692).

4 Eine vergleichbare Faltenführung ist auch am Colmarer *Dominikaner-Altar* (Musée d'Unterlinden, Inv. Nr. 88.R.P.453.) zu beobachten, dessen Ausführung der Schongauer-Werkstatt zugeschrieben wird.

Lit.: Buchner 1941, S. 110–112, 182f. – Baum 1948, S. 60, 76 – Bushart 1959, S. 139 – Stange, KV, Bd. 2, 1970, S. 38f. – Minott 1971, S. 30 – Ill. Bartsch, Bd. 9, Teil 2, 1991, S. 347 (zum Künstler) – Châtelet 1991, S. 64 – Slg. Kat. Frankfurt 1999, S. 60.

82

Umkreis Martin Schongauers (ca. 1450–1491)

Die Geburt Christi

Oberrhein, um 1480/90
Lindenholz; 21,8 x 16,5 cm
Köln, Museum für Angewandte Kunst
Inv. Nr. A 1055 (Slg. Clemens)

Der Schöpfer des im motivischen Aufwand spärlichen Kölner Täfelchens orientierte sich hinsichtlich der Komposition an Martin Schongauers Kupferstich mit der *Geburt Christi* (Kat. 114). Den klaren Bildaufbau im Gegensinne aufnehmend, wendet sich die Gottesmutter nunmehr anbetend nach links, wo ihr neugeborenes Kind, unterhalb von Ochs und Esel, auf Stroh und ein weißes Laken gebettet liegt. Wie im vorbildgebenden

82

Stich naht der Nährvater Joseph mit einer zur Hilfe gerufenen Hebamme[1] der ruinösen Stallarchitektur, wo die Heilige Familie Unterschlupf gefunden hat. Beide Darstellungen zeigen in entsprechender Weise die Hirtenverkündigung in der kargen Landschaft des Hintergrunds. Im Tafelgemälde haben zudem bereits zwei Hirten den Stall erreicht und betrachten das Jesuskund durch einen großen, rundbogig geschlossenen Fensterrahmen. Ersichtlich diente die aus großen Quadern geschichtete bildparallele Mauerwand mit den perspektivisch ungenauen Aufsichten dem Maler des Kölner Andachtsbildes als Vorlage.
In vergleichender Gegenüberstellung mit dem vorbildgebenden Stich, aber auch mit weiteren Fassungen des Themas von Martin Schongauer oder seines Schulkreises (Kat. 81) wird deutlich, daß das kleine, durchaus nicht reizlose Täfelchen von recht bescheidener Qualität ist. Sämtliche Motive und Einzelformen erscheinen weniger differenziert und vereinfacht. Die karge Hügellandschaft des Hintergrundes ist ebenso anzusprechen wie das nur »aufgemalte« Fugennetz der Mauerung oder das simpel-kraftlose Gefält des Marienmantels. Daß dem Künstler dies nicht zum Vorteil gereichte, verdeutlicht das Motiv des Kniens der Gottesmutter: Wo Schongauer mittels reicher Faltenhäufung die Beine Mariens zu verstecken und somit die Problematik der anatomisch korrekten Darstellung des Kniens zu umgehen wußte, scheitert sein Nachfolger eben an dieser Schwierigkeit, wenn er namentlich die Oberschenkel unter dem Gewand erkennbar durchbildet. Das »harmlose Täfelchen« (E. Buchner), welches durch die skizzierte Reduktion des motivischen Aufwandes und eine gewisse naive Anmutung und Schlichtheit den Beschauer einzunehmen weiß, könnte gegen 1490 im weiteren oberrheinischen Umkreise Schongauers entstanden sein. M. D.

1 Zum Motiv der Hebamme vgl. Kat. 81.

Lit.: Buchner 1941, S. 112f. – Baum 1948, S. 61f., 77, Nr. 196 – Ausst. Kat. Köln 1963, S. 10, Nr. 10 – Stange, KV, Bd. 2, 1970, S. 39, Nr. 87.

83
Oberrheinischer Meister
Maria mit Kind und vier Heiligen

Um 1490
Mischtechnik auf Holz; 43 x 46 cm
Baden-Baden, Zisterzienserinnen-Abtei Lichtenthal

Als sei dieses kleine Tafelbild eine nordalpine Antwort auf den italienischen Bildtypus der *Sacra Conversazione,* blickt man auf eine Zentralkomposition mit der Muttergottes in der Mitte, flankiert von zwei weiblichen und zwei männlichen Heiligen in einem imaginären Bildraum. In sich gekehrt, haben alle ihre Augen niedergeschlagen. Demut ist die Haltung, die sie miteinander verbindet. Die Heiligenfiguren zu Seiten der Himmelskönigin – durch ihre Attribute unschwer als die Heiligen Johannes Evangelist, Agnes, Katharina und Petrus zu identifizieren – stehen keineswegs beziehungslos nebeneinander. Mit nur wenigen, doch umso nachhaltiger wirkenden Bezügen ergibt sich eine in sich geschlossene, symmetrische Komposition, in der die Heiligen Johannes und Petrus – unterstützt durch ihre Gebärde – rechts und links den Bildraum abschließen, die Heiligen Agnes und Katharina dagegen die Bildmitte akzentuieren, indem sie der zentralen Figur der Gottesmutter durch ihre zierlichen Körperkurvierungen mehr Raum geben. Die symmetrische Akzentuierung erhält zusätzliches Gewicht durch die farbliche Gestaltung: So schlicht wie effektvoll hebt sich das königlich strahlende Weiß des Marienmantels ab von den blutroten Gewändern der sie umgebenden

83

84a

84b

Heiligen. Ohne Frage muß das Rot der Kleider an dieser Stelle als Bedeutungsträger für das von ihnen durchlittene Martyrium verstanden werden. Ganz ungewöhnlich dazu (man rechnete eher mit einem Goldhintergrund) die in komplementärem Kontrast Olivgrün kolorierte Rückfront, die allein von den großen, goldenen Scheibennimben durchbrochen wird. Schon früh sind bei diesem Bild unbekannter Herkunft deutliche Anleihen bei der Kunst Schongauers gesehen worden,[1] und so lassen sich nicht nur Motive wie der niedergeschlagene Blick der Figuren sondern auch die hier vereinfacht vorgeführten Gewanddraperien auf Schongauersche Bildfindungen insbesondere seiner Graphik zurückführen. A. M.-F.

1 Burckhardt 1902, S. 479, Nr. 6.

Lit.: Burckhardt 1902, S. 47 Nr. 6 – KD Baden, Bd. 11, 1942, S. 472, Nr. 9, Abb. 380 – Ausst. Kat. Karlsruhe 1995, S. 261f., Nr. 95.

84

Martin Schongauer (ca. 1450–1491), Werkstatt (?)

a) *Christus am Ölberg*

b) *Die Geißelung Christi*

Oberrhein, um 1480/90
Nadelholz; je 93,5 x 71,5 cm
Schweiz, Privatbesitz

Mit den beiden Passionsdarstellungen sind zwei Tafeln aus einem ehemaligen Altarzusammenhang erhalten, dessen Gestalt und Bestimmungsort nicht mehr zu erschließen sind. Sowohl der *Ölberg* als auch die *Geißelung* müssen ursprünglich zu den Innenseiten der Retabelflügel gehört haben, sind doch beide Szenen vor einen granatapfelgemusterten Goldgrund gesetzt, der der Feiertagsseite vorbehalten war. Gemäß der Schilderung in allen vier Evangelientexten zeigt die *Ölberg*-Tafel das Gebet Christi vor einem Felsen, auf welchem der Kelch als auf die Passion vorausdeutendes Symbol erscheint. Zu Füßen des Gottessohnes schlafen die drei Jünger Petrus, Jakobus und Johannes, während im Hintergrund bereits die von Judas im gelben Gewande geführten Häscher den Garten Gethsemane betreten. – Die zweite Tafel gibt die von allen Evangelisten – außer Lukas – berichtete *Geißelung*: An eine freistehende Martersäule gebunden, wird der bis auf ein Lendentuch entblößte Christus von drei Schergen gepeinigt, die mit Riemen und Ruten auf ihn einschlagen. Ein vierter in rotem Gewand hat seine Geißel in den Gürtel gesteckt, um den Gemarterten grimassierend zu verspotten, während im Vordergrund ein weiterer Folterknecht niederkniet, um seine Rute fester zu schnüren.

Mit guten Gründen sind die beiden Tafeln mit der Werkstatt Martin Schongauers in Zusammenhang gebracht worden, bestehen doch engste Bezüge zu dem vielleicht gegen 1480 vollendeten *Dominikaner-Altar* in Colmar, dessen Händescheidung zwar nicht abschließend gelöst, dessen Abkunft aus der Werkstatt Schongauers jedoch allgemein angenommen wird.[1] Schon J. Baum hatte die Passionstafeln den entsprechenden Darstellungen des Colmarer Altarwerkes verglichen, und in der Tat ergeben sich zahlreiche Übereinstimmungen. So entspricht der Bildaufbau der *Ölberg*-Tafel dem entsprechenden Colmarer Gemälde nahezu

85

wörtlich: Der Meister der Schweizer Passionsbilder rückte lediglich den auf sein Schwert gestützt schlafenden Petrus in die rechte untere Ecke des Bildfeldes und ergänzte den in den mit einem geflochtenen Weidenzaun umfriedeten Garten eintretenden Zug an seiner Spitze um einen auffällig gekleideten Häscher, der sein Urbild in der *Kreuztragung* der zwölfteiligen Kupferstich-Passionsfolge Schongauers findet (vgl. Kat. 107h). Zwar war sowohl dem Schöpfer des Dominikaner-Retabels wie jenem der in Rede stehenden Gemälde das *Ölberg*-Blatt dieser Folge fraglos bekannt (Kat. 107a), doch steht dem Schweizer Bilde ein weiteres Werk der unmittelbaren Schongauer-Nachfolge bedeutend näher: Mit dem darstellungsentsprechenden, im Gegensinne orientierten Kupferstich des Meisters AG, der zuweilen als der Schöpfer des Colmarer Altarwerkes angesehen wird, teilt unsere Tafel vor allem das Motiv des vor den Felsenkegel verschobenen Schläfers Petrus.[2] – Auch die *Geißelungs*-Tafel findet am Dominikaner-Retabel fast wörtliche Entsprechung: Die Gruppe mit dem an den Säulenschaft gebundenen Christus und den vier Schergen findet sich auch dort; bemerkenswert erscheint weiterhin, daß auf beiden Gemälden die Preßbrokatauflage dem Wams des Turbanträgers vorbehalten ist. Gegenüber der Colmarer Tafel verzichtet der Meister des Schweizer Bildes jedoch auf die Darstellung eines Innenraums und reduziert die architektonische Rahmung auf eine rückwärtige Brustwehr mit profiliertem Gesims. Abschließend darf vermutet werden, daß die beiden sicher komponierten Passionstafeln mit ihren vielfältigen Bezügen zu den Werken Schongauers, besonders aber zu jenen seiner direkten Nachfolge, eben als Werke derselben betrachtet werden dürfen.[3]

M. D.

1 Slg. Kat. Colmar 1990, Nr. 453; Ausst. Kat. Colmar 1991, S. 74–79; Ausst. Kat. Paris 1991/92, S. 78.

2 Ill. Bartsch, Bd. 9/2, 1991, S. 203–205, 195f. (zum Künstler). Siehe auch Kat. 135.

3 Vielleicht gibt die rätselhafte, auf dem Wamssaum eines der Schergen der *Geißelungs*-Tafel aufgebrachte Inschrift einen Hinweis auf die zeitliche Einordnung der Tafeln. Diese lautet: »I T 8 (oder S) 7 H A L S I«.

Lit.: Baum 1957, S. 65 – Stange, KV, Bd. 2, 1970, S. 38, Nr. 84.

85

Umkreis Martin Schongauers (ca. 1450–1491)

Die Kreuztragung

Oberrhein, um 1480/90
Holz, 55 x 105 cm
Paris, Galerie Virginie Pitchal

Ein besonders interessantes Beispiel der Rezeption Schongauerischer Bildfindungen ist mit der im französischen Kunsthandel befindlichen, queroblongen Tafel mit der Darstellung der Kreuztragung erhalten. Das Bildzentrum behauptet der unter dem Gewicht des Kreuzes gestürzte, gemarterte Christus, den vier Schergen gewaltsam zur Fortsetzung des Kreuzweges nötigen. Während ein mit einem langen Spieß ausgerüsteter Knecht den Gottessohn grob am Kragen seines Gewandes nach vorn zu reißen sucht, zieht ein weiterer, der bereits den Hammer für die Kreuzannagelung mit sich führt, mit aller Kraft an dem um den Körper Christi gelegten Seil. Ein dritter Mann mit spitzer Kopfbedeckung umfaßt halbherzig den Kreuzesstamm und ein älterer, bärtiger Folterknecht schlägt mit einem starken Tau unbarmherzig auf den gestrauchelten Heiland ein. Der zur Unterstützung des Kreuzträgers hinzugerufene Simon umfaßt das hintere Ende des Kreuzes, wobei er die Last auf Christi Schultern eher zu erhöhen denn zu vermindern scheint. Vor einem gerüsteten Soldaten, der im Torbogen mit seiner Hellebarde erscheint, stehen die Gottesmutter und Johannes Evangelist in trauerndem Mitleiden. Die Szene spielt vor einem goldgrundüberfangenen Landschaftsprospekt, der das Ziel des Zuges, die Schädelstätte Golgatha, nicht zeigt; stattdessen wird der Blick des Beschauers am rechten Bildrand neben dem Felsmassiv in die Ferne geführt, wo an einem schiffbaren Gewässer eine befestigte Stadt zu erkennen ist.

Der Schöpfer der Pariser *Kreuztragung* war mit der Bildkunst Martin Schongauers und seiner unmittelbaren Nachfolger bestens vertraut, fand er doch dort die vorbildgebenden Motive, die er versatzstückartig zu einer Komposition zusammenzustellen wußte. Die Kerngruppe seiner Darstellung entnahm er der volkreichen *Großen Kreuztragung* Martin Schongauers (Kat. 106): Sowohl der geschundene Christus als auch seine vier Peiniger und der grimme Zwerg mit der Keule im Vordergrund sind wörtliche Übernahmen aus dem genannten, großformatigen Kupferstich. Die *Compassio*-Gruppe, in Sonderheit aber die ihre Tränen trocknende Maria, finden sich vorgebildet auf der zweiten gestochenen, zur zwölfteiligen Passionsfolge gehörigen *Kreuztragung* des Colmarer Meisters (Kat. 107h). Dieser hochformatigen Fassung verdankt sich auch das im Pariser Tafelgemälde aufgenommene Motiv des Stadttores, welches Christus soeben durchschritten hat. Zuletzt scheint der den Kreuzesstamm tragende Simon von Kyrene eine auffällige Parallele in der entsprechenden Figur der *Kreuztragung* am Colmarer *Dominikaner-Altar* zu haben, der allgemein als eine Arbeit der Schongauer-Werkstatt betrachtet wird.[1] Haltung, Kopfbedeckung und der auf der linken Schulter geknöpfte weiße Überwurf sind hier wie dort zu erkennen. Beispielhaft ist an dieser Figur zu demonstrieren, daß der kompilierende Maler der Pariser Tafel nicht das Niveau des unmittelbaren Schongauer-Schulkreises zu erreichen im Stande war. Das Gewicht des Kreuzes, welches den Colmarer Simon in die Knie zwingt, scheint seinem Pariser Widerpart keinerlei Mühe abzuverlangen, wie es dem Schöpfer der im motivischen Aufwand gegenüber den Vorbildern stark reduzierten Pariser *Kreuztragung* allgemein Mühe bereitete, Bewegung und Dynamik sinnfällig zu verbildlichen. Der Reiz der Tafel, die gegen 1490 im weiteren Umkreis Schongauers am Oberrhein entstanden sein könnte, verdankt sich daher nicht zuletzt der kräftigen auf den Dreiklang Rot, Grün und Gelb abgestimmten Farbgebung sowie dem Fernblick auf die Seenlandschaft mit der spiegelnden Wasserfläche.

M. D.

1 Vgl. Slg. Kat. Colmar 1990, Nr. 453; Ausst. Kat. Colmar 1991, S. 74–79.

Lit.: Ausst. Kat. Paris 1991/92, S. 124f.

86

86

Monogrammist BM

Johannes auf Patmos

Oberrhein, um 1475/80
Holz; 26,4 x 18,4 cm
Würzburg, Martin von Wagner Museum der Universität
Inv. Nr. F 503

Das kleine, leider arg verputzte Täfelchen, dem mit einer gleichfalls in der Würzburger Universitätssammlung bewahrten *Taufe Christi* ein Gegenstück zugehört,[1] wurde bereits von E. Buchner dem als Kupferstecher und Maler hervorgetretenen Meister BM (vgl. Kat. 81, 136), einem der begabtesten Künstler im unmittelbaren Schulkreise Martin Schongauers, zugeschrieben. Grundlage der Zuschreibung war ein Vergleich mit dem darstellungsentsprechenden, signierten Kupferstich des Monogrammisten, der in der Tat zahlreiche motivische wie stilistische Übereinstimmungen mit der Würzburger Tafel erkennen läßt: Stellvertretend darf auf die kleinteilig-knittrige Faltenführung, die eigentümliche Bildung der Füße und das auffällige Motiv der übereinandergeschlagenen Beine verwiesen werden (vgl. Abb. 86/1).[2] Gemeinsamer Urgrund beider Komposition ist der *Johannes auf Patmos*-Stich Martin Schongauers (Kat. 126), doch wußte der Anonymus den Vorwurf im druckgraphischen, besonders aber im tafelmalerischen Werk eigenständig umzuformen. Mit Recht ist hervorgehoben worden, daß das Gemälde durch seine stimmungsvollatmosphärische, vielteilige Landschaftsdarstellung besticht, die dem Ganzen einen idyllisch-lyrischen Ton zu verleihen vermag; das warme Kolorit weiß diesen zusätzlich zu stützen.

Die Würzburger Darstellung zeigt den von seinem Symboltier, dem Adler, begleiteten Evangelisten am Orte seiner Verbannung – auf der hier durch die Tierstaffage (Löwen, Hasen) als Wildnis gekennzeichneten Insel Patmos – bei der Abfassung der geheimen Offenbarung (Apokalypse), dem letzten Buche des Neuen Testamentes. Im Typus des geläufigen Autorenbildes hat sich der rotgewandete jugendliche Evangelist auf einem

86/1 Monogrammist BM, *Johannes auf Patmos,* Kupferstich

Felsvorsprung niedergelassen und notiert gemäß des göttlichen Auftrages alles, was er sieht, in ein Buch, welches er späterhin an sieben namentlich aufgeführte Gemeinden senden soll (Apk 1, 9–11). Soeben wird er der in einem Wolkenkranz am Himmel erscheinenden, bereits in der bildlichen Ausformulierung als Gottesmutter gedeuteten, »mit der Sonne bekleideten« Frau des 12. Kapitels der Apokalypse (Apk 12, 1) ansichtig; der Mond unter Mariens Füßen findet gleichfalls im biblischen Text Erwähnung und versinnbildlicht die Vergänglichkeit der Welt.[3]

M. D.

1 Mit A. Stange (KV, Bd. 2, 1970, S. 42) ist zu vermuten das die maßgleichen Gemälde ursprünglich einem »Johannesaltärchen« zugehörten.
2 Ill. Bartsch, Bd. 9/2, 1991, S. 357–358.
3 Vgl. LCI, Bd. 7, 1974, Sp. 108–110, 123–125 (s. v. *Johannes der Evangelist*); LCI, Bd. 1, 1968, Sp. 145–150 (s. v. *Apokalyptisches Weib*).

Lit. : Buchner 1941, S. 161–164 – Baum 1948, S. 53 – Stange, DMG, Bd. 7, 1955, S. 25 – Stange, KV, Bd. 2, 1970, Nr. 115 – Slg. Kat. Würzburg 1986, S. 123f., Nr. 311.

87
Meister der Breisacher Evangelisten

Die vier Evangelisten

Oberrhein, 1475/85
Tannenholz; je 58,5 x 32 cm
Freiburg, Erzbischöfliches Ordinariat der Erzdiözese

Mit dem Schöpfer der vier Breisacher Evangelisten-Tafeln begegnet einer der profiliertesten Maler der unmittelbaren Schongauer-Nachfolge. Ähnlich wie der Monogrammist B. M. verzichtete auch dieser Anonymus auf Kopien nach Werken des vorbildgebenden Meisters; vielmehr behauptete er gegenüber denselben Eigenständigkeit, wußte sie in eine intimere, verhaltenere Form umzusetzen, ohne jedoch die Qualitäten der Vorlagen, wie die lyrische Gestimmtheit – etwa der Antlitze –, die Klarheit der Formensprache – etwa der Faltenführung – und die Strenge im Bildaufbau vermissen zu lassen. Die den Notnamen gebenden Tafeln des Meisters zeigen die vier, von ihren Symbolen begleiteten Autoren der Evangelien vor goldenem Grund, der zweimal eine lichte Landschaft überfängt, auf den beiden anderen Tafeln jedoch nur durch ein rundbogiges Fenster zu erspähen ist. Der Goldgrund vermag einen Hinweis darauf zu geben, daß die vier Tafeln ursprünglich die Innenseiten der Flügel eines verlorenen Altartriptychons zierten. Die jeweilige Orientierung der Zeugen des Lebens Jesu legen es nahe, die Heiligen Johannes und Lukas als dem linken Flügel, Markus und Matthäus jedoch als dem rechten Flügel zugehörig zu betrachten. Scheint es bereits unter kompositorischen Gesichtspunkten angeraten, die beiden in ihren Schreibstuben gegebenen Evangelisten dem unteren Register zuzuordnen, so wird diese Vermutung durch die erhaltene Bemalung der Außenseiten bestätigt. Hier sind zwei große, beide Register einnehmende Heiligenfiguren dargestellt, die heute – aufgrund der einzelnen Rahmung der Evangelisten-Tafeln – in je zwei Teile getrennt sind. Es handelt sich um den Heiligen Apostel-Märtyrer Jakobus den Älteren im Pilgergewand links und den Heiligen Bischof Severin von Köln rechts, die wahrscheinlich mit den ehemaligen Patrozinien des Altars oder der Kirche, für welchen er gestiftet wurde, in Beziehung zu bringen sind. Die prominente Platzierung der vier Evangelisten auf den Innenseiten der Retabelflügel ist als eine besondere Seltenheit anzusprechen, auch wenn zu bemerken ist, daß die vier heiligen Autoren durchaus nicht selten im Gesamtzusammenhang großer Altarprogramme ihren Platz fanden – regelmäßig jedoch auf der Predella.[1]

M. D.

1 Braun 1924, Bd. 2, S. 488.

Lit.: Stange, DMG, Bd. 7, S. 25f. – Stange, KV, Bd. 2, 1970, S. 43, Nr. 120.

88
Martin Schongauer (ca. 1450–1491)

Der segnende Heiland

Bez. o. M. in hellbrauner Tinte: Das hat hubsch martin gemacht Im 1469 jor
Federzeichnung in Schwarz; 20,7 x 12,4 cm
London, British Museum
Inv. Nr. 1854-6-28-23

Schon während seiner Lehrzeit in Nürnberg muß Albrecht Dürer Kupferstiche von Schongauer gesehen haben. 1492 reiste er schließlich nach Colmar, um sein verehrtes Vorbild am Oberrhein zu treffen. Doch er kam zu spät, Martin Schongauer war im Jahr zuvor bereits gestorben – wohl an der Pest. Seine Brüder jedoch empfingen den jungen Kollegen und übergaben ihm einige Zeichnungen aus dem Besitz des Verstorbenen. Vier Blätter aus Dürers Sammlung, von denen noch drei erhalten sind,[1] bezeugen seine jugendliche Verehrung für das oberrheinische Vorbild. Zwei Zeichnungen tragen das handschriftlich – wahrscheinlich von Dürer – aufgetragene Monogramm Schongauers sowie die Datierung 1469. Das verschollene, ehemals im Besitz von Karl Heinrich von Heinecken, Direktor des Dresdner Kupferstich-Kabinetts, befindliche Blatt war bezeichnet: »Dieß hat der Hübsch Martin gerissen in 1470. Jahr, da er ein junger gesell was. Das hab ich Albrecht Dürer erfarn, und Im zu ern daher geschrieben im 1517. Jahr«.[2]

87a

87c

87b

87d

88

Auch dieses Blatt aus dem British Museum trägt eine Aufschrift, in der Dürers Hand erkannt worden ist und die den Entwurf als Werk Schongauers bezeichnet. Dennoch blieb umstritten, ob die Zeichnung tatsächlich von der Hand Schongauers stammt, aus einem weiteren Umfeld seiner Werkstatt kommt, oder ob Dürer gar eine Vorlage des Künstlers selbst abgezeichnet habe. Stilistisch unterscheidet sich das Werk von den anderen beiden erhaltenen Blättern aus Dürers Besitz, so daß eine Zuschreibung an denselben Künstler auf diesem Wege problematisch bleibt. In jedem Falle unterscheidet sich der Strich der Beschriftung in Stil und Tinte von der schwarzen Zeichnung.

Die Figur eines ausgezehrten, müde wirkenden Heilands, »dessen Züge wie bei einem Derwisch von dem Feuer einer verzehrenden Leidenschaft ausgeglüht erscheinen«[3], wirkt in ihrem nervösen, suchenden und dichten Strich tatsächlich fremdartig im Vergleich zu den anderen Zeichnungen, die Martin Schongauer zugeschrieben werden. Allerdings ist der Darstellung eine gewisse Wesensverwandtschaft mit der ausgemergelten Gestalt Johannes des Täufers (Kat. 121) nicht abzusprechen. Die tastende Feder, die besonders im Umriß der Figur und im Bogen der herausgezogenen Falte des Mantels auf dem Boden deutlich wird, scheint gegen die Abzeichnung einer Vorlage zu sprechen. Sollte die Datierung von 1469 zutreffen, dann läge hier ein Frühwerk des oberrheinischen Malers und Kupferstechers vor, das die unruhige Suche nach einer Darstellungsform offenbart, die den seelischen Gehalt des heilsgeschichtlichen Zusammenhanges voll erfaßt. Dabei ist auch die Identifizierung des Dargestellten umstritten: Die bußfertige Gestalt könnte sowohl einen Propheten des Alten Bundes als auch den lehrenden oder segnenden Christus wiedergeben.

D. S.

1 Ausst. Kat. Colmar 1991, Nr. Z 3, Z 4 und Z 5. Die anderen beiden Zeichnungen zeigen ein junges Mädchen, das mit einem Vogelflügel ein Feuer anfacht (London, British Museum, Inv. Nr. 1884-9-13-14) und Christus als Weltenrichter nach dem Jüngsten Gericht in Beaune von Rogier van der Weyden (Paris, Musée du Louvre, Département des Arts Graphiques, Inv. Nr. 18 785).
2 Zitiert nach ebd., S. 139.
3 Winzinger 1962, S. 31.

Lit.: Rosenberg 1923, S. 33f., Nr. 37 – Baum 1948, S. 47, Abb. 119 – Winzinger 1962, S. 30ff., Nr. 2 – Ausst. Kat. London 1988, Nr. 25 – Ausst. Kat. Colmar 1991, Nr. Z 4 – Slg. Kat. London 1993, Nr. 13 – Hollstein, German, Bd. 49, 1999, S. *xxvi*f.

89

Martin Schongauer (ca. 1450–1491)

Der segnende Heiland

Federzeichnung in Schwarz und Braun;
21,3 x 14,5 cm (beschnitten entlang des Umrisses)
Florenz, Gabinetto Disegni e Stampe degli Uffizi
Inv. Nr. 1079 E.

Obwohl auch bei diesem Blatt die Datierung umstritten ist, wurde an einer Zuschreibung an Martin Schongauer kaum gezweifelt. Meist wurde von einem sehr frühen Entstehungsdatum ausgegangen, da sowohl der niederländische Einfluß als auch die Nähe zum Meister E. S. (vgl. (Kat. 71) deutlich spürbar ist. 1915 wies erstmals Friedländer auf die Verwandt-

89/1 Rogier van der Weyden, *Triptychon des Jean de Braque*, 1450/52, Mitteltafel, Paris, Musée du Louvre

89

schaft der Zeichnung mit der Darstellung des segnenden Heilands auf der Mitteltafel des Braque-Triptychons von Rogier van der Weyden hin (Abb. 89/1).[1] So ist anzunehmen, daß Schongauer auf seiner vermuteten Reise durch die Niederlande entweder das Original oder recht genaue Zeichnungen nach dem Gemälde gesehen und abgezeichnet hat.

Die Darstellung zeichnet sich durch eine achsensymmetrische Komposition aus, die in ihrer hieratischen Strenge an ältere byzantinische Vorbilder gemahnt. Der Typus des *vera ikon* (vgl. dazu Kat. 112) erhält in seinem geometrisch anmutenden Aufbau den Ausdruck von überzeitlicher und göttlicher Würde, die dem religiösen Gehalt des Bildes als wahres Gesicht Christi entspricht.

Der Künstler benutzte für seine Darstellung zwei verschiedenfarbige Tinten, die der filigranen Zeichnung zusätzlich einen malerischen Charakter verleihen. Während das Gesicht und die Haare in äußerst feinen, meist parallel gesetzten Linien in schwarzer Tusche gestaltet sind, wurde das weite Gewand mit freieren und gröberen braunen Strichen erfaßt, die einen skizzenhafteren Eindruck erwecken. Einige Korrekturen an den Konturlinien der Hände und des Gewandes offenbaren den Arbeitsprozeß des Zeichners, der jedoch kaum noch einen tastenden Eindruck zu erkennen gibt.

Die zarten Schraffuren und langläufigen Linien, die das Gesicht Christi in seiner göttlichen Schönheit charakterisieren, weisen in ihrem exakt gesetzten Strich auf die Technik des Grabstichels im Kupferstich, wo der Stecher sich keine unbedacht gesetzten Linien erlauben kann. Dabei offenbart die außerordentliche Feinteiligkeit der Strichsetzung die Bemühung des Zeichners, durch eine rein lineare Darstellung die Oberflächencharaktere – hier des Gesichtes und der Haare – so überzeugend wie möglich wiederzugeben. Gleichzeitig unterscheidet sich diese Zeichnung in ihrer Exaktheit, die einem geometrischen Riß ähnelt, von der sehr viel skizzenhafter erfaßten Figur des stehenden Heilands in London (Kat. 88).

D. S.

1 Ausst. Kat. Colmar 1991, S. 132.

Lit.: Baum 1948, S. 47, Abb. 118 – Winzinger 1962, S. 29ff., Nr. 1 – Châtelet 1979, S. 127, Abb. 3 – Slg. Kat. Florenz 1987, S. 453 – Slg. Kat. Florenz 1988, S. 16, Nr. 3 – Ausst. Kat. Colmar 1991, Nr. Z 1 – Ausst. Kat. Paris 1991/92, S. 83, Abb. 40 – Koreny 1996, S. 124.

90

Martin Schongauer (ca. 1450–1491)

Engel der Verkündigung

Bez. u. l. mit dem Monogramm (von anderer Hand, mit verkehrtem Haken am Kreuz)
Federzeichnung in Braun; 14,0 x 9,9 cm
Berlin, Kupferstichkabinett – Sammlung der Zeichnungen und Druckgraphik
Staatliche Museen zu Berlin – Preußischer Kulturbesitz
Inv. Nr. KdZ 1019

Zu den eindrucksvollsten Zeichnungen Martin Schongauers gehört diese Darstellung des segnenden Engels einer Verkündigungsszene. Stilistisch wird sie allgemein in die Frühzeit des Künstlers um 1470 datiert. Ähnlich wie die Figur des segnenden Heilands in Halbfigur (Kat. 89) lehnt eine Hand des Engels auf einer Art Balustrade, die die Komposition nach unten begrenzt. Die ungemein feinen und ausführlichen Parallelschraffuren in der Physiognomie verdeutlichen auch hier den Willen nach überzeugender Oberflächencharakterisierung. Doch zeichnet sich der Engel durch eine stärkere Plastizität als der segnende Heiland aus, die sicherlich durch das Dreiviertelprofil hervorgerufen wird, das die räumliche Wirkung der Darstellung unterstützt. Einige Korrekturen in den Handpartien, der Faltengebung im Ärmel und am Halsausschnitt des Gewandes veranschaulichen die skizzierende Hand des Zeichners. Eine hauchdünne, geschwungene Linie vor der segnenden Linken scheint die ursprünglich anvisierte Position der Engelshand zu zeigen, die später näher an den Körper verlegt worden ist. Die lebhafte Wiedergabe des üppigen Lockenhaares offenbart eine Leichtigkeit in der Federführung, die für zahlreiche Kopisten eine Herausforderung darstellte (vgl. die Haarpracht des Mädchens mit dem Eichenkranz, Kat. 95). Helle Haarsträhnen neben dicht gesetzten Linien suggerieren Lichtreflexe auf der von links beschienenen Figur, die sich auch auf dem Gesicht und dem gefältelten Gewand niederschlagen.

Die zum Segen erhobene Linke deutet auf eine Vorzeichnung für einen Kupferstich, der im Druckbild die Zeichnung im Gegensinn wiedergegeben und dann die übliche Rechte als Segnende gezeigt hätte. Allerdings ist die Identifizierung der Figur als Engel einer Verkündigungsszene nicht unumstritten, werden Maria und Gabriel doch in der Regel als Ganzfigur

90

dargestellt und die Szene durch Motive der Lilie oder des Szepters veranschaulicht (vgl. Kat. 99–101). So sind ebenfalls Deutungen vorgeschlagen worden wie die Darstellung des segnenden Christus oder des zwölfjährigen Jesus im Tempel.

Sollte die Zeichnung wirklich in die frühe Schaffensphase Martin Schongauers gehören, so deuten sich doch bereits charakteristische Stilistika an, die für die Kunst des oberrheinischen Kupferstechers bezeichnend werden und auch sein Spätwerk prägen sollten: Die Figur wird monumental und in der Proportion zur Blattgröße sicher ins Bild gesetzt, wobei eine verhaltene, aber deutliche Gestik den Eindruck einer überzeitlichen Heiligkeit ausstrahlt. Die Physiognomie zeigt ein bald weiblich, bald jünglingshaft anmutendes Ideal, dessen schönlinige Formulierung in festen Strichen eine übernatürliche Erscheinung umreißt.

Ein Vergleich mit dem von Schongauer gestochenen Erzengel Gabriel der zweigeteilten Verkündigungsszene (Kat. 100) zeigt die physiognomische Ähnlichkeit, deren Linienfluß in der Druckgraphik jedoch starrer wird. Die lockere Federzeichnung, die hier das volle Gesicht einer jugendlichen Figur umreißt, gibt den unmittelbaren künstlerischen Entwurf des Kupferstechers wieder, der sich im zeichnerischen Medium noch lebendiger als mit dem Grabstichel äußert.

D. S.

Lit.: Parker 1928, S. 28, Nr. 8 – Baum 1948, S. 46, Abb. 134 – Winzinger 1962, Nr. 12 – Ausst. Kat. Berlin 1991, S. 211, Nr. 65 – Ausst. Kat. Colmar 1991, Nr. Z 8 – Koreny 1996, S. 124 und S. 127 – Ausst. Kat. Washington 1999/2000, Nr. 6.

91

91

Kopie nach Martin Schongauer (ca. 1450–1491)

Die Madonna auf der Rasenbank

Federzeichnung in Schwarz und Braun, bräunlich laviert; 31,6 x 24,6 cm
Hamburg, Hamburger Kunsthalle, Kupferstichkabinett
Inv. Nr. 23 756

Ähnlich wie die Kopie nach einer verschollenen *Verkündigung* Martin Schongauers (Kat. 93) zeigt auch dieses Blatt eine Nachzeichnung nach einem ehemals bedeutenden Blatt des oberrheinischen Künstlers. Wie bei der *Verkündigung* verdeutlichen drei Kopien die künstlerische Wirkung der *Madonna auf der Rasenbank*, die in zahlreichen Stilistika die Sprache Schongauers offenbart:[1] So ähnelt insbesondere die liebliche, ebenmäßige Physiognomie Mariens und die obere Gewandpartie ihres mit einer Schließe gehaltenen Mantels an den Kupferstich gleichen Titels (Abb. 91/1). Das Kind, dem Maria auf dem Stich einen Apfel zum Spielen hinhält, bewegt sich auf der Zeichnung ebenfalls kleinkindhaft, doch zeigt es sich in seiner frontalen Haltung mit überkreuzten Beinen deutlicher in seiner göttlichen Natur und scheint dem Thronen näher zu sein als dem Spiel. Charakteristisch für Martin Schongauer sind außerdem die äußerst feingliedrigen Fingerbewegungen, mit denen das Christuskind hier die filigrane Perlenkette auseinanderzieht, während es von seiner Mutter mit anmutigen Händen liebevoll gehalten wird. Dabei wird deutlich, wieviele Schwierigkeiten der Zeichner mit der Wiedergabe der Hand hatte, die Maria um die Beine ihres Sohnes legt. Die Bedeutung des lebhaften Fingerspiels in der Kunst Schongauers zeigt sich beispielsweise auch auf dem Täfelchen der *Muttergottes im Fenster* (Kat. 74) oder dem Stich mit der Darstellung des Marientodes (Kat. 105).

Zur Unterstützung der Modellierung wurden die fein gezeichneten Linien und die langen, etwas gehetzt wirkenden Schraffuren durch bräunliche Lavierungen ergänzt, die der scharfen Zeichnung eine weichere Wirkung verleihen. Besonderen Wert wurde auf die klare Wiedergabe der feinen Gesichtszüge gelegt, die bei Maria und dem Kind in schwarzer Tusche gezeichnet worden sind.

In der Verbindung einer natürlichen Schilderung des menschlichen Christuskindes und seiner Mutter mit der lyrischen Stimmung eines verhaltenen Andachtsbildes kristallisiert sich die Bildsprache Schongauers. Eine Gegenüberstellung der Zeichnung mit anderen Kompositionen desselben Themas von Martin Schongauer, die in dieser Ausstellung zusammengeführt werden konnten (vgl. Kat. 73–79), offenbart das künstlerische Ideal der Spätgotik, dessen verfeinerter Stil mit dem oberrheinischen Künstler aus Colmar seinen Höhepunkt erreicht hatte.

D. S.

1 Winzinger 1962, S. 104f. Dem in Basel tätigen Augsburger Goldschmied Jörg Schweiger (um 1480–1534) wird neben einer Kopie nach der verschollenen *Verkündigung* (Kat. 93) auch eine Kopie nach der *Madonna auf der Rasenbank* zugeschrieben, Slg. Kat. Basel 1979, Bd. 1, Tafel 73, Nr. 290.

Lit.: Winzinger 1962, Nr. 84a – Ausst. Kat. Augsburg 1965, Nr. 170.

91/1 Martin Schongauer, *Madonna auf der Rasenbank*, Kupferstich

92

Oberrheinischer Meister

Maria mit Jesusknaben

Bez. rückseitig mit auf dem Kopf stehender Aufschrift von fremder Hand:
No 1 aus / forderstblatt / die Masen zum ersten
Federzeichnung in hellem und dunklem Braun über dunkler Stiftvorzeichnung;
22,3/21,8 x 16,6/16,4 cm (beschnitten)
Karlsruhe, Staatliche Kunsthalle Karlsruhe, Kupferstichkabinett
Inv. Nr. 1975-5

Die künstlerische Orientierung an den Kupferstichen Martin Schongauers zeigt sich in dieser anonymen Federzeichnung in einer interessanten Variante: Die nur etwa fünf Zentimeter große thronende Madonna in Schongauers Bischofskrümme (Kat. 130) wurde vom Zeichner hier zu einer achtzehn Zentimeter hohen Figur vergrößert. Gleichzeitig unterwirft der Künstler die Figur der hoheitsvoll thronenden, frontal auf den Betrachter blickenden Madonna mit dem segnenden, ebenfalls aus dem Bild schauenden Jesusknaben bedeutenden Änderungen: Maria schlägt die Augen nieder und blickt auf ihren nackten Sohn, dessen Segensgestus zu einem spielerischen Griff in den Gewandsaum der Mutter wird. Mit großen Kinderaugen schaut der Junge auf Maria, sein lockiges Haar, die kleine Stupsnase und das feiste Doppelkinn sind an der Natur orientiert und betonen die irdische Nähe des Mutter-Kind-Paares. Auch ändert der Zeichner die starke Untersicht des gestochenen Bildes in der Krümme und rückt die Madonna mit ihrem Kind nahe an den Betrachter, der sich auf gleicher Ebene mit einer weniger grazilen, dafür bürgerlich-behäbigeren und damit vertrauteren Muttergottes wähnt.

92

Borries zeigte die stilistische Verwandtschaft zu der bedeutenden Straßburger Glasmalereiwerkstatt Peter Hemmels von Andlau auf, deren Werke in der zweiten Hälfte des 15. Jahrhunderts weithin exportiert wurden (siehe dazu Kap. II.6 und Kat. 169). In unmittelbarer Nachbarschaft zu dieser Werkstatt wird die Zeichnung wohl in Straßburg um 1480/90 entstanden sein. Ungeklärt ist die rätselhafte Aufschrift auf der Rückseite, die auf die Benutzung der Zeichnung innerhalb einer Werkstatt deuten könnte.

D. S.

Lit.: von Borries 1976, S. 19–24 – Ausst. Kat. Karlsruhe 1978, Nr. 68 – Ausst. Kat. Stuttgart 1984/85, Nr. 156, Abb. 175 – Ausst. Kat. Karlsruhe 1992a, Nr. 94.

93

Kopie nach Martin Schongauer (ca. 1450–1491)

Die Verkündigung

Federzeichnung in Schwarz; 28,1 x 21,1 cm
Budapest, Szépmüvészeti Múzeum
Inv. Nr. 6

Ein verlorenes Bild der Verkündigung Mariens von Martin Schongauer zeigt die zeitgenössische Nachzeichnung aus Budapest. Dieselbe Komposition des oberrheinischen Künstlers ist außerdem in zwei weiteren Kopien überliefert, die zum großen Teil wörtlich Motive und Aufbau der Darstellung wiederholen.[1]

Von Schongauers erhaltenen Verkündigungsdarstellungen im Kupferstich und in der Malerei (vgl. Kat. 99–101) unterscheidet sich die vorliegende Komposition durch ihre stärkere Nähe zur niederländischen Malerei. Der Erzengel Gabriel nähert sich Maria in einem bürgerlich eingerichteten Innenraum, in dem sie betend vor dem Fenster auf dem Boden kniet. Beutelbuch, Kerzenleuchter, Handtuch und Wasserschale erinnern an zahlreiche Motive aus niederländischen Darstellungen gleichen Themas, die sich auf die jungfräuliche Symbolik der Gottesmutter beziehen. Ein Vergleich mit dem linken Flügelbild des *Columba-Altars* Rogier van der Weydens (Abb. 93/1) verdeutlicht ebenfalls die räumlichen Übernahmen in Gestalt des Tonnengewölbes, dessen Rundfenster von einer Balkenkonstruktion überschnitten wird. Genau diese Raumordnung scheint ausschlaggebend für zwei Holzschnitte von 1492 gewesen zu sein, die sich offensichtlich an Schongauer orientiert haben: In der Darstellung des *Heiligen Ambrosius*, geschnitten von einem unbekannten Basler Meister (Kat. 238), ist die Orientierung an der Vorlage noch deutlicher auszumachen als auf dem Bild des *Heiligen Hieronymus* aus Dürers früher Schaffenszeit (Kat. 237).

Die verhaltene, feingliedrige Gestik der beiden Figuren sowie ihre schöngeistige Physiognomie, die hier bereits zu einem handfesteren, fröhlichen Ausdruck tendiert, veranschaulichen die Stilistika Schongauers als künstlerische Ideale, denen vom Kopisten nachgestrebt wird. Auch die reiche Faltengebung zeigt die charakteristischen Drapierungen, die Schongauer aus seinen Anschauungen niederländischer Kunst weiterentwickelt hat. Insbesondere die basisartigen Faltenstege zu Füßen Gabriels erinnern an die in Kupfer gestochenen Figuren des *Heiligen Laurentius* (Kat. 122) und des *Heiligen Stephanus* (Kat. 123), die in ihrer statuarischen Auffassung bereits an Skulpturen denken lassen.

Die mühevolle Strichführung der feinen Schraffuren könnte darauf schließen lassen, daß die Vorlage ein Kupferstich gewesen ist, dessen gravierte Linien der Kopist so sorgfältig und getreu wie möglich wiederzugeben versuchte.

D. S.

1 Basel, Öffentliche Kunstsammlung, Kupferstichkabinett und Veste Coburg. Winzinger, S. 95f., Abb. der Basler Zeichnung im Slg. Kat. Basel 1979, Bd. 1, Tafel 70, Nr. 275.

Lit.: Winkler 1942/43, S. 13, Abb. 3 – Baum 1948, S. 48, Abb. 143 – Winzinger 1962, Nr. 71.

93

93/1
Rogier van der Weyden, *Verkündigung, Columba-Altar*, vor 1455, München, Alte Pinakothek

94
Martin Schongauer (ca. 1450–1491)
Die Geburt Christi

Bez. u. M. mit dem Monogramm, rückseitig von fremder Hand: Scongauer
Federzeichnung in Schwarz und Braun; 13,9 x 20,4 cm
Florenz, Gabinetto Disegni e Stampe degli Uffizi
Inv. Nr. 1083 E

Die Zuschreibung und Datierung dieser Zeichnung sind umstritten. Während Starcky noch von einem eigenhändig monogrammierten Werk Martin Schongauers ausging, das er unter anderem wegen seiner Nähe zur niederländischen Malerei in seine frühe Schaffenszeit datierte,[1] widersprach ihm zuletzt Koreny massiv und schrieb das Blatt einem Meister aus der Werkstatt Schongauers zu. Denselben unbekannten Künstler wollte er auch in der Wiener Zeichnung des Ursula-Martyriums sowie in einer kleinen Tafel desselben Themas im Unterlinden-Museum in Colmar erkennen.[2] Zusammen mit der Darstellung des Ursula-Martyriums gehört die vorliegende Komposition der *Geburt Christi* zu den einzigen zeichnerischen Bildentwürfen, die mit Schongauer in Verbindung gebracht werden können. Dabei zeigt sich in der symmetrischen Anordnung des Bildaufbaus ein auch für die Kupferstiche des Künstlers charakteristisches Kompositionsmerkmal (vgl. etwa Kat. 117, 118). Die Reduktion des Geschehens auf wenige Hauptpersonen, die sich in ihren Haltungen und Gebärden auf das inhaltliche Zentrum des Geschehens konzentrieren, bildet ebenfalls ein markantes Stilmerkmal des oberrheinischen Künstlers. Besonders die zarte Gestalt der jungen Gottesmutter, die vor ihrem Kind kniet, zeigt viele Ähnlichkeiten mit den Mariendarstellungen der beiden Kupferstiche mit der Darstellung der Geburt Christi (Kat. 102, 114). Auch die roh belassenen Baumstämme, die sowohl das angedeutete Strohdach der Hütte tragen als auch das Bild rahmen, erinnern an den späteren Stich desselben Themas. Das auf einem Gewandzipfel liegende Kind scheint in allen Fällen zurückzugehen auf die Geburtsdarstellung des sogenannten *Bladelin-Altars* Rogier van der Weydens, heute in Berlin (vgl. Abb. 102/1).
Spuren einer tastenden Vorskizzierung (Kopf des Joseph, Gewandzipfel der Maria) neben feinsinnig ausgearbeiteten Partien wie dem lockigen Haar Mariens und den opulenten Gewandfalten offenbaren den Arbeitsprozeß des Zeichners. Die lose angedeuteten Hirten rechts im Hintergrund sowie der steinige Weg, der links zwischen den Felsen in die Ferne führt, betten die bühnenartige Szenerie des Vordergrundes in ein landschaftliches Umfeld. Die sensible Wiedergabe der Physiognomien sowie die lebendige Darstellung des strampelnden Kindes offenbaren eine de-

94

taillierte Naturbeobachtung. Eine reiche Schraffurenbildung und ein weicher Federstrich unterstreichen die märchenhafte Stimmung, mit der die heilige Familie liebevoll geschildert wird.
Eine abgewandelte und im Gegensinn komponierte Kopie der Zeichnung in Berlin (Abb. 94/1) weist auf einen breiteren Wirkungskreis der Zeichnung, ihrer Vorlage oder gar eines verlorenen Stiches nach der Zeichnung hin.

94/1 Unbekannter Meister, *Geburt Christi*, Federzeichnung, Berlin, SMPK, Kupferstichkabinett

D. S.

1 Ausst. Kat. Colmar 1991, S. 186.
2 Koreny 1996, Abb. 23 und 24.

Lit.: Rosenberg 1923, S. 29f., Abb. 27 – Baum 1948, Abb. 139 – Winzinger 1962, S. 72ff., Nr. 40 – Slg. Kat. Florenz 1987, S. 545 – Slg. Kat. Florenz 1988, Nr. 6 – Ausst. Kat. Colmar 1991, Nr. Z 27 – Koreny 1996, S. 135ff., Nr. 27 (Abb. 25).

95
Kopie nach Martin Schongauer (ca. 1450–1491)

Halbfigur eines Mädchens mit Eichenkranz und Rose

Federzeichnung in Schwarz; 18,4 x 14,6 cm (beschnitten entlang des Umrisses)
Karlsruhe, Staatliche Kunsthalle Karlsruhe, Kupferstichkabinett
Inv. Nr. VIII 2387

Auch in der etwas steif anmutenden Nachzeichnung nach einem Original von Martin Schongauer wird die außerordentliche Qualität der verlorenen Vorlage in jeder Einzelheit spürbar. Feinste Naturbeobachtungen verdeutlichen die eingerollten Blätter des Eichenkranzes im Haar des

95

jungen Mädchens sowie die Wiedergabe der Rosenblüte in ihrer gezierten Hand. Der Maler des Blumengartens der *Maria im Rosenhag* (siehe Kat. 75) zeigt in diesen Details erneut sein Studium nach der Natur. Die üppige Haarpracht der langgelockten Schönen dagegen weist auf Schongauers Meisterschaft der geschwungenen Linien, deren ornamentalen Charakter der Künstler bis zum Äußersten auszureizen vermochte (vgl. auch das Haar des Engels in Kat. 90). Gleichzeitig offenbart die über die Schulter zurückgelegte Haarsträhne auf der rechten Seite realistische Einzelbeobachtungen, die organisch mit dem Linienornament verbunden werden. Auch das Kleid mit seinem Brusttuch und den blattförmigen Schließen sowie den eingezogenen Abnähern in der Taille zeigen die Bedeutung, die der Künstler den realistischen Details beigemessen hat.

Unsicherheiten zeigt der Kopist in den Gesichtsproportionen, die den Ausdruck des jungen Mädchens verzerren. Vergleicht man die Zeichnung mit Martin Schongauers Stich der *Törichten Jungfrau* (Abb. 95/1), werden die Unterschiede deutlich: Die eng stehenden, heruntergezogenen Augen, der zugespitzte Mund und das etwas unförmige Kinn kontrastieren auf dem Karlsruher Blatt mit dem übrigen Schönheitsideal des Mädchens. Dennoch bleibt die Eindringlichkeit des Blickes, der auch die *Törichte Jungfrau* auszeichnet, erhalten. Beide Mädchen könnten als Gegensatzpaar verstanden werden. Zwar hält das Mädchen mit dem Eichenkranz keine Öllampe (vgl. zu den Klugen und Törichten Jungfrauen Kat. 119), doch kontrastiert bei aller physiognomischen Ähnlichkeit die Tugendhaftigkeit der Dargestellten so stark mit der nachlässig gekleideten, gleichwohl aufreizend zurechtgemachten Jungfrau, daß zwei lehrhafte Bildbeispiele, zwei *exempla*, vermutet werden können.[1]

Eine zweite, annähernd gleiche Kopie der Vorlage existiert in München und wurde von Winzinger wegen ihrer Ähnlichkeit zum Karlsruher Blatt als Kopie desselben betrachtet.[2]

Die Berühmtheit des Originals attestiert außerdem eine Radierung Wenzel Hollars (1607–1677), die vom Künstler 1646 datiert ist (Abb. 95/2).[3] Oben links bezeichnete Hollar den Urheber der Vorlage mit *Martin Schön inu.* (Martin Schön invenit = Martin Schön hat es erfunden), während der Zusatz oben rechts ihn selbst als ausführenden Künstler nennt: *W Hollar fecit / 1646* (W Hollar hat es gemacht 1646). Der seitenverkehrte Druck

95/1 Martin Schongauer, *Törichte Jungfrau*, Kupferstich

95/2 Wenzel Hollar, *Mädchen mit Eichenkranz und Rose*, Radierung

zeigt das Mädchen in einem Schönheitsideal des 17. Jahrhunderts, das aus der spätgotischen Jungfrau ein dralles Mädchen macht, dessen Gesichtsausdruck an Strenge verliert. Das Kleid ist mit einem zeitgenössischen Brokatmuster überzogen, und die Hände sind auf eine Brüstung aufgelegt, die wohl im Schongauerschen Original, das Hollar vorgelegen haben könnte, noch sichtbar war.

D. S.

1 Vgl. dazu auch die Zeichnung einer Orientalin in München, deren Autorschaft umstritten ist, Slg. Kat. München 1994, Nr. 25, Abb. 25.
2 Winzinger 1962, S. 89, Nr. 56a; Slg. Kat. München 1994, Nr. 27, Abb. 28.
3 Wenzel Hollar, Radierungen aus dem Kupferstichkabinett der Staatlichen Kunsthalle Karlsruhe, Ausstellungskatalog Karlsruhe 1990, Nr. 45.

Lit.: Baum 1948, S. 46, Abb. 133 – Winzinger 1962, Nr. 56 – Ausst. Kat. Karlsruhe 1992a, S. 95, Nr. 6.

96

Umkreis Martin Schongauers (ca. 1450–1491)

Fünf weibliche Heilige mit Stifter

Federzeichnung in Schwarz
23,9 x 21,4 cm (Blatt)
Basel, Öffentliche Kunstsammlung Basel, Kupferstichkabinett
Inv. Nr. U.XVI.6

Um die durch den leicht erhöhten Standpunkt und eine prächtige Krone prominent die Mitte des Bildfeldes behauptende Heilige Katharina gruppieren sich vier weitere heilige Jungfrauen, die anhand der ihnen beigegebenen Attribute eindeutig zu identifizieren sind. Wie Katharina nebst einem ihre Gelehrsamkeit andeutenden Buch mit den Werkzeugen ihres Martyriums – dem klingenbesetzten Rad und dem Schwert – ausgestattet ist, so hält auch die rechts neben ihr stehende Ursula mit dem Pfeil ein auf ihre Blutzeugenschaft weisendes Attribut. Die Komposition wird rechts durch die sich zur Mitte wendende Margarethe beschlossen, die mit dem Kreuzesstab den überwundenen Drachen zu ihren Füßen niederhält. Zur Linken Katharinens nimmt zunächst die blumenbekränzte Dorothea das ihr von dem himmlischen Botenknaben überreichte Blumenkörbchen entgegen, ehe der Bildaufbau links durch das attributive Turmgefängnis der bekrönten und mit einer Märtyrerpalme ausgezeichneten Barbara einen rahmenden Abschluß findet. In Anbetung kniend wohnt zu Füßen Katharinens ein wohl im geistlichen Habit erscheinender, nicht näher zu bestimmender Stifter der Heiligenversammlung bei, die in ihrer kompositionellen Anordnung an den südalpinen Bildtypus der *Sacra conversazione* zu erinnern vermag; sehr ähnliche Kompositionen lassen sich aber auch in der oberrheinischen Tafelmalerei des ausgehenden 15. Jahrhunderts finden (Kat. 139). Mit F. Winzinger ist nicht auszuschließen, daß es sich bei dem Basler Blatt um einen Entwurf für eine Altartafel handelt.

Allgemein wird die Federzeichnung dem Umkreis Martin Schongauers zugesprochen, wobei dem ausführenden Künstler, dessen Strichführung im Vergleich zu jener des vorbildgebenden Meisters deutlich weniger frei und fein erscheint, wohl in erster Linie das druckgraphische Werk Schongauers als Anregung gedient haben mag (Kat. 124).[1] In der Gegenüberstellung mit den Werken des Colmarer Meisters wird zudem deutlich, daß sowohl der besonders in der rechten Bildhälfte beengte Bildaufbau als auch die trocken-kleinteilige Faltenbehandlung die Zeichnung als ein Werk des weiteren Schulkreises kenntlich machen. Neben den erwähnten Kupferstichen und auf verlorene Kompositionen Schongauers zurückgehenden Zeichnungen[2] diente dem Basler Heiligenblatt vielleicht eine qualitativ höher einzuschätzende, motivgleiche Federzeichnung des unmittelbaren Schongauer-Kreises zum Vorbilde, von welcher ein Fragment mit den beiden Heiligen Ursula und Margarethe erhalten blieb.[3]

M. D.

1 Vgl. besonders hinsichtlich der Gewandung auch die (große) *Heilige Katharina* (B. 65).
2 Siehe u. a. Winzinger 1962, Nr. 83 *(Heilige Dorothea)*.
3 Abgebildet bei Falk 1979, S. 58.

Lit.: Winzinger 1962, Nr. 105, S. 110 – Falk 1979, S. 57, Nr. 57 (mit älterer Literatur).

96

105

II.2 Der Kupferstecher Martin Schongauer und seine Wirkung

Die Kupferstiche Martin Schongauers offenbaren in konzentrierter Form die künstlerische Bedeutung des Oberrheingebietes in der zweiten Hälfte des 15. Jahrhunderts. Die unterschiedlichen Kunstgattungen erlebten zu dieser Zeit eine Blüte, die dem neuen Medium der Druckgraphik und herausragenden Künstlerpersönlichkeiten wie Martin Schongauer freie Entfaltungsmöglichkeiten bot. Schon seine Vorläufer im Kupferstich, wie etwa der Spielkartenmeister (Kat. 10–13) oder der Meister E. S. (Kat. 46–71) konnten der neuen Technik einen Rang einräumen, der Schongauer als Grundlage für seine technischen und stilistischen Neuerungen diente.
Durch die Goldschmiedewerkstatt seines Vaters war der Künstler schon früh mit der Kunst des Gravierens in Berührung gekommen, aus der sich die Technik des Kupferstechens entwickelt hatte (siehe dazu besonders Kat. 129–131). Insgesamt sind von Martin Schongauer 115 Kupferstiche überliefert, die er alle in den Druckplatten mit seinem Monogramm bezeichnet hat. Diese konsequent angewandte und wie ein Firmenzeichen benutzte Künstlersignatur, die fast immer exakt in die untere Mitte des Blattes gesetzt wurde, kennzeichnen den Urheber nicht nur als selbstbewußten Künstler, sondern auch als überlegten Geschäftsmann, der durch den Verkauf seiner Blätter viel Geld verdienen konnte.
Von Schongauers Druckplatten, von denen sich leider keine erhalten hat, sind um ein vielfaches mehr Abzüge überliefert als von allen anderen Stechern des 15. Jahrhunderts. Während im Durchschnitt ein Stich dieser Zeit in etwa fünf Druckexemplaren erhalten ist, haben von Schongauers Werken nicht selten bis zu sechzig oder siebzig Abzüge überlebt. Dementsprechend lange müssen die Platten in Benutzung gewesen und bis zur Erschöpfung der letzten zarten Linien nachgedruckt worden sein. Eine europaweite Verbreitung der Stiche war die Folge, die sich nicht nur in den unterschiedlichsten Kunstgattungen wie Tafel-, Buch- und Wandmalerei, Graphik, Goldschmiedekunst und Plastik von Spanien bis Ungarn niederschlug (bes. Kat. 107), sondern auch in literarischen Zeugnissen ihren Niederschlag fand. Eine der ersten schriftlichen Erwähnungen findet sich in den *Epitoma rerum Germanicarum* des Straßburger Humanisten Jakob Wimpheling (1450–1528) aus dem Jahre 1505. Dort lobt der Autor die *depictae tabulae* des Künstlers, die in ihrer außergewöhnlichen Qualität bis nach Italien, Spanien, Frankreich, Britannien und andere Gegenden gelangt waren (siehe Kapitel II.1). Die Bezeichnung *depictae tabulae* ist mehrdeutig und konnte nicht nur für gemalte Tafeln, sondern auch für Kupferstiche verwendet werden, was in diesem Zusammenhang plausibel klingen würde (Hollstein, German, Bd. 49, 1999, S. *xxix*).
Die Wirkung seiner Kupferstiche war dem vervielfältigenden Medium entsprechend in jedem Falle eine sehr viel größere als die seiner sicherlich ebenfalls weitbekannten Gemälde. Auch in Italien genossen Schongauers Drucke schon im 16. Jahrhundert eine legendäre Popularität. So notierte Giorgio Vasari (1511–1574) in seinen Künstlerviten die Bewunderung des Michelangelo für die Darstellung der *Peinigung des Heiligen Antonius* (Kat. 128), der in seinem Besitz war, und dessen überzeugend natürliche Ungeheuer ihn zu einer Kopie inspirierten. Natürlich ging der italienische Renaissance-Künstler im Studium nach der Natur laut Ascanio Condivi (1525–1574) noch einen gewaltigen Schritt weiter, indem er vorher auf dem Markt die unterschiedlichen Formen und schillernden Farben der Fischleiber studiert haben soll (Massing 1984, S. 229f.). Die Verehrung für den nordalpinen, spätgotischen Künstler und seine naturnahen Darstellungen wird in diesen Künstlerlegenden jedoch deutlich.
Auch Dürer muß bereits während seiner Ausbildung bei Michael Wolgemut von Kupferstichen Martin Schongauers sehr beeindruckt gewesen sein (siehe beispielsweise Kat. 241). Nach seiner Gesellenzeit in Nürnberg begab er sich 1492 nach Colmar, um den Künstler zu sehen, doch war dieser kurz zuvor gestorben. Von seinen Brüdern wird er Zeichnungen aus der Werkstatt erhalten haben, die er eigenhändig als Jugendwerke Schongauers bezeichnete (siehe Kat. 88).
Keiner der erhaltenen Kupferstiche Schongauers ist datiert. So wurde bereits vielfach versucht, aufgrund stilistischer Entwicklungen eine chronologische Reihenfolge der Graphiken vorzunehmen. Die frühesten Werke zeichnen sich durch das steilschenklige »M« im Monogramm aus (siehe Kat. 102–105, 128) sowie durch eine noch unregelmäßige, teilweise experimentelle Schraffur. Der Einfluß der niederländischen Tafelmalerei, die der Künstler auf einer mutmaßlichen Reise Ende der sechziger Jahre kennenlernte, tritt in vielerlei Aspekten stark hervor. Die späteren Stiche scheinen sich neben einer meisterhaften und konsequenten Schraffurtechnik durch eine reduziertere, klarere Komposition auszuzeichnen, die sich auf wenige, inhaltlich tiefgreifende Motive beschränkt. Jedoch bleiben die Datierungen vieler Blätter umstritten, zumal durch neue Erkenntnisse über die verwendeten Papiersorten einige Umdatierungen überlegt werden müssen (z. B. Kat. 98), welche andererseits durch die vielen, in etlichen Fällen nachträglichen Druckprozesse und Papierverbräuche ebenfalls unsicher bleiben. Datierte Kopien und Anlehnungen an Schongauers Drucke liefern immer noch die verläßlichsten Eckdaten für eine bestimmte zeitliche Einordnung (z. B. Kat. 107, Text S. 182). Aus diesen Gründen wurde auf eine Datierung im Kopf der Katalognummern dieses Kapitels verzichtet und stattdessen im jeweiligen Text die zeitliche Einordnung besprochen.
Die Etablierung des Kupferstiches als eine Gattung, die dem gemalten Bild ebenbürtig gegenübergestellt werden kann, wurde wesentlich durch die Stechkunst Martin Schongauers bestimmt. Sein virtuoser Umgang mit dem Grabstichel, der eine zuvor im Kupferstich unerreichte Wiedergabe der unterschiedlichen Oberflächencharaktere hervorbrachte, verbindet sich mit einer erzählerischen Kraft und einer geistigen Durchdringung der religiösen Darstellungen, die den teilweise großformatigen Drucken (Kat. 106, 128) eine neuartige Bildhaftigkeit verleihen. Der Betrachter konnte sich in die filigranen Graphiken aus nächster Nähe vertiefen und so ihre künstlerische Bravour und ihre gedankliche Tiefe in größter Eindringlichkeit erfahren. Die Vergegenwärtigung der geschilderten Szenen und Personen muß in der visuellen Wahrnehmung der Fülle von Details ein neues Erlebnis gewesen sein.
Die überragende Wirkung der Kupferstiche am Oberrhein verdeutlichen in der Ausstellung Werke unterschiedlicher Kunstgattungen. Wörtliche Übernahmen, stilistische Anlehnungen und Motiventlehnungen finden sich dabei in den verschiedensten Ausführungen (Kat. 80, 84, 85, 108, 132, 199, 215, 218).

D. S.

97

97
Martin Schongauer (ca. 1450–1491)
Maria auf der Mondsichel

Bez. u. M. mit dem Monogramm (senkrechte Schenkel)
Kupferstich; 17,3 x 10,9 cm (Einf.)
Wolfegg, Kunstsammlungen der Fürsten zu Waldburg-Wolfegg, Schloß Wolfegg

Die Madonna auf der Mondsichel gehört zu den allerersten Kupferstichen, die Schongauer hergestellt hat. Dafür sprechen sowohl das steilschenklige Monogramm als auch zahlreiche stilistische Merkmale. Anleihen aus der niederländischen Kunst Rogier van der Weydens besonders in der Physiognomie, die tastende Schraffurtechnik eines unentschiedenen Stichels, die sparsamen Kreuzschraffuren mit den verstreuten Häkchen, dazu etliche Korrekturen am Rücken und an der Hand der Jungfrau, schließlich einige Übereinstimmungen mit Schongauers eigener frühen Tafelmalerei unterstützen eine Datierung bereits an den Anfang der siebziger Jahre.
Das Motiv der Muttergottes auf einer Mondsichel stammt aus der Offenbarung des Johannes, in der er eine Frau sah, »mit der Sonne bekleidet, und der Mond unter ihren Füßen und auf ihrem Haupt eine Krone von zwölf Sternen« (Apk 12, 1; siehe dazu auch Kat. 65, 126). Diese apokalyptische Frau gebar einen Sohn, »einen Knaben, der alle Völker weiden sollte mit eisernem Stabe«, und der »zu Gott und seinem Thron entrückt« (Apk 12, 5) wurde. Im 15. Jahrhundert wurde ihre Gestalt als Überwinderin des Bösen in der bildenden Kunst verknüpft mit der Madonnenfigur und in dieser Form ein beliebtes Motiv in Malerei, Skulptur und Drukkgraphik.
Die Unsicherheiten in der Ausführung der Madonnenfigur führten wohl dazu, daß diese Komposition keine unmittelbaren Kopien anregte. Nur die beiden anmutigen Engelsfiguren mit der Krone finden sich in Teilkopien häufiger.[1] Dennoch macht Cassel zu Recht auf die ausgesprochene Lichtqualität dieses Stiches aufmerksam, dessen Darstellung konsequent von der rechten Seite beleuchtet wird.[2] Besonders an den unterschiedlich funkelnden Sternen der Krone wird diese Lichtbehandlung deutlich.
Der enge Zusammenhang mit Schongauers Gemälde der *Maria lactans* (Kat. 73) führte Flechsig zu der Annahme, eine eigenhändige Kopie des Künstlers in Form eines Kupferstiches zu sehen.[3] Auch das kleine Bild aus Los Angeles (Kat. 74) sowie die monumentale *Maria im Rosenhag* (siehe dazu Kat. 77) zeigen die lieblichen Engelsfigürchen mit der filigranen Krone der Himmelkönigin.

D. S.

1 Lehrs, Bd. 5, 1925, S. 201.
2 Ausst. Kat. Berlin 1991, S. 114.
3 Flechsig 1946, Tafel 39–40.

Lit.: Bartsch, Bd. 6, 1808, Nr. 31 – Lehrs, Bd. 5, 1925, Nr. 40 – Flechsig 1951, Tafel 40 – Ausst. Kat. Washington 1967/68, Nr. 35 – Minott 1971, S. 44 – Ausst. Kat. Berlin 1991, Nr. 16 – Ausst. Kat. Colmar 1991, Nr. K. 2 – Ausst. Kat. München 1991, Nr. 40 – Ausst. Kat. Paris 1991/92, Nr. 1 – Theo Jülich: Maria lactans – die stillende Muttergottes, in: Jülich 1993, S. 57, Abb. 24 – Ill. Bartsch, Bd. 8, Teil 1, 1996, Nr. 0801.040 – Stogdon 1996, Nr. 15 – Hollstein, German, Bd. 49, 1999, Nr. 40 – Ausst. Kat. Köln 2001, Nr. 138.

98
Martin Schongauer (ca. 1450–1491)
Maria im Hof

Bez. u. M. mit dem Monogramm (mit seitenverkehrtem »S«)
Kupferstich; 16,6 x 11,9 cm (Einf.)
Frankfurt a. M., Städelsches Kunstinstitut und Städtische Galerie, Graphische Sammlung

Die Darstellung der *Maria im Hof* geht zurück auf den Typus der demütigen, auf der Erde sitzenden Madonna, die als *Madonna dell'umilità* im 14. Jahrhundert in Italien entwickelt wurde (siehe auch Kat. 75–80). Der ummauerte Hof und der dazugehörige Torturm sowie der dürre Baum bilden nicht nur einen karg anmutenden Hintergrund für die Gottesmutter mit dem Christuskind, sondern verdeutlichen in ihrer formalen Reduktion den symbolischen Gehalt der Darstellung. Der eingefriedete Hof ist als *Hortus conclusus*, als geschlossener Garten, zu verstehen, der im Hohelied Salomos (Hohelied 4, 12) erwähnt wird und als Zeichen der Jungfräulichkeit galt. In seinem berühmten Gemälde der *Madonna im Rosenhag* (siehe dazu Kat. 73) malte Schongauer den paradiesischen Garten in einer üppigen Pflanzenwelt, die sein detailgetreues Naturstudium offen-

98

bart. Dieser Fülle an Einzelheiten ganz entgegengesetzt, reduziert er hier die Darstellung auf einige emblematische Angaben, die eine Konzentration auf die in sich geschlossene Figurenkomposition bewirkt. Auch die Symbolik des Turmes für Maria stammt aus dem Hohelied (Hohelied 4, 4), während die verschlossene Tür auf den Propheten Hesekiel verweist (Hesekiel 44, 2) und ein weiteres Sinnbild der Jungfräulichkeit Mariens bildet.

Der dürre Baum, der hier zu knospen scheint, wurde von Schongauer mehrere Male in seinen Landschaften dargestellt (Kat. 107a, b, j, 110, 116, 125). Als abgestorbener Baum könnte er auf die künftige Passion Christi verweisen, als knospender verkündigt er dagegen den Neubeginn und die Erlösung durch Christi Geburt (Hesekiel 17, 24). Stogdon wies auf den Zusammenhang mit der Brügger Bruderschaft zum trockenen Baum (»ten drooghen Boome«) hin, die das Dogma der unbefleckten Empfängnis Mariens unterstützte. In den sechziger Jahren des 15. Jahrhunderts gehörte auch der niederländische Maler Petrus Christus dieser Bruderschaft an.[1] Der Einfluß seiner Werke auf die Kunst Schongauers ist unbestritten, und so wird dieser auf seiner Wanderschaft in die Niederlande mit der Symbolik des trockenen Baumes in Berührung gekommen sein.

Die abgeschiedene, klösterliche Atmosphäre und eigentümliche Kargheit der Umgebung läßt eine bewußte Feierlichkeit entstehen, in der die in sich versunkende Figur der Maria betrachtet werden kann. Die reiche Faltengebung ihres Mantels, der sich sternförmig um sie legt, offenbart den Einfluß des oberrheinischen Malers Konrad Witz (siehe Kat. 3–7).[2] Dabei wird das vielfach gefältelte Gewand straff über die Oberschenkel der Gottesmutter gezogen und bildet innerhalb der nuancenreich gestuften Grautöne der Fältelungen eine helle Folie für das darauf liegende Christuskind. Dieses wird von Schongauer wirklichkeitsnah als mit sich selbst beschäftigtes Baby dargestellt und nur durch den Kreuzstrahlennimbus als Heiland charakterisiert.

Der Verzicht auf erzählerische Einzelheiten, die einfach anmutende, jedoch formal und inhaltlich genau kalkulierte Komposition mit der bewußten Lenkung des Blicks und der inszenierte Andachtscharakter der Darstellung führten zu einer Datierung des Werkes in die Anfangszeit des reifen Stils um 1480, doch datiert Stogdon das Papier um 1474–1476 und spekuliert daher auf ein früheres Entstehungsdatum.

D. S.

1 Stogdon 1996, Nr. 13. Dazu auch Petrus Christus. Renaissance Master of Bruges, Ausstellungskatalog New York 1994, S. 18 und Nr. 18.
2 Ausst. Kat. Paris 1991/92, S. 150 und Ausst. Kat. Berlin 1991, S. 112.

Lit.: Bartsch, B. 6, 1808, Nr. 32 – Lehrs, Bd. 5, 1925, Nr. 38 – Shestack 1969, Nr. 23 – Minott 1971, S. 44 – Ausst. Kat. Würzburg/Schweinfurt 1985/86, Nr. S-25 – Ausst. Kat. Berlin 1991, Nr. 15 – Ausst. Kat. Colmar 1991, Nr. K. 18 – Ausst. Kat. München 1991, Nr. 38 – Ausst. Kat. Paris 1991/92, Nr. 24 – Ausst. Kat. Paris 1991/92 (Rothschild), Nr. 30 – Ill. Bartsch, Bd. 8, Teil 1, 1996, Nr. 38 – Stogdon 1996, Nr. 13 – Erb 1997, S. 91 und Nr. 70 – Hollstein, German, Bd. 49, 1999, Nr. 38.

99

Martin Schongauer (ca. 1450–1491)

Die Verkündigung

Bez. u. M. mit dem Monogramm
Kupferstich; 16,2 x 11,2 cm (Einf.)
Wolfegg, Kunstsammlungen der Fürsten zu Waldburg-Wolfegg, Schloß Wolfegg

Die Verkündigung Christi Geburt als Beginn der Heilsgeschichte (Lukas 1, 26–38) gehörte zu den wichtigsten und beliebtesten Darstellungen der christlichen Kunst. Im Kupferstich stellte Schongauer das Thema zweimal auf gänzlich unterschiedliche Art und Weise dar (siehe Kat. 100, 101). Wegen der sorgfältigen Ausführung der feinen Gesichter, der brillanten Wiedergabe der komplizierten Faltenwürfe und dem ausgewogenen Aufbau der Komposition wurde bei vorliegendem Stich zunächst auf die mittlere Schaffenszeit des Künstlers um 1480 geschlossen, doch konnte Lüken unlängst die Rezeption des Stiches in der Malerei des Zwickauer Altars von Michael Wolgemut und des Schwarzaer Retabels nachweisen, die bereits 1479 datiert sind. Den großen künstlerischen Einfluß, den diese Verkündigungsdarstellung auf nachfolgende Werke haben sollte, verdeutlicht die Anzahl von 120 erhaltenen Verkündigungstafeln allein in Deutschland, die sich teils oder gänzlich auf Schongauers Stich beziehen.[1] Die Rezeption wurde zusätzlich gefördert durch zahlreiche zeitgenössische Kopien, unter anderem von Wenzel von Olmütz und Israhel van Meckenem.[2]

In den Motiven eines bürgerlichen Innenraums sowie der Annäherung des Erzengels an die zukünftige Gottesmutter von schräg hinten orien-

99

tiert sich Schongauer wie schon vor ihm der Meister E. S. (Kat. 49) an unterschiedlichen niederländischen Vorläufern,[3] und doch schafft er auch hier einen vollkommen neuartigen Schauplatz: Die Verkündigung findet nicht wie in der niederländischen Kunst in einem detailliert geschilderten Interieur statt (vgl. dazu Kat. 41, 42, 143, 145, 181), sondern auf einer Art Terrasse, die von einer Brüstung umgeben ist. Hinter Maria erstreckt sich über den rechten Bildrand hinaus kein Bett, sondern ein Baldachinzelt, dessen Vorhangzipfel vom segnenden Erzengel gehalten wird. Während die halbhohe Mauer den Ort als *Hortus conclusus* charakterisiert und gemeinsam mit der Lilie[4] im Vordergrund die Jungfräulichkeit Mariens verdeutlicht, symbolisiert der Thronbaldachin ihre künftige Erhöhung als Himmelskönigin.[5] Gleichzeitig deuten der Betschemel und ihr Knien auf dem Teppich auf ihre Demut hin. Die Erscheinung Gottvaters, der mit Gabriel die Taube des Heiligen Geistes aussendet, charakterisiert den Hintergrund als himmlische Sphäre. D. S.

1 Lüken 2000, S. 82.
2 Ill. Bartsch, Bd. 8, Teil 1, 1996, 1 C 1–1 C 3.
3 Besonders an der Malerei Rogier van der Weydens, siehe Minott 1971, S. 34.
4 Zum Entwurf der Lilie siehe Koreny in Coll. Colmar 1991, S. 82.
5 Ebd. Zum Baldachin siehe auch Ortrun Dautert im Ausst. Kat. Berlin 1991, S. 76, die eine Anspielung auf die Stiftshütte und den Alten Bund vermutet. Dazu auch Ill. Bartsch, Bd. 8, Teil 1, 1996, S. 13, wo auf die Bedeutung für Maria als Braut Salomos hingewiesen wird.

Lit.: Bartsch, Bd. 6, 1808, Nr. 3 – Lehrs, Bd. 5, 1925, Nr. 1 – Ausst. Kat Washington 1967/68, Nr. 64 – Shestack 1969, Nr. 37 – Minott 1971, S. 33f. – Ausst. Kat. Ludwigshafen 1980, Nr. 12 – Ausst. Kat. Würzburg/Schweinfurt 1985/86, Nr. S-26 – Ausst. Kat. Colmar 1991, Nr. K. 20 – Ausst. Kat. München 1991, Nr. 1 – Ausst. Kat. Paris 1991/92, Nr. 54 – Ill. Bartsch, Bd. 8, Teil 1, 1996, Nr. 0801.001 – Ausst. Kat. Ravensburg 1996/97, Nr. 3 – Hollstein, German, Bd. 49, 1999, Nr. 1 – Nicolaisen 1999, S. 44 – Lüken 2000, S. 81ff. und S. 499f.

100

101

100
Martin Schongauer (ca. 1450–1491)
Gabriel der Verkündigung

Bez. u. M. mit dem Monogramm
Kupferstich; 16,9 x 11,8 cm (Einf.)
Amsterdam, Rijksmuseum

siehe Kat. 101

Lit.: Bartsch, Bd. 6, 1808, Nr. 1 – Lehrs, Bd. 5, 1925, Nr. 2 – Ausst. Kat. Washington 1967/68, Nr. 114 – Shestack 1969, Nr. 106 – Minott 1971, S. 34 – Ausst. Kat. Berlin 1991, Nr. 2 – Ausst. Kat. Colmar 1991, Nr. K. 97 – Ausst. Kat. München 1991, Nr. 2 – Ausst. Kat. Paris 1991/92, Nr. 100 – Ausst. Kat. Paris 1991/92 (Rothschild), Nr. 33 – Ausst. Kat. Karlsruhe 1992a, Nr. 55 – Ill. Bartsch, Bd. 8, Teil 1, 1996, Nr. 0801.002 – Hollstein, German, Bd. 49, 1999, Nr. 2 – Nicolaisen 1999, S. 43f – Lüken 2000, S. 82f. und S. 500.

101
Martin Schongauer (ca. 1450–1491)
Maria der Verkündigung

Bez. u. M. mit dem Monogramm
Kupferstich; 17,1/8,0 x 11,9/12,0 (Blatt, beschnitten)
Karlsruhe, Staatliche Kunsthalle Karlsruhe, Kupferstichkabinett

Die Aufteilung einer szenischen Darstellung der *Verkündigung an Maria* auf zwei Bilder findet sich in der Malerei häufig auf den Flügelaußenseiten von Altarretabeln. Auch Schongauer hatte in seinem malerischen Frühwerk, den Flügeln des Orlier-Altars, auf die Außenseite eine derartige Verkündigung gemalt, die den künstlerischen Einfluß der Kölner und der niederländischen Malerei offenbart (Abb. 101/1). In der Graphik war die Trennung der beiden Hauptpersonen auf zwei Einzelblätter, die kompositorisch aufeinander abgestimmt sind, vollkommen neu. In einem früheren Stich gleichen Themas (Kat. 99) hatte Schongauer erzählerische Elemente aus niederländischen Innenraumdarstellungen in die Handlung integriert. Hier stellt er auf jedem Blatt eine monumentale Gestalt dar, deren Größe von keiner anderen Einzelfigur seines Kupferstichœuvres übertroffen wird. Beide Figuren sind in ihrer leise schwingenden Bewegung, in der sie sich jeweils leicht aus der Bildmitte neigen, aufeinander bezogen, wo-

101/1 Martin Schongauer, *Die Verkündigung,* Flügelaußenseiten des *Orlier-Altars,* um 1470/75, Colmar, Unterlinden Museum

bei der segnende Erzengel mehr auf sein Gegenüber ausgerichtet ist als die in sich ruhende, frontale Gestalt der Maria. Eine horizontale Linie in Wadenhöhe sowie zarte Schlagschatten der Figuren deuten eine Bodenfläche an, über der sich der Hintergrund als abstrakte weiße Fläche erstreckt. Vor diesem leeren Grund breiten sich in kristalliner Klarheit die anmutigen Figuren silhouettenhaft aus. Die einheitlichen Schraffuren lassen die Gewänder in differenziertestem Lichtspiel um die Figuren flattern und den himmlischen Lufthauch ahnen, der Gabriels Ankunft vor der zukünftigen Gottesmutter begleitet.

Die Datierung der beiden Stiche ist umstritten. Während die Reduzierung auf die beiden Hauptpersonen, die klare und einfache Komposition sowie die vollendete Ausführung auf ein Spätwerk schließen lassen könnten, sprechen sowohl die verwendeten Papierarten der erhaltenen Drucke als auch der ungebrochene Einfluß der niederländischen Kunst für ein früheres Entstehungsdatum.[1] Lüken weist 37 erhaltene Verkündigungsgemälde im deutschen Sprachraum nach, die auf vorliegende Stiche zurückgreifen, interessanterweise konnte er jedoch kaum eine Rezeption im Oberrheingebiet feststellen.[2]

Speziell die gemalten Darstellungen von Flügelaußenseiten in Grisailletechnik könnten Schongauer beeinflußt haben, eine bisher gattungsfremde Komposition in die differenzierten Graustufen des Kupferstichs zu übertragen. Die in sich geschlossenen, statuenhaften Figuren lassen neben der Altarmalerei jedoch auch an die Kathedralskulptur denken, wo die Verkündigung in Form von monumentalen Gewändestatuen des Erzengels und der Gottesmutter an den Portalen zum Programm gehören konnte.[3] Die Anspielungen, die Schongauer in dem relativ neuartigen Medium des Kupferstichs auf andere, öffentlichkeitswirksamere Gattungen macht, lassen auf den hohen künstlerischen Anspruch schließen, den er an seine Graphiken stellte.

D. S.

1 Zum Papier Stogdon 1996, Nr. 1. Vergleichbar sind etwa die Verkündigungsdarstellungen des Genter Altars von Jan van Eyck, des Columba-Altars Rogier van der Weydens oder des Altars für Jan Crabbe von Hans Memling, siehe Nicolaisen 1999, S. 45. Lüken 2000, S. 82, erwähnt als früheste Rezeption des Werkes ein 1487 datiertes Gemälde.
2 Lüken 2000, S. 83.
3 Beispielsweise an den Kathedralen von Chartres oder Reims.

Lit.: Bartsch, Bd. 6, 1808, Nr. 2 – Lehrs, Bd. 5, 1925, Nr. 3 – Ausst. Kat. Washington 1967/68, Nr. 115 – Shestack 1969, Nr. 107 – Minott 1971, S. 34 – Ausst. Kat. Berlin 1991, Nr. 2 – Ausst. Kat. Colmar 1991, Nr. K. 98 – Ausst. Kat. München 1991, Nr. 3 – Ausst. Kat. Paris 1991/92, Nr. 101 – Ausst. Kat. Paris 1991/92 (Rothschild), Nr. 34 – Ausst. Kat. Karlsruhe 1992a, Nr. 56 – Ill. Bartsch, Bd. 8, Teil 1, 1996, Nr. 0801.003 – Stogdon 1996, Nr. 1 – Hollstein, German, Bd. 49, 1999, Nr. 3 – Nicolaisen 1999, S. 43f. – Lüken 2000, S. 82f. und S. 500.

102

Martin Schongauer (ca. 1450–1491)

Die Geburt Christi

Bez. u. M. mit dem Monogramm (senkrechte Schenkel)
Kupferstich; 25,8 x 17,0 cm (Einf.)
Hamburg, Hamburger Kunsthalle, Kupferstichkabinett

102/1 Rogier van der Weyden, *Die Geburt Christi, Bladelin-Altar*, Mitteltafel, um 1445, Berlin, Staatliche Museen, Gemäldegalerie

Zu den bekanntesten und meistkopierten Kupferstichen Schongauers gehört auch die *Geburt Christi*, deren Komposition in der deutschen Kunst für lange Zeit prägend bleiben sollte. Ein Vergleich mit den Geburtsdarstellungen auf den Kupferstichen des Meisters E. S. (Kat. 51) verdeutlicht die Neuerungen Schongauers. Der Stich gehört zu einer Folge von vier Szenen aus dem Leben Mariens, die sich in Format, Monogramm und zeichnerischem Stil entsprechen (siehe Kat. 103–105). Auf Grund ihrer engen Anlehnung an niederländische Vorbilder und ihrem steilschenkligen »M« im Monogramm werden sie zu den frühesten, Anfang der siebziger Jahre zu datierenden Stichen gezählt.

Während Schongauer auf seinem späteren, kleineren Stich der Geburt Christi eine sehr viel reduziertere Darstellung von der anbetenden Mutter mit ihrem Kind schuf (Kat. 114), zeichnet sich die vorliegende Komposition durch eine Fülle von detaillierten Naturbeobachtungen aus, die der Szene eine große erzählerische Lebendigkeit verleihen. Die zentrale Szene mit der Heiligen Familie wird gerahmt von einem ruinösen, steinernen Mauerwerk, welches besonders auf der linken Seite von Efeu umrankt wird. Diese Arkadenrahmung kehrt beim zweiten Stich der Folge, der *Anbetung der Könige* (Kat. 103) in variierter Form wieder, wobei deutlich wird, daß Schongauer in beiden Darstellungen ein und dasselbe Gebäude aus unterschiedlichen Ansichten wiedergibt. Die kompositionell verdeutlichte zeitliche Abfolge des Geschehens offenbart die Zusammengehörigkeit dieser Blätter zu einer zyklischen Reihe: Während die Geburt Christi im Innenraum stattfindet, wird für die Anbetung der Heiligen Drei Könige eine Art repräsentative Vorhalle evoziert.[1] Auch die Nobilitierung der Szene durch eine aus der Architektur entwickelte Baldachinform wird durch dieses »Bild im Bild« erreicht. Gleichzeitig steht die sakrale Steinruine mit ihren altertümlichen Würfelkapitellen symbolisch für die Ruine des Salomonischen Tempels und damit für den jüdischen Glauben, der durch Christi Geburt überholt wird und verfällt. Das naturgetreu geschilderte Efeu versinnbildlicht das ewige Leben, das durch Christus in die Welt gekommen ist, wobei eine versteckte, kleine Weintraube über dem schadhaften Gewölbe an die Passion gemahnt und eucharistischen Symbolwert besitzt.

Formal erinnert die steinerne Rahmung der Szene an den Randdekor von Buchmalereien besonders aus Gent und Brügge, was Nicolaisen dazu veranlaßt, in diesem Stich den Ersatz für eine kostbare gemalte Miniatur zur privaten Andacht zu vermuten, eine künstlerische Intention, die ebenfalls dem Verkauf eines Druckes dienlich sein konnte.[2]

Die Komposition der knienden Maria und des Kindes, das auf einem Gewandzipfel seiner Mutter auf dem Boden liegt, stellt eine freie Kopie der Madonna Rogier van der Weydens auf dem sogenannten Bladelin-Triptychon in Berlin dar (Abb. 102/1), das Schongauer an seinem früheren Aufstellungsort in Middelburg gesehen haben könnte. Auch die steinernen Ruinen und die Engelsgruppe auf dem Dach scheinen von dieser Vorlage inspiriert zu sein. Thematisch geht die Darstellung auf die Geburtsvision der Heiligen Birgitta zurück, die unter anderem das nackte Kind beschreibt, von dem ein göttliches Licht ausgeht, das strahlender als jedes irdische Licht leuchtete.[3] Das mystische Leuchten des Kindes verdeutlicht Schongauer durch die sparsam schraffierten Partien der Figuren Christi, Mariens, der Tiere und des unteren Gewandteils des Joseph, die sich hell gegen den dunkel schraffierten Hintergrund abheben. Gegen dieses Leuchten, das von innen heraus zu kommen scheint, vermag das irdische Licht von Josephs Laterne keine Wirkung zu haben, ähnlich wie beim letzten Blatt der Marienserie die irdischen Kerzen die Wirkung des mystischen Lichtes verstärken, das von der sterbenden Maria ausgeht (Kat. 105).

Höchst lebendig werden die Hirten geschildert, denen im Hintergrund von einem Engel die Geburt verkündet wird und die sich im Vordergrund links barfuß zur Ruine begeben. Einer ist bereits am Ort des Geschehens angelangt und schaut von links in den Raum. Ihre dem Leben nachempfundenen Haltungen und Bewegungen werden realistisch geschildert, gleichzeitig sind sie kunstvoll in die Komposition eingebunden, indem der Stock des vorderen Hirten mit der Gewandfalte Mariens eine Blicklinie hin zum nackten Knaben bildet, dem Zentrum des Geschehens. Die lebensnahe Beobachtung des einfachen Hirtenvolkes, das vor der Anbetung der Heiligen Drei Könige dem Kind huldigt, wird später noch gesteigert werden in Schongauers Gemälde der *Geburt Christi* in Berlin, auf dem den Hirten eine bislang unerreichte Bedeutung beigemessen wird (Einführung Lüdke, Abb. 3).[4] Auch in diesem Motiv scheint der Künstler sich an der niederländischen Malerei orientiert zu haben, in der auf dem sogenannten *Portinari-Altar* des Hugo van der Goes, heute in den Uffizien von Florenz, die realistische Schilderung der Hirten einen Höhepunkt erreichte. Ein Nachfolgewerk der Tafelmalerei, das sich offensichtlich an den Neuerungen Schongauers orientiert und eventuell auf eine verlorene Vorlage des Künstlers zurückgeht, findet sich in einer Tafel des Meisters B. M. in Frankfurt (Kat. 81). D. S.

102

1 Dazu Ausst. Kat. München 1991, S. 45.
2 Nicolaisen 1999, S. 38f. Ähnliche Arkadenkompositionen zur Rahmung einer Szene gab es jedoch auch in der niederländischen Tafelmalerei, für die u. a. der *Miraflores-Altar* von Rogier in Berlin ein prominentes Beispiel bildet.
3 S. Stolpe: Die Offenbarungen der Heiligen Birgitta von Schweden, Frankfurt a. M. 1961, S. 105f.
4 Slg. Kat. Berlin 1996, S. 181, Nr. 270.

Lit.: Bartsch, Bd. 6, 1808, Nr. 4 – Lehrs, Bd. 5, 1925, Nr. 5 – Shestack 1969, Nr. 7 – Minott 1971, S. 34ff. – Ausst. Kat. Ludwigshafen 1980, Nr. 13 – Ausst. Kat. Würzburg/Schweinfurt 1985/86, Nr. S-3 – Ausst. Kat. Berlin 1991, Nr. 3a – Ausst. Kat. Colmar 1991, Nr. K. 6 – Ausst. Kat. München 1991, Nr. 5 – Ausst. Kat. Paris 1991/92, Nr. 9 – Stogdon 1996, Nr. 3 – Ill. Bartsch, Bd. 8, Teil 1, 1996, Nr. 0801.005 – Erb 1997, S. 81ff. – Hollstein, German, Bd. 49 , 1999, Nr. 5 – Nicolaisen 1999, S. 36ff.

103

Martin Schongauer (ca. 1450–1491)

Die Anbetung der Könige

Bez. u. M. mit dem Monogramm (senkrechte Schenkel)
Kupferstich; 25,5 x 16,8 cm (Blatt)
Karlsruhe, Staatliche Kunsthalle Karlsruhe, Kupferstichkabinett

Das zweite Blatt aus dem Marienzyklus schildert die Anbetung der Könige und gehört wie die anderen Blätter der Folge zu einem der meistrezipierten Kupferstiche Schongauers. Bereits 1482, noch zu Lebzeiten des Künstlers, mußte die abgenutzte Platte nachgestochen werden und wurde bei dieser Gelegenheit vom überarbeitenden Ste-

103

cher datiert.[1] Noch frühere Rezeptionen des Werkes zeigen die Darstellung der Hirten auf dem Retabel des Hochaltars der Zwickauer Marienkirche, welches Dürers Lehrer Michael Wolgemut 1479 fertigstellte und datierte, sowie eine Miniatur aus dem Stundenbuch der Sophia von Bylant, das aufgrund einer Datumsangabe auf einer anderen Miniatur 1475 datiert wird.[2] Diese beiden *termini ante quem* bestätigen die stilistische und durch das steilschenklige Monogramm unterstützte Datierung der Werke in die frühen siebziger Jahre des 15. Jahrhunderts, in denen Schongauer seine niederländischen Impressionen am unmittelbarsten verarbeitet. So wird in dieser Komposition die Anlehnung an Rogier van der Weydens *Columba-Altar* (Abb. 103/1) deutlich, den Schongauer auf seiner Reise in die Niederlande in Köln gesehen haben dürfte. Nicolaisen zeigt in einer jüngst veröffentlichten Studie Schongauers Übernahme und Verarbeitung unterschiedlicher Motive von Rogier van der Weyden, Dirk Bouts und Stefan Lochner.[3] Mit zahlreichem Gefolge, das sich im Hintergrund bis in die entfernte Landschaft erstreckt, erscheinen die Heiligen Drei Könige in kostbaren Gewändern, um dem Kind zu huldigen. Sowohl die drei Geschenke in Form von reich verzierten Goldschmiedegeräten als auch die opulente modische Bekleidung werden in ihren unterschiedlichen Oberflächencharakteren meisterhaft wiedergegeben. Der weiche Flaum eines Hermelinpelzes wird genauso anschaulich geschildert wie das filigran geschmiedete, glänzende Metall der Kronreifen und der königlichen Gaben. Schongauers differenzierte Stechkunst

103/1 Rogier van der Weyden, *Die Anbetung der Könige, Columba-Altar,* vor 1455, München, Alte Pinakothek

offenbart sich beispielsweise in der Wiedergabe des königlichen Mantels Melchiors, der vor der Gottesmutter kniet. Mit geschwungenen Parallelschraffuren, deren an- und abschwellende Linien unterschiedliche Schattierungen hervorrufen, wird der schimmernde Effekt eines kostbaren Seidensamtes hervorgerufen, der sich vom robusteren Stoff der Gewandung Mariens unterscheidet.

Erzählerische Momente wie der sich bückende Diener am rechten Bildrand, der ein weiteres Geschenk aus dem aufgeschnürten Reisesack holt, sowie der schnüffelnde Hund in der vorderen rechten Ecke oder die blühende Blattpflanze links neben der abgelegten Krone verleihen dem Bild eine Lebendigkeit, die dem feierlichen Zeremoniell der Handlung eine lebensnahe Natürlichkeit vermittelt. Ein Vergleich mit der Anbetungsszene eines Stiches vom Meister E. S. (Kat. 53) veranschaulicht die Neuerungen Schongauers.

Gleichzeitig vermittelt auch hier die realistisch geschilderte Dingwelt sakrale Symbolik: Das runde Gefäß vor dem Christuskind zeigt als Knauf ein kleines Lamm, welches als Opferlamm auf die Passion Christi hinweist. Wie die kleine, verborgene Weintraube auf dem Bild der Geburt (Kat. 102) erscheint somit auch hier der versteckte Hinweis auf einen eucharistischen Zusammenhang.[4]

Den inhaltlichen und formalen Bezug der Blätter der Geburt und der Anbetung Christi verdeutlicht das gleiche steinerne, zusammengefallene Gebäude mit dem schadhaften Strohdach, das in diesem Stich von einer anderen Seite geschildert wird. Die hintere Arkade des Vorbaus bildet eine wichtige kompositorische Rahmung der beiden vorderen Könige mit Maria und dem Kind. Ergänzt wird diese Szene durch die elegante Figur des modischen Mohrenkönigs, der mit tänzelndem Schritt das lebhafte Gefolge anzuführen scheint. Der mittlere, etwas bescheidener gekleidete König ähnelt in seiner Physiognomie den späteren Darstellungen Johannes des Täufers (Kat. 115, 121). Sein monstranzähnliches Weihegeschenk vermittelt nicht nur Schongauers Affinität zum Goldschmiedehandwerk (siehe Kat. 108, 129–132), sondern könnte direkt neben dem Haupt Mariens auch auf den symbolischen Wert des Gefäßes hinweisen, mit dem die Muttergottes in der marianischen Literatur des Mittelalters oft verglichen wurde: als Gefäß, in dem sich Christus befand.[5] Auch die Tatsache, daß Joseph nicht mehr auftritt, könnte auf Quellen aus der mittelalterlichen Literatur hinweisen. Zumindest schildert unter anderem der mystische Theologe Ludolf von Sachsen (um 1300–1377/78), Gott habe gewollt, daß Joseph zu dieser Stunde abwesend sei, damit die Könige nicht glaubten, er sei der Vater.[6]

D. S.

1 Hollstein, German, Bd. 49, 1999, S. 27, IV. Zustand.
2 Lehrs, Bd. 5, 1925, S. 59; Ausst. Kat. Köln 2001, S. 286.
3 Nicolaisen 1999, S. 40ff.
4 siehe Ausst. Kat. Berlin 1991, S. 82.
5 Nicolaisen 1999, S. 42f. und S. 55, Anm. 87.
6 Ausst. Kat. Colmar 1991, S. 262.

Lit.: Bartsch, Bd. 6, 1808, Nr. 6 – Lehrs, Bd. 5, 1925, Nr. 6 – Ausst. Kat. Washington 1967/68, Nr. 39 – Shestack 1969, Nr. 8 – Minott 1971, S. 36, Abb. 63 – Ausst. Kat. Coburg 1975/76, Nr. 16 – Ausst. Kat. Ludwigshafen 1980, Nr. 15 – Ausst. Kat. Berlin 1991, Nr. 3b – Ausst. Kat. Colmar 1991, Nr. K. 7 – Ausst. Kat. München 1991, Nr. 6 – Ausst. Kat. Paris 1991/92, Nr. 10 – Corinne Charles: L'Adoration des Mages et la Fuite en Egypte de Martin Schongauer: De quelques hommages au modèle, in: Coll. Colmar 1991, S. 315–325 – Ill. Bartsch, Bd. 8, Teil 1, 1996, Nr. 0801.006 – Stogdon 1996, Nr. 4 – Hollstein, German, Bd. 49, 1999, Nr. 6 – Nicolaisen 1999, S. 40ff. – Ausst. Kat. Köln 2001, Nr. 17.

104

Martin Schongauer (ca. 1450–1491)

Die Flucht nach Ägypten

Bez. u. M. mit dem Monogramm (senkrechte Schenkel)
Kupferstich; 25,6 x 16,6 cm (Einf.)
Karlsruhe, Staatliche Kunsthalle Karlsruhe, Kupferstichkabinett

Als drittes Blatt der Marienfolge stellt Schongauer die Flucht nach Ägypten dar, die er inhaltlich verknüpft mit dem Palmenwunder. Dieses ist in apokryphen Quellen (Pseudo-Matthäus 20,1) überliefert und erzählt von dem wundersamen Neigen einer Dattelpalme, die auf Weisung des Christusknaben der flüchtenden Familie ihre Früchte darbietet.[1] Auf Schongauers Stich helfen fünf kleine Engel dem sich beugenden Baum nach, damit Joseph die Früchte für Frau und Kind pflücken kann. Die flatternden Gewänder der schwebenden Engel und des Joseph verdeutlichen den göttlichen Wind, der über die wundersame Szene streift. Gleichzeitig bildet der herabgeneigte Baum eine arkadenförmige Rahmung der Gottesmutter mit dem Knaben und schließt den Stich kompositorisch an die ersten beiden Blätter an.

Besondere Bewunderung erhielt das Blatt durch seine lebendige und an der Natur beobachtete Schilderung der paradiesischen Landschaft. Wie durch einen Garten Eden zieht die Heilige Familie auf ihrer Flucht vor den Greueltaten des Herodes, der Feigenbaum links neben der Dattelpalme

104

erinnert an den Baum der Erkenntnis. Das Kosten seiner Frucht, das die Erbsünde in die Menschheit gebracht hat, ist durch die Geburt Christi und sein Erlösungswerk überwunden.

Die meisten Spekulationen in der kunsthistorischen Forschung jedoch verursachte der akribisch geschilderte Drachenbaum am linken vorderen Bildrand, die erste überlieferte Wiedergabe dieser Pflanze in der europäischen Kunst. Beheimatet war der Drachenbaum in Afrika und den Kanarischen Inseln, die 1402 vom Normannen Jean de Béthencourt erobert wurden. Seit dieser Eroberung existierten schriftliche und mündliche Berichte über den Baum, der seit der Antike und über das ganze Mittelalter hinaus für sein zinnoberrotes Harz, das sogenannte »Drachenblut«, bekannt war, welches sowohl als Arznei wie auch als Malmittel verwendet wurde. Im 15. Jahrhundert wurde die Pflanze nach Portugal und Spanien gebracht, was in der Forschung zu der umstrittenen Annahme geführt hat, in Schongauers botanisch genauer Abbildung des Baumes einen Beweis für seine Wanderschaft nach Spanien zu sehen, wofür auch die Darstellung des südländischen Gehöftes im Hintergrund sprechen könnte. Während Hirthe davon ausgeht, daß Schongauers Abbildung gravierende botanische Fehlbeobachtungen enthält, die für eine Kenntnis des Baumes über Musterbücher, Skizzen, Beschreibungen oder ähnliches sprächen,[2] hält Koch nach eigener Anschauung realer Bäume auf Madeira die Darstellung für äußerst naturgetreu und sieht seine Vermutung eines Aufenthaltes Schongauers in Valencia gestützt.[3] Wie auch immer Schongauer zu seiner Darstellung gekommen sein mag, so beweist die Gegenüberstellung des Stiches mit dem Bild eines realen Drachenbaumes, fotografiert von Koch, Schongauers exakte Beobachtungen und getreue Wiedergabe der Pflanze (Abb. 104/1).[4] Die aufgeritzte Rinde könnte für Spuren der Gewinnung des roten Harzes aus dem Baum sprechen, während die Eidechsen als »kleine Drachen« den Namen der Pflanze veranschaulichen. Als symbolische Tiere weisen sie einerseits auf Christus als Sonne der Gerechtigkeit, aber auch als Verkörperung des Bösen auf die Überwindung desselben durch Christus. Auch der Drachenbaum selbst deutet einerseits auf die Gegenwart des Bösen in der Welt, andererseits jedoch kann er als ein Symbol für die Passion Christi verstanden werden.

Neben diesen exakt geschilderten exotischen Bäumen zeugen die Königskerze und die Distel auf dem Boden von heimatlicher Pflanzenkunde. Gleichzeitig steht die Distel für die Passion, das freiwillige, irdische Leid Christi und die Königskerze für Christus als König und Lichtbringer. Königskerzen wurden zusammen mit anderen Pflanzen am Fest Maria Himmelfahrt gesammelt und in die Kirche gebracht, wo sie geweiht wurden. Anschließend glaubte man an ihre besondere Heil- und Schutzkraft, die auch im vorliegenden Bild auf Maria bezogen werden kann.[5] Auch die abgebildeten Tiere zeigen mit dem Papagei auf dem Drachenbaum, den Hirschen im Waldhintergrund und dem stehengebliebenen Maultier im Vordergrund sowohl exotische als auch einheimische Lebewesen, die dem Bild gleichzeitig einen fremdländischen und einen heimischen Charakter verleihen.

Wie auch die anderen Stiche aus der Anfang der siebziger Jahre zu datierenden Folge des Marienlebens (Kat. 102, 103, 105) war Schongauers *Flucht nach Ägypten* von immensem Einfluß auf die Kunst der folgenden Jahrzehnte. Dürer lehnt sich in seinem Holzschnitt desselben Themas (Kat. 241) in Komposition und Gestaltung stark an Schongauer an, und auch Hans Baldung, gen. Grien, verknüpft auf seinem Freiburger Hochaltar die Flucht nach Ägypten mit dem Palmenwunder. Ähnliche exotische

104/1 Fotografie eines Drachenbaums auf Madeira, 1998

Pflanzenschilderungen finden sich auf Hieronymus Boschs *Garten der Lüste* im Prado von Madrid und auf der Tafel Hans Burgkmairs *Johannes auf Patmos* in der Alten Pinakothek in München.[6]

D. S.

1 Siehe Ausst. Kat. München 1991, S. 50, Anm. 7.
2 Ausst. Kat. München 1991, S. 28.
3 Koch 1999, a. a. O.
4 Ebd., S. 182.
5 Ausst. Kat. Berlin 1991, S. 83.
6 Ausst. Kat. Colmar 1991, S. 264 und Ausst. Kat. Paris 1991, S. 116.

Lit.: Bartsch, Bd. 6, 1808, Nr. 7 – Lehrs, Bd. 5, 1925, Nr. 7 – Shestack 1969, Nr. 9 – Minott 1971, S. 36ff. – Ausst. Kat. Coburg 1975/76, Nr. 17 – Lottlisa Behling: Zur Ikonologie des Stiches »Die Flucht der heiligen Familie nach Ägypten« von Martin Schongauer, in: Festschrift Wolfgang Braunfels, Tübingen 1977, S. 13–23 –Ausst. Kat. Berlin 1991, Nr. 3c – Ausst. Kat. Colmar 1991, Nr. K. 8 – Ausst. Kat. München 1991, Nr. 7 – Ausst. Kat. Paris 1991/92, Nr. 11 – Ausst. Kat. Paris 1991/92 (Rothschild), Nr. 25 – Ausst. Kat. Karlsruhe 1992a, Nr. 23 – Corinne Charles: L'Adoration des Mages et la Fuite en Egypte de Martin Schongauer: De quelques hommages au modèle, in: Coll. Colmar 1991, S. 315–325 – Ill. Bartsch, Bd. 8, Teil 1, 1996, Nr. 0801.007 – Erb 1997, Nr. 65 – Hollstein, German, Bd. 49, 1999, Nr. 7 – Koch 1999, S. 181–184.

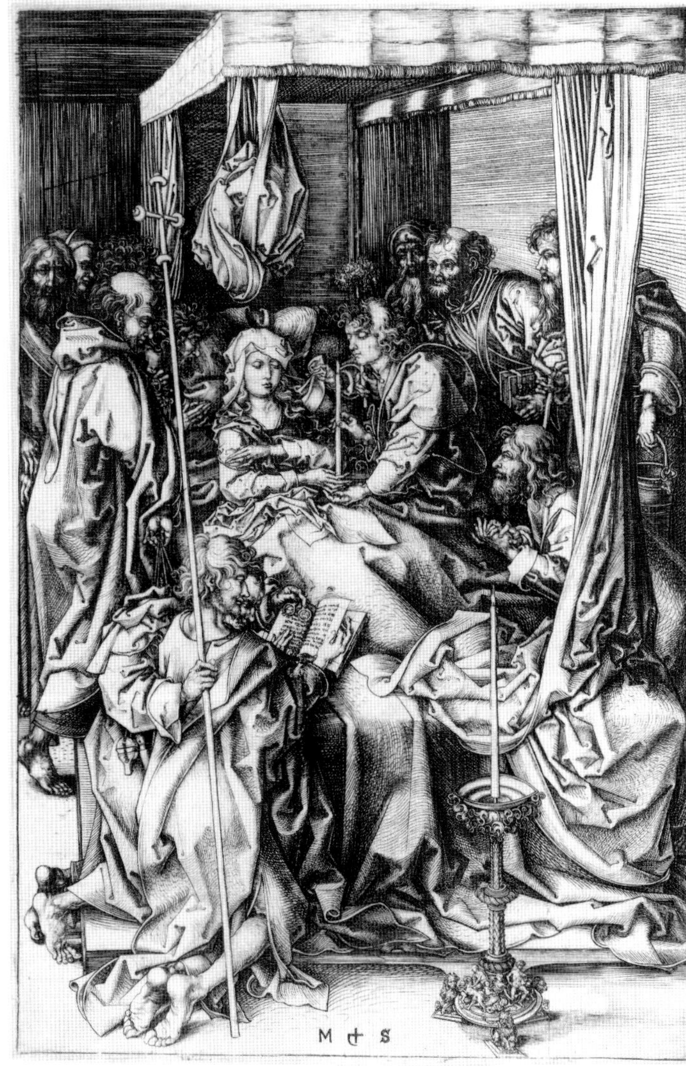

105

105

Martin Schongauer (ca. 1450–1491)

Der Tod Mariens

Bez. u. M. mit dem Monogramm (senkrechte Schenkel)
Kupferstich; 25,5 x 16,9 cm (Einf.)
Oxford, Ashmolean Museum

»Diese figur ist meiner jugent vor das beste kunststück geacht worden das im theutschen land is aus gangen, deshalben ich es auch in meine bibel han geleimt nit von wegen der hystorien, sie kan war vnd auch nit sein. Aber do der Dürer von nürnburck seine kunst liess auss geen, do galt dise nit mer welche auch alle kunststhdecker vberthrift. Dieser Kunststhdecher hat der Hübsch martin geheissen von wegen seiner kunst.«[1] Diese Zeilen wurden um 1550 von Hans Plock dem Stich mit der Darstellung des Marientodes von Schongauer beigeschrieben, den er zusammen mit 51 anderen Drucken und Zeichnungen in seine zweibändige Luther-Bibel einklebte.[2] Plock arbeitete als Seidenfärber für Kardinal Albrecht von Brandenburg und war befreundet mit Matthias Grünewald (siehe Kat. 277–280), der 1528 in seinem Haus in Halle an der Saale starb. Plocks Bemerkungen informieren über den außergewöhnlichen künstlerischen Stellenwert dieses Kupferstiches, der offensichtlich Anfang des 16. Jahrhunderts noch als »das beste Kunststück« galt, das vor Dürer jemals in deutschem Gebiet geschaffen wurde. Aus diesem Grund habe der Kunstsammler das Blatt auch in seine Bibel geklebt, der ungesicherte historische Inhalt war offensichtlich von zweitrangiger Bedeutung. Auch die Bezeichnung »hübsch ... von wegen seiner kunst«, die auf der Rückseite des Schongauer-Porträts in München angebracht ist, war Plock bekannt.[3] Doch nicht nur in Deutschland, auch in Italien wurde Schongauers Stich rühmend anerkannt, wie Vasaris Erwähnung aus der Mitte des 16. Jahrhunderts belegt.[4]

105/1 Hans Baldung, gen. Grien, *Der Tod Mariens*, Schwarze Kreidezeichnung, Öffentliche Kunstsammlung Basel, Kupferstichkabinett

Zahlreiche zeitgenössische Kopien des Stiches sowie unterschiedliche Motiv-Entlehnungen in Druckgraphik und Malerei dokumentieren den künstlerischen Einfluß dieses Blattes. Die erste datierte Kopie des relativ frühen Stiches innerhalb Schongauers druckgraphischem Werk stammt von Wenzel von Olmütz und trägt die Jahresangabe 1481.[5] Interessanterweise ist es die einzige von insgesamt fünfzig Schongauer-Kopien seiner Hand, die Olmütz voll Stolz mit seinem Namen signierte.

Für die innovative Darstellung des schräg in den Raum gestellten, perspektivisch verkürzten Bettes waren Vorbilder aus den Ende des 15. Jahrhunderts beliebten Bildfolgen der *ars moriendi* prägend, außerdem wird ein verschollenes niederländisches Vorbild von Dirk Bouts vermutet, welches ebenfalls als bildprägend für den Schwäbischen Meister des Lichtenthaler Altars in der Staatlichen Kunsthalle Karlsruhe angenommen werden kann (Kat. 143).[6]

Schongauer lehnte sich in seiner Schilderung des Marientodes eng an die literarische Vorlage der *Legenda aurea* des Jacobus de Voragine an.[7] Dort wird nicht nur berichtet, wie auf Wunsch der Gottesmutter die zwölf Jünger auf wundersame Weise aus entfernten Ländern der Erde zu ihrer Sterbestunde erscheinen, sondern auch, wie sie inmitten brennender Lichter und Lampen auf ihrem Sterbebett liegt. Schongauers meisterliche Strich- und Schraffurdifferenzierungen in den knitterigen Falten, die in den Hell-Dunkelkontrasten ein vibrierendes, flackerndes Licht erzeugen, verleihen der Situation die bei Jacobus de Voragine beschriebene Beleuchtung. Die mystische Komponente des Lichtes wird durch den hell erleuchteten Körper der jungfräulichen Maria hervorgehoben, der sich von den sie rahmenden Schraffuren wie von innerem Licht strahlend absetzt. Gleichzeitig offenbart sich der Künstler als experimentierfreudiger, virtuoser Stecher, der durch Komposition und herausragendes graphisches Können dem Kupferstich eine malerische Dimension verleiht, welche ihn auf eine Ebene mit der Tafelmalerei stellt. Der hochgeraffte Bettvorhang, der den Blick auf Maria freigibt, sowie sein heruntergelassenes Pendant, das mit einem kraftvollen Schwung auf das Fußende des Bettes fällt, wo es sich überschlägt und in Knitterfalten ausläuft, sind zur Schau gestellte Beweise Schongauers Könnens.

Neben der graphischen Gestaltung bilden die erzählerischen Details eine bisher unerreichte Qualität im Kupferstich: Während Johannes Maria die Sterbekerze reicht, hält Petrus den Wedel für das Weihwasser darüber, eine weitere Hand des hinteren Apostels greift das Tuch unter Marias Haupt. Vorne links knien zwei Apostel und lesen blätternd die Totengebete; Augengläser und gedankenverloren gehaltener Kreuzstab verdeutlichen Schongauers realistische Beobachtungen, die kompositorisch in das Geschehen eingebunden werden. Der Marientod wird von den Aposteln wie ein liturgisches, den Gewohnheiten des zeitgenössischen Betrachters geläufiges Geschehen zelebriert, wodurch das Miterleben des Gläubigen unterstützt wird. Bewußt scheint Schongauer die Figur Christi wegzulassen, der die Seele seiner Mutter in Empfang nimmt, und betont so den diesseitigen Charakter der Szene. Nur das Gesicht des Apostels am linken Bildrand, der als einziger frontal aus dem Bild schaut, erinnert an Christi Antlitz in Form des Veronikabildes und könnte so seine Anwesenheit beim Tode seiner Mutter veranschaulichen.

Ein prominentes und symbolisch zu deutendes Detail, das erneut Schongauers Herkunft aus der Goldschmiedekunst offenbart, ist der reich verzierte Kandelaber vor dem Fußende des Bettes. Zum einen belegt er Schongauers enge Anlehnung an den Text der *Legenda aurea*, in dem Maria von Petrus als Kerzenleuchter bezeichnet wird, zum anderen stellt er zum wiederholten Male seine Kenntnisse des Goldschmiedehandwerks zur Schau. Zusätzlich wird der symbolische Gehalt der Kerze und des Lichtes veranschaulicht, das Maria mit Christus in die Welt gebracht hat, wobei das schwache Licht des Kerzenleuchters und der parallel erscheinenden Sterbekerze die mystische Wirkung der Beleuchtung erst verdeutlichen.[8]

Die künstlerische Wirkung des *Marientodes* wird unter anderem deutlich in einer Zeichnung Hans Baldungs, gen. Grien (Abb. 105/1), in der der Künstler sich insbesondere von der übernatürlichen Beleuchtung in Schongauers Szenerie inspirieren ließ.

Erzählkunst und graphische Meisterschaft dieses letzten Stiches der Marienfolge führt zu Schongauers größtem und wohl berühmtestem Stich der *Kreuztragung* (Kat. 106), der wahrscheinlich kurz nach dem Marientod entstanden ist.

D. S.

1 Zit. nach Landau/Parshall 1994, S. 383, Anm. 62, mit Literaturangabe.
2 Siehe auch Hollstein, German, Bd. 49, 1999, S. *xxxv* und S. *xxxviii*, Abb. 8.
3 Ebd., Abb. 1 und S. *xxvii*.
4 Nicolaisen 1999, S. 56, Anm. 123.
5 Landau/Parshall 1994, S. 53, mit Abbildung der Kopie von Israhel von Meckenem.
6 Ausst. Kat. München 1991, S. 71f. Zu den niederländischen Einflüssen dieses Stiches siehe auch Nicolaisen 1999, S. 48ff.
7 Nicolaisen 1999, S. 49f.
8 Zum Leuchter siehe besonders Nicolaisen 1999, S. 56, Anm. 136, und Krohm 1991, S. 189.

Lit.: Bartsch, Bd.6, 1808, Nr.33 – Lehrs, Bd. 5, 1925, Nr. 16 – Shestack 1969, Nr. 10 – Ausst. Kat. Coburg 1975/76, Nr. 18 – Ausst. Kat. Würzburg/Schweinfurt 1985/86, Nr. S-4 – Ausst. Kat. Berlin 1991, Nr. 3d – Ausst. Kat. Colmar 1991, Nr. K. 9 – Ausst. Kat. Paris 1991/92, Nr. 12 – Ausst. Kat. München 1991, Nr. 16 – Ausst. Kat. Paris 1991/92 (Rothschild), Nr. 26 – Ausst. Kat. Karlsruhe 1992a, Nr. 24 – Krohm 1991, S. 185–207 – Landau/Parshall 1994, S. 52f. – Ill. Bartsch, Bd. 8, Teil 1, 1996, Nr. 0801.016 – Hollstein, German, Bd. 49, 1999, Nr. 16 – Nicolaisen 1999, S. 48ff.

106

Martin Schongauer (ca. 1450–1491)

Die Große Kreuztragung

Bez. u. M. mit dem Monogramm
Kupferstich; 28,8 x 43,2 cm (Blatt)
Karlsruhe, Staatliche Kunsthalle Karlsruhe, Kupferstichkabinett

Die *Große Kreuztragung* veranschaulicht am deutlichsten den hohen Stellenwert des Kupferstiches, den Martin Schongauer als der Malerei ebenbürtiges Medium etablierte. Mit der Platte zu diesem Druck hatte er nicht nur den größten Stich innerhalb seines eigenen Werkes geschaffen, sondern den größten bis zu diesem Zeitpunkt geschaffenen Kupferstich überhaupt. Die Wirkung auf seine Zeitgenossen muß dementsprechend verblüffend gewesen sein. Fünfzig Personen ziehen an den Augen des Betrachters vorbei und begleiten auf mannigfaltige Weise den kreuztragenden Christus. Die Prozession zieht sich von rechts hinten, wo vor einer hellen Landschaft die Stadt Jerusalem sichtbar wird, über die gesamte Bildbreite in nahsichtiger Friesanordnung nach links in die Hügellandschaft gen Golgatha. Im Zentrum befindet sich Christus, der vor einer Bodenschwelle unter dem schweren Kreuz zusammengebrochen ist und als einziger aus dem Bild heraus direkt auf den Betrach-

106

ter schaut. Die peitschenden, zerrenden und schreienden Schergen um ihn herum bilden mit dem dunklen Felsen, vor dem sich die Szene abspielt, eine Dreieckskomposition, die dem wirren Durcheinander des Zuges einen formalen Ruhepunkt verleiht. Das dornengekrönte Antlitz Christi, das unvermittelt aus dem Profil gedreht wird und dem Betrachter frontal entgegenblickt, hält den bewegten, tumultartigen Zug gleichsam an: In einem eindringlichen, stillen Appell wird der Betrachter aufgefordert, vor dem *vera ikon*, dem wahren Gesicht des Heilands (siehe dazu Kat. 112), andächtig zu verharren. Nicolaisen beschreibt das leuchtende, kantige Kreuz, dessen Ausmaße die Größe eines eigenen Kupferstiches besitzen, zu Recht als großes »Bild im Bild«.[1] Die Frömmigkeitsbewegung der *Devotio moderna*, in der die Hoffnung auf das Seelenheil des Gläubigen durch sein Nach- und Miterleiden der Passion Christi Ausdruck findet, könnte hier sichtbar werden. Das Aufnehmen und Tragen des Kreuzes in der Nachfolge Christi war bereits 1418 von Thomas a Kempis (1379/80–1471) in seinem Andachtsbuch *Imitatio Christi* zur Erlangung des Seelenheils anempfohlen worden. Genau diese Aufforderung scheint Schongauers Kupferstich bildlich auszudrücken.
Die Fülle der zahlreichen, realistisch beobachteten Details, die dem lärmenden Zug eine opulente Erzählkraft verleihen, werden vom Künstler in klare formale Einheiten und Bezüge gesetzt, die dem Gedränge der Figuren eine kompositionelle Ordnung geben. So findet sich neben der zentralen Pyramidalkomposition eine Zweiteilung des breiten Horizontalbildes in eine lichte und eine dunkle Seite, auf der sich der Himmel mit bedrohlichen Wolken überzieht und den Tod Christi am Kreuz ankündigt. Die aufragenden, schroffen Felsen, neben denen auf einem Hohlweg die trauernde Gruppe der Frauen mit Johannes sichtbar wird, unterstützen das Grauen der nahenden Kreuzigung.
Die epische Ausbreitung der Erzählung von Christi Kreuztragung in einem Breitformat war im 15. Jahrhundert in Nordeuropa eher ungewöhnlich, meist wurde der Weg nach Golgatha in einen Passionszyklus eingebaut und oft mit der Legende der Heiligen Veronika ausgeschmückt (siehe Kat. 35, 54, 107) Die Vorlage für Schongauers Darstellung findet sich in der niederländischen Malerei. Ein verlorenes Gemälde Jan van Eycks oder seines Umkreises, von dem eine Kopie in Budapest existiert (Abb. 106/1), zeigt neben derselben Gesamtanlage auch zahlreiche Details, die Schongauer abgewandelt übernommen hat. Da der Abdruck der Kupferstichplatte das gestochene Bild im Gegensinn wiedergibt, müßte der Künstler die Vorlage seitenverkehrt umgezeichnet haben. Hirthe beschreibt anschaulich, wie dieses schwierige Umsetzungsverfahren zu einigen Unsi-

106/1 Niederländisch, *Die Kreuztragung Christi* (Kopie nach Jan van Eyck?), um 1550. Budapest, Museum der Bildenden Künste

cherheiten führte: So wird das Gewand des Knaben, der im Vordergrund Steine in seinem Kittel trägt, in Vorderansicht gezeigt, obwohl seine Figur als Rückenfigur wiedergegeben wird.[2]
Der monumentale Stich, der in einer außergewöhnlichen Schraffurvielfalt das Ereignis nahsichtig und realistisch an den Betrachter führt, nähert sich in seiner bildhaften Wirkung auf bisher unbekannte Weise dem gemalten Tafelbild an. Es ist daher anzunehmen, daß der Stich auch als Ersatz für den privaten Hausaltar gedacht war und als Andachtsbild an der Wand befestigt werden konnte.[3]
Datiert wird die *Kreuztragung* meist um 1475, kurz nach den vier Stichen, die dem Marienleben gewidmet sind (Kat. 102–105), und wohl noch vor dem Passionszyklus (Kat. 107), in dem einige Personen ähnlichen Typus gezeigt werden. Die erste datierte Kopie trägt die Jahreszahl 1485 und gehört zu einer Epitaphmalerei in St. Sebald zu Nürnberg, gestiftet von der Familie Tucher.[4]
Der künstlerische Einfluß dieses Druckes war enorm. Sowohl die gesamte Komposition als auch einzelne Motive oder Gruppen fanden in zahlreichen Werken der Druckgraphik, der Tafelmalerei und der Bildhauerei ein reiches Nachleben, wie unter anderem die *Kreuztragung* aus der Nachfolge Schongauers in Paris belegt (Kat. 85).

D. S.

1 Nicolaisen 2000, S. 90.
2 Thomas Hirthe: Zur Ikonographie im graphischen Werk Martin Schongauers, in: Ausst. Kat. München 1991, S. 19–34, bes. S. 22ff.
3 Ausst. Kat. München 1991, S. 54.
4 Lehrs, Bd. 5, 1925, S. 73.

Lit.: Bartsch, Bd. 6, 1808, Nr. 21 – Lehrs, Bd. 5, 1925, Nr. 9 – Shestack 1969, Nr. 12 – Ausst. Kat. Ludwigshafen 1980, Nr. 30 – Ausst. Kat. Berlin 1991, Nr. 9 – Ausst. Kat. Colmar 1991, Nr. K. 83 – Charles I. Minott: Narrative in the Art of Martin Schongauer, in: Coll. Colmar 1991, S. 97–102, S. 98ff. – Ausst. Kat. München 1991, S. 22ff. und Nr. 9 – Ausst. Kat. Paris 1991/92, Nr. 13 – Ausst. Kat. Paris 1991/92 (Rothschild), Nr. 27 – Ausst. Kat. Karlsruhe 1992a, Nr. 26 – Ausst. Kat. Schwäbisch-Hall 1992/93, Nr. 18 – Ill. Bartsch, Bd. 8, Teil 1, 1996, Nr. 0801.009 – Erb 1997, S. 86ff. und S. 214f., Nr. 66 – Hollstein, German, Bd. 49, 1999, Nr. 9 – Nicolaisen 1999, S. 48f. – Nicolaisen 2000, S. 90f.

107a

107b

107a–l

Passion Christi

Die zwölf Blätter zur Passion Christi bilden im Kupferstichwerk Martin Schongauers einen Höhepunkt, dessen künstlerische Meisterschaft zu einer schnellen und europaweiten Rezeption in praktisch allen Kunstgattungen führte. Buchmalerei, Tafelmalerei, Druckgraphik, Goldschmiedekunst, Skulptur, Emailmalerei und Tapisserie zeigen bis in den Anfang des 16. Jahrhunderts teils wortgetreue Kopien, teils abgewandelte Anleihen an die Bildfindungen des Colmarer Künstlers (z. B. Kat. 84, 85, 108, 152, 199, 201).[1] Schongauer konnte sich bei seinem Zyklus auf eine breite ikonographische Tradition stützen, da das Thema des Leidensweges Christi als Grundlage allen Heils in der mittelalterlichen Bildkunst weit verbreitet war (siehe z. B. den Meister der Karlsruher Passion, Kat. 35). In seinem unmittelbaren künstlerischen Umkreis war in den siebziger Jahren des 15. Jahrhunderts das große Retabel des Dominikaner-Altars in Colmar entstanden, das auf sechzehn Tafeln die Passion beschreibt (siehe Abb. 135/1 und 135/2).[2] Etliche Passionszyklen sind aus der Zeit des frühen Kupferstichs überliefert, darunter die Folge des Meisters E. S., Schongauers Vorläufers am Oberrhein (Kat. 54). Dabei konnten die dargestellten Themen variieren, Meister E. S. zeigte in seiner zwölfteiligen Folge beispielsweise die *Entkleidung Christi*, die *Kreuzabnahme* und das *Noli me tangere,* wogegen Schongauer die Szenen *Christus vor Annas*, *Ecce Homo* und *Christus im Limbus* (Kat. 107c, f, k) darstellt. Andere Zyklen beginnen mit dem *Einzug in Jerusalem* und dem *Abendmahl* (siehe Meister A. G., Kat. 135a, b), auf die Schongauer hier ebenfalls verzichtet hat.

Doch unterscheidet sich die Passionsfolge Martin Schongauers von allen vorhergegangenen Serien vor allem durch eine bis dahin unerreichte Erzählkunst, die sowohl formal als auch inhaltlich eine neuartige, überragende Qualität erreicht. Dieselben Figuren durchziehen die unterschiedlichen Szenen und lassen die Begebenheiten wie in einer fortlaufenden Bildergeschichte, einem Film oder einem geistlichen Schauspiel vor den Augen des Betrachters ablaufen. Der Aufbau der einzelnen Handlungseinheiten zeichnet sich durch eine künstlerisch kalkulierte Klarheit aus, die das »Lesen« der aufeinanderfolgenden Bilder erleichtert. Durch eine außergewöhnliche Variationsbreite von Kreuzschraffuren werden dabei Licht- und Schattenwirkungen erzielt, die kompositionell die unterschiedlichen Bedeutungsebenen hervorheben. Fiensch ging soweit, die Lichtführung als Indiz für die Reihenfolge der Entstehung der einzelnen Blätter zu werten.[3] Die Bezüge der aufeinanderfolgenden Blätter in Komposition und Figurenübernahmen lassen vermuten, daß zumindest der gesamte Zyklus vor seinem Stechen in seinen Einzelheiten genau geplant, eventuell sogar vorwiegend in der chronologischen Abfolge aus-

107c

107d

geführt worden ist. Dabei konnte sich die Arbeit an einer derartigen Serie über mehrere Jahre erstrecken. Meist wird eine Entstehungszeit Ende der siebziger Jahre vermutet, wobei eine Teilkopie der Kreuzigung in einem 1476 datierten spanischen Missale zumindest für diesen Stich einen *terminus ante quem* liefert.[4] In der Drastik und dem expressiven Realismus der Darstellungen beruft sich Schongauer hier weniger auf die niederländische Kunst des 15. Jahrhunderts als vielmehr auf die Tradition der deutschen Tafelmalerei wie beispielsweise die seines Vorgängers, des Meisters der Karlsruher Passion (Kat. 35).

Wie beim Meister E. S. (Kat. 54) beginnt der Zyklus mit dem *Gebet Christi am Ölberg*, dem Moment seiner größten Verzweiflung. Die Aufteilung der Darstellung in drei unterschiedliche Handlungsabschnitte, den betenden Christus, die schlafenden Jünger und die Gruppe der Soldaten mit dem Verräter Judas im Hintergrund wird durch die dramatischen Felsformationen mit den unterschiedlichen Schattierungen wie auf einem Bühnenbild inszeniert. Der charakteristische knorrige Baum, der immer wieder auf Schongauers Stichen auftaucht (siehe auch Kat. 98, 116), leitet den Zyklus links oben ein. Rechts hinten nähert sich Judas mit dem verhängnisvollen Geldbeutel, hinter ihm wird die gedrungene Gestalt des Malchus mit dem geschorenen Haar sichtbar, der einen knotigen Knüppel trägt. Ihm wird Petrus in der nächsten Szene der *Gefangennahme* das Ohr mit dem Schwert abhauen, das er hier bereits schlafend im Vordergrund bereithält.

Die *Gefangennahme* liest sich von links nach rechts und erhält durch den Schergen mit dem Turban und dem rüschenbesetzten Gewand, der Christus gefesselt nach rechts zieht, einen dynamischen Zug zum nächsten Bild. Judas, dessen hochstehende Stirnlocke schon im Hintergrund der Ölbergszene zu sehen war, verläßt mit grimmigem Gesicht und gefülltem Beutel das Gedränge nach links. Als helle Szene spielt sich im Vordergrund die Malchus-Geschichte (Joh. 18, 10–11) ab. Der im Hintergrund der vorherigen Darstellung sichtbare Malchus ist gefallen und verteidigt sich vom Boden aus gegen Petrus, der mit dem gezückten Schwert sein Ohr offensichtlich schon abgeschlagen hat. Im Zentrum des Bildes jedoch beruhigt die hohe Gestalt des Christus mit frontalem, gesenktem und mißbilligendem Blick die dramatische Szene. Seine gefesselten Hände befinden sich als Kernaussage im Mittelpunkt der Darstellung.

Bei *Christus vor Annas* schließlich tauchen wieder die gleichen Gestalten auf: Der auffällig gekleidete Scherge hält Christus immer noch am Strick fest, während Malchus vorne links zum Schlag nach dem gefesselten Heiland ausholt, wie es der bei Johannes geschilderte Knecht von Annas tat (Joh. 18, 22). Auch der gerüstete Krieger mit Helmvisier und Hellebarde sowie der mit Annas gestikulierende Soldat tauchen auf beiden Darstellungen als beteiligte Handlungsträger auf. Wie eng die beiden Szenen schließlich miteinander verzahnt werden, verdeutlicht auch die halb ab-

107e

107f

gebrannte Fackel auf dem Boden, die in der vorausgehenden Nachtszene noch doppelt so lang war. Ihr Abbrennen verdeutlicht die verstrichene Zeit zwischen beiden Begebenheiten. Das helle Haupt des demütigen, jedoch alle überragenden Christus kontrastiert mit den geifernden Anklägern, und der lebhafte Dialog der Beteiligten sowie ihre persönliche Charakterisierung zeichnen sich im virtuos wiedergegebenen Händespiel ab, das sich im Zentrum des Bildes befindet.

In dieser Szene, wo der Gefangenenzug von links zum Stehen kommt, beginnt die Reihe der Darstellungen in einem architektonischen Kontext, der den fortlaufenden Eindruck eines zusammengehörigen Gebäudes hervorruft. Die anschließende *Geißelung* und die *Dornenkrönung* finden in unterschiedlichen Räumen dieses Gebäudes statt, dessen Angrenzung an die Stadtmauer im *Ecce homo* sichtbar wird. Die Schergen der *Geißelung* und *Dornenkrönung* sind jeweils dieselben, wie in einem rotierenden Tanz umkreisen und foltern sie die zentrale und frontale Gestalt Christi, dessen kummervoller Blick sein seelisches Leid mehr als sein körperliches zu offenbaren scheint. Beide Darstellungen können herausgelöst aus dem Passionszyklus auch als einzelne oder paarweise angeordnete Andachtsbilder gelten, wobei die zeitliche Abfolge wiederum durch den Schergen verdeutlicht wird, der in der *Geißelung* bereits die Dornenkrone flicht.

Auf der Szene des *Ecce homo* öffnet sich im Hintergrund ein Blick in die Geißelkammer, in der die Säule mit den Folterinstrumenten von der vorherigen Folterung erzählt. Erneut taucht der Scherge mit den gerüschten Kleidern und dem gezwirbelten Turban auf, diesmal als wild gestikulierender Hauptankläger. Den Hammer in seiner Hand, mit dem er Christus ans Kreuz nageln wird, hat er im nächsten Bild bereits in seinen Gürtel gesteckt. Die Darstellung des Pilatus, der seine Hände in Unschuld wäscht, zeigt denselben Schergen erneut in der Funktion, die Handlung von einem Bild zum nächsten zu ziehen. Als Rückenfigur steht er rechts vorn, das Seil hat er mittlerweile um Christi Taille gebunden, an ebendemselben und am Rock des Heilands will er ihn nach rechts aus dem Bild zerren. Die Spötter rechts und links von Christus, die in groteskem Profil und Frontalansicht gezeigt werden, sind ebenfalls aus der vorherigen Szene entnommen. Pilatus' Unsicherheit und sein Zaudern, Christus zur Kreuzigung freizugeben, wird anschaulich in der asymmetrischen Stellung des römischen Statthalters, der aus der Mitte versetzt auf seinem sperrigen Götzenthron sitzt.

Die *Kreuztragung* zeigt wiederum den leidenden Christus im Zentrum der Komposition, dessen aufragende Gestalt sich entgegen der Zugrichtung der Heiligen Veronika zuwendet und die Bewegung kurze Zeit zum Stillstand bringt. Auch hier bilden sein dornengekröntes Haupt sowie das *vera ikon* auf dem Schweißtuch der Heiligen (siehe auch Kat. 112) Andachtsmomente im dramatischen Durcheinander. Zum letzten Mal tritt der widerliche Scherge mit dem Turban auf, der die Handlung auch hier

107g

107h

deutlich vorantreibt. Hinter Christus wird der Kriegsknecht mit der Hellebarde sichtbar, der die weinende Maria beschimpft, dem Betrachter schon aus der *Gefangennahme* und dem *Verhör vor Annas* bekannt.

Die *Kreuzigung* schließlich, auf die sich die Handlung der vorauslaufenden Bilder konsequent zubewegt hat, bildet eine Zäsur innerhalb der Folge. Im Gegensatz zum Tumult der vorangegangenen Szene strahlt der bereits verstorbene, doch mit entspannten Gesichtszügen am Kreuz hängende Christus eine Ruhe aus, die sich auch auf die verhaltene Klage der Frauen und des Johannes auswirkt. Allein die kunstvollen Falten der bewegten Gewänder verraten den aufgewühlten Gemütszustand der Trauernden. Die *Grablegung* zeigt sich wiederum bewegter. Im fernen Hintergrund deutet das winzige Kreuz mit der Leiter auf die Kreuzabnahme, auf dessen Darstellung Schongauer verzichtet. Während der Leichnam Christi von Joseph von Arimathia und Nikodemus vorsichtig in den Sarkophag gelegt wird, beugen sich Maria und Johannes als eindrucksvolle Rückenfiguren über den Heiland und nehmen gleichsam die Blickrichtung des Betrachters vorweg. Im Vordergrund liegen die abgenommene Dornenkrone sowie Johannes' Buch der Offenbarung.

Die folgenden beiden Darstellungen scheinen in ihrer Komposition wiederum aufeinander abgestimmt: Das zerborstene Tor der Vorhölle, durch das Christus die Gerechten des Alten Bundes befreit, allen voran Adam, Eva und Johannes den Täufer, entspricht spiegelbildlich in der *Auferstehung* dem aufgestellten Sarkophagdeckel. Die Rückenfigur des Malchus, der im Hintergrund des ersten Blattes mit der Darstellung *Christi Gebet am Ölberg* die Erzählung einläutete, schließt die Folge rechts unten ab. Als Wächter am Grabe Christi fährt er erschrocken in die Höhe und starrt mit offenem Mund auf den auferstandenen Heiland. Die drei winzigen Figuren im Hintergrund weisen über die Darstellungen des Passionszyklus sogar noch hinaus zur Erzählung der drei Marien am leeren Grabe Christi.

Die kompositionelle und inhaltliche Verkettung der zwölf Szenen stehen in ihrer Zeit, ihrem Medium und ihrem Kontext einzigartig da. Obgleich jede einzelne Darstellung für sich eine ausgewogene Komposition darstellt und auch außerhalb des Zusamenhanges bestehen kann, bilden die Bezüge der einzelnen Stationen eine konsequente Entwicklung von dem *Gebet am Ölberg* bis zur *Auferstehung*. Innerhalb dieser Handlungskette bildet Schongauer Gruppen, Überleitungen und Zäsuren, Minott spricht im Vergleich mit geistlichen Schauspielen sogar von einem Stück mit 3 Akten.[5] In jedem Fall sind der zusammengehörende Gebäudekomplex von dem *Verhör vor Annas* bis zum *Ecce homo*, das Bildpaar der *Geißelung* und der *Dornenkrönung* mit seinem Andachtscharakter, die Zäsur der ruhigen Kreuzigung, nach der in der Grablegung wieder etwas Leben in die Szenerie gebracht wird, und schließlich das kompositionelle Bildpaar des *Christus im Limbus* sowie der *Auferstehung* Zeichen einer durchdachten Rhythmisierung der Folge, die durch inhaltliche

107i

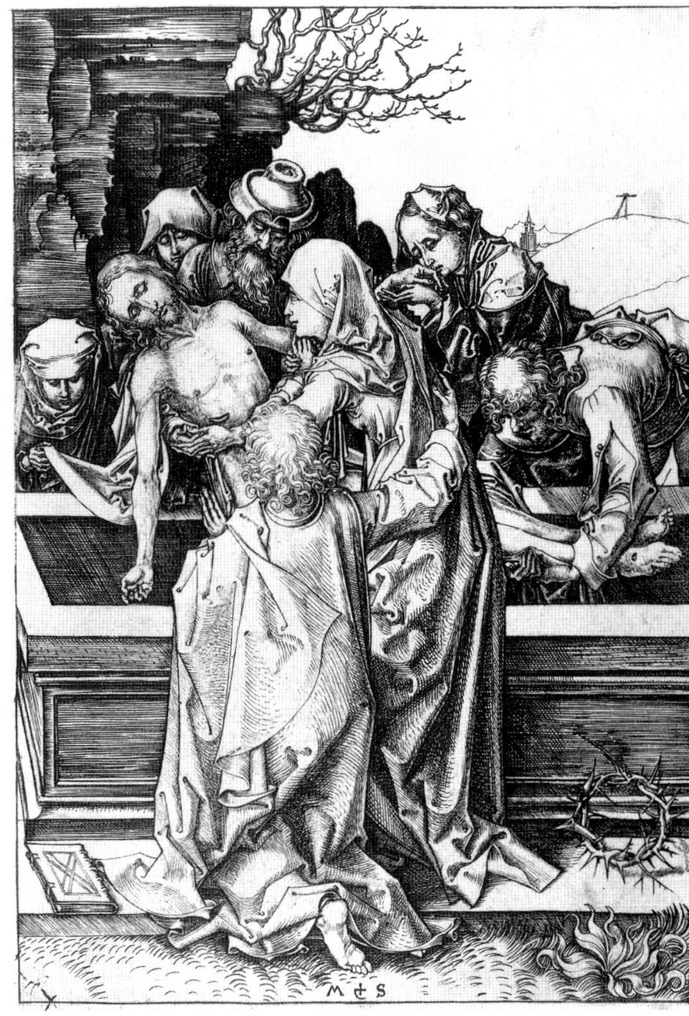

107j

Wiederholungen, Vorausweisungen und Rückblicke einen geschlossenen Erzählkreis bildet.

Neben diesen inhaltlichen und formalen Neuerungen zeichnet sich Schongauers Passionsfolge durch eine im Kupferstich vorher unerreichte Realistik aus. Die Aktdarstellungen des leidenden Christus, besonders stark in der *Geißelung*, des *Ecce homo*, der *Kreuzigung*, der *Grablegung* und der *Auferstehung*, offenbaren in ihrer feinen Naturbeobachtung das Studium nach dem lebenden Modell. Knochenbau, Muskelpartien und vorstehende Adern werden in zartesten Strichlagen überzeugend geschildert. Auch die fernen, duftigen Landschaften, teils mit Stadtangaben, Bergen, Seen und Schiffen wie in der *Kreuzigung*, werden mit einem leicht geführten, wie eine Radiernadel benutzten Grabstichel in die Platte geschnitten. In all seiner Drastik greift Schongauer zwar auf die Tradition der deutschen Tafelmalerei zurück, die Figur des Malchus ähnelt beispielsweise dem kahlrasierten Schergen aus der Folge der *Karlsruher Passion* (Kat. 35), doch liegt einigen seiner Kompositionen auch hier deutlich die niederländische Kunst zugrunde. So hat er sich in der Grablegung an einem Gemälde von Dirk Bouts angelehnt, das in einem ähnlichen Aufbau eine weibliche Rückenfigur vor dem bildparallelen Sarkophag zeigt.[6] Auf für Schongauer charakteristische Weise wird diese Figur umgedeutet zu Maria, die von Johannes in ihrer Trauer gestützt wird. Die Rückenfiguren stellen innerhalb des Passionszyklus ein immer wiederkehrendes Motiv dar, das Schongauers Virtuosität im Einsatz dieser bewegten Personen zeigt: In der *Gefangennahme* ist es der gefallene Malchus, der im folgenden Blatt zum schlagenden Knecht des Annas wird. In seiner ausholenden Armbewegung tritt er dort gleichsam in das Bild und auf Christus zu und demonstriert damit seine Ignoranz gegenüber dem Heiland, der seine von Petrus zugefügte Blessur kurz zuvor noch gnädig heilte. In der Geißelung schließlich wirbelt ein brutaler Scherge mit dem Rücken zum Betrachter auf Christus zu, um ihn auszupeitschen. Die flatternden Ärmel des Rockes und die geschraubte Bewegung des Mannes verbinden sich gleichsam zu einem spätgotischen Moriskentanz. Derselbe Scherge kniet im nächsten Blatt als »anbetender« Spötter vor dem dornengekrönten Heiland. In den nächsten beiden Szenen übernimmt der insgesamt fünfmal wiederkehrende Scherge mit Turban, rüschenbesetztem Gewand und Stiefeln die Rolle der Rückenfigur. Einmal führt er den Betrachter in die Handlung ein, indem er auf den verspotteten Christus weist, ein anderes Mal führt er die Handlung weiter zum nächsten Blatt, indem er Christus aus dem Bild ziehen will. Auf der *Kreuztragung* schließlich kniet die Heilige Veronika mit dem Rücken zum Betrachter und bildet mit ihrem faltenreichen Gewand einen würdigen Rahmen für das Antlitz Christi. Maria und Johannes bieten dem Betrachter auf der Grablegung in kunst-

107k

107l

voller Weise Identifikationsfiguren in der Trauer um den toten Heiland, und schließlich beendet Malchus, eine Person aus dem Anfang der Folge, den Zyklus, indem sein verständnisloser Schreck das Wunder der Auferstehung und Christi Sieg über seine Peiniger verdeutlicht.

Alle diese Neuheiten stilistischer, inhaltlicher und formaler Art begründen die ausgedehnte Nachfolge, die Schongauers Passion in der Folgezeit nicht nur am Oberrhein erfuhr. Von einigen Stichen sind heute noch mehr als sechzig Abzüge erhalten, allein die Ölbergszene regte sechzehn Kopien nur in den graphischen Künsten an.

Beispiele der Rezeption in der oberrheinischen Kunst bilden unter anderem die Flügelbilder des Passionsaltärchens in Ulm (Kat. 199), das Hausaltärchen in Basel (Kat. 201), die Flügel eines Passionsaltärchens des Meisters der Gewandstudien in Mainz (Kat. 152), die Tafeln aus dem Umkreis und der Nachfolge Martin Schongauers in der Schweiz (Kat. 84) und in Paris (Kat. 85) sowie die Kußtafel in Basel, wo die Stiche in das verwandte Medium der Gravur übertragen wurden (Kat. 108). Der Meister des Hohenlandenberger Altars schöpfte in seiner Darstellung der Kreuzigung Christi (Kat. 184) aus unterschiedlichen Stichen Schongauers. Das dreieckig geknotete Lendentuch entnahm er dabei fast wörtlich der Kreuzigung aus der Passionsfolge.

D. S.

1 Siehe dazu besonders Fritz Oskar Schuppisser: Martin Schongauer geht um in Europa: Die Kupferstich-Passion B. 9-20 als Vorlage für Werke spätmittelalterlicher Künstler, in: Coll. Colmar 1991, S. 239–250. Eine sehr getreue Nachbildung der Schongauerschen Kompositionen findet sich beispielsweise in den 1493/94 entstandenen Passionsreliefs von St. Getreu in Bamberg, Renate Baumgärtel-Fleischmann: Die Passionsreliefs von St. Getreu in Bamberg, Ausst. Kat. Bamberg 1996.

2 Ausst. Kat. Colmar 1991, S. 74ff.

3 Fiensch 1966, S. 44ff.

4 Bosch 1982, S. 633, Abb. 3.

5 Charles I. Minott: Narrative in the Art of Schongauer, in: Coll. Colmar 1991, S. 97–102, S. 101.

6 London, National Gallery, Inv. Nr. NG 664.

107a

Martin Schongauer (ca. 1450–1491)

Christus am Ölberg

Bez. u. M. mit dem Monogramm
Kupferstich; 16,4 x 11,6 cm (Einf.)
Karlsruhe, Staatliche Kunsthalle Karlsruhe, Kupferstichkabinett

Lit.: Bartsch, Bd. 6, 1808, Nr. 9 – Lehrs, Bd. 5, 1925, Nr. 19 – Ausst. Kat. Washington 1967/68, Nr. 51 – Shestack 1969, Nr. 24 – Ausst. Kat. Ludwigshafen 1980, Nr. 18 Ausst. Kat. Würzburg/Schweinfurt 1985/86, Nr. S-10 – Ausst. Kat. Berlin 1991, Nr. 12-1 – Ausst. Kat. Colmar 1991, Nr. K. 84 – Ausst. Kat. München 1991, Nr. 19 – Ausst. Kat. Paris 1991/92, Nr. 30 – Ausst. Kat. Karlsruhe 1992a, Nr. 29 – Ill. Bartsch, Bd. 8, Teil 1, 1996, Nr. 0801.019 – Hollstein, German, Bd. 49, 1999, Nr. 19.

107b

Die Gefangennahme Christi

Bez. u. M. mit dem Monogramm
Kupferstich; 16,4 x 11,6 cm (Einf.)
Braunschweig, Herzog Anton Ulrich-Museum
Karlsruhe, Staatliche Kunsthalle Karlsruhe, Kupferstichkabinett

Lit.: Bartsch, Bd. 6, 1808, Nr. 10 – Lehrs, Bd. 5, 1925, Nr. 20 – Ausst. Kat. Washington 1967/68, Nr. 52 – Shestack 1969, Nr. 25 – Ausst. Kat. Ludwigshafen 1980, Nr. 19 – Ausst. Kat. Würzburg/Schweinfurt 1985/86, Nr. S-11 – Ausst. Kat. Berlin 1991, Nr. 12-2 – Ausst. Kat. Colmar 1991, Nr. K. 85 – Ausst. Kat. München 1991, Nr. 20 – Ausst. Kat. Paris 1991/92, Nr. 31 – Ausst. Kat. Karlsruhe 1992a, Nr. 30 – Ill. Bartsch, Bd. 8, Teil 1, 1996, Nr. 0801.020 – Hollstein, German, Bd. 49, 1999, Nr. 20.

107c

Christus vor Annas

Bez. u. M. mit dem Monogramm
Kupferstich; 16,3 x 11,4 cm (Einf.)
Karlsruhe, Staatliche Kunsthalle Karlsruhe, Kupferstichkabinett

Lit.: Bartsch, Bd. 6, 1808, Nr. 11 – Lehrs, Bd. 5, 1925, Nr. 21 – Ausst. Kat. Washington 1967/68, Nr. 53 – Shestack 1969, Nr. 26 – Ausst. Kat. Ludwigshafen 1980, Nr. 20 – Ausst. Kat. Würzburg/Schweinfurt 1985/86, Nr. S-12 – Ausst. Kat. Berlin 1991, Nr. 12-3 – Ausst. Kat. Colmar 1991, Nr. K. 86 – Ausst. Kat. München 1991, Nr. 21 – Ausst. Kat. Paris 1991/92, Nr. 32 – Ausst. Kat. Karlsruhe 1992a, Nr. 31 – Ill. Bartsch, Bd. 8, Teil 1, 1996, Nr. 0801.021 – Hollstein, German, Bd. 49, 1999, Nr. 21.

107d

Die Geißelung

Bez. u. M. mit dem Monogramm
Kupferstich; 16,3 x 11,6 cm (Einf.)
Oxford, Ashmolean Museum

Lit.: Bartsch, Bd. 6, 1808, Nr. 12 – Lehrs, Bd. 5, 1925, Nr. 22 – Ausst. Kat. Washington 1967/68, Nr. 54 – Shestack 1969, Nr. 27 – Ausst. Kat. Ludwigshafen 1980, Nr. 21 – Ausst. Kat. Würzburg/Schweinfurt 1985/86, Nr. S-13a und b – Ausst. Kat. Berlin 1991, Nr. 12-4 – Ausst. Kat. Colmar 1991, Nr. K. 87 – Ausst. Kat. München 1991, Nr. 22 – Ausst. Kat. Paris 1991/92, Nr. 33 – Ill. Bartsch, Bd. 8, Teil 1, 1996, Nr. 0801.022 – Hollstein, German, Bd. 49, 1999, Nr. 22.

107e

Die Dornenkrönung

Bez. u. M. mit dem Monogramm
Kupferstich; 16,1 x 11,3 cm (Einf.)
Karlsruhe, Staatliche Kunsthalle Karlsruhe, Kupferstichkabinett

Lit.: Bartsch, Bd. 6, 1808, Nr. 13 – Lehrs, Bd. 5, 1925, Nr. 23 – Ausst. Kat. Washington 1967/68, Nr. 55 – Shestack 1969, Nr. 28 – Ausst. Kat. Ludwigshafen 1980, Nr. 22 – Ausst. Kat. Stuttgart 1982/83, Nr. 15 – Ausst. Kat. Würzburg/Schweinfurt 1985/86, Nr. S-14 – Ausst. Kat. Berlin 1991, Nr. 12-5 – Ausst. Kat. Colmar 1991, Nr. K. 88 – Ausst. Kat. München 1991, Nr. 23 – Ausst. Kat. Paris 1991/92, Nr. 34 – Ausst. Kat. Karlsruhe 1992a, Nr. 32 – Ill. Bartsch, Bd. 8, Teil 1, 1996, Nr. 0801.023 – Hollstein, German, Bd. 49, 1999, Nr. 23.

107f

Ecce Homo

Bez. u. M. mit dem Monogramm
Kupferstich; 16,1 x 11,2 cm (Einf.)
Braunschweig, Herzog Anton Ulrich-Museum
Frankfurt a. M., Städelsches Kunstinstitut und Städtische Galerie, Graphische Sammlung

Lit.: Bartsch, Bd. 6, 1808, Nr. 15 – Lehrs, Bd. 5, 1925, Nr. 25 – Ausst. Kat. Washington 1967/68, Nr. 56 – Shestack 1969, Nr. 30 – Ausst. Kat. Ludwigshafen 1980, Nr. 24 – Ausst. Kat. Würzburg/Schweinfurt 1985/86, Nr. S-15 – Ausst. Kat. Berlin 1991, Nr. 12-6 – Ausst. Kat. Colmar 1991, Nr. K. 89 – Ausst. Kat. München 1991, Nr. 25 – Ausst. Kat. Paris 1991/92, Nr. 36 – Ill. Bartsch, Bd. 8, Teil 1, 1996, Nr. 0801.025 – Hollstein, German, Bd. 49, 1999, Nr. 25.

107g

Christus vor Pilatus

Bez. u. M. mit dem Monogramm
Kupferstich; 16,2 x 11,5 cm (Einf.)
Karlsruhe, Staatliche Kunsthalle Karlsruhe, Kupferstichkabinett

Lit.: Bartsch, Bd. 6, 1808, Nr. 14 – Lehrs, Bd. 5, 1925, Nr. 24 – Ausst. Kat. Washington 1967/68, Nr. 57 – Shestack 1969, Nr. 29 – Ausst. Kat. Ludwigshafen 1980, Nr. 23 – Ausst. Kat. Stuttgart 1982/83, Nr. 14 – Ausst. Kat. Würzburg/Schweinfurt 1985/86, Nr. S-16a und b – Ausst. Kat. Berlin 1991, Nr. 12-7 – Ausst. Kat. Colmar 1991, Nr. K. 90 – Ausst. Kat. München 1991, Nr. 24 – Ausst. Kat. Paris 1991/92, Nr. 35 – Ausst. Kat. Karlsruhe 1992a, Nr. 33 – Ausst. Kat. Schwäbisch-Hall 1992/93, Nr. 19 – Ill. Bartsch, Bd. 8, Teil 1, 1996, Nr. 0801.024 – Hollstein, German, Bd. 49, 1999, Nr. 24.

107h

Die Kreuztragung

Bez. u. M. mit dem Monogramm
Kupferstich; 16,3 x 11,5 cm (Einf.)
Karlsruhe, Staatliche Kunsthalle Karlsruhe, Kupferstichkabinett

Lit.: Bartsch, Bd. 6, 1808, Nr. 16 – Lehrs, Bd. 5, 1925, Nr. 26 – Ausst. Kat. Washington 1967/68, Nr. 58 – Shestack 1969, Nr. 31 – Ausst. Kat. Ludwigshafen 1980, Nr. 25 – Ausst. Kat. Würzburg/Schweinfurt 1985/86, Nr. S-17 – Ausst. Kat. Berlin 1991, Nr. 12-8 – Ausst. Kat. Colmar 1991, Nr. K. 91 – Ausst. Kat. München 1991, Nr. 26 – Ausst. Kat. Paris 1991/92, Nr. 37 – Ausst. Kat. Karlsruhe 1992a, Nr. 34 – Ill. Bartsch, Bd. 8, Teil 1, 1996, Nr. 0801.026 – Hollstein, German, Bd. 49, 1999, Nr. 26.

107i

Die Kreuzigung

Bez. u. M. mit dem Monogramm
Kupferstich; 16,2 x 11,5 cm (Einf.)
Frankfurt a. M., Städelsches Kunstinstitut und Städtische Galerie,
Graphische Sammlung

Lit.: Bartsch, Bd. 6, 1808, Nr. 17 – Lehrs, Bd. 5, 1925, Nr. 27 – Ausst. Kat. Washington 1967/68, Nr. 59 – Shestack 1969, Nr. 32 – Ausst. Kat. Ludwigshafen 1980, Nr. 26 – Bosch 1982, S. 633, Abb. 4 – Ausst. Kat. Würzburg/Schweinfurt 1985/86, Nr. S-18 – Ausst. Kat. Berlin 1991, Nr. 12-9 – Ausst. Kat. Colmar 1991, Nr. K. 92 – Ausst. Kat. München 1991, Nr. 27 – Ausst. Kat. Paris 1991/92, Nr. 38 – Ill. Bartsch, Bd. 8, Teil 1, 1996, Nr. 0801.027 – Hollstein, German, Bd. 49, 1999, Nr. 27 – Ausst. Kat. Köln 2001, Nr. 129.

107j

Die Grablegung

Bez. u. M. mit dem Monogramm
Kupferstich; 16,3 x 11,6 cm (Einf.)
Braunschweig, Herzog Anton Ulrich-Museum
Frankfurt a. M., Städelsches Kunstinstitut und Städtische Galerie,
Graphische Sammlung

Lit.: Bartsch, Bd. 6, 1808, Nr. 18 – Lehrs, Bd. 5, 1925, Nr. 28 – Ausst. Kat. Washington 1967/68, Nr. 60 – Shestack 1969, Nr. 33 – Ausst. Kat. Ludwigshafen 1980, Nr. 27 – Ausst. Kat. Würzburg/Schweinfurt 1985/86, Nr. S-19 – Ausst. Kat. Berlin 1991, Nr. 12-10 – Ausst. Kat. Colmar 1991, Nr. K. 93 – Ausst. Kat. München 1991, Nr. 28 – Ausst. Kat. Paris 1991/92, Nr. 39 – Ill. Bartsch, Bd. 8, Teil 1, 1996, Nr. 0801.028 – Hollstein, German, Bd. 49, 1999, Nr. 28.

107k

Christus im Limbus

Bez. u. M. mit dem Monogramm
Kupferstich; 16,6 x 11,5 cm (Einf.)
Braunschweig, Herzog Anton Ulrich-Museum
Frankfurt a. M., Städelsches Kunstinstitut und Städtische Galerie,
Graphische Sammlung

Lit.: Bartsch, Bd. 6, 1808, Nr. 19 – Lehrs, Bd. 5, 1925, Nr. 29 – Ausst. Kat. Washington 1967/68, Nr. 61 – Shestack 1969, Nr. 34 – Ausst. Kat. Ludwigshafen 1980, Nr. 28 – Ausst. Kat. Würzburg/Schweinfurt 1985/86, Nr. S-20 – Ausst. Kat. Berlin 1991, Nr. 12-11 – Ausst. Kat. Colmar 1991, Nr. K. 94 – Ausst. Kat. München 1991, Nr. 29 – Ausst. Kat. Paris 1991/92, Nr. 40 – Ill. Bartsch, Bd. 8, Teil 1, 1996, Nr. 0801.029 – Hollstein, German, Bd. 49, 1999, Nr. 29.

107l

Die Auferstehung

Bez. u. M. mit dem Monogramm
Kupferstich; 16,3 x 11,6 cm (Einf.)
Braunschweig, Herzog Anton Ulrich-Museum
Nürnberg, Germanisches Nationalmuseum, Leihgabe,
Eigentum der Stadt Nürnberg

Lit.: Bartsch, Bd. 6, 1808, Nr. 20 – Lehrs, Bd. 5, 1925, Nr. 30 – Ausst. Kat. Washington 1967/68, Nr. 62 – Shestack 1969, Nr. 35 – Ausst. Kat. Ludwigshafen 1980, Nr. 29 – Ausst. Kat. Würzburg/Schweinfurt 1985/86, Nr. S-21 – Ausst. Kat. Berlin 1991, Nr. 12-12 – Ausst. Kat. Colmar 1991, Nr. K. 95 – Ausst. Kat. München 1991, Nr. 30 – Ausst. Kat. Paris 1991/92, Nr. 41 – Ill. Bartsch, Bd. 8, Teil 1, 1996, Nr. 0801.030 – Hollstein, German, Bd. 49, 1999, Nr. 30.

108

Umkreis Martin Schongauers (ca. 1450–1491)

Paxtafel

Basel (?), um 1480/1500
Silber, teilweise vergoldet (Rahmen), getrieben, graviert;
Durchmesser 12 cm, sichtbare Flächen 10,5 cm
Basel, Historisches Museum
Inv. Nr. 1878.42. Amerbach-Kabinett

Diese Paxtafel wurde ursprünglich den Gläubigen während der Meßfeier zwischen dem Friedensgebet und der Kommunion zum Kuß gereicht oder auch nur öffentlich ausgestellt, wie an der Ringöse zu erkennen ist. Ein sogenanntes *pacificalium rotundum,* besteht sie im wesentlichen nur aus zwei Silberscheiben, die von einem schmalen Reif zusammengehalten werden. Ganz anders als die prächtige Lichtenthaler Kußtafel (Kat. 134), besticht die Paxtafel in Basel, die nur sparsame Teilvergoldung und Zierrate aufweist, aufgrund ihrer puren Kreisform und spiegelnden Silberflächen, auf denen die beidseitigen Gravuren ihre stille, intensive Wirkung entfalten. In dieser Paxtafel, deren Erscheinung an ein in Grisaille-Malerei ausgeführtes Medaillon gemahnt, haben sich zwei der bedeutendsten *gestochenen Bilder* der sakralen Goldschmiedekunst des späten Mittelalters erhalten. Denn die Gravierungen offenbaren meisterliche Beherrschung und Präzision in der Handhabung des Grabstichels auf den nicht sehr großen, dazu noch leicht vertieften Flächen. Ihrer tech-

108/1 Reliquienkasten, frühes 16. Jahrhundert, verschollen

108a

108b

nischen Vollendung kongenial ist die künstlerische Bedeutung der in all ihren differenzierten Linien, Schraffuren und Grauwerten umgesetzten, etwa um ein Viertel verkleinerten und dem Rund angepaßten Vorlagen: die beiden 16,4 x 11,6 cm großen Kupferstiche mit dem *Gebet Christi am Ölberg* und seiner *Gefangennahme im Garten Gethsemane* (Kat. 107a, b) aus der zwischen 1475 und 1480 entstandenen zwölfteiligen Passionsfolge Martin Schongauers (ca. 1450–1491).
Wohl schon bald nach der Reformation in Basel als ein Exemplum handwerklicher Kunstfertigkeit bewundert, gelangte die Paxtafel in das Kabinett des Sammlers Basilius Amerbach, in dessen Inventar von 1585/87 sie wie folgt beschrieben wird: »Item ein gros Agnus Dei von silber zum theil vergült vnd doruf der olberg vnd gefencknis Christi von Martin Schön gestochen«. Die ungemarkte und undatierte Arbeit wurde wechselnd dem großen Maler und Kupferstecher Martin Schongauer oder dessen als Goldschmied in Colmar, Basel bzw. Straßburg tätigen Brüdern Paul und Georg zugeschrieben. Sie wird heute als Werk eines wohl in Basel um 1480/1500 ansässigen Meisters aus dem engsten Umkreis Martin Schongauers betrachtet. An ihr kann die große, schon früh erkannte Bedeutung gestochenen Vorlagenguts für die Goldschmiede und die engen künstlerischen und technischen Wechselbeziehungen zwischen Kupferstich und Metallgravierung ermessen werden. Von den zahlreichen Beispielen für die Verwendung von Schongauers Stichen durch Goldschmiede (siehe etwa Kat. 132) seien besonders zwei spätgotische Arbeiten genannt, weil deren Gravuren nach der *Geißelung, Gefangennahme* und *Auferstehung Christi* der obengenannten Passionsfolge gestochen wurden: das in Salzburg 1494 für die Privatandacht gefertigte Triptychon auf hohem Ständer[1] und ein verschollener Reliquienkasten des frühen 16. Jahrhunderts im einstigen Halle'schen Heiltumsschatz (Abb. 108/1).[2]

D. L.

1 Fritz 1966, Nr. 643 – Ausst. Kat. Nürnberg 2000, Nr. 80.
2 Halm-Berliner 1931, S. 32, Nr. 73, Taf. 34b – Fritz 1966, Nr. 285, S. 1ff., 9, Abb. 5.

Lit.: Braun 1932, S. 557 ff. – Fritz 1966, S. 55, 57, 402, Nr. 47, Abb. 36, 37 – Ausst. Kat. Karlsruhe 1970, Nr. 205 – Ausst. Kat. Salzburg 1982, Nr. K 20 – Slg. Kat. Basel 1994, Nr. 263.

109
Martin Schongauer (ca. 1450–1491)
Die Kreuzigung
Bez. u. M. mit dem Monogramm
Kupferstich; 19,5 x 15,0 cm (Einf.)
Coburg, Kunstsammlungen der Veste Coburg, Kupferstichkabinett

Sechs verschiedene Darstellungen von Christus am Kreuz sind im Kupferstichwerk Martin Schongauers überliefert (siehe auch Kat. 107i und 110). Für das vorliegende Blatt wurden unterschiedliche Datierungen vorgeschlagen; die stilistischen und motivischen Ähnlichkeiten mit den Darstellungen der *Passion* (Kat. 107) sprechen jedoch für eine in etwa gleiche Entstehungszeit. So entspricht die langgestreckte Gestalt des Gekreuzigten recht genau der Christusfigur auf der *Kreuzigung* des Passionszyklus (Kat. 107i), der auf der Erde liegende Schächer ähnelt dem gefallenen Malchus auf der *Gefangennahme Christi* derselben Folge (Kat. 107b). Auch die grotesken Gesichter der unterschiedlichen Schergen erinnern an die zahlreichen Figuren der *Passion*.
Charakteristisch für den Künstler ist der symmetrische Aufbau der Komposition, den die an das hohe Kreuz genagelte Christusfigur überragt. Unter ihm drängen sich links und rechts die kontrastierenden Figuren:

109

rechts die Gruppe der sechs widerlichen Schergen, die teils um den Rock Christi würfeln, teils bereits das Geschehen nach rechts verlassen, links dagegen die Muttergottes, ohnmächtig vor Schmerz in die stützenden Arme des Johannes sinkend, dahinter Maria Magdalena und Maria Cleophas (Joh. 19, 25). Schongauer inszeniert kunstvoll die Gegenüberstellung der gegensätzlichen Gruppen. So pöbelt die Rückenfigur des auf der Erde sitzenden Schergen über das Kreuz hinüber zu Maria und Johannes, seine Linke stützt er gefühllos am Fuße des Kreuzes ab, während auf der gegenüberliegenden Seite Johannes mit gesenktem Haupt und verzweifeltem Blick seine Hand fast zärtlich zum Stamm des Kreuzes bewegt, um seinem Heiland im Tode nahe zu sein. Momente wie diese Handbewegung lassen das symmetrische Andachtsbild zu einer bewegten Erzählung eines bestimmten Augenblicks der Kreuzigung werden: Christus scheint soeben verschieden zu sein, der Essigschwamm, von dem er kurz vor seinem Tod trank (Joh. 19, 28–29), wird gerade weggetragen, einige Ungläubige verlassen bereits die »beendete Veranstaltung«, und die Kriegsknechte würfeln um den Rock Christi. Die hochfliegenden, hellen Würfel vor dem dunklen Grund illustrieren wirkungsvoll die zeitbedingte Bewegung auf dem Bild.
Die Landschaft im Hintergrund bietet, ähnlich wie auf der *Kreuzigung* der *Passion* (Kat. 107i), eine dunkle Folie hinter den hellen Figuren, während die feinsinnig modellierte Christusgestalt vor dem leeren Weiß des Himmels steht. Ein kahler Hohlweg hinter dem Kreuz veranschaulicht die Isolation des Gekreuzigten, während die schroffen Felsen und die rechts ansteigende Hügellinie die Bewegungen der Vordergrundfiguren unterstreichen.
Einige Korrekturen Schongauers, die sich in den »durchsichtigen« Nimben der beiden Marien zeigen, scheinen der Grund für einen etwas gemäßigteren künstlerischen Einfluß dieses Stiches gewesen zu sein. Jedoch sind insbesondere in der Tafelmalerei einzelne Motive und Figuren kopiert worden, unter anderem zeigt die Kreuzigung des *Hohenlandenberger Altars* (Kat. 184) neben anderen Entlehnungen aus Schongauerdrucken deutliche Anleihen an den vorliegenden Stich, insbesondere in der Gestaltung des gekreuzigten Heilands.

D. S.

Lit.: Bartsch, Bd. 6, 1808, Nr. 24 – Lehrs, Bd. 5, 1925, Nr. 13 – Ausst. Kat. Washington 1967/68, Nr. 63 – Shestack 1969, Nr. 36 – Ausst. Kat. Ludwigshafen 1980, Nr. 32 – Bosch 1982, S. 633, Abb. 4 – Ausst. Kat. Berlin 1991, Nr. 10 – Ausst. Kat. Colmar 1991, Nr. K. 26 – Ausst. Kat. München 1991, Nr. 13 – Ausst. Kat. Paris 1991/92, Nr. 16 – Ill. Bartsch, Bd. 8, Teil 1, 1996, Nr. 0801.013 – Stogdon 1996, Nr. 6 – Hollstein, German, Bd. 49, 1999, Nr. 13.

110

Martin Schongauer (ca. 1450–1491)

Christus am Kreuz mit vier Engeln

Bez. u. M. mit dem Monogramm
Kupferstich; 29,0 x 19,6 cm (Einf.)
Frankfurt a. M., Städelsches Kunstinstitut und Städtische Galerie, Graphische Sammlung

Von den sechs Kreuzigungsdarstellungen Schongauers ist die Fassung mit den vier Engeln nicht nur die formal größte, sondern auch die kunstvollste. Ihr Schwerpunkt liegt nicht auf dem erzählerischen Moment wie in der Darstellung mit den würfelnden Kriegsknechten (Kat. 109), sondern auf dem Symbolgehalt der Kreuzigung. Christi Blut, das von den Engeln in Kelchen aufgefangen wird, erinnert an das Blutopfer in Gestalt des Abendmahls während der Messe, mit dem der Erlösungstod Christi immer wieder aufs neue gefeiert wird.
Außerhalb der historischen Erzählung der Passion steht deshalb hier auch nicht die Trauer und Wehklage und damit die *compassio* (das Mitleid) im Mittelpunkt, sondern der theologische Gedanke und Glaube an die Erlösung der Menschheit durch Christi Opfertod. Anstatt ihrer Verzweiflung freien Lauf zu lassen, scheinen Maria und Johannes daher in ihrer Trauer verhalten und demütig den Tod des Heilands zu tragen. So ist die liebliche Landschaft im Hintergrund der Darstellung, die wie eine Kulisse hinter dem steil abfallenden Kreuzigungshügel erscheint, auch als paradiesischer Zustand interpretiert worden, der durch das Erlösungswerk erst möglich werden kann. Von allen Landschaftsdarstellungen Schongauers breitet sich hier das eindrucksvollste Panorama einer Gegend aus, die schroff abfallende Felsen, sanfte Wiesen und Hügel, einen dichten, buschigen Laubwald und eine ferne Stadtansicht am lichtspiegelnden Meer zu einer malerischen *Weltlandschaft* verbindet. Vor diesem Ausblick setzt sich die Kreuzigung auf dem kargen Golgatha-Hügel mit dem charakteristischen kahlen Baum (siehe Kat. 98, 107a, b, j, 116) wie ein Relief ab. Die opulente Faltengebung der Gewänder von Maria und Johannes entfalten gemeinsam mit den flatternden Kleidern der Engel und

110

dem kunstvoll gestalteten Lendentuch Christi eine aufgewühlte Plastizität, die sich über die gesamte Bildfläche ausbreitet.
Schongauer schöpfte für seine Bildfindung aus zwei Vorlagen: Zum einen wirken deutsche Andachtsbilder wie die etwas reduziertere Darstellung einer Kreuzigung mit Engeln des Meisters E. S. nach (Abb. 110/1), zum anderen zeigt sich der Einfluß niederländischer Tafelmalerei, die Schongauer Anfang der siebziger Jahre auf seiner Wanderschaft sah (Abb. 110/2). Sprechen diese Kriterien eher für eine frühe Entstehungszeit, so weisen die Scheibennimben mit vierfachem Rand sowie die ruhige, klare Komposition auf die spätere Folge der quadratischen Kupferstiche (Kat. 114–118).
Zahlreiche Kopien sowohl in der Druckgraphik als auch in der Tafelmalerei und Skulptur bezeugen den künstlerischen Einfluß dieses Druckes. So könnte neben anderen Vorlagen dem Meister des Hohenlandenberger Altars bei der Darstellung seiner Kreuzigung (Kat. 184) auch dieser Stich Schongauers gedient haben.

D.S.

Lit.: Bartsch, Bd. 6, 1808, Nr. 25 – Lehrs, Bd. 5, 1925, Nr. 14 – Ausst. Kat. Washington 1967/68, Nr. 46 – Shestack 1969, Nr. 17 – Ausst. Kat. Ludwigshafen 1980, Nr. 33 – Bosch 1982, S. 635, Abb. 9 – Ausst. Kat. Berlin 1991, Nr. 11 – Ausst. Kat. Colmar 1991, Nr. K. 25 – Ausst. Kat. München 1991, Nr. 14 – Ausst. Kat. Paris 1991/92, Nr. 15 – Ausst. Kat. Paris 1991/92 (Rothschild), Nr. 28 – Ill. Bartsch, Bd. 8, Teil 1, 1996, Nr.0801.014 – Stogdon 1996, Nr. 7 – Erb 1997, S. 85f. und S. 215f., Nr. 67 – Hollstein, German, Bd. 49, 1999, Nr. 14.

110/1 Meister E. S., *Die Kreuzigung,* Kupferstich

110/2 Rogier van der Weyden, *Die Kreuzigung,* 1435–40, Wien, Kunsthistorisches Museum

111

Martin Schongauer (ca. 1450–1491)

Christus als Schmerzensmann zwischen Maria und Johannes

Bez. u. M. mit dem Monogramm
Kupferstich; 19,4 x 15,4 cm (Einf. des Fensters)
Wien, Graphische Sammlung Albertina

Darstellungen des *Schmerzensmannes* gehören zu den reinen Andachtsbildern des späten Mittelalters, deren außerbiblisches Thema des verstorbenen, seine Wundmale zeigenden Christus den Betrachter zum Mitleid, zur *compassio*, aufrufen sollte (siehe auch Kat. 28, 34, 235). Schongauer schuf auch in diesem Werk eine neuartige Form des Darstellungstypus, indem er in einer spitzbogigen Fensternische den bereits verstorbenen, wieder auferstandenen Christus zwischen Maria und Johannes zeigt, wie man die Personengruppe etwa aus der Kreuzigung (Kat. 110) und der Grablegung kannte. Eine Vorlage scheint der Künstler in Rogier van der Weydens Triptychon des Jean de Braque gefunden zu haben, auf dessen Mitteltafel der segnende Christus zwischen seiner Mutter und seinem Lieblingsjünger in Halbfigur wiedergegeben ist (Abb. 89/1). Eine Zeichnung von Schongauers Hand nach der Figur des Heilands auf der Mitteltafel des Altars befindet sich heute in Florenz (Kat. 89).

Der Mantelzipfel Mariens auf der Fensterbrüstung sowie der tiefschwarze Hintergrund in der Nische, der nur im oberen Bereich mit den himmlischen Engelsfiguren aufgehellt wird, suggerieren dem Betrachter, in eine Fensteröffnung zu schauen, wo er das visionäre Bild wahrnimmt (vgl. auch Kat. 216). Tilman Falk interpretiert daher das Blatt auch als Darstellung einer Sakramentsnische, in der – wie in den reicher ausgeführten Sakramentshäusern – die Gefäße für das Abendmahl aufbewahrt wurden. Darstellungen des Schmerzensmannes wurden oftmals zur Ausschmückung solcher Nischen in Form von Malereien oder Reliefs angebracht. Das auffallende Motiv des aus der Seitenwunde sickernden Blutes Christi unterstreicht dabei den eucharistischen Zusammenhang.[1]

Das Wiener Blatt zeigt den zweiten Zustand des Stiches mit dem Monogramm Schongauers auf der Fensterbrüstung. Im ersten Zustand der Darstellung, die zu den frühesten Werken Schongauers im Kupferstich gezählt wird, befindet sich das Monogramm noch auf einer Mauerpartie

111

unterhalb der Fensteröffnung und zeigt das steilschenklige »M«. Der Künstler hat dementsprechend höchstwahrscheinlich selbst in einer späteren Schaffensphase die stark abgenutzte Platte noch einmal überarbeitet und neu signiert.

D. S.

1 Ausst. Kat. München 1991, S. 108.

Lit.: Bartsch, Bd. 6, 1808, Nr. 69 – Lehrs, Bd. 5, 1925, Nr. 34 – Shestack 1969, Nr. 2 – Ausst. Kat. Ludwigshafen 1980, Nr. 35 – Ausst. Kat. Colmar 1991, Nr. K. 11 – Ausst. Kat. München 1991, Nr. 34 – Ausst. Kat. Paris 1991/92, Nr. 2 – Ill. Bartsch, Bd. 8, Teil 1, 1996, Nr. 0801.034 – Hollstein, German, Bd. 49, 1999, Nr. 34.

112

Martin Schongauer (ca. 1450–1491)

Die Heilige Veronika

Bez. u. M. mit dem Monogramm
Kupferstich; 8,8 x 6,0 cm (Einf.)
Nürnberg, Germanisches Nationalmuseum, Graphische Sammlung

Der Legende nach begleitete die Heilige Veronika Christus auf seinem Weg zur Kreuzigung nach Golgatha und trocknete ihm mit einem Tuch Schweiß und Blut vom Gesicht. Durch ein Wunder blieb dabei das Abbild des Antlitzes Christi auf dem Stoff haften. Dieses »wahre Bild« Christi, lateinisch *vera ikon*, verlieh der Heiligen ihren Namen. Die Geschichten um Veronika sind unterschiedlich und zahlreich. In der *Legenda aurea* berichtet Jacobus de Voragine, daß sie nach Rom gegangen sei und dort Kaiser Tiberius durch die Berührung mit dem Tuch, dem *Sudarium,* geheilt habe. Heute gehört es zu den Reliquien der Peterskirche.
Seit etwa 1300 wurde Veronikas Begegnung mit Christus in die Mysterienspiele integriert, später wurde ihre barmherzige Tat mit dem darauf-

112

113

folgenden Wunder zu einem Bild innerhalb der Passionsfolge. Auch Schongauer stellte die Erzählung in seiner Passion Christi als bewegende Szene dar (Kat. 107h). Schließlich konnte auch die Heilige isoliert aus dem szenischen Zusammenhang oder sogar das Antlitz Christi allein als Andachtsbild dargestellt werden (vgl. Kat. 13, 136). Der fromme Betrachter glaubte, auf diesen Bildern in das wahre Gesicht Christi zu blicken, und der Volksglaube besagte, daß man an einem solchen Tage vor einem gewaltsamen Tode geschützt sei. Dieser Glaube verdeutlicht auch die Popularität solch kleinformatiger Andachtsbilder, die dem Besitzer mit einem Blick Schutz gewährten und vielseitig, beispielsweise in Büchern, aufbewahrt werden konnten.

Schongauer wurde bei seiner Darstellung von seinem Vorläufer, dem Meister E. S., beeinflußt, von dem vier kleine Veronika-Stiche überliefert sind. Einer zeigt die Heilige ebenfalls mit einem orientalisch anmutenden Turban und das Gesicht Christi um ein Vielfaches größer als das der Veronika (Kat. 71). Ein Vergleich beider Stiche verdeutlicht Schongauers darstellerische Kraft im emotionalen und geistigen Ausdruck, der besonders in den fein herausgearbeiteten Physiognomien zum Tragen kommt.

Der Einfluß dieses kleinen Kupferstiches zeigt sich in zahlreichen Kopien nicht nur in der Graphik, sondern auch in der Goldschmiedekunst und in der Bauplastik, wo Lehrs eine freie Nachahmung im Relief des Hauptportals der Stiftskirche zu Baden-Baden entdeckte.[1]

D. S.

1 Lehrs, Bd. 5, 1925, S. 297. Ein interessanter Druck für die Werkstatt eines Goldschmiedes zeigt auf einem Musterblatt die seitenverkehrte Kopie von Schongauers Veronika gemeinsam mit anderen ornamentalen und figürlichen Darstellungen, u. a. von Israhel van Meckenem und Albrecht Dürer, Abb. bei Ill. Bartsch, Bd. 8, Teil 1, 1996, S. 217.

Lit.: Bartsch, Bd. 6, 1808, Nr. 66 – Lehrs, Bd. 5, 1925, Nr. 71 – Ausst. Kat. Washington 1967/68, Nr. 80 – Shestack 1969, Nr. 65 – Minott 1971, S. 47f. – Ausst. Kat. Colmar 1991, Nr. K. 72 – Ausst. Kat. München 1991, Nr. 71 – Ausst. Kat. Paris 1991/92, Nr. 59 – Ill. Bartsch, Bd. 8, Teil 1, 1996, Nr. 0801.071 – Hollstein, German, Bd. 49, 1999, Nr. 71.

113

Martin Schongauer (ca. 1450–1491)

Segnendes Christuskind

Bez. u. M. mit dem Monogramm
Kupferstich; 8,8 x 6,1 cm (Einf.)
Paris, Bibliothèque Nationale

Darstellungen des segnenden Christuskindes waren zur Zeit des Frühdruckes besonders im Elsaß beliebt als Neujahrsgrüße oder Glückwünsche für Freunde oder Verwandte. Ein weiteres Beispiel für kleine Stiche dieser Art bildet das Christuskind des Meisters E. S., umringt von Leidenswerkzeugen als Hinweis auf seine spätere Passion (Kat. 55). Schongauer reduziert sein kleines Andachtsbild ganz bewußt auf die Einzelfigur des Kindes, dessen Kreuzblumen-Nimbus allein auf den künftigen Opfertod hinweist. Die Erdkugel zeichnet den Knaben als Weltherrscher aus, während die naturalistische Wiedergabe des properen Kleinkindkörpers seine Menschlichkeit verdeutlicht. Segnend erhebt er die Rechte, während der aufflatternde Gewandzipfel darunter die Lebendigkeit der geschwungenen Figur unterstreicht.

D. S.

Lit.: Bartsch, Bd. 6, 1808, Nr. 67 – Lehrs, Bd.5, 1925, Nr. 31 – Shestack 1969, Nr. 42 – Minott 1971, S. 43 – Ausst. Kat. Colmar 1991, Nr. K. 68 – Ausst. Kat. München 1991, Nr. 31 – Ausst. Kat. Paris 1991/92, Nr. 60 – Ill. Bartsch, Bd. 8, Teil 1, 1996, Nr. 0801.031 – Hollstein, German, Bd. 49, 1999, Nr. 31.

114

114
Martin Schongauer (ca. 1450–1491)
Die Geburt Christi
Bez. u. M. mit dem Monogramm
Kupferstich; 15,7 x 15,8 cm (Einf.)
Braunschweig, Herzog Anton Ulrich-Museum

Die Geburt Christi wurde von Schongauer zweimal in Kupfer gestochen (siehe Kat. 102). Während die erste auf Grund ihres niederländischen Einflusses und ihrer erzählerischen Dichte zum Frühwerk des Künstlers gezählt wird, scheint das vorliegende Werk in die Spätzeit seines Schaffens um 1480–1490 zu weisen: Gemeinsam mit vier anderen Stichen ähnlichen quadratischen Formates, die eventuell zu einer Folge gehören (Kat. 115–118), entwickeln sich in dieser Spätphase Komposition, Erzählweise und Stil zu einer neuen Monumentalität, die sich durch einen reduzierten Aufbau und eine Konzentration auf das zentrale Thema auszeichnet. Maria erscheint im Zentrum des Quadrates als monumentale Figur, die kniend das Kind anbetet, das – wie auf dem frühen Stich – vor ihr auf einem Zipfel ihres Gewandes liegt. Ihre gekreuzten Arme wiederholen in der Mittelsenkrechte des Bildes das Kreuz der roh behauenen Stämme, die notdürftig das zerfallene Stallgebäude befestigen, die Scheibe des Heiligenscheines hinterfängt ihr jungfräuliches Gesicht. Joseph erscheint nur noch im Hintergrund, wie er sich der *Legenda aurea* folgend mit einer Hebamme dem Geschehen nähert. In einer summarisch angelegten Landschaft wird die Verkündigung an die Hirten nur angedeutet. Das erzählerische Moment und die detaillierte Schilderung der realistischen Umgebung, die Schongauers frühen Stich der Geburt Christi auszeichnen, wurden hier in den Hintergrund gedrängt. Dennoch offenbaren Details wie der knorrige Stamm, an dessen Astgabel die Diagonalstreben mit einem Seil befestigt sind, und die vereinzelt auf dem Erdboden liegenden Steine die akribische Naturbeobachtung des Künstlers. Die schlichten Mauern jedoch, die die Anbetungsszene hinterfangen, verdeutlichen in ihrer nüchternen Wiedergabe, ihrer straffen Linienführung und ihren unabgestuften Helligkeitswerten die Fokussierung auf das eigentliche Geschehen der Anbetung. Die meisterliche Stechkunst Schongauers manifestiert sich unter anderem im Strohbündel unter dem nackten Kind, dessen strahlenförmige Häufung an den mystischen Strahlenkranz aus der Birgittinischen Vision (siehe Kat. 102) erinnert. In an- und abschwellenden Linien wird die Plastizität eines aufgehäuften Heubündels evoziert, dessen Halme wie mit freier Hand rasch hinskizziert scheinen und keinen Hinweis auf die kraftaufwendige Arbeit des tiefen Eingrabens vom Stichel in die Metallplatte geben.
Dieses Blatt wurde, wie schon die erste Darstellung desselben Themas (Kat. 102), bald geschätzt und vielfach kopiert und rezipiert. In der Graphiksammlung des Nürnberger Humanisten Hartmann Schedel (1440–1515) befand sich ebenfalls eine Kopie des Stiches, die vom Kopisten oder sogar dem gelehrten Sammler selbst koloriert wurde.[1] Das Tafelgemälde eines Nachfolgers, das Teilmotive aus anderen Bildfindungen Schongauers übernimmt, zeigt im Hintergrund das erzählerische Motiv Josephs und der Hebamme (Kat. 82).

D. S.

1 Ausst. Kat. München 1990, Kat. Nr. 9, Tafel 3 – Ausst. Kat. Berlin 1991, S. 86.

Lit.: Bartsch, Bd. 6, 1808, Nr. 5 – Lehrs, Bd. 5, 1925, Nr. 4 – Shestack 1969, Nr. 99 – Ausst. Kat. Ludwigshafen 1980, Nr. 14 – Ausst. Kat. Würzburg/Schweinfurt 1985/86, Nr. S-27 – Ausst. Kat. Berlin 1991, Nr. 4 – Ausst. Kat. Colmar 1991, Nr. K. 12 – Ausst. Kat. München 1991, Nr. 4 – Ausst. Kat. Paris 1991/92, Nr. 27 – Ausst. Kat. Paris 1991/92 (Rothschild), Nr. 32 – Ill. Bartsch, Bd. 8, Teil 1, 1996, Nr. 4 – Stogdon 1996, Nr. 2 – Erb 1997, S. 91f. – Hollstein, German, Bd. 49, 1999, Nr. 4.

115
Martin Schongauer (ca. 1450–1491)
Die Taufe Christi im Jordan
Bez. u. M. mit dem Monogramm
Kupferstich; 15,8 x 15,8 cm (Einf.)
Karlsruhe, Staatliche Kunsthalle Karlsruhe, Kupferstichkabinett

In der differenzierten Darstellung des landschaftlichen Hintergrundes, der nahsichtigen Wiedergabe der großformatig ins Bild gesetzten Figuren und der verhaltenen Stimmung entspricht dieser Stich dem wohl etwa gleichzeitig entstandenen *Noli me tangere* (Kat. 116). Beide Blätter gehören zu den fünf quadratischen, annähernd gleich großen Stichen, die für Teile eines Zyklus' über das Leben Christi aus dem Spätwerk Schongauers gehalten wurden (Kat. 114–118). Doch liefert auch hier eine datierte Motivkopie den Hinweis darauf, daß die Datierung nicht allzu spät, sondern vor 1481 angesetzt werden muß (siehe dazu auch Kat. 117). Denn der assistierende Engel wurde vom Meister A. G. (siehe auch Kat. 135) zu einem schildhaltenden Engel eines bischöflichen Wappens umgewandelt, das in ein 1481 datiertes Missale gehört.[1] Die Figur des Engels wird zwar in den Evangelienberichten über die Taufe Christi durch Johannes (Matth. 3,13–17; Mark. 1,9–11; Lukas 3,21–22; Joh. 1,32–34) nicht erwähnt, gehört jedoch zum ikonographischen Schema, wie ein Stich des Meisters E. S. zeigt, den Schongauer sicherlich gekannt haben wird (Abb. 46/1). Erklärt wird der Engel als Assistenzfigur durch die bei einer Taufzeremonie real

115

116

anwesende Figur des Diakons, der dem Priester bei der Liturgie assistierte und dem Täufling nach der vollzogenen Taufe ein weißes Gewand umlegte.[2] Dem Betrachter wird so das biblische Geschehen seiner eigenen religiösen Praxis angenähert.

Die lebendige Darstellung des fließenden Wassers im Jordan, das in den spiegelglatten, weiten See im Hintergrund mündet, erinnert an die biblische Metaphorik vom »lebendigen Wasser« als Sinnbild des Glaubens (Joh. 7, 38; Apk. 22, 1).[3] Neben der atmosphärischen Landschaftswiedergabe zeichnet sich der Stich durch seine zarte Modellierung der idealisierten, femininen Gesichter aus, deren Schönheitsideal für Schongauers Werke nach etwa 1475 charakteristisch ist. Die plastische Darstellung des nackten Oberkörpers Christi spricht sogar für ein detailliertes Aktstudium nach dem lebenden Modell. Naturnahe Schilderungen und schönlinige Idealisierungen werden eingebettet in eine feierliche Stimmung, die von den andächtigen Figuren mit ihren deutlichen Gesten, jedoch gemessenen Bewegungen ausgestrahlt wird. Ein verinnerlichter Ausdruck von friedvoller Erlösung liegt auf ihren ernsten Gesichtern.

Die Darstellung der Taufe Christi in der Sammelhandschrift des Rudolf Stahel von kurz vor 1496 (Kat. 218) zeigt eine deutliche Anlehnung an Schongauers Kupferstich.

D. S.

1 Lehrs, Bd. 5, 1925, S. 67.
2 Ausst. Kat. Paris 1991/92, S. 158.
3 Ausst. Kat. Berlin 1991, S. 87.

Lit.: Bartsch, Bd. 6, 1808, Nr. 8 – Lehrs, Bd. 5, 1925, Nr. 8 – Ausst. Kat. Washington 1967/68, Nr. 67 – Shestack 1969, Nr. 97 – Minott 1971, S. 38 – Ausst. Kat. Coburg 1975/76, Nr. 20 – Ausst. Kat. Ludwigshafen 1980, Nr. 17 – Ausst. Kat. Berlin 1991, Nr. 5 – Ausst. Kat. Colmar 1991, Nr. K. 16 – Ausst. Kat. München 1991, Nr. 8 – Ausst. Kat. Paris 1991/92, Nr. 28 – Ausst. Kat. Karlsruhe 1992a, Nr. 50 – Ill. Bartsch, Bd. 8, Teil 1, 1996, Nr. 0801.008 – Hollstein, German, Bd. 49, 1999, Nr. 8.

116

Martin Schongauer (ca. 1450–1491)

Noli me tangere

Bez. u. M. mit dem Monogramm
Kupferstich; 16,1 x 15,8 cm (Blatt, beschnitten)
Karlsruhe, Staatliche Kunsthalle Karlsruhe, Kupferstichkabinett

Gemeinsam mit vier anderen Stichen gleichen Formats gehört vorliegende Szene zu einer Folge von Darstellungen aus dem Leben Christi (Kat. 114–118), welche aus stilistischen Gründen meist in das Spätwerk des Künstlers datiert wird. Die Begegnung Maria Magdalenas mit dem auferstandenen Christus wird geschildert bei Johannes 20, 11–18. Sie ist die erste, der sich Christus nach seinem Tod als Auferstandener zeigt, als sie weinend vor dem leeren Grab steht. Doch erkennt sie ihn zunächst nicht und hält ihn für den Gärtner. Erst als er sie mit ihrem Namen anspricht, begreift sie, was geschehen ist und vergegenwärtigt ihren Meister. Doch gebietet Christus ihr, sie nicht zu berühren, da er noch nicht zum Vater aufgefahren sei, und trägt ihr auf, zu seinen Jüngern zu gehen und ihnen von seiner Auferstehung zu berichten.

In der Beschränkung des Geschehens auf die beiden Hauptpersonen orientiert sich Schongauer an der Darstellung des Meisters E. S. (Kat. 54), doch zeigt er Christus hier nicht mehr mit der Schaufel als Gärtner, sondern mit der Kreuzfahne und den Wundmalen als Siegeszeichen der Auferstehung. Mit einer mehrdeutigen Geste wendet er sich Maria zu, die abweisend (»Rühre mich nicht an!«), auffordernd oder beruhigend gemeint sein kann. Maria Magdalena ihrerseits, mit dem Salbgefäß auf einer leichten Bodenerhöhung kniend, greift mit bestürztem Blick ins Leere, während sie sich nervös ihr Gewand um das offene Haar festhält. In einer einfachen, perfekt ausgewogenen Komposition der beiden monumentalen und anmutigen Figuren vermag Schongauer den psychologischen Moment des Schmerzes und der Bestürzung Magdalenas über den

117

118

Tod Christi feierlich und zugleich anrührend zu schildern: Die beiden Hände, die sich nicht berühren können, liegen in der senkrechten Mittelachse des Bildes, gerahmt vom Salbgefäß vorn und dem kahlen Baum im Mittelgrund (vgl. zum Baum auch Kat. 98, 110, 116, 125). Die fein ausgeführten Physiognomien der Gesichter, deren Blicke einander zugewandt und doch Welten voneinander entfernt sind, vermitteln die innige Beziehung zwischen Christus und Magdalena. Ein gartenähnlicher Weidenzaun trennt den vorderen, dunkler gehaltenen Bereich vom lichten Hintergrund, der in zarter, freier Skizzierung eine duftige Landschaft zeigt. Der zentrale Gedanke des christlichen Glaubens, durch Christi Auferstehung erlöst zu werden, erhält in diesem Bild eine zutiefst menschliche Dimension.

Eine abgewandelte Version desselben Themas zeigt die entsprechende Tafel des Dominikaner-Altars aus dem Umkreis Schongauers, auf der sich Christus jedoch schon von Magdalena abwendet und noch über die Schulter zu ihr zurückblickt.[1]

Den Einfluß dieses Stiches auf die nächsten Künstlergenerationen zeigt unter anderem ein Relief des Münnerstädter Altars von Tilman Riemenschneider, heute in Berlin.[2]

D. S.

1 Farbabbildung im Ausst. Kat. Colmar 1991, S. 77.

2 Jan Nicolaisen: Die Verwendung der Kupferstiche Martin Schongauers in der Schnitzwerkstatt Tilman Riemenschneiders, in: Coll. Colmar 1991, S. 264.

Lit.: Bartsch, Bd. 6, 1808. Nr. 26 – Lehrs, Bd. 5, 1925, Nr. 15 – Ausst. Kat. Washington 1967/68, Nr. 77 – Shestack 1969, Nr. 98 – Minott 1971, S. 38ff. – Ausst. Kat. Ludwigshafen 1980, Nr. 34 – Ausst. Kat. Berlin 1991, Nr. 6 – Ausst. Kat. Colmar 1991, Nr. K. 17 – Ausst. Kat. München 1991, Nr. 15 – Ausst. Kat. Paris 1991, Nr. 29 – Ausst. Kat. Karlsruhe 1992a, Nr. 51 – Ill. Bartsch, Bd. 8, Teil 1, 1996, Nr. 0801.015 – Hollstein, German, Bd. 49, 1999, Nr. 15.

117

Martin Schongauer (ca. 1450–1491)

Christus krönt Maria

Bez. u. M. mit dem Monogramm
Kupferstich; 16,1 x 15,6 cm (Einf.)
Karlsruhe, Staatliche Kunsthalle Karlsruhe, Kupferstichkabinett

Gemeinsam mit der *Segnung Mariens* (Kat. 118) gehört die Krönung der Gottesmutter zu einer Folge von fünf annähernd gleich großen, quadratischen Stichen (Kat. 114–118) über das Leben Christi. Die Erzählung über die Erhöhung der Gottesmutter auf den Thron Gottes stammt nicht aus der Bibel, sondern aus apokryphen Texten, die im 13. Jahrhundert durch die *Legenda aurea* des Jacobus de Voragine popularisiert wurden. Besonders auf den Bogenfeldern der französischen Kathedralen (Paris, Reims, Senlis) war die Darstellung beliebt, um Maria in ihrer Rolle als *Ecclesia*, als Kirche, zu veranschaulichen. Allerdings wurden Krönung und Segnung in einer Darstellung miteinander verbunden, während Schongauer die Aktionen getrennt auf zwei Stichen darstellt. Im 15. Jahrhundert bildeten sowohl die Krönung als auch die Segnung Mariens wichtige Bestandteile von Zyklen des Marienlebens und wurden in der Buchmalerei häufig als Schlußminiaturen vom Marienoffizium der Stundenbücher eingesetzt (siehe dazu auch die Rezeption dieses Stiches in einer Straßburger Buchmalerei aus dem Anfang des 16. Jahrhunderts, Kat. 219).[1] Schongauer bedient sich bei seiner Komposition eines zu seiner Zeit bereits altertümlichen Typus, der sich lediglich auf Maria und Christus beschränkt, statt die im 15. Jahrhundert üblichen drei Personen Christus, Maria und Gottvater darzustellen. Doch lassen die kaiserliche Bügelkrone auf Christi Haupt, sein kraftvoller Strahlennimbus sowie Zepter und Weltkugel auf eine Darstellung Gottes und Christi in einer Person schließen.[2]

Nach wie vor umstritten ist die Datierung dieses Stiches, der durch seinen klaren Aufbau und seine strichtechnisch sichere Schraffur zum beginnenden Spätwerk gezählt werden könnte. Stogdon jedoch plädiert auf Grund seiner Papieranalysen für ein frühes Werk, die von ihm studierten Wasserzeichen weisen auf eine Zeit um 1474. Auch eine illuminierte Kopie des Stiches in einem 1465–1475 entstandenen Stundenbuch unterstützt eine frühe Datierung.[3] Sehr ähnlich in der Komposition erscheint die gemalte Krönung Mariens auf den Flügelaußenseiten des Dominikaner-Altars von Colmar aus dem Umkreis Schongauers.[4]
Charakteristisch für den Künstler ist nicht nur der annähernd symmetrische Aufbau des Bildes, der die gemessene Feierlichkeit der Szene unterstützt, sondern die liebenswürdig geschilderte Engelsfigur, die für Maria ein Kissen auf der Thronbank zurechtrückt. Würdevolle Heiligkeit und lebendige Erzählung werden so zu einer wirkungsvollen Darstellung verknüpft, die dem andächtigen Betrachter eine Mischung von Nähe und Distanz bietet.

D. S.

1 Dazu Ausst. Kat. Berlin 1991, S. 88f. und Ill. Bartsch, Bd. 8, Teil 1, 1996, S. 69.
2 Ausst. Kat. München 1991, S. 72ff.
3 Bibliothek des Escorial, Madrid, Ms Vit. 10 iii.e.2, folio 197 verso, Abb. bei Bosch 1982, S. 634.
4 Abb. im Ausst. Kat. Colmar 1991, S. 77.

Lit.: Bartsch, Bd. 6, 1808, Nr. 72 – Lehrs, Bd. 5, 1925, Nr. 17 – Shestack 1969, Nr. 101 – Minott 1971, S. 40 – Ausst. Kat. Coburg 1975/76, Nr. 21 – Ausst. Kat. Ludwigshafen 1980, Nr. 39 – Bosch 1982, S. 633f. – Ausst. Kat. Berlin 1991, Nr. 7 – Ausst. Kat. Colmar 1991, Nr. K. 13 – Ausst. Kat. München 1991, Nr. 17 – Ausst. Kat. Paris 1991/92, Nr. 25 – Ausst. Kat. Karlsruhe 1992a, Nr. 52 – Ill. Bartsch, Bd. 8, Teil 1, 1996, Nr. 0801.017 – Stogdon 1996, Nr. 8 – Hollstein, German, Bd. 49, 1999, Nr. 17.

118/1
Martin Schongauer,
Thronender Christus,
Kupferstich

118

Martin Schongauer (ca. 1450–1491)

Christus segnet Maria

Bez. u. M. mit dem Monogramm
Kupferstich; 16,0 x 15,5 cm (Einf.)
Karlsruhe, Staatliche Kunsthalle Karlsruhe, Kupferstichkabinett

Die Segnung Mariens steht in unmittelbarem Zusammenhang mit der Darstellung ihrer Krönung (Kat. 117). Sie wird meist um 1480/90 datiert, doch könnte die frühe Datierung der Marienkrönung auch an ein früheres Datum für die Segnung denken lassen. Auf diesem Blatt trägt die Gottesmutter bereits ihre Krone auf dem Haupt und hat auf der Thronbank neben ihrem Sohn Platz genommen. Mit demütig gesenktem Kopf wendet sie sich betend Christus zu, der segnend seine Rechte hebt.
Eine lange Tradition begleitet die Vorstellung von Maria als Himmelskönigin, die nach ihrer Himmelfahrt von ihrem Sohn gekrönt wird und nicht nur als Helferin Christi und Mittlerin der Gnade galt, sondern auch als Braut, als *Sponsa* Christi. Das Motiv der Braut stammt aus dem Hohelied und steht als Bild der Ehe symbolisch für die Vereinigung der Kirche und des gläubigen Volkes in Liebe und Treue mit Gott. Christus und seine Kirche werden so als Bräutigam und Braut gesehen.
Schongauers Komposition zeichnet sich durch eine deutlich sichtbare Geometrie aus, der ein achsensymmetrischer Plan zugrunde liegt. Die Thronbank füllt die gesamte Bildbreite und wird gerahmt von den halbhohen Thronwangen, deren Ränder gleichzeitig als Bildrahmung fungieren. Die Rückwand, die in der Krönung noch durch ein kostbares Brokattuch gebildet wird, öffnet sich hier in einem kreisrunden Maßwerkfenster, dessen Form in der vorspringenden Sockelzone wiederholt wird. Drei Engel schauen durch das runde Fenster herein. Auch ihre Anordnung und Flügelstellungen entsprechen der kompositionellen Achsensymmetrie. Der mittlere Engel blickt mit betend vor der Brust gekreuzten Händen (siehe auch Kat. 114) appellativ auf den Betrachter. Der ruhige und harmonische Aufbau macht aus dem Stich ein feierliches Andachtsbild, in dem der Künstler auf seine übliche erzählerische Lebendigkeit verzichtet.
Sowohl die achsensymmetrische Komposition als auch die Gestalt des thronenden, segnenden Christus, der wie in der Marienkrönung (Kat. 117) gleichzeitig Gottvater darstellen kann, ähnelt dem Stich des Thronenden Christus (Abb. 118/1), der auch mit den klugen und törichten Jungfrauen in Verbindung gebracht wird (Kat. 119).

D. S.

Lit.: Bartsch, Bd. 6, 1808, Nr. 71 – Lehrs, Bd. 5, 1925, Nr. 18 – Ausst. Kat. Washington 1967/68, Nr. 75 – Shestack 1969, Nr. 102 – Minott 1971, S. 40 – Ausst. Kat. Würzburg/Schweinfurt 1985/86, Nr. S-34 – Ausst. Kat. Berlin 1991, Nr. 8 – Ausst. Kat. Colmar 1991, Nr. K. 14 – Ausst. Kat. München 1991, Nr. 18 – Ausst. Kat. Paris 1991/92, Nr. 26 – Ausst. Kat. Karlsruhe 1992a, Nr. 53 – Ausst. Kat. Schwäbisch-Hall 1992/93, Nr. 7 – Ill. Bartsch, Bd. 8, Teil 1, 1996, Nr. 0801.018 – Stogdon 1996, Nr. 9 – Ausst. Kat. Ravensburg 1996/97, Nr. 4 – Hollstein, German, Bd. 49, 1999, Nr. 18.

119a

119b

119a

Martin Schongauer (ca. 1450–1491)

Kluge Jungfrau

Bez. u. M. mit dem Monogramm
Kupferstich; 12,1 x 8,5 cm (Einf.)
Budapest, Szépművészeti Múzeum

Das Gleichnis der fünf klugen und fünf törichten Jungfrauen wird bei Matthäus 25,1–13 berichtet und wurde von jeher als Metapher für das Jüngste Gericht verstanden. Jesus erzählt von zehn Jungfrauen, die auf die Ankunft des Bräutigams warten. Fünf von ihnen nehmen vorausschauend für ihre Lampen genügend Öl mit, während die anderen fünf dem Ereignis unvorbereitet entgegengehen. Als nun nach langem Warten der Bräutigam kommt, fehlt den törichten Jungfrauen für ihre Lampen das nötige Öl, und nachdem sie dieses besorgt haben und wiederkommen, ist die Tür bereits verschlossen. Sie werden abgewiesen mit den Worten: »Wahrlich, ich sage euch: Ich kenne euch nicht. Darum wachet! Denn ihr wißt weder Tag noch Stunde« (Matth. 25,12–13).

Als Mahnung für den Gläubigen, jederzeit für den Jüngsten Tag gewappnet zu sein, wurden Figuren der klugen und törichten Jungfrauen schon im 12. Jahrhundert an Kirchenportalen angebracht, wo sie zum Programm des Weltenrichters gehörten.[1] Zu den berühmtesten Jungfrauen innerhalb der Portalskulptur gehören die Statuen an der Westfassade des Straßburger Münsters, die Schongauer sicherlich vertraut gewesen sind. Vorliegende Darstellung einer klugen Jungfrau mit brennender Öllampe und Brautkranz im Haar stammt aus einer Folge von zehn Einzeldarstellungen der klugen und törichten Jungfrauen, denen im Medium des Kupferstichs erstmals eine so herausragende Bedeutung beigemessen wurde. Ähnlich wie in Schongauers Verkündigung, aufgeteilt auf zwei Blätter (Kat. 100–101), scheint er sich bei der Jungfrauen-Folge von monumentalen Medien wie der Portalskulptur oder der Wandmalerei inspiriert haben zu lassen, um die bekannten Motive in den kleinformatigen und nahsichtigen Kupferstich zu übersetzen. Während sich die fünf klugen Jungfrauen, deren erste das Budapester Blatt zeigt, nach rechts bewegen, wurden die törichten Jungfrauen im Gegensinn so komponiert, daß sich die beiden Parteien in einer Zusammenschau der zehn Blätter wie in einer Prozession aufeinanderzubewegen.[2] Die Darstellung eines zusammengehörigen Themas auf mehrere Blätter verleiht dabei nicht nur der Einzelfigur eine größere Bedeutung, sondern versprach sicherlich auch auf dem Absatzmarkt eine größere Einnahmequelle.

Zahlreiche Kopien und Varianten belegen den enormen künstlerischen Einfluß der Schongauerschen Vorlagen. Drei unmittelbare Nachfolger, der Meister AG (siehe auch Kat. 135), der Meister ie und Israhel van Meckenem kopierten sogar die gesamte Folge der zehn Blätter.[3] Den anhaltenden Modellcharakter der Jungfrauen offenbaren noch die nachfolgenden Künstlergenerationen am Oberrhein vom Anfang des 16. Jahrhunderts mit Hans Holbein d. J., Niklaus Manuel Deutsch und Urs Graf.[4] Die Varianten von zehn modisch gekleideten jungen Frauen in unterschiedlichen Haltungen, Faltengebungen und emotionalem Ausdruck, die Schongauer mit seiner Jungfrauenfolge schuf, bildeten ein optimales Vorlagenrepertoire für sämtliche Kunstgattungen.

Die Komposition der Einzelfigur vor einem leeren Hintergrund, die systematische Schraffurtechnik sowie die feine Zeichnung der zarten Gesichter und der filigranen Haarlocken würden stilistisch auf späte Werke Schongauers schließen lassen, doch belegen Übernahmen von fünf Jungfrauen im 1483 datierten Wappenbuch des Konrad Grünenberg, die sie als Turnierköniginnen zeigen, eine Datierung zumindest an den Anfang der achtziger Jahre, wenn nicht früher.[5]

Das Karlsruher Blatt zeigt den zweiten Zustand der Druckplatte: Die Abnutzung der gestochenen Linien wird besonders deutlich in den feinen Gesichtszügen und dem Haaransatz mit Brautkranz. Neu hinzugefügt wurden ein Rad, das hinter der Figur erscheint, sowie ein Schwert in der Linken, mit dem die Jungfrau im ersten Zustand der Platte ausschließlich das Gewand hochschürzt. Beide Attribute kennzeichnen die Dargestellte nun als Heilige Katharina.

D. S.

1 Z. B. die *Galluspforte* des Basler Münsters von ca. 1180, siehe dazu Anderson 1987, S. 105f.
2 Minott 1971, S. 48, vermutet als zentralen Ankerpunkt der Gesamtfolge den Stich des Thronenden Heilands (Abb. 118/1). Dazu Ausst. Kat. München 1991, S. 172.
3 Ebd., S. 104.
4 Ebd., S. 107ff.
5 Lehrs, Bd. 5, 1925, S. 307. München, Bayerische Staatsbibliothek, MS Cgm 145. Laut Stogdon 1996, Nr. 26, müsse der Stich viel früher als das gemeinhin angenommene »um 1480« datiert werden.

Lit.: Bartsch, Bd. 6, 1808, Nr 77 – Lehrs, Bd. 5, 1925, Nr. 76 I und II – Ausst. Kat. Washington 1967/68, Nr. 101 – Shestack 1969, Nr. 79 – Minott 1971, S. 48 – Ausst. Kat. Ludwigshafen 1980, Nr. 45 – Ausst. Kat. Berlin 1991, Nr. 23-1 – Ausst. Kat. Colmar 1991, Nr. 45 – Ausst. Kat. Paris 1991/92, Nr. 70 – Ausst. Kat. Karlsruhe 1992a, Nr. 47 – Christiane Anderson: Kluge und törichte Jungfrauen und ihre Nachfolgerinnen in der Oberrheinischen Kunst, in: Coll. Colmar 1991, S. 103–113 – Ill. Bartsch, Bd. 8, Teil 1, 1996, Nr. 0801.076, S1 und S2 – Stogdon 1996, Nr. 26 – Hollstein, German, Bd. 49, 1999, Nr. 76 I und II.

119b

Martin Schongauer (ca. 1450–1491)

Kluge Jungfrau als Heilige Katharina

Bez. u. M. mit dem Monogramm
Kupferstich; 12,1 x 8,5 cm (Einf.)
Karlsruhe, Staatliche Kunsthalle Karlsruhe, Kupferstichkabinett

Siehe Kat. 119a

120

Martin Schongauer (ca. 1450–1491)

Der Heilige Martin

Bez. u. M. mit dem Monogramm
Kupferstich; 15,5 x 10,6 cm (Einf.)
Stuttgart, Staatsgalerie Stuttgart, Graphische Sammlung

Der Heilige Martin war nicht nur der Stadtpatron Colmars, für dessen dortige Hauptkirche Schongauer die *Madonna im Rosenhag* gemalt hatte (siehe Kat. 75), sondern auch der Namenspatron des Künstlers selbst. Nach seiner legendären Mantelspende im 4. Jahrhundert n. Chr. als Soldat in Amiens erschien Martin im Traum Christus, woraufhin er sich taufen ließ und später Bischof von Tours wurde. Als Beispiel der Nächstenliebe wurde er zu einem der meistverehrten Heiligen in Mitteleuropa.

Die Darstellung seines eigenen Namenspatrons gestaltet Schongauer mit einer ähnlichen Intensität und Eindrücklichkeit wie die Gestalt *Johannes des Täufers* (Kat. 121). Das anmutige Gesicht mit dem lockigen, durch eine kostbare Perlenschnur gehaltenen Haar offenbart gleichzeitig eine physische Präsenz und innere Beseelung, die beiden Heiligenfiguren eigen sind. Auch die Vielseitigkeit der verschiedenen Strichlagen und Schraffuren, die zur Charakterisierung der unterschiedlichen Oberflächen eingesetzt werden, läßt sowohl an die Figur *Johannes des Täufers* als auch an die Darstellung der *Anbetung der Könige* aus dem Marienzyklus denken (Kat. 103). So ähnelt die modische Kleidung Martins, die der eines Adligen aus dem 15. Jahrhundert entspricht, den wertvollen Gewändern der Könige: Die spitzen, ledernen Stulpenstiefel mit den Sporen und die eng anliegenden Beinlinge entsprechen der Kleidung des jungen Königs Balthasar. Martin trägt dazu ein enges, samtenes Wams, dessen schimmernde Oberfläche mit ähnlich nah aneinander liegenden, an- und abschwellenden Linien gestaltet wird wie der schwere Mantel des knienden Melchior. Ein weicher Pelzbesatz rahmt mit kurzen, spitzen Strichen den glänzenden Stoff.

Für die Legende des Heiligen war der schwere Stoff des weiten Mantels von besonderer Bedeutung. Kunstvoll legt er sich in Falten, während er von Martin so ausgebreitet und geteilt wird, daß er sich wie ein schützendes Zelt über die kauernde Gestalt des elenden Bettlers breitet. Schongauer beschreibt den entscheidenden Moment, in dem die Handlung der Nächstenliebe vollzogen wird. Er inszeniert dabei kunstvoll den spannungsvollen, ambivalenten Augenblick, der neben der karitativen Tat zugleich an eine Bedrohung denken lassen könnte, senkt sich das Schwert des Adligen doch direkt auf die in ihrer gesamten Gestalt als niedrigster Stand charakterisierte Bettlerfigur. Der Gegensatz der mildtätigen Handlung zu dem üblichen Machtverhältnis des schönen Adligen zum häßlichen Aussätzigen wird so auf den Punkt gebracht. Den abgezehrten und verkrüppelten Körper des Bettlers schildert er mit anatomischer Genauigkeit, sein fratzenhaftes Gesicht läßt den Anflug eines Lächelns erkennen, obwohl die Furcht noch nicht ganz verschwunden zu sein scheint. Sein niedrigerer Stand wird allein durch die Bedeutungsperspektive der beiden Protagonisten deutlich: Auch gesund und aufgerichtet würde der Bettler kaum bis an Martins Schultern reichen, dessen monumentale Erscheinung hingegen den Bildrahmen zu sprengen droht.

Auf Grund der stilistischen Zusammenhänge mit den Stichen der *Anbetung der Könige* und *Johannes des Täufers* wird die Datierung des *Heiligen Martin* um 1475 angesetzt. Der künstlerische Einfluß des Blattes wird durch zahlreiche Abwandlungen in unterschiedlichen Gattungen und fünf überlieferten Kopien deutlich, von denen eine Schongauers drei Darstellungen von *Stephanus* (Kat. 123), *Johannes dem Täufer* und *Martin* nebeneinander auf einer Platte zeigt.[1]

D. S.

1 Lehrs, Bd. 5, 1925, Nr. 59c.

Lit.: Bartsch, Bd. 6, 1808, Nr. 57 – Lehrs, Bd. 5, 1925, Nr. 62 – Ausst. Kat. Washington 1967/68, Nr. 47 – Shestack 1969, Nr. 15 – Minott 1971, S. 47 – Ausst. Kat. Stuttgart 1982/83, Nr. 12 – Ausst. Kat. Colmar 1991, Nr. K. 29 –Ausst. Kat. München 1991, Nr. 62 – Ausst. Paris 1991/92, Nr. 20 – Ausst. Kat. Paris 1991/92 (Rothschild), Nr. 54 – Ausst. Kat. Schwäbisch-Hall 1992/93, Nr. 8 – Ill. Bartsch, Bd. 8, Teil 1, 1996, Nr. 0801.062 – Hollstein, German, Bd. 49, 1999, Nr. 62.

121

Martin Schongauer (ca. 1450–1491)

Johannes der Täufer

Bez. u. M. mit dem Monogramm
Kupferstich; 15,2 x 10,4 cm (Blatt)
Stuttgart, Staatsgalerie Stuttgart, Graphische Sammlung

»Zu der Zeit kam Johannes der Täufer und predigte in der Wüste von Judäa und sprach: Tut Buße, denn das Himmelreich ist nahe gekommen! Denn dieser ist's, von dem der Prophet Jesaja gesprochen und gesagt hat (Jesaja 40,3): ›Es ist eine Stimme eines Predigers in der Wüste: Bereitet dem Herrn den Weg und macht eben seine Steige!‹ Er aber, Johannes, hatte ein Gewand aus Kamelhaaren an und einen ledernen Gürtel um seine Lenden; seine Speise aber waren Heuschrecken und wilder Honig« (Matth. 3,1–4).

120

121

Eindrücklich schildert Schongauer hier die abgezehrte Gestalt des letzten und größten Propheten Christi, seines Wegbereiters und Täufers (siehe auch Kat. 46, 115). Sein ausgemergelter Körper wird von dem in der Bibel erwähnten Gewand aus Kamelhaaren bedeckt, ein dicker Mantel, der scharf gebrochene Falten wirft, liegt darüber. Barfuß steht er auf einem kahlen Erdhügel der Wüstenei, in der er lebt. Struppige, verwilderte Haare umrahmen das von Entbehrungen gezeichnete Gesicht. Mit geöffnetem Mund schaut der Heilige geradeheraus auf den Betrachter und zeigt auf das Lamm, dessen Kreuz mit Siegesbanner auf den siegreichen Opfertod Christi deutet: »Am nächsten Tag sieht Johannes, daß Jesus zu ihm kommt, und spricht: Siehe, das ist Gottes Lamm, das der Welt Sünde trägt!« (Joh. 1,29)

Die verwahrloste äußere Erscheinung des Täufers unterstreicht seinen seherischen, verinnerlichten Blick: Er scheint den Betrachter anzusprechen und mit dem Hinweis auf Christus in Gestalt des Lammes zur Buße aufzufordern, wie er es in der Wüste von Judäa tat.

Innerhalb Schongauers großformatigen Einzelfiguren von Heiligen vor leerem Hintergrund (siehe auch Kat. 120, 122–124) gehört die Gestalt des Johannes sicherlich zu den eindrucksvollsten. Vorläufer für die Figur finden sich in der niederländischen Kunst Robert Campins und Rogier van der Weydens.[1] Die Ähnlichkeit des Heiligen mit dem mittleren König der *Anbetung* (Kat. 103) sowie die stilistische Nähe zur Figur des *Heiligen Martin* (Kat. 120), die Art der Faltenbildung und die unregelmäßigen Schraffuren lassen an eine Datierung um 1475 denken.

D. S.

1 Dazu Ausst. Kat. München 1991, S. 150.

Lit.: Bartsch, Bd. 6, 1808, Nr. 54 – Lehrs, Bd. 5, 1925, Nr. 59 – Ausst. Kat. Washington 1967/68, Nr. 50 – Shestack 1969, Nr. 13 – Minott 1971, S. 46 – Ausst. Kat. München 1991, Nr. 59 –Ausst. Kat. Colmar 1991, Nr. K. 28 – Ausst. Kat. Paris 1991/92, Nr. 19 – Ill. Bartsch, Bd. 8, Teil 1, 1996, Nr. 0801.059 – Hollstein, German, Bd. 49, 1999, Nr. 59.

122

Martin Schongauer (ca. 1450–1491)

Der Heilige Laurentius

Bez. u. M. mit dem Monogramm
Kupferstich; 16,0 x 11,2 cm (Einf.)
Budapest, Szépmüvészeti Múzeum

Die beiden Heiligen Laurentius und Stephanus (Kat. 123) werden meist zu den spätesten Stichen Schongauers gerechnet und als Höhepunkt seiner Folge von Heiligendarstellungen betrachtet. Die reduzierte Raumandeutung durch eine horizontale Bodenlinie und die formale Beschrän-

122

123

kung auf eine statuenhafte Einzelfigur scheint auf ein ähnliches Entstehungsdatum wie das der beiden Figuren der *Verkündigung* (Kat. 100, 101) zu deuten. Auch die Physiognomie, der Faltenwurf und die konsequente und subtile Schraffur deuten auf einen engen künstlerischen Zusammenhang. Da jedoch auch die *Verkündigung an Maria* umstritten in der Datierung ist, bleibt eine chronologische Einordnung der Blätter schwierig, zumal Stogdon aufgrund der erhaltenen Papiersorten für ein frühes Entstehungsdatum Anfang der siebziger Jahre plädiert.[1]
Wie in der szenisch zusammengehörenden, jedoch auf zwei Blätter verteilten *Verkündigung* wird auch bei den etwa gleich großen Stichen der beiden Heiligen ein kompositioneller und inhaltlicher Zusammenhang vermutet. Beide stellen frühchristliche Diakone dar, die ihres Glaubens wegen den Märtyrertod gefunden haben. Die liturgischen Gewänder der kürzeren Dalmatika über dem langen Kleid der Albe sowie die Tonsur als Zeichen ihrer Weihe kennzeichnen ihren kirchlichen Rang als Diakone. Während Stephanus als erster Märtyrer aus apostolischer Zeit zu Tode gesteinigt wurde, erlebte Laurentius im Jahr 258 das grausame Martyrium, auf einem Rost bei lebendigem Leibe verbrannt zu werden. Steine und Rost begleiten als Leidensattribute die mit dem siegreichen Märtyrerpalmenzweig ausgezeichneten Blutzeugen Christi.
Körperwendung und Blickrichtung des Laurentius weisen nach rechts, wo die Darstellung des Stephanus als sein bildliches und kirchengeschichtliches Pendant vermutet werden kann. Dieser steht frontal zum Betrachter, doch richtet sich sein Blick wie eine Reaktion nach links und scheint dem des Laurentius zu antworten.[2] Beide Figuren weisen mit ihrem geschlossenen Kontur einen Statuencharakter auf, den die Gewandfalten um ihre Füße wie eine standfeste Basis unterstreichen.[3] Die überzeitliche Standhaftigkeit des Gläubigen wird somit formal verdeutlicht, wobei die außergewöhnlichen Physiognomien ihre würdevolle Entschlossenheit anschaulich werden lassen. Besonders der kantige, fast störrische Gesichtsausdruck des Laurentius läßt bereits an Humanistenporträts einer Generation später denken.

D. S.

1 Stogdon 1996, Nr. 19 und 21.
2 Siehe dazu Hartmut Krohm im Ausst. Kat. Berlin 1991, S. 118f.
3 Besonders die Gewandgestaltung erinnert dabei an die Skulpturen des in den sechziger Jahren des 15. Jahrhunderts in Straßburg tätigen Bildhauers Niclaus Gerhaert van Leyden, Schwiegervater von Martins Bruder Jörg Schongauer.

Lit.: Bartsch, Bd. 6, 1808, Nr. 56 – Lehrs, Bd. 5, 1925, Nr. 61 – Ausst. Kat. Washington 1967/68, Nr. 112 – Shestack 1969, Nr. 104 – Minott 1971, S. 46f. – Ausst. Kat. Berlin 1991, Nr. 20 – Ausst. Kat. Colmar 1991, Nr. K. 102 – Ausst. Kat. München 1991, Nr. 61 – Ausst. Kat. Paris 1991/92, Nr. 94 – Ill. Bartsch, Bd. 8, Teil 1, 1996, Nr. 0801.061 – Stogdon 1996, Nr. 19 – Hollstein, German, Bd. 49, 1999, Nr. 61.

124

123

Martin Schongauer (ca. 1450–1491)

Der Heilige Stephanus

Bez. u. M. mit dem Monogramm
Kupferstich; 16,2 x 11,3 cm (Einf.)
Wolfegg, Kunstsammlungen der Fürsten zu Waldburg-Wolfegg, Schloß Wolfegg

Siehe Kat. 122

Lit.: Bartsch, Bd. 6, 1808, Nr. 49 – Lehrs, Bd. 5, 1925, Nr. 66 – Ausst. Kat. Washington 1967/68, Nr. 112 – Shestack 1969, Nr. 105 – Minott 1971, S. 47 – Ausst. Kat. Ludwigshafen 1980, Nr. 42 – Ausst. Kat. Berlin 1991, Nr. 21 – Ausst. Kat. Colmar 1991, Nr. K. 101 – Ausst. Kat. München 1991, Nr. 66 – Ausst. Kat. Paris 1991/92, Nr. 93 – Ill. Bartsch, Bd. 8, Teil 1, 1996, Nr. 0801.066 – Stogdon 1996, Nr. 21 – Hollstein, German, Bd. 49, 1999, Nr. 66.

124

Martin Schongauer (ca. 1450–1491)

Die Heilige Agnes

Bez. u. M. mit dem Monogramm
Kupferstich; 15,3 x 10,3 cm (Einf.)
Wolfegg, Kunstsammlungen der Fürsten zu Waldburg-Wolfegg, Schloß Wolfegg

Die Heilige Agnes, deren Geschichte ausführlich in der *Legenda aurea* erzählt wird, starb mit nur dreizehn Jahren zur Zeit Konstantins des Großen als Märtyrerin, da sie sich dem hartnäckigen und grausamen Werben des heidnischen Sohns eines römischen Präfekten widersetzte. Ihr Name »Agnes« erinnert an das von Johannes dem Täufer erwähnte Lamm Christi, das *agnus dei* (siehe Kat. 121), wodurch das Tier zu ihrem begleitenden Symbol wurde. Als Patronin junger Mädchen galt sie als so sanft und gütig, daß sie zu einer Personifikation des Lammes Gottes wurde.
Auch stilistisch verdeutlicht Schongauer in seiner Darstellung der Heiligen ihre ideale Reinheit und überirdische Unberührbarkeit: Eine durchgängig lockere, helle Strichweise kennzeichnet die gesamte Gestalt, die durch den bewußten Verzicht auf dichte Kreuzschraffuren kaum Verschattungen aufweist. Vom zarten Blätterkranz der Jungfrau (vgl. auch Kat. 99, 100, 119) über ihr feines, sich kringelndes Haar zu den opulenten Gewandfalten der Ärmel und schließlich dem lockigen Fell des kleinen Lammes sowie den einzelnen Gräsern der Erdkuppe wirken die einzelnen Linien so schwungvoll und lebendig auf die Platte gesetzt, daß ihnen ein tänzerischer Charakter anhaftet. Wendland sprach treffend von einer »schaumigen Modellierung«.[1]
Die Datierung des Stiches ist umstritten. Während Shestack die freie Kommaschraffur des Gewandes mit den frühen Blättern des *Tod Mariens* (Kat. 105) und der *Peinigung des Heiligen Antonius* (Kat. 128) in Verbindung bringt und dementsprechend eine frühe Datierung vorschlägt, plädiert Stogdon auch wegen der Wasserzeichen der erhaltenen Abzüge für ein spätes Entstehungsdatum.[2]
In der Drapierung angeregt durch die Bildhauerei, diente der Stich als Vorlage für verschiedene weibliche Heiligenfiguren sowohl in der Tafel- als auch Buchmalerei und wurde unter anderem von Israhel van Meckenem kopiert.[3]

D.S.

1 Wendland 1907, S. 91.
2 Ausst. Kat. Washington 1967/68, Nr. 49; Stogdon 1996, Nr. 22.
3 Lehrs, Bd. 5, 1925, S. 286; Ill. Bartsch, Bd. 8, Teil 1, 1996, S. 209f.

Lit.: Bartsch, Bd. 6, 1808, Nr. 62 – Lehrs, Bd. 5, 1925, Nr. 67 – Ausst. Kat. Washington 1967/68, Nr. 49 – Shestack 1969, Nr. 14 – Minott 1971, S. 47 –Ausst. Kat. Colmar 1991, Nr. K. 30 – Ausst. Kat. München 1991, Nr. 67 – Ill. Bartsch, Bd. 8, Teil 1, 1996, Nr. 0801.067 – Stogdon 1996, Nr. 22 – Ausst. Kat. Ravensburg 1996/97, Nr. 2 – Hollstein, German, Bd. 49, 1999, Nr. 67.

125

Martin Schongauer (ca. 1450–1491)

Der Heilige Sebastian

Bez. u. M. mit dem Monogramm
Kupferstich; 15,6 x 11,1 cm (Einf.)
Karlsruhe, Staatliche Kunsthalle Karlsruhe, Kupferstichkabinett

Schongauer schuf zwei Kupferstiche mit der Darstellung des Heiligen Sebastian, der von Pfeilen durchbohrt an einen Baum gebunden ist. Der vorliegende ist der größere und einflußreichere von beiden.

125

Laut der *Legenda aurea* wurde Sebastian zur Zeit der Kaiser Diokletian und Maximian als gläubiger Christ und Kohortenanführer des Römerheeres denunziert und des Verrates bezichtigt. Zur Strafe wurde er an einen Pfahl gebunden und von Soldaten mit Pfeilen beschossen, »daß er stund gleich einem Igel«.[1] Doch der Totgeglaubte überlebte und erschien einige Tage später vor den Kaisern, um ihnen Vorhaltungen zu machen. Die erbosten Herrscher ließen ihn daraufhin durch Stockschläge endgültig hinrichten.
Das Pfeilmartyrium des Heiligen Sebastian gehörte zu den beliebtesten Darstellungen des Spätmittelalters. Pfeile waren ein Symbol für die Pest, und wie der Heilige die Wunden der Geschosse überlebt hatte, so hoffte man, durch seinen Schutz vor der Krankheit bewahrt zu werden. Als Pestheiliger gehörte er zu den vierzehn Nothelfern und damit zu den meistverehrten Heiligen des 15. Jahrhunderts.
Im Gegensatz zu den Darstellungen des Meisters E. S. (vgl. Kat. 67, 68) isoliert Schongauer die Figur aus dem erzählerischen Zusammenhang und stellt sie allein vor eine kahle Landschaft mit weitem Gewässer, die die Einsamkeit des Heiligen in seinem Martyrium verdeutlicht. In entgegenbewegten Windungen scheinen sich der gekappte Baumstamm und der nackte Körper Sebastians ineinander zu schrauben, der gedrehte Stamm geht formal in das fein geknitterte Lendentuch über. Die detailliert beobachtete Muskulatur sowie die heraustretenden Adern an den Waden lassen an ein Naturstudium am lebenden Modell denken, wobei die Körperstellung stark an die Geißelung Christi aus dem Passionszyklus (Kat. 107d) erinnert. Das friedliche Gesicht des Heiligen mit den geschlossenen Augen offenbart nichts von seinem Schmerz. Einzig der wehrlos den Geschossen hingestreckte, nackte Körper, die spitzen Pfeilenden und die knorrig verzerrte Struktur der Baumverästelungen vor der kahlen Landschaft verdeutlichen seine Qual, während das kunstvoll flatternde Lendentuch die Dramatik des Geschehens unterstreicht.
Zahlreiche Kopien und Nachfolgewerke in Malerei, Skulptur und Kunsthandwerk legen beredtes Zeugnis ab über den großen Einfluß dieses Kupferstichs. Eine wohl aus Kaysersberg stammende Holzskulptur des Heiligen Sebastian um 1515/20 geht auf Schongauers Darstellung zurück und belegt noch einige Jahrzehnte nach dem Tod des Künstlers seine Ausstrahlung auf die Bildhauerwerkstätten der Colmarer Umgebung.[2]

D. S.

1 Legenda aurea, Ausgabe 1984, S. 131.
2 Ausst. Kat. Colmar 1991, Nr. P 4.

Lit.: Bartsch, Bd. 6, 1808, Nr. 59 – Lehrs, Bd. 5, 1925, Nr. 65 – Ausst. Kat. Washington 1967/68, Nr. 82 – Shestack 1969, Nr. 64 – Minott 1971, S. 47 – Ausst. Kat. Colmar 1991, Nr. K. 27 – Ausst. Kat. München 1991, Nr. 65 – Ausst. Kat. Paris 1991/92, Nr. 92 – Ausst. Kat. Karlsruhe 1992a, Nr. 44 – Ill. Bartsch, Bd. 8, Teil 1, 1996, Nr. 0801.065 – Ausst. Kat. Ravensburg 1996/97, Nr. 6 – Hollstein, German, Bd. 49, 1999, Nr. 65 – Nicolaisen 2000, S. 85 und S. 87.

126

Martin Schongauer (ca. 1450–1491)

Johannes auf Patmos

Bez. u. M. mit dem Monogramm
Kupferstich; 16,0 x 11,4 cm (Einf.)
Hamburg, Hamburger Kunsthalle, Kupferstichkabinett

Christi Lieblingsjünger Johannes, dem er sterbend am Kreuz die Sorge um seine Mutter Maria anvertraute, wurde nicht nur zu einem der vier Evangelisten, sondern auch zum Verfasser der Apokalypse, die ihm während seiner Verbannung auf der griechischen Insel Patmos offenbart wurde. Eine seiner wichtigsten Visionen war die des apokalyptischen Weibes, deren Bild in der christlichen Kunst mit dem der Madonnenfigur verschmolz (siehe dazu Kat. 97). Auf Schongauers Darstellung erscheint das apokalyptische Weib in Gestalt der Maria mit Kind auf der Mondsichel vor einem strahlenden Sonnennimbus am Himmel. Johannes wird sitzend im Profil wiedergegeben und blickt mit geöffnetem Mund auf das visionäre Bild. Seine Konzentration auf die übersinnliche Wahrnehmung spiegelt sich nicht nur in seinem feinsinnigen, jugendlichen Gesicht, sondern auch in dem differenzierten Spiel seiner Hände, die die Feder und die Buchseiten halten, in denen er das Erlebte verzeichnet. Ebenso naturnah wie Kopf und Hände des Heiligen werden seine bloßen Füße geschildert, die unter dem opulent gefalteten Mantel, der sich muschelförmig über den sitzenden Evangelisten ergießt, hervorschauen. Pflanzendetails im Vordergrund, die knorrige Eiche im Mittelgrund und die schrundige Felslandschaft, die sich bis weit in die Ferne erstreckt, bilden ein überzeugendes Bild des Inseldaseins, dessen landschaftliche Atmosphäre durch das Meer im Hintergrund mit Schiff und Booten vervollständigt wird. Das heraldische Bild des Adlers als Symbol des Evangeli-

126

sten, welches ebenfalls aus der Apokalypse stammt, steht dem Heiligen mit gespreizten Flügeln gegenüber.

Auch dieser Stich ist in seiner Datierung umstritten, meist wird wegen einiger motivischer Ähnlichkeiten mit Stichen der Passionsfolge (Kat. 107) eine Entstehungszeit um 1475/80 angenommen. Der Hang zu langen Schraffuren läßt auch einen zeitlichen Zusammenhang mit dem *Heiligen Sebastian* (Kat. 125) vermuten.

Orientiert hat sich Schongauer offensichtlich an Darstellungen des Meisters E. S. (Kat. 65), dessen Fülle von landschaftlichen Details er jedoch zugunsten einer reduzierteren Darstellung aufgibt, die den Heiligen in seiner visionären Vertiefung in den Mittelpunkt stellt und somit das menschliche Drama des Geschehens betont. Den Einfluß des Stiches in der Tafelmalerei zeigt unter anderem die Darstellung gleichen Themas auf dem Johannesaltärchen des Meisters BM, ein Bild des Meisters der Sierenzer Tafeln sowie die Figur Johannes des Täufers vom Meister der Breisacher Evangelisten (Kat. 44, 86, 87).

D. S.

Lit.: Bartsch, Bd. 6, 1808, Nr. 55 – Lehrs, Bd. 5, 1925, Nr. 60 – Ausst. Kat. Washington 1967/68, Nr. 45 – Shestack 1969, Nr. 22 – Minott 1971, S. 46 – Ausst. Kat. Coburg 1975/76, Nr. 26 – Ausst. Kat. Berlin 1991, Nr. 19 – Ausst. Kat. Colmar 1991, Nr. K. 103 – Ausst. Kat. München 1991, Nr. 60 – Ausst. Kat. Paris 1991/92, Nr. 90 – Ill. Bartsch, Bd. 8, Teil 1, 1996, Nr. 0801.060 – Erb 1997, S. 90 und S. 219, Nr. 71 – Hollstein, German, Bd. 49, 1999, Nr. 60.

127

Martin Schongauer (ca. 1450–1491)

Der Erzengel Michael

Bez. u. M. mit dem Monogramm
Kupferstich; 16,2 x 11,3 cm (Einf.)
Nürnberg, Germanisches Nationalmuseum, Kupferstichkabinett

Der siegreiche Kampf des Guten gegen das Böse könnte nicht schlagkräftiger ausgedrückt werden als durch den Kampf des Erzengels Michael, Anführer der himmlischen Heerscharen, mit einem widerlichen Satansgeschöpf, das unter der mächtigen Lanze des Gotteskämpfers elendig verendet. »Und es entbrannte ein Kampf im Himmel: Michael und seine Engel kämpften gegen den Drachen. Und der Drache kämpfte und seine Engel [...] Und es wurde hinausgeworfen der große Drache, die alte Schlange, die da heißt: Teufel und Satan, der die ganze Welt verführt, und er wurde auf die Erde geworfen, und seine Engel wurden mit ihm dahin geworfen«, heißt es in der von Johannes niedergeschriebenen Offenbarung (Apk 12,7–9, siehe auch Kat. 126).

In einer ungemein schwungvollen, S-förmigen Komposition beschreibt Schongauer hier einen zwar kraftvoll zupackenden, doch gleichsam mühelos und vergeistigt kämpfenden Erzengel, der den sich aufbäumenden Satan bereits bezwungen hat. Der Drache versucht noch mit letzter Kraft, die Lanze abzuwehren, die im nächsten Augenblick seinen Rachen durchbohren wird. Mit seinen krebsartigen Scheren will er den Himmelskämpfer verletzen, doch auf dem Schild am Boden liegt seine linke Pranke bereits unschädlich unter dem starken Fuß des Erzengels. Die Dramatik des Kampfes konzentriert sich auf die rechte Seite des Bildes, auf der sich der hochschlagende, gekringelte Schwanz des Ungeheuers in den wehenden Umhang des Heiligen Michael verwickelt. Mit einer virtuosen Beherrschung des Grabstichels werden die komplizierten Windungen des scherenbesetzten Schwanzes räumlich und plastisch überzeugend mit den hochgeschlagenen Knitterfalten des Mantels verwoben. Das fantastische Höllenwesen erinnert in seiner Zusammensetzung aus Einzelteilen unterschiedlicher Tierwelten an die Ungeheuer, die den Heiligen Antonius peinigen (Kat. 128).

Die verhaltene Siegesgewißheit des Erzengels mag auch aus seiner liturgischen Bekleidung stammen, die Schongauer wohl der niederländischen Malerei entnommen hat: Rogier van der Weyden stellte in dem *Jüngsten Gericht* in Beaune, das Schongauer gekannt haben muß, den Erzengel in seiner Handlung als Seelenwäger mit einer Tunika dar. In seinem Kampf mit dem Satan wurde der Heilige Michael sonst meist in einer wehrhaften Rüstung wiedergegeben, wie beispielsweise beim Meister E. S., wo er mit Schwert und Siegesfahne den Teufel bezwingt (Kat. 66).

Der Stich wird im allgemeinen nach 1480 datiert, da sowohl die Monumentalität der Figur vor einem planen Hintergrund mit einfacher Bodenlinie als auch die starke Plastizität und bravouröse Modellierung für ein Entstehungsdatum in der Spätzeit des Künstlers sprechen. Die Anzahl von elf Kopien in der Graphik spricht für die große Popularität und künstlerische Wertschätzung der Darstellung.

D. S.

Lit.: Bartsch, Bd. 6, 1808, Nr. 58 – Lehrs, Bd. 5, 1925, Nr. 63 – Ausst. Kat. Washington 1967/68, Nr. 84 – Shestack 1969, Nr. 38 – Minott 1971, S. 47 – Ausst. Kat. Ludwigshafen 1980, Nr. 44 – Ausst. Kat. Würzburg/Schweinfurt 1985/86, Nr. S-33 – Ausst. Kat. Berlin 1991, Nr. 22 – Ausst. Kat. Colmar 1991, Nr. K. 100 – Ausst. Kat. München 1991, Nr.

127

63 – Ausst. Kat. Paris 1991/92, Nr. 91 – Ausst. Kat. Paris 1991/92 (Rothschild), Nr. 31 – Ill. Bartsch, Bd.8, Teil 1, 1996, Nr. 0801.063 – Hollstein, German, Bd. 49, 1999, Nr. 63.

128

Martin Schongauer (ca. 1450–1491)

Der Heilige Antonius, von Dämonen gepeinigt

Bez. u. M. mit dem Monogramm (senkrechte Schenkel)
Kupferstich; 31,2 x 23,0 cm (Einf.)
Hamburg, Hamburger Kunsthalle, Kupferstichkabinett

Die Darstellung des Heiligen Antonius, der von neun monströsen Höllenwesen gepeinigt wird, gehört zu den berühmtesten und meistverbreiteten Kupferstichen Schongauers. Das steilschenklige Monogramm, die erzählerische Detailfreude in der Gestaltung der fantastischen Ungeheuer sowie die zuweilen nervöse Strichführung der kleinen Häkchen über den Schraffuren kennzeichnen das Bild als Frühwerk das Künstlers aus dem Anfang der siebziger Jahre des 15. Jahrhunderts. Die Dramatik der sich wild auf den Heiligen stürzenden Teufelsgestalten erinnert in ihrer Erregung an die lebendigen Schilderungen der *Passion* (Kat. 107) und der großen *Kreuztragung* (Kat. 106).
Die ungewöhnlich große Platte des Druckes, nach der großen *Kreuztragung* die zweitgrößte innerhalb Schongauers Werk, könnte für eine Auftragsarbeit sprechen, für die das Antoniterkloster in Isenheim in Frage käme. Für dessen Präzeptor Jean d'Orlier fertigte der Künstler ebenfalls die Flügelbilder eines Altarschreines an, die unter anderem auch den Heiligen Antonius als Patron des stiftenden Präzeptors zeigen.[1] Knapp ein halbes Jahrhundert später sollte in derselben Kirche Grünewalds berühmter *Isenheimer Altar* stehen, für dessen Darstellung der Ungeheuer in der Versuchung des Heiligen Antonius sicherlich auch Schongauers vorliegender Kupferstich von Bedeutung war (siehe auch Kat. 280).
Die Peinigung des Heiligen in der Luft stellte ein ikonographisches Novum dar, für das Schongauer keine konkreten literarischen oder bildlichen Quellen vorlagen. Die schriftlichen Überlieferungen der Antoniuslegende, besonders die *Vita Antonii* des Athanasius aus dem 4. Jahrhundert sowie die *Legenda aurea*, berichten lediglich von unterschiedlichen Entrückungen und einer Vision des Heiligen, während er von Engeln in den Himmel getragen und dort von Dämonen angegriffen wird. Auch niederländische Darstellungen des Jüngsten Gerichtes und Motive aus Stichen des Meisters E. S. sind als Bildquellen anzunehmen.[2] Bereits eine 1478 in den Niederlanden erschienene Ausgabe der *Legenda aurea* verlegt Antonius' Vision einer Peinigung in die Luft und könnte als Vorlage für die Erzählung den Stich Schongauers genutzt haben.[3]
Das Schweben des Heiligen verdeutlicht Schongauer durch die knappe landschaftliche Angabe einer Felsformation in der unteren rechten Ecke. Zudem deuten die waagerechten Strichelungen in der oberen Bildebene, deren Dichte und Schwärze zum Rand hin zunimmt, eine atmosphärische und räumliche Dichte an. Der geschlossene Umriß eines Ovals, in den der Heilige und die ihn umgebenden Chimären komponiert sind, verleiht der Szene trotz der dramatischen Lebendigkeit der zerrenden, schlagenden und krallenden Ungeheuer eine in sich ruhende Komposition, die dem duldsamen und gleichmütigen Blick des Heiligen entspricht. Die Höllenwesen scheinen ihm trotz ihrer Griffe und Knüppel auch kaum etwas anhaben zu können, denn ihre scharfen Krallen dringen nicht in den Körper des Eremiten ein und entbehren der zupackenden Brutalität, die ihre erschreckenden Leiber ausstrahlen. Die grotesken Mischwesen sind aus detailliert geschilderten Einzelheiten des Tier- und Pflanzenreichs zusammengesetzt und offenbaren Schongauers genaue Naturbeobachtung, die er virtuos mit fantastischen Formfindungen verbindet. Gleichzeitig vermag er die unterschiedlichen Stofflichkeiten in differenzierten Schraffurtechniken so realistisch wiederzugeben, daß die ungezügelten Kreaturen eine überzeugende Natürlichkeit vermitteln. Schmetterlingsartige Flügel, schuppenbesetzte Echsenkörper, stachelhäutige Fischköpfe, zottige Fellbesätze, blütenförmige Ohren, Elefantenrüssel und spitze Vogelschnäbel werden organisch so zusammengesetzt, daß die entstehenden Wesen als durchaus möglich gedacht werden könnten. Die Bedrohung durch die Dämonen wird somit überzeugender für den gläubigen Betrachter, dem die Unanfechtbarkeit des Antonius als *exemplum* vor Augen geführt wird. Schongauers akribische Naturbeobachtung führte Flechsig sogar zu der Annahme, in dem Echsenkörper rechts neben dem Heiligen die genaue Schilderung einer Perleidechse zu sehen, die in Spanien beheimatet sei und dementsprechend ein weiteres Indiz für den Aufenthalt des Künstlers auf der Iberischen Halbinsel liefere (siehe dazu auch Kat. 104).[4] Die realistischen Schilderungen der fantastischen Wesen werden vom Künstler kompositionell eingebunden in ein Geflecht von geschwungenen Formen, die an spätgotische Rankenornamente erinnern. So bilden die Ungeheuer mit all ihren Schreckensgesichtern gleichzeitig ein ornamentales Netz, das die duldsame Ruhe des Heiligen rahmt und bekräftigt.

128

Der künstlerische Einfluß dieses Stiches war enorm und führt über Dürer, Lucas Cranach d. Ä., Matthias Grünewald u. a. auch zu Michelangelo. Sowohl Giorgio Vasari (1511–1574) als auch Michelangelos Biograph Ascanio Condivi (1525–1574) berichten über die Bewunderung des italienischen Künstlers für diesen Stich, der sich in seinem Besitz befunden haben soll.[5] Zum Kopieren der Vorlage sei Michelangelo laut Condivi extra auf den Fischmarkt gegangen, um die Farben und Formen der fischleibigen Ungeheuer möglichst naturgetreu nachbilden zu können. Die frühe Wertschätzung und historische Rezeption des Naturstudiums in Schongauers Werken, dessen Überzeugungskraft auch heute noch besticht und zu unterschiedlichen Mutmaßungen führt,[6] wird in derartigen Künstlerlegenden deutlich.

D. S.

1 Heute in Colmar, Musée d'Unterlinden, farbige Abb. im Ausst. Kat. Colmar 1991, S. 67.
2 Dazu Ausst. Kat. München 1991, S. 139.
3 Massing 1984, S. 236.
4 Flechsig 1946, S. 301.
5 Massing 1984, S. 229f.
6 Dazu Thomas Hirthe im Ausst. Kat. München 1991, S. 26ff.

Lit.: Bartsch, Bd. 6, 1808, Nr. 47 – Lehrs, Bd. 5, 1925, Nr. 54 – Flechsig 1946, S. 299ff. – Ausst. Kat. Washington 1967/68, Nr. 37 – Shestack 1969, Nr. 4 – Minott 1971, S. 45 – Ausst. Kat. Coburg 1975/76, Nr. 19 – Ausst. Kat. Ludwigshafen 1980, Nr. 40 – Massing 1984 – Ausst. Kat. Würzburg/Schweinfurt 1985/86, Nr. S-2 – Ausst. Kat. Berlin 1991, Nr. 17 – Ausst. Kat. Colmar 1991, Nr. K. 10 – Ausst. Kat. München 1991, Nr. 54 – Jean-Michel Massing: Schongauer, Bosch, Grünewald et les autres. De quelques *Tribulations de Saint Antoine* et de leurs influences, in: Coll. Colmar 1991, S. 141–151 – Trebbin 1994, S. 55ff. – Ill. Bartsch, Bd. 8, Teil 1, 1996, Nr. 0801.054 – Hollstein, German, Bd. 49, 1999, Nr. 54 – Nicolaisen 1999, S. 38f.

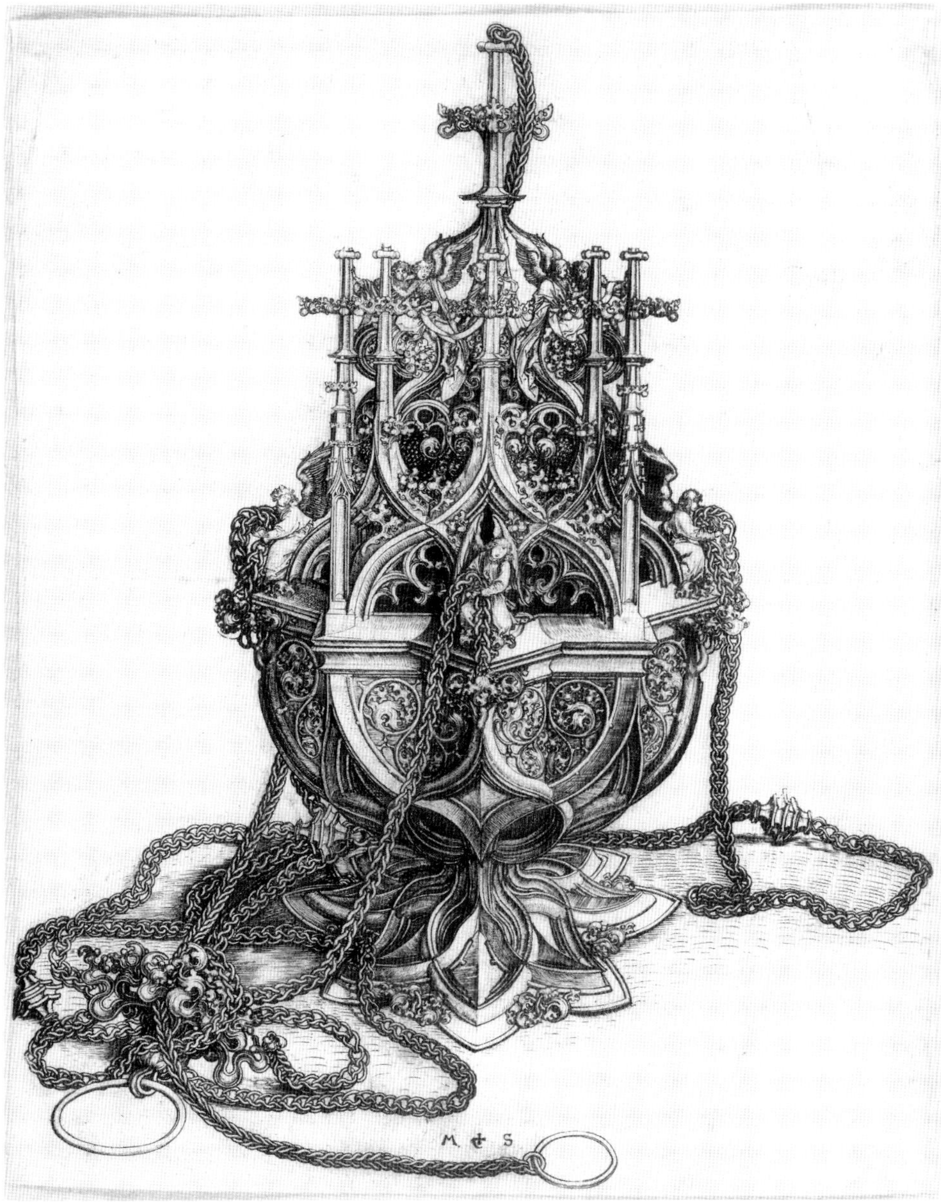

129

129
Martin Schongauer (ca. 1450–1491)
Weihrauchfaß

Bez. u. M. mit dem Monogramm
Kupferstich; 26,0/5,0 x 20,7/9,0 cm (Blatt, beschnitten)
Karlsruhe, Staatliche Kunsthalle Karlsruhe, Kupferstichkabinett

Gemeinsam mit dem Bischofsstab (Kat. 130) zählt das Weihrauchfaß zu den Meisterblättern Martin Schongauers. In seiner detaillierten Beobachtung und feinsinnigen Erfassung eines reich verzierten Goldschmiedewerkes behauptet es unter allen Kupferstichen des 15. Jahrhunderts eine einzigartige Stellung. Gleichzeitig belegt es die technische Herkunft des Kupferstiches aus dem Goldschmiedehandwerk, mit dem Schongauer durch die Werkstatt seines Vaters auf das genaueste vertraut gewesen ist. Über die Funktion eines Goldschmiederisses oder Vorlagenblattes geht die Bildhaftigkeit des Gerätes weit hinaus: Mit sehr tief gestochenen Linien, die in den Kreuzschraffuren miteinander zu Flächen verschmelzen, erreicht der Künstler eine Plastizität, die den metallenen Gegenstand greifbar vor dem Betrachter erstehen läßt. Die Aufsicht auf den geschwungenen, sternförmigen Fuß des Gefäßes, um den sich schlangenartig die Gliederketten legen, führt den Blick auf die Standfläche des Rauchfasses, die mit feinen Parallelschraffuren angedeutet ist. Im reich mit Maßwerk, Fialen, Krabben, Laubwerk und Engeln verzierten oberen Teil wird der Blick durch die schwarzen Öffnungen in das Innere des Gefäßkörpers gelenkt, wo kleine Trauben an den eucharistischen Funktionszusammenhang des Liturgiegerätes erinnern. Die quirlige Lebendigkeit der verschlungenen Ketten, die von anmutigen Engeln heruntergelassen werden, dazu der opulente Wuchs des Ast- und Laubwerkes, in dem sich weitere Engel mit Schriftrollen auf den abschließenden Fialen bewegen, dazu die differenzierte Schilderung der beleuchteten und verschatteten Flächen bestechen in ihrer meisterhaften Beobachtung und naturgetreuen Wiedergabe. So mag das Blatt als Vorlage für unterschiedliche Kunstgattungen verwendet und eventuell auch konzipiert worden sein, auch könnte ein real vorhandenes Goldschmiedewerk aus der Werkstatt des Vaters als Vorlage oder Anregung gedient haben; in jedem Falle erhebt der Künstler das liturgische Gerät hier zu einer

129/1 Weihrauchfaß, nördliche Niederlande (?) um 1520, Edam

130

Martin Schongauer (ca. 1450–1491)

Bischofsstab

Bez. u. M. auf dem Stab mit dem Monogramm (senkrechte Schenkel)
Kupferstich; 29,2 x 16,5 cm (Blatt)
Stuttgart, Staatsgalerie Stuttgart, Graphische Sammlung

In seinen beiden Kupferstichen eines Bischofsstabes und eines Weihrauchfasses (Kat. 129) stellt Schongauer zwei liturgische Geräte dar, die seine detaillierten Kenntnisse des Goldschmiedehandwerks verdeutlichen. Nachweise für eine Lehre in der Goldschmiedewerkstatt seines Vaters – wie zum Beispiel bei Dürer – sind nicht überliefert, doch wird ihn dieser Beruf nachhaltig geprägt und nicht zuletzt seine Meisterschaft im Kupferstich mitbegründet haben. Für die Brüder Ludwig und Georg je-

130

künstlerischen Selbständigkeit außerhalb jeden inhaltlichen Zusammenhangs, so daß zu Recht behauptet wurde, »aus der Musterzeichnung ist ein Stilleben geworden«.[1] Daß Schongauer von der Konzeption eines einansichtigen Goldschmiederisses dennoch nicht ganz Abstand genommen hat, wird im obersten Teil der Fialen sichtbar, welcher die rückwärtigen Einzelteile zugunsten einer übersichtlichen Vorderansicht wegläßt.
Zahlreiche erhaltene Abzüge des Weihrauchfasses von guter Qualität belegen eine nachhaltige Rezeption des Kupferstiches, der sicherlich schon zu Lebzeiten des Künstlers als virtuoses graphisches Meisterwerk geschätzt wurde. Nachfolger wie der Monogrammist IC und Israhel van Meckenem versuchten sich an Kopien des Blattes, um 1520 wurde es gar als Vorlage für ein Rauchfaß verwendet, wenn es dem Goldschmied auch nicht annähernd gelingen konnte, die feine Grazilität und lebendige Formenvielfalt Schongauers zu erreichen (Abb. 129/1).[2]
Schongauers Einbettung solch detailliert geschilderter Goldschmiedewerke in szenische Zusammenhänge zeigen unter anderem der opulente Leuchter im *Marientod* (Kat. 105) sowie die unterschiedlichen Weihgeschenke in der *Anbetung der Könige* (Kat. 103). Auch die Ornamentstiche des Künstlers (Kat. 131) zeugen von einer eng mit dem Goldschmiedehandwerk verbundenen Werkstattpraxis.

D. S.

1 Dehio zit. nach Ausst. Kat. München 1991, S. 206.
2 Ausst. Kat. Amsterdam 1958, Nr. 386, Abb. 160.

Lit.: Bartsch, Bd. 6, 1808, Nr. 107 – Lehrs, Bd. 5, 1925, Nr. 106 – Ausst. Kat. Washington 1967/68, Nr. 110 – Shestack 1969, Nr. 92 – Ausst. Kat. Karlsruhe 1970, Nr. 316 – Ausst. Kat. Würzburg/Schweinfurt 1985/86, Nr. S-32 – Ausst. Kat. Berlin 1991, Nr. 31 – Ausst. Kat. Colmar 1991, Nr. K. 111 – Ausst. Kat. München 1991, Nr. 106 – Ausst. Kat. Paris 1991/92, Nr. 69 – Ausst. Kat. Karlsruhe 1992a, Nr. 48 – Krohm 1991, S. 185–207 – Ill. Bartsch, Bd. 8, Teil 1, 1996, S. 265ff., Nr. 0801.106 – Stogdon 1996, Nr. 36 und 37 – Ausst. Kat. Ravensburg 1996/97, Nr. 5 – Hollstein, German, Bd. 49, 1999, Nr. 106.

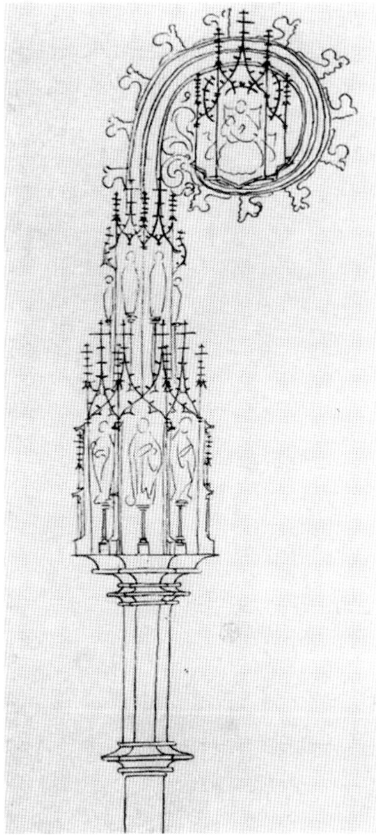

130/1 Riß der Krümme eines Bischofsstabes, 1513/1519, Federzeichnung, Öffentliche Kunstsammlung Basel, Kupferstichkabinett

doch sind Goldschmiedelehren nachgewiesen, wobei noch mindestens drei erhaltene Arbeiten das qualitätvolle Werk Georgs veranschaulichen können, der sich darin auch an den Stichen seines Bruders Martin orientiert hat.[1]
Martin Schongauer setzt hier nun sein Monogramm so auf den Schaft, daß es wie die eingravierte Signatur des Goldschmiedes aufgefaßt werden muß. Auf virtuose Weise stellt er sich so als Schöpfer eines potentiellen Goldschmiedewerkes wie auch des vorliegenden Kupferstiches vor. In seiner genauen Schilderung jeder kleinen Einzelheit entspricht der Stich wohl einem tatsächlich ausführbaren Riß, der den handwerklichen Bedürfnissen der Goldschmiede entsprach. Das freigelassene kleine Wappenschild unter dem Rundbild der Krümme verdeutlicht den Vorlagencharakter des Entwurfes, der Platz läßt für das individuelle Familienwappen des jeweiligen Bischofs.
In jedem Fall konnte der Stich für die zahlreichen Darstellungen von Bischöfen auf Tafelgemälden, in Plastiken oder Goldschmiedewerken als Anregung genutzt werden. Gerade auf Tafelgemälden wurden die wertvollen goldenen Schmuckstücke und Insignien von Heiligen oft in schwarzer Zeichnung auf Blattgold gearbeitet (vgl. Kat. 1, 177a), so daß die lineare Darstellung eines Kupferstiches eine ideale Vorlage war. Gleichzeitig übertrifft Schongauers Stich in seiner plastischen Wiedergabe und lebendigen Darstellung jedes winzigen Details einen bloßen handwerklichen Werkstattriß. Der polygonale Stab mit den sich hervorwölbenden Wülsten, der architektonische Baldachin mit den kleinen Heiligenfiguren, die kreisförmige Krümme mit der thronenden Maria mit Kind, musizierenden Engeln und winzigen, wilden Männern auf dem krabbenbesetzten Kielbogen und schließlich die jeweils individuell gestalteten sieben Krabbenornamente, die sich wie kriechende Schnecken über die Krümme bewegen[2], verleihen dem starren Architekturgerüst des Bischofsstabes eine zuvor unerreichte, grazile Lebendigkeit. Gerade die Blattkrabben, die aus dem Stab wie aus einem Ast herauszuwachsen scheinen, verdeutlichen in all ihrer lebendigen Natürlichkeit doch den liturgischen Charakter des Stabes: Wie der grünende Stab Aarons im Alten Testament (4. Mose 17,16ff.) und der des Joseph vor der Vermählung mit Maria (Protoev. 8,2 und 9,1) blüht das Bischofsinsignium als göttliches Zeichen der Auserwähltheit, wobei die Form der kreisrunden Krümme einfachen Hirtenstäben entnommen ist.
Schongauers Entwurf wurde in dem Riß einer Bischofskrümme in Basel rezipiert, dessen Wasserzeichen in die Jahre 1513–1519 nach Basel weist (Abb. 130/1).[3] In abgewandelter Form mit kompositorisch sehr ähnlichen, jedoch sehr viel schlichter gestalteten Elementen erscheinen dort sowohl die Statuetten unter einem Baldachin am Stab, die Krabben um die Krümme als auch das Bild einer thronenden Madonna mit Kind innerhalb der Krümmenrundung.
Den Einfluß der bildnerischen Details auf diesem Stich verdeutlicht eine nach Straßburg lokalisierte und um 1480 datierte Zeichnung des Kupferstichkabinetts der Staatlichen Kunsthalle Karlsruhe, die das Bild der thronenden Muttergottes aus der Krümme kopiert (Kat. 92).

D. S.

1 Johann Michael Fritz: Martin Schongauer und die Goldschmiede, in: Coll. Colmar 1991, S. 175–183.
2 Speziell zu den Blattkrabben und Schongauers Naturbeobachtung siehe Krohm 1991, S. 187.
3 Slg. Kat. Basel 1979, Teil 1, N. 556, Tafel 121.

Lit.: Bartsch, Bd. 6, 1808, Nr. 106 – Lehrs, Bd. 5, 1925, Nr. 105 – Ausst. Kat. Washington 1967/68, Nr. 111 – Shestack 1969, Nr. 91 – Ausst. Kat. Stuttgart 1982/83, Nr. 16 – Ausst. Kat. Würzburg/Schweinfurt 1985/86, Nr. S-7 – Ausst. Kat. Berlin 1991, Nr. 30 – Ausst. Kat. Colmar 1991, Nr. K. 115 – Krohm 1991, S. 185–207 – Ausst. Kat. München 1991, Nr. 105 – Ausst. Kat. Paris 1991/92, Nr. 68 – Ill. Bartsch, Bd. 8, Teil 1, 1996, Nr. 0801.105 – Stogdon 1996, Nr. 35 – Hollstein, German, Bd. 49, 1999, Nr. 105 – Ausst. Kat. Köln 2001, Nr. 109.

131

Martin Schongauer (ca. 1450–1491)

Ornament mit Eule und Vögeln

Bez. u. M. mit dem Monogramm
Kupferstich; 14,5 x 9,8/10,1 cm (Blatt, beschnitten)
Karlsruhe, Staatliche Kunsthalle Karlsruhe, Kupferstichkabinett

Unter den neun erhaltenen Ornamentstichen Schongauers zählt vorliegendes Blatt zu den reichsten und schönsten Kompositionen. Die auf den ersten Blick wirren Verschlingungen der sich kringelnden Blätter sind in einem logischen Organismus klar durchkomponiert: Aus einer schuppenbesetzten Astwurzel in der linken unteren Ecke entspringt ein spiralförmiger, sich verjüngender Ast und breitet sich über die Mitte des Bildes aus, wo er in einer krautartigen Blüte endet. Aus ihm sprießen zwei mehrfach geteilte Blätter, die sich über die oberen Ecken der Bildfläche ausbreiten. Die unteren beiden Bildecken werden gefüllt von zwei weite-

131

ren Blattformationen, die aus dem Wurzelstumpf wachsen. Auf diesem Geflecht von sich windenden Blattzungen sitzen sechs unterschiedliche Vögel, die sich aufgeregt kreischend gegen eine Eule richten, welche mit einem Singvogel im Schnabel auf der Astwurzel sitzt und mit hochgestellten Flügeln drohend aus dem Bild schaut.

Die Hochfüllung verdeutlicht exemplarisch Schongauers meisterliche Verbindung von realistischer Naturbeobachtung und künstlerischer Verfremdung. Während die Einzelteile der sich rollenden und drehenden Blätter sowie die flatternden und kreischenden Vögel eine lebhafte, laute und dramatische Szenerie hervorrufen, entwirft die ausgewogene Komposition über die gesamte Fläche ein in sich ruhendes Ornament.

Die vegetabile Ornamentik koppelt Schongauer hier mit einer allegorischen Darstellung der Eule, die als fleischfressender Nachtvogel oft ein Sinnbild des Bösen war. Um sich vor ihren Angriffen zu schützen, verbünden sich die Vögel, Symbole der schwebenden Seelen, zu einem gemeinsamen Angriff.

Blatt- und Krabbenornamente gehören zu dem im Spätmittelalter verbreiteten Ast- und Laubwerk, das von der Altarplastik über Bildhauerarbeiten und Architekturdekorationen zur Goldschmiedekunst und Buchmalerei verbreitet war (siehe auch Kat. 129, 130). Ornamentstiche wie die Schongauers konnten als Vorlageblätter Verwendung finden, nehmen jedoch in ihrer bis dahin unerreichten Virtuosität die Stellung eigenständiger Kunstwerke ein, losgelöst von jeder Funktion.

D. S.

Lit.: Bartsch, Bd. 6, 1808, Nr. 108 – Lehrs, Bd. 5, 1925, Nr. 115 – Ausst. Kat. Washington 1967/68, Nr. 109 – Shestack 1969, Nr. 108 – Ausst. Kat. Coburg 1975/76, Nr. 28 – Ausst. Kat. Würzburg/Schweinfurt 1985/86, Nr. S-6 – Ausst. Kat. Berlin 1991, Nr. 36 – Ausst. Kat. Colmar 1991, Nr. K. 113 – Ausst. Kat. München 1991, Nr. 115 – Ausst. Kat. Paris 1991, Nr. 66 – Ausst. Kat. Karlsruhe 1992a, Nr. 57 – Ill. Bartsch, Bd. 8, Teil 1, 1996, Nr. 0801.115 – Stogdon 1996, Nr. 41 – Hollstein, German, Bd. 49, 1999, Nr. 115 – Ausst. Kat. Köln 2001, Nr. 21.

132

Konstanzer oder Überlinger Goldschmied

Hausschrein mit Gravierung nach Martin Schongauer

Um 1480/1500
Kupfer, vergoldet und graviert, mit Perlmuttrelief; 29 x 26 x 12 cm
Überlingen, Katholisches Münsterpfarramt

Unter den spätgotischen Goldschmiedearbeiten des Oberrhein- und Bodenseegebiets ist der zierliche Hausschrein des Überlinger Münsterschatzes nach der Pax in Basel (Kat. 108) das eindrucksvollste aller Werke, die von der großen Bedeutung künden, welche die Kupferstiche Martin Schongauers als Graviervorlagen für die Goldschmiede hatten.[1] Auf sieben der acht vertieften Rundbogenfelder, die die Wände des Reliquiars gliedern, finden sich *gestochene Bilder* von einzelnen Heiligen, von denen allein fünf auf Kupferstiche von Schongauer zurückgehen: Die Figuren der Schmalseiten kopieren die Apostel Paulus (nach B. 45) und Petrus (nach B. 34), von denen der letztgenannte das nachweislich häufigst gravierte Schongauer-Motiv auf Goldschmiedearbeiten darstellt.[2] Auf der Rückseit verwendete der unbekannte Goldschmied die kleine stehende Muttergottes auf der Mondsichel (B. 27) und die Heilige Katharina (B. 65), die er im Gegensinn wiedergab. Auf der Vorderseite diente der heilige Bischof (B. 61) als Vorbild, der in der Ausstellung in einem originalen Abdruck gezeigt wird (Kat. 133, Abb. 132/1). Durch Hinzufügung des Kugelattributs machte der Goldschmied den unbekannten Heiligen des Stichs zu einem Heiligen Nikolaus, dem Patron des Überlinger Münsters.[3] – Für die gravierten Figuren der Heiligen Michael und Johannes des Täufers auf den beiden anderen Feldern konnte keine bestimmte Kupferstichvorlage nachgewiesen werden. Das Mittelfeld der Vorderseite ziert ein Perlmuttschnitt des von den Trauernden Maria und Johannes des Evangelisten flankierten Schmerzensmannes, der einerseits große Ähnlichkeit mit einer gleichzeitigen Bronzeplakette des weiteren Multscher-Umkreises zeigt,[4] andererseits in enger motivischer Beziehung zu frühen Kupferstichen steht. – Datierte Goldschmiedearbeiten mit Gravierungen nach Schongauer-Drucken konnte J. M. Fritz allerdings erst für die Jahrzehnte nach dem 1491 erfolgten Tod des Kupferstechers, zwischen 1494 und 1517 nachweisen.[5]

D. L.

1 Siehe dazu Fritz 1966, S. 52ff., 400ff., 412ff., 569ff.
2 Siehe dazu Fritz 1966, S. 570.

132

3 Dieser Kupferstich Schongauers diente auch als Vorlage für die Gravierung des Heiligen Nicasius auf dem Fuß des um 1500 gefertigten Kelches in Asbach (Fritz 1966, K 24, Abb. 51).
4 Ausst. Kat. Ulm 1997, Nr. 66a; vgl. auch S. 229, Abb. 5.
5 Siehe die Tabelle in: Fritz 1966, S. 569f.

Lit.: KD Baden, Bd. 1, 1881, S. 614 – Schroth 1948, Nr. 62, Taf. 54 – Fritz 1966, S. 55, 414, 545f. (K 721), Abb. 35 – Ausst. Kat. Karlsruhe 1970, Nr. 231, Abb. 211 – Schwarzl, o. J., Text-Bd. S. 68, Kat.-Bd. Nr. 76, Bild-Bd., Abb. 75.

133

Martin Schongauer (ca. 1450–1491)

Heiliger Bischof

Bez. u. M. mit dem Monogramm
Kupferstich; 8,9 x 6,1 cm (Einf.)
Coburg, Kunstsammlungen der Veste Coburg, Kupferstichkabinett

Zur Verwendung des wohl öfters von Goldschmieden als Vorlage herangezogenen Kupferstichs siehe Kat. 132 (mit Abb. 132/1).

Lit.: Hollstein, German, Bd. 49, 1999, Nr. 55.

132/1

133

134a

134b

134

Konstanzer (?) Goldschmied

Paxtafel

Um 1460/70

Silber, teilweise vergoldet, Steine und Reste blauen Emails; Durchmesser 11,3 cm

Baden-Baden, Zisterzienserinnenabtei Lichtenthal

Die scheibenförmige Paxtafel, in die Apostelreliquien eingeschlossen sind, wird noch heute im Kloster Lichtenthal in ihrer ursprünglichen Funktion verwendet, da sie bei hohen Kirchenfesten den Mitgliedern des Konvents zum Friedenskuß gereicht wird. Ihrer hohen Bestimmung entspricht die reiche, bedeutungsvolle Ausschmückung, bei der zahlreiche Techniken angewandt wurden. So ist die profilierte Einfassung umzogen von gekordelten und gekerbten Bändern und Blattranken mit Steinbesatz und ehemals blau emaillierten Rosetten, was den prächtigen und »buntfarbigen« Eindruck der teilweise vergoldeten Silberarbeit noch steigert. Auf dem vertieften Rund ihrer Vorderseite sind die gegossenen Figürchen des Jüngsten Gerichts appliziert. Diesem Relief entspricht auf der Rückseite die gravierte Darstellung des auf dem Wasser treibenden, mondsichelförmigen Ursulaschiffleins. Es ist dicht besetzt mit der Heiligen und ihren vornehmen Gefährtinnen (von denen eine bereits von einem tödlichen Pfeil getroffen ist) sowie dem Papst und seinem männlichen Gefolge. Die Inschrift, die sich um die Gravierung zieht, nennt die beiden Stifterinnen der »patze«, die am Hochrhein und Bodensee beheimateten Adelhait von Hewen und Bechta von Sultz, deren Lebensumstände den Schluß nahelegen, daß die Goldschmiedearbeit wohl um 1460/70 in Konstanz gefertigt wurde. Nicht überliefert ist dagegen, wann und in wessen Auftrag sie nach Lichtenthal gelangte. Die auf einer Paxtafel ungewöhnliche Darstellung des Ursulaschiffleins beruht auf der seit dem 13. Jahrhundert nachgewiesenen, hohen Verehrung der Heiligen Ursula in Lichtenthal. Das Kloster gehörte zudem der Straßburger Ursulabruderschaft an (siehe dazu Kat. 228), in deren Mitgliederverzeichnis es wie folgt genannt wird: »Item der andechtig conuent zuo Liechtenthal, daz man nennet Büre, haben vnser Schifflin begabet vnd rich gemacht mit ongloeblichen geistlichen gaben yn wise vnd forme ...«.[1] Bildlicher Zeuge für den Ursulakult in Lichtenthal ist das Ursulaschifflein auf dem rechten Flügel des Frauenchorretabels von 1496.[2] Darüber hinaus bieten sich in vieler Hinsicht zum Vergleich mit der Gravierung auf der Kußtafel oberrheinische und seeschwäbische Tafelbilder,[3] Zeichnungen und Holzschnitte aus der Zeit um 1440/1500 an, die unter anderem von Martin Schongauer[4] und seiner Nachfolge[5] stammen (Kat. 1, 228).

In die Ausstellung mit einbezogen wurde das *Pacem* nicht zuletzt wegen der für die Goldschmiede spezifischen Graviertechnik, in der das Ursulaschifflein auf seiner Rückseite ausgeführt wurde. – Ihre Beherrschung war die eigentliche technische Grundlage zur Entstehung des Kupferstiches am Oberrhein. Von den Hauptvertretern dieser graphischen Kunst, dem Meister E. S. und Martin Schongauer, denen in der Ausstellung ein großer Platz eingeräumt wird (Kat. 46ff., 97ff.), darf mit Sicherheit gesagt werden, daß sie, wie später Albrecht Dürer auch, als Goldschmiede ausgebildet waren und das Gravieren in Metall erlernt hatten.

D. L.

1 Schnyder 1986, S. 233.
2 KD Baden, Bd. 11, 1942, Abb. 354 – Ausst. Kat. Karlsruhe 1995, S. 77ff., Abb. 6.
3 Slg. Kat. Berlin 1995, S. 54, Nr. 2112 – Siehe auch ein jüngst erworbenes Tafelbild im Straßburger Musée de l'Œuvre Notre-Dame von einem um 1450 am Oberrhein tätigen Meister (siehe dazu Stange, Bd. 2, 1970, Nr. 41 und hier Kat. 32).
4 Baum 1948, Abb. 142 – Ausst. Kat. Colmar 1991, Nr. Z 31.
5 Slg. Kat. Colmar 1990, Nr. 538, Taf. 18.

Lit.: KD Baden, Bd. 11, 1942, S. 485f., Abb. 392, 393 – Fritz 1966, S. 53, Nr. 417 – Ausst. Kat. Karlsruhe 1970, Nr. 203 – Fritz 1982, S. 281, Abb. 683 – Zehnder 1985, S. 139, 142 – Ausst. Kat. Karlsruhe 1995, Nr. 81.

135a

Meister AG (aktiv ca. 1470–1490)

Der Einzug in Jerusalem

Bez. u. M. mit dem Monogramm
Kupferstich; 14,5 x 10,9 cm (Einf.)
Amsterdam, Rijksmuseum

Der Meister AG gilt neben dem Monogrammisten BM (siehe Kat. 81, 86, 136) als der begabteste Nachfolger Schongauers. Als einer der ersten, der Kupferstiche nachweislich direkt für die Buchillustration herstellte, nimmt sein Werk auch in der Geschichte des Buchdruckes eine wichtige Rolle ein. Von 1479–1489 arbeitete er im Auftrag des bischöflichen Druckers Georg Reyser in Würzburg, wo er für verschiedene Meßbücher und ein Brevier Wappenstiche anfertigte. Unterschiedliche Identifizierungen mit urkundlich überlieferten Künstlern wurden vermutet, die zwischen 1470 und 1490 tätig gewesen sein konnten. Während Joachim von Sandrart (1606–1688) in seiner *Teutschen Academie* von 1675–1679 noch von dem Nürnberger Holzschneider und Briefmaler Albert Glockendon ausging, schlug Nagler eine Identifizierung mit dem Würzburger Ambrosius Gumplein vor. Petersen schließlich schloß sich der Theorie Mercklings an und sah in den Initialen die Abkürzung des Namens Anton Gerbel aus Pforzheim, Vater des bedeutenden Humanisten Nicolaus Gerbel (1485–1560) aus dem Umkreis Reuchlins.[1] Vetter vermutete, daß er als Lehrling in der Goldschmiedewerkstatt von Schongauers Vater tätig war und dort mit den Kupferstichen Martins in Berührung kam.[2] Seine künstlerischen Leistungen zeugen dabei von einer Qualität, die für einen eigenständigen Werkstattbetrieb oder doch zumindest für eine unabhängige künstlerische Tätigkeit spricht. Insgesamt sind von ihm 34 Kupferstiche überliefert, von denen 28 in der Platte mit dem Monogramm AG signiert sind und dreizehn Kopien nach Schongauer darstellen, die sich durch eine große Genauigkeit in der Nachahmung der Vorlage auszeichnen.

Der Passionszyklus des Künstlers, der insgesamt zwölf Blätter umfaßt, gehört zu seinen reifsten und einflußreichsten künstlerischen Leistungen. Anders als Schongauer beginnt der Meister AG mit dem *Einzug in Jerusalem* und dem anschließenden *Abendmahl* und zeigt somit offensichtlich zwei eigenständige Kompositionen. Beide Szenen bilden ebenfalls den Beginn der Passionsfolge auf dem *Dominikaner-Altar* in Colmar, der im Umkreis von Schongauer entstanden sein muß (Abb. 135/1 und 135/2).[3] Sie zeigen – wie einige andere Stationen desselben Passionszyklus – eine teils enge Anlehnung an die Kupferstiche des Meisters AG, dessen Werkstatt Petersen daher auch das große Retabel in Colmar zuschrieb.[4] Beide Darstellungen beeinflußten später unter anderem Riemenschneiders Reliefs in seinem *Heiligblutaltar* in der Jakobskirche in Rothenburg ob der Tauber.

Die *Gefangennahme Christi* offenbart, wie selbständig der Meister AG mit den Schongauerschen Vorlagen umgegangen ist. Während er den bei Schongauer nicht dargestellten Judaskuß in die Handlung integriert, zeigt die zu Boden gegangene Gestalt des Malchus deutliche Anleihen an den gestürzten Schergen des Vorbildes (siehe Kat. 107b). Die direkte Geste der Ohrheilung durch Christus erinnert wiederum an dieselbe Szene der Passionsfolge vom Meister E. S. (Kat. 54). Eine Abwandlung der unterschiedlichen Rückenfiguren bei Schongauer stellt dagegen die mit dem Knüppel schlagende, am Gewand Christi zerrende Schergenfigur dar. Die Orientierung an Vorlagen verschiedener Meister und die eigenständige Abwandlung zu einer neuen Komposition wird in derartigen Bildfindungen deutlich.[5] Die *Auferstehung* zeigt einen bildparallel gestellten Sarkophag wie auf Schongauers *Grablegung* (Kat. 107j), der den Deckel öffnende Engel aus Schongauers *Auferstehung* (Kat. 107l) wird beim Meister AG zu einer ruhigen Profilfigur.

Die Druckplatten dieses Passionszyklus haben sich sehr lange erhalten. Noch Anfang des 17. Jahrhunderts wurden sie von einem weniger begabten Stecher überarbeitet und 1629 und 1631 von dem Tübinger Buchbinder Johann Wilhelm Friese veröffentlicht. Die Abzüge aus Amsterdam zeigen den ersten, unretouschierten Zustand der Stiche, von dem nicht viele gute Drucke überliefert sind. Die Bearbeitung der Kupferplatten vom Meister AG war in einzelnen Partien – wie beispielsweise den duftigen Landschaftsausblicken – von einer so außergewöhnlichen, der Kaltnadeltechnik ähnlichen Feinheit, daß eine schnelle Abnutzung der Platten die Folge gewesen sein dürfte.

D.S.

1 Dazu Ill. Bartsch, Bd. 9, Teil 2, 1991, S. 195f.
2 Vetter 1980.
3 Ausst. Kat. Colmar 1991, S. 74ff.
4 Petersen 1953.
5 Eine Umsetzung des Stiches in die Malerei zeigt eine motivgetreue Kopie eines unbekannten Nürnberger Meisters, Slg. Kat. Nürnberg 1937, S. 139, Nr. 536.

Lit.: Bartsch, Bd. 6, 1808, S. 345, Nr. 2 – Lehrs, Bd. 6, 1927, S. 104f., Nr. 6 – Ausst. Kat. Paris 1991/92 (Rothschild), Nr. 35 – Ill. Bartsch, Bd. 9, Teil 2, 1991, Nr. 0910.006.

135b

Meister AG (aktiv ca. 1470–1490)

Das Abendmahl

Bez. u. M. mit dem Monogramm
Kupferstich; 14,8 x 10,8 cm (Einf.)
Amsterdam, Rijksmuseum

Lit.: Bartsch, Bd. 6, 1808, S. 345, Nr. 3 – Lehrs, Bd. 6, 1927, S. 105, Nr. 7 – Ausst. Kat. Paris 1991/92 (Rothschild), Nr. 36 – Ill. Bartsch, Bd. 9, Teil 2, 1991, Nr. 0910.007.

135a

135b

135/1 und 135/2 Umkreis der Schongauer-Werkstatt, Der Einzug in Jerusalem, Das Abendmahl, *Dominikaner-Altar*, linker Außenflügel, 1470/80, Colmar, Museum Unterlinden

135c

135d

135c

Meister AG (aktiv ca. 1470–1490)

Die Gefangennahme Christi

Bez. u. M. mit dem Monogramm
Kupferstich; 14,5 x 10,8 cm (Einf.)
Amsterdam, Rijksmuseum

Lit.: Bartsch, Nd. 6, 1808, S. 346, Nr. 5 – Lehrs, Bd. 6, 1927, S. 106f., Nr. 9 – Ausst. Kat. Paris 1991/92 (Rothschild), Nr.38 – Ill. Bartsch, Bd. 9, Teil 2, 1991, Nr. 0910.009.

135d

Meister AG (aktiv ca. 1470–1490)

Die Auferstehung

Bez. u. M. mit dem Monogramm
Kupferstich; 14,3 x 10,9 cm (Einf.)
Amsterdam, Rijksmuseum

Lit.: Bartsch, Bd. 6, 1808, S. 348f., Nr. 13 – Lehrs, Bd. 6, 1927, S. 112f., Nr. 17 – Ill. Bartsch, Bd. 9, Teil 2, 1991, Nr. 0910.017.

136

Monogrammist BM

Das wahre Antlitz Christi

Kupferstich; 12,7 x 11,5 cm (Blatt)
Karlsruhe, Staatliche Kunsthalle Karlsruhe, Kupferstichkabinett

Zu den in besonderer Weise dem Stil Martin Schongauers verpflichteten Künstlern ist auch der Monogrammist BM zu zählen, dem seit E. Buchner neben zehn druckgraphischen Arbeiten auch einige Gemälde zugewiesen werden (Kat. 81, 86).[1] Der stets als einer der talentvollsten Schüler des Colmarer Meisters angesprochene Anonymus setzte häufig – heute verschollene – Zeichnungen seines Lehrers in den Kupferstich um und signierte seine Blätter – mit Ausnahme des Karlsruher Unikats – regelmäßig mit dem in Form und Größe wechselnden Monogramm.

Mit Recht wurde betont, daß sich die Werke des Monogrammisten BM nicht als schlichte Schongauer-Kopien verstehen lassen, daß der Künstler vielmehr zu einer selbständigen Umsetzung des vorbildgebenden Stil- und Motivschatzes gelangte. Das höchst eindringliche, schmerz- und doch hoheitsvoll wirkende Antlitz Christi darf als ein exzellentes Beispiel der zeichnerisch-feinen, fast malerische Wirkung erzielenden und starke Hell-Dunkel-Kontraste vermeidenden Stichelführung des Meisters bezeichnet werden.

Das tränenreiche Antlitz des gemarterten, dornengekrönten Heilands ist fraglos mit der in zahlreichen Varianten verbreiteten Legende der Heili-

136

gen Veronika zu verbinden: Nach der bekanntesten, erst um 1300 aufkommenden Legendenfassung reicht Veronika dem kreuztragenden Christus ein Tuch, in welchem sich das *vera icon*, das wahre Bild des geschundenen Erlösers abdrückt, als er sich Blut und Schweiß vom Gesicht entfernt. Die hochverehrte, heute in der römischen Peterskirche bewahrte Schweißtuch-Reliquie erfuhr im späten Mittelalter häufige Verbildlichung: Ob im motivreich erzählten Zusammenhang der Kreuztragung, ob vorgewiesen von der Heiligen Veronika (Kat. 112) oder den Heiligen römischen Patronen Peter und Paul oder aber gelöst aus jedem szenischen Kontext (Kat. 13). Der Monogrammist verzichtet bei seiner Komposition zusätzlich auf eine Angabe des faltenwerfenden Tuches, so daß das schmerzerfüllte Antlitz Christi mit besonderer Eindringlichkeit vor das grobe, hellbraune Papier tritt. Dergleichen Darstellungen, wie sie als Tafelgemälde im späten 15. Jahrhundert in den Niederlanden etwa aus der Werkstatt des Dirk Bouts hervorgingen, dienten der privaten Andacht, dem kontemplativen Sichversenken in die Züge des um der Sünden der Menschheit und ihrer letztlichen Erlösung gefolterten und getöteten Gottessohnes.[2] – Mit dem Gebet vor dem *vera icon* – oder auch vor den zahlreich kopierten Abbildern – war ein häufig gewährter und stets vermehrter Ablaß verbunden, der dem Gläubigen eine Verkürzung der Fegefeuerstrafe zusicherte.[3]

M. D.

1 Buchner 1941, S. 161.
2 Ill. Bartsch, Bd. 9, Teil 2, 1991, S. 353 – Friedländer, Bd. 3, 1968, Tafel 75, 77, 78.
3 Ausst. Kat. Karlsruhe 1992b, Nr. 5, S. 35–42.

Lit.: Lehrs, Bd. 6, 1927, S. 77, Nr. 4 – Ill. Bartsch, Bd. 9, Teil 2, 1991, S. 353, Nr. 4 – Ausst. Kat. Karlsruhe 1992a, S. 54, Nr. 60.

107e

139a

II.3 Ludwig Schongauer

Der Maler, Kupferstecher und Zeichner Ludwig Schongauer ist ein wohl jüngerer Bruder des weitaus bekannteren Martin Schongauer, von dem jener künstlerisch stets abhängig war und blieb. Über die Herkunft Ludwigs, sein Leben und Werk ist nur wenig bekannt. Die Lehrjahre absolvierte er möglicherweise in Colmar bei Caspar Isenmann. Spätestens in der Mitte der siebziger Jahre muß er dann nach Ulm gewandert sein, wo er 1479 erstmalig erwähnt wird, als er das Bürgerrecht geschenkt erhält und in eine dort ansässige Malersippe einheiratet. 1486 ist er auch in Augsburg bezeugt, weil er – nach Eintrag im Bürgerbuch – das Bürgerrecht erkauft und schon bald Mitglied der dortigen Zunft der Maler, Glaser, Goldschläger und Bildschnitzer wird. Er stellt drei Lehrknaben vor und führt bis 1490 regelmäßig Steuern ab.

Nach dem Tod Martin Schongauers 1491 verläßt Ludwig Augsburg und übernimmt – wohl gemeinsam mit seinem Bruder Paulus – die verwaiste Werkstatt in Colmar. Er erbt das Haus *Zum Schwan* und wird 1493 Bürger von Colmar. Ein Jahr darauf ist er bereits verstorben.

Daß Ludwig selbst als Kupferstecher oder gar Goldschmied ausgebildet war, ist wenig wahrscheinlich. Sein schmales graphisches Werk umfaßt vier monogrammierte und jeweils als Einzelexemplare überlieferte Stiche, die eine relativ schematische und ungeübte Stichelführung kennzeichnet. Auch der Umfang des ihm zugeschriebenen zeichnerischen Werkes ist eher klein und nicht unumstritten, genauso wie über sein malerisches Werk weitgehend Uneinigkeit herrscht, denn auch diese, meist kleinformatigen Bildtafeln weisen stilistisch große Unterschiede auf. Sofern man aber die ihm zugeschriebenen Werke als ein Œuvre gelten läßt, muß Ludwig als wichtiger Vermittler oberrheinischer Erzählweise in den schwäbischen, das heißt ulmischen und augsburgischen Raum gesehen werden. Im wesentlichen zwei, in der Forschung allgemein anerkannten Zuschreibungen verdankt man es, Ludwigs Künstlerpersönlichkeit etwas deutlicher faßbar gemacht zu haben. Es sind dies der zweiteilige, figurenreiche Bildentwurf mit der *Vorbereitung zur Kreuzigung Christi* (Kat. 138) sowie der Stich mit der Darstellung der *Kreuzabnahme* (Kat. 137). Im Werk Ludwigs gelten sie als die einzigen bekannten Blätter religiösen Sujets. Motivisch sind auch sie stark von Martins Bildfindungen abhängig. Unter Akzeptanz dieser beiden Zuschreibungen sind sie am besten dazu geeignet, als Ausgangspunkt zu einer Bewertung des malerischen Œuvres herangezogen zu werden.

A. M.-F.

139/1 Ludwig Schongauer, *Die Anbetung der Könige*, Darmstadt, Hessisches Landesmuseum

137

Ludwig Schongauer (um 1450–1494)

Die Kreuzabnahme

Kupferstich; 13,9 x 10,2 cm (Blatt)
Bez. M. u.: Monogramm mit seitenverkehrtem S
Wien, Graphische Sammlung Albertina

Als einzig erhaltenem Kupferstich mit einem figürlichen Thema kommt der *Kreuzabnahme* in der Beurteilung von Ludwig Schongauers Œuvre eine Schlüsselposition zu. Das Blatt ist in der Mitte am unteren Rand mit den Initialen L und S sowie mit der Hausmarke der Schongauer versehen, was eine Zuschreibung an Ludwig Schongauer als relativ gesichert erscheinen läßt. Die *Kreuzabnahme* bildet damit eine wichtige Basis für weitere Zuschreibungen an den Bruder des berühmten Meisters aus Colmar.

In den etwas ungelenken, starren Schraffuren, die keinen sehr großen Reichtum an Variationen aufweisen, unterscheidet sich Ludwigs *Kreuzabnahme* jedoch ganz maßgeblich von den Kupferstichen seines Bruders. Offensichtlich war Ludwig mit dem Medium des Kupferstichs nicht vollständig vertraut oder er besaß zumindest keine Routine auf diesem Gebiet. So erscheint auch das S aus dem Monogramm seitenverkehrt, da der Stecher offensichtlich die spiegelbildliche Wiedergabe des Drucks einzukalkulieren vergaß. Nach dem Tod seines Bruders Martin übernahm Ludwig 1491 dessen Werkstatt in Colmar. Vielleicht hat er dies als Anlaß genommen, sich auch in der Druckgraphik zu versuchen. Dies würde bedeuten, daß der Stich in die letzten drei Lebensjahre Ludwigs zu datieren ist.

Neben der *Kreuzabnahme* haben sich nur drei weitere druckgraphische Blätter mit Tierstudien erhalten, die mit seinem Monogramm versehen sind. Allen Blättern ist eine eher zeichnerische Linienführung eigen, bei der der Grabstichel wie ein Zeichenstift eingesetzt wurde. Die Möglichkeiten des Kupferstichs, der sich durch eine eigenständige und sehr reiche künstlerische Sprache auszeichnet, wurden dabei nicht ausgeschöpft.

Ludwig Schongauers *Kreuzabnahme* stellt wahrscheinlich eine Kopie nach einer verschollenen Vorlage dar.[1] Von Jörg Schweiger, der zu Beginn des 16. Jahrhunderts als Goldschmied in Basel tätig war, hat sich eine Federzeichnung nach demselben Bild erhalten. Da diese im Vergleich zum Kupferstich seitenverkehrt erscheint, kann sie wohl als dem Original näherstehend betrachtet werden (Abb. 137/1).[2] Die Komposition der *Kreuzabnahme* taucht ein drittes Mal auf einem kleinen Email-Triptychon von Nardon Penicaud aus dem Jahr 1500 auf.[3]

A. M.

137/1
Jörg Schweiger,
Die Kreuzabnahme Christi, Federzeichnung,
Öffentliche Kunstsammlung Basel,
Kupferstichkabinett

137

1 Lehrs, Bd. 6, 1927, S. 58, 61–62, nimmt an, daß es sich dabei um eine verlorene Zeichnung Martin Schongauers handelt.
2 Slg. Kat. Basel, 1979, Bd. 1, Nr. 282. Die Zeichnung wird hier als Kopie nach einer vorbereitenden Studie zum Kupferstich bezeichnet.
3 The Burlington Magazine, Bd. 5, 1904, S. 101.

Lit.: Lehrs, Bd. 6, 1927, S. 61, Nr. 1 – Stange 1954 – Stange, DMG, Bd. 8, 1957, S. 17–20 – Bushart 1959 – Ausst. Kat. Augsburg 1965, Nr. 192 – Müller 1991 – Ausst. Kat. Colmar 1991, Nr. L1 – Heck 1996 – Ill. Bartsch, Bd. 8, 1996, Nr. 001.

138

138

Ludwig Schongauer (um 1450–1494)

Die Vorbereitungen zur Kreuzigung

Feder in Schwarz über Vorzeichnung mit grauer (linke Hälfte) und brauner (rechte Hälfte) Tinte; 21,2 x 29,7 cm (zwei Blätter aneinandergesetzt)
Basel, Öffentliche Kunstsammlung Basel, Kupferstichkabinett
Inv. Nr. U. VIII. 22/23

Um das quer gelagerte Kreuz, das fast die ganze Bildbreite einnimmt, sind verschiedene Szenen geschildert, die alle in erzählerischem Zusammenhang mit der Kreuzigung stehen. Christus, von einem Bewacher mit einem Strick um den Hals im Zaum gehalten, sitzt auf dem Kreuzesstamm, seines Schicksals harrend. Die Gerätschaften für das grausame Werk, Hammer und Nägel für die Annagelung sowie das Tau für die Aufrichtung des Kreuzes, liegen schon griffbereit, und auch die Vorbereitungen sind in vollem Gange: Während ein Knecht noch damit beschäftigt ist, die Löcher für die Annagelung zu bohren, hat ein weiterer Knecht bereits damit begonnen, das Loch für den Kreuzesstamm auszuheben. Links im Vordergrund wird um Christi Gewand gewürfelt. Viele Schaulustige und Soldaten bevölkern die Szene, jedoch einzig die Gruppe mit den Heiligen Frauen, Maria und Johannes nimmt Anteil an den Leiden Christi, obwohl ein Knecht mit häßlich entstelltem Gesicht bemüht ist, sie zur Seite zu drängen. Am rechten Bildrand sieht man, wie ein Schreiber angewiesen wird, den Spott-Text für die Kreuzesaufschrift zu schreiben. Diese Begebenheit läßt sich auf das Johannes-Evangelium zurückführen, in dem geschildert wird, wie Pilatus ein Schild mit der Inschrift: »Jesus von Nazaret, der König der Juden« anfertigen ließ (Joh. 19, 19).
Das Thema der Vorbereitung zur Kreuzigung findet erst in der Kunst des Spätmittelalters größere Verbreitung.[1] Im Zuge einer gewandelten Frömmigkeitspraxis war es für die Gläubigen im 15. Jahrhundert ein großes Bedürfnis, sich jede Begebenheit, jedes Detail auf dem Leidensweg Christi genau zu vergegenwärtigen. Ausführlich erzählende Darstellungen des Passionsgeschehens wurden als Meditationshilfen verwendet, die einen ersten Einstieg in das Gebet ermöglichten. Die erzählerische Breite, mit der das Thema auch in unserer Zeichnung dargeboten wird, bietet dem Betrachter die Möglichkeit, sich in das schreckliche Geschehen hineinzuversetzen und im Sinne der *imitatio Christi*, der Nachfolge Christi, nachzuempfinden. Der Bildtypus kann damit als spe-

zifischer Ausdruck der spätmittelalterlichen Andachtspraxis gesehen werden.[2]

Da die Ereignisse vor der Kreuzigung in den Evangelien nicht sehr ausführlich geschildert werden, müssen als Grundlage für die Darstellungen wohl mittelalterliche Passionsbetrachtungen oder Texte von Passionsspielen angenommen werden.

Ein besonderes Motiv der Zeichnung stellt der entkleidete Christus dar, der auf dem Kreuzesstamm sitzt und den Kopf in die Hand gestützt hält. Es lehnt sich an den Bildtypus des *Christus in der Rast* an, der vor allem in der Plastik des 15. Jahrhunderts Verbreitung fand.[3] Der Gestus des in die Hand gestützten Kopfes ist seit der Antike Ausdruck von Melancholie und Trauer, kann aber ebenso Nachdenken und Sinnieren bedeuten. Dasselbe Motiv taucht beispielsweise auch in Dürers kleinem Tafelbild mit dem *Schmerzensmann* auf, das ebenfalls in dieser Ausstellung gezeigt wird (Kat. 235). In der Figur des isolierten, in sich gekehrten Christus, die in starkem Kontrast zu dem lauten Treiben der Knechte steht, kommen die Einsamkeit und das Elend Christi besonders eindringlich zum Ausdruck.

Die Zeichnung wurde in zwei Teilen ausgeführt, die zu einer Komposition zusammengefügt wurden. Es scheint sich dabei um einen Entwurf für die beiden Außenseiten eines Flügelaltars zu handeln. Analogien zu Ludwigs Kupferstich der *Kreuzabnahme* (Kat. 137), der durch das Monogramm als gesichertes Werk gilt, haben auch für diese Zeichnung zu einer Zuschreibung an Ludwig Schongauer geführt. Die charakteristische Zeichentechnik, zuerst in dünner Feder eine Vorzeichnung anzulegen und dann in dunklerer Tinte auszuführen, findet sich auch in den anderen Zeichnungen Ludwigs, von denen sich hauptsächlich Tierdarstellungen erhalten haben.[4]

A. M.

1 Koseleff 1934.
2 Ausst. Kat. Karlsruhe 1996 – Van Os 1996.
3 von der Osten 1954 – Surmann 1991, S. 26–36.
4 Slg. Kat. Basel, Bd. 1, 1979, Nr. 38–48

Lit.: Bauch 1932, S. 104–105 – Rose 1976, fig. 2 (Schongauer Schule) – Slg. Kat. Basel, Bd. 1, 1979, Nr. 44, Taf. 17 – Müller 1991 – Ausst. Kat. Colmar 1991, L2 – Ausst. Kat. Basel 1991a, Nr. 12 – Ausst. Kat. Karlsruhe 1996, S. 167, Abb. 140 – Koreny 1996, S. 144 – Heck 1996 – Van Os 1996, S. 370, Abb. 13 (Umkreis Martin Schongauer) – Ausst. Kat. Basel 1997, Nr. 2.2.

139a

139

Ludwig Schongauer (um 1450–1494)

Drei Tafeln eines Marienaltars

um 1480

a) ***Die Verkündigung***

Tempera auf Leinwand, auf Holz übertragen; 49 x 30 cm
Privatbesitz

b) ***Die Heimsuchung***

Tempera auf Leinwand, auf jüngere Eichenholztafel übertragen; 42 x 30 cm
Darmstadt, Hessisches Landesmuseum Darmstadt
Inv. Nr. GK 15 A

Die zwei Täfelchen gehörten ehemals zu einem Marienaltar, von dem noch drei weitere Teile erhalten sind: eine *Anbetung der Könige* im Hessischen Landesmuseum in Darmstadt (Abb. 139/a), eine *Geburt Christi* im Museum of Art in Philadelphia sowie eine *Beschneidung* aus dem Unterlindenmuseum in Colmar (Abb. 139/2).

Die ursprüngliche Gestalt des Marienaltars mit Szenen aus dem Marienleben und der Kindheit Jesu ist nicht vollständig rekonstruierbar. Es ist jedoch naheliegend, daß die Täfelchen in mehreren Registern auf den Flügeln des Altars angeordnet waren. Da die fünf erhaltenen Bilder keinen Goldgrund aufweisen, möchte man vermuten, daß es sich um die ehemaligen Außenseiten der Altarflügel handelt. Der Mittelteil könnte ebenfalls aus einem Tafelbild bestanden haben, wahrscheinlicher ist jedoch ein Schrein mit eingestellten Figuren.

Die fünf erhaltenen Szenen des Marienaltars weisen dabei auf ein Bildprogramm, das sich an den Topos der *Freuden Mariens* anlehnt, der in der mittelalterlichen Hymnenliteratur sehr verbreitet war. Auf Bildern erscheint die Thematik verstärkt im 15. und 16. Jahrhundert und ist als Ausdruck der in dieser Zeit intensivierten Marienverehrung zu sehen. Auf

139b

139/2 Ludwig Schongauer, *Die Beschneidung,* Colmar, Musée d'Unterlinden

Altären findet man die *Freuden Mariens* oftmals mit den *Schmerzen Mariens* zusammen dargestellt. Ein in diesem Sinne ausgerichtetes Bildprogramm würde als weitere Szene für die Flügelaußenseiten die *Auffindung Christi im Tempel* und als Mittelteil die *Krönung Mariens* nahelegen. Auf den Flügelinnenseiten wären schließlich Darstellungen der *Schmerzen Mariens* mit Szenen aus der Kindheit Jesu und der Passion denkbar.[1] Stange brachte 1954 als erster den Namen Ludwig Schongauers als möglichen Urheber der *Beschneidung* ins Spiel. Die Zusammenstellung der verschiedenen Tafeln des Marienaltars erfolgte 1956 durch Winkler, der sie jedoch einem schwäbischen Meister um 1480 zuschrieb. Kompositorische Analogien der *Beschneidung* mit einem Holzschnitt aus der *Geistlichen Auslegung des Lebens Christi*, veröffentlicht in Ulm von Johannes Zainer um 1485, schienen eine Lokalisierung der Tafeln nach Ulm nahezulegen – ob sie dort tatsächlich von Ludwig Schongauer gemalt wurden, ist auch heute noch nicht vollständig gesichert. (Siehe dazu den Aufsatz von A. Moraht-Fromm in diesem Katalog.)

A. M.

1 Künstle 1928, S. 642–646 – Sachs 1970.

Lit.: Stange 1954 – Winkler 1956 (Ulmer Meister unter dem Einfluß Martin Schongauers) – Stange, DMG, Bd. 8, 1957, S. 17–20 – Bushart 1959, S. 139–143 – Ausst. Kat. Augsburg 1965, S. 126–128 – Stange, KV, Bd. 2, 1970, Nr. 606 (Werkstatt Ludwig Schongauer) – Slg. Kat. Darmstadt 1990, Nr. 49 – Slg. Kat. Colmar 1991, Nr. 451 – Müller 1991 – Ausst. Kat. Paris 1991/92, S. 64 – Heck 1996.

140

Ludwig Schongauer (um 1450–1494)

Vier Tafeln eines Marienaltars

um 1475

a) ***Die Abweisung von Joachims Opfer***

Tempera auf Holz; 50 x 34,5 cm
Inv. Nr. 1984.9168

b) ***Die Begegnung an der Goldenen Pforte***

Tempera auf Holz; 52 x 35,5 cm
Inv. Nr. 1981.9110

c) ***Die Geburt Mariens***

Tempera auf Holz; 51,5 x 34 cm
Inv. Nr. 1953.8898

d) ***Der Tempelgang Mariens***

Tempera auf Holz; 50 x 34,5 cm
Ulm, Ulmer Museum
Inv. Nr. 1984.9168 (a), 1981.9110 (b), 1953.8898 (c), 1984.9169 (d)

Die vier Täfelchen mit Szenen aus dem Marienleben bildeten ursprünglich zwei Flügel eines Marienaltares, der sich ehemals in der Kirche des Augustiner Chorherrenstifts zu den Wengen in Ulm befunden haben soll.[1] Leider wurden die Altarflügel 1935 im Kunsthandel gespalten und in ihre Bildfelder zerteilt. Das Ulmer Museum konnte vier Tafeln erwerben, so daß die Bilder der Flügelinnenseiten wieder zusammen präsentiert werden können.

In der ersten Szene der Bilderfolge ist zu sehen, wie Joachims Opfer wegen seiner Unfruchtbarkeit abgelehnt wird. Gedemütigt und betrübt verlassen er und seine Frau Anna den Tempel, den Anweisungen des Priesters am Altar folgend. Im zweiten Bild ist die Begegnung von Joachim und Anna an der Goldenen Pforte gezeigt, die ihnen von einem Engel geweissagt worden war. Es folgt eine Szene mit der Heiligen Anna im Wochenbett. In einem häuslichen Interieur nimmt gerade die Amme die kleine Maria entgegen, während Joachim im Hintergrund an einem Tisch eine Mahlzeit einnimmt. Der besondere Reiz dieses Bildes liegt in der detailfreudigen Schilderung des häuslichen Interieurs mit Möbeln, Bettzeug, Wasserbottich und Geschirr. Das letzte Bild erzählt die Geschichte der dreijährigen Maria, die von ihren Eltern zum Tempel gebracht wird und dort ganz allein die Stufen emporsteigt, um Tempeljungfrau zu werden.

Bei der Zerteilung der Flügel zerstörte man leider auch die Schriftbänder, die sich ursprünglich zwischen den Bildern befanden. Die Inschriften sind jedoch noch von alten Photographien bekannt, die den Originalzustand der Tafeln zeigen.

So stand unter der *Abweisung von Joachims Opfer*: »Ut infra mundum sacerdos ioachim arguebat« und unter der *Begegnung an der Goldenen Pforte*: »Viso anna viro instanter gaudebat«. Die Darstellung mit der *Geburt Mariens* war beschriftet mit: »Maris stella nata viam pandit poli«, der *Tempelgang Mariens* trug die Inschrift: »Nos virgo presentata sue commendat proli«. Die Textzeilen bezeichneten die dargestellten Szenen, wobei sich die jeweils auf einem Flügel angebrachten Inschriften reimten.

Die heute in Privatbesitz befindlichen Flügelaußenseiten des Marienretabels zeigen die *Verkündigung an Maria* (Abb. 140/1). Offensichtlich legte das Bildprogramm einen Schwerpunkt auf das Geheimnis der unbefleckten Empfängnis Mariens, die in der wundersamen Empfängnis Annas ihre Voraussetzung gefunden hatte. Für die Gestaltung des verlorenen Mittelteiles wäre daher eine Skulpturengruppe mit der Geburt Christi oder eine Madonna auf der Mondsichel denkbar.

Während die Evangelien nur sehr spärlich über das Leben der Maria berichten, gibt es seit jeher eine reiche Legendenüberlieferung, die sich mit Geburt und Kindheit der Gottesmutter befaßt. Prägend für die Ausbildung der Marienlegende waren vor allem das Protoevangelium des Jakobus und das Evangelium des Pseudo-Matthäus.[2] Gerade im Zuge der wachsenden Marienverehrung im späten Mittelalter läßt sich ein großes Interesse für die Begebenheiten und Stationen im Leben der Gottesmutter feststellen, das auch in zahlreichen Bildwerken, die dem Marienleben gewidmet sind, seinen Ausdruck findet. Weitere Beispiele sind in der Ausstellung mit den monumentalen Altartafeln aus dem Kloster Lichtenthal (Kat. 143) vertreten oder mit einer Schweizer Handschrift, die mit Federzeichnungen ausgestattet ist (Kat. 9). Diese hinsichtlich ihres Formates und ihres Mediums so unterschiedlichen Beispiele mögen dabei eine Vorstellung von der Universalität der Marienverehrung in der zweiten Hälfte des 15. Jahrhunderts geben.

Die Zuschreibung der Tafeln an Ludwig Schongauer ist zum ersten Mal 1954 von Stange postuliert worden, der ihn außerdem mit dem Ulmer Boccaccio-Meister, der Zeichnungen für Holzschnitte lieferte, identifizierte. Heute erscheint die Eingliederung der Tafeln in das Œuvre Ludwigs eher problematisch.[3]

A. M.

1 Ausst. Kat. Ulm 1980, S. 7–8. Die Herkunft der Tafeln aus der Wengenkirche wird angezweifelt durch Müller 1991.
2 Künstle 1928, S. 321–328.
3 Zuletzt bei Müller 1991. Eine ausführliche Diskussion dieser Frage findet sich in dem Aufsatz von A. Moraht-Fromm in diesem Katalog.

Lit.: Stange 1954 – Stange, DMG, Bd. 8, 1957, S. 17–20, Abb. 32 und 33 – Bushart 1959, S. 142 (Ludwig Schongauer abgeschrieben) – Stange, KV, Bd. 2, 1970, Nr. 599 – Ausst. Kat. Ulm 1980, S. 34 – Slg. Kat. Ulm 1981, Nr. 65 A und B – Müller 1991, S. 312 (Ludwig Schongauer abgeschrieben) – Châtelet 1991 – Heck 1996.

140/1
Ludwig Schongauer,
Flügelaußenseiten eines Marienaltares mit der Verkündigung,
Privatbesitz

140a

140c

140b

140d

145b

II.4 Bedeutende Altarwerke am Oberrhein und im westlichen Bodenseegebiet

Wer heute das Freiburger Münster, vornehmlich den hohen Chor mit seinem Kapellenkranz, die Wallfahrtskirche von Lautenbach mit Presbyterium, Lettner und Gnadenkapelle, das Kloster Lichtenthal mit seiner Kirche, dem Frauenchor und der Fürstenkapelle oder gar die Pfarrkirche in Tiefenbronn bei Pforzheim besucht, wird sakrale Räume der Gotik kennenlernen, die noch viel von ihrer ursprünglichen, spätmittelalterlichen Ausstattung bewahrt haben. In diesen Gotteshäusern ist die Zusammenschau von spätgotischer Baukunst, Zierarchitektur und Skulptur und von Werken der Bildschnitzer, Tafel- und Glasmaler, seltener auch der Teppichwirker, Goldschmiede, Tischler und anderer Kunsthandwerker möglich, wie sie am Ende des Mittelalters gang und gäbe war. Der Besucher dieser Orte wird ermessen, wie umfassend die Verluste sakraler Bildkunst der Spätgotik am Oberrhein und im westlichen Bodenseegebiet, verursacht durch Bildersturm, Kriege, Verwahrlosung und Geschmackswandel, sind und welche Bedeutung den Künstlern bei der Ausstattung sakraler Räume einst zukam.

Daneben bieten die mittelalterlichen Städte Straßburg, Colmar, Freiburg, Basel und Konstanz sowie die Staatliche Kunsthalle und das Landesmuseum in Karlsruhe bedeutende Kunst- und Altertümersammlungen mit Werken der Zeit um 1450 bis 1525, in der die Bildkünste in den genannten Kultur- und Kunstzentren und anderen kleineren Städten eine bis dahin ungekannte Hochblüte erlebten.

Zu den vornehmsten Aufgaben der spätgotischen Maler, Bildschnitzer und ihrer Werkstätten, der Faßmaler, Schreiner und anderer Handwerker zählten die Altaraufsätze, bei denen es sich vorwiegend um wandelbare Retabel handelte. Diese bestehen aus einem Figurenschrein oder einer gemalten Mitteltafel, zudem aus zwei oder vier schwenkbaren Klappflügeln, die zwei, vier und noch mehr Bildfelder in Malerei oder Reliefschnitzerei aufweisen, ferner aus einer Staffel (Predella) und zuweilen einem Gesprenge sowie zwei weiteren (fixierten) Standflügeln. Am häufigsten ist der Typus des (zweiflügeligen) Triptychons (Abb.), seltener der des (vierflügeligen) Pentaptychons. Noch seltener ist das sogenannte Baldachinretabel, das eine Verquickung darstellt aus turmförmigem, nach vorne und zu den Seiten offenem Gehäuse für die geschnitzte Figur Christi, Mariens oder eines Heiligen und aus zwei- bis dreiteiligen, doppelseitig bemalten Klappflügeln; im aufgeschlagenen Zustand gleichen diese Retabel einer Bilderwand, deren Mittelachse der raumhaltige Baldachin bildet (siehe Kat. 154, 155). Zahlreicher als es die Überlieferung annehmen läßt, waren die einfachen nichtwandelbaren, breitgelagerten Tafelretabel (Kat. 20), die im frühen 16. Jahrhundert unter italienischem Einfluß an Höhe zunahmen und monumentale Ausmaße haben konnten (Kat. 277). Ihnen ähnlich waren die großformatigen Andachtsbildtafeln, die Christus, Maria und einzelnen Heiligen gewidmet waren (Kat. 34, siehe auch Kat. 75). Besonderen Formen der belehrenden Erbauung und Andacht dienten Schautafeln mit zyklischen Bildfolgen zur Heilsgeschichte, zum Leben Mariens, zur Passion und Verherrlichung Christi (siehe Kat. 35) und zu Heiligenviten. Wieder andere Aufgaben erfüllten Votivbilder, wie sie sich etwa in den spitzbogigen »Flaar'schen Tafeln« in Freiburg oder der längsrechteckigen *Markgrafentafel* Hans Baldung Griens in Karlsruhe (Kat. 275) erhielten. – Einem ungewöhnlichen Zusammenhang entstammen beispielsweise einzelne Tafeln mit Szenen der Katharinenlegende, bei denen es sich vermutlich um die bemalten Wände eines großen Haus- und Reliquienschreins handelt (siehe Kat. 23).

Je nach der Bedeutung eines Altares und Ortes, der mit einem Retabel ausgezeichnet wurde, konnten Größe, materieller Aufwand und künstlerische Qualität eines Altarwerks schwanken. Beträchtliche Ausmaße hatten am Oberrhein (wie auch andernorts) in der Regel die Retabel für Haupt- und Hochaltäre oder für Gnadenstätten, von denen im folgenden die wichtigsten ganz oder teilweise erhaltenen bzw. im Aussehen überlieferten in chronologischer Folge aufgezählt seien: der für St. Leonhard in Basel geschaffene *Heilsspiegelaltar* von Konrad Witz (um 1435); das Hochaltarretabel des Heilig-Kreuz-Münsters in Rottweil (um 1440 – siehe Kat. 1); in Colmar die Passionsretabel des Caspar Isenmann für St. Martin (1462/65 – siehe Kat. 37) und der Werkstatt Martin Schongauers für die dortige Dominikanerkirche (um 1480/90) sowie das auch rückseitig bemalte Triptychon des Colmarer Katharinen-Klosters aus der Schongauer-Nachfolge in Bühl (um 1500); weiter das Triptychon mit der Anbetung der Könige aus Kloster Günterstal bei Freiburg (gegen 1500 – siehe Kat. 144), aus Kloster Lichtenthal das einstige Hochaltarretabel, dessen Teile nach Karlsruhe und New York gelangten (1489 – siehe Kat. 143), sowie das Triptychon des Frauenchors, auf dessen Flügelinnenseiten die Legenden der Heiligen Magdalena und Ursula geschildert sind (1496 – Abb.); die monumentalen Altarwerke für das Straßburger und das Freiburger Münster und für das Antoniter-Kloster in Isenheim, das erste ein bis auf geringe Reste untergegangenes Hauptwerk des Bildschnitzers Niclaus Hagenower (1501), das zweite, das mit je zwei Klapp- und Standflügeln sowie bemalter Rückseite versehene Meisterwerk Hans Baldung Griens (um 1513/16) und das dritte ein Gemeinschaftswerk des Malers Matthias Grünewald und des schon erwähnten Niclaus Hagenower (um 1490/1512–1516); und schließlich das Lautenbacher Marien-Hochaltarretabel (1506/11), Hugo von Hohenlandenbergs prächtiges Triptychon der Konradi-Kapelle des Konstanzer Münsters (1524) sowie der für Tauberbischofsheim gefertigte, in seinen malerischen Teilen in Karlsruhe verwahrte Aufsatz des Fronaltars (1523/24 – Kat. 277), der hier Erwähnung findet und in die Ausstellung mit einbezogen wird, da es das späteste Werk Matthias Grünewalds, des überragenden Malers der Flügel des *Isenheimer Altars* ist.

Zu den künstlerischen Arbeiten der genannten Altarwerke wurden in der Regel Schnitzer wie Maler zu gleichen Teilen herangezogen, doch gab es auch solche, die ausschließlich bzw. in den wesentlichen Teilen von Malern geschaffen wurden. Häufiger traf dies zu bei weniger umfangreichen Retabeln, die für mittelgroße Seiten- und Nebenaltäre und kleinere Räume bestimmt waren. Für die Mitte des 15. Jahrhunderts seien genannt: Das Stauffenberg-Triptychon in Colmar (um 1450/60), das Maikammerer Passionstriptychon aus einer Speyerer Werkstatt (um 1450), die frühe Kreuzigungstafel aus Kloster Salem (um 1440 – Kat. 20), das Feldbacher Kreuzigungsretabel in Frauenfeld (um 1450/60 – Kat. 36), Jost Hallers flügellose Altartafel aus Bergheim (gegen 1445/50) sowie das Triptychon der Dominikanerinnen aus Kloster Adelhausen in Freiburg (um 1450); für die Zeit um 1470/90 sei an Martin Schongauers *Madonna im Rosenhag* (1473, siehe dazu Kat. 75), an den *Rot-Altar* in Basel (1476/84) und den *Mässlin-Altar* aus der Konstanzer Murer-Werkstatt (1480 – Kat. 27) erinnert; Werke des ersten Viertels des 16. Jahrhunderts sind das von Hugo von Hohenlandenberg für die Kapelle der Konstanzer Bischofspfalz gestiftete Triptychon in Karlsruhe (um 1500 – Kat. 184) und der Altaraufsatz aus Mennwangen bei Salem (1523 – Kat. 188). – Stellvertretend für zahlreiche mittelgroße Retabel, die sich aus gemalten wie geschnitzten Teilen zusammensetzen, seien hier noch genannt: Lukas Mosers *Magdalenen-Altar* in Tiefenbronn (1431/32), der Freiburger *Schnewlin-Altar* (um 1512/15), das linke Lautenburger Lettnerretabel mit der Verkündigung an Maria (1523), schließlich das wohl aus dem St. Alban-Kloster in Basel stammende, vierflügelige Marien-Retabel in Lümschweiler bei Rixheim (um 1515/20) und das Sebastian-Retabel aus Neuwiller-lès-Saverne, heute im Straßburger Museum (um 1520).

Bei der Mehrzahl spätgotischer Tafelbilder, die sich in den obengenannten Museen, aber auch noch in Kirchen am Oberrhein finden, handelt es sich um Fragmente komplexer Altarwerke, vornehmlich um allseitig beschnittene Flügel oder deren abgespaltene Vorder- und Rückseiten, die oft an weit entfernte Orte versprengt wurden. Dennoch gelingt es mitunter, Programm, Typus und Gestalt der teilweise vernichteten Retabel weitgehend zu rekonstruieren (Kat. 1, 21, 37, 144, 147, 154, 155, 277). Öfter bleibt dieser Versuch aber im Bereich des Hypothetischen (Kat. 26, 35, 87, 183), und noch häufiger muß es bei der lakonischen Feststellung bleiben, daß es sich bei einer Bildtafel um ein Retabelfragment handelt (Kat. 22, 30, 31, 32, 43, 45, 84, 141, 142, 145, 146, 149, 150, 151, 152, 177, 182, 236, 242, 244, 250). In anderen Fällen lassen die gestreckte Form und die Maße den Schluß zu, daß uns eine Predellentafel (Kat. 85, 179, 248), vielleicht aber auch ein eigenständiges Andachtsbild in der Form eines Bildteppichs (Kat. 247) überliefert ist.

Wandelbare Retabel machen in den meisten Fällen umfassende heilsgeschichtliche Tatsachen anschaulich, denn ihre gemalten wie geschnitzten Bilder zeigen häufig Szenen der Kindheit Jesu und des Marienlebens, selten das Heil- und Wunderwirken des Messias oder gar alttestamentliche, typologische Begebenheiten, bevorzugt dagegen Christi Passion, Tod und Verherrlichung und zahlreich die Wunder und Martyrien der heiligen Nachfolger Christi auf Erden. Großformatige Andachtsbilder führen wiederum allein die großen Gestalten des Erlösers, der Gottesmutter und der Heiligen, versehen mit Symbolen und christlich-allegorischen Motiven, vor Augen (Kat. 34) oder stellen Gruppen von Heiligen, vornehmlich in repräsentativer Reihung, etwa die Heilige Anna Selbdritt oder die Heilige Sippe dar (Kat. 244). In ihrem ursprünglichen Zusammenhang standen diese Werke in räumlich-sichtbarer Nachbarschaft zu solchen anderer Kunstgattungen wie Glasgemälden und Bildteppichen – etwa Antependien und Rücklaken von Chorgestühlen –, denen unterschiedliche Möglichkeiten der simultanen oder linear reihenden Darstellung und Erzählung eigen sind. Mehrstimmig und eindringlich forderten sie die Andächtigen und gläubigen Betrachter zur Nachfolge Christi und seiner Heiligen auf und versicherten ihnen die Teilhabe am göttlichen Erlösungswerk.

D. L.

Frauenchor-Altar, 1496, Baden-Baden, Zisterzienserinnen-Abtei Lichtenthal, Klosterkirche (Rekonstruktion)

141

141
Oberrheinischer Meister
Die Geburt Mariens

Linke Flügelinnenseite eines ehemaligen Retabels aus dem Kloster Ottobeuren (?)
Um 1460/65
Mischtechnik auf Nadelholz; links und rechts beschnitten 117 x 123 cm
Stuttgart, Württembergisches Landesmuseum Stuttgart
Inv. Nr. 5258

Der stark reliefierte Goldgrund aus üppig geschwungenen, vegetabilen Formen, der die Szene der Geburt Mariens bogenförmig hinterfängt sowie die kompositorische Ausrichtung der Szene lassen darauf schließen, daß es sich um die linke Flügelinnenseite eines ehemaligen Retabels handelt. Ein Gegenstück zu dieser Tafel mit der Verkündigung an Maria (außen) und der Anbetung der Heiligen Drei Könige befindet sich heute in der Staatsgalerie Ottobeuren.[1] Nach einer erst jüngst erfolgten dendrochronologischen Untersuchung können die Tafeln jetzt etwas genauer um 1460/65 datiert werden.[2] Eine klare, kräftige Lokalfarbigkeit mit Schwerpunkt auf Rot-Grün- bzw. Rot-Blau-Kombinationen im Wechsel mit immer wiederkehrenden starken Weiß-Akzenten kennzeichnet die Palette des Bildes. Von der dargestellten Begebenheit haben wir lediglich durch die Apokryphen (Protoevangelium des Jakobus) Kenntnis. Die Wahl der Szene, deren Hauptmotiv traditionell derjenige Moment ist, in dem die Heilige Anna ihrer Magd das neugeborene Marienkind zum Bade überreicht, legt die Vermutung nahe, daß es sich bei dem Altarprogramm um einen Marienzyklus gehandelt hat. Der Betrachter blickt in Aufsicht in einen von einer halbhohen Mauer umfriedeten, gleichwohl imaginären Raum. Zwar bleibt dessen Charakter völlig unbestimmt, doch ist seine Ausstattung durch den kostbar gewirkten Stoff des Baldachins über Annas Bettstatt oder den schweren Vorhang, der von einer herankommenden Magd zurückgeschoben wird, durchaus dazu geeignet, die Würde und Heiligkeit der Szene zu ver-

142

deutlichen. In einem scheinbar zufälligen, doch gefälligen Zusammenspiel im Sinne der Heilslehre symbolisch aufgeladener Details bietet schließlich das sorgfältig arrangierte Interieur reichlich Gelegenheit, das Geschehen als Genreszene auszuschmücken. Die beiden farbenfroh gestalteten Pfauen, die sich beide nach außen gewendet im Hintergrund links und rechts auf der Mauer niedergelassen haben, dürften nach patristischer Auffassung als Zeichen der Auferstehungshoffnung verstanden werden.

Während die beiden Szenen des Gegenstücks in Ottobeuren schon sehr deutlich an die neuen niederländischen Bildtypen anknüpfen (vgl. Aufsatz Moraht-Fromm, Abb. 2 und 3), stehen diese ganz unvermittelt neben den Ausläufern eines vom weichen Stil der internationalen Gotik getragenen Raumempfindens wie es in der Mariengeburt noch immer nachklingt.

A. M.-F.

1 BSTGS Inv. Nr. 6242 (Staatsgalerie Ottobeuren).

2 Lt. Untersuchungsbefund vom 7. 5. 2001 durch Herrn Dr. Peter Klein, Ordinariat für Holzbiologie der Universität Hamburg, stammt der jüngste Jahresring von 1457.

Lit.: unpubliziert.

142

Martin Schwarz (zugeschrieben)

Die Krönung Mariens

Um 1480
Mischtechnik auf Holz; 111 x 116 cm
Karlsruhe, Staatliche Kunsthalle Karlsruhe
Inv. Nr. 36

Die Bildtafel, die laut Inventar aus dem Villinger Münster (Schwarzwald) stammen soll, zeigt in einem durch einen prächtig gravierten Goldgrund und geschachtem Boden beschriebenen Bühnenraum die Krönung Mariens durch Christus und Gottvater. Begleitet wird der heilige Moment von vier Engeln, die sich mit ihren Instrumenten hinter einer bildparallel stehenden, reich verzierten, steingrauen Thronbank mit aufwendig geschwungener Rückenlehne versammelt haben. Man nimmt an, daß eine Komposition des oberrheinischen Meisters E. S. als Vorlage für das Bild gedient haben könnte. Die Vorliebe für spätgotische Architekturelemente wie Blendmaßwerk, Wimperge oder Fialen mit eingestellten Figürchen, die bei Martin Schongauer in diesem Ausmaß nicht zu finden sind, sprechen durchaus für diese Annahme.

Die heute abgetrennte Vorderseite der Tafel präsentiert die Szene der Begegnung der beiden sich in vertrauter Geste begrüßenden Frauen Maria und Elisabeth, bereichert durch Landschafts- bzw. Architekturmotive im Hintergrund.
Die Marienkrönung, die noch bis vor wenigen Jahren als Werk des Meisters des Rohrdorfer Retabels gehandelt wurde,[1] wird in der neueren Forschung aufgrund technologischer Befunde als ein frühes Werk des mainfränkischen Malers Martin Schwarz gesehen.[2] Die völlige Übereinstimmung des gravierten Hintergrundmusters der Marienkrönung mit demjenigen am Rothenburger Liebfrauenaltar gilt als Indiz dafür, daß beide Werke nur von ein und demselben Meister geschaffen worden sein können.[3] Martin Schwarz habe – so die Erklärung – zu der Zeit einer in Villingen ansässigen Werkstatt vorgestanden, in der auch der Meister des Rohrdorfer Retabels als Geselle tätig gewesen sei. Vorstellbar ist ohne Zweifel, daß Martin Schwarz und der Meister des Rohrdorfer Retabels in einer Werkstatt zusammengearbeitet haben. Trotz alledem kann nicht mit letzter Sicherheit entschieden werden, wer dieser Werkstatt tatsächlich vorstand (vielleicht ein dritter Maler?) und wer demnach der Ausführende der Karlsruher Marienkrönung war. Daß die beiden Maler – zumindest was ihr Schaffen um 1475/80 betrifft – wesentlich mehr verbindet als nur ein Gravier-Model ist unbestreitbar, von den Anleihen bei oberrheinischer und niederländischer Kunst einmal ganz zu schweigen.[4]

A. M.-F.

1 Bushart 1957, S. 9.
2 Scherer 1992; S. 51ff. Die Innenseite der Tafel weist als Goldgrundornament ein Granatapfelmuster auf, das in identischer Abmessung und Art der Riefelung auf zwei der vier Tafeln des sogenannten Rothenburger Liebfrauenaltars vorkommt, so daß von demselben Gravier-Model auszugehen ist.
3 Ebd. S. 53.
4 Vgl. hierzu auch Aufsatz Moraht-Fromm.

Lit.: Bushart 1957 – Slg. Kat. Karlsruhe 1966, S. 195 – Scherer 1992 (mit älterer Literatur), S. 51ff.

143

Meister der Lichtenthaler Marienflügel

Zwei Flügel des ehemaligen Hochaltarretabels aus Kloster Lichtenthal

a) ***Die Geburt Mariens*** (linke Innenseite)
b) ***Die Verkündigung*** (linke Außenseite)
c) ***Der Tod Mariens*** (rechte Innenseite)
d) ***Die Heimsuchung*** (rechte Außenseite)

1489
Mischtechnik auf Tannenholz; je 225 x 142 cm (links und rechts beschnitten)
Karlsruhe, Staatliche Kunsthalle Karlsruhe
Inv. Nr. 806 a und b

Die beiden doppelseitig bemalten Tafeln flankierten als Flügel den Schrein des ehemaligen Hochaltar-Retabels in der Zisterzienserinnenklosterkirche Lichtenthal bei Baden-Baden. Eine Inschrift im Rundfenster der rückwärtigen Wand im Geburtsbild gibt Hinweise auf die Stifterin Margarethe, Tochter des Markgrafen Karl von Baden, die dem Kloster bis zu ihrem Tod im Jahre 1496 als Äbtissin vorstand sowie auf das Entstehungsdatum des Aufsatzes: DIS FENSTER HAT GEMACHT FRAU MARGRET EIN MARGGREVN GEBORN VND ABBATISSIN ZV LIECHTENDL IN DEM IAR DO MAN ZALT 1489 JAR.
Sowohl die Klosterkirche als auch ihr Hochaltar ist – wie bei Zisterzienserinnen nicht anders zu erwarten – der Jungfrau Maria geweiht,[1] als Nebenpatrone des Altars sind durch die neuerliche Weihe im Jahre 1332 die Heiligen Drei Könige überliefert.[2] Darauf hatte das Bildprogramm des spätgotischen Altaraufsatzes also Bezug zu nehmen. Die Flügel geben Szenen aus dem Marienleben wieder, während der Schrein eine plastische Epiphanias-Gruppe barg, von der sich die zentrale Figur der Muttergottes noch heute im Kloster befindet. Die übrigen Figuren gingen 1952 nach New York in die Mittelaltersammlung des Metropolitan Museums in den Cloisters. Aufgrund der Maße der Tafeln ist von einem Retabel von beachtlicher Größe auszugehen, dessen kastenförmiger Schrein mindestens 240 Zentimeter hoch und etwa 300 Zentimeter breit gewesen sein muß, um den fünf nahezu lebensgroßen, fast vollrunden und farbig gefaßten Figuren genügend Raum zu geben.
Über den anonymen Meister der Flügelbilder wissen wir nicht viel. Schon früh sind schwäbische Einflüsse in seiner Malerei erkannt worden, weshalb man ihn mit dem Ulmer Maler Hans Schüchlin in Verbindung brachte,[3] der in den fraglichen Dezennien die größte Malerwerkstatt der ehemaligen Reichsstadt leitete. Doch kann sich der schwäbische Einfluß allenfalls auf eine ebendortige Schulung beziehen, denn schon bald ist der Lichtenthaler Meister mit oberrheinischer, aber auch niederländischer Kunst in Berührung gekommen. Dies vermutlich sogar aus eigener Anschauung, wie die Übernahme einer heute in Antwerpen befindlichen Verkündigung (vgl. Abb. 143/1), aber auch seine raffiniert auf Komplementäreffekte abzielende Palette von Rot auf der linken Flügelseite und Grün auf der rechten nahelegt, die sich weder in Ulm noch am Oberrhein verankern läßt.

143/1
Nachfolger Rogier van der Weydens, *Verkündigung an Maria*, um 1460, Antwerpen, Koninklijk Museum voor Schone Kunsten

143b

143d

Der Maler hat großen Wert auf die Schaffung und Beschreibung des Räumlichen gelegt, in dem die Figuren glaubhaft agieren können, selbst wenn die Zimmerfluchten nicht immer korrekt im Sinne der Perspektive konstruiert sind. Die sich entsprechende Schrägstellung der mächtigen, bildbestimmenden Baldachinbetten der beiden Flügelinnenszenen muß den Blick des Betrachters förmlich in das Zentrum des Retabels, die Schreingruppe also, gezogen haben. Dieses ausgeprägte Interesse an der Schaffung räumlicher Illusion zeigt sich nicht nur in der genrehaften Ausstattung mit häuslichen, liebevoll arrangierten Interieurs marianischer Symbolik, sondern wird durch einen Kunstgriff verstärkt, der viele Jahrzehnte später in der Kunst des Manierismus zum Standardrepertoire avancierte: Die Bildebene der Geburtsszene wird durch einen herausragenden Gewandzipfel des knienden Joachim und dem zum Bade bereiteten Zuber aufgebrochen und dringt in den realen Raum des Beschauers vor.

A. M.-F.

1 Ausst. Kat. Karlsruhe 1995, S. 85.
2 Ebd. S. 88.
3 Curjel 1923, S. 186.

Lit.: Rorimer 1954, S. 81ff. – Bushart 1959, S. 149 – Slg. Kat. Karlsruhe 1966, S. 276f. (mit älterer Literatur) – Lauts 1966 – Stange, KV, Bd. 2, 1970, S. 45, Nr. 135 – Ausst. Kat. Karlsruhe 1995, S. 240ff., Nr. 71.

143a

143c

144

Oberrheinischer Meister

Die Anbetung der Könige

Freiburg oder Straßburg (?), gegen 1500
Tempera und Harzfarben auf Tannenholz; 170 x 178 cm
Privatbesitz

Die Anbetung des Jesuskindes durch die Heiligen Drei Könige ist eine großfigurige symmetrische Komposition, deren Mitte die sitzende Maria mit dem nackten Knäblein auf dem Schoß einnimmt. Wie die Figuren in einem Schrein von geringer Tiefe sind die zur Heiligen Familie strebenden oder sie umstehenden Könige und ihre Begleiter auf ansteigendem Terrainstreif und vor gemustertem Goldgrund links dicht gestaffelt und rechts locker gruppiert. An ein Gnadenbild erinnernd und in größerem Maßstab als die sieben anderen Personen wiedergegeben, wird Maria bedeutungsvoll überfangen von dem nur zeichenhaft angedeuteten, einem Baldachin ähnelnden Stall von Bethlehem und der Spitze des kielbogenförmigen Rahmens, der die obere Einfassung der Tafel bildet. Kennzeichen ihrer Heiligkeit ist der scheibenförmige Goldnimbus, der ihr Haupt hinterfängt und sonst nur noch den menschgewordenen Gottessohn hervorhebt. Mutter und Kind wenden sich freundlich nach links, von wo sich ihnen zwei Könige und ein Knecht ihres sonst nicht wiedergegebenen Gefolges genähert haben. Der alte Magier kniet anbetend vor dem segnenden Heiland, hat seine Krone ehrerbietend abgelegt und sein kostbares Geschenk dem hinter Maria erscheinenden Joseph überreicht. Der ihm folgende König mittleren Alters blickt auf Maria, hat seine Gabe noch in der Rechten und ist dabei, seinen Kronenhut zum Gruß vom Kopf zu nehmen. Dieser Dreiergruppe entspricht auf der raumhaltigen rechten Bildseite der mit Turban und Krone angetane junge Mohrenkönig, der sich zu zwei Gefolgsleuten umwendet; es sind ein schwarzer Diener, der ihm kniend das Huldigungsgeschenk für Jesus reicht, und ein Falkner, dessen Gegenwart auf den hohen Adel seines Herrn, dem ein Jagdhund vorauseilt, weist. Ochs und Esel erscheinen mit ihren Köpfen in der Maueröffnung rechts hinter Maria.
Sehr klein knien vorne links und rechts zwei adorierende Nonnen in braunen Kutten. Auf den Schriftbändern, die sich um sie legen, stehen ihre an

144/1 Parement-Meister, *Anbetung der Könige;* Paris, Bibliothèque Nationale

144/2 Joos van Gent, *Anbetung der Könige,* Ausschnitt; New York, Metropolitan Museum

Jesus gerichteten Bitten, rechts »Offende nobis domine misericordiam tuam« und links »et salutare manu da nobis«.

Dank der ihnen zugeordneten Wappen Freiburger Familien, werden sie als Beatrice Brenner und Juliane von Kippenheim identifiziert, die beide im Kloster Günterstal bei Freiburg lebten, die letztgenannte erst seit 1496, ein *Terminus post quem* für die Datierung der Tafel. Diese ist wohl der Mittelteil eines ganz in Malerei ausgeführten Triptychons, dessen Flügel sich in Freiburg erhielten.[1] Heute zu einer Tafel mit fünf weiblichen Heiligen zusammengefügt, deren Form und Maße mit denen des Dreikönigsbildes übereinstimmen, zeigten sie auf den Rückseiten ursprünglich eine nur in Kopie erhaltene Kreuzigung mit zwei Stiftern. Letztere konnten aufgrund ihrer Wappen als der 1480 verstorbene Freiburger Ratsherr Conrad Degelin und dessen Gemahlin Katharina von Tiersberg, die schon 1466 starb, bestimmt werden; deren Töchter Margareta und Amalie waren ebenfalls Nonnen in Kloster Günterstal. Es wird angenommen, daß es sich bei dem Triptychon um eine gemeinsame Stiftung der vier Nonnen aus den genannten Familien handelt, die mit Hilfe eines Vermächtnisses Conrad Degelins zustandekam.

Wo die sorgfältig ausgeführte und gut erhaltene Tafel entstand, bleibt unbekannt. Ihr Maler wird ein Zeitgenosse des Straßburger Meisters der Gewandstudien (siehe Kap. II.5) gewesen sein, mit dessen scharfkantig-knittrigem Faltenstil ihn mehr verbindet als mit den geschwungenen, eleganten Formen eines Martin Schongauer. Zu den künstlerischen Vorzügen der Dreikönigstafel zählen: die bedachte Komposition und Bildregie, durch die die Blicke des Betrachters, wo immer sie verweilen, ständig auf Maria und das Kind zurückgeführt werden; die wirklichkeitsnahe Schilderung typischer Köpfe, Mienen, Gesten und Bewegungen; die kostbare, differenzierte Farbigkeit und die Vielfalt an Ziertechniken; die treffliche Wiedergabe von modischen Kostümen, Accessoires, Schmuck und Goldschmiedearbeiten (Hausschreinchen, Greifenklaue, Buckelpokal, Agraffen und Kronen); die stoffliche Charakterisierung unterschiedlicher Materialien und Oberflächen (Brokat, Seide, Samt, Haar, Pelz, Gold, Perlen, Steine, Inkarnate) und die botanisch exakte Wiedergabe von Pflanzen mit marianischer Bedeutung. Zu den altertümlichen Zügen zählen der Goldgrund, der noch waltende Bedeutungsmaßstab, die flächenfüllende Komposition aus großen, reliefartig angelegten Figuren, das fehlende Interesse an der illusionistischen Wiedergabe der Innenräume und der Landschaft und die Verwendung alter Bildschemata. Dennoch läßt das Gemälde eine starke Auseinandersetzung des Meisters mit den Werken der führenden niederländischen Maler aus der Zeit zwischen 1440 und 1490 erkennen, was hier nur an zwei Motiven verdeutlicht sei: Der Unbekannte, der wohl der um 1460/70 geschulten Malergeneration angehörte, befaßte sich wie viele seiner nieder- und oberrheinischen[2] sowie süddeutschen Zeitgenossen mit Stefan Lochners Kölner Dombild (um 1450)[3] und Rogier van der Weydens Mitteltafel des Columba-Altars (um 1460).[4] Das daraus erwachsende künstlerische Problem bestand darin, den traditionellen Anbetungstypus, der das Nahen der Könige als einen friesartig sich entrollenden, auf ein seitliches Ziel gerichteten Bewegungsablauf schilderte, mit dem jüngeren, repräsentativ-frontalen Typus der um die Mittelfigur (Maria) gruppierten, zentripetalen Komposition zu vereinigen. Daß der oberrheinische Maler dazu zwei sehr verschiedenartige Vorlagen verwendete, die er seiner Komposition zugrunde legte, ist an der senkrechten Zäsur zu erkennen, die zwischen Maria und dem Mohrenkönig verläuft und das Bild in zwei ungleiche Hälften teilt. Für die Figurengruppe auf der größeren linken Seite übernahm er einen Bildtypus, dem schon eine Pariser Miniatur um 1380 verpflichtet war (Abb. 144/1),[5] und verwan-

144

delte dabei lediglich den dritten König in einen Diener mit Zepter. Für den Mohrenkönig und seine zwei Gefolgsleute ließ er sich von Gruppen anregen, die ganz ähnlich in der niederländischen Malerei zwischen 1460 und 1490 (Abb. 144/2)[6] und kurz darauf in Köln und am Niederrhein[7] vorkommen. – Die Hinzufügung des Falkners, der dem Hieronymus Tschekkenbürlin auf dem 1487 datierten Portrait von der Hand eines Basler Malers ähnelt,[8] mag dem Einfall des Meisters der Dreikönigstafel zugeschrieben werden. D. L.

1 Ausst. Kat. Freiburg 1970, Nr. 185 – Slg. Kat. Freiburg 1990, S. 52ff., Abb. S. 53.
2 Vgl. z. B. die Stiche Lehrs 25 und 26 des um 1450/70 tätigen Meisters E. S. oder den rechten Innenflügel des wohl in einer Basler Werkstatt gefertigten Hochaltarretabels in Glis von etwa 1480 (Rott 1938, Abb. 66).
3 Förster 1938, S. 149f., Abb. S. 15.
4 Davies 1972, Abb. 61 – Siehe dazu besonders Pächt 1994, S. 53ff.
5 Wohl von einem niederländischen in Paris tätigen Meister, gen. Maître du Parement de Narbonne (Meiss 1967, Abb. 9 – Sterling, Bd. 1, 1987, Abb. 137).
6 Vgl. Werke von Rogier van der Weyden, Joos van Gent, Hugo van der Goes, des Meisters von Ste Gudule oder Gerard David (Davies 1972, Abb. 61 – Friedländer, Bd. 3, 1968, Abb. 101, 102 – Friedländer, Bd. 4, 1969, Abb. 17, 32, Taf. 119, A und Taf. 34).
7 Vgl. etwa Werke des Meister des Marienlebens und der Lyversberg-Passion (Corley 2000, Abb. 163, 164).
8 Buchner 1953, Abb. 48.

Lit.: Stange, DMG, Bd. 7, 1955, S. 11, Abb. 9 – Stange, KV, Bd. 2, 1970, Nr. 56 – Ausst. Kat. Freiburg 1970, Nr. 184, Farbtaf. 7 – Slg. Kat. Freiburg 1990, S. 52ff.

145

Meister der Benda-Madonna

a) *Engel der Verkündigung*

Oberrhein, um 1490/1500
Tannenholz; 94 x 67,5 cm (Fragment)
Schwäbisch Gmünd, Privatbesitz

b) *Maria der Verkündigung*

Oberrhein, um 1490/1500
Tannenholz; 148,5 x 67,5 cm (allseitig beschnitten)
Karlsruhe, Staatliche Kunsthalle Karlsruhe
Inv. Nr. Lg. 775

Nach langen Jahren der Trennung finden anläßlich der Karlsruher Ausstellung der Erzengel Gabriel und die Jungfrau Maria im Gemach der Verkündigung wieder zusammen. Bildeten die beiden Tafeln ursprünglich die Flügelaußenseiten eines großen Retabels, so ist von diesem Altarwerk darüber hinaus nur mehr die abgespaltene ehemalige Innenseite des Marien-Flügels in Privatbesitz erhalten: Diese zeigt die Heiligen Barbara und Dorothea vor reich gemustertem Goldgrund auf gekacheltem Boden stehend (vgl. Abb. 146/1).

Soeben scheint der mit weißer Albe, Chormantel und kreuzgeschmücktem Perlendiadem angetane Engel auf wundersame Weise durch die geschlossene, mit einem Beschlag verzierte Holzpforte – ein Sinnbild der unversehrten Jungfräulichkeit der Gottesmutter[1] –, in das Gemach Mariens eingetreten zu sein. Er richtet sich mit dem Segensgestus grüßend an sein Gegenüber; um das Heroldszepter windet sich ein Schriftband mit den ersten Worten der frohen Botschaft: »Ave gratia plena«. Der Vorhang, den der Himmelsbote mit der Linken sanft zur Seite schlägt, findet seine Fortsetzung auf der Marientafel und dürfte von der Bekrönung eines Baldachins herabhängen, dessen rotbrokatenes Rücklaken Maria hinterfängt. Rechts gibt ein Biforium mit schmaler Mittelsäule den Blick auf eine weite Landschaft mit einer befestigten, an einem Gewässer liegenden Stadt frei. Unterhalb des Fensters kniet Maria mit offenem, ihre Jungfäulichkeit andeutendem Haar vor einem Kastenpult, über welches ein Brokattuch gebreitet ist; auf diesem liegt ein aufgeschlagenes Beutelbuch. Zur traditionellen Ikonographie der Verkündigung gehört neben den weißen, die Unschuld Mariens versinnbildlichenden, in eine Vase gestellten Lilien auch das Motiv der im Gebet oder bei der frommen Lektüre überraschten Jungfrau Maria, die als »Magd des Herrn« (Lk 1, 38) demütig ihre Bestimmung auf sich nimmt, worauf sowohl der gesenkte Blick als auch die Geste der vor der Brust gekreuzten Hände verweisen. Zu Füßen Gabriels wohnt der heilsgeschichtlich höchst bedeutsamen Szene – der Inkarnation des Erlösers – ein geistlicher Stifter bei, der den Schutz der Gottesmutter erbittet: »O mater alma famulum tuum conserva«.

A. Stange gruppierte um das den Notnamen gebende Werk des Wiener Kunsthistorischen Museums (vgl. Abb. 145/1) eine Anzahl von Tafelgemälden, deren Ausführung er einem nachhaltig von Martin Schongauer beeinflußten, vielleicht in dessen unmittelbarem Umkreis tätigen Künstler zuschreibt.[2] So sind dem großen Colmarer Meister stilistische Charakteristika wie die Figurenbildung und der in weiten Schwüngen klar geführte, zuweilen metallisch-knittrig anmutende Verlauf der Gewandfalten geschuldet. Doch griff der Anonymus auch auf konkrete druckgraphische Vorlagen zurück, die zum Modellfundus der Maler in allen deutschen Kunstlandschaften zählten.[3] Wie J. Lauts bereits ausführte, sind es die beiden gestochenen Fassungen der Verkündigung Schongauers, die dem Benda-Meister als Grundlage seiner Komposition dienten. Entnimmt er der älteren Version (Kat. 99) sowohl die Figur der am Betpult knienden, sich dem Engel mit Vorsicht zuwendenden und daher frontal gesehenen Maria als auch das Motiv des von dem Himmelsboten leicht angehobenen Baldachinvorhangs, so findet die Figur des Gabriel seine unmittelbare Vorlage in der jüngeren, auf zwei Einzelblätter verteilten Verkündigungsszene Schongauers (Kat. 100). Diese Orientierung an unmittelbaren graphischen Vorlagen Schongauers sollte jedoch nicht die Eigenständigkeit des Meisters der Benda-Madonna vergessen lassen, der mit seinen monumentalen, »hochgezüchteten«, kühle Distanz vermittelnden Figuren eigenes Profil zu gewinnen vermochte. Zudem ist auf die vielfältigen malerischen Ausdrucksmöglichkeiten zu verweisen, die dem Benda-Meister zu Gebote standen: Vom dünnen, flächigen Farbauftrag auf Mauerwerk und Holztür bis hin zu den frei gesetzten pastosen Farbtupfen auf den Goldborten der Textilien reicht das Verständnis des Malers für die unterschiedliche Materialität der Oberflächen.

M. D.

1 Zur mariologischen Symbolik der *porta clausa* vgl. Kat. 191.
2 Stange, DMG, Bd. 7, 1955, S. 26–27.
3 Lüken 2000, S. 499–500.

Lit.: Stange, DMG, Bd. 7, 1955, S. 26–27 – Slg. Kat. Karlsruhe 1973, S. 8–9 (J. Lauts) – Lauts 1973, S. 135–138 – Stange, KV, Bd. 2, 1970, S. 44, Nr. 129b – Lüken 2000, S. 187; OR 10, S. 149–150 (Katalog).

145/1 Meister der Benda-Madonna, *Maria mit Kind*, Wien, Kunsthistorisches Museum

145a

145b

146

Meister der Benda-Madonna

Zwei Retabelflügel mit den Heiligen Barbara und Dorothea (?) sowie Katharina und Genoveva

Oberrhein, um 1490/1500
Tannenholz; je 150 x 80 cm
Baden-Baden, Zisterzienserinnen-Abtei Lichtenthal, Fürstenkapelle

146/1 Meister der Benda-Madonna, *Die Heiligen Barbara und Dorothea*, Privatbesitz

Wie die beiden Altarflügel mit der Darstellung der *Verkündigung* (Kat. 145) so stammen auch die beiden Lichtenthaler Tafeln von der Hand eines der eigenständigsten Nachfolger Martin Schongauers. A. Stange gab dem unbekannten oberrheinischen Meister nach einem halbfigurigen Marienbild in Wien den auf einen früheren Besitzer verweisenden Notnamen »Meister der Benda-Madonna« (vgl. Abb. 145/1). Vielleicht unterhielt der Anonymus seine Werkstatt in Straßburg, dem führenden Zentrum oberrheinischer Kunstproduktion im Spätmittelalter, wohin sich auch die Ordensfrauen von Lichtenthal regelmäßig wandten, wenn es galt, Kunstwerke für ihr Kloster in Auftrag zu geben. Da die Zisterzienserinnen an der Oos Reliquien aller dargestellten Heiligen verwahrten, liegt die Vermutung nahe, daß der verlorene Flügelaltar, zu dem die beiden in Rede stehenden Tafelgemälde als Innenseiten der Flügel gehört haben müssen, für Lichtenthal entstanden ist.

Wie sehr sich der Benda-Meister an den Vorgaben der Schongauerischen Bildkunst, in Sonderheit der Druckgraphik orientierte, vermag die Gegenüberstellung der Heiligen Katharina vom rechten Lichtenthaler Flügel mit der in Kupfer gestochenen Heiligen Agnes des Colmarer Meisters zu belegen (Kat. 124): Nahezu der gesamte Faltenwurf des Vorbildes, der in den drei vom Halsausschnitt ausgehenden Faltenbahnen seinen Anfang nimmt, wurde seitenverkehrt in das gemalte Heiligenbild übernommen. Gegenüber der Vorlage erscheinen die Gewandfalten jedoch härter gebrochen, zuweilen wie erstarrt und in ihrem Verlauf weniger eindeutig motiviert.

Die großen, vor gemusterten, goldenen Vorhängen und auf Kachelböden stehenden, kostbar gewandeten Heiligen Jungfrauen, deren Körperhaltungen und Kopfwendungen auf die heute vermißte, zentrale Darstellung des Retabels orientiert erscheinen, sind anhand der ihnen beigegebenen Attribute zu identifizieren: Neben der ihr Turmgefängnis – mit einem dreibahnigen, auf die Trinität verweisenden Maßwerkfenster – präsentierenden, bekrönten Barbara (vgl. Kat. 69) links tritt dem Beschauer wohl die rosenbekränzte Dorothea gegenüber, ausgestattet mit dem seltenen, das übliche Körbchen mit Rosen und Äpfeln aus dem Garten ihres himmlischen Bräutigams ersetzenden Lilienattribut,[1] einem Sinnbild ihrer Jungfräulichkeit (vgl. Kat. 20). Der rechte Flügel zeigt die beiden bekrönten Heiligen Jungfrauen Katharina und Genoveva von Paris. Während der Erstgenannten das ihre Gelehrsamkeit andeutende Buch sowie die Werkzeuge ihres Martyriums – klingenbewehrtes Rad und Schwert – beigegeben sind (vgl. Kat. 10, 23, 230), hält ihre Begleiterin neben dem Buch eine brennende, geflochtene Kerze in Händen, die ein Engel bei einem nächtlichen Meßbesuch entzündet haben soll (vgl. Kat. 198). – Die weiblichen Heiligen bilden gemeinsam eine Variante der hochverehrten Vierzahl der *virgines capitales*, wobei die Drachenüberwinderin Margarethe durch die als Helferin des Volkes bei zahlreichen Krankheiten und Seuchen angerufene Genoveva ersetzt wurde.

M. D.

1 LCI, Bd. 6, 1974, Sp. 90.

Lit.: KD Baden, Bd. 11, 1942, S. 494 – Stange, DMG, Bd. 7, 1955, S. 26–28 – Stange, KV, Bd. 2, 1970, S. 44, Nr. 131 – Ausst. Kat. Karlsruhe 1995, S. 244–245 (D. Lüdke).

146

147

Oberrheinischer Meister

a) *Altarflügel mit der Geburt Christi*

b) *Altarflügel mit der Anbetung der Heiligen Drei Könige*

1505

Tannenholz; je 171 x 90 cm

Karlsruhe, Staatliche Kunsthalle Karlsruhe

Inv. Nr. 1442, 1443

Die beiden mächtigen Altarflügel zeigen auf den Innenseiten, jeweils unterhalb eines Propheten-Brustbildes in einer überhöhten Wange, die *Anbetung der Könige* sowie die *Geburt Christi*. Es steht zu vermuten, daß die heute auf der rechten Flügelinnenseite befindliche Geburtsszene ursprünglich den linken Flügel zierte und erst im Zuge einer konservatorischen Bearbeitung den heutigen Platz erhielt. Nicht nur legt dies die Abfolge der Erzählchronologie nahe, die überdies auf vergleichbar organisierten Altarwerken regelmäßig eingehalten ist, sondern wird darüber hinaus auch von den Schriftbändern der erwähnten Propheten gefordert, deren Prophezeiungen sich bei der heutigen Anordnung auf die jeweils gegenüberliegende Darstellung beziehen (Jes 60, 3; Jes 9, 5). Konnte für die Ausstellungspräsentation der ursprüngliche Zustand noch nicht wiederhergestellt werden, so zeigt die Abbildung bereits die rekonstruierte Anordnung der Tafeln. Die Außenseiten zeigen – diesmal jeweils unterhalb eines Engels in halber Figur – oben links den Heiligen Christophorus, ihm gegenüber den Heiligen Martin zu Pferde, sowie unten links die Heiligen Philippus und Jakobus, unten rechts Sebastian und den Eremiten Antonius.

Die Szene der *Geburt Christi* zeigt die Verehrung des Kindes durch die andächtig betende Gottesmutter und drei Engel in liturgischer Gewandung; hinzu treten – unmittelbar hinter dem noch zögernd-zweifelnden Nährvater Joseph mit der vom Kinde überstrahlten Laterne[1] – drei Hirten, die von den Feldern im Landschaftshintergrund herbeigeeilt sind; über einem vierten, der noch bei der Herde verblieben ist, schwebt der Engel der Verkündigung, dessen Schriftband das »Gloria in excelsis deo« enthält. Wie die *Geburt* so ist auch die *Anbetung der Heiligen Drei Könige* (Mt 2, 1–12) vor der nämlichen ruinösen, auf den Verfall der Alten Welt und des Judentums verweisenden Rundbogenarchitektur situiert, die durch Ochs und Esel als Stall kenntlich wird.[2] Abermals beherrscht Maria, nun mit mütterlich verschleiertem Haupt, in dunkelblauem Gewand die entsprechend komponierte Szene. Die drei morgenländischen Weisen, die dem – hier in den Goldgrund gepunzten – Stern nach Bethlehem gefolgt sind, treten von rechts heran, um ihre Gaben dem auf dem Schoß der Mutter thronenden Christkind zu übergeben. Während der junge Mohrenkönig noch ehrfürchtig Distanz hält und der zweite Weise mit demütiger Geste auf das Neugeborene herabblickt, kniet der Älteste vor diesem nieder, überreicht sein Goldgeschenk und erfaßt die Hand des Kindes: Er ist der erste Heide, der den Jesusknaben als den kommenden Erlöser – im Wortsinne – »begreift«. Der Mantelsaum Mariens ist in der Geburtsdarstellung mit Lobpreisungen bestickt, die an eine marianische Litanei gemahnen, während die nur mehr unvollständig erhaltene Saumbestickung Josephs die Datierung des Retabels verrät: »Do man zalt nach der Geburt unseres liben Herrn 1505 jar«.

Der Entstehungsort der Malereien ist ebensowenig festzustellen wie der Name des ausführenden Meisters. Fest steht nur, daß der Maler – wie so viele seiner Zeitgenossen – mit dem Werk Martin Schongauers, in Sonderheit mit den Kupferstichen, vertraut war. Sowohl die *Christgeburt* als auch die *Königsanbetung* verraten die Kenntnis der darstellungsentsprechenden Stiche Schongauers (Kat. 102, 103). Als in Komposition und Einzelformen besonders nahestehend dürfen auch die gleichfalls an Schongauer orientierten Flügelbilder der Donaueschinger Fürstenbergsammlungen angesprochen werden, die der am Bodensee tätigen Werkstatt des Hohenlandenberg-Altars zugewiesen werden (vgl. Kat. 194), wenngleich die Ähnlichkeiten wesentlich der Kenntnis der weithin rezipierten Schongauer-Blätter geschuldet sein mag.[3] A. Stange nimmt eine Entstehung der beiden Flügel gleichfalls im Bodenseegebiet an, attribuiert sie aber einem Schüler des sogenannten Meisters des Salemer Altars, von dem sich eine *Anbetung der Könige* gleichfalls in Karlsruhe befindet (Kat. 177). Eine abschließende Lösung der Lokalisierungsfrage ist nicht möglich, doch scheint eine Zuweisung an den Bodensee oder die Nordschweiz denkbar, wo sich vergleichbare, gleichfalls auf den Schongauerischen Bildfindungen fußende Tafelgemälde finden lassen.[4]

M. D.

1 Zur Ikonographie des auf die Birgitta-Vision zurückgehenden Kerzen-/Laternenmotivs vgl. Schiller, Bd. 1, 1966, S. 89–90.

2 Ebd., S. 92.

3 Vgl. Slg. Kat. Donaueschingen 1990, Nr. 19A, B.

4 U. a. die *Geburt Christi*-Tafel vom Hochaltar der Pfarrkirche in Churwalden (Stange, DMG, Bd. 7, 1955, S. 89, 90, Abb. 202). – Vgl. auch die beiden Tafeln in Schaffhausen (Slg. Kat. Schaffhausen 1989, Nr. 2, S. 30; Inv. Nr. 1112, 1113).

Lit.: Stange, DMG, Bd. 7, 1955, S. 51 – Slg. Kat. Karlsruhe 1966, S. 229 – Brodesser 1988.

147a

147b

150

II.5 Der Meister der Gewandstudien

Der Meister der Gewandstudien, der auch Meister der Coburger Rundblätter genannt wird, war ein herausragender Zeichner und Tafelmaler und leitete die wohl bedeutendste Straßburger Malerwerkstatt des späten 15. Jahrhunderts. Ihm wird das größte überkommene zeichnerische Werk der Spätgotik nördlich der Alpen, das heißt aus der Zeit vor Albrecht Dürer (tätig 1491–1528), zugeschrieben. Außerdem haben sich von ihm und seiner Werkstatt einzelne Tafelgemälde und bedeutende Fragmente mehrteiliger, in Malerei ausgeführter Retabel sowie geringe Reste von Wandgemälden erhalten. Trotz dieses vielseitigen Œuvres ist es bisher nicht gelungen, den Namen dieses eigenständigen, charaktervollen Zeitgenossen Martin Schongauers (tätig um 1470–1491) zu ermitteln, was auch auf den hochbedeutenden, um 1440–1460 tätigen Straßburger Meister der Karlsruher Passion (Kat. 35) zutrifft. Die beiden Notnamen des Meisters beziehen sich zum einen auf die sehr charakteristischen Gewandstudien, die in dieser Fülle und Qualität ohne Parallelen sind, zum anderen auf die in Coburg bewahrten Scheibenrisse in Rundform, denen das ausgestellte Blatt aus Oxford gleicht (Kat. 161). Wie Michael Roth in diesem Katalog ausführt, steht das zeichnerische Werk des Anonymus in enger Beziehung zu den Schöpfungen der Straßburger Glasmaler, die sich von 1477–1481 zu einer Werkstattgemeinschaft um Peter Hemmel von Andlau zusammenschlossen, um sehr große Aufträge nicht nur in Straßburg (St. Maria Magdalena) und im Elsaß sondern auch im ganzen süddeutschen Raum auszuführen, etwa in Salzburg und München, Urach, Öhringen, Tübingen und Ravensburg, Ulm, Augsburg und Nürnberg (siehe dazu auch den Beitrag von Hartmut Scholz in diesem Katalog). Diese für das Mittelalter modern anmutende Organisation einer »Gesellschaft für Glasmalerei« erfährt in dem vom Badischen Landesmuseum konzipierten und durchgeführten anderen Teil der Großen Landesausstellung *Spätmittelalter am Oberrhein* in einer eigenen Sektion eine besondere Würdigung.

Die Handzeichnungen des Meisters der Gewandstudien repräsentieren den höchst verschiedenartigen Vorlagenfundus seiner Werkstatt, der für den eigenen Bedarf in Jahrzehnten zusammenkam, aber auch Mitgliedern anderer Kunstwerkstätten zugänglich war. Neben Entwurfszeichnungen zu Tafelbildern (Kat. 163, 164, 165) oder Detailstudien vornehmlich von Gewanddraperien (Kat. 166) haben sich beispielsweise dokumentierende Zeichnungen nach eigenen ausgeführten Werken, die bei Bedarf wieder verwendet werden konnten, Feinzeichnungen als Vorlagen und Vertragsgrundlagen für auszuführende Kabinettscheiben (Kat. 161), Gesamt- und Teilskizzen nach vorbildlichen Kompositionen von Tafelgemälden oder nach Straßburger Glasmalereien, Skulpturen und Retabeln (Kat. 160) oder gar Gesamt- und Detailkopien nach Zeichnungen oder nach Kupferstichen des Meisters E. S. (Kat. 167) und Martin Schongauers (Kat. 162) erhalten. Über diese Zeichnungen muß es einen lebendigen, die Gattungsgrenzen überwindenden Austausch von Anregungen, Bildideen, Motiven, Formen und Mustern zwischen den verschiedenen nachbarschaftlich und familiär verbundenen Straßburger Kunstwerkstätten gegeben haben.

Diese künstlerischen Wechselbeziehungen wurden 1995 in der Ulmer Ausstellung *Bilder aus Farbe und Licht* veranschaulicht, wobei das Hauptgewicht damals auf den Glasgemälden der Straßburger Werkstattgemeinschaft um Peter Hemmel von Andlau und auf den Zeichnungen des Gewandstudienmeisters lag. In Ergänzung dazu möchte die Karlsruher Spätmittelalter-Ausstellung die Aufmerksamkeit auf das malerische Schaffen des Straßburger Anonymus lenken und damit auf einen Maler und seine Werkstatt aufmerksam machen, die um 1470–1500 nahezu unbeeinflußt von dem im nahen Colmar tätigen Martin Schongauer eine führende Rolle im künstlerischen Leben Straßburgs einnahmen.

Die wunderbaren Leihgaben aus Dijon, Lyon und Straßburg (Kat. 148, 149, 151, 154, 158), aus Mainz, Krakau und Privatbesitz (Kat. 150, 152, 157, 159) bilden zusammen mit den in Karlsruhe verwahrten Werken (Kat. 153, 155, 156) eine Kabinettausstellung innerhalb der Gesamtschau spätmittelalterlicher, sakraler Bildkunst am Oberrhein und repräsentieren in schönster Weise das vielfältige Schaffen des Malers, auf dessen stilistische und formale Eigentümlichkeiten Michael Roth in seinen Beiträgen eingeht. Die mehrteiligen, gemalten Altaraufsätze unterschiedlicher Typen, die in der Werkstatt des Gewandstudienmeisters entstanden, sind vertreten durch mehrere Flügel der einstigen Baldachinretabel aus der um 1478/81 neuerrichteten und bis etwa 1490 reich ausgestatteten Kirche des Reuerinnenklosters St. Maria Magdalena in Straßburg (Kat. 154, 155) und durch kostbare Teile von Altaraufsätzen, die seit mehr als hundert Jahren getrennt sind (Kat. 148–151) und deren vorübergehende Vereinigung in Karlsruhe unter anderem neue Einsichten über ihre ursprüngliche Zusammengehörigkeit bringen mag. Weiter sind nahezu alle bekannten kleinformatigen Werke des Meisters der Gewandstudien, die der privaten Andacht dienten, in Karlsruhe zusammengeführt (Kat. 156, 158, 159). Hauptsächlich haben sich zyklisch-erzählende Werkkomplexe zur Passion Christi und zum Leben von Heiligen erhalten (Kat. 152–156), zahlreich auch Darstellungen von einzelnen Heiligen bzw. Heiligengruppen (Kat. 149–151, 154, 157, 158) und eine prächtige Tafel der Trinität (Kat. 148). Der Ungunst der Überlieferung anzulasten ist das nahezu völlige Fehlen der Darstellungen Mariens und ihres Lebens, die im Werk Martin Schongauers und seiner Schule überwiegen und die unter den Handzeichnungen des Meisters der Gewandstudien ähnlich oft vorkommen wie die Darstellungen und Studien zur Passion Christi.

D. L.

148

148

Meister der Gewandstudien (tätig um 1465/70–1500)

Gnadenstuhl mit Maria, Johannes dem Apostel und Engeln

Straßburg, um 1480/90
Tempera und Öl auf Holz; 127,5 x 89,5 cm
Lyon, Musée des Beaux-Arts de Lyon
Inv. Nr. H-635

Die Darstellung des thronenden Gottvaters, der seinen Sohn in der Gestalt des ans Kreuz geschlagenen toten Christus vor sich hält und dem auf dem Gemälde in Lyon die Taube des Heiligen Geistes auf der Schulter sitzt, verkörpert einen besonderen Bildtypus der Trinität. Seit der Mitte des 12. Jahrhunderts ist er in allen Bereichen der christlichen Kunst anzutreffen und kommt seit 1380/1400 in zwei Haupttypen vor (zum zweiten Typus siehe Kat. 1, 172, 190). Der Gnadenstuhl ist ein Sinnbild des väterlichen Erbarmens Gottes, der das Sühneopfer seines Sohnes, des Erlösers, annimmt, es als Heil den Menschen anbietet und sie zugleich zu Verehrung und Empfang der Eucharistie auffordert.[1]
Auf dem Gemälde ist die Trinität hinterfangen von einem gemusterten goldenen Ehrentuch, hinter dem eine mit Spitzbogen verblendete goldene Wand des himmlischen Thronsaals aufragt. Flankiert wird die Trinität von den auf kostbarem Kachelboden knienden und anbetenden Maria und Johannes dem Apostel, deren Köpfe wie das Haupt Gottvaters mit großen Nimben ausgezeichnet sind. – Auf Kreuzigungs- und

149

150

151

Schmerzensmannbildern erscheinen sie für gewöhnlich zu seiten Christi. Halb verdeckt von den Thronwangen, stehen links und rechts zwei Engel mit Zepter und Reichsapfel, die auf die Überwindung des Todes durch Christus und seine zukünftige Weltherrschaft verweisen. Zwei kleine Engel mit Laute und Portativ bekrönen die Pfosten der Thronrücklehne.

Die große Tafel, ein Werk des Meisters der Gewandstudien, besticht durch ihre leuchtende Farbigkeit – helles Karminrot und Violett, sattes Grün, intensives Kirschrot, dunkles Blau, strahlendes Weiß und zarte Inkarnattöne. Der dadurch hervorgerufene feierliche Eindruck wird durch die strenge Symmetrie der Komposition und einen reich gravierten, gekerbten und tremolierten Goldgrund noch gesteigert, während die Illusion der nahe gerückten, gegenwärtigen göttlichen Personen durch den diesseitigen Ausdruck der Gesichter und die reliefartige Modellierung der faltenreichen Gewänder erzeugt wird. – Dieses Gemälde des nach seinen Gewandstudien benannten Anonymus, der, wie an dem Kruzifixus des Gnadenstuhls gezeigt wurde, unter anderem Anregungen aus der niederländischen Malerei aufnahm, ist von besonderem kunsthistorischen Interesse. Denn an ihm wurden schon früh motivische Ähnlichkeiten bzw. Übereinstimmungen mit Handzeichnungen des Gewandstudienmeisters erkannt und darüber hinaus direkte Beziehungen zu Arbeiten des Straßburger Glasmalerkreises festgestellt. Beispielsweise gleicht das Lendentuch Christi auf dem Gemälde in Lyon weitgehend dem des Coburger Rundscheibenrisses mit der *Kreuzigung Christi* (Kat. 162)

und ähnelt sehr den Lendentuchstudien auf dem Blatt in Straßburg (Kat. 166). Eine die Gattungsgrenzen überschreitende Zusammenarbeit des Meisters der Gewandstudien mit den Straßburger Glasmalern offenbart sich darin, daß der Tafelmaler, der sonst für die Goldgründe seiner größeren Gemälde asymmetrisches, lebendiges Blattranken- und Vogelmuster bevorzugte (Kat. 149, 154, 155), für das goldene Ehrentuch seines Gemäldes in Lyon ein Damastornament verwendete, das auf Goldgründen der Straßburger Tafelmalerei sonst nicht mehr wiederkehrt. Wie M. Roth 1992 darlegen konnte, kommt es stattdessen auf einer der späten Zeichnungen des Meisters um 1480/90 vor, entstammt aber dem zeichnerischen Vorlagengut der Arbeitsgemeinschaft Straßburger Glasmaler um Peter Hemmel von Andlau, in deren Fenstern es um 1480 häufiger nachzuweisen ist, doch letztlich schon im vorausgehenden Jahrzehnt auf Straßburger Scheiben erscheint.
Ob es sich bei der *Gnadenstuhl*-Tafel um den Mittelteil eines Triptychons handelt, dessen doppelseitig bemalter, linker Flügel in drei Fragmenten überliefert ist (Kat. 149–151), mag der Vergleich aller vier Teile in der Ausstellung erbringen.

D. L.

1 Siehe dazu Ausst. Kat. Karlsruhe 1992b, S. 30ff.

Lit.: Naumann 1940 – Stange, DMG, Bd. 7, 1955, S. 26 – Vincent 1966 – Stange, KV, Bd. 2, 1970, Nr. 126 – Roth 1988, S. 266ff. (Kat. Nr. 115), 430, 434 – Roth 1992, S. 168ff., Abb. 17, 19 – Slg. Kat. Lyon 1993, S. 22f., m. Abb. – Ausst. Kat. Ulm 1995, S. 38f., Abb. 11.

149

Meister der Gewandstudien (tätig um 1465/70–1500)

Heiliger Konrad von Konstanz mit dem Stifter Konrad von Duntzenheim

Straßburg, um 1480/85
Tempera und Öl auf Tannenholz; 140 x 39 cm
Straßburg, Musée de l'Œuvre Notre-Dame de Strasbourg
Inv. Nr. MBA 98

Eine schlanke, stehende Gewandfigur, erscheint der Heilige Konrad von Konstanz halb nach rechts gewendet, wohin seine aufmerksamen Blicke gerichtet sind, vor einem gemusterten goldenen Ehrentuch. Auf dem nimbierten Haupt trägt er eine Mitra, mit seiner Linken umfaßt er den auf den farbigen Kachelboden gesetzten Bischofsstab, eine reichgezierte Silberarbeit, und in seiner Rechten hält er den Goldkelch mit der Spinne, sein individuelles Attribut. Er ist in pontifikale Gewänder gekleidet, die weiße Albe, die steingeschmückte Dalmatika aus Goldbrokat und den bestickten hellroten Rauchmantel mit blauem Futter. Dessen linke Hälfte hat der Heilige wie ein großes, unruhig und knittrig gefaltetes Schild vor seinen Leib genommen und preßt es mit dem rechten Arm an seinen Körper. Vor ihm kniet in andächtiger Haltung sein schwarz gekleideter, sehr klein wiedergegebener Schützling Konrad von Duntzenheim, der 1484 Ammeister in Straßburg war und 1486 starb.
Dieser war wohl einer der Stifter des wandelbaren Flügelretabels, zu dem die sehr hohe und schmale Tafel einst als linker Innenflügel gehörte, worauf bereits die seitliche Ausrichtung des Heiligen Konrad und seines Schutzbefohlenen deuten. Noch 1895 war die Rückseite dieses Flügels, der zwei übereinander angeordnete Bildfelder aufwies, erhalten, doch wurde sie wohl bald danach abgespalten und nochmals in zwei Hälften zersägt. Beide Fragmente sind überliefert, das eine in Straßburg (Kat. 151), das andere in Privatbesitz (Kat. 150), und sind in dieser Ausstellung erstmals wieder mit ihrer Vorderseite vereint. Ungeklärt bleiben die Fragen nach Typus und Programm des bis auf die drei genannten Tafeln zerstörten Retabels. Dieses könnte ein Triptychon mit beidseitig bemalten Klappflügeln gewesen sein, das in geschlossenem Zustand vier Felder mit vier Chören von Engeln und Heiligen zeigte. Nicht verschwiegen sei M. Roths Vermutung, daß in der großen Tafel mit dem *Gnadenstuhl* in Lyon – sie ist nur 127,5 cm hoch und zeigt ein ganz anderes Goldgrundmuster (Kat. 148) – vielleicht die gemalte Mitteltafel des von Konrad von Duntzenheim gestifteten Altaraufsatzes erhalten blieb. Dieser könnte wegen der sehr gelängten Proportionen der Konrad-Tafel aber auch ein Baldachin-Retabel gewesen sein, dessen Mittelteil also ein an drei Seiten offenes Gehäuse in Form eines turmartigen Baldachins hatte und mit doppelten Klappflügeln geschlossen wurde. Ein heute nur noch selten vorkommender Retabeltypus, wurde er in der Werkstatt des Gewandstudienmeisters wohl öfters für Altaraufsätze verwendet, wie es die Flügel in Dijon (Kat. 154) und die Fragmente in San Francisco und Karlsruhe (Kat. 155) vermuten lassen.
Alle stilistischen und maltechnischen Eigentümlichkeiten (siehe dazu auch Kat. 150, 151) weisen dieses Gemälde als eine exemplarische Arbeit des Meisters der Gewandstudien aus, der zwar Werke Martin Schongauers kannte, doch einen eigenständigen, unverkennbar straßburgischen Stil schuf, der darüber hinaus in den gleichzeitigen Fenstern der wohl in enger Nachbarschaft mit dem Gewandstudienmeister lebenden und arbeitenden Glasmaler in Straßburg anzutreffen ist.

D. L.

Lit.: Ausst. Kat. Straßburg 1895, Nr. 1147 (und 1158) – Fischel 1933/34, S. 31f. – Slg. Kat. Straßburg 1938, Nr. 20 – Stange, DMG, Bd. 7, 1955, S. 31, Abb. 70 – Stange, KV, Bd. 2, 1970, Nr. 158a (das Höhenmaß ist falsch und muß lauten: 140 cm) – Slg. Kat. Straßburg 1999, S. 58.

150

Meister der Gewandstudien (tätig um 1465/70–1500)

Sechs Engel und Erzengel

Straßburg, um 1480/85
Öl und Tempera auf Holz; 72 x 39 cm
Privatbesitz

Die erst vor wenigen Jahren wieder aufgefundene Tafel mit sechs Engeln und Erzengeln ist das Pendant der gleich großen Straßburger Tafel mit sieben geistlichen Würdenträgern (Kat. 151). Neben einer gleich gedrängten Figurenanordnung und übereinstimmenden flachen Bögen über sonst ungegliederten Bildräumen stimmen die beiden Werke stilistisch wie maltechnisch völlig überein. Besonders charakteristisch sind die prall-rosigen Inkarnate sowie die stets gerichteten, aber untereinander ganz beziehungslosen und leicht schleppenden Blicke der Figuren. Auch die prallen Handrücken und -muskeln mit feingliedrigen Fingern verbinden beide Tafeln. 1895 wurden diese beiden Holztafeln als Rückseite der ebenfalls in Straßburg verbliebenen, gleich breiten, aber gut doppelt so hohen, schlank hochrechteckigen Tafel mit dem Heiligen

150/1 Straßburger Werkstattgemeinschaft, *Mannalese*, nach 1478, Tübingen, Stiftskirche

Konrad und dem Stifter Konrad von Duntzenheim präsentiert, der 1484 Ammeister von Straßburg wurde und bereits zwei Jahre später, 1486, starb (Kat. 149).[1]

Die lange verschollene Engelstafel läßt engste Beziehungen zu den Handzeichnungen des Meisters der Gewandstudien erkennen. Die Albe, das Gewand des Erzengels Gabriel mit Kreuzglobus und Zepter links vorn geht auf eine Draperieskizze auf dem Berliner Blatt (Kat. 164) zurück. Darüber hinaus verweist ein anderer Engelsumhang der Tafel auf eine Darstellung in der Straßburger Glasmalerei. Der mehrfach geschichtete Schulterüberwurf des Erzengels Michael entspricht recht genau dem Mantel Moses' in der Mannalese der Tübinger Stiftskirchenverglasung (Abb. 150/1). In beiden Werken stehen die Faltenwürfe fassadenartig vor den Schultern. Sie wurden als fertiges Draperiemuster übernommen und konnten deshalb kaum auf die jeweiligen Figurenbewegungen abgestimmt werden. In der Scheibe fällt das weniger auf, weil dort die Bleirute ohnehin eine Zäsur zur benachbarten Scherbe mit dem Moseskopf darstellt. Auf dem Gemälde verschleiert die Draperie die rechte Schulter des Erzengels aber vollständig, so daß die Einwärtsdrehung des Körpers jäh aufgefangen wird.

M. R.

1 Stange, KV, Bd. 2, 1970, S. 49, übersieht, daß seine Nr. 162 eine der beiden vermeintlichen Teile der Rückseite ist. Technologische Untersuchungen stehen meines Wissens bislang noch aus.

Lit.: Ausst. Kat. Straßburg 1895, Nr. 1148 – Stange, KV, Bd. 2, 1970, S. 49, Nr. 158 – Aukt. Kat. Sotheby's, London, Important Old Master Paintings, 23.6.1982, Nr. 43 – Roth 1992, S. 163 und 172 – Ausst. Kat. Ulm 1995, S. 175f., Nr. 50.

151

Meister der Gewandstudien (tätig um 1465/70–1500)

Sieben heilige Bekenner

Straßburg, um 1480/85
Tempera und Öl auf Tannenholz; 72 x 39 cm
Straßburg, Musée de l'Œuvre Notre-Dame de Strasbourg
Inv. Nr. MBA 1643 bis

Der kaum angedeutete, dunkelgrundige Raum ist zu eng, daß die sieben Heiligen sich freier bewegen könnten. In gedrängter Staffelung erscheinend, vertreten sie den Heiligenrang der *Bekenner Christi*, die kein blutiges Martyrium, dafür aber Verfolgung und Not erdulden mußten. Nur zwei der fünf Bischöfe lassen sich aufgrund ihrer individuellen Attribute benennen, der Heilige Nikolaus mit den drei Goldkugeln (vgl. Kat. 132) und der Heilige Augustinus mit dem von Pfeilen getroffenen Herzen (vgl. Kat. 158). Der Kardinal im leuchtend roten Gewand dürfte den Heiligen Hieronymus, der Papst mit Tiara vielleicht den Heiligen Gregor darstellen, so daß mindestens drei der *Vier Kirchenväter* unter den *Bekennern* vorkommen.

Auf einer zweiten, gleich großen und ebenso komponierten Tafel des Meisters der Gewandstudien sind sieben *Engel* in liturgischen Gewändern wiedergegeben, die den *Chor der himmlischen Heerscharen* repräsentieren (Kat. 150). Dieses Gemälde bildete einst zusammen mit der *Bekenner*-Tafel die in zwei Bildfelder gegliederte Rückseite einer ebenso breiten, mehr als doppelt so hohen Tafel mit dem Heiligen Konrad von Konstanz und einem Stifter (Kat. 149). Diese war das einzige, beidseitig bemalte Flügelfragment eines sonst untergegangenen Altaraufsatzes, der eventuell die Form eines Triptychons oder Baldachinretabels hatte (siehe dazu Kat. 149, 154, 155). Vielleicht waren auf anderen Teilen des verlorenen Retabels weitere *Heiligenchöre* –Märtyrer, Propheten, Könige, Ritter, Witwen und Waisen, Jungfrauen – dargestellt, und vielleicht war einmal im Zentrum des Altaraufsatzes eine Tafel oder ein plastisches Bildwerk der Muttergottes oder des Gnadenstuhls zu sehen, so daß die drei zusammengehörigen Tafelfragmente Reste eines Allerheiligen-Retabels sein könnten.

Eine typische Arbeit des Straßburger Gewandstudienmeisters, zeigt die Bekenner-Tafel unverkennbare motivische, stilistische und maltechnische Eigenheiten, zu denen die bestimmte Art der Physiognomien, die Vorliebe für eine unruhig-knittrige Faltengebung, ein lebhaft und tief modelliertes Faltenrelief, eine leuchtende Buntfarbigkeit, eine reiche Verwendung von Gold, eine große Vielfalt von Stoffmustern, Fransen, Bordüren mit Ornamenten und Steinbesatz sowie die Wiedergabe von spätgotischen Goldschmiedearbeiten gehören.

D. L.

Lit.: Stange, DMG, Bd. 7, 1955, S. 32 – Stange, KV, Bd. 2, 1970, Nr. 162 – Ausst. Kat. Ulm 1995, S. 176, Abb. 50.1 – Slg. Kat. Straßburg 1999, Abb. S. 58.

152

Meister der Gewandstudien (tätig um 1465/70–1500)

Zwei Tafeln eines Passionszyklus

a) ***Die Geißelung und Dornenkrönung Christi***

b) ***»Ecce homo«***

Straßburg, um 1485/95
Tempera und Öl auf Tannenholz; je 87 x 37 cm
Mainz, Landesmuseum Mainz
Inv. Nr. 421, 422

Die beiden Tafeln mit der simultanen Darstellung von *Geißelung* und *Dornenkrönung Christi* einerseits und dem sogenannten *»Ecce homo«* andererseits bilden zusammen mit sechs gleich großen Tafeln im Landesmuseum Mainz einen nur fragmentarisch überlieferten Passionszyklus. Er schildert den umfangreicheren ersten Teil der Leiden Christi vom *Gebet am Ölberg* bis zur *Kreuztragung* in zehn Szenen auf acht Tafeln. Die an Ereignissen weniger umfangreiche zweite Hälfte der Passion Christi von der *Kreuzigung* bis zur *Grablegung Christi* und seinen *Abstieg in die Vorhölle* fehlen ebenso wie die *Auferstehung Christi*, mit der mancher Passionszyklus endet. Zu den Besonderheiten der Mainzer Bildfolge zählen etwa die zwei Tafeln mit den Doppelszenen – neben der hier gezeigten Komposition der *Geißelung mit Dornenkrönung* werden noch das *Verhör Christi bei Kaiphas* und die seltene *Verspottung* auf einer Tafel zusammen dargestellt. Bemerkenswert scheint weiter, daß allein vier von fünf Verhören Christi in dichter Szenenfolge geschildert werden, nämlich die bei Annas, Kaiphas, Pilatus und bei Herodes, bei dem Christus mit dem weißen Gewand des Narren angetan ist. Auf allen Tafeln wird der leidende und duldende Christus kompositionell und durch seine Größe hervorgehoben, was ebenso zur Erzählweise des Meisters gehört wie die Wiederholungen von Personen und Motiven aus früheren in späteren Szenen. So kommen in der Geißelung und Dornenkrönung zwei Peiniger Christi noch ein zweites Mal vor.

Bei den Überlegungen zur Rekonstruktion der vollständigen Passionsfolge und des Retabeltypus, zu dem die in Mainz verwahrten Tafeln einst gehörten, liefern die Passionsretabel des Caspar Isenmann (siehe Kat. 37) und der Schongauer-Werkstatt in Colmar,[1] die zwölfteilige Kupferstichfolge Martin Schongauers (Kat. 107), der Passionszyklus des Meisters der Gewandstudien in Alt-St. Peter in Straßburg[2] und das geschnitzte Retabel in Kaysersberg[3] Anhaltspunkte. Rekonstruiert man eine zwölfteilige Folge, in der auch die *Gefangennahme Christi* dargestellt war, könnte der Zyklus unter anderem mit *Kreuzigung* und *Grablegung* vielleicht auch der *Auferstehung* abgeschlossen haben. Die schmale Hochrechteckform der Mainzer Tafeln läßt an eine Gliederung denken, wie sie etwa an der Außenseite des Pentaptychons von 1498 vorkommt, das sich in Kalchreuth/Franken erhalten hat, dessen Passionsfolge mit *Christi Einzug nach Jerusalem* beginnt und mit der *Grablegung* abschließt (Abb. 152/1).[4] In Anbetracht der dichten Folge an Ereignissen zwischen *Christi Verhör bei Annas* und *Kreuztragung*, zu der vielleicht noch die *Händewaschung Pilati* gehörte, könnte der Mainzer Zyklus auch sechzehn Einzeltafeln gehabt haben, verteilt auf vier Flügel, wie es A. Stange annahm. – Isenmanns wie Schongauers Passionsretabel wiesen sechzehn gemalte Szenen und eine zusätzliche Kreuzigungsdarstellung auf, und stellten darüber hinaus Begebenheiten dar, die sich erst nach Christi Grablegung und Auferstehung ereigneten.[5] Der Mainzer Zyklus gibt zu erkennen, wie sehr der Meister der Gewandstudien sich inspirieren ließ

152/1 Nürnberger Münster, *Passionsretabel*, um 1498, Kalchreuth, St. Andreas

von den Passionsfolgen des Meisters der Karlsruher Passion, Caspar Isenmanns und Martin Schongauers. So offenbaren die beiden in Karlsruhe ausgestellten Tafeln, daß der Gewandstudienmeister Schongauers Kupferstiche der *Dornenkrönung* und des *»Ecce homo«* als Vorlagen nahm, die er aber im einzelnen eigenständig und originell veränderte. Für die Komposition des *»Ecce homo«*, der Zurschaustellung des gegeißelten und mit Dornen gekrönten Christus durch Pilatus, bei der die Hohenpriester und Knechte Christi Kreuzigung fordern, bediente sich der Maler bei der Darstellung der Volksmenge werkstatteigener Vorlagen, fügte er die Frau des Pilatus und ihrer Magd hinzu und veränderte er unter anderem den Hund, der auf dem Gemälde vor dem geschmähten Christus das Bein hebt und somit auf die Mörder weist, von denen der Heiland umgeben ist. Der Kreuzträger Christus der Mainzer Passionsfolge findet sich verbreitet auf der Rückseite einer Zeichnung des Meisters der Gewandstudien in Kopenhagen (Aufsatz Roth, Abb. 9), auf deren Vorderseite sich die Entwurfsskizze (Abb. 8) zum schlafenden Petrus auf der Karlsruher Ölberg-Tafel (Kat. 153) findet. Über dieses Blatt werden somit zwei verschiedene gemalte Passionszyklen von der Hand bzw. aus der Werkstatt des Straßburger Anonymus eng miteinander verbunden, was bezeichnend für die Bedeutung von dessen Zeichnungen und für die Arbeitsweise seiner Werkstatt ist.

Die beiden Tafeln – und die anderen sechs Gemälde der Mainzer Passionsfolge – vergegenwärtigen in ergreifender Weise die Leiden des gepeinigten und in den Tod getriebenen Christus, den es zu beklagen gilt und dem die Gläubigen schon auf Erden mit Taten und Worten nachfolgen sollen. Gleich einem Spiegel werden dem Betrachter die Tafeln mit dem zweideutigen Handeln des Pilatus und der Mordlust der Verblendeten vor Augen geführt und werden der Name des Richters »Pilatus«, sein *»Ecce homo«* (»Sehet, welch ein Mensch«) und die Schreie der Juden und heidnischen Soldaten *»tolle tolle crucifig(e)«* und *»crucifige eum«* (»töte, töte, kreuzige«, »kreuzige ihn«) in weißen Lettern in die Bilder eingetragen.

D. L.

152a

152b

1 Slg. Kat. Colmar, 1990, Nr. 453, Taf. 19–25.
2 Schimpf 1984, Abb. S. 7, 9–12.
3 Fuchs 1987, S. 238ff., Nr. 174, Abb. 101–122.
4 Strieder 1993, S. 218f., Nr. 67.
5 Zu Isenmanns Retabel siehe Heck 1979, S. 152, Abb. 4, 9. – Sechzehnteilige Passionsseiten sind bei zwei- und vierflügeligen Retabeln im deutschen Sprachraum seit dem späten 14. Jahrhundert häufiger nachzuweisen. Vgl. z. B. Meister Bertrams Triptychon in Hannover (Slg. Kat. Hannover 1992, S. 39–47) und die vierflügeligen Wandelretabel in Güstrow (Stange, DMG, Bd. 6, 1954, Abb. 206), in Teterow/Neubrandenburg und Wegeleben/Sachsen-Anhalt – Da die Rückseiten der Mainzer Tafeln in den meisten Fällen nicht mehr sichtbar sind, bleibt jegliche Rekonstruktion letztlich nur im Bereich des Möglichen.

Lit.: Fischel 1933/34, S. 32, Abb. 4 – Stange, DMG, Bd. 7, 1955, S. 32, Abb. 72, 73 – Stange, KV, Bd. 2, 1970, Nr. 157 – Roth 1988, S. 427–429, 434, 491, Abb. 358–365 – Mellinkoff, Bd. 2, 1993, Abb. VI. 22, IX. 22, X. 3 – Ausst. Kat. Ulm 1995, S. 40, Abb. 13 – Ausst. Kat. Mainz 1999, S. 62–77, Nr. 8.1–8.8.

153

Meister der Gewandstudien (tätig um 1465/70–1500)

a) ***Das Gebet Christi am Ölberg***
b) ***Die Kreuztragung Christi***

Straßburg, um 1485/95
Tempera und Öl auf Tannenholz; je 58,5 x 60,5 cm
Karlsruhe, Staatliche Kunsthalle Karlsruhe
Inv. Nr. 2184, 2185

Die beiden nahezu quadratischen Gemälde geben das *Gebet Christi am Ölberg* und die *Kreuztragung Christi* wieder, zwei weit auseinander liegende Begebenheiten innerhalb des Passionsgeschehens, das in Bildzyklen gewöhnlich in acht bis zwölf Szenen geschildert wird (siehe Kat. 35, 54, 107). Auf der weiträumigen Komposition des schlecht erhaltenen *Gebets am Ölberg* mit der pyramidal aufragenden Christusfigur, den drei schlafenden Aposteln, den von Judas angeführten nahenden Häschern, dem Trost und Kraft spendenden Engel und der kleinen Stifterfigur eines

153a

153b

Chorherrn in der rechten vorderen Ecke sind die Hintergrundslandschaft und der Himmel in natürlichen Farben wiedergegeben. Dagegen stellt die gut erhaltene *Kreuztragung* eine dichte, flächenfüllende, zweizonig gestaffelte Figurenkomposition mit wenig ausgeführtem Bodenstreif und altertümlichem goldenem Himmelsgrund dar. In der vorderen Zone erscheint die reliefartig angelegte, flächenverhaftete Gruppe mit dem großen Kreuzschlepper, drei Soldaten und Simon von Cyrene; dahinter zieht sich die geschlossene Mauer aus drei zusammengeschobenen Gruppen der Christus nachfolgenden Marien mit Johannes, der Hohenpriester mit Soldaten und der beiden Schächer mit dem Leiterträger.
Die beiden Tafeln sind typische Arbeiten aus der Straßburger Werkstatt des Meisters der Gewandstudien, wie an der Kompositionsweise, dem Figurenstil, der Faltengebung sowie den physiognomischen und anderen Details zu erkennen ist – vgl. die Gesichter, Hände, Füße, Kostüme, Vegetation, reliefierte Tellernimben, gravierten Wolkenangaben im Goldgrund und den klein hinzugefügten Stifter (vgl. etwa mit Kat. 155–157).
Die beiden Karlsruher Tafeln bildeten einst die Vorder- und Rückseiten einer beidseitig bemalten, gespaltenen Tafel. Sie sind die einzigen Fragmente eines wohl doppelt so hohen, schwenkbaren Flügels eines wandelbaren Altaraufsatzes. Dieser hatte vielleicht die Form eines Triptychons, das auf seinen Innen- und Außenseiten die Passion Christi in etwa neun Szenen wiedergab. Denkbar ist, daß er aus folgenden Teilen bestand: aus einer großen Mitteltafel oder einem raumhaltigen Schrein mit gemalter oder geschnitzter Kreuzigung Christi und aus zwei seitlichen Klappflügeln mit je zwei übereinander angeordneten nahezu quadratischen Bildfeldern, die auf der (äußeren) Werktagsseite farbige und auf der (inneren) Sonntagsseite goldene Hintergründe aufwiesen.
Dieses Triptychon war eines von insgesamt drei sehr unterschiedlichen, heute nur noch in einzelnen Tafeln überlieferten Passionsretabeln bzw. -zyklen, die aus der Werkstatt des Gewandstudienmeisters stammen. Von den beiden umfangreicheren der drei Komplexe haben sich in Mainz acht hochrechteckige (siehe Kat. 152) und in Alt-St. Peter in Straßburg zehn Tafeln erhalten. Die letztgenannten sehr großen Bilder sind wohl die stattlichen Reste des 1488 geweihten Hochaltarretabels der seit 1478 neu errichteten Magdalena-Kirche in Straßburg, das in die späten achtziger und frühen neunziger Jahre des 15. Jahrhunderts datiert werden kann.[1] Die stilistische Zuschreibung der Karlsruher Tafeln an die führende Straßburger Maler-Werkstatt des späten 15. Jahrhunderts wird durch die Forschungen von M. Roth gesichert, der die Vorzeichnung für den schlafenden Petrus der Karlsruher Ölbergszene auf der Vorderseite eines Blattes des Meisters der Gewandstudien in Kopenhagen erkannte (siehe Aufsatz Roth, Abb. 8). In der Zeichnung auf der Rückseite dieses Blattes ist wiederum der Kreuzschlepper aus der Kreuztragung aus Mainz vorbereitet (siehe dazu Kat. 152 und Aufsatz Roth, Abb. 9), so daß auf diese Weise die gleiche werkstattmäßige Herkunft und die Datierung der Karlsruher wie der Mainzer Passionstafeln erschlossen werden kann.

D. L.

1 Siehe hierzu und zu den folgenden Ausführungen die zusammenfassende Darstellung von M. Roth in diesem Katalog – Abb. des Passionszyklus in: Schimpf 1984, S. 9–12.

Lit.: Slg. Kat. Karlsruhe 1966, S. 185 – Stange, DMG, Bd. 7, 1955, S. 32 – Stange, KV, Bd. 2, 1970, Nr. 160 – Ausst. Kat. Karlsruhe 1996, Nr. 19, 20 – Roth 1988, S. 152ff. (Nr. 59), 430, 431ff., 433ff., 477ff.

154

Meister der Gewandstudien (tätig um 1465/70–1500)

Vier Flügel eines Margarethen-Retabels

Straßburg, um 1480/90
Tempera und Öl auf Holz; äußeres, schmales Flügelpaar: 167 x 22 cm (ohne Rahmen), 182 x 34 cm (mit Rahmen); inneres, breites Flügelpaar: 167 x 37 cm (ohne Rahmen), 181 x 48 cm (mit Rahmen)
Dijon, Musée des Beaux-Arts
Inv. Nr. D 88 A, B (schmales Flügelpaar), 1995.3.1,2 (breites Flügelpaar)

1995 verwirklichte sich für das Musée des Beaux-Arts in Dijon ein lang gehegter Wunsch, die Erwerbung der beiden breiteren Tafeln dieses Doppelflügelpaares aus Schweizer Privatbesitz, dessen schmalere Tafeln bereits 1916 mit der Sammlung Dard dem Museum vermacht worden waren. Damit wurde das vollständigste aller überkommenen malerischen Werke des Meisters der Gewandstudien wieder an einem Ort vereint, wo es fortan von der hohen Blüte und Kultur der Tafelmalerei in Straßburg im ausgehenden 15. Jahrhundert kündet.
Die beiden Flügelpaare stammen von einem der Heiligen Margarethe von Antiochia gewidmeten Baldachinretabel, dessen verlorener Mittelteil ein vorne und an den Seiten offenes, turmartiges Gehäuse mit Sockel und Dach war. In ihm stand wohl eine große geschnitzte und farbig gefaßte Figur der Märtyrerin und Patronin der gebärenden Frauen. Der Altaraufsatz befand sich einst in der Kirche des Straßburger Magdalena-Klosters, wie auch ein der Kirchenpatronin geweihtes, gleichartiges Retabel (siehe Kat. 155). Dieses war ebenfalls eine Arbeit aus der Werkstatt des Meisters der Gewandstudien, in der auch das in bedeutenden Resten überkommene Passionsretabel des Hauptaltars der Magdalenen-Kirche entstanden war.[1]
In geschlossenem Zustand legten sich die breiten Tafeln der an der Baldachin-Rückwand befestigten Doppelflügel vor die seitlichen, geschweiften Arkaden des Gehäuses, während die schmalen Flügel den vorderen Kielbogen verschlossen. – Auf diesen Vorderseiten erscheinen die schlanken Gestalten der Heiligen Margarethe mit Kreuzstab und Drachen links und der Heiligen Katharina mit dem Schwert rechts, beide vor dunkelfarbigen Behängen, über denen jeweils ein Engel in halber Figur dargestellt ist. Zu Füßen der Heiligen Katharina knien die klein wiedergegebenen Stifter des Retabels, Stephan Bock von Bläsheim und Engel Bock von Gerstheim, beide versehen mit ihren Familienwappen; sie heirateten 1460 und starben 1485 bzw. 1514. Zu Füßen der Heiligen Margarethe knien zwei sehr klein dargestellte Nonnen, wohl die Töchter des Stifterehepaars, denen das Wappen der Familie Bock beigegeben ist. – Auf den Außenseiten der breiten Flügel stehen auf steingrauen Konsolen, ebenfalls vor dunklen Behängen mit farbigen Fransen, links der Heilige Johannes Evangelist und rechts der Heilige Johannes Baptist, beide überhöht von einem Engel in halber Figur.
In geöffnetem Zustand waren zu seiten des Baldachins, auf den zwölf Feldern der dreifach unterteilten Flügel, vor gemusterten Goldgründen dreizehn Szenen der Margarethen-Legende zu sehen, eine vielteilige Bilderwand, die in ihrer Gliederung und Erscheinung einem auf mehrere Fensterbahnen verteilten, szenischen Glasmalereizyklus glich, etwa dem schon 1461 in einer Straßburger Werkstatt vollendeten Zyklus aus dem Leben Mariens, Jesu und Johannes des Täufers im Chorhaupt der ehemaligen Benedikterinnenkirche zu Walburg im nördlichen Elsaß[2] oder gar dem Erscheinungsfenster aus der älteren Magdalena-Kirche in Straßburg, das kurz vor deren Abriß 1475/76 gefertigt worden war.[3]
Die Bilderzählung beginnt auf den beiden oberen Feldern des rechten Doppelflügels. Dargestellt werden: 1) Der zur Christenverfolgung nach Antiochia reitende Landvogt Olibrius sieht und begehrt die Jungfrau und Christin Margarethe, die auf der Weide die Schafe ihrer Amme hütet. – 2) Zwei Knechte des Landvogts ergreifen Margarethe. – 3) Nach dem ersten Verhör durch Olibrius, bei dem sich Margarethe dem Landvogt verweigert, standhaft an ihrem christlichen Glauben festhält und den Präfekten erzürnt, wird sie ins Gefängnis geworfen. – 4) Bei dem zweiten Verhör des Olibrius widersetzt sich Margarethe abermals den Angeboten des Landvogts, verhöhnt diesen und verweigert den Götzendienst. – 5) Olibrius läßt Margarethe geißeln und ihren Körper mit spitzen Haken zerfleischen; es ist ihre erste Marter, die die Jungfrau überlebt. – 6/7) Eingesperrt in einem Kerker, betet Margarethe zu Gott, ihr den Feind (= Teufel) zu zeigen, der sie bekämpft. Dieser erscheint ihr in der Gestalt eines riesigen Drachen. – Nicht dargestellt ist, wie das Untier die Jungfrau verschlingt, doch beim Kreuzzeichen, welches Margarethe in dem Augenblick macht, in zwei Teile zerbirst, so daß die Jungfrau unversehrt bleibt. – Daraufhin zeigt sich der Teufel erneut in menschlicher Gestalt; Margarethe ergreift ihn bei den Haaren, wirft ihn zu Boden, zwingt ihn, ihr sein übles Treiben unter den Menschen zu beichten, und läßt ihn danach wieder ziehen. Zwei Christen wohnen diesen Geschehnissen im Kerker als Zeugen bei, es sind die Amme der Jungfrau, die Nahrung bringt, und Theotimus, der schon in den ältesten Fassungen der Margarethen-Legende aus dem 11. Jahrhundert als Gewährsmann und Verfasser der Vita benannt wird. – 8) Ein drittes Mal wird die unversehrte Margarethe vor Olibrius geführt, bleibt weiterhin unerschütterlich in ihrem Glauben und in ihrer Abneigung gegen den Präfekten. – 9) Margarethe erleidet ihre zweite Marter, bei der sie mit Fackeln gebrannt wird. – 10) Auf Geheiß des Olibrius wird sie ein drittes Mal gemartert; sie soll in einem mit eisigem Wasser gefüllten Bottich ertränkt werden, was nicht gelingt. Hierbei bringt ihr eine Taube die Märtyrerkrone. – 11) 5000 Zuschauer dieser Tortur bekehren sich zum christlichen Glauben und werden alle auf Befehl des Olibrius getötet. – 12) Der Präfekt befiehlt schließlich die Enthauptung der Margarethe. Ihr Henker gewährt ihr eine kurze Frist für ein letztes Gebet zu Gott, in dem sie um Vergebung für den Henker und für ihre Feinde, um Schutz für Frauen in Kindsnöten und um vieles andere mehr bittet. Christus erscheint ihr in diesem Moment und spendet ihr Trost und Kraft im nahen Tod. – 13) Die Seele der Enthaupteten wird von Engeln in den Himmel getragen, der Henker fällt tot um.
Dem Maler wird eine Legende der Heiligen Margarethe[4] vorgelegen haben, die weit ausführlicher war, als die sogenannte *Elsässische Legenda aurea*.[4] Dieser Text wird der Vita geglichen haben, den die Schreibmeisterin Regula von Kloster Lichtenthal bei Baden-Baden (siehe dazu Kat. 204) für die Margarethen-Legende in ihrem 1460 verfaßten *Buch von den heiligen Mägden und Frauen*[5] verwendete. Darauf deuten ganz bestimmte Erzählmomente und Motive der gemalten Darstellungen, die nur in dem von Regula kompilierten Texttypus geschildert werden. Dies kann hier nicht ausgeführt, muß aber erwähnt werden, da es ein bezeichnendes Licht auf die getreue Umsetzung von Texten in Bildern durch die spätmittelalterlichen Tafelmaler wirft. Dies ist zum Beispiel auch für das *Elisabeth-Triptychon* des Meisters der

154

Gewandstudien (Kat. 156) und für den Straßburger Zyklus des Meisters der Karlsruher Passion (Kat. 35) nachgewiesen. D. L.

1 Siehe Schimpf 1984, Abb. S. 7–10.
2 Bruck 1902, S. 114ff., Tafel 56–68.
3 Ausst. Kat. Ulm 1995, S. 114, Abb. 1.
4 Siehe dazu van den Andel 1933, bes. S. 1ff., 16–18, 21, 22–99 – Siehe auch: Legenda aurea, S. 463–466.
5 Williams/Williams-Krapp 1980, S. LVI–LVII, 423–425
6 Heinzer/Stamm 1987, S. 173ff. (L. 69).

154

Lit.: Fischel 1933/34, S. 28–30, Abb. 2, 3 – Ausst. Kat. Bern 1936, Nr. 3 – Rott 1938, S. 74, Abb. 34–38 – Stange, DMG, Bd. 7, 1955, Abb. 65 (Flügel falsch zusammengesetzt) – Stange, KV, Bd. 2, 1970, Nr. 156 – Starcky/Jugie 1996 – Jugie 1997.

155

Meister der Gewandstudien (tätig um 1465/70–1500)

Die Erhebung der Heiligen Maria Magdalena

(Flügelinnenseite eines Magdalena-Retabels)
Straßburg, um 1480/90
Tempera und Öl auf Tannenholz; 160 x 35,5 cm (aus drei Teilen zusammengesetzt)
Karlsruhe, Staatliche Kunsthalle Karlsruhe
Inv. Nr. 53

Diese hohe, schmale Tafel schildert ein Ereignis, das einem während der österlichen Fastenzeit in der Einsamkeit um Ste Baume bei Marseille lebenden Priester zu schauen vergönnt war und das in der *Legenda aurea* des Jacobus de Voragine von 1263/73 wie folgt beschrieben wird: »An jeglichen Tagen ward sie (Magdalena) zu den sieben Gebetsstunden von Engeln auf in die Lüfte geführt und hörte mit leiblichen Ohren den Gesang der himmlischen Heerscharen. So ward sie alle Tage mit dieser süßen Kost gespeiset und darnach von den Engeln wieder an ihre Stätte zurückgebracht, also daß sie keiner irdischen Nahrung bedurfte.«[1]
In der spätmittelalterlichen Kunst des deutschsprachigen Raums zählt die Erhebung der Heiligen Magdalena zu den beliebtesten Darstellungen, mit der an das dreißig Jahre dauernde Einsiedlerleben, die dritte Lebensphase der großen Büßerin, erinnert wird. Vor gemustertem Gold- und Himmelsgrund erscheint Magdalena umschwebt und getragen von sechs Engeln. Die nimbierte Heilige trägt wie die Eremitin Maria Ägyptiaca oder Johannes der Täufer ein Fellkleid. Nahezu zwei Drittel der Tafel

155

155/1
Meister der Gewandstudien, *Kommunion der Heiligen Maria Magdalena*, San Francisco, The Fine Arts Museum

156

nimmt die eingehende Schilderung der Wildnis ein. Zwischen schroffen Felsen breiten sich Wälder und Matten mit schlängelndem Pfad und einzelnen kahlen oder belaubten Bäumen. Gut benennbare Flora – Maiglöckchen, Veilchen, Dattelpalme – und Fauna – Fasan, weiße Hasen, Damwild – zeugen von der genauen, teilweise abstrahierenden Naturwiedergabe des Malers, der sich dabei an älterer oberrheinischer Druckgraphik orientierte, etwa an der Magdalenenerhebung des Meisters E. S. (Kat. 70). Sehr groß erscheint links unten auf der Tafel der zum Himmel blickende Priester, der nach dieser Vision Magdalena aufsucht und ihren letzten Willen nach Aix weiterträgt, wo die Einsiedlerin vor ihrem Tod noch die Kommunion vom Heiligen Maximin empfangen möchte. (Zur Vita Maria Magdalenas siehe Kat. 183)

Innerhalb des Werkes des Gewandstudienmeisters besteht eine enge Verbindung zwischen der Erhebungstafel und dem viel kleineren Gemälde mit den drei Heiligen aus Privatbesitz; Details der Landschaft und wilden Tiere kommen bei beiden übereinstimmend vor (Kat. 157). Darüber hinaus stellen die Karlsruher Tafel und ein etwas stärker beschnittenes Gemälde mit der letzten *Kommunion Magdalenas* in San Francisco (Abb. 155/1) die einzigen Reste eines großen, sonst ganz vernichteten Baldachin-Retabels dar, das der Heiligen Magdalena geweiht war. Es war wohl einst in der 1478/80 neu erbauten Straßburger Magdalena-Kirche aufgestellt und bildete vielleicht das Gegenstück zu einem gleichartigen Margarethen-Retabel mit doppelten, beidseitig bemalten, heute in Dijon verwahrten Klappflügeln (Kat. 154). Unter den Glasscheiben dieser Kirche, die von der *Straßburger Arbeitsgemeinschaft* um 1480 gefertigt wurden, befand sich auch ein 1904 zerstörtes Fenster mit der letzten Kommunion Magdalenas, in dem die Komposition der Tafel in San Francisco vorgebildet war und auf der das Motiv des Altars mit Kreuzigungsretabel bereits vorkam. Glas- wie Tafelmaler benutzten dieselbe gezeichnete Vorlage, was auf die enge Zusammenarbeit von Straßburger Bildkünstlern unterschiedlicher Gattungen im späten 15. Jahrhundert weist. D. L.

1 Legenda aurea, S. 478.

Lit.: Fischel 1933/34, S. 27 – Stange, DMG, Bd. 7, 1955, S. 32, Abb. 66, 67 – Slg. Kat. Karlsruhe 1966, S. 184 – Stange, KV, Bd. 2, 1970, Nr. 153 b (siehe auch 153 a) – Roth 1988, S. 491, Abb. 352, 354 – Ausst. Kat. Ulm 1995, S. 38ff., Abb. 10, 12 und Nr. 68, Abb. 68.1.

156
Meister der Gewandstudien (tätig um 1465/70–1500)

»Elisabeth-Triptychon«

Straßburg, um 1480
Tempera und Öl auf Lindenholz; 47 x 80 cm (geöffneter Zustand), 43,6 x 35,5 cm (Mitteltafel), 44,2 x 17 cm (Flügel)
Karlsruhe, Staatliche Kunsthalle Karlsruhe
Inv. Nr. 2888

Das nur auf den Innenseiten seiner Mitteltafel und Seitenflügel bemalte, erst 1997 entdeckte *»Elisabeth-Triptychon«* wurde im Auftrag eines unbekannten Mannes, der sich zu Füßen seiner Patronin darstellen ließ, für die private Andacht und Verehrung der Heiligen Elisabeth von Thüringen (1207–1231) in der Straßburger Werkstatt des Meisters der Gewandstudien geschaffen. Die Heilige erscheint sehr groß auf der Mitteltafel, wie auf schmaler Bühne und vor einem grüngemusterten Vorhang, den zwei Engel als besondere Auszeichnung hinter ihr ausbreiten. Auf ihm stehen die Worte ihres huldigenden Titels »Sancta Elizabeth/mater pauperum« (Heilige Elisabeth, Mutter der Armen), denn als solche wurde sie von den Armen und Kranken, besonders den Aussätzigen, den Bedürftigen und Obdachlosen, zum Beispiel den Pilgern, bereits während ihres barmherzigen, ganz der Pflege der Ärmsten gewidmeten Lebens und nach der schon 1235 vollzogenen Heiligsprechung um Hilfe angerufen. Gleich einer Schutzmantelmadonna hat sie zu ihren Füßen und Seiten ihre klein dargestellten Schützlinge versammelt, deren Standeszugehörigkeit und Krankheitssymptome genau geschildert sind. Ihnen gibt sie zu trinken und zu essen und übt damit zwei Werke der von ihr exemplarisch geübten christlichen Barmherzigkeit aus. Wie Kanne und Brot (Spitzweck) in ihren Händen auch persönliche Attribute Elisabeths sind, so kennzeichnen die Krone, der Kopfschleier samt Hals- und Kinngebände und das graustichige Manteltuch über dem schlichten Kleid die Heilige als Fürstin und Witwe sowie als Anhängerin des Heiligen Franziskus, nach dessen Vorbild sie schon auf Erden die Christusnachfolge in ausübender Nächstenliebe und in persönlicher Armut zu verwirklichen suchte.

Auf den vier Bildfeldern der Flügel sind drei Wunder und eine vierte Begebenheit aus den Jahren zwischen 1221 und 1227 dargestellt, von denen nicht alle Viten der Heiligen berichten: Das erste, links oben, ist das beliebte »Rosenwunder«, bei dem sich die Speisen für die Armen in Rosen verwandeln, als Elisabeths Mann, Landgraf Ludwig IV. von Thüringen, ihr befiehlt, ihm das zu zeigen, was sie verbotenerweise und verborgen im Mantel zu den Armen aus dem Palast forträgt. – Die Szene links unten stellt das nur in süddeutschen, franziskanisch beeinflußten Legenden geschilderte »Laugenwunder« dar. Nach der heimlichen Pflege eines Aussätzigen in ihrer Kammer, wird Elisabeth von ihrem Mann nach dem Inhalt des Kruges, stinkende Lauge, die sie fortschaffen möchte, gefragt, worauf aus dem Gefäß statt des üblen Geruchs süßer Duft strömt und Rosen hervorquellen. – Die dritte Szene oben rechts gibt das bekannte »Bett-Kreuzwunder« wieder. Der von seiner Mutter aufgehetzte Landgraf erblickt beim Aufdecken seines Bettes nicht den von Elisabeth da hinein gelegten Aussätzigen, sondern den gekreuzigten, aus seinen Wunden blutenden Christus. – Die vierte Begebenheit unten rechts spielt 1227, nach dem Tode Ludwigs IV. Die mit ihren Kindern von der Wartburg vertriebene Landgräfin läßt in der Mitternachtsmette von den Franziskanern in Eisenach als Dank für die erlangte Armut den Hymnus »Te Deum laudamus« singen. – Ein Vergleich mit anderen Elisabeth-Bildzyklen läßt erkennen, daß das Programm des Triptychons ganz ungewöhnlich ist und wohl individuell von dem schwarz gekleideten Stifter festgelegt wurde, der vor der Heiligen anbetend kniet. Die Anfangsworte seines Fürbitte-Gebets auf dem Schriftband, das ihn umfängt, lauten: »O sancta Elisabet ora pro me misero peccatore« (Oh, Heilige Elisabeth, bitte für mich armen Sünder). Das Triptychon, ein beredtes Zeugnis spätmittelalterlicher Heiligenfrömmigkeit, speziell der privaten Elisabeth-Verehrung, ist ein typisches Werk für die Andacht (siehe Kap. II.9 und Kat. 197, 203) und eine ebenso typische Arbeit aus der Werkstatt des Gewandstudienmeisters.

D. L.

Lit.: Lüdke 1998 – Lüdke 2000b.

157

Meister der Gewandstudien (tätig um 1465/70–1500)

Die Heiligen Johannes auf Patmos, Hieronymus und Margarethe

Straßburg, um 1480/90
Öl und Tempera auf Holz; 30 x 35 cm
Privatbesitz

Weit im Vordergrund des kleinen Täfelchens, flankiert von einem geistlichen Stifterpaar in den Bildecken, sind drei Heilige vor eine tiefe Hintergrundlandschaft mit Wiesen, Kalksteinfelsen, einem See und einer ummauerten Stadt und verschiedenen Wehrbauten gesetzt. Links erscheint dem rot gewandeten Evangelisten Johannes, der auf der Insel Patmos die Apokalypse niederschreibt, die Muttergottes auf der Mondsichel in einer Strahlengloriole. Vor Johannes sitzt ein Adler auf einem Buch. Dieses Evangelistensymbol verbindet die linke mit der mittleren Szene, wo der weiß gekleidete Eremit Hieronymus in einem kargen Felsquartier kniet und sich mit einem Stein kasteit. Sein Symboltier, der Löwe, ruht neben seinem Kardinalshut. Rechts dann die Heilige Margarethe von Antiochia in schwarzem Gewand und rotem Mantel. Sie war als Märtyrerin wegen ihrer Glaubenstreue und Weigerung, den Stadtpräfekten Olibrius zu heiraten, eingekerkert worden. Einen Drachen, der sie im Kerker bedrängte, zwang sie mit dem Kreuzzeichen zum Entweichen, hier symbolisiert durch den Kreuzstab, den sie dem Untier in den Rachen stößt. Es lag dem Maler offensichtlich nicht daran, einen durchgehenden Bildraum zu schaffen, denn die weite Hintergrundlandschaft hinter dem linken und mittleren Segment stürzt rechts hinter der Heiligen Margarethe unvermittelt ab.

Für die zentrale Darstellung des Eremiten Hieronymus in der Mitte läßt sich neben Martin Schongauers Kupferstichen eine Zeichnung im Berliner Kupferstichkabinett als mögliche Inspirationsquelle benennen (Abb. 157/1). Auf beiden Darstellungen schlägt sich der tonsurierte Heilige einen großen Stein an die nackte Brust, und beide Male steckt das dünne Kreuz etwas abseits auf einer Felskuppe. Direkte Zitate gibt es jedoch nicht, dazu sind die Unterschiede in der Gestaltung zu gravierend und die Komposition der Zeichnung wesentlich geschlossener und konziser gestaffelt als die der Tafel. Jedenfalls aber gehören beide Werke in

157/1 Meister der Gewandstudien, *Der büßende Hieronymus*, um 1485/90, Federzeichnung, Berlin, SMPK, Kupferstichkabinett

157

den gleichen Werkstattkreis, denn die Zeichnungen der Rückseite des Berliner Blattes gehen auf ein anderes Tafelbild des Meisters der Gewandstudien zurück (Kat. 159).
Die Vorliebe zur Darstellung von Tieren, die nicht unbedingt zur Bilderzählung gehören, verbindet das kleine Altartäfelchen mit der Karlsruher Magdalenentafel (Kat. 155). Auch dort tummeln sich Damhirsche und Hasen in einer ähnlich angelegten Felslandschaft, deren Gestaltung in beiden Fällen von Martin Schongauers Kupferstichen inspiriert ist. Auch die gekerbten Nimben der Heiligen und der in Karlsruhe allerdings feiner strukturierte Goldgrund sind auf dem Schweizer und dem Karlsruher Bild verwandt. M. R.

Lit.: Ernst Buchner, Rez.: Thieme-Becker Bd. 37, Meister mit Notnamen und Monogrammisten, in: Zeitschrift für Kunst, Bd. 4, 1950, S. 317 – Stange, KV, Bd. 2, 1970, S.50, Nr. 167 – Ausst. Kat. Ulm 1995, S. 210f., Nr. 68.

158

Meister der der Gewandstudien (tätig um 1465/70–1500)

Heiliger Augustinus mit zwei Adoranten

Straßburg, um 1480/90
Öl und Tempera auf Holz; 40 x 25 cm
Straßburg, Musée de l'Œuvre Notre-Dame de Strasbourg
Inv. Nr. M.B.A. 1744 O.N.D.

Vor einem mattgoldenen, gemusterten Ehrentuch und auf farbigem Kachelboden steht der Heilige Augustinus (354–430), einer der Vier Kirchenväter und Bischof von Hippo, unter anderem ausgezeichnet durch die steingeschmückte Mitra auf dem nimbierten Haupt. Er trägt ein stoffreiches, dunkelgrünes Pluviale, das vor der Brust von einer prächtigen mit der Darstellung des Gnadenstuhls gezierten Goldschließe zusammengehalten wird. Während sich seine Arme wie die Querbalken eines Kreuzes zu den Seiten ausstrecken, hält seine Linke ein Buch, Symbol des Schriftgelehrten und Rhetorikers, und seine Rechte den goldenen Bischofsstab, Zeichen episkopaler Würde. Mit dieser Hand hat der Heilige auch den linken vorderen Saum des Chormantels ergriffen und hochgezogen, so daß sich ein großes, schildförmiges Gewandfaltenmotiv von den Armen bis zum Boden bildet. Hinter dem Schlitz an der linken Brust seines schwarzen Untergewands ist ein von zwei Pfeilen getroffenes Herz zu sehen, das individuelle Attribut des aus Liebe zu Gott entbrannten Heiligen. Zu seinen Füßen knien zwei Adoranten, links ein Kanoniker und rechts eine Dominikanerin. Es sind die wappenlosen ersten Besitzer des kleinen Werks, die ganz ähnlich auf einem zweiten Andachtsbild des Meisters der Gewandstudien vorkommen (Kat. 157). Diese Adoranten zählen zu den eigentümlichen Bildmotiven, an denen der Straßburger Maler zu erkennen ist (Kat. 154, 159) und von denen noch weitere genannt seien: die physiognomischen Details des Gesichts und der Hände, der milde Ausdruck des leicht geneigten Kopfes, die Frontalität und Armhaltung der Gestalt, die schürzenartige Faltenfront (Kat. 156, 163), der stichelnde, pastose Farbauftrag bei der Wiedergabe von Goldschmiedearbeiten, Stoffmustern oder Bordüren (Kat. 149), die gekerbten Muster des Heiligenscheins und des Vorhangs (Kat. 155, 157) oder die schwarze Pinselzeichnung auf Goldgrund zur Darstellung der Krümme (Kat. 151). Die Werkstatt des Gewandstudienmeisters wird für den großen Bedarf an Bildern des privaten Gebrauchs mehrere Typen

158/1 Straßburger Meister, *Der Heilige Augustinus,* 1490, Holzschnitt

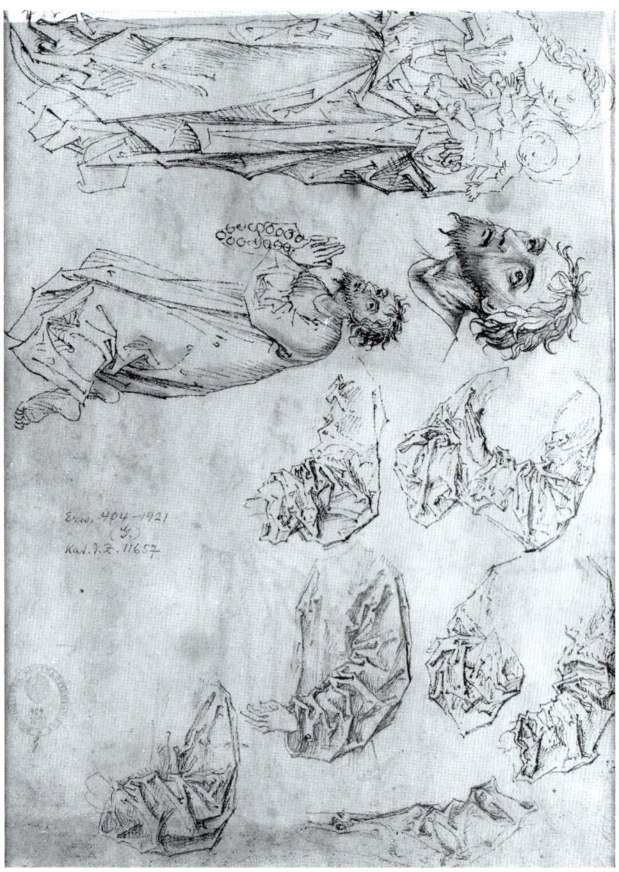

159/1 Meister der Gewandstudien, *Anbetung der Muttergottes, Kopfstudie und Gewandstudien*, um 1485/90, Berlin, SMPK, Kupferstichkabinett

158

entwickelt haben, wie ein Vergleich mit weiteren, teilweise wohl auf Vorrat gearbeiteten Andachtsbildern des Malers erkennen läßt (Kat. 156, 157). – Sehr ähnlich in Auffassung und Gestimmtheit, nicht im Formalen, ist ein Straßburger Buchholzschnitt mit dem Heiligen Augustinus von 1490, der die Datierung des Gemäldes stützen mag (Abb. 158/1).[1]

D. L.

1 Schramm, Bd. 19, 1936, Abb. 879 – Ill. Bartsch, Bd. 87, 1985, S. 190.

Lit.: Ausst. Kat. Paris 1948, Nr. 116 – Stange, DMG, Bd. 7, 1955, S. 32 – Stange, KV, Bd. 2, 1970, Nr. 154.

159

Meister der Gewandstudien (tätig um 1465/70–1500)

Der Tod Mariens

Straßburg, um 1480–1490
Öl und Tempera auf Holz; 40 x 56 cm
Krakau, Muzeum Narodowe w Krakowie
Inv. Nr. MNK XII-A 161

Die kleine, breitrechteckige Tafel des Marientodes gehört zu den ersten Bildern, die dem Meister der Gewandstudien zugeschrieben wurden. Maria liegt mit geschlossenen Augen und gekreuzten Armen in ihrem Sterbebett mit einer reich verzierten, sehr kostbaren Brokatdecke. Davor steht

159

eine Totenkerze in einem kostbaren Ständer auf einem hölzernen Podest. Gerade empfängt Christus, der im Kreise der Apostel hinter dem breit gelagerten Sterbebett die Totenwache hält, die gekrönte und wie alle heiligen Personen auf dem Bild nimbierte Seele seiner sterbenden Mutter.
Zusätzlich zum üblicherweise dargestellten Kreis der trauernden Apostel knien links vorne noch Johannes der Täufer und Maria Magdalena mit dem Salbgefäß. Sie führt den Schal ihres aufgelösten Gebändes zum Gesicht. Ihr zu Füßen knien zwei klein dargestellte geistliche Frauen und eine bürgerliche Dame mit einer Gebetsschnur in einem tiefroten Gewand, schwarzem Schleppmantel und weißem Gebände.
Die zunächst stilkritisch begründete Zuschreibung der Tafel an den Meister der Gewandstudien läßt sich durch direkte Motivübereinstimmungen der Bildtafel mit Zeichnungen weiter erhärten, denn die Rückseite eines Blattes mit der Darstellung des büßenden Hieronymus in der Einöde (Abb. 157/1)[1], die in keiner Beziehung zu dem Krakauer Täfelchen steht, zeigt unter anderem eine Reihe von Ärmelstudien (Abb. 159/1). Drei dieser Skizzen decken sich faltengenau mit denen der Figuren Christi sowie der Apostel Johannes mit dem Palmwedel und Philippus mit Kreuzstab und Weihwassergefäß auf der Krakauer Tafel. Die drei Skizzen sind merklich sorgfältiger modelliert als die übrigen Gewandstudien auf dem Blatt, und sie zeigen, im Gegensatz zu anderen Gewandstudien in der Ausstellung (Kat. 164, 165), deutliche Anzeichen dafür, daß es sich bei diesen Skizzen um Kopien nach der ausgeführten Tafel handelt. So ist die Draperiestudie zum Ärmel Christi nur etwa bis zu der Stelle sorgfältig durchschraffiert, an der sie auf der Krakauer Tafel vom Mantel überschnitten wird. Und auch beim Johanneshemd sprechen geringfügige Abweichungen, etwa in der Armbeuge, nicht unbedingt für eine Vorbildfunktion der Gewandstudien. Bei der dritten Skizze, einem schmalen Ärmelstück, das zum merkwürdig verdrehten Arm des Apostels mit der Kreuzstange auf dem Krakauer Bild paßt, fällt auf, daß zwei Kreise am oberen Ende etwa die Stellen markieren, an denen auf der Krakauer Tafel die Fingernägel des Apostels die Draperie verdecken. Die Skizzen wurden vermutlich in der Werkstatt des Malers als Dokumentation nach der Bildtafel angefertigt. Die übrigen Gewandstudien wurden dann als Varianten hinzugefügt.

159/2 Meister der Gewandstudien, *Damastmusterstudie*, um 1480/90, Wien, Graphische Sammlung Albertina

160

Ein anderes randständiges Detail kehrt auf der Rückseite einer weiteren Zeichnung wieder: Auf der Rückseite einer Altarzeichnung in Wien wurde ein Brokatmuster skizziert (Abb. 159/2), das mit dem der Bettdecke auf der Bildtafel übereinstimmt.[2] Die Details sind genauer und kleinteiliger beschrieben als auf dem Bild. Die Skizze greift demnach höchstwahrscheinlich auf eine vorgegebene Lösung des Malerateliers zurück, auf eine Mustervorlage, die auch dem Tafelbild zugrundeliegt.
Anderes, etwa das Salbgefäß mit seinem charakteristischen Deckelknauf, findet sich als Versatzstück des Malerateliers auf anderen Tafelbildern wieder, beispielsweise auf der Kreuzabnahme zu Alt-St. Peter in Straßburg (Aufsatz Roth, Abb. 6). Gerade die Übereinstimmungen in diesen Details lassen sich nur durch enge Werkstattbeziehungen der Bilder untereinander und zu den Zeichnungen erklären. M. R.

1 Berlin, SMPK, Kupferstichkabinett, zuletzt Ausst. Kat. Ulm 1995, Nr. 67.
2 Altarriß mit musizierenden Engeln, Wien, Graphische Sammlung Albertina, zuletzt Ausst. Kat. Ulm 1995, Nr. 63

Lit.: Buchner 1927, S. 289–292, 297 – Stange, DMG, Bd. 7, 1955, S. 32 – Stange, KV, Bd. 2, 1970, S. 49, Nr. 159 – Ausst. Kat. Ulm 1995, S. 202f., Nr. 64.

160

Meister der Gewandstudien (tätig um 1465/70–1500)

Altarskizze (?) mit der Kreuzigung Christi, zwei Heiligen und Pilgerkommunion

Straßburg, um 1490
Feder in Braun auf rot getöntem Papier; 15,6 x 22 cm
Karlsruhe, Staatliche Kunsthalle Karlsruhe, Kupferstichkabinett
Inv. Nr. VIII 1993

In einem Schrein, der von einem mit mächtigen Krabben besetzten Kielbogenrahmen überwölbt wird, umfängt Magdalena das Kreuz Christi. Hinter Johannes, der die schmerzensreich zusammenbrechende Maria stützt, führt Longinus einen Zeigefinger zum Gesicht, als Zeichen dafür,

160/1 Meister der Gewandstudien, *Marienaltar*, um 1485/90, Berlin, SMPK, Kupferstichkabinett

daß er im Moment des Lanzenstiches das Augenlicht wiedererhält. Etwas abseits steht links außen Laurentius, vielleicht der Patron des in kleinerem Figurenmaßstab gegebenen geistlichen Stifters. Auf der anderen Seite des Kreuzes steht ein Bischof mit Buch und langem Bischofsstab. Rechts anschließend sitzt ein Heiliger, wahrscheinlich Jakobus, auf einem schräg stehenden Thronsessel und erteilt drei Pilgern die Kommunion. Sie tragen, wie Longinus und der vorn kniende Stifter, im Gegensatz zu den Heiligen keine Nimben.

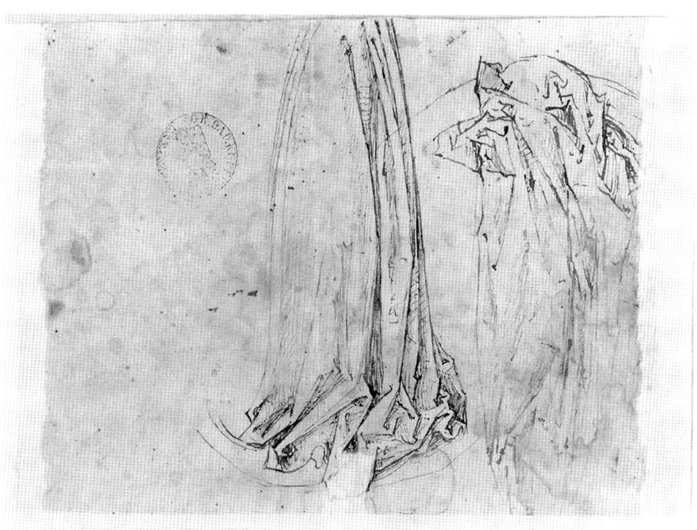

160/2 Meister der Gewandstudien, *Rückseite des Marienaltares mit Gewandstudien*, um 1485/90, Berlin, SMPK, Kupferstichkabinett

Eine Vorlage für die Karlsruher Altarskizze ist bislang nicht bekannt. Denkbar wäre ein auf eine Kirchenwand gemalter Altar oder eine Reliefgruppe, wodurch sich die wenig in die Tiefe greifende Breitkomposition und die Isolierung der einzelnen Gruppen erklären ließen.
Bestimmte Ausführungseigenheiten, etwa die punktierten Kopfkonturen des Laurentius und die wenigen, recht stumpfen Parallelschraffen in der Binnenzeichnung, kehren auf anderen Altarzeichnungen des Meisters der Gewandstudien wieder, etwa auf der Skizze eines Marienaltars (Abb. 160/1) in Berlin. Dort finden sich auch ähnlich reduzierte Physiognomien, weil es wie hier in erster Linie darum ging, die Gesamtdisposition der Vorlage zu erfassen. Die Verbindung zum Meister der Gewandstudien erschließt sich zwanglos über zwei Draperiezeichnungen auf der Rückseite des Blattes (vgl. Abb. 160/2). Diese Skizzen erinnern in ihrer sehr ungleichmäßigen Strichstärke der Hauptlinien und den unruhigen, spröden Schraffuren am ehesten an die Stuttgarter Gewandstudien (Kat. 165). M. R.

Lit.: Slg. Kat. Karlsruhe 1955, Nr. 4 – Oehler 1959, S. 99, Taf. 31 – Roth 1988, S. 212f., Nr. 81 – Ausst. Kat. Karlsruhe 1992a, S. 90f., Nr. 99.

161

Meister der Gewandstudien (tätig 1465/70–1500)

Rundscheibenriß mit der Krönung Mariens

Straßburg, um 1490/1500
Feder in Braun, braun und grau laviert über Vorzeichnung mit schwarzem Stift, Farbangaben mit schwarzem Stift; Durchmesser 31,8/32,1 cm (beschnitten)
Oxford, Ashmolean Museum
Inv. Nr. P 330 A

Schön und jugendlich kniet Maria mit demutsvoll niedergeschlagenem Blick und grazil zum Gebet gefalteten Händen vor einer breiten Thronbank. Gottvater mit Globus und Zepter rechts und der auferstandene Christus mit Wundmalen und Dornenkrone links hinter ihr setzen der Gottesmutter eine hohe Bügelkrone aufs lockige und mit einem Diadem geschmückte Haupt. Marienkopf, Nimbus und Krone bilden das Zentrum der Komposition. Es wird durch ein Ehrentuch hervorgehoben, das von der hohen Thronlehne herabhängt und durch die Beschriftung »siden duoch mit blome(n)« als Blumendamast und mit einem Blatt als grün bezeichnet wird.
Das Rundblatt ist ein typischer, in Reinzeichnung vorgelegter Scheibenriß zur Präsentation bei einem Auftraggeber. Mit feiner Lavierung und, im Vergleich zu vielen anderen Blättern des Gewandstudienmeisters, disziplinierter Schraffur modelliert der Zeichner die hell aufblitzenden, sanft gerundeten Grate und dunklen, tiefen Kluften der Draperien sorgsam heraus. Besondere Sorgfalt ist hier auch auf die Charakterisierung der Antlitze, Haare und Gliedmaßen gelegt worden.
Einige dicke Stiftlinien auf dem Rundblatt geben offenbar den Verlauf von Bleiruten in der auszuführenden Glasmalerei an. Ob sie, wie die Materialangabe des Ehrentuchs, bereits vor der mutmaßlichen Präsentation des Blattes eingetragen waren, muß offenbleiben.
Bilderfindungen Martin Schongauers beeinflußten die Komposition des Scheibenrisses, ohne daß man jedoch eine bekannte Arbeit konkret als Bildquelle nennen könnte. Spuren der verschollenen Vorlage des Colma-

161

rer Meisters finden sich aber auch in anderen Werken, deren Ursprung überzeugend auf Martin Schongauer zurückgeführt wird.[1] In diesen Kreis gehört die Marienkrönung im Augsburger Dom (Abb. 161/1), eine Arbeit der Straßburger Glasmalerwerkstätten.[2] Neben der vom Thron abgewandt knienden Maria läßt sich dort der Typus des Gottvaterkopfes mit lang wallenden Korkenzieherlocken und herbem Gesichtsschnitt mit hoch sitzenden Jochbeinen gut vergleichen. In der Ausführung weicht die Glasmalerei jedoch so deutlich von der Zeichnung ab, daß sich kein handschriftlicher Zusammenhang zwischen den beiden Straßburger Arbeiten unterstellen läßt.

Der Kopftyp Christi auf der Zeichnung entspricht dagegen recht genau dem des Gekreuzigten einer Scheibe im Badischen Landesmuseum Karlsruhe (Abb. 161/2). Christus hat hier einen ähnlich rundlichen Kopf, volle Wangen ohne betonte Jochbeine und ein leicht fliehendes Kinn, das von einem kurzen Bart umspielt wird. Die zunächst um 1480 eingeordnete Scheibe ist aufgrund neuer archivalischer Funde ins Jahr 1494 zu datieren und paßt so auch zeitlich gut zum Straßburger Rundblatt.[3] Und auch die 1497 datierte oberrheinische, sicherlich Straßburger Marienkrönungsscheibe im Gotischen Haus zu Wörlitz (Abb. 161/3) gehört hierher. Hier lassen sich neben zahlreichen Motivübereinstimmungen – die eckigen Mantelschließen Christi, die Form des Kreuzgloben mit lilienförmigen Enden der Kreuzbalken und den rechteckigen Scheiben am Durchdringungspunkt der Kreuzarme – auch stilistische Eigentümlichkeiten vergleichen. Beispielsweise begegnet sowohl auf der Zeichnung wie auf der Wörlitzer Scheibe im Gesicht Gottvaters eine bemerkenswerte, schräg von den langen, nur leicht geschwungenen Brauen

161/1 Straßburger Glasmaler, *Marienkrönung*, um 1485, Augsburg, Dom

161/2 Straßburger Glasmaler, *Kreuzigung*, 1494, Karlsruhe, Landesmuseum

161/3 Straßburger Glasmaler, *Marienkrönung*, 1497, Wörlitz, Gotisches Haus

zum Augenwinkel geführte Linie. Beide Gottvaterfiguren ähneln sich auch in den stabartig-langen Fingern der jeweils linken Hand. M. R.

1 Hugelshofer 1925/26.
2 Frankl 1912, S. 59, Abb. 12.
3 Parello 1997.

Lit.: Ausst. Kat. Detroit 1983, S. 142, S. 390 – Roth 1988, S. 278–282, Nr. 120 – Ausst. Kat. Ulm 1995, S. 225f., Nr. 76.

162

Meister der Gewandstudien (tätig um 1465/70–1500) und Straßburger Glasmaler

Rundscheibenriß mit Kreuzigung Christi, Maria und Johannes

Um 1480/1510–1520
Feder in Schwarz (Kruzifix) und Braun (Maria, Johannes, Landschaft) über Vorzeichnung mit schwarzem Stift, Rötellinien in der Peripherie, mit schwarzem Stift quadriert
Durchmesser: 15,8/15,6 cm (leicht beschnitten)
Bez.: nachträgliches, sog. geschleudertes Dürermonogramm
Coburg, Kunstsammlungen der Veste Coburg
Inv. Nr. Z 255

Das Blatt ist ein gutes Beispiel für die Kontinuität in oberrheinischen Künstlerwerkstätten zwischen Spätmittelalter und Dürerzeit. Es entstand in zwei, Jahrzehnte auseinanderliegenden Arbeitsgängen. Zunächst skizzierte der Gewandstudienmeister nur den Kruzifixus. Er bediente sich dabei einer Vorlage, Martin Schongauers Kupferstich der

162

Kreuzigung Christi (L. 27). Die Skizze stimmt bis in die Lichtverteilung auf dem Körper des Gekreuzigten mit dem Kupferstich überein. Lediglich die Oberkörperproportionen sind ein wenig gestaucht, und das angedeutete Gesicht ist schärfer geschnitten. Komposition, Plastizität und graphische Ausführung des vom Zeichner frei ersetzten Schamtuches entsprechen dagegen genau den Gewandstudienblättern mit Lendentuchskizzen (Kat. 166). Sehr ähnlich ist ferner das Lendentuch Christi auf der Lyoner Gnadenstuhltafel (Kat. 148).

Das Blatt blieb liegen. Erst Jahrzehnte später holte ein Zeichner der Dürergeneration den offensichtlich noch immer in der Künstlerwerkstatt vorhandenen Bogen hervor, fügte die Marien- sowie die Johannesfigur hinzu und hinterlegte die Szene mit der Andeutung einer Landschaft. So machte er aus dem vorhandenen Blatt der Kreuzigung Christi einen ›zeitgemäßen‹ Rundscheibenentwurf. Solche Wiederverwendungen und Aktualisierungen älterer Entwürfe waren nichts Ungewöhnliches. Es war durchaus opportun, vorliegende ältere Entwürfe und Mustervorlagen in neue Zusammenhänge zu setzen, wie es das Coburger Kreuzigungsblatt zeigt.

Das höchst ehrenwerte, aber falsche Namenszeichen, das sogenannte »geschleuderte« Dürermonogramm, wurde höchstwahrscheinlich von dem Straßburger Stadtchronisten Sebald Büheler im späten 16. Jahrhundert aufgetragen, dem auch die nachträglich hinzugefügten Schongauer-Monogramme auf anderen Blättern des Meisters der Gewandstudien (Kat. 166) zu verdanken sind. Büheler, der seine Zeichnungen offensichtlich mit Hilfe der Monogramme Schongauers, Dürers und auch Hans Baldung Griens chronologisch ordnete, übersah die Verbindung zum Schongauer-Kupferstich und ordnete das Blatt nach seinen jüngeren Ergänzungen ein. M. R.

Lit.: Térey 1895, S. 447 – Winkler 1930, S. 146 und 150 – Ausst. Kat. Detroit 1983, S. 51f., 110f. Nr. 29 – Roth 1988, S. 127f., Nr. 46 – Roth 1992, S. 159 – Ausst. Kat. Ulm 1995, S. 181f., Nr. 53.

163

Meister der Gewandstudien (tätig um 1465/70–1500)

a) ***Sieben Kopf- bzw. Halbfigurenstudien***

Feder in Schwarz, grau laviert

b) Rückseite: ***Der auferstandene Christus***

Feder in Schwarz über Vorzeichnung mit schwarzem Stift; 22,8 x 19,9 cm
Straßburg, um 1465/75
Karlsruhe, Staatliche Kunsthalle Karlsruhe, Kupferstichkabinett
Inv. Nr. 1955-4

Das Skizzenblatt wurde zunächst als niederländische Zeichnung in die Literatur eingeführt und sogar mit der ehrenvollen Zuschreibung an Rogier van der Weyden versehen, ehe es als Werk des Meisters der Gewandstudien erkannt wurde. Es gehört zu einer umfangreichen Gruppe von Zeichnungen, die vorwiegend auf Kompositionen der Straßburger Glasmalerei aus den 1460er und 1470er Jahren zurückgehen. Und so finden sich auch für dieses Blatt enge Parallelen in Farbverglasungen.

Die herbe Physiognomie der alten Frau mit einem hochgebundenen Kopftuch in der Blattmitte steht einer Scheibe aus der Chorverglasung der Tübinger Stiftskirche sehr nahe, einer Arbeit der Straßburger Werkstattgemeinschaft aus der Zeit um oder kurz nach 1478. Die markante, scharf geschnittene, schwere Hakennase mit eingezogener Nasenwurzel, die schweren Lider mit Krähenfußfalten im Augenwinkel entsprechen weitgehend dem Annenkopf aus der Zurückweisung des Opfers Joachims im Mittelfenster (Abb. 163/1).[1] Auch die wulstige Unterlippe, das kräftige Kinn und ihre markante Wangen- bzw. Nasenfalte kehren hier wieder. Dagegen ist die Wickelung des Kopftuchs auf der Scheibe aufgelöst. Anna führt das Tuchende voller Scham vors Gesicht – ganz ähnlich wie die Kopfstudie einer Trauernden, die auf der Karlsruher Zeichnung über der Studie der alten Frau steht.

Zu dieser Skizze oben in der Mitte des Blattes gibt es eine sehr ähnliche Darstellung in der Straßburger Tafelmalerei. Sie stimmt mit einer der Begleiterinnen Mariens in der Kreuzanheftung Christi zu Alt-St. Peter (Aufsatz Roth, Abb. 1) in Straßburg überein. Eine der Trauernden hinter der zusammenbrechenden Maria trägt dort den gleichen Kopfputz und trocknet ihre Tränen ebenfalls mit einem Schalende des Gebändes. Da die Figur auf dem Tafelbild in Bereichen, die in der Skizze geschildert werden, von den davor stehenden Frauen überschnitten wird, kann die

163b

163a

Zeichnung nicht nach dem gemalten Motiv angefertigt worden sein. Zudem weist der massige Kopf der Karlsruher Skizze stilistisch ältere Züge auf als die Fassung der Straßburger Bildtafel. Wahrscheinlich gehen beide Fassungen auf eine gemeinsame Vorlage zurück, die ihrerseits schon in den 1470er Jahren in Straßburg bekannt gewesen sein muß. Denn auch eine in dieser Zeit entstandene kleine Marmorgruppe der Marien unter dem Kreuz im Straßburger Musée de l'Œuvre Notre-Dame zeigt ein sehr ähnliches Antlitz bei einer der Klagefrauen (Abb. 163/2).

M. R.

1 Die originale Scherbe befindet sich heute im Bayerischen Nationalmuseum München, Inv. Nr. G 1014-1016; Becksmann 1986, S. 281f., 314, Abb. 473 – Ausst. Kat. Ulm 1995, S. 143, Nr. 32.

163/1 Straßburger Werkstattgemeinschaft, *Kopf der Heiligen Anna*, nach 1478, München, Bayerisches Nationalmuseum

163/2 Unbekannter Bildhauer, *Trauernde aus einer Kreuzigungsgruppe*, um 1470/80, Straßburg, Musée de l'Œuvre Notre-Dame

Lit.: Fischel 1952, S. 32 – Frankl 1956, S. 27 – Slg. Kat. Karlsruhe 1955, Nr. 3 – Roth 1988, S. 57–60, Nr. 15 – Ausst. Kat. Karlsruhe 1992a, S. 92, Nr. 100 – Ausst. Kat. Ulm 1995, S. 170f., Nr. 46.

164

Meister der Gewandstudien (tätig um 1465/70–1500)

a) ***Der Erzengel Michael und fünf Gewandstudien***

b) Rückseite: ***Sechs Gewandstudien***

Feder in Schwarz (Erzengel) und Braun (Gewandstudien), über Vorzeichnung mit schwarzem Stift, gräulich braun laviert; 27,6 x 20 cm
Straßburg, um 1480/85
Berlin, Kupferstichkabinett – Sammlung der Zeichnungen und Druckgraphik
Staatliche Museen zu Berlin – Preußischer Kulturbesitz
Inv. Nr. KdZ 1045

Das wie so viele Arbeiten des Meisters der Gewandstudien auf beiden Seiten bezeichnete Blatt ist dicht gefüllt mit zahlreichen Draperie- und einer Figurenstudie. Diese ist im Gegensatz zu den in brauner Tinte angelegten Gewandstudien in Schwarz ausgeführt. Sie ist offensichtlich nicht im selben Arbeitsgang zu Papier gebracht worden wie die übrigen Skizzen auf Vorder- und Rückseite. Zudem unterscheidet sich der gegen einen Teufel kämpfende Erzengel Michael im Strichbild und durch seine massigen Proportionen merklich von den übrigen Studien. Die Gruppe erscheint in einer um 1480 entstandene Scheibe des Engelskampfes in der ehemaligen Benediktinerabteikirche zu Walburg im Elsaß (Abb. 164/1), allerdings hat der Erzengel dort ein wesentlich lieblicheres Antlitz erhalten, als es die herben Züge der Berliner Skizze ahnen lassen.
Die eckig gebrochenen Falten der fünf übrigen Draperiestudien auf der Vorderseite und der sechs Skizzen auf der Rückseite erinnern an Motive der Straßburger Glasmalerei der 1470er Jahre.[1] Eine der Skizzen auf der Rückseite, die große und relativ frei stehende Studie einer mit leicht gebeugten Knien nach rechts stehenden Gewandfigur, verknüpft das Blatt dann aber sehr eng und ganz konkret mit einem Tafelbild des Meisters der Gewandstudien. Die Figur erscheint als Erzengel Gabriel

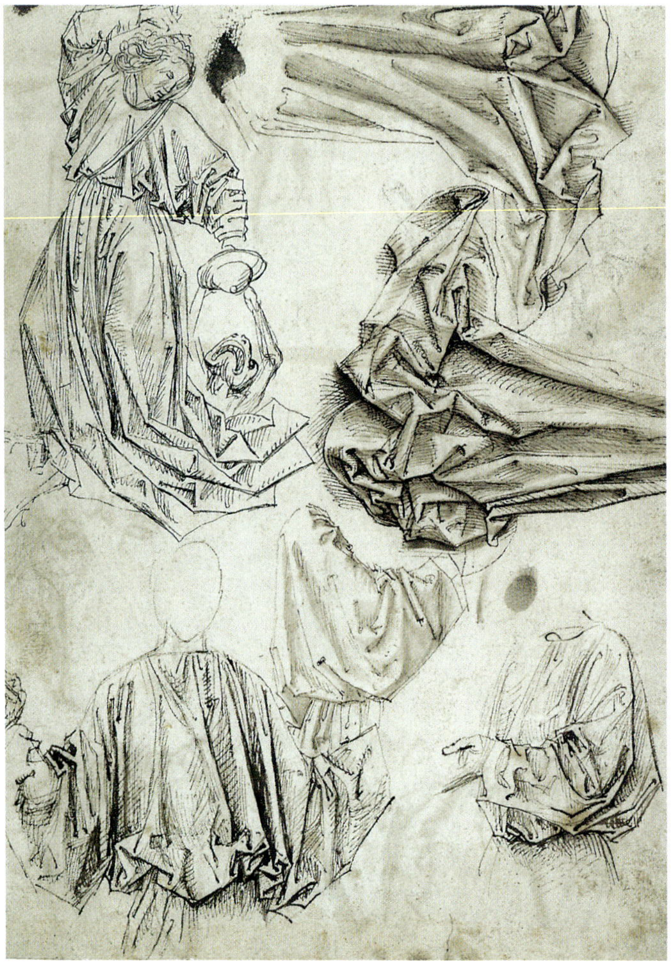

164a

164b

auf dem Gemälde mit sechs Engeln und einem Erzengel (Kat. 150). Beide Fassungen sind fast deckungsgleich. Es fällt aber auf, daß der in der Zeichnung rechts außen am Boden aufliegende Faltenteller auf der Tafel fehlt, offensichtlich um Überschneidungen mit der nebenstehenden Figur zu vermeiden. Außerdem ist die Schulterpartie auf der Tafel vom kostbaren Brokatpluviale des Erzengels verdeckt. Die in beiden Versionen sichtbaren Faltengliederungen auf der Brust der Figur stimmen zwar sehr genau überein. Aber nur auf der Skizze werden auch jene Draperien motiviert, die vom Oberarm zum Oberkörper streben. Die Tafel muß also nach der Gewandstudie entstanden sein und nicht umgekehrt. Das Blatt spannt sich so als Verbindungsglied zwischen Werke der Glas- und der Tafelmalerei und unterstreicht die enge Verzahnung dieser beiden Gattungen der Straßburger Kunst im ausgehenden 15. Jahrhundert.

M. R.

1 So ähnelt z. B. die lavierte Ärmelstudie der Vorderseite dem Gewand des Engels am Kerker der Heiligen Katharina in einer Scheibe im Katharinenfenster der Straßburger Wilhelmerkirche (Frankl 1956, Abb. 39).

Lit.: Slg. Kat. Berlin 1921, S. 92 – Thorlacius-Ussing 1924/25, S. 247 – Winkler 1930, S. 149f. – Roth 1988, S. 119–122, Nr. 43 – Roth 1992, S. 172 – Ausst. Kat. Ulm 1995, S. 173–175, Nr. 49.

164/1 Straßburger Glasmaler, *Engelskampf*, um 1480, Walburg, ehem. Benediktinerabtei

165

Meister der Gewandstudien (tätig um 1465/70–1500)

a) ***Sechs Gewandstudien stehender Figuren***

b) Rückseite: ***Drei Gewandstudien stehender Figuren***

Feder in Braun, hellbraun laviert auf rot getöntem Papier; 27,8 x 18,3 cm
Straßburg, um 1485/90
Stuttgart, Staatsgalerie Stuttgart, Graphische Sammlung
Inv. Nr. C 1921/24

Auf diesem typischen Gewandstudienblatt sind Skizzen recht unterschiedlichen Maßstabs ökonomisch in zwei Reihen übereinander angeordnet. Links oben die Studie zu einer Heiligen Barbara mit Turmmodell. Daneben steht, im gleichen Größenverhältnis skizziert, eine betende Figur, vielleicht eine trauernde Maria, die von schräg einfallendem Seitenlicht getroffen wird. In der anschließenden Skizze des weiten, lang herabfallenden Ärmels einer stehenden Figur mit Buch gibt der Zeichner im Gegensatz zu den früheren Ärmelstudien (Kat. 164) an, in welchem Kontext die Skizze steht: Mit wenigen Strichen deutet er einen Fuß und die darüberfallende Draperie an. In der unteren Reihe erscheinen eine männliche Figur ohne Kopf mit Buch im linken Arm, eine stehende Figur, möglicherweise eine Heilige Ursula mit Pfeil und eine weitere Ärmelstudie, jetzt im größeren Maßstab. Der Ärmel ist fast so hoch wie der gesamte Figurenrumpf neben ihr.
Die beiden Ärmelskizzen rechts außen sind Varianten desselben Motivs und deshalb wohl eher Skizzen nach einem Modell als Nachzeichnungen fertiger Lösungen, wie die anderen Studien des Blattes. Der in der oberen Ärmelstudie betonte Faltenwurf um den Unterarm wird unten im größeren Maßstab wieder aufgegriffen und zur Schulter hin neu drapiert. Das gelingt noch nicht ganz überzeugend und so franst die Konturlinie am Übergang vom Unter- zum Oberarm etwas unmotiviert aus. Vorn, am Ärmelausschnitt, wirkt die größere Alternative aber wesentlich überzeugender. Der Saum ist nach hinten geschlagen, so daß der nachquellende Stoff im Ausschnitt sichtbar wird und damit auch dem großformigen vorderen Abschluß ein offenbar gewünschtes größeres Volumen verleiht.

165a

165/1 Meister der Gewandstudien, *Die Geißelung Christi*, um 1485/90, Straßburg, St. Pierre-le-Vieux

165b

Verwendet, bzw. nachweislich aufgegriffen wurde dann aber trotzdem die obere Skizze, und zwar in der Geißelungstafel aus dem Passionszyklus von St.-Pierre-le-Vieux in Straßburg (Abb. 165/1). Die Draperie stimmt mit der langröhrigen Knitterung des Ärmels Pilati überein, der auf dem Bild unter dem Torbogen steht und teilweise von diesem verdeckt wird. Im direkten Vergleich wird deutlich, wie klar die markante und sehr ausgeschriebene Handschrift des Meisters der Gewandstudien die Draperie zu gliedern vermag. Es gelingt ihm mit außerordentlich reduziertem graphischem Aufwand und raschem Strich, die sehr komplizierten Faltenschichten klar und gut lesbar zu gliedern. So konnte sie problemlos nachgemalt werden. Umgekehrt kann es kaum sein, denn die Skizze ist im Oberarmbereich ausführlicher und wurde folglich keinesfalls nach der Bildtafel kopiert. Damit ergibt sich für die Stuttgarter Zeichnung nun ein *terminus ante quem*. Sie wird vor dem Tafelbild gezeichnet worden sein. Der Passionszyklus in St. Pierre-le-Vieux stammt ursprünglich aus der Straßburger Magdalenenkirche, die während des Burgunderkrieges 1475 geschleift und ab 1478 innerhalb der Stadt wiedererrichtet wurde. 1488 wurde der Hauptaltar geweiht, zu dem die Passionstafeln von St.-Pierre-le-Vieux möglicherweise ursprünglich gehörten,[1] jedenfalls aber werden sie im Zuge der mit großem Aufwand und Nachdruck betriebenen Ausstattung der neuen Kirche in den späteren achtziger oder frühen neunziger Jahren des 15. Jahrhunderts gemalt worden sein, eine Zeitangabe, die man nun auf die Zeichnung übertragen darf. M. R.

1 Zur Chronologie der Magdalenenkirche und ihrer Ausstattung siehe Fischel 1933/34, S. 30f.

Lit.: Thorlacius-Ussing 1924/25, S. 248f. – Winkler 1930, S. 148, 150, 152 – Ausst. Kat. Stuttgart 1984, S. 12f., Nr. 2 – Roth 1988, S. 249–251, Nr. 103 – Ausst. Kat. Ulm 1995, S. 222f., Nr. 74.

166

166

Meister der Gewandstudien (tätig um 1465/70–1500)

Neun Lendentuchstudien

Feder in Grauschwarz und Braun; 27,4 x 21,1 cm
Bez. mit nachträglichem Schongauer-Monogramm
Straßburg, um 1480
Straßburg, Cabinet des Estampes et des Dessins de Strasbourg
Inv. Nr. XLIX.85

Figurenstudien und Draperieskizzen gehören durch die Jahrhunderte hinweg zum Standardrepertoire von Muster- und Skizzenbüchern. Lange Zeit jedoch wurden solche Teilzeichnungen, sei es zu Büchern gebunden oder als lose Blattsammlungen, als reines Handwerkszeug innerhalb der Künstlerateliers angesehen und kaum als eigenständige Werke geschätzt und in Kunstsammlungen aufbewahrt. Man tradierte sie in den Ateliers, aber wenn diese Werkstätten aufgelöst wurden, maßen die »Erben« solchen Skizzenblättern wohl oft keine besondere Bedeutung mehr zu. So gingen die meisten solcher Werkstattblätter im Lauf der Jahrhunderte verloren. Am ehesten erkannten noch Künstler die spezifischen Reize solcher Blätter. Und so war auch der erste durch Sammlerstempel auf dem Straßburger Blatt manifeste, neuzeitliche Besitzer des Blattes selbst ein Künstler und geradezu manischer Zeichnungssammler, nämlich der englische Starporträtist und Hofmaler Sir Thomas Lawrence (1769–1830). Ihm scheinen die besonderen Qualitäten der Skizzen als Werkstattgut eines Künstlerkollegen aus vergangener Zeit aufgefallen zu sein. Freilich unterstützte auch das apokryphe, wohl vom 1595 gestorbenen Straßburger Stadtchronisten Sebald Büheler hinzugefügte Schongauer-Monogramm Lawrence' Wertschätzung der Skizzensammlung.

Die Skizzen auf diesem Blatt sind nach und nach zusammengestellt worden. Es ist unwahrscheinlich, daß eine solche Fülle gleicher Motive absichtlich in dieser Ordnung nach gesehenen Kunstwerken zusammenkopiert sein sollte und schwer vorstellbar, daß ein Künstler über einen längeren Zeitraum hinweg Lendentuchdraperien nach fremden Vorlagen gesammelt hat. In diesem Fall wäre das Ergebnis der Zusammenstellung weder stilistisch noch motivisch so homogen, wie es die Skizzen auf dem Straßburger Blatt sind.[1] Die Skizzen müssen in einem Atelier entstanden sein, und zwar als mehr oder weniger freie Entwürfe. Angeregt wurde der Zeichner allerdings von Arbeiten Martin Schongauers, etwa durch die Draperie des Lendentuches Christi auf dem Kupferstich der Kreuzigung mit den würfelnden Soldaten (L. 13). Er übersetzt die Inspirationsquelle aber in seine eigene Stilsprache mit scharfgratigen und eckigen Brüchen der gerade geführten Faltenwürfe.

Eine der Skizzen wurde in ein Werk der Straßburger Glasmalerei aus der Zeit um 1480 übernommen, die zweite Zeichnung rechts oberhalb des Monogramms. Sie entspricht dem Schurz des Heiligen Sebastian

166/1 Straßburger Werkstattgemeinschaft, *Der Heilige Sebastian*, um 1481, Nürnberg, Lorenzkirche, Volckamerfenster

(Abb. 166/1) im Volckamerfenster der Nürnberger Lorenzkirche. Hier handelt es sich keinesfalls um eine Nachzeichnung der fertigen Scheibe. Aber auch Christusfiguren auf Tafelbildern des Gewandstudienmeisters tragen ganz ähnliche Lendentücher, etwa auf der Geißelung in Mainz (Kat. 152a) oder auf der Gnadenstuhl-Tafel mit Maria und Johannes aus Lyon (Kat. 148).

M. R.

1 Ein zweites, ehemals wohl zugehöriges Blatt mit wiederum neun Lendentuchstudien auf der Vorder-, zwei weiteren sowie der Skizze eines Buches auf der Rückseite befindet sich in Malibu.

Lit.: Thorlacius-Ussing 1924/25, S. 248 – Winkler 1930, S. 152 – Naumann 1940, S. 19 – Anzelewsky 1964, S. 49f., 53 – Ausst. Kat. Detroit 1983, S. 389 – Roth 1988, S. 124–126, Nr. 45 – Ausst. Kat. Ulm 1995, S. 179f., Nr. 52.

167

Meister der Gewandstudien (tätig um 1465/70–1500)

a) ***Die Apostel Jacobus maior, Philippus und Bartholomäus***

b) Rückseite: ***Die Apostel Simon, Paulus und Petrus***

Feder in Schwarz, grau laviert über Vorzeichnung mit schwarzem Stift;
19,8 x 26,5 cm
Straßburg, um 1465/75
Coburg, Kunstsammlungen der Veste Coburg
Inv. Nr. Z 118

Auf diesem und einem zweiten Blatt in Coburg sind auf jeder Seite drei Kopien nach der Apostelfolge des Meisters E. S. (L. 124–136) festgehalten worden. Die zum Apostelzyklus des oberrheinischen Kupferstechers gehörige Christusfigur (L. 124) fehlt. Die kopierten Figuren sind größer als die Vorlagen, ihre Proportionen gelängt. Auf der Vorderseite des Blattes hat der Zeichner neben den Gewandfiguren nur den Kopf Philippi eingehend modelliert. Er gestaltete aber das fein charakterisierte, ältere Antlitz des Kupferstichs (L. 131, Abb. 167/1) bei der Motivübernahme in einen jünger erscheinenden Typus mit flacher Kopfkalotte, großen Ohren und gewaltiger Nase um. Und auch Bartholomäus, mit einem nur in wenigen, unzusammenhängenden Strichen umrissenen, bärtigen Haupt, wirkt gröber, der Kopf breiter als derjenige des Stichs (Abb. 167/2).
Aus den Unterschieden zwischen Skizzen und Kupferstichen folgerte Lilli Fischel, die Figurenstudien gingen gar nicht auf die Druckgraphiken zurück. Vorbild für beide Folgen sei vielmehr ein Skulpturenzyklus aus dem Kreis des »Meisters der Dangolsheimer Muttergottes«, Nikolaus Gerhaert van Leyden, gewesen. Dieser Schluß führt wohl zu weit, denn die Abweichungen lassen sich anders erklären: Die Apostelstudien gehören zu einer chronologisch frühen Gruppe von Zeichnungen des Gewandstudienmeisters, in der auch andere Nachzeichnungen ähnliche stilistische Differenzen zu ihren jeweiligen Vorlagen aufweisen. Die Formen sind stets eckig, die Umrisse aus hart aufeinanderstoßenden Geraden zusammengefügt. So erklären sich die Abweichungen aus dem Kopierstil des Zeichners. Den Schluß auf eine verlorene Vorlage aus dem Bereich der Skulptur begründen sie nicht. Außerdem wäre es sehr überraschend, wenn der Meister der Gewandstudien bei allen zwölf Aposteln genau dieselben Blickwinkel gewählt hätte, die der Meister E. S. bei seinen später in Stiche umgewandelten Kopien nach den vermeintlich skulpturalen Vorbildern eingenommen hätte. Zudem orientiert sich der Zeichner weitgehend an der vorgefundenen Lichtverteilung der Kupferstiche des Meisters E. S., dunkelt aber die Schattentiefen nicht gleich stark ab, so daß der Körper weniger plastisch hervortritt. Auch in der Binnenzeichnung hält er sich mitunter an die vorgefundene Stichelführung des Meisters E. S., setzt aber alle Schraffuren weitmaschiger und gröber.

M. R.

Lit.: Winkler 1930, S. 141, 151 – Naumann 1935, S. 22, 24, 56 – Fischel 1935, S. 207, 210f. – Ausst. Kat. Detroit 1983, S. 52, 135, Nr. 40 – Roth 1988, S. 54–56, Nr. 13.

167b

167a

167/1 Meister E. S., *Der Apostel Philippus*, Kupferstich

167/2 Meister E. S., *Der Apostel Bartholomäus*, Kupferstich

151

168

II.6 Glasmalerei

1 Straßburger Werkstattgemeinschaft, *Apotheose des Heiligen Rupertus*, Ausschnitt aus dem Scharfzandt-Fenster, 1483, München, Frauenkirche

Glasmalerei hat am Oberrhein eine jahrhundertealte Tradition. Ihre zentrale Funktion, Kirchenräume und Kapellen mit farbig-figürlichen Fenstern auszustatten und den Gläubigen zugleich die Lehren der Kirche, Leben und Leiden Christi, die Legenden der Heiligen und deren Bilder vor Augen zu führen, ist vor allem in den Werken Straßburger und Freiburger Provenienz in einzigartiger Dichte vom späten 12. bis ins frühe 16. Jh. zu verfolgen. Für die anderen oberrheinischen Produktionsstätten ist – Resultat von Bilderstürmen, Kriegen und dem Lichtbedürfnis der Aufklärung – eine vergleichbare Kontinuität nicht überliefert, wenngleich sich für die Konzilsstädte Konstanz und Basel, die Reichsstädte Wissembourg, Colmar, Mulhouse und Séléstat bis hinauf zu den Bistümern Speyer und Worms jeweils noch mehr oder weniger umfangreiche Fensterstiftungen des 13., 14., 15. oder frühen 16. Jahrhunderts erhalten haben oder erschließen lassen.

Für die Zeit von 1450 bis 1500 ist, ungeachtet der enormen Verluste, eine überwältigende Dominanz der Straßburger Produktion innerhalb der oberrheinischen Glasmalerei belegt. Die Existenz der vornehmsten Bauhütte im Reich hatte seit jeher herausragende Künstler angelockt und damit den Austausch der aktuellsten Stilströmungen befördert, doch inzwischen bot eine Vielzahl zünftig niedergelassener Werkstätten in allen Sparten künstlerischen Schaffens das ideale Klima für eine späte Blüte. Voraussetzung und Ausgangspunkt für die quantitative wie qualitative Spitzenposition Straßburger Glasmalerei der Spätgotik war der berühmte, überraschend modern organisierte Großbetrieb der Straßburger Werkstattgemeinschaft von 1477, der über Stadt und Region hinaus den gesamten süddeutschen Raum mit seinen herausragenden Erzeugnissen belieferte. »Stroßburg Finster« waren als Markenartikel selbst in Städten mit eigener Glasmalerei-Tradition (Frankfurt, Konstanz, Ulm, Nürnberg, Augsburg, München oder Salzburg) sehr begehrt. Was die fünf bekannten Meister der Kooperative – Peter Hemmel von Andlau, Lienhart Spitznagel, Hans von Maursmünster, Theobald von Lixheim und Werner Störe – binnen weniger Jahre an monumentalen Farbverglasungen für Hochadel, Klöster, Städte, Zünfte und Bürger geschaffen haben, braucht überdies den Vergleich mit den besten zeitgenössischen Tafelmalereien nicht zu scheuen. Die Vertragspartner dieser zunächst für eine Laufzeit von vier Jahren von 1477 bis 1481 gegründeten Gesellschaft für Glasmalerei sind wohlbekannt, doch die betriebswirtschaftlichen Hintergründe, die Formen der Arbeitsteilung und die gegenseitige Verfügbarkeit der Entwürfe und Vorlagen liegen immer noch weitgehend im Dunkeln (zur gattungsübergreifenden Verwendung von Studienblättern im spätmittelalterlichen Straßburg vgl. den Beitrag von Michael Roth).

Der unverwechselbare Stil der Werkstattgemeinschaft verbindet Elemente der älteren Straßburger Glas- und Tafelmalerei – der berühmten Karlsruher Passion und der Farbverglasung der ehemaligen Klosterkirche im elsässischen Walbourg von 1461 – mit der aktuelleren Kenntnis niederländischer Vorbilder aus dem Umkreis von Rogier van der Weyden und Dirk Bouts. Eine unmittelbare, zumeist aber nur auf Einzelmotive zielende Auswertung der modernsten verfügbaren Kupferstich-Vorlagen Martin Schongauers oder des Meisters E. S. zählt ebenso zu den Wesenszügen der Produktion wie die meisterhafte Beherrschung aller technischen Möglichkeiten, die der Glasmalerei am Ende des 15. Jahrhunderts zu Gebote standen. Im Verlauf von weniger als einem Jahrzehnt offenbaren die Straßburger Farbverglasungen eine rasante Entwicklung von den zeittypisch kleinteiligen Fenstern mit Einzelscheiben und additiv zusammengesetzten Bildeinheiten, seien es Szenen, stehende Heilige (Kat. 169) oder die beliebten Andachtsbilder der Gottesmutter (Kat. 168), hin zu imposanten, mehrere Zeilen und Fensterbahnen übergreifenden Kompositionen. Ein besonderes Charakteristikum sind die immer aufwendiger gestalteten Architektur- und Astwerkrahmen, die oft über die Hälfte der Fensterfläche füllen und nicht von ungefähr an die kunstvollen Gesprenge der prächtig gefaßten und vergoldeten Schnitzaltäre der Zeit erinnern (Abb. 1).

Gerade die ausgeprägte technische Brillanz und die strahlende Leuchtkraft der Straßburger Fenster waren ausschlaggebend für deren weitverbreiteten Ruhm. Ein bestimmter Standard glasmalerischer Mittel ist dabei stets gewahrt. Ob im monumentalen Maßstab oder im intimen Format der Kabinettscheibenmalerei, jedes Detail scheint mit derselben Sorgfalt ausgeführt. Der technische Aufwand der Bemalung tritt dabei durchaus in Konkurrenz zur Tafelmalerei. Neben Schwarzlotkonturen und Binnenzeichnung basiert die eigentliche plastische Modellierung der Formen auf grauschwarzen bis braunroten Halbtonüberzügen unterschiedlicher Intensität, aus denen Aufhellungen und Lichter mit dem trockenen Pinsel herausgestupft, mit dem Federkiel ausgewischt oder kleinteilig mit dem spitzen Hölzchen ausradiert wurden. Dünne Lasuren auf der Außenseite der Gläser unterstreichen Körpervolumen und Tiefenwirkung, indem sie die möglichen Farbwerte eines Glases zwischen hellstem Licht und tiefstem Farbschatten modulieren. Der virtuosen Bemalung korrespondiert überall ausgiebiger Einsatz von Silbergelb, einer weiteren Malfarbe, die den goldenen Ton in den Haaren, Nimben und Gewandbordüren erzeugte, oder auf hellblauem Glas für Blumenwiesen oder beispielsweise für die Pfauenfedern von Engelsflügeln Verwendung fand (Kat. 168). Die feine Charakterisierung diverser Stofflichkeiten wird ergänzt durch die großflächig geätzten, überwiegend roten, blauen und violetten Überfanggläser, die in kunstvollen Stoffmusterungen einzelner Gewänder den kostbaren Charakter der Straßburger Fenster noch einmal zusätzlich unterstreichen.

Obwohl einzelne Meister der Werkstattgemeinschaft von 1477, namentlich Peter Hemmel und Theobald von Lixheim, noch nach 1500 mit bedeutenden Exportwerken für König Maximilian I. für die Stiftskirche zu Thaur in Tirol (1501) bzw. für die Kathedrale von Metz (1504) beschäftigt waren, scheint die hier nur im Ansatz skizzierte Blüte Straßburger Glasmalerei um die Jahrhundertwende bereits überschritten. Der bedeutendste Straßburger Glasmaler der Renaissance, Valentin Busch, hat am Oberrhein keine Spuren mehr hinterlassen. Seine Werke sind vor allem in Lothringen zu finden, wo Busch seit 1514 hauptamtlich für die neu errichtete Prioratskirche Saint-Nicolas-de-Port bei Nancy und ab 1520 für die Kathedrale von Metz gearbeitet hat. Was an Glasgemälden in der Straßburger Zeit Hans Baldung Griens nach dessen Entwürfen entstanden ist, bleibt aus heutiger Sicht wesentlich auf den Bereich kleinformatiger Kabinettscheiben mit Stifterbildern und Wappen beschränkt.

Während die große Zahl leistungskräftiger Glasmalereiunternehmen in Straßburg gezwungen war, ihr Auskommen durch eine ausgedehnte Exporttätigkeit zu sichern, wurde die späte Blüte der Freiburger Glasmalerei wesentlich durch die letzte große Bauaufgabe am Ort selbst, die Vollendung des neuen Münsterchores in den Jahren 1511–1530, ausgelöst. Tatsächlich sind vor dem Auftreten der Ropstein-Werkstatt im Jahr 1508 keine niedergelassenen Glasmaler überliefert, und die wenigen Fensterstiftungen vor der Jahrhundertwende wurden aus Straßburg importiert. Auch Meister Hans Gitschmann, genannt von Ropstein, und sein wichtigster Mitarbeiter, der Maler und Glasmaler Jakob Wechtlin, scheinen – wie Valentin Busch – ihre Ausbildung in der oberrheinischen Kunstmetropole erfahren zu haben, wofür historische Gründe, aber auch die Wahl der Farbgläser, die technische Durchführung oder die spezifisch straßburgischen Hintergrundornamente im Werkstattfundus herangezogen werden können. Die ersten eigenständigen Arbeiten der Ropstein-Werkstatt, die partielle Farbverglasung der Hochchorfenster des neuen Münsterchores von 1511/13 im Auftrag des Kaisers, des regionalen Adels und hochstehender Freiburger Bürger oder die zur selben Zeit wieder einsetzenden Fensterstiftungen in die Freiburger Kartause (Kat. 172) zeigen Ropstein und Wechtlin zunächst noch weitgehend in der Tradition der straßburgisch-oberrheinischen Glasmalerei. Die schlichte Reihung von stehenden Heiligen in Kastenräumen vor Damastgrund, wie sie die Farbverglasung im Chorobergaden des Münsters zeigt, wirkt konventionell, auch wenn sich in der Proportionierung der Figuren bereits die kommende Renaissance anzukündigen scheint.

Das änderte sich radikal mit dem Auftreten Hans Baldung Griens, der 1512 von Straßburg nach Freiburg übergesiedelt war, um hier den prominenten Auftrag für den Hochaltar des Münsters auszuführen. Seine Tätigkeit als Entwerfer hat die Freiburger Glasmalerei der Ropstein-Werkstatt binnen weniger Jahre ganz entscheidend umgeprägt. Im Vergleich mit den Schöpfungen im Chorobergaden des Münsters tritt uns in den ab 1515 entstandenen Glasmalereien der Freiburger Kartause ein völlig neues Menschenbild entgegen (Kat. 173). Die gewaltige Präsenz der einzelnen Figuren und deren individuelle, lebensvolle Charakterisierung stehen den wuchtigen Gestalten im Freiburger Hochaltar in nichts nach. In den Entwürfen der sogenannten »großen Kartausscheiben« hatte Baldung das traditionelle Kompositionssystem der Reihung von Standfiguren nach dem Vorbild spätgotischer Heiligenfenster, ja sogar die überkommene Ornamentik mit den seit Jahrzehnten gebräuchlichen Damasthintergründen aus dem Fundus der Glasmaler noch respektiert. In den nachfolgenden Bildfenstern der Chorkapellen im Freiburger Münster vollzog er dann den endgültigen Schritt hin zu autonomen, ganz der Tafelmalerei verpflichteten Bildlösungen. In den eigenen Tafelbildern ist Baldung zwar selten als veritabler Landschaftsmaler hervorgetreten. Dennoch sind es gerade die weiten atmosphärischen Landschaftsgründe, die den ausgesuchten Ereignissen der biblischen Geschichte in den Fenstern der Freiburger Patrizierfamilien Heimhofer, Blumenegg oder Locherer in den nördlichen Chorkapellen ihren eigentümlichen Reiz verleihen (Abb. 2). Zart wie eine Handzeichnung ist die Seelandschaft hinter der Kreuzigung der Blumenegg-Kapelle ausgeführt, kaum farbig komponiert, sondern allein mit Schwarzlot und Silbergelb auf das blaßblaue Glas gemalt. Gewiß sind die eindrucksvollen Landschaftsausblicke und die Porträts der Stifter auf sehr exakte Vorzeichnungen und Bildnisstudien des vormaligen Dürerschülers zurückzuführen, doch auch die ausführenden Glasmaler der Ropstein-Werkstatt erwiesen sich den neuen Ansprüchen hervorragend gewachsen.

Nach Abschluß der Arbeiten an den Chorkapellen des Münsters mit den großartigen Stifterfenstern des Kaiserhauses, mutmaßlich nach Entwürfen des Augsburger Malers Hans Burgkmair (1526–1528), dem Stürtzel-Fenster nach Visierung Baldungs (1529) und einer späten Fensterstiftung des Freiburger Doktors der Medizin, Johannes Widmann, für die Kartause (1528, ebenfalls nach Vorlagen Baldungs) scheint auch in Freiburg die Nachfrage nach monumentalen Bildfenstern zum Erliegen gekommen zu sein. Was noch zu Lebzeiten des führenden Glasmalers Hans von Ropstein († 1564) entstand, beschränkt sich im wesentlichen auf den Typus kleinformatiger Andachtsbilder und Wappenscheiben mit Inschriftsockel, Stifterfiguren oder Wappenhaltern in architektonischer Rahmung sowie kleinen Oberbildern in Grisaillemalerei mit biblischen oder allegorischen Szenen (Kat. 171), Kriegszügen, Jagdszenen, Tänzen, Festivitäten und vielem anderen mehr, wie sie etwa in den Rathausfenstern in Endingen und Rheinfelden oder auf Schloß Heiligenberg erhalten geblieben sind.

Anders als in Straßburg und Freiburg sind im nördlichen Oberrheingebiet, in Worms und Speyer, oder in der benachbarten kurpfälzischen Residenz- und Universitätsstadt Heidelberg selbst keine Zeugnisse spätmittelalterlicher Glasmalerei erhalten geblieben. Dies bedeutet, daß die in der Region und außerhalb verstreuten Relikte meist nur auf der Basis historischer Argumente – über kirchenpolitische, territorial- und patronatsherrschaftliche Verbindungen – auf das eine oder andere Produktionszentrum zurückgeführt werden können. Geht man von den Quellen aus, dann waren die Speyerer Glasmalerei-Werkstätten in der zweiten Hälfte des 15. Jahrhunderts, ähnlich denen Straßburgs, auch über den Einflußbereich des Domstifts hinaus um auswärtige Aufträge bemüht. Glasmalereiexporte bis nach Frankfurt, Heilbronn oder Öhringen belegen dies. Andererseits sind eine Reihe künstlerisch verwandter Stifter- und Heiligenfenster in den Pfarrkirchen von Neckarsteinach (1483), Kleinbottwar (1499), Langenburg (um 1500) und Ersheim (1517) aufgrund ihrer hochgestellten Auftraggeber aus dem Kreis des pfalzgräflichen Hofes mit Heidelberger Werkstätten, vorzugsweise der des von 1499 bis 1535 nachgewiesenen, in Hofdiensten stehenden Glasmalers Hans Kamberger zu verbinden. In der aufwendigen technischen Ausführung mit radierten, gestupften und gewischten Überzügen sowie der intensiven Verwendung von Silbergelb und Eisenrot weisen die Speyerer und Heidelberger Arbeiten auf das große Vorbild der Straßburger Glasmalerei zurück, ohne doch in ihren eigenen spezifischen Merkmalen ein ähnlich unverwechselbares Stilbild zu vertreten. Dies erschwert nicht selten eine eindeutige Lokalisierung der Werkstatt bei weniger typischen, gleichwohl herausragenden Werken wie etwa der Sebastiansmarter aus Kloster Hirsau (Kat. 170) oder den Dalberg-Stifterscheiben aus der Pfarrkirche Herrnsheim bei Worms (heute Karlsruhe, Badisches Landesmuseum). Daß man diese in früherer Zeit mit so klangvollen Namen wie dem Hausbuchmeister oder dem Meister WB zu verbinden suchte, offenbart etwas von deren Nähe zur Tafelmalerei und unterstreicht ihren exquisiten Rang. Über deren künstlerische Provenienz allerdings ist das letzte Wort noch nicht gesprochen.

H. S.

* Den Fragen der Organisationsform, Arbeitspraxis und Trennung der Anteile innerhalb der Straßburger Werkstattgemeinschaft ist eine kleine Abteilung in einem anderen Teil der Großen Landesausstellung im Badischen Landesmuseum in Karlsruhe gewidmet (Ausst. Kat. Karlsruhe 2001/02); vgl. ferner: Hérold/Gatouillat 1994, S. 151–157 – Becksmann 1995, S. 205–219 – Ausst. Kat. Ulm 1995 – Ausst. Kat. Los Angeles/Saint Louis 2000, S. 17–27, 75–77. – Zur Freiburger Glasmalerei: Perseke 1941, S. 95–138 – Hermans 1953 – Krummer-Schroth 1978, S. 64–76, 96–103 – Ausst. Kat. Freiburg 1998, S. 385–419. – Zu den ehemaligen Zentren Speyer, Heidelberg und Worms: Becksmann 1979, S. LIII–LXI – Hess 1994, S. 77–79, 98–101.

2 Werkstatt Hans Gitschmann von Ropstein nach Entwurf von Hans Baldung Grien, *Kreuzigung Christi*, Ausschnitt aus dem Blumenegg-Fenster des Freiburger Münsters, 1516/17

168

168

Werkstattgemeinschaft Peter Hemmels von Andlau

Muttergottes in der Strahlenglorie, begleitet von Engeln

Straßburg, um 1480
Farbige Hüttengläser, Bemalung in Schwarzlot und Silbergelb; 45 x 37 cm
Nürnberg, Germanisches Nationalmuseum
Inv. Nr. MM 116

Unter einem mit großen Krabben-Ornamenten und eingestellten Prophetenstatuetten verzierten, prächtigen Maßwerkbaldachin steht die Himmelskönigin Maria flankiert von zwei Engeln vor dunkelblauer, gemusterter Hintergrundsfolie. Die Erscheinung Mariens »mit der Sonne umkleidet, den Mond unter ihren Füßen und auf ihrem Haupt eine Krone von zwölf Sternen« entspricht der Schilderung des in der mittelalterlichen Exegese mariologisch gedeuteten *Apokalyptischen Weibes* der Offenbarung des Johannes (Offb 12, 1).[1] Während einer der Engel den weiten Mantel Mariens über der Schulter zu tragen scheint, reicht der zweite dem von der Mutter gehaltenen Jesusknaben eine Blume, wohl eine auf die Passion verweisende Rose.

H. Scholz hat die Nürnberger Rechteckscheibe als »einen absoluten Glanzpunkt spätgotischer Kabinettscheibenmalerei« bezeichnet;[2] und in der Tat bietet das der führenden oberrheinischen, weit über die Stadtgrenzen Straßburgs hinaus tätigen Werkstatt entstammende Glasgemälde alle technischen Feinheiten, die ein anspruchsvoller Auftraggeber der Zeit erwarten durfte. Stellvertretend darf gleichermaßen auf die differenzierte Halbtonmodellierung und die sorgfältig mit Silbergelb auf blauem Grund ausgeführten Pfauenfedern der Engelsflügel wie auf die meisterhaft geätzten roten Überfanggläser der reich gemusterten Engelsgewänder verwiesen werden. Besondere Erwähnung verdienen zudem die feinen, an die Technik des Kupferstichs gemahnenden, dichten Pinselschraffuren der Binnenzeichnung etwa im Inkarnat des Kindes oder in den Schattenpartien der weißen Gewänder. Gerade dieses letzte Charakteristikum führte H. Scholz zu einem Vergleich mit einer Straßburger Werkstattrichtung, als deren prominentestes Werk das um 1481 entstandene Volckamerfenster der Nürnberger St. Lorenzkirche anzusprechen ist. Es darf die Möglichkeit in Betracht gezogen werden, daß die kostbare, virtuos ausgeführte, aus altem Nürnberger Privatbesitz stammende Kabinettscheibe des Germanischen Nationalmuseums als Musterscheibe vom Meister des Volckamerfensters – zur Demonstration seines Könnens im kleinen Format und vielleicht für einen Nürnberger Auftraggeber – gefertigt wurde. M. D.

1 LCI, Bd. 1, 1968, Sp. 145–150.
2 Ausst. Kat. Ulm 1995, S. 147.

Lit.: Wentzel 1951, S. 40 – Frankl 1956, S. 111, 123f., Nr. 24 – Anzelewsky 1964, S. 47 – Ausst. Kat. Ulm 1995, Nr. 34, S. 146f. (H. Scholz; mit älterer Literatur) – Ausst. Kat. Nürnberg 2000, Nr. 91, S. 263f. (D. Hess).

169

Werkstattgemeinschaft Peter Hemmels von Andlau

Die Heiligen Johannes Baptist, Sebastian und Johannes Evangelist

Straßburg, um 1480/85
Farbige Hüttengläser, Bemalung in Schwarzlot, Eisenrot und Silbergelb; 75 x 48 cm
Privatbesitz

Überfangen von weißbraunem Kielbogen mit Krabben, Ranken und Kreuzblume, stehen vor rotem Damastgrund und auf grünem Rasenstück die drei mit goldgelben Nimben versehenen Heiligen, weisen ihre persönlichen Attribute vor und bilden eine repräsentative Dreifigurengruppe. In der Mitte erscheint der den Betrachter anlächelnde Märtyrer Sebastian; er ist größer als die ihn flankierenden beiden Johannes Baptist und Evangelist und hält ein Bündel mit Bolzen in den Händen als Hinweis auf sein grausames Martyrium (vgl. Kat. 67, 68, 125, 170). Sebastian ist gekleidet wie ein junger Fürst mit hermelinbesetztem kurzem Brokatmantel, Pelzmütze und blauen Beinlingen. Der Täufer auf der linken Seite beeindruckt durch seinen mächtigen bärtigen Lockenkopf. Über seinem langen Fellkleid trägt er ein blaues Manteltuch, mit seiner Linken faßt er das Buch mit dem Lamm Gottes, dem eine Kreuzfahne beigegeben ist. Der jugendliche Johannes auf der rechten Seite ist in ein weißgraues Manteltuch gehüllt, unter dem ein purpurviolettes Gewand hervorleuchtet. Mit seiner Rechten führt der Apostel ein Segenszeichen über dem Kelch in seiner Linken aus; ihm entweicht eine Schlange als Zeichen dafür, daß das Gift, welches Johannes trinken sollte, keine Wirkung zeigte.

Wenngleich der ursprüngliche Standort des vorzüglich erhaltenen Glasfensters nicht zu ermitteln ist, konnte es doch als typische Arbeit der wohl auch nach 1477/81 existierenden Straßburger Werkstattgemeinschaft um Peter Hemmel von Andlau ausgemacht werden. So stim-

169

men die drei Heiligen und die Architekturformen teilweise ganz genau überein mit entsprechenden Motiven aus Glasgemälden in Lautenbach, Tübingen und Salzburg. Jene Glasfenster entstanden um 1477/82 und werden dem Meister des Ulmer Ratsfensters zugeschrieben, der die Orsinger Scheibe wohl kurz danach, gegen 1485, schuf.
Die stilistische Nähe von Werken der Straßburger Glasmalergemeinschaft zu den Tafelgemälden des Meisters der Gewandstudien (siehe Kap. II.5) mag ein Vergleich zwischen den beiden vor die Körper gezogenen Manteltüchern des Johannes Evangelist auf dem Glasgemälde und der Heiligen Elisabeth auf der Mitteltafel des Karlsruher Triptychons (Kat. 156) offenbaren; hier wie da finden sich die von der rechten Hüfte ausstrahlenden röhrenförmigen Faltenstege zwischen tiefen Mulden und flächigen Gewandpartien und die scharfkantig-winklig brechenden Zerr- und Knitterfalten. D. L.

Lit.: Ausst. Kat. Freiburg 1970, Nr. 244 – Götz/Beck 1972, S. 296, Abb. 31 – Becksmann 1979, S. 206f., Abb. 278, 279 – Gut 1988, S. 124f., 156, Taf. 1 – Ausst. Kat. Ulm 1995, S. 29, Abb. 1 und S. 137, Abb. 5.

170

Speyerer Werkstatt

Das Martyrium des Heiligen Sebastian

Um 1487
Farbige Hüttengläser, Bemalung in Braunlot, Silbergelb und Eisenrot
53 x 38,5 cm (allseits beschnitten)
Bez. am l. Bein des Armbrustschützen: HIPN
Stuttgart, Württembergisches Landesmuseum Stuttgart
Inv. Nr. E. 526

Das Glasgemälde zeigt das Martyrium des Heiligen Sebastian, der von Pfeilen durchbohrt an einen Baum gebunden steht. Ihm gegenüber befinden sich zwei Schergen, von denen der eine seinen Bogen auf den Heiligen richtet, während der andere gerade seine Armbrust nachspannt. Beide sind durch faltige, von Warzen entstellte Gesichter charakterisiert. Die Szene spielt in einer sich weit in die Tiefe erstreckenden Landschaft mit Bäumen, Sträuchern, einer kleinen befestigten Stadt und Figuren. Die Darbietung des Themas als detailreiche Erzählung in einem großzü-

170

gigen Landschaftsraum erinnert an Kupferstiche des Meisters E. S. (Kat. 67).

Das Scheibenfragment stammt aus der Farbverglasung der Allerheiligenkapelle des Klosters Hirsau. In den Ecken rechts und links oben sind noch Reste einer Astwerkrahmung zu erkennen, die an den ehemaligen Gesamtzusammenhang des Fragmentes erinnern. In der linken unteren Ecke befindet sich eine im Maßstab kleiner dargestellte Stifterfigur mit einem Rosenkranz in den Händen. Die Scheibe ist an allen vier Seiten beschnitten, so daß das Wappen des Stifters, welches diesem vermutlich zur Seite gestellt war, verloren ging.

Auffallend ist die malerische Behandlung der Glasscheibe. Ihre Komposition ist nicht mehr in einzelnen, gegeneinander gesetzten Farbflächen aufgebaut, wie dies für die Glasmalerei des 12. bis 14. Jahrhunderts üblich gewesen war. Die Bildwirkung war dabei durch die Grundfarben der Gläser bestimmt, auf die man sparsam die Formen gezeichnet hatte. In der Sebastians-Scheibe sind stattdessen nur wenige bunte Gläser in die Scheibe eingesetzt. Der größte Teil besteht aus weißgrauen oder graublauen Gläsern, die mit Braunlot, Silbergelb und Eisenrot deckend oder lasierend überzogen sind. Die hellen Stellen ließ man dabei frei oder stupfte und kratzte sie mit dem trockenen Pinsel oder mit dem Federkiel wieder heraus. In dieser Technik wurde beispielsweise der nackte Körper des Heiligen Sebastian in Ton-in-Ton-Malerei mit Eisenrot auf weißgrauen Gläsern sorgfältig herausgearbeitet. Die plastisch-modellierende Bearbeitung wurde wohl im Zusammenhang mit den neu aufkommenden, profan verwendeten Kabinettscheiben entwickelt. Mit dieser Technik wird die abstrahierende Wirkung früherer Glasscheiben aufgegeben und ein größerer, der Malerei verwandter Illusionismus erreicht.

Der Entwurf der Scheibe wurde als ein Werk des am Mittelrhein tätigen Hausbuchmeisters angesehen, der ähnliche, karikaturistisch überzeichnete Gesichter zeigt. Heute geht man jedoch von der Entstehung in einer Speyerer Werkstatt aus. A. M.

Lit.: Slg. Kat. Stuttgart 1949, S. 27f. – Becksmann 1986, S. 97, Nr. 55 – Becksmann 1988, S. 171, Nr. 54 – Becksmann 1995, Nr. 72.

171

171

Hans Gitschmann von Ropstein, Werkstatt

Muttergottes in der Strahlenglorie

Freiburg, um 1510/15
Farbige Hüttengläser; Bemalung in Schwarzlot und Silbergelb, 75,5 x 52,5 cm
Worms, Museum Heylshof

Vor tiefrotem Damastgrundmuster erscheint die Madonna als Himmelskönigin mit großem Zepter und perlenbesetzter Krone. Ihre Darstellung »mit der Sonne umkleidet, den Mond unter ihren Füßen und auf ihrem Haupt eine Krone von zwölf Sternen« setzt sie mit dem in der mittelalterlichen Exegese mariologisch gedeuteten Apokalyptischen Weib gleich, von welchem Johannes in der Offenbarung berichtet (Offb 12, 1).[1] Auf ihrem rechten Arm sitzt der Christusknabe, der mit der rechten Hand den auf seine Weltherrschaft deutenden Reichsapfel hält[2] und mit der Linken auf das die Mutter elegant umflatternde Schriftband weist[3]. Überfangen werden Mutter und Kind von einem aus geschweiftem Astwerk gebildeten Bogen, über welchem als in Grisaille ausgeführtes Oberbild – eingepaßt in den spitzbogigen oberen Scheibenabschluss – die mystische Einhornjagd dargestellt ist: Von rechts stürmt der in sein Hifthorn stoßende Erzengel Gabriel mit seinen Jagdhunden heran und treibt das Fabeltier in den Schoß Mariens – eine verschlüsselte Darstellung der Verkündigung an die Jungfrau Maria (vgl. Kat. 191).

Die Wormser Scheibe teilt mit einer Reihe weiterer, heute in Folge einer Auktion des Jahres 1897 in verschiedene Sammlungen zerstreuter Glasgemälde eine einheitliche Provenienz: Die *Muttergottes in der Strahlenglorie* gehörte zum Fensterschmuck der frühklassizistischen, 1783 eingeweihten Klosterkirche der Benediktinerabtei St. Blasien im Schwarzwald.[4] Mehrere Indizien geben weiterhin zu der Vermutung Anlaß, daß die Scheibe des Museums Heylshof ursprünglich aus dem Kartäuserkloster St. Johannisberg in Freiburg stammt und im späten 18. Jahrhundert – nach der Aufhebung der Kartause – nach St. Blasien kam, ohne daß über das Datum und den Weg der Übernahme genaue Aufschlüsse vorlägen.[5]

Sowohl die Herkunft der Scheibe als auch der stilistische und technische Befund sowie die außerordentliche Feinheit der glasmalerischen Umsetzung legen es nahe, in ihr ein Werk der führenden Freiburger Glasmalerei-Werkstatt des Hans Gitschmann von Ropstein zu sehen, die 1511/13 mit der Ausführung der Hochchorfenster des Freiburger Münsters befaßt war. Wer für den Entwurf der Komposition verantwortlich zeichnet, kann nicht mit Bestimmtheit gesagt werden; E. Balcke-Wodarg dachte unter Hinweis auf zwei motivgleiche Visierungen des zweiten Jahrzehnts des 16. Jahrhunderts mit der *Apokalyptischen Madonna* an Hans Baldung.[6] Besonders die frühere, heute in Coburg bewahrte Zeichnung darf mit den starken Hell-Dunkel-Kontrasten und dem eckig-brüchigen Faltenwurf als der Wormser Muttergottes verwandt bezeichnet werden.[7]

M. D.

1 LCI, Bd. 1, 1968, Sp. 145–150.
2 LCI, Bd. 1, 1968, Sp. 124 (s. v. Apfel); LCI, Bd. 2, 1970, Sp. 697–698 (s. v. Kugel).
3 Die Inschriften auf den Nimben und der Kugel des Kindes sind nurmehr partiell zu entziffern. Der Heiligenschein Mariens läßt folgende Bitte erkennen: *Bit Got fuir uns. Ora pro nobis*.
4 Gut 1988.
5 Vgl. zuletzt Scholz 1998, S. 399–403.
6 Balcke-Wodarg 1926/27, S. 177.
7 Abgebildet in: Koch 1941, Tafel 77.

172

Lit.: Balcke-Wodarg 1926/27, S. 176f. – Hermans 1953, S. 103f. – Gut 1988, S. 124, 137, 140, 153, 157.

172

Hans Gitschmann von Ropstein, Werkstatt

Gnadenstuhl

Freiburg, um 1511/13
Farbige Hüttengläser, Bemalung in Schwarzlot, Eisenrot und Silbergelb
76 x 46 cm
Privatbesitz

Das Scheibenfragment zeigt auf einem grünen Rasenstück vor blauem Grund Gottvater, seinen von der Passion gezeichneten Sohn vor sich haltend. Dieser ist mit zur Seite geneigtem Haupt, aber offenen Augen und stehend wiedergegeben. Er erscheint damit auf wundersame Weise lebend und tot zugleich. Über den beiden, mit Kreuznimben hinterfangenen Köpfen schwebt in einem kreisrunden Strahlenkranz die Taube des Heiligen Geistes, die Gruppe zur Trinität vervollständigend. Zwei trauernde Engel, von denen der linke eine Dalmatik und der rechte ein Pluviale trägt, stützen Christus zusätzlich. Die Präsentation des geopferten Sohnes durch Gottvater, auch *Gnadenstuhl* genannt, stellt keinen konkreten Augenblick aus den Erzählungen der Evangelien dar. Es handelt sich vielmehr um ein Symbolbild, das in der Präsentation des Sühneopfers gleichermaßen auf die Erfüllung des Heilsplanes und die Eucharistie verweist. Der Gnadenstuhl ist hier mit dem Bildtypus der Engelspietà kombiniert, bei dem der vom Kreuz genommene, tote Christus von Engeln beweint und dem Gläubigen vorgewiesen wird. Dabei stützen und halten die Engel Christi Arme auf eine Weise, welche die Aufmerksamkeit auf seine Wundmale, die sichtbaren Zeichen seines Opfertodes, lenkt. Die reich mit Perlenbordüren ausgestatteten liturgischen Gewänder der beiden Engel betonen dabei den eucharistischen Bezug des Themas (vgl. auch Kat. 1, 190, 201).
Das Scheibenfragment stammt vermutlich aus der Freiburger Kartause und ist nach ihrer Aufhebung 1782 zusammen mit anderen Glasgemälden in die Farbverglasung der frühklassizistischen Klosterkirche St. Blasien im Schwarzwald eingefügt worden. Die Glasgemälde wurden 1820, als das Kloster säkularisiert wurde, von Großherzog Ludwig I. von Baden erworben und gelangten durch Erbschaft in den Besitz des Grafen Douglas nach Schloß Langenstein bei Stockach am Bodensee. Zusammen mit einigen kleineren Scheiben des 15. und ausgehenden 16. Jahrhunderts war das Fragment mit dem Gnadenstuhl einige Jahre in der Villa Douglas in Konstanz eingebaut, von wo es 1953 wieder nach Schloß Langenstein gebracht wurde. Heute ist die Scheibe in das kleine Mittelfenster im Chor der Schloßkapelle eingefügt.
Das Scheibenfragment wird der Freiburger Glasmalerwerkstatt des Hans Gitschmann von Ropstein zugeschrieben, die für die Farbverglasung der Freiburger Kartause verantwortlich zeichnete. Anders als die beiden Glasfenster mit dem *Schmerzensmann* und der *Schmerzensmutter* aus dem Landesmuseum in Karlsruhe (Kat. 173), zeigt der *Gnadenstuhl* jedoch keinen Einfluß des aus Straßburg stammenden Malers Hans Baldung, gen. Grien, der für die Ropstein-Werkstatt Visierungen für Glasfenster anfertigte.

A. M.

Lit.: Hermans 1953, S. 92, 97f. und Kat. Nr. 2 – Gut 1988, bes. S. 125.

173a

173b

173
Hans Gitschmann von Ropstein, Werkstatt (Glasmaler)
Hans Baldung, gen. Grien (1484/85–1545) (Reißer)

a) *Christus als Schmerzensmann*
b) *Maria als Schmerzensmutter*

Freiburg, um 1515/16
Farbige Hüttengläser, Bemalung in Schwarz-, Braunlot und Silbergelb
149,5/147 x 55 cm
Karlsruhe, Badisches Landesmuseum
Inv. C 8524/8525

Die Farbfenster, die ab 1515/16 nach Entwürfen von Hans Baldung Grien für die Freiburger Kartause entstanden, zählen zu den unumstrittenen Höhepunkten deutscher Glasmalerei der Dürerzeit. Das 1345 von dem Freiburger Bürgermeister Johannes Schnewlin, dem Gresser, am Rande der Stadt gegründete Kartäuserkloster St. Johannisberg erlebte im Spätmittelalter, unter dem Priorat des gelehrten Magisters Gregor Reisch von Balingen († 1525), einen enormen Aufschwung, der zahlreiche Baumaßnahmen und neue Ausstattungsprojekte in der Kirche, im Refektorium und in der Klausur zur Folge hatte. Wie im Freiburger Münster waren wiederum namhafte Bürger der Stadt und das Kaiserhaus an den Fensterstiftungen beteiligt. Über den ursprünglichen Standort der Kartause-Scheiben sind freilich keine begründeten Aussagen mehr zu treffen, denn nach Aufhebung und Abbruch des Klosters im Jahr 1782 wurden die Glasgemälde veräußert und vorübergehend in der frühklassizistischen Rotunde der Klosterkirche St. Blasien im Schwarzwald eingesetzt. Dort sind sie 1784 in einem Reisebericht des Abbé Philippe-André Grandidier mit der Provenienzangabe »chartreuse de Fribourg« beschrieben, bevor sie auf Befehl des Großherzogs Ludwig von Baden 1820 über Karlsruhe nach Schloß Langenstein gelangten und schließlich 1897 durch die Auktion der Gräflich Douglas'schen Sammlung in alle Winde zerstreut wurden.
Trotz dieser wechselvollen Geschichte sind die Restscheiben in erstaunlich gutem Zustand überliefert. Dies gilt insbesondere für die phantastische Erhaltung des Schmerzensmanns und der Schmerzensmutter, die lediglich ihre ursprünglichen Girlandenbekrönungen zugunsten spitzbogiger Abschlüsse eingebüßt haben. Die beiden Hauptpatrone der Kartäuser sind durch die ausgesuchte Farbverschränkung der Scheiben auf ebenso einfache wie geniale Weise miteinander verbunden: Den großflächigen Akkorden von Rot und Blau in Gewandung und Damastgründen korrespondiert die wuchtige Gestaltung der Figuren, die den engen Rahmen der Fensterbahnen zu sprengen droht. Verglichen mit dem gleichen Figurenpaar in den Hochchorfenstern des Freiburger Münsters von 1511/13, gleichfalls Standfiguren vor ornamentalem Hintergrund, oder auch dem thematisch verwandten Gnadenstuhl der Kartause von 1512 (Kat. 172), die noch keinen Einfluß Baldungs auf die Ropstein-Werkstatt verraten, verkörpern die großen Kartausscheiben, darunter auch das ausgestellte Scheibenpaar, einen völlig neuen Geist. Monumentalität und Expressivität der Figuren lassen die traditionelle Komposition ebenso vergessen wie die suggestive Farbwahl, die kaum ohne entsprechende Vorgaben des Entwerfers denkbar ist. Archivalische Belege für Baldungs Mitarbeit an den Entwürfen der großen Kartausscheiben existieren nicht. Eine Gegenüberstellung mit dessen zeitgleichem Tafelgemälde der Schmerzensmutter aus dem mutmaßlichen Heimhofer-Altar des Freiburger Münsters von 1516/17, ja selbst mit der wesentlich früheren Zeichnung des Schmerzensmanns aus der Nürnberger Zeit des Künstlers, um 1505, (beide Budapest, Museum der Bildenden Künste) lassen freilich keine Zweifel an dessen Urheberschaft bestehen. Auf das Konto der Entwürfe geht nicht zuletzt auch die souveräne Hell-Dunkel-Modellierung der Gesichter, die in Baldungs Zeichenstil der Freiburger Jahre, vor allem den meisterhaften *Clair-obscur*-Blättern, ihre unmittelbarsten Parallelen besitzt. Zweifellos waren die Entwürfe mit großer Sorgfalt angelegt, wenngleich die Übertragung in originalgroße Kartons und die virtuose Umsetzung ins Glasgemälde den besten Kräften der Ropstein-Werkstatt vorbehalten blieb.

H. S.

Lit.: Balcke-Wodarg 1926/27, S. 164–182 – Perseke 1941, S. 121–123 – Schneider 1950, S. 27–33, 58f. – Hermans 1953, S. 125–127 – Ausst. Kat. Karlsruhe 1959, S. 114f. – Ausst. Kat. Karlsruhe 1970, Nr. 283f. – von der Osten 1983, S. 138f. – Gut 1988, S. 108–159 – Ausst. Kat. Freiburg, 1998, S. 399–403 – Ausst. Kat. Los Angeles/Saint Louis 2000, S. 241–243.

174
Oberrheinischer oder Schweizer Meister

Scheibenriß mit Karl dem Großen und den Heiligen Felix und Regula

Um 1475/80
Auf dem Wappen u. l. spätere Aufschrift: Israel v° Mecheln
Feder in Schwarz; 34,8 x 26,3 cm
Karlsruhe, Staatliche Kunsthalle Karlsruhe, Kupferstichkabinett
Inv. Nr. VIII 1581

Die Karlsruher Federzeichnung, die den thronenden Kaiser Karl den Großen, flankiert von den Heiligen Felix und Regula, zeigt, zählt – wie die folgende (Kat. 175) – zu den heute seltenen Scheibenrissen des 15. Jahrhunderts. Auch wenn wir weder den Zeichner noch den Auftraggeber kennen, so läßt sie sich durch ihre Darstellung doch eindeutig einem Ort zuweisen, nämlich Zürich: Die Geschwister Felix und Regula sind die Stadtpatrone von Zürich. Sie sollen der Legende nach zur Thebäischen Legion gehört haben, die vom Heiligen Mauritius (Kat. 214) angeführt wurde und deren Mitglieder größtenteils in Agaunum (Saint-Maurice) um das Jahr 300 das Martyrium erlitten. Felix und Regula konnten der Hinrichtung zunächst entgehen, flohen nach Zürich, wurden dann aber dort ihres christlichen Glaubens wegen enthauptet. Sie sollen ihre abgeschlagenen Köpfe selbst zur Grabstätte getragen haben und werden deswegen, wie einige andere Heilige, als »Kephalophoren« (Kopfträger) dargestellt. Kaiser Karl der Große soll, wie wiederum Legenden berichten, eine Kirche über der Grabstätte von Felix und Regula errichtet haben, nachdem ihm diese von Engeln und einem Hirsch gezeigt worden war. Aus der Kirche entwickelte sich das heutige Zürcher »Großmünster«.
Der Karlsruher Scheibenriß verbindet in seiner Darstellung also die Patrone des Großmünsters mit dessen legendärem Gründer. Dabei folgt die Figur des Kaisers, der sein Schwert halb aus der Scheide gezogen hat, recht genau einer spätmittelalterlichen Skulptur am südlichen Westturm (»Karlsturm«) des Großmünsters.[1] Es handelt sich um einen Typus, der sich an dem des richtenden Königs Salomon orientiert. Die am Thron angebrachten Löwen und Engel stehen für Stärke und Glauben. Die Figurengruppe wird überhöht von einem Rundbogen. Aus dessen Konsolen links und rechts wachsen Ranken, die sich mit ihren Blättern und Blüten in den beiden oberen Zwickeln entfalten.

174

Die Funktion der Zeichnung als Entwurf für eine Kabinettscheibe ist unumstritten. Unklar ist hingegen, wer der Künstler war. Man hat an den bedeutendsten Zürcher Glasmaler des ausgehenden 15. Jahrhunderts, Lux Zeiner (um 1454–1516), gedacht. Stilistische Gründe sprechen jedoch eher für einen süddeutschen, vielleicht oberrheinischen Künstler.[2] Die nachträgliche Aufschrift »Israel v° Mecheln« (Israhel van Meckenem) auf dem linken unteren Wappenschild ist gewiß nicht richtig, doch dürfte die Zeichnung während der Lebens- und Schaffenszeit dieses Meisters, wahrscheinlich um 1475/80, entstanden sein.
Das Schweizerische Landesmuseum in Zürich bewahrt eine 1519 datierte Glasscheibe mit dem thronenden und sein Schwert ziehenden Kaiser Karl sowie den Heiligen Felix und Regula in den Zwickeln.[3] Der im unteren Bildfeld kniende Stifter ist durch das beigegebene Wappen identifizierbar: Es handelt sich um Propst Felix Frey, der die Scheibe für die Stiftspropstei am Großmünster stiftete. Sollte es eine nach der Karlsruher Zeichnung entstandene Scheibe gegeben haben – und davon ist auszugehen –, so wird sie vielleicht für denselben Ort von einem ähnlich gestellten Stifter in Auftrag gegeben worden sein. H. J.-F.

1 KD Zürich, Bd. 4, 1939, S. 121–123.
2 Vgl. Schneider 1954, S. 128.
3 Slg. Kat. Zürich o. J. (1970), S. 63f., Nr. 148.

Lit.: Ganz 1904, Bd. 1, Tafel 32 (mit Text) – Hugelshofer 1928, S. 26, Nr. 5 – Schneider 1954, S. 128 – Ausst. Kat. Aachen 1965, S. 553f., Nr. 762.

175

Oberrheinische Werkstatt

Scheibenriß mit Allianzwappen und Liebespaar

Um 1480–1490
Feder und schwarzgraue Tinte, Spuren einer Vorzeichnung mit Kohle oder schwarzer Kreide; 38,3 x 37,6 cm (allseitig beschnitten)
Karlsruhe, Staatliche Kunsthalle Karlsruhe, Kupferstichkabinett
Inv. Nr. VIII.1582

Das Blatt diente als Vorzeichnung für eine Allianzscheibe, wie man sie zur Erinnerung an die eheliche Verbindung zweier Familien in die Fenster profaner Räume einzusetzen pflegte. Das als Wappenhalter posierende Liebespaar stellt allerdings nicht die Brautleute dar: Ihr koketter Blick und sein Griff um ihre Seite stehen vielmehr in der Bildtradition scherzhafter Warnungen vor Liebestorheit und sogenannter Weibermacht. Die Zeichnung ist darüber hinaus für unsere Vorstellung von einer spätmittelalterlichen Glasmalerwerkstatt aufschlußreich. In Wien ist nämlich ein ähnliches, dynamischer gezeichnetes Blatt erhalten, das sich zu der im Strich präziseren Karlsruher Arbeit wie der Entwurf zur Reinzeichnung verhält (vgl. Abb. 175/1). Die Zeichnung der Albertina zeigt zwar ein anderes Allianzwappen – eines, das in die Bodenseegegend lokalisierbar ist –, doch die Liebespaare selbst stimmen mit Ausnahme des Frauenkopfes spiegelbildlich überein. Die Konturen der Ritter entsprechen einander fast auf den Millimeter, was auf eine unmittelbare Übernahme durch Pause oder Abklatsch schließen läßt. Die Wiener Zeichnung war demnach als Musterblatt in Gebrauch. Die kreuzweise Faltung beider Blätter – in Wien auch Spuren von Siegellack – deuten auf eine briefartige Verschickung hin; vielleicht gingen sie »per Post« zur Begutachtung an die Auftraggeber.
In elsässischem Privatbesitz befindet sich eine Allianzscheibe, die der Karlsruher Zeichnung weitgehend entspricht (vgl. Abb. 175/2). Obwohl nur eine Kopie des späten 19. oder frühen 20. Jahrhunderts, dürfte sie

175/1 Allianzscheibenriß, 36,4 x 37,8 cm, Wien, Graphische Sammlung Albertina

175

das heute verschollene Original getreu überliefern. Zwischen dem Glasgemälde und der Zeichnung besteht nämlich ein nicht unrelevanter Unterschied: Der Glasmaler hat den ohne Schlußstein spitz herabstoßenden doppelten Kielbogen durch einen mit Astwerk versehenen Rundbogen (ähnlich Kat. 174) ersetzt, ohne auf die beiden Blumen links und rechts zu verzichten. Durch die Farben der Scheibe wird zudem die in der Literatur geäußerte Vermutung, das nach einem Stich Martin Schongauers gezeichnete Windspiel-Wappen gehöre der elsässischen Familie Hungerstein, bestätigt (weißer Hund mit goldenem Halsband in rotem Feld). Das linke Wappen – ein schwarzer Löwe mit goldener Krone in goldenem Feld – ließ sich bisher nicht identifizieren, so daß wir uns fragen müssen, ob die Allianz überhaupt real bestanden hat. Auch irritiert der Umstand, daß ein adeliger Spangenhelm auf dem Wappenschild sitzt, während die bekannten Hungerstein-Wappen ein Stechhelm ziert.
Neben der Heraldik sprechen auch stilistische Übereinstimmungen mit oberrheinischer Druckgraphik und Straßburger Glasmalerei der Zeit um 1480–1490 für eine Entstehung des Blattes in einer oberrheinischen Werkstatt. Dem entspricht auch das Papier, dessen Ochsenkopf-Wasserzeichen in ähnlicher Form 1479–1486 für Hagenau, Kehlheim und Straßburg dokumentiert ist.[1]

E. P.

1 Piccard 1966, II/2, Abt. VII, 708.

Lit.: Ausst. Kat. Ulm 1995, Nr. 57 (mit Bibliographie) – Ausst. Kat. Gotha 1998, Nr. 66.

175/2 Allianzscheibe, 45 x 44 cm, Privatbesitz

176

Oberrheinische oder Speyerer Werkstatt

Zwei Krabben-Ornamente

a) ***Astwerkkrabbe mit pickendem Vogel***
Feder in Schwarz; 26,6 x 20,1 cm
b) ***Blattkrabbe***
Feder in Schwarz, grau laviert; 27,6 x 20,4 cm
Um 1475/1500
Karlsruhe, Staatliche Kunsthalle Karlsruhe, Kupferstichkabinett
Inv. Nr. VIII 1580-1 und VIII 1580-5

Beide Blätter gehören zu einer Folge von insgesamt sechs Blättern mit Krabbenornamenten in Karlsruhe. Sie schließen sich zu drei Paaren zusammen, deren Volutenform jeweils gleich, die Pflanzenart und Stofflichkeit aber verschiedenartig ausgeführt sind. Die Musterblätter sind vollständig kalkuliert durchgezeichnet und das von einem Zeichner, der die graphischen Techniken der Schraffur und der Lavierung perfekt beherrscht. Spuren von tastendem Suchen findet man weder im Strich noch in der Formerfassung. Die Binnenzeichnung steht immer im Dienst der Formencharakterisierung. Um etwa eine Volute als besonders fleischig und rund zu definieren und besonders weiche Lichtübergänge andeuten zu können, bedient sich der Zeichner der Technik der Lavierung. Distelartig spitze Blätter charakterisiert er dagegen mit dichten, fast nadelig zu nennenden Federschraffierungen in den Schattenregionen und verdeutlicht so die Härte und Spitzigkeit der Blattformen.
Solche Variationen eines Ornaments erscheinen häufig in Architekturrahmen und Baldachinscheiben von Glasmalereien des späteren 15. Jahrhunderts. Die nächsten Verwandten der kleinen, quirlig aggressiven Vögel finden sich in Glasmalereien der Heilbronner Kilianskirche.[1] Hier wird in der Verschlingung und im Überkreuzen der Äste zudem in ganz ähnlicher Weise mit Variationen eines Grundthemas gespielt. Außerdem kommen sogar die lebendig radierten Schraffuren der knorrigen Äste an

176a

176b

die Karlsruher Blätter heran. Die Heilbronner Scheiben entstanden am Ende des 15. Jahrhunderts in enger Anlehnung an die Werke der Straßburger Glasmalergemeinschaft, vielleicht in Speyer. In diesem Kreis werden auch die Karlsruher Zeichnungen entstanden sein.

M. R.

1 Becksmann 1986, Abb. 95–100.

Lit.: Parker 1928, Nr. 6 – Slg. Kat. Karlsruhe 1955, Nr. 5 – Becksmann 1986, LVII, S. 70f. – Ausst. Kat. Karlsruhe 1992a, S. 81, Nr. 89 – Ausst. Kat. Ulm 1995, S. 227f., Nr. 77

184

II.7 Malerei in Konstanz und der Nordschweiz

In den letzten drei Jahrzehnten des 15. Jahrhunderts ist in Konstanz, der Bischofsstadt am Bodensee, und in ihrer Umgebung eine Fülle von Kunstwerken geschaffen worden. Dieser Zeitraum verzeichnet auch die größte Zahl von überlieferten Malernamen innerhalb des 15. und des 16. Jahrhunderts. Einheimische Künstler wie auch Zugewanderte treten in großer Zahl auf und legen Zeugnis dafür ab, daß es offenbar ausreichend Beschäftigungsmöglichkeiten gegeben hat. Doch obwohl in den Quellen sehr viele Künstler nachweisbar sind, lassen sich die erhaltenen Werke aufgrund stilistischer und historischer Befunde nur wenigen Werkstätten und Malern zuordnen, die einheimisch oder seit längerer Zeit in der Stadt ansässig waren. Zu nennen wären hier die Familienbetriebe der Sunder/Gutrecht, der Murer und der Haider mit ihren wechselnden Gesellen und künstlerisch hochrangigen Mitarbeitern sowie die Werkstatt von Rudolf Stahel (siehe Kat. 180, 181, 218). Die überlieferten Namen von Friedrich Walter aus Nördlingen, Peter Igel aus Augsburg (Kat. 177), Franz Gössau von Rottweil oder vom Nürnberger Hans Springinklee sind zwar ein Beleg dafür, daß in Konstanz auch auswärtige Maler tätig waren, doch sind diese nicht oder nur mit wenigen Werken nachweisbar. Andererseits stehen aber auch Konstanzer Maler wie Peter Dabbrecht, Konrad Urendorf, Lucas Maler und Werner Röser sowie Hans Stürmli trotz guter Quellenlage ohne jeden greifbaren Beweis ihrer Tätigkeit da. Offenbar haben die bilderfeindlichen Zerstörungen der Reformation das ursprüngliche Bild unwiederbringlich verzerrt. Ob durch das Zunftwesen eine damit zu erwartende Gerechtigkeit bei der Vergabe von Aufträgen realisiert wurde, ist zu bezweifeln, wenn man beispielsweise sieht, daß in der zusammen mit Schmieden, Tuchscherern, Färbern und Bildhauern gebildeten Zunft *Thurgau* drei der vier vertretenen Maler aus der Familie Murer kamen. Vielleicht ging es dort in erster Linie um eine Sicherung der Qualität, wie eine ausführliche Beschreibung der Erfordernisse für Meisterstücke aus der Zeit um 1495 nahelegt. Es sollte ferner auch nicht unterschätzt werden, daß nachbarschaftliche Beziehungen zwischen Malern und Bürgern, beispielsweise wohlhabenden Patriziern, zu Privataufträgen geführt haben dürften, die nicht vor der Zunft verhandelt werden mußten.

Konstanzer Patrizier, größtenteils Kaufleute, waren in den letzten drei Jahrzehnten des 15. Jahrhunderts wohl die wichtigsten Auftraggeber. Anhand ihrer Stifterwappen lassen sich Mitglieder der Familien Blarer, Boltzhuser, Flar, Hürus, Kettenacker, Mässlin (Kat. 27) Mangolt (Kat. 180, 181), Muntprat benennen. Andere Auftraggeber waren die Klöster Salem und St. Katharinenthal beziehungsweise Bürgerliche, die zu deren Gunsten Werke bestellten, wie im Fall Kloster Zoffingen eine Frau Alt-Möttli von Ravenstein. Auch das Kloster Reichenau erlebte nach dem Verkauf seiner Rechte über die Stadt Ulm 1448 und seiner Reformierung unter Abt Friedrich von Wartenberg einen bescheidenen letzten Aufschwung, der sich neben der Sanierung der baufälligen Substanz und Erweiterungsbauten in neuen Aufträgen für die Ausstattung niedergeschlagen hat. Schließlich ist Bischof Hugo von Hohenlandenberg zu nennen, der ab 1496, dem Jahr seiner Wahl, nicht nur für seine eigenen religiösen und persönlichen Bedürfnisse Malwerke aller Gattungen bestellte, sondern auch durch seine Reform der städtischen Klöster zu manch neuem Auftrag für Retabel den Anstoß gab. Zum Schluß ist auch der Export in Gebiete wie Graubünden oder Vorarlberg zu bedenken, in denen selbst wenig Kunstwerke geschaffen wurden.

Die hier angedeutete künstlerische Prosperität drückt sich in der sozialen Anerkennung der Maler als aktive Bürger der Stadt aus – die bekanntesten unter ihnen saßen als Vertreter der Zünfte immer wieder für einen Zeitraum im Großen Rat. Sie läßt sich auch an den guten Vermögensverhältnissen ablesen, wie sie aus den Steuerbüchern hervortreten. Wenngleich noch in einem deutlichen Abstand zu den Patrizierfamilien, heben sich Maler wie auch Bildhauer und Goldschmiede mit ihrem beachtlichen Wohlstand von den Vertretern anderer Handwerksberufe ab.

B. K.

177b

177c

177

Meister des Salemer Altars

Drei Tafeln eines Retabels

a) *Die Anbetung der Könige (innen)*
b) *Die Kreuztragung (außen)*
c) *Die Kreuzigung (außen)*

Um 1490
Tannenholz; je 107 x 102 cm
Karlsruhe, Staatliche Kunsthalle Karlsruhe
Inv. Nr. 907, 909, 910

Nach der Überlieferung sollen die Tafeln aus dem Kloster Salem stammen. Sie bildeten gemeinsam mit weiteren einen Flügelaltar. Davon sind lediglich zwei Ansichtsseiten an andere Sammlungen gekommen, die *Verkündigung* als Leihgabe des Rijksmuseums Amsterdam in das Rijksmuseum Twente in Enschede und die *Geburt Christi* in die Privatsammlung Thomée nach Altena im Sauerland. Mutmaßlich fehlt somit zumindest ein weiterer Flügelteil mit zwei Ansichten, da angenommen werden darf, daß jeweils zwei von ihnen einen Flügel gebildet haben. Das Mittelstück, ein Schrein mit Skulpturen oder eine gemalte Darstellung, ist verlorengegangen oder es wurde nicht für diesen Zusammenhang erkannt. Dabei kann es sich nicht, wie zu erwarten wäre, um eine Kreuzigung handeln, da diese in Karlsruhe als Flügelteil vorzufinden ist.
Während zahlreiche Werke, die im 15. Jahrhundert im Auftrag des Klosters Salem entstanden sind, eindeutig Konstanzer Stilzüge aufweisen und mit anderen Arbeiten zu kleineren Werkkomplexen zu verbinden sind, stehen die Tafeln des *Salemer Altars* in der Konstanzer Malerei singulär da. Dadurch sah sich Alfred Stange veranlaßt, hier einen fremden Maler zu vermuten, den er als den um 1496 aus Augsburg nach Konstanz gekommenen Peter Igel ansprach.[1] Die in der Ausführung temperamentvollen Malereien bestechen vor allem durch die Physiognomien der mitunter wuchtig Dargestellten, bei denen ihr Blick zum gestalterischen Grundmotiv gemacht ist (vgl. Abb. 177/1). Berührungen hingegen finden nicht statt. Verglichen zum Beispiel mit der Innigkeit in der Begegnung des älteren Königs mit dem Christuskind auf dem *Marien- und Passionsretabel* (Kat. 26) fällt dieser Unterschied besonders stark auf. Ob sich die von Stange ausgesprochenen Beziehungen zur Malerei des Augsburger Meisters von 1477 halten lassen, die letztlich seiner Hypothese von der Autorschaft Igels zugrunde liegen, ist zu bezweifeln. Möglicherweise kam der fremde Maler gar nicht bis nach Konstanz,[2] denn die Tafeln könnten auch aus anderen Städten nach Salem geliefert worden sein.

B. K.

177/1 Meister des Salemer Altars, *Geburt Christi* (Ausschnitt), Joseph, Altena, Sammlung Thomée

177a

1 Stange, DMG, Bd.7, 1955, S. 48ff.
2 Die den Salemer Tafeln angegliederten Nr. 272 und Nr. 273 in Stange, KV, Bd. 2, 1970, sind sehr wahrscheinlich konstanzisch, müssen aber mit anderen Malern in Verbindung gebracht werden.

Lit.: Stange, DMG, Bd. 7, 1955, S. 48ff. – Slg. Kat. Karlsruhe 1966, S. 196 – Stange, KV, Bd. 2, 1970, Nr. 271.

178

Michel Haider (tätig 1479–1516)

Maria auf der Rasenbank

Konstanz, um 1500/05
Holz; 90 x 70 cm
Paris, Musée Marmottan-Monet
Inv. Nr. 453

Die *Maria auf der Rasenbank*, so oberrheinisch sie auf den ersten Blick auch anmuten mag, ist erst vor einigen Jahren in das Œuvre des Michel Haider eingegliedert worden. Sie wäre demnach in Konstanz in der Werk-

statt des Karlsruher *Hohenlandenberg-Retabels* (Kat. 184) entstanden. Dennoch ist es durchaus möglich, daß die Kenntnis von Kupferstichen Martin Schongauers für die Komposition eine gewisse Rolle gespielt hat. Deutlicher wird jedoch die Hinwendung zur Augsburger Malerei um die Jahrhundertwende, wobei das Changement des roten Marienmantels zu einem Vergleich mit der Malerei Hans Holbeins d. Ä. und des jungen Hans Burgkmair aufruft. In der Durcharbeitung der Faltenwürfe zählt dieses Bild zum besten aus der Haider-Werkstatt, von der als ein Charakteristikum erkannt worden ist, daß die farbige Ausführung oftmals die Detailgenauigkeit der Unterzeichnung verschleift und vereinfacht.[1] Auch die Stadt-Landschaft im Hintergrund ist mit großer Detailfreude in der Beschreibung ihrer architektonischen Einzelheiten gegeben. Dennoch würde es hier, wie auch auf den meisten anderen Gemälden der Zeit zu weit gehen, die Darstellung geographisch fest verorten zu wollen. Vielmehr werden hier wie anderswo dem Maler aus seiner Erfahrungswelt bekannte Einzelheiten als Versatzstücke gedient haben, welche dann stellvertretend als Topoi (die Stadt, der Turm, der See) für die Vielfalt der Welt in ihrer augenblicklich dargestellten Einheit stehen.
Es ist nicht zu entscheiden, ob die Tafel ursprünglich ein Einzelstück gewesen ist oder den Mittelteil eines Flügelaltars darstellte. Ihre Maße lassen durchaus die letztgenannte Möglichkeit zu. In Sarnen und in unbekanntem Besitz werden Tafeln bewahrt (Abb. 1 und 2 in Text Konrad), die möglicherweise die Flügel des ehemaligen Retabels darstellen.[2]

B. K.

1 Siehe dazu Slg. Kat. Donaueschingen 1990, S. 51ff. (B. Konrad).
2 Die Maße betragen 92 x 32 cm, nicht 92 x 22 cm, wie in Slg. Kat. Donaueschingen 1990, S. 48, Anm. 10, irrig angegeben (freundlicher Hinweis von Ludwig Meyer, München, brieflich vom 17. Oktober 1994). – Auch die Flügelaußenansichten mit den Heiligen Achatius und Pelagius aus der Sammlung der Markgrafen und Großherzöge von Baden, versteigert bei Sotheby's London, 1994, lot 2279, kommen, da deutlich in der Höhe, geringer in der Breite beschnitten, mit ihrem Format 66,5 x 26 cm für eine solche Rekonstruktion in Frage.

Lit.: Rott 1933b, S. 28–30 – Slg. Kat. Paris 1990, S. 57, Nr. 10 – Konrad 1991, S. 29–31, Abb. 11.

179

Michel Haider (tätig 1479–1516)

Die vier Heiligen Apollonia, Dorothea, Barbara und Genovefa
(Predella)

Konstanz, um 1490
Holz; 32 x 95 cm
Friedrichshafen, Zeppelin Museum Friedrichshafen – Technik und Kunst
Inv. Nr. 870/54

Zweifelsfrei gibt die oben um einen Streifen von fünf Zentimeter angestückte Tafel ihre Herkunft aus der Konstanzer Werkstatt des Michel Haider zu erkennen, dessen Hauptwerk das Karlsruher *Hohenlandenberg-Retabel* ist (Kat. 184). Sie stellt die Predella eines mittelgroßen Flügelaltars dar, wobei weitere Zusammenhänge bis jetzt noch nicht erkannt sind. Zwar sind zahlreiche Flügelpaare anderer Retabel aus dieser Werkstatt bekannt, doch mangelt es dem Œuvre an Mitteltafeln, um daraus die Vergleichsmaße ableiten zu können. Möglicherweise liegt der Grund darin, daß es sich bei den Mitteltafeln, anders als beim Karlsruher *Hohenlandenberg-Retabel*, um mit Skulpturen versehene Schreine des in Zusammenhang mit Haider mehrfach genannten Bildschnitzers Heinrich Iselin[1] gehandelt hat, welche auseinandergerissen worden sind.[2]
Die dargestellten heiligen Jungfrauen stellen nicht die *Virgines capitales* dar. Diese werden in der Regel von den Heiligen Katharina, Barbara, Ursula und Dorothea gebildet. Ihre Gesichtsbildung spiegelt bei aller Werkstatteigenheit Haiders und seiner Mitarbeiter die Eleganz Schongauer'scher Heiligen- und Mariendarstellungen wider. Deutlich wird das im Vergleich mit Konstanzer Malern um 1465, die noch nicht auf Kupferstiche Martin Schongauers zurückgreifen konnten (Kat. 26, 29, 30, 31).

B. K.

1 Rott 1933b, S. 73, 77–80, 82, 241.
2 Dazu Miller 1987.

Lit.: Rott 1933b, S. 28–30 – Slg. Kat. Friedrichshafen 1957, S. 12, Nr. 21 – Slg. Kat. Donaueschingen 1990, S. 58f., Abb. VI.7 (B. Konrad).

179

178

180

Rudolf Stahel (tätig 1473–1528)

Die Krönung Mariens mit den Heiligen Ursula und Petronella

Konstanz, 1506
Dat. M. u. und bez. mit R S für Rudolf Stahel
Holz; 24 x 23,6 cm
Einsiedeln, Sammlung Stift Einsiedeln
Inv. Nr. G 610–612

Das Täfelchen bildete mit heute abgetrennten Seiten vielleicht ein kleines Antependium oder eine Predella für einen Hausaltar aus der Schloßkapelle von Lommis im Thurgau. Es war ursprünglich also 42,6 Zentimeter breit und zeigte links die Heilige Ursula mit dem Wappen der Mangold, rechts die Heilige Petronella mit dem Wappen der Muntprat (vgl. dazu Kat. 181). Wenn auch die Wappen auf die Mitteltafel leicht übergreifen, sind die Heiligen Jungfrauen dennoch nicht als bei der Marienkrönung Anwesende gemeint, denn sie stehen auf einem anders gestalteten Fliesenboden.

Die Mitteltafel ist bei aller Naivität der figürlichen Darstellungen würdevoll und mit einigem Aufwand gestaltet, die Thronbank ist mit schwarzer Lineatur und Schraffur auf Blattgold gemalt, ebenso der dahinter auftretende Chor der Engel.

Als Maler konnte der hier mit dem Monogramm R S signierende Rudolf Stahel aus Konstanz von Albert Knoepfli 1955 vorgeschlagen und durch weitere Vergleiche von Bernd Konrad 1989 endgültig gesichert werden. So folgt die Einsiedler Marienkrönung den motivisch entsprechenden Darstellungen in einer Handschrift zu *Christus und die minnende Seele* (Kat. 218) von 1495/96 sowie der Bildzone auf der Mitteltafel des 1498 datierten Flügelaltars, welcher heute den Hochaltar im Münster von Rei-

180

chenau-Mittelzell schmückt.[1] Stahel war nach bisheriger Erkenntnis *der* Maler für die Konstanzer Patrizierfamilien, wobei er neben Tafel- und Buchmalerei auch Entwürfe für Farbverglasungen lieferte und auch Wandmalerei ausführte, so in der Kirche von Triboltingen, am südlichen Ufer des Untersees gelegen. Neuerdings kann ihm sogar die Illustration einer hebräischen *Haggadah* zugeschrieben werden.[2] So zeigt sich auch bei Stahel, daß Konstanzer Maler jenseits aller Zunftbeschränkungen in den unterschiedlichsten Gattungen tätig waren.

B. K.

1 Vgl. Konrad 1997

2 Cincinnati, Hebrew Union College, Ms. 444. Vgl. Goldstein 1985, S. 10, Abb. 2.

Lit.: Rott 1933b, S. 24–26 – KD Kanton Thurgau, Bd. 2, 1955, S. 242ff. – Konrad 1989, S. 82, Abb. 2.

181

Rudolf Stahel (tätig 1473–1528)

Die Verkündigung an Maria

(Außenflügel eines Triptychons)

Konstanz, um 1506
Tannenholz, je 54 x 24,5 cm
Einsiedeln, Sammlung Stift Einsiedeln
Inv. Nr. G 606/7

Beidseitig bemalt und zu einem nicht bekannten Zeitpunkt getrennt, stellen die beiden Ansichten mit der Verkündigung an Maria durch den Erzengel Gabriel die Außenansichten eines kleineren Flügelaltars dar. Die Festtagsseiten, ebenfalls in Einsiedeln, zeigen die Heiligen Georg und Ludwig sowie die Heiligen Veronika und Katharina, doch ist ihre Gruppierung insofern außergewöhnlich, als der männlichen, weil heraldisch rechten Seite die Heiligen Jungfrauen zugeordnet sind, der weiblichen die Heiligen Ritter. Die Identifikation der Stifter aus den Konstanzer Patrizierfamilien Mangold (Wappen unter Gabriel) und Muntprat (Wappen unter Maria) bereitet allein anhand der ihnen zugeordneten Heiligen Schwierigkeiten. Das in seinen Maßen mittelgroße Retabel kam aus der Schloßkapelle St. Jakob von Lommis im Thurgau in die Klostersammlungen. Diese wurde 1504 als Grabkapelle der Muntpratschen Familie errichtet. Somit ist auch ein *terminus post* gegeben, der durch die deutlich erkennbare stilistische Zusammengehörigkeit mit einer 1506 datierten *Marienkrönung* derselben Herkunft bekräftigt wird (Kat. 180).
Die Malerei ist nach Auflösung des Monogramms auf der Marienkrönung dem Konstanzer Maler Rudolf Stahel zuzuweisen. Er zeigt sich mit den Lommiser Tafeln allgemein und mit der Darstellung der Verkündigung insbesondere auf der Höhe seines Könnens. Die farbige Behandlung des Engelsmantels zählt zum Besten in seinem recht umfangreichen Œuvre, welches sich durchgehend über puppenhafte Personenbildung und Detailgenauigkeit in der Wiedergabe des Stofflichen definiert. Der Einsiedler Verkündigung steht in der Qualität auch der 1498 datierte Flügelaltar im Münster von Reichenau-Mittelzell nahe.[1]

B. K.

1 Vgl. Konrad 1997.

Lit.: Rott 1933b, S. 24–26 – Konrad 1989, S. 83, Abb. 3–6.

181

Neben Johannes dem Täufer sind mit den Bekennern Jodocus und Onuphrius zwei Heilige dargestellt, die im aargauischen Baden nachweislich besondere Verehrung genossen. Der zu seiten des Pilgerheiligen Jodocus erscheinende Bischof mit aufgeschlagenem Buch und Kreuzesstab wird auf dem zugehörigen Schriftband als »S. Glado« bezeichnet. In einer Ablaßurkunde von 1509, die sich auf einen im dargestellten Personal nahezu entsprechenden Schnitzaltar des Oberen Beinhauses in Baden bezieht, taucht der »Hl. Gladius« nochmals auf. Wie bereits Otto Mittler feststellte, dürfte es sich um eine lokale Umbildung des Namens des Heiligen Bischofs Claudius von Besançon (gest. 696) handeln.[2]

Die Frage, wer für die Ausführung der schlanken, verhalten bewegten und melancholisch gestimmten Heiligenfiguren verantwortlich zeichnet, ist nicht eindeutig zu beantworten. Die Tafel mit dem Täufer und Onuphrius zeigt zu Füßen der Heiligen zwei aufgelegte Nelken, die hier sicherlich nicht als sinnbildliche Zeichen – etwa als Symbole der Inkarnation oder der Passion – zu verstehen sind. Vielmehr verbindet diese prominente Anbringung der Nelken die Karlsruher Tafeln mit jenen schweizerischen Werken, deren Zuschreibung allgemein unter dem Sammelbegriff der »Nelkenmeister« erfolgt. Hierunter versteht man einige Meister, die um 1500 an unterschiedlichen Orten – in Basel, Bern, Zürich und Baden – tätig waren und ihre Werke regelmäßig mit dem rot-weißen Nelkenzeichen – oder einer Variante – versahen. Die weite Streuung der Entstehungsorte läßt die Theorie eines Werkstattsignets unwahrscheinlich erscheinen, weswegen man an ein zünftisches Bruderschaftszeichen, zuweilen gar an ein Signet der eidgenössischen Malerschaft dachte. Die genaue Bedeutung des Nelkenzeichens bleibt vorläufig im Unklaren.[3] – Stilistische Eigentümlichkeiten führ-

182

Meister mit der Nelke

a) ***Die Heiligen Johannes der Täufer und Onuphrius***

b) ***Die Heiligen Jodocus und Glado*** (Claudius)

Zürich, um 1500/10
Tannenholz; 134,5 x 46,5 bzw. 132,5 x 46 cm
Karlsruhe, Staatliche Kunsthalle Karlsruhe
Inv. Nr. 39e, 39f

Neben den beiden Heiligenpaaren bewahrt die Kunsthalle noch vier weitere Tafeln desselben Meisters: Gemeinsam mit der *Vermählung* und der *Heimsuchung Mariä* und den schmaleren Darstellungen der *Heiligen Anna selbdritt* und des *Heiligen Joachim* gehörten die beiden goldgrundigen Tafeln zu einem Altarretabel, das sich bis zur Mitte des 18. Jahrhunderts an der rechten Chorwand der 1881 abgebrochenen Dreikönigskapelle zu Baden im Aargau befand (Abb. 182/1). Schließen sich die vier genannten Tafeln zur vollständigen Außenansicht des Triptychons zusammen, so sind von der prächtigen Festtagsseite ausschließlich die beiden Karlsruher Heiligenpaare erhalten; verloren sind das zentrale Mittelstück mit der Darstellung der *Heiligen Sippe*, Teile der Innenflügel und die Predella. Der von Maurice Moullet vorgelegten Rekonstruktion des Badner Sippenaltars folgend, gehörten die beiden ausgestellten Tafeln zu den Innenseiten der beiden je zweiteiligen Altarflügel; bei den Darstellungen der *Vermählung* und der *Heimsuchung* handelt es sich um die zugehörigen, abgespaltenen Rückseiten.[1]

182/1 Meister mit der Nelke, Außenansicht des Retabels, Karlsruhe, Staatliche Kunsthalle Karlsruhe

182a

182b

ten zu der Überzeugung, daß der Karlsruher Sippenaltar dem Œuvre des jüngeren der beiden Zürcher Nelkenmeister beizufügen ist. Häufig wird dieser Künstler mit dem im aargauischen Baden gebürtigen und in Zürich tätigen Hans Leu d. Ä. (um 1460–vor 1507) identifiziert, dessen Name urkundlich mit dem berühmten, als Vergleich zu den Karlsruher Tafeln herangezogenen Altar der Zürcher Stadtheiligen verbunden ist.[4]

M. D.

1 Moullet 1944, Tafel gegenüber Seite 8.
2 Ammann/Mittler 1951, S. 152.
3 Vgl. zuletzt Gutscher 1999, S. 155–163.
4 Stange, DMG, Bd. 7, S. 76.

Lit.: Moullet 1943, S. 86–88 – Moullet 1944, S. 7–13 – Ammann/Mittler 1951, S. 146 – Stange, DMG, Bd. 7, 1955, S. 76 – Slg. Kat. Karlsruhe 1966, S. 192f. – Stange, KV, Bd. 2, 1970, S. 81, Nr. 348.

183a

183b

183

Unbekannter Meister der Nordschweiz oder vom Bodensee

Zwei Tafeln aus dem Leben der Heiligen Magdalena
(Flügelfragmente eines Retabels)

a) ***»Noli me tangere« mit Stifter***

b) ***Begräbnis der Heiligen Magdalena***

Um 1500
Öl und Tempera auf Tannenholz; je 66,5 x 64,5 cm
Rottweil, Dominikanermuseum. Zweigmuseum des Württembergischen Landesmuseums Stuttgart, Sammlung Dursch
Inv. Nr. 315, 316

Diese beiden Tafeln aus der Sammlung Joseph von Laßberg bilden zusammen mit vier weiteren gleich großen Gemälden in den Fürstenberg-Sammlungen Donaueschingen (Abb. 183/1)[1] die Flügelfragmente eines Maria Magdalena-Retabels, die zuletzt von C. Grimm und B. Konrad stilgeschichtlich bearbeitet wurden. Sie legen Zeugnis ab von der hohen Verehrung der heiligen Büßerin, Nachfolgerin Christi, Missionarin der Provenzalen und Einsiedlerin, die von den Verführten, Wasserträgern, Bergleuten, Schneidern, Salbenmischern, Parfümherstellern, Handschuhmachern und vielen anderen mehr im ganzen Abendland während des Mittelalters hoch verehrt wurde.[2] Im südwestdeutschen Raum gehören die Tafeln zu den zyklischen Schilderungen der legendären und biblischen Magdalena, in deren Gestalt drei Personen des Neuen Testaments zusammengefaßt werden: die namenlose Büßerin, der Christus die Sünden vergab, Maria von Bethanien, die Schwester der Martha und des von Christus zum Leben erweckten Lazarus und Maria von Magdala, die durch Christus von den sieben Dämonen befreit wurde (Lk 8, 2, Mk 16,2), fortan zu seinem Gefolge zählte, unter dem Kreuz stand und der Christus nach Tod und Auferstehung zuerst erschien.

Die nahezu quadratischen, wenig beschnittenen Tafeln weisen einerseits goldene und andererseits farbige Gründe auf, und bilden folglich die Vorder- und Rückseiten von zwei Flügeln eines wandelbaren Retabels; dessen Mitte hatte wohl die Form eines Schreins mit plastischem Figurenschmuck oder einer gemalten Tafel, die vielleicht die von Engeln erhobene Heilige zeigte, wie es für mittelalterliche Magdalenen-Retabel des deutschsprachigen Raums üblich ist.[3] Im geöffneten Zustand waren auf den beiden Flügelinnenseiten wohl insgesamt vier, der biblischen Lebensphase der Heiligen angehörende Szenen zu sehen: 1) *Das Gastmahl im Hause des Pharisäers Simon*, bei dem sich die namenlose Büßerin Einlaß verschafft, Christi Füße mit ihren Tränen netzt, mit ihren Haaren trocknet, mit Narde salbt, Sündenvergebung verlangt, ihrem Leben eine entscheidende Wendung gibt und zu Christi Nachfolgerin wird (Lk 7, 37–50; Donaueschingen, Inv. Nr. 16). 2) Der *Besuch Christi im Hause des Lazarus*, bei dem Martha, die Verkörperung der *Vita activa*, als Köchin dient und Magdalena, die Personifikation der *Vita contemplativa*, zu Christi Füßen sitzt, ihm zuhört und damit »den besseren Teil erwählt« (Lk 10, 38–42). 3) *Die Begegnung zwischen dem auferstandenen Christus und Magdalena*, die in ihm den Gärtner sieht, ihn dann aber an seiner Stimme erkennt, doch nicht berührt, da Christus sie mit den Worten der Vulgata »Noli me tangere« (Berühre mich nicht) davon abhält (Mk 16,9 und Joh 20, 14–17). Bei der verlorenen vierten Darstellung handelte es sich wohl um *Die Auferweckung des Lazarus* (Joh 11, 1–45), die in vielen Magdalena-Bildzyklen vorkommt.[4] – Im geschlossenen Zustand waren auf den Außenseiten der Flügel vier weitere Bilder zu sehen, die Begebenheiten aus der Missionslegende und dem 30jährigen Bußleben der Heiligen zeigten: 5) Die *Predigt Magdalenas* (in Marseille ?) zur Bekehrung der

183/1 Nordschweiz oder Bodensee, Vier Tafeln aus dem Leben der Heiligen Magdalena, Donaueschingen, Fürstenbergsammlungen

heidnischen Provenzalen, auf dem Gemälde verlegt in das Schiff einer gotischen, von Maßwerkfenstern erleuchteten Hallenkirche mit Lettner und eingezogenem Chor. 6) *Die letzte Kommunion der von Engeln herbeigeführten Magdalena* in der Kathedrale von Aix, gespendet von dem Heiligen Maximin, einem ihrer Begleiter auf der Meerfahrt nach Marseille und ebenfalls ein frühchristlicher Missionar der Provence. 7) *Das Begräbnis der Heiligen* in einem Sarkophag in Anwesenheit des Heiligen Maximin, stattfindend im gleichen Kirchenraum wie die Predigt (s. o.), hier aber wohl die Kathedrale von Aix darstellend. Als achte Szene sind folgende Darstellungen möglich: *Die Ankunft Magdalenas und ihrer Begleiter mit dem Schiff in Marseille*, eine Szene aus der *Bekehrung des heidnischen Fürstenpaars* oder auch *Die Erhebung der Heiligen zu den sieben Gebetszeiten des Tages, von einem Priester erblickt* (vgl. Kat. 70 und 155). Das teilweise zerstörte Magdalenen-Retabel hatte wohl noch eine Predella, auf der vielleicht die *Beweinung* oder *Grablegung* Christi dargestellt war, und könnte noch Standflügel mit zusätzlichen vier Szenen der an Ereignissen reichen Magdalenen-Legende gehabt haben.[5]

D. L.

1 Slg. Kat. Donaueschingen 1990, S. 132f., Nr. 20.
2 Hierzu und zum Folgenden siehe: LCI, Bd. 7, 1974, S. 516–541 (M. Anstett-Janssen, »Maria Magdalena«).
3 Siehe z. B. die Retabel in: Tiefenbronn (1431/32), Münnerstadt (1490/92), Lichtenthal (1496), Thal-Assling (1498), Ridnaun (1509) und Lübeck (1519) (Siehe: Boeck 1951 – Vetter 1993 – KD Baden, Bd. 11, 1942, S. 451ff., Abb. 354, 349 – Egg 1985, Abb. 135 und 172 – Heise/Vogeler 1999, S. 48ff.).
4 Z. B. Münster (um 1420; Slg. Kat. Münster 1986, Nr. 208) sowie Lichtenthal, Ridnaun und Lübeck (siehe Anm. 3) – Dusch (2. V. 14. Jh. – Raimann 1983, S. 305ff.).
5 Vgl. z. B. Retabel in Lübeck (siehe Anm. 3).

Lit.: Slg. Kat. Donaueschingen 1990, Nr. 20, Abb. 20.1, 20.2 mit älterer Lit. (C. Grimm/B. Konrad).

Bischof Hugo von Hohenlandenberg als Stifter

Hugo von Hohenlandenberg (1460–1532), aus altem thurgauischem Adelsgeschlecht, war über mehr als 34 Jahre, von Mai 1496 bis Dezember 1529 und von Juni 1531 bis Januar 1532, Bischof von Konstanz (zur Biographie vgl. Kat. 187). Das einst größte Bistum des Reiches war in zehn Archidiakonate eingeteilt und umfaßte im Westen den Breisgau mit Freiburg, im Osten den Illergau und das Allgäu mit Ulm und Ravensburg, im Norden die Rauhe Alb und den Vorwald mit Stuttgart, Esslingen und Tübingen, im Süden den Thurgau, Zürichgau, Aargau und einen kleinen Teil von Burgund bis zur Aare und dem Thuner See.

Die lange rastlose Amtszeit des Bischofs fiel in die Jahrzehnte geistiger, religiöser und politischer Umwälzungen. Sie war gekennzeichnet durch die zunehmenden Spannungen zwischen dem Rat der freien Reichsstadt Konstanz und der geistlichen Herrschaft in ihren Mauern, der unaufhaltsamen Reformationsbewegung und der Endphase des gegen Kaiser und Reich geführten Kampfes der Eidgenossen um Eigenständigkeit. Schon um 1460 hatten die Schweizer sich des Thurgaus, des natürlichen Hinterlandes der Stadt Konstanz bemächtigt und erfochten schließlich im Schwabenkrieg von 1499 ihre im Frieden von Basel besiegelte faktische Loslösung vom Reich.

Hugo von Hohenlandenberg war ein sehr tätiger, ernsthafter Kirchenfürst, der schon vor 1500 Reformen und Neuerungen in seiner Diözese, etwa die Vereinheitlichung der Liturgie (siehe Kat. 186) durchsetzte und der um die Sanierung der Finanzen und, wenn auch vergebens, um den Ausgleich mit dem Kaiser und den Eidgenossen bemüht war. Der gebildete, aber nicht als Gelehrter geltende Kirchenfürst stand mit zahlreichen Humanisten in Verbindung, zu denen auch Erasmus von Rotterdam zählte, der im Jahre 1522 kurze Zeit als Gast des Bischofs in Konstanz weilte. Von dieser Begegnung der beiden Männer kündet die folgende Einschätzung des Humanisten über Hugo von Hohenlandenberg, die dem guten Urteil entspricht, mit dem die Nachwelt den Kirchenfürsten zwischen Mittelalter und Neuzeit bedachte: »Er ist ein Mann von herkulischer Gestalt, aber ausgezeichnet freundlich, gerade und aufrecht, ganz ohne Stolz und nicht martialisch, wie die gewöhnlichen Bischöfe der Deutschen, sondern von wahrem priesterlichen Betragen, ein sanfter, rechtschaffener, untadeliger Mann.«

Schon seit 1519 gewann die reformatorische Bewegung in Konstanz an Terrain, und innerhalb von wenigen Jahren nahmen die Auseinandersetzungen zwischen Stadt und Bischof so an Schärfe zu, daß Hugo von Hohenlandenberg, das Domkapitel und die geistliche Verwaltung im Herbst und Winter 1526/27 Konstanz verließen und nach Meersburg, Überlingen und Radolfzell übersiedelten. Im folgenden Bildersturm von 1530, den der Bischof noch von Ferne miterlebte, wurden der Schatz und große Teile der wenige Jahre zuvor noch durchgeführten Neuausstattung des Münsters vernichtet. Dennoch hat sich eine recht große Zahl an Kunstwerken erhalten, die von dem mäzenatischen Wirken Hugo von Hohenlandenbergs sowie von der letzten Blüte spätmittelalterlichen Kunstschaffens in Konstanz und in der Diözese zeugen. Von diesen Werken sind in der Ausstellung zu sehen: das Triptychon aus der Konstanzer Werkstatt des Michel Haider für die Peter-und-Paul-Kapelle der Bischofspfalz (Kat. 184), die Holzschnitte der Titelseiten von dem offiziellen Brevier und Missale für das Bistum Konstanz, die 1499 und 1505 in Augsburg gedruckt wurden (Kat. 186), drei Codices und drei einzelne Blätter des vierbändigen geschriebenen Prachtmissale für die Konstanzer Kathedrale, das in der Hauptsache von einem Augsburger und einem Nürnberger Maler um 1500 und 1510 in Konstanz illuminiert wurde (Kat. 185), und das 1502 datierte Portrait des Bischofs, das stellvertretend für seine privaten Aufträge steht (Kat. 187). Die genannten Werke zeigen alle die Wappen des Bischofs, teilweise die Bistumspatrone Maria, Konrad und Pelagius und manche sogar den Stifter und Auftraggeber selbst (Kat. 184, 185, 187). Weitere, fest mit der Person Hugo von Hohenlandenbergs verbundene Werke sind die in Donaueschingen verwahrte Predella eines sonst zerstörten, vielleicht um 1512/14 in der Konstanzer Werkstatt von Matthäus Gutrecht d. J. gemalten Retabels und mehrere Glasgemäldestiftungen, ausgeführt zwischen 1506 und 1519 von dem Zürcher Lukas Zeiner und den Konstanzer Glasmalern Hans und Ludwig Stillhart und heute verwahrt in Zürich, Basel, London, Arbon, Stein am Rhein und Worms. Eine der letzten Kunststiftungen Bischof Hugos für Konstanz ist das 1524 datierte, Matthäus Gutrecht d. J. zugeschriebene Retabel in der Konradi-Kapelle des Konstanzer Münsters. Geschaffen zur Sicherung seines Seelenheils und aus Verehrung zu den Bistumsheiligen Maria, Konrad und Pelagius, vornehmlich aber als Ausdruck seiner Passionsfrömmigkeit und in seinem Vertrauen auf die Erlösung durch Jesus Christus, halten die genannten Werke noch heute das Gedächtnis an den spätmittelalterlichen, altgläubigen Kirchenfürsten fest, unter dem die sakrale Kunst in Konstanz blühte, ehe ihr die Wirren der Reformation ein abruptes Ende setzten.

D. L.

184

Michel Haider (tätig 1479–1516)

(Werkstatt des *Karlsruher Hohenlandenberg-Altars*)

Triptychon mit der Kreuzigung Christi

Konstanz, gegen 1500
Tempera und Öl auf Tannenholz; Mitteltafel 192 x 121 cm, Flügel je 188 x 56 cm
Karlsruhe, Staatliche Kunsthalle Karlsruhe
Inv. Nr. 48a, b, c

184

Schon bald nach seiner Wahl zum Bischof von Konstanz im Mai 1496 ließ Hugo von Hohenlandenberg für seine Privatkapelle St. Peter und Paul in der bischöflichen Pfalz zu Konstanz dieses Retabel fertigen, das zu den ersten der zahlreichen Stiftungen und Kunstaufträge des mäzenatischen Kirchenfürsten am Vorabend der Reformation zählte. Der Vernichtung durch den Bildersturm von 1530 und sonstigen Gefahren ist das Triptychon wohl entgangen, weil es bis zum Abriß des Konstanzer Bischofspalastes 1816 an seinem verborgenen ursprünglichen Aufstellungsort geblieben war.
Mit seiner Fertigung betraute der Bischof die führende Werkstatt am Ort, der noch heute eine stattliche Zahl von Werken zugeschrieben werden kann (siehe Kat. 178, 179). Lange war der Name ihres leitenden Meisters Michel Haider unbekannt, so daß die Werkstatt, in der mehrere Künstlerpersönlichkeiten als ausführende Maler tätig waren, einen Notnamen erhielt, der sich auf das Karlsruher Triptychon und dessen Stifter bezog. Das Retabel der Konstanzer Peter-und-Paul-Kapelle ist in seinen wesentlichen Teilen gut erhalten geblieben; zerstört wurde die Predella und stark beschädigt wurde die Malerei auf seinen Außenflügeln. Die verlorenen, auf die Goldgründe der Innenseiten aufgestifteten, plastischen Maßwerkschleier entlang der geschweiften Rahmenschenkel wurden im Zuge der zu dieser Ausstellung durchgeführten Restaurierung des Retabels rekonstruiert und ergänzt.[1] Hugo von Hohenlandenberg wählte als Typus seines Altaraufsatzes das geläufige, ganz in Malerei ausgeführte wandelbare Triptychon, das aus einer großen Mitteltafel mit kielbogenförmigem Abschluß und zwei seitlichen, entsprechenden Klappflügeln besteht. In Bildern vergegenwärtigen ließ der Bischof die beiden wohl für ihn wichtigsten Ereignisse des Neuen Testaments, die Verkündigung der gottgewollten Geburt Christi an Maria und die Kreuzigung Christi, den grausamen Opfer- und Erlösungstod des menschgewordenen Gottessohns. Folglich standen bei den täglichen Andachten und Gottesdiensten in der Privatkapelle dem Bischof »von wahrem priesterlichen Betragen« und »sanfter rechtschaffener, untadeliger« Haltung, wie ihn Erasmus von Rotterdam 1522 beschrieb, bei geschlossenen Retabelflügeln der Beginn der Heilsgeschichte, im geöffneten Zustand dessen Erfüllung vor Augen. Hugo von Hohenlandenberg, der als »gerade und aufrecht, ganz ohne Stolz« bezeichnete Kirchenfürst, werden eine besondere Christusverehrung und Passionsfrömmigkeit ausgezeichnet haben, was auch aus anderen erhaltenen Bildern, auf denen er sich darstellen ließ, spricht: Es sind dies drei um 1500 gemalte Miniaturen in dem prächtigen Missale für das Konstanzer Münster (Kat. 185) und das ebenda erhaltene Triptychon der Konradi-Kapelle von 1524, wohl die letzte Konstanzer Stiftung des Bischofs (Abb. 184/1).[2]
Die Komposition der Verkündigung zieht sich über beide Felder der Außenflügel hinweg. Wir schauen in das hohe gewölbte Gemach der Jungfrau Maria, die von der Lektüre heiliger Texte abläßt und sich dem Engelsboten zuwendet, der mit Zepter und Schriftband in den diesseitigen Raum schwebt, dessen Fenster den Blick auf eine weite Landschaft freigeben. – Kein blauer Himmel oder farbige Wandbehänge, sondern goldene gemusterte Gründe, die die göttliche Präsenz auf Erden andeuten, bestimmen den festlich-sakralen Eindruck, den das Triptychon bei geöffneten Flügeln vermittelt. Vor hügeliger Seenlandschaft, in der Jerusalem als mittelalterliche Stadt und Christi Felsengrab mit Joseph von Arimathia und Nikodemus wiedergegeben sind, erheben sich die drei Kreuze von Golgatha. In der Mittelachse der Tafel erscheint vor goldenem Himmels-

184/1
Matthäus Gutrecht d. J., Retabel der Konradi-Kapelle, 1524, Konstanz, Münster

184

grund der Gekreuzigte, flankiert von den beiden Schächern. Einzige Zeugen der Kreuzigung sind die trauernde Maria mit gesenktem Blick, der zu seinem Herrn aufschauende Apostel Johannes und die kniende Maria Magdalena am Kreuzesstamm, den sie umschlungen hält, um den Tod ihres Herrn als wirkliches Geschehen zu begreifen und sich vor Augen zu führen. – Auf den Flügeln erscheinen in größerem Maßstab als die Figuren auf der Mitteltafel die Konstanzer Bistumsheiligen Konrad und Pelagius, versehen mit ihren signifikanten Trachten und Attributen. Sie stehen in einem Raum, der durch Kachelböden und goldene Wandbehänge zeichenhaft angedeutet ist, wenden sich zur Mitteltafel und schauen auf die Kreuzigung. Zu Füßen des Heiligen Konrad kniet klein im Vordergrund Hugo von Hohenlandenberg, der Stifter des Retabels, mit typisierten, seinem Patron Konrad gleichenden Gesichtszügen, gekleidet in pontifikale Gewänder, ausgezeichnet mit Mitra und Bischofsstab und versehen mit seinem kombinierten Familien- und Bistumswappen. – Letztere finden sich auf je einen Schild gemalt in den unteren Ecken der Mitteltafel. Die drei Tafeln sind gemeinsam und als Einheit zu betrachten und müssen wie folgt »gelesen« werden: Der fromme Bischof ließ sich als Andächtiger in einem sakralen Raum darstellen. Gegenstand seiner Devotion sind das Leiden und der Tod Christi, dessen Kreuzigung ihm wie eine Vision vor Augen tritt. Während seiner Andacht steht der Konstanzer Bischof in gedanklicher Verbindung zu seinen Patronen, deren Heiligkeit durch den Goldgrund und ihre Übergröße verbildlicht wird und deren geistige Präsenz dadurch angezeigt wird, daß sie auf demselben Boden stehen, auf dem ihr Schützling kniet. Der Rahmen der Mitteltafel ist wie die Laibung eines Kielbogenfensters oder -portals zu betrachten, durch das der Bischof auf die Kreuzigung blickt und zum Beiwohner der zentralen Begebenheit des christlichen Heilsgeschehens wird. – In zahlreichen Werken der spätmittelalterlichen Bildkunst werden Meditation und Vision von weltlichen und geistlichen Personen in dieser halb realistischen, halb zeichenhaften Weise gezeigt. Häufig wird aber die räumliche Situation wirklichkeitsnäher und damit besser verständlich als auf dem Karlsruher Triptychon wiedergegeben, zum Beispiel auf dem oben genannten zweiten Flügelaltar, den Hugo von Hohenlandenberg 1524 für die Konradi-Kapelle seiner Kathedrale in der Konstanzer Werkstatt des Matthäus Gutrecht d. J. machen ließ (Abb. 184/1).

D. L.

1 Eine gesonderte Schrift über die Restaurierungsergebnisse u. a. m. ist in Vorbereitung.

2 Konrad 1988.

Lit.: Slg. Kat. Karlsruhe 1966, S. 54f. – Slg. Kat. Karlsruhe 1988, Bd. 1, S. 32f. (D. Lüdke) – Slg. Kat. Donaueschingen 1990, S. 45–54 (B. Konrad) – Ausst. Kat. Karlsruhe 1992b, Nr. 28.

185a

185e

185

Springinklee d. Ä. (tätig um 1500)
Ulrich Taler (tätig 1497–1520/25)

Lateinisches Missale für Hugo von Hohenlandenberg, Bischof von Konstanz

a) ***Kanonblatt aus Band I***

Konstanz, um 1500
Pergament; 1 Blatt, 40,7 x 28,9 cm
New York, Pierpont Morgan Library
Sign. MS. M. 955

b, c) ***Zwei Blätter aus Band I***

Konstanz, um 1500
Pergament, 2 Blätter; 41,1 x 29,3 cm
Privatbesitz

d, e, f) ***Band II, Band III, Band IV***

Konstanz, um 1500 (e) und um 1510 (d, f)
343 Blatt, 42 x 31 cm (d); 270 Blatt, 42 x 31 cm (e); 260 Blatt, 43 x 32,5 cm (f)
Freiburg i. Br., Erzbischöfliches Diözesanarchiv
Sign.: Da 42.2, 3, 4

In den ersten fünfzehn Jahren seiner langen Regierungszeit (1496–1529, 1531–1532) entfaltete der Konstanzer Bischof Hugo von Hohenlandenberg (1460–1532) eine rege Tätigkeit, die sich unter anderem auf liturgische Reformen in seiner Diözese und auf damit einhergehende Aufträge an Künstler konzentrierte. So beauftragte er die Offizin des Erhart Ratdolt in Augsburg von 1499 bis 1516 mit dem Druck mehrerer liturgischer Bücher, zum Beispiel des Breviers und Missale für den bindenden Gebrauch im Konstanzer Bistum (Kat. 186), und ließ etwa gleichzeitig das vielbeachtete, vierteilige Prachtmissale für die Benutzung in seiner Domkirche in Konstanz schreiben und kostbar illuminieren. Die vier Bände enthalten jeweils den außerordentlich umfassenden Meßtext für eines der Kalendervierteljahre. Während drei Codices, die Bände II, III und IV, komplett im Diözesanarchiv Freiburg i. Br. erhalten blieben, wurde der erste Band schon im 19. Jahrhundert aufgelöst und ist bis auf zwölf Blätter mit figürlichen Illuminationen verlorengegangen; das hier ausgestellte Kanonblatt gelangte 1973 nach New York, die anderen elf Blätter befinden sich in Privatbesitz.

Hugo von Hohenlandenberg beauftragte keine einheimischen Buchmaler mit der Fertigung des Prachtmissale, wie er es für seine beiden Kreuzigungstriptychen von etwa 1500 und 1524, heute in Karlsruhe und Konstanz (siehe Kat. 184), oder für Glasfensterstiftungen zwischen 1506 und 1519 tat. Vielmehr engagierte er für diese anspruchsvolle Aufgabe Künst-

185d

185f

ler, die außerhalb seiner Diözese, in den großen Wirtschafts- und Kunstzentren Nürnberg und Augsburg ansässig waren, und die sich nur vorübergehend, zur Erfüllung ihres Auftrags, in Konstanz aufhielten. Die Hände von zwei Hauptmeistern (und verschiedenen Mitarbeitern), die nacheinander an dem Werk arbeiteten, sind zu unterscheiden: Der um 1500 tätige erste Künstler war wohl der Nürnberger Maler Springinklee d. Ä., der zwar erst 1511 urkundlich in Konstanz nachgewiesen ist, doch bereits 1502 das Privatportrait des Hugo von Hohenlandenberg malte (Kat. 187). Ihm werden elf der überlieferten Blätter des ersten Bandes und der gesamte Buchschmuck des dritten Codex zugeschrieben. Bei dem zweiten Hauptmeister handelt es sich um den Augsburger Ulrich Taler, der um 1510 an der Vollendung des Missale arbeitete, wie es die entsprechende Jahreszahl im zweiten Band nahelegt. In dieser Zeit wurde er im Haus des 1518 verstorbenen Domherrn Ruland Göldin verköstigt und wohnte und arbeitete um 1513/14 bei Hans Widmer, dem möglichen Schreiber des Missale.

In der Ausstellung werden die vier Kanonblätter des Werkes gezeigt, von denen je zwei eine der beiden unterschiedlichen Stilrichtungen vertreten, denen die insgesamt 39 figürlichen Miniaturen angehören. Springinklee d. Ä. ist der altertümlichere von beiden Meistern. Von zarter Farbigkeit, weisen seine Miniaturen feine Federvorzeichnung auf, die unter den transparenten Farben durchscheint, und künden von der nürnbergisch-dürerischen Schulung des Buchmalers. Die Kanonblätter aus den Bänden I und III sind dem Typus der *dreifigurigen Kreuzigung vor weiter Landschaft* verpflichtet; als vierte Figur eingefügt ist den Kompositionen jeweils der den Gekreuzigten adorierende Stifter mit individuellen Gesichtszügen und in pontifikalen Gewändern. Hugo von Hohenlandenberg wird im Bild als Teilnehmer am heiligen Geschehen und als persönlicher

185b

185c

Zeuge des Erlösungstodes Christi, den er als kirchlicher Oberhirte immerzu verkündet, dargestellt. Die unterschiedlichen Landschaftsgründe der beiden tafelbildartigen Miniaturen geben zum einen Jerusalem (Band III) und zum anderen eine Burg wieder (Band I), von der vermutet wird, daß es sich um das Hohenlandenbergsche Stammschloß Hegi handelt. In beiden Fällen umspielen Ranken das Bildfeld und findet sich am unteren Blattrand das Doppelwappen des Stifters mit den bischöflichen Insignien (vgl. dazu Kat. 184, 187).
Die malerischen Miniaturen des Ulrich Taler sind dagegen in farbkräftigen Deckfarben ausgeführt, weisen reiche Renaissance-Ornamentik in den gemalten Rahmen der Bildfelder auf und verwenden Augsburger Formengut, wie etwa an der Kreuzigung des zweiten Bandes zu zeigen ist, die eine Komposition Hans Holbeins d. Ä. von 1500/03 zum Vorbild hat. Weiter wählte Taler für seine Kreuzigungen den szenischen Bildtypus mit acht beteiligten Personen; rechts des Gekreuzigten stehen Maria, Johannes und eine Frau, am Kreuzesstamm kniet die klagende Magdalena und links von Christus erscheinen Longinus, der Hauptmann und zwei andere Zuschauer. Der bischöfliche Stifter ist nicht wiedergegeben, nur sein kombiniertes Familien- und Bistumswappen mit Mitra und Inful ist am unteren Rahmen angebracht. Die detailliert gemalten Landschaften ähneln sich untereinander mehr als die des älteren Springinklee.

D. L.

Lit.: Rott 1933a, S. 64–74, 97, 114, 175 – Bischöfe von Konstanz, Bd. 2, S. 136–139 (B. Konrad) – Ausst. Kat. Konstanz 1989, S. 84–86, Nr. 1.56.3a, 1.5.3b (B. Konrad) – Moser 1997, S. 65, 130f., 138, 322–324, Ko 86, (B. Konrad) – Ausst. Kat. New York/Basel/Frankfurt a. M. 1998, Nr. 126 (W. M. Voelkle) – Merkl 1999, S. 55ff., 104, Nr. 60, Abb. 102F–111F, 280–283, 285, 286, 288.

186

Hans Burgkmair (1473–1531; Reißer)

***Titelholzschnitte des Breviarium Constantiense** (a) **und des Missale Constantiense** (b)*

Augsburg, 1499 und 1505; gedruckt bei Erhard Ratdolt
Holzschnitte, koloriert, Wappen mit Farbplatten in Rot gedruckt, Papier; 26,3 x 16,7 cm
Stuttgart, Staatsgalerie Stuttgart, Graphische Sammlung
Inv. Nr. A.2443/44

1499, kurz nach seiner Ernennung zum Bischof von Konstanz, gab Hugo von Hohenlandenberg bei dem Augsburger Drucker Erhard Ratdolt das *Breviarium Constantiense*, das für das Bistum Konstanz geltende Buch mit den Texten für das Stundengebet in Auftrag. Den Riß für das datierte Titelblatt schuf Hans Burgkmair. 1505 ließ der Kirchenfürst in derselben Offizin das *Missale Constantiense*, die Sammlung aller Meßtexte für den Gebrauch in seiner Diözese drucken. Es hat nahezu dasselbe Titelblatt wie das Brevier von 1499, da der ältere Druckstock wiederverwendet wurde. Einzige Korrekturen waren die Tilgung der Jahreszahl und, durch Einsetzen eines neuen Holzstöckchens, die Veränderung des mit einer Pelzmütze bedeckten bärtigen Hauptes des Heiligen Pelagius, der einen nun jugendlichen, unbedeckten Kopf erhielt.
Hugo von Hohenlandenberg ließ die Titelblätter der beiden offiziellen liturgischen Bücher seines Bistums im Typus eines Schutzheiligenbildes gestalten. Unter einer Arkade steht auf Rasengrund Maria, die Patronin der Menschheit, flankiert von den Konstanzer Bistums- und Stadtheiligen Konrad und Pelagius, deren Namen unterhalb des Bildfeldes, links und rechts der Jahreszahl 1499 stehen. Vor den Heiligen knien zwei Engel und halten das bischöfliche Amtswappen, das versehen ist mit den Rangzeichen von Mitra und Pedum mit Velum. Das Schild ist geviertelt und kombiniert übereck die Wappen des Bistums Konstanz

186a

186b

(Feld 1 und 3) und des Hugo von Hohenlandenberg (Feld 2 und 4 – vgl. Kat. 184, 185, 187). Wie andere überlieferte Werke für den offiziellen und privaten Gebrauch zählen auch die beiden weitverbreiteten Drucke zu den vielen Aufträgen, mit denen der Kirchenfürst während seiner langen Amtszeit Künstler und Handwerker in Konstanz und in den großen Kunstzentren außerhalb seiner Diözese betraute. Diese Werke zeigen Christus oder Maria und die Konstanzer Patrone, das Wappen des Hugo von Hohenlandenberg und nicht selten sogar den Bischof selbst als Adoranten und Stifter; sie künden von seinem Glauben und seiner Frömmigkeit und halten über den Tod hinaus das Gedächtnis an ihn wach.

D. L.

Lit.: Rest 1922/23 – Schramm, Bd. 23 1943, S. 6f., Abb. 18 – Geldner 1968, S. 150ff. – Ausst. Kat. Augsburg 1973, Nr. 6, Abb. 7–9 – Groß 1988, S. 143f., Abb. S. 146 – Benzing 1982, S. 13.

187

Springinklee d. Ä. (bezeugt um 1500/1510)

Bildnis des Konstanzer Bischofs Hugo von Hohenlandenberg

Konstanz, 1502
Tempera und Öl auf Eichenholz; 60,5 x 47,9 cm
Karlsruhe, Staatliche Kunsthalle Karlsruhe
Inv. Nr. 2190

Dieses Bildnis von 1502 gibt den 42jährigen Hugo von Hohenlandenberg, Bischof von Konstanz, wieder. Eindeutige Anhaltspunkte für die Identifizierung bieten der Wortlaut des illusionistisch gemalten Schriftzettels auf der Fensterbrüstung im Bild – »Anno salutis 1502 / Et ano etatis 42.« – und die rückseitige Bemalung der Tafel, mit dem persönlichen Wappen des Portraitierten rechts und dem des Bistums und Hochstifts Konstanz links sowie den bischöflichen Insignien – Mitra mit Zierbehang und Bischofsstab mit Tüchlein. Hugo von Hohenlandenberg wurde um 1460 auf dem elterlichen Schloß Hegi bei Winterthur geboren, war als zweiter Sohn für den geistlichen Stand bestimmt, studierte in Basel und Erfurt, hatte seit 1480 zahlreiche Pfründen inne, erhielt vor 1487 ein Kanonikat an der Konstanzer Domkirche, wurde im Mai 1496 zum Bischof von Konstanz gewählt, regierte das einst größte Bistum des Reichs bis zu seiner Resignation im Dezember 1529 und nochmals vom Juni 1531 bis zu seinem Tod am 7. Januar 1532 und wurde in der Pfarrkirche von Meersburg beigesetzt.

Aufgrund der Größe und der Art der Darstellung ist die Tafel ein autonomes privates Bildnis, das Hugo von Hohenlandenberg nicht in Pontifikalgewändern (vgl. Kat. 184, 185), sondern in der Alltagskleidung der Theologen und Gelehrten seiner Zeit – rotes Birett und pelzgefütterte Schaube über schwarzem Oberrock aus Tuch – darstellt. In knappem Ausschnitt wiedergegeben, ragt der Geistliche in der ganzen Breite der Tafel im Vordergrund des Bildraums auf und scheint mit seinem rechten Arm bis an die untere Bildkante vorzustoßen, so daß der Rahmen wie die Laibung eines Fensters wirkt, aus dem der nach rechts Gewendete hinausschaut. Er befindet sich in einem Gemach, das angedeutet wird durch einen Wandbehang aus grünem Damast und durch ein Fenster, das den Blick auf eine felsige Landschaft mit Bäumen, Wasser und einem Schloß freigibt. Nahgerückt, doch unnahbar, ernst und zurückhaltend erscheint der Portraitierte, dessen aufmerksame Blicke nicht die des Betrachters suchen und auf dessen Gesicht sich Verstand und Nachdenklichkeit des von Erasmus von Rotterdam sympathisch charakterisierten Kirchenfürsten und Kunstmäzens zu spiegeln scheinen (siehe Einleitung zu diesem Unterkapitel).

Von den sieben bekannten Bildnissen des Hugo von Hohenlandenberg sind im Zusammenhang mit der Karlsruher Tafel besonders die um 1500 wohl von dem Nürnberger Maler Springinklee d. Ä. ausgeführten drei Miniaturen im ersten und dritten Band des *Hohenlandenberg-Missales* von Belang (Kat. 185). Auf ihnen erscheint der Stifter der Codices mit seinen individuellen Gesichtszügen, die mit denen des privaten Portraits übereinstimmen. Da auch die Malweise und Details (wie der schiefe Nadelbaum auf dem Fels) auf den Miniaturen und dem Tafelbild verblüffend ähnlich sind,[1] wurde schon von B. Konrad 1989 eine hier akzeptierte neue Zuschreibung der Karlsruher Tafel an Springinklee d. Ä. vorgeschlagen. – Dieser ist nicht identisch mit dem erst um 1490 geborenen Dürer-Schüler Hans Springinklee, den ein Nürnberger Ratserlaß von 1520 als »jungen Sprinincleе« erwähnt. – Nürnbergisch ist auch der Portraittypus, der unter anderem bei Michael Wolgemut um 1485 vorkommt[2] und letztlich auf niederländische Vorbilder zurückgeht, wie ein 1462 datiertes Bildnis von Dirk Bouts belegen mag.[3]

D. L.

1 Siehe Bildvergleich bei Merkl 1999, Abb. 284, 285. – Das Fels-Baummotiv eine Art Signum des Malers?
2 Slg. Kat. Madrid 1991, Nr. 90.
3 Panofsky 1953, Bd. 2, Abb. 422.

Lit.: Slg. Kat. Karlsruhe 1966, S. 55 – Slg. Kat. Karlsruhe 1988, Bd. 1, S. 34f. – Ausst. Kat. Konstanz 1989, S. 85ff. (B. Konrad), S. 392ff. (R. Reinhardt) – Dülberg 1990, Nr. 75, Abb. 420, 421 – Moser 1997, S. 85ff., Nr. KO 86 (B. Konrad) – Merkl 1999, S. 104, 358ff. (Nr. 50), Abb. 102 F, 106 F, 110 F, 284.

187

188

Seeschwäbische Werkstatt

Kreuzigungsretabel aus Mennwangen

Konstanz (?), 1523
Öl und Tempera auf Nadelholz; 150 x 98 cm (Mitteltafel, lichte Maße)
Karlsruhe, Badisches Landesmuseum / seit 1920 in der Staatlichen Kunsthalle Karlsruhe als Leihgabe deponiert
Inv. Nr. Lg. 94a, b, c

Dieser Altaraufsatz, auch als Flügelaltar bezeichnet, vertritt einen klassischen, spätmittelalterlichen Retabel-Typus des süddeutschen Sprachraums (vgl. Kap. II.4). Das nicht vollständig überlieferte Werk hatte einst sechs, heute vier, Teile: Als Sockel des Aufsatzes dient die breite Predella oder Staffel, auf deren Vorderseite mit dem Datum 1523 das von zwei Engeln gewiesene *Vera Ikon* oder *Schweißtuch der Heiligen Veronika* (vgl. Kat. 13, 71, 112, 136) dargestellt ist. Auf ihr setzt die hochrechteckige Mitteltafel mit kielbogenförmigem oberem Abschluß auf; als wichtigster Teil des Retabels zeigt diese Tafel die *Kreuzigung Christi* mit Maria, Johannes und zwei trauernden Frauen links, der am Kreuzesstamm knienden Magdalena in der Mitte und dem gläubigen Hauptmann samt zwei jüdischen Begleitern rechts. An den senkrechten Rahmenschenkeln des Mittelteils mit Scharnieren befestigt, finden sich die beiden schwenkbaren, bemalten Flügel, auf deren Innenseiten links die *Heiligen der The-*

187

bäischen Legion und rechts der *Heilige Nikolaus* wiedergegeben sind. Werden die Flügel zugeklappt, ist die sich über beide Felder ziehende Komposition der *Verkündigung des Engels Gabriel* (links) *an die Jungfrau Maria* (rechts) zu sehen. Im geschlossenen Zustand wurden einst das fünfte und sechste Teil des Retabels sichtbar, die gleichfalls am Rahmen der Mitteltafel und auf der Deckplatte der Predella in Nuten eingefügten, nicht schwenkbaren Standflügel, die auf den Vorderseiten figürliche, vielleicht auch ornamentale bzw. architektonische Malerei zeigten; auf den Rückseiten waren sie wohl wie die Mitteltafel unbemalt.

Das Retabel stammt aus dem einstigen Franziskanerinnenkloster Bächen bei Beuren/Kreis Konstanz, gelangte 1803 bei der Säkularisierung des Klosters in die Kapelle von Mennwangen bei Salem, wurde 1882 in Karlsruher Museumsbesitz überführt und bald danach von dem Maler Baptist Tuttiné (1838–1889) restauriert.

Aufgrund der kielbogenförmigen Grundform des Retabels, seiner ausschließlich in Malerei ausgeführten Darstellungen und des heilsgeschichtlich-hagiographischen Programms – Kreuzigung und Heilige auf der sogenannten Sonntagsseite, Verkündigung auf der Werktagsseite – steht das Mennwanger Retabel in Nachfolge des von Hugo von Hohenlandenberg (1460–1532) gegen 1500 gestifteten Triptychons aus der Kapelle der Konstanzer Bischofspfalz (Kat. 184). Das läßt bedingt auf seine Fertigung in einer unbekannten Werkstatt in Konstanz schließen, wofür auch sein ursprünglicher Standort sprechen mag. Gleichzeitig entstanden wie das künstlerisch viel bedeutendere, im Auftrag des Hugo von Hohenlandenberg 1524 vollendete Triptychon des jüngeren Matthäus Gutrecht in der Konradi-Kapelle des Konstanzer Münsters,[1] ist seine stilistische Zuweisung an einen bestimmten Meister oder an eine bekannte Werkstatt noch nicht gelungen. Der Christus mit derbem Gesicht, gedrungenem Körper, sehr langen Beinen und waagerecht ausgestreckten Armen, die Körperlichkeit der Gewandfiguren, die Faltenformen, Rüstungen, Kostüme, Haar- und Barttrachten, die Ornamentik (Stoffmuster, Schildform und -bemalung), die Landschaftsgründe,

188

Wolkenhimmel (statt Gold), Architekturformen und die gedämpfte Farbigkeit deuten an, daß der Maler vertraut war mit der zeitgenössischen Malerei und Druckgraphik Süddeutschlands, zum Beispiel mit Holzschnitten von Hans Baldung Grien und Hans Burgkmair. – Ungedeutet sind der Wappenschild und die Fahne (grüner, heute sehr verbräunter Dreiberg auf gelbem/goldenem Grund) oder das Lilienwappen auf dem Schwertknauf des gläubigen Hauptmanns und der Schild mit T-förmigem Hauszeichen auf dem Zaumzeug des Reiters hinter dem Kreuz.

D. L.

1 Konrad 1988.

Lit.: KD Baden, Bd. 1, 1887, S. 524f., Abb. 130 und S. 483f.

188

192

II.8 Bildwirkerei

»Heidnischwerk« – diese alemannische Bezeichnung für das Kunsthandwerk der Bildwirkerei findet sich seit dem späten 14. Jahrhundert in zahlreichen Straßburger und Basler Inventarlisten und weiteren Quellen; der Begriff nimmt Bezug auf die bereits in der Antike geläufige, orientalisch-fremde – dies bedeutete zunächst barbarische, im mittelalterlich-christlichen Kontext dann heidnische – Herkunft der Wirktechnik. Mit dem Aufblühen dieses Handwerks am Oberrhein im späten 14. Jahrhundert griff man den Topos der morgenländischen Abkunft desselben wieder auf, obgleich es bereits seit Jahrhunderten »einheimisch« geworden war (Rapp Buri/Stucky-Schürer 1990, S. 21–22). – Von den sieben im Rahmen der Ausstellung gezeigten Bildteppichen stammen jeweils drei aus Basel und Straßburg, womit die beiden bedeutendsten Wirkzentren am Oberrhein angemessene Vertretung finden. Hinzu tritt ein Antependium aus Freiburg, wo sich nach anfänglicher Basler Beeinflussung eine eigene Bildsprache zu entwickeln vermochte.

Der eigentlichen Arbeit am Wirkstuhl war der Entwurf vorgängig, der meist einem berufsmäßig ausgebildeten Maler anvertraut wurde. Dessen kleinformatige Entwurfsskizze wurde sodann auf eine Leinwand in den Maßen des anzufertigenden Bildteppichs – den sogenannten *Bildner* – übertragen, der während der Arbeit am Wirkrahmen hinter den Kettfäden angebracht wurde. Nicht selten fand eine solche Vorlage, die zuweilen auch als »Karton« angesprochen wird, wiederholte Verwendung. Die Herstellung der Heidnischwerktücher ist entgegen der althergebrachten Auffassung nicht den Ordensfrauen in Klosterwerkstätten, sondern vielmehr städtischer Handwerkstradition zu verdanken, wobei diese Tätigkeit fast ausschließlich als Beruf geübte Frauenarbeit war.

Basler und Straßburger Wirkereien teilen – trotz erkennbarer Unterschiede – wesentliche Stilmerkmale: Gegenüber den dünnfädigen und den Effekten der Malerei stärker angenäherten Tapisserien franko-flämischer Abkunft muten sie in der Bildsprache derber und volkstümlicher an; auch erreichen sie nicht deren monumentale Ausmaße. Die nur selten über einen Meter hohen, queroblongen Bildteppiche zeichnen sich bis in das ausgehende 15. Jahrhundert durch eine starke Flächigkeit aus: Diese ist sowohl der ausfüllenden Gestaltung der Hintergründe mit floralen Motiven (Ranken) als auch dem gleichmäßigen Einsatz lebhaft-leuchtkräftiger Farben geschuldet (Kat. 190, 194). Doch auch die durch architektonische Versatzstücke und Spruchbänder strukturierte Dichte der erzählfreudigen, zahlreiche Episoden vor einem Landschaftsprospekt aneinanderreihenden Bildteppiche erweckt den Eindruck »verwobener« Flächendeckung (Kat. 194, 195). Eine Besonderheit oberrheinischer Teppichwirkkunst ist zudem in der Vorliebe für die detailreiche Darstellung der vielfältigen Pflanzenwelt zu sehen, die den regelmäßig als Standfläche des Personals ausgebildeten Rasenstreifen üppig ziert (Kat. 191, 192, 195). Zuweilen werden die botanisch bestimmbaren, häufig mit symbolischer Bedeutung belegten Pflanzen um solche phantastischer Erfindung ergänzt (Kat. 190).

Hinsichtlich der Funktion der Wirkteppiche mit religiösen Darstellungen im Kirchenraum dürfen mehrere Verwendungen unterschieden werden: Als zahlenmäßig umfangreichste Gruppe sind zunächst die *Antependien* anzusprechen, Teppiche, die jeweils die Front des Altarstipes schmückten. In zeitgenössischen Straßburger wie Basler Quellen wird der Antependien unter der deutschen Übertragung »Füraltartuch« häufig Erwähnung getan (Kat. 190, 193). Oftmals zeigen die Antependien die heiligen Patrone des Altars oder der Kirche, für welche sie gestiftet wurden, doch finden sich auch ausgewählte Szenen aus dem Christus- oder Marienleben. Letztgenannte Altarverkleidungen wurden ausschließlich anläßlich der zugehörigen hohen Kirchenfeste in Gebrauch genommen (Kat. 193). Nicht selten fanden die Stifter der Altarausstattung Gelegenheit, sich – oftmals nebst ihren Wappen (Kat. 193), zuweilen auch diese allein (Kat. 190) – auf den Wirkereien verewigen zu lassen (Kat. 189). Aufgrund ihrer Maße oder ihres Darstellungsgegenstandes müssen weitere Bildteppiche jedoch alternative Verwendung gefunden haben. Besonders augenfällig wird dies bei den umfangreichen Straßburger Teppichfolgen, die jeweils die Legenden elsässischer Lokalheiliger mit großem Erzählreichtum und in friesartigen Kompositionen verbildlichen. Der größte dieser Zyklen, der vier Wirkteppiche mit einer Gesamtlänge von gut 20 Metern umfaßt, ist dem Leben, der Wundertätigkeit und der Verehrung des Heiligen Adelphus gewidmet; noch heute schmückt er die Sebastianskapelle im Chorscheitel der Kirche Saints Pierre et Paul im elsässischen Neuwiller (Kat. 195). Hier scheinen – wie häufig zu beobachten – die großen Behänge in kompositorischer wie motivischer Hinsicht als Substitut für monumentale Wandmalerei zu fungieren. Im kirchlichen Raum waren neben dergleichen Wandbehängen und Antependien aber noch weitere Funktionen denkbar, so als Rücklaken (Banktücher) am Chorgestühl. Inwieweit Teppiche auch als Andachtsbilder für das persönliche Gebet und die kontemplative Versenkung verwendet wurden, ist nicht abschließend zu klären; doch wird eine solche Benutzung durch die Ikonographie einiger Wirkereien durchaus nahegelegt, etwa wenn Gottvater im Darstellungstypus des *Gnadenstuhls* seinen toten Sohn dem Betrachter weist (Kat. 190) oder die Heilige Mutter Anna im Kreise der *Heiligen Sippe* den Betrachter mit ausladender Gebärde zur Verehrung ihrer Töchter, der drei Marien, auffordert (Kat. 189). Auch der Behang mit der Darstellung des *Hortus conclusus*, der das gesamte Heilsgeschehen vom Sündenfall bis zur Empfängnis des Erlösers in der sinnbildlichen Umsetzung der Verkündigung als mystischer Jagd umfaßt, mag der privaten Andacht gedient haben (Kat. 191).

M. D.

189

189

Straßburger Werkstatt

Bildteppich mit Heiliger Sippe

(Wandbehang/Andachtsbild oder Antependium)
Um 1490/1500
Wolle, Leinen, Seide, Gold- und Silberlahn; 87/89 x 263 cm
Frankfurt a. M., Museum für Angewandte Kunst Frankfurt am Main
Inv. Nr. 6811

Rhythmisch gereiht und nach Bedeutung, Familien sowie Haupt- und Nebenlinien gruppiert, präsentieren sich die mit ihren Namen gekennzeichneten 22 Mitglieder der vier Generationen umfassenden sogenannten *Großen Heiligen Sippe*, deren Stammutter die Heilige Anna ist (siehe dazu Kat. 229). Es ist eine würdige Gesellschaft, die aufgrund ihrer Kleider, Röcke, Mäntel, Hauben, Turbane und Pelzhüte für eine wohlhabende bürgerliche Familie einer großen Stadt am Oberrhein der Zeit um 1490/1500 gehalten werden könnte. Sie hat sich in einem paradiesischen Garten, in dem fruchttragende Bäume, Stauden und Blumen wachsen, versammelt, um eine gemauerte Rasenbank, die sich fast über die ganze Breite des Behangs bildparallel hinwegzieht. Auf ihr sitzen sechs heilige Mütter, die Matrone Anna, ihre drei Töchter sowie ihre Nichte und Großnichte. Die Frauen sind mit ihren Kindern befaßt, die auf ihren Schößen sitzen oder dicht vor ihnen stehen, während ihre Männer hinter der Bank erscheinen und mit interessierten Blicken und verständnisvollen Mienen die Gespräche und das Treiben der Mütter und Kinder verfolgen. Im Zentrum der friesartigen Komposition thront in prächtigem Mantel aus rotem Samtbrokat die Heilige Anna, flankiert von ihren drei Männern Joachim, Cleophas und Salomas; nach rechts und links streckt sie vermittelnd ihre Arme aus und verteilt dabei einen Apfel und eine Birne, die Sinnbilder für die Erlösung der Welt und für den Beginn der *Neuen Zeit unter der Gnade*, die das *Alte Gesetz* ablöst. Zu ihrer rechten, bevorzugten Seite sitzt die Jungfrau Maria, Annas erste Tochter, begleitet von Joseph, das nackte Jesuskind auf dem Schoß haltend und wie Anna besonders hervorgehoben durch einen kostbaren Mantel, der diesmal aus dunkelblauem Seidendamast besteht. Ganz links sind Annas dritte Tochter Maria Salome, deren Mann Zebedäus und Kinder Jacobus Major und Johannes Evangelist zu sehen. Auf der rechten Hälfte des Bildteppichs er-

scheinen: die Familie der zweiten Tochter Annas, Maria Cleophea mit Alphäus und den Kindern Jacobus Minor, Joseph Justus, Judas Thaddäus und Simon Zelotes; weiter Annas Großnichte Memelia, deren Mann Emin und Sohn Servatius; und schließlich Annas Nichte Elisabeth mit Zacharias und dem Kind Johannes dem Täufer. Hinterfangen wird die Heilige Sippe von einem Gitter aus klar bestimmbaren Bäumen und Pflanzen, die den einzelnen Familien bedeutungsvoll zugeordnet sind; von links nach rechts: ein Birnbaum, eine Eiche, ein Geißblattstrauch, Nelken, Rosen und ein Granatapfelbaum.

Die Stifterin des Bildteppichs war die ganz klein zu Füßen der Salome dargestellte Dominikanerin, die so unbekannt ist wie der ursprüngliche Bestimmungsort des Behangs, der als Antependium (vgl. Kat. 193) oder als Andachtsbild (vgl. Kat. 190) gefertigt wurde. Die künstlerisch und technisch hochbedeutende Arbeit kann eindeutig nach Straßburg lokalisiert und um 1490/1500 datiert werden. Sie ist von perfekter Erhaltung, ihre Farben sind nahezu unverändert. Ein Zeugnis der hochentwickelten spätgotischen Teppichwirkerei am Oberrhein, weist sie etliche Besonderheiten auf: Unter Vermeidung von Kettspalten wurde neben Wolle in unterschiedlich dünner oder starker Zwirnung Gold- und Silberlahn, Leinen und häufig weiße bzw. gefärbte Seide verwendet. Darüber hinaus finden sich große Partien, die in florbildender Knüpftechnik ausgeführt wurden, zum Beispiel das Kleid und der Hermelinpelz der Anna, die Hüte der Männer oder das Fellkleid Johannes des Täufers. Neben gewirkten farbigen Kontur- und Binnenlinien wurden manche Umrisse durch aufgenähte Seidenkordeln akzentuiert. Von zarter reicher Farbigkeit, weist der Teppich vorwiegend schattierte Rot-, Orange-, Rosa-, Beige-, Weiß- und Grüntöne auf und nähert sich in der farbigen Modellierung von faltenreichen Gewändern oder schimmerndem Inkarnat den Wirkungen der Tafelmalerei an, was auch für die gesamte Komposition gilt. Von großer Feinheit sind Blattwerk und Blüten, Brokat- und Damastmuster sowie die geometrischen Dekore der Nimben und Kinderkleider.

D. L.

Lit.: Kurth 1926, S. 138f., 243, Taf. 157 – Göbel 1933, S. 101f., Abb. 79a – Rapp Buri/Stucky-Schürer 1990, Nr. 118.

190

190

Basler Werkstatt

Bildteppich mit Gnadenstuhl

(Antependium)
um 1490/1500
Wolle, Leinen, Seide, Baumwolle; 120 x 237 cm
Speyer, Kirche des Bistumshauses St. Ludwig

In klarer kompositorischer Dreiteilung zeigt das Antependium den Gnadenstuhl, den bedeutendsten Darstellungstypus der Dreifaltigkeit seit dem mittleren 12. Jahrhundert, flankiert von Johannes dem Täufer und der Heiligen Helena. Vor pupurrotem Grund und einem dichten Geflecht kräftiger Akanthusranken und mächtiger Phantasieblüten stehen die Figuren auf einer Rasenfläche, aus welcher zahlreiche, botanisch bestimmbare Blumen sprießen. Zwischen die Figuren sind zwei große Wappenschilde gefügt, die mit roten Bändern an dicke Blumenstengel gebunden scheinen; hinzu tritt ein drittes kleineres Wappen in der unteren Ecke des Bildteppichs. Die betonte Mitte des Antependiums wird beherrscht von der Gestalt Gottvaters, der seinen gemarterten, toten Sohn dem Betrachter weist. Über dem Haupte Christi ergänzt die Taube als Symbol des Heiligen Geistes die Trinität. Während zwei kniende Engel den Körper Christi stützen, weisen sechs weitere von beiden Seiten die Leidenswerkzeuge vor. Hier erfährt der wesentlich symmetrische Bildaufbau der Wirkerei leichte Auflockerung, beachtet man die Haltung von

Lanze und Schwammstab durch die beiden äußeren Engel. Ähnliches läßt sich auch hinsichtlich des Kolorits feststellen, sind doch die Farbwerte der Manteltücher der beiden Heiligen aufeinander bezogen: Ist der weite, blaue Umhang der Heiligen Helena inwendig rot gefüttert, so verhält es sich bei dem Überwurf des Täufers gerade andersherum.

Eine ursprüngliche Verwendung der Wirkerei als »Füraltartuch« (Antependium) wird nicht allein durch das queroblonge Format, sondern maßgeblich auch durch die Ikonographie nahegelegt: Die Darstellung des Gnadenstuhles versteht es in besonderer Weise, das Geheimnis der Meßfeier zu veranschaulichen, »in dem der Erlöser zugleich das Opfer ist und sich als Opfer darreicht«;[1] dementsprechend findet sich dieser Bildtypus häufig auf Antependien dargestellt.[2] Die zu seiten der Hauptgruppe plazierten Heiligen ergänzen diese zentrale, auf das eucharistische Geschehen bezogene Darstellung sinnfällig: Weist der Täufer als letzter Prophet Christi unmittelbar auf das mit dem Kreuzeswimpel des Auferstehenden ausgestattete *Agnus dei* und deutet so den Erlösungstod Christi an, so hält die Heilige Helena das von ihr anläßlich einer Jerusalem-Wallfahrt wiederaufgefundene Kreuz Christi, die verehrte Hauptreliquie der Christenheit. Die Heiligen mögen zudem auf Patrozinien des ursprünglichen Altarzusammenhanges verweisen.

Das ikonographische Programm erfährt in der Tiersymbolik eine Erweiterung: So darf der ganz außen am rechten Bildrand auf einem Felsvorsprung sitzende Distelfink als Sinnbild Christi verstanden werden, behält er doch, trotz des Verzehres der rauhen Disteln, seinen süßen Gesang.[3] Der zu Füßen Helenas stehende Fasanenhahn vertritt – als ein Substitut des Pfaus – aufgrund seiner Schönheit und des Federwechsels sinnbildlich die Auferstehung Christi.[4] Diese wird gleichfalls von dem Hasen symbolisiert, dessen jahreszeitlich wechselnde Fellfarbe schon von Ambrosius in diesem Sinne ausgedeutet wurde.[5]

Zwar konnten die beiden Hauptwappen mit den Hirschgeweihen als jene der beiden Schweizer Adelsfamilien von Homburg und von Weiblingen identifiziert werden, doch bleibt der vorgeschlagene ursprüngliche Stiftungsort – die Heiligkreuzkapelle vor dem Basler Riehentor – des aus dem Besitz des ehemaligen Speyerer Dominikanerklosters stammenden Bildteppichs Vermutung.[6]

M. D.

1 Braunfels 1954, S. XXXVIII. – Vgl. auch LCI, Bd. 1, 1968, Sp. 535–536 (W. Braunfels).
2 Braunfels 1954, S. XL; Rapp Buri/Stucky-Schürer 1990, Nr. 132, S. 405–406 (gewirktes Straßburger Antependium).
3 Rapp Buri/Stucky-Schürer 1990, S. 268.
4 Dittrich 1996, S. 103–106.
5 LCI, Bd. 2, 1970, Sp. 221–222 (W. Kemp).
6 Rapp Buri/Stucky-Schürer 1990, S. 268.

Lit.: Göbel 1933, S. 56f., Abb. 35 – Ausst. Kat. Karlsruhe 1970, Nr. 252, S. 284 – Rapp Buri/Stucky-Schürer 1990, Nr. 70, S. 265–268 (mit älterer Literatur).

191

Basler Werkstatt

Bildteppich mit Hortus Conclusus

(Wandbehang)
1480
Wolle, Leinen, Seide, Gold- und Silberlahn; 104 x 380 cm
Zürich, Schweizerisches Landesmuseum
Inv. Nr. LM 1959

Um ein Meisterwerk Basler Wirk- und Bildkunst handelt es sich bei diesem auf einem der Schriftbänder nahe der unteren Wirkkante 1480 datierten Bildteppich, der die Verkündigung an Maria als allegorische Jagd auf das Einhorn darstellt. Seit dem frühen 15. Jahrhundert bildete sich dieser wesentlich auf das deutsche Sprachgebiet beschränkte Bildtypus heraus, der um die zentrale Figur der Gottesmutter eine Vielzahl der Bibel aber auch der Natursage entnommener Motive symbolischen Gehaltes arrangiert, welche in der Mehrzahl Bezug auf die unversehrte Jungfräulichkeit Mariens nehmen.[1]

Von links naht der Erzengel Gabriel als Jäger mit geschultertem Wurfspeer der »porta clausa« des mauerumzogenen »ortus conclusus«. In diesen

191

verschlossenen Garten (Hld 4, 12) hat er das flüchtige Einhorn mit seinen vier Hunden, welche die vier christlichen Tugenden *veritas* (Wahrheit), *iusticia* (Gerechtigkeit), *pax* (Frieden) und *misericordia* (Barmherzigkeit) vertreten (Ps 81, 11), getrieben. Dem aus dem Hifthorn erschallenden englischen Gruß (»Ave gracia plena dominus tecum«; Lk 1, 28) antwortet das »Ecce ancilla domini« (»Siehe ich bin die Magd des Herrn«; Lk 1, 38) im Nimbus Mariens, auf welche bereits die Taube des Heiligen Geistes – und dieser folgend das kreuztragende Christuskind – herabkommen: »Vox turturis audita est in terra nostra« (»Die Stimme der Taube läßt sich in unserem Land vernehmen«; Hld 2, 12). Hofft das Fabeltier im Schoß Mariens Zuflucht zu finden, so erleidet es bereits den Todesstoß durch die Lanze Adams, während Eva das der Brust des Tieres entströmende Blut in einem Kelch aufzufangen sucht. Der auf zwei Schriftbändern verteilte Vers des Buches Jesaja verweist auf die symbolische Bedeutung der Szene: »Ipse autem vulneratus est propter inquitates nostras – et livore eius sanati sumus« (»Doch er wurde durchbohrt wegen unserer Verbrechen – und durch seine Wunden sind wir geheilt«; Jes 53, 5). Die Verkündigung wird also verquickt mit der Jagd auf die Sagengestalt des wilden Einhorns, das hier als Symbol Christi und seiner Passion zu verstehen ist: Der soeben verkündeten Empfängnis Mariens gesellt sich der Verweis auf den Opfertod Christi bei, den die Ursünde Adams und Evas notwendig machte.

Ist schon der umfriedete Garten ein zentrales Sinnbild der Virginität Mariens[2], so erscheint diese durch eine Vielzahl weiterer Symbole diesseits und jenseits der zinnenbewehrten Gartenmauer bezeichnet: Neben das nur der Jungfrau sich neigende Einhorn treten – im Rücken Mariens – jenes das Tauwunder andeutende Vlies des Gideon (Ri 6, 36–40; vgl. Kat. 208), das die Himmelsspeise Manna bergende Gefäß (»urna aurea«; Ex 16, 33), der wappengeschmückte Davidsturm (Hld 4, 4) sowie – außerhalb der Umfriedung – der brennende, aber nicht verbrennende Dornbusch Mose (Ex 3, 2). In der linken Hälfte des Gartens finden sich zudem der über Nacht erblühte Aaronsstab auf dem Altartisch (Num 17, 23), die mit großem Vorhängeschloß versiegelte Quelle (Hld 4, 12) sowie die bereits erwähnte geschlossene Pforte des Ezechiel (Ez 44, 2). Ergänzt wird das symbolgesättigte Bildprogramm durch weitere biblisch-marianische Motive links des Jägerengels – die goldene Bundeslade (Ex 25, 10–16; 31, 7), den Brunnen lebendigen Wassers (Hld 4, 15) und – unmittelbar über Gabriel – die *stella jacob*, den die Geburt Christi anzeigenden Stern Jakobs (Num 24, 17). Zuletzt ist auf die Symbole nichtbiblischen Ursprungs zu verweisen: So einerseits auf die explizite Sinnbildlichkeit der Blumen Rose (Keuschheit/»castitas«), Lilie (Nächstenliebe / »caritas«) und Veilchen (Demut/»humilitas«), andererseits auf die der Tiersymbolik des *Physiologus* entstammenden Motive, deren widernatürlicher Charakter dem Wunder der Jungfrauengeburt typologisch-gleichnishaft zur Seite gestellt wird: Man erblickt den seine Jungen durch Gebrüll zum Leben erweckenden Löwen und den Pelikan, der das nämliche Ziel durch

das Vergießen des eigenen Blutes erreicht. Die zuletzt genannten Motive rücken die Ikonographie des Bildteppichs in die Nähe der die Jungfräulichkeit Mariens verteidigenden, typologischen Erbauungsschrift *Defensorium inviolatae virginitatis beatae Mariae* des Dominikaners Franz von Retz (Kat. 224).

Als Auftraggeber des Wandbehanges von 1480 ist der Schaffhausener Bürger und Statthalter des Richteramtes Hans Irmensee vermutet worden, konnte doch das Wappen neben der männlichen, innerhalb des Gartens knienden Figur als jenes der Familie Irmensee identifiziert werden. Da dieses rechts neben der benediktinischen Ordensfrau nochmals auftaucht, darf man annehmen, daß die Bildwirkerei für das Benediktinerinnenkloster Schaffhausen verfertigt wurde, dem mehrere Mitglieder der genannten Familie angehörten. Die Identität der zweiten Stifterin im Ordenshabit in der linken unteren Ecke konnte noch nicht festgestellt werden.[3]

M. D.

1 RDK, Bd. 4, 1958, Sp. 1525–1528 (L. Wehrhahn-Stauch); LCI, Bd. 1, 1968, Sp. 592 (A. Vizkelety); Beer 1972, S. 101–111; Einhorn 1976, S. 203–218; ML, Bd. 2, 1989, S. 306–307 (G. Nitz).

2 Reinitzer 1982; ML, Bd. 3, 1991, S. 247–250 (G. Nitz s. v. ›Hortus conclusus‹). Für die im folgenden genannten sinnbildlichen Motive vgl. Schiller 1969, S. 63–65 und die entsprechenden Einträge im ML.

3 Rapp Buri/Stucky-Schürer 1990, S. 205.

Lit.: Wyss 1960, S. 114–117 – Einhorn 1976, S. 212–215, Nr. 385, S. 372, Abb. 114 – Rapp Buri/Stucky-Schürer 1990, Nr. 43, S. 203–205 (mit älterer Literatur) – Rapp Buri/Stucky-Schürer 1995, S. 140.

192

192

Straßburger Werkstatt

Bildteppich mit Szenen aus dem Marienleben

(Wandbehang/Antependium)
Um 1470/90
Wolle, Leinen, Seide, Gold- und Silberlahn; 99/107 x 354/355 cm
New York, The Metropolitan Museum of Art, The Cloisters
Inv. Nr. 57.126

Der breite Behang ist unterteilt in sechs etwa 85 x 60 cm große Felder mit ebenso vielen Ereignissen aus dem Leben der Heiligen Jungfrau Maria, von denen fünf zu den sogenannten *Sieben Freuden Mariens* gehören. Von links nach rechts sind zu sehen: Die *Geburt der Jungfrau, Verkündigung, Heimsuchung, Geburt Jesu, Darbringung im Tempel* sowie *Krönung Mariens*. Dieser Zyklus erinnert an einen Bilderfries der Wand- oder Tafelmalerei. Da seine ersten und letzten beiden Szenen in steinfarbenen Innenräumen mit bunten Kachelböden, die beiden mittleren dagegen in grünender Landschaft unter blauem Himmel stattfinden, wirkt der Behang wie in drei große Abschnitte aufgegliedert. Diese Reihung räumlich klar voneinander geschiedener Darstellungen ist ein gestalterisches Merkmal Straßburger Bildteppiche der Spätgotik, wofür an den Behang mit dem Odilia-Leben erinnert sei.[1] Auf dem New Yorker Teppich bildet eine breite durchlaufende Bordüre den oberen Abschluß. Sie zeigt auf rotem Grund eine grüne Wellenranke rechts und links des zentralen Motivs der beiden das Vera Ikon weisenden Engel und einen Fransenabschluß, was auf die einstige Verwendung des Behangs als Antependium schließen läßt.

Die primären Textquellen für die zweite bis fünfte Szene finden sich zwar im Neuen Testament, doch sei betont, daß das Motiv der zum Himmel blickenden und betenden Maria des Weihnachtsbildes allein in den Offenbarungen der Heiligen Birgitta von Schweden geschildert wird.[2] Für die Geburt und Krönung Mariens sei auf die vielen Marienlegenden der auf frühchristlichen, apokryphen Schriften basierenden mittelalterlichen Erbauungsliteratur, beispielsweise die *Legenda aurea* des Jakobus de Voragine, verwiesen. Die anrührend-märchenhafte Wirkung der Darstellungen beruht unter anderem auf der eindeutigen Lesbarkeit der schlichten Szenen, in denen nur wenige Figuren in zeichenhaft definierter Umgebung und wenige symbolische Details vorkommen. Dem entspricht die akzentuierende Verwendung von leuchtendem Rot sowie dunklem Blau, Grün und Schwarz für Konturen, die gegen die zarte, freundliche Buntfarbigkeit weiter Flächen des Teppichs abstechen.

Der Zeichner und Maler des sogenannten *Bildners*, der den Wirkern des Teppichs als unverzichtbare Vorlage diente, muß mit Bildtypen und -motiven vertraut gewesen sein, die unterschiedlichen Kunstgattungen entstammten und schon in den Jahrzehnten zwischen 1410 und 1465 am Oberrhein allgemein bekannt waren. So finden sich genaue Parallelen zur Geburt Mariens in entsprechenden Glasscheiben einer Straßburger Werkstatt in Walburg (datiert 1461) und St. Wilhelm, Straßburg.[3] Gut vergleichbar sind unter anderem das schräg im engen Kastenraum ste-

hende hochbeinige Bett oder der als Tisch dienende dreibeinige Hocker, die zudem ganz ähnlich auf Straßburger Tafelgemälden um 1480/90 vorkommen (vgl. Kat. 156). – Die Verkündigung wiederholt nahezu wörtlich einen um 1450 anzusetzenden Kupferstich des oberrheinischen Meisters der Nürnberger Passion, der wiederum die kleine, etwa 1410/20 entstandene Winterthurer Tafel aus dem engen Umkreis des Straßburger Paradiesgärtlein-Meisters im Gegensinn wiederholt (Abb. 192/1, 192/2).[4] Es sind dies Beispiele dafür, daß Tafelmaler, Kupferstecher, Teppichwir-

192/1: Oberrheinischer Meister, *Verkündigung,* um 1410/20, Winterthur, Slg. Oskar Reinhart

192/2: Meister der Nürnberger Passion, *Verkündigung,* Kupferstich, um 1450

193

ker und Reißer für den Holzschnitt[5] über Generationen hinweg zusammenarbeiteten und sich gegenseitig anregten, also im Wechsel Vorlagen für die jeweils anderen Bildkünstler lieferten (siehe Einleitung, Kap. I.2). Abgesehen davon, daß auf der *Marienkrönung* Christus nicht zur Rechten Gottvaters sitzt und daß beide mit ihren linken Händen handeln, was auf die Unachtsamkeit des Zeichners oder des Wirkers zurückzuführen ist, zeigt die Darstellung eine Kombination aus zwei verschiedenen Typen der *Marienkrönung*: nämlich aus der Zweifigurengruppe mit Christus und der ihm zugewendeten Maria sowie der dreifigurigen, symmetrischen Gruppe mit Maria und der Trinität (vgl. dazu Kat. 142).
Da für den seit 1990 »um 1500« datierten Teppich Bildquellen der Zeit vor 1465 bestimmend waren, die bewegte bzw. feinteilig-knittrige Faltensprache Martin Schongauers und des Meisters der Gewandstudien nur bei den Engeln der Bordüre spürbar wird, sei hier eine Entstehung um 1470/90 in zeitlicher Nähe zum Straßburger Odilia-Teppich vorgeschlagen.[6]

D. L.

1 Rapp Buri/Stucky-Schürer 1990, Nr. 106.
2 Clarus 1888, Bd. 3, S. 270 (Kap. 21) – Ostoia 1966, S. 298.
3 *Geburt Mariae* und *Geburt Johannes d. T.*: Bruck 1902, S. 116 (Nr. 4, 1. Fenster), S. 121 (Nr. 58, 3. Fenster) – Fischel 1952, S. 25ff., Abb. 22, 24.
4 Siehe Fischel 1947, S. 23ff., Abb. 1, 2, 5 – Ostoia 1966, S. 294, 296, Abb. 6, 7.
5 Siehe dazu einen Holzschnitt in den 1473 bei Ulrich Hahn aus Ingolstadt/Wien erschienen *Meditationes* des Johannes de Turre cremata (siehe Ostoia 1966, S. 303, Abb. 16).
6 Siehe Anm. 1.

Lit.: Kurth 1926, S. 162, 257, Taf. 233, 234 – Goebel 1933, S. 136f., Abb. 107a – Fischel 1947, S. 23ff., Abb. 5 – Ostoia 1966 – Rapp Buri/Stucky-Schürer 1990, Nr. 121.

193
Freiburger Werkstatt (?)
Bildteppich mit Geburt Christi

(Antependium)
1501
Wolle, Leinen; 102 x 188/190 cm
Freiburg, Augustinermuseum
Inv. Nr. K 2/M (Leihgabe des Erzbischöflichen Diözesanmuseums Freiburg)

Zur Weihnachtszeit ist noch heute die ursprüngliche Verwendung des Bildteppichs zu beobachten, wenn er als »Füraltartuch« (Antependium) den Stipes des Dreikönigsaltares im Freiburger Münster schmückt. Für dieses Gotteshaus war er im Jahre 1501 – die Datierung gibt ein kleines Schild über dem Haupte Mariens – gemeinsam mit zwei weiteren Wirkereien angefertigt worden, die sich heute gleichfalls im Augustinermuseum befinden. Der *Geburt Christi*-Teppich zeigt wie auch der zugehörige *Pfingst*-Teppich Darstellungen des Stifters und seiner Ehefrau, die über die beigegebenen Wappenschilde identifiziert werden konnten: Es ist der hoch angesehene Freiburger Kaufmann und Ratsherr Peter Sprung (1457–1512), der im Jahre 1500 zum Obristenmeister – zum obersten Meister aller Zünfte – gewählt wurde und mit mehreren Stiftungen hervorgetreten ist: 1504 ließ er im Münster einen – heute verschollenen – Wolfgang-Altar errichten, für welchen vielleicht auch die Wirkereien bestimmt waren.[1]

Das Freiburger Antependium zeigt den Stifter mit seiner Frau Elisabeth Zehenderin kniend in Anbetung des Christkindes vor dem Stall mit Ochs und Esel. Über der Futterkrippe stimmen drei singende Engel das »Gloria in excelsis deo« an. Maria hat ihr Neugeborenes auf den Zipfel ihres Gewandes gelegt und betet es an. Ihr tun es einige Hirten gleich, denen soeben die frohe Botschaft auf dem Feld von einem Engel verkündet wurde; weitere Schäfer sind auf dem Weg zum Stall. Rechts bereitet der Nährvater Joseph eine kräftigende Speise über offenem Herdfeuer zu, während sein Blick einer herannahenden orientalisch gewandeten Familie gilt. Im Hintergrund erblickt man die von einem doppelten Wolkenband überfangenen Städte Jerusalem und Bethlehem.

Es ist festgestellt worden, daß der entwerfende Künstler sich stark an graphischen Vorlagen orientiert habe. Nicht nur ist der Versuch greifbar, die Schraffen des Kupferstichs in das Medium der Bildwirkerei zu übernehmen, sondern es ist darüber hinaus – neben allgemeineren Motivverwandtschaften mit Werken Martin Schongauers oder des Meisters E. S.[2] – eine konkrete graphische Vorlage nachzuweisen: Albrecht Dürers Kupferstich *Orientalische Familie* (Bartsch 85) der Zeit um 1496 erscheint im Gegensinne für die dem Stall nahenden Türken rechts am Bildrand verwertet (Abb. 193/1).[3]

M. D.

1 Das dritte Antependium zeigt eine Darstellung der Maria im Rosenhag zwischen den Heiligen Katharina und Barbara. – Zu Peter Sprung und seinen Stiftungen in die Freiburger Münsterkirche siehe: Gombert 1965, S. 58–60; Ausst. Kat. Freiburg 1970, S. 179–180.

2 Das Motiv des auf den Gewandzipfel gebetteten Kindes taucht bei beiden genannten Meistern auf: Schongauer (Bartsch 4 und 5); Meister E. S. (Lehrs 22).

3 Ausst. Kat. Karlsruhe 1970, S. 285 (Eva Zimmermann).

Lit.: Kurth 1926, S. 141, 243, Taf. 185 – Göbel 1933, S. 189, Abb. 176 – Gombert 1965, Nr. 13, S. 58–60 – Ausst. Kat. Karlsruhe 1970, Nr. 253, S. 285.

193/1:
Albrecht Dürer, *Orientalische Familie,* Kupferstich

194

Basler Werkstatt

Bildteppich mit Szenen aus der Vita der Heiligen Elisabeth

(Wandbehang)
Um 1480/90
Wolle, Leinen, gefärbt; 104/111 x 309/315 cm
Eisenach, Wartburg-Stiftung, Museum
Inv. Nr. KT 3

Auf den drei ungleich breiten Abschnitten des Wandbehangs erscheint die Heilige Elisabeth (1207–1231) viermal, wobei sie jeweils farblich und durch Attribute und Kleidung besonders hervorgehoben wird. So ziert das von Schleier und Kinnbinde weiß umhüllte und von einem großen farbigen Scheibennimbus hinterfangene Haupt eine hohe steingeschmückte Zackenkrone, und so verbirgt sich ihr Leib unter einem faltenreichen Kleid aus gemustertem Seidendamast in Blau- und Grüntönen, die auf dem Teppich sonst nur sparsam eingesetzt sind. Auf diese Weise wird auf die Heiligkeit und den hohen weltlichen Rang der ungarischen Königstochter und Landgräfin von Thüringen hingewiesen, was im Mittelalter durchaus als im Einklang mit ihrem demütigen, ganz der Armen- und Krankenpflege gewidmeten Leben in der Nachfolge Christi stehend empfunden wurde. Hiervon erzählt auch der friesartige Teppich, dessen erste beiden Szenen spezifische Ereignisse vom Beginn ihrer Witwenschaft darstellen: Die eine zeigt die nach dem 1228 erfolgten Tode ihres Mannes, Landgraf Ludwigs IV. von Thüringen, von der Wartburg vertriebene Elisabeth beim Spinnen, einer dem Lebensunterhalt dienenden einfachen Tätigkeit, bei der ihr zwei Kinder, die besonderen Schützlinge der Heiligen, Gesellschaft leisten. Den von einem Boten übermittelten Wunsch ihres Vaters, König Andreas' II. von Ungarn, nach Hause zurückzukehren, lehnt sie ab, da sie in den Dritten Orden der Franziskaner eingetreten ist und in Armut leben will. In der anderen Szene nimmt Elisabeth das durch einen Gesandten überbrachte, von ihrem Schwager Landgraf Heinrich Raspe IV. in Goldmünzen ausgezahlte Witwengut entgegen, um in Marburg ein Hospital für die Ärmsten zu erbauen. Die dritte, räumlich nochmals unterteilte Szene, gibt Elisabeth zweimal wieder bei der Ausübung barmherziger Tätigkeiten im Marburger Hospital, dem Kleiden eines Aussätzigen, dem Speisen und Tränken eines Pilgers und eines Obdachlosen sowie dem Pflegen eines Kranken, wobei sie diesmal ein ungemustertes, einfaches Kleid trägt.

Die Farbigkeit, Kompositions- und Erzählweise, technische und Stileigentümlichkeiten des erst 1860 für die Wartburg erworbenen Elisabethbehangs sind typisch für Basler Bildwirkereien des späten 15. Jahrhunderts. Zu ihren hervorstechenden Merkmalen zählt die flächendeckende, »verwobene« Dichte verschiedener, großproportionierter Figuren, Tiere, Gegenstände und Muster, zu deren Entwirrung, Lesbarkeit und Strukturierung architektonische Versatzstücke, auswehende Schriftbänder sowie Farbakzente in Blau, Rot, Beige und Weiß dienen.

Im Unterschied zu Bildzyklen, die viele Ereignisse und Wunder aus allen Lebensabschnitten der Heiligen Elisabeth zeigen[1] oder die Heilige in mehreren Szenen bei der Ausübung christlicher Barmherzigkeit schildern,[2] beschränkt sich der Basler Teppich auf drei bzw. vier zum Teil sehr ausgefallene Darstellungen aus den letzten vier Lebensjahren der Landgräfin. Wird die erste Szene nur sehr selten in umfangreichen bildlichen Viten der Heiligen behandelt, kann die zweite u. W. heute nicht noch ein zweites Mal nachgewiesen werden. Wenngleich Elisabethzyklen mit we-

194

nigen Szenen üblich sind (Kat. 156),[3] verlangt der Eisenacher Teppich doch nach inhaltlicher Ergänzung durch zwei oder drei weitere Behänge. – Eine derartige vierteilige Folge, die das Leben des Lokalheiligen Adelphus schildert und die etwa zur gleichen Zeit wie der Basler Teppich in Straßburg entstanden ist, hat sich in Neuwiller-lès-Saverne erhalten (Kat. 195).

D. L.

1 Z. B. in Neapel (Fresken), Wien (Buchmalerei, aus Krumau), Helmstedt-Marienberg (Teppich), Lübeck (Tafelmalerei), Kaschau (Retabel), Marburg (Retabel). – Siehe dazu Lüdke 2000, S. 115.
2 Z. B. Tafelgemälde in Köln und München sowie ein Retabel in Hersbruck. – Siehe dazu Lüdke 2000, S. 115, Abb. 3, 9.
3 Z. B. in: Kaschau (Tympanon), Ochsenfurt (Tympanon), Reval (Retabel). – Siehe dazu Lüdke 2000, S. 115.

Lit.: Kurth 1926, S. 91, 217 f., Taf. 51/52 – Göbel 1933, S. 72, Abb. 48 – Rapp Buri/Stucky-Schürer 1990, Nr. 54 – Ausst. Kat. Andechs 1993, Nr. 86.

195
Zwei Straßburger Werkstätten
Bildteppich mit Szenen aus dem Leben des Heiligen Adelphus

(Wandbehang)
Um 1507/10
Wolle, Leinen, Goldlahn; 92/96 x 486/487 cm
Neuwiller-lès-Saverne, Saints Pierre et Paul, Sebastianskapelle

Dieser Bildteppich ist der erste von vier gleich langen Wandbehängen, in denen die größte Teppichfolge der Spätgotik am Oberrhein überliefert ist. Auf den Behängen, die zusammen zwanzig Meter lang sind, werden das Leben, die Wunder und die Verehrung des Heiligen Adelphus in zwanzig Szenen geschildert, je fünf auf einem Teppich. Der erste, ausgestellte zeigt: die legendären, im 3. Jahrhundert lebenden Eltern des Heiligen, Beatrice von Burgund und Felix von Aquitanien, denen vom Himmel ein Sohn verheißen wird; weiter die Geburt des Adelphus, die Ausbildung des Jünglings zum Theologen, seine Wahl und Einsetzung zum 10. Bischof von Metz und schließlich die Teufelsaustreibung an fünf Besessenen durch den Bischof.

Der ausschließlich im Elsaß, speziell in Neuwiller verehrte Adelphus versah während siebzehn Jahren ein mildtätiges, an Wundern reiches Bischofsamt und wurde nach seinem Tod schon bald als Heiliger verehrt. Um 826/36 wurden seine Gebeine in die Kirche der Benediktiner von Neuwiller überführt, um die sich ein reger Kult entwickelte. Um 1197 errichtete die Abtei eine eigene, heute noch bestehende, auf dem Teppich dargestellte Wallfahrtskirche, die im 14. Jahrhundert für die großen Pilgerscharen erweitert wurde. Große Förderung erfuhr die Adelphus-Verehrung unter dem Grafen Philipp III. von Hanau-Lichtenberg (1482–1538), dem Mann der Tochter Sibylla des Markgrafen Christoph I. von Baden (siehe Kat. 275). Philipp III. war Schirmherr des Klosters Neuwiller, dem Jakob Wimpfeling seine *Vita Sancti Adelphi* von 1506 widmete.[1] Nach der 1507 im Beisein Kaiser Maximilians I. erfolgten Öffnung des Reliquiensarkophags in der Adelphuskirche ließ der Graf die vier Teppiche wohl um 1507/10 in zwei Straßburger Werkstätten von vier Wirkern nach den *Bildnern,* also maßstabsgleichen Vorlagen eines unbekannten Meisters, fertigen. Dafür sprechen nicht zuletzt die Wappen von Hanau, Lichtenberg, Baden und Hohenlohe in den

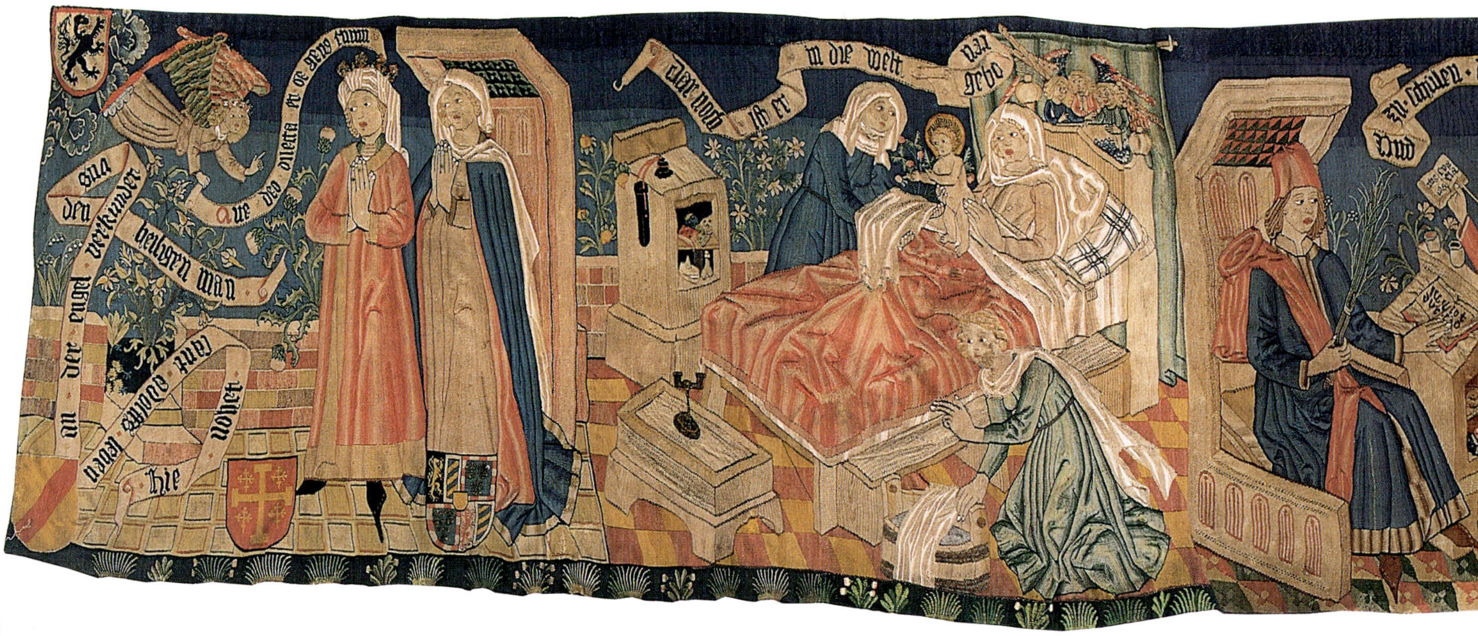

195

vier Ecken des ersten Teppichs. Die Folge der Darstellungen, die ergänzt werden von den deutschen Erklärungen auf den Schriftbändern und die ein wohl erwogenes Bildprogramm erkennen lassen, vergegenwärtigen auf den ersten beiden Behängen: Kindheit, Jugend, Bischofsamt, Wunderwirken, Mildtätigkeit, Barmherzigkeit und Demut des Heiligen sowie dessen Tod. Der dritte Teppich handelt von der für Neuwiller wichtigen Geschichte der Adelphus-Reliquien, der vierte Behang von den Zeichen und Wundern nach dem Tode des Adelphus, zum Beispiel von Krankenheilungen, Errettung vom Tod bei häuslichen Unfällen, der Echtheitsprüfung der Reliquien von 1468 durch den Straßburger Bischof Robert von Bayern im Beisein der Familie von Lichtenberg und der Verehrung des Heiligen durch Pilger und Bedrängte aller Stände.

Ähnlich wie bei der heutigen Darbietung in Neuwiller hingen die vier Teppiche einst wohl dicht nebeneinander, so daß die zwanzig Szenen der Adelphus-Vita in friesartiger Abfolge von links nach rechts »gelesen« werden konnten. Gliederndes Element sind hauptsächlich die welligen, auf- und absteigenden Schriftbänder über den wechselnd breiten, dicht gefügten Figurengruppen, in deren Mitten meist der Heilige oder sein Grab erscheinen. Aufgrund der differenzierten Darstellungen unterschiedlichster Personen geistlicher und weltlicher Stände und des Reichtums an Trachten und Rüstungen, an Gerätschaften, Mobiliar und Hausrat, an Gebäuden, Innenräumen, Sarkophagen, Thronen und Altären sowie an bedeutungsvollen Pflanzen, deren Wiedergabe auf genauen Beobachtungen basiert, ist die Teppichfolge ein hochbedeutendes kulturhistorisches Dokument seiner Entstehungszeit. Hinsichtlich der angewandten Techniken, künstlerischen Gestaltung, Kompositions- und Erzählweise stehen die Behänge in der Tradition der Straßburger Teppichkunst[2] und in engem Zusammenhang mit den hagiographischen und anderen Erzählfolgen der in Straßburg blühenden Tafelmalerei und Buchillustration der Spätgotik.

D. L.

1 Ein Exemplar in der Badischen Landesbibliothek Karlsruhe (Sign. 74 A 3740).

2 Siehe Rapp Buri/Stucky-Schürer 1990, S. 96f., Nr. 104, 106 (Attala- und Odilia-Teppiche); vgl. auch Nr. 113, 117 (Busant-Teppiche).

Lit.: Kurth 1926, S. 129f., 237f., Taf. 134–137 – Göbel 1933, S. 96, Abb. 67 – Heitz 1989 – Rapp Buri/Stucky-Schürer 1990, S. 96f., Nr. 128.

kunst
wart er erwelt
bisshoff zu metz
drucket er
tufel vom geistliche
gesetz

Vnd
kunst
vnser
kere

197

II.9 Werke für die private Andacht

Der Begriff der privaten Andacht soll hier eine Verwendung finden, die sich nicht allein auf die im häuslichen Bereich verrichtete Devotion bezieht, sondern auch die persönliche Andacht in einem institutionellen Kontext einbezieht, beispielsweise in einer Klosterzelle oder in der Seitenkapelle einer Kirche. »Privat« bezeichnet in diesem Zusammenhang also den Gegensatz zu öffentlich, und kann auch im Sinne von »persönlich« oder »individuell« verstanden werden. Das private Gebet ist das Gebet, das außerhalb der Gemeinschaft und der offiziellen Liturgie stattfindet. Werke für die persönliche Andacht sind dementsprechend Instrumente dieser nichtinstitutionalisierten Form der Frömmigkeit. Dabei gilt jedoch prinzipiell, daß ein und dasselbe Werk an verschiedenen Orten und unter unterschiedlichen Gegebenheiten ganz diverse Funktionen erfüllen kann, so daß die Definition des privaten Andachtsbildes in jedem Fall eine offene bleiben muß.

Die zunehmende Verbreitung des privaten sakralen Bildes im Spätmittelalter steht in engem Zusammenhang mit der Laienfrömmigkeit, die seit dem 13. Jahrhundert durch die Bettelorden gefördert wurde und fortan eine breite Anhängerschaft fand. Sie hatte in der mystischen Erlebnisfrömmigkeit ihren Ausgang genommen. Das Ziel der persönlichen Andachtsübung war das geistige und emotionale Miterleben der Leiden Christi und Mariens, wie es beispielsweise in den um 1300 verfaßten *Meditationes Vitae Christi* zum Ausdruck kommt. Im Zuge der zunehmenden Laienfrömmigkeit wurden Gebet und Andacht immer häufiger unabhängig von der Meßfeier verrichtet, so daß parallel zum institutionalisierten Glauben gleichsam eine »Privatisierung« (Belting 1990) des Glaubens einsetzte und ein reges, individuell praktiziertes Gebetsleben entstand. Das Bild, vor dem der Gläubige seine Andachtsübung verrichtet, ermöglicht eine unmittelbare Vergegenwärtigung der Glaubensinhalte und bietet auf diese Weise als visuell anschauliche Gebetshilfe den Einstieg in die Meditation.

Das private religiöse Bild ist weder an eine bestimmte Gattung, ein Medium oder gar an Kriterien der künstlerischen Qualität gebunden. Die Gemeinsamkeit der verschiedenen Objekte ist eher in ihrem privaten Gebrauch zu sehen, der sich hauptsächlich in einem kleinen Format widerspiegelt. So unterscheiden sich beispielsweise die für Hauskapellen oder Wohnräume bestimmten kleinen Flügelretabel hauptsächlich über ihr reduziertes Format von den großen mehrteiligen Retabeln, die auf den Altären der Kirchen ihre Aufstellung fanden, und die man gemeinhin als Werke öffentlichen Charakters betrachtet. Ihr Aufbau, bestehend aus einem Schrein mit geschnitzten Figuren oder einer gemalten Tafel als Mittelteil und seitlichen Flügelpaaren sowie einer Predella als Unterbau, ist jedoch entsprechend.

Auch in der Wahl der Themen lassen sich zunächst viele Analogien zu den als öffentlich einzuordnenden Werken feststellen, da Werke für die private Andacht zunächst auf keine bestimmten Themen oder Inhalte festgelegt sind. So werden im Spätmittelalter Darstellungen aus dem Marienleben und der Passion Christi bevorzugt, oftmals in detailreichen Schilderungen, die dem Betrachter genügend Anhaltspunkte zum Nacherleben bieten. Auch Bilder der Heiligen, die als Fürsprecher, Schutzpatrone oder individuelle Ansprechpartner in alltäglichen Mühen und Leiden für den einzelnen Gläubigen große Bedeutung haben, finden sich in Werken der privaten Andacht wieder (Kat. 83, 246). Daneben haben bestimmte Bildtypen für die persönliche Devotion eine besondere Bedeutung erlangt: symbolisch aufgefaßte, gleichsam konzentrierte Bilder, die beispielsweise den *Gnadenstuhl*, den *Schmerzensmann* oder die *Vera Icon* zeigen und die der privaten Gebetspraxis des andächtigen Versenkens in besonderem Maße entgegenkommen. Viele Darstellungen spiegeln auch in einer individuellen, auf den Auftraggeber ausgerichteten Formulierung ganz persönliche Heils- und Erlösungswünsche wider. Nicht selten ist der Auftraggeber durch sein Wappen oder eine kleine Stifterfigur in das Bild integriert (Kat. 72, 158). Als allgemeines Kriterium ließe sich außerdem festhalten, daß die privat verwendeten Bilder oftmals durch ihre besondere Präsentation oder Erzählweise eine direkte, dialogische Beziehung zum Betrachter fördern.

Im Gegensatz zu großformatigen Flügelretabeln waren die kleinformatigen, privat genutzten Bilder nicht unbedingt an einen bestimmten Ort gebunden. Ferner erforderten sie keinen direkten Zusammenhang zu einem geweihten Altar. Neben der seltenen dauerhaften Aufstellung in Haus- und Burgkapellen oder Wohnstuben, kann man in den meisten Fällen von einer flexiblen Präsentation der Bilder ausgehen, die vor allem auch durch das jeweilige Medium bestimmt ist. Das häufige Fehlen von figürlichen Bemalungen auf Außen- oder Rückseiten legt nahe, daß die meisten Objekte wohl nicht permanent sichtbar waren, sondern in Schatullen oder Futteralen in Schränken und Truhen aufbewahrt und erst zur Andachtsübung hervorgeholt und aufgestellt wurden. Es haben sich zeitgenössische Darstellungen von Hauskapellen erhalten, die einen Eindruck privater Andachtsräume vermitteln, etwa der Kupferstich des Meisters E. S. mit der vor einem kleinen Altärchen betenden Maria im Gemach (Kat. 58).

Doch nicht allein der tatsächliche Gebrauch, bereits die Anschaffung und Aufstellung eines privaten Bildes für die Andacht bezeugen die fromme Gesinnung des Besitzers – und gewiß auch seinen sozialen Status sowie seinen Wohlstand. Durch die geringe Anzahl an Bildern im alltäglichen Umfeld müssen die wenigen vorhandenen Werke eine außerordentlich intensive, heute nur noch schwer vorstellbare Wirkung auf die Betrachter gehabt haben.

Den genannten Charakteristika entsprechen nicht allein die in diesem Kapitel aufgeführten, sondern noch eine Vielzahl zusätzlicher Werke, die in anderen Zusammenhängen behandelt werden. Zu nennen wären beispielsweise weitere kleine Hausretabel (Kat. 156, 180), sowie alle kleinformatigen, an keinen festen Aufstellungsort gebundenen Tafeln, welche in den meisten Fällen die Madonna (Kat. 3, 4, 39, 249) oder Heilige zeigen (Kat. 83, 246). Dazu zählen vor allem die Tafelbilder des Gewandstudienmeisters (Kat. 157, 158, 159), die Madonnentafeln von Martin Schongauer (Kat. 73, 74) und dem Kreis seiner Nachfolger (Kat. 75–80) sowie Albrecht Dürers Gemälde mit dem *Schmerzensmann* (Kat. 235). Ferner dienten auch reich illuminierte Gebetbücher der täglichen persönlichen Andacht (Kat. 210, 215, 217, 219). Es schließen sich die frühen Inkunabeln an, zu denen Passionsspiegel (Kat. 257) ebenso zählen wie Sammlungen von Mariengebeten (Kat. 226, 227, 258). Die Fülle der verschiedenen möglichen Materialien und Formen sei schließlich auch an den Kupferstichen und Holzschnitten verdeutlicht, die den klassischen Andachtsthemen – *Schmerzensmann, Vera Icon* und *Madonna* – gewidmet sind. Ein hervorzuhebendes Beispiel stellen die beiden Kupferstiche des Meisters E. S. mit Christus und Maria in Halbfigur dar, die zusammen eine Art Diptychon bilden (Kat. 57). Man nimmt an, daß die Druckgraphiken in Handschriften eingelegt oder eingeklebt wurden, wie heute noch im Fall der *Madonna mit dem Papagei* von Martin Schongauer nachvollzogen werden kann (Kat. 216). Die bedeutende Zunahme der druckgraphischen Produktion im 15. Jahrhundert wird vor allem auf einen erhöhten Bedarf an erschwinglichen Bildern zurückgeführt, der in direktem Zusammenhang mit der zunehmenden privaten Frömmigkeit steht.

A. M.

196

196

Matthäus Gutrecht d. Ä. – Werkstatt (Malerei)

Oberreinische (?) Werkstatt (Schrein mit Plastik)

Triptychon für die Privatandacht mit Verkündigung an Maria

Um 1480/90

Holz, vergoldet und polychrom gefaßt; 42 x 27,9 cm (Schrein);

Öl auf Holz (Gemälde); 42 x 13,8 cm (Flügel mit Rahmen)

Zürich, Schweizerisches Landesmuseum

Inv. Nr. AG-1

Ein kostbares Zeugnis der privaten Andachtskunst, hat das kleine Triptychon die einfache Gestalt eines kastenförmigen Schranks mit zwei Türen, der im geschlossenen Zustand auf den Schreinaußenseiten marmorierende Faßmalerei, auf den Flügeln Ranken in Grüntönen zeigt. Auf diese Weise hoffnungsvoll gestimmt, blickt der Andächtige nach dem Aufklappen der Flügel auf eine golden und farbig leuchtende, zierliche und bedeutungsvoll-heilige Bilderwand. Im bühnenartigen Mittelteil erscheinen ihm unter vielteiligem Baldachin die plastische, real wirkende Verkündigungsgruppe mit Maria und dem Engel Gabriel, über der Gottvater in Halbfigur, die Heiliggeisttaube und zwei Engel schweben. Es ist, als ziehe der Himmel in den irdischen Betraum ein und als breite sich sein Licht golden über Wände, Kleider und Mobiliar. Auf kunst- und wirkungsvolle Weise wird somit das Mysterium der Menschwerdung Christi im Moment des von Maria bejahten göttlichen Ratschlusses dem Betrachter nahegebracht, dessen Lobgebet auf den Seiten des vor der Jungfrau aufgeschlagenen Buches steht.[1] Die im Alten Testament prophezeite Verkündigung markiert den Beginn der neutestamentlichen Zeit. Dieses

Ereignis wird gerahmt und kommentiert von den vier auf die Flügel gemalten Szenen. Es sind das *Verlöbnis Mariens mit Joseph*, die *Heimsuchung*, *Geburt Christi* und *Anbetung der Heiligen Drei Könige*, von denen die drei letzten Begebenheiten zu den fünf Geheimnissen des *Freudenreichen Rosenkranzes* bzw. den *Sieben Freuden Mariens* zählen.
Aus der Zeit um 1370 bis 1500 haben sich mehrere Triptychen für die Privatandacht erhalten, die wie das in Zürich eine plastische Verkündigungsgruppe im Schrein zeigen und bei ihren ersten Besitzern die Meditation über das mit Jesu Menschwerdung ansetzende Heilsgeschehen beförderten.[2] Wie diese Werke folgt auch der Flügelschrein in Zürich in Gestalt und Programm den als große Altaraufsätze von Malern und Bildschnitzern geschaffenen Verkündigungsretabeln,[3] von denen manche den *Englischen Gruß* als mystische Einhornjagd darstellen (siehe dazu Kat. 171, 191, 224). Das Triptychon befand sich bis 1863 im Kloster Rheinau, in dessen Kunstkammer es erst 1822 durch Kauf aus Münchener Kunsthandel gelangte. Es scheint nicht erwiesen, daß der wohl in einer unbekannten Werkstatt am Oberrhein entstandene Schrein samt figürlichem Schnitzwerk und die der Konstanzer Werkstatt des älteren Matthäus Gutrecht (um 1450–1504/05) zugeschriebenen Flügel schon immer zum Rheinauer Triptychon zusammengefügt waren.[4] – Wie für große Retabel und kleine Werke der Andachtskunst ähnlich nachzuweisen, könnte aber auch in diesem Fall das Kästchen mit der Verkündigung schon kurz nach seiner Fertigung nach Konstanz gelangt und dort durch die Flügel bzw. vier Gemälde ergänzt worden sein. Von diesen lehnen sich zwei, die *Geburt Jesu* und die *Anbetung der Könige*, kompositionell Martin Schongauers entsprechenden Kupferstichen an (vgl. Kat. 102, 103, 114).

D. L.

1 Siehe dazu Slg. Kat. Zürich 1996, Nr. 22.
2 Siehe Slg. Kat. München 1972, S. 118ff., WAF 454, WAF a–WAF d – Slg. Kat. Köln 1978, Nr. 216 – Slg. Kat. Colmar 1990, Nr. 662 – Ausst. Kat. Amsterdam 1994/95, Nr. 4.
3 Vgl. z. B. die Retabel in Meersburg/Bodensee, Freiberg/Sachsen, Bebra/Thüringen, Verchen/Mecklenburg, Hizsyó/Ungarn und aus Seewies im Züricher Landesmuseum.
4 Siehe B. Konrad in: Slg. Kat. Zürich 1996, Nr. 22.

Lit.: Stange, KV, Bd. 2, 1970, S. 223, Nr. 979 – Slg. Kat. Zürich 1982, Nr. 47 – Ausst. Kat. Zürich 1994, Nr. 168 – Slg. Kat. Zürich 1996, Nr. 22.

197
Freiburger (?) Werkstatt
Triptychon für die Privatandacht mit Marientod

Um 1465/90
Tempera und Vergoldung auf Holz; 22 x 17 cm (Mitte),
22 x 8,5 cm (Flügel), 22 x 34 (geöffnet)
Freiburg i. Br., Augustinermuseum, Leihgabe des Freiburger Münsters
Inv. Nr. 11715

Dieses Triptychon aus dem Schatz des 1687 gegründeten Freiburger Neuklosters Adelhausen entstand für die private Andacht einer Nonne, die wohl einem der vier Freiburger Dominikanerinnenklöster, vielleicht dem von St. Agnes, angehörte. Der rotbraune Anstrich seiner Rückseiten und das Fehlen eines Sockels lassen erkennen, daß es wie das Straßburger

197

Elisabeth-Triptychon gleich einem Wandschirm zur Andacht aufgestellt und danach wieder zusammengeklappt und versorgt werden konnte. Aufgrund seiner einfachen Gesamtform, der stark profilierten Rahmen und der Zahl plastischer Maßwerkbögen entspricht es einem schon im 14. Jahrhundert geläufigen Typus sogenannter *Privataltärchen*.[1]
Auf der Mitteltafel ist der Tod Mariens vergegenwärtigt, von dem nicht die Bibel, sondern Legenden des frühen und hohen Mittelalters berichten, die durch Jacobus de Voragine um 1263/73 in der *Legenda aurea* eine für die folgenden Jahrhunderte gültige Fassung erhielten.[2] Der Maler des Triptychons folgte dem ältesten der drei mittelalterlichen Bildtypen des Themas: Um das nur wenig schräg in die Tiefe weisende Lager der lang ausgestreckten, auf Kissen gebetteten Maria stehen gedrängt oder hocken am Boden die zwölf Apostel und führen, von Petrus geleitet, den Sterberitus aus. Unter ihnen ist der in das Weihrauchfaß blasende Jünger Jesu ein symbolischer Hinweis darauf, daß Maria den letzten Atemzug getan hat. Ihre bereits gekrönte Seele in Gestalt eines Mädchens hat den Leib verlassen und sich auf den Arm des ebenfalls anwesenden Christus begeben, der sie in den Himmel führen wird. Der Kachelboden des Sterbezimmers setzt sich auf den Flügeln fort, auf denen, zur Mitte hingewendet und wie an der Zeremonie teilnehmend, links der Heilige Johannes Evangelist und rechts die Heilige Agnes erscheinen. Sie sind die Patrone von zwei zu ihren Füßen knienden, kindlich kleinen Adoranten – auf der bevorzugten linken Seite wohl die Auftraggeberin und ursprüngliche Besitzerin des Triptychons im Habit der Dominikanerinnen, auf der rechten ein Kanoniker im pelzgefütterten schwarzen Pellicium, weißen Chorhemd und mit der von einem Stiftsgeistlichen beim Chordienst getragenen Almutie aus Pelz. Wie in der sakralen Bildkunst des Mittelalters üblich (vgl. z. B. Kat. 184), nimmt auf dem Triptychon ein nur in der Vorstellung mögliches Geschehen Gestalt an: Die Nonne und der Geistliche auf den Flügeln, für deren Andacht das Triptychon gefertigt wurde, scheinen im Bild wirklich teilzunehmen an dem vom Maler vergegenwärtigten Tod der Maria, die von ihnen um Schutz in der eigenen zukünftigen Sterbestunde angerufen werden wird. – Im Anblick der die geistlichen Betrachtungen und das Gebet fördernden Darstellung auf dem Triptychon, konnten die Andächtigen zur Gewißheit gelangen, daß auch ihre Seelen durch den barmherzigen Erlöser und die Fürbitte der Himmelskönigin einst gerettet und wie die Seele Mariens in den Himmel auffahren werden.

198

Das Triptychon weist zusammen mit anderen *Privataltärchen*[3] in Form und Programm auf große Altarretabel des 15. Jahrhunderts, die hauptsächlich den Marientod darstellen und von denen manche als *Maria Schlaf-Altäre* bezeichnet werden. Die ungewöhnlich gut erhaltene Malerei des Triptychons besticht durch die leuchtendbunten Temperafarben, die nahezu unberührten, samtig-matten Oberflächen und die spiegelnden, punzierten Goldgründe der Heiligenscheine; in seiner optischen Erscheinung gleicht es zum Beispiel Buchminiaturen, die mit Deckfarben gemalt wurden (vgl. Kat. 211–214). Die Darstellungen selbst, in denen Motive kunstvollerer Tafelgemälde, Kupferstiche oder Einblattholzschnitte verknappend umgesetzt wurden, sind von feierlicher, anrührender Wirkung. Ausgeführt wurde das Triptychon wohl um 1465/90 von einem Briefmaler oder von einer kunstfertigen Nonne in klösterlicher Schreibstube.

D. L.

1 Siehe Ausst. Kat. Nürnberg 2000, S. 19, Abb. 15.
2 Siehe z. B. Ausst. Kat. Karlsruhe 1992b, Nr. 23.
3 Siehe Slg. Kat. Colmar 1990, Nr. 512 – Revue du Louvre 4, 1994 (Oktober), S. 74f. – Anzeiger des Germanischen Nationalmuseums 1996, S. 67ff., Abb. 22–24.

Lit.: Stange, DMG, Bd. 7, 1955, S. 32f. – Ausst. Kat. Freiburg 1970, Nr. 182 – Stange, KV, Bd. 2, 1970, Nr. 170.

198
Oberrheinischer Meister

Diptychon für die Privatandacht

Linke Seite: ***Die Geburt Christi***
Rechte Seite: ***Christus am Kreuz mit Maria und Johannes***
Um 1480
Öl auf Fichtenholz; 28,5 x 41,5 cm (Gesamtmaße)
Solothurn, Kunstmuseum Solothurn
Inv. Nr. A 159

Von den zwei Tafeln, die mittels Scharnieren zu einem Diptychon verbunden sind, zeigt die linke die Geburt Christi mit Maria und Joseph in Anbetung des Kindes. Den Hintergrund bildet der Stall von Bethlehem. Durch eine Türöffnung sieht man auf Ochs und Esel, die im Bericht der Evangelien nicht erwähnt sind, jedoch seit frühchristlicher Zeit zur Geburtsdarstellung gehören. Sie gehen zurück auf eine Prophezeiung des Jesaja, in der Ochs und Esel als Metaphern angeführt sind (Jesaja 1, 3). Der ruinöse Stall der beiden Tiere kann somit auch als Symbol der durch Christus überwundenen Zeit des Alten Testaments gedeutet werden. Auf dem rechten Flügel sieht man den gekreuzigten Christus sowie die klagenden Maria und Johannes. Die menschlichen Gebeine zwischen ihnen

198/1
Meister E. S.,
Die Geburt Christi,
Kupferstich

198/2
Martin Schongauer,
Die Kreuzigung,
Kupferstich

verweisen auf den Ort der Hinrichtung (Golgatha = Schädelstätte), aber auch auf Adam, den ersten Menschen, der nach mittelalterlicher Vorstellung an dieser Stelle begraben lag. Dahinter steht wiederum der Gedanke, daß Christus als Messias und »Neuer Adam« der Überwinder des Alten Testaments ist.

Beide Darstellungen beruhen auf Kupferstichvorlagen, jedoch hat der unbekannte Maler diese nicht kopiert, sondern sie für seine Zwecke schöpferisch adaptiert. Die Komposition der Geburtsszene lehnt sich an einen Stich des Meisters E. S. an (Abb. 198/1).[1] Hier sei nur auf einige Veränderungen hingewiesen: Joseph hält in seiner linken Hand eine Laterne – ein Hinweis darauf, daß es Nacht ist; mit seiner rechten schützt er die Augen vor dem blendenden Licht, das vom Christuskind ausgeht. Der Schlagschatten Mariens auf der Stallwand ist wohl auch als Resultat dieses übernatürlichen Lichtscheins gemeint. Die beim Meister E. S. im Hintergrund herannahenden Hebammen sind fortgelassen und durch einen spitzen Felsen ersetzt, wie man ihn ähnlich auf anderen Blättern desselben Stechers sehen kann.[2] Der Stall zeigt durch den bröckelnden Putz (er erinnert an Werke von Konrad Witz) und das schadhafte Vordach deutlichere Zeichen des Verfalls als beim Meister E. S. Diese den typologischen Gedanken verstärkende Maßnahme hat eine Parallele auf dem rechten Flügel, denn die Knochen Adams sind gegenüber dem hier als Vorbild dienenden Stich Martin Schongauers (Abb. 198/2)[3] hinzuerfunden. Auch die Haltung Christi und das wehende Lendentuch sind verändert: Der Körper ist zur Mitte des Diptychons gewendet, das Tuch vermittelt zum rechts stehenden Johannes.

Die gedankliche Verbindung der freudvollen Menschwerdung Christi mit seinem leidvollen Tod ist im Mittelalter sehr verbreitet. In der *Legenda aurea* heißt es knapp: »Denn seine Geburt führte zum Tode«.[4] Das Weihnachts- und das Karfreitagsgeschehen, Anfang und Ende des Lebens Christi auf Erden, stehen exemplarisch für sein Erlösungswerk. Sie sind deshalb in der Kunst häufig aufeinander bezogen. Auch auf Diptychen begegnet diese Gegenüberstellung seit dem 14. Jahrhundert, vor allem in Italien und Frankreich, selten hingegen im deutschen Sprachgebiet, wo Diptychen ohnehin nicht sehr verbreitet sind.[5]

Leider läßt sich heute nicht mehr feststellen, von wem das Solothurner Diptychon in Auftrag gegeben wurde. Bis 1867 gehörte es dem 1672 gegründeten Kapuzinerkloster Dornachbrugg (Kanton Solothurn, in der Nähe von Basel); ursprünglich soll es von der benachbarten Burg Dorneck stammen. Vielleicht diente es dort einem Adligen zur privaten Andacht. H. J.-F.

1 Lehrs, Bd. 2, 1910, Nr. 20.
2 Vgl. etwa Lehrs, Bd. 2, 1910, Nr. 22; hier erscheint auch Joseph in vergleichbarer Haltung.
3 Hollstein, German, Bd. 49, 1999, Nr. 11.
4 Zitiert nach Kermer 1967, S. 134.
5 Vgl. RDK, Bd. 4, 1958, Spalte 61ff. – Kermer 1967, S. 134–140.

Lit.: KD Solothurn, Bd. 3, 1957, S. 284f. – Slg. Kat. Solothurn 1973, S. 47f., Nr. 34 – Ausst. Kat. Solothurn 1981, S. 64, Nr. 17.

199

Nachfolge Martin Schongauer

***Flügelbilder des »Schongauer-Altärchens«* (Passionstriptychon)**

Um 1480/1500
Öl und Tempera auf Holz; 73 x 25,2 cm (Flügel), 30,3 x 19 cm (Bilder)
Ulm, Münster, Conrad Sam-Kapelle (Sakristei)

Dieses wohl für die ständige Aufstellung in einer Kapelle gefertigte Passionstriptychon gleicht sowohl größeren Retabeln als auch solchen, die der Privatandacht dienten.[1] Es besteht aus einem kastenförmigen Schrein mit vollplastischer, sehr fein geschnitzter, vergoldeter und farbig gefaßter Kreuzigungsgruppe, deren ikonographischer Typus beispielsweise auch für die Mitteltafel des Konstanzer Hohenlandenberg-Retabels gewählt wurde (Kat. 184); weiter besitzt es eine bemalte Predella und an den Seiten zwei klappbare Flügel, die heute nur noch auf den Innenseiten je zwei untereinander angeordnete mit Gemälden versehene Felder aufweisen. Das Triptychon ist als Ulmer »Schongauer-Altärchen« in die Literatur eingegangen, da

199

die szenischen Darstellungen auf den Flügelinnenseiten nach den durchschnittlich 16,3 x 11,5 cm großen Kompositionen der berühmten zwölfteiligen Kupferstichpassion Martin Schongauers aus den Jahren 1475/80 sorgfältig kopiert wurden (vgl. Kat. 107a, 107f, 107g, 107h). Zu sehen sind auf dem linken Flügel oben das *Gebet Christi am Ölberg* (199a nach B. 9), unten die *Händewaschung des Pilatus* (199b nach B. 10) und auf dem rechten Flügel oben das *»Ecce homo«* (199c nach B. 15), unten die *Kreuztragung* Christi (199d nach B. 16), also vier Leidensstationen, die zeitlich der *Kreuzigung* im Schrein und der *Grablegung* (199e) auf der Predella vorausgehen.
Die Gemälde wurden von J. Baum Martin Schongauers Bruder Ludwig, der zeitweise in Ulm tätig war (zum Künstler vgl. Kap. II.3), und von A. Stange einem Gehilfen Martin Schongauers zugeschrieben, weswegen das Trip-

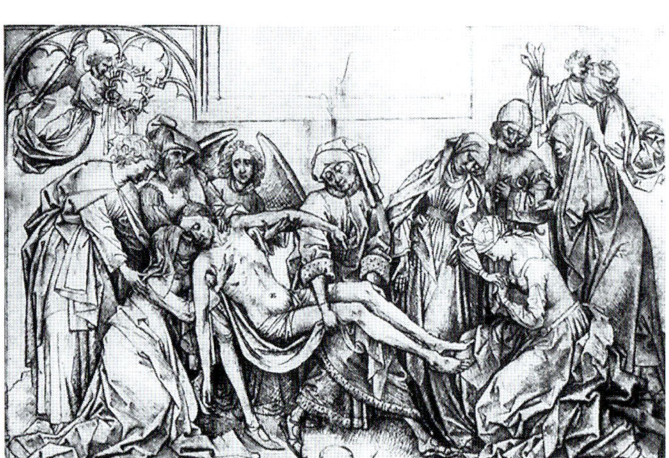

199/1 Nach Rogier van der Weyden, *Grablegung*, Zeichnung, Paris, Louvre

199a

199c

199b

199d

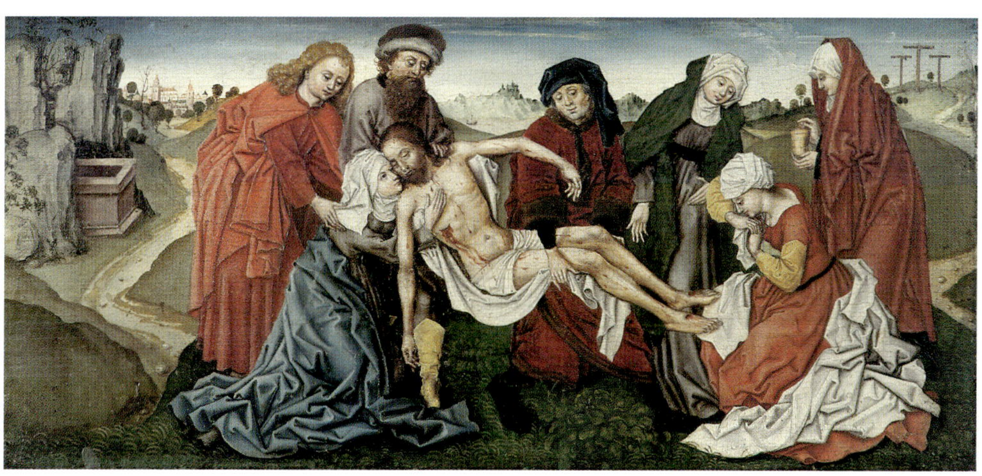

199e

200

200

tychon in dieser Ausstellung zusammen mit anderen Gemälden aus der Werkstatt (bzw. dem weiteren Umkreis und der Schule) des großen Meisters gezeigt wird (siehe Kat. 75–80, 201). An diesem Passionsretabel, das erst in der ersten Hälfte des 19. Jahrhunderts im Kunsthandel für das Ulmer Münster erworben wurde und dessen Provenienz nicht überliefert ist, wurde um 1990 im Restaurierungsatelier des Württembergischen Landesmuseums Stuttgart eine technische Untersuchung durchgeführt, die ergab, daß es wohl im 19. Jahrhundert aus drei verschiedenen Teilen zusammengesetzt wurde und daß das gesamte Schrein- und Rahmenwerk sowie die Figuren neu gefaßt wurden.

Die Gemälde der Flügel und Predella stammen nicht aus derselben Werkstatt, was Unterschiede in Stil, Farbigkeit und technischer Beschaffenheit, zum Beispiel Unterzeichnung und Craquelés, zu erkennen geben. So ist die *Grablegung* in kühlen, gedämpften Farben ausgeführt und geht in ihrer Komposition auf ein verschollenes, nur in einer Zeichnung überliefertes Werk Rogier van der Weydens (um 1400–1464) zurück (Abb. 199/1).[2]

Die glatt gemalten Passionsszenen der Flügel wirken dagegen stark- und buntfarbig, wie es für oberrheinische Werke aus dem Umkreis und der Schule Schongauers typisch ist (vgl. z. B. Kat. 76, 85, 201). Zinnober- und Karminrot, Sonnenblumengelb, Grasgrün und Weiß stehen in lebhaftem Kontrast zu den detailliert behandelten Inkarnaten und den Grau- und Ockertönen der architektonischen und landschaftlichen Partien. D. L.

1 Die Maße des Triptychons sind: 73 x 51 cm (Schrein), 20 x 44 cm (Predella). – Vgl. stellvertretend für viele andere das fränkische, nach 1523 entstandene Kreuzigungstriptychon in Nürnberg (Slg. Kat. Nürnberg 1997, Pl. O. 141, S. 230ff.).

2 Friedländer, Bd. 2, 1967, Abb. 94a.

Lit.: Baum 1948, S. 24 – Stange, DMG, Bd. 7, 1955, S. 24, Abb. 34 – Baum 1957, S. 53, Abb. 15 – Baum 1957/58, S. 27, Abb. 2 – Stange, KV, Bd. 2, 1970, Nr. 108 – Müller 1994, S. 312, Anm. 24 – Schuppisser 1994, S. 241, Abb. 1.

200

Oberrheinischer Meister

Triptychon für die Privatandacht mit Pietà

Um 1520
Bez. auf der Predella: Monstra te esse Matrem / Sumat per te preces / Qui pro nobis natus / Tulit esse tuus
Schrein und Flügel: Nadelholz (?) mit Temperamalerei, Skulptur: Laubholz (?); 63,5 (mit späterem Sockel) x 69,3 (geöffnet) x 16 cm
Baden-Baden, Zisterzienserinnen-Abtei Lichtenthal

Das kleine Flügelretabel befindet sich seit seiner Entstehung im Besitz der Zisterzienserinnen-Abtei Lichtenthal bei Baden-Baden. Seine geringe Größe legt eine Nutzung im privaten Bereich nahe. Wahrscheinlich stand es einst in der Zelle einer Nonne und diente der ganz persönlichen Andacht, die immer auch noch parallel zu den gemeinsamen Riten eines Klosters geübt wurde.

Auf den bemalten Außen- und Innenseiten der beiden Flügel sind vier Heilige abgebildet, die über Inschriften in ihren Nimben identifiziert werden können. Alle vier lassen sich mit dem klösterlichen Kontext des Werks erklären. So zeigen die Flügelaußenseiten die Heiligen Benedikt von Nursia, den Vater des abendländischen Mönchtums, und Bernhard von Clairvaux, den Gründer des Zisterzienser-Ordens, angetan im weißen Ordenshabit. Auf der linken Flügelinnenseite ist als Zisterzienserin die Heilige Rosula abgebildet, der von einem Engel der Nonnengürtel überreicht wird. Die ungewöhnliche Darstellung dieser Heiligen könnte ein Hinweis darauf sein, daß das kleine Retabel von Rosula Roeder von Hohenrod gestiftet wurde, die 1490 ins Kloster eintrat und seit 1519 das Amt der Äbtissin innehatte.[1]

Der rechte Innenflügel zeigt die Heilige Euphrosyna von Alexandrien, die als Jüngling verkleidet in ein Kloster eintrat. Im Bild ist zu sehen, wie die Heilige sich ihrem Vater offenbart und ihn tröstet.

201

Auf der Predella des Triptychons ist schließlich die Vision des Heiligen Bernhard von Clairvaux wiedergegeben, dem bei innigem Gebet Maria mit dem Jesusknaben erschienen ist. Die Darstellung wird begleitet von dem Gebetstext des Heiligen Bernhard, der mit der Anrufung »Monstra te esse Matrem« einleitet, also mit der Bitte, Maria möge sich als Mutter offenbaren. Als Zeichen ihrer wahrhaftigen Präsenz als Mutter Christi und des gläubigen Bernhard soll sie ihm aus ihrer Brust Milch gespendet haben.[2] Die Szene wird daher auch *Lactatio*, Milchspende, genannt. Wie in einem Gleichnis wird damit dem Betenden vor dem Bild die Wirkung seiner Andacht, die spürbare Präsenz der über das Bild angerufenen Heiligen, vor Augen geführt.

Der mit Ranken verzierte Schrein des Triptychons enthält eine Figurengruppe der Pietà, die aus stilistischen Gründen in die sechziger oder siebziger Jahre des 15. Jahrhunderts und damit ein halbes Jahrhundert vor die Malereien datiert werden muß. Offenbar hat man den Schrein und die Flügel eigens für die Pietà angefertigt, die damit nicht nur einen besseren Schutz, sondern auch eine größere Würdigung erfährt. Es scheint sich bei dem kleinen Schnitzwerk um ein besonders verehrtes Objekt der Devotion zu handeln.

A. M.

1 Kindler-Knobloch, J. von: Oberbadisches Geschlechterbuch, Heidelberg 1919, Bd. 3, S. 557.
2 Paffrath 1990.

Lit.: Ausst. Kat. Baden-Baden 1902, S. 128 – KD Baden, Bd. 11, 1942, S. 489, Nr. 1 – Ausst. Kat. Karlsruhe 1995, Nr. 153.

201

Oberrheinische (?) Werkstatt

Triptychon für die Privatandacht mit Schmerzensmann

1484
Bez. am Sockel des Schreines: 1 maria 4 ihs 8 johannes 4
Lindenholz, Schrein mit geschnitzten und gefaßten Figuren, Flügel außen und innen bemalt; 36 x 56 cm (geöffnet)
Basel, Historisches Museum Basel, Barfüsserkirche
Inv. Nr. 1977.256

Eingestellt in die Rundbogennische des kleinen Triptychons ist eine geschnitzte Figurengruppe mit dem Schmerzensmann, der von einem Engel gestützt und von Maria und dem Heiligen Johannes flankiert wird. Die Malereien auf den Flügelinnenseiten zeigen links die Geißelung und rechts die Dornenkrönung in enger Anlehnung an zwei Kupferstiche aus der Passionsfolge von Martin Schongauer (Kat. 107d, 107e). Sie demonstrieren damit beispielhaft die rege Rezeption der Kunst des bedeutenden Meisters aus Colmar, die bereits zu seinen Lebzeiten einsetzte. Auf der Predella sind in Halbfigur die Heilige Barbara mit dem Kelch rechts und eine weitere Heilige links abgebildet, bei der es sich vermutlich um die Heilige Katharina handelt.

In geschlossenem Zustand zeigen die Flügel die Verkündigung an Maria. Bemerkenswert ist hierbei die detailfreudige Darstellung eines spätgotischen Innenraumes, der mit Gegenständen des täglichen Bedarfs ausgestattet ist. Einige davon sind jedoch nicht allein dem Bedürfnis des Malers nach realistischer Wiedergabe eines häuslichen Interieurs zu verdanken, sondern lassen sich in einem religiösen Sinne interpretieren. So ist die

201

weiße Lilie in der Majolika-Vase hinter Maria ein traditionelles Symbol für die Reinheit Mariens. Auch die rote Nelke, die auf dem Betpult vor Maria liegt, gilt als Symbol übernatürlicher Schwangerschaft und kann als Hinweis auf die unbefleckte Empfängnis gelesen werden.[1] Nach rechts öffnet sich der Innenraum über zwei Stufen in eine Kapelle, die mit Altar und Kniebank ausgestattet ist. In den oberen Eckzwickeln sind außerdem zwei Wappen angebracht, wovon sich das rechte als das der Familie Neithart aus Ulm identifizieren läßt. – Damit stellt sich die Frage, ob der Altar in Ulm selbst entstanden ist, oder ob ihn die Ulmer Familie bei einem oberrheinischen Künstler der Schongauernachfolge bestellt hat.

Im Gegensatz zu den narrativen Szenen der Außenansicht mit der Verkündigung und den Flügelinnenseiten mit Geißelung und Dornenkrönung, auf denen bestimmte Ereignisse aus den Evangelien geschildert werden, liegt dem Thema der zentralen Figurengruppe mit dem Schmerzensmann keine heilsgeschichtliche Begebenheit zugrunde. Das Bild ist vielmehr ein konzentriertes Symbolbild für die gesamte Passion Christi. Der geschundene Leib des Schmerzensmannes gilt dabei als eucharistisches Symbol, während ihn die Weltkugel zu seinen Füßen gleichzeitig als Weltenherrscher ausweist und auf die Auferstehung hindeutet. A. M.

1 Gutscher 1999, S. 156.

Lit.: Baum 1957/58 (Ludwig Schongauer) – Bushart 1959, S. 141 (lehnt Zuschreibung an Ludwig Schongauer ab) – Stange, KV, Bd. 2, 1970, Nr. 604 – Müller 1991, S. 312, Abb. 7 – Slg. Kat. Basel 1994, Nr. 149 – Gutscher 1999, S. 156, Nr. 117 – Lüken 2000, Abb. 76, U16 (Ludwig Schongauer).

202

Oberrheinische (?) Werkstatt

Christus als Schmerzensmann, von Engeln gestützt

Um 1450–1470
Lindenholzrelief mit alter, teilweise originaler Fassung; 56 x 43 cm
Baden-Baden, Zisterzienserinnen-Abtei Lichtenthal

Das zentrale Motiv des Reliefs bildet eine sogenannte *Engelpietà*: Der auf einem schräg gestellten Sarkophag sitzende Christus wird von zwei Engeln gestützt.[1] Dieser Bildtypus, der im 14. Jahrhundert in Italien entstand, ist hier durch einen dritten Engel bereichert, der in seinem linken Arm Rute und Geißel hält und sich mit seiner rechten Hand eine Träne aus dem Auge wischt. Vor, auf und hinter dem Sarkophag sind zahlreiche andere *arma Christi* dargestellt, die zeichenhaft an die Passion erinnern (vgl. Kat. 12, 34, 56): Hammer, Zange, Essigeimer, Strick, Würfel, Rock, dreißig Silberlinge, Nägel, Dornenkrone, Geißelsäule, Schwammrohr, Lanze und Kreuz mit Titulus. Der Ölbergkelch rechts oben könnte ein Hinweis darauf sein, daß das Relief in eucharistischem Zusammenhang, zum Beispiel als Schmuck eines Sakramenthäuschens, verwendet wurde. Darstellungen der Engelpietà haben des öfteren diesem Zweck gedient. Es ist aber ebenso denkbar, vielleicht noch wahrscheinlicher, daß das Werk in privatem Kontext der Andacht diente. Über die ursprüngliche Herkunft und Funktion des Reliefs, das nicht alter Lichtenthaler Besitz ist, sondern erst 1938 in die

202

Sammlungen des Klosters gelangte, läßt sich jedoch leider nichts sagen.

Das Museum für angewandte Kunst in Köln bewahrt ein Relief, das deutlich kleiner als das Lichtenthaler Relief, ansonsten aber diesem engstens verwandt ist (Abb. 202/1).[2] In einigen Details weichen die beiden Werke voneinander ab. Wahrscheinlich stammen sie nicht aus derselben Werkstatt – dagegen sprechen zum Beispiel die unterschiedlichen Physiognomien –, sondern beruhen auf einer gemeinsamen Vorlage. Man mag an einen Kupferstich in der Art des Meisters E. S. denken, von dem eine sehr ähnliche Komposition überliefert ist (Kat. 56).

H. J.-F.

1 Vgl. RDK, Bd. 5, 1967, Spalte 601–621.

2 29,5 x 22,5 cm; vgl. Ausst. Kat. Köln 1982, S. 78, Nr. 20.

Lit.: KD Baden, Bd. 11, 1942, S. 466, Nr. 29.

202/1 Unbekannter Meister, *Christus als Schmerzensmann auf dem Sarkophag*, Köln, Museum für angewandte Kunst

203

Oberrheinischer Meister

Votivtafel des Seligen Bernhard von Baden

Zwischen 1480 und 1484
Holz; 40 x 24,5 cm
Privatbesitz

Diese dem oberrheinischen Kunstkreise, vielleicht einer Straßburger Werkstatt, entstammende Votivtafel zeigt den jugendlichen Bernhard von Baden als *miles christianus*, als gewappneten christlichen Ritter im Typus des Heiligen Adelspatrons Georg vor mit einem Rautenmuster punzierten Goldgrund stehend; vor diesen ziehen soeben zwei Engel einen schweren Brokatvorhang, der als ein den Rang und die Bedeutung des Dargestellten hervorhebendes Ehrentuch zu betrachten ist. In voller, über einem pupurroten Wams getragener Rüstung – der Helm ist zu seinen Füßen auf dem grasbewachsenen Boden abgelegt –, erscheint der sich nach rechts wendende Ritter mit einer Fahnenlanze, deren gerafften Wimpel er gegen den Schaft der Waffe hält; mit der Rechten stützt er sich auf einen konkav eingeschwungenen Schild: Beide Attribute sind mit den badischen Farben – dem roten Schrägbalken auf goldenem Grund – geschmückt. Sowohl die gezierte Bewegtheit der feingliedrigen Gestalt als auch das hervorgehobene, von blonden Locken umspielte Antlitz des Jünglings sowie die prominent um den rechten Oberarm gebundene rote Turnierbinde, deren Enden in ornamentalen Schwüngen den Dargestellten umspielen, lassen die hohe, höfische Abkunft des Ritters erahnen.

In der Tat handelt es sich um eine Darstellung des badischen Landespatrons, des Seligen Markgrafen Bernhard II. (1428/29–1458), der sich durch Bildung, höfische Gewandtheit und Tapferkeit im Felde ebenso auszeichnete wie durch religiöse und karitative Gesinnung.[1] 1454 leistete er zugunsten seines älteren Bruders Karl Verzicht auf seinen Anteil an den badischen Landen, wesentlich um sich im Auftrage Kaiser Friedrichs III. der Abwehr der türkischen Bedrohung des Abendlandes zu widmen. Er war mit den Zurüstungen für einen Kreuzzug befaßt, als er im italienischen, südlich von Turin gelegenen Moncalieri im Alter von 30 Jahren der Pest zum Opfer fiel. Am dort eingerichteten Grabe des bereits zu Lebzeiten in heiligmäßigem Rufe stehenden Bernhard ereigneten sich in der Folge zahlreiche wundertätige Krankenheilungen. Bereits wenige Monate nach dem Tode des Markgrafen sprach Papst Pius II. von der *opinio sanctitatis*, der Geltung als Heiliger; dies führte rasch zur Verehrung Bernhards, nicht nur in Moncalieri, sondern auch im Bistum Metz, wo sein Bruder Georg die Bischofswürde innehatte und bald auch in den badischen Stammlanden. Schon gegen 1480 scheint ein Heiligsprechungsverfahren angestrebt worden zu sein, doch wurde Bernhard erst 1769 selig gesprochen. Dennoch etablierte sich bereits im ausgehenden 15. Jahrhundert zunächst im Kreise der markgräflichen Familie ein Bernhardskult mit festen liturgischen Formen. Mehrere Darstellungen in den verschiedenen Bildkünsten vermögen davon Zeugnis zu geben: Stellvertretend darf auf die Miniatur im Stundenbuch des Markgrafen Christoph I., eines Neffen Bernhards, verwiesen werden, wo dieser abermals als gewappneter Ritter, diesmal jedoch bereits mit einem Nimbus ausgezeichnet, erscheint (vgl. Kat. 274).[2] In dem zwischen 1488 und 1491 entstandenen Stundenbuch fand auch das von dem Benediktiner Albrecht von Bonstetten im Jahre 1480 für Bernhards Bruder Georg verfaßte Gebet an den verehrten Markgrafen Aufnahme,

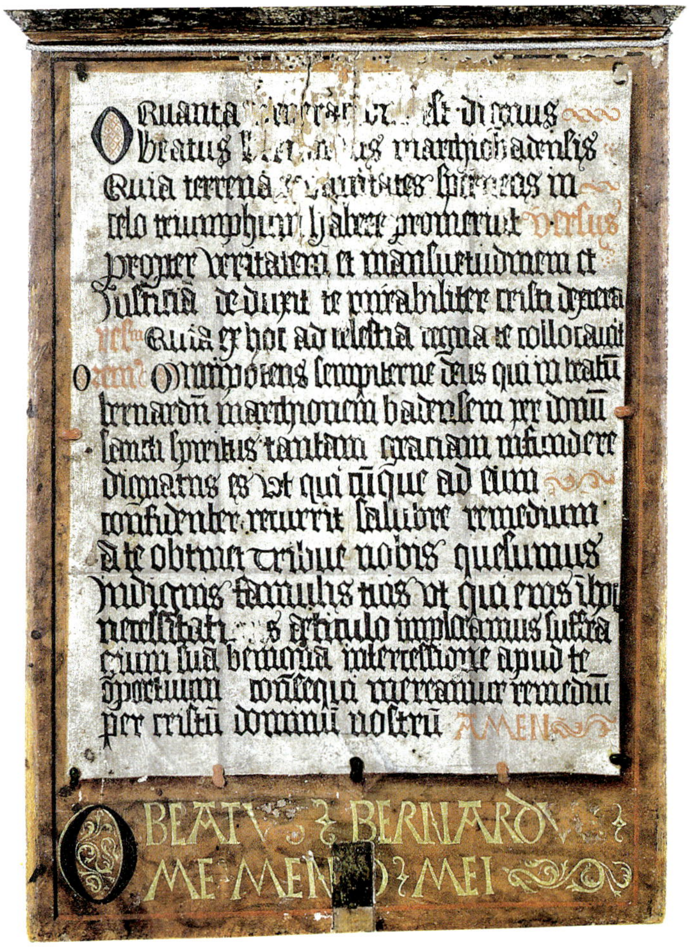

203 Schutzdeckel

203 Rückseite

welches auch auf dem der Votivtafel zugehörigen Schutzdeckel erscheint und auf diese Weise zur zeitlichen Einordnung der Malerei beiträgt. Die Rückseite der Bildtafel zeigt zudem das von Helm und Helmzier bekrönte markgräfliche Wappen umgeben von vier weiteren, kleinen Wappen in den Ecken des Bildfeldes: Neben den Wappen von Bernhards Brüdern Georg und Johannes – Erzbischof von Trier –, sind es diejenigen des Neffen Christoph I. und wohl seiner Gemahlin Ottilie.[3] Da Georg 1484 starb, scheint hier ein *terminus ante quem* für die Datierung des Gemäldes gegeben. Über Auftrag und ursprüngliche Bestimmung des Votivbildes ist nichts bekannt, doch ist der Auftraggeber fraglos im engeren Kreis der Familie zu suchen.

M. D.

1 Zur Vita Bernhards vgl. den einführenden Text von Wolfgang Müller in Ausst. Kat. Freiburg 1978, S. 3–11.
2 Die Miniatur findet sich auf Bl. 96r. – Vgl. Mittler/Stamm 1978.
3 Schutzdeckel und Bildrückseite abgebildet in Kircher 1954, nach S. 32.

Lit.: Renner 1953, S. 12–17 – Kircher 1954, S. 6–31 – Ausst. Kat. Freiburg 1978, S. 19f. – Ausst. Kat. Karlsruhe 1995, S. 81.

203

208

II.10 Buchmalerei

Wie in vielen anderen Kunstlandschaften, so erlebte die Buchmalerei im ausgehenden Mittelalter auch am Oberrhein eine letzte große Blütezeit. Von der einfachen Nonnenmalerei bis zum kunstvoll ausgestatteten Stundenbuch aus der Produktion städtisch-zünftischer Werkstätten stellen die nachfolgend erläuterten, illuminierten Kodizes eine repräsentative Auswahl der spätmittelalterlichen Handschriftenproduktion dar; exemplarisch finden verschiedene Werkstätten, unterschiedliche Illuminationstechniken sowie bedeutende Buchtypen religiöser Literatur Berücksichtigung.

Wohl unmittelbar nach der Mitte des 15. Jahrhunderts entstand in Basel die mit derben, flächig konzipierten Federzeichnungen ausgestattete *Marien-Legende*, deren feingratiges Lineament unmittelbar an den frühen Kupferstich denken läßt (Kat. 9). Diesen Illustrationen sind die fein gestrichelten, zart kolorierten und wohl einer Straßburger Werkstatt zu verdankenden Federzeichnungen der 1450/52 ausgeführten *Leben Jesu*-Papierhandschrift aus dem Zisterzienserinnen-Kloster Lichtenthal ebenso an die Seite zu stellen wie die volkstümlich-schlichten Federzeichnungen der Konstanzer *Augustinus-Vita* von 1460 (Kat. 204, 206). Bereits in den späten 1420er Jahren hatte die gleichsam serienmäßige Produktion der mit großfigurigen, starkfarbig lavierten Federzeichnungen ausgestatteten Papierhandschriften der arbeitsteilig organisierten Schreibstube Diebold Laubers im elsässischen Hagenau eingesetzt; eine erste Rationalisierung in der Herstellung von Text und Illustration vereinenden Büchern war somit erreicht. Die großformatig-reichillustrierte, Altes und Neues Testament in freier Bearbeitung enthaltende *Historienbibel* von 1450/60 darf als ein charakteristisches Produkt der Lauber-Werkstatt betrachtet werden (Kat. 208). Ein interessantes Beispiel der Übergangsphase von der Handschriftenproduktion zum frühen Buchdruck stellt die sogenannte *Donaueschinger Passion* dar, finden sich doch die 16 lasierend kolorierten, feinlinigen Umrißholzschnitte der Folge eingeklebt in eine liturgische Papierhandschrift des ausgehenden 15. Jahrhunderts (Kat. 205).

Handelt es sich bei den genannten Werken jeweils um mit lasierend kolorierten Federzeichnungen ausgestattete Bücher, so sind die Illustrationen weiterer Handschriften sorgfältig und aufwendig mit Deckfarben ausgeführt; statt des sich erst seit der Mitte des 15. Jahrhunderts als Beschreibstoff durchsetzenden Papiers wurde regelmäßig das traditionelle Pergament gewählt. Exemplarisch darf ein 1461 vollendetes, vielleicht in Konstanz illuminiertes *Gebetbuch* angesprochen werden, dessen sicher komponierte, bildfüllende Illustrationen an die zeitgleiche Tafelmalerei am Bodensee erinnern (Kat. 210). Eine Besonderheit stellen in diesem Zusammenhang die sogenannten *Nonnenhandschriften* am Oberrhein dar, deren farbkräftig-dekorative, oftmals innig-gefühlsbetonte Miniaturen von besonderem Reiz sind. Bei dem vor 1492 für das Straßburger Klarissenkloster angefertigten *Klarenbuch* handelt es sich um eines der schönsten Exempel der Nonnenmalerei klösterlicher Skiptorien: Mit Sibilla von Bondorf ist in diesem Falle gar die ausführende Buchmalerin namhaft zu machen (Kat. 212). Mit leuchtkräftigen Deckfarbenmalereien sind auch zwei klerikal-juristische Schriften aus Speyer geschmückt, die 1465 und kurz nach 1471 vollendet wurden. Die bildmäßig ausgeführten, ganzseitigen Miniaturen stehen stellvertretend für die Malerei in der Bischofsstadt Speyer, deren geographische Lage am nördlichen Rande des Oberrheingebietes den Einfluß mittelrheinischer Stilmerkmale (Umkreis des Hausbuchmeisters) erklärlich macht (Kat. 213, 214).

Der weitreichende Einfluß des führenden Bildkünstlers am Oberrhein – Martin Schongauers – läßt sich auch im Bereich der Buchmalerei belegen, wobei regelmäßig seine Kupferstiche auf unterschiedliche Weise als Grundlage für die Buchillustration dienten. Als ein beredtes Beispiel für die Anverwandlung der Bilderfindungen des Colmarer Meisters darf das 1482–1484 unter Beteiligung mehrerer Miniatoren vielleicht in Straßburg entstandene *Herrenalber Gebetbuch* angesprochen werden (Kat. 215): Zwölf der vierzehn, leuchtendbunt illuminierten Passionsszenen finden ihre Vorbilder in der um 1475/80 zu datierenden Kupferstichfolge Schongauers (Kat. 107). Daß die Stiche des Meisters aber auch unmittelbar als Ersatz für gemalte Miniaturen Verwendung finden konnten, läßt ein Sammelband mit Marientexten, unter anderem von Albertus Magnus, erkennen, in dessen vorderen Deckel die *Madonna mit dem Papagei* eingeklebt wurde (Kat. 216). Die Vielgestaltigkeit der Verwendung Schongauerscher Kupferstiche zeigt darüber hinaus ein illuminiertes *Deutsches Gebetbuch* von 1490, in welchem der aus Magdeburg stammende Miniator Benedikt Hoben die genannte *Papageien-Madonna* im Gegensinn, vermittelt über einen Umstich des Wenzel von Olmütz, als Deckfarbenmalerei umsetzte (Kat. 217). Mit dem Konstanzer Meister Rudolf Stahel ist ein Illuminator vorzustellen, der auch als Tafelmaler tätig war. Bei seinen 1495 ausgeführten Illustrationen für das dem biblischen Hohelied nachempfundene Gedicht *Christus und die minnende Seele* treten neben noch deutlich an Kompositionen Schongauers orientierte Miniaturen solche eigener Erfindung (Kat. 218); zuweilen lassen sich entsprechende Darstellungen in Tafel- und Buchmalerei nachweisen (vgl. Kat. 180). Bei einem Anfang des 16. Jahrhunderts vermutlich in Straßburg illuminierten, kleinformatigen *Stundenbuch* treten neben die weiterhin geschätzten Stiche Schongauers nunmehr die Holzschnitte Albrecht Dürers als Vorlagen für die Miniaturen und lassen so eine Hinwendung zu einer »moderneren« Bildsprache erkennen (Kat. 219).

Abschließend darf auf zwei Werke verwiesen werden, deren prominente oberrheinische Auftraggeber sich an auswärtige Werkstätten wandten, sicher nicht zuletzt, um ihren hohen Ansprüchen genügende Kunstwerke zu erhalten. Wahrscheinlich in einer Pariser Werkstatt enstand um 1490 das mit sehr qualitätvollen Miniaturen feiner koloristischer Wirkung aufwendig ausgestattete Stundenbuch für den badischen Markgrafen Christoph I. (Kat. 274). Wenige Jahre später, im ersten Jahrzehnt des 16. Jahrhunderts, wurde das ungewöhnlich ausführliche, vierbändige Missale für den Konstanzer Bischof Hugo von Hohenlandenberg mit hochwertigem Miniaturenschmuck ausgestattet (Kat. 185). Die beiden zuletzt erwähnten bedeutenden Aufträge vermögen überdies anzudeuten, daß gemalte Bücher seit der Wende vom 15. zum 16. Jahrhundert nur noch für den »privaten und repräsentativen kirchlichen Gebrauch« (Konrad 1993, S. 146), nicht zuletzt als erlesene Kunstgegenstände entstanden – die in Herstellung und Erwerb preisgünstigeren, in Serie zu produzierenden Druckwerke hatten sich im übrigen durchgesetzt (siehe das folgende Kapitel).

M. D.

204

Schreib- und Lesemeisterin Regula (vor 1450/52–1478)
Straßburger (?) Werkstatt

Leben Jesu nach der Vita Christi des Michael von Massa (?)

Kloster Lichtenthal und Straßburg (?), um 1450/52
Illustrierte Handschrift, Papier; 187 Blätter, 29 x 20,5 cm
Karlsruhe, Badische Landesbibliothek
Sign. L 70 (erster Teil, Bl. 1–187)

Dieses Buch, das sich im wesentlichen aus vier liturgischen und hagiographischen Texten zusammensetzt, ist vermutlich das älteste der überlieferten Werke der unter ihrem Beinamen Regula bekannten Zisterzienserin Margaretha aus Kloster Lichtenthal. Wohl gegen 1450 mit anderen Nonnen aus Königsbrück bei Hagenau zur Reformierung nach Lichtenthal gesandt, entwickelte die gelehrte Schreib- und Lesemeisterin während des dritten Viertels des 15. Jahrhunderts im Dienste ihrer des Lateins nicht mächtigen Mitschwestern eine kompilierende und in die niederalemannische Mundart übersetzende rege Tätigkeit. Auf den ersten 187 Blättern der für den täglichen Gebrauch, die Tischlesungen, geschaffenen Papierhandschrift findet sich das *Leben Jesu* nach einer lateinischen *Vita Christi* des frühen 14. Jahrhunderts, die dem Augustinereremiten Michael von Massa (um 1298–1337) zugeschrieben wird und schon Ludolf von Sachsen als Vorlage seiner *Vita Christi* diente. Eine kürzende, recht freie Übersetzung, wird der Lichtenthaler Text als eigenständiges Werk Regulas betrachtet, das durch zahlreiche Zusätze der Autorin die lateinische Vorlage anschaulicher und im Sinne mystischer Gefühlsbetontheit wirkungsvoller macht. Über die Intentionen ihres »ueber gut mynnicklich buoch« äußert sich die Schreibmeisterin in der Vorrede selbst: »Hie sint nit kluge geczierte wort, die die oren füllent, Sunder slecht (schlicht) und einfaltig, also sie zu luterer andacht und Innikeit des hertzen wisent.« Der Text stellt das Vergangene, Jesu Leben und Erlösungswerk, wie gegenwärtiges Geschehen dar, er will zu Herzen gehen, ergreifen, zu christlicher Lebensführung anspornen und schließlich zur Nachfolge Christi bekehren.

Hinweis auf die herausragende geistliche Bedeutung des Textes für das Klosterleben sind die vierzig fein gestrichelten und kolorierten Federzeichnungen, die als kongeniale bildliche Meditationshilfen vor den Anfang bestimmter Kapitel eingefügt wurden – ein einziger Fall unter den Lichtenthaler Regula-Kodizes. Wie auch bei anderen illustrierten Handschriften, deren deutsche Texte von Regulas *Leben Jesu* abhängen, etwa dem um 1450/60 mit einundvierzig Miniaturen versehenen Pergamentkodex aus Donaueschingen,[1] werden vornehmlich Ereignisse aus dem frühen Marienleben und der Kindheit Jesu (13 Bilder) sowie der Passion Christi (vom Einzug nach Jerusalem bis zur Grablegung; 15 Bilder) wiedergegeben, darunter so besondere genrehafte Szenen wie die *Sorge um das neugeborene Kind,* die *Heimkehr der Heiligen Familie aus Ägypten*, ihre *Rückkehr aus Jerusalem* und ihr einträchtiges *Leben in Nazareth*. Dem Wunderwirken sowie öffentlichen Leben Jesu und der Verherrlichung Christi sind dagegen nur jeweils fünf Bilder gewidmet.

Aufgrund der Wasserzeichen kann die Handschrift um 1450/52 datiert werden. Das gilt auch für die Illustrationen, die wohl gleich nach Beendigung der Schreibarbeiten und noch vor Einfügung der roten Überschriften von mindestens zwei, vielleicht sogar drei oder vier Zeichnern in einer größeren, wohl Straßburger Werkstatt ausgeführt wurden. Diese Annahmen beruhen einerseits auf Detailvergleichen zwischen den Bildern und andererseits auf Überlegungen zur geographischen Lage des Klosters und seiner historischen Verbindungen zum Unterelsaß, insbesondere zu Straßburg. Die lyrisch-schlichte, gefühlsbetonte Darstellungsweise der Illustrationen erinnert sowohl an die viel älteren oberrheinischen Gemälde des Weichen Stils[2] als auch an manche aus der Jahrhundertmitte (Kat. 32, 33).

D. L.

1 Ausst. Kat. Karlsruhe/Stuttgart 1994, Nr. 29. Siehe ferner Stork 1991.
2 Ausst. Kat. Karlsruhe 1994, Abb. 1–4, 63–67.

Lit.: Ausst. Kat. Karlsruhe 1965, Nr. 94 (E. Beer) – Ausst. Kat. Offenburg 1980, Nr. 10 (G. Stamm) – Slg. Kat. Karlsruhe 1987, L 70, S. 175–179 (F. Heinzer/G. Stamm) – VL2, Bd. 7, 1989, ›Regula‹, Sp. 1131–1134 (G. Stamm) – Geith 1990, S. 22–57 – Ausst. Kat. Karlsruhe/Stuttgart 1994, Nr. 29 – Ausst. Kat. Karlsruhe 1995, S. 63–70 (G. Stamm), Nr. 87 – Ausst. Kat. Karlsruhe 1996, Nr. 44.

204

204

205

205

205

Oberrheinische Werkstatt (um 1450/65)

Die Donaueschinger Passion

16 kolorierte Holzschnitte, eingeklebt in eine liturgische Handschrift, Papier; 11,2/7 x 7,8/9 cm
Karlsruhe, Badische Landesbibliothek
Sign. Fürstenberg Ms. 424 (Bl. 194, 197, 208, 211, 220, 222, 229, 231)

Zu den großen Kostbarkeiten der in der Ausstellung gezeigten Werke des frühen Holzschnitts am Oberrhein zählt, da nicht ein zweites Mal überliefert, diese Folge von sechzehn Passionsdarstellungen, von denen je zwei auf die Vorder- und Rückseiten von acht Blättchen gedruckt wurden. Sie finden sich in ein liturgisches Buch eingeklebt, das möglicherweise um 1490/1500 im Elsaß für einen Frauenkonvent geschrieben und einst in Donaueschingen aufbewahrt wurde, worauf die Benennung der Holzschnittfolge zurückgeht. Die Handschrift enthält drei verschiedenartige geistliche Texte, darunter die Passionslesungen aus den vier Evangelien für die Karwoche. In diesem Teil befinden sich als bedeutungsvoller Schmuck die Holzschnitte, die sich in der Regel auf den Text der jeweils gegenüberliegenden Seite beziehen, wodurch Bild und Buchinhalt eine Einheit bilden. Die *Donaueschinger Passion* verkörpert einen exemplarischen oberrheinischen Bildzyklus der Leiden Christi um 1450/65 und ist beispielsweise von Bedeutung für die mögliche Rekonstruktion des Umfangs der etwa gleichzeitigen, nur als Fragment überlieferten *Karlsruher Passion* (Kat. 35), deren sieben Szenen alle auch in der Holzschnittfolge vorkommen. Letztere beginnt mit dem Einzug Christi nach Jerusalem, der Fußwaschung und dem Abendmahl; sie schildert anschließend das Gebet am Ölberg, die Gefangennahme und das Verhör vor Pilatus, weiter die Geißelung, die Dornenkrönung und das sogenannte *Ecce homo,* welches überleitet zur dichten Szenenfolge aus Kreuztragung, Entkleidung, Kreuzannagelung und Kreuzigung Christi (mit Lanzenstich); die Beweinung und Grablegung sowie die nicht mehr zur Passion, sondern zur Verherrlichung Christi zählende Auferstehung bilden das Zyklusende.

Die feinlinigen Umrißholzschnitte, die kaum Schraffuren, dafür aber eine teilweise modellierende und lasierende Handkolorierung mit vorwiegend zarten gebrochenen Grau-, Rosa-, Gelb-, Grün- und wenigen Zinnober-, Karmin- und Blautönen aufweisen, sind älter als die Handschrift, zu deren Schmuck sie wiederverwendet und dabei teilweise nochmals mit kräftigen Farben und wenig Deckweiß in der Art oberrheinischer Nonnenmalerei überdekoriert wurden, beispielsweise die *Beweinung*. Wohl spätestens um 1450/65 entstanden, ist ihr Stil von früheren Tafelgemälden wie den Passionsszenen des sogenannten Staufener Altars der Zeit um 1420/30 abzuleiten.[1] Darüber hinaus ähneln sie aufgrund ihres Sentiments, ihrer Kopftypen, Figurenproportionen und stilisierten Details, ihres undramatischen Erzählstils und ihrer gedrängten Kompositionen den frühesten der oben erwähnten Buchillustrationen aus spätgotischen Werkstätten oberrheinischer Frauenklöster (siehe dazu Kat. 212).

D. L.

1 Slg. Kat. Karlsruhe 1966, S. 198f. – Slg. Kat. Freiburg 1990, S. 12–21 – Ausst. Kat. Karlsruhe 1996, Nr. 9–11.

Lit.: Schreiber, Bd. 8, 1907, S. 7–10 – Schreiber 1926, Nr. 152a u. ö. – Heusinger 1953, S. 77–110 – Heusinger 1959, S. 136–160 – Ausst. Kat. Karlsruhe/Stuttgart 1994, Nr. 30 (F. Heinzer) – Ausst. Kat. Karlsruhe 1996, Nr. 62.

206

206
Konstanzer Klostermaler
Das Leben des Heiligen Augustinus

1460
Dat. auf Bl. 4r
Handschrift mit kolorierten Federzeichnungen; Papier, 41 (+1) Blätter, 29,0 x 20,5 cm
Konstanz, Rosgartenmuseum
Sign. Hs. 3

Die überaus reich illustrierte Papierhandschrift wurde auf 82 Seiten von sieben Schreibern mit Inhaltsangaben (Tituli) und von zwei Zeichnern mit insgesamt 124 kolorierten Federzeichnungen versehen. Dabei kann durchaus eine Identität von Schreiber und Illustrator angenommen werden, denn ihr nichtprofessioneller Stil spricht nicht unbedingt dafür, daß der Auftrag zur Bebilderung aus dem Kloster in eine Malerwerkstatt gegeben wurde.
In großer Ausführlichkeit werden nahezu sämtliche Ereignisse aus dem Leben des Heiligen Kirchenvaters Augustinus dargestellt – es fehlen immerhin noch drei aus anderen Augustinusviten der Zeit bekannte Abschnitte. Die Illustrationen wurden, ebenso wie die Texte, nach einer zuvor durchgehend vorgenommenen Linierung in die dafür vorgesehenen Freiräume eingesetzt. Dabei ist ein Formbewußtsein für die Bildhaftigkeit der Darstellungen zu vermissen: Sie werden weder in einen umlaufenden Rahmen gesetzt noch wird die Seitenbreite und -höhe streng berücksichtigt. Somit liegt der Wert eher in einem kirchenhistorischen als in einem kunstgeschichtlichen Interesse. Die abschließende Illustration bildet dabei in unerwarteter Hinsicht eine Ausnahme: Nach dem Tod und Begräbnis des Heiligen wird ihm auf dieser Darstellung ein steinernes Grabmal gefertigt. Sie gibt der Skulpturenforschung den wichtigen Hinweis, daß es durchaus üblich war, daß solche Arbeiten von mehreren Bildhauern ausgeführt werden konnten. In diesem Fall sind drei von ihnen an der Herstellung der Augustinus-Figur zu gleicher Zeit tätig. Eine unterhalb dieses Grabmals betende Mönchsgestalt sichert durch ihr beigegebenes Wappen die Handschrift für Konstanz: Es ist der damalige Prior des Augustinerklosters und Auftraggeber der Handschrift Johannes Ertzer.

B. K.

Lit.: Stange, DMG, Bd. 7, 1955, S. 53, Abb. 118 – Slg. Kat. Konstanz 1993, Nr. 2.05 – Moser 1997, S. 285ff., KO 38.

207
Meister vom Bodensee (Buchmaler)
Leonhardus Loffellman (Autor)
Das Leben der Heiligen Väter

Konstanz (?), 1477
Handschrift mit 36 kolorierten Federzeichnungen; Papier, 164 Blätter, 27,8 x 20 cm
Heidelberg, Universitätsbibliothek
Sign. Pal. Germ. 90

Unter der rot angelegten Überschrift »Von sandt Paulo unde Sant Anthonio – wie Innen der Rapp das hiemelbrott prachte« zeigt die 18,7 auf 13,4 cm große Miniatur die beiden Eremiten Paulus und Antonius in betender Haltung vor einer Höhle (Bl. 9v). Die Darstellung schildert die Episode, als der Heilige Antonius den 113jährigen Paulus in seiner Einöde

207

207/1
Meister von 1445,
Die Speisung der Heiligen Paulus und Antonius,
1445, Basel,
Kunstmuseum

besuchte. Von rechts fliegt ein Rabe ins Bild, der der Legende nach die beiden Eremiten mit dem himmlischen Brot versorgte. Beide Heilige sind mit dunklen Mönchskutten über weißem Untergewand angetan, wobei der Heilige links durch die Glocke als Antonius zu identifizieren ist (siehe auch Kat. 21). Die Begegnung des älteren Eremiten Paulus mit dem jüngeren Antonius findet sich in einer ganz ähnlichen Komposition auf einem Tafelbild aus dem Kunstmuseum Basel, das dem in der Nordschweiz und Konstanz tätigen Meister von 1445 zugeschrieben wird (vgl. Abb. 207/1).[1] Die engen Analogien in der Gegenüberstellung der beiden Figuren und in dem Aufbau des Bildes lassen auf eine gemeinsame Bildtradition schließen.

Die Lebensbeschreibungen von Paulus und Antonius bilden den Auftakt im *Leben der Heiligen Väter*, einer Legendensammlung in deutscher Prosa, die das Leben der ersten christlichen Mönche schildert. Der Schreiber der Handschrift, Leonhardus Loffellman, hat sich mit seinem Namen und dem Datum 1477 auf der letzten Seite verewigt (Bl. 164r).

Der Text mit all seinen Wunderberichten und Frömmigkeitszeugnissen der ersten Eremiten gehört zu den als *Vitaspatrum* bekannten Corpuswerken, die im Spätmittelalter vor allem im alemannischen Raum sowohl in Prosa als auch in Versform eine große Verbreitung gefunden hatten. In der Ausstellung ist mit dem Teildruck *sant Pauls leben* aus der Offizin des Bartholomäus Kistler (Kat. 231) ein weiteres Beispiel dieser volkssprachlichen Überlieferung gegeben.

Die insgesamt 36 Illustrationen der Handschrift weisen sich durch eine kräftige Zeichnung aus, die fast gänzlich ohne Schraffuren auskommt, so daß ein holzschnittartiger Eindruck entsteht. Kennzeichnend für den ausführenden Meister ist auch der deckende, wenig schattierende Farbauftrag. Während die Figuren sicher und anatomisch stimmig angelegt sind, erscheint die Kulissenlandschaft stark vereinfacht und perspektivisch nicht kohärent. Derselben charakteristischen Hand lassen sich auch die Illustrationen einer weiteren Handschrift aus der Heidelberger Universitätsbibliothek, dem sogenannten *Buch der Beispiele* zuordnen.[2] Der Stil der Bilder verweist auf eine Entstehung im Bodenseeraum, sprachliche Besonderheiten des Textes deuten hingegen auf das östliche Schwaben.

A. M.

1 Slg. Kat. Basel 1964, S. 14. Siehe auch Ausst. Kat. Basel 1993.
2 Cod. Pal. Germ. 466; Moser 1997, S. 300, KO 55.

Lit.: Wegener 1927, S. 87–91, Abb. 80, 81 – Stange, DMG, Bd. 7, 1955, S. 53 – Mittler 1986, Nr. 32 – Moser 1997, S. 305f., KO 63.

208

Diebold Lauber-Werkstatt

Historienbibel

Hagenau, um 1450/60
Papier; 515 Blätter, 40 x 27,5 cm
Würzburg, Universitätsbibliothek
Sign. M. ch. f. 25

Der Würzburger Kodex gehört einer bestimmten spätmittelalterlichen Gruppe großformatiger Papierhandschriften der geistlichen Literatur an, die in deutscher Prosa geschrieben, mit seitengroßen, meist nicht sehr kunstvollen, starkfarbig lavierten Federzeichnungen illustriert und von

208

den meisten geistlichen wie weltlichen, bürgerlichen wie adligen Bevölkerungskreisen geschätzt wurden. *Historienbibeln* genannt, sind es Erbauungs-, Schul- und Geschichtsbücher und bieten in der Regel den alt- und neutestamentlichen Erzählstoff in freier Bearbeitung, möglichst vollständig und mit zahlreichen apokryphen und profangeschichtlichen Erweiterungen. Von diesen heute noch zahlreich überlieferten Handschriften, die vornehmlich um 1440 bis 1475, vor der ersten Blüte des frühen Buchdrucks in Gebrauch waren, stammt ein großer Teil aus dem Elsaß, von wo aus sie weit über das Oberrheingebiet hinaus verbreitet wurden. Das wichtigste Herstellungszentrum war Hagenau, wo der Schreiber und Händler Diebold Lauber um 1427 bis 1467 nahezu »fabrikmäßig« eine auf Arbeitsteilung beruhende und auf Vorrat arbeitende Handschriftenproduktion betrieb. Zu seinem weitgefächerten Angebot zählten nicht zuletzt auch Historienbibeln. Und aus seiner Werkstatt stammt wohl auch der Würzburger Kodex, da dessen 89 Bilder von zwei unter Lauber arbeitenden Malern ausgeführt wurden und da er auch sonst alle Merkmale der Ausstattungs- und Arbeitsweise Lauberscher Handschriften aufweist. In der Würzburger Historienbibel entfallen auf den nahezu 200 Blatt starken alttestamentlichen Teil 67 Illustrationen, auf die 115 Blätter des neutestamentlichen Teils nur 22 Bilder. Der altertümlichere der beiden Maler ist an den jeweils nur etwa das halbe Blatt bedeckenden Kompositionen, den kleineren und feiner gezeichneten Figuren und an dem um 1430 im Elsaß geläufigen Stil zu erkennen; er malte wohl 21 Bilder des Kodex, zu denen die Gideon-Szene gehört (Bl. 219v; Abb.). Der jüngere, temperamentvollere Maler des größeren Teils der Illustrationen arbeitete schnell, etwas derb, großfigurig und seitenfüllend und bevorzugte eine Palette kühler, deckender wie lasierender Farben, unter denen kaum etwas Mennigerot und nicht das Sonnenblumengelb des älteren Malers vorkommen.

Laubers Historienbibeln gehören der Textgruppe IIa an, was bedeutet, daß ihr neutestamentlicher Teil eine durch Zusätze aus der Vulgata erweiterte Prosaauflösung von Bruder Philipps Marienleben aus dem frühen 14. Jahrhundert darstellt. So verwundert im Text nicht die große Zahl apokrypher Legenden der Kindheit Jesu und der entsprechend hohe Anteil von fünf Illustrationen dieser ersten Lebensphase des Heilands. Zu den ungewöhnlichen Darstellungen der Handschrift zählt das Wunder »Also die löwen ihesu sich zuo dienste erbutten« (Bl. 461v), das sich in Nazareth, nach der Rückkehr der Heiligen Familie aus Ägypten ereignet haben soll (Abb. vor Kap. II.10).

D. L.

Lit.: Vollmer 1912, S. 122–124 – Landolt-Wegener 1963/64, S. 225 u. ö., A 52b, d, 53c – VL[2], Bd. 4, 1983, Sp. 67–75 (Chr. Gerhaerdt) – von Euw/Plotzek, Bd. 4, 1985, S. 251–264 – von Bloh 1991/92, S. 300f., u. ö. – LexMA, Bd. 3, 1989, Sp. 986 (H.-J. Schiewer) – Ausst. Kat. Würzburg 1990, Nr. 28 – Slg. Kat. Würzburg 1990 (H. Thurn), S. 252f.

209

Konstanzer Werkstatt (?)

Sammelhandschrift

1454 (Dat. auf Bl. 102v)
Handschrift mit kolorierten Federzeichnungen; Papier, 301 Blätter, 28,6 x 21,3 cm
St. Gallen, Bischöfliche Stiftsbibliothek
Sign. Cod. 987

Die Handschrift gehörte dem Ottmar-Spital in St. Gallen, dem ehemaligen *Blauen Haus,* Stätte einer dem Kloster nahestehenden Laienbruderschaft. Sie enthält drei Texte in ostalemannischer (Schweizer) Mundart, das *Leben des Bischofs Johann von Alexandrien* nach Anastasius Bibliothecarius, Otto von Passaus *Vierundzwanzig Alte* und die *Historia trium regum* von Johannes von Hildesheim. Während der erste und der dritte Text lediglich eine Illustration in Form einer kolorierten Federzeichnung besitzen – der *Heilige Franziskus empfängt die Wundmale* und die *Anbetung der Könige* – ist dem Gespräch der weisen Alten mit der Seele in der Gestalt eines jungen Mädchen jeweils eine Bildszene gewidmet. Eine Darstellung fehlt, wohl nach Herausschneiden des Blattes. Die Alten sind dabei in reicher Kleidung wie orientalische Herrscher wiedergegeben. Bemerkenswert sind die abwechslungsreich gegebenen Innenraumansichten, die – einem Schaukasten ähnlich – von Architekturwerk umrahmt sind und verschiedene Deckenkonstruktionen in perspektivischer

209

Verkürzung zeigen und somit dem Stand der Malerei der Zeit vollkommen entsprechen (vgl. Kat. 21). Die Anbetung des Christkindes durch die Heiligen Drei Könige spielt auf enger Vordergrundbühne, hier ohne Architekturrahmung. Auf dieser Darstellung wird eines der wenigen erhaltenen Beispiele faßbar, das Caspar, den jüngsten König nicht als Farbigen oder Mohrenkönig zeigt, sondern als weißen jungen Edelmann. In dieser Beziehung ist die gleichnamige Darstellung in der St. Jakob-Kirche in Pfullendorf, ein künstlerisch aber höher einzuschätzendes Werk, zu nennen.
Die Malerei in der Handschrift stammt von einer Hand und ist einem nicht näher benennbaren Berufsmaler zuzuweisen. In der Beobachtung und Ausgestaltung von Details steht er der Malerei von Rudolf Stahel nicht fern, wobei dieser aber für eine Zuschreibung ausscheidet, da er zu diesem Zeitpunkt noch ein Kind gewesen ist. Er muß um 1448 geboren sein, denn er wird 1528 als Achtzigjähriger genannt. Möglicherweise bestand später ein Lehrling-Meister-Verhältnis zwischen beiden.

B. K.

Lit.: Stange, DMG, Bd. 4, 1951, S. 18, 30, Abb. 16 – Ott 1986ff., Kat. 4.0.53, S. 202ff. – Moser 1997, S. 281, KO 32.

210

210

Konstanzer oder Augsburger Buchmaler

Gebetbuch

1461 (Dat. auf Bl. 144v)
Handschrift mit 23 blattgroßen Miniaturen; Pergament, 157 Blätter, 9,3 x 7,0 cm
Konstanz, Rosgartenmuseum
Sign. Hs. 1961/64

Der Vermerk des Konstanzer Stadtschreibers Nikolaus Vögelin sichert der Handschrift ihren Platz in der Betrachtung zur Malerei im westlichen Bodenseeraum. Ihr Empfänger ist nicht bekannt, wobei spätere Besitzeinträge von Personen bürgerlichen Standes darauf hindeuten, daß das Gebetbuch nicht in klösterlichem Besitz gewesen ist.
Den achtzehn Darstellungen aus der Passion Christi, beginnend mit der Taufe und beschließend mit dem Jüngsten Gericht, sind der Vollzug des Heiligen Meßopfers vor einem in gotischen Formen gestalteten Altar und die anschließende Erscheinung Christi als Schmerzensmann in der Kelter mit einigen *arma Christi* vorangestellt. Dem Weltgericht folgt eine *Ars Moriendi*-Illustration mit einem sterbenden Manne, dem zwei Teufel bedrohlich nahegerückt sind, um sich seiner noch nicht entwichenen Seele zu bemächtigen. Das Martyrium des Heiligen Sebastian und eine Darstellung der Heiligen Barbara beschließen die Handschrift.
Die 23 ganzseitigen Miniaturen dieses kleinformatigen Gebetbuches sowie zwei Initialen sind von einer in der Tafelmalerei erfahrenen Hand gemalt worden. Sie nutzte geschickt das ihr zur Verfügung stehende knappe Bildformat aus. Die Unterzeichnung mit ihren zum Teil breit auseinanderliegenden Parallelschraffuren bzw. etwas wahllos hingeworfenen Kreuzlagen steht den bisher untersuchten Tafelmalerei-Unterzeichnungen der Murer-Werkstatt recht nahe (Kat. 27, 28, 29, 30). Das in Deckfarbenmalerei ausgeführte Figurenbild will sich dagegen nicht in das ja durchaus facettenreiche Stilbild dieser vielköpfigen Malerfamilie einfügen, doch auch in die Nähe des nicht zweifelsfrei zu dieser Werkstatt zählenden *Passionsaltars* (Kat. 26) möchte man es nicht ohne zu zögern rücken. Die rhythmisch-schwingenden bogenförmigen Umrandungen lassen sich immerhin auch in der gleichzeitigen Augsburger Buchmalerei finden.

B. K.

Lit.: Slg. Kat. Konstanz 1993, S. 94f., Nr. 2.06 – Ausst. Kat. Karlsruhe 1996, Nr. 58 – Moser 1997, S. 287, KO 39a.

211

Johannes Zürn (vor 1447–nach 1499; Schreiber)

Breviarium Cisterciense

Herrenalb (?), drittes Viertel des 15. Jahrhunderts
Handschrift mit 8 Miniaturen; Pergament, 310 Blätter, 23 x 16 cm
Karlsruhe, Badische Landesbibliothek
Sign. Hs. Lichtenthal 20

Dieses Zisterzienserbrevier ist ohne Frage für das Hauskloster der badischen Markgrafen in Lichtenthal bei Baden-Baden entstanden. Als deutlicher Hinweis ist ein Nachtrag in dem den Band eröffnenden Kalendarium zu werten, wo unter dem 25. Februar, dem Todestag der Klostergründerin Irmengard von Baden, das »Anniversarium Irmengardis

211

fundatricis« verzeichnet ist (Bl. 1v). Auch der Ort der Anfertigung des liturgischen Buches ist zu erschließen, konnte doch die Mitwirkung des Handschriftenschreibers Johannes Zürn belegt werden, der sich im Kolophon des Berliner Gebetbuches als Professus und Kantor des Klosters Herrenalb bezeichnet (Kat. 215). Die Beziehungen des Zisterzienserkonvents im Albtal zum nahegelegenen Lichtenthaler Kloster waren vielfältig, schlossen auch ein zeitweiliges Paternitätsverhältnis ein.[1] Zürn, dessen Anteile am Karlsruher Brevier mit der Jahreszahl 1472 datiert sind (Bl. 9v, 310v), scheint regelmäßig für das Tochterkloster tätig gewesen zu sein, stammen doch sechs der ihm ganz oder anteilig zu gebenden Handschriften aus Lichtenthal.[2]

Das Brevier enthält eine viertelseitige Darstellung der Heiligen Anna Selbdritt zu Beginn des »Proprium de Tempore« sowie sieben halbseitige Deckfarbenminiaturen, die in leuchtendem Kolorit acht Heilige darstellen und den entsprechenden liturgischen Stundengebeten – den Offizien – des »Proprium de Sanctis« zugeordnet sind. Die annähernd quadratischen, von Rahmenbordüren mit Blüten- und Blattmusterung dreiseitig eingefaßten Bildfelder werden von den recht derben, kompakten Heiligengestalten, die gelegentlich mit der Figurensprache der Witz-Zeit verbunden wurden, nahezu ausgefüllt. So erscheint Johannes der Täufer vor purpurrotem, mit gelben Ranken verzierten Fond auf grünem Rasengrund stehend (Bl. 195v). Über dem gegürteten härenen Gewand trägt der asketische Prophet einen weiten grünen, weiß gefütterten Mantel; mit seiner Rechten weist er auf das Agnus Dei, das etwas prekär auf seinem linken Unterarm sitzt.

M. D.

1 Heinzer 1985, S. 74.
2 Ebd., S. 77.

Lit.: Aust. Kat. Karlsruhe 1965, Nr. 65, S. 58 – Heinzer/Stamm 1987, S. 103–104 – Ausst. Kat. Karlsruhe 1992, Nr. 35, S. 132–133 – Ausst. Kat. Karlsruhe 1995, Nr. 70, S. 239–240.

212

Sibilla von Bondorf (um 1450–nach 1524; Buchmalerin) oder Umkreis
Magdalena Steimerin (Schreiberin)

Klarenbuch (mit Legende der Heiligen Klara)
Straßburg, um 1490/92
Pergament; 258 Blätter, 15,5 x 11 cm
Karlsruhe, Badische Landesbibliothek
Sign. Thennenbach 4

Von den fünf verschiedenen Teilen der Handschrift ist die auf den ersten 156 Blättern verzeichnete Legende der Heiligen Klara (1192–1253), der Nachfolgerin des Heiligen Franziskus, von besonderem kunsthistorischen Interesse. Eine niederalemannische Übersetzung der von Thomas de Celano in Latein verfaßten Vita der Heiligen, schmücken die zierliche Handschrift neben drei figürlichen Initialen 39 ganzseitige Miniaturen. Von diesen schildern 26 das fromme, wunderreiche Klarenleben und stellen einen selten umfangreichen, aufs engste mit dem Text verbundenen Bildzyklus der Heiligen dar.

Das Klarenbuch ist eines der schönsten und besterhaltenen Zeugnisse einer besonderen Gruppe illuminierter Handschriften, die im späten Mittelalter vornehmlich in den reformierten Frauenklöstern zu Basel, Colmar, Freiburg und Straßburg entstanden und dem Bereich der spätgotischen *Nonnenmalerei* angehören. Zusammenfassend ist über die ungewöhnlich gut dokumentierte Handschrift zu sagen, daß sie im Straßburger Kloster St. Klara auf dem Wörd um 1490/92 von zwei Nonnen gefertigt wurde: Schreiberin war die auf Blatt 231r genannte Magdalena Steimerin, während die Bilder und Initialen aufgrund von Vergleichen mit stilistisch übereinstimmenden Miniaturen einer Franziskuslegende von 1478 in London[1] der als Buchmalerin und Klosterschreiberin in Freiburg und Straßburg zeitlebens tätigen Klarissin Sibilla von Bondorf oder ihrem Umkreis zugeschrieben werden können. Stilbestimmende Eigenschaften der Miniaturen, die im Betrachter eine kindlich einfache Welt, in der alles wunderbar aufeinander abgestimmt ist, hervorrufen und deren inniger, gefühlsbetonter Ausdruck mit der Sprachmelodie des Textes übereinstimmt,[2] sind: eine durch leuchtendes Ziegelrot, Karmin, Blau, Gelb und Grün hervorgerufene Buntfarbigkeit, teppichartige Flächigkeit der gedrängten Kompositionen, reiche Verwendung von Mustern, Gold und Silber, ausgeprägte Detailliebe und die großen Rundköpfe und puppenhaften Physiognomien mit makellosem, rosig schimmerndem Inkarnat.

D. L.

212

1 Siehe dazu Brett-Evans 1967.
2 Zit. nach Steingräber 1952, S. 238 und Ausst. Kat. Karlsruhe 1965, Nr. 63.

Lit.: Heusinger 1953, S. 101f., 124f., 195–208 (Nr. 23) – Heusinger 1959, S. 156–160 – Steingräber 1952 – Steimerin/Schmitt/Mühlenweg 1959 – Reber 1963, S. 51f., u. ö. – Ausst. Kat. Karlsruhe 1965, Nr. 63 (E. Beer) – Brett-Evans 1967 – Bruins 1996 – Bruins 1999.

213

Maler zu Neustadt/zur Nuwenstatt

Lehensbuch des Bistums Speyer

Speyer, um 1465
Handschrift mit 79 Miniaturen; Papier/Pergament, 269 Blätter, 28,5 x 21 cm
Karlsruhe, Generallandesarchiv
Sign. 67/300

Bald nach seiner Weihe zum Bischof von Speyer im Jahr 1464 ließ Matthias Ramung dieses Lehensbuch um 1465/67 anlegen, dessen letzter Eintrag 1554 vorgenommen wurde. Neben den Übertragungsurkunden der vom Bischof belehnten Vasallen finden sich 77 illuminierte Wappen (Bl. 2–27) sowie zwei prächtige, blattgroße Deckfarbenminiaturen (S. XIII/XIV). Diese einander gegenüberliegenden Bilder zeigen die Gottesmutter als Bistumspatronin in einer kielbogenbekrönten, architektonischen Rahmung sowie das bischöflich-hochstiftliche Wappen.
Auf der Marien-Miniatur erscheint der Auftraggeber im bischöflichen Ornat kniend in Anbetung Mariens und ihres Sohnes Christus, an den er sich mit folgenden, in einem Schriftband aufgebrachten Worten, wendet: »Tu quia pius es miserere nostri«. Diesen Vulgata-Vers aus dem Buch Judith (7, 20) übersetzt Martin Luther: »Aber du bist barmherzig, darumb sey uns gnedig«. Die als Himmelskönigin mit Krone und Strahlenkranz ausgezeichnete Gottesmutter reicht dem Kind auf ihrem Arm einen Apfel, Symbol der durch Christi Kreuzestod überwundenen Erbsünde; um die Teilhabe an der auf diese Weise gewährten Erlösung bittet auch der Speyerer Bischof. Unter dem blauen Mantel Mariens wird eine Halbmondsichel sichtbar, auf der die Gottesmutter zu sitzen scheint. Der abnehmende Mond gilt traditionell als Zeichen des Alten Bundes (Synagoge), dem die Sonne als Symbol für Christus (Neuer Bund, Ecclesia) gegenüberzustellen ist, und hier gleichsam »zum Postament der Gottesmutter und Himmelskönigin, zum Unterbau der Ecclesia nova« wird.[1] Hinzu tritt die mariologische Auslegung des auf der Mondsichel stehenden Apokalyptischen Weibes – auch sie in der Exegese ein Sinnbild der Kirche –, bei der der abnehmende Mond als ein Symbol der Vergänglichkeit der Welt verstanden wird. Erscheint das Personal dieser Miniatur vor dem tiefen Blau des Himmels, so steht das gegenüberliegende, blau-silberne bischöflich-hochstiftliche Wappen vor dunkelrotem Grund. Geistliche und weltliche Macht sind durch Mitra und Marienbanner verdeutlicht. Durch Überschneidungen, nicht zuletzt der Bildrahmung, und Schattenangaben scheinen die Gegenstände vor den Bildgrund zu treten.
Seitdem Hans Rott einen urkundlichen Rechnungsbeleg des Jahres 1468 beibringen konnte, gilt der sonst nicht weiter faßbare »maler zur Nuwenstatt« als Illuminator des Statutenbuches.[2] Stellt man die ganzseitige Marien-Miniatur den Heiligen-Darstellungen des wenige Jahre später in Speyer entstandenen Statutenbuches (Kat. 214) gegenüber, wird man nicht dieselbe Hand, wohl aber vergleichbare Züge feststellen: Hier ist primär auf den leuchtkräftigen Farbdreiklang Rot, Blau und Grün,

213

aber auch auf die Angabe des spärlich bewachsenen Rasengrundes sowie den Einsatz der Schraffur (Wappenschild, Gewand) hinzuweisen; von einer Entstehung auch der Miniaturen des Lehensbuches in Speyer darf ausgegangen werden.[3]

M. D.

1 ML, Bd. 3, 1991, S. 74–75 (G. Ramsauer).
2 Rott 1936a, S. 24.
3 Der Figurentypus wurde sowohl von Alfred Stange (DMG, Bd. 7, 1955, S. 119) als auch von Ulrike Frommberger-Weber (1973, S. 66 mit Anm. 187) als altertümlich angesprochen. So nennt Frommberger-Weber Beispiele, die bis in die Zeit um 1400 zurückreichen, um 1450 aber noch weite Verbreitung kannten (vgl. Kat. 8).

Lit.: Rott 1938, S. 11 – Stange, DMG, Bd. 7, 1955, S. 119 – Frommberger-Weber 1973, S. 66–67.

214

Speyerer Meister

Statutenbuch des St. German- und St. Moritz-Stiftes

Nach 1471
Handschrift mit drei ganzseitigen Miniaturen; Pergament, 97 Blätter, 20 x 27,5 cm
Speyer, Landesarchiv
Sign. F 1/81

Der kurpfälzische Kanzler und Bischof von Speyer, Matthias Ramung, ließ im Jahre 1471 dieses Statutenbuch für das zwei Jahre zuvor aus der Zusammenführung des vor der Stadt gelegenen, 1462 zerstörten Klosters St. German mit der Speyrer Pfarrkirche von St. Moritz entstandene Stift anfertigen, dessen Rechte, Pflichten und Privilegien hier niedergelegt wurden. Den Rechtsartikeln finden sich drei blattgroße, rot gerahmte Miniaturen vorangestellt, welche zunächst die beiden Stiftspatrone, sodann den Gekreuzigten zwischen Maria und Johannes zeigen.
Auf Blatt 2 recto tritt uns der Heilige Bischof Germanus von Auxerre gegenüber, dem der Klosterstifter, König Dagobert, ausgestattet wohl mit einem Phantasiewappen, das Modell der doppeltürmigen Klosterkirche überreicht. Wie dieser, so erscheint auch der zweite Stiftspatron, der Heilige Moritz (Mauritius), vor einem grünen, spärlich bewachsenen Bodenstreifen, der etwa ein Drittel der Bildfläche einnimmt (Bl. 2v). Hinterfangen wird der Ritterheilige von einer tiefblauen Himmelsfolie mit stilisierten Wolken, vor der sich die ausschwingenden Enden der Kopfbinde abzeichnen. Dargestellt in schimmernder Rüstung mit weitem roten Mantel und attribuiert mit Lanze und Wappenschild, gemahnt die Gestalt des Märtyrers an den charakteristischen Darstellungstypus des Heiligen Georg, der regelmäßig für andere Ritterheilige adaptiert wurde (Kat. 203). Am wenigsten gut erhalten ist die dritte bildmäßige Miniatur, das Kreuzigungsblatt (Bl. 3v), fand es doch wohl bis 1570 als *Schwurbild* Verwendung.
Als charakteristisch für den ausführenden Buchmaler darf die leuchtkräftige Buntfarbigkeit der Miniaturen angesprochen werden, die durch das Blattgold der Tellernimben zusätzliche Steigerung erfährt. Darüber hinaus sind die derben, vollrunden Gesichter sowie die ausführlich eingesetzten Schraffuren, namentlich zur Andeutung der Schatten (Gewänder) hervorzuheben. Sowohl Hans Rott und Alfred Stange, die jeweils Bezüge zum Œuvre des Hausbuchmeisters konstatieren, als auch Ulrike Frommberger-Weber haben die Bezüge zur Bildkunst des Mittelrheins hervorgehoben.[1] Letztere rückt gerade die Kreuzigungsdarstellung in die Nähe einer Gruppe von Tafelgemälden, die um den sogenannten Speyerer Passionsaltar entstanden sind, der lange Zeit als ein Hauptwerk des Hausbuchmeisters galt; doch konnte Daniel Hess, der die Nähe der Miniaturen des Statutenbuches zu dem genannten Altarwerk

214

214

bestätigt, zuletzt die Entstehung desselben in einer Speyerer Werkstatt wahrscheinlich machen.[2] Zudem ist auf einige stilistisch vergleichbare, in Speyer geschaffene Glasgemälde der zweiten Hälfte des 15. Jahrhunderts aufmerksam zu machen.[3] Ist die Lokalisierung der Buchmalerei nach Speyer somit gesichert, so muß die Zuschreibung an Hans Geschide (Gescheid) zurückgewiesen werden, da dem in Speyer zwischen 1456 und 1500 nachweisbaren Meister bisher kein Werk sicher zu attribuieren ist.[4]

M. D.

1 Rott 1938, S. 11; Stange, DMG, Bd. 7, 1955, S. 119; Frommberger-Weber 1973, S. 69.
2 Hess 1994, S. 67–102, bes. S. 101.
3 Ebd., S. 101; Becksmann 1979, S. LVIII.
4 Frommberger-Weber 1973, S. 69–70.

Lit.: Rott 1938, S. 7–11– Stange, DMG, Bd. 7, 1955, S. 119 – Frommberger-Weber 1973, S. 67–70 – Hess 1994, S. 101.

215

Oberrheinische (?) Werkstatt (Buchmaler)
Johannes Zürn (vor 1477–nach 1499, Schreiber)

Das Herrenalber Gebetbuch

Herrenalb und Straßburg (?), 1482–1484
Pergament; 103 Blätter, 20 x 14 cm
Berlin, Staatsbibliothek zu Berlin – Preußischer Kulturbesitz, Handschriftenabteilung
Sign. Ms. theol. lat. qu. 9

Aufgrund der im Kolophon (Bl. 103r/v) genannten Namen und der an vier weiteren Stellen der Handschrift eingetragenen Jahreszahlen konnte ermittelt werden, daß das lateinische Gebetbuch für Ludwig von Bruchsal, Laienbruder des Zisterzienserklosters Herrenalb und Verwalter des zur Abtei gehörigen Gutshofs Merklingen bei Weil der Stadt, zwischen 1482 und 1484 gefertigt wurde. Als Schreiber nennt sich der Zisterzienser Johannes Zürn aus Neibsheim bei Bretten, der Kantor in Herrenalb und fast dreißig Jahre für sein Kloster und die Zisterzienserinnen in Lichtenthal schreibend tätig war (siehe Kat. 211). Eines der wenigen überkommenen Manuskripte aus der einstigen Bibliothek der Herrenalber Zisterzienser, beinhaltet das Buch hauptsächlich drei Kategorien von Gebeten: Am zahlreichsten sind die über Christus und die Passion, zum Beispiel zu den sieben täglichen Gebetsstunden (Horen), zu den Gliedern Christi, zum Antlitz des Herrn oder zu den Fünf Wunden Christi; weiter finden sich Mariengebete und Heiligenfürbitten. Den einzelnen Texten sind dreißig seitengroße Miniaturen zugeordnet, die thematisch unmittelbar auf deren Inhalt bezogen sind und die, vorwiegend mit deckenden Farben gemalt, durch ihr leuchtendbuntes Kolorit den Charakter der Handschrift bestimmen. Wurde diese gewiß in Herrenalb geschrieben, so ist bislang noch ungeklärt, wohin die für den umfangreichen Bildschmuck verantwortliche Werkstatt zu lokalisieren ist. Die geographische Lage und die Bistumszugehörigkeit des Klosters lassen gleichermaßen an Straßburg, Heidelberg oder Speyer denken. Während zwei bis drei Jahren waren mindestens zwei, vielleicht auch mehr Maler an der Illuminierung beteiligt, wie jüngst eingehend von Paula Väth dargelegt wurde. Anhaltspunkte bieten: die unterschiedlichen Malweisen, wechselnde Farbigkeit und Detailvergleiche zwischen den Physiognomien, der Behandlung des Inkarnats, der Heiligenscheine, ornamentierten Bildhintergründen oder illusionistischen Rahmen. Ein wesentlicher Grund für die Uneinheitlichkeit der künstlerischen und stilistischen Erscheinung der Bilder scheint darin begründet zu sein, daß die Maler nach altertümlichen wie fortschrittlichen Vorlagen arbeiteten. Offenbaren wenige Miniaturen die Kenntnis von Stichen des Meisters

215

215

E. S., von Israhel van Meckenem, des Meisters FvB und des Monogrammisten BM, wurden für fünfzehn Bilder Kupferstiche Martin Schongauers als direkte Modelle verwendet. So folgen von den 14 Passionsszenen zu den Horen im ersten Teil des Gebetbuchs zwölf weitestgehend dem berühmten um 1475/80 anzusetzenden Kupferstichzyklus des Colmarer Künstlers (Kat. 54), und künden eindrucksvoll von der Anverwandlung und Verbreitung der Bilderfindungen Schongauers noch zu dessen Lebzeiten. Für die von ihm nicht gestochenen Szenen der Kreuzannagelung und Kreuzabnahme griff der Miniator wohl auf ältere, in der Werkstatt tradierte Vorlagen aus der Zeit des Meisters der Karlsruher Passion zurück. Wieder anderen Bildquellen verpflichtet sind die beiden in milden Farben gemalten genrehaften Szenen im Stall von Bethlehem mit dem *Gebet und Anbetung Jesu* und mit der *Pflege des Kindes durch Maria und eine Amme*, die das Bad bereitet (Abb.); dieses seltener behandelte Thema kommt beispielsweise schon in der frankoflämischen Buchmalerei um 1400 vor[1] und wurde später am Oberrhein vom Meister E. S. verändernd behandelt (Kat. 59).

D. L.

1 Siehe Panofsky 1953, Bd. 1, S. 127, Anm. 5 und S. 173, Anm. 1 und Bd. 2, Abb. 72, 73 – Meiss 1967, Abb. 329–332, 334 (siehe auch Abb. 557, Retabel von Schloß Tirol, 1370/72) – Meiss 1968, Abb. 270, 272, 324.

Lit.: Ausst. Kat. Berlin 1975/76, Nr. 156 – Schwenk 1983 – Heinzer 1985 – Ausst. Kat. Berlin 1987, Nr. 75 – Ausst. Kat. Karlsruhe 1996, Nr. 59 (irrtümlich als *Deutsches Gebetbuch* bezeichnet) – Väth 2001.

216

Martin Schongauer (um 1450–1491; Stecher)

Die Madonna mit dem Papagei

Kupferstich (eingeklebt in ein Buch mit Marientexten);
15,8 x 10,9 cm (Einf.), 26,8 x 18,5 cm (Blatt)
Um 1470/73
München, Bayerische Staatsbibliothek
Sign. Ink. Rar. 513

Das Blatt der *Madonna mit dem Papagei* gehört zu den frühesten Kupferstichen Schongauers, worauf schon das steilschenklige M des Künstlermonogramms und die Art der vorwiegend gradlinigen Schraffuren weisen. Der Druck, der viermal kopiert wurde, gibt den zweiten, endgültigen Zustand des Stichs wieder. Das *kleine Andachtsbild*, in Typus, Motivwahl, Aussage und Funktion teilweise übereinstimmend mit Schongauers nahezu gleichgroßen Gemälden in Darmstadt und Los Angeles (Kat. 73, 74), stellt Maria bis zur Hüfte in der fensterartigen Öffnung eines nur im Ausschnitt gezeigten Raumes dar. Zur Rechten Mariens findet sich ein zweiter Mauerdurchbruch mit Blick auf eine Landschaft, während die Rückwand von einem aufgefalteten Tuch verdeckt ist. Die Jungfrau mit offenem Lockenhaar ist zum Betrachter hin ausgerichtet, blickt aber mild und versonnen lächelnd auf das gegen sie gelehnte Jesuskind herab, das sie mit ihrer Linken am Leib umfaßt und dem Andächtigen vorweist. Das nackte Knäblein erscheint in ganzer Figur, sitzend auf einem prallen Brokatkissen, das mit einer Quaste über die Vorderkante der tiefen Fensterbank hinausragt und eine illusionistische Verbindung zwischen Bild- und Betrachterraum andeutet. Das Kind scheint mit dem Papagei auf seiner linken Hand zu reden, der Vogel wiederum beugt sich ihm zu und zeigt ihm eine Perle in seiner vorgestreckten Kralle. In der Rechten hält Jesus eine Birne, die mitunter auch als Feige gedeutet wird.[1] Maria blättert wie

216

im Traum in dem Buch zu ihrer Rechten, das einem Brevier ähnelt und in ein Tuch eingebunden ist.[2]
Der Stich ist von umfassender heilsgeschichtlicher, auf Mutter wie Kind bezogener Aussage. So deutet das Fenster, in dem sie erscheinen, auf Maria als Fenster zum Himmel, *fenestra coeli*;[3] so weist das geistliche Buch auf die Menschwerdung Jesu;[4] so ist der erkenntnis- und sprachfähige Papagei ein Künder des Heilands und Weltenherrschers und wie die Perle ein Symbol der jungfräulichen Empfängnis,[5] während der ungemusterte Wandbehang wohl die Reinheit und Demut der weder Krone noch Diadem tragenden Mutter anzeigt; und so weist die Birne auf den Überwinder des Todes und die Erlösung der Menschheit und symbolisiert das kostbare Brokatkissen den Thron der göttlichen Majestät Jesu Christi.

Prägende Anregungen zu seiner Komposition bezog Schongauer gewiß aus der südniederländischen Malerei, die er aus eigener Anschauung kannte. Während für den Fensterbildtypus ein Werk des Dirk Bouts von etwa 1465 Pate stand,[6] sind für das nach links und rechts weisende Kind und für das Lese- und Buchmotiv Vorbilder bei Rogier van der Weyden (Abb. 78/1)[7] und dessen Umkreis, zum Beispiel bei Hans Memling zu finden (siehe Kat. 74). Im Werk Schongauers und seiner Nachfolge sind das halbfigurige Marienandachtsbild und das Motiv des Buchblätterns noch mehrmals nachzuweisen (Kat. 73, 74, 79, 217); darüber hinaus deuten zwei süddeutsche Tafeln des späten 15. Jahrhunderts an, daß Schongauers Stich auch in eigenständigen Werkstätten nachwirkte (Abb. 216/1).[8]

216/1:
Süddeutscher Meister,
Madonna im Erker,
um 1480, Köln,
Diözesanmuseum

Außergewöhnlich an dem Münchner Blatt und wichtig für seine Datierung ist, daß es als Ersatz für eine gedruckte oder gemalte Illustration in einen Sammelband mit Marientexten eingeklebt wurde, unter denen sich auch das bei Ulrich Zell in Köln erstmals 1473 gedruckte *Mariale* des Albertus Magnus findet. An seinen Rändern vom ersten Besitzer des Buches mit handschriftlichen Vermerken versehen, diente der Stich von Anfang an, das heißt nicht vor 1476, diesem Buch als bedeutungsvoller Schmuck. Ein einzigartiger Fall in der Überlieferung Schongauerscher Stiche, weisen Blatt und Sammelband allerdings auf eine gegen 1476 schon geläufige Praxis, Manuskripte wie Inkunabeln durch Einkleben früher Drucke zu illustrieren (siehe Kat. 205).[9]

D. L.

1 Ausst. Kat. Köln 2001, Nr. 45 (Feige als Symbol für die Passion Christi).
2 Ein Beutelbuch, wie es z. B. von Jan van Eyck, Robert Campin und Rogier van der Weyden häufiger wiedergegeben wurde (siehe Panofsky 1953, Bd. 2, Abb. 203, 204, 280, 316).
3 Ausst. Kat. Leuven 1998, Nr. 132.
4 Siehe Schreiner 1994, S. 154ff. – Schreiner 1995.
5 ML, Bd. 5, 1993, S. 83f.
6 Panofsky 1953, Bd. 2, Abb. 426 – Ausst. Kat. Leuven 1998, Nr. 132.
7 Die Wendung der Köpfe, die Blickrichtungen, Körperneigungen und Armhaltung des Kindes erscheinen übereinstimmend, wenngleich im Gegensinn (wie die zeichnerische Vorlage des Stiches) auf einer Zeichnung der thronenden Madonna nach Rogier van der Weyden in Rotterdam (Friedländer, Bd. 2, 1967, Taf. 129, Abb. Add. 146A).
8 Köln, Diözesanmuseum (Slg. Kat. Köln 1978, Nr. 158) und ehem. München, Slg. Böhler (Stange, DMG, Bd. 7, 1955, Abb. 42 – Stange KV, Bd. 2, 1970, Nr. 118).
9 Siehe Heinrichs-Schreiber 1997–2000, S. 182f., Anm. 23, 24.
10 Siehe dazu Schuppisser 1991.

Lit.: Baum 1948, S. 33, 35ff., 71, Abb. 3 – Ill. Bartsch, Bd. 9, 1981, S. 288 – Ausst. Kat. Colmar 1991, Nr. K1 – Ausst. Kat. Schwäbisch Hall 1992/93, Nr. 4 – Stogdon 1996, Nr. 12 – Hollstein, German, Bd. 49, 1999, S. XXXVf., 100–102 – Ausst. Kat. Nürnberg 2000, S. 84ff., bes. 91f., Abb. 12 – Heinrichs-Schreiber 1997–2000.

217
Benedikt Hoben (Buchmaler)
Peter Arczt (Schreiber)
Deutsches Gebetbuch

Magdeburg/Wels a.d. Donau (?), 1490
Illustrierte Handschrift; Pergament, 144 Blätter, 14,5 x 11 cm (beschnitten)
Karlsruhe, Badische Landesbibliothek
Sign. St. Georgen 41

Wie aus der Schlußformel auf Blatt 143r hervorgeht, wurde das *Deutsche Gebetbuch* 1490 von dem damals in Wels ansässigen Richter Peter Artzt geschrieben und von Benedikt Hoben aus Magdeburg illuminiert. Es ist eine der wenigen künstlerisch herausragenden niederdeutschen Handschriften des 15. Jahrhunderts. Der Meister der sieben ganzseitigen Miniaturen, figürlichen Initialen und Zierleisten ist vielleicht identisch mit einem gleichnamigen Maler, der 1487 für den kursächsischen Hof tätig war. Seit dem 17. Jahrhundert befand sich das Gebetbuch in der Bibliothek des Benediktinerklosters St. Georgen zu Villingen im Schwarzwald. Der Grund für seine Einbeziehung in die Ausstellung ist, daß sich an ihm eindrucksvoll dartun läßt, wie Stiche von Martin Schongauer (Israhel van Meckenem und des Meisters W mit schlüsselförmiger Hausmarke) schon zu dessen Lebzeiten als Vorlagen für kopierende und nachahmende Buchmaler und Stecher jenseits des Oberrheingebiets dienten. Denn für die Vollminiatur der halbfigurigen Madonna mit Kind auf Blatt 85v lag Benedikt Hoben ein Kupferstich vor, den Wenzel von Olmütz nach Schongauers berühmter *Madonna mit dem Papagei* (Kat. 216) im Gegensinn kopierte.[1] Entgegen dem Vorbild stellte der Buchmaler die sehr genau wiederholte Madonna nicht in einer engen Fensternische dar, sondern gab ihr einen Thronsessel und versetzte sie in eine weiträumige Halle. In diese tritt von links durch eine weit zurückliegende Tür der Heilige Joseph ein, dem auf der rechten Seite ein offener Bogen entspricht, durch den der Blick in eine weite Landschaft geht. – Einen sehr viel freieren Umgang mit seinen diesmal von Israhel van Meckenem stammenden Kupferstichvorlagen (Lehrs 146 und 148) zeigte der Miniator bei der Dornenkrönung und der Ecce homo-Szene auf den Blättern 27v und 62v. – Ein Beispiel dafür, daß Schongauers Stich mit der Papageien-Madonna, dem Benedikt Hoben letztlich verpflichtet war, an sich schon als Ersatz für eine gemalte Miniatur genügte, bietet ein in München verwahrter Sammelband mit mariologischen Texten, darunter das Mariale des Albertus Magnus (Kat. 216).

D. L.

1 Ill. Bartsch, Bd. 9, 1981, S. 288.

Lit.: Ausst. Kat. Karlsruhe 1965, Nr. 68 – Slg. Kat. Karlsruhe 1974, S. 11 f. (Th. Längin).

217

218

Rudolf Stahel (tätig 1473–1528)

Christus und die minnende Seele und Augsburger Marienklage

(Sammelhandschrift)

1495 (Dat. nach Schenkungseintrag auf Bl. 76v)
Handschrift mit kolorierten Federzeichnungen; Pergament (Blätter 1–40), Papier (Blätter 41–121), 21,5 x 16,0 cm
Karlsruhe, Badische Landesbibliothek
Sign. Hs. Donaueschingen 106

Die mit überaus lieblichen Illustrationen versehene Handschrift wird ihrem Thema gerecht und ihr Ziel nicht verfehlt haben. Verschiedenen kurzen Prosatexten vorangestellt ist das im Mittelalter dem Hohelied nachempfundene Gedicht *Christus und die minnende Seele*. Der Text, welcher das Werben Christi als Bräutigam um die Seele als Braut in Gestalt einer jungen Frau thematisiert, fand seinen Weg insbesondere in Frauenklöster. Auch dieses Buch ist das Geschenk einer Konstanzer Patrizierin, Anna Munprat (Mumprat) an ihre Schwester Veronika, welche um 1496 im Augustinerchorfrauenstift Inzigkofen bei Sigmaringen als Nonne lebte. Ausgeführt in schwarzer Feder mit Deckfarbenmalerei, stellen die von 21 noch erhaltenen 15 Motive (vier befinden sich auf einem ausgetrennten Fragment in Mainz, Bischöfliches Priesterseminar, Hs. 46; zwei aus dem Karlsruher Exemplar sind herausgeschnitten) die über mystizistisch-asketische Übungen zu erfolgende stufenweise Hinaufführung zur *unio mystica* dar. Dabei entbehren sie inhaltlich und auch in der Darstellung nicht eines gewissen erotischen Reizes, der zweifellos beabsichtigt war. Der ausführende Künstler war der Konstanzer Maler Rudolf Stahel, wie Stilvergleiche mit seinen bezeichneten Werken ergeben haben. In direkter Beziehung ist dafür die *Marienkrönung* bei beiden Malereien zu nennen, die sich sehr ähnlich sehen (vgl. Kat. 180). Dieser wie weitere Vergleiche thematisch anderer Miniaturen *(Taufe Christi* und *Versuchung des Heiligen Antonius)* im Œuvre Stahels zeigen auch, daß sich der Maler für das Minnethema keiner besonderen Bildsprache bedient hatte. Ob wiederum die Auftraggeberin Stahel wegen seines lieblichen Figurenstiles und seiner gekonnten Farbbehandlung ausgesucht hatte, muß offen bleiben. Es ist eher zu bedenken, daß er im Konstanz des ausgehenden 15. Jahrhunderts *der* Maler für die meist kleinen Hausaltäre der Patrizier und reichen Bürgerschicht war. Einen Auftrag für das Münster hat er beispielsweise nie erhalten (siehe auch Aufsatz Konrad mit Abbildungen).

B. K.

Lit.: Konrad 1989, S. 57ff. – Heinzer 1993, S. 33 – Moser 1997, S. 321f., KO 85 – Fechter 1997, S. 128ff. – Keller 2000 passim.

218

218

219

Straßburger Werkstatt

Stundenbuch (Nach dem Brauch der Johanniter)
Anfang des 16. Jahrhunderts
Handschrift mit 19 ganzseitigen Miniaturen; Pergament, 239 Blätter,
13,5 x 10,5 cm
Los Angeles, The J. Paul Getty Museum
Sign. 83. ML. 112 (Ms. Ludwig IX 16)

Die im Kalendar des Stundenbuches aufgeführten Heiligen sowie die besondere Auswahl der Texte im Totenoffizium lassen eine Provenienz der Handschrift im Bereich des Straßburger Johanniter-Ordens vermuten. Die in deckendem Farbauftrag gegebenen Miniaturen wurden vermutlich von einem einzigen Künstler angelegt, dem bei der Ausführung eine weitere Hand zu Hilfe kam.

Das Besondere an den neunzehn ganzseitigen Miniaturen des Stundenbuches ist ihre enge Anlehnung an bereits vorhandene Bildfindungen. So weist die hier gezeigte *Marienkrönung* (Bl. 182v) ganz eindeutige Reminiszenzen an einen Kupferstich Martin Schongauers (B.72) auf (Kat. 117). Auch die Figur des am Boden liegenden Schächers in der *Gefangennahme* (Bl. 127v) läßt sich auf Schongauer zurückführen (B.10) (Kat. 107), während die Miniatur mit dem *Salvator Mundi* (Bl. 59v) von einem Kupferstich des »Meisters I. A. M. von Zwolle« übernommen wurde (B.8). Auf modernere Vorbilder beziehen sich wiederum die *Anbetung der Könige* (Bl. 174v) sowie die *Heimsuchung* (Bl. 165v), die Holzschnitte von Albrecht Dürer zitieren (B.87 und B.84).

Die vielen verschiedenen Vorlagen erfahren durch die rahmenden Schmuckbordüren mit Blumen und Früchten eine Vereinheitlichung. Die Anlage der Bildseiten orientiert sich dabei an flämischen Manuskripten – vor allem die in augentäuschender Manier wiedergegebenen Früchte- und Blumenbordüren lassen den Einfluß der aktuellen Werke der Genter-Brügger Schule deutlich spüren. Ferner werden die meisten Kompositionen in den Miniaturen zusätzlich mit einem Landschaftshintergrund versehen. Die *Marienkrönung* wurde außerdem durch die Taube des Heiligen Geistes und die musizierenden Engel in der linken Bildhälfte ergänzt.

Der Miniaturist bediente sich also eines breiten Fundus an Vorlagen, die der oberrheinischen und niederrheinischen Kunst entstammen. Daß neben Albrecht Dürer auch Martin Schongauer rezipiert werde, ist ein weiterer Beleg für die am Anfang des 16. Jahrhunderts immer noch als vorbildhaft wahrgenommene Bedeutung des Meisters aus Colmar.

Die aufwendige Aufmachung des Straßburger Stundenbuches, das Texte für das tägliche private Gebet bereit hält, läßt vermuten, daß die Handschrift nicht nur zum religiösen Gebrauch, sondern auch als kunstvolles Prestigeobjekt angesehen und geschätzt wurde.

A. M.

Lit.: Dogaer 1977, S. 214, Tafel XVI – von Euw/Plotzek, Bd. 2, 1982, S. 235–243, Nr. IX 16, Abb. 345–378.

219

219

221

II.11 Der frühe Buchdruck und seine Illustrationen

Die Erfindung des Buchdrucks in der Mitte des 15. Jahrhunderts stellt eine der maßgeblichen technischen Neuerungen der Menschheitsgeschichte dar: Aus der Presse des Mainzer Patriziers Johannes Gensfleisch zur Laden genannt Gutenberg (gest. 1468) ging zwischen 1449 und 1456 das erste mit beweglichen Lettern gedruckte Buch – die *42zeilige Bibel* – hervor. Die revolutionäre Erfindung bot die Möglichkeit des wiederholten Einsatzes von in Blei gegossenen, frei verfügbaren Drucklettern und somit die Anfertigung von Auflagen in zuvor nicht geahnter Höhe. In der Fertigung der Wort und Bild vereinenden Bücher hatte es bereits zuvor den Produktionsprozeß vereinfachende Entwicklungen gegeben: So fertigte die personalkräftig und arbeitsteilig organisierte Schreiberwerkstatt des geschäftstüchtigen Diebold Lauber im elsässischen Hagenau ab 1427 gleichsam serienmäßig mit Federzeichnungen illustrierte Papierhandschriften vorwiegend deutschsprachiger Erbauungs- und Unterhaltungsliteratur (Kat. 208); parallel gestattete das sich zeitgleich herausbildende Blockbuch erstmals den gemeinsamen Druck von Schrift und begleitender Illustration, doch mußten Bild und Text bei diesem Verfahren noch mühsam Seite für Seite in Holztafeln geschnitten werden. Erst die glückliche Zusammenführung der Gutenbergschen Invention des Letterndrucks mit der Holzschnittillustration bot die variable und rationelle Möglichkeit der vervielfältigenden Herstellung illustrierter Drucke. Rasch fand der Buchdruck – zunächst in den großen Handelsstädten – Verbreitung: Am Oberrhein sollten Basel und Straßburg die maßgeblichen Zentren der Buchproduktion werden. Entstanden in Straßburg, wo schon Johannes Gutenberg seit 1436 Druckversuche getätigt hatte, bereits vor 1460 erste Druckwerke in der Offizin des Johannes Mentelin, so scheint Berthold Ruppel, ein Geselle Gutenbergs, spätestens 1468 seine Werkstatt in Basel eingerichtet zu haben. Den Wert der Erfindung des Buchdrucks wußte der Universalgelehrte und streitbare Humanist Sebastian Brant in einem Gedicht an seinen Basler Verleger Johann Bergmann von Olpe (siehe etwa Kat. 284) zu umreißen: »Jüngst gelang es des rheinischen Volkes Genie und Erfindung /, daß man Bücher nunmehr leichter und in Fülle erhält. / Früher Besitz der Reichen, kaum Königen einstmals erhältlich, / sieht man im kleinsten Haus Bücher zur heutigen Zeit« (aus dem Lateinischen übertragen nach Wiegand 1993, S. 84).

In die Herstellung der Inkunabelholzschnitte teilten sich zwei Fachleute: der *Reißer* und der *Formschneider*. Nachdem erstgenannter einen eigenen oder bereits vorliegenden Entwurf mit Feder oder Pinsel auf den Stock übertragen hatte, war es einem geübten Handwerker überlassen, diesen Riß in die Holztafel zu schneiden. Grob läßt sich eine Entwicklung des auf diese Weise hergestellten Buchholzschnittes wie folgt skizzieren: Sind die ersten gedruckten Illustrationen wesentlich Umrißholzschnitte, deren freibleibende Felder zwischen den kräftigen Stegen eine nachträgliche Kolorierung notwendig erforderten, so bildet sich der Holzschnitt fortschreitend gegen die Jahrhundertwende als Schwarz-Weiß-Kunst heraus, die auf die Ausmalung, wegen der nun eingesetzten Binnenschraffuren, verzichten konnte. Anhand von zwei Inkunabeln aus der Produktion des bedeutenden Straßburger Druckers Johannes Grüninger (vor 1480–1531/33) läßt sich dies exemplarisch veranschaulichen. So verlangen die nur gelegentlich durch breite Schraffen gefüllten Flächen der Linienholzschnitte zur *Deutschen Bibel* von 1485 nachdrücklich nach einer Kolorierung (Kat. 220). Die Holzschnitte der 15 Jahre später datierten *Katharinenlegende* hingegen zeigen die Verwendung eng beieinanderliegender, der Wirkung der Kupferstiche eines Martin Schongauer angenäherter Strichlagen, die den Kompositionen stärker malerischen Charakter verleihen (Kat. 230). Die erzählfreudigen, technisch vervollkommneten Buchholzschnitte des frühen 16. Jahrhunderts nach Rissen großer Meister wie Albrecht Dürer, Hans Holbein d. J. oder Hans Baldung dürfen als End- und Höhepunkt dieser Entwicklung verstanden werden. Mit der lange geübten Ausmalung der Inkunabelholzschnitte ist die den Frühdruck inhaltlich wie formal prägende Tradition der Buchmalerei angesprochen, die keineswegs unmittelbar mit der Einführung des Buchdrucks an ihr Ende kam. Auf zahlreiche Mischformen der beiden Gattungen – von illuminierten Druckwerken bis hin zu mit eingeklebten Holzschnitten ausgestatteten Handschriften (Kat. 205) – während einer jahrzehntelangen Übergangsphase ist mit Recht verwiesen worden, doch wußte sich der Buchdruck ob seiner nicht zuletzt ökonomischen Vorteile durchzusetzen. So vermochten einfallsreiche Drucker, in Sonderheit der bereits erwähnte Johannes Grüninger, den Herstellungsprozeß der Frühdrucke zunehmend zu rationalisieren und die Kosten zu senken: Neben die naheliegende Möglichkeit, bereits vorhandene Holzstöcke in neuen Publikationen wiederzudrucken, trat bald die Idee, Illustrationen aus mehreren Stöcken zusammenzufügen, die untereinander in zahlreichen Kombinationen zu verwenden waren (z. B. Kat. 221).

Unter den wichtigsten im illustrierten Druck erschienenen Buchtypen der religiösen Literatur des späten Mittelalters ist neben der *Vollbibel* (Kat. 220) zunächst das verbreitete *Plenar,* eine gemäß dem Kirchenjahr geordnete, volkssprachliche Sammlung kommentierter biblischer Lesungen für den Meßgottesdienst *(Perikopen)* zu nennen (Kat. 221, 222). Sodann ist der Bereich der typologischen Erbauungsliteratur anzusprechen: Führt etwa der *Heilsspiegel* (Kat. 223) alttestamentliche Begebenheiten in christologischer Deutung vor Augen, so sucht Franz von Retz in seiner die Jungfräulichkeit Mariens verteidigenden Schrift aus verschiedenen Quellen vergleichbar wundersame Ereignisse vorzubringen und entwirft auf diese Weise eine mariologische Typologie (Kat. 224). Der umfassende Bereich der Erbauungsliteratur ist zudem durch den *Passionsspiegel* Ulrich Pinders vertreten, der, fußend auf einer Evangelienharmonie, Texte zur Meditation über das Leiden Christi verfaßte (Kat. 257). Hinzu treten eine Reihe, häufig kleinformatiger, Andachts- oder Gebetsbücher für die persönliche Frömmigkeit (Kat. 226, 227), Predigtausgaben (Kat. 281, 282) sowie die zahlreichen lateinischen, aber auch ins Deutsche übertragenen Heiligenlegenden (Kat. 229, 230, 231, 232).

M. D.

220

220

Johannes Grüninger (vor 1480–1531/33; Drucker)

Deutsche Bibel

Straßburg, 1485
Inkunabel mit 109 (88 + 21) Holzschnitten; Papier, Teil 1: 466 Blätter, Teil 2: 456 Blätter, ca. 28 x 20 cm
Karlsruhe, Badische Landesbibliothek
Sign. De 11,1 und 2

»Disz durchleuchtigest werck der gantzen heyligen geschrift genant die bibel zu teutsch getrucket lauter, clar, und war nach rechtem gemeynen teutschen mit hohem und großem vleyß gegen dem lateynischen text gerechtuertigt underschidlichen punctirt mit vberschrifften der capitel und psalmen, iren inhalt und ursach anzaygende. Vnd mit schönen figuren dy historien bedeutende, des nüwen gesetzs hat hie ein ende.«
Mit diesen das Druckwerk nicht ohne Stolz charakterisierenden Zeilen beschließt Johannes Grüninger seine *Deutsche Bibel,* die in der Reihe der vor Luther seit 1466 gedruckten volkssprachlichen, den Text der lateinischen *Vulgata* übertragenden Vollbibeln die zehnte war. Der Straßburger Drucker orientierte sich bei der Gestaltung weitgehend an der zwei Jahre zuvor in Nürnberg erschienenen Bibel Anton Kobergers, der seinerseits die Illustrationen der um 1478 gedruckten Kölner Bibel wiederverwendete. Deren große zweispaltige, seitenbestimmende Holzschnitte waren eine Novität und regten bis weit in das 16. Jahrhundert hinein Nachahmungen an.[1]
Im Gegensatz zu allen Vorläufern rückte Grüninger vom zuvor üblichen Foliomaßstab ab und publizierte seinen Bibeldruck in handlicherem Format, das sich in der Folge ob seiner besseren Gebrauchsfähigkeit durchzusetzen vermochte. Dies bedeutete, daß die Zahl der Seiten beträchtlich vermehrt, nahezu verdoppelt werden mußte. Der sich ergebende verkleinerte Satzspiegel erforderte zudem die Anpassung und gelegentliche Abänderung der vorbildgebenden Illustrationen; auf diese Weise gewannen die Holzschnitte der Straßburger Bibel Eigenständigkeit.[2] Typisierung und Ausdruck der dargestellten Personen dieses ersten illustrierten Druckes Grüningers lassen so bereits den charakteristischen Stil des bedeutendsten Straßburger Druckers erkennen, der späterhin eine außerordentlich fruchtbare und den Bilddruck rationalisierende Tätigkeit entwickeln sollte.[3]
Bei den vorlutherischen Bibeln wurde regelmäßig nur das Alte Testament illustriert, während das Neue Testament lediglich Autorenbilder zu Beginn der vier Evangelientexte sowie wenige Illustrationen zur Apokalypse erhielt.[4] Unsere Abbildung zeigt zwei Holzschnitte zu Begebenheiten des

zweiten Buches Mose (Teil 1, Bl. 75v/76r). Links erkennt man Bezalel und Oholiab, die auf Geheiß Mose in einer mittelalterlich anmutenden Goldschmiedewerkstatt (vgl. Kat. 17) die Gerätschaften für das neu einzurichtende Heiligtum fertigen (Ex 31 und 35). Auf der gegenüberliegenden Seite findet sich eine recht genaue Umsetzung der Verse 2–4 des 32. Kapitels des Buches Exodus, da Aaron während der Abwesenheit Mose, der soeben die Gebote des Herrn erhalten hat, aus den von den Israeliten herbeigetragenen goldenen Ringen das Götzenbild des Goldenen Kalbes erschafft.

M. D.

1 Eichenberger/Wendland 1977, S. 11, 66.
2 Ebd., S. 98.
3 Siehe hierzu den das Kapitel einleitenden Text.
4 LGB², Bd. 1, 1987, S. 355 (H. Wendland s. v. ›Bibelillustration‹).

Lit.: Schramm, Bd. 20, 1937, Tafel 1–19, Abb. 4–112 – Ahnne 1952 – Geldner 1968, S. 71–76 (zu Johannes Grüninger) – Ausst. Kat. Basel 1972, Nr. 81, S. 45–46 – Eichenberger/Wendland 1977, S. 97–109 – Ausst. Kat. Offenburg 1980, Nr. 15, S. 62–65 – Benzing 1982, S. 437–438 (zu Johannes Grüninger) – Ill. Bartsch, Bd. 85, 1983, S. 98–116 – Ausst. Kat. Mainz 1991, Nr. 68, S. 212.

221

Thomas Anshelm (um 1465/70–1523; Drucker)

Ewangeli mit der glos unnd Epistel teütsch

(Plenar)
Straßburg, 1488
Inkunabel mit 59 kolorierten Holzschnitten; Papier, 165 Blätter, 28 x 20 cm
Darmstadt, Hessische Landesbibliothek
Sign. IV/282

Thomas Anshelm, um 1465 in Baden-Baden geboren, ließ sich nach kurzzeitigem Studium an der Basler Universität spätestens 1487 in Straßburg nieder. Das deutsche Plenar von 1488 ist der einzige bekannte Straßburger Druck Anshelms, der 1495/96 nach Pforzheim übersiedelte, wo er – nicht zuletzt als Drucker des Tübinger Humanisten Johannes Reuchlin – bis zu seinem erneuten Umzug nach Tübingen 1511 fast 90 Drucke herausgab. In der Universitätsstadt verließen über 70 Druckwerke die Anshelmische Presse, ehe sich der Drucker im Spätjahr 1516 in das elsässische Hagenau begab. Dort erschienen bis zu seinem Tode im Jahre 1523 weitere 115 Drucke (Kat. 222).[1]

Bei diesem Buch handelt es sich um ein Plenar, also um eine »nach dem Kirchenjahr geordnete Sammlung der biblischen Lesungen (Perikopen) für den Meßgottesdienst der römisch-katholischen Kirche«.[2] Gegenüber dem liturgischen Lektionar (in lateinischer Sprache) erscheinen diese gedruckten, volkssprachlichen Evangelienbücher regelmäßig um Glossen, das heißt um Auslegungen der Sonntags- und Feiertagsevangelien erweitert, die Anshelm im Titel seines Druckwerkes eigens ausweist. Diese regelmäßig didaktisch angelegten, predigtähnlichen Glossen verdienen besondere Beachtung, werden doch hier literarische Kleinformen – wie das Mirakel, das Exempel, die Fabel oder gar der Schwank – zur Ausdeutung der Evangelientexte bemüht, wobei das religiös-volkstümliche Element als ein Charakteristikum spätmittelalterlicher Andachtsliteratur betrachtet werden darf.[3]

Dem Anshelmschen Plenar von 1488 sind 59 Illustrationen beigegeben, von welchen der seitengroße Holzschnitt auf Blatt 1 verso hervorzuheben ist (Abb. vor Kap. II.11). Die Darstellung zeigt fünf runde, von Ast- und Rankenwerk eingefaßte Szenen: Vier als Autorenbilder angelegte Evangelistendarstellungen umgeben den zentralen Tondo mit der Darstellung des die zwölf Jünger belehrenden Christus: »In illo tempore dixit Jhesus discipulis suis.« Dieser in den Evangelientexten überaus häufige einleitende Vers, den der Drucker nach wenigen Perikopen mit »In il. Te. D. I. d. su.« abzukürzen verstand, wurde auch in der Bebilderung umgesetzt. Hierbei verfiel Anshelm auf die Idee, die Illustrationen mit zwei Stöcken zu drucken: Den lehrenden Christus im Kreise einiger Jünger konnte er auf diese Weise beliebig oft – dann in Kombination mit einem anderen Stock – wiederverwenden. Unsere Abbildung zeigt als linke Hälfte einen Holzschnitt, der insgesamt siebenmal auftaucht. Hier ist er zusammengestellt mit einer Illustration, die zwei Verse der Bergpredigt verbildlicht:

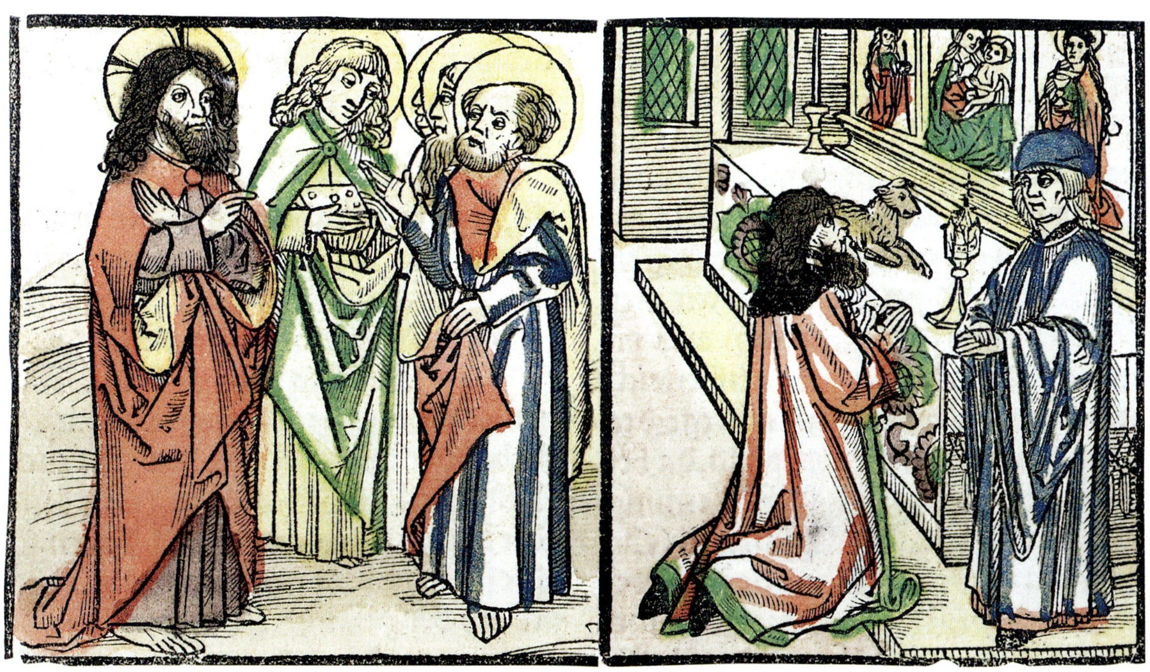

221

»Wenn du deine Opfergabe zum Altar bringst und dir dabei einfällt, daß dein Bruder etwas gegen dich hat, so laß deine Gabe dort vor dem Altar liegen; geh und versöhne dich zuerst mit deinem Bruder, dann komm und opfere deine Gabe« (Mt 5, 23–24).

M. D.

1 Ritter 1955, S. 377–388; LGB², Bd. 1, 1987, S. 99–100 (P. Amelung); Benzing 1982, S. 171, 381, 464.
2 LGB², Bd. 6, 1999, S. 32 (F. Heinzer). Siehe auch: VL², Bd. 7, 1989, Sp. 737–763 (H. Reinitzer, O. Schwencke).
3 VL², Bd. 7, 1989, Sp. 739.

Lit.: Pietsch 1927, S. 31 – Schramm, Bd. 20, 1937, S. 16, 28, Abb. 1697–1752 – Ill. Bartsch, Bd. 86, 1984, S. 80–87.

222

Thomas Anshelm (um 1465/70–1523; Drucker)
und Johannes Albrecht (vor 1500–1539; Drucker),
Meister IS mit der Schaufel (Reißer)

Teutsch Ewangeli und Epistel

(Plenar)
Hagenau, 1516
Postinkunabel mit 58 kolorierten Holzschnitten; Papier, 144 Blätter, ca. 20 x 15 cm
Hagenau, Médiathèque de la Vieille Ile
Sign. In 500

222

28 Jahre nachdem Thomas Anshelm in Straßburg bereits mit seinem ersten Druck ein deutsches Plenarium vollendet hatte, gibt er gemeinsam mit dem Schriftgießer und spätereren Straßburger Drucker Johann Albrecht im Jahr 1516 wieder ein *Teutsch Ewangeli und Epistel*, jetzt in Hagenau heraus.[1] Bereits in der Titelei heben die Herausgeber hervor, daß dieses Plenar »mit Lustigen Figuren Vor Mals nie gesehen, new getruckt« worden sei, womit die eigens für diese Hagenauer Ausgabe neu gerissenen Illustrationen angesprochen sind.

Für den Entwurf dieser Holzschnitte zeichnet ein Künstler verantwortlich, der dem unmittelbaren Umkreis des Dürer-Schülers und -Mitarbeiters Hans Schäufelein entstammt. Bis 1515, da Schäufelein als Stadtmaler nach Nördlingen gerufen wurde, scheint der Anonymus mit und für seinen Meister gearbeitet zu haben. Danach wandte er sich an den Oberrhein, wo er in Hagenau für die Offizin des 1516 aus Tübingen übersiedelnden Thomas Anshelm als Illustrator für den Buchdruck tätig war.[2] Hier entstanden insgesamt 75 szenische Darstellungen aus dem Leben und dem Leiden Christi, die in verschiedenen Druckwerken unterschiedlicher Druckorte bis 1567 Verwendung finden sollten. Im vorliegenden Plenar finden sich zunächst 58 Illustrationen, von denen ein Gutteil getreue Kopien oder nur leicht variierte Adaptionen vorbildgebender Kompositionen von Albrecht Dürer, Hans Baldung, besonders aber der Holzschnitte Hans Schäufeleins zum *Speculum passionis* (Nürnberg 1506; Kat. 257) darstellen. Darüber hinaus aber findet sich auch eine Gruppe eigener Inventionen, die der Anonymus regelmäßig mit seinem am Signet des Lehrers orientierten Monogramm – IS mit der Schaufel – auszeichnete. Sind diese Holzschnitte auch nicht gänzlich frei von Bezugnahmen auf Werke der genannten Zeitgenossen, so zeigen sie doch die charakteristischen Merkmale des Individualstils des Monogrammisten IS mit der Schaufel, wobei die schlanken, zuweilen überlangen Figuren ebenso hervorzuheben sind wie der gegenüber Schäufelein vereinfachte Bildaufbau und die weniger differenzierte Formensprache (Faltenwurf).[3] Diese »flüssige Simplizität« (Kurt Löcher) trug nicht wenig dazu bei, daß die Holzschnitte des Meisters mit der Schaufel rasch als Vorlagen für Werke verschiedener Flächenkünste herangezogen wurden.[4]

Belege für eine Tätigkeit des Meisters mit der Schaufel als Maler liegen nicht vor, doch werden ihm mit guten Gründen vier Tafelgemälde eines vormaligen Altarzusammenhanges in Karlsruhe sowie eine Tafel im Kloster Lichtenthal zugeschrieben (Kat. 245, 246).

M. D.

1 Zum Buchtyp allgemein und zur Straßburger Ausgabe von 1488 siehe Kat. 221.
2 Zu Leben und Werk des Meisters IS mit der Schaufel: Löcher 1990. Zu Thomas Anshelm siehe: LGB², Bd. 1, 1987, S. 99–100 (P. Amelung).
3 Löcher 1990, S. 21; Oldenbourg 1964, S. 121.
4 Löcher 1990, S. 21–23.

Lit.: Pietsch 1927, S. 49–50 (Ausg. V) – Burg 1956–57, S. 64, Nr. 181 – Oldenbourg 1964, S. 125–129 – Slg. Kat. Paris 1982/83, Bd. 1, S. 274–277, Nr. 1129–1161 – Löcher 1990, S. 21–22.

223

223

Bernhard Richel (vor 1472–nach 1482; Drucker)

Spiegel menschlicher behaltnis (Speculum humanae salvationis)

(Typologisches Erbauungsbuch)
Basel, 1476
Inkunabel mit 278 kolorierten Holzschnitten; Papier, 236 Blätter,
ca. 39,5 x 29,5 cm
Karlsruhe, Badische Landesbibliothek
Sign. Lichtenthal 4

Bei dem *Speculum humanae salvationis*, dem Spiegel des menschlichen Heils, handelt es sich um das verbreitetste heilsgeschichtliche Text-Bild-Werk des späten Mittelalters, das seinen Erfolg, der heute noch anhand von über 400 erhaltenen Handschriften, Blockbüchern und Frühdrucken nachzuvollziehen ist[1], wesentlich seinem »volkstümlichen Stil und seiner Brauchbarkeit«[2] zu danken hat. So umreißt der Verfasser im Prolog die Absichten seiner Erbauungsschrift mit folgenden Worten: »Diese bekanntnisse moegent die gelerten haben usz der geschrifft. Aber die ungelerten die soellent underwiset werden in dem buecheren der leygen das ist in dem gemeltz (Gemälde). So will ich mit der gottes hylffe ein leyenbuoch machen« (Bl. 1r). Die ausführliche Illustrierung der Texte sollte also den Gehalt des »Heilsspiegels« auch den Laien »die do nit lesen könnent« (Bl. 2r) verständlich machen.

Das Werk ist streng gegliedert: In einem heilsgeschichtlichen Rahmen folgen auf Prolog und Proömium zunächst zwei Kapitel, die vom Engelssturz über den Sündenfall bis zu Noahs Arche die generelle Erlösungsbedürftigkeit der Menschheit vor Augen stellen, ehe 40 typologisch aufgebaute Kapitel folgen: Je einer Begebenheit aus dem Neuen Testament (Antitypus) werden drei entsprechende Ereignisse des Alten Testamentes (Präfigurationen, Typen) gegenübergestellt. Dieses typologische Prinzip sollte die Einheitlichkeit des christlichen Heilsplans verdeutlichen, wird doch gezeigt, daß die »Erlösung durch Christus als Erfüllung der den Vätern und dem Volk Israel gegebenen Verheißung« gedeutet werden darf.[3]

Die abgebildete Doppelseite zeigt vier zusammengehörige Illustrationen des 17. Kapitels, während der *Judaskuß* bereits als neutestamentlicher Antitypus dem folgenden Kapitel zugehört. Links erkennen wir zunächst die Illustration der Verse 4–6 des 18. Kapitels des Johannesevangeliums, da die Verhaftung Jesu geschildert wird: »Jesus der alles wußte, was mit ihm geschehen sollte, ging hinaus und fragte sie: Wen sucht ihr? Sie antworteten ihm: Jesus von Nazaret. [...] Als er zu Ihnen sagte: Ich bin es!, wichen sie zurück und stürzten zu Boden.« Wie Christus die Übermacht seiner Feinde zu Boden wirft, so gingen ihm hierin drei alttestamentliche

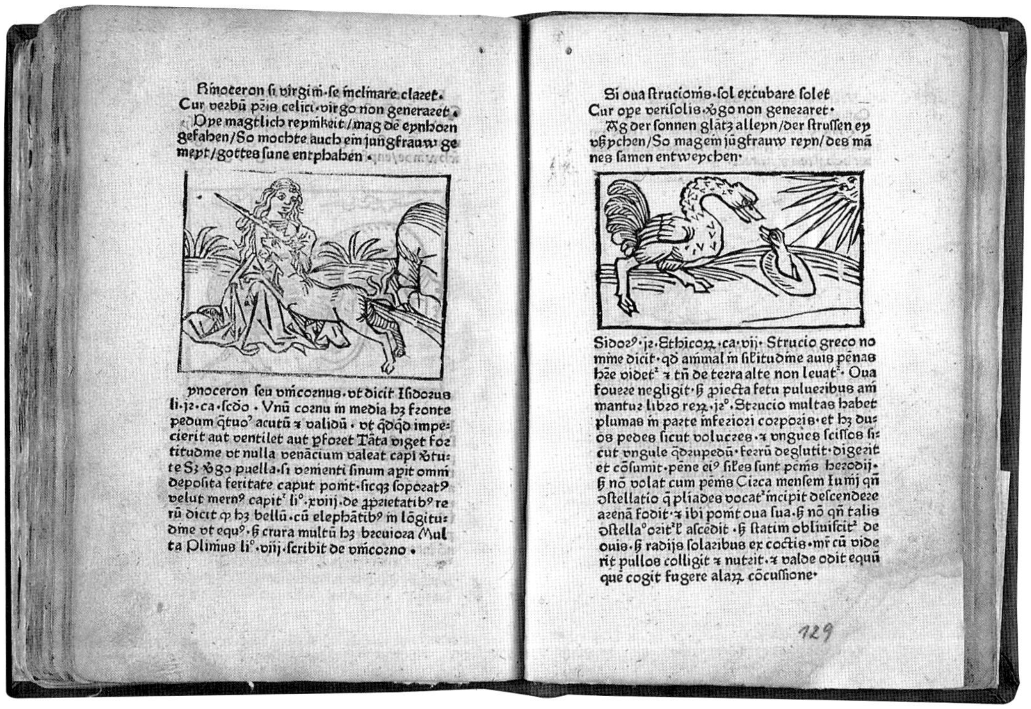

224

Helden voraus, deren Taten jeweils in einem Holzschnitt verbildlicht werden: Simson (Ri 15, 9–20), Schamgar (Ri 3, 31) und David (2 Sam 23, 8) behaupteten sich jeweils gegen feindliche Hundertschaften. Benötigten die Alten aber Waffengewalt, so reichten Wort und Erscheinung Christi hin, die Häscher niederzuwerfen. Die besondere Macht des Gottessohnes wird auf diese Weise unmittelbar einsichtig.[4]

Die Überlieferung des Textes, dessen Hauptquellen die *Legenda aurea* des Jacobus de Voragine sowie die *Historia scholastica* des Petrus Comestor sind, setzt im frühen 14. Jahrhundert ein; zwei Handschriften nennen als Datum der Entstehung das Jahr 1324. Wo und von wem der Heilsspiegel, der deutlich in der Tradition früherer typologischer Werke wie der *Biblia pauperum* (Armenbibel) steht, verfaßt wurde, bleibt hingegen ungeklärt.[5]

Der Heilsspiegel-Druck Bernhard Richels zählt zu den Hauptwerken der frühen Basler Buchillustration. Die Risse der Holzschnitte stammen wohl von drei Basler Meistern, die sich ihrerseits an den Illustrationen einer elsässischen Handschrift des mittleren 14. Jahrhunderts orientierten.[6] Von den klassischen Heilsspiegeln unterscheidet sich der Basler Druck durch die Einfügung eines vollständigen Plenars nebst ausführlichen Glossen (vgl. Kat. 221) zwischen die einzelnen Kapitel des Speculums, was den fortlaufend konzipierten Bau des Originaltextes nachhaltig stört.[7]

M. D.

1 Siehe LexMA, Bd. 7, 1995, Sp. 2088. – Hinzu tritt der erhebliche ikonographische Einfluß auf Werke fast jeden Gebietes der bildenden Kunst. In der Tafelmalerei stellt der *Heilsspiegelaltar* des Konrad Witz (1434/36; Basel, Kunstmuseum) ein herausragendes Beispiel dar.

2 Appuhn 1981, S. 122.

3 Ebd., S. 119. – Beschlossen wird das Werk von drei Gebetszyklen zu den Sieben Schmerzen Christi und Mariae sowie zu den Sieben Freuden Mariae (Kap. 43–45). – Vgl. Pfister 1937, S. 123.

4 Kloss 1925, S. 7.

5 Die traditionelle Zuweisung an Ludolf von Sachsen ist nicht aufrecht zu erhalten. Vgl. LexMA, Bd. 7, 1995, Sp. 2089; VL[2], Bd. 9, 1995, Sp. 56–58.

6 Pfister 1937, S. 29. – Vgl. zudem Henry 1985.

7 Pfister 1937, bes. S. 13–14.

Lit.: Pietsch 1927, S. 51–53 – Pfister 1937, bes. S. 105–109 – Schramm, Bd. 21, 1938, S. 6–7, 25, Tafel 7–29 – Geldner 1968, S. 114–116 – Ausst. Kat. Basel 1972, Nr. 5, S. 16 – Ill. Bartsch, Bd. 81, 1981, S. 25–68 – Wilson/Lancaster Wilson 1984, S. 208/209 – Ausst. Kat. Karlsruhe 1996, Nr. 41, S. 228.

224

Georg von Speyer

Defensorium inviolatae virginitatis beatae Mariae

(Typologische Erbauungsschrift)
Speyer, 1476–1480
Inkunabel mit 53 Holzschnitten; Papier, 30 Blätter, ca. 19 x 13 cm
Karlsruhe, Badische Landesbibliothek
Sign. Da 103a

Wesentliches Anliegen dieser typologischen Verteidigungsschrift ist es, wunderbare Vorkommnisse in Natur und Geschichte, aus der Sagenwelt der antiken Mythologie und dem Alten Testament als indirekte Nachweise für die jungfräuliche Mutterschaft Mariens anzuführen. Die stets von einer Illustration begleiteten lateinischen und deutschen Verse konfrontieren die Exempla, in denen das Naturgesetz durchbrochen scheint, jeweils im Sinne eines Gleichnisses mit dem Wunder der unberührten Jungfräulichkeit Mariens. Hierbei wird die Analogie in ein charakteristisches, stets beibehaltenes Frageschema gekleidet: Wenn ein solches Wunder möglich ist, »warum sollte es Gott unmöglich sein, seinen Sohn auf wunderbare Weise aus einer Jungfrau entstehen zu lassen«.[1]

Die abgebildete Doppelseite zeigt links das wilde Einhorn gezähmt von der reinen Jungfrau (siehe Kat. 191), rechts eine Straußenmutter ihr Ei betrachtend, aus welchem das allein von der Sonne ausgebrütete Junge entschlüpft.

225

Der Verfasser des *Defensoriums*, dessen Urhandschrift nicht erhalten blieb, ist der Dominikaner und Wiener Theologie-Professor Franz von Retz (gest. 1427).[2] Als unmittelbarer Anlaß der Abfassung der Streitschrift wird sowohl die Wiener Judenverfolgung von 1420 und die anschließende Unterrichtung der Neubekehrten als auch das Auftreten der die unversehrte Jungfräulichkeit der Gottesmutter leugnenden häretischen Adamitensekte in Ober- und Niederösterreich in Betracht gezogen.[3] Fußend auf dem bereits verbreiteten Kernbestand der Virginitätssymbolik, der seine Wurzeln in der alttestamentlichen Typologie und dem spätantiken Kompendium des *Physiologus* mit seiner ausführlichen Tiersymbolik findet, erweiterte Retz den Kanon der Sinnbilder beträchtlich: So finden sich in den zahlreichen erhaltenen, von der großen Verbreitung der Schrift zeugenden Handschriften und Inkunabel-Drucken insgesamt 60 Exempla, wobei Augustinus, Albertus Magnus und Isidor von Sevilla dem Autor ebenso als Quellen dienten wie Valerius Maximus und Ovid (Metamorphosen). Schließen in den Büchern die Exempla regelmäßig an eine einleitende Illustration des zentralen wunderbaren Ereignisses – die Geburt Christi (Abb. 58/1)[4] – an, so findet sich diese in den vereinzelten Umsetzungen des *Defensoriums* in die Tafelmalerei in einem zentralen, rautenförmigen Feld dargestellt, die von den gleichnishaften Bildern eingefaßt wird.[5] Zuweilen wird diese Anordnung als die ursprünglich von Retz konzipierte, der Buchform vorgängige Komposition angesehen.

M. D.

1 RDK, Bd. 3, 1954, Sp. 1208 (F. Zoepfl). Weitere allgemeine Literatur zum Defensorium: Halm 1904, Sp. 119–126, 179–188, 207–218; LMK, Bd. 1, 1967, Sp. 1282–1283 (E. M. Vetter); LCI, Bd. 1, 1968, Sp. 499–503 (E. M. Vetter); LexMA, Bd. 3, 1986, Sp. 635–636 (J. M. Plotzek); ML, Bd. 2, 1989, S. 158–160 (E. M. Vetter/F. Tschochner).

2 VL^{2}, Bd. 2, 1980, Sp. 834–837 (K. Grubmüller).

3 Siehe u. a. LCI, Bd. 1, 1968, Sp. 499; ML, Bd. 2, 1989, S. 158; Einhorn 1976, S. 192–193.

4 Die dem Geburtsbild gegenüberliegende *verso*-Seite (Abb. 58/1) zeigt die stehend betende Gottesmutter in einem Innenraum. In der Darstellung darunter erkennen wir einen Juden, dessen in einem Schriftband beigegebener Text lautet: »Erubescat judeus infelix qui dicit Xm (Christum) de ioseph se(mi)ne esse« (»Es schämt sich der unglückliche Jude, der sagt, Christus sei aus dem Samen des Joseph geboren«).

5 Für den Flügelaltar im Zisterzienserkloster Stams (Nordtirol) von 1426 siehe: Atz 1905, Sp. 321–328; Slenczka 1998, S. 165–172, 280–283. Für die Marientafel in der Benediktiner-Abtei Ottobeuren aus der Mitte des 15. Jahrhunderts siehe: Heiden/Goldberg 1991, Nr. 2, S. 40.

Lit.: Schramm, Bd. 16, 1933, S. 10, 16, Tafel 82–86 (mit Zuschreibung an Johann und Konrad Hist) – Ill. Bartsch, Bd. 82, 1981, S. 137–141 – Geldner 1968, S. 195 (zu Georg von Speyer) – Einhorn 1976, Nr. 431D, S. 380.

225

Johannes Amerbach (um 1441–1513; Drucker)
Ludwig Moser (1442–1510; Verfasser)

Bereittung zu dem heiligen sacrament mit andechtigen betrachtungen und gebetten vor und nach.

(Gebet- und Andachtsbuch)
Basel, 1489
Inkunabel mit 55 kolorierten Holzschnitten, Papier; 265 Blätter, ca. 13,9 x 10,3 cm
Karlsruhe, Badische Landesbibliothek
Sign. Don Ink 360

Auf Bitten seiner Basler Förderer, des Priors Jacobus Louber und Professors Dr. Wilhelm Textor, trug der gelehrte und besonders als Übersetzer lateinischer Schriften anerkannte Kartäuser Ludwig Moser diese Sammlung von Gebeten und Meditationen zusammen (siehe Kat. 239). Als Quellen dienten dem von seinen Zeitgenossen als bescheiden, diskret und religiös charakterisierten Geistlichen, der wie Johannes Amerbach mit den Basler Humanisten in Verbindung stand, unter anderem Texte

226

von Bonaventura, Augustinus, Hieronymus und Bernhard von Clairvaux. *Die Bereitung zu dem heiligen Sakrament*, die man früher Michael Furters Offizin zurechnete, besteht aus drei ungleichen Teilen: einer Unterweisung für »büßer, besserer und volkomenen menschen« (15 Seiten), einer Belehrung nach den Kirchenvätern (48 Seiten) und, eine »andächtigen betrachtunge mit figuren loblich geziert uff die und uff alle die gaben und guottet so wir von got habend, besunder umb syn hert leben und lyden so er (Christus) für uns armen sünder in diser zitt gelitten hat« (Bl. 1v). Dieser dritte Teil hat 463 Seiten und ist mit 55 Illustrationen versehen, von denen 7 auf Genesis, Sündenfall und Altes Testament, 17 auf das frühe Marienleben sowie Kindheit, Taufe, Wirken und Wunder Jesu verteilt sind, während die restlichen 29 die Passion Christi (vom Einzug nach Jerusalem bis zur Grablegung) schildern. Dieser xylographische Zyklus stellt in kleinem Format ein heilsgeschichtliches Bildkompendium dar, das besonders Christi Erlösungswerk betont, viele ungewöhnliche Szenen wiedergibt, alle sieben Stationen der *Karlsruher Passion* aufweist (Kat. 35), doch keine Szenen der Verherrlichung Christi oder des Jüngsten Gerichts mit einbezieht. Die durchschnittlich nur 6,6 x 5,4 cm großen, auf Kolorierung berechneten Holzschnitte kennzeichnet eine verknappende, ausdrucksstarke Darstellungsweise, die aufgrund der einlinigen, kräftigen Konturen, geringen Binnenzeichnung und weiten Schraffierung lapidar und gut lesbar ist.

D. L.

Lit.: Schramm, Bd. 20, 1940, S. 12, 45 (Nr. 82), Abb. 420–471 – Geldner 1968, S. 118–120 – ML, Bd. 4, 1992, S. 518–520 (J. Hogg/P. Ochsenbein) – VL², Bd. 6, 1987, Sp. 705–710, bes. 707 (H. Kraume) – Benzing 1982, S. 31 – Ausst. Kat. Karlsruhe 1996, Nr. 66.

226

Wilhelm Schaffener (vor 1496–nach 1515; Drucker)

Hortulus animae

(Lateinisches Gebetbuch)
Straßburg, 1498
Inkunabel mit 75 Holzschnitten; Papier, 256 Blätter, 14 x 9,2 cm
Karlsruhe, Badische Landesbibliothek
Sign. Don 286 Ink

Unter dem Titel *Hortulus animae* (Seelengärtlein) erschien 1498 der Erstdruck einer lateinischen Gebetsanthologie in der Straßburger Offizin des Wilhelm Schaffener im Kleinoktav-Format, die in der Folge – auch in zahlreichen volkssprachlichen Ausgaben – zu einem der beliebtesten Druckwerke der vorreformatorischen Andachtsliteratur vornehmlich im deutschsprachigen Raum werden sollte.[1] Für die Blütezeit des *Seelengärtleins* sind über 100 Drucklegungen nachzuweisen, wobei der Straßburger Humanist Sebastian Brant, der zuweilen als Urheber des Büchleins vermutet wurde, in einer bei Johann Wähinger 1501 in Straßburg gedruckten Ausgabe als Korrektor und Übersetzer in die deutsche Sprache genannt wird.[2]

Bei der Zusammenstellung des Gebetbuches orientierte man sich an den grundlegenden Elementen des sich seit dem frühen 14. Jahrhundert in Frankreich und den Niederlanden verbreitenden Stundenbuchs: Kalender, Kleines Marienoffizium, sieben Bußpsalmen, Allerheiligenlitanei, Suffragien und Totenoffizium finden sich in allen Fassungen des Hortulus. Je nach Ausgabe konnten zu diesem Grundbestand noch weitere Gebete in wechselnder Anzahl und Gruppierung treten.

Wilhelm Schaffener ließ eigens für den Erstdruck eine Holzschnitt-Folge

227

anfertigen, die auch in der zweiten Auflage im Jahre 1500 mit nur geringen Veränderungen Wiederverwendung fand. Bei den meisten der von Maria Consuelo Oldenbourg als »ungelenk, aber von straffer Linienführung«[3] charakterisierten Schnitte, handelt es sich um kleinformatige, anspruchslose Kompositionen, die regelmäßig eine von einem Maß- oder Astwerkbogen überfangene Heiligenfigur vor einer nicht differenzierten Hintergrundsfolie und zwischen einigen rasch schraffierten Bodenwellen zeigen. Die abgebildete, größerformatige Szene mit dem Gekreuzigten zwischen Maria und Johannes ist zu den komplexeren Darstellungen der deutlich am Stil der Grüninger-Werkstatt orientierten Holzschnittfolge zu zählen, die nach der Weitergabe der Druckstöcke von Schaffener an den Kollegen Wähinger noch vielmalige Wiederverwertung erfahren sollte. Der eminente Erfolg des *Seelengärtleins* veranlaßte Schaffener um 1510 dazu, seine ehemalige Folge nachschneiden zu lassen, um den Druck des *Hortulus animae* wieder aufnehmen zu können.

M. D.

1 VL^2, Bd. 4, 1983, Sp. 147–154 (P. Ochsenbein) – Heim 1991, S. 27–34 – LGB^2, Bd. 3, 1991, S. 537 (F. Heinzer) – LexMA, Bd. 5, 1991, Sp. 130 (K. Küppers).
2 Oldenbourg 1973, S. 5, 17 – LGB^2, Bd. 3, 1991, S. 537 (F. Heinzer).
3 Oldenbourg 1973, S. 71.

Lit.: Schramm, Bd. 20, 1937, S. 20, 30, Tafel 282–285, Abb. 2211–2289 – Geldner 1968, S. 83 – Oldenbourg 1973, S. 18 (L1), 71–72 – Benzing 1982, S. 271, 438.

227

Lienhart Ysenhut (vor 1464–1502/10; Drucker)

Die walfart oder bilgerschaft der aller seligsten Jungfrowen Marie inhaltend alle staat irs lebens.

(Gebets- und Andachtsbuch)
Basel, 1489
Inkunabel mit 58 kolorierten Holzschnitten, Papier; 124 Blätter, ca. 14,5 x 10,2 cm
Karlsruhe, Badische Landesbibliothek
Sign. St. Peter pap. 8

Dem zwischen 1464 und 1502/10 in Basel nachweisbaren und vornehmlich als Drucker und Formschneider tätigen Lienhart Ysenhut aus Heideck/Mittelfranken sind mehrere reich illustrierte Bücher zu verdanken, zu denen auch die 1489 datierte *Wallfahrt oder Pilgerschaft der seligen Jungfrau Maria* zählt. Diese Gebetsbetrachtungen über das Leben der Muttergottes stellen die deutsche Prosaübersetzung des lateinischen *Itinerarium Beatae Virginis Mariae* dar, die Ysenhut wohl noch im selben Jahr in nahezu übereinstimmender Bildausstattung druckte. Nach der Vorrede mit Titelillustration der Schutzmantelmadonna folgen sieben, auf die Wochentage bezogene Teile. Wie der Titel besagt, ist jeder von diesen einem bestimmten Lebensstand oder -alter Mariens gewidmet, die sich nochmals aus sechs oder neun, in einem Fall sogar aus fünfzehn oft nur sehr kurzen Gebetsbetrachtungen zusammensetzen. Jede von diesen wird durch eine Überschrift und einen etwa 7,6 x 6,2 cm großen Holzschnitt eingeleitet. Die Illustrationen und 57 Texte, die sich über 219 Seiten hinwegziehen, sind eng aufeinander bezogen und bilden einen gleichsam kommentierten, sehr umfassenden Bildzyklus von der Verkündigung der Geburt Mariens an Joachim und Anna bis zur Krönung der Gottesmutter durch die Trinität. Verbildlicht werden Geburt, Jugend und Tempeldienst Mariens, danach die Kindheit, Taufe und das Wirken Jesu auf Erden, weiter Christi Passion und Verherrlichung sowie das späte Leben Mariens, ihr Tod und ihre Aufnahme in den Himmel. Wenngleich das Jüngste Gericht mit Maria als Fürbitterin fehlt, wird sie doch in der Titelillustration als Beschützerin der Menschheit groß vergegenwärtigt, sodaß der gesamte Holzschnittzyklus von umfassender heilsgeschichtlicher Aussage ist und auf den bedeutenden Anteil Mariens am göttlichen Erlösungswerk weist.

Die Darstellungen folgen meist geläufigen Bildtypen, doch finden sich auch ungewöhnliche Szenen vornehmlich genrehaften Charakters, zum Beispiel: *Maria beim Tempeldienst*, *die Erziehung Jesu* und *die Heilige Familie in Nazareth bei gemeinsamer Arbeit, Mahlzeit und Andacht*; und weiter *Maria erfährt von den Jüngern über Jesu Gefangennahme*, *die Predigt Petri* und *Maria unterrichtet die Apostel*; schließlich *die Verkündigung des Todes an Maria durch einen Engel* und *der Empfang Mariens im Himmel durch die Auserwählten*.

Auf den wohl nach Rissen eines einzigen Zeichners von mehreren Formschneidern gefertigten Holzschnitten sind die dicht gefügten Szenen und die ausdrucksstarken Figuren eindeutig und lesbar wiedergegeben, wobei örtliche Angaben oder Gegenstände auf das wesentliche beschränkt und oft nur zeichenhaft angedeutet sind. Die einlinigen Konturen, reduzierte Binnenzeichnung und kräftige Parallelschraffur deuten darauf hin, daß die Holzschnitte von vornherein auf Handkolorierung angelegt wurden. Diese ist im Karlsruher Exemplar besonders reich ausgefallen und gut erhalten. So finden sich Gelb, Ocker, Karmin- und Ziegelrot, Grün, Blau und Violett meist in satten und lichten Schattierungen, während die Nimben metallische Lüstrierung aufweisen. Dadurch wirkt die für die private Andacht einer breiten Käuferschicht gedachte Inkunabel wie ein kostspieliges gemaltes und handgeschriebenes Gebetbuch.

D. L.

Lit.: Schramm Bd. 22, 1940, S. 3f., Abb. 203–259, 261 – Geldner 1968, S. 123 – VL², Bd. 4, 1983, Sp. 428f. (H. Hilg) – Ill. Bartsch, Bd. 87, 1985, S. 123–130.

228

Bartholomäus Kistler (vor 1486–1520/25; Drucker)

Von sant Ursulen schifflin

(Bruderschaftsbuch)
Straßburg, 1497
Inkunabel mit 1 Holzschnitt; Papier, 25 Blätter, ca. 19,4 x 13,2 cm
Berlin, Staatsbibliothek zu Berlin, Preußischer Kulturbesitz, Inkunabelsammlung
Sign. Inc. 2545

Es ist die »ynnige vnd geystliche pruderschafft genant sant Vrsulen schifflein«, die um 1476 von dem Kartäuser Johannes Neuweiler in Straßburg gegründet und späterhin von den Dominikanerinnen von St. Matthäus und Nikolaus getragen wurde, deren Statuten und Mitgliederlisten von einem anonymen Verfasser in diesem Traktat bereits in dritter Fassung niedergelegt wurden. Nach der freien Reichsstadt Köln, wo bereits seit der Mitte des 14. Jahrhunderts Ursulakonfraternitäten belegt sind, ist Straßburg die zweite Stadt, in der eine der Heiligen gewidmete Bruderschaft gegründet wurde; diese gab ihrerseits Anlaß zur Konstituierung weiterer Bruderschaften – u. a. in Braunau und Tulln.[1]

Vornehmstes Ziel dieser Bruderschaften war die Seelsorge: Wesentlich durch umfängliche Gebetsleistungen und Meßfeiern ihrer Mitglieder, aber auch durch die Erfüllung der christlichen Werke der Barmherzigkeit, sollte für alle »Mitfahrenden« des »Schiffleins« das Einlaufen in den sicheren Hafen des ewigen Heils sichergestellt werden. Sollte der ein oder andere Mitbruder »nit wol geschigkt sein zu vil petten«, so konnte als Ersatzleistung, wie den Straßburger Statuten zu entnehmen ist, das vorliegende Büchlein abgeschrieben, zum erneuten Druck gebracht oder ins Lateinische übertragen werden.[2]

Den Statuten der Gebetsverbrüderung findet sich eine ausführliche Liste der Mitglieder – Klostergemeinschaften und einzelne Laien – angeschlossen, deren jeweilige als Schiffslohn und Dienst für die Gemeinschaft verstandenen Gebetsleistungen akribisch aufgeführt werden. War es nach der Erneuerung der Bruderschaft 1496 jedem Mitglied erlaubt, neue Brüder und Schwestern zu werben, so dürfte auch ein zwischen die beiden Hauptteile eingefügter, eigens für die Straßburger Ursulabrüder gedichteter Liedtext des Ravensburger Pfarrers Johann Gösseler (»Eyn zyt hort ich vil guotter mer von einem schyfflin sagen«) primär der mündlichen Bekanntmachung der Vereinigung und ihrer Ziele, damit letztlich der Werbung neuer Mitglieder gedient haben.[3]

Als wesentliches darstellerisches Mittel bediente sich der Autor des Traktates der Schiffahrtsallegorie, die zweifellos Anregung von der Legende der Heiligen erfahren haben mag, letztlich aber auf die seit frühchristlicher Zeit geläufige Vorstellung von der Kirche als Schiff zurückgeht.[4] Neben den kanonischen Motiven, wie etwa dem Kreuzesmast (Z. 117, II) oder dem antitypischen Vergleich mit der Arche Noah (Z. 504–518), wird eine eigenständige Allegorik entwickelt, die den Schiffsherrn als Kaufmann anspricht, der die eingebrachten Gebetsleistungen der Mitglieder als Waren entgegennimmt und mit der Menge der mitgeführten »kouffmanscheczen« (Z. 51, II) auch sicheren Gewinn, eben das Anlanden »an das gestade vnd lant des hymelischen vater lants der ewigen seylickeit« (Z. 7–8), in Aussicht stellt.[5]

Das Schiff der Ursula konnte den Menschen des Spätmittelalters als eine besonders vertrauenswürdige Möglichkeit gelten, unbeschadet durch das ungestüme Welt-Meer zu gelangen und zuletzt die Jenseitsreise zum ewigen Seelenheil zu bestehen. Hatte doch die Rheinfahrt der britannischen Königstochter auf der Pilgerreise nach Rom ihr Ende im Martyrium der Jungfrau und ihrer elftausend Gefährtinnen vor der Stadt Köln gefunden. Die Schiffahrt der Heiligen konnte so zum »Signum der letzten Überfahrt«[6] werden, wobei das Blutzeugnis Ursulens die Entsühnung der Mitreisenden – also der Mitglieder der Bruderschaft – gewährleistete.

Der dem Text vorangestellte Holzschnitt formuliert die Idee des mit geblähten Segeln zu den Gestaden des ewigen Lebens fahrenden Ursula-Schiffleins motivreich aus: Dicht drängt sich die *sanctorum communio* im Schiffsrumpf um die zentrale Altarmensa, hinter welcher Maria mit dem Kinde, die Heilige Ursula und ihre Schar sowie König David mit der Harfe erscheinen. Weiterhin ist neben dem das Ruder führenden Mönch (vielleicht der Bruderschaftsgründer Johannes Neuweiler) der das ewige Heil versichernde Lebensbrunnen zu erkennen, aus welchem bereits geschöpft wird. Weitere Gläubige wollen vorne über Leitern das Schiff besteigen. Aus der Heiligenschar wächst der Kreuzesmast empor, flankiert von vier Engeln mit den Leidenswerkzeugen und einer das wiederholte Opfer Christi in der Meßfeier andeutenden Elevation. Der Heilszugang über die Sakramente, bereits durch den bildzentralen Altartisch im Schiffsrumpf angedeutet, wird hier nochmals betont: Wer sich der Fahrgemeinschaft der Ursulabrüder anschloß, konnte des ewigen Heils versichert sein. Folgerichtig erscheint rechts das letztendliche Ziel der Ursulabrüder bezeichnet – die alsbaldige Erlösung der Seele aus dem Fegefeuer.[6]

M. D.

228

1 Schnyder 1986, S. 49, 52–53. Zur Textgeschichte: S. 182–188. – Allg. und bes. zu den Kölner Bruderschaften: Zehnder 1985, S. 73–78.

2 Zitiert nach der »Leithandschrift« bei Schnyder 1986, S. 212, bes. Z. 458.

3 Zu Johan Gösseler und seiner Lieddichtung siehe: VL[2], Bd. 3, 1981, Sp. 102–105 (D.-R. Moser).

4 Schnyder 1986, S. 442–448; LCI, Bd. 4, 1972, Sp. 61–67 (U. Weber s. v. ›Schiff/Das Schiff der Kirche‹).

5 Alle Zitate nach der »Leithandschrift« bei Schnyder 1986. Siehe auch: Z. 220–222.

6 Lentes 1995/96, S. 194.

7 Der Holzschnitt, der in seiner Gestaltung deutlich an die Illustrationen der Grüninger-Werkstatt erinnert, diente motivgleichen Kompositionen Wolf Trauts und Hans Suess von Kulmbachs zum Vorbild. Vgl. Schnyder 1986, S. 181, Anm. 26; Winkler 1941, S. 19, 27, Abb. 6 (Suess); Lentes 1995/96, S. 194–197 (Suess); Zehnder 1985, S. 75, 139 (Traut).

Lit.: Schramm, Bd. 20, 1937, S. 16, 28, Tafel 235 – Geldner 1968, S. 82–83 (zu Bartholomäus Kistler) – Benzing 1982, S. 438 (zu Bartholomäus Kistler) – Schnyder 1986, S. 181.

229

Bartholomäus Kistler (vor 1486–1520/25; Drucker)

eyn seltzemme und guote legende von Sant Annan und irem geslecht

(Legende der Heiligen Anna)
Straßburg, 1501
Inkunabel mit vier kolorierten Holzschnitten, Papier; 54 Blätter, ca. 20,3 x 13,9 cm
Karlsruhe, Badische Landesbibliothek
Sign. Dr. Lichtenthal 137

Zu den illustrierten volkssprachlichen Werken aus der Offizin des Bartholomäus Kistler (siehe Kat. 231, 228) gehört auch die Legende der Heiligen Anna. Sie ist ein höchst beredtes oberrheinisches Bild- und Schriftzeugnis der mittelalterlichen Annenverehrung, die um die Wende vom 15. zum 16. Jahrhundert ihren Höhepunkt erreicht. Der Druck erschien 1501 in einer lateinischen sowie einer deutschen Ausgabe, jeweils versehen mit denselben vier Illustrationen und am Schluß erweitert durch *ein buochlin von dem rosenkrantz Marie* (Bl. 44v–54v); dieses leitet mit dem letzten Satz zu einer dem Annenleben beigefügten, gleichfalls illustrierten Legende der Heiligen Eucharius, Valerius und Maternus über.[1] Der letztgenannte, erster historisch beglaubigter Bischof von Köln, wird im ersten Kapitel von Kistlers Annenlegende als Enkel der Heiligen Esmeria, der Schwester der Heiligen Anna, und als Vetter des Heiligen Servatius bezeichnet,[2] was die Zusammenstellung der beiden Legenden erklärt.
Die Vita der Heiligen Anna und ihrer Nachkommenschaft, die auf die Ausführungen über die Jungfrauenschaft Mariens von dem Kirchenvater Hieronymus (um 347–419) zurückgeht, ist in der lateinischen wie volkssprachlichen Erbauungsliteratur des Abendlandes seit dem 12. Jahrhundert zahlreich nachzuweisen.[3] Der von Kistler verwendete Text hängt im Aufbau und Inhalt weitgehend mit der wohl schon um 1490 bekannten, 1498 in Antwerpen in Latein gedruckten, einflußreichen Neufassung der Annenlegende zusammen, die Pieter Doorlant, einem Mönch des die Verehrung der heiligen Matrone besonders propagierenden Kartäuserordens, zugeschrieben wird.[4] Was die biblischen Texte nicht leisten, gelingt dieser Straßburger Legende, die den Leser aufklärt über die Verwandtschaftszusammenhänge zwischen der Heiligen Anna und ihren drei Männern Joachim, Cleophas und Salomas, den drei Marien unter dem Kreuz Christi (die Muttergottes und ihre zwei gleichnamigen Halbschwestern), den »Brüdern des Herrn« (die Vettern und Jünger Christi), den Heiligen Esmeria, Elisabeth und Johannes dem Täufer und schließlich den Heiligen Bischöfen Servatius von Maastricht und Maternus von Köln (siehe auch Kat. 189).
Für den Leser als Hilfe bei der Unterscheidung einzelner Zweige dieser als *Heilige Sippe* allgemein verehrten Familie Annas dienen die beiden kolorierten, 10,1 x 11,6/7 cm großen Holzschnitte. Sie stellen jeweils die mit ihren Namen versehenen Mitglieder von zwei Generationen dar, die sich in einer überwölbten und mit offenen Arkaden versehenen Laube versammelt haben. Der erste Holzschnitt (Bl. 1r) zeigt Maria mit ihren drei Männern und drei Töchtern, womit die Legende des *Trinubium,* der dreimaligen Heirat Annas,[5] verbildlicht wird. Die zweite Illustration (Bl. 8r) gibt die gekrönte Jungfrau Maria mit dem Jesuskind, ihre beiden Halbschwestern mit ihren Männern und ihren sechs Kindern wieder. Was üblicherweise in einer friesartigen Komposition vereint ist (siehe Kat. 189, 247, 248), die *große Heilige Sippe*, wurde von Kistler unter Weglassung des Heiligen Joseph in zwei Einzelbilder aufgeteilt.

D. L.

229

1 Schramm, Bd. 20, 1937, S. 17, 20, Abb. 2078–2082.
2 Esser 1986, S. 26.f.
3 Esser 1986, S. 19f., 21f., 261ff.
4 Esser 1986, S. 22, Anm. 92.
5 Esser 1986, S. 15ff.

Lit.: Schramm, Bd. 20, 1937, S. 17, 29, Abb. 2074, 2075 – Geldner 1968, S. 82ff. – Esser 1986, S. 22, 52, 77, 122, 128f., 131f., 135, 149, 164 (Typ 3c), 224, 264 (Qs 40) – Benzing 1982, S. 438 – Lüdke 1998, S. 19f., Abb. 10, 11.

230

Johannes Grüninger (vor 1480–1531/33; Drucker)

Die Legende der Heiligen Katharina

Straßburg, 1500
Inkunabel mit 19 kolorierten Holzschnitten; Papier, 78 Blätter, ca. 20 x 13,5 cm
Karlsruhe, Badische Landesbibliothek
Sign. Lichtenthal 137

»Ursprung vnnd leben, marter vnd sterben, vnd ouch von den wunderzeichen« der Heiligen Katharina von Alexandrien kündigt der Titel der von Johannes Grüninger auf den 2. Juli 1500 datierten und reich mit – hier sehr sorgfältig kolorierten – Illustrationen geschmückten Legendenschrift an. Bei dieser handelt es sich um die deutsche Übertragung einer die traditionelle Textüberlieferung der Katharinenlegende um neue Elemente erweiternden Prosafassung (›Nova legenda‹), die ein Bruder Peter wohl im 14. Jahrhundert und wahrscheinlich in Italien »usz andern sechs legenden« kompiliert und in 24 Kapiteln abgefaßt hat.[1] Der Schilderung der Passion der Heiligen Jungfrau sind zudem eine der *Legenda aurea* entnommene Lobrede (Bl. 69v–71v), sowie die Statuten der Straßburger Katharinenbruderschaft beigegeben (Bl. 72r–74r).

Die Heilige Katharina genoß als nach der Gottesmutter ranghöchste Heilige frühe und besondere Verehrung. Die christliche Tochter des Königs von Zypern erlitt unter Kaiser Maxentius um 306/07 das Martyrium, nachdem sie sich standhaft geweigert hatte, heidnischen Göttern zu opfern und 50 Philosophen, die ihrerseits den Feuertod erleiden sollten (Kat. 23), in gelehrtem Disput zum Christentum bekehrt hatte. Nachdem die Heilige auch die Kaiserin für das Christentum gewonnen und dem wiederholten Werben des Kaisers widerstanden hatte, sprach dieser das Todesurteil. Durch göttliches Eingreifen wurden zunächst die für die Marter vorgesehenen »gruesamlichen reder« durch ein Unwetter zerstört, ehe die Heilige Jungfrau enthauptet wurde.

Unsere Abbildung zeigt die auf einer Seite zusammengestellten Illustrationen zu den die Heiligenlegende beschließenden Kapiteln 20 und 21 (Bl. 60r): Erleidet die standhafte Heilige in der unteren Darstellung das Martyrium (Kat. 10), so wird sie im Bildfeld darüber von zwei Engeln, die ihren Leichnam nach der Enthauptung in Alexandria auf den 20 Tagreisen entfernten Berg Sinai entrückten, in einem zuvor bereiteten Marmorsarkophag zur letzten Ruhe gebettet. Dieses Engelwunder findet sich bereits in den ältesten Legendenfassungen des 6. und 7. Jahrhunderts und gab Anlaß zur Ausbildung des in der Folge anwachsenden »Wunderanhanges«, in dem stets neue, sich regelmäßig im Dornbuschkloster auf dem Sinai ereignende Katharinenmirakel Aufnahme fanden.[2] Dort wurden spätestens seit dem 11. Jahrhundert die Reliquien der Heiligen Katharina – seither Namenspatronin des Klosters – bewahrt, das zu einer der vornehmsten Stationen der Pilgerreise zu den Heiligen Stätten wurde.[3]

Die beiden frühesten Mirakel werden im Holzschnitt der Grüninger-Ausgabe angedeutet, sind doch deutlich Öllampen an dem den Sarkophag überfangenden Baldachin befestigt. Der Text Bruder Peters schildert zum einen, daß aus den Gebeinen Katharinens wundertätiges, die Kranken heilendes Öl fließt, zum anderen, daß am Festtag der Heiligen zahllose Vögel Oliven zum Kloster bringen, »dan daz oele da von gemacht ist den münchen durch das gantz iar überflüssiglich dienen zuo irer notturft und zuo dem liecht der ampellen«(Bl. 62r).

Hinsichtlich der Holzschnittillustrationen ist festzustellen, daß die Reisser der Grüninger-Offizin gegenüber dem noch deutlich auf die Umrißlinien konzentrierten Stil der 1480er Jahre (Kat. 220) nunmehr feinere, näher beieinanderliegende Strichlagen und stärkere Schraffierung zur Anwendung bringen, wodurch sich eine differenziertere Binnenzeichnung und eine dichtere, in der Wirkung dem Kupferstich angenäherte Bildwirkung ergibt.[4]

230

M. D.

1 In der Vorrede weist der Verfasser ausdrücklich auf die neu mitgeteilten Begebenheiten, vor allem die *Conversio*, also die Bekehrung der jugendlichen Katharina, sowie ihre direkte Verwandschaft mit dem römischen Kaiser Konstantin, hin. – Zur Textgenese und den zahlreichen Varianten des Legendentextes: VL^2, Bd. 4, 1983, Sp. 1055–1073, bes. 1069 (P. Assion); Knust 1890, bes. S. 46–59.
2 Assion 1969, bes. S. 132–399.
3 LexMA, Bd. 5, 1991, Sp. 1928 (J. Dubois s. v. ›Sinai‹).
4 Ausst. Kat. Basel 1972, Nr. 95, S. 51 – Kunze 1975, S. 220 – Geldner 1968, S. 75. – Siehe auch den Zwischentext.

Lit.: Schramm, Bd. 20, 1937, S. 5, 24, Abb. 647–660 – Geldner 1968, S. 71–76 (zu Johannes Grüninger) – Assion 1969, S. 603 – Benzing 1982, S. 437–438 (zu Johannes Grüninger).

231

Bartholomäus Kistler (vor 1486–1520/25; Drucker)

sant Pauls leben

(Legenden der Heiligen Eremiten Paulus und Antonius)
Straßburg, 1498
Inkunabel mit 21 Holzschnitten, Papier; 47 Blätter, ca. 18,7 x 13,8 cm
Karlsruhe, Sammlung K. und U. Schulz

Das 1498 erschienene Buch, dessen Titel wie üblich vom Wortlaut des Textbeginns abgeleitet ist, behandelt die zwei Viten der beiden Heiligen Erzeremiten Paulus (228–341) und Antonius (251–356), von denen die erste dem Heiligen Kirchenvater Hieronymus, die zweite dem Heiligen Athanasius, Patriarch von Alexandria, zu verdanken ist. Bei dem deutschen Prosatext handelt es sich um die ersten beiden Legenden aus den im hohen und späten Mittelalter unter dem vulgärlateinischen Titel bekannten *Vitaspatrum* (eigentlich »Vitae patrum«). Dieses im Südalemannischen während der ersten Hälfte des 14. Jahrhunderts entstandene Corpuswerk geht auf das im späten 13. Jahrhundert in Reimen abgefaßte *Väterbuch* zurück, die erste deutsche Übertragung eines schon im 4. bis 7. Jahrhundert entstandenen Sammelwerks von griechischen und lateinischen Lebensbeschreibungen, Lehrgesprächen, Exempeln und Aussprüchen der ersten frühchristlichen Eremiten und Mönche, die sich seit dem 3. Jahrhundert in die Wüsten von Ägypten, Palästina und Syrien zurückzogen.

Im deutschen Sprachraum zählten die wirkungsmächtigen *Alemannischen Vitaspatrum* zu den landschaftlich am breitesten tradierten volkssprachlichen Werken des Spätmittelalters überhaupt. Diese Legenden und Lehren der frühchristlichen Asketen, Eremiten und Mönche erlangten auch für das abendländische Mönchtum grundlegende Bedeutung, etwa bei Ordensgründungen und -reformen, die einen Neuanfang im Sinne einer spirituellen Erneuerung anstrebten; als Beispiel sei die Reformierung des Dominikanerinnenordens im Elsaß genannt, in dessen Straßburger Klöstern beispielsweise um 1430/60 Handschriften mit den *Alemannischen Vitaspatrum* nachgewiesen sind. Für die weitere Verbreitung auch in den Laienkreisen sorgten um 1480 bis 1517 vierzehn Druckauflagen des Werks, von denen allein sieben in Straßburg erschienen, zu denen auch Kistlers Teildruck mit Paulus- und Antoniusleben gehören.

Bei seiner Fertigung konnte sich der aus Speyer stammende Drucker und Maler an dem 1482 bei Anton Sorg in Augsburg gedruckten und reich illustrierten *buoch der heiligen altvätter* orientieren.[1] So hielt er sich fast ausnahmslos an die Reihenfolge der Augsburger Holzschnitte, deren Kompositionen er meist seitengleich, mitunter im Gegensinn, übernahm und nur sehr selten stärker abwandelte. Ein Vergleich mit den älteren, quadratischen Vorlagen zeigt aber, daß Kistlers hochrechteckige Illustrationen im Stil typisch straßburgisch, vom sogenannten Grüninger-Meister beeinflußt und fortschrittlicher sind, da sie, feinlinig und zart in der Schraffur, von malerischer Schwarzweißwirkung sind. In Kistlers Kompositionen ist die Angabe der Personen reduziert und wirken die Figuren zierlich, elegant und verhalten in ihren Bewegungen. Anstelle von winkligen Umrissen und kantigen Formen liebt der Straßburger Drucker rundliche und geschwungene Konturen sowie undulierende Säume.

Da in der Paulus-Vita die Begegnung des älteren Eremiten mit dem jüngeren Antonius den größten Teil der Erzählung ausmacht und für das

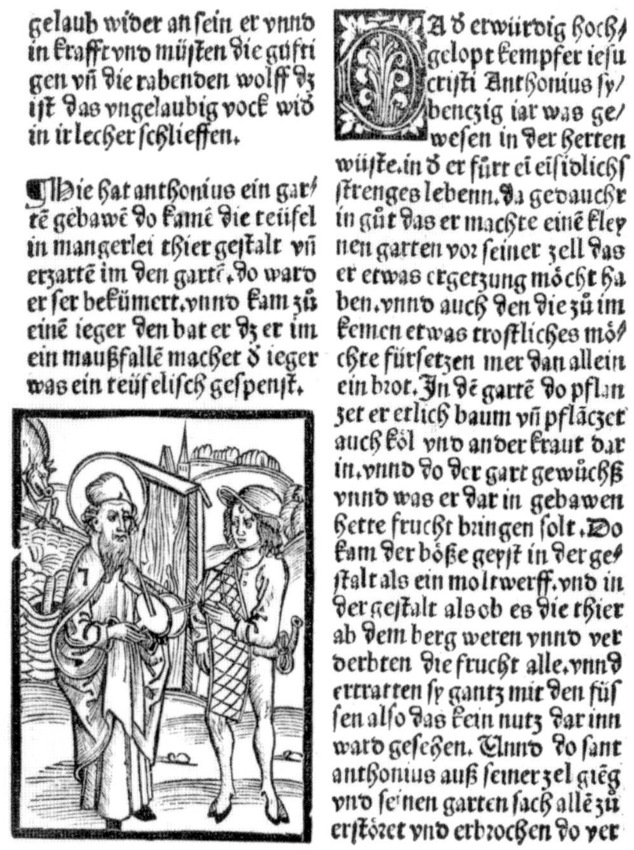

gelaub wider an sein er vnnd in krafft vnd müsten die gufri gen vñ die rabenden wolff dz ist das vngelaubig vock wid in ir lecher schliessen.

Wie hat anthonius ein gar/tē gebawē do kamē die teüfel in mangerlei thier gestalt vñ erzartē im den gartē. do ward er ser bekümert. vnnd kam zů einē ieger den bat er dz er im ein maußfallē machet d ieger was ein teüfelisch gespenst.

Da d erwürdig hoch/gelopt kempfer iesu cristi Anthonius sy/benczig iar was ge/wesen in der herten wüste. in d er fürt ei eisidlichs strenges lebenn. da gedaucht in gůt das er machte einē kley nen garten vor seiner zell das er etwas ergetzung möcht haben. vnnd auch den die zů im kemen etwas trostliches mö/chte fürsetzen mer dan allein ein brot. In dē gartē do pflan zet er etlich baum vñ pflāczet auch köl vnd ander kraut dar in. vnnd do der gart gewůchß vnnd was er dar in gebawen hette frucht bringen solt. Do kam der böße geyst in der ge/stalt als ein moltwerff. vnd in der gestalt als ob es die thier ab dem berg weren vnnd ver derbten die frucht alle. vnnd ertratten sy gantz mit den füs sen also das kein nutz dar inn ward gesehen. Vnnd do sant anthonius auß seiner zel giēg vnd seinen garten sach allē zů erstöret vnd erbrochen do ver

231

daran anschließende Leben des Heiligen Antonius von großer Bedeutung ist, sind beide Legenden nicht voneinander zu trennen. Dies gilt auch für die 21 in die Texte eingestreuten Illustrationen, von denen drei wiederholt sind, drei auf die erste, die restlichen 18 auf die zweite Legende verteilt sind. Sie bilden zusammen einen sehr umfangreichen Antonius-Zyklus, wie er heute in der spätgotischen Tafelmalerei nur noch sehr selten nachzuweisen ist.[2]

D. L.

1 Schramm, Bd. 4, 1921, S. 26–28, Abb. 846–860.
2 Lüdke 1999, S. 58–65.

Lit.: Schramm, Bd. 20, 1937, S. 16, Abb. 1818–1835 – Geldner 1968, S. 82 ff. – Benzing 1982, S. 438 – Williams 1996, S. 3*–15*, 40*–42* (bes. d 10) – VL^2, Bd. 10, 1997, Sp. 449–466 (K. Williams/W. J. Hoffmann) – Ausst. Kat. Karlsruhe 2000, Nr. 49.

Nun wil ich hie nach sagen wie die cappel zů den ein
sidlen gewicht ward võ vnserẽ herrẽ iesu christo selbert.

Dis ist wie vnser herre iesus christus die cap/
pellen zů dẽ einsidlen selber wichte · vñ wer da
zegegen vñ da by vñ mit was/ Der aller ge/
waltigest küng der engelen wirdiget noch al/
le zyt die syn aller liebste synd/vnd die vsserweltẽ ze ge/
sehende/so er gotlichen dingen gyt zů schowende vñ zů
erkennende/als wir hienach wol mercken mügẽt . So
man zalt von gottes geburt/nünhundert vnd dry vnd

232

232

Michael Furter (vor 1483–1516/1517; Drucker)

Die Legende des Heiligen Meinrad

Basel, nach 1496
Inkunabel mit 37 Holzschnitten; 28 Blätter, ca. 19 x 14 cm
Karlsruhe, Badische Landesbibliothek
Sign. Dg 198 a

»Von sant Meynrat ein hübsch lieplich lesen was ellend und armuot er erlitten hat, usz der lateinischen hystorien gezogen« (Bl. 1r). Mit diesen Zeilen eröffnet die Legendenschrift über das Leben und das Martyrium Meinrads, eines primär im deutschsprachigen Südwesten verehrten Heiligen, der im ausgehenden 8. Jahrhundert im württembergischen Sülichgau geboren, auf der Reichenau erzogen und zum Priester geweiht wurde. Nach einer Tätigkeit als Klosterschullehrer zog er sich als Eremit auf die Paßhöhe des Etzel, später aber in den ›Finstern Wald‹ zurück, an den künftigen Ort des Klosters Einsiedeln. Dort wurde er wohl 861 von zwei Räubern, die er zuvor bewirtet hatte, erschlagen, dann auf der Reichenau bestattet. 1039 wurden seine Gebeine nach Einsiedeln transloziert.
Von der Lebens- und Leidensgeschichte des Märtyrers berichten zwei Legenden. Gegenüber der noch im 9. Jahrhundert wohl von einem Reichenauer Mönch aufgezeichneten Vita, bildete die irrtümlich dem Freiburger Dominikaner Georg von Gengenbach zugeschriebene, im 14. Jahrhundert verfaßte und ins Deutsche übertragene Legende *Vita sancti Meginradi martyris* die Grundlage für zahlreiche lateinische und volkssprachliche Handschriften und Frühdrucke. Die Beliebtheit dieser Legendenfassung erklärt sich zu einem Gutteil aus der volkstümlichen Ausschmückung und Erweiterung der Urlegende.[1]
Der aus Augsburg stammende, spätestens seit 1483 als Drucker in Basel greifbare Michael Furter hatte unter dem Datum des 20. September bereits eine *Passio sancti Meynrhadi* (mit 21 Holzschnitten) gedruckt, ehe er – wohl wenig später – eine um 16 Illustrationen erweiterte deutschsprachige Legende publizierte, die drei Auflagen erleben sollte. Die Holzschnitt-Illustrationen dieser Ausgaben fanden bis 1630 an verschiedenen Druckorten Wiederverwendung.[2] Der Reißer der Holzschnitte für die Furter-Ausgaben orientierte sich recht genau an den Illustrationen des 1450/60 geschaffenen Einsiedler Blockbuches.[3] Dies vermag auch die berühmte Darstellung der *Engelweihe* – der göttlichen Konsekration der Meinradskapelle durch Christus und seine Engel (Kat. 60) – zu belegen, die das Vorbild im Gegensinne kopiert (Bl. 27r). Den groben Blockbuch-Vorlagen ist auch die einfache, wesentlich auf die Umrisse beschränkte und eine nachträgliche Kolorierung verlangende Linienführung zu danken, die der Reißer der Inkunabelholzschnitte jedoch um zahlreiche Schraffen anzureichern wußte.

M. D.

1 Henggeler 1961, S. 19–25; Helbling 1961, S. 25–53 (mit Abdruck der lateinischen Texte und neuhochdeutschen Übertragungen); VL^{2}, Bd. 6, 1987, Sp. 319–321 (K. Klein).
2 Benziger 1912, S. 23, 71–84.
3 Benziger 1912, S. 67–68; Schramm, Bd. 22, 1940, S. 14; Schuppisser 1986, S. 144. Zur Datierung des Blockbuches: Benziger 1912, S. 28–32.

Lit:. Benziger 1912, S. 69–71 – Schramm, Bd. 22, 1940, S. 14–15, Abb. 524–560 – Geldner 1968, S. 126–127 (zum Drucker Michael Furter) – Ausst. Kat. Basel 1972, Nr. 63, S. 38 – Schuppisser 1986, S. 144.

233

Heinrich Knoblochtzer (vor 1477–nach 1495; Drucker)

Der doten dantz mit figuren

Heidelberg, nach 1488
Inkunabel mit 38 Holzschnitten; Papier, 21 Blätter (Titelblatt fehlt), 27 x 19,5 cm
Darmstadt, Hessische Landes- und Hochschulbibliothek
Sign. Inc. III/5

»Wolan wolan ir herren und knecht / Springet her by von allem geslecht / Wie iunck wie alt wie schone ader kruß / Ir mußet alle in diß dantzhus« sind die ersten, Unheil versprechenden Zeilen des Totentanzes, der nach 1488 in Heidelberg von Heinrich Knoblochtzer gedruckt wurde. Er gilt als frühestes bekanntes Beispiel eines gedruckten Totentanzes in

233

deutscher Sprache. Die einzelnen Seiten sind jeweils mit einem Holzschnitt und zwei darüberliegenden Textspalten mit reichem Initialenschmuck gestaltet. Wer die Holzschnitte entworfen und geschnitten hat, ist heute leider nicht mehr bekannt. In den 38 Einzelszenen werden, nach Ständen geordnet, Vertreter von Klerus, Adel und verschiedenen Berufen mit dem Tode konfrontiert. Die Botschaft ist dabei eindeutig: Dem Tode fällt jeder anheim, unabhängig von Stand, Vermögen, Alter und Geschlecht – auch vor dem guten Mönch und dem Kind macht der Tod nicht halt.

Die beiden, jeweils über den Holzschnitten angeordneten Textspalten geben den Dialog zwischen dem Tod und demjenigen, dem die Stunde geschlagen hat, wieder. So wird der Jungfrau vorgeworfen, viel Hoffart getrieben und »erhobenen Hauptes Hochmut zur Schau getragen« zu haben. Den Pfarrer erinnert der Tod daran, »Gott nicht recht gedient« und den »Schäflein ein schlechtes Beispiel« gegeben zu haben, während er dem Herzog Machtmißbrauch und Größenwahn vorhält. Angesichts ihrer Sünden bleibt den Todgeweihten allein die Klage über ihre Verfehlungen sowie die Reue, kein besseres Leben geführt zu haben.

In einem großen Variantenreichtum erscheint der Tod in jeder Szene in unterschiedlicher Aufmachung, immer individuell auf sein Gegenüber bezogen. Die Zeichen der Verwesung sind in dem Gewürm und den Kröten an seinem Körper auf grauenerregende Weise ablesbar. Das blühende Leben und der schreckliche Tod werden auf diese Weise sehr anschaulich und kontrastreich miteinander konfrontiert. Der Tanz – eigentlich Ausdruck von Lebensfreude und Sinnenlust – wird im Totentanz ironisch verzerrt und erscheint als makabere Karikatur auf das Leben.

Im Gegensatz zur heutigen Zeit, in der sich das Sterben vom Leben isoliert in Krankenhäusern und Pflegeheimen vollzieht, war der Tod in der mittelalterlichen Gesellschaft viel gegenwärtiger: Krankheit und Krieg stellten eine permanente Bedrohung dar, so daß die durchschnittliche Lebenserwartung der Menschen lediglich 35 Jahre betrug.[1] Ein breites Angebot mittelalterlicher Bußliteratur mit *Contemptus-mundi-* und *Memento-mori*-Büchlein spiegelt eine intensive Auseinandersetzung mit dem Tod wider.[2] Vor allem das plötzliche Ableben wurde als Bedrohung wahrgenommen, da es keine Möglichkeit mehr zur Umkehr oder zur Sterbevorbereitung ließ, wie es beispielsweise die *Ars moriendi*-Schriften zur Sterbehilfe lehrten. In diesem Sinne können die Totentänze als Mahnung verstanden werden, im Bewußtsein der Allgegenwart des Todes ein sündenfreies, gottgefälliges Leben zu führen.

A. M.

1 Ohler, Norbert: Sterben und Tod im Mittelalter, München 1990.
2 Ausst. Kat. Zürich 1994, S. 252–281.

Lit.: Schramm, Bd. 19, 1936, Abb. 618–659 – Geldner 1968, S. 266 – Ill. Bartsch, Bd. 86, 1984, S. 241–262, Nr. 8688 – Schulte 1990, S. 180–186, Abb. 1 – Lemmer 1991 – Ausst. Kat. Heidelberg 2000, Nr. 171 – Wilhelm-Schaffer 2000, Nr. 1.

234

Hans Holbein d. J. (1497/98 – 1543) Hans Lützelburger (tätig 1517–1526; Formschneider)

Vier Holzschnitte aus dem Totentanz (Probedrucke)

a) *Der Tod und die Edelfrau*
b) *Der Tod und der Ritter*
c) *Der Tod und die Nonne*
d) *Der Tod und der Krämer*
jeweils 6,5 x 4,9 cm
Stuttgart, Staatsgalerie Stuttgart, Graphische Sammlung
Inv. Nr. GL 911a–d

Die vier Holzschnitte stammen aus einem Totentanz, den Hans Holbein 1524/26 in Basel entworfen hatte. Bei den hier vorliegenden vier Blättern handelt es sich um sogenannte Probedrucke, die noch nicht mit den kommentierenden Textpassagen kombiniert sind, mit denen die Holzschnitte 1538 schließlich in Lyon als Buchausgabe gedruckt wurden. 41 der insgesamt 51 Holzschnitte des *Totentanzes* wurden bis 1526 von Hans Lützelburger geschnitten; der Formschneider der restlichen Stöcke ist jedoch unbekannt.

Wie im früher entstandenen Heidelberger *doten dantz* (Kat. 233) ist auch hier das Thema der allgegenwärtige Tod, der die Menschen unabhängig von Stand, Vermögen, Alter und Geschlecht jäh aus dem Leben

234c

234d

reißt. Besonders eindringlich sind bei Holbein die jeweils individuellen Reaktionen der Betroffenen auf den herannahenden Tod geschildert. So ist das reich gekleidete Paar im Blatt *Die Edelfrau* in sein Liebeswerben so vertieft, daß es die Anwesenheit des Todes, obwohl dieser wild seine Trommel schlägt, noch gar nicht wahrgenommen hat. *Der Ritter* hingegen meint durch mutige Gegenwehr seinem Schicksal zu entgehen, während *Der Krämer*, nicht erkennend mit wem er es zu tun hat, auf seinem eingeschlagenen Wege weiterwandern will, als ihn der Tod unsanft am Ärmel reißt. Das extremste Beispiel stellt vielleicht *Die Nonne* dar, die sich noch während ihres Gebets vor dem Altar nach ihrem Liebhaber umwendet und dabei nicht bemerkt, daß ihr ein weiblich charakterisierter Tod bereits die Kerzen löscht.

Im Gegensatz zu spätmittelalterlichen Totentänzen sind bei Holbein die einzelnen Bilder als eigenständige Erzählungen gestaltet und nicht mehr als zusammenhängende Folge von Tanzszenen. Wurden bisher die Vertreter der einzelnen Stände vor einem neutralen Hintergrund, isoliert von zeitlichen und räumlichen Zusammenhängen, wiedergegeben, sind die Szenen bei Holbein in die Alltagswelt verlegt. Die Einbettung der Totentanz-Thematik in realistische Schauplätze macht dabei auf unheimliche Weise deutlich, daß sich der Tod allgegenwärtig im alltäglichen Leben versteckt hält. In der entlarvenden Darstellung der Schwächen der Menschen entfaltet Holbeins *Totentanz* eine Wirkung, die moralisch und komisch zugleich anmutet und die ihn als Moralsatire auf die Gesellschaft in die geistige Nähe von Sebastian Brants *Narrenschiff* (Kat. 286) rücken läßt.

A. M.

Lit.: Rosenfeld 1974, S. 283–293 – Hollstein, German, Bd. 14A, 1988, S. 202–206, Nr. 99 – Ausst. Kat. Stuttgart 1982, Nr. 88 – Hoffmann 1992 – Ausst. Kat. Schwäbisch Hall 1992/93, S. 144–146, Nr. 61–64 – Ausst. Kat. Zürich 1994, Nr. 66–70, Nr. 105 – Wunderlich 2000.

235

III.1 Albrecht Dürer am Oberrhein

Albrecht Dürers Aufenthalt am Oberrhein legte wesentliche Grundlagen für sein malerisches und graphisches Schaffen. Umgekehrt übte er bedeutenden Einfluß auf die oberrheinischen Künstler aus.
Neunzehnjährig wanderte er von seiner Heimatstadt Nürnberg, wo er eine Ausbildung als Goldschmied, Kupferstecher und Maler abgeschlossen hatte, in den deutschen Südwesten, um in Colmar den berühmten Martin Schongauer zu besuchen. Kurz bevor er dort eintraf, war Schongauer jedoch gestorben, so daß er nur dessen Brüder kennenlernte, die ihn freundlich aufnahmen und ihm Zeichnungen des Meisters zeigten. Seine Wanderung führte ihn von Colmar aus weiter nach Basel, wo er als Illustrator, und schließlich nach Straßburg, wo er in einer Malerwerkstatt arbeitete. Dürers einflußreicher Pate, der Nürnberger Buchdrucker Anton Koberger, hat vermutlich den Kontakt zu den oberrheinischen Buchdruckern vermittelt. So arbeitete Dürer für Nikolaus Kessler in Basel (Kat. 237) und für Johannes Grüninger in Straßburg.
Vor allem aber lernte er mit Sebastian Brant, dessen *Terenz* und *Narrenschiff* (Kat. 286) er illustrierte, einen der führenden Köpfe seiner Zeit kennen. Dürers Drang zur Reflexion der Zeitgeschehnisse – zum Beispiel in der *Apokalypse*-Holzschnittfolge – mag hier angeregt und ermutigt worden sein.
Die oberrheinische Buchillustration vor 1500 speiste sich aus unterschiedlichen Quellen, unter denen neben Martin Schongauers Kupferstichen Albrecht Dürers Entwürfe den größten Einfluß ausübten. Während die Straßburger Produktion relativ uneinheitlich war und durch Künstler von Augsburger und niederdeutscher Herkunft bestimmt wurde, kann man in Basel von einem lokalen Stil und einer beschreibbaren Entwicklung sprechen: Dort hatte sich bereits eine Tradition einfacher, in der Fläche entworfener und dekorativ die Fläche füllender Holzschnitt-Illustrationen entwickelt, ehe Dürer kam und diese Tradition sich nicht nur aneignete, sondern ihr durch sein eigenständiges Interesse für Volumen, Raum und Perspektive einen eigenen Stempel aufdrückte.
Mit seinen reifen Holzschnitten stellte Dürer sich weniger in diese volkstümliche Tradition der einfach komponierten und konturbetonten Holzschnitte als in die des differenzierteren Kupferstichs. Dabei wurde Schongauers druckgraphisches Werk für seine Holzschnitte zur wichtigen Inspirationsquelle – sowohl was die Figuren und Bilderfindungen als auch was das Lineament betrifft. Von ihm lernte er, den Eindruck von Körperlichkeit und Räumlichkeit sowie von Licht und Schatten allein durch ein System feiner Parallelschraffuren zu erzeugen, wobei er auch die wechselnde Strichstärke und -dichte zu einem künstlerischen Mittel erhob. Der Lernprozeß von seinen frühen – den traditionellen Einblattdrucken und Buchillustrationen verpflichteten – Holzschnitten zu komplexen Kompositionen, in denen Figuren- und Raumauffassung schließlich durch die Eindrücke der italienischen Renaissance-Malerei geprägt sind, läßt sich an den Darstellungen des *Heiligen Hieronymus* (Kat. 237), des *Sebastian-Martyriums* (Kat. 285) bis hin zur *Flucht nach Ägypten* (Kat. 241) ablesen.
Mit der Entwicklung der künstlerischen Fähigkeiten des jungen Nürnbergers geht ein Wandel des Zielpublikums einher: Während die frühen Holzschnitte ein Mittel waren, allen, also auch weniger bemittelten Volksschichten den Besitz von Andachtsbildern zu ermöglichen, strebte Dürer mit seinen späteren Blättern danach, die Detailfülle und Komplexität von Kupferstichen zu erreichen. Damit sprach er einen Liebhaberkreis an, der deutlicher an der künstlerischen Ausführung interessiert war und bei dem der religiöse Gebrauch dieser Bilder schon vom ästhetischem Interesse an ihrer Ausführung überlagert werden konnte.
Der Eindruck, den Dürers Illustrationen für den *Ritter vom Turn* und *Das Narrenschiff* hinterließen, sorgte dafür, daß auch die Werke der anderen Basler Reißer realistischer wurden – selbst wenn das Niveau des Basler Buchholzschnitts nach Dürers Weggang insgesamt nachließ.
Nach seiner Rückkehr nach Nürnberg schuf Dürer – angeregt durch das Klima reger geistiger Tätigkeit und religiöser Unruhe am Oberrhein – seine Holzschnittfolge *Offenbarung Johannis* bzw. *Apocalypsis cum Figuris*, die er erstmals 1498 veröffentlichte und die sofort nach ihrem Erscheinen ihre Wirkung zu entfalten begann. Am selbstgewählten Thema wachsend, steigerte er sich darin zur vollen Meisterschaft in der Holzschnittkunst und setzte damit Maßstäbe, die vorläufig nur er selbst mit den Folgen des *Marienlebens* sowie der *Großen* und der *Kleinen Passion* erfüllen und überbieten konnte.
Der junge Hans Baldung Grien lernte die *Apokalypse*-Folge vermutlich in den Nachschnitten des Frankfurter Meisters Hieronymus Greff kennen, die 1502 in Straßburg erschienen. Beeindruckt von der Intelligenz und Fülle der Kompositionen, den plastischen Figuren und dem ausdrucksstarken Schwarzweiß, wanderte er vom Oberrhein nach Nürnberg, um von etwa 1503 bis 1506 bei Dürer in die Lehre zu gehen. Er nahm die Dürersche Formensprache in sein eigenes Werk auf, wie die 1515 bis 1519 entstandene Holzschnittfolge zur *Passion Christi* zeigt.
Als Baldung 1509 erst nach Straßburg und schließlich nach Freiburg ging, brachte er Dürers Stil an den Oberrhein zurück, zum Beispiel mit der Darstellung der *Flucht nach Ägypten* auf dem von 1513 bis 1516 gemalten Hochaltar des Freiburger Münsters, die sich auf den bereits genannten Holzschnitt Dürers aus dem *Marienleben* bezieht. Dieser zweite, durch Baldung vermittelte Zustrom an Dürerschen Stilelementen verdrängte schließlich Schongauers Einfluß in der Druckgraphik und machte einer neuen, renaissancehaften Auffassung Platz (siehe dazu Kap. III.2).

A. F.

235

Albrecht Dürer (1471–1528)

Christus als Schmerzensmann

Um 1493
Mischtechnik auf Tannenholz; 30,0 x 19,0 cm
Karlsruhe, Staatliche Kunsthalle Karlsruhe
Inv. Nr. 2183

1493 kam Albrecht Dürer nach Straßburg, wo er in eine Malerwerkstatt eintrat: Dort ist wahrscheinlich dieses kleinformatige Andachtsbild entstanden. Es zeigt den dornengekrönten Christus mit Rutenbündel und Geißel hinter einer steinernen Barriere, die den Sarkophag bezeichnet. Er ist von einer blauen, durch seinen Leib erhellten Fläche, einer Aura oder einer Höhle, umschlossen, die dem Gemälde früher irrtümlich den Titel *Christus in der Grabeshöhle* einbrachte. Nur ein schmaler Rand grenzt sie zeichenhaft von dem umgebenden Goldgrund ab.
Der Körper ist muskulös und zugleich entsprechend spätmittelalterlicher Anschauungsweise von den Martern gezeichnet (vgl. Kat. 277): Geronnene Blutstropfen leuchten auf der blassen Haut, und die geschwollenen Adern schimmern bläulich hindurch. Die Nagelwunden

235/1 Albrecht Dürer, *Selbstbildnis*, Federzeichnung, Erlangen

235

und die Seitenwunde sind deutlich zu erkennen und gemahnen wie die Leidenswerkzeuge an die einzelnen Stationen des Leidensweges Christi.
Der große Kopf mit der von Weidenruten umwickelten Dornenkrone, dem Backen- und Kinnbart, der langen Nase und den tiefliegenden Augen entspricht einem bestimmten Darstellungstypus, der einerseits auf seine Kenntnis des idealisierenden Schongauerischen Typus zurückzuführen ist (Kat. 111), andererseits an ein gezeichnetes Selbstporträt mit der an die Wange gelegten Hand erinnert, (vgl. Abb. 235/1). Dürers zahlreiche physiognomische Studien, vor allem auch am eigenen Spiegelbild, ermöglichten die realistische Auffassung des *Schmerzensmannes* und sorgten für die charaktervolle Mischung aus Idealität und Individualität in seinem Antlitz.
Der erwähnte Kupferstich Martin Schongauers zeigt die Darstellung des vom Kreuz genommenen, im Grab stehenden Leichnams zwischen Maria und Johannes, die niederländisch-französischen Ursprungs ist; er stellt den aufgerichteten Christus als Erlöser und Überwinder des Todes dar. Dürer wandelt diesen Typus ab, indem er ihn mit dem oberrheinischen des *Christus in der Rast* kombiniert. Dort wird Christus noch ohne Seiten- und Nagelwunden auf seinem Kreuzweg rastend mit aufgestütztem Kopf dargestellt, von den Leidenswerkzeugen umgeben und seinen Passionsweg bedenkend. Seinen Opfertod ahnend, ist er einsam und verlassen von seinen Jüngern: Diese *desolatio Christi* war ein bevorzugter Meditationsgegenstand in der damaligen Andachtsliteratur. Das Motiv des in die Hand gestützten sorgenvollen Hauptes geht zugleich auf einen seit der Antike verwendeten Trauergestus zurück, mit dem auch *Hiob im Elend* oder – ausgeweitet zur Geste des Nachdenkens – zum Beispiel der Dichter Walther von der Vogelweide in der Manessischen Liederhandschrift um 1300 dargestellt wurden.
Mit solcher Verschmelzung niederländischer und oberrheinischer Bildtypen gelang Dürer eine ikonographische Neuerung. Allerdings ist ihm

ein Elsässischer Meister um 1450/60 vorausgegangen, der Christus, umgeben von den Leidenswerkzeugen, als *Schmerzensmann im Elend* wundenbedeckt und mit gebrochenen Augen, aber in der Haltung des *Christus in der Rast* zeigt (Kat. 34).

Auch in anderen Details weicht Dürers *Schmerzensmann*-Tafel von der Bildtradition ab: Auf dem Goldgrund ist im Streiflicht eine Eule mit gespreizten Flügeln zu erkennen, die von Vögeln verschrien wird; diese Szene ist gerahmt von Distelranken – *Eryngium campestre*, auf deutsch »Männertreu« oder auch »Ellend«. Beides sind symbolische Hinweise auf die Passion: Die Distel weist auf die Leiden des menschlichen Lebens hin, wie es in der Schöpfungsgeschichte über den Acker des von Gott verfluchten Adam heißt: »Dornen und Disteln soll er dir tragen ...« (I. Mose 3, 18), und speziell auf das Elend Christi. Auch in seinem Selbstbildnis von 1493 aus dem Louvre hält Dürer einen Eryngium-Zweig, der zu der Interpretation Anlaß gegeben hat, daß dieses Bild – in der Bedeutung als Männertreu – ein Brautbild für seine zukünftige Frau Agnes gewesen sei; doch kann er auch als frommer Hinweis auf die Passion Christi verstanden werden. Der Eule werden mehrere, einander widersprechende Bedeutungen zuerkannt. Als lichtscheues Nachttier symbolisiert sie die Sünde, die von Seelen in Vogelgestalt verschrien wird.[1] Ausgehend von einem Gedicht und einem Holzschnitt mit der Eule zwischen schreienden Vögeln, die Dürer zugeschrieben werden, kann die Eule hingegen auch für den Schuldlosen stehen, der zu Unrecht geschmäht wird; auf diese Weise würde sie wie die Distel auf den unschuldig gepeinigten Christus anspielen.[2]

Das Gemälde steht im engen künstlerischen Zusammenhang mit dem Dominikusaltar (Kat. 236), dessen Goldhintergrund auf die gleiche Art gepunzt ist. Doch vor allem bildet ein Fragment der Kreuzigungsdarstellung mit dem Haupt des Gekreuzigten aus diesem Altar formal und koloristisch den Ausgangspunkt für das Gesicht des *Schmerzensmannes*. Es bestätigt die Entstehung des *Schmerzensmannes* während der letzten Phase von Dürers Wanderschaft.

Der Blick des *Schmerzensmannes* ist nach innen gekehrt, als sei er in seine *passio* versunken. Zugleich scheint er jedoch in Kontakt zum Betrachter zu treten. Auf diese Weise regte das Gemälde zur *compassio* – zum Mit-Leiden – bzw. in der Leidensbereitschaft zur *imitatio Christi* an. Einfühlung, Vergegenwärtigung – beide gesteigert zu innerer Schau – und Sühnebereitschaft bzw. demütige Erkenntnis der eigenen Sündhaftigkeit waren grundlegende Reaktionen auf ein Andachtsbild; in ihnen vollzog sich die lebendige, persönliche Frömmigkeit des Menschen am Ende des 15. Jahrhunderts am Oberrhein.

A. F.

1 Diese Deutung scheint ein elsässisches Neujahrsblatt mit dem Jesuskind zu bekräftigen, das im Strahlennimbus über einer Eule mit ausgebreiteten Schwingen triumphiert, Holzschnitt, um 1490/1500; vgl. Ausst. Kat. Nürnberg 2000, Nr. 225.

2 Albrecht Dürer, *Eule, von vier Vögeln verschrien*, Einblattholzschnitt; vgl. RDK, Bd. 6, 1973, S. 278 und von Borries 1972, S. 20.

Lit.: Winkler 1957, S. 40f. – Slg. Kat. Karlsruhe 1958, Nr. 24 – Grote 1965 – Slg. Kat. Karlsruhe 1966, S. 108 – Ausst. Kat. Nürnberg 1971, Nr. 165 – von Borries 1972 – Anzelewsky 1991, Nr. 9.

235

236

Meister der Dominikus-Legende

Zwei Tafeln eines Dominikus- und Passionsaltars

Um 1493/94

a) ***Die Krönung (Apotheose) des Dominikus***

Tempera und Öl auf Weißtanne; 57,5/58,5 x 112,5 cm

Darmstadt, Hessisches Landesmuseum

Inv. Nr. GK 21

b) ***Die Kreuzigung Christi*** (Fragment)

Tempera und Öl auf Weißtanne; 23 x 89 cm

München, Bayerische Staatsgemäldesammlungen

Leihgabe an das Hessische Landesmuseum Darmstadt

Inv. Nr. 10448

Von dem vermutlich zweiflügeligen Altar mit zwei Standflügeln sind nur noch Fragmente erhalten. Nach Köhler gehörten zur Innenseite des linken Flügels unten der *Tod* und oben die *Himmelfahrt des Heiligen Dominikus*; rechts auf der Innenseite unten die *Kreuzigung Christi* und oben

236

die *Krönung* des Heiligen, von der sich ein Fragment erhalten hat. An der Außenseite oben befand sich die Darstellung mit *Christi Gefangennahme*; der linke Standflügel zeigte unten die *Geißelung Christi* und der rechte Standflügel unten die *Beweinung Christi*.

Nach der Stifterinnendarstellung auf der Tafel des Dominikus-Todes stammt der Altar aus einem Dominikanerinnenkloster. Der Heilige Dominikus (um 1172–1221) wurde von ihnen als Gründer des Predigerordens und des Dominikanerinnenordens verehrt. Das Werk ist in einer oberrheinischen Malerwerkstatt, wahrscheinlich in Straßburg, entstanden. Es wurde sowohl dem jungen Matthias Grünewald zugeschrieben als auch dem jungen Albrecht Dürer, der auf seiner Wanderung in eine Straßburger Malerwerkstatt eingetreten war. Bezüge zu seinem druckgraphischen Schaffen sorgten dafür, daß ihm das Werk früher vollständig zugeschrieben wurde; heute erkennt man zumindest die stilistische Verwandtschaft zwischen dem Kopf des Gekreuzigten und dem des *Schmerzensmannes* (Kat. 235) an, hält es ansonsten jedoch für eine Werkstattarbeit.

Die Krönung des Heiligen Dominikus spielt sich vor dem mit einem punzierten Muster geschmückten Goldhintergrund ab, der die himmlische Sphäre bezeichnet; sie ist wie ihr Pendant *Die Himmelfahrt des Heiligen Dominikus* symmetrisch komponiert: Zwischen musizierenden Engeln erscheinen Maria, Christus und der Heilige Dominikus selbst und halten je eine Krone in Händen. Darunter weisen zwei Engel mit Lilienstengeln – einem Attribut des Heiligen – zu seiner Seele, die von einem Engelschor himmelwärts getragen wird. Am unteren Ende ragen die Engelsflügel über ein Täfelchen mit der Aufschrift »INRI«; Köhler erkannte dadurch den Zusammenhang mit dem Münchner Fragment. Ein weiteres Indiz ist der Goldgrund mit der gleichen Musterung. Auch die Engel links und rechts zeigen nach unten zum dort anzunehmenden Kruzifix.

Da nicht alle Teile des Altars erhalten sind, ist nicht endgültig zu klären, wie der Heilige Dominikus mit den Passionsdarstellungen inhaltlich zusammenhängt. Trotz ihrer Beschneidungen an den Bildrändern ist die Dominikus-Tafel deshalb heute als in sich geschlossene Bildfindung zu betrachten, die dem Heiligen durch eine prächtige, ornamentale Malerei huldigt.

Anders steht es um das Münchner Fragment, das nur das Haupt des Gekreuzigten und die gestreckten Arme zeigt sowie links angeschnittene Bäume und rechts zwei Dachspitzen. Alle Aufmerksamkeit wird auf das zur Seite gesunkene Haupt versammelt mit dem leidenden und zugleich milden Ausdruck sowie auf die ausgemergelten Arme mit den geronnenen Blutspuren. Das roh behauene Baumkreuz hebt die Empfindlichkeit der Gliedmaßen besonders hervor. Der Gesichtstypus mit der langen Nase, dem Kinnbart und der mit Weidenruten umwundenen Dornenkrone auf dem langen Haar ähnelt stark dem des *Schmerzensmannes* (Kat. 235), von dem heute fest angenommen wird, daß ihn der junge Albrecht Dürer während seines Straßburg-Aufenthaltes gemalt hat.

A. F.

Lit.: Slg. Kat. Darmstadt 1968, Nr. 22, 23 – Köhler 1970 – Ausst. Kat. Nürnberg 1971, Nr. 166 – Slg. Kat. Darmstadt 1990, Nr. 50.

237

Albrecht Dürer (1471–1528; Illustrator)

Epistolae beati Hieronymi

Basel, 1492; gedruckt bei Nikolaus Kessler
Inkunabel mit einem Titelholzschnitt,
Papier; 492 Blätter (Teil 1 und 2)
30 x 20,5 cm (Blatt)
Freiburg, Universitätsbibliothek
Sign. Ink. 4° K 2621, fe

Auf dem in Basel erhaltenen Druckstock dieses 15,6 auf 11,5 Zentimeter großen Holzschnittes lautet eine Inschrift auf der Rückseite: »Albrecht Dürer von nörmergk«.[1] Die Vorzeichnung für die Titelillustration muß 1492 – kurz nach Dürers Ankunft in Basel – entstanden und von einem einheimischen Holzschneider geschnitten worden sein.

Hieronymus (347 bis 419/20) ließ sich nach einer klassischen Ausbildung 366 in Rom taufen und arbeitete nach einem zweijährigen Einsiedlerdasein in der Wüste als Priester sowie als Sekretär für den Papst Damasius; später mußte er Rom verlassen. In Rom hatte er bereits die lateinische Ausgabe des Neuen Testaments revidiert, und als Leiter eines Männerklosters in Bethlehem übersetzte er nun die Bibel aus dem hebräischen Urtext. Als Autor der lateinischen *Vulgata* wurde er als Urbild des christlichen Gelehrten verehrt. Eine Legende berichtet von einem Löwen, dem er einen Dorn aus der Pranke zog und der ihm daraufhin gezähmt folgte. Wie das Schreibzeug und die Kardinalstracht, dient auch das Tier als Attribut für den Schutzpatron der Gelehrten.

Darstellungen dieses Heiligen tauchten anfänglich in repräsentativen Kirchenväter-Zyklen auf. In den Jahrzehnten vor der Reformation steigerte sich seine Verehrung durch die Ausbreitung humanistischer Gelehrsamkeit.

Dürers Holzschnitt zeigt den Gelehrten in Kardinalstracht im Vordergrund einer Studierstube, wie er die Tatze des Löwen behandelt. Hinter ihm weisen drei aufgeschlagene Bibeln in Griechisch, Hebräisch und Latein auf seine Übersetzertätigkeit hin. Außer den Pulten und einem Klappstuhl sind in einer Nische hinten links ein Bett, in einer Wandnische eine Wasserkanne, darüber und daneben ein Rosenkranz, ein Glas, Bücher, ein angeschnittenes Butzenscheibenfenster, ein Handtuch und ein Kerzenleuchter zu erkennen – Gegenstände, die auch in niederländischen Innenraumdarstellungen einen wichtigen Platz einnehmen. Damit bewies Dürer ein damals ganz neuartiges Interesse an der realen Gestalt der häuslichen Gegenstände und ihrem Verhältnis im Raum zueinander.

Die Bettnische und die Aussicht auf die Stadt öffnen den Raum in verschiedene Richtungen.

Auch wenn die Figur des Heiligen in seinem faltenreichen Gewand durch das System kurzer Schraffuren in die Fläche eingebunden ist und sich nur durch eine einzige Konturlinie von der gleichmäßig dicht schraffierten Umgebung abhebt, gelingt es dem Künstler doch als erstem in Basel, in der Gestaltung der Gegenstände und des Innenraumes den Eindruck von Plastizität und Räumlichkeit zu erzeugen. Besonders die Vorhangfalten und das gebauschte Federbett erhalten durch das Nebeneinander von weißen und beschatteten Partien Volumen und nehmen bereits die Wirkung späterer Holzschnitte des Künstler vorweg, zum Beispiel der Gewandfalten seiner *Kleinen Holzschnitt-Passion*.

Noch mehrmals hat Dürer sich mit dem Heiligen Hieronymus beschäftigt, und zwar sowohl in dessen Situation als Büßer in der Wüste als auch »im Gehäus«. Während Hieronymus dort als barhäuptiger, bärtiger Greis erscheint, sieht man hier das durchgeistigte, etwas müde Antlitz eines Mannes im mittleren Alter. Das Motiv der Gelehrtenstube war beliebt wegen der Möglichkeit, einen Innenraum als Umfeld des Menschen dar-

237

zustellen. Darüber hinaus eignete es sich selbstverständlich als Titelillustration, die den Autor eines Buches bei der Arbeit zeigt.[2]
Welchen Einfluß der neuartige, um Realismus bemühte Holzschnitt des jungen Dürer sofort ausübte, zeigt ein im selben Jahr von einem Basler Meister geschaffenes Titelblatt mit der Darstellung des Heiligen Ambrosius, das sich eng an das Hieronymus-Blatt anlehnt:[3] Der Kirchenvater sitzt ebenfalls nach rechts gewendet vor einem aufgeschlagenen Buch, hinter sich eine Wandnische mit einem Wasserkessel, darüber ein Bücherbord und vor sich ein Fenster. Der Raum erscheint bei ihm harmonischer und besser konstruiert als bei Dürer. Gleichzeitig löst er sich jedoch nicht aus der Fläche, sondern ist noch ganz der unräumlichen Basler Holzschnitt-Tradition verhaftet, aus der Albrecht Dürer mit seinem Hieronymus-Blatt einen Ausweg gewiesen hatte.

A. F.

1 Ausst. Kat. Nürnberg 1971, Nr. 150.
2 Z. B. Thomas von Aquin im Turin-Mailänder Stundenbuch, fol 73 verso; vgl. Abb. Hall 1998, S. 13.
3 Schramm, Bd. 21, 1938, Nr. 600.

Lit.: Schramm, Bd. 21, 1938, Nr. 723a – Winkler 1942/43, S. 12ff. – Pächt 1963 – Ill. Bartsch, Bd. 10, 1980, S. 504f. – Ausst. Kat. Nürnberg 1971, Nr. 151 – Strauss 1979, S. 38f. – Ausst. Kat. Basel 1984, Nr. 87.

238

238
Basler Meister (Meister des Haintz Narr?; Illustrator)

Ambrosius, Opera

Basel 1492; gedruckt bei Johannes Amerbach
Inkunabel mit einem Holzschnitt,
Papier; 268 Blätter im ersten Teilband,
29,5 x 21 cm (Blatt), 18,5 x 13,8 cm (Einf. des Holzschnitts)
Karlsruhe, Badische Landesbibliothek
Sign. Dg 1

Ambrosius war der älteste unter den vier großen Kirchenvätern, zu denen außerdem Augustinus, Hieronymus und Gregor zählen. 333/34 oder 339/40 in Trier geboren, wurde er Bischof von Mailand. Seine Schriften, in deren Zentrum die Bibelauslegung steht, sind seelsorgerisch-praktisch ausgerichtet. Auf seine Hymnen geht der sogenannte Ambrosianische Gesang zurück, die älteste Form liturgischen Musizierens. Er ist Patron der Wachszieher, Bienenzüchter und Steinmetze sowie der Städte Mailand und Bologna.
In der Tradition der Gelehrtenbildnisse ist hier der Kirchenvater auf einem Titelholzschnitt (Bl. 1r) für den ersten Band seiner Schriften dargestellt, wie er – mit dem Umhang und der Mitra eines Bischofs bekleidet – an seinem Werk arbeitet, das vor einem Fenster auf dem Pult liegt. Der Künstler bezieht sich damit auf Dürers Autorenbildnis von Hieronymus, das bereits im selben Jahr erschienen war (Kat. 237).
Doch in der Raumanlage wählte er sich ein anderes Vorbild, und zwar eine Verkündigungs-Zeichnung der Schongauer-Schule (Kat. 93). Das Tonnengewölbe mit dem Rundfenster in der Stirnwand und dem Deckenbalken, der es schneidet, sowie das Fenster in der rechten Wand sind direkt vom Vorbild übernommen. Daß dem Künstler die Perspektive, die auf den ersten Blick bewältigt erscheint, Schwierigkeiten bereitete, zeigen die Gegenstände, die er selbständig hinzugefügt hat wie der bildparallele Spiegel und das Schreibzeug links neben dem Fenster, das im Raum versetzte Pult oder die übergroße Geißel neben der Wandnische. Die mit parallelen Schraffuren erzeugte dekorative Flächenhaftigkeit, die auch zahlreichen anderen Basler Illustrationen eigen ist, erlaubt es, diesen Holzschnitt dem Meister des Haintz Narr zuzuschreiben, der sich auch bei seinen Illustrationen für Sebastian Brants *Narrenschiff* (Kat. 286) an Dürer orientiert hatte.

A. F.

Lit.: Schramm, Bd. 21, 1938, S. 18, Nr. 600 – Winkler 1942/43, S. 12ff. – Winkler 1951, S. 90f. – Ausst. Kat. Basel 1972, Nr. 91.

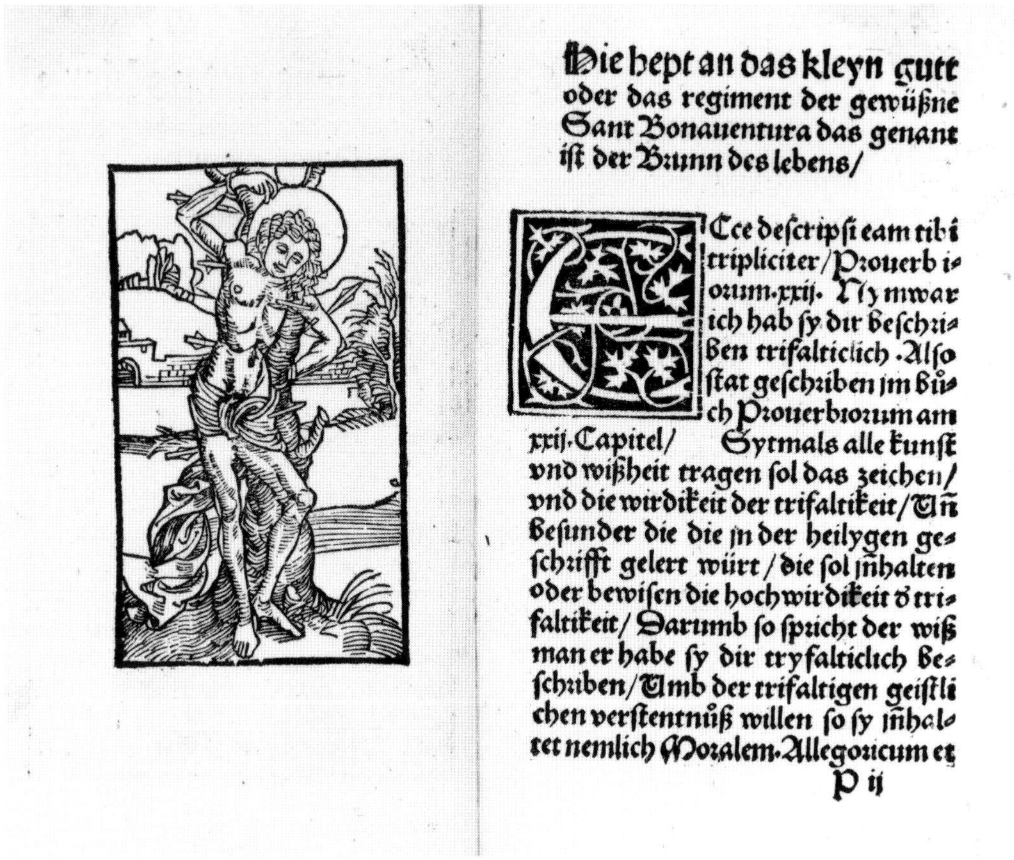
Hie hept an das kleyn gutt
oder das regiment der gewüßne
Sant Bonauentura das genant
ist der Brunn des lebens/

ECce descripsi eam tibi
tripliciter/ Prouerbi
orum. xxij. Nymwar
ich hab sy dir beschri-
ben trifalticlich. Also
stat geschriben im Bü-
ch Prouerbiorum am
xxij. Capitel/ Sytmals alle kunst
vnd wißheit tragen sol das zeichen/
vnd die wirdikeit der trifaltikeit/ Vn̄
besunder die die in der heilygen ge-
schrifft gelert würt/ die sol inhalten
oder bewisen die hochwirdikeit d̉ tri-
faltikeit/ Darumb so spricht der wiß
man er habe sy dir tryfalticlich be-
schriben/ Umb der trifaltigen geistli
chen verstentnüß willen so sy inhal-
tet nemlich Moralem. Allegoricum et
P ij

239

239
Albrecht Dürer (1471–1528; Illustrator)

Sammlung mit Texten von Bonaventura, Bernhard von Clairvaux und Augustinus

Basel, um 1498; gedruckt bei Michael Furter
Inkunabel mit 16 Holzschnitten; 140 Blätter, 14,9 x 10,3 cm
Karlsruhe, Sammlung K. und U. Schulz

Mit diesem Buch legte der Drucker, Buchbinder und Buchführer (fahrender Buchhändler) Michael Furter (gestorben 1516/17) die erste deutsche Ausgabe der Texte von Bonaventura, Bernhard von Clairvaux und Augustinus vor, bei der es sich vermutlich um den Vorabdruck einer zweibändigen Ausgabe mit siebzehn Traktaten handelt, die 1506 ebenfalls bei Furter erschien. Es beinhaltet sechs in sich abgeschlossene mystisch-asketische Schriften, die von Ludwig Moser (vgl. Kat. 225) gesammelt, übersetzt und vermutlich auch bearbeitet worden sind.

Dürers 7,4 auf 4,2 cm großer Sebastians-Holzschnitt steht am Anfang des sechsten Textes *Sant Berhartz predige von der menschlichen hartselikeyt*. Links und rechts eingerahmt von zwei Ranken, erscheint derselbe Druck auch schon als Illustrationsholzschnitt zu Sebastian Brants *Carmina*, die in Basel 1494 und 1498 herauskamen (Kat. 284).

Mit der Darstellung greift Dürer einen Typus von einzeln und statuarisch dargestellten Heiligen auf, wie er ihn in den Kupferstichen Martin Schongauers kennengelernt hatte. Speziell für die Sebastiansdarstellung gab es einen vorbildlichen Stich, in dem der von Pfeilen getroffene Märtyrer an einen toten Baum gefesselt ist (vgl. Kat. 125). Wie dort ist er auch bei Dürer frontal zu betrachten, wie dort winkelt er ein Bein an und beschreibt mit seinem Körper einen leichten Bogen; das längere Ende seines geknoteten Lendentuches flattert hinter ihm in der Luft. Dieser Typus unterscheidet sich völlig von der figurenreichen, asymmetrischen Darstellung, die Dürer zur Illustration einer Ode von Sebastian Brant ebenfalls in Basel geschaffen hatte (vgl. Kat. 285). Bei der vorliegenden Darstellung erscheint die Körperhaltung gegenüber Schongauers Vorbild seitenverkehrt; es ist demnach davon auszugehen, daß er Schongauers Stich nachgezeichnet hat und diese Vorzeichnung durch Umsetzung im Holzschnitt seitenverkehrt gedruckt wurde.

Doch unterscheidet sich Dürers Verarbeitung vom Schongauerischen Vorbild durch eine andere Art des Hintergrundes: Während Schongauer den Heiligen auf einer flachen Erdscholle stehend zeigt und die Hintergrundlandschaft mit niedrigem Horizont mit sparsamen Linien andeutet, so daß sich der Körper plastisch und fast monumental vor der leeren Fläche des Himmels abhebt, führt Dürer den Hintergrund – eine Landschaft in mehreren horizontalen Schichten mit Hügeln, Bäumen und einer Stadt – deutlich aus und bindet auf diese Weise den Heiligen in die Umgebung ein.

Dürers Sebastiansblatt steht in einer Reihe von weiteren siebzehn Andachtsblättern, denen es in Format und Komposition gleicht: Die Heiligen stehen jeweils aufrecht einzeln in einer Landschaft oder in einem Innenraum, die Aufschluß über ihre Geschichte geben. Auf diese Weise sind sie erzählerischer als die statuarischen, in sich gekehrten Heiligen des Martin Schongauer.

A. F.

Lit.: Ill. Bartsch, Bd. 10, 1980, S. 527 – Hieronymus 1977 – Strauss, 1979, S. 90f. – Ausst. Kat. Basel 1984, S. 2 – Ausst. Kat. Karlsruhe 2000, Nr. 48.

240

Straßburger Meister

Johannes Gerson als Pilger

Titelholzschnitt zu Johannes Gerson, *Tertia pars operum*
Straßburg, 1488; gedruckt bei Johannes Grüninger
22,1 x 14,8 cm
Karlsruhe, Staatliche Kunsthalle Karlsruhe, Kupferstichkabinett

240

Einer der bedeutendsten Kirchenmänner des Mittelalters und Vertreter der mystischen Richtung – ein *doctor christianissimus* – war Jean Charlier de Gerson (1363–1429): Seit 1395 übte er das Amt des Kanzlers der Pariser Universität aus, war ein führender Teilnehmer des Konzils von Konstanz und hatte Anteil an der Beendigung des päpstlichen Schismas. Obwohl er eine wichtige Rolle in dem Prozeß gegen den böhmischen Reformator Jan Hus spielte, der 1415 in Konstanz verbrannt wurde, geriet er schließlich selbst unter den Verdacht der Reformfreudigkeit und mußte nach Tirol fliehen. Da Gerson seinen Namen emblematisch als Pilger deutete, geht das Pilgermotiv, für das sich im Laufe der Zeit ein fester Typus herausbildete,[1] auf ihn selbst zurück. Ein seltener verwendeter Bildtypus war der an einem Schreibpult sitzende Gelehrte in einem Innenraum, wie er vor allem auch für die Darstellung der Kirchenväter diente (vgl. Kat. 237 und 238).[2]

Seine Schriften, unter denen *De consultatione theologiae* als Hauptwerk gilt, wurden auch am Ende des 15. Jahrhunderts noch gelesen und aufgelegt. Für die bei Johannes Grüninger in Straßburg erschienene Schrift *Tertia pars operum* schuf ein anonymer Straßburger Meister den Titelholzschnitt entsprechend der Darstellungstradition: Gerson als gebeugter Pilger mit Wanderstab, Umhängetasche und Pilgerhut, der von einem Hund begleitet wird. Kennzeichnend ist sein mystisches Wappen mit den Gestirnen und einem geflügelten Herzen mit dem Buchstaben T, das er in einem Brief an seinen Bruder vom 1. Januar 1416 vom Konstanzer Konzil beschreibt. Er wandert in einer hügeligen Landschaft, deren Vegetation durch einzelne Pflanzen und Bäume zeichenhaft angedeutet wird. Wenige kurze und grobe Schraffuren versuchen, einen Eindruck von Räumlichkeit herzustellen, doch bleibt die Darstellung ganz in der Fläche. Erst Albrecht Dürer sollte diesen Typus des Gerson-Holzschnittes durchbrechen mit seinem Blatt für den vierten Teil einer Gersonausgabe, die bei Wimpfeling erschien und um 1494 zu datieren ist (vgl. Abb. 240/1). Auch wenn die Bildgegenstände dieselben sind, ist erst mit Dürers kraftvoll ausschreitendem Gerson, den plastisch gerundeten Gewandfalten sowie mit der beobachteten Landschaft eine neue Qualität erreicht, welche die klaren monumentalen Heiligendarstellungen im Holzschnitt nach 1500 vorbereiten sollte.

A. F.

240/1
Albrecht Dürer,
Johannes Gerson,
Holzschnitt

1 Vgl. auch Schramm, Bd. 21, 1938, Nr. 721, oder Strauss 1979, S. 29.
2 Französischer Meister, Illustration zu Jean Gerson, *Liber de imitatione Christi*, ca. 1500, Bibliothèque Nationale de France, Paris; vgl. Hall 1998, S. 17.

Lit.: Schramm, Bd. 20, 1937, Nr. 1232 – Ausst. Kat. Nürnberg 1971, Nr. 162 – Ausst. Kat. Basel 1984, Nr. 96–99 – Ausst. Kat. Freiburg 1991, Nr. 142 – Ausst. Kat. Karlsruhe 1992a, Nr. 81.

241

Albrecht Dürer (1471–1528)

Die Flucht nach Ägypten

1504/05
Holzschnitt; 30,1 x 21,0 cm
Bez. u. l.: AD
Karlsruhe, Staatliche Kunsthalle Karlsruhe, Kupferstichkabinett

241

Dieses Blatt steht an dreizehnter Stelle in einer Folge von zwanzig Holzschnitten, die ausführlich das Leben der Jungfrau Maria schildern. Albrecht Dürer hatte sie zwischen 1496 und 1505 geschaffen und 1511 gebunden unter dem Titel *Marienleben* veröffentlicht.

Mit der *Flucht nach Ägypten* orientierte er sich an einem Kupferstich Martin Schongauers desselben Sujets, der ca. dreißig Jahre zuvor – in den frühen siebziger Jahren des 15. Jahrhunderts – entstanden war (Kat. 104), und übertrug ihn in die Technik des Holzschnitts. Er übernahm die Gestalt der auf dem Esel nach rechts reitenden, das Christuskind im Arm haltenden Maria unter exotischen Bäumen. Die Eidechsen, die bei Schongauer als »kleine Drachen« dem Drachenbaum zugeordnet sind und entweder auf Christus als Sonne des Lebens oder als Verkörperung des von ihm überwundenen Bösen zu deuten sind, rezipiert Dürer ebenso wie den Hirsch links zwischen den Baumstämmen. Auch den knapp am linken Bildrand dargestellten Baum – dort ein Drachenbaum, hier eine Dattelpalme –, die einzelnen Steine im Vordergrund sowie die Distel als Symbol freiwillig angenommenen irdischen Leidens fand Dürer in dem Schongauerstich vor.

Andere Details weichen von dem Vorbild ab; ein wesentlicher Unterschied besteht in der Verdichtung der hainartigen Landschaft zum Wald. Die Brücke und das Geländer links vorn lassen die Gegend nicht als unzivilisierte Wüste erscheinen, sondern versetzen das biblische Geschehen in eine vertraute Landschaft, in der nur die Dattelpalme und der großblättrige Baum rechts auf Ägypten hinweisen. Auch Josephs Kleidung – Mantel, kurzes Untergewand, Strümpfe und Schuhe, Gürteltasche und Wanderstab – trägt dazu bei, daß sich der zeitgenössische Betrachter die Szene in die Gegenwart versetzt denken konnte. Im Gegensatz zu Schongauers Stich, in dem sich einer Legende entsprechend ein Dattelbaum mit Hilfe von Engeln zu Joseph hinunterbeugt, stellt Dürer geflügelte Engelsköpfe dar, die durch ein Wolkenband von der irdischen Sphäre geschieden sind.

Von den Bildgegenständen abgesehen, hat Dürer auch stilistische Eigenheiten von Schongauer übernommen, darunter ein bestimmtes Muster der Falten- und Zipfelbildung, das mit dem Begriff »Eselsrücken« umschrieben werden kann und das auch bei anderen Schongauer-Nachfolgern zu beobachten ist.

Obwohl Dürer sich eng an das Vorbild anlehnt, beweist er in der Gestaltung des Bildraumes und der erleuchteten und beschatteten Partien Selbständigkeit und geht mit dieser Darstellung schon zu den souverän beherrschten, tiefen Bildräumen seiner Apokalypse- und Passionsfolgen über. Während Bilderfindung und Thematik noch der mittelalterlichen Bildtradition entspringen, wird Dürers Figuren- und Raumauffassung hier schon neuzeitlich, den weitreichenden Einfluß Schongauers in der Druckgraphik ablösend.

Hans Baldung Griens *Flucht nach Ägypten* auf dem Hochaltar des Freiburger Münsters belegt die weitreichende Wirkung dieser Holzschnittfolge: Das von Dürer übernommene Motiv ist hier ins Monumentale gesteigert.

A. F.

Lit.: Winkler 1957, S. 155f. – Ausst. Kat. Nürnberg 1971, Nr. 601 – Strauss 1979, Nr. 92 – Ill. Bartsch, Bd. 10, 1980, S. 184, Nr. 89 – Ausst. Kat. Paris 1991/92, Nr. 88 – Slg. Kat. Karlsruhe 1992a, Nr. H 5.14 – Ausst. Kat. Schwäbisch Hall 1993, Nr. 20.

252

III.2 Hans Baldung, gen. Grien, und der Übergang von der Spätgotik zur Renaissance

Das Werk von Hans Baldung, gen. Grien (1484/85–1545), hat die Kunst am Oberrhein in der ersten Hälfte des 16. Jahrhunderts nachhaltig geprägt. Der aus Schwäbisch Gmünd stammende junge Baldung hatte vermutlich in Straßburg bei einem nicht näher bestimmbaren Meister gelernt, der in der Tradition des 1491 verstorbenen Martin Schongauer stand. 1503 führte ihn seine Wanderschaft nach Nürnberg, wo er als Geselle in die Werkstatt von Albrecht Dürer eintrat, dessen Holzschnitte er bereits in Straßburg kennen und schätzen gelernt hatte. In Nürnberg kam er zu seinem Beinamen »Grien« (= Grün), den er später in sein Monogramm (HBG) aufnehmen sollte. 1509 kehrte Baldung nach einem Aufenthalt in Halle in seine Heimatstadt Straßburg zurück, erwarb dort das Bürgerrecht und wurde 1510 schließlich als Meister in die Malergilde *Zur Stelz* aufgenommen. 1512 erhielt er den wichtigen Auftrag, das Retabel für den Hochaltar des Freiburger Münsters zu malen, das als sein Hauptwerk gilt. Eine Inschrift an der Rückseite des Altars verkündet noch heute in stolzem Duktus »IOANNES BALDUNG COG. / GRIEN GAMUNDIANUS DEO / ET VIRTUTE AUSPICIBUS / FACIEBAT« (»Johannes Baldung mit dem Beinamen Grien, der Gmünder, schuf [dieses Werk] von Gott und eigener Tüchtigkeit gefördert«, von der Osten 1983, S. 118). 1517 kehrte Baldung nach Straßburg zurück, wo er bis zu seinem Tod im Jahre 1545 ansässig war. Sein umfangreich überliefertes Œuvre umfaßt nicht nur Tafelmalerei und Zeichnungen, sondern auch Scheibenrisse, Einblattdrucke sowie Buchillustrationen.

Baldung steht für den Anbruch einer neuen künstlerischen Epoche, den Übergang von der Spätgotik zur Renaissance, der sich auf ganz unterschiedliche Weise in seiner Kunst widerspiegelt. So zeugen seine Bilder von einer gesteigerten Naturbeobachtung, vor allem von einem intensiv betriebenen Studium des menschlichen Körpers. Das Bemühen um eine wirklichkeitsnahe Weltaneignung läßt sich außerdem an seinem ausgeprägten psychologischen Interesse in der Darstellung von Charakteren und Emotionen beobachten. Sein Anliegen galt dem Erfassen der sinnlichen wie der geistigen Welt gleichermaßen.

Ferner zeigt sich Baldung mit dem aktuellen Vokabular der italienischen Renaissance vertraut, das in seinen Werken versatzstückartig, etwa in Säulen, Kapitellen und Girlanden, auftaucht. Dabei läßt sich für den Maler kein Aufenthalt in Italien nachweisen. Die Rezeption der antiken und italienischen Formensprache erfolgte bei ihm – wie bei der Mehrzahl der Künstler nördlich der Alpen – über italienische Druckgraphik. Dagegen steht die Behandlung der Gewänder, die bisweilen in ihren ornamental geknickten Falten das spätgotische Erbe noch spüren lassen.

In Baldungs Bildern überwiegen Diagonal- und Kreiskompositionen, die eine dynamische Wirkung entfalten. In seinem Anliegen, Emotionen auszudrücken und zu steigern, neigt er nicht selten zu Verzerrungen und Verzeichnungen. Mit den Idealen der klassischen Hochrenaissance läßt sich Baldungs Kunst demnach nicht vereinen.

Besonders folgenreich für die oberrheinische Kunst in der ersten Hälfte des 16. Jahrhunderts sollten sich die Ideen der Reformatoren auswirken, die in bilderfeindlichen Aktionen kulminierten. Auch Hans Baldung erlebte 1529/30 in Straßburg, wie Bildwerke und Tafelmalereien aus den Kirchen entfernt und zum Teil zerstört wurden. Dennoch scheint der Maler der reformatorischen Bewegung nahegestanden zu haben, wie sein Begräbnis auf dem protestantischen Friedhof nahelegt. Außerdem verkehrte er in Straßburg in den Kreisen reformierter Humanisten und schuf die Bildnisse ihrer Wortführer Johannes Rudalphinger, Otto Brunfels und Caspar Hedio. – Auch den bedeutendsten deutschen Reformator, Martin Luther, hat Baldung porträtiert.

Hans Baldung nimmt mit seinem Werk eine Position ein, die einerseits noch der Tradition verpflichtet, andererseits dem Neuen gegenüber aufgeschlossen ist. So ist der quantitativ gewichtigere Teil den traditionellen religiösen Sujets gewidmet. Gleichzeitig läßt sich jedoch beobachten, daß Baldung vor allem in seinen druckgraphischen Arbeiten für traditionelle Themen zum Teil neue, ganz individuelle Formulierungen entwickelt. Durch die Kritik am Umgang mit dem religiösen Bild – gleichermaßen geäußert von gemäßigten Kritikern wie radikalen Reformern –, aber auch bedingt durch den Einfluß der italienischen Renaissance, werden in Baldungs Œuvre gegen Ende seines Schaffens die religiösen Themen jedoch seltener. Stattdessen entstehen Porträts, allegorische und mythologische Darstellungen, die ihre Bestimmung im profanen Bereich als Liebhaberstücke finden. Dem speziellen Sammlergeschmack scheinen auch Baldungs erotisch-frivole Darstellungen, beispielsweise in Bildern von Hexen oder in Allegorien, entgegengekommen zu sein.

Hans Baldung verkörpert einen neuen Typus des gebildeten, weltoffenen Künstlers, der sich von der traditionellen Rolle des Handwerkers gelöst hat – ein Selbstverständnis, das in Baldungs Hinweis auf seine eigene »virtus« (=Tüchtigkeit, Können) in der oben zitierten Inschrift am Freiburger Altar offen zutage tritt. Vermutlich hat der junge Maler in der Werkstatt von Albrecht Dürer in Nürnberg dieses neuzeitliche Künstler-Selbstbewußtsein angenommen, vielleicht liegt es aber auch in seiner Herkunft aus einer Familie von Gelehrten begründet, zu der Juristen, Diplomaten, Mediziner und Kleriker zählen.

Neben Hans Baldung sei an dieser Stelle noch Hans Holbein d. J. (1497/98–1543) erwähnt – der zweite Hauptmeister dieser Zeit, der nicht nur am Oberrhein eine nachhaltige Wirkung entfalten sollte. Holbein d. J. hat in seiner Heimatstadt Augsburg in der väterlichen Werkstatt seine Ausbildung erhalten. Seit 1515 ist er in Basel nachweisbar, wo er 1519 als Meister in die Malerzunft aufgenommen wird. Nach einem zweijährigen Aufenthalt in England 1526–1528 und der 1532 erfolgten endgültigen Übersiedelung erlangte er als Porträtist des englischen Königs Heinrich VIII. großen Ruhm.

Wie Baldung verkehrte auch Holbein in gelehrten Kreisen. Er unterhielt enge Beziehungen zu dem niederländischen Humanisten Erasmus von Rotterdam, der in den Jahren 1521 bis 1529 ebenfalls in Basel lebte und mit dessen Empfehlung Holbein nach England ging. Von seiner Hand stammen zahlreiche, fein ausgeführte Porträts, die einen hohen Grad an psychologischer und stofflicher Charakterisierung aufweisen. Holbein schuf wie Baldung neben Tafelbildern und Zeichnungen auch Glasmalervorlagen sowie zahlreiche Entwürfe für Holzschnitte, die vor allem bei den Basler Verlegern als Initialen, Titelblätter, Illustrationen und Verlegerzeichen Verwendung fanden. Die oberrheinische Kunst wurde von Hans Baldung und Hans Holbein d. J. zu einer vorläufig letzten Blüte geführt.

In den ersten Jahrzehnten des 16. Jahrhunderts war noch eine Vielzahl weiterer Künstler am Oberrhein tätig, von denen sich jedoch nur in den

242

seltensten Fällen die Namen überliefert haben. Die mit den Notnamen »Meister des Lautenbacher Hochaltars«, »Meister DS«, »Meister H. L.« und »Meister IS mit der Schaufel« bezeichneten Maler repräsentieren in dieser Ausstellung das breite Spektrum der oberrheinischen Kunst dieser Zeit. Vornehmlich der Einfluß Hans Baldungs ist dabei in vielen Werken spürbar (Kat. 247, 248, 249). Mit einer ausgeprägten Orientierung an italienischer Kunst tritt der »Meister H. L.« hervor, dessen Werke als Ausblick auf eine künstlerische Entwicklung dienen sollen, die nicht mehr Thema dieser Ausstellung ist. A. M.

242

Hans Herbst (1470–1552) und Werkstatt

Fragment eines Altarflügels (?) mit Kreuztragung und Dornenkrönung Christi

1514 (?)
Bez. auf einem Steinquader des Stadttores auf der Kreuztragung: HH 151[4?]
Mischtechnik auf Tannenholz (?); 74,0 x 140,5 cm
Karlsruhe, Staatliche Kunsthalle Karlsruhe
Inv. Nr. 64

Die Karlsruher Tafel ist als Fragment eines größeren Ensembles, vielleicht eines Flügelaltars, beidseits bemalt. Gut erhalten ist die vielfigurige *Kreuztragung*, die am rechten Bildrand um die Figur der Veronika mit dem Schweißtuch erweitert worden ist. Die Dornenkrönung Christi ist demgegenüber durch eine heute wieder entfernte Parkettierung massiv beschädigt, da die Malschicht vor der gitterartigen Anbringung der Holzstreben partiell bis auf den Bildträger abgehobelt worden war.

Die aus dem alten Sammlungsbestand der Markgrafen von Baden-Durlach stammende Tafel galt traditionell als eines der frühesten Werke Hans Holbeins d. J., das er kurz nach seiner Ankunft in Basel 1515 geschaffen haben sollte. In diesem Sinne wurde bis weit ins 20. Jahrhundert hinein das Monogramm HH auf Hans Holbein aufgelöst; demzufolge wurden ferner die Reste der letzten Ziffer der Jahreszahl als »5« gelesen, hätte eine frühere Datierung die erwünschte Holbein-Zuschreibung doch ausgeschlossen. Aber bereits im 19. Jahrhundert wurden erste Zweifel an dieser Zuschreibung erhoben; die konkurrierenden Vorschläge schwankten zwischen dem Augsburger Hans Holbein d. Ä., dessen ältestem, in Basel tätigen Sohn Ambrosius, einem anonymen Basler oder auch Augsburger Künstler und schließlich dem Basler Maler Hans Herbst.

Betrachtet man die Malerei auf Vorder- und Rückseite des Karlsruher Tafelbildes, so legt bereits die unterschiedliche maltechnische Ausführung von *Kreuztragung* und *Dornenkrönung* die Beteiligung mehrerer Hände innerhalb eines größeren Werkstattverbundes nahe. Hierfür spricht auch der schon erwähnte Umstand, daß die Tafel kaum für sich allein gestanden haben wird. Angesichts der Provenienz ist die ursprüngliche Bestimmung für einen Aufstellungsort in Basel anzunehmen. Ein derartiger Auftrag wiederum dürfte am ehesten an eine etablierte lokale Werkstatt gefallen sein, die die Voraussetzungen für die Erfüllung eines solchen großen Unternehmens mitbrachte. Allein diese Überlegungen machen eine Zuschreibung an den 1515, gerade 17jährig, in Basel angekommenen Hans Holbein d. J. höchst unwahrscheinlich. Da die jüngste Überprüfung der Datierung deren Lesung als »1514« wahrscheinlich macht, ist die in den letzten Jahren wiederholt vorgeschlagene Deutung des Mono-

243a

243b

gramms auf Hans Herbst höchst plausibel: Der aus Straßburg stammende, spätestens seit 1492 in Basel tätige Herbst gehörte zu den führenden Künstlern der Stadt, bei dem auch die Holbein-Brüder nach ihrer Ankunft 1515 als Gesellen Anstellung gefunden zu haben scheinen. *Kreuztragung* und *Dornenkrönung* dürfte Herbst aber bereits im Vorjahr mit seiner Werkstatt für eine Basler Kirche ausgeführt haben. Damit wird neben dem 1515 datierten bemalten Tischblatt im Zürcher Landesmuseum (dem sog. *Holbein-Tisch*) ein zweites Werk dieses wichtigen Basler Künstlers nachweisbar.[1] J. S.

1 Vgl. Wüthrich, Lucas: Der sogenannte »Holbein-Tisch«. Geschichte und Inhalt der bemalten Tischplatte des Basler Malers Hans Herbst von 1515. Ein frühes Geschenk an die Burger-Bibliothek Zürich, 1633. Vom »Niemand«, vom bestohlenen Krämer und von den Lustbarkeiten des Lebens, Zürich 1990 (Mitteilungen der Antiquarischen Gesellschaft in Zürich, 57).

Lit.: Slg. Kat. Karlsruhe 1966, S. 148f. (mit der älteren Lit.) – Wüthrich 1969/72, S. 776f. – Salvini/Grohn 1971, S. 86 – Strong 1979, S. 12 – Reinhardt 1983, S. 137f. – Rowlands 1985, S. 230 – von Borries 1989, S. 104 – Wilson 1996, S. 53f.

243

Hans Holbein d. J., Werkstatt

Altarflügel mit den Heiligen Georg und Ursula

Um 1525

Mischtechnik auf Tannenholz (?); 96,6 x 41,5 (Georg) bzw. 96,4 x 41,5 cm (Ursula), gedünnt und auf eine parkettierte Holztafel aufgezogen

Bez. u. r. (auf der Ursula-Tafel): HANS HOLB[EIN] MDXX[II] (die in eckigen Klammern stehenden Buchstaben und Ziffern über Fehlstellen modern erneuert)

Karlsruhe, Staatliche Kunsthalle Karlsruhe

Inv. Nr. 66, 65

Anders als traditionell angenommen, scheinen die beiden heute gedünnten und auf einen parkettierten modernen Bildträger aufgezogenen Gemälde ursprünglich nicht zu zwei unterschiedlichen Altarflügeln gehört, sondern Vorder- und Rückseite ein und derselben Tafel gebildet zu haben. In leicht unterschiedlichem Größenmaßstab zeigen sie den Ritterheiligen Georg, der, eine rote, mit einem weißen Kreuz geschmückte Fahne in der Linken haltend, über den von ihm überwundenen Drachen hinwegsteigt, sowie die Heilige Ursula, die als Attribut ein Bündel Pfeile im Arm trägt. Beide Figuren sind nimbiert, wobei in Georgs Heiligenschein der Name eingeschrieben ist; beide stehen in einer Landschaft, über deren niedrigem Horizont sich ein weiter blauer Himmel wölbt. Auf der Ursula-Tafel ist die Landschaft differenzierter ausgeführt. Ragt bei Georg ein Ast oben rechts ins Bildfeld, so hinterfängt Ursula ein Feigenbusch.

Die zum alten Sammlungsbestand der Markgrafen von Baden-Durlach gehörende Tafel muß schon gegen 1688 gespalten gewesen sein, wie die Inventareintragungen aus diesem Jahr belegen. Beide Bilder wurden damals Holbein zugeschrieben, vermutlich auf Grund der Inschrift auf der Ursula-Tafel. Wie eine um dieselbe Zeit angefertigte Nachzeichnung belegt, waren Signatur und Datierung aber bereits damals beschädigt.[1] Die Inschrift ist nicht nur wegen ihres Zustands, sondern auch wegen der verwendeten Schrifttype in ihrer Authentizität fraglich; möglicherweise wiederholt sie lediglich eine auf dem verlorenen Originalrahmen angebrachte ursprüngliche Bezeichnung. Über die Feindatierung der Gemälde innerhalb der 1520er Jahre kann sie keinerlei Aufschluß geben.

Doch selbst die Zuschreibung der Karlsruher Heiligen ist umstritten – Hans Holbein d. J., Hans Holbein d. Ä. oder ein anonymer Mitarbeiter der Basler Holbein-Werkstatt sind hierfür in Anspruch genommen worden. Tatsächlich scheint der letztgenannte Vorschlag die größte Plausibilität für sich zu haben, weisen beide Gemälde doch pasticcioartige Züge auf, die sie mit verschiedenen Arbeiten Hans Holbeins d. J. verbinden: Die antikische Rüstung des Heiligen Georg erinnert ebenso wie die reiche Verwendung von Muschelgold für dekorative Details auf beiden Tafeln an die um die Mitte der 1520er Jahre entstandenen Basler Passionsflügel,[2] Georgs Kopftypik und -haltung an den dritten Apostel von rechts in der etwa gleichzeitigen Basler Abendmahlstafel.[3] Das Motiv der Fahne begegnet beim Heiligen Ursus in Holbeins *Solothurner Madonna* von 1522[4] (der die Karlsruher Gemälde groteskerweise auch schon als Flügelbilder zugewiesen worden sind) wieder. Die Ursula gemahnt im Kopftypus, vor allem aber mit ihrer Kette mit T-Anhänger an jene Zeichnung einer jungen Frau,[5] die Holbein seiner *Solothurner Madonna* zugrundegelegt hat. Die Hintergrundslandschaft schließlich erinnert von ferne an die Passionsflügel, während die Feigenranke wiederum ein Pendant auf der Basler Abendmahlstafel findet. Zugleich gibt es ganz »unholbeinsche« Züge wie die Nimbenformen oder das (zumindest teilweise erneuerte) Changeant beim Kleid der Ursula, die auf einen Künstler von eigenständiger künstlerischer Herkunft verweisen. Die Zitate nach den Passionsflügeln und der Abendmahlstafel weisen den Karlsruher Heiligentafeln zugleich eine Entstehungszeit um die Mitte der 1520er Jahre zu.

J. S.

1 Staatliche Kunsthalle Karlsruhe, Kupferstichkabinett, Inv. Nr. VIII 1620; vgl. von Borries 1989, S. 103f., Abb. 3.
2 Vgl. Rowlands 1985, S. 62f., 131, Farbtafel 6f.
3 Vgl. Rowlands 1985, S. 63, 131, Abb. 47, 49.
4 Vgl. Rowlands 1985, S. 51f., 127, Farbtafel 4.
5 Paris, Musée du Louvre, Cabinet des Dessins, Inv. Nr. 20737; vgl. Rowlands 1985, S. 51, Abb. S. 50.

Lit.: Slg. Kat. Karlsruhe 1966, S. 149f. (mit der älteren Lit.) – Salvini/Grohn 1971, S. 93 – Strong 1979, S. 34 – Reinhardt 1982, S. 260 – Rowlands 1985, S. 227f. – Bushart 1987, S. 17 – von Borries 1989, S. 103f.

244

244/1 Hans Holbein d. Ä., *Hohenfurter Altar*, Innenseite d. rechten Flügels, unteres Register, Prag, Nationalmuseum

244
Meister vom Oberrhein (?)

Um 1520

Die Heilige Odilia erlöst durch ihre Fürbitte ihren Vater aus dem Fegefeuer

Mischtechnik auf Tannenholz; 131 x 55,5 cm
Karlsruhe, Staatliche Kunsthalle Karlsruhe
Inv. Nr. 104

Die volkstümliche Heilige Odilia von Hohenburg, die vornehmlich bei Augenleiden angerufen wurde, genoß im Spätmittelalter große Verehrung, besonders am Oberrhein. Um 900 blind geboren und von ihrem Vater, Herzog Attich, verstoßen, wurde sie heimlich aufgezogen und bei der Taufe durch den fränkischen Missionsbischof Erhard geheilt. Erst kurz vor seinem Tod übergab der Vater seiner Tochter das von ihm gegründete Kloster Hohenburg, dessen erste Äbtissin Odilia wurde und das später nach der Heiligen *Odilienberg* genannt wurde. Attich, der im Leben schwere Schuld auf sich geladen hatte, wurde aus dem Fegefeuer erlöst und erlangte seine Seelenruhe erst nach der langen Fürbitte seiner Tochter. Dieses Gebet der Heiligen, der im Fegefeuer leidende Attich und das Kloster Hohenburg sind auf der Tafel dargestellt. Die Schilderung des Waldes soll vielleicht auch an das Wunder erinnern, das sich beim Tod der Heiligen ereignete: Als sie ohne Wegzehrung stirbt, rufen die Schwestern von Hohenburg im Gebet Odilias Seele zurück und bringen der Äbtissin den Kelch mit dem Sakrament, das sie sich selber spendet, bevor sie entschläft.[1]

Odilia beim Fürbittegebet zeigt auch einer der Grisaille-Flügel eines fragmentarisch überlieferten Retabels von Hans Holbein d. Ä., das er 1509, als er noch nicht von Augsburg nach Basel übergesiedelt war, für das Kloster Odilienberg schuf (Abb. 244/1).[2]

Die freie Malweise der Karlsruher Tafel ist typisch für die späteste Phase mittelalterlicher Malerei um 1510/25, nicht nur für die Werke der sogenannten *Donauschule*, sondern auch für Arbeiten oberrheinischer Maler aus der Nachfolge Hans Baldungs (siehe z. B. Kat. 247, 248, 249) und für Künstler der Nordschweiz wie Urs Graf. Das Odilia-Gemälde bedarf noch einer genauen Bestimmung. Seine hier vertretene Lokalisierung stützt sich vornehmlich auf die Provenienz und die Ikonographie der Tafel, die wohl von dem Flügel eines untergegangenen Retabels abgespalten wurde.

D. L.

1 Zur Heiligen siehe z. B. LCI, Bd. 8, 1976, Sp. 76ff.
2 Ausst. Kat. Augsburg 1965, Nr. 46, Abb. 48.

Lit.: Slg. Kat. Karlsruhe 1966, S. 230.

245
Meister IS mit der Schaufel

Vier Tafeln eines Altarretabels

a) ***Das Martyrium der zehntausend Christen***
b) ***Die Auffindung des Wahren Kreuzes durch die Heilige Helena***
c) ***Die Heiligen Acharius und Fiacrius***
d) ***Die Heiligen Margarethe und Agnes***

Elsaß, um 1515
Tannenholz; je 168 x 57 cm
Karlsruhe, Staatliche Kunsthalle Karlsruhe
Inv. Nr. 97 d, b, c, a

Die vier heute getrennten Tafeln gehörten einst zu einem Triptychon: Die beiden Heiligenpaare sind als die Außenseiten, die mit vergoldeten Ranken- und Blattbögen überfangenen, szenischen Darstellungen als die Innenseiten der Altarflügel zu betrachten. Die rechte Innentafel

245/1 Meister IS mit der Schaufel, *Beweinung Christi*, Holzschnitt

245a

245b

zeigt die der Auffindung der Kreuze Christi und der Schächer durch die Heilige Kaiserin Helena (gest. 330) folgende *Auffindung des Wahren Kreuzes*, galt es doch, unter den drei ausgegrabenen Kreuzen dasjenige Christi zu erkennen. Die spätantiken Berichte und Legendentexte geben zwei Varianten: Einmal gesundet eine auf den Tod erkrankte Edelfrau durch Berührung mit dem Holz, das andere Mal trägt man einen verstorbenen Jüngling vorüber, der auf gleiche Weise zum Leben erweckt wird. Fraglos wurde auf der Karlsruher Tafel die zweite Variante verbildlicht: Der soeben erwachte, noch in Leichentücher gewickelte Jüngling hat die Hände zum Gebet gefaltet, während die von ihrem Sohne, Kaiser Konstantin, begleitete Helena auf das wundertätige, wahre Kreuz weist.[1] Die zweite Innentafel zeigt das *Martyrium der zehntausend Christen* am Berge Ararat: Der zum Christentum bekehrte Heerführer Achatius erlitt unter Kaiser Hadrian gemeinsam mit seinen Soldaten die Marter. Achatius hatte für Rom eine Schlacht in Kleinasien geschlagen, diese aber erst mit christlich-göttlichem Beistand für sich entschieden. Weder er noch seine 9000 Gefolgsleute schworen ihrem neuen Glauben ab und fanden mit weiteren 1000 zu ihnen überlaufenden Soldaten den Tod. Die Legende weiß von zahlreichen Arten der Tötung, die am häufigsten verbildlichte jedoch ist das Martyrium im Dornengestrüpp im Beisein des armenischen Königs Saphor.[2] Die Außentafeln geben je zwei Heiligenpaare: Den Jungfrauen Margarethe und Agnes gesellen sich der Bischof Acharius von Noyon sowie der selten dargestellte Fiacrius (gest. 670) – mit seinem Attribut,

245c

245d

der Schaufel – bei. Der letztgenannte Heilige darf besonderes Interesse beanspruchen, genoß der Patron der Gärtner doch um und nach 1500 im Elsaß besondere Verehrung als Schutzheiliger gegen die ab etwa 1495 in Straßburg auftretenden und in zahlreichen Schriftquellen – etwa den Predigten des Geiler von Kaysersberg – erwähnten »Blattern« (Syphilis). War der Heilige Fiacrius vordem in diesem Landstrich gänzlich unbekannt, erfährt sein Kult nun rasche Verbreitung: Stellvertretend kann auf die im lothringischen Mörchingen entstehende, überregional bekannte Wallfahrt hingewiesen werden.[3]

Die Darstellung des Fiacrius darf als ein Hinweis auf den möglichen Entstehungsort der Karlsruher Tafeln betrachtet werden, wird doch seit H. Wallach (1930) der seit 1515/16 im elsässischen Hagenau ansässige Meister IS mit der Schaufel als Urheber der vier Gemälde angesehen.[4] Die Zuschreibung der Tafelgemälde erfolgte im Vergleich mit den namengebenden Holzschnitten dieses Hans Schäufelein-Schülers, die für das Hagenauer Evangelienbuch von 1516 angefertigt wurden (Kat. 222). Tatsächlich sind zahlreiche Ähnlichkeiten zu nennen: So finden sich hier wie dort die überlängt proportionierten Figuren mit den zuweilen perückenartig anmutenden Haarschöpfen, aber auch entsprechende Landschaftsgründe mit kahl aufragenden, obenauf gras- und strauchbewachsenen Felsmassiven, auf welchen nicht selten turmartige Gebäude errichtet sind. Bis hin zu Details – wie der Gestaltung der eigentümlichen, »wolkenartigen« Bäume, der charakteristischen Knotung der Lendentücher oder der metallisch anmutenden Brechung der Ge-

246

wandfalten – sind Entsprechungen festzustellen. Evident wird die Nähe von Holzschnittfolge und Tafelgemälde bei der Gegenüberstellung der gepfählten Aktfigur im Vordergrund des *Martyriums der Zehntausend* mit der Figur Christi in der Beweinung des Evangelienbuches (vgl. Abb. 245/1).

M. D.

1 Zur Helena-Legende: LCI, Bd. 6, 1974, Sp. 485–490; Drijvers 1992, bes. S. 97–180.
2 Zur Achatius-Legende: Untergasser 1888, S. 81–84, 89–92; LCI, Bd. 5, 1973, Sp. 16–21.
3 Zur Legende und zum Kult des Heiligen Fiacrius: Pfleger 1918, S. 168–173; LCI, Bd. 6, 1974, Sp. 237.
4 Wallach 1930, S. 81ff; Thieme-Becker, Bd. 29, 1935, S. 558 (E. Buchner); Ausst. Kat. Karlsruhe 1959, Nr. 324–327 (W. Zimmermann); Slg. Kat. Karlsruhe 1966, S. 214; Löcher 1990, S. 21.

Lit.: Wallach 1930, S. 81ff. – Thieme-Becker, Bd. 29, 1935, S. 558 (E. Buchner) – Rott 1938, S. 86 – Ausst. Kat. Karlsruhe 1959, Nr. 324–327 (W. Zimmermann) – Slg. Kat. Karlsruhe 1966, S. 214 (mit älterer Lit.).

246

Meister IS mit der Schaufel

Maria mit elf Heiligen

Elsaß, um 1515
Holz, 82,6 x 52 cm
Baden-Baden, Zisterzienserinnen-Abtei Lichtenthal

Vor gebirgigem Landschaftsprospekt stehen in friesartiger Anordnung die Gottesmutter und elf durch beschriftete Nimben und Attribute ausgewiesene Heilige. Es handelt sich – von links nach rechts – um Onuphrius, Ursula, Christophorus, Martha, Johannes evangelista, Katharina sowie rechts der Gottesmutter um Apollonia, Johannes baptista, Maria Magdalena, Georg und Agnes. Alle Aufmerksamkeit des Personals widmet sich dem zentralen Motiv der mystischen Vermählung Katharinens mit dem Christusknaben, der der Heiligen soeben den Ring ansteckt. Die Heiligenschar hat sich auf blumenbewachsenem Wiesengrund zusammengefunden, auf welchem auch einige Hasen, Vögel und Schmetterlinge zu sehen sind. Während die Hasen und die Schmetterlinge traditionelle Sinnbilder der Auferstehung sind, darf der zu Füßen des Täufers im Gras sitzende Eisvogel als ein Symbol der jungfräulichen Empfängnis Mariens angesprochen werden.[1]
Bereits Max J. Friedländer (1908) und nach ihm Hans Rott (1938) haben das Lichtenthaler Andachtsbild der nämlichen Hand zugewiesen, der auch vier Tafeln der Karlsruher Kunsthalle (Kat. 245) zu geben sind.[2] Seit H. Wallach attribuiert man letztgenannte Gemälde dem Meister IS mit der Schaufel, der als Reißer für Illustrationen im frühen Buchdruck seit

247

1515/16 im elsässischen Hagenau zu belegen ist (vgl. Kat. 222). Die Übereinstimmungen des Lichtenthaler Bildes mit den Karlsruher Tafeln sind schlagend: Es mag hinreichend sein, auf die jeweils schlank gelängten Gestalten, den knittrig-metallischen Faltenwurf, das Changeant der Gewänder oder die Köpfe der Heiligen Jungfrauen mit dem strähnig herabfallenden Haar und den deformierten Kronen zu verweisen. Besondere Schwierigkeiten bereiteten dem Anonymus die Hände seiner Figuren, die zuweilen unnatürlich verkrampft, häufig schlecht verkürzt erscheinen. Auch die Gestaltung der Landschaft, insonderheit die wolkenartig sich auftürmenden, buschigen Bäume, gibt Veranlassung, eine Autorschaft des Meisters mit der Schaufel anzunehmen. M. D.

1 Siehe: LCI, Bd. 2, 1970, Sp. 221–222 (Hase); LCI, Bd. 4, 1972, Sp. 90 (Schmetterling); RDK, Bd. 4, 1958, Sp. 1181–1188 (Eisvogel).
2 Friedländer 1908, S. 579; Wallach 1930, S. 81ff.

Lit.: Friedländer 1908, S. 579 – Wallach 1930, S. 81ff. – KD Baden, Bd. 11, 1942, S. 472, Abb. 381 – Ausst. Kat. Karlsruhe 1959, S. 132 – Slg. Kat. Karlsruhe 1966, S. 214 – Ausst. Kat. Karlsruhe 1995, S. 262–263, Nr. 96.

247
Oberrheinischer Meister
Um 1520

Die Heilige Sippe

Tannenholz; 79 x 196 cm
Karlsruhe, Staatliche Kunsthalle Karlsruhe
Inv. Nr. 74

Die stattliche, querrechteckige Tafel ist der Heiligen Anna im Kreis der Heiligen Sippe gewidmet. Die mit einem Kopfschleier als Matrone charakterisierte Heilige Anna und ihre drei Töchter, Maria, Maria Cleophae und Maria Salome, haben im Vordergrund, umgeben von ihren Kindern, auf einer niederen Bank Platz genommen. Die männlichen Mitglieder der Familie, bestehend aus den drei Männern der Anna, Joachim, Cleophas und Salomas, sowie den drei Männern ihrer drei Töchter, Joseph, Alphäus und Zebedäus, stehen dahinter an die Bank gelehnt. Im Gegensatz zu den Frauen und Kindern sind sie nicht mit Heiligenscheinen ausgezeichnet.

Im Unterschied zu anderen Beispielen desselben Themas, etwa der *Heiligen Sippe* des Meisters des Lautenbacher Hochaltars (Kat. 248), sind Anna und Maria mit dem Jesuskind nicht direkt aufeinander bezogen. Vielmehr bilden Maria und das Kind eine isolierte Gruppe in der Komposition, was darauf schließen läßt, daß sie einer gesonderten Vorlage entnommen wurden.

In der sakralen Kunst zu Beginn des 16. Jahrhunderts war das Thema der Heiligen Anna im Kreis der Heiligen Sippe äußerst populär. Der Kult um die Heilige Anna steht in Zusammenhang mit der zu dieser Zeit intensiv diskutierten Lehre von der Unbefleckten Empfängnis Mariens. In der göttlich herbeigeführten Mutterschaft der Heiligen Anna sah man eine wesentliche Voraussetzung für die Reinheit Mariens, die demnach bereits im Leib ihrer Mutter frei von Sünde war. In der Beliebtheit des Themas spiegelt sich außerdem das Bedürfnis wider, die im Neuen Testament nur angedeuteten verwandtschaftlichen Verhältnisse um Jesus zu klären. Ausgehend von der Legende vom *Trinubium Sanctissimae Annae*, die über drei Ehen der Heiligen Anna berichtet, denen jeweils eine Tocher mit dem Namen Maria entstammte, rekonstruierte man eine Art Großfamilie mit einer beträchtlichen Anzahl Mitglieder. Die in der Bibel genannten Brüder Jesu erwiesen sich nun als Vettern, die später in ihrem Leben dem Erlöser als Weggefährten zur Seite standen.[1]

Dabei läßt sich eine zunehmend genrehafte Gestaltung des Sujets beobachten, die Gegenstände des häuslichen Alltags und des Familienlebens in die Darstellung miteinbezieht und aus dem Heiligenbild ein Familienbild werden läßt. In diesem Zusammenhang sind auf unserer Tafel vor allem die Kinder im linken Vordergrund interessant, die kleine rote Früchte von einem goldenen Tellerchen essen. Davor sind zwei Buben in das Spiel mit Windrädchenlanze und Steckenpferd vertieft. Mit dem Windrädchen als abgewandelte Turnierlanze und dem Steckenpferd wurden der Turnierkampf der Erwachsenen nachgeahmt. Derlei Kampfspiele

247 (Detail)

zwischen Kindern sind auf verschiedenen Darstellungen vom Beginn des 16. Jahrhunderts überliefert – etwa in einem Buchholzschnitt Hans Burgkmairs von 1520 (Abb. 247/1) oder einer bemalten Tischplatte von Hans Herbst im Landesmuseum Zürich. Auch auf der Kreuztragung von Hans Herbst (Kat. 242) ist am linken Bildrand als genrehafte Erweiterung der Szene ein kleines Kind mit seinem Steckenpferdchen eingefügt. Die zu Beginn des 16. Jahrhunderts vermehrt auftauchende Darstellung von Kinderspielen zeugt von einem neuen Verständnis für den spezifischen geistigen und seelischen Status des Kindes, der bislang im sozialen Bewußtsein einen nur geringen Stellenwert eingenommen hatte. Geprägt und vorangetrieben durch die pädagogischen Ambitionen der Humanisten setzt sich nun ein Verständnis von Kindheit als eigenem Wesenszustand durch, das bis heute als gültig erachtet wird.[2]

Leider ist der Maler der *Heiligen Sippe* nicht namentlich bekannt. Man nimmt an, daß er im ersten Viertel des 16. Jahrhunderts am Oberrhein tätig war. Die Tafel könnte als Predella oder auch, wie der Goldgrund nahezulegen scheint, als Mittelbild eines Flügelretabels gedient haben.

A. M.

1 Esser 1986 – ML, Bd. 6, 1994, S. 175–179 (G. M. Lechner).
2 Wütherich 1981 – Rabe 1980.

Lit.: Slg. Kat. Karlsruhe 1966, S. 230 – Esser 1986 S. 225, M7.

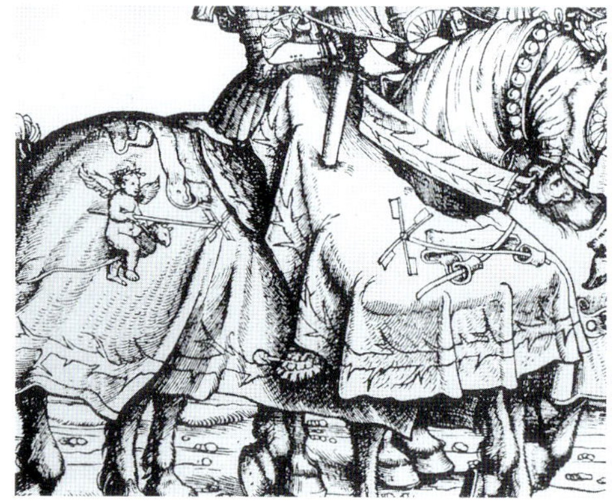

247/1
Hans Burgkmair,
Turnierreiter aus dem Triumphzug Maximilians I. (Detail),
Holzschnitt

248

Meister des Lautenbacher Hochaltars

Die Heilige Sippe

1523–1525
Mischtechnik auf Tannenholz; 63 x 124 cm (an allen Seiten beschnitten)
Nesselried, Kath. Wallfahrts- und Pfarrkirche

Das lebhaft-heitere Bild einer Großfamilie bietet sich beim Betrachten der *Heiligen Sippe*, deren Zentrum von Maria mit dem Jesuskind und der Heiligen Anna, der Mutter Mariens, gebildet wird. Die Gruppe wird flankiert von den beiden anderen Töchtern der Anna: Rechts, vom Bildrand halb überschnitten, befindet sich Maria Cleophae mit ihren vier Kindern. Die Heilige links ist als Maria Salome zu identifizieren, die zwei Kinder gebar, von denen jedoch nurmehr eines zu sehen ist, da die Tafel an ihren Rändern beschnitten wurde. Der Kreis wird erweitert durch die hinter einem Mäuerchen stehenden drei Ehemänner der Heiligen Anna, Joachim, Cleophas, Salomas, sowie die drei Männer ihrer Töchter: Joseph, Alphäus und Zebedäus. Grundlage für bildliche Darstellungen der Heiligen Sippe ist die sogenannte *Trinubium*-Legende, die von der dreimaligen Heirat Annas berichtet, aus der jeweils eine Tochter mit dem Namen Maria hervorging, die zur Unterscheidung von der Muttergottes Beinamen nach ihren Vätern erhielten.

Die Frauengruppe befindet sich in einem von Arkaden und einem Mäuerchen umfriedeten Bereich, einer Art *Hortus conclusus*, der als Symbol für die unbefleckte Empfängnis gilt. Tatsächlich steht der Kult um die Heilige Anna, die wie ihre Tochter auf wundersame Weise empfangen haben soll, in engem Zusammenhang mit der Lehre von der unbefleckten Empfängnis Mariä, der *Immaculata conceptio*. Ein heilsgeschichtlicher Bezug ist in dem Apfel zu sehen, den die Heilige Anna dem Jesusknaben reicht, der als Zeichen des Sündenfalls nun in den Händen des Erlösers zum Symbol für die Überwindung der Sünde wird. Die drei Marien-Schwestern sind in die Lektüre des Alten Testaments vertieft, das in Prophezeiungen bereits auf die Ankunft des Messias hinweist.

Der Kult um die Heilige Anna nimmt in der spätmittelalterlichen Frömmigkeit einen wichtigen Platz ein, der in vielzähligen Altarweihen, Bruderschaften und Stiftungen seinen Ausdruck findet. Auch die Verehrung der Verwandtschaft Christi in der Heiligen Sippe war weit verbreitet, bot sie doch dem Gläubigen eine große Anzahl Fürsprecher, die im engsten Verhältnis zu Christus standen. Die große Popularität des Themas spiegelt dabei auch die zunehmende gesellschaftliche Bedeutung der Familie wider, die vor allem in den Kreisen des städtischen Bürgertums spürbar wird.[1]

248

Die Heilige Anna im Kreis der Heiligen Sippe als ein zentrales Thema in der sakralen Kunst des Spätmittelalters ist in der Ausstellung noch mit weiteren Beispielen in unterschiedlichen Kunstgattungen vertreten (Kat. 189, 247).
Die Tafel mit der *Heiligen Sippe* wird dem Meister des Lautenbacher Hochaltars zugeschrieben. Dieser soll bei einem Meister der Schongauernachfolge seine erste Ausbildung erfahren haben und dann zu Beginn des 16. Jahrhunderts in Basel, in der Ortenau und in der Pfalz tätig gewesen sein. Seine Kunst zeigt sich auch stark von dem in Straßburg tätigen Dürer-Schüler Hans Baldung Grien beeinflußt (vgl. auch Kat. 249). Die ehemalige Funktion der breitgelagerten Tafel ist bislang unbekannt, vermutlich diente sie als Predella eines Flügelretabels.

A. M.

1 Zum Thema der Heiligen Anna und der Heiligen Sippe: Esser 1986 – ML, Bd. 6, 1994, S. 175–179 (G. M. Lechner) – Arnold 1993.

Lit.: Ausst. Kat. Offenburg 1969, S. 40 – Peipers 1996, S. 352–357, fig. 49.

249

Meister des Lautenbacher Hochaltars

Maria, dem Kind eine Erdbeere reichend

Um 1505
Öl auf Pergament, auf Lindenholz aufgeklebt; 31,2 x 22,6 cm (unten beschnitten)
Basel, Öffentliche Kunstsammlung Basel, Kunstmuseum
Inv. Nr. 471

Das Bild der *Maria, dem Kind eine Erdbeere reichend*, stammt aus der Sammlung von Basilius Amerbach (1553–1591), dem bedeutenden Kunstliebhaber aus Basel. Zwar läßt sich nicht mit letzter Sicherheit beweisen, daß sich der Eintrag im Sammlungsinventar von 1587 »Marien Brust und Jesus bildlin« tatsächlich auf die kleine, im Brustformat gegebene Tafel bezieht, dies gilt jedoch als sehr wahrscheinlich.
Das Bild steht in der Tradition halbfiguriger Darstellungen der Maria mit dem Kinde, die vor allem im 15. Jahrhundert in der niederländischen und italienischen Kunst große Verbreitung fanden. In der kleinen Tafel aus Basel trägt der Jesusknabe eine Kette mit einer roten Koralle, die dem Volksglauben nach Unheil und Krankheit von Kindern abwenden soll. Das Rot der Koralle ist darüber hinaus auch als Hinweis auf die Passion und den Kreuzestod Christi zu sehen. Die Erdbeere stellt eine Reminiszenz an den Paradiesgarten und den durch die Schriften der Mystik verbreiteten Topos der Madonna im Garten dar, wie er beispielsweise in der Solothurner *Madonna in den Erdbeeren,* um 1420[1], oder in Schongauers *Madonna im Rosenhag* von 1473[2] verwirklicht ist (siehe auch Kat. 75–78).
Das Besondere an dem Bild liegt in dem vielschichtigen symbolischen Gehalt der dargestellten Handlung, dem Darreichen einer Frucht an Christus, die vermehrt in spätmittelalterlichen und frühneuzeitlichen Bildern mit Maria und dem Jesusknaben, vor allem aus den südlichen Niederlanden und Deutschland, erscheint. Die Metapher vom sinn-

249

lichen Genuß süßer Früchte oder Blumen hat in der mittelalterlichen religiösen Symbolwelt eine große Bedeutung, die sich auch in Gebets- und Liedtexten widerspiegelt. Die Grundlage bildet das *Hohelied* mit seiner allegorischen Sprache, in dem die Liebe zwischen Braut und Bräutigam, die man mit Maria und Christus gleichsetzte, mit den sinnlichen Genüssen eines Gartens beschrieben wird. Die Metapher des süßen Kostens steht jedoch nicht allein für die liebende Vereinigung zwischen Christus und Maria. Sie kann sich auch auf die Vereinigung der frommen Seele des Gläubigen mit dem göttlichen Bräutigam beziehen. In dem Motiv des Darreichens einer Frucht wird außerdem eine wichtige Funktion der persönlichen Andacht angesprochen, die als süße Nahrung des Gläubigen verstanden wurde.[3]
Das Täfelchen wird dem Meister von Lautenbach zugeschrieben. Es handelt sich vermutlich um ein Frühwerk des Meisters, das etwa kurz vor seinem namengebendem Hauptwerk, dem Hochaltar der Pfarr- und Wallfahrtskirche in Lautenbach, um 1505 entstanden ist. Dieser Maler, der zu Beginn des 16. Jahrhunderts in Basel, in der Ortenau und in der Pfalz tätig war, hatte seine Schulung bei einem in der Schongauer-Nachfolge stehenden Meister erhalten. Seine Werke bezeugen außerdem Einflüsse von Hans Baldung und Albrecht Dürer (vgl. auch Kat. 248).

A. M.

1 Slg. Kat. Solothurn 1973, Nr. 37.
2 Ausst. Kat. Colmar 1991, S. 69f.
3 Über die religiöse Ikonographie des Kostens von Früchten und Blumen siehe Falkenburg 1994.

Lit.: Ausst. Kat. Basel 1991b, S. 14f., Nr. 11 – Peipers 1991 – Peipers 1996, S. 29 und 291–295, fig. 25.

250

Hans Baldung, gen. Grien (1484/85–1545)

Die Geburt Christi

1539
Bez. auf dem Buch: Jo Baldung f / 1539 (nicht original); an Marias Kleidsaum: AVE MARIA GRACIA PLENA; auf dem Schriftband der Engel: GLORIA IN EXCELSIS DEO
Mischtechnik auf Tannenholz; 103,4 x 76,5 cm
Karlsruhe, Staatliche Kunsthalle Karlsruhe
Inv. Nr. 90

Das Bild besteht eigentlich aus drei einzelnen Fragmenten, deren Fugen noch oberhalb und rechts des Christuskindes zu erkennen sind. Vermutlich im 19. Jahrhundert hatte man die Tafel aufgrund ihres schlechten Erhaltungszustandes in mehrere Teile zersägt. Erst 1937 wurden sie wieder zu einer zusammenhängenden Komposition vereint, wobei die untere rechte Ecke in einem dunklen neutralen Ton vollständig ergänzt werden mußte.
Joseph und Maria neigen sich über das neugeborene Christuskind, das auf einem Gewandzipfel Mariens ruht und von zwei kleinen, geflügelten Engeln gestützt wird. Im rechten Bildhintergrund, durch einen Fensterausblick, sieht man einen Hirten mit seinen Schafen.
Außergewöhnlich sorgfältig charakterisiert Baldung die verschiedenen Materialien. Fast meint man den weichen Samtstoff des grünen Mariengewandes mit seinem Pelzbesatz und der Perlenstickerei fühlen zu kön-

250/1
Hans Baldung,
Die Heilige Nacht,
Frankfurt a. Main,
Städel

250

nen. Auch Josephs Bart und die Haare Mariens, die von einem durchsichtigen Schleier bedeckt sind, zeichnen sich durch eine überaus feine Behandlung mit zarten hellen Linien als Glanzhöhungen aus.
Die Szene spielt im Dunkel der Nacht, wie es in der Bibel vorgegeben ist. Wie man an dem Schatten auf den Händen Mariens und an den von unten erhellten Gesichtern von Maria und Joseph nachvollziehen kann, geht das warme, die Szenerie beleuchtende Licht vom Christuskind aus. Diese geheimnisvolle Beleuchtung ist als Metapher für die Menschwerdung Gottes zu verstehen: Mit Christus kommt das Licht in die Welt. Dieselbe Symbolik wurde von Baldung auch in anderen Kompositionen verwendet, beispielsweise in der *Heiligen Nacht* aus dem Städel in Frankfurt (Abb. 250/1). Das Bild steht in einer Darstellungstradition, die ihre Ursprünge in der niederländischen Kunst hat, wo bereits Mitte des 15. Jahrhunderts Nachtstücke entstanden, in denen das Christkind als Quelle des Lichts und damit als symbolische Quelle des Heils gezeigt wird.
Das von Engeln gestützte Kind erinnert darüber hinaus an Darstellungen der Engelpietà, in denen der von der Passion gezeichnete tote Heiland von Engeln aufrecht gehalten und zur Schau gestellt wird. Diese Bilder dienen der meditativen Versenkung in die Leiden Christi und sollen den Betrachter zum Mitleid und zur Nachfolge Christi anregen. In der Präsentation des geopferten Leibes stellen sie letztendlich eine Allegorie auf die Eucharistie dar. In Baldungs *Geburt Christi* ist das Motiv des von Engeln gestützten Christuskindes als Vorausschau auf die Passion zu sehen – eine Interpretation, die auch durch das aschfahle, totengleiche Inkarnat des Kindes, das sich deutlich von den rosigen Engeln abhebt, gestützt wird.
Die Darstellung bietet eine ausschnitthafte Vergrößerung des traditionellen Weihnachtsbildes, auf dem die Figuren gewöhnlich in ganzer Figur wiedergegeben werden. Dieser Typus des erzählenden Halbfigurenbildes entsteht im späten 15. und beginnenden 16. Jahrhundert und kommt vor allem in der italienischen und niederländischen Kunst vor

250/2
Andrea Mantegna, *Die Anbetung der Könige*, Malibu, The J. Paul Getty Museum

(vgl. Abb. 250/2). Die als Nahaufnahme konzipierte Darstellung erfährt dabei eine Verdichtung, welche die Intimität und Unmittelbarkeit der Szene steigert.[1] Diese moderne Gestaltung von Baldungs *Geburt Christi* macht das Bild zu einem Vorboten der Renaissance und stellt für diese Ausstellung, die dem ausgehenden Mittelalter gewidmet ist, eine Art Schlußpunkt dar, der sich auch in der späten Datierung des Bildes 1539 widerspiegelt.

A. M.

1 Ringbom 1965.

Lit.: Ausst. Kat. Karlsruhe 1959, Nr. 74 – Bussmann 1966, S. 146–149 – Slg. Kat. Karlsruhe 1966, S. 37 – von der Osten 1983, Nr. 85 – Slg. Kat. Karlsruhe 1988, Bd. 1, S. 42 – Ausst. Kat. Karlsruhe 1992b, Nr. 19 – Hegele 1999, S. 67.

251

Hans Baldung, gen. Grien (1484/85–1545)

Die thronende Maria mit dem Kinde als Patronin Straßburgs

Bez. M. u.: HB (verbunden) sowie r. u. von späterer Hand: nach Hs Bald
Feder in Braun, grau laviert; 40,4 x 27,8 cm
Karlsruhe, Staatliche Kunsthalle Karlsruhe, Kupferstichkabinett
Inv. Nr. VIII 1076

Die Madonna sitzt mit dem Jesusknaben auf einem großen Steinthron, der mit einer hohen Rückenlehne und hohen Wangen ausgestattet ist. Ein kleiner, hinter der Thronlehne befindlicher Putto schaut von oben auf die Madonna herab. Die Zeichnung ist mit großer Sorgfalt ausgeführt: Über die erste Federzeichnung in Braun hat Baldung noch eine lavierende Pinselzeichnung in verschiedenen Grautönen gelegt, die in variierenden Schraffuren die Schattenpartien angibt.

Zu Füßen der Madonna ist mit einer Umrißlinie das Wappen der Stadt Straßburg angelegt. Die Zeichnung des Gewandsaumes im Wappenschild wurde von späterer Hand ergänzt. Die Madonna ist demnach in ihrer Funktion als Schutzpatronin Straßburgs dargestellt, in der sie seit dem Mittelalter auf Siegel und Banner der Stadt erscheint. Baldung wählt jedoch keine repräsentative Inszenierung der Gottesmutter und Patronin, sondern betont in seiner Darstellung ihre warmen und menschlichen Züge. So blickt Maria sanft auf die Frucht in ihrer Hand, während der kleine Jesusknabe seiner Mutter verspielt in die Haare greift, die in langen Locken über ihre Schultern fallen. Baldungs Gestaltung bedeutet eine Abkehr von dem alten, byzantinisch anmutenden Madonnen-Typus, der noch bis in das 17. Jahrhundert hinein die Stadtpatronin in strengfrontaler Oranshaltung mit dem Jesuskind auf ihren Knien wiedergab (Abb. 251/1).[1]

Das Wappen und die Banderole, welche die Komposition nach vorne abschließen, lassen vermuten, daß es sich bei dem Blatt um den Entwurf für ein Glasgemälde handelt. Vermutlich sollte die Banderole im ausgeführten Fenster eine Inschrift tragen. Eine weitere Variante der Komposition aus der Werkstatt Hans Baldungs, die 1533 datiert ist, läßt auch für unsere Zeichnung eine Entstehung Anfang der dreißiger Jahre plausibel erscheinen.

Die Beziehungen zwischen Baldung und der Stadt Straßburg können als eng und dauerhaft bezeichnet werden. So war der junge Baldung nach der Übersiedelung seiner Familie aus Schwäbisch Gmünd in Straßburg aufgewachsen und trat 1498 eine Malerlehre bei einem Straßburger Meister an, die er 1502 abschloß. Nach seinem Aufenthalt in Nürnberg kehrte Baldung 1509 nach Straßburg zurück, wo er nun das Meisterrecht erlangte und eine eigene Werkstatt gründete. Mit der Fertigstellung des Freiburger Hochaltares erfolgte 1517 die endgültige

251

251/1
Maria, Patronin der Stadt Straßburg,
Holzschnitt, um 1480

Niederlassung in Straßburg, wo er bis zu seinem Tode 1545 ansässig bleiben sollte.

A. M.

1 Schreiner 1994, S. 350–354 – ML, Bd. 6, 1994, S. 309–310 – Ausst. Kat. Bern/Straßburg 2000/01, Nr. 43.

Lit.: Koch 1941, S. 60–61, 161, Nr. 158 – Slg. Kat. Karlsruhe 1955, Nr. 12 – Ausst. Kat. Karlsruhe 1959, S. 104, Nr. 243 – Ausst. Kat. Karlsruhe 1978, S. 26, Nr. 40 – Ausst. Kat. Washington 1981, Nr. 77.

252

Hans Baldung, gen. Grien (1484/85–1545)

Der Heilige Christophorus

Bez. u. r. mit Vierblattschnörkel, darüber: 1513
Feder in Schwarz, weiß gehöht, auf grün-braun grundiertem Papier; 28,1 x 19,2 cm
Karlsruhe, Staatliche Kunsthalle Karlsruhe, Kupferstichkabinett
Inv. Nr. VIII 1065

Schwer kämpft der riesenhafte Heilige Christophorus mit dem Jesusknaben auf seinen Schultern gegen die Kraft der Elemente. Mit Hilfe seines großen Stabes, einem umgekehrten Baumstamm mit nach oben ragenden Wurzeln, stemmt er sich schräg gegen die Wellen, während der Sturm seinen Mantel weit nach hinten bauscht. Die Anstrengung spiegelt sich in seinem Gesicht mit den zusammengekniffenen Augenbrauen und dem keuchenden geöffneten Mund wider.
Daß der Heilige Christophorus zu den am häufigsten dargestellten Heiligen des ausgehenden Mittelalters zählt, hängt mit dem zu dieser Zeit weit verbreiteten Glauben zusammen, der Anblick eines Christophorus-Bildes bewahre vor einem jähen Tod – ein Volksglaube, der von den gelehrten Kirchenkritikern, wie beispielsweise Erasmus von Rotterdam in seinem *Lob der Torheit*, gerne als Beleg für den herrschenden Mißbrauch des Bilderkultes herangezogen wurde.[1] Durch Luther erfuhr der Heilige schließlich eine reformatorische Umdeutung zur allegorischen Figur, die den auf Christus und das Wort Gottes vertrauenden Glauben versinnbildlicht.[2]
Die Zeichnung ist mit höchster künstlerischer Raffinesse ausgeführt. Die Formen wurden zunächst mit Feder in Schwarz auf einem grün-braun grundierten Blatt in Kreuz- und Parallelschraffuren angelegt. In einem zweiten Arbeitsgang wurden mit dem Pinsel Höhungen in Weiß aufgesetzt, die die Formen plastisch modellieren.
Der Vierblattschnörkel in der rechten unteren Bildecke wurde als Signatur eines begabten Mitgliedes der Freiburger Werkstatt gelesen, dem noch weitere Blätter zugeschrieben werden. Die hohe Qualität des *Heiligen Christophorus*, sowohl in der technischen Ausführung der Zeichnung als auch in der ausdrucksstarken Komposition, spricht jedoch für eine eigenhändige Ausführung durch Baldung selbst.[3]
Das Blatt zeichnet sich durch eine expressive, offene Linienführung aus und weist gleichzeitig einen sehr hohen Grad an Ausführung auf. Man kann sie sich nur schwer als Entwurf oder als Kopie nach einem bereits vorhandenen Bild vorstellen. Womöglich stellt sie eine Art Schaustück dar, mit dem Baldung möglichen Auftraggebern seine Kunst demonstrierte. Vielleicht kann man in dem Blatt auch eines der ersten Beispiele

252

sehen, in denen die Zeichnung um ihrer selbst Willen als autonomes Kunstwerk entstanden ist und rezipiert wurde.

A. M.

1 Ausst. Kat. Hamburg 1983/84, S. 130f.
2 Ausst. Kat. Hamburg 1983/84, S. 252.
3 Ausst. Kat. Washington 1981, S. 162 und Koch 1981, S. 183.

Lit.: Koch 1941, S. 86, Nr. 35 – Slg. Kat. Karlsruhe 1955, Nr. 13 – Ausst. Kat. Karlsruhe 1959, S. 71, Nr. 131 – Benker, Gertrud: Christophorus. Legende, Verehrung, Symbol, München 1975, Nr. 119 – Ausst. Kat. Karlsruhe 1978, Nr. 35 – Ausst. Kat. Washington 1981, Nr. 33.

253

Hans Baldung, gen. Grien (1484/85–1545)

Die Heilige Anna selbdritt

Feder und Pinsel in Schwarz, weiß gehöht, auf braun-rot grundiertem Papier; 40,9/41,5 x 27,6/27,9 cm
Karlsruhe, Staatliche Kunsthalle Karlsruhe, Kupferstichkabinett
Inv. Nr. VIII 1072

253

Bei der Zeichnung handelt es sich um die Kopie nach einem Gemälde von Hans Baldung, das sich heute im Kunstmuseum Basel befindet.[1] Die Entstehung der weißgehöhten, mit Feder und Pinsel in Schwarz ausgeführten Zeichnung auf rötlich grundiertem Papier wird in Baldungs Werkstatt vermutet. In Stil und Zeichentechnik steht sie den eigenhändigen Werken Baldungs, etwa seinem *Heiligen Christophorus* (Kat. 252), recht nah, wenngleich sie nicht dieselbe künstlerische Vollendung aufweist.

Im Zuge des wachsenden Annenkultes zu Beginn des 16. Jahrhunderts war das Bildthema der Heiligen Anna selbdritt (= »zu dritt«), bestehend aus der Heiligen Anna, ihrer Tochter Maria und dem Jesuskind und bisweilen – wie in diesem Fall – mit der Taube des Heiligen Geistes ergänzt, ungemein beliebt (Kat. 38, 259, 268). In der vorliegenden Zeichnung erscheint das traditionelle Thema in einer modernisierten Version: Die Komposition wird von einer monumentalen Phantasie-Architektur beherrscht, die aus Säulen mit antik nachempfundenen Kapitellen und Holzbrettern, die als Architrave dienen, besteht. Zwischen die Säulen sind Laubgirlanden gehängt, in denen sich eine Schar kleiner geflügelter Engel tummelt. Auch die schloßartige Architektur im Hintergrund ist von Putti belebt, die man dabei beobachten kann, wie sie durch Fenster klettern, eine Treppe ersteigen oder einem bärtigen Mann keck an den Hut fassen. Über die Bedeutung dieser vom linken Bildrand halb überschnittenen Figur herrscht Uneinigkeit. Während das Buch als Attribut des Heiligen Joseph gerade in dieser Zeit gebräuchlich und auch Baldung durchaus bekannt war (Kat. 250), scheint die Schreibtätigkeit eher auf einen Propheten hinzudeuten. In die Architektur ist schließlich ein großer Zeltbaldachin eingehängt, unter dem die beiden Frauen mit dem Jesusknaben sitzen.

Das Bild zeichnet sich durch eine gelöste Atmosphäre aus, die vornehmlich dem munteren Treiben der Putti zu verdanken ist. Ein heiterer Zug liegt außerdem in dem unbeschwerten Umgang mit dem christlichen Symbol des Apfels, Zeichen der Erlösung von der Sünde und der Gottesminne, der im Bild nicht nur in der Hand des Christuskindes ruht, sondern in einer nicht mehr überschaubaren Vielzahl in luftiger Höhe in den Girlanden hängt und auf dem als Architrav dienenden Brett aufgereiht liegt. Die unter einem großen Zeltbaldachin befindliche Figurengruppe der Heiligen Anna selbdritt erscheint in ganz ähnlicher Weise – jedoch kompositorisch enger gefaßt sowie in der Stimmung weniger verspielt – auf Baldungs Tafel mit Markgraf Christoph I. von Baden und seiner Familie (Kat. 275). In beiden Beispielen ist der Baldachin als Hoheitszeichen aufzufassen, mit dem die Würde und Heiligkeit der Figuren besonders hervorgehoben wird.

A. M.

1 von der Osten 1983, Nr. 19.

Lit.: Slg. Kat. Karlsruhe 1955, S. 91, Nr. 195 – Ausst. Kat. Karlsruhe 1959, Nr. 243 – von der Osten 1983, S. 85.

254

254

Hans Baldung, gen. Grien (1484/85–1545)

Die Buße des Heiligen Hieronymus

Um 1511
Bez. auf einem Täfelchen am Baum außen l.: HB (verbunden)
Helldunkel-Holzschnitt von zwei Stöcken (Tonplatte in Gelbbraun); 19,6 x 13,9 cm (Einf.)
Karlsruhe, Staatliche Kunsthalle Karlsruhe, Kupferstichkabinett

Der Heilige Hieronymus (um 347–420) zählt neben den Heiligen Augustinus, Ambrosius und Gregor dem Großen zu den vier lateinischen Kirchenlehrern. Sein Hauptverdienst ist die Revision und Neuübersetzung der lateinischen Bibel, die von der Kirche zur allgemein gültigen *Vulgata* kanonisiert wurde. Vor seiner fruchtbaren wissenschaftlichen Tätigkeit hatte Hieronymus als Asket und Büßer in der Einsamkeit der Wüste gelebt.

Baldungs Holzschnitt zeigt, wie der Heilige vor einem Kruzifix kniet und sich mit einem Stein die entblößte Brust schlägt. Den Kardinalshut hat Hieronymus als Zeichen für seine Entsagung von weltlichen Würden abgelegt. Sein einziger Begleiter in der Einöde ist der Löwe, der ihm treu ergeben war, seitdem ihm der Einsiedler der Legende nach einen Stachel aus der Pranke gezogen hatte. Auffallend ist, daß das Geschehen nicht in der Wüste, sondern in einer Waldlandschaft stattfindet, die im Hintergrund eine Klosteranlage zeigt, mit der vermutlich auf das von Hieronymus in seinen letzten Lebensjahren gegründete Kloster in Palästina angespielt werden soll.

Grundlage für die bildliche Darstellung der Buße des Heiligen Hieronymus ist die *Legenda aurea*, die in der Vita des Heiligen seine Erfahrungen in der Wüste und seine Bußübungen ausführlich schildert. Der Bildtypus entwickelte sich Ende des 14. Jahrhunderts im Zuge der Entstehung von Hieronymiter-Orden in Italien. In der zweiten Hälfte des 15. Jahrhunderts tauchten Darstellungen des büßenden Hieronymus auch in der Kunst nördlich der Alpen auf. Die große Popularität des Themas steht in Zusammenhang mit den Forderungen zur inneren Erneuerung, denen sich die offizielle Kirche in dieser Zeit vermehrt ausgesetzt sah. Das Ideal von Askese und Frömmigkeit wurde der herrschenden kirchlichen Praxis, die nicht selten von Machtmißbrauch und Prunksucht geprägt war, vorwurfsvoll entgegengehalten.[1]

Als besonderes Accessoire trägt der Heilige in seiner Rechten ein sogenanntes Beutelbuch. Es ist mit einem ledernen Einband versehen, der an einer Seite beutelförmig verlängert ist.[2]

Das Verfahren des Helldunkel-Holzschnitts, auch *clair-obscur* genannt, wurde 1508 von den deutschen Künstlern Hans Burgkmair und Lucas Cranach erstmalig angewendet und in der Folgezeit rasch von Hans Baldung und anderen aufgenommen. Der Helldunkel-Holzschnitt ist eine spezielle Drucktechnik, die in mehreren übereinander gelegten Drucken ausgeführt wird. Während der erste Druckstock die schwarze Binnenzeichnung liefert, wird mit der zweiten Platte der getönte Grund gedruckt. Die Stellen, die später als weiße Höhungen erscheinen sollen, sind dabei vorher aus diesem zweiten Stock herausgeschnitten worden. Die Verwendung mehrerer Farben imitiert das Erscheinungsbild einer weißgehöhten Federzeichnung auf getöntem Papier, wie es beispielsweise in Baldungs kunstvoll ausgeführtem Blatt des *Heiligen Christophorus* (Kat. 252) vorliegt.

A. M.

1 Ausst. Kat. Basel 1993, S. 14–16.
2 Vgl. das sog. *Kress-Gebetbuch*, Ausst. Kat. Nürnberg 2000, Nr. 104.

Lit.: Ausst. Kat. Karlsruhe 1959, S. 254, Nr. 53 – Mende 1978, Nr. 22 – Ausst. Kat. Karlsruhe 1978, Nr. 34 – Ausst. Kat. Washington 1981, Nr. 25.

255

Hans Baldung, gen. Grien (1484/85–1545)

Die Beweinung

Um 1505
Holzschnitt; 23,8 x 16,3 cm (Einf.)
Karlsruhe, Staatliche Kunsthalle Karlsruhe, Kupferstichkabinett

Wie Kat. 256 zählt die *Beweinung* zu den zwölf Holzschnitten, die Baldung während seiner Gesellenzeit bei Albrecht Dürer in Nürnberg anfertigte. Die in der Dürer-Werkstatt entstandenen Holzstöcke durfte Baldung jedoch nicht mit seinem eigenen Monogramm versehen, und auch nach seinem Weggang aus Nürnberg blieben sie im Besitz seines Mei-

sters. Man nimmt an, daß Dürer Abdrucke dieser zwölf Holzstöcke während seiner Reise in die Niederlande 1521 mit sich führte und in Antwerpen als »Hans Grün« verkaufte.
In der Gestaltung des Blattes ist der Einfluß des Lehrers, vor allem in der Gesichtsbildung der Figuren und auch in der Landschaft, die sich kontinuierlich in den Hintergrund erstreckt und dabei einen Ausblick auf Bäume, Hügel, Städte und einen Küstenstreifen bietet, deutlich spürbar. Analogien in der Anlage der Figurengruppe, vor allem in dem hingestreckten, von Johannes gestützten Christus, lassen sich auch zu früheren Dürer-Kompositionen finden, etwa der Beweinung aus der *Großen Passion* von 1495 und dem *Holzschuher-Epitaph* von 1500, heute im Germanischen Nationalmuseum in Nürnberg.[1] Im Vergleich zu diesen Beispielen präsentiert Baldung das Thema jedoch mit reduziertem Bildpersonal, um sich auf diese Weise besser auf die Reaktionen der einzelnen Trauernden zu konzentrieren. Dabei legt er ein besonderes Gewicht auf Maria, die das Zentrum der Komposition bildet, ihre Bedeutung durch den direkt hinter ihr aufragenden Kreuzesstamm zusätzlich betonend. Das Thema der Beweinung wird Baldung seine ganze Schaffenszeit hindurch immer wieder beschäftigen.[2] Verglichen mit einer späteren Komposition von 1515/17 (Kat. 263) wirkt die hier vorliegende Version viel stiller und weniger dramatisch und steht damit dem Temperament von Baldungs Lehrer Dürer noch sehr nahe.

A. M.

255

256

1 Ill. Bartsch, Bd. 10, 1980, Nr. 13 und Slg. Kat. Nürnberg 1997, S. 192–197.
2 von der Osten 1983, Nr. 21b, 40 und Ausst. Kat. Washington 1981, Nr. 35, 46, 47.

Lit.: Ausst. Kat. Karlsruhe 1959, S. 230, Nr. 11 – Mende 1978, Nr. 4 – Ausst. Kat. Karlsruhe 1978, Nr. 33 – Ausst. Kat. Washington 1981, Nr. 8 – Ausst. Kat. Freiburg 1991, Nr. 63 – Ausst. Kat. Schwäbisch Gmünd 2000, Nr. 4.

256

Hans Baldung, gen. Grien (1484/85–1545)

Das Jüngste Gericht

um 1505/07
Bez. o. mit dem Dürermonogramm
Holzschnitt; 26 x 17,4 cm (Einf.)
Karlsruhe, Staatliche Kunsthalle Karlsruhe, Kupferstichkabinett

Auf einem Regenbogen im Zentrum der Darstellung thront Christus, die Weltkugel zu seinen Füßen, um Gericht über die Menschen zu halten. Als Zeichen von Gnade und Schuldspruch erscheinen neben seinem Kopf Lilie und Schwert, während in entsprechenden Gesten seine Rechte erhoben ist, um die Seligen zu segnen, derweil die gesenkte Linke den Verdamm-

256/1
Albrecht Dürer,
Das Jüngste Gericht,
Holzschnitt

ten gilt. Zwei Engel tragen die *arma Christi*, die auf Christi Leidensweg und Kreuzestod als Voraussetzung für die Erlösung der Menschen verweisen. Maria und Johannes treten als Fürbitter der Menschen auf, die man in einem dichten Gedränge ihren Gräbern entsteigen sieht, ihre Arme hoffnungsvoll dem Himmel entgegenstreckend. Als besonderes Detail fällt die in Rückenansicht gegebene Figur eines Mönches auf, um die ein Engel und ein teuflisches Wesen gerade im Kampf begriffen sind.

Die Vorstellung, daß am Jüngsten Tag die Menschen vom Tode auferstehen und dann gerichtet werden, basiert im wesentlichen auf dem Evangelium des Matthäus und der Offenbarung des Johannes, auf die man Prophezeiungen aus dem Alten Testament bezog. Der hier vorliegende Bildtypus des Jüngsten Gerichts war im 15. Jahrhundert vor allem in der Tafelmalerei des Niederrheins und der Niederlande verbreitet.[1] Als prototypische Beispiele gelten Stephan Lochners Tafel mit dem Weltgericht, die sich heute im Wallraf-Richartz-Museum in Köln befindet[2] und Rogier van der Weydens Weltgerichts-Altar aus Beaune[3], den Baldungs Blatt vor allem in den Figuren Christi und der beiden Fürbitter reflektiert.

Der Holzschnitt entstand wie Kat. 255 während Baldungs Gesellenzeit in der Werkstatt von Albrecht Dürer in Nürnberg, so daß ihn Baldung nach herrschendem Zunftbrauch nicht mit seinem eigenen Namen signieren durfte. Man nimmt an, daß der Stock nachträglich mit dem Dürermonogramm versehen wurde, nachdem Baldung die Werkstatt wieder verlassen hatte. Das Blatt wurde deshalb von der früheren Dürer-Forschung dem Meister selbst zugeschrieben. Tatsächlich wurde dieselbe Bildform von Dürer in einem Holzschnitt aus der *Kleinen Passion* von 1509/10 verwendet (Abb. 256/1).[4] Es ist sehr wahrscheinlich, daß beide Künstler dieselbe Vorlage verwendeten oder sich zumindest bei der Gestaltung gegenseitig beeinflußten. A. M.

1 Künstle 1928, S. 521–557 – Ausst. Kat. Zürich 1994, S. 330–349.
2 Ausst. Kat. Köln 1993, Nr. 44.
3 Belting/Kruse 1994, Nr. 112–115.
4 Ill. Bartsch, Bd. 10, 1980, Nr. 52.

Lit.: Ausst. Kat. Karlsruhe 1959, S. 236, Nr. 17 – Mende 1987, Nr. 5 – Ausst. Kat. Washington 1981, Nr. 9 – Ausst. Kat. Schwäbisch Gmünd 2000, Nr. 5.

257
Hans Baldung, gen. Grien (1484/85–1545)
Ulrich Pinder (vor 1484–1518; Verfasser)

Speculum passionis domini nostri Jhesu christi

Nürnberg, 1507
Inkunabel mit 77 Holzschnitten; Papier, 91 Blätter, 32,8 x 22,5 cm
Karlsruhe, Sammlung K. und U. Schulz

Zwei Jahre nach dem *Beschlossen Gart* (Kat. 258) gab der Nürnberger Arzt Ulrich Pinder mit dem *Speculum passionis domini nostri Jhesu christi* ein weiteres illustriertes Erbauungsbuch heraus. Grundlage des lateinischen Passionsspiegels ist eine erweiterte Evangelienharmonie, der die Schriften der Kirchenlehrer und anderer Theologen als Kommentare sowie Gebetstexte beigefügt sind. In seinem Anspruch der umfassenden und erschöpfenden Betrachtung über das Leben und die Leiden Christi verkörpert Pinders *Speculum passionis* eine Art letzte Blüte der spätmittelalterlichen Meditationsliteratur.

Von den insgesamt 77 Holzschnitten, die von Hans Schäufelein, Hans Süß von Kulmbach und Hans Baldung entworfen wurden, sind 44 aus dem bereits vorhandenen Fundus des *Beschlossen Gart* übernom-

257a

257b

men worden. Auf Hans Baldung, der insgesamt zwölf Illustrationen beisteuerte, gehen die beiden seitengroßen Holzschnitte der *Kreuzannagelung* (Bl. 51v) und der *Kreuzaufrichtung* (Bl. 54r) zurück. Beide Darstellungen zeichnen sich durch einen asymmetrischen Bildaufbau aus, der von diagonalen Kompositionslinien beherrscht wird. Das Überschneiden der Figuren durch den Bildrand betont das narrative Eingebundensein der einzelnen Begebenheiten und erhöht die Dramatik des Geschehens.

Baldungs Kreuzannagelung zeigt neben den Schergen, die den Heiland ans Kreuz binden und nageln, auch Maria, die beschämende Blöße ihres Sohnes mit ihrem Kopfschleier bedeckend. Grundlagen für diese Schleierszene, die in den Evangelien nicht erwähnt wird, sind hoch- und spätmittelalterliche Passionstraktate.[1] Das Unbekleidetsein des Erlösers wurde als größte Schmach empfunden, die ebenso schwer wog wie körperliche Mißhandlung und Verspottung. Mit dem niederländischen Passionstraktat *Von den seven Ghetijden der Passien onses Heren* aus dem frühen 15. Jahrhundert hat sich eine Quelle erhalten, welche der bei Baldung wiedergegebenen Szene des mütterlichen Beistandes für den bereits ans Kreuz Genagelten sehr nahekommt. Dort heißt es, seine »handen ende voeten waren doer ghenaghelt mit plompgen naghelen. Ende sijn moeder die nam horen hoeft doec (Haupt-Tuch) ende bedecte sijn lede (Lende)«. Baldungs Holzschnitt zählt zu den seltenen bildkünstlerischen Beispielen, in denen diese Begebenheit überhaupt geschildert wird. Ein etwas früheres Beispiel findet sich in der 1478 bei Johann Zainer in Ulm gedruckten Ausgabe der *Geistlichen Auslegung des Lebens Jesu*. Eine verwandte Darstellung bietet auch eine Tafel aus der Karlsruher Passions-Folge mit dem Motiv des barmherzigen Schergen, der Christus bei der Kreuzannagelung ein Tuch umbindet (Kat. 35).

Nicht nur die mit der Kreuzannagelung kombinierte Schleierszene, auch die darauf folgende Aufrichtung des Kreuzes ist ein seltenes Motiv, das erst im 15. Jahrhundert vermehrt in der bildenden Kunst auftaucht.[2]

Die Aufteilung des Geschehens auf Golgatha in viele Einzelepisoden und die zu einer dichten Erzählung führenden Detailschilderungen kommen dabei dem Bedürfnis nach lebendiger Vergegenwärtigung des Passionsgeschehens nach, wie es für die spätmittelalterliche Andachtspraxis verbreitet war.

A. M.

1 Ausst. Kat. Karlsruhe 1996, S. 90–96, 107–110.
2 Rose 1976.

Lit.: Ausst. Kat. Karlsruhe 1959, S. 305–311, Nr. IV, 2 und 3 – Oldenbourg 1962, S. 36–41 – Mende 1978, Nr. 286–287 – Junghans 1986 – Ausst. Kat. Freiburg 1991, Nr. 57 – Ausst. Kat. Augsburg 1992, Nr. 3 – Kunz 1993, S. 175.

258

Hans Baldung, gen. Grien (1484/85–1545)
Ulrich Pinder (vor 1484–1518; Verfasser)

Der beschlossen gart des rosenkrantz Mariae

Nürnberg, 1505
Inkunabel, 1. Bd.; Papier, ca. 300 Blätter, ca. 30 x 21 cm
Karlsruhe, Staatliche Kunsthalle Karlsruhe, Kupferstichkabinett
Sign. 1963-1 (Inv. der illustr. Bücher)

Ulrich Pinder, Stadtarzt in Nürnberg, stellte mit seinem *beschlossen gart des rosenkrantz Mariae* für die Nürnberger Rosenkranzbruderschaft ein umfangreiches theologisches Erbauungsbuch zusammen. Rosenkranzbruderschaften waren Gebetsgemeinschaften für Laien, die gegen Ende des 15. Jahrhunderts großen Zulauf erfuhren: So zählte die von dem Dominikaner Jakob Sprenger gegründete erste Rosenkranzbruderschaft in Köln 1481, ganze sechs Jahre nach ihrer Gründung, bereits an die 100 000 Mitglieder. Der regelmäßig in der Gemeinschaft gebetete Rosenkranz sollte die Strafe im Fegefeuer vermindern und auf diese Weise der Vorsorge für das Jenseits dienen. Entsprechend beinhalten auch die Texte im *beschlossen gart* Aufforderungen und Anleitungen für die persönliche Andacht und ein frommes, gottgefälliges Leben.[1]

Das zwei Bände umfassende und mit 1008 Holzschnitten in verschiedenen Formaten ausgestattete gewaltige Werk erschien bei Pinders Schwiegersohn Friedrich Peypus. Mit der künstlerischen Gestaltung beauftragte man die Werkstatt von Albrecht Dürer, in der zu dieser Zeit ne-

258

ben Hans Baldung auch Hans von Kulmbach, Hans Schäufelein und Wolf Traut beschäftigt waren. Die einzelnen Holzschnitte stehen sich stilistisch teilweise so nahe, daß eine eindeutige Händescheidung nicht immer möglich ist. Zusätzlich war wahrscheinlich auch ein bisher nicht identifizierter Künstler, der nicht in die Dürer-Werkstatt zu lokalisieren ist, an den Illustrationen beteiligt.
Baldung zeigt sich in dieser frühen Zeit seines Schaffens noch stark von seinem Meister beeinflußt, wie man an seinem 25,5 auf 16,3 cm großen Holzschnitt mit der *Kreuzigung* (Bl. 201v) gut nachvollziehen kann, der verschiedene Motive aus Dürers Zeichnungen und Holzschnitten reflektiert. Die ganzseitige Darstellung zeigt einen sogenannten *Volkreichen Kalvarienberg*, der die Kreuzigung in eine figurenreiche Komposition mit verschiedenen Nebenszenen einbettet: neben Maria Magdalena, die vom Schmerz überwältigt den Kreuzesstamm mit beiden Armen umfaßt, sieht man Longinus mit der Lanze die Seite Christi öffnen, während im Vordergrund die Knechte um das Gewand des Gekreuzigten würfeln. Baldung staffelt seine Figuren in verschiedenen Bildebenen hintereinander, so daß der Eindruck eines sich in die Tiefe erstreckenden Bildraumes entsteht. Der in Rückenansicht gegebene Zuschauer am linken Bildrand bildet dabei die Identifikationsfigur für den Gläubigen, die ihm den Einstieg in die versenkende Bildbetrachtung erleichtert.

A. M.

1 ML, Bd. 5, 1993, S. 564f. – VL², Bd. 6, 1987, S. 42–50.

Lit.: Ausst. Kat. Karlsruhe 1959, S. 292–304, Nr. II, 33 – Oldenbourg 1962, S. 17–33 – Oettinger 1963, S. 10f., Nr. 70 – Mende 1978, Nr. 88–285 – Ausst. Kat. Freiburg 1991, Nr. 60 – Ausst. Kat. Augsburg 1992, Nr. 1 – Kunze 1993, S. 174f. – Ausst. Kat. Nürnberg 2000, Nr. 160.

259

Hans Baldung, gen. Grien (1484/85–1545)

Die Heilige Sippe mit den Hasen

Um 1509/10
Bez. auf einem Täfelchen u. l.: HB (verbunden)
Holzschnitt; 38,5 x 26,3 cm (Einf.)
Karlsruhe, Staatliche Kunsthalle Karlsruhe, Kupferstichkabinett

Das ungewöhnlich große Blatt zeigt Maria und Anna auf einer Steinbank, den kleinen Jesusknaben zwischen sich haltend. Die Frauengruppe wird durch die Heiligen Joachim und Joseph, der ein Zimmermannsbeil über der Schulter trägt, ergänzt. Im Vergleich zu anderen Beispielen dieses Themas (Kat. 247, 248) wird die Heilige Sippe hier in einer reduzierten Variante präsentiert, die sich auf den Kreis der engsten Familienangehörigen beschränkt.
Zu Beginn des 16. Jahrhunderts war die Verehrung der Heiligen Sippe sehr verbreitet. Das Thema steht in Zusammenhang mit dem Geheimnis der Unbefleckten Empfängnis Mariens, die in der wunderbaren Empfängnis ihrer Mutter Anna ihre Voraussetzung findet. In diesem Sinne galt die Heilige Anna auch als Schutzpatronin für Fruchtbarkeit und Schwangerschaft.[1] Die kleinen Hasen im Vordergrund können ebenfalls als Symbole für Fruchtbarkeit verstanden werden. In demselben Sinnzusammenhang tauchen sie beispielsweise auch in Baldungs Tafel mit der Heimsuchung des Freiburger Hochaltars auf.[2]
Das Bild gleicht einer bühnenhaften Präsentation, in der wenig Wert auf tiefenräumliche Wirkung gelegt wird. Die Komposition ist streng symmetrisch aufgebaut. Die Figuren wenden sich fast spiegelbildlich dem Christuskind zu, das sich genau auf der Mittelachse des Bildes befindet. Die beiden Männer wirken relativ zu der Position, die sie hinter der Steinbank einnehmen, zu groß, während die Bank selbst nicht in die Tiefe geführt, sondern perspektivisch nicht stimmig nach oben geklappt wird. Dieser Eindruck einer artifiziellen, bühnenhaften Situation wird verstärkt durch die Figuren, die merkwürdig starr erscheinen, als ob sie eigens für den Betrachter posieren würden. Das Gestellte der Komposition wird auch in ihren Blicken spürbar, die zum Teil aus dem Bild heraus erwartungsvoll auf den Betrachter gerichtet sind.
Nicht das alltägliche Zusammentreffen einer drei Generationen umfassenden Familie ist Thema der Darstellung, sondern die programmatische Präsentation des Mysteriums Christi, der aus unbefleckter Mutterschaft geboren wurde.

A. M.

259

1 Zur Ikonographie der Heiligen Anna siehe ML, Bd. 1, 1988, S. 154–166 und Arnold 1993.
2 von der Osten 1983, S. 110 und Tafel 68, Nr. 26e.

Lit.: Ausst. Kat. Karlsruhe 1959, S. 242, Nr. 23 – Mende 1978, Nr. 17 – Ausst. Kat. Washington 1981, Nr. 20 – Ausst. Kat. Schwäbisch Gmünd 2000, Nr. 14.

260
Hans Baldung, gen. Grien (1484/85–1545)
Der Sündenfall

Um 1514
Bez. auf einem Täfelchen u. r.: HBG (verbunden)
Holzschnitt; 21,8 x 15,3 cm (Einf.)
Karlsruhe, Staatliche Kunsthalle Karlsruhe, Kupferstichkabinett

Das Thema des Sündenfalls erscheint in diesem Holzschnitt auf ganz traditionelle Weise mit Adam und Eva rechts und links vom Baum der Erkenntnis stehend, um den sich eine riesige Schlange windet. Baldung orientiert sich bei seiner Bildfindung an Vorlagen Albrecht Dürers, beispielsweise dem berühmten Kupferstich von 1504 (Abb. 260/1) oder dem Holzschnitt aus der *Kleinen Passion*, von denen er vor allem die dichte, mit Tieren bevölkerte Waldkulisse übernimmt.[1]
Die Figuren von Adam und Eva werden dabei ganz unterschiedlich charakterisiert. Während Eva mit einer etwas stumpfen Miene beherzt nach der verbotenen Frucht greift, scheint Adam noch zu zögern. Obwohl er bereits einen Apfel in seiner Hand hält, deuten sein wacher Gesichtsausdruck und die argumentierende Gestik Vorbehalte gegenüber Evas Handlung an. Entsprechend wird Adam in strenger Profilansicht, ohne Stand- und Spielbein mit beiden Beinen auf dem Boden stehend, wiedergegeben. Eva hingegen vermittelt bereits durch ihre Haltung im Dreiviertelprofil mit locker vorgestelltem Bein einen weniger standhaften Eindruck.

260

In ihrem entschlossenen Greifen nach dem Apfel folgt Baldung der traditionellen Auslegung in der christlichen Lehre, die der Frau die aktive Rolle und Hauptschuld am Sündenfall zuspricht.

In seiner symmetrischen und ruhigen Komposition unterscheidet sich der Holzschnitt ganz wesentlich von anderen Versionen des Themas aus Baldungs Œuvre, wie beispielsweise dem Holzschnitt von 1519 (Kat. 261), in denen eine eher spannungsgeladene Interpretation des Verhältnisses von Adam und Eva vorliegt, bei der der erotische Aspekt mehr betont wird.

A. M.

1 Ill. Bartsch, Bd. 10, 1980, Nr. 1 und 17.

Lit.: Ausst. Kat. Karlsruhe 1959, S. 219, Nr. 1 – Mende 1978, Nr. 33 – Ill. Bartsch, Bd. 12, 1981, Nr. 1 – Ausst. Kat. Freiburg 1991, Nr. 107 – Ausst. Kat. Schwäbisch Gmünd 2000, Nr. 20.

261

Hans Baldung, gen. Grien (1484/85–1545)

Adam und Eva

1519
Bez. r. u.: HBG (verbunden) und l. u.: 1519
Holzschnitt; 25,7 x 9,8 cm (Einf.)
Karlsruhe, Staatliche Kunsthalle Karlsruhe, Kupferstichkabinett

Das Blatt zeichnet sich durch ein extrem schmales Hochformat aus, das den Bildausschnitt so eng faßt, daß die Figur Adams teilweise überschnitten wird. Entsprechend beherrscht eine Atmosphäre der Bedrängung das Bild: Adam steht ganz dicht hinter Eva, seine linke Hand auf ihrer Schulter ruhend. Mit seiner rechten Hand hält er einen Zweig vor ihre Scham, den er jedoch jeden Augenblick wegzuziehen vermag. Sein stumpfer Blick im verschatteten Gesicht verrät triebhafte Gier. Eva wendet sich ihm in einer ambivalenten Geste teils abwehrend, teils gewährend zu.

Die erotisch aufgeladene und gespannte Atmosphäre spiegelt sich auch in dem labilen Standmotiv der Eva wider, die einen Fuß auf das schräg gestellte Monogramm-Täfelchen gestellt hat, das jeden Moment umzukippen droht.

In jeder Hinsicht im offenen Gegensatz zu Dürers paradigmatischem Kupferstich *Adam und Eva* von 1504[1] (vgl. Abb. 260/1), präsentiert Baldung sein erstes Menschenpaar nicht idealisierend, sondern betont antiklassisch. Dabei gibt er das traditionelle symmetrische Darstellungsschema auf, das Adam und Eva rechts und links vom Baum der Erkenntnis wiedergibt. Er entfernt sich dabei so weit von der herkömmlichen Bildgestaltung, daß das Thema als solches nicht mehr ohne weiteres zu identifizieren wäre, würde Eva nicht zwei Äpfel in ihren Händen halten.

Die Sündenfall-Thematik nimmt in Baldungs Œuvre eine wichtige Stellung ein und ist in ganz unterschiedlichen Versionen vertreten (siehe Kat. 260). Man hat es in diesem Holzschnitt mit einer menschlichen Interpretation des Themas zu tun, die dem heilsgeschichtlichen Kontext der alttestamentarischen Erzählung kaum noch verpflichtet scheint und den Sündenfall als körperliches Begehren zwischen Mann und Frau vorführt. Die Auffassung des Sündenfalls als geschlechtlicher Akt steht dabei in Zusammenhang mit der Neuauslegung der Lehre über die Erbsünde in

260/1 Albrecht Dürer, *Adam und Eva,* Kupferstich, 1504

der 1518 verfaßten Schrift *De originali peccato* des deutschen Humanisten Agrippa von Nettesheim.
Neben diesem theologischen Hintergrund scheint jedoch gerade auch die sinnliche Ausstrahlung des nackten Körpers ein zentrales Anliegen des Bildes zu sein. Zu Beginn des 16. Jahrhunderts lassen sich in der deutschen und der niederländischen Kunst, beispielsweise bei Lucas Cranach und Jan Gossaert, ähnlich erotische Darbietungen der Adam und Eva-Thematik finden.
Baldung selbst zeigt den Typus mit Adam und Eva als hintereinanderstehendem Liebespaar bereits in einem Holzschnitt von 1511 sowie in einem Tafelbild aus der Sammlung Thyssen, das aus den dreißiger Jahren des 16. Jahrhunderts stammt und ebenfalls dieses extreme Hochformat aufweist.[2]

A. M.

1 Ill. Bartsch, Bd. 10, 1980, Nr. 1.
2 Ill. Bartsch, Bd. 12, 1981, Nr. 3 und von der Osten 1983, Nr. 75.

Lit.: Ausst. Kat. Karlsruhe 1959, S. 220, Nr. 2 – Ausst. Kat. Karlsruhe 1978, Nr. 38 – Mende 1978, Nr. 73 – Ill. Bartsch, Bd. 12, 1981, Nr. 2 – Ausst. Kat. Washington 1981, Nr. 75 – Ausst. Kat. Freiburg 1991, Nr. 108 – Bark 1994, S. 51f., Abb. 17 – Hegele 1999, S. 58f. – Ausst. Kat. Schwäbisch Gmünd 2000, Nr. 42.

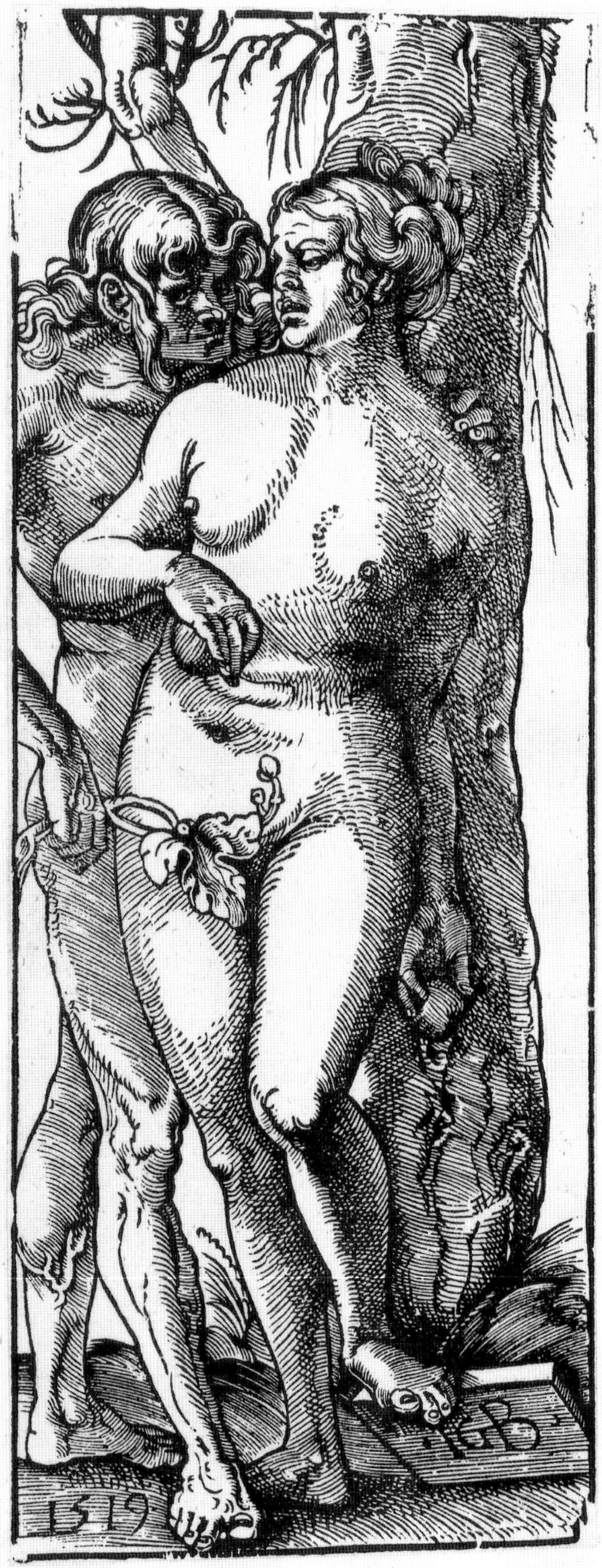

261

262

Hans Baldung, gen. Grien (1484/85–1545)

Der Große Sebastian

1514
Bez. auf einem Täfelchen u. r.: HBG (verbunden) / 1514
Holzschnitt; 31,5 x 23,4 cm (Einf.)
Karlsruhe, Staatliche Kunsthalle Karlsruhe, Kupferstichkabinett

Fast die gesamte Bildhöhe einnehmend und dem Betrachter ganz nahe gerückt, steht der Heilige Sebastian von Pfeilen durchbohrt an einen Baum gefesselt. Ihn umgibt eine Wolkengloriole mit Putti, die weinend und händeringend um den Toten trauern. In deutlichem Gegensatz zu früheren Darstellungen des Heiligen Sebastians, beispielsweise dem Kupferstich des Meisters E. S. (Kat. 68), ist der Heilige hier wie ein Toter wiedergegeben, der durch die Schwere seines Körpers nach unten gezogen und nur noch durch die Stricke um Handgelenke und Rumpf am Baum gehalten wird. Der Legende nach überlebt Sebastian jedoch dieses erste Martyrium und stirbt erst in seinem zweiten Martyrium, als man ihn mit Keulen erschlägt.
In der Haltung des unnatürlich gestreckten und verdrehten Körpers, der gleichzeitig muskulös und kräftig erscheint, schuf Baldung eine höchst ausdrucksstarke Figur, die in ihrem monumentalen Pathos seinen Darstellungen des Schmerzensmannes (Kat. 264, 265) nahekommt. Das Motiv des gewaltsam nach oben gestreckten Armes mit der verkrampften, ins Leere greifenden Hand findet sich auch in Kreuzigungsdarstellungen von Matthias Grünewald (Kat. 277, 279), die Baldung durchaus gekannt haben könnte und von denen er sich womöglich bei seiner Interpretation des Sebastian-Themas beeinflussen ließ.
Das Blatt mit seiner dynamischen Komposition und den dramatischen Licht- und Schatteneffekten ist typisch für Baldungs emotional-expressive Phase während seines Aufenthalts in Freiburg 1512–1517. Linienfüh-

262

rung und Schraffuren sind im Vergleich zu Baldungs früheren Holzschnitten (Kat. 255, 256) lockerer und lebendiger und damit eher auf eine malerische denn auf eine graphische Wirkung ausgerichtet.

A. M.

Lit.: Ausst. Kat. Karlsruhe 1959, S. 262, Nr. 62 – Mende 1978, Nr. 38 – Ill. Bartsch, Bd. 12, 1981, Nr. 37 – Ausst. Kat. Washington 1981, Nr. 48 – Ausst. Kat. Freiburg 1991, Nr. 126 – Ausst. Kat. Schwäbisch Gmünd 2000, Nr. 22.

263

Hans Baldung, gen. Grien (1484/85–1545)

Die Beweinung

Um 1515/17
Bez. u. r.: HBG (verbunden)
Holzschnitt; 22,3 x 15,7 cm (Einf.)
Karlsruhe, Staatliche Kunsthalle Karlsruhe, Kupferstichkabinett

In Baldungs Holzschnitt von 1515/17 wird der Betrachter auf ganz ungewöhnliche Weise mit dem Thema der Beweinung konfrontiert. Im Vordergrund liegt der tote Christus in einer perspektivisch extrem verkürzten Ansicht mit sehr tiefem Augenpunkt, so daß seine Beine übergroß nach vorne ragen, während das Gesicht nur verzerrt zu sehen ist. Maria beugt sich von hinten über ihren toten Sohn, die Hände klagend zusammengelegt. Johannes hält Christi Hand mit dem Wundmal auf seinem Knie, sich gleichzeitig die Tränen aus den Augen wischend. Hinter Maria steht mit schmerzverzerrtem Gesicht und gelöstem Haar Maria Magdalena, die Arme in einer verzweifelten Geste ausgebreitet.

Baldung zeigt das traditionelle Thema in einer gänzlich neuartigen Inszenierung, bei der das klar lesbare Bildschema, das er noch in seiner frühen Version der Beweinung angewendet hatte (Kat. 255), einer radikal realistischen Perspektive unterworfen wurde. Derselben realistischen Auffassung folgt der Bildausschnitt, der die drei Kreuzesstämme so überschneidet, daß von den beiden Schächern nurmehr die Füße von oben bedrohlich in das Bild hineinragen. Die wie absichtlich im Vordergrund arrangierten *arma Christi* wiederum konterkarieren das Zufällige und Momenthafte der Darstellung. Das Ziel dieser ungewöhnlichen Darbietung ist, den Betrachter an der Beweinung unmittelbar teilnehmen zu lassen. Sowohl der tiefe Augenpunkt als auch die realistische Verkürzung lassen ihn sehr nahe an das Geschehen heranrücken. Wie in den Holzschnitten *Christus an der Martersäule* und *Christus von Engeln getragen* (Kat. 264, 265) appelliert Baldung in besonders intensiver Weise an das Mitgefühl des Betrachters, indem er den Körper des toten Heilands nicht göttlich triumphierend, sondern hilflos und ausgeliefert darstellt.

Die expressive Gestalt der Magdalena verrät den Einfluß italienischer Werke im Stile Mantegnas oder Donatellos, die Baldung, der selbst wohl

263

263/1
Albrecht Dürer,
Liegender, toter Christus,
Zeichnung, Cleveland,
Museum of Art

nie nach Italien gereist war, über das Medium der Druckgraphik rezipiert haben könnte.[1] Die Figur des verkürzt liegenden, toten Christus findet sein Vorbild hingegen in einer Dürer-Zeichnung, die sich heute im Cleveland Museum of Art befindet (Abb. 263/1)[2].

A. M.

1 Z. B. Mantegnas Stich der *Grabtragung* oder Donatellos Relief der *Grablegung* am Hochaltar in Padua.
2 Strauss, Bd. 2, 1974, S. 896.

Lit.: Ausst. Kat. Karlsruhe 1959, S. 231, Nr. 12 – Mende 1978, Nr. 40 – Ill. Bartsch, Bd. 12, 1981, Nr. 5 – Ausst. Kat. Washington 1981, Nr. 49 – Ausst. Kat. Freiburg 1991, Nr. 62 – Büttner 1993, S. 77, Abb. 2 – Ausst. Kat. Schwäbisch Gmünd 2000, Nr. 24.

264
Hans Baldung, gen. Grien (1484/85–1545)
Christus an der Martersäule
1517
Bez. auf einem Täfelchen am Rande l.: 1517 / HBG (verbunden)
Holzschnitt; 21,9 x 15,1 cm (Einf.)
Karlsruhe, Staatliche Kunsthalle Karlsruhe, Kupferstichkabinett

Vor der Martersäule steht der gepeinigte Christus, durch einen kleinen geflügelten Engel seitlich gestützt. Der zur Seite knickende, taumelnde Körper mit dem auf die Brust gesunkenen Haupt erscheint auf geheimnisvolle Weise lebend und tot zugleich. Dornenkrone und Geißel liegen vor ihm auf dem Boden, zusammen mit der Säule die *arma Christi*, die Leidenswerkzeuge, komplettierend, mit denen Christus mißhandelt wurde. Die rauhen nackten Mauern im Hintergrund deuten ein kellerartiges Gewölbe an. Die räumliche Situation verbleibt jedoch unbestimmt und unwirklich, da die einzelnen, unterschiedlich charakterisierten Mauerabschnitte unverbunden nebeneinander stehen.
Das Bildthema des von Engeln gestützten Schmerzensmannes, auch Engelpietà genannt, beschreibt keinen konkreten Moment der Passion, sondern wird in der Darbietung des geopferten Leibes Christi als eucharistische Allegorie verstanden. Es handelt sich dabei um ein Andachtsbild, das der meditativen Versenkung über den schmerzensreichen Opfertod Christi dient. Indem der kleine Engel den schweren, leblosen Leib kaum aufrecht zu halten vermag, wird das eigentlich symbolische Bild den Regeln einer realistischen Darstellung gemäß wiedergegeben. In dieser ambivalenten Darbietung findet das Paradox des christlichen Glaubens, der Opfertod des Erlösers, einen adäquaten, bildhaften Ausdruck. Das Bild wird außerdem mit einer Spannung aufgeladen, welche die Dramatik des Themas zusätzlich steigert. Baldungs Bilderfindung ist ohne Vorläufer und stellt wie Kat. 265 die Neuinszenierung eines traditionellen Themas dar.

A. M.

Lit.: Ausst. Kat. Karlsruhe 1959, S. 232, Nr. 14 – Mende 1978, Nr. 41 – Ill. Bartsch, Bd. 12, 1981, Nr. 42 – Ausst. Kat. Washington 1981, Nr. 51 – Büttner 1993, S. 83f., Abb. 4 – Ausst. Kat. Schwäbisch Gmünd 2000, Nr. 25.

265
Hans Baldung, gen. Grien (1484/85–1545)
Der Leichnam Christi, von Engeln getragen
Um 1515/17
Bez. u. l.: HBG (verbunden)
Holzschnitt; 22,2 x 15,4 cm (Einf.)
Karlsruhe, Staatliche Kunsthalle Karlsruhe, Kupferstichkabinett

Der Leichnam Christi wird in diesem Holzschnitt in einer ganz ungewöhnlichen, bisher nie dagewesenen Weise präsentiert: von vier Engeln mühsam gestützt und getragen, den Oberkörper waagerecht, die Beine in einem steilen Winkel nach oben gerichtet, den Kopf tief nach unten in

264

265

den Nacken gefallen. Am Himmel erscheint in einer Wolkengloriole Gottvater mit ausgebreiteten Armen, unter ihm die Taube des Heiligen Geistes. Ein von Engeln gebildeter Lichtkegel geht von ihm aus, sich zu Christus und dem Betrachter hin erweiternd.
Das Motiv der Engelpietà, des von Engeln gestützten Heilands, liegt hier in einer gänzlich neuen Variante vor. Die große Dramatik der Darstellung entsteht vor allem durch die labile Lage des Heilands, dessen lebloser Körper fast zu schwer für die kleinen Engel ist. Nicht das triumphale Auffahren des Auferstandenen in den Himmel, sondern die Heimkehr des geopferten Sohnes zum Vater ist Thema des Bildes. In dieser Stimmungslage entwickelt sich selbst die huldigende Handlung des Engels mit der Dornenkrone über dem herabgesunkenen Haupt zu einer tragischen Geste.
Baldung läßt eine würdevolle Präsentation des Leibes Christi an dessen Gewicht und Größe scheitern. Die eigentlich symbolische Darbietung des von Engeln gestützten Schmerzensmannes wird dabei gemäß den Regeln einer realistischen Darstellung inszeniert, die in ihrer Dramatik das Pathos des Bildes jedoch zusätzlich zu steigern vermag. Wie in Kat. 264 stellt Baldung ein traditionelles Thema in einer neuen Inszenierung vor.

A. M.

Lit.: Ausst. Kat. Karlsruhe 1959, S. 235, Nr. 15 – Mende 1978, Nr. 39 – Ill. Bartsch, Bd. 12, 1981, Nr. 43 – Ausst. Kat. Washington 1981, Nr. 50 – Ausst. Kat. Freiburg 1991, Nr. 124 – Büttner 1993, S. 81–83, Abb. 3 – Ausst. Kat. Wien 1995, S. 238 – Ausst. Kat. Schwäbisch Gmünd 2000, Nr. 23.

266

Hans Baldung, gen. Grien (1484/85–1545)

Drei Holzschnitte aus der Großen Apostelfolge

je 21 x 12,8 cm (Einf.)

a) ***Der Apostel Jakobus der Ältere***
b) ***Der Apostel Paulus***
c) ***Der Apostel Jakobus der Jüngere***

Bez. jeweils r. am Rand: HBG (verbunden)
Karlsruhe, Staatliche Kunsthalle Karlsruhe, Kupferstichkabinett

Der nach rechts gewandte Apostel Jakobus der Ältere ist als Pilger mit Stock und Pilgertasche sowie mit Pilgerhut, dem die Jacobsmuschel an die Krempe geheftet ist, dargestellt. Zum bequemeren Ausschreiten hält er sein voluminös gebauschtes Gewand mit einer Hand über dem Bein gerafft. Sein entschlossener Blick ist aus den Augenwinkeln heraus auf den Betrachter gerichtet.
Der Apostel Paulus ist in Schrittstellung nach links orientiert, während er seinen Kopf mit niedergeschlagenen Augen in die entgegengesetzte Richtung wendet. Seine eigentümlich gebückte, in der Hüfte und in den Knien eingeknickte Haltung verleiht ihm einen gebrechlichen, leidenden Ausdruck. Das Schwert – Attribut des Heiligen – verweist auf seinen Märtyrertod.
Der Apostel Jakobus der Jüngere hält mit beiden Händen einen mannshohen Wollbogen – ein Gerät, das Tuchwalker für ihre Arbeit verwenden –, mit dem er der Legende nach erschlagen wurde. Das ausdrucksstarke, von langem gelocktem Haupt- und Barthaar umgebene Gesicht, ist wie die ganze Figur in Dreiviertelansicht nach links gewendet.
Die drei Blätter gehören zu einer Folge von zwölf Einblattholzschnitten mit Aposteldarstellungen, die vermutlich zwischen 1516 und 1519 entstanden sind. Jeder Holzschnitt wird in der vordersten Bildebene von einer monumentalen, raumgreifenden Figur gefüllt. Die Nimben der Apostel sind als Strahlenaureolen gegeben, die die Figuren hinterfangen und die Bilder in ein überirdisches Licht tauchen. Die Körper der Apostel zeichnen sich an manchen Stellen unter den Gewändern ab, meistens bleiben sie jedoch unter den enormen Faltenbahnen verborgen, in die die Figuren großzügig gehüllt sind. Die Apostel sind weder in einer wirklichen Handlung begriffen noch in einen szenischen Zusammenhang eingebunden. Die expressiven Gestalten erscheinen vielmehr von einer inneren Erregung ergriffen, die bis in ihre Haarspitzen spürbar ist. Dabei ist jeder Apostel in Haltung und Physiognomie individualisiert, so daß dem Betrachter ganz unterschiedliche Persönlichkeiten mit unterschiedlichen Temperamenten entgegentreten. Die Figuren bestechen also nicht allein durch ihre hohe körperliche Präsenz, sondern erscheinen gleichzeitig geistig erfüllt, gleichsam von einer göttlichen Mission durchdrungen.
Apostelfolgen mit Einblattholzschnitten haben in der deutschen Druckgraphik bereits eine längere Tradition, die sich bis zum Meister E. S. zu-

266a

266b

266c

rückverfolgen läßt. Ferner finden sich auch im Œuvre Schongauers, Cranachs und des Meisters DS Beispiele für Apostelfolgen, die Baldung bei seinen Holzschnitten inspiriert haben könnten.

A. M.

Lit.: Ausst. Kat. Karlsruhe 1959, S. 246–250, Nr. 40, 46, 49 – Mende 1978, Nr. 48, 54, 57 – Ill. Bartsch, Bd. 12, 1981, Nr. 9, 15, 18 – Ausst. Kat. Washington 1981, S. 230–232, Nr. 63, 69, 72 – Ausst. Kat. Freiburg 1991, Nr. 71, 80, 81 – Ausst. Kat. Schwäbisch Gmünd 2000, Nr. 31, 37, 40.

267

Meister DS (tätig etwa 1505–1511)

Der Apostel Paulus

Holzschnitt; 32,5 x 20,9 cm (Einf.)
Karlsruhe, Staatliche Kunsthalle Karlsruhe, Kupferstichkabinett

Der *Apostel Paulus* ist Teil einer großformatigen Apostelfolge, die als vollständige, das heißt dreizehn Holzschnitte umfassende Reihe, einzig im Karlsruher Kupferstichkabinett erhalten ist. Anhand des Wasserzeichens läßt sich die weder signierte noch datierte Serie im ersten Jahrzehnt des 16. Jahrhunderts in der Basler Gegend festmachen. Mittig, über der oberen Einfassungslinie, wurden die Namen der Apostel später handschriftlich hinzugefügt, zusätzlich sind die Drucke unten links numeriert. Die Blätter durchliefen eine wechselhafte Zuschreibungsgeschichte. 1878 in Meyers Künstlerlexikon erwähnt, wurden sie Hans Baldung, später von Lilli Fischel dem Meister DS zugerechnet, 1976 erachtete John Rowlands die Serie für ein Werk des jungen Urs Graf. Stilistisch ordnet sich die Folge zwischen die Apostelserien Martin Schongauers und Hans Baldungs ein.

In der hinsichtlich des Formats seinerzeit größten Apostelfolge sind Christus und die zwölf Jünger einzeln als stehende Figuren dargestellt. Paulus, in leichter Untersicht und in Dreiviertelprofil monumental ins Bild gesetzt, stützt sich mit der Rechten auf sein Schwert, während seine Linke das Gewand erfaßt und zugleich ein schweres Buch trägt. Das Schwert und das Buch kennzeichnen ihn als Märtyrer, Apostel und Autor der Paulus-Briefe. Von beeindruckender, fast feuriger Gewalt schreitet der Heilige, ähnlich der Christusgestalt der Serie, mit vorgesetztem Fuß nach rechts, die Dynamik noch durch die lebhafte Kopfwendung verstärkend. Gleichsam auch von einer inneren Ergriffenheit bewegt, scheint sich diese unmittelbar auf das wallende Gewand zu übertragen, dessen Spitzen wie von einem Windstoß aufgewühlt ebenso in die Bewegungsrichtung zeigen. Der in die Ferne gerichtete Blick des ausdrucksstarken Hauptes verleiht dem Heiligen etwas Seherisches, als wisse Paulus bereits um sein Schicksal und wende sich, erfüllt von göttlichem Geist, seiner Berufung als Glaubenslehrer zu.

Meisterhaft gelingt es dem Künstler durch den Verzicht auf jegliches füllende und schmückende Beiwerk, durch die Perspektive aus schräger Untersicht und den die obere Einfassungslinie überschneidenden, den Rahmen gleichsam sprengenden Strahlennimbus die Monumentalität des Heiligen zu steigern, der nun wie eine überlebensgroße Gestalt erscheint.

Durch die kräftigen, kantig gebrochenen Umrißlinien und Innensilhouetten sowie die einfachen Strichlagen, die sich nur selten überkreuzen, erreicht er zudem eine starke Lichtwirkung der ausgesparten Flächen. Die großzügige Formensprache, die sich selbst in den Gewandfalten kaum in

267

Details verliert, wird nur in den charaktervollen, fein gezeichneten Gesichtszügen mit schmalen Augen, kühner Nase und wallenden Locken des stattlichen Hauptes unterbrochen. A. V.

Lit.: Meyer 1878, Bd. 2, S. 631, Nr. 50–62 – Fischel 1954, S. 112 – Rowlands, John: Some New Prints by Urs Graf and Matthias Gerung, in: The Burlington Magazine, Bd. 118, 1976, S. 254–256 – Hollstein, German, Bd. 11, 1977, S. 40, Nr. 13 – Slg. Kat. Karlsruhe 1988, Bd. 2, S. 37, Nr. 12.

268

Meister DS (tätig etwa 1505–1511)

Die Heilige Anna selbdritt

Um 1510
Bez. u. l.: DS
Einblattholzschnitt; 39,4 x 28,9 cm (Einf.)
Basel, Öffentliche Kunstsammlung Basel, Kupferstichkabinett

Heimat und künstlerisches Umfeld des Monogrammisten DS waren in der Forschung lange umstritten. Man vermutete seine Tätigkeit bald am Niederrhein, bald im Elsaß, in Nürnberg, Augsburg oder sah in ihm gar einen Schüler Cranachs.[1] Heute wird er infolge seiner nachweislich für den Buchdruck in Basel erfolgten Tätigkeit der Basler Schule zugerechnet. Einige seiner Hauptblätter hat der Unbekannte mit den Buchstaben D und S bezeichnet, jedoch in wechselnder Reihenfolge oder so ineinander verschlungen, daß die Initiale des Taufnamens nicht eindeutig zu bestimmen ist. Auch wenn sein Aufenthalt in Basel nicht durch historische Dokumente zu belegen ist, zeugen doch die mannigfaltigen Anregungen für die nachfolgende Graphik, besonders von Urs Graf, von der Tätigkeit des zu Beginn des 16. Jahrhunderts bedeutendsten Holzschnittmeisters in dieser Metropole des Buchdrucks.

Von etwa 1450 bis zum Beginn des 16. Jahrhunderts erlebte die Annenverehrung im deutschen Sprachraum ihren Höhepunkt.[2] Häufig dienten in dieser Zeit Darstellungen der Heiligen Anna nicht allein der Text- oder Buchillustration, sondern wurden in Form großformatiger Einblattholzschnitte als Ablaßbilder verwendet. Auch bei der *Anna selbdritt* des Meisters DS teilt die beigegebene Aufschrift den Nachlaß zeitlicher Strafen für Todsünden und tägliche Sünden mit: »Das ist das war gebaeth das der bapst Alexander der saechste mit sinen henden hat zu Rom angeschlage: und hat verlihen allen christglaeubigen menschen die das gebaett mit andacht drue mol sprechen vor dem bild sant Anne zehen tausent iar ablaß toetlicher suende: vnd zwentzig tusent iar taeglicher suend.« Es folgt das Ave Maria, erweitert durch einen parallel formulierten Gruß an Anna. Sogenannte Ablaßbilder zählten zu den Erbauungsbildern und lassen sich seit dem 11. Jahrhundert nachweisen. Für einzelne Sünden waren gleichsam Bußtarife festgesetzt, die in Form frommer Verrichtungen, Gebetsübungen und andächtiger Betrachtung des erworbenen Ablaßbildes erbracht werden mußten. Die durch den Verkauf der Ablaßblätter eingenommenen Gelder dienten dem Klerus in der Regel zur Errichtung gemeinnütziger Bauten wie Kirchen, Brücken, Hospitäler oder Straßenanlagen. Erst im Zuge der reformatorischen Bewegung wurde die Ablaßpraxis infolge des häufigen Mißbrauchs der Geldspenden dann auch von der katholischen Kirche durch die Verordnungen des Trienter Konzils 1545 geändert. Daß es sich hier bei der *Anna selbdritt* jedoch um eine auf den Namen des Papstes Alexander VI. lautende gefälschte Ablaßurkunde eines unbekannten Schreibers handelt, darauf verweist die inflationäre Höhe der erlassenen Strafe von zehn- bzw. zwanzigtausend Jahren, welche die sonst üblichen Vierzig- bis Hundert-Tage-Ablässe bei weitem überschreitet.[3]

Die jugendliche Maria und die ältere Anna, als Halbfiguren einander zugewandt ins Bild gesetzt, sind mit dem vor ihnen auf einem Kissen sitzenden Jesuskind befaßt. Anna, mit dem kennzeichnenden Attribut des Kopftuches, hält den Arm des Knaben, während sie ihm mit der anderen Hand eine Nelke darreicht. Als Symbol der Passion verweist diese bereits auf den kommenden Leidensweg Christi. Seitlich singen drei sehr kleine Engel von einem Notenblatt, zwei weitere halten einen Brokatstoff gleich einem Vorhang hinter der Gruppe. Auf der Bildachse über dem Jesuskind schwebt die Taube des Heiligen Geistes, darüber erscheint Gottvater. Gerahmt wird die Selbdrittgruppe von Astwerk, in dessen Spitzen sich rechts und links je drei musizierende und spielende Putten tummeln. Durch die Anordnung der Figuren entsteht eine Dreieckskomposition, deren Spitze die Gestalt Gottvaters bildet. Die Dreizahl, die sich in mehreren Variationen wiederholt, verstärkt so den durch die Taube und Gott gegebenen Hinweis auf die Trinität. Der Meister DS erweitert hier das be-

268

sonders in der Spätgotik nördlich der Alpen beliebte Aufbauschema – Maria auf einer Höhe mit Anna, zwischen ihnen der Jesusknabe – um den trinitarischen Zusammenhang.
Die seitlichen Baumstämme als Reminiszenz der Wurzel Jesse können ebenso wie das aufgeschlagene Buch als Hinweis auf die Verheißungen des Alten Testaments gemeint sein.

A. V.

1 Dodgson 1907, S. 21 – Lüthi 1928, S. 32.
2 Gohr 1974, S. 246.
3 Vgl. Dörfler-Dierken 1992, S. 17.

Lit.: Passavant 1863, S. 338 – Dodgson 1907, S. 23, Nr. 10 – Kristeller 1909 – Bock 1924, Nr. 40 – Lüthi 1928, S. 32f. – Fischel 1954 – Ausst. Kat. Basel 1984, S. VIII–XV.

269

Hans Holbein d. J. (1497/98 – 1543)

Christus unter dem Kreuz

Um 1520–1522
Holzschnitt; 17,3 x 27,8 cm (Einf.)
Basel, Öffentliche Kunstsammlung Basel, Kupferstichkabinett

Den mitleiderregenden Anblick des unter der Last des Kreuzes zusammengebrochenen und auf die Knie gefallenen Christus bietet ein Holzschnitt, der von Hans Holbein d. J. entworfen wurde. Nur mühsam gelingt es dem Heiland, die schwere Last, die man ihm mit einem Seil auf den Rücken gebunden hat, im Gleichgewicht zu halten. Das schräg ins Bild hineinragende Balkenkreuz ist so groß, daß seine Enden teilweise von den Bildrändern überschnitten werden. Es wirkt daher besonders peinigend und suggeriert die Unausweichlichkeit von Christi Schicksal. Holbeins Komposition besticht durch die Reduzierung auf das Wesentliche. Im Unterschied zu dem großformatigen Gemälde von Matthias Grü-

269

newald, das ebenfalls den unter der Last des Kreuzes zusammengebrochenen Christus zeigt (Kat. 277), erscheint das Ereignis bei Holbein aus dem erzählerischen Zusammenhang der Passion isoliert, ohne weitere Figuren oder den Schauplatz näher charakterisierende Anhaltspunkte. Mit dem Herauslösen aus dem narrativen Kontext wurde auch die Bewegung im Bild angehalten. So wird das Vorwärtsschreiten Christi nicht nur durch seinen Fall gestoppt, auch kompositorisch erscheint die Bewegung von dem knorrigen Bäumchen am rechten Bildrand aufgehalten, das sich optisch dem Kreuz entgegenstemmt. Eine vergleichbare Funktion kommt dem großen Stein im rechten Vordergrund zu, der sich ebenfalls als Hindernis Christus in den Weg »stellt«. Er könnte darüber hinaus als Hinweis auf den in der Grabeskirche in Jerusalem aufbewahrten Stein zu verstehen sein, der der Legende nach Christus auf seinem Weg nach Golgatha zu Fall gebracht haben soll.

Die Begebenheit aus der Kreuztragung wurde damit zu einem eigenständigen Bild für die meditative Andacht verdichtet. Es dient nicht allein der Vergegenwärtigung eines einzelnen historischen Ereignisses, sondern weist über das dargestellte Geschehen hinaus auf den größeren Zusammenhang der Passion und der Heilsgeschichte. Zudem erinnert es den Betrachter an die Qualen, die Christus zur Erlösung der Menschen erlitten hat und kann als Aufforderung verstanden werden, das Kreuz selbst auf sich zu nehmen und Christus nachzufolgen.[1]

Das Thema steht nicht allein in Holbeins Œuvre. Es bestehen große inhaltliche und formale Analogien zu einer Zeichnung im Kupferstichkabinett Basel, die ebenfalls den unter dem Kreuz zusammengebrochenen Christus zeigt (Abb. 269/1). Hier wird die Szene wie in dem bereits angesprochenen Tafelbild von Grünewald vor eine architektonische Kulisse plaziert und in eine größere Figurengruppe eingebettet. Holbeins Zeichnung ist damit in der Konzeption narrativer als sein Holzschnitt. In

269/1 Hans Holbein d. J., *Kreuztragung Christi,* Feder- und Pinselzeichnung, Öffentliche Kunstsammlung Basel, Kupferstichkabinett

den gestalterischen Mitteln – im leidenden Ausdruck Christi unter der drückenden Dornenkrone, in dem mit einem Strick gegürteten Gewand, sowie in dem Kreuz, das aus massiven, kantig zugeschnittenen mächtigen Balken besteht – stehen sich die beiden Werke jedoch sehr nahe.

A. M.

1 Zum Bildtypus des kreuztragenden Christus siehe Ausst. Kat. Karlsruhe 1996, Nr. 90, 91, 95.

Lit.: Ausst. Kat. Basel 1960, Nr. 381 – Hollstein, German, Bd. 14, 1988, Nr. 2 – Slg. Kat. Basel 1997, Nr. 1.

270

Hans Holbein d. J. (1497/98–1543)

Die thronende Madonna mit den Stadtheiligen von Freiburg

1519
Bez. auf der Thronstufe u. l.: HH und dat. in den Medaillons: 1519 (seitenverkehrt)
Inschrift auf dem Sockel: Numine virgo tuum pleno defende Friburgum / Inferni noceant ne mala spectra Iovis. / Teque tuis Lamberte aris ostende patronum, / Turba Palestinum sentiat omnis herum.
Holzschnitt; 29 x 19 cm (Einf.)
Freiburg, Augustinermuseum, Graphische Sammlung

Der Holzschnitt bildet die Titelrückseite des von Ulrich Zasius (1461–1535) neu verfaßten Freiburger Stadtrechtbuches *Nüwe Stattrechten und Statuten der loblichen Statt Fryburg im Pryszgow gelegen*, das 1520 bei Adam Petri erschienen ist. 1502 hatte der aus Konstanz stammende, in Freiburg als Stadtschreiber und Rechtskonsulent tätige Zasius den Auftrag erhalten, die Rechte der badischen Bischofs- und Universitätsstadt neu zu bestimmen und niederzuschreiben. Zum Jubiläum des ersten Stadtrechts von 1120 trat das neue Stadtrecht am 1. Januar 1520 in Kraft und behielt seine Gültigkeit bis mindestens 1784. Die neue Fassung stellt eine Verquickung des wieder eingeführten römischen mit dem angestammten einheimischen Recht dar.

Der von Holbein d. J. entworfene Holzschnitt zeigt die Madonna mit dem Kind auf einem Baldachinthron. Sie wird flankiert von den beiden Patronen der Stadt Freiburg, den Heiligen Georg und Lambertus. Die Figurengruppe befindet sich auf einer Art Bühne, die von einer großen Bogenarchitektur eingefaßt wird. Die Front des Bühnenpodestes ist mit einer vierzeiligen lateinischen Widmungsinschrift versehen, mit der Bitte an die Jungfrau und die beiden Patrone, die Stadt vor Unheil zu bewahren.

Die kulissenartige Architektur ist mit Blättergewinden, sogenannten Festons, Putten, Stierschädeln, Masken und Medaillons mit Profilbildnissen verziert. In den beiden Zwickeln sind rechts das Freiburger Stadtwappen (Schild mit durchgehendem Kreuz) und links das Österreichische Wappen, der sogenannte Bindenschild, als Zeichen der Landesherren angebracht. Die an antikem Formengut angelehnte Ornamentik hatte Holbein über italienische Druckgraphik rezipiert – der Hauptquelle bei der Auseinandersetzung mit antiker Kunst für die Künstler nördlich der Alpen, die wie Holbein nie selbst in Italien waren. Holbein gilt als einer der ersten Künstler, die die reiche Renaissance-Ornamentik in die Basler Kunst eingeführt haben. Außer bei der Gestaltung von Titelblättern sollte die antikisierende architektonische Rahmung in seinem

270

Œuvre auch bei Entwürfen von Fassadenmalereien und Glasfenstern Anwendung finden.[1] Der Bildtypus der Madonna mit flankierenden Heiligen, die als Fürsprecher und Beschützer auftreten, scheint von dem italienischen Bildtypus der *sacra conversazione* beeinflußt zu sein.

Der Holzschnitt trägt die formkünstlerischen Merkmale, die für die frühen Holzschnittarbeiten Holbeins charakteristisch sind: Ein unregelmäßiges, in der Stärke variierendes Lineament, das die Gegenstände kaum konturiert, ergibt eine reiche, eher malerische Skala mit lebhafter Kontrastwirkung, die von tiefem Schwarz bis reinem Weiß reicht.[2]

A. M.

1 Vgl. etwa Slg. Kat. Basel 1996, Nr. 102–107 und 162–171 (Scheibenrisse) sowie Nr. 112–121 (Fassadenmalerei am Haus *Zum Tanz*).
2 Warncke 1999.

Lit.: Ausst. Kat. Basel 1960, Nr. 347 – Ausst. Kat. Freiburg 1970, Nr. 295B – Ausst. Kat. Basel 1984, S. 372–374, Nr. 363 – Hollstein, German, Bd. 14, 1988, Nr. 17b – Ausst. Kat. Freiburg 1991, Nr. 154 – Slg. Kat. Basel 1997, Nr. 86.

272/1
Albrecht Dürer,
Schmerzensmann mit erhobenen Händen,
Kupferstich

273
Meister H. L. (tätig 1511–1533)

Der Heilige Georg als Sieger

Um 1511–1520 (1533 neu datiert)
Bez. u. l.: HL
Kupferstich; 12 x 6,8 cm (Einf.)
Karlsruhe, Staatliche Kunsthalle Karlsruhe, Kupferstichkabinett

Der Darstellung des *Heiligen Georg als Sieger* liegt eine eigene ikonographische Bildtradition zugrunde, die sich seit dem 15. Jahrhundert – neben der weitaus geläufigeren Fassung des zu Pferde Kämpfenden – mit einer Vorliebe für antikisierende Tracht und Panzerform entfaltete. Als Schöpfung des Humanismus, dem der ritterliche Kampf nicht mehr Ideal war, wird der Heilige nun als siegreich über dem toten Drachen stehende Heldenfigur wiedergegeben.

Gleich einem Krieger in antikischer Pose, hält der Heilige Georg auf dem Stich des Meisters H. L. in der Linken die zerbrochene Lanze, während er mit gezücktem Schwert in der Rechten zum Schlag auszuholen scheint. Der enganliegende Schuppenharnisch, der den Blick auf den athletisch breiten Oberkörper zuläßt,[1] täuscht den »Sieger« gleichsam als muskulöse Aktfigur vor. Der Einfluß italienisch-antikisierender Motivik macht sich beim Meister H. L. auch hier in erster Linie in der Betonung des kräftigen Körpers bemerkbar. So kann der Gegensatz zur spätgotischen Gewandfigur kaum größer gedacht werden, als in der beeindruckend ins Bild gesetzten, mächtigen Körperlichkeit des Heiligen, der nahezu die gesamte Bildfläche einnimmt. Die ungewöhnliche Wiedergabe Georgs wird besonders im Vergleich zu eher traditionellen Darstellungen (vgl. Kat. 243a) deutlich.

Wie ein besiegter Feind, liegt der getötete Drache zu Füßen des Kriegers; aus dem aufgeschlitzten Bauch dringen die Gedärme hervor, während in der verrenkten Kehle noch die Spitze der Lanze steckt. Das Motiv der abgebrochenen Lanze als kennzeichnendes Attribut für den Heiligen Georg geht unmittelbar auf eine Erfindung Andrea Mantegnas zurück. Auch das eigenwillige Panzerkleid ähnelt sehr einem Stich des Italieners. So nutzte unser Meister möglicherweise die Darstellung der gerüsteten Senatoren, deren römische Brustpanzer die Muskeln naturgetreu nachbilden, als Vorlage, um den Oberkörper des Georg dann wie unbekleidet erscheinen zu lassen (Abb. 273/1).

Der reichhaltige Pflanzenwuchs verleiht dem Geschehen etwas Märchenhaft-Abenteuerliches. Auffallend ist die starke Einbindung der Figur in die Umgebung; als befänden sich Mensch, Natur und Architektur in einer metamorphotischen Wandlung, verwächst die exotische Gegend mit der fast vegetativ anmutenden Rüstung zu einer ornamentalen, flächigen Einheit. In der dem Meister eigenen Zweideutigkeit bleibt auch ungewiß, ob die Blumenornamente oberhalb des Kopfes als ein den Sieger auszeichnendes Ehrentuch oder vielmehr als architektonischer Teil des Pilasterschaftes gemeint sind.

A. V.

1 Der sehr breite Oberkörper des Heiligen wurde auf beiden Seiten nachträglich (1533) von fremder Hand retuschiert, wohl um die Proportionen dem zeitgenössischen Schönheitsideal anzupassen.

Lit.: Loßnitzer 1913, S. 8f., Nr. 13, Tafel V – Demmler 1914, S. 129 – Sommer 1936, S. 265 – Schindler 1981, S. 57 u. S. 95 – Ausst. Kat. Paris 1984, Nr. 241 – Ausst. Kat. Freiburg 1991, Nr. 99.

273/1
Andrea Mantegna (Schule),
Triumph Cäsars: Die Senatoren (Detail),
Kupferstich

273

Markgraf Christoph von Baden als Auftraggeber

Markgraf Christoph I., in dessen vierzigjähriger Regierungszeit sich in Politik und Kultur entscheidende Wandlungen vom Mittelalter zur Neuzeit vollzogen, ist eine der bedeutenden Persönlichkeiten der badischen Landesgeschichte. Geboren wurde er 1453 als ältester Sohn des kriegerischen Markgrafen Karl und seiner Ehefrau Katharina, die gebürtige Habsburgerin und Schwester Kaiser Friedrichs III. war. Die Verbindung mit dem Haus Habsburg, dem mächtigsten Nachbarn Badens, blieb bestimmend für Christophs Politik: Schon 1474, ein Jahr vor seinem Regierungsantritt, unterstützte er mit badischen Truppen das Heer Friedrichs III. gegen den burgundischen Herzog Karl den Kühnen. 1477 nahm er teil an der folgenreichen Hochzeit seines Vetters Maximilian, des späteren Königs und Kaisers, mit Maria von Burgund, Tochter und Erbin Karls des Kühnen, der kurz zuvor gefallen war. In den zahlreichen Kriegen, die Maximilian während der folgenden Jahre um die burgundischen Lande führte, zeichnete sich Christoph als ebenso mutiger wie erfolgreicher Feldherr aus und wurde dafür mit einer Reihe von Herrschaftsrechten im Westen des Reiches (u. a. der Statthalterschaft in Luxemburg) sowie mit der Aufnahme in den Orden des Goldenen Vlieses belohnt. Auch seine badischen Stammlande konnte Christoph durch geschickte Bündnisse und Verträge erheblich erweitern. Daneben bemühte er sich mit guten Erfolgen, durch tiefgreifende innere Reformen aus dem badischen Herrschaftskonglomerat einen einheitlichen Territorialstaat zu machen. 1515 allerdings mußte er auf Druck seiner Söhne die Teilung des Landes vornehmen, die bis ins 18. Jahrhundert Bestand haben sollte. Körperlich und wohl auch geistig krank, wurde er 1516 entmündigt. Er starb 1527 auf Schloß Hohenbaden.
Markgraf Christoph von Baden ist der erste Zähringer, dessen individuelle Gesichtszüge wir kennen. Sie sind nicht nur durch ein, sondern gleich durch mehrere Porträts überliefert. Allein von Hans Baldungs Hand sind vier Bildnisse erhalten: das erste auf der sogenannten *Markgrafentafel* (um 1509/10, Kat. 275), das zweite als Holzschnitt (1511, Kat. 276); das dritte ist eine Silberstiftzeichnung im *Karlsruher Skizzenbuch* (1512, Abb. 1), das vierte ein auf Grundlage der Zeichnung gemaltes selbständiges Porträt (1515; Alte Pinakothek München).
Christophs Rolle als Auftraggeber läßt sich, ähnlich wie bei Bischof Hugo von Hohenlandenberg (Kapitel II. 7), an Werken der Buch-, Tafel- und Glasmalerei aufzeigen. Dabei vermengen sich christliche Devotion und fürstliche Repräsentation auf jeweils charakteristische Weise. Ganz für den privaten Gebrauch des Markgrafen war das kostbare, in Paris geschriebene und illuminierte Stundenbuch bestimmt (Kat. 274). Es enthält Gebete in lateinischer und französischer Sprache und zeugt damit von der Bildung Christophs, der in seiner Jugend an der Universität Freiburg im Breisgau studiert hatte. Im Unterschied zum Stundenbuch zielte Baldungs Porträtholzschnitt (Kat. 276) wohl auf öffentliche Wirkung. Dies gilt in noch stärkerem Maße für die vielen Münzen, durch die Christophs Bildnis verbreitet wurde. Neben den Münzen, die sein Konterfei tragen, sind hier auch jene zu nennen, die den Heiligen Christophorus oder den seligen Markgrafen Bernhard von Baden zeigen. Mit Bedacht propagierte Christoph die Verehrung seines Namenspatrons und den noch jungen Kult seines Onkels Bernhard (vgl. Kat. 203): Er zeigte sich damit als christlicher Herrscher und unterstrich seine sakrale Legitimation. Das Ineinandergreifen von Politik, Religion und Kunst wird am deutlichsten in Baldungs *Markgrafentafel* (Kat. 275). Da jedoch die ursprüngliche Funktion und Anbringung des Gemäldes unbekannt sind, läßt sich nur spekulieren, wie öffentlich es gemeint war.
Aus den späten Lebensjahren Christophs stammen eine Glasscheibe, 1519 gestiftet für das Augustinerkloster in Zürich (Abb. 2, heute im Schweizerischen Landesmuseum, Zürich), und die etwa gleichzeitig entstandene Miniatur eines unbekannten oberrheinischen Künstlers, die nachträglich ins Stundenbuch eingefügt wurde (Abb. 3; vgl. Kat. 274). Auf der Scheibe erscheint Christoph in voller Rüstung und mit der Ordenskette des Goldenen Vlieses. Er kniet vor dem Gekreuzigten, der von Maria und Johannes flankiert wird. Der Heilige Christophorus tritt von hinten heran, legt seine rechte Hand auf die Schulter des Markgrafen und empfiehlt ihn damit dem Erlöser. Die schon ganz renaissancehafte Rahmung zeigt Putten mit den *arma Christi*. Vergleichbar und doch ganz anders ist die Miniatur: Christoph ist hier nicht gerüstet, sondern mit einem langen pelzbesetzten Brokatmantel dargestellt. Er wirkt alt und hinfällig. Ehrfürchtig kniet er vor dem Heiligen Christopho-

1 Hans Baldung Grien, *Brustbild Markgraf Christophs von Baden*, 1512, Silberstiftzeichnung im *Karlsruher Skizzenbuch*, Staatliche Kunsthalle Karlsruhe, Kupferstichkabinett

rus, der barmherzig seine Hand ergreift. Das Christuskind auf den Schultern des Heiligen spendet den Segen. Rechts im Bild steht die Heilige Odilia, Namenspatronin der zum Entstehungszeitpunkt vielleicht schon verstorbenen Markgräfin Ottilie († 1517). Diese Miniatur, die aus dem persönlichen Bereich des Markgrafen kommt, macht deutlich, daß die Anrufung der Heiligen – die wir beispielsweise auch auf Münzen sehen – nicht nur politischem Kalkül oder reiner Tradition, sondern tatsächlich einem tiefen Glauben entsprang.

H. J.-F.

274

Pariser Werkstatt (mit Ergänzungen eines oberrheinischen Buchmalers)

Das Stundenbuch des Markgrafen Christoph I. von Baden

Um 1490 (und nach 1515)
Handschrift mit 43 Miniaturen; Pergament, 112 Blätter, 14,6 x 10,3 cm
Karlsruhe, Badische Landesbibliothek
Sign. Hs. Durlach 1

Die kleine Prachthandschrift aus dem Besitz Christophs I. ist gleichermaßen ein Beleg für die Frömmigkeit des badischen Markgrafen wie für seinen erlesenen Geschmack und seinen europäischen Horizont. Um 1490 entstanden, wies das Gebetbuch rund 25 Jahre später starke Benutzungsspuren auf, so daß Christoph eine Restaurierung veranlaßte und bei dieser Gelegenheit ein zweites Stifterbild einfügen ließ (vgl. hierzu die Einleitung). Das Büchlein hat den Markgrafen also über Jahrzehnte begleitet: Er wird es auf seine Kriegszüge und Wallfahrten mitgenommen, es in seinen badischen Stammlanden wie auch in Luxemburg benutzt haben, wo er seit 1488 – ernannt von König Maximilian, dem späteren Kaiser – als Statthalter fungierte.

2 Luzerner Glasmaler (?), *Christus am Kreuz mit Maria und Johannes, dem Heiligen Christophorus und Markgraf Christoph von Baden als Stifter*, Glasscheibe, Zürich, Schweizerisches Landesmuseum

3 Oberrheinischer Buchmaler, *Die Heiligen Christophorus und Odilia mit Markgraf Christoph von Baden als Stifter*, aus Christophs Stundenbuch (aus Kat. 274), Karlsruhe, Badische Landesbibliothek

Die Auftragsumstände für das Stundenbuch liegen leider im dunkeln. Stilistische Vergleiche ergeben, daß es in einer Pariser Werkstatt geschaffen wurde, die auch für den französischen Hof gearbeitet hat.[1] Wie es jedoch kommt, daß Christoph, der ein besonders treuer Parteigänger der mit Frankreich wegen Burgund verfeindeten Habsburger war, eine Handschrift ausgerechnet in Paris bestellte, ist eine offene Frage. Hingegen steht fest, daß sie speziell für ihn konzipiert wurde, wie nicht nur das Stifterbild deutlich macht: Der Heiligenkalender ist nach Speyerer Brauch eingerichtet; in der Litanei sind die Namenspatrone des markgräflichen Paars, Christoph und Odilia, hervorgehoben; fast alle Bildseiten tragen die Buchstabenfolge TSOE, die als Initialen von Christophs Devise gedeutet werden (wahrscheinlich aufzulösen als »Trüw Stet On End«); unter den Suffragien (Bittgebeten) findet sich eines, das an den seligen Markgrafen Bernhard von Baden (vgl. Kat. 203), Christophs Onkel, gerichtet ist; ein anderes bezieht sich auf den seligen Kardinal Peter von Luxemburg. Diese beiden, mit Christophs Herkunft und Wirken in Zusammenhang stehenden Patrone (im Text werden sie jeweils als *sanctus* bezeichnet) erscheinen auch im Bild.

Von besonderem Interesse ist die Doppelseite mit dem betenden Markgrafen links (Kat. 274a = fol. 18v) und der Verkündigung an Maria rechts (Kat. 274b = fol. 19r). Obwohl sich die beiden Darstellungen in der Aufteilung des Bildfeldes und der Gestaltung des Rahmens unterscheiden, sind sie aufeinander bezogen. Sie stehen am Beginn des *Marienoffiziums*, das nach den acht festgelegten Gebetsstunden (im Dreistundenrhythmus von der Matutin um Mitternacht bis zur Komplet um 21 Uhr) geordnet ist und das eigentliche Kernstück jedes Stundenbuchs bildet.
In voller Rüstung, nur Helm und Handschutz beiseite gelegt, kniet Markgraf Christoph auf einem blauen Kissen. Neben ihm, auf einem hölzernen Pult, liegt ein Gebetbuch, das in Analogie steht zu demjenigen Mariens auf der rechten Seite und den frommen, vor allem auf Maria gerichteten Verwendungszweck des ganzen Werks veranschaulicht. Ein purpurfarbenes Zelt schließt die Szene nach hinten ab. Das Baden-Sponheimische Wappen mit Helmzier, das die untere Hälfte des linken Blattes füllt, verweist ebenso auf den Stifter wie die Initialen seiner Devise und seines Namens (CzH = *C*hristoph *z*u Baden und *H*achberg). Die über den Harnisch gelegte Kette vom Orden des Goldenen Vlieses unterstreicht die hervorragende Stellung Christophs und gibt zugleich einen Hinweis auf

274a

274b

275

die Entstehungszeit des Stundenbuchs: Christoph wurde nämlich am 20. Mai 1491 in den Orden aufgenommen und erhielt damit die höchste Auszeichnung, die das Haus Habsburg zu vergeben hatte. Vor diesem Jahr kann das Stundenbuch also kaum vollendet worden sein. Begonnen wurde es vielleicht 1488, denn mit diesem Jahr setzt die chronologische Tabelle auf fol. 2v ein.
In den Jahren 1488–1491 befand sich Christoph von Baden auf einem Höhepunkt seiner Macht: Als »rastloser Soldat in fremden Diensten«[2] war er zu einer der wichtigsten Stützen König Maximilians geworden, der ihn entsprechend belohnte. Christophs Stundenbuch, insbesondere das Stifterbild, bezeugt Rang und Selbstbewußtsein des Markgrafen. Das alte ritterliche Ideal, das im »Herbst des Mittelalters« noch einmal aufblühte und das in Maximilian einen seiner bedeutendsten Vertreter fand, hat die Darstellung geprägt: der tiefe christliche Glaube, der sich mit Wehrhaftigkeit und hoher Kultur verband.

H. J.-F.

1 Vgl. hierzu die umfangreiche und maßgebliche Arbeit von König 1978, besonders S. 116ff.
2 Krimm 1986, S. 108.

Lit.: Ausst. Kat. Karlsruhe 1965, S. 62f., Nr. 73 – König 1978, passim – Wielandt 1980, passim – Ausst. Kat. Karlsruhe 1992d, S. 112–115, Nr. 27.

275

Hans Baldung, gen. Grien (1484/85–1545)

Markgraf Christoph I. von Baden mit seiner Familie in Anbetung der Heiligen Anna selbdritt

Um 1509/10
Mischtechnik auf Tannenholz; 67,5 x 219 cm
Karlsruhe, Staatliche Kunsthalle Karlsruhe
Inv. Nr. 88

Die breite Tafel gliedert sich in drei etwa gleich große Abschnitte. Der mittlere wird von der Heiligen Anna mit weißem Kopf- und Schultertuch, ihrer Tochter Maria mit offenen goldblonden Haaren sowie dem unbekleideten Christuskind eingenommen. Christus, von Maria auf dem Schoß gehalten, hat in seiner rechten Hand einen Apfel, der ihn als Neuen Adam und damit als Überwinder der Sünde auszeichnet. Mit der linken Hand greift er nach einer Seite des Buches, das Anna ihm zeigt – es handelt sich vermutlich um das Alte Testament mit den auf den Messias bezogenen Weissagungen der Propheten. Anna und Maria sitzen auf einer steinernen Thronbank, die mit einem Brokatteppich bedeckt ist und von einem Baldachin überhöht wird: Elemente fürstlicher Repräsentation, die hier die Hoheit der Heiligen Familie unterstreichen. Diese selbst gibt sich jedoch nicht so sehr hoheitsvoll, sondern ist auf natürliche Weise mit sich selbst beschäftigt. Die Frauen nehmen keine herrschaftliche Pose ein, in ihrer Körperhaltung drückt sich vielmehr liebevolle Zuwendung aus.

Seitlich der Thronwangen kniet anbetend die markgräflich-badische Familie – maßstäblich kleiner als Anna selbdritt und nach Geschlecht geordnet: links die Männer, zuvorderst Markgraf Christoph I., rechts die Frauen mit Markgräfin Ottilie als Abschluß. Christoph und Ottilie sind durch ihre jeweiligen Wappen (Baden-Sponheim und Katzenelnbogen) ausgezeichnet, die gleichsam vor ihnen in der Luft schweben. Das Markgrafenpaar ist auch durch besonders kostbare Kleidung hervorgehoben: Christoph trägt eine goldene Rüstung mit rot-weiß gestreiftem Waffenrock; statt des abgelegten Helmes bedeckt eine Netzhaube seinen Kopf. Über dem Harnisch liegt die Kette des burgundischen Ordens vom Goldenen Vlies. Ottilie trägt ein hellrotes und mit Pelz gefüttertes Brokatkleid, eine Haube aus Schleierstoff und Schmuck. Die Schar der (sämtlich erwachsenen) Kinder – fünf Töchter und zehn Söhne, von denen einige zum Zeitpunkt der Darstellung schon nicht mehr lebten – ist jeweils nach geistlichem und weltlichem Stand differenziert, genannt seien hier nur: rechts Maria mit dem langen Äbtissinnenstab des badischen Hausklosters Lichtenthal, links in prächtigem Ornat Jakob, Erzbischof von Trier; dahinter unter anderem Philipp (mit Rüstung, ganzfigurig in vorderer Reihe), Ernst (am linken Bildrand) und Bernhard (bärtig, mit goldener Netzhaube, dem Vater sehr ähnlich).

In der Hervorhebung Philipps lag erhebliche politische Brisanz: Philipp war nämlich 1503 vom Vater zum einzigen Erben der ungeteilten Markgrafschaft bestimmt worden – eine Entscheidung, gegen die Bernhard und Ernst (der eine älter, der andere jünger als Philipp) heftig opponierten. Der jahrelange Konflikt erreichte seinen Höhepunkt um 1510/11. Vor diesem Hintergrund erscheint Baldungs Gemälde in anderem Licht: Während einer schweren Krise wird hier die Einheit des Hauses Baden, aber auch die hervorgehobene Stellung Philipps und damit die unerschütterte Autorität Markgraf Christophs demonstriert. Die Heilige Anna, Patronin der Familie schlechthin, wird zur Bewahrung dieses Zustandes angerufen.[1] Die »Markgrafentafel« ist somit »bildgewordenes politisches Programm«,[2] aber auch Zeugnis der Frömmigkeit, der Sorge um das Seelenheil und – damit zusammenhängend – um das Gedächtnis der Nachwelt. Sie ist schließlich ein Beleg für den Kunstsinn Christophs: Denn mit Hans Baldung beauftragte er einen jungen und hoch talentierten Straßburger Maler, der den Höhepunkt seiner Laufbahn noch nicht erreicht hatte.

H. J.-F.

1 Auch das Annentriptychon des »Frankfurter Meisters« (um 1510, Staatliche Kunsthalle Karlsruhe) ist möglicherweise eine Erwerbung oder sogar ein Auftrag Markgraf Christophs gewesen; vgl. Lüdke 1998, S. 30.

2 Krimm 1990, S. 215.

Lit.: Ausst. Kat. Karlsruhe 1959, S. 41, Nr. 12 – Slg. Kat. Karlsruhe 1966, S. 36 – König 1978, S. 18–21 – von der Osten 1983, S. 55–58, Nr. 9 – Slg. Kat. Karlsruhe 1988, Bd. 1, S. 40f. – Krimm 1990, S. 199–215 – Ausst. Kat. Karlsruhe 1992b, S. 80–86, Nr. 13 – Ausst. Kat. Karlsruhe 1995, S. 297f., Nr. 144.

276

276

Hans Baldung, gen. Grien (1484/85–1545)

Markgraf Christoph I. von Baden

1511
Bez. o. l.: HBG (verbunden); o. Mitte: 1511; am unteren Rand: Cristofer(us). Marchio. Badensis.
Holzschnitt; 17,8 x 10,2 cm (Einf.)
München, Staatliche Graphische Sammlung

Baldungs Porträt des Markgrafen Christoph von 1511 gilt als der früheste deutsche Bildnisholzschnitt. Er steht zugleich am Anfang einer Reihe von drei verwandten Porträts in verschiedenen Medien: Sie alle zeigen den Markgrafen als Halbfigur und im Dreiviertelprofil. 1512 ist eine Silberstiftzeichnung im *Karlsruher Skizzenbuch* Hans Baldungs, 1515 ein auf Grundlage der Skizze gefertigtes Ölgemälde datiert.[1] Auf allen drei Bildnissen ist Christoph mit Bart zu sehen, wobei jedoch die Oberlippe rasiert ist (im Unterschied zur *Markgrafentafel*, Kat. 275). Zu bemerken ist ein zunehmender Verlust an respekteinflößender Haltung und fürstlich souveräner Ausstrahlung. Das entspricht der historischen Lage und Entwicklung: Christoph konnte sich mit seiner Absicht, den Sohn Philipp zu seinem Nachfolger, das heißt: zum Alleinerben der Markgrafschaft zu machen, nicht durchsetzen. Philipps Brüder Bernhard und Ernst verlangten die Teilung des Landes, wie es spätmittelalterlicher Tradition entsprach, und erzwangen sie durch offene Rebellion. 1515 trat Christoph von der Herrschaft zurück, nachdem er offenbar einen Schlaganfall erlitten hatte. Ein Jahr später wurde er durch seine Söhne entmündigt.

Im Entstehungsjahr von Baldungs Holzschnitt, 1511, hatte sich die Krise im Hause Baden aufs äußerste zugespitzt:[2] Ernst verbreitete Pamphlete gegen die Pläne des Vaters und sammelte Verbündete zum bewaffneten Kampf. Markgraf Christoph absolvierte unterdessen zwei Pilgerreisen. Eine Wallfahrt nach Einsiedeln unternahm er sogar zu Fuß. Auf dem Rückweg versuchte er vergeblich, die Landschaften Rötteln, Sausenberg und Badenweiler zum Eid auf seine Nachfolgeregelung und zur Huldigung an Philipp zu bewegen.

Auf Baldungs Holzschnitt erscheint Christoph aufrecht und kraftvoll. Mit der Verbreitung dieses Porträts wollte der Markgraf offenbar seine – angeschlagene – Autorität stärken. So handelt es sich bei dem Bildnis nicht nur um ein bedeutendes Kunstwerk, sondern auch um eine politische Manifestation.

H. J.-F.

1 Zum Skizzenbuch: Slg. Kat. Karlsruhe 1988, Bd. 2, S. 46–48, Nr. 15. Zum Ölporträt (Alte Pinakothek München): von der Osten 1983, S. 125f., Nr. 33.
2 Krimm 1986, S. 102–104 und S. 113 – Krimm 1990, S. 215.

Lit.: Ausst. Kat. Karlsruhe 1959, S. 282, Nr. 81 – Mende 1978, S. 46, Nr. 28 – König 1978, S. 16–18 – Wielandt 1980, S. 472 – Ausst. Kat. Washington 1981, S. 254f., Nr. 79.

275

277a

III.3 Matthias Grünewald

Im zweiten Jahrzehnt des 16. Jahrhunderts erlebten die spätmittelalterlichen Bildkünste am Oberrhein – vornehmlich die Tafelmalerei – vor ihrem Erlöschen während der Jahrzehnte der frühen Reformation und der ersten Welle des Bildersturmes (um 1524/28) eine letzte ungeheure Blüte durch das reiche Schaffen mehrerer überragender Künstler. Sie zogen in dieser Zeit aus benachbarten Regionen Süddeutschlands in die Städte Basel, Straßburg, Freiburg und an andere Orte wie Isenheim und entfalteten dort oft nur während weniger Jahre eine rege Tätigkeit, häufig in Zusammenarbeit mit Künstlern und Handwerkern anderer Gattungen. Als erster ist hier der in Straßburg aufgewachsene und ausgebildete Hans Baldung Grien (1484/85–1545) zu nennen, der nach etwa fünfjähriger Tätigkeit in Albrecht Dürers Werkstatt zu Nürnberg 1509 in seine Heimatstadt zurückkehrte, 1510 dort Meister wurde und zwischen 1512 und 1517 in Freiburg das Hochaltarretabel des Münsters und vieles andere mehr, z. B. Entwürfe für Glasgemälde, schuf (siehe Kat. 173). – Um 1514/15 zogen Hans Holbein d. Ä. (1460/65–1524) und seine beiden Söhne Ambrosius (1494?–1519) und Hans d. J. (1497/98–1543) aus Augsburg nach Basel und waren dort und in anderen Städten der Nordschweiz und im Elsaß etwa während eines Jahrzehnts mit zahlreichen Arbeiten für geistliche und weltliche Auftraggeber befaßt. – In den Jahren, in denen Baldung in Freiburg lebte, hielt sich auch Matthias Grünewald (1475/80–1528), das wohl größte Genie unter den spätmittelalterlichen Malern, im südlichen Elsaß auf, wo er sein Hauptwerk, die gemalten Teile des sogenannten *Isenheimer Altars,* schuf und ein über alle Grenzen und Zeiten hinaus ergreifendes und leuchtendes Werk christlich-heilsgeschichtlicher Bildkunst des Abendlandes hinterließ.

Grünewald, der wohl Mathis Gothart Neithart hieß, wurde um 1475/80 in Würzburg geboren. Bei wem er in die Lehre ging, auf welche Weise er mit der Kunst Hans Holbeins d. Ä. in Berührung kam, ob und wann er als Geselle in die Niederlande oder gar nach Italien zog, diese und viele andere Fragen und Rätsel, die sein kaum fünfzig Jahre währendes Leben betreffen, sind bislang unbeantwortet und werden es vielleicht immer bleiben. Ab 1501 war der Maler in Seligenstadt ansässig, wo sein Name noch 1520 ein letztes Mal in den Steuerbüchern aufscheint. Von weiteren Orten, in denen er tätig war oder für die er arbeitete, sind zu nennen: Mainz, Frankfurt, Aschaffenburg und Tauberbischofsheim sowie Isenheim und Halle, wo er 1428, im selben Jahr wie Dürer, starb. Zu seinen hochgestellten Auftraggebern zählen die beiden Mainzer Erzbischöfe Uriel von Gemmingen (1468–1514) und Kardinal Albrecht von Brandenburg (1490–1545), in deren Diensten Grünewald um 1511 und 1516–1526 war. Seine frühesten erhaltenen Werke entstanden in den Jahren 1500 bis 1512, darunter die beiden kleinen Kreuzigungsbilder in Basel und Washington, die Gemälde des Chorretabels der Pfarrkirche von Lindenhardt bei Bayreuth, die *Verspottung Christi* in München und die um 1511/12 anzusetzenden Grisaille-Gemälde auf den Standflügeln des einstigen *Heller-Altars* (Kat. 278), der in den Hauptteilen von Albrecht Dürer (1471–1528) und seiner Werkstatt ausgeführt wurde.

Um 1511 wurde Grünewald wahrscheinlich durch Gosswin von Osoy de Wesalia, der von 1488–1515 Präzeptor des Antoniusklosters Höchst-Rossdorf war und in enger Beziehung zum kurfürstlichen Hof in Mainz stand, Guido Guersi, dem von 1490–1516 amtierenden Präzeptor der Antoniter in Isenheim, empfohlen, da dieser einen fähigen Maler für eine besondere Aufgabe suchte. Er beauftragte Grünewald, den von seinem Vorgänger Johann de Orliaco schon um 1490 durch den Straßburger Bildschnitzer Nicolas Hagenauer gefertigten Schrein auf dem Hochaltar der Isenheimer Antoniterklosterkirche mit gemalten Flügeln auszustatten. Da der Maler 1511 noch mit Arbeiten für die Frankfurter Dominikaner befaßt war, ging er wohl erst 1512 an sein neues gigantisches Werk, an dem er gewiß um 1513–1515 in Isenheim selbst arbeitete und das wohl beim Tode Guido Guersis am 19. Februar 1516 vollendet war. In etwa vier Jahren hatte Grünewald die vier doppelseitig bemalten Klappflügel, die beiden Standflügel und die Tür des Predellenkastens geschaffen. In zwei großen Kompositionen schilderte er zwei Begebenheiten aus dem Leben des heiligen Klosterpatrons *Antonius Abbas*, auf weiteren vier Flügelseiten stellte er die heilsgeschichtlichen Tatsachen der *Verkündigung an Maria*, der *Menschwerdung Jesu* (mit *Engelskonzert* und *Geburt*) und der *Auferstehung Christi* dar. Auf den Flügeln der Werktagsseite malte Grünewald die *Kreuzigung Christi,* auf den Predellentafeln die *Beweinung Christi* und auf den Standflügeln die *Heiligen Sebastian* und *Antonius Abbas* (Abb. 280/1). – Darüber hinaus schuf er um 1515, ebenfalls für Guido Guersi, das Retabel für den Magdalenenaltar in der Nordkapelle der Isenheimer Klosterkirche, vor dem der Präzeptor begraben wurde. Dieses Werk Grünewalds, *Die Klage der Magdalena unter dem Kreuz*, ist untergegangen und nur in einer Kopie von 1648 überliefert. – Die Gemälde des *Isenheimer Altars* haben nur eine unbedeutende Nachfolge erfahren, wovon zwei farbig aquarellierte Detailstudien aus altem markgräflich-badischem Sammlungsbesitz in Karlsruhe zeugen (Kat. 280).

1516 kehrte der Maler vom Oberrhein ins kurmainzische Gebiet zurück und war seitdem etwa zehn Jahre im Dienst Albrechts von Brandenburg. In dieser Lebensphase entstanden für die Stiftskirche in Halle die Münchener *Erasmus- und Mauritiustafel* und die Aschaffenburger *Beweinung Christi*, der *Maria-Schnee-Altar* für die Stiftskirche in Aschaffenburg, dessen wichtigste Teile nach Stuppach und Freiburg gelangten, drei Retabel des Mainzer Domes, die 1631/32 von den Schweden verschleppt wurden und dabei untergingen, und schließlich, um 1523/24, die *Kreuztragung* und *Kreuzigung* des *Tauberbischofsheimer Altars*, die 1900 in die Karlsruher Kunsthalle gelangten (Kat. 277). Neben drei weiteren, in Coburg verwahrten Tafeln mit den *Heiligen Dorothea und Agnes* und dem *Abendmahl* zeugen noch etwa 35 Zeichnungen von dem überragenden künstlerischen Schaffen Grünewalds, darunter das Karlsruher Blatt mit dem *gekreuzigten Christus* (Kat. 279).

Nicht zu klären scheint, in welcher Weise Grünewald in den großen Bauern- und Bürgeraufruhr von 1525 verwickelt war. Im Jahr darauf erhielt er noch eine ausstehende Zahlung vom Mainzer Erzbischof, 1527 erscheint er in Frankfurt, für dessen Rat er eine Zeichnung der Mainmühlen anfertigte und wo er noch sein Testament machte, ehe er im selben Sommer nach Halle/Saale übersiedelte. Bereits am 28./29. August 1528 ist er dort verstorben, da »Meister Mathes Gothart«, der Maler und Wasserkünstler der Stadt Halle, am 1. September eben dort als tot gemeldet wird.

D. L.

277b

277

Matthias Grünewald (Mathis Gothart Nithart; 1475/80–1528)

»Tauberbischofsheimer Altar«

(Vorder- und Rückseite der Mitteltafel)

a) ***Christus am Kreuz zwischen Maria und Johannes*** (Vorderseite)
b) ***Die Kreuztragung Christi*** (Rückseite)

Um 1523/24
Mischtechnik auf Tannenholz; jede Tafel 195,5 x 142,5 cm
Karlsruhe, Staatliche Kunsthalle Karlsruhe
Inv. Nr. 993 (b), 994 (a)

Christus am Kreuz zwischen Maria und Johannes (auch als *Kreuzigung Christi* bezeichnet) und die *Kreuztragung Christi* bildeten einst das beidseitig bemalte Mittelbild eines sonst zerstörten Retabels, das ehemals wohl auf dem Stephanus-Altar vor den Stufen zum Chor der Tauberbischofsheimer Stadtpfarrkirche stand. Es war der ernste, bedeutungsvolle Schmuck des Laien- oder Kreuzaltars der Pfarrkirche, an dem im Anblick der *Kreuzigung* Grünewalds die Messe für die Gemeinde gefeiert und die Kommunion an die Laien ausgeteilt wurde. Hinter diesem Altar wurde auch die Beichte abgenommen, so daß die Bußfertigen im Anblick des gemarterten »Kreuzschleppers« der Vergebung ihrer Sünden gewiß werden konnten, da sie durch Christi Leiden und Tod gesühnt waren. Von wem und zu welchem Anlaß das Retabel in Auftrag gegeben wurde, ist nicht überliefert. Es mag außer der Mitteltafel noch eine Predella und einen giebelförmigen Aufsatz, vielleicht auch feststehende oder bewegliche Flügelpaare besessen haben und gehörte damit dem Typus des spätgotischen Wandelaltars an. Möglich

277a

ist aber auch, daß es ein in Deutschland um 1510/30 neuartiger Altaraufsatz in der Art einer italienischen *Pala* war, also eine große Tafel, deren architektonischer Rahmen bereits die Formen der Frührenaissance zeigte. Als der Stephanus-Altar 1760 beseitigt wurde, zerstörte man wohl auch seinen Aufsatz bis auf das Mittelbild, welches 1761 in das neu geschaffene Heilig-Kreuz-Retabel in der zweiten Kapelle an der Nordseite der Kirche eingefügt wurde. 1875 wurde Grünewalds Tafel aus der Kapelle entfernt und daraufhin erst gespalten. Nach langer Odyssee konnten beide Bilder im Jahre 1900 schließlich für die Karlsruher Kunsthalle erworben werden.

Die Kreuztragung Christi: Das Gemälde gibt nur einen kurzen, dramatischen Augenblick aus der Kreuztragung nach Golgatha wieder und macht den Betrachter zum Zeugen einer grausamen Szene. Im Zwingerbereich eines dunklen Stadttors von Jerusalem, aus dem Kriegsvolk und Berittene nachdrängen, ist der Zug durch Christi Fall ins Stocken geraten. Unter der schweren Last des riesigen Kreuzes ist der Dornengekrönte vor Erschöpfung zusammengebrochen und auf die Knie gesunken. Noch halten seine Hände das rohe Holz, das von seiner Schulter zu gleiten droht. Doch der schräg aufragende Querbalken weist schon auf das offene Vortor rechts, durch das der Weg zur fernen Richtstätte sichtbar wird. Auf ihr stehen bereits die Kreuze der Schächer. Christus ist keine Rast gegönnt. Mitleidlos stürzen sich vier Schergen auf den Entkräfteten und schlagen mit Knüppeln auf ihn ein oder verhöhnen ihn. Sie sind groß ins Bild gesetzt, Christus und seine vier Peiniger, von denen einer versucht, ihn voranzustoßen und gleichzeitig hochzureißen. Unter seinem harten Griff wirft der Gequälte seinen Kopf in den Nacken, wendet dabei das

277/1
Pestkreuz, um 1300, Köln, St. Maria im Kapitol

schmerzverzerrte Gesicht dem Betrachter zu und blickt zum Himmel. Dieser vieldeutige Blick lenkt die Aufmerksamkeit auf die Worte des Propheten Jesaja (53,5), die in großen Buchstaben auf dem breiten Architrav des hinter der Passionsszene aufsteigenden Gebäudes stehen: »ER IST VMB VNSER SVND WILLEN GESCLAGEN«. Die Inschrift dient der Deutung des Bildes, das die Erfüllung der von Jesaja vorausgesagten messianischen Leiden darstellt. Aus Gehorsam gegen Gott sühnt der Kreuzträger Christus die Schuld aller Menschen. – Oberhalb der Szene zeichnet sich vor dem Himmel vielsagend die Kuppel des salomonischen Tempels ab, das Heiligtum des jüdischen Volkes.

Grünewald reduziert seine Darstellung der Kreuztragung, indem er auf die simultane Wiedergabe erzählerischer Motive verzichtet und dafür nur zwei Momente übergroß und erschütternd zur Anschauung bringt: das geduldige Ertragen unsäglicher Qualen durch den unter der Last des Kreuzes gefallenen Christus und die entfesselte Wut und Brutalität, mit der die Schergen den Erniedrigten auf seinem Weg zur Kreuzigung mißhandeln, verhöhnen und sein Leben mit jedem ihrer Hiebe dem Tode näher bringen. – Es ist daher zu fragen, ob Grünewald anstelle der traditionellen Kreuztragung (Kat. 106, 107, 242) nicht doch die fünfte von sieben Stationen einer besonderen Bildsequenz darstellte, die im späten Mittelalter als *Die Sieben Fälle Christi* bekannt war und einer speziellen Meditation über die Leiden Christi diente.

Christus am Kreuz zwischen Maria und Johannes: Christus, als elender Mensch am Kreuz gestorben, zwischen der leidversunkenen Maria und dem klagend auf ihn zutretenden Johannes – auf diese Dreiergruppe beschränkte Grünewald seine Darstellung der Kreuzigung. Sie ist groß in die vorderste Bildebene gerückt, bis dicht an den Rand, von dem das Kreuz oberhalb der INRI-Tafel überschnitten wird. Fahles Licht fällt steil von oben auf den Gekreuzigten und die Trauernden, die vor dem biblischen Dunkel, das die Landschaft verfinstert, hell und wie leibhaftig gegenwärtig erscheinen. Es ist die Todesstunde Christi. In seinem furchtbar entstellten Körper haben Grauen und Qual der Passion Gestalt angenommen. – Mit drei riesigen Nägeln ist Christus an das rohe Kreuz geschlagen. Schwer hängt der Körper an den überdehnten Armen. Die erstarrten Hände spreizen sich vor dem schwarzen Himmel. Der Querarm des Kreuzes biegt sich unter der Last des Toten. Im Herabsacken hat er sich nach rechts verschoben, so daß sich die verquollenen Füße biegen und auf Johannes weisen. Dagegen neigt sich das auf die Brust gesunkene Haupt Maria zu. Unter der tief in die Stirn gepreßten Dornenkrone ist das schmerzverzerrte Gesicht zu erkennen. Aus den Nagelwunden und dem Lanzenstich in der Seite quillt das Blut. Um die Hüften schlingt sich ein zerfetztes Tuch und hängt als schmutziger Lumpen um die Beine. – Mit gesenktem Haupt, weinenden Augen und gefalteten Händen steht die Mutter wie erstarrt da. Der geschlossene Umriß ihrer Gestalt und das stumpfe Blau und Rotbraun ihrer Kleider entsprechen der Trauer, die sie erfüllt. Anders Johannes: Er ringt, von Schmerz übermannt, die Hände und strebt, den Blick auf Christus geheftet, dem Kreuz zu. Seine Verzweiflung spiegelt sich auf dem Gesicht; seine Erregung unterstreichen der helle, unharmonische Rot-Gelb-Grün-Akkord und das Wirbeln seiner Gewänder.

Die Kreuzigungstafel und ihre abgespaltene Rückseite mit der Darstellung der *Kreuztragung* sind die spätesten der überlieferten Arbeiten Grünewalds. Aufgrund stilistischer Überlegungen und biographischer Fakten werden sie allgemein in die Jahre um 1523/24 datiert. Gewiß hatte der Maler die Figuren beider Kompositionen in allen Einzelheiten in großen Zeichnungen vorbereitet, von denen sich bis auf die Berliner Kreidestudie mit Kopf, Oberkörper und gefalteten Händen zum Johannes der *Kreuzigung* keine mehr erhalten haben. Wie die auf Naturstudien zurückgehenden Vorzeichnungen Grünewalds für den Gekreuzigten der Karlsruher Tafel vorzustellen sind, veranschaulicht die sehr sorgfältig und differenziert ausgeführte Zeichnung des Kupferstichkabinetts in Karlsruhe, die nur wenig früher als das große Bild entstanden sein wird (Kat. 279).

Der von Grünewald gewählte Typus der *Kreuzigung Christi* gehört einer der ältesten, würdigsten und heute noch üblichen Darstellungsweise des Geschehens auf Golgatha an. Besonders zahlreich wurde er in der früh- und hochmittelalterlichen Buchmalerei als Kanonbild verwendet, das heißt als Schmuckblatt des Meßbuches am Beginn des Kanons, dem stets gleichbleibenden Gebetsteil der Messe (siehe z. B. Kat. 185).

Die unvergleichlich ergreifende Darstellung des Kruzifixus steht in der Tradition der mystischen Frömmigkeit und Kunst des 13. und 14. Jahrhunderts. Diese waren von dem Streben nach größtmöglicher Gottesnähe im Diesseits und nach neuer bildlicher Ausdeutung der Heilsgewißheiten geprägt, wie es an dem sogenannten Pestkreuz von St. Maria im Kapitol in Köln deutlich wird (Abb. 277/1). Das bereits um 1300 entstandene Andachtsbild und Werk der plastischen Bildkunst vergegenwärtigt in ähnlich überzeichnender, wenn auch stärker stilisierender Weise und bei weniger naturalistischer Detailwiedergabe den grausam entstellten Kruzifixus. Wie Grünewalds Gemälde ruft es den erschütterten Betrachter zur mitempfindenden Nachfolge Christi in Gedanken und Tat auf.

Zu den literarischen Quellen der Tauberbischofsheimer *Kreuzigung* zählen die Offenbarungen der Heiligen Birgitta von Schweden (1303–1373), die wie eine Anleitung zur bildlichen Übertragung anmuten und die zu Grünewalds Zeit allgemein bekannt waren: »Nun erschienen seine Augen wie halb tot, seine Wangen eingesunken und sein Antlitz voller Trauer; sein Mund war geöffnet, seine Zunge blutig; sein Unterleib war gegen den Rücken zurückgesunken; nachdem alle Feuchtigkeit aufgezehrt war, schien er fast keine Eingeweide mehr zu haben. Der ganze Kör-

278a

278b

per war bleich und kraftlos durch den häufigen Erguß und Verlust seines Blutes. Seine Hände und Füße waren aufs grausamste auseinandergezerrt und nach der Form des Kreuzes ans Kreuz gezogen und danach gerichtet, sein Bart und seine Haare waren ganz mit Blut bespritzt.« – »Um diese Zeit zogen sich seine Hände infolge der zu großen Schwere des Leibes ein wenig von der Stelle zurück, welche die Nägel durchbohrt hatten und so ward der Leib gleichsam von den Nägeln gehalten, mit denen die Füße gekreuzigt waren. Die Finger, Hände und Arme aber waren jetzt weiter ausgestreckt, als zuvor; Schultern und Rücken jedoch waren schier an das Kreuz gedrückt.«[1]

D. L.

1 Clarus 1888, Bd. 1, S. 173 und Bd. 3, S. 254.

Lit.: Slg. Kat. Karlsruhe 1966, S. 131–133 – Lauts 1968 – Müller 1984, S. 5–38 – Slg. Kat. Karlsruhe 1988, Bd. 1, S. 46–49 (D. Lüdke) – Ausst. Kat. Karlsruhe 1992b, Nr. 29, S. 190–197.

278

Matthias Grünewald (Mathis Gothart Nithart; 1475/80–1528)

Zwei Hälften der Standflügel vom »Heller-Altar«

a) ***Die Heilige Elisabeth von Thüringen***
b) ***Eine heilige Märtyrerin (Die Heilige Lucia ?)***

Frankfurt am Main, 1511/12
Mischtechnik auf Tannenholz; 95,8 x 42,8 cm (a) und 101,2 x 43,7 cm (b)
Karlsruhe, Staatliche Kunsthalle Karlsruhe
Inv. Nr. 2604 (a), 2605 (b)

Etwa ein Jahr bevor Matthias Grünewald mit den Arbeiten für den *Isenheimer Altar* begann, schuf er diese beiden Tafeln mit der Heiligen Elisabeth von Thüringen und einer unbekannten Märtyrerin, bei der es sich vielleicht um die Heilige Lucia handelt. Er führte sie in *Grisaille*-Malerei aus, das heißt in Weiß-, Grau- und Schwarztönen, die er so dünn und lasierend auf den ockerfarbenen Grund malte, daß dieser teilweise durchscheint und den Grautönen einen Hauch von Farbigkeit verleiht. Die Heiligen stehen in rundbogigen, in graue Steinblöcke gehauenen Nischen, deren obere Kanten bei Elisabeth mit Feigenbaumzweigen, bei der Märtyrerin mit Jungfernreben geschmückt sind. Flackerndes Licht fällt von links in die Nischen, so daß ein malerisches Spiel von Schatten und Helligkeit entsteht und die Figuren mit ihren lebhaft modellierten Oberflächen in ihrer Plastizität und Gegenwärtigkeit noch gesteigert werden.
Die Heilige Elisabeth (Kat. 156, 194), Patronin der Kranken und Armen, trägt die Tracht einer vornehmen Frau des frühen 16. Jahrhunderts. Haube, Schleier und Kinnbinde verhüllen ihr Haupt. Über das pelzverbrämte Kleid fällt ein reich plissierter Mantel, der am Hals von einer kostbaren Schließe zusammengehalten wird. Als Zeichen ihrer christlichen Barmherzigkeit hält sie ein Brot und eine Kanne in den Händen, als böte sie Speise und Getränk einem Bedürftigen an, dem sie zugleich den Kopf mitleidig zuneigt. Bei den zu ihren Füßen wachsenden Pflanzen handelt es sich teilweise um Heilkräuter.
Die unbenennbare Heilige hält zierlich einen Palmenzweig in der Rechten, der sie als Märtyrerin ausweist. Mit seligem Lächeln schaut sie sich um und preßt dabei mit der Linken das geraffte, ebenfalls plissierte Übergewand an den Leib, so daß ein Stück des Kleides mit breitem Pelzbesatz sichtbar wird. Auch hier bedecken Gräser und Pflanzen die Standfläche der Nische.
Grisaillen schmücken seit dem frühen 15. Jahrhundert die Außenseiten gotischer Altarflügel, wo sie meist in illusionistischer Weise Steinfiguren von Heiligen in Nischen wiedergeben. Grünewalds Heilige wirken jedoch trotz der Farblosigkeit wie von Leben erfüllt, worauf auch die vom Windstoß erfaßten Locken der Märtyrerin oder die Rasenstücke am Boden, die kein Bildhauer so fein und naturnah in Stein hätte formen können, deuten. – Schon 1509 schuf Hans Holbein d. Ä. in Augsburg für das Frauenkloster Hohenburg auf dem Odilienberg unweit Straßburgs im Unterelsaß ein Retabel, dessen Flügel beidseitig mit Szenen des Marien- und Odilia-Lebens sowie mit Gruppen von Heiligen in ähnlich virtuoser Grisaille-Malerei ausgeführt waren (Abb. 244/1).[1]
In Grünewalds Bildern haben sich die unteren Hälften zweier Tafeln erhalten, deren obere Teile die Heiligen Laurentius und Cyriacus ebenfalls in Graumalerei zeigen. Diese befinden sich heute im Historischen Museum zu Frankfurt. Die langen Tafeln bildeten einst die beiden feststehenden Standflügel des Retabels, das Jakob Heller von 1507 bis 1512 durch mehrere Künstler für seine Gedächtnisstätte in der Frankfurter Dominikanerkirche fertigen ließ. Das Mittelbild, das drehbare Flügelpaar und den Entwurf zum Rahmen hatte Albrecht Dürer geliefert. Zwischen 1613/14 und 1679 und 1742 wurde dieses Hauptwerk der altdeutschen Kunst teilweise vernichtet. Dabei wurden Grünewalds Heiligentafeln zersägt und gelangten in verschiedene Sammlungen. Erst 1950 wurden die Karlsruher Teile in Freiburger Privatbesitz wiederentdeckt. D. L.

1 Ausst. Kat. Augsburg 1965, Nr. 45, 46, Abb. 45–48.

Lit.: Slg. Kat. Karlsruhe 1973, S. 10–23 – Müller 1984, S. 39–45 – Slg. Kat. Karlsruhe 1988, Bd. 1, S. 44ff. (D. Lüdke).

279

Matthias Grünewald (Mathias Gothart Nithart; 1475/80–1528)

Christus am Kreuz

Gegen 1524 (?)
Schwarze Kreide, Spitzpinsel in Schwarz, Grau und Weiß; 53,9 x 32,5 cm (Blatt)
Karlsruhe, Staatliche Kunsthalle Karlsruhe, Kupferstichkabinett
Inv. Nr. VIII 1500

Dieses Karlsruher Blatt mit dem gekreuzigten Christus gehört zu den nicht mehr als 35 Zeichnungen, die von Matthias Grünewald überliefert sind. Aus altem Karlsruher Sammlungsbesitz, wurde es ursprünglich vielleicht von Markgraf Friedrich VI. von Baden-Durlach (1617–1677) aus dem Amerbach-Kabinett in Basel erworben, aus dem auch eine noch heute ebenda verwahrte, gut erhaltene Kopie des Karlsruher Blatts stammt, welche für die Rekonstruktion schadhafter Teile der Grünewald-Zeichnung wichtig ist.[1] Deren Zustand ist nicht sehr gut, da sie berieben und an allen Seiten beschnitten ist und wohl schon um 1660 entlang der Konturen der Darstellung ausgeschnitten und auf ein neues Blatt geklebt wurde. Da sie aber nicht nachträglich überarbeitet wurde, stellt die Zeichnung noch ein wichtiges Zeugnis der hochentwickelten, inspirierten Zeichenkunst Grünewalds dar. Zur Wiedergabe des sorgfältig modellierten Körpers mit feinsten Licht-Schattenübergängen und der roh behauenen, teilweise mit rissiger Borke überzogenen Kreuzbalken bediente sich der Künstler einer hoch differenzierten, mehrschichtigen Mischtechnik. Über einer zarten Zeichnung in schwarzer Kreide für Umrisse und schraffierte Schatten liegen mit dem Spitzpinsel in schwarzer Tinte gezogene Linien und Schraffen zur weiteren Verdeutlichung von Konturen und Schattenpartien; bei einem letzten, subtil modellierenden Arbeitsgang mit Pinsel wurden die Oberflächen mit weiteren gestrichelten Lagen in lichtem Grau und Deckweiß nochmals überzogen.
Das Karlsruher Blatt ist die einzige gezeichnete und auf reines Naturstudium zurückgehende der insgesamt fünf erhaltenen Kruzifixus-Darstellungen Grünewalds, zu denen folgende Werke zählen: aus der Frühzeit die zwei mittelgroßen Gemälde in Basel (um 1503/05)[2] und in Washington (um 1511/20)[3] und aus der mittleren und späten Schaffenszeit die monumentalen Retabelbilder des *Isenheimer Altars* von 1512/16 (Abb. 280/1) und die in Karlsruhe verwahrte Tafel des *Tauberbischofsheimer Retabels* von 1523/24 (Kat. 277a). Bei dem Versuch, die Zeichnung innerhalb der Zeitabfolge der genannten vier Tafelgemälde zu situieren, bildeten sich in der Forschung zwei Lager: Das eine erkennt im Karlsruher Blatt ein Frühwerk Grünewalds aus der Zeit vor dem Basler Bild bzw. vor dem in Washington; das andere tritt für eine Entstehung nach dem

279

Isenheimer Altar und vor der Tauberbischofsheimer *Kreuzigung* ein. Für eine Frühdatierung wird unter anderem auf die Stellung der überkreuzten, von einem Nagel durchbohrten Füße verwiesen, von denen der rechte wie im Basler Gemälde nicht auf einer weit vorstehenden Stütze aufstaucht und sich nicht stark umbiegt, was aber bereits im Gemälde in Washington anzutreffen ist. – Die auch an dieser Stelle vertretene Spätdatierung geht auf Jan Lauts zurück. Er verwies auf den kräftigen, gedrungenen Körper des Gekreuzigten, in dem sich die Schwere des Tauberbischofsheimer Kruzifixus anzukündigen scheint. Auch gleicht das zerfetzte Lendentuch der Zeichnung mehr dem des Karlsruher Gemäldes als einem auf den anderen Bildern. Und schließlich spricht die souveräne Beherrschung der schwierigen Mischtechnik für das Werk eines erfahrenen älteren Künstlers. Neben den verwandten Zügen und Motiven, die abwechselnd je zwei oder mehr der fünf genannten Werke Grünewalds miteinander verbinden, hat das Karlsruher Blatt auch solche, die auf keinem der vier Gemälde vorkommen, was seine zeitliche Einordnung erschwert: der aus zwei Teilen bestehende Querbalken des Kreuzes, die geballten Fäuste anstelle der geöffneten Hände mit den gespreizten und verkrampften Fingern und das Fehlen des Kreuzestitels, was auch auf die Basler Zeichnungskopie zutrifft.

D. L.

1 Siehe Schoenberger 1948, S. 45, A2, mit Abb.; dort auch die vier im folgenden genannten Gemälde zusammen auf einer Tafel abgebildet (Abb. A5–A8).
2 Slg. Kat. Basel 1964, S. 34, Abb. S. 35.
3 Slg. Kat. Washington 1993, S. 70–81, Abb. S. 75.

Lit.: Friedländer 1927, Nr. 6 – Zülch 1938, Nr. 2 – Schoenberger 1948, Nr. 2 – Lauts 1968, S. 36, Abb. 15 – Ruhmer 1970, Nr. 1 – von Borries 1976 – Müller 1984, S. 21–23, Abb. 9 – Slg. Kat. Karlsruhe 1988, Bd. 2, Nr. 10 (J. E. von Borries).

280

Unbekannter Kopist nach Matthias Grünewald

a) ***Die Versuchung des Heiligen Antonius***

b) ***Stürzender Grabeswächter***

Um 1515
Aquarell und Deckfarben über Spuren von schwarzer Kreide;
39,9 x 26,8/26,1 cm (a) und 19,1 x 27,8 cm (b)
Karlsruhe, Staatliche Kunsthalle Karlsruhe, Kupferstichkabinett
Inv. Nr. VIII 1498 (a) und VIII 1499 (b)

280b

Beide Blätter wurden wahrscheinlich von Markgraf Friedrich V. von Baden-Durlach (1594–1659), der nach dem Straßburger Exil von 1642 an in Basel residierte und dort unter anderem mit Remigius Faesch, dem Begründer des »Faeschischen Museums« verkehrte, für die eigene Sammlung erworben, von der sich Teile im Karlsruher Kupferstichkabinett erhielten. In Aquarell und Deckfarben über zarter, nur noch in Spuren sichtbarer Kreidezeichnung ausgeführt, sind es Kopien von Teilen der von Matthias Grünewald zwischen 1512 und 1516 gemalten sechs Flügel des *Isenheimer Altars*. Während die kleinere der beiden Zeichnungen nur die eingehende Detailstudie des im Laufen nach vorne stürzenden Grabwächters der *Auferstehung Christi* auf der Innenseite des rechten äußeren Klappflügels darstellt, gibt das unvollendete größere Blatt die gesamte Innenseite des rechten inneren, ebenfalls schwenkbaren Flügels mit der *Versuchung des Heiligen Antonius* wieder, allerdings unter Weglassung des rechteckigen Auszugs oben rechts. Der auffälligste Unterschied zwischen den beiden Kopien und den Tafelmalereien besteht in der farbigen Erscheinung. Auf den Zeichnungen ist sie manieristisch bunt und hell, während die der gefirnißten Gemälde teilweise dunkel und tonig wirkt. So dominieren auf der Detailstudie kühles Zinkbleigelb (die Spiegelungen des überirdischen, vom auferstehenden Christus ausgehenden Lichts auf der geriffelten Eisenrüstung), Grün und Violett neben den dazu kontrastig gesetzten, wenigen Kupfer- und Ockertönen und lichtem Grau. Ähnlich verhält es sich bei der anderen Zeichnung, bei der zu den genannten Farben noch dominierende Rot- und Rosa-Töne verwendet werden. An dieser Kopie, die alle Stufen ihrer Entstehung – von der hingehauchten Zeichnung auf weißem Blatt, über die farbig-flächige Lavierung bis zur spitzpinseligen Detailmalerei – erkennen läßt, fallen beim Vergleich mit dem Gemälde noch weitere Abweichungen in den Einzelheiten auf. In einem dieser Fälle entspricht das differierende Motiv auf der Zeichnung – der Schnabel des großen Vogeldämons unten rechts – einem erst später veränderten Detail auf dem Gemälde, das noch als Pentiment erkennbar ist. Dies und die große Wahrscheinlichkeit, daß das Papier um 1500 geschöpft wurde, führten J. E. von Borries zu dem einleuchtenden Schluß, daß die Kopie nach dem Flügelgemälde, die das szenische Zentrum, den von Dämonen gequälten Heiligen, (noch) nicht zeigt, wohl ein bestimmtes Zwischenstadium während der Entstehung des Gemäldes festhält und nicht nur Teile des 1515 vollendeten Werks wiedergibt. – Die Teilstudie mit dem Stürzenden, auf dem gleichen Papier wie die größere Zeichnung ausgeführt, zeichnet sich durch Flächigkeit aus, woran zu erkennen ist, daß es der Kopist nicht vermochte, das raumgreifende Motiv des mit Kopf, Körper und Gliedern in entgegengesetzte Richtungen ausfahrenden, schwer gerüsteten Wächters – eine kühne Erfindung Grünewalds – illusionistisch in die Zeichnung umzusetzen.

280a

Die beiden Kopien zeugen von der Auseinandersetzung eines Grünewald-Zeitgenossen mit der Kunst des großen Malers, der sich selbst so eigenständige, geniale Maler wie der von 1512 bis 1517 in Freiburg wohnhafte Hans Baldung Grien und der in Basel tätige Hans Holbein d. J. nicht ganz entziehen konnten. – Die gemalten Teile des *Isenheimer Altars* scheinen am Oberrhein aber keine nennenswerte Rezeption erlebt zu haben.

D. L.

Lit.: Bock 1904, S. 71, Anm. 97 – Schmid 1911, S. 180, Abb. S. 179 – Massing 1974, S. 179f., 263, Anm. 935–938 – Slg. Kat. Karlsruhe 1988, Bd. 2, Nr. 11 (J. E. von Borries).

280/1 Matthias Grünewald, *Isenheimer Altar,* Kreuzigungsseite, 1512/16, Colmar, Unterlinden-Museum

Dz predigt Doctoꝛ keiſerſperg am Eſcher mit.

Am Eſcher mitwoch

Nement hin vnd eſſen.
Mathei am. xxv. Capi.

Ich hö vch des vordern tags/ein ſüſſen ho nig zelten oder lebküchenn geben vnd geſchenckt/mit nomen Chriſtum vnder dem ſacramēt Vnd als ich bedacht/was ich vck predi get/durch diſe faſten/vnd.xl.tag/ſo hō ich mein ſynn vñ gemüt/ darzū gericht vnd gewendet/das ich mir in meinem gedanck vnd hertzen fürſatzte/ euch di ſen lebküchen/in etlich ſtuck vnd parti ckel zū teilen/vnd alle tag eins (als dan

C ii

281

III.4 Der Humanismus in Straßburg und Basel

Das Oberrheingebiet ist ein Zentrum des deutschen Humanismus gewesen. Die Gründung der Universitäten in Freiburg (1457) und Basel (1460) hat ohne Zweifel zum Aufschwung der Wissenschaften beigetragen, mehr noch allerdings der Buchdruck. Gebildete Drucker, die teilweise aus anderen Regionen zugezogen waren, entfalteten vornehmlich in Basel und Straßburg eine rege Tätigkeit (vgl. Kapitel II. 11) und standen in Korrespondenz mit zahlreichen Gelehrten in ganz Europa. Dem Buchdruck ist es auch zuzuschreiben, daß der wohl berühmteste Humanist, Erasmus von Rotterdam (1466/69–1536), mehrfach und für viele Jahre in Basel lebte (Kat. 287). In engem Austausch mit dem ihm freundschaftlich verbundenen Drucker Johannes Froben plante er die Publikation seiner Werke und konnte den Druck vor Ort beaufsichtigen. Zu seinen größten Leistungen zählt die 1516 bei Froben erschienene kritische Ausgabe des Neuen Testaments in griechischer Sprache. Diese Edition, die Erasmus durch Anmerkungen und durch eine eigene lateinische Übersetzung ergänzte, machte es möglich, daß man einem der wichtigsten humanistischen Anliegen auch beim Bibelstudium nachkommen konnte – nämlich »ad fontes«, das heißt: zu den Quellen zurückzugehen. Die Ausgabe des Erasmus bildete später eine Grundlage für Luthers Übersetzung der Bibel ins Deutsche. In seinen Editionen – genannt sei noch die Ausgabe der Hieronymus-Briefe – versuchte Erasmus, die Texte in gereinigter Form darzubieten. Der christliche Humanismus, der hierin wie auch in seinen theologischen Traktaten und Erbauungsschriften (Kat. 288) zum Ausdruck kommt, prägte das europäische Geistesleben, nicht zuletzt natürlich dasjenige am Oberrhein, nachhaltig.

Neben Erasmus sollen in diesem Kapitel zwei andere gelehrte Männer exemplarisch hervorgehoben werden, die – beide älter als jener – nicht nur am Oberrhein gewirkt haben, sondern hier auch groß geworden sind: Johannes Geiler, genannt von Kaysersberg (1445–1510) und Sebastian Brant (1458–1521). Johannes Geiler, in Schaffhausen geboren und im elsässischen Kaysersberg aufgewachsen, nahm sein theologisches Studium in Freiburg auf und wechselte dann an die Basler Universität, wo er 1475 promoviert wurde. Unter den Lehrern, die ihn besonders prägten, war der Frühhumanist Johannes Heynlin von Stein (1428/31–1496), dessen großer philologischer Sachverstand sich mit tiefer Frömmigkeit verband (Heynlin übte später auch starken Einfluß auf Sebastian Brant aus und wirkte zeitweise, auf Bitten Markgraf Christophs, in Baden-Baden, unter anderem als Seelsorger des Klosters Lichtenthal). 1476 wurde Geiler an die Universität Freiburg berufen und kurz darauf zu deren Rektor gewählt. Doch schon 1478 nahm er eine Predigerstelle an der Lorenzkirche in Straßburg an. Seine eindringlichen, wortgewaltigen Predigten machten ihn weithin berühmt. 1486 wurde er ans Straßburger Münster berufen, wo man eigens für ihn eine neue Kanzel, ein Meisterwerk der Spätgotik, errichtete. Die Abbildung auf der gegenüberliegenden Seite ist eine Holzschnittillustration zu den 1514 postum erschienenen Passionspredigten (Kat. 281); sie zeigt Geiler (bezeichnet mit den Initialen DIK = Doktor Johann Kaysersberg) auf der Münsterkanzel, unter der er 1510 begraben worden ist und von der herab später der Reformator Caspar Hedio (Kat. 289) die Schrift auslegte. Geilers Predigten, die das einfache Volk ebenso wie die Gebildeten ansprachen (Kaiser Maximilian hörte ihnen mehrfach zu), zielten auf die moralische Erziehung seiner Zuhörer. Dabei schreckte er auch vor herber Kritik an der kirchlichen und weltlichen Obrigkeit nicht zurück. Zu Geilers größten Erfolgen gehörte ein Predigtzyklus 1498/99 über das *Narrenschiff* von Sebastian Brant (Kat. 286), der damals noch in Basel lebte, aber bald darauf sein Straßburger Mitbürger wurde.

Brant, gebürtiger Straßburger, hatte in Basel die Rechte studiert und war ebendort zum Professor für Jurisprudenz berufen worden. Neben juristischen und politischen Schriften veröffentlichte er auch lateinische Gedichte auf verschiedene Heilige, unter anderen auf seinen Namenspatron Sebastian (Kat. 285), die durchaus in altgläubigem Geist verfaßt waren. Sein folgenreichstes und bedeutendstes Werk war jedoch die volkssprachliche Dichtung *Das Narrenschiff*, deren moralisierender Humanismus und deren didaktische Absicht einen Mann wie Geiler sofort ansprechen mußten. Die Illustrationen, die größtenteils vom jungen Albrecht Dürer stammen, trugen zur ungeheuren Popularität des Buches bei.

Neben Dürer arbeitete auch Hans Holbein d. J. für oberrheinische Buchdrucker und illustrierte humanistische Schriften. In der Ausstellung ist dies zum einen durch eine Holzschnitt für das *Neue Freiburger Stadtrecht*, dessen Verfasser der bedeutende humanistische Jurist Ulrich Zasius in Freiburg war, dokumentiert (Kat. 270). Zum anderen kommt das in den Illustrationen zu einer Erbauungsschrift des Erasmus zum Ausdruck (Kat. 288).

Von besonderem Interesse in unserem Zusammenhang ist die Haltung der Gelehrten zur Funktion religiöser Bilder. Mehrfach hat Geiler von Kaysersberg die Bedeutung von Bildern für die Belehrung und Andacht hervorgehoben sowie Anleitungen zu ihrem richtigen Gebrauch gegeben. Bilder seien die »geschriften und buecher der gemeinen leygen [Laien], in denen sy den glouben sollend leren«. Als ein Beispiel führt Geiler populäre Andachtsbilder mit dem Motiv der *Heimsuchung* (Besuch Mariens bei Elisabeth) an, die man »umb ein pfening« kaufen könne (vgl. Kat. 50): Man solle Platz nehmen, die Darstellung betrachten und sich dann in die freudige Zuversicht der beiden schwangeren Frauen hineinversetzen. Dann solle man den Dargestellten Ehrerbietung erweisen, indem man entweder vor dem Bild niederknie und es küsse, oder aber den Armen ein Almosen gebe. An anderer Stelle beschreibt Geiler, wie man sich in eine Darstellung des *Gebets Christi am Ölberg* einfühlen und welche Gedanken man dabei haben soll: Christi »blütiger schwaiss« möge der Anlaß sein, über die »grundlose barmhertzigkait« des Erlösers zu reflektieren. Als herausragenden Interpreten der Leidensgeschichte Christi hat Geiler den Maler Hans Hirtz genannt, der wahrscheinlich mit dem Meister der Karlsruher Passion (Kat. 35) identisch ist. Scharfe Kritik übte Geiler hingegen an unzüchtigen Darstellungen: Die Nacktheit des Christuskindes, die verführerischen Reize mancher Madonnen und die betont modische Kleidung von Heiligen auf Bildern der Zeit waren ihm ein Dorn im Auge. Ein noch wichtigeres Anliegen war es ihm zu betonen, man möge die Dargestellten verehren, nicht die Darstellung selbst: »anders wer es abgottery, wan man das bild umb sein selbs willen anbetet, und gloubte das ein bild (...) mee genad oder krafft hette, oder in im beschlüsz etwas innerlichs gewalts oder gotheit.«

Den verbreiteten Glauben an die Wunderkraft der Bilder hat auch Erasmus verurteilt. In seinem *Lob der Torheit* griff er diese Idolatrie auf satirische Weise an: Die Leute versprächen sich von der Verehrung eines Christophorus-Bildes Schutz gegen den plötzlichen Tod, von dem Sprechen festgelegter Gebete zu einer Barbara-Skulptur Unversehrtheit im Krieg etc. Selbst das Pferd des Heiligen Georg werde mit religiöser Inbrunst betrachtet. All das sei törichter, wenn auch angenehmer Aberglaube. Erasmus attackierte – wie Geiler von Kaysersberg – die fehlgeleitete Bildfrömmigkeit, nicht die Bilder selbst. Er war gewiß kein geistiger Wegbereiter des Ikonoklasmus: Als die Reformation in Basel 1529 mit dem Bildersturm zum Durchbruch gelangte, zog sich Erasmus enttäuscht und angewidert nach Freiburg zurück.

Thema dieser Ausstellung ist die sakrale Kunst, die während der letzten 75 Jahre des Mittelalters am Oberrhein entstand. Ihre Grundlage bildete eine traditionelle Frömmigkeit, deren Kontinuität mit der Reformation abbrach. Die Humanisten kannten die Mißstände der alten Kirche und kritisierten diese ebenso wie alle Formen einer rein äußerlichen Religiosität. Die Kirchenspaltung haben sie größtenteils nicht gewollt, aber auch nicht verhindern können: Am Oberrhein vollzog sie sich im dritten Jahrzehnt des 16. Jahrhunderts und eröffnete damit das konfessionelle Zeitalter, in dem sich die Bedingungen der Kunst und damit auch die Kunst selbst entscheidend veränderten. H. J.-F.

281

Johannes Grüninger (vor 1480–1531/33; Drucker)

Doctor Keiserspegrs [sic] Passion Des Heren Jesu

(Passionspredigten und -betrachtungen des Johann Geiler von Kaysersberg)
Straßburg, 1514
Postinkunabel mit 42 Holzschnitten, Papier; 112 Blätter, 26,9 x 18,8 cm
Karlsruhe, Badische Landesbibliothek
Inv. Nr. 85B 93 RG

Johannes Grüningers illustrierte Ausgabe der Passionspredigten des Geiler von Kaysersberg (Kat. 282) gehört heute zu den Seltenheiten der Straßburger Druckkunst des frühen 16. Jahrhunderts. Schon der Titel und die Vorrede der Schrift künden von der Gewohnheit des Geistlichen, an jedem Tag in der Fastenzeit eine Predigt über ein bestimmtes Ereignis der Leidensgeschichte Christi in chronologischer Reihenfolge zu halten. Diese Praxis wird in Text und Bild gleichgesetzt mit dem stückweisen Auf- und Austeilen eines süßen Lebkuchens, dem Symbol für die Auslegung und Verkündigung des Erlösungswerkes Christi. So geben die Holzschnitte des Buchtitels und in der Vorrede folgende Szenen wieder: Geiler von Kaysersberg beim Predigen auf der Straßburger Münster-Kanzel, unter der er 1510 bestattet wurde (Bl. 1r und 14r), und ein Interieur mit sieben Personen um einen Tisch, an dem der mit einer Kreuzigungsdarstellung gezierte Lebkuchen zur Aufteilung kommt (Bl. 7r). Den Anfang zu den eigentlichen Passionstexten schmückt der anrührende Holzschnitt mit dem von Traurigkeit und Furcht erfüllten Christus, der im Garten vor Jerusalem in der nachsinnenden Haltung des Melancholikers sitzt (Bl. 16v). Von den folgenden 39 Passionsholzschnitten in drei verschieden großen Formaten verdienen 13 der ganzseitigen Illustrationen besondere Aufmerksamkeit. Sie sind mindestens zwei sehr unterschiedlich arbeitenden Zeichnern zuzuteilen: einem wohl jüngeren, der die Risse für die Holzschnitte mit der *Versammlung der Juden, Christi Verhör vor Herodes* und der *Händewaschung des Pilatus* im Stil der frühen Renaissance lieferte (Bl. 27r, 61v, 78v); und einem älteren, von Martin Schongauer beeinflußten, »spätgotischen« Meister, dessen Kompositionen stilistisch in die Zeit um 1480/1500 weisen und der wohl der Generation des Meisters der Gewandstudien (siehe Kap. II.5, Kat. 99ff.) angehörte. Die Holzschnitte dieses Reißers, die Grüninger teilweise schon für seine *Passion in Form eines Gerichtshandels* verwendete, sind klein- und vielteilige, erzählfreudige Bilder, auf denen das *Gebet am Ölberg*, die *Kreuztragung, Christus in der Rast*, die *Kreuzigung*, die *Beweinung* und die *drei Frauen am Grabe* sowie *Christus vor Kaiphas bzw. Pilatus*, die *Dornenkrönung* und das *Ecce homo* in ausführlich geschilderte Landschaften oder Städte, Paläste und Interieurs versetzt sind (Bl. 18v, 81v/84v, 87r, 93r, 108v, 110r bzw. 45v/64r, 71v, 76r). Diese ausgedehnten Bildräume sind in mehrere Zonen und Bereiche gegliedert und bieten gegeneinan-

281

der versetzte Haupt- und Nebenschauplätze für simultanes, in mehrere Figurengruppen aufgeteiltes Geschehen. Zur großen Zahl an Versatzstücken gehören zum einen die für Grüningers Holzschnitte typischen Felsen mit rundlichen Graskuppen, welliges Terrain, Teiche, Bäche, Kanäle und Zäune, zum anderen im Zickzack geführte Treppen und Rampen mit Maßwerkbalustraden, Brücken, Lauben und große Bögen, die die umherwandernden Blicke des Betrachters anziehen.[1] Diese Holzschnitte verweisen auf eine nahezu ganz verlorene Gruppe oberrheinischer Tafelgemälde, die vergleichbar differenzierte Landschaften und Architekturen als räumliche Folie für erzählerisches Geschehen zeigen.[2]

D. L.

1 Siehe z. B. Schramm, Bd. 20, 1937, Abb. 240–245 – Kristeller 1966, Abb. 16.

2 Vgl. z. B. Meister der Jakobuslegende, *Gefangennahme des Jakobus Major* (Slg. Kat. Straßburg 1999, S. 59, Inv. MBA 1516); Meister der Gewandstudien, *Ölberg, Ecce homo, Kreuztragung* und *Kreuzannagelung* (Schimpf 1984, Abb. 2, 7, 8, 9) und Straßburger (?) Meister von 1474, Das Gebet des Reichen und des Armen (Ausst. Kat. Bern/Straßburg 2000/2001, Nr. 61).

Lit.: Muther 1922, S. 221f., Nr. 1421 und 1433 – Geldner 1965, S. 71ff. – Kristeller 1966, S. 97f., Nr. *145 – Benzing 1989, S. 437.

281

282

Hans Wechtlin (1480/85 – nach 1526; Reißer)

Der Passion oder dz lyden Jesu Christi unsers herren

(Passionspredigten und -betrachtungen des Johann Geiler von Kaysersberg)
Straßburg, 1522; gedruckt bei Johannes Schott
Postinkunabel mit 19 Holzschnitten, Papier; 28 Blätter, 30 x 21,8 cm
Karlsruhe, Sammlung K. und U. Schulz

Johannes Schott, seit 1499/1500 Leiter der väterlichen Werkstatt und einer der bedeutendsten Straßburger Drucker des 16. Jahrhunderts, gab 1522 als nicht paginierten Einschub zwischen dem zweiten und dritten Teil der *Postille* des Johann Geiler von Kaysersberg (1445–1510; siehe Kat. 281) dessen berühmte Passionspredigt unter folgendem Titel heraus: *Der Passion oder dz lyden Jesu Christi unsers herren/noch dem text der fyer Evangelisten/wie jn dann der hochgelert Doctor Johannes Geyler von Keyserßberg/zuo Straßburg järlich geprediget hatt*. Der Text nach den Worten des gründlichen und genialen Geistlichen, der 24 Jahre Prediger im Straßburger Münster war, ist reich bebildert mit neunzehn seitengroßen Holzschnitten, einem Frontispiz mit der Kreuzigung im Typus eines Kanonblattes und einem 16teiligen Zyklus der Passion Christi, dem die Erweckung des Lazarus und die Fußsalbung Jesu durch Maria Magdalena im Hause des Simon zu Bethanien vorangestellt sind. Illustriert sind folgende Leidensstationen: zu Beginn der Einzug in Jerusalem, Jesu Predigt im Tempel und das Abendmahl; es folgen das Gebet am Ölberg, die Gefangennahme, das Verhör vor Annas, die Verspottung bei Kaiphas, Christus vor Pilatus, die Geißelung und die Dornenkrönung, das Ecce homo und die Händewaschung des Pilatus; die letzten vier Szenen sind die Kreuztragung, Kreuzigung, Kreuzabnahme und Grablegung. Diese eindrucksvolle Bildfolge, die auf neun Holzschnitten noch zehn weitere Nebenszenen zeigt, ist ein Werk des Malers und Zeichners Hans Wechtlin, der um 1480/85 in Straßburg geboren wurde und noch 1526 dort tätig war. Wenngleich geprägt von der Kunst Dürers und seines Altersgenossen Baldung, scheint er doch zu seiner Passion von 1522 zu einem großen Teil durch die Kompositionen eines viel älteren, wohl Straßburger Zyklus, der vielleicht vom Meister der Karlsruher Passion oder einem Maler aus dessen Umkreis stammte, nachhaltig angeregt worden zu sein. Altertümliche Anzeichen dafür sind die gedrängten Kompositionen dicht an dicht stehender, sitzender und handelnder Figuren, deren große Köpfe und untersetzte Körper auffallen; diese Gruppen füllen die bildparallelen Vorderzonen der Darstellungen aus, und werden von den seitlichen Bildrändern überschnitten. Weitere Indizien sind die schmalen Bodenstreifen und über den Köpfen die Andeutungen von Landschaften mit hohen Horizonten. Die niedrigen Innenräume sind wie beim Karlsruher Passionsmeister gegliedert durch klobige Stufen und Säulen und geben Durchblicke in angrenzende Räume und freies Gelände, die zu den Schauplätzen der jeweils folgenden Passionsszenen überleiten. Ebenso kehren Hauptpersonen wie Pilatus und die Peiniger Christi innerhalb der Folge leitmotivisch wieder und befördern den Erzählfluß. Charakteristische Motive der *Karlsruher Passion* wie der abgestorbene Baum oder der Leiterträger über Christus, wie die Beobachter in der Baumkrone oder auf hohem Balkon, wie der Zaun aus spitzen Waffen oder die brennende Fackel, die sich über den Köpfen vor dem Himmel deutlich abheben, übertrug Wechtlin in die Formen des frühen 16. Jahrhunderts. Ein vergleichender Blick auf die Holzschnitte der wenig älteren,

282

1514 von Johannes Grüninger in Straßburg gedruckten, reichillustrierten Passionspredigt des Geiler von Kaysersberg (Kat. 281) läßt die Eigenart von Wechtlins Zyklus noch deutlicher erkennen. Durch die Anlehnung an ältere Vorlagen der Jahrzehnte um 1450 gelangen ihm ausdrucksstarke Figurenkompositionen, bei denen Innen- wie Landschaftsräume nur so weit andeutend geschildert wurden, als sie zum Verständnis der Szenen notwendig waren. – Derartige archaisierende Tendenzen sind im frühen 16. Jahrhundert etwa bei Lucas Cranach d. Ä. nachzuweisen. – In diesem Zusammenhang ist aufschlußreich, daß auch Geiler von Kaysersberg die Straßburger Bildkunst um 1450 kannte, zumal er in einer seiner Predigten die Werke des Malers Hans Hirtz lobte, bei dem es sich wohl um den Meister der Karlsruher Passion handelt.[1]

D. L.

1 Fischel 1952, S. 17 – Ausst. Kat. Karlsruhe 1996, S. 9.

Lit.: Zoozmann 1905 – Geldner 1968, S. 84 – Benzing 1989, S. 439.

283

Hans Burgkmair (1473–1531)

Bildnis des Sebastian Brant

Augsburg, 1508 (?)
Lindenholz; 37,5 x 31,5 cm
Karlsruhe, Staatliche Kunsthalle Karlsruhe
Inv. Nr. 953

Mit dem Porträt des Sebastian Brant (1458–1521) schuf der vor 1490 bei Martin Schongauer ausgebildete Augsburger Meister Hans Burgkmair ohne Frage »eines der eindruckvollsten Humanistenbildnisse der deutschen Kunst« (Lüdke). Vor graugrünlich-dunklem Fond gibt er den Straßburger Kanzler, Stadtschreiber, Universalgelehrten und streitbaren Autor des berühmten moralsatirischen »Narrenschiffes« (Kat. 286) im strengen, scharfgeschnittenen Profil.[1] Der knapp gewählte Bildausschnitt, die Rahmung durch den hochstehenden Rockkragen und die stattliche Pelzkappe sowie die Lichtführung konzentrieren die Aufmerksamkeit des Beschauers ganz auf das detailgenau charakterisierte Antlitz des geistvoll sinnenden, wohl auch etwas mißmutigen Gelehrten mit dem leicht herabgezogenen Mundwinkel. Während der Gesichtskontur durch den Schattenwurf auf der rückwärtigen Wand weitere Hervorhebung erfährt, setzen einzig das rote Kragenfutter und der tropfenförmige Goldanhänger – Abzeichen des Stadtschreibers und Juristen – farbige Akzente.

283

283

Der Typus des schlichten, reinen Profilbildnisses hat Vorbilder in der Bildkunst der italienischen Renaissance, findet seine Wurzeln jedoch in der Auseinandersetzung mit Münzbildnissen der römischen Antike. Dergleichen konnte Burgkmair in seiner Heimatstadt Augsburg in den Altertümersammlungen der Fugger oder des befreundeten Humanisten und Stadtschreibers Conrad Peutinger gesehen haben.[2] Die zuvor vorwiegend dem Fürstenporträt vorbehaltene würdevolle Profilansicht mit seiner »objektivierenden und distanzierenden« (Falk), den Dargestellten gleichsam ins Zeitlose entrückenden Wirkung schien Burgkmair der Wiedergabe des berühmten, fünfzigjährigen Humanisten angemessen. Wenig früher – um 1505/06 – hatte Burgkmair bereits kreisrunde Profilbildnisse römischer Caesaren für ein geplantes genealogisches Holzschnittwerk zur Verherrlichung Kaiser Maximilians I. entworfen.[3] – Es hat sich die plausible Annahme durchgesetzt, daß das Bildnis anläßlich eines Besuches Brants in Augsburg im April 1508 ausgeführt wurde. Die Rückseite der Tafel zeigt das Wappen des Dargestellten.

M. D.

1 Zusammenfassend zu Leben und Werk Sebastian Brants: Wiegand 1993.
2 Falk 1968, S. 56; Jakupski 1984, S. 63; Slg. Kat. Karlsruhe 1988, S. 36 (Dietmar Lüdke).
3 Falk 1968, S. 46.

Lit.: Feuchtmayr 1931, Nr. 11, S. 15–16, 27 – Buchner 1953, Nr. 100, S. 96–97, 202 – Slg. Kat. Karlsruhe 1966, S. 69 (Jan Lauts) – Falk 1968, S. 47, 56 – Jakupski 1984, S. 63–64. – Slg. Kat. Karlsruhe 1988, Bd. 1, S. 36–37 (Dietmar Lüdke).

284

Albrecht Dürer (1471–1528; Illustrator)

Sebastian Brant, Varia Sebastiani Brant Carmina

Basel, 1498; gedruckt bei Johann Bergmann von Olpe
Inkunabel mit acht Holzschnitten (davon drei auf dem Titelblatt), Papier; 148 Blätter, 21,2 x 15,8 cm)
Karlsruhe, Badische Landesbibliothek
Sign. Pc 1399

Der Titelholzschnitt zu den *Varia Sebastiani Brant Carmina* zeigt den Autor in einer Landschaft vor einem Rosenkranz kniend, der an einem Laubbaum hängt. Vor ihm lehnt rechts unten sein Wappen mit dem Rad (vgl. Kat. 283). Hinter dem Knienden ist Buschwerk und links in der Ferne ein kreuzbekröntes Stadttor zu sehen.

Über der Darstellung ist der Titel, darunter sind lateinische Verse zum Lob der Jungfrau Maria abgedruckt. In der oberen Einzeldarstellung rechts erscheint sie in der Anbetung der Könige; die untere stellt das Martyrium des Heiligen Sebastian dar. Beide Einzelszenen nehmen auf Sebastian Brants Namen bzw. auf seine ausdrückliche Marienverehrung Bezug und stimmen damit programmatisch auf die Textsammlung ein.

Dürer hat hier weniger das Porträt des Autors Brant wiedergegeben als den Typus des frommen und gelehrten Dichters erfaßt, der sich zwischen mittelalterlicher und neuzeitlicher Denkweise bewegte.

In demselben Jahr 1498 erschien eine verwandte Komposition als Titelblatt der *Carmina Varia* bei Johannes Grüninger in Straßburg. Das im Gegensinn wiedergegebene Bild des Autors ist hier kunstvoller ausgeführt und wird von einer weiteren Einzelszene begleitet, die den Heiligen Johannes auf Patmos zeigt.[1]

A. F.

1 Schramm, Bd. 20, 1937, Nr. 570.

Lit.: Schramm, Bd. 22, 1940, Nr. 1245 – Hieronymus 1977 – Strauss 1979, S. 92f. – Ill. Bartsch, Bd. 10, 1980, S. 528 – Ausst. Kat. Basel 1984, S. 109.

Varia Sebastiani
Brant Carmina.

Que tibi diua miser christipara/carmina lusi
Celicolisq; aliis: suscipe grata velim.
Et mihi pro reliquis erratibus optima virgo
Exores veniã: criminibusq; precor.
Nam pro laude tui nati/superiq; tonantis:
Cuncta hec concinui que liber iste tenet.
.1498.
NIHIL SINE CAVSA.
Olpe.

284

CXXXV

Latina nauis seu barca socialis.
Innumeros classes/fatuos sine fine furentes
Hactenus in nostra ducere classe iuuat:
Si quis forte locū potuit minus accomodatum
Nancisci: huc veniat cum sociisq; vehat.

Gaudium est miseris socios ha=bere penarum. Sed nō minus arde=būt: qui cū multis ar=dent.

Currite sulcamus festinis æquora remis:
Et premit immensum carbasa nostra fretum
En socialis adest classis: properate sodales:
Et fatui pariter nunc properate meri:

ii.q.i.multi.
Eccle.13.&.7.
Iob.xxx.
i.Esdre.v.
Sapien.iiii.

286

Die Entwürfe stammen von sechs verschiedenen Zeichnern, wobei 73 besonders qualitätvolle Vorzeichnungen auf Albrecht Dürer zurückgeführt werden. Ein Erkennungsmerkmal ist die gezipfelte Narrenkappe mit Schellen an den Enden, die er seine Narren tragen läßt im Gegensatz zum Hahnenkamm-Putz eines anderen Zeichners, genannt Meister des Haintz Narr. Noch bevor das Buch fertig illustriert war, zog Dürer nach Straßburg weiter und überließ die übrigen Entwürfe anderen Zeichnern; sein stilistischer Einfluß ist auch in ihren Zeichnungen unverkennbar.
Der abgebildete, 11,4 auf 8,3 Zentimeter große Holzschnitt zeigt das Schiff beladen mit Narren (zu erkennen an den gezipfelten Schellenkappen), die unter einer Flagge mit einem Narrengesicht und der Aufschrift »doctor gryff« singen und musizieren. Rechts vor dem Bug kräuseln sich Wellen, und ein Narr ist vorn weit über die Reling gebeugt. Damit knüpft der Zeichner an das Motiv der Heiligen Ursula an, die mit ihren Jungfrauen auf einem Schiff zusammengedrängt erscheint.
Dürer konnte sich bei seinen Illustrationen auf keine Vorbilder stützen, sondern mußte eine gänzlich neue, dichte Bildsprache erfinden, um die Verse in Bildern zu veranschaulichen. Wie er diese Aufgabe gelöst hat, zeugt von seiner kraftvollen Begabung: In allen Holzschnitten umreißt ein bewegter Konturstrich die Gestalten, denen mit kurzen Schraffuren eine plastische Wirkung verliehen ist. Sie sind nicht mehr in mittelalterlicher Manier nebeneinandergereiht, sondern agieren in ausgewogenen Bildräumen, die klar zu erfassen sind und das jeweilige Geschehen mit wenigen Landschafts- oder Architekturelementen und Attributen charakterisieren. Somit sind die *Narrenschiff*-Darstellungen das reifste Werk des jungen Dürer während seines Basler Aufenthaltes, sie sind wegweisend für den Illustrationsholzschnitt der folgenden Jahre.

A. F.

1 Zu Brant siehe Wiegand 1993.
2 Zit. nach Ausst. Kat. Basel 1972, S. 110.

Lit.: Schramm, Bd. 22, 1940, Nr. 130 – Winkler 1951 – Ausst. Kat. Nürnberg 1971, Nr. 154 – Ausst. Kat. Basel 1972, Nr. 189–210 – Strauss 1979, S. 64f. – Ill. Bartsch, Bd. 10, 1980, S. 516f. – Ausst. Kat. Basel 1984, Nr. 133 – Ausst. Kat. Freiburg 1991, Nr. 165 und 166 – Ausst. Kat. Augsburg 1991, S. 184ff. – Ausst. Kat. Basel 1994 – Ausst. Kat. Karlsruhe 2000, Nr. 46.

287
Hans Holbein d. J., Werkstatt
Bildnis des Erasmus von Rotterdam

Um 1532
Mischtechnik auf Nußbaumholz (?); Durchmesser 14,0 cm; Malfläche 9,7 cm
Karlsruhe, Staatliche Kunsthalle Karlsruhe
Inv. Nr. 67

Kein Humanist hat seinem Porträt und dessen Verbreitung größere Aufmerksamkeit geschenkt als Erasmus von Rotterdam (1466–1536): In Gemälden, im Kupferstich und in Medaillenform hat er sich von den bedeutendsten Künstlern seiner Zeit – Quentin Massys, Albrecht Dürer und Hans Holbein d. J. – porträtieren lassen. Von keinem dieser Künstler hat sich Erasmus öfter darstellen lassen als von Holbein; kein anderer Künstler sollte das »Bild« des Erasmus für die Nachwelt stärker prägen als jener.[1]
Holbeins früheste Erasmus-Bildnisse entstanden 1523 in Basel; zwei zeigen den schreibenden Gelehrten (Louvre, Paris; Kunstmuseum, Basel), im dritten Porträt läßt er die Hände auf einem Buch ruhen (Earl of Radnor; z. Zt. National Gallery, London).[2] Auf diese Bildnisfassung griff Holbein zurück, als er zu Anfang der 1530er Jahre Erasmus ein letztes Mal porträtierte – im berühmten *Erasmus im Rund*, heute im Basler Kunstmuseum.[3] Erasmus war 1529 unter dem Eindruck der Basler Reformation ins altgläubige Freiburg übergesiedelt. Hier dürfte er Holbein bald vor dessen endgültiger Abreise nach England 1532 nochmals gesessen haben, denn der miniaturhaft fein ausgeführte *Erasmus im Rund* zeigt in seiner Unmittelbarkeit und Lebendigkeit, in seiner unvergleichlichen Mischung von krankheitsbedingten Altersspuren und altersweiser Resignation alle Zeichen einer direkten Porträtaufnahme.
Die Karlsruher Kopie stimmt mit dem Basler Bildnis im Motiv wie in den Maßen exakt überein. Zwar reicht sie an dessen überragende künstlerische Qualität nicht heran, doch gibt es gute, bislang übersehene Gründe, ihre Entstehung in der Basler Holbein-Werkstatt selbst anzunehmen. Anders als bislang angenommen, ist der Bildträger nicht aus dem in Südwestdeutschland und der Schweiz selten verwendeten Eichenholz, sondern vermutlich aus dem dort vielbenutzten Nußbaumholz geschnitten.[4] Ferner zeigt ein Blick auf das ausgerahmte Bild, daß die Malfläche allseits von einem gut 2 Zentimeter breiten unbemalten Holzrand umgeben ist, der das Ergebnis einer nachträglichen, groben Abarbeitung ist. Ur-

287

sprünglich war das Karlsruher Porträt – wie sein Basler Vorbild – ein »Kapselbildnis«, das heißt das Gemälde befand sich im Boden einer gedrechselten Holzkapsel, die mit einem Deckel zu verschließen war. Eine frühe Erwähnung des Karlsruher Stücks im Inventar der Kunstsammlung der Markgrafen von Baden-Durlach (1736) erwähnt noch die ursprüngliche vergoldete Rahmenprofilierung.
Kapselbildnisse waren in der ersten Hälfte des 16. Jahrhunderts sehr beliebt, erlaubten sie doch das vergleichsweise problemlose Versenden des in der Dose geborgenen Porträts.[5] Wie zuvor nur Fürsten und Könige, so nutzte auch Erasmus seine Bildnisse als »diplomatische Geschenke« für Freunde und Anhänger. In diesem Kontext dürfte auch die Karlsruher Wiederholung des Basler »Erasmus im Rund« entstanden sein. Es wäre allerdings auch möglich, daß sich Verehrer des Erasmus direkt an Holbein wandten, um ein Porträt des gefeierten Humanistenfürsten zu erhalten. Die Beibehaltung der im späteren 16. Jahrhundert schon unmodern werdenden Kapselform spricht in jedem Fall für eine Entstehung der Karlsruher Kopie in zeitlicher Nähe zu ihrem Basler Vorbild.

J. S.

1 Vgl. Gronert, Stefan: Bild-Individualität. Die »Erasmus«-Bildnisse von Hans Holbein dem Jüngeren, Basel 1996.
2 Vgl. Rowlands 1985, S. 58f., 129f., Farbtafel 15 (Paris), S. 59, 130, Abb. 29 (Basel), S. 57f, 128f, Abb. 26 (London).
3 Vgl. Rowlands 1985, S. 77–79, 135, Abb. 66.
4 Nur eine holzbiologische Bestimmung wird in dieser Frage endgültige Klarheit schaffen.
5 Vgl. Dülberg 1990, S. 93–98, Tafel 248–260.

Lit.: Slg. Kat. Karlsruhe 1966, S. 150, Nr. 67 (mit der älteren Lit.) – Brunin 1968, S. 153 – Reinhardt 1979, S. 545 – Rowlands 1985, S. 135 – von Borries 1989, S. 104.

288

Hans Holbein d. J. (um 1497/98–1543, Entwerfer der Illustrationen)
Meister CV (tätig in Basel 1523/24, Metallschneider)

Erasmus von Rotterdam, Precatio Dominica in septem portiones distributa

Basel, 1524; gedruckt bei Johannes Froben
Mit acht Metallschnitten; jeweils 8,6 x 6,5 cm (Einf.)
Basel, Öffentliche Bibliothek der Universität Basel
Sign. FJ IX 16 (Sammelband der Basler Kartause mit Schriften des Erasmus von Rotterdam)

Das *Vater Unser* war und ist das wichtigste Gebet der Christenheit, weil es von Christus selbst gelehrt wurde (Matthäus 6, 9–13). Es wird deshalb auch das »Gebet des Herrn« genannt. 1523, während seines zweiten Basler Aufenthalts, schrieb Erasmus von Rotterdam einen Kommentar zum *Vater Unser*, wobei er das Gebet in sieben Abschnitte unterteilte und diese den sieben Wochentagen zuordnete.
Die *Precatio Dominica* zählt zu den besonders erfolgreichen Erbauungsschriften des Erasmus. Sie wurde mehrfach und an verschiedenen Orten nachgedruckt sowie in mehrere Sprachen übersetzt. Fast gleichzeitig mit der lateinischen Ausgabe erschien eine deutsche Fassung. In den Jahren darauf folgten Übertragungen ins Französische und Englische (herausgegeben von einer Tochter des Thomas Morus), ins Böhmische, Polnische und Spanische.[1] Die hier gezeigte Ausgabe, die Anfang 1524 in der Offizin von Johannes Froben gedruckt wurde, ist die erste mit den acht Metallschnitt-Illustrationen nach Entwürfen Hans Holbeins d. J. Das dem Holzschnitt verwandte Hochdruckverfahren des Metallschnitts lag zumeist in den Händen von spezialisierten Formschneidern. So auch hier: Außer der abgebildeten Darstellung sind alle mit »CV« bezeichnet. Dieses Monogramm ist dasjenige des – sonst nicht näher zu identifizierenden – Formschneiders, der erheblichen Anteil an der künstlerischen Gestaltung gehabt hat: Die dichten waagerechten Parallelschraffuren, die sich gleichmäßig über alle Zonen, über Figuren und Gebäudeteile ziehen, verleihen den Bildern einen dunklen Ton, der sonst recht untypisch für die graphischen Werke Holbeins ist.[2]
Das *Vater Unser* ist vor der Reformation selten bebildert worden.[3] Holbein war also frei von ikonographischer Tradition und fand, vielleicht in direkter Abstimmung mit Erasmus, zu originellen Bildschöpfungen. Einige Szenen scheinen sich in der zeitgenössischen Lebenswirklichkeit abzuspielen: Auf dem vierten Bild etwa (»Dein Wille geschehe ...«) ist dargestellt, wie zahlreiche Menschen in wörtlicher *imitatio* (Nachfolge) Christi das Kreuz auf sich nehmen. Das sechste Bild (»Und vergib uns unsere Schuld ...«) zeigt Christus, der sich in einen Kerker begeben hat und dort die Freilassung von Gefangenen bewirkt. Schauplatz der Illustration zur Brotbitte (»Unser täglich Brot gib uns heute«, vgl. die Abb.) ist ein romanischer Kirchenraum. Im Mittelgrund links teilt ein Priester vor einem Retabel die Kommunion aus. Dieser geistlichen Mahlzeit ist eine weltliche gegenübergestellt, die im Hintergrund (außerhalb der Kirche, vor einem palastartigen Gebäude) von fünf Personen eingenommen wird. Der Prediger auf der Kanzel im Vordergrund scheint dem zu seinen Füßen sitzenden Volk den Zusammenhang zwischen geistlichem und leiblichem Wohl zu erläutern: Beides wird von Gott geschenkt.
Das Bild zur Brotbitte ist in gewisser Weise zentral für die ganze Folge – nicht nur, weil es den vierten von sieben Abschnitten illustriert, sondern weil es ein Anliegen des Erasmus vor Augen führt, das ihm neben der

Numina cœleſtem nobis peperere Lutherum,
Noſtra diu maius ſæcla videre nihil.
Quem ſi Pontificum crudelis deprimit error,
Non feret iratos impia terra Deos.

290

290/1 Hans Baldung, gen. Grien, *Luther mit Nimbus und Taube*, Holzschnitt

in Wittenberg inne. Die Darstellung Luthers als Mönch könnte in der Absicht entstanden sein, die nach wie vor fromme Gesinnung des Kirchenkritikers besonders herauszustreichen.

Auf einem weiteren Holzschnitt, der als Titelblatt eines Berichtes über die Ereignisse auf dem Reichstag zu Worms diente, zeigt Baldung Luther nach derselben Bildformel, jedoch zusätzlich mit einem Heiligenschein und der Taube des Heiligen Geistes ausgezeichnet (vgl. Abb. 290/1).[2] Die außergewöhnliche Präsentation des Reformators als ein vom Heiligen Geist erleuchteter Heiliger ist wahrscheinlich in der falschen Annahme entstanden, Luther sei auf seiner Rückreise vom Reichstag zu Worms überfallen und ermordet worden.

A. M.

1 Ausst. Kat. Hamburg 1983.
2 Mende 1978, Nr. 437.

Lit.: Ausst. Kat. Karlsruhe 1959, S. 368, Nr. XXXIII – Oldenbourg 1962, S. 113–115, Nr. 343, L. 152 – Mende 1978, Nr. 436 – Ausst. Kat. Augsburg 1992, Nr. 26 – Hegele 1999, S. 18f.

Bibliographie

Ahnne 1952
La Bible de Jean Grüninger 1485. Introduction de Paul Ahnne, Straßburg 1952

Ammann/Mittler 1951
Ammann, Hektor/Mittler, Otto: Quellen zur mittelalterlichen Bau- und Kunstgeschichte aus dem Stadtarchiv Baden, in: Zeitschrift für schweizerische Archäologie und Kunstgeschichte, Bd. 12, 1951, S. 129–163

Andel 1933
Andel, Gerrit Gijsbertus van den: Die Margaretenlegende in ihren Mittelalterlichen Versionen. Eine vergleichende Studie, Groningen 1933

Andersson 1987
Andersson, Christiane: Master E. S. in Munich and Berlin, in: The Print Collector's Newsletter, Bd. 18, 1987, S. 167–170

Anzelewsky 1964
Anzelewsky, Fedja: Peter Hemmel und der Meister der Gewandstudien, in: Zeitschrift des deutschen Vereins für Kunstwissenschaft, Bd. 17, 1964, S. 43–53

Anzelewsky 1991
Anzelewsky, Fedja: Der Meister der Spielkarten, der Meister E. S. und die Anfänge des Kupferstichs, in: Ausst. Kat. Colmar 1991, S. 113–123

Appuhn 1981
Heilsspiegel. Die Bilder des mittelalterlichen Erbauungsbuches Speculum humanae salvationis. Mit Nachwort und Erläuterungen von Horst Appuhn, Dortmund 1981

Appuhn 1988
Appuhn, Horst: Das Monogramm des Meisters E. S. und die Pilgerfahrt nach Einsiedeln, in: Zeitschrift für schweizerische Archäologie und Kunstgeschichte, Bd. 45, 1988, S. 301–314

Appuhn 1989
Appuhn, Horst (Hg.): Meister E. S. Alle 320 Kupferstiche, Dortmund 1989

Appuhn/von Heusinger 1965
Appuhn, Horst/von Heusinger, Christian: Der Fund kleiner Andachtsbilder des 13. bis 17. Jahrhunderts in Kloster Wienhausen, in: Niederdeutsche Beiträge zur Kunstgeschichte, Bd. 4, 1965, S. 157–238

Arnold 1993
Arnold, Klaus: Die Heilige Familie. Bilder und Verehrung der Heiligen Anna, Maria, Joseph und des Jesuskindes in Kunst, Literatur und Frömmigkeit um 1500, in: Opitz 1993, S. 153–174

Assion 1969
Assion, Peter: Die Mirakel der Hl. Katharina von Alexandrien. Untersuchungen und Texte zur Entstehung und Nachwirkung mittelalterlicher Wunderliteratur, Diss., Heidelberg 1969

Atz 1905
Atz, Karl: Hochgotischer Marienaltar in Stams, in: Zeitschrift für Christliche Kunst, Bd. 18, 1905, Sp. 321–328

Ausst. Kat. Aachen 1958
Unsere liebe Frau, Rathaus zu Aachen, Aachen 1958

Ausst. Kat. Aachen 1965
Braunfels, Wolfgang (Hg.): Karl der Große. Werk und Wirkung, Rathaus zu Aachen und im Kreuzgang des Doms, Aachen 1965

Ausst. Kat. Amsterdam 1958
Middeleeuwse Kunst der Noordelijke Nederlanden, Rijksmuseum Amsterdam, Amsterdam 1958

Ausst. Kat. Amsterdam 1985
's Levens Felheid de Meester van het Amsterdamse Kabinet of de Hausbuch-meester ca. 1470–1500, Rijksprentenkabinet/Rijksmuseum Amsterdam, Maarssen 1985

Ausst. Kat. Amsterdam 1994/95
Os, Henk van (Hg.): The Art of Devotion in the Late Middle Ages in Europe 1300–1500, Rijksmuseum Amsterdam, Amsterdam 1994

Ausst. Kat. Andechs 1993
Kirmeier, Josef (Hg.): Herzöge und Heilige. Das Geschlecht der Andechs-Meranier im europäischen Hochmittelalter, Kloster Andechs, München 1993 (Veröffentlichungen zur Bayerischen Geschichte und Kultur Nr. 24/93)

Ausst. Kat. Augsburg 1965
Hans Holbein der Ältere und die Kunst der Spätgotik, Augsburg Rathaus, Augsburg 1965

Ausst. Kat. Augsburg 1973
Hans Burgkmair 1473–1973. Das graphische Werk, Städtische Kunstsammlungen Augsburg, Stuttgart 1973

Ausst. Kat. Augsburg 1991
Gier, Helmut/Janota, Johannes (Hg.): Von der Augsburger Bibelhandschrift zu Bertolt Brecht, Staats- und Stadtbibliothek Augsburg, Weißenhorn 1991

Ausst. Kat. Augsburg 1992
Hans Baldung Grien. Buchholzschnitte aus Augsburger Beständen, Universitäts-, Staats- und Stadtbibliothek Augsburg, Augsburg 1992

Ausst. Kat. Basel 1960
Die Malerfamilie Holbein in Basel, Kunstmuseum Basel, Basel 1960.

Ausst. Kat. Basel 1972
Hieronymus, Frank (Bearb.): Oberrheinische Buchillustration. 1. Inkunabelholzschnitte aus den Beständen der Universitätsbibliothek, Universitätsbibliothek Basel, Basel 1972

Ausst. Kat. Basel 1984
Hieronymus, Frank (Bearb.): Oberrheinische Buchillustration. 2. Basler Buchillustration 1500–1545, Universitätsbibliothek Basel, Basel 1984

Ausst. Kat. Basel 1986
Erasmus von Rotterdam. Vorkämpfer für Frieden und Toleranz, Historisches Museum Basel, Basel 1986

Ausst. Kat. Basel 1991a
Müller, Christian (Bearb.): Das Amerbach-Kabinett. Zeichnungen Alter Meister, Kunstmuseum Basel, Basel 1991

Ausst. Kat. Basel 1991b
Boerlin, Paul H. (Bearb.): Das Amerbach-Kabinett. Die Gemälde, Kunstmuseum Basel, Basel 1991

Ausst. Kat. Basel 1993
Velhagen, Rudolf (Hg.): Eremiten und Ermitagen in der Kunst vom 15. bis zum 20. Jahrhundert, Kunstmuseum Basel, Basel 1993

Ausst. Kat. Basel 1994
Sébastien Brant. 500e anniversaire de La Nef de Folz 1494–1994. Das Narrenschiff. Zum 500jährigen Jubiläum des Buches von Sebastian Brant, Öffentliche Bibliothek Basel u. Universitätsbibliothek Freiburg, Basel 1994

Ausst. Kat. Basel 1997
Dürer, Holbein, Grünewald. Meisterzeichnungen der deutschen Renaissance aus Berlin und Basel, Öffentliche Kunstsammlung Basel, Kupferstichkabinett, Ostfildern-Ruit 1997

Ausst. Kat. Berlin 1975/76
Brandis, Tilo (Bearb.): Zimelien. Abendländische Handschriften des Mittelalters aus den Sammlungen der Stiftung Preußischer Kulturbesitz Berlin, Berlin-Dahlem, Wiesbaden 1975

Ausst. Kat. Berlin 1987
Achten, Gerard (Bearb.): Das christliche Gebetbuch im Mittelalter. Andachts- und Stundenbücher in Handschrift und Frühdruck, Staatsbibliothek Berlin, 2. verbesserte Auflage Berlin 1980

Ausst. Kat. Berlin 1991
Krohm, Hartmut (Hg.): Martin Schongauer – Druckgraphik im Berliner Kupferstichkabinett, Staatliche Museen Preußischer Kulturbesitz, Berlin 1991

Ausst. Kat. Bern 1936
Schweizerische Malerei 15. bis 18. Jahrhundert, Kunstmuseum Bern, Bern 1936

Ausst. Kat. Bern/Straßburg 2000/2001
Dupeux, Cécile u. a. (Hg.): Bildersturm. Wahnsinn oder Gottes Wille? Bernisches Historisches Museum u. Musée de l'Œuvre Notre-Dame Straßburg, Zürich 2000

Ausst. Kat. Brügge 1994
Vos, Dirk de: Hans Memling, Groeningemuseum, Brügge 1994

Ausst. Kat. Brüssel 1979
Rogier van der Weyden. Rogier de le pasture. Stadtmaler von Brüssel. Porträtist des burgundischen Hofes, Stadtmuseum Brüssel, Brüssel 1979

Ausst. Kat. Coburg 1975/76
Meisterwerke europäischer Graphik 15.–18. Jh. aus dem Besitz des Kupferstichkabinettes Coburg, Kunstsammlungen der Veste Coburg, Coburg o. J.

Ausst. Kat. Colmar 1991
Der hübsche Martin. Kupferstiche und Zeichnungen von Martin Schongauer (ca. 1450 – 1491), Unterlinden Museum, Colmar 1991

Ausst. Kat. Colmar 2000/2001
Les Dominicaines d'Unterlinden, Musée d'Unterlinden, 2 Bde., Colmar 2000/2001

Ausst. Kat. Darmstadt 1995
Woelk, Moritz (Bearb.): Vom Jenseits ins Diesseits. Sakrale Bilder des Spätmittelalters aus den Beständen des Hessischen Landesmuseums und aus Privatbesitz, Hessisches Landesmuseum Darmstadt, Darmstadt 1995

Ausst. Kat. Detroit 1983
Andersson, Christiane/Talbot, Charles (Bearb.): From a mighty fortress. Prints, drawings, and books in the age of Luther 1483–1546. The Detroit Institute of Arts, The National Gallery of Canada, Ottawa, Kunstsammlungen der Veste Coburg, Detroit 1983

Ausst. Kat. Frankfurt a. M. 2000
Hansert, Andreas u. a. (Bearb.): Aus auffrichtiger Lieb vor Franckfurt. Patriziat im alten Frankfurt, Historisches Museum Frankfurt, Frankfurt a. M. 2000

Ausst. Kat. Freiburg 1970
Kunstepochen der Stadt Freiburg. Ausstellung zur 850–Jahrfeier, Augustinermuseum Freiburg, Freiburg i. Br. 1970

Ausst. Kat. Freiburg 1978
Müller, Wolfgang: Leben und Verehrung des Seligen Bernhard von Baden, Augustinermuseum Freiburg, Freiburg i. Br. 1978

Ausst. Kat. Freiburg 1991
Bock, Sybille (Hg.): Zu Dürers Zeiten. Druckgraphik des 15. und 16. Jahrhunderts aus dem Augustinermuseum Freiburg, Augustinermuseum Freiburg, Freiburg i. Br. 1991

Ausst. Kat. Freiburg 1998
Schadek, Hans (Hg.): Der Kaiser in seiner Stadt. Maximilian I. und der Reichstag zu Freiburg 1498, Stadtarchiv Freiburg, Freiburg i. Br. 1998

Ausst. Kat. Gotha 1998
Schuttwolf, Allmuth (Hg.): Jahreszeiten der Gefühle. Das Gothaer Liebespaar und die Minne im Spätmittelalter, Schloßmuseum Gotha, Gotha 1998

Ausst. Kat. Hamburg 1983
Hofmann, Werner (Hg.): Köpfe der Lutherzeit, Hamburger Kunsthalle, München 1983

Ausst. Kat. Hamburg 1983/84
Hofmann, Werner (Hg.): Luther und die Folgen für die Kunst, Hamburger Kunsthalle, München 1983

Ausst. Kat. Hamburg 1991
Schaar, Eckhard (Bearb.): Was die Bilder erzählen. Graphik aus sechs Jahrhunderten, Hamburger Kunsthalle, Hamburg 1991

Ausst. Kat. Heidelberg 2000
Rödel, Volker (Red.): Der Griff nach der Krone. Die Pfalzgrafschaft bei Rhein im Mittelalter, Ottheinrichsbau Schloß Heidelberg, Regensburg 2000

Ausst. Kat. Houston 1996
Griffiths, Antony (Hg.): Landmarks in Print Collecting. Connoisseurs and Donors at the British Museum since 1753, The Museum of Fine Arts Houston u. a., London 1996

Ausst. Kat. Karlsruhe 1959
Hans Baldung Grien, Staatliche Kunsthalle Karlsruhe, Karlsruhe 1959

Ausst. Kat. Karlsruhe 1965
Beer, Ellen J.: Initial und Miniatur. Buchmalerei aus neun Jahrhunderten in Handschriften der Badischen Landesbibliothek Karlsruhe, Basel 1965

Ausst. Kat. Karlsruhe 1970
Spätgotik am Oberrhein. Meisterwerke der Plastik und des Kunsthandwerks 1450–1530, Badisches Landesmuseum Karlsruhe, Karlsruhe 1970

Ausst. Kat. Karlsruhe 1978
Albrecht Dürer und seine Zeit. Zeichnungen und Druckgraphik aus dem Kupferstichkabinett der Staatlichen Kunsthalle Karlsruhe, Staatliche Kunsthalle Karlsruhe, Karlsruhe 1978

Ausst. Kat. Karlsruhe 1992a
Groll, Karin (Bearb.): Martin Schongauer und seine Zeit. Kupferstiche, Holzschnitte und Zeichnungen der Spätgotik aus dem Kupferstichkabinett der Staatlichen Kunsthalle Karlsruhe, Staatliche Kunsthalle Karlsruhe, Karlsruhe 1992

Ausst. Kat. Karlsruhe 1992b
Dresel, Ines/Lüdke, Dietmar/Vey, Horst: Christus und Maria. Auslegungen christlicher Gemälde der Spätgotik und Frührenaissance aus der Karlsruher Kunsthalle, Staatliche Kunsthalle Karlsruhe, Karlsruhe 1992

Ausst. Kat. Karlsruhe 1992c
»Ora pro nobis«. Bildzeugnisse spätmittelalterlicher Heiligenverehrung, Badisches Landesmuseum Karlsruhe, Karlsruhe 1992

Ausst. Kat. Karlsruhe 1992d
Geh, Hans-Peter/Römer, Gerhard (Hg.): Mittelalterliche Andachtsbücher. Psalterien. Stundenbücher. Gebetbücher. Zeugnisse europäischer Frömmigkeit, Badische Landesbibliothek Karlsruhe, Karlsruhe 1992

Ausst. Kat. Karlsruhe 1994
Hartwieg, Babette/Lüdke, Dietmar: Vier gotische Tafeln aus dem Leben Johannes' des Täufers, Staatliche Kunsthalle Karlsruhe, Karlsruhe 1994

Ausst. Kat. Karlsruhe 1995
Siebenmorgen, Harald (Hg.): Faszination eines Klosters. 750 Jahre Zisterzienserinnen-Abtei Lichtenthal, Badisches Landesmuseum Karlsruhe, Sigmaringen 1995

Ausst. Kat. Karlsruhe 1996
Die Karlsruher Passion. Ein Hauptwerk Straßburger Malerei der Spätgotik, Staatliche Kunsthalle Karlsruhe, Ostfildern-Ruit 1996

Ausst. Kat. Karlsruhe 2000
Die Büchersammlung K. und U. Schulz. Die deutschsprachigen Inkunabeln, Badische Landesbibliothek Karlsruhe, Karlsruhe 2000

Ausst. Kat. Karlsruhe 2001/02
Spätmittelalter am Oberrhein. Alltag, Handwerk und Handel 1350–1525, Badisches Landesmuseum Karlsruhe, Karlsruhe 2001

Ausst. Kat. Karlsruhe/Stuttgart 1994
Heinger, Felix (Hg.): »Unberechenbare Zinsen«: bewahrtes Kulturerbe, Katalog zur Ausstellung der vom Land Baden-Württemberg erworbenen Handschriften der Fürstlich Fürstenbergischen Hofbibliothek, Württembergische Landesbibliothek Stuttgart, Badische Landesbibliothek Karlsruhe, Stuttgart 1994

Ausst. Kat. Köln 1963
Die Sammlung Clemens, Kunstgewerbemuseum der Stadt Köln, Köln 1963

Ausst. Kat. Köln 1963/64
Monumenta Judaica. 2000 Jahre Geschichte und Kultur der Juden am Rhein, Kölnisches Stadtmuseum, Köln 1963

Ausst. Kat. Köln 1974
Vor Stefan Lochner. Die Kölner Maler von 1300 bis 1430, Wallraf-Richartz-Museum, Köln 1974

Ausst. Kat. Köln 1974/Ergebnisse 1977
Vor Stefan Lochner. Die Kölner Maler von 1300–1430. Ergebnisse der Ausstellung und des Colloquiums, Köln 1977

Ausst. Kat. Köln 1982
Westfehling, Uwe (Bearb.): Die Messe Gregors des Großen. Vision, Kunst, Realität, Schnütgen-Museum, Köln 1982

Ausst. Kat. Köln 1993
Zehnder, Frank Günther (Hg.): Stephan Lochner. Meister zu Köln. Herkunft, Werke, Wirkung, Wallraf-Richartz-Museum, Köln 1993

Ausst. Kat. Köln 2001
Budde, Rainer/Krischel, Roland (Hg.): Genie ohne Namen. Der Meister des Bartholomäus-Altars, Wallraf-Richartz-Museum, Köln 2001

Ausst. Kat. Konstanz 1989
Glanz der Kathedrale. 900 Jahre Konstanzer Münster, Städtische Museen Konstanz, Rosgartenmuseum, Konstanz 1989

Ausst. Kat. Kronach 1994
Grimm, Claus u. a. (Hg.): Lucas Cranach. Ein Maler-Unternehmer aus Franken, Festung Rosenberg Kronach und Museum der bildenden Künste Leipzig, Augsburg 1994/95

Ausst. Kat. Leuven 1998
Dirk Bouts (ca. 1410–1475) een Vlaams primitief te Leuven, Sint-Pieterskerk en Predikherenkerk te Leuven, Leuven 1998

Ausst. Kat. Los Angeles/Saint Louis 2000
Butts, Barbara/Hendrix, Lee (Bearb.): Painting on Light. Drawings and Stained Glass in the Age of Dürer and Holbein, J. Paul Getty Museum in Zusammenarbeit mit dem Saint Louis Art Museum, Los Angeles 2000

Ausst. Kat. Ludwigshafen 1980
Gassen, Richard (Bearb.): Druckgraphik des 15. Jahrhunderts – Der Meister E. S. und Martin Schongauer, Wilhelm-Hack-Museum Ludwigshafen am Rhein, Ludwigshafen am Rhein 1980

Ausst. Kat. Mainz 1991
Mertens, Sabine u. a. (Bearb.): Blockbücher des Mittelalters. Bilderfolgen als Lektüre, Gutenberg-Museum Mainz, Mainz 1991

Ausst. Kat. Mainz 1999
Kern, Susanne: Deutsche Malerei des 15. und 16. Jahrhunderts im Landesmuseum Mainz. Ausgewählte Werke, Mainz 1999

Ausst. Kat. Mainz 2000
Schneider, Annette (Bearb.): Gutenberg. Aventur und Kunst. Vom Geheimunternehmen zur ersten Medienrevolution, Gutenberg-Museum, Mainz 2000

Ausst. Kat. München 1957
Das erste Jahrhundert des deutschen Buch- und Bilddrucks, Staatliche Graphische Sammlung und Bayerische Staatsbibliothek München, München 1957

Ausst. Kat. München 1970
Die Frühzeit des Holzschnitts, Staatliche Graphische Sammlung München, München 1970

Ausst. Kat. München 1974
Altdeutsche Zeichnungen aus der Universitätsbibliothek Erlangen, Staatliche Graphische Sammlung München, München 1974

Ausst. Kat. München 1990
Hernad, Béatrice (Bearb.): Die Graphiksammlung des Humanisten Hartmann Schedel, Bayerische Staatsbibliothek München, München 1990

Ausst. Kat. München 1991
Falk, Tilman (Hg.): Martin Schongauer. Das Kupferstichwerk, Staatliche Graphische Sammlung München, München 1991

Ausst. Kat. München/Berlin 1986/87
Bevers, Holm (Bearb.): Meister E. S. Ein oberrheinischer Kupferstecher der Spätgotik, Staatliche Graphische Sammlung München und Kupferstichkabinett Berlin, München 1986/87

Ausst. Kat. New York/Basel/Frankfurt 1998
The master's hand: drawings and manuscripts from the Pierpont Morgan Library New York, Ostfildern-Ruit 1998

Ausst. Kat. Nürnberg 1963
Sammlung Heinz Kisters. Altdeutsche und altniederländische Gemälde, Germanisches Nationalmuseum Nürnberg und Landesmuseum für Kunst und Kulturgeschichte Münster, Nürnberg 1963

Ausst. Kat. Nürnberg 1971
Albrecht Dürer 1471 – 1971, Germanisches Nationalmuseum Nürnberg, Nürnberg 1971

Ausst. Kat. Nürnberg 2000
Großmann, G. Ulrich (Hg.): Spiegel der Seligkeit. Privates Bild und Frömmigkeit im Spätmittelalter, Germanisches Nationalmuseum Nürnberg, Nürnberg 2000

Ausst. Kat. Offenburg 1969
Kirchliche Kunst in der Ortenau aus einem Jahrtausend, Sonderschau auf der Oberrheinmesse, Offenburg 1969

Ausst. Kat. Offenburg 1980
Bibelhandschriften. Bibeldrucke. Gutenbergbibel in Offenburg, Badische Landesbibliothek Karlsruhe und Württembergische Landesbibliothek Stuttgart, Offenburg 1980

Ausst. Kat. Paris 1984a
Chefs d'œuvre de l'art alsacien et de l'art lorrain, Musée des Arts Décoratifs, Paris 1984

Ausst. Kat. Paris 1984b
Altdorfer und der phantastische Realismus in der deutschen Kunst, Centre Culturel du Marais, Paris 1984

Ausst. Kat. Paris 1988
De Dürer à Baselitz. Dessins allemands de la Kunsthalle de Hambourg, École Nationale Supérieure des Beaux-Arts, Paris 1988

Ausst. Kat. Paris 1991/92
Martin Schongauer. Maître de la gravure rhenane vers 1450–1491, Musée du Petit Palais, Paris 1991/92

Ausst. Kat. Paris 1991/92 (Rothschild)
Graveurs allemands du XVe siècle dans la collection de Rothschild, Louvre, Paris 1991/92

Ausst. Kat. Philadelphia 1967
Shestack, Alan (Bearb.): Master E. S. Five Hundredth Anniversary Exhibition, Philadelphia Museum of Art, Philadelphia 1967

Ausst. Kat. Ravensburg 1996/97
Mayer, Bernd M. (Hg.): Von Schongauer zu Rembrandt. Meisterwerke der Druckgraphik aus der Sammlung der Fürsten zu Waldburg-Wolfegg, Städtische Galerie Ravensburg, Ostfildern-Ruit 1996/97

Ausst. Kat. Rottenburg/Schollaberg/Freiburg 1999/2000
Vorderösterreich nur die Schwanzfeder des Kaiseradlers? Die Habsburger im deutschen Südwesten, Württembergisches Landesmuseum Stuttgart, Stuttgart 1999

Ausst. Kat. Rottweil 2000
Wiedervereint. Die Bildtafeln vom gotischen Hochaltar des Rottweiler Münsters, Dominikanermuseum Rottweil, Rottweil 2000 (Kleine Schriften des Stadtarchivs Rottweil 7)

Ausst. Kat. Rottweil 2001
Schmid, Franz X.: Munderkinger Passion. Flügelaltar, Schutzmantelchristus, Chorbogenkreuz, Dominikanermuseum Rottweil, Lindenberg 2001

Ausst. Kat. Salzburg 1982
Das älteste Kloster im deutschen Sprachraum. St. Peter in Salzburg, Dommuseum, Salzburg 1982

Ausst. Kat. Schwäbisch Gmünd 2000
Hans Baldung Grien. Holzschnitte, Museum im Prediger, Schwäbisch Gmünd 2000

Ausst. Kat. Schwäbisch Hall 1992/93
Michels, Anette/Michels, Norbert (Hg.): Erzählkunst der Graphik. Meisterwerke aus der Sammlung Max Kade, Hällisch-Fränkisches Museum Schwäbisch Hall, Sigmaringen 1993

Ausst. Kat. Solothurn 1981
Kunst im Kanton Solothurn vom Mittelalter bis Ende 19. Jahrhundert, Kunstmuseum Solothurn, Solothurn 1981

Ausst. Kat. Straßburg 1895
Industrie- und Gewerbe-Ausstellung Strassburg 1895. Katalog der Ausstellung von Kunst und Altertum in Elsaß-Lothringen, Orangerie-Gebäude, Straßburg 1895.

Ausst. Kat. Stuttgart 1982/83
Meisterwerke alter Druckgraphik aus der Staatsgalerie Stuttgart. Zum 100. Geburtstag des Stifters Max Kade, Staatsgalerie Stuttgart, Graphisches Sammlung, Stuttgart 1982

Ausst. Kat. Stuttgart 1984
Geissler, Heinrich u. a. (Bearb.): Zeichnungen des 15. bis 18. Jahrhunderts. Meisterwerke aus der Graphischen Sammlung, Staatsgalerie Stuttgart, Stuttgart 1984

Ausst. Kat. Stuttgart 1984/85
250 Meisterwerke. 25 Jahre Toto-Lottoerwerbungen für die Kunstmuseen in Baden-Württemberg, Staatsgalerie Stuttgart, Stuttgart 1984

Ausst. Kat. Ulm 1980
Treu, Erwin/Wortmann, Reinhard (Bearb.): Kunstwerke aus dem ehemaligen Augustiner Chorherrenstift St. Michael zu den Wengen in Ulm, Ulmer Museum, Ulm 1980

Ausst. Kat. Ulm 1995
Bilder aus Licht und Farbe. Meisterwerke spätgotischer Glasmalerei. »Straßburger Fenster« in Ulm und ihr künstlerisches Umfeld, Ulmer Museum, Ulm 1995

Ausst. Kat. Ulm 1997
Hans Multscher. Bildhauer der Spätgotik in Ulm, Ulmer Museum, Ulm 1997

Ausst. Kat. Washington 1967/68
Fifteenth Century Engravings of Northern Europe from the National Gallery of Art, Washington D.C., National Gallery of Art, Washington D.C. 1967/68

Ausst. Kat. Washington 1981
Marrow, James H./Shestack, Alan (Hg.): Hans Baldung Grien. Prints and Drawings, National Gallery of Art, Washington 1981

Ausst. Kat. Washington 1999/2000
From Schongauer to Holbein: Master Drawings from Basel and Berlin, National Gallery of Art, Washington 1999/2000

Ausst. Kat. Wien 1974
Spielkarten, ihre Kunst und Geschichte in Mitteleuropa, Graphische Sammlung Albertina, Wien 1974

Ausst. Kat. Wien 1989/1990
Gleisberg, Dieter (Hg.): Merkur und die Musen. Schätze der Weltkultur aus Leipzig, Künstlerhaus Wien, Wien 1989/1990

Ausst. Kat. Wien 1995
Geissmar-Brandi, Christoph/Louis, Eleonora (Hg.): Glaube, Hoffnung, Liebe, Tod, Kunsthalle Wien, Graphische Sammlung Albertina, Wien 1995

Ausst. Kat. Würzburg 1990
Mälzer, Gottfried (Hg.): Aus der Schatzkammer der Universitätsbibliothek Würzburg, Universitätsbibliothek Würzburg, Würzburg 1990

Ausst. Kat. Würzburg 1991
Martin Schongauer. Druckgraphik, Martin von Wagner Museum der Universität Würzburg, Würzburg 1991

Ausst. Kat. Würzburg/Schweinfurt 1985/86
Kunst und Können. Drei graphische Techniken und ihre Meister. Schongauer – Kupferstiche, Dürer – Holzschnitte, Rembrandt – Radierungen aus der Sammlung Otto Schäfer, Martin von Wagner Museum der Universität Würzburg und Städtische Sammlungen Schweinfurt, Schweinfurt 1985/86

Ausst. Kat. Zürich 1994
Jezler, Peter (Bearb.): Himmel, Hölle, Fegefeuer. Das Jenseits im Mittelalter, Schweizerisches Landesmuseum Zürich, Zürich 1994

Bach 1894
Bach, Max: Studien zur Geschichte der Ulmer Malerschule, in: Zeitschrift für Bildende Kunst, N. F. Bd. 5, 1894, S. 201–240

Back 1913
Back, Friedrich: Kunstwerke aus dem Elsass in Darmstädter Sammlungen, Elsässische Rundschau, Band 15, Heft 2/3, 1913

Baden-Baden 1902
Ausstellung von Kunstwerken aus Privatbesitz. Zur Feier des 50jährigen Regierungsjubiläums Seiner Königlichen Hoheit des Großherzogs Friedrich, Palais Hamilton, Baden-Baden 1902

Baer 1906
Baer, Leo: Eine Zeichnung des »Meisters der Spielkarten«, in: Studien aus Kunst und Geschichte. Friedrich Schneider zum siebzigsten Geburtstage gewidmet von seinen Freunden und Verehrern, Freiburg i. Br. 1906, S. 63–76

Balcke-Wodarg 1926/1927
Balcke-Wodarg, Elisabet: Die Glasgemälde der ehemaligen Kartause zu Freiburg im Breisgau vom Beginn des 16. Jahrhunderts, in: Oberrheinische Kunst, Bd. 2, 1926/1927, S. 164–182

Bark 1994
Bark, Sabine: Auf der Suche nach dem verlorenen Paradies. Das Thema des Sündenfalls in der altdeutschen Kunst (1495–1545), Frankfurt a. M. 1994 (Europäische Hochschulschriften, Reihe 28, Kunstgeschichte, Bd. 203)

Bartsch 1808
Bartsch, Adam: Le peintre graveur, Bd. 6, Wien 1808

Bauch 1932
Bauch, Kurt: Dürers Lehrjahre, in: Städel-Jahrbuch, Bd. 7/8, 1932, S. 80–115

Baum 1923
Baum, Julius: Altschwäbische Kunst, Augsburg 1923

Baum 1948
Baum, Julius: Martin Schongauer, Wien 1948

Baum 1957
Baum, Julius: Meister und Werke spätmittelalterlicher Kunst in Oberdeutschland und der Schweiz, Lindau/Konstanz 1957

Baum 1975/1958
Baum, Julius: Ein ulmisches Hausaltärlein aus dem Jahre 1484, in: Heilige Kunst, 1957/1958, S. 24–31

Beckerath 1998
Beckerath, Astrid u. a. (Hg.): Spätgotische Flügelaltäre in Graubünden und im Fürstentum Liechtenstein, Chur 1998

Becksmann 1970
Becksmann, Rüdiger: Zur Werkstattgemeinschaft Peter Hemmels in den Jahren 1477–1481, in: Pantheon, Bd. 28, 1970, S. 183–197

Becksmann 1975
Becksmann, Rüdiger: Zum Werk des Walburger Meisters von 1461, in: Beiträge zur Kunst des Mittelalters, Festschrift für Hans Wentzel zu seinem 60. Geburtstag, Berlin 1975, S. 17–27

Becksmann 1979
Becksmann, Rüdiger: Die mittelalterlichen Glasmalereien in Baden und der Pfalz. Ohne Freiburg i. Br., Berlin 1979 (Corpus Vitrearum Medii Aevi. Deutschland Bd. II.1)

Becksmann 1986
Becksmann, Rüdiger: Die mittelalterlichen Glasmalereien in Schwaben von 1350 bis 1530, Ohne Ulm, Berlin 1986 (Corpus Vitrearum Medii Aevi, Deutschland Bd. I.2)

Becksmann 1988
Becksmann, Rüdiger: Deutsche Glasmalerei des Mittelalters. Eine exemplarische Auswahl, Stuttgart 1988

Becksmann 1995
Becksmann, Rüdiger: Deutsche Glasmalerei des Mittelalters. Voraussetzungen, Entwicklungen, Zusammenhänge, Berlin 1995

Beer 1972
Beer, Rüdiger Robert: Einhorn. Fabelwelt und Wirklichkeit, München [2]1972

Belting 1990
Belting, Hans: Bild und Kult. Eine Geschichte des Bildes vor dem Zeitalter der Kunst, München 1990

Belting/Kruse 1994
Belting, Hans/Kruse, Christiane: Die Erfindung des Gemäldes. Das erste Jahrhundert der niederländischen Malerei, München 1994

Bendel 1944
Bendel, Max: Zerstörter Schaffhauser Kunstbesitz aus dem Museum zu Allerheiligen, Zürich 1944

Benziger 1912
Benziger, Karl Josef: Geschichte des Buchgewerbes im fürstlichen Benediktinerstifte U. L. F. v. Einsiedeln, Einsiedeln u. a. 1912

Benziger 1913
Benziger, C.: Eine illustrierte Marienlegende aus dem XV. Jahrhundert, Straßburg 1913

Benzing 1982
Benzing, Josef: Die Buchdrucker des 16. und 17. Jahrhunderts im deutschen Sprachgebiet. 2., verbesserte und ergänzte Auflage, Wiesbaden 1982 (Beiträge zum Buch- und Bibliothekswesen, Bd. 12)

Bergsträsser 1941
Bergsträsser, Gisela: Caspar Isenmann. Ein Beitrag zur Oberrheinischen Malerei des 15. Jahrhunderts, Colmar 1941

Berk 1943
Berk, Dorothea: Der graphische Stil des Meisters E. S. und seine Bedeutung für den frühen Kupferstich, Gelnhausen 1943

Bevers 1996
Bevers, Holm: The Master E. S. (Review of Naß 1994), in: Print Quarterly, Bd. 13, 1996, S. 316–323

Bianchi/Giunta 1988
Bianchi, Lidia/Giunta, Diega: Iconografia di S. Caterina da Siena, Bd. 1: L'immagine, Rom 1988

Bischöfe von Konstanz
Kuhn, Elmar L. u. a. (Hg.): Die Bischöfe von Konstanz. Bd. 1: Geschichte, Bd. 2: Kultur, Friedrichshafen 1988

Bloh 1991/1992
Bloh, Ute von: Die illustrierten Historienbibeln. Text und Bild in Prolog und Schöpfungsgeschichte der deutschsprachigen Historienbibeln des Spätmittelalters, Bern u. a. 1991/1992 (Jahrbuch des Deutschen Bibel-Archivs Hamburg, Bd. 13/14)

Bock 1904
Bock, F.: Die Werke des Mathias Grünewald, Straßburg 1904

Bock 1924
Bock, Elfried (Hg.): Holzschnitte des Meisters DS, Berlin 1924

Boeck 1951
Boeck, Wilhelm: Der Tiefenbronner Altar von Lucas Moser, München 1951

Boeckler 1959
Boeckler, Albert: Deutsche Buchmalerei der Gotik, Königstein i. Taunus 1959

Boon 1961
Boon, K. G.: Een Utrechtse schilder uit de 15de eeuw, de Meester van de Boom van Jesse in de Buurkerk, in: Oud Holland, Bd. 76, 1961, S. 51–60

Borries 1972
Borries, Johann Eckart von: Albrecht Dürer. Christus als Schmerzensmann, Karlsruhe 1972 (Bildhefte der Staatlichen Kunsthalle Karlsruhe, Nr. 9)

Borries 1976
Borries, Johann Eckart von: Eine oberrheinische Zeichnung zwischen Martin Schongauer und Peter Hemmel von Andlau, in: Jahrbuch der Staatlichen Kunstsammlungen in Baden-Württemberg, Bd. 13, 1976, S. 19–24

Borries 1989
Borries, Johann Eckart von: Zu den Anfängen des Karlsruher Kupferstichkabinetts im 17. Jahrhundert, in: Jahrbuch der Staatlichen Kunstsammlungen in Baden-Württemberg, Bd. 26, 1989, S. 93–109

Bosch 1982
Bosch, Lynette M. F.: A Terminus ante quem for Two of Martin Schongauer's Crucifixions, in: The Art Bulletin, Bd. 64, Nr. 4, 1982, S. 632–635

Bosch 1999
Bosch, Dietlinde: Bartholomäus Zeitblom. Das künstlerische Werk, Ulm 1999 (Forschungen zur Geschichte der Stadt Ulm, Bd. 30)

Braun 1924
Braun, Joseph: Der christliche Altar in seiner geschichtlichen Entwicklung, 2 Bde., München 1924

Braun 1932
Braun, Joseph: Das christliche Altargerät in seinem Sein und in seiner Entwicklung, München 1932

Falkenburg 1994
Falkenburg, Reindert L.: The fruit of devotion. Mysticism and the imagery of love in flemish paintings of the Virgin and Child, 1450–1550, Amsterdam/Philadelphia 1994

Fechter 1997
Fechter, Werner: Deutsche Handschriften des 15. und 16. Jahrhunderts aus der Bibliothek des ehemaligen Augustinerchorfrauenstifts Inzigkofen, Sigmaringen 1997 (Arbeiten zur Landeskunde Hohenzollerns, Bd. 15)

Feldges-Henning 1967
Feldges-Henning, Uta: Werkstatt und Nachfolge des Konrad Witz. Ein Beitrag zur Geschichte der Basler Malerei des 15. Jahrhunderts, in: Basler Zeitschrift für Geschichte und Altertumskunde, Bd. 67, 1967, S. 23–88

Feldges-Henning 1968
Feldges-Henning, Uta: Werkstatt und Nachfolge des Konrad Witz. Ein Beitrag zur Geschichte der Basler Malerei des 15. Jahrhunderts, in: Basler Zeitschrift für Geschichte und Altertumskunde, Bd. 68, 1968, S. 81–176

Festschrift Noack 1959
Studien zur Kunst des Oberrheins. Festschrift für Werner Noack, Konstanz/Freiburg i. Br. 1959

Feuchtmayr 1931
Feuchtmayr, Karl: Das Malerwerk Hans Burgkmairs von Augsburg. Kritisches Verzeichnis der Gemälde des Meisters, Augsburg 1931

Fiensch 1966
Fiensch, Günther: Versuch, die Kupferstichpassion Martin Schongauers zeitlich zu ordnen, in: Festschrift Werner Hagen, Recklinghausen 1966, S. 44–53

Fischel 1933/34
Fischel, Lilli: Die Heimat des »Meisters der Coburger Rundblätter«, in: Oberrheinische Kunst, Bd. 6, 1933/34, S. 27–40 (Studien in der altdeutschen Abteilung der Badischen Kunsthalle, II)

Fischel 1935
Fischel, Lilli: Le maitre E. S. et ses sources strasbourgeoises, in: Archives alsaciennes. D'Histoire de l'art. Quartorzième année, Straßburg/Paris 1935, S. 185–229

Fischel 1944
Fischel, Lilli: Nicolaus Gerhaert und die Bildhauer der deutschen Spätgotik, München 1944

Fischel 1947
Fischel, Lilli: Oberrheinische Malerei im Spiegel des frühen Kupferstichs, in: Zeitschrift für Kunstwissenschaft, Bd. 1, 1947, S. 23–38

Fischel 1950
Fischel, Lilli: Werk und Name des »Meisters von 1445«, in: Zeitschrift für Kunstgeschichte, Bd. 13, 1950, S. 105–124

Fischel 1952
Fischel, Lilli: Die Karlsruher Passion und ihr Meister, Karlsruhe 1952

Fischel 1954
Fischel, Lilli: Neue Mitteilungen über den Basler Monogrammisten DS, in: Münchner Jahrbuch der Bildenden Kunst, Bd. 5, 1954, S. 111–119

Flechsig 1946
Flechsig, Eduard: Martin Schongauer, Straßburg 1946

Fleischhauer 1988
Fleischhauer, Werner: Zur Herkunft des Basler Eremitenbildes von 1445, in: Jahrbuch der Staatlichen Kunstsammlungen in Baden-Württemberg, Bd. 25, 1988, S. 48–53

Förster 1938
Förster, Otto H.: Stefan Lochner. Ein Maler zu Köln, Frankfurt a. M. 1938

Frankl 1912
Frankl, Paul: Der Ulmer Glasmaler Hans Wild, in: Jahrbuch der Königlich Preußischen Kunstsammlungen, Bd. 33, 1912, S. 31–78

Frankl 1956
Frankl, Paul: Peter Hemmel, Glasmaler von Andlau, Berlin 1956

Frankl 1957
Frankl, Paul: Der Glasmaler Theobald von Lixheim, in: Zeitschrift für Kunstwissenschaft, Bd. 11, 1957, S.55–90

Frankl 1960
Frankl, Paul: Die Glasmalereien der Wilhelmerkirche in Straßburg, Baden-Baden/ Straßburg 1960 (Studien zur deutschen Kunstgeschichte, Bd. 320)

Frankl 1962
Frankl, Paul: Nachträge zu den Glasmalereien von Peter Hemmel, in: Zeitschrift für Kunstwissenschaft, Bd. 16, 1962, S.201–222

Friedländer
Friedländer, Max J.: Early Netherlandish Painting, Bd. 1ff., Leyden u. a. 1967ff.

Friedländer 1926
Friedländer, Max J.: A Drawing by Roger van der Weyden, in: Old Master Drawings, Bd. 1, 1926, S. 29–32

Fritz 1966
Fritz, Johann Michael: Gestochene Bilder. Gravierungen auf deutschen Goldschmiedearbeiten der Spätgotik, Köln/Graz 1966

Fritz 1982
Fritz, Johann Michael: Goldschmiedekunst der Gotik in Mitteleuropa, München 1982

Frommberger-Weber 1973
Frommberger-Weber, Ulrike: Spätgotische Buchmalerei in den Städten Speyer, Worms und Heidelberg (1440–1510). Ein Beitrag zur Malerei des nördlichen Oberrheingebiets im ausgehenden Mittelalter, in: Zeitschrift für die Geschichte des Oberrheins, Bd. 121, 1973, S. 35–145

Früh 1979
Früh, Margrit: Die Abendmahlstafel in Frauenfeld – ein Werk Hans Murers d. Ä., in: Zeitschrift für schweizerische Archäologie und Kunstgeschichte, Bd. 36, 1979, S. 239–247

FS Anzelewsky 2001
Brinkmann, Bodo u. a. (Hg.): Aus Albrecht Dürers Welt. Festschrift für Fedja Anzelewsky, Turnhout 2001

Fuchs 1987
Fuchs, Monique: La sculpture en Haute-Alsace à la fin du moyen âge 1456–1521, Colmar 1987

Gantner 1942
Gantner, Joseph: Konrad Witz, Wien 1942

Ganz 1904
Ganz, Paul: Handzeichnungen Schweizerischer Meister, Bd. 1, Basel 1904

Ganz 1924
Ganz, Paul: Malerei der Frührenaissance in der Schweiz, Zürich 1924

Ganz 1950
Ganz, Paul: Die Malerei des Mittelalters und des XVI. Jahrhunderts in der Schweiz, Basel 1950

Geisberg 1918
Geisberg, Max: Das Kupferstichkartenspiel der k. und k. Hofbibliothek zu Wien aus der Mitte des XV. Jahrhunderts, Straßburg 1918

Geisberg 1923
Geisberg, Max: Die Anfänge des Kupferstiches, Leipzig 1923 (Meister der Graphik, Bd. 2)

Geisberg 1924
Geisberg, Max: Der Meister E. S., Leipzig 1924 (Meister der Graphik, Bd. 10)

Geisberg 1939
Geisberg, Max: Geschichte der deutschen Graphik vor Dürer, Berlin 1939 (Forschungen zur deutschen Kunstgeschichte, Bd. 32)

Geith 1990
Geith, Karl-Ernst: Die Leben Jesu-Übersetzung der Schwester Regula aus Lichtenthal, in: Zeitschrift für deutsches Altertum und deutsche Literatur, Bd. 119, 1990, S. 22–37

Geldner 1968
Geldner, Ferdinand: Die deutschen Inkunabel-Drucker. Ein Handbuch der deutschen Buchdrucker des XV. Jahrhunderts nach Druckorten. Bd. 1: Das deutsche Sprachgebiet, Stuttgart 1968

Ges. Kat. Wiegendrucke
Gesamtkatalog der Wiegendrucke, hg. von der Kommission für den Gesamtkatalog der Wiegendrucke, 9 Bde., Leipzig/Stuttgart 1925–1998

Gmelin 1987
Gmelin, Hans Georg: Ein Katharinenschrein des späten weichen Stils aus dem Bodenseeraum, in: Städel-Jahrbuch, N. F., Bd. 11, 1987, S. 55–68

Göbel 1933
Göbel, Heinrich: Wandteppiche. 3. Teil: Die Germanischen und Slawischen Länder. I. Deutschland einschließlich Schweiz und Elsaß (Mittelalter), Süddeutschland (16.–18. Jahrhundert), Berlin 1933

Gohr 1974
Gohr, Siegfried: Anna Selbdritt, in: Küppers 1974, S. 243–254

Goldstein 1985
Goldstein, David: The Ashkenazi Haggadah, London 1985

Gombert 1958
Gombert, Hermann: Zwei Neuerwerbungen des Augustinermuseums, in: Festschrift Noack 1959, S. 65–71

Gombert 1965
Gombert, Hermann: Der Freiburger Münsterschatz, Freiburg i. Br. u. a. 1965

Gompf 1997
Gompf, Ludwig: Lochners Altar der Katharinenbruderschaft, in: Wallraf-Richartz-Jahrbuch, Bd. 58, 1997, S. 205–212

Götz/Beck 1972
Götz, F./Beck, A.: Schloß und Herrschaft Langenstein im Hegau, Singen 1972

Groß 1988
Groß, Werner: Liturgische Bücher, in: Bischöfe von Konstanz, Bd. 1, S. 145–150

Grote 1965
Grote, Ludwig: Dürer Studien, in: Zeitschrift des Deutschen Vereins für Kunstwissenschaft, Bd. 19, 1965, S. 151–169

Guldan 1966
Guldan, Ernst: Eva und Maria. Eine Antithese als Bildmotiv, Graz/Köln 1966

Gut 1988
Gut, Johannes: Die Farbfenster der frühklassizistischen Klosterkirche St. Blasien, in: Jahrbuch der Staatlichen Kunstsammlungen in Baden-Württemberg, Bd. 25, 1988, S. 108–159.

Gutscher 1999
Gutscher, Charlotte (Hg.): Im Zeichen der Nelke. Der Hochaltar der Franziskanerkirche in Freiburg i. Ü., Bern 1999

Hain 1948–1950
Hain, Ludovicus (Hg.): Repertorium Bibliographicum in quo libri omnes ab arte typographica inventa usque ad annum MD. Typis Expressi, hg. v. Ludovicus Hain, 6 Bde., Mailand 1948–1950

Hall 1994
Hall, Edwin: The Arnolfini Betrothal. Medieval Marriage and the Enigma of van Eyck's Double Portrait, Berkeley u. a. 1994

Hall 1998
Hall, Edwin: The Detroit Saint Jerome in Search of its Painter, in: Bulletin of the Detroit Institute of Arts, Special Issue: Early Netherlandish Painting, Bd. 72, Part 1/2, 1998, S. 10–37

Halm 1904
Halm, Philipp M.: Zur marianischen Symbolik des späteren Mittelalters. Defensoria inviolatae virginitatis beatae Mariae, in: Zeitschrift für Christliche Kunst, Bd. 17, 1904, Sp. 119–126, 179–188, 207–218

Haug 1957
Haug, Hans: Etudes sur la formation de l'art grunewaldien, in: Cahiers techniques de l'art, Bd. 4, 1957, S. 5–25

Haupt 1941
Haupt, Gottfried: Die Farbensymbolik in der sakralen Kunst des abendländischen Mittelalters. Ein Beitrag zur mittelalterlichen Form- und Geistesgeschichte, Diss., Dresden 1941

Heck 1979
Heck, Christian: Gaspard Isenmann et le retable de la collégiale Saint-Martin de Colmar, in: Bulletin de la Société Schongauer, 1979, S. 137–156

Heck 1983
Heck, Christian: Le gothique tardif rhenan, in: La revue du Louvre et des musées de France, Bd. 33, 1983, S. 342–345

Heck 1996
Heck, Christian: Ludwig Schongauer, in: DoA, Bd. 28, New York 1996, S. 154

Hegele 1999
Hegele, Karlheinz: Hans Baldung. Ein Maler in Zeiten des Umbruchs, Schwäbisch Gmünd 1999

Heid 1960
Heid, Hans: Die Lautenbacher Wallfahrtskirche, Baden-Baden 1960 (Studien zur deutschen Kunstgeschichte 327)

Heiden/Goldberg 1991
Heiden, Rüdiger an der/Goldberg, Gisela: Staatsgalerie Ottobeuren, München/Zürich 1991

Heim 1991
Heim, Ines: Ein »Hortulus animae« aus Straßburg als Beispiel für Laienfrömmigkeit am Oberrhein, in: Ausst. Kat. Freiburg 1991, S. 27–34

Heinrichs-Schreiber 1997–2000
Heinrichs-Schreiber, Ulrike: Œil et Illusion: La signification de la fenêtre dans La Vierge au perroquet de Martin Schongauer, in: Bulletin de la Société Schongauer, 1997–2000, S. 174–200

Heinzer 1985
Heinzer, Felix: Johannes Zürn aus Neibsheim, ein Herrenalber Mönch des 15. Jahrhunderts als Handschriftenschreiber. Ein Beitrag zur Frage der Beziehungen zwischen Herrenalb und Lichtenthal, in: Zeitschrift für die Geschichte des Oberrheins, Bd. 133, 1985, S. 67–80

Heinzer/Stamm 1987
Heinzer, Felix/Stamm, Gerhard: Die Handschriften von Lichtenthal, Wiesbaden 1987 (Die Handschriften der Badischen Landesbibliothek in Karlsruhe, Bd. 11)

Heise/Vogeler 1993
Heise, Brigitte/Vogeler, Hildegard: Die Altäre des St. Annen-Museums. Erläuterung der Bildprogramme, Lübeck 1993

Helbling 1961
Helbling, Leo: Die älteste Vita/Die Gengenbach-Legende, in: Sankt Meinrad. Zum elften Zentenarium seines Todes. 861–1961, hg. v. Benediktinern des Klosters Maria Einsiedeln, Einsiedeln u. a. 1961, S. 25–53

Helvetia Franciscana 1993
Gutscher-Schmid, Charlotte: Ein Höhepunkt franziskanischer Kunst in der Schweiz: Der Nelkenmeister in Freiburg im Uechtland, in: Helvetia Franciscana. Beiträge zur Geschichte der Franziskusorden in der Schweiz, Bd. 22/1, 1993, S. 5–44

Henggeler 1961
Henggeler, Rudolf: Die geschichtlichen Quellen zum Leben des hl. Meinrad, in: Sankt Meinrad. Zum elften Zentenarium seines Todes. 861–1961, hg. v. Benediktinern des Klosters Maria Einsiedeln, Einsiedeln u. a. 1961, S. 19–25

Henry 1985
Henry, Avril: The Woodcuts of Der Spiegel menschlicher Behältnis in the Editions Printed by Drach and Richel, in: Oud Holland, Bd. 99, 1985, S. 1–15

Hermans 1953
Hermans, Claus: Die Glasgemälde des Freiburger Münsterchores und ihr Meister Hans von Ropstein, Diss., Freiburg i. Br. 1953

Hérold/Gatouillat 1994
Hérold, Michel/Gatouillat, Françoise (Bearb.): Les Vitraux de Lorraine et d'Alsace, Corpus Vitrearum France – Recensement V, Paris 1994

Herzner 1995
Herzner, Volker: Jan van Eyck und der Genter Altar, Worms 1995

Hess 1994
Hess, Daniel: Meister um das »mittelalterliche Hausbuch«. Studien zur Hausbuchmeisterfrage, Mainz 1994

Hess 2000
Hess, Daniel: Der sogenannte Staufener Altar und seine Nachfolge. Zur oberrheinischen Malerei um 1450, in: Frank M. Kammel/Carola B. Gries (Hg.): Begegnungen mit alten Meistern, Nürnberg 2000, S. 77–87

Hessig 1935
Hessig, Edith: Die Kunst des Meisters E. S. und die Plastik der Spätgotik, Berlin 1935 (Forschungen zur deutschen Kunstgeschichte, Bd. 1)

Heusinger 1953
Heusinger, Christian von: Studien zur oberrheinischen Buchmalerei und Graphik im Spätmittelalter, Diss., Berlin o. J. (1953)

Heusinger 1959
Heusinger, Christian von: Spätmittelalterliche Buchmalerei in oberrheinischen Frauenklöstern, in: Zeitschrift für die Geschichte des Oberrheins, Bd. 107, 1959, S. 136–160

Hieronymus 1977
Hieronymus, Frank: Sebastian Brants »Sebastians-Ode«, illustriert von Albrecht Dürer, in: Gutenberg-Jahrbuch, Bd. 52, 1977, S. 271–308

Höfeler 1987/1988
Höfeler, Janez: Zu den Apostelmartyrien vom Weltgerichtsaltar Stephan Lochners, in: Wallraf-Richartz-Jahrbuch, Bd. 48/49, 1987/1988, S. 65–76

Hoffman 1961
Hoffman, Edith Warren: Some engravings executed by the Master E. S. for the benedictine monastery at Einsiedeln, in: The Art Bulletin, Bd. 43, 1961, S. 231–237

Hoffmann 1992
Hoffmann, Konrad: Holbeins »Todesbilder«. Laienfrömmigkeit im Todesbild der Vor- und Frühreformation, in: Schreiner, Klaus u. a. (Hg.): Laienfrömmigkeit im späten Mittelalter, München 1992, S. 263–282

Hollstein, Dutch
Hollstein, F. W. H.: Dutch and Flemish etchings, engravings and woodcuts ca. 1450–1700, Bd. 1ff., Amsterdam 1949ff.

Hollstein, German
Hollstein, F. W. H.: German Engravings, Etchings and Woodcuts ca. 1400–1700, Bd. 1ff., Amsterdam 1954ff.

Hoogewerff 1936
Hoogewerff, G. J.: De Noord-Nederlandsche Schilderkunst, Teil 1, Den Haag 1936

Hugelshofer 1925/26
Hugelshofer, Walter: Eine verlorene Marienkrönung Schongauers?, in: Oberrheinische Kunst, Bd. 1, 1925/26, S. 216–220

Hugelshofer 1925–27
Hugelshofer, Walter: Zu einigen neuen Altschweizerischen Gemälden, in: Jahrbuch für Kunst und Kunstpflege in der Schweiz, Bd. 4, 1925–27, S. 226–238

Hugelshofer 1928
Hugelshofer, Walter: Schweizer Handzeichnungen des XV. und XVI. Jahrhunderts, Freiburg i. Br. 1928

Huth 1935
Huth, Hans: Ein verlorener Stich des Meisters E. S., in: Adolph Goldschmidt zu seinem siebzigsten Geburtstag, Berlin 1935, S. 74–76

Ill. Bartsch
The Illustrated Bartsch, Bd. 1ff., New York 1978ff.

Inventaire Haguenau 1988
Haguenau. Art et Architecture, Straßburg 1988 (Cahiers de l'inventaire 16)

Itzel 2000
Itzel, Constanze: Der sogenannte »Ulmer Hochaltar« der Staatsgalerie Stuttgart: Ein anspruchsvolles Werk der Bodenseemalerei aus der Konzilszeit, in: Jahrbuch der Staatlichen Kunstsammlungen in Baden-Württemberg , Bd. 37, 2000, S. 19–56

Jakupski 1984
Jakupski, Frank: Der Maler Hans Burgkmair d. Ä., Diss., Bochum 1984

Jezler 1988
Jezler, Peter: Der spätgotische Kirchenbau in der Zürcher Landschaft. Die Geschichte eines »Baubooms« am Ende des Mittelalters, Wetzikon 1988

Jugie 1997
Jugie, Sophie: Le retable de sainte Marguerite du Maître des Ronds de Coburg, in: Bullettin des Musées de Dijon, 1997, S. 8–17

Jülich 1990
Jülich, Theo: Von Menschen und Heiligen. Bildthemen altdeutscher Malerei aus den Depotbeständen des Hessischen Landesmuseums, Darmstadt 1990

Jülich 1991
Jülich, Theo: Martin Schongauer, Madonna von Engeln gekrönt, in: Kunst in Hessen und am Mittelrhein, Bd. 31, 1991, S. 19–24

Jülich 1993
Jülich, Theo (Hg.): Gottesfurcht und Höllenangst. Ein Lesebuch zur mittelalterlichen Kunst, Darmstadt 1993

Jungfer 1998
Jungfer, Judith: Das Martyrium der Heiligen Ursula, in: Das Kunstwerk des Monats. März 1999, hg. vom Ulmer Museum, Ulm 1998

Junghans 1986
Pinder, Ulrich: Speculum passionis, mit Kommentaren von Helmar Junghans, Wiesbaden 1986

Kaftal 1949
Kaftal, George: St. Catherine in Tuscan Painting, Oxford 1949

Kauffmann 1978
Kauffmann, Hans: Fragen der Chronologie beim Meister E. S., in: Busch, Werner u. a. (Hg.): Kunst als Bedeutungsträger. Gedenkschrift für Günter Bandmann, Berlin 1978, S. 169–184

KD Baden, Bd. 1, 1887
Die Kunstdenkmäler des Grossherzogthums Baden, Bd. 1: Die Kunstdenkmäler des Kreises Konstanz, bearb. von Franz Xaver Kraus, Freiburg i. Br. 1887

KD Baden, Bd. 6, 1904
Die Kunstdenkmäler des Grossherzogthums Baden, Bd. 6: Kreis Freiburg, Erste Abtheilung, Die Kunstdenkmäler des Landkreises Freiburg, Die Kunstdenkmäler der Amtsbezirke Breisach, Emmendingen, Ettenheim, Freiburg (Land), Neustadt, Staufen und Waldkirch, bearb. von Franz Xaver Kraus, Tübingen/Leipzig 1904

KD Baden, Bd. 7, 1908
Die Kunstdenkmäler des Grossherzogthums Baden, Bd. 7: Die Kunstdenkmäler des Kreises Offenburg, bearb. von Max Wingenroth, Tübingen 1908

KD Baden, Bd. 11, 1942
Die Kunstdenkmäler Badens, Bd. 11: Stadtkreis Baden-Baden. Erste Abteilung. Die Kunstdenkmäler der Stadt Baden-Baden, bearb. v. Emil Lacroix u. a., Karlsruhe 1942

KD Basel-Stadt, Bd. 5, 1966
Maurer, François: Die Kunstdenkmäler der Schweiz, Bd. 5: Die Kunstdenkmäler des Kantons Basel-Stadt. Die Kirchen. Klöster und Kapellen, 3. Teil: St. Peter bis Ulrichskirche, verf. v. François Maurer, Basel 1966

KD Kanton St. Gallen, Bd. 3, 1961
Poeschel, Erwin: Die Kunstdenkmäler des Kantons St. Gallen, Bd. 3: Die Stadt St. Gallen: 2. Teil. Das Stift, Basel 1961

KD Kanton Thurgau, Bd. 2, Bz. Münchwilen 1955
Knoepfli, Albert: Die Kunstdenkmäler des Kantons Thurgau, Bd. 2: Der Bezirk Münchwilen, Basel 1955

KD Kanton Thurgau, Bd. 4, Katharinenthal 1989
Knoepfli, Albert: Die Kunstdenkmäler des Kantons Thurgau, Bd. 4: Das Kloster St. Katharinenthal, Basel 1989

KD Solothurn, Bd. 3, 1957
Loertscher, Gabriel: Die Kunstdenkmäler des Kantons Solothurn, Bd. 3: Die Bezirke Thal, Thierstein und Dorneck, Basel 1957

KD Zürich, Bd. 4, 1939
Escher, Konrad: Die Kunstdenkmäler des Kantons Zürich, Bd. 4: Die Stadt Zürich, Erster Teil, Basel 1939

Keller 2000
Keller, Hildegard Elisabeth: My secret is mine. Studies on Religion and Eros in the German Middle Ages, Nijmegen 2000

Kermer 1967
Kermer, Wolfgang: Studien zum Diptychon in der sakralen Malerei von den Anfängen bis zur Mitte des sechzehnten Jahrhunderts, Neunkirchen-Saar 1967

Kircher 1954
Kircher, Gerda: Die spätgotische Votivtafel des seligen Bernhard von Baden und ihre Weiterwirkung durch vier Jahrhunderte (1482–1772), in: Freiburger Diözesan-Archiv, Bd. 74, 1954, S. 5–46

Kloss 1925
Kloss, Ernst (Hg.): Speculum humanae salvationis. Ein niederländisches Blockbuch mit einer Einführung, München 1925

Knust 1890
Knust, Hermann: Geschichte der Legenden der heiligen Katharina von Alexandrien und der heiligen Maria Aegyptiaca, Halle 1890

Koch 1941
Koch, Karl: Die Zeichnungen Hans Baldung Griens, Berlin 1941

Koch 1976
Koch, Robert A.: Martin Schongauer's Dragon Tree, in: Strauss, Walter L. (Hg.): Tribute to Wolfgang Stechow, New York 1976, S. 114–119 (Print Review Nr. 5)

Koch 1981
Koch, Robert: Hans Baldung Grien, Prints and Drawings, in: Master Drawings, Bd. 19, 1981, S. 180–183

Koch 1998
Koch, Arwed Ulrich: Auf Schongauers Spuren in Spanien. Ein Gemälde in Valencia gibt ein Geheimnis preis, in: Weltkunst, 15. September 1998, S. 1882–1884

Koch 1999
Koch, Arwed Ulrich : »Das Schwert der Weltentdecker« und ein neuer Blick auf Martin Schongauers Drachenbaum, in: Pantheon, Bd. 57, 1999, S. 181–184

Koch/Sommer 1942
Koch, Robert A./Sommer, Clemens: A Mother-of-Pearl Carving after the Master E. S., in: The Journal of the Walters Art Gallery, Bd. 5, 1942, S. 119–124

Köhler 1970
Köhler, Wilhelm H.: Die Tafeln des Dominikus-Altares im Hessischen Landesmuseum in Darmstadt, in: Kunst in Hessen und am Mittelrhein, Bd. 10, 1970, S. 35–44

König 1978
König, Eberhard, unter Mitarbeit von Stamm, Gerhard: Stundenbuch des Markgrafen Christoph I. von Baden. Codex Durlach I der Badischen Landesbibliothek. Kommentarband [zur Faksimileausgabe], Karlsruhe 1978

König 1982
König, Eberhard: Französische Buchmalerei um 1450. Der Jouvenel-Maler, der Maler des Genfer Boccaccio und die Anfänge Jean Fouquets, Berlin 1982

König 1998
König, Eberhard: Die Très Belles Heures von Jean de France Duc de Berry. Ein Meisterwerk an der Schwelle zur Neuzeit, München 1998

König/Bartz IV, 1998
König, Eberhard/Bartz, Gabriele: Das Stundenbuch. Perlen der Buchkunst. Die Gattung in Handschriften der Vaticana, Stuttgart/Zürich 1998

Konrad 1988
Konrad, Bernd: Das Triptychon von 1524 in der Konradi-Kapelle des Münsters zu Konstanz und die Christoph-Bockstorffer-Frage, in: Jahrbuch der Staatlichen Kunstsammlungen in Baden-Württemberg, Bd. 25, 1988, S. 54–84

Konrad 1989
Konrad, Bernd: Rudolf Stahel und seine Werkstatt, in: Jahrbuch der Staatlichen Kunstsammlungen in Baden-Württemberg, Bd. 26, 1989, S. 57–92

Konrad 1991
Konrad, Bernd: Fundstücke zur Konstanzer Tafelmalerei, in: Jahrbuch der Staatlichen Kunstsammlungen in Baden-Württemberg, Bd. 28, 1991, S. 22–36

Konrad 1992a
Konrad, Bernd: Die Wandgemälde im Festsaal des St. Georgen- Klosters zu Stein am Rhein, in: Schaffhauser Beiträge zur Geschichte, Bd. 69, 1992, S. 75–111

Konrad 1992b
Konrad, Bernd: Christoph Bockstorffer – Maler der Frührenaissance in Luzern und Konstanz in: Jahrbuch der Historischen Gesellschaft Luzern, Bd. 10, 1992, S. 41–60

Konrad 1992c
Konrad, Bernd: Matthäus Gutrecht der Jüngere und seine Werkstatt, in: Jahrbuch der Staatlichen Kunstsammlungen in Baden-Württemberg, Bd. 29, 1992, S. 77–104

Konrad 1994
Konrad, Bernd: Die spätgotischen Tafeln im Historischen Museum des Kantons Thurgau in Frauenfeld. Untersuchungen zur Unterzeichnung mittels Infrarotreflektografie – zugleich ein Katalog, in: Mitteilungen aus dem Thurgauischen Museum, Heft 30, 1994, S. 9–57

Konrad 1997
Konrad, Bernd: Die Buchmalerei in Konstanz, am westlichen und am nördlichen Bodensee von 1400 bis zum Ende des 16. Jahrhunderts, in: Moser 1997, S. 109–154, 259–331

Konrad 1999
Konrad, Bernd: Neue Forschungen zu Hans Huber und seiner Werkstatt, in: Montfort, Vierteljahresschrift für Geschichte und Gegenwart Vorarlbergs, Bd. 51, 1999, S. 307–329

Konrad/Weimar 1997
Konrad, Bernd/Weimar, Gertrud: Heilige am Bodensee. Der spätgotische Flügelaltar im Reichenauer Münster (1498), Sigmaringen 1997 (Reichenauer Texte und Bilder 6)

Koreny 1991
Koreny, Fritz: A coloured flower study by Martin Schongauer and the development of the depiction of nature from van der Weyden to Dürer, in: The Burlington Magazine, Bd. 133, Nr. 1062, 1991, S. 588–597

Koreny 1994
Koreny, Fritz: Ein unbekanntes Aquarell mit Pfingstrosen von Martin Schongauer. Rogier van der Weyden – Martin Schongauer – Albrecht Dürer und die Entwicklung der neuzeitlichen Naturstudie, in: Coll. Colmar 1991, S. 77–90

Koreny 1996
Koreny, Fritz: Martin Schongauer as a Draftsman: A Reassessment, in: Master Drawings, Bd. 34, Nr. 2, 1996, S. 123–147

Koseleff 1934
Koseleff, Olga: Die Ikonographie der Passionsmomente zwischen der Kreuztragung und dem Tode Christi, in: Het Gildeboek, Bd. 17, 1934, S. 34–58, 85–105

Krimm 1986
Krimm, Konrad: Markgraf Christoph I. von Baden, in: Rinke, Reiner/Setzler, Wilfried (Hg.): Die Geschichte Baden-Württembergs, Stuttgart 1986, S. 102–114

Krimm 1990
Krimm, Konrad: Markgraf Christoph I. und die badische Teilung. Zur Deutung der Karlsruher Votivtafel von Hans Baldung Grien, in: Zeitschrift für die Geschichte des Oberrheins, Bd. 138, 1990, S. 199–215

Kristeller 1888
Kristeller, Paul: Die Strassburger Bücher-Illustrationen im XV. und im Anfange des XVI. Jahrhunderts, Leipzig 1888

Kristeller 1909
Kristeller, Paul: Die Heimat des Meisters DS, in: Repertorium für Kunstwissenschaft, Bd. 32, 1909, S. 160–171

Krohm 1985
Krohm, Hartmut: Die Rothenburger Passion, Rothenburg o. d. T. 1985

Krohm 1991
Krohm, Martin: Der »Modellcharakter« der Kupferstiche mit dem Bischofsstab und Weihrauchfaß, in: Coll. Colmar 1991, S. 185–207

Krohm/Oellermann 1992
Krohm, Hartmut/Oellermann, Eike (Hg.): Flügelaltäre des späten Mittelalters, Berlin 1992

Krönig 1950
Krönig, Wolfgang: Geertgens Bild Johannes' des Täufers, in: Das Münster, Bd. 3, 1950, S. 193–206

Krummer-Schroth 1978
Krummer-Schroth, Ingeborg: Glasmalereien aus dem Freiburger Münster, 2. durchgesehene Ausgabe, Freiburg i. Br. 1978

Künstle 1926
Künstle, Karl: Ikonographie der christlichen Kunst, Bd. 2, Freiburg i. Br. 1926

Künstle 1928
Künstle, Karl: Ikonographie der christlichen Kunst, Bd. 1, Freiburg i. Br. 1928

Kunze 1975
Kunze, Horst: Geschichte der Buchillustration in Deutschland. Das 15. Jahrhundert, 2 Bde., Leipzig 1975

Küppers 1974
Küppers, Leonhard (Hg.): Die Gottesmutter. Marienbild in Rheinland und in Westfalen, 2 Bde., Recklinghausen 1974

Kurth 1926
Kurth, Betty: Die deutschen Bildteppiche des Mittelalters, 3 Bde., Wien 1926

Laabs 2000
Laabs, Annegret: Malerei und Plastik im Zisterzienserorden. Zum Bildgebrauch zwischen sakralem Zeremoniell und Stiftermemoria 1250–1430, Petersberg 2000

Landau/Parshall 1994
Landau, David/Parshall, Peter: The Renaissance Print, 1470–1550, New Haven/London 1994

Landolt 1968
Landolt, Hanspeter: Die deutsche Malerei. Das Spätmittelalter (1350–1500), Genf 1968

Landolt 1975
Landolt, Hanspeter: Der Holzschnitt »St. Sebastian«, in: Basler Zeitschrift für Geschichte und Altertumskunde, Bd. 75, 1975, S. 38–50

Landolt-Wegener 1963/64
Landolt-Wegener, E.: Darstellungen der Kindheitslegende Christi in Historienbibeln aus der Werkstatt Diebold Laubers, in: Zeitschrift für schweizerische Archäologie und Kunstgeschichte, Bd. 23, 1963/64, S. 212–225

Lauts 1966
Lauts, Jan: Schwäbischer Meister 1489. Geburt und Tod Mariä. Zwei Altarflügel aus Kloster Lichtenthal, Karlsruhe 1966 (Bildhefte der Staatlichen Kunsthalle Karlsruhe, Nr. 1)

Lauts 1968
Lauts, Jan: Grünewald. Kreuztragung und Kreuzigung, Karlsruhe 1968 (Bildhefte der Staatlichen Kunsthalle Karlsruhe, Nr. 4)

Lauts 1973
Lauts, Jan: Ein neues Werk vom Meister der Bendaschen Madonna, in: Festschrift Klaus Lankheit, Köln 1973, S. 135–138

LCI
Kirschbaum, Engelbert (Hg.): Lexikon der christlichen Ikonographie, 8 Bde., Rom u. a. 1968–1976

Legenda aurea
Jacobus de Voragine: Legenda aurea. Aus dem Lateinischen übersetzt von Richard Benz, Jena 1925 (Spaltenzählung), Heidelberg [10]1984 (Seitenzählung)

Lehmann-Haupt 1929
Lehmann-Haupt, Hellmut: Schwäbische Federzeichnungen. Studien zur Buchillustration Augsburgs im XV. Jahrhundert, Berlin/Leipzig 1929

Lehrs
Lehrs, Max: Geschichte und kritischer Katalog des deutschen, niederländischen und französischen Kupferstichs im XV. Jahrhundert, 9 Bde., Wien 1908–1934

Lehrs 1886
Lehrs, Max: Über die Passion des Meisters E. S., in: Repertorium für Kunstwissenschaft, Bd. 9, 1886, S. 150–155

Lehrs 1890
Lehrs, Max: Über einige Zeichnungen des Meisters E. S., in: Jahrbuch der Königlich Preußischen Kunstsammlungen, Bd. 11, 1890, S. 79–87

Lehrs 1894
Lehrs, Max: Vorlagen für Goldschmied-Gravirungen vom Meister E. S., in: Zeitschrift für christliche Kunst, Nr. 7, 1894, Spalte 235–244

Lehrs 1906
Lehrs, Max: Eine Handzeichnung des Meisters E. S., in: Jahrbuch der Königlich Preußischen Kunstsammlungen, Bd. 27, 1906, S. 70–74

Lemmer 1991
Lemmer, Manfred (Hg.): Der Heidelberger Totentanz, Frankfurt a. M. 1991

Lentes 1995/1996
Lentes, Thomas: Die Barke zur Ewigkeit. Der Mastbaum und die Waage des Kreuzes, in: Ausst. Kat. Wien 1995, S. 194–197

LexMA
Lexikon des Mittelalters, 9 Bde., München/Zürich 1980–1998

LGB²
Corsten, Severin u. a. (Hg.): Lexikon des gesamten Buchwesens, 2. völlig neubearbeitete Auflage, Bd. 1ff., Stuttgart 1987ff.

LMK
Algermissen, Konrad u. a. (Hg.): Lexikon der Marienkunde, Bd. 1, Regensburg 1967

Löcher 1990
Löcher, Kurt: Meister IS mit der Schaufel. Die Vermittlerrolle eines Künstlers aus dem Dürer-Kreis, in: Kunst und Antiquitäten, Heft 12, 1990, S. 20–24

Lorentz 1990
Lorentz, Philippe: Une œuvre strasbourgeoise du peintre Jost Haller (?): l'»Archange Saint Michel« de l'église Saint Thomas, in: Cahiers alsaciens d'archéologie, d'art et d'histoire, Bd. 33, 1990, S. 109–120

Lorentz 2000
Lorentz, Philippe: Une crucifixion attribuée à Jost Haller au musée d'Unterlinden à Colmar, in: La revue du Louvre et des Musées de France, Bd. 3, 2000, S. 37–42

Lorenzer/Heberle 2000
Lorenzer, Barbara/Heberle, Markus: Zwei wiederentdeckte Tafeln des ehemaligen Hochaltars aus dem Heilig-Kreuz-Münster in Rottweil, in: Moraht-Fromm, Anna/Weilandt, Gerhard (Hg.): Unter der Lupe. Neue Forschungen zu Skulptur und Malerei des Hoch- und Spätmittelalters. Festschrift für Hans Westhoff zum 60. Geburtstag, Stuttgart 2000, S. 101–110

Loßnitzer 1913
Loßnitzer, Max: Hans Leinberger. Nachbildungen seiner Kupferstiche und Holzschnitte, Berlin 1913 (Graphische Gesellschaft, XVIII. Veröffentlichung)

Lüdke 1998
Lüdke, Dietmar: Meister von Frankfurt. Anna Selbdritt-Triptychon, um 1510, Karlsruhe 1998 (Patrimonia 146)

Lüdke 1999
Lüdke, Dietmar: Martin Schaffner. Die vier Antonius-Tafeln von 1517, Karlsruhe 1999 (Patrimonia 172)

Lüdke 2000a
Lüdke, Dietmar: Meister der Karlsruher Passion. Die Geißelung Christi (Berichte der Staatlichen Kunstsammlungen Neuerwerbungen 1999), in: Jahrbuch der Staatlichen Kunstsammlungen in Baden-Württemberg, Bd. 37, 2000, S. 141–147

Lüdke 2000b
Lüdke, Dietmar: Das Karlsruher Elisabeth-Triptychon. Ein unbekanntes Werk des Meisters der Coburger Rundblätter, in: Kammel, Frank M./Gries, Carola B. (Hg.): Begegnungen mit alten Meistern, Nürnberg 2000, S. 109–121

Lukatis 1993
Lukatis, Christiane: Die Apostelmartyrien Stefan Lochners, in: Städel-Jahrbuch, N. F., Bd. 14, 1993, S. 55–86

Lüken 2000
Lüken, Sven: Die Verkündigung an Maria im 15. und frühen 16. Jahrhundert. Historische und kunsthistorische Untersuchungen, Göttingen 2000

Lüthi 1928
Lüthi, Walter: Urs Graf und die Kunst der alten Schweizer, Zürich/Leipzig 1928 (Monographien zur Schweizer Kunst, Bd. 4)

Lüthy 1964
Lüthy, Hans: Zur Werkstatt des Meisters des Hohenlandenberger Altars, in: Schweizerisches Institut für Kunstwissenschaft, Jahresbericht 1964, S. 115–122

Mahn 1942
Mahn, Hannshubert: Beiträge zur spätgotischen Tafelmalerei in Württemberg, in: Zeitschrift des deutschen Vereins für Kunstwissenschaft, Bd. 9, 1942, S. 173–190

Martin 1959
Martin, Kurt: Zur »Madonna im Rosenhag« im Isabella Stewart Gardner Museum in Boston, in: Festschrift Noack 1959, S. 82–91

Massing 1974
Massing, Jean Michel: L'aggression de Saint Antoine de Grünewald, Straßburg 1974

Massing 1984
Massing, Jean Michel: Schongauer's Tribulations of St Anthony. Its Iconography and Influence on German Art, in: Print Quarterly, Bd. 1, Nr. 4, 1984, S. 221–236

Meiss 1967
Meiss, Millard: French Painting in the time of Jean de Berry. The late Fourteenth Century and the Patronage of the Duke, Tafelband, London 1967

Meiss 1968
Meiss, Millard: French Painting in the time of Jean de Berry. The Boucicaut Master, London 1968

Meiss 1974
Meiss, Millard: French Painting in the time of Jean de Berry. The Limbourgs and their Contemporaries, Tafelband, New York 1974

Mellinkoff 1993
Mellinkoff, Ruth: Outcasts: Signs of Otherness in Northern European Art of the Late Middle Ages, 2 Bde., Berkeley u. a. 1993

Mende 1978
Mende, Matthias: Hans Baldung Grien. Das graphische Werk. Vollständiger Bildkatalog der Einzelholzschnitte, Buchillustrationen und Kupferstiche, Unterschneidheim 1978

Merkl 1999
Merkl, Ulrich: Buchmalerei in Bayern in der ersten Hälfte des 16. Jahrhunderts. Spätblüte und Endzeit einer Gattung, Regensburg 1999

Meyer
Meyer, Julius: Allgemeines Künstlerlexikon, 3 Bde., Leipzig 1872–1880

Michelewski 1992
Michelewski, Adalbert: Soziale Aspekte der spätmittelalterlichen Antoniusverehrung, in: Schreiner, Klaus (Hg.): Laienfrömmigkeit im Mittelalter, München 1992, S. 137–156

Michler 1992
Michler, Jürgen: Gotische Wandmalerei am Bodensee, Friedrichshafen 1992

Middeldorf 1947
Middeldorf, Ulrich: Martin Schongauers klassischer Stil, in: Deutsche Beiträge zur geistigen Überlieferung, Bd. 1, 1947, S. 94–114

Miegroet 1986
Miegroet, Hans J. van: De invloed van de vroege Nederlandse schilderkunst in de eerste helft van de 15de eeuw op Konrad Witz, Brüssel 1986

Miller 1987
Miller, Albrecht: War Ivo Strigel wirklich Bildhauer?, in: Jahrbuch des Vereins für Christliche Kunst in München, Bd. 16, 1987, S. 62–72

Minott 1971
Minott, Charles Ilsley: Martin Schongauer, New York 1971

Mittler 1986
Mittler, Elmar/Werner, Wilfried: Mit der Zeit. Die Kurfürsten von der Pfalz und die Heidelberger Handschriften der Bibliotheca Palatina, Wiesbaden 1986

Mittler/Stamm 1978
Mittler, Elmar/Stamm, Gerhard (Hg.): Stundenbuch des Markgrafen Christoph I. von Baden. Codex Durlach I der Badischen Landesbibliothek [Faksimile-Ausgabe], Karlsruhe 1978

ML
Bäumer, Remigius/Scheffczyck, Leo (Hg.): Marienlexikon, 6 Bde., Erzabtei St. Ottilien 1988–1994

Modler 1980
Modler, Barbara: »Lichtenthal 70«. Eine spätmittelalterliche Bilderhandschrift der Badischen Landesbibliothek Karlsruhe, Magisterarbeit, Freiburg i. Br. 1980

Moraht-Fromm 1997
Moraht-Fromm, Anna/Westhoff, Hans: Der Meister von Messkirch. Forschungen zur südwestdeutschen Malerei des 16. Jahrhunderts, Ulm 1997

Moser 1997
Moser, Eva (Hg.): Buchmalerei im Bodenseeraum 13. bis 16. Jahrhundert, Friedrichshafen 1997

Moullet 1943
Moullet, Maurice: Les Mâitres à l'œillet, Basel 1943

Moullet 1944
Moullet, Maurice: Das Altartriptychon der hl. Sippe aus der alten Dreikönigskapelle zu Baden, in: Badener Neujahrsblätter, Bd. 19, 1944, S. 3–17

Müller 1984
Müller, Christian: Grünewalds Werke in Karlsruhe, Karlsruhe 1984 (Bildhefte der Staatlichen Kunsthalle Karlsruhe, Nr. 10)

Müller 1994
Müller, Daniela: Zur Ludwig Schongauer Problematik, in: Coll. Colmar 1991, S. 307–314

Musper 1961
Musper, Heinrich Theodor: Gotische Malerei nördlich der Alpen, Köln 1961

Naß 1994
Naß, Markus: Meister E. S. Studien zu Werk und Wirkung, Frankfurt a. M. u. a. 1994 (Europäische Hochschulschriften, Reihe 28, Kunstgeschichte, Bd. 220)

Recht 1987
Recht, Roland: Nicolas de Leyde et la sculpture à Strasbourg (1460–1525), Straßburg 1987

Reiners 1955
Reiners, Heribert: Das Münster unserer lieben Frau zu Konstanz, Konstanz 1955

Reinhardt 1977
Reinhardt, Hans: Einige Bemerkungen zum graphischen Werk Hans Holbeins des Jüngeren, in: Zeitschrift für Schweizerische Archäologie und Kunstgeschichte, Bd. 34, 1977, S. 229–260

Reinhardt 1979
Reinhardt, Hans: Érasme et son portraitiste Hans Holbein le Jeune, in: XVIIIe Colloque international de Tours. L'humanisme allemand (1480–1540), München/Paris 1979, S. 537–550

Reinhardt 1982
Reinhardt, Hans: Nachrichten über das Leben Hans Holbeins des Jüngeren, in: Zeitschrift für Schweizerische Archäologie und Kunstgeschichte, Bd. 39, 1982, S. 253–275

Reinhardt 1983
Reinhardt, Hans: Hans Herbst. Un peintre bâlois, originaire de Strasbourg, in: Cahiers alsaciens d'archéologie, de l'art et d'histoire, Bd. 26, 1983, S. 135–150

Reinitzer 1982
Reinitzer, Heimo: Der verschlossene Garten. Der Garten Marias im Mittelalter, Wolfenbüttel 1982 (Wolfenbütteler Hefte, 12)

Reinle 1948
Reinle, Adolf: Die Heilige Verena von Zurzach. Legende, Kult, Denkmäler, Basel 1948

Renner 1953
Renner, Anna Maria: Markgraf Bernhard II. von Baden. Eine ikonographische Studie über seine Gestalt in Werken der bildenden Kunst, zugleich ein Beitrag zu Hagiographie und Landesgeschichte, Karlsruhe 1953

Rest 1922/23
Rest, J.: Zu Burgkmairs Madonna mit den Konstanzer Heiligen vom Jahre 1499, in: Kunstchronik und Kunstmarkt, N. F., Bd. 34, 1922/23, S. 753

Ritter 1955
Ritter, François: Histoire de l'imprimerie alsacienne aux XVe et XVIe siècles, Straßburg/Paris 1955

Rorimer 1954
Rorimer, James R.: Three Kings from Lichtenthal, in: Bulletin of the Metropolitan Museum of Art, Bd. 12, 1954, S. 81–91

Rose 1976
Rose, Patricia: The Iconography of the Raising of the Cross, in: Strauss, Walter H. (Hg.): Tribute to Wolfgang Stechow, New York 1976, S. 131–141 (Print Review, Bd. 5)

Rosenberg 1923
Rosenberg, Jakob (Hg.): Martin Schongauer. Handzeichnungen, München 1923

Rosenfeld 1974
Rosenfeld, Hellmut: Der mittelalterliche Totentanz. Entstehung – Entwicklung – Bedeutung, Köln/Wien 1974

Roth 1988
Roth, Michael: Die Zeichnungen des »Meisters der Coburger Rundblätter«, Diss., Berlin 1988 (Microfiche 1992)

Roth 1992
Roth, Michael: Die Zeichnungen des »Meisters der Gewandstudien« und ihre Beziehung zur Straßburger Glas- und Tafelmalerei des späten 15. Jahrhunderts, in: Becksmann, Rüdiger (Hg.): Deutsche Glasmalerei des Mittelalters. Bildprogramme, Auftraggeber, Werkstätten, Berlin 1992, S.153–172

Rott 1933a/b
Rott, Hans: Quellen und Forschungen zur südwestdeutschen und schweizerischen Kunstgeschichte im XV. und XVI. Jahrhundert. I. Bodenseegebiet, 2 Bde.: Text (a), Quellen (b), Stuttgart 1933

Rott 1934
Rott, Hans: Quellen und Forschungen zur südwestdeutschen und schweizerischen Kunstgeschichte im XV. und XVI. Jahrhundert. II. Altschwaben und die Reichsstädte, Stuttgart 1934

Rott 1936a/b
Rott, Hans: Quellen und Forschungen zur südwestdeutschen und schweizerischen Kunstgeschichte im XV. und XVI. Jahrhundert. III. Der Oberrhein, 2 Bde.: Quellen I (Baden, Pfalz, Elsass) (a), Quellen II (Schweiz) (b), Stuttgart 1936

Rott 1938
Rott, Hans: Quellen und Forschungen zur südwestdeutschen und schweizerischen Kunstgeschichte im XV. und XVI. Jahrhundert. III. Der Oberrhein. Text, Stuttgart 1938

Röttgen 1961
Röttgen, Herwarth: Zwei noch umstrittene Zuschreibungen an Konrad Witz, in: Jahrbuch der Berliner Museen, N. F., Bd. 3, 1961, S. 77–93

Röttgen 1987
Röttgen, Herwarth: Konrad Witz – der Farbkünstler und Zeichner, in: Zeitschrift für Schweizerische Archäologie und Kunstgeschichte, Bd. 44, 1987, S. 89–104

Rowlands 1985
Rowlands, John: Holbein. The paintings of Hans Holbein the Younger. Complete edition, Oxford 1985

Ruhmer 1970
Ruhmer, Eberhard: Grünewald. Zeichnungen, Köln 1970

Rümelin 1998
Rümelin, Christian: Holbeins Formschneider, in: Zeitschrift für Schweizerische Archäologie und Kunstgeschichte, Bd. 55, 1998, S. 305–322

Sachs 1970
Sachs, Hannelore: Freuden Mariens, in: LCI, Bd. 2, 1970, S. 62

Sack 1985
Sack, Vera: Die Inkunabeln der Universitätsbibliothek und anderer öffentlicher Sammlungen in Freiburg im Breisgau und Umgebung, 3 Bde., Wiesbaden 1985

Salvini/Grohn 1971
Salvini, Roberto/Grohn, Hans Werner: L'opera completa di Holbein il Giovane, Mailand 1971 (Classici dell'arte, 50)

Sander 1993
Sander, Jochen: Niederländische Gemälde im Städel. 1400–1550, Mainz 1993

Sander 1995
Sander, Jochen: »Die Entdeckung der Kunst«. Niederländische Kunst des 15. und 16. Jahrhunderts in Frankfurt, Mainz 1995

Schauder 1991
Schauder, Michael: Konrad Witz und die Utrechter Buchmalerei, in: Masters and Miniatures. Proceedings of the Congress on Medieval Manuscript Illumination in the Northern Netherlands (Utrecht, 10–13 December 1989), Doornspijk 1991, S. 137–147

Schäufelein-Symposium 1990
Hans Schäufelein. Vorträge, gehalten anläßlich des Nördlinger Symposiums im Rahmen der 7. Rieser Kulturtage in der Zeit vom 14. Mai bis 15. Mai 1988, Stadt Nördlingen/Verein Rieser Kulturtage e. V. (Hg.), Nördlingen 1990

Scherer 1992
Scherer, Kristine: Martin Schwarz. Ein Maler in Rothenburg o. T. um 1500, München 1992 (Beiträge zur Kunstwissenschaft, Bd. 47)

Schiller 1966–1980
Schiller, Gertrud: Ikonographie der christlichen Kunst. Bd. 1–4,2, Gütersloh 1966–1980

Schimpf 1984
Schimpf, A.: Saint-Pierre-Le-Vieux, Eglise catholique Strasbourg, dt. Ausgabe, Colmar 1984

Schindler 1981
Schindler, Herbert: Der Meister HL = Hans Loy. Werk und Wiederentdekkung, Königstein i. Ts. 1981

Schlenker 1992/1993
Schlenker, Hans: Der ehemalige spätgotische Flügelaltar des Heilig-Kreuz-Münsters zu Rottweil, in: Heilige Kunst, Bd. 25, 1992/1993, S. 91–108

Schlenker 1994
Schlenker, Hans: Ein weiteres Tafelbild vom spätgotischen Flügelaltar des Rottweiler Münsters, in: Rottweiler Heimatblätter, Bd. 55/2, 1994

Schmid 1907/1911
Schmid, H. A.: Die Gemälde und Zeichnungen von Matthias Grünewald. Tafelwerk, Straßburg o. J. [1907], Textband, Straßburg 1911

Schmidt 1994
Schmidt, Peter: Die Kupferstiche des Meisters E. S. zur Wallfahrt nach Einsiedeln. Einige Überlegungen zum Publikum, Programm und Kontext, in: Füssel, Stephan u. a. (Hg.): Artibus. Kulturwissenschaft und deutsche Philologie des Mittelalters und der frühen Neuzeit (Festschrift für Dieter Wuttke zum 65. Geburtstag), Wiesbaden 1994, S. 293–311

Schmidt 2000a
Schmidt, Peter: Bildgebrauch und Frömmigkeitspraxis. Bemerkungen zur Benutzung früher Druckgraphik, in: Ausst. Kat. Nürnberg 2000, S. 69–83

Schmidt 2000b
Schmidt, Peter: Zur Produktion und Verwendung von Druckgraphik in Mainz im 15. Jahrhundert, in: Ausst. Kat. Mainz 2000, S. 584–599

Schmidt/Cetto 1940
Schmidt, Georg/Cetto, Anna Maria: Schweizer Malerei und Zeichnung im 15. und 16. Jahrhundert, Frankfurt a. M. 1942

Schmitt 1993
Schmitt, Lothar: Bemerkungen zum aktuellen Stand der Schongauer Forschung, in: Zeitschrift für die Geschichte des Oberrheins, Bd. 141, 1993, S. 387–393

Schnack 1979
Schnack, Jutta: Der Passionszyklus in der Graphik Israhel van Meckenems und Martin Schongauers, Münster 1979 (Bocholter Quellen und Beiträge, Bd. 2)

Schneider 1915
Schneider, Hans: Beiträge zur Geschichte des niederländischen Einflusses auf die oberdeutsche Malerei und Graphik um 1460–1480, Basel 1915

Schneider 1950
Schneider, Arthur von (Bearb.): Die Glasgemälde des Badischen Landesmuseums Karlsruhe, Freiburg i. Br. 1950 (Veröffentlichungen des Badischen Landesmuseums, Bd. 2)

Schneider 1954
Schneider, Jenny: Die Standesscheiben von Lukas Zeiner im Tagsatzungssaal zu Baden (Schweiz). Ein Beitrag zur Geschichte der schweizerischen Standesscheiben, Basel 1954

Schnyder 1986
Schnyder, André: Die Ursulabruderschaften des Spätmittelalters. Ein Beitrag zur Erforschung der deutschsprachigen religiösen Literatur des 15. Jahrhunderts, Bern/Stuttgart 1986 (Sprache und Dichtung, Bd. 34)

Schoenberger 1948
Schoenberger, Guido: The Drawings of Mathis Gothart Nithart, called Gruenewald, New York 1948

Scholz 1991a
Scholz, Hartmut: Entwurf und Ausführung. Werkstattpraxis in der Nürnberger Glasmalerei der Dürerzeit, Berlin 1991 (Corpus Vitrearum Medii Aevi Deutschland. Studien Bd.1)

Scholz 1991b
Scholz, Hartmut: Zur Chronologie der ursprünglichen Chorverglasung des Ulmer Münsters, in: Zeitschrift für Geschichte und Kunst. Mitteilungen des Vereins für Kunst und Altertum in Ulm und Oberschwaben, Bd. 47/48, 1991, S. 9–71

Scholz 1994
Scholz, Hartmut: Die mittelalterlichen Glasmalereien in Ulm, Berlin 1994 (Corpus Vitrearum Medii Aevi VI, Deutschland Band 1: Schwaben, Teil 2)

Schöne 1938
Schöne, Wolfgang: Dieric Bouts und seine Schule, Berlin/Leipzig 1938

Schramm
Schramm, Albert: Der Bilderschmuck der Frühdrucke, Bd. 1–23, Leipzig 1920–1943

Schreiber 1907
Schreiber, W. L.: Holzschnitte des fünfzehnten Jahrhunderts in den Fürstlich Fürstenbergischen Sammlungen zu Donaueschingen, Straßburg 1907 (Einblattdrucke des fünfzehnten Jahrhunderts, Bd. 8)

Schreiber 1926
Schreiber, W. L.: Handbuch der Holz- und Metallschnitte des XV. Jahrhunderts. Stark vermehrte und bis zu den neuesten Funden ergänzte Umarbeitung des Manuel de l'amateur de la gravure sur bois et sur métal au XVe siècle. Bd. II. Holzschnitte. Mit Darstellungen der Heiligen Dreifaltigkeit, Gottvaters, Jesu Christi und der Jungfrau und Gottesmutter Maria, Leipzig 1926

Schreiber 1930
Schreiber, W. L.: Handbuch der Holz- und Metallschnitte des XV. Jahrhunderts. Stark vermehrte und bis zu den neuesten Funden ergänzte Umarbeitung des Manuel de l'amateur de la gravure sur bois et sur métal au XVe siècle. Bd. VIII. Nachträge zu den vorhergehenden Bänden. General-Übersicht des gegenwärtig bekannten Bestandes öffentlicher und privater Sammlungen im Inland und Ausland, Leipzig 1930

Schreiner 1994
Schreiner, Klaus: Maria. Jungfrau, Mutter, Herrscherin, München/Wien 1994

Schreiner 1995
Schreiner, Klaus: Meister E. S.: Die betende Jungfrau Maria im Zimmer, in: Ausst. Kat. Wien 1995, S. 336

Schreyl 1990
Schreyl, Karl Heinz: Hans Schäufelein. Das druckgraphische Werk. Bd. 2. Bilddokumentation, Nördlingen 1990

Schricker 1896
Schricker, August: Kunstschätze in Elsaß-Lothringen, 2 Bde., Straßburg 1896

Schroth 1948
Schroth, Ingeborg: Mittelalterliche Goldschmiedekunst am Oberrhein, Freiburg i. Br. 1948

Schulte 1990
Schulte, Brigitte: Die deutschsprachigen spätmittelalterlichen Totentänze, Köln/Wien 1990

Schuppisser 1986
Schuppisser, Fritz Oskar: Die Engelweihe der Gnadenkapelle von Einsiedeln in der frühen Druckgraphik, in: Zeitschrift für Schweizerische Archäologie und Kunstgeschichte, Bd. 43, 1986, S. 141–150

Schuppisser 1991
Schuppisser, Fritz Oskar: Copper Engraving of the ›Mass Production‹ Illustrating Netherlandish Prayer Manuscripts, in: Horst, Koert van der/ Klamt, Johann-Christian (Hg.): Masters and Miniatures, Proceedings of the Congress on Medieval Manuscript Illumination in the Northern Netherlands (Utrecht, 10–13 December 1989), Doornspijk 1991, S. 389–400

Schuppisser 1994
Schuppisser, Fritz Oskar: Martin Schongauer geht um in Europa: Die Kupferstich-Passion B. 9–20 als Vorlage für Werke spätmittelalterlicher Künstler, in: Coll. Collmar 1991, S. 239–250

Schwarzl 1996
Schwarzl, Stephan: Der Kirchenschatz des Münsters St. Nikolaus in Überlingen, Magisterarbeit Heidelberg, 3 Bde., o. J. [1996]

Schwenk 1983
Schwenk, W.: Das Herrenalber Gebetbuch, Bad Herrenalb 1983

Seidel 1993
Seidel, Linda: Jan van Eyck's Arnolfini Portrait. Stories of an Icon, Cambridge 1993

Seyboth 1890
Seyboth, Adolf: Das alte Straßburg vom 13. Jh. bis zum Jahre 1870. Geschichtliche Topographie nach den Urkunden und Quellen, Straßburg 1890

Shestack 1969
Shestack, Alan: The Complete Engravings of Martin Schongauer, New York 1969

Slenczka 1998
Slenczka, Ruth: Lehrhafte Bildtafeln in spätmittelalterlichen Kirchen, Köln 1998

Slg. Kat. Amsterdam 1976
All the paintings of the Rijksmuseum in Amsterdam. A completely illustrated catalogue, Amsterdam 1976

Slg. Kat. Basel 1964
Schmidt, Georg: Kunstmuseum Basel. 150 Gemälde 12.–20. Jahrhundert, Basel 1964

Slg. Kat. Basel 1966
Boerlin, Paul Henri (Bearb.): Kunstmuseum Basel, 1. Teil. Die Kunst bis 1800. Sämtliche ausgestellte Werke, Basel 1966

Slg. Kat. Basel 1979
Falk, Tilman (Bearb.): Katalog der Zeichnungen des 15. und 16. Jahrhunderts, Teil 1, Basel/Stuttgart 1979

Slg. Kat. Basel 1994
Historisches Museum Basel. Führer durch die Sammlungen, Basel 1994

Slg. Kat. Basel 1996
Müller, Christian (Bearb.): Katalog der Zeichnungen des 15. und 16. Jahrhunderts, Teil 2A: Die Zeichnungen von Hans Holbein d. J. und Ambrosius Holbein, Basel 1996

Slg. Kat. Basel 1997
Müller, Christian (Bearb.): Hans Holbein d. J. Die Druckgraphik im Kupferstichkabinett Basel, Basel 1997

Slg. Kat. Berlin 1906
Die Inkunabeln der Königlichen Bibliothek und der anderen Berliner Sammlungen, Ein Inventar von Dr. Ernst Voulliéme, Leipzig 1906, Reprint Wiesbaden 1968 (30. Beiheft zum Zentralblatt für Bibliothekswesen)

Slg. Kat. Berlin 1921
Bock, Elfried (Bearb.): Staatliche Museen zu Berlin. Die Zeichnungen Alter Meister im Kupferstichkabinett. Die Deutschen Meister, Beschreibendes Verzeichnis, Berlin 1921

Slg. Kat. Berlin 1928
Wegener, Hans (Bearb.): Beschreibende Verzeichnisse der Miniaturen-Handschriften der Preussischen Staatsbibliothek zu Berlin, Bd. 5 (Die deutschen Handschriften bis 1500), Leipzig 1928

Slg. Kat. Berlin 1931
Kunze, Irene: Königliche Museen zu Berlin. Beschreibendes Verzeichnis der Gemälde, Berlin 1931

Slg. Kat. Berlin 1989
Michaelis, Rainer (Bearb.): Deutsche Gemälde. 14.–18. Jahrhundert. Staatliche Museen Berlin, Gemäldegalerie (Katalog Bd. 3), Berlin 1989

Slg. Kat. Berlin 1996
Grosshans, Rainald u. a.: Gemäldegalerie Berlin. Gesamtverzeichnis, Berlin 1996

Slg. Kat. Bologna 1967
Emiliani, Andrea: La Pinacoteca Nazionale di Bologna. Notizie storiche e itinerario illustrato, Bologna 1967

Slg. Kat. Boston 1931
Hendy, Ph.: The Isabella Stewart Gardner Museum, Boston 1931

Slg. Kat. Budapest 1988
Von Leonardo bis Chagall. Die schönsten Zeichnungen aus dem Museum der Bildenden Künste in Budapest, Budapest 1988

Slg. Kat. Coburg 1970
Maedebach, Heino (Hg.): Ausgewählte Handzeichnungen von 100 Künstlern aus fünf Jahrhunderten 15.–19. Jh. Aus dem Kupferstichkabinett der Kunstsammlungen der Veste Coburg, Coburg 1970

Slg. Kat. Colmar 1990
Heck, Christian/Mœnch-Scherer, Esther: Catalogue général des peintures du Musée d'Unterlinden, Colmar 1990

Slg. Kat. Darmstadt 1967
Beeh-Lustenberger, Suzanne (Bearb.): Glasmalerei um 800–1900 im Hessischen Landesmuseum in Darmstadt, Frankfurt a. M. 1967

Slg. Kat. Darmstadt 1968
Bott, Gerhard: Die Gemäldegalerie des Hessischen Landesmuseums in Darmstadt, Hanau 1968

Slg. Kat. Darmstadt 1990
Beeh, Wolfgang (Bearb.): Deutsche Malerei um 1260 bis 1550 im Hessischen Landesmuseum Darmstadt, Darmstadt 1990

Slg. Kat. Darmstadt 1996
Ebert-Schifferer, Sybille: Hessisches Landesmuseum Darmstadt, Paris 1996 (Museen, Schlösser und Denkmäler in Deutschland, hg. v. Th. W. Gaehtgens)

Slg. Kat. Donaueschingen 1980
Hofstätter, Hans H.: Die Fürstlich Fürstenbergischen Sammlungen in Donaueschingen, München/Zürich 1980

Slg. Kat. Donaueschingen 1990
Grimm, Claus/Konrad, Bernd: Die Fürstenberg-Sammlungen Donaueschingen. Altdeutsche und schweizerische Malerei des 15. und 16. Jahrhunderts, München 1990

Slg. Kat. Erlangen 1929
Bock, Elfried (Bearb.): Die Zeichnungen in der Universitätsbibliothek Erlangen, Frankfurt a. M. 1929

Slg. Kat. Esztergom 1993
Christliches Museum Esztergom, Budapest 1993

Slg. Kat. Florenz 1987
Petrioli Tofani, Annamaria: Inventario. Disegni esposti, Gabinetto disegni e stampe degli Uffizi, Florenz 1987

Slg. Kat. Florenz 1988
Andrews, Keith: Disegni tedeschi da Schongauer a Liebermann, Gabinetto disegni e stampe degli Uffizi, Florenz 1988

Slg. Kat. Frankfurt a. M. 1961
Legner, Anton: Gotische Bildwerke aus dem Liebighaus, Frankfurt a. M. 1961

Slg. Kat. Frankfurt a. M. 1973
Schilling, Edmund/Schwarzweller, Kurt (Bearb.): Städelsches Kunstinstitut Frankfurt a. M. Katalog der deutschen Zeichnungen. Alte Meister, 2 Bde., München 1973

Slg. Kat. Frankfurt a. M. 1999
Brinkmann, Bodo/Sander, Jochen (Bearb.): Deutsche Gemälde vor 1800 im Städel, Frankfurt a. M. 1999

Slg. Kat. Freiburg 1965
Gombert, Hermann (Bearb.): Mittelalterliche Kunst im Augustinermuseum Freiburg im Breisgau, Freiburg i. Br. 1965

Slg. Kat. Freiburg 1990
Zinke, Detlef (Bearb.): Augustinermuseum. Gemälde bis 1800. Auswahlkatalog, Freiburg i. Br. 1990

Slg. Kat. Friedrichshafen 1957
Hoffmann, Herbert (Bearb.): Bodensee-Museum Friedrichshafen. Kunstsammlung, Lindau/Konstanz o. J. [1957]

Slg. Kat. Hannover 1992
Wolfson, Michael (Bearb.): Die deutschen und niederländischen Gemälde bis 1550, Niedersächsisches Landesmuseum Hannover, Hannover 1992

Slg. Kat. Karlsruhe 1955
Altdeutsche Zeichnungen aus der Staatlichen Kunsthalle Karlsruhe, Baden-Baden 1955

Slg. Kat. Karlsruhe 1958
Lauts, Jan: Altdeutsche Meister aus der Staatlichen Kunsthalle Karlsruhe, Bd. 1, Karlsruhe 1958

Slg. Kat. Karlsruhe 1966
Lauts, Jan: Staatliche Kunsthalle Karlsruhe. Katalog Alte Meister bis 1800, 2 Bde., Karlsruhe 1966

Slg. Kat. Karlsruhe 1973
Lauts, Jan: Staatliche Kunsthalle Karlsruhe. Neuerwerbungen Alter Meister. 1966–1972, Karlsruhe 1973

Slg. Kat. Karlsruhe 1974
Längin, Theodor: Die Handschriften der Badischen Landesbibliothek in Karlsruhe, Beilage II, 2: Deutsche Handschriften, Wiesbaden 1974

Slg. Kat. Karlsruhe 1987
Die Handschriften der Badischen Landesbibliothek in Karlsruhe, Bd. 11: Die Handschriften von Lichtenthal, Wiesbaden 1987

Slg. Kat. Karlsruhe 1988
Ausgewählte Werke der Staatlichen Kunsthalle Karlsruhe, 3 Bde. (Bd. 1: 150 Gemälde vom Mittelalter bis zur Gegenwart – Bd. 2: 100 Zeichnungen und Drucke aus dem Kupferstichkabinett – Bd. 3: 35 Bildwerke vom Klassizismus bis zur Gegenwart), Karlsruhe 1988

Slg. Kat. Kisters 1963
Sammlung Heinz Kisters. Altdeutsche und altniederländische Gemälde, Ausstellung Germanisches Nationalmuseum Nürnberg, Nürnberg 1963

Slg. Kat. Köln 1969
Hiller, Irmgard/Vey, Horst: Katalog der deutschen und niederländischen Gemälde bis 1550 (Mit Ausnahme der Kölner Malerei) im Wallraf-Richartz-Museum und im Kunstgewerbemuseum der Stadt Köln, Köln 1969 (Kataloge des Wallraf-Richartz-Museums, Bd. 5, hg. v. Gert von der Osten u. Horst Keller)

Slg. Kat. Köln 1978
Schulten, Walter: Kostbarkeiten in Köln. Erzbischöfliches Diözesan-Museum, Köln 1978

Slg. Kat. Konstanz 1993
Konrad, Bernd (Bearb.): Rosgartenmuseum Konstanz. Die Kunstwerke des Mittelalters, Konstanz 1993

Slg. Kat. Leipzig 1979
Heiland, Susanne: Museum der bildenden Künste Leipzig. Katalog der Gemälde, Leipzig 1979

Slg. Kat. Leipzig 1995
Sander, Dietulf (Bearb.): Museum der bildenden Künste Leipzig. Katalog der Gemälde, Leipzig 1995

Slg. Kat. London 1959
Levey, Michael: National Gallery Catalogues: The German School, London 1959

Slg. Kat. London 1993
Drawings by German Artists and Artists from german-speaking regions of Europe in the department of prints and drawings in the British Museum, 2 Bde., London 1993

Slg. Kat. London 1995
The National Gallery. Complete Illustrated Catalogue. Compiled by Christopher Baker and Tom Henry, London 1995

Slg. Kat. Ludwigshafen 1979
Kunst des Mittelalters, Wilhelm-Hack-Museum Ludwigshafen am Rhein, Landau/Pfalz 1979

Slg. Kat. Lyon 1993
Catalogue sommaire illustré des peintures du Musée des Beaux-Arts de Lyon. 1. Écoles étrangères XIIIe-XIXe siècles, Lyon 1993

Slg. Kat. Madrid 1991
Lübbeke, Isolde: Early German painting 1350–1550, The Thyssen-Bornemisza Collection, Stuttgart 1991

Slg. Kat. Mülhausen 1988
Le Musée des Beaux-Arts de Mulhouse, Mülhausen 1988 (Bulletin de la Société Industrielle de Mulhouse, Bd. 4, 1984)

Slg. Kat. München 1972
Goldberg, Gisela/Scheffler, Gisela (Bearb.): Altdeutsche Gemälde. Köln und Nordwestdeutschland, Bayerische Staatsgemäldesammlungen, Alte Pinakothek, München 1972

Slg. Kat. München 1994
Falk, Tilman (Hg.): Die deutschen Zeichnungen des 15. Jahrhunderts. Staatliche Graphische Sammlung München, München 1994

Slg. Kat. Münster 1986
Pieper, Paul (Bearb.): Die deutschen, niederländischen und italienischen Tafelbilder bis um 1530, Westfälisches Landesmuseum für Kunst und Kulturgeschichte Münster, Münster 1986

Slg. Kat. New York 1995
Baetjer, Katharine: European Paintings in The Metropolitan Museum of Art by artists born before 1865. A summary catalogue, Metropolitan Museum of Art, New York 1995

Slg. Kat. New York 1997
Hindman, Sandra u. a.: The Robert Lehman Collection. Bd. 4, Illuminations, Metropolitan Museum of Art, New York, Princeton 1997

Slg. Kat. Nürnberg 1937
Lutze, Eberhard/Wiegand, Eberhard (Bearb.): Katalog des Germanischen Nationalmuseums zu Nürnberg. Die Gemälde des 13. bis 16. Jahrhunderts, 2 Bde., Leipzig 1937

Slg. Kat. Nürnberg 1997
Löcher, Kurt: Die Gemälde des 16. Jahrhunderts, Germanisches Nationalmuseum Nürnberg, Stuttgart 1997

Slg. Kat. Paris 1937
Demonts, Louis (Bearb.): Musée du Louvre. Inventaire Général des Dessins des Écoles du Nord, Écoles Allemande et Suisse, Bd. 1: Première Période, Paris 1937

Slg. Kat. Paris 1982/83
Hébert, Michèle: Bibliothèque nationale, Département des estampes. Inventaire des gravures des Écoles du Nord 1440–1550, 2 Bde., Paris 1982/83

Slg. Kat. Paris 1990
Jules et Paul Marmottan. Collectionneurs, Musée Marmottan, Paris 1990

Slg. Kat. Philadelphia 1994
Paintings from Europe and the Americas in the Philadelphia Museum of Art. A Concise Catalogue, Philadelphia 1994

Slg. Kat. Rottenburg 1978
Mecklenburg, Carl Georg Herzog zu (Hg. u. Bearb.): Das Diözesanmuseum in Rottenburg am Neckar. Gemälde und Plastiken. Katalog und stilkundlicher Führer, Rottenburg a. N. 1978

Slg. Kat. Rottenburg 1993
Hummel, H./Wilhelmi, T. (Bearb.): Katalog der Inkunabeln in Bibliotheken der Diözese Rottenburg-Stuttgart, Wiesbaden 1993

Slg. Kat. Rotterdam 1994
Von van Eyck bis Bruegel 1400–1550, Museum Boymans-van Beuningen, Rotterdam 1994

Slg. Kat. Schaffhausen 1989
Museum zu Allerheiligen Schaffhausen. Kunstabteilung. Katalog der Gemälde und Skulpturen, Schaffhausen 1989

Slg. Kat. Solothurn 1973
Vignau-Wilberg, Peter (Bearb.): Museum der Stadt Solothurn. Gemälde und Skulpturen, Solothurn 1973

Slg. Kat. Straßburg 1938
Musée des Beaux-Arts de la Ville de Strasbourg. Catalogue des Peintures Anciennes, Straßburg 1938

Vos 1971
Vos, Dirk de: De Madonna-en-Kindtypologie bij Rogier van der Weyden en enkele minder gekende Flemalleske voorlopers, in: Jahrbuch der Berliner Museen, N. F., Bd. 13, 1971, S. 60–161

Wackernagel 1975
Wackernagel, Wolfgang: Sebastian Brants Gedicht an den heiligen Sebastian, in: Basler Zeitschrift für Geschichte und Altertumskunde, Bd. 75, 1975, S. 7–50

Wagner 1993
Wagner, Velten: Der Meister H. L. an Oberrhein und Donau, Diss., München 1993

Wallach 1930
Wallach, H.: Die Stilentwicklung Hans Leonhard Schäufeleins, Diss., München o. J. [1930]

Warncke 1999
Warncke, Carsten-Peter: Stil und Form – Holbein und das Medium der Druckgraphik, in: Hans Holbein der Jüngere. Akten des Internationalen Symposiums Kunstmuseum Basel, 26.–28. Juni 1997, Basel 1999, S. 293–304 (= Zeitschrift für Schweizerische Archäologie und Kunstgeschichte, Bd. 55, 1998)

Wegener 1927
Wegener, Hans: Beschreibendes Verzeichnis der deutschen Bilder-Handschriften des späten Mittelalters in der Heidelberger Universitätsbibliothek, Leipzig 1927

Welzel 1995
Welzel, Barbara: Die Engelweihe in Einsiedeln und die Kupferstiche vom Meister E. S., in: Städel-Jahrbuch, N. F., Bd. 15, 1995, S. 121–144

Welzel 1997
Welzel, Barbara: Niederländische Kupferstiche des 15. Jahrhunderts, in: Franke, Birgit/Welzel, Barbara (Hg.): Kunst der burgundischen Niederlande. Eine Einführung, Berlin 1997, S. 211–227

Wendland 1907
Wendland, Hans: Martin Schongauer als Kupferstecher, Berlin 1907

Wentzel 1949
Wentzel, Hans: Glasmaler und Maler im Mittelalter, in: Zeitschrift für Kunstwissenschaft, Bd. 3, 1949, S. 53–62

Wentzel 1951
Wentzel, Hans: Das Ratsfenster von 1480 im Ulmer Münster und sein Meister Peter Hemmel von Andlau, in: Ulm und Oberschwaben, Bd. 1, 1951, S. 9–46

Wentzel 1954
Wentzel, Hans: Meisterwerke der Glasmalerei, Berlin ^{2}1954

Westhoff 1996
Westhoff, Hans u. a. (Bearb.): Graviert, Gemalt, Gepresst. Spätgotische Retabelverzierungen in Schwaben, Stuttgart 1996

Wiegand 1993
Wiegand, Hermann: Sebastian Brant (1457–1521). Ein streitbarer Publizist an der Schwelle zur Neuzeit, in: Schmidt, Paul Gerhard: Humanismus im deutschen Südwesten. Biographische Profile, Sigmaringen 1993, S. 77–104

Wielandt 1980
Wielandt, Friedrich: Porträtstudien zum Stundenbuch Markgraf Christophs I. von Baden, in: Zeitschrift für die Geschichte des Oberrheins, Bd. 128, 1980, S. 463–475

Wilhelm-Schaffer 2000
Wilhelm-Schaffer, Irmgard: »Ihr mußet alle in diß dantzhus«. Zu Aussage, Kontext und Interpretation des mittelalterlichen Totentanzes, in: »Ihr müßt alle nach meiner Pfeife tanzen«. Totentänze vom 15. bis 20. Jahrhundert aus den Beständen der Herzog August Bibliothek Wolfenbüttel und der Bibliothek Otto Schäfer Schweinfurt, Wolfenbüttel 2000, S. 9–33

Williams 1996
Williams, Ulla: Die »Alemannischen Vitaspatrum«. Untersuchungen und Edition, Tübingen 1996

Williams/Williams-Krapp 1980
Williams, Ulla/Williams-Krapp, Werner (Hg.): Die ›Elsässische Legenda Aurea‹, Bd. 1: Das Normalcorpus, Tübingen 1980 (Texte und Textgeschichte, Bd. 3)

Wilson 1996
Wilson, Derek: Hans Holbein. Portrait of an unknown man, London 1996

Wilson/Lancaster Wilson 1984
Wilson, Adrian/Lancaster Wilson, Joyce: A Medieval Mirror. Speculum humanae salvationis 1324–1500, Berkeley u. a. 1984

Winkler 1913
Winkler, Friedrich: Der Meister von Flémalle und Rogier van der Weyden, Straßburg 1913

Winkler 1923
Winkler, Friedrich: Unbeachtete holländische Maler des XV. Jahrhunderts, in: Jahrbuch der Preußischen Kunstsammlungen, Bd. 24, 1923, S. 136–146

Winkler 1930
Winkler, Friedrich: Skizzenbücher eines unbekannten rheinischen Meisters um 1500, in: Wallraf-Richartz-Jahrbuch, N. F., Bd. 1, 1930, S. 123–152

Winkler 1932
Winkler, Friedrich: Mittel-, niederrheinische und westfälische Handzeichnungen des XV. und XVI. Jahrhunderts, Freiburg i. Br. 1932 (Die Meisterzeichnung, Bd. 4)

Slg. Kat. Leipzig 1979
Heiland, Susanne: Museum der bildenden Künste Leipzig. Katalog der Gemälde, Leipzig 1979

Slg. Kat. Leipzig 1995
Sander, Dietulf (Bearb.): Museum der bildenden Künste Leipzig. Katalog der Gemälde, Leipzig 1995

Slg. Kat. London 1959
Levey, Michael: National Gallery Catalogues: The German School, London 1959

Slg. Kat. London 1993
Drawings by German Artists and Artists from german-speaking regions of Europe in the department of prints and drawings in the British Museum, 2 Bde., London 1993

Slg. Kat. London 1995
The National Gallery. Complete Illustrated Catalogue. Compiled by Christopher Baker and Tom Henry, London 1995

Slg. Kat. Ludwigshafen 1979
Kunst des Mittelalters, Wilhelm-Hack-Museum Ludwigshafen am Rhein, Landau/Pfalz 1979

Slg. Kat. Lyon 1993
Catalogue sommaire illustré des peintures du Musée des Beaux-Arts de Lyon. 1. Écoles étrangères XIIIe-XIXe siècles, Lyon 1993

Slg. Kat. Madrid 1991
Lübbeke, Isolde: Early German painting 1350–1550, The Thyssen-Bornemisza Collection, Stuttgart 1991

Slg. Kat. Mülhausen 1988
Le Musée des Beaux-Arts de Mulhouse, Mülhausen 1988 (Bulletin de la Société Industrielle de Mulhouse, Bd. 4, 1984)

Slg. Kat. München 1972
Goldberg, Gisela/Scheffler, Gisela (Bearb.): Altdeutsche Gemälde. Köln und Nordwestdeutschland, Bayerische Staatsgemäldesammlungen, Alte Pinakothek, München 1972

Slg. Kat. München 1994
Falk, Tilman (Hg.): Die deutschen Zeichnungen des 15. Jahrhunderts. Staatliche Graphische Sammlung München, München 1994

Slg. Kat. Münster 1986
Pieper, Paul (Bearb.): Die deutschen, niederländischen und italienischen Tafelbilder bis um 1530, Westfälisches Landesmuseum für Kunst und Kulturgeschichte Münster, Münster 1986

Slg. Kat. New York 1995
Baetjer, Katharine: European Paintings in The Metropolitan Museum of Art by artists born before 1865. A summary catalogue, Metropolitan Museum of Art, New York 1995

Slg. Kat. New York 1997
Hindman, Sandra u. a.: The Robert Lehman Collection. Bd. 4, Illuminations, Metropolitan Museum of Art, New York, Princeton 1997

Slg. Kat. Nürnberg 1937
Lutze, Eberhard/Wiegand, Eberhard (Bearb.): Katalog des Germanischen Nationalmuseums zu Nürnberg. Die Gemälde des 13. bis 16. Jahrhunderts, 2 Bde., Leipzig 1937

Slg. Kat. Nürnberg 1997
Löcher, Kurt: Die Gemälde des 16. Jahrhunderts, Germanisches Nationalmuseum Nürnberg, Stuttgart 1997

Slg. Kat. Paris 1937
Demonts, Louis (Bearb.): Musée du Louvre. Inventaire Général des Dessins des Écoles du Nord, Écoles Allemande et Suisse, Bd. 1: Première Période, Paris 1937

Slg. Kat. Paris 1982/83
Hébert, Michèle: Bibliothèque nationale, Département des estampes. Inventaire des gravures des Écoles du Nord 1440–1550, 2 Bde., Paris 1982/83

Slg. Kat. Paris 1990
Jules et Paul Marmottan. Collectionneurs, Musée Marmottan, Paris 1990

Slg. Kat. Philadelphia 1994
Paintings from Europe and the Americas in the Philadelphia Museum of Art. A Concise Catalogue, Philadelphia 1994

Slg. Kat. Rottenburg 1978
Mecklenburg, Carl Georg Herzog zu (Hg. u. Bearb.): Das Diözesanmuseum in Rottenburg am Neckar. Gemälde und Plastiken. Katalog und stilkundlicher Führer, Rottenburg a. N. 1978

Slg. Kat. Rottenburg 1993
Hummel, H./Wilhelmi, T. (Bearb.): Katalog der Inkunabeln in Bibliotheken der Diözese Rottenburg-Stuttgart, Wiesbaden 1993

Slg. Kat. Rotterdam 1994
Von van Eyck bis Bruegel 1400–1550, Museum Boymans-van Beuningen, Rotterdam 1994

Slg. Kat. Schaffhausen 1989
Museum zu Allerheiligen Schaffhausen. Kunstabteilung. Katalog der Gemälde und Skulpturen, Schaffhausen 1989

Slg. Kat. Solothurn 1973
Vignau-Wilberg, Peter (Bearb.): Museum der Stadt Solothurn. Gemälde und Skulpturen, Solothurn 1973

Slg. Kat. Straßburg 1938
Musée des Beaux-Arts de la Ville de Strasbourg. Catalogue des Peintures Anciennes, Straßburg 1938

Slg. Kat. Straßburg 1978
Beyer, Victor (Bearb.): Les vitraux des musées de Strasbourg, Straßburg 1978

Slg. Kat. Straßburg 1999
Dupeux, Cécile: Das Museum Œuvre Notre-Dame, Paris 1999

Slg. Kat. Stuttgart 1949
Führer durch die mittelalterliche Abteilung, Württembergisches Landesmuseum Stuttgart, Stuttgart 1949

Slg. Kat. Stuttgart 1992
Rettich, Edeltraud u. a.: Alte Meister. Altdeutsche Gemälde. Niederländische Gemälde. Italienische Gemälde, Staatsgalerie Stuttgart, Stuttgart 1992

Slg. Kat. Ulm 1981
Jasbar, Gerald/Treu, Erwin (Bearb.): Bildhauerei und Malerei vom 13. Jahrhundert bis 1600, Ulmer Museum, Ulm 1981

Slg. Kat. Utrecht 1952
Catalogus der Schilderijen, Centraal Museum Utrecht, Utrecht 1952

Slg. Kat. Washington 1993
Hand, John Oliver: German Paintings of the fifteenth through seventeenth centuries, National Gallery of Art, Washington 1993

Slg. Kat. Winterthur 1975
Koella, Rudolf: Sammlung Oskar Reinhart. Bilder, Zeichnungen, Plastiken, Zürich 1975

Slg. Kat. Würzburg 1986
Hoffmann, Volker/Koppe, Konrad (Bearb.): Martin von Wagner Museum der Universität Würzburg. Gemäldekatalog, Würzburg 1986

Slg. Kat. Würzburg 1990
Thurn, Hans (Bearb.): Die Handschriften der Universitätsbibliothek Würzburg, Bd. 4: Die Handschriften der kleinen Provenienzen und Fragmente, Wiesbaden 1990

Slg. Kat. Zürich 1959
Kunsthaus Zürich. Aus der Sammlung, Zürich 1959

Slg. Kat. Zürich 1982
Schatzkammer der Schweiz. Kostbarkeiten aus dem Schweizerischen Landesmuseum, Zürich 1982

Slg. Kat. Zürich 1996
Wüthrich, Lucas/Ruoss, Mylène: Katalog der Gemälde. Schweizerisches Landesmuseum Zürich, Zürich 1996

Slg. Kat. Zürich o. J. (1970)
Schneider, Jenny: Glasgemälde. Katalog der Sammlung des Schweizerischen Landesmuseums Zürich, Bd. 1, Zürich o. J. [1970]

Sommer 1936
Sommer, Clemens: Der Meister des Breisacher Hochaltars, in: Zeitschrift des deutschen Vereins für Kunstwissenschaft, Bd. 3, 1936, S. 245–274

Stahl 1920
Stahl, Ernst Konrad: Die Legende vom heiligen Riesen Christophorus in der Graphik des 15. und 16. Jahrhunderts. Ein entwicklungsgeschichtlicher Versuch, München 1920

Stange 1954
Stange, Alfred: Ludwig Schongauer. Maler, Reisser und Kupferstecher, in: Das Münster, Bd. 7, 1954, S. 82–93

Stange, DMG
Stange, Alfred: Deutsche Malerei der Gotik, 11 Bde., München/Berlin 1933–1961

Stange, KV
Stange, Alfred: Kritisches Verzeichnis der deutschen Tafelbilder vor Dürer, 3 Bde., München 1967–1978

Starcky/Jugie 1996
Starcky, Emmanuel/Jugie, Sophie: Un retable du XVe siècle reconstitué: Deux panneaux du Maître des Ronds de Cobourg acquis par le musée des Beaux-Arts de Dijon, in: La Revue du Louvre et des Musées de France, Bd. 1, 1996

Steimerin/Schmitt/Mühlenweg 1959
Schmitt, Franz Anselm/Mühlenweg, Fritz (Bearb.): Clara und Franciscus von Assisi. Eine spätmittelalterliche alemannische Legende der Magdalena Steimerin, Konstanz 1959

Steingräber 1952
Steingräber, Erich: Neun Miniaturen aus einer Franziskus-Vita, in: Zeitschrift für Schweizerische Archäologie und Kunstgeschichte, Bd. 13, 1952, S. 237–241

Steinmetz 1995
Steinmetz, Anja Sibylle: Das Altarretabel in der altniederländischen Malerei, Alfter 1995

Sterling
Sterling, Charles: La peinture médiévale à Paris 1300–1500, Bd. 1, Paris 1987, Bd. 2, Paris 1990

Sterling 1980
Sterling, Charles: Jost Haller. Maler zu Straßburg und Saarbrücken in der Mitte des 15. Jahrhunderts, in: Wiener Jahrbuch für Kunstgeschichte, Bd. 33, 1980, S. 99–126

Stogdon 1996
Stogdon, N. G.: Martin Schongauer (Verkaufskatalog), Middle Chinnock 1996

Stork 1991
Stork, Hans-Walter: Zwei illustrierte ›Leben Jesu‹-Texte des 15. Jahrhunderts in Lüttich und Chantilly, in: Horst, Koert van der/Klamt, Johann-Christian (Hg.): Masters and Miniatures. Proceedings of the Congress on Medieval Manuscript Illumination in the Northern Netherlands (Utrecht, 10–13 December 1989), Doonspijk 1991, S. 287–294

Strauss
Strauss, Walter L.: Albrecht Dürer, The complete Drawings, Bd. 1–6, New York 1974

Strieder 1993
Strieder, Peter: Tafelmalerei in Nürnberg 1350–1550, Königstein i. T. 1993

Strong 1979
Strong, Roy: Hans Holbein. Das Gesamtwerk, 2 Bde., Frankfurt a. M. u. a. 1979

Suckale 1977
Suckale, Robert: Arma Christi. Überlegungen zur Zeichenhaftigkeit mittelalterlicher Andachtsbilder, in: Städel-Jahrbuch, N. F., Bd. 6, 1977, S. 177–208

Surmann 1991
Surmann, Ulrike: Christus in der Rast, Frankfurt a. M. 1991 (Liebighaus Monographie, Bd. 1)

Swarzenski 1956
Swarzenski, Hanns: A Painting of the Man of Sorrows, in: Bulletin of the Museum of Fine Arts, Boston, Bd. 54, 1956, S. 82–87

Térey 1895
Térey, G. v.: Die Ausstellung von Kunst und Altertum in Elsaß-Lothringen zu Strassburg, 1. Juli bis 15. September 1895, in: Repertorium für Kunstwissenschaft, Bd. 18, 1895, S. 465–479

Thieme-Becker
Thieme, Ulrich/Becker, Felix (Hg.): Allgemeines Lexikon der Bildenden Künstler von der Antike bis zur Gegenwart, 37 Bde., Leipzig 1907–1950

Thorlacius-Ussing 1924/25
Thorlacius-Ussing, Viggo: Nogle aeldere tyske Haandtegninger i Kobberstiksamlingen, in: Kunstmuseets Aarsskrift, Bd. 11/12, 1924/25, S. 241–269

Thorlacius-Ussing 1926–28
Thorlacius-Ussing, Viggo: Nogle aeldere tyske Haandtegninger i Kobberstiksamlingen, in: Kunstmuseets Aarsskrift, Bd. 13–15, 1926–28, S. 137–155

Thoss 1989
Thoss, Dagmar: Das Epos des Burgunderreiches. Girart de Roussillon, Graz 1989

Tietzel 1984
Tietzel, Brigitte: Italienische Seidengewebe des 13., 14. und 15. Jahrhunderts, Köln 1984

Trebbin 1994
Trebbin, Heinrich: Sankt Antonius, Frankfurt a. M. 1994

Untergasser 1888
Untergasser, Franz: Über die gepfählten Märtyrer, in: Der Kunstfreund, Bd. 4, 1888, S. 81–84, 89–92

Väth 1997
Väth, Paula: Die gotischen illuminierten Handschriften aus dem Zisterzienserkloster Salem, in: Moser 1997, S. 190–204, 359–369

Väth 2001
Väth, Paula: Das Herrenalber Gebetbuch, in: Rückert, Peter/Schwarkmaier, Hansmartin (Hg.): 850 Jahre Kloster Herrenalb. Auf Spurensuche nach den Zisterziensern, Stuttgart 2001 (Oberrheinische Studien, Bd. 19)

Verst. Kat. Baden-Baden 1995
Sotheby's. Die Sammlung der Markgrafen und Großherzöge von Baden. V: Gemälde und Druckgraphik, Baden-Baden 5.–21. 10. 1995

Verst. Kat. Christie's 1990
Old Master Pictures from Schloss Wildenstein, Basel-Land, Switzerland, Christie, Manson & Woods Ltd., London 6. 7. 1990

Vetter 1980
Vetter, Ewald M./Walz, Alfred: Die Rolle des Monogrammisten AG im Werk Riemenschneiders, in: Anzeiger des Germanischen Nationalmuseums 1980, S. 48–73

Vetter 1993
Vetter, Ewald: Riemenschneiders Magdalenenaltar im Spiegel mittelalterlicher Frömmigkeit, in: Würzburger Diözesan-Geschichtsblätter, Bd. 55, 1993, S. 111–142

Vincent 1966
Vincent, Madeleine: Une Trinité d'un maître strasbourgeois, in: Bulletin des Musées et Monuments lyonnais, Bd. 1, 1966, S. 57–64

VL2
Ruh, Kurt (Hg.): Verfasserlexikon. Die deutsche Literatur des Mittelalters, Bd. 1ff., Berlin/New York 1978ff.

Voegelen 1927
Voegelen, Mina: Ein Altar aus Rottweil, in: Oberrheinische Kunst, Bd. 2, 1927, S. 68–69

Vollmer 1912
Vollmer, Hans (Bearb.): Ober- und mitteldeutsche Historienbibeln, Berlin 1912 (Materialien zur Bibelgeschichte und religiösen Volkskunde des Mittelalters, Bd. I.1)

Vos 1971
Vos, Dirk de: De Madonna-en-Kindtypologie bij Rogier van der Weyden en enkele minder gekende Flemalleske voorlopers, in: Jahrbuch der Berliner Museen, N. F., Bd. 13, 1971, S. 60–161

Wackernagel 1975
Wackernagel, Wolfgang: Sebastian Brants Gedicht an den heiligen Sebastian, in: Basler Zeitschrift für Geschichte und Altertumskunde, Bd. 75, 1975, S. 7–50

Wagner 1993
Wagner, Velten: Der Meister H. L. an Oberrhein und Donau, Diss., München 1993

Wallach 1930
Wallach, H.: Die Stilentwicklung Hans Leonhard Schäufeleins, Diss., München o. J. [1930]

Warncke 1999
Warncke, Carsten-Peter: Stil und Form – Holbein und das Medium der Druckgraphik, in: Hans Holbein der Jüngere. Akten des Internationalen Symposiums Kunstmuseum Basel, 26.–28. Juni 1997, Basel 1999, S. 293–304 (= Zeitschrift für Schweizerische Archäologie und Kunstgeschichte, Bd. 55, 1998)

Wegener 1927
Wegener, Hans: Beschreibendes Verzeichnis der deutschen Bilder-Handschriften des späten Mittelalters in der Heidelberger Universitätsbibliothek, Leipzig 1927

Welzel 1995
Welzel, Barbara: Die Engelweihe in Einsiedeln und die Kupferstiche vom Meister E. S., in: Städel-Jahrbuch, N. F., Bd. 15, 1995, S. 121–144

Welzel 1997
Welzel, Barbara: Niederländische Kupferstiche des 15. Jahrhunderts, in: Franke, Birgit/Welzel, Barbara (Hg.): Kunst der burgundischen Niederlande. Eine Einführung, Berlin 1997, S. 211–227

Wendland 1907
Wendland, Hans: Martin Schongauer als Kupferstecher, Berlin 1907

Wentzel 1949
Wentzel, Hans: Glasmaler und Maler im Mittelalter, in: Zeitschrift für Kunstwissenschaft, Bd. 3, 1949, S. 53–62

Wentzel 1951
Wentzel, Hans: Das Ratsfenster von 1480 im Ulmer Münster und sein Meister Peter Hemmel von Andlau, in: Ulm und Oberschwaben, Bd. 1, 1951, S. 9–46

Wentzel 1954
Wentzel, Hans: Meisterwerke der Glasmalerei, Berlin ²1954

Westhoff 1996
Westhoff, Hans u. a. (Bearb.): Graviert, Gemalt, Gepresst. Spätgotische Retabelverzierungen in Schwaben, Stuttgart 1996

Wiegand 1993
Wiegand, Hermann: Sebastian Brant (1457–1521). Ein streitbarer Publizist an der Schwelle zur Neuzeit, in: Schmidt, Paul Gerhard: Humanismus im deutschen Südwesten. Biographische Profile, Sigmaringen 1993, S. 77–104

Wielandt 1980
Wielandt, Friedrich: Porträtstudien zum Stundenbuch Markgraf Christophs I. von Baden, in: Zeitschrift für die Geschichte des Oberrheins, Bd. 128, 1980, S. 463–475

Wilhelm-Schaffer 2000
Wilhelm-Schaffer, Irmgard: »Ihr mußet alle in diß dantzhus«. Zu Aussage, Kontext und Interpretation des mittelalterlichen Totentanzes, in: »Ihr müßt alle nach meiner Pfeife tanzen«. Totentänze vom 15. bis 20. Jahrhundert aus den Beständen der Herzog August Bibliothek Wolfenbüttel und der Bibliothek Otto Schäfer Schweinfurt, Wolfenbüttel 2000, S. 9–33

Williams 1996
Williams, Ulla: Die »Alemannischen Vitaspatrum«. Untersuchungen und Edition, Tübingen 1996

Williams/Williams-Krapp 1980
Williams, Ulla/Williams-Krapp, Werner (Hg.): Die ›Elsässische Legenda Aurea‹, Bd. 1: Das Normalcorpus, Tübingen 1980 (Texte und Textgeschichte, Bd. 3)

Wilson 1996
Wilson, Derek: Hans Holbein. Portrait of an unknown man, London 1996

Wilson/Lancaster Wilson 1984
Wilson, Adrian/Lancaster Wilson, Joyce: A Medieval Mirror. Speculum humanae salvationis 1324–1500, Berkeley u. a. 1984

Winkler 1913
Winkler, Friedrich: Der Meister von Flémalle und Rogier van der Weyden, Straßburg 1913

Winkler 1923
Winkler, Friedrich: Unbeachtete holländische Maler des XV. Jahrhunderts, in: Jahrbuch der Preußischen Kunstsammlungen, Bd. 24, 1923, S. 136–146

Winkler 1930
Winkler, Friedrich: Skizzenbücher eines unbekannten rheinischen Meisters um 1500, in: Wallraf-Richartz-Jahrbuch, N. F., Bd. 1, 1930, S. 123–152

Winkler 1932
Winkler, Friedrich: Mittel-, niederrheinische und westfälische Handzeichnungen des XV. und XVI. Jahrhunderts, Freiburg i. Br. 1932 (Die Meisterzeichnung, Bd. 4)

Winkler 1941
Winkler, Friedrich: Die Holzschnitte des Hans Suess von Kulmbach, in: Jahrbuch der Preußischen Kunstsammlungen, Bd. 62, 1941, S. 1–30

Winkler 1942/43
Winkler, Friedrich: Der Baseler Ambrosius von 1492, in: Die graphischen Künste, N. F., Bd. 7, Baden b. Wien 1942/1943

Winkler 1951
Winkler, Friedrich: Dürer und die Illustrationen zum Narrenschiff. Die Basler und Straßburger Arbeiten des Künstlers und der altdeutsche Holzschnitt, Berlin 1951

Winkler 1956
Winkler, Friedrich: A Suabian Painter of about 1480, in: The Art Quarterly, Bd. 19, 1956, S. 255–263

Winkler 1957
Winkler, Friedrich: Albrecht Dürer. Leben und Werk, Berlin 1957

Winkler 1959
Winkler, Friedrich: Jos Amman von Ravensburg, in: Jahrbuch der Berliner Museen, Bd. 1, 1959, S. 51–118

Winkler 1961
Winkler, Friedrich: Ein Titelblatt und seine Wandlungen, in: Zeitschrift für Kunstwissenschaft, Bd. 15, 1961, S. 149–163

Winzinger 1949
Winzinger, Franz: Deutsche Meisterzeichnungen der Gotik, München 1949

Winzinger 1962
Winzinger, Franz: Die Zeichnungen Martin Schongauers, Berlin 1962

Wolff 1979
Wolff, Martha Anne Wood: The Master of the Playing Cards. An Early Engraver and his Relationship to Traditional Media, Diss., Yale 1979

Wolff 1983
Wolff, Martha: Observations on the Master of the Playing Cards and Upper Rhenish Painting, in: Logan, A.-M. (Hg.): Essays in Northern European Art Presented to Egbert Haverkamp-Begemann on his Sixtieth Birthday, Doornspijk 1983, S. 299–302

Wolgast 1997
Wolgast, Eike: Die Klerusdarstellungen in den oberdeutschen Totentänzen und in Holbeins »Bildern des Todes«, in: Krimm, Konrad/John, Herwig (Hg.): Bild und Geschichte. Studien zur politischen Ikonographie, Sigmaringen 1997, S. 197–219

Wunderlich 2000
Wunderlich, Uli: Zwischen Kontinuität und Innovation – Totentänze in illustrierten Büchern der Neuzeit, in: »Ihr müßt alle nach meiner Pfeife tanzen.« Totentänze vom 15. bis 20. Jahrhundert aus den Beständen der Herzog August Bibliothek Wolfenbüttel und der Bibliothek Otto Schäfer Schweinfurt, Wolfenbüttel 2000, S. 137–202

Wüstefeld 1990
Wüstefeld, Wilhelmina C. M.: Der Meister der Katharina von Kleve, ca. 1430–1460, in: Defoer, Henri u. a. (Hg.): Die goldene Zeit der holländischen Buchmalerei, Stuttgart/Zürich 1990, S. 146–184

Wüthrich 1969/72
Wüthrich, Lucas: Hans Herbst, ein Basler Maler der Frührenaissance, in: Actes du XXIIe congrès international d'histoire de l'art, Budapest 1969, Budapest 1972, S. 771–778 (Evolution générale et développements regionaux en histoire de l'art, Bd. 2)

Wüthrich 1981
Wüthrich, Lucas: Windrädchenlanze und Steckenpferd. Kinderturnier und Kampfspielzeug um 1500, in: Zeitschrift für Schweizerische Archäologie und Kunstgeschichte, Bd. 38, 1981, S. 279–289

Wyss 1960
Wyss, Robert L.: Vier Hortus-Conclusus-Darstellungen im Schweizerischen Landesmuseum, in: Zeitschrift für Schweizerische Archäologie und Kunstgeschichte, Bd. 20, 1960, S. 113–124

Zehnder 1985
Zehnder, Frank Günter: Sankt Ursula. Legende – Verehrung – Bilderwelt, Köln 1985

Zimmer 1991
Zimmer, Petra: Die Funktion und Ausstattung des Altares auf der Nonnenempore. Beispiele zum Bildgebrauch in Frauenklöstern aus dem 13. bis 16. Jahrhundert, Köln 1991

Zülch 1938
Zülch, W. K.: Grünewald, Mathis Gothardt-Neithardt, München 1938

Photonachweis

Amsterdam, Rijksmuseum: Kat. 17, 100, 135a-d

Baden-Baden, Cistercienserinnen-Abtei Lichtenthal: Kat. 42, 83, 134a, b, 146 (Gloria Benner), 200, 202, 246
Basel, © Historisches Museum Basel, Maurice Babey: Kat. 108a, b, 201
Basel, Öffentliche Kunstsammlung Basel: Kat. 14, 96, 138, 268, 269; Martin Bühler: Kat. 41, 79, 249
Basel, Universitätsbibliothek Basel: Kat. 285, 288
Berlin, Staatliche Museen zu Berlin, Preußischer Kulturbesitz, Gemäldegalerie, Jörg P. Anders, Berlin: Kat. 40, Abb. 157/1, 159/1, 160/1, 160/2
Berlin, Staatliche Museen zu Berlin, © Kupferstichkabinett, Jörg P. Anders, Berlin: Kat. 15a-l, 47, 55, 70, 90, 164a, b, Abb. 11 (Aufsatz M. R.)
Berlin, Staatsbibliothek zu Berlin: Kat. 215, 228
Berlin, Archiv Bernd Konrad: Abb. 1, 2, 3, 5 Aufsatz B. K.
Berlin, Archiv Anna Moraht-Fromm: Abb. 5, 14 Aufsatz A. M.-F.
Berlin, Archiv Michael Roth: Abb. 7 Aufsatz M. R., Abb. 140/1, 163/1, 164/1
Bern, Burgerbibliothek Bern: Kat. 9a,b
Bologna, Pinacoteca Nazionale: Kat. 77
Boston, Museum of Fine Arts, Boston. Reproduced with permission, © 2000 Museum of Fine Arts, Boston, All Rights Reserved: Kat. 34
Boston, Isabella Stewart Gardner Museum, Boston, Massachusetts, USA/Bridgeman Art Library: Kat. 75
Braunschweig, Herzog Anton Ulrich-Museum, Museumsfoto B. P. Keiser: Kat. 107f, k, j, 114
Budapest, Szépművészeti Múzeum: Kat. 8, 93, 119a, 122

Coburg, Kunstsammlungen der Veste Coburg: Kat. 109, 133, 162, 167a, b, Abb. 13 Aufsatz M. R.
Colmar, © Musée d'Unterlinden Colmar, O. Zimmermann: Kat. 37, 80, 139/2

Darmstadt, Hessisches Landesmuseum Darmstadt: Kat. 23a, 73, 139b, Abb. 139/1, 236a (W. Kumpf)
Darmstadt, Hessische Landes- und Hochschulbibliothek, Wolfgang Fuhrmannek: Kat. 221, 233
Dijon, Musée des Beaux-Arts de Dijon, François Say: Kat. 154
Donaueschingen, Fürstlich Fürstenbergische Sammlungen: Abb. 183/1
Dresden, Staatliche Kunstsammlungen Dresden, Kupferstichkabinett: Kat. 19

Einsiedeln, Sammlung Stift Einsiedeln, Pater Damian Rutishauser: Kat. 180a–c, 181
Eisenach, Wartburg-Stiftung Eisenach, Ulrich Kneise: Kat. 194
Erlangen, Universitätsbibliothek Erlangen-Nürnberg, Graphische Sammlung: Kat. 5, 7a,b

Florenz, Gabinetto Fotografico della Sopraintendenza per in Beni Artistici e Storici: Kat. 89, 94
Frankfurt a. M., Städelsches Kunstinstitut und Städtische Galerie, Jochen Beyer, Ville-Neuf: Kat. 81
Frankfurt a. M., Städelsches Kunstinstitut und Städtische Galerie, Graphische Sammlung: Kat. 98, 107f,i,j,k, 110
Frankfurt a. M., Museum für Angewandte Kunst: Kat. 189
Frauenfeld, Historisches Museum des Kantons Thurgau, Frauenfeld, Schweiz, Konrad Keller, Frauenfeld: Kat. 36
Freiburg i. Br., Augustinermuseum: Kat. 33a, b, 39, 193, 197, 270
Freiburg i. Br., Corpus Vitrearum Deutschland, Freiburg i. Br., Akademie der Wissenschaften und der Literatur Mainz: Kat. 169 (M. Rydlová), 172 (R. Becksmann), Abb. 17 Aufsatz M. R., Abb. 166/1 (A. Gössel), Abb. 1, Kap. II.6 (R. Wohlrabe), Abb. 2, Kap. II.6 (R. Becksmann),
Freiburg i. Br., Universitätsbibliothek: Kat. 237
Freiburg i. Br., Erzbischöfliches Ordinariat, Archiv: Kat. 185d-f
Friedrichshafen, Zeppelin Museum Friedrichshafen – Technik und Kunst, Toni Schneiders, Lindau: Kat. 179

Hagenau, Médiathèque de la Vieille Ile: Kat. 222
Hamburg, © Hamburger Kunsthalle, Elke Walford: Kat. 6, 59, 91, 102, 126, 128,
Hannover, Niedersächsisches Landesmuseum: Kat. 60
Heidelberg, Universitätsbibliothek, Handschriftenabteilung: Kat. 207

Karlsruhe, Vorlage und Aufnahme: Generallandesarchiv Karlsruhe (67/300): Kat. 213
Karlsruhe, Badische Landesbibliothek: Kat. 204, 205, 211, 212, 217, 218, 220, 223, 224, 225, 226, 227, 229, 230, 232, 238, 274a, b, 281, 284, Abb. 3, Zw.-Text III.2
Karlruhe, Badisches Landesmuseum: Kat. 173a,b
Köln, © Rheinisches Bildarchiv: Kat. 35b, Abb. 202/1
Köln, Museum für Angewandte Kunst: Kat. 82
Konstanz, Rosgartenmuseum: Kat. 24, 29 (F.J. Stiele-Werdermann), 206, 210
Kopenhagen, Statens Museum for Kunst, Kobberstiksamling: Abb. 8, 9 Aufsatz M. R.
Krakau, Muzeum Narodowe w Krakowie: Kat. 159

Leipzig, Museum der bildenden Künste Leipzig: Kat. 43, 78
Lichtenstein, Schloß Lichtenstein, R. Widmann, Kat. 45
London, British Museum: Kat. 12, 18, 62a-c, 64, 88
London, © The National Gallery, London: Kat. 44, 76
Los Angeles, © The J. Paul Getty Museum: Kat: 74, 219
Lyon, Musée des Beaux-Arts de Lyon, © Studio Basset: Kat. 26a,c, 148

Mainz, Landesmuseum Mainz: Kat. 152a,b (Ursula Rudischer), Abb. 2, 4, 10 Aufsatz M. R.
Marburg, Bildarchiv: Abb. 161/1, Abb. 3 Aufsatz M. R.
München, Bayerische Staatsgemäldesammlungen: Kat. 236b, Abb. 2, 3 Aufsatz A. M.-F.
München, Staatliche Graphische Sammlung, Engelbert Seehuber: Kat. 10, 49, 61c, 67, 69, 276,
München, Bayerische Staatsbibliothek München: Kat. 216
Mulhouse, Musées Municipaux: Kat. 2

Neuwiller, Valérie Marcelli – 2001: Kat. 195
New York, Photograph © 1990 The Metropolitan Museum of Art: Kat. 192
New York, The Pierpont Morgan Library 2000: Kat. 185a
Nürnberg, Germanisches Nationalmuseum: Kat. 13, 32, 56, 107l, 112, 127, 168
Nürnberg-Fischbach, Dr. Gottfried Frenzel: Abb. 14 Aufsatz M. R.

Oxford, Ashmolean Museum: Kat. 66, 105, 107d, 161

Paris, Bibliothèque nationale de France: Kat. 48, 51, 53, 57a, 68, 71, 113
Paris, © RMN – Michèle Bellot: Kat. 46
Paris, Musée Marmottan-Monet: Kat. 178
Paris, Galerie Pitchal: Kat. 85
Passau, Dr. Elmar W. Eggerer: Kat. 199

Rottweil, Stadtarchiv Rottweil/Fotoforum Rottweil: Kat. 1d, 183a, b

Sankt Gallen, Stiftsbibliothek St. Gallen: Kat. 209
Schwäbisch Gmünd, Fotostudio Werlein: Kat. 145a
Speyer, Landesarchiv Speyer: Kat. 214
Speyer, Bistumshaus Konvikt St. Ludwig: Kat. 190
Straßburg, Musées de Strasbourg, Cabinet des Estampes et des Dessins: Kat. 166a, b
Straßburg, Musées de l'Œuvre Notre-Dame de Strasbourg: Kat. 3, 149, 151, 158
Straßburg, © Monuments historiques Bas-Rhin: Abb. 357/1

Stuttgart, Staatsgalerie Stuttgart: Kat. 26d, 120, 121, 130, 165a, b, 186, 234, Abb. 4, 6 Aufsatz A. M.-F.
Stuttgart, Württembergisches Landesmuseum: Kat. 1a, b, 141, 170
Stuttgart, Landesbildstelle: Abb. 16 Aufsatz M. R.
Stuttgart, Landesdenkmalamt Baden-Württemberg, Jochen Ansel: Kat. 87

Überlingen, S. Lauterwasser: Kat. 132, Abb. 132/1
Ulm, Ulmer Museum: Kat. 30 (Bernd Kegler), 140a, b, d (Ingeborg Schmatz), 140c (Wolfgang Adler)

Wien, Graphische Sammlung Albertina: Kat. 50, 58, 61a, b, 65, 111, 137, Abb. 159/2, 175/1, Abb. 15, 18 Aufsatz M. R.
Wien, Österreichische Nationalbibliothek: Abb. 15 Aufsatz M. R.
Wolfegg, Schloss Wolfegg: Kat. 97, 99, 123, 124
Würzburg, Martin von Wagner Museum der Universität Würzburg: Kat. 86
Würzburg, Universitätsbibliothek Würzburg: Kat. 208

Zürich, © Schweizerisches Landesmuseum: Kat. 191, 196
Zürich, Schweizerisches Institut für Kunstwissenschaft: Kat. 22, 198

Alle anderen Katalog- und Vergleichsabbildungen stammen – falls nicht anders angegeben – aus dem Archiv der Staatlichen Kunsthalle Karlsruhe.

Impressum

Diese Publikation erscheint aus Anlaß der Großen Landesausstellung Baden-Württemberg »Spätmittelalter am Oberrhein«, die vom 29. September 2001 bis zum 3. Februar 2002 in zwei Häusern stattfindet.

Staatliche Kunsthalle Karlsruhe:
»Maler und Werkstätten 1450–1525«

Badisches Landesmuseum Karlsruhe:
»Alltag, Handwerk und Handel 1350–1525«

Staatliche Kunsthalle Karlsruhe:
»Spätmittelalter am Oberrhein. Maler und Werkstätten 1450–1525«

Ausstellung und Katalog
Dr. Dietmar Lüdke (Konzeption und Leitung)
Dr. Holger Jacob-Friesen (wissenschaftliches Sekretariat)
Dr. Marcus Dekiert
Dr. Ariane Mensger
Dr. Dorit Schäfer

Registrar
Angela Vollmer M. A.

Autoren der Objektbeschreibungen
Siehe die Liste vor dem Katalogteil

Katalogredaktion
Dr. Marcus Dekiert
Dr. Konrad Dussel
Dr. Holger Jacob-Friesen
Dr. Dietmar Lüdke
Dr. Ariane Mensger
Olaf Mückain M. A.
Dr. Dorit Schäfer
Dr. Rudolf Theilmann
Angela Vollmer M. A.

Öffentlichkeitsarbeit
Dr. Kirsten Voigt

Verwaltung
Josef Neugart

Sekretariat
Rosemarie Wolf

Fotoarbeiten
Ellen Frank
Heike Kohler

Konservatorische Betreuung
Thomas Heidenreich (Leitung)
Jens Baudisch
Kirsten Hinderer
Herbert Nolden
Ulrich Thiesies (Graphik)

Gestaltung des Kataloges
Kurt Ranger Design

Umschlagabbildungen
Vorderseite: Martin Schongauer, *Lesende Maria mit Kind im Fenster,* Los Angeles, The J. Paul Getty Museum (Kat. 74)
Rückseite: Meister E. S., *Die Heilige Veronika,* Kupferstich, Paris, Bibliothèque nationale de France (Kat. 71)

Frontispiz
Oberrheinischer Meister, *Die Anbetung der Könige* (Detail), Privatbesitz (Kat. 144)

Mit Unterstützung der
Stiftung Landesbank Baden-Württemberg LB≡BW

Die Deutsche Bibliothek – CIP-Einheitsaufnahme

Spätmittelalter am Oberrhein: Staatliche Kunsthalle Karlsruhe und Badisches Landesmuseum Karlsruhe, 29. 09. 01–03. 02. 02. – Stuttgart: Thorbecke

Teil 1. Maler und Werkstätten 1450–1525 / Hrsg.: Staatliche Kunsthalle Karlsruhe. – 2001
ISBN 3-7995-0206-8
ISBN 3-7995-0200-9

http://www.thorbecke.de · e-mail: info@thorbecke.de

Dieses Buch ist aus alterungsbeständigem Papier nach DIN-ISO 9706 hergestellt.

Herstellung: Andreas Jakob
Satz und Reproduktion: Schwabenverlag mediagmbh, Ostfildern
Druck und Bindearbeiten: Süddeutsche Verlagsgesellschaft mbH, Ulm
Printed in Germany

Gesamtherstellung: Jan Thorbecke Verlag GmbH, Senefelderstraße 12, 73760 Ostfildern

ISBN 3-7995-0206-8 (Broschur)
ISBN 3-7995-0200-9 (Festeinband)